정신건강복지법

해설(입원편)

신 권 철 저

法 文 社

서 문

법을 통해 인간사회를 이해하기 위해서는 가장 극단의 상황이나 예외의 사건을 보아야 본질이 드러난다. 헌법이 아무리 인간의 존엄함과 인권을 선언해도 그것을 압도하는 현실들 앞에서 무기력해지는 지점이 어디인지, 그 이유가 무엇인지를 찾아야 한다. 정신장애는 바로 그 지점에 서서 그 이유가 무엇인지를 어렴풋이 보여준다. 근대의 법들이 스스로 법을 철회하는 예외를 선언할 때마다 거기에는 정신장애가 있었다. 합리적 이성의 산물이라는 법은 정신장애 앞에서 균열되어 그 내밀한 본색을 드러낸다. 정신장애를 가진 사람에게 이루어지는 강제입원과 후견, 그리고 치료감호가 견고하게 만들어진 근대적 법체계를 균열시키고 그 본질을 드러내게 만드는 것이다. 근대적 법체계는 정신장애를 가진 사람에게 책임지지 않는 것에 대응하여 권리도 부여되지 않는 시스템을 만들어 왔다. 이 책은 정신장애를 가진 사람이 책임과 권리를 회복하여 진정한 법주체로 온전히 세워지기 위해서, 그리고 닫혀진 공간에 법이 스며들게 하기 위해서 기획되었다.

법은 인간을 규율대상으로 한다. 도구가 아니라 법이라는 상징과 명령을 만들어내는 인간, 그리고 그 법이 부여하는 의무를 통하여 다시 공동체의 질서와 생존, 그리고 사회적 품위를 유지해 나가는 인간. 그렇게 인간은 법의 촘촘한 보이지 않는 그물 속에서 존재한다.

인간은 법 속에서 삶의 조건들을 부여받는다. 모든 태어나는 아이들은 부모가, 그리고 부모가 없으면 다른 친족, 그마저 없으면 마을과 국가가 그 부양의 책임을 져야 한다. 그러한 부양의무가 민법전의 어느 한 줄에 적혀 있음을 알든 모르든 그것이 수천 년 간 이어져 온 사회적 공동체의 생존전략이다. 그리고 도움이 필요한 가까운 사람을 부양하라는 이 의무는 도덕적인 것이기에 앞서 법적인 것이다. 단순히 그 의무 위반이 도덕적 비난의 대상이 되는 것이 아니라 공동체의 유지와 존속을 위해 반드시 필요한 연대의 의무이기 때문이다.

'살인하지 말라'는 법의 금지명령도 부양의무의 간접적, 소극적 표현이다. 그러한 폭력행위가 방치되거나 허용되는 순간 개별적 그리고 집단적 전쟁은 시작되고, 공동체의 평온은 유지될 수 없게 된다. 법이 인간의 공동체에 던지는 이 명령과 금지, '부양하라' 그리고 '살인하지 말라'는 보통의 사람들이 쉽게 지킬 수 있는 것처럼 보인다. 그러나 사람의 역사와 경험을 볼 때, 개인적 또는 사회적 위기와 불안이 엄습하는 때에 법이 주는 명령과 금지, 그리고 사회적 너그러움과 인내심은 철회된다. 그런 때에는 본능적 생존과 경쟁의 합리성이 법적 정당성을 위협하고 잠식한다. 사회적 삶을 비자발적으로 박탈당한 사람들에게 사회가 던지는 압력과 시선들은 위에서 본 명령과 금지를 우리가 어떻게 어기게 되는지를 보여준다.

정신장애는 위험과 무능력의 징표로서 사회적으로 인식되어 왔고, 우리가 아는 법률들(정신건강복지법, 치료감호법, 형법 등)도 그러한 사회적 인식을 반영하고 있다. 그러나 위험에 대한 사회적 본능이나 무능력을 처리하는 경제적 합리성을 뛰어넘어 법은 우리에게 주어진 의무와 금지에 대해 끊임없이 상기(想起)시키는 힘을 가지고 있다. 이 책은 그런 '명령과 금지'를 다시 상기하기 위한 것이다. 그리고 정신장애에 대한 사회적 본능과 합리적 대응이라고 하는 것에 의문을 제기하기 위한 것이다.

법학이란 기껏해야 해석하고, 주석을 다는 것이라고 할 수도 있지만, 법이 가진 의미들을 되돌려 생각할 수 있는 기회를 제공한다. 법률이 보여주는 가혹함이나 부당함은 이성적 인간들이 가진 가혹함이나 부당함을 비추는 것이기도 하다. 이 글의 어느 곳에서는 법률의 그런 가혹함이나 부당함을 보여줄 것이고, 또 어느 곳에서는 그런 법률의 가혹함이나 부당함이 공동체 질서의 한 축이 되어 왔음을 보여줄 것이다.

2016년은 한국의 정신장애법에 있어 새로운 역사와 흐름이 만들어진 해이다. 1996년 시행된 구 정신보건법이 20년 만에 성년이 되어 정신건강복지법으로 탈바꿈하였고, 헌법재판소가 가족에 의한 강제입원(보호입원)을 위헌(헌법불합치)결정하였다. 단순히 법적 변화만 일어난 것이 아니다. 법 개정과 위헌결정과정에 정신장애 당사자들의 주체적 의지가 반영되어 있다는 점에서도 새로운 변화라 할 수 있다.

본 책은 법학자를 위한 것이라기보다 현장의 정신보건전문가와 이 분야에 관심 있는 사람들을 대상으로 한 책이다. 가능한 한 어려운 법적 개념이나 법리적 논쟁은 피하고 쉬운 용어로 실제의 현실에서 발생하는 문제점을 법적으로 접근하고 해결하기 위한 목적으로 쓰여졌다. 본 책의 제1장과 제2장은 정신장애와 강제입원에 대한 기본적 이해를 돕기 위한 전론(前論)으로서 정신건강복지법의 입원제도와 심사제도를 이해하기 위한 기본지식을 제공한다. 책의 제3장과 제4장은 정신건강복지법 제5장(보호 및 치료)과 제6장(퇴원청구 및 심사)의 입원과 퇴원 및 심사제도에 관한 조항을 조문 순서에 따라 해설을 단 것이다. 기본적으로 해설서(주석서)란 법의 의도와 의미를 기존의 법해석방법에 따라 '논(論)'하는 것이다. 그것은 질문이기도 하고, 대답이기도 하며, 문언의 이치와 본성을 따지고, 과거와 현재를 들추며 왈가왈부하는 것이기도 하다. 정신건강복지법의 나머지 다른 조항들에 관한 해설도 조만간 출간될 수 있기를 바라 마지 않는다.

제정된 법률은 선박에 비유되기도 한다. 앞으로의 정신건강복지법의 항해는 선박의 의지가 아닌 선장과 배에 탄 사람들의 의지에 좌우된다. 선박공동체처럼 법률공동체도 한 운명을 지녔다. 법률 스스로도 자신의 목적지를 가지고서 해석이라는 나침반을 따라 법률에 올라 탄 당사자와 이해관계인들을 풍랑과 역경의 바다 속에서 안전하게 껴안고 가야 한다. 항해는 위험하지만 목적지에는 현실을 넘어서게 만드는 것이 있다. 그리고 나침반의 바늘은 보이지 않는 목적지를 꿈꾸게 해 준다.

타인에 대한 관계와 책임은 얼굴의 마주침에서 시작된다. 우리는 정신장애와의 마주침을 회피해 왔다. 그 결과 얼굴을 보지 않는 채로 입원결정을 하고, 마주침을 피하기 위한 열쇠 없는 격리시스템을 법률에 의해 제도화해 왔다. 그러나 그러한 격리된 현실 속의 인간을 인격을 가진 법주체로 길어 올릴 수 있는 힘이 정신건강복지법의 어디엔가 숨어 있다고 믿으며 글을 시작하고자 한다.

책이 나오기까지 적지 않은 시간과 담금질이 필요했다. 10여 년 간 정신장애와 관련된 법 분야를 지속적으로 공부해 올 수 있었던 것은 주위의 희생과 감내, 배려 속에서 얻은 것이다. 이 기회를 빌어 감사를 표하고자 한다. 속지그림을 그려 준 어릴 적의 아들과 가족들, 30년을 같이 해 온 변함없는 고등학교 친구들, 사회법과 지리산의 즐거움을 알게 해 주신 선생님들, 연구회와 해밀의 선·후배·동료들, 지난 20년 간 밤늦게 좋은 음악과 공간을 제공해 주신 도어스 사장님, 10년 전 그 때는 몰랐지만 내 미래를 바꾸어 준 인신보호청구인들, 정신장애법 수업 속에서 만났던 호기심 많은 학생들, 새로운 법 때문에 고군분투해 온 여러 사람들, 볼품 없던 종이뭉치를 그럴싸한 책으로 만들어 내 주신 법문사 가족들과 교정을 보아 준 두 새내기 변호사, 그리고 마지막으로 오멜라스를 떠나는 사람들에게도 마음 깊이 인사드린다.

2018년 8월, 100년 만의 폭염과 함께
신 권 철

대 목 차

제 1 장　정신장애와 법

제 2 장　강제입원제도

제 3 장 보호 및 치료

제 4 장 퇴원청구 및 심사

세부목차

제 1 장 정신장애와 법

제3장 보호 및 치료

제1절 보호의무자제도 (241~284)

제 3 절 행정조사와 입 · 퇴원관리시스템 (836~866)

표 목차

제 1 장 정신장애와 법

제 2 장 강제입원제도

제 3 장 보호 및 치료

제 4 장 퇴원청구 및 심사

그림 목차

제 2 장 강제입원제도

제 3 장 보호 및 치료

제 4 장 보호 및 치료

일러두기

1. 정신건강복지법 및 조문의 기재방법

○ 정신건강증진 및 정신질환자 복지서비스 지원에 관한 법률
→ '정신건강복지법' 또는 '법'

○ 정신건강증진 및 정신질환자 복지서비스 지원에 관한 법률 시행령
→ '법 시행령' 또는 '영'

○ 정신건강증진 및 정신질환자 복지서비스 지원에 관한 법률 시행규칙
→ '법 시행규칙' 또는 '규칙'

○ 정신건강증진 및 정신질환자 복지서비스 지원에 관한 법률 제2조 제1항 제3호 → 법[또는 정신건강복지법] 제2조 제1항 제3호

○ 정신건강증진 및 정신질환자 복지서비스 지원에 관한 법률 시행령 제3조 제2항 제1호 → 영[또는 법 시행령] 제3조 제2항 제1호

○ 정신건강증진 및 정신질환자 복지서비스 지원에 관한 법률 시행규칙 제1조 제3항 제4호 → 규칙[또는 법 시행규칙] 제1조 제3항 제4호

2. 책에 쓰이는 용어 및 약어의 개념

○ 입원 및 입소 → '입원'으로 통일

○ 퇴원 및 퇴소 → '퇴원'으로 통일

○ 정신의료기관 및 정신요양시설 → '정신의료기관'으로 통일

○ 법 제43조에 따른 보호의무자에 의한 입원 → 보호입원

○ 법 제44조에 따른 시·군·구청장에 의한 입원 → 행정입원

○ 법 제41조(자의입원)와 법 제42조(동의입원)의 입원 → 자발적 입원

○ 보호입원과 행정입원 → 강제입원

○ 법 제43조 또는 제44조에 따라 진단을 위한 목적으로 2주 내의 기간 동안 이루어지는 강제입원 → 진단(평가)입원

○ 법 제43조 또는 제44조에 따라 치료를 위한 목적으로 3개월의 기간 동안 이

루어지는 강제입원 → 치료입원
- ○ 강제입원진단을 위하여 보건복지부장관이 지정한 정신의료기관 → 지정진단의료기관
- ○ 지정진단의료기관에 소속되어 외부의 강제입원환자에 대한 입원 및 그 연장을 위한 진단을 하는 정신과 전문의 → 지정진단의사
- ○ 행정입원환자의 입원을 위해 보건복지부장관이나 지방자치단체의 장이 지정한 정신의료기관 → 지정정신의료기관
- ○ 인신보호법에 따른 수용해제를 위한 구제청구 → 인신보호청구
- ○ 국가인권위원회 → 인권위
- ○ 정신건강의학과 전문의 → 정신과 전문의
- ○ 특별자치시장, 특별자치도지사, 시장, 군수, 구청장 → 시·군·구청장
- ○ 특별자치시, 특별자치도, 시, 군, 구 → 시·군·구
- ○ 특별시장, 광역시장, 특별자치시장, 특별자치도지사, 도지사 → 시·도지사○ 특별시, 광역시, 특별자치시, 특별자치도, 도 → 시·도
- ○ 국제연합의 1991년 정신장애인 보호원칙 → MI 원칙
- ○ 국제연합의 2006년 장애인권리협약 → CRPD
- ○ 유럽평의회의 2004년 '정신장애인의 인권과 존엄을 보호하기 위한 각료회의 권고' → 유럽평의회 권고
- ○ 유럽연합 기본권청(the EU Agency for Fundamental Rights) → FRA
- ○ 국제질병분류(The International Statistical Classification of Diseases and Related Health Problems) → ICD
- ○ 정신질환 진단 및 통계 편람(Diagnostic and Statistical Manual of Mental Disorders) → DSM

3. 법령약어

- ○ 장애인차별금지 및 권리구제 등에 관한 법률 → 장애인차별금지법
- ○ 치료감호 등에 관한 법률 → 치료감호법
- ○ 발달장애인 권리보장 및 지원에 관한 법률 → 발달장애인법
- ○ 감염병의 예방 및 관리에 관한 법률 → 감염병예방법
- ○ 진폐의 예방과 진폐근로자의 보호 등에 관한 법률 → 진폐예방법

○ 노숙인 등의 복지 및 자립지원에 관한 법률 → 노숙인복지법
○ 장애인 건강권 및 의료접근성 보장에 관한 법률 → 장애인건강권법
○ 응급의료에 관한 법률 → 응급의료법

4. 판례인용

○ 선고법원 + 선고일 + 사건번호 + 재판의 종류(판결/결정)
예시) 대법원 2018. 5. 11. 선고 2016도1738 판결
헌법재판소 2016. 9. 29. 2014헌가9 결정

제1장

정신장애와 법

제1장 정신장애와 법

제1절 정신장애와 법

Ⅰ. 정신장애의 개념

법적 규율대상으로 정신장애인을 개념 정의하는 것은 정신장애법이 자신의 법적 영역을 선언하는 것이기도 하다. 정신장애(精神障碍, mental disorder)는 여러 측면에서 개념 정의된다. 우리는 이 개념을 질병으로 이해하거나, 증상으로 이해하거나, 사회적 핸디캡인 장애로 이해하기도 한다. 학문의 영역마다 그것을 부르는 이름은 다르다. 정신의료에서는 정신질환(mental disease 또는 mental illness)에서 정신장애(mental disorder)로 그 개념 영역을 확장하고 있다. 복지에서는 정신장애(mental disorder)를 질병이라기보다는 사회적·물리적 장벽 때문에 발생한 상황으로서 장애(disability)의 하나로 포섭시키려 한다. 이하에서는 법이 바라보는 정신장애의 개념에 대해서 포착해 본다.

1. 법적 규율대상으로서 인간

법은 인간을 규율한다. 자연이나 동물은 법의 규율대상이 아니다. 법의 규율대상은 자연이나 동물을 관리하고 지배하는 인간이다. 수많은 법률들이 자신들이 관할하는 인간을 세분화한다. 노인, 미성년, 아동, 청소년, 장애인, 군인, 수형자(受刑者) 등은 그들을 규율하는 법률을 별도로 가지고 있다.

군인이나 수형자에 대해서는 일반인과 다른 특별한 법적 규율이 필요하다. 그들은 국방의 의무가 있는 군인으로서 또는 수용시설에 있는 수형자로서 특별한 의무들이 법적으로 부과되기 때문이다. 노인·미성년·아동·청소년·장애인의 개념은 특별한 의무를 부과하기 위한 것이 아니라 특별한 보호와 복지서비스를 제공하기 위한 자격이다. 특별한 의무를 부과하는 것이든, 특별한 보호와 혜택을 주기 위한 것이든 모두 법적 근거가 필요하고, 거기에는 그 의무나 혜택의 대상자를 개념 정의하는 것이 필요하다. 군인이나 수형자는 법률적으로 그 개념이 명확히 규정되어 있고, 노인·미성년·아동·청소년은 연령을 통해 개념을 정의하고 있으며, 장애인은 등록제도를 이용해 보호나 혜택의 수급자격을 명확히 하고 있다.

2. 법적 규율대상으로서 정신장애를 가진 사람

정신장애를 가진 사람은 법적 규율대상으로 확정적으로 개념 정의하기가 어렵다. 그 이유는 다음과 같다.

가. 회복가능성

법적으로 장애(障碍, disability)라는 개념은 상당한 기간 회복가능성이 없이 어떤 일반적이지 않은 신체적·정신적 상태가 고정되어 있을 때 쓰는 용어이다. 그러나 정신장애는 치료나 요양을 통한 회복가능성을 전제로 한다. 즉, 현대사회에서 정신장애는 장애가 아닌 치료가능한 질병으로 인식이 전환되었고, 실제 우울증, 조울증(양극성 장애), 조현병 등은 약물치료 등을 통한 회복과 관리가 가능하다고 인식되고 있다.

이러한 점을 감안해 본다면, 정신장애는 장기간 상태가 고정되어 있는 신체장애와 다른 측면에서 바라볼 필요가 있고, 이 의미는 결국 정신장애를 가진 사람은 그것이 장기간의 일정한 법적 지위가 되는 것이 아니라 일정한 시점이나 시기에 가지게 되는 법적 상태로서 이해해야 하는 측면도 있음을 보여준다.

나. 주관성

정신장애(mental disorder)를 판정하는 사람은 누가인가? 우리는 의사, 그 중에서도 정신과 의사만이 이에 대한 독점적 판정권한을 가지고 있다고 생각한다. 그러나 환자에 대한 혈액검사, 방사선사진촬영 등은 일부 기질적 정신병을 제외하고는 정신장애를 판정하는 객관적 기준이 되지 않는다. 결국 대상자의 말과 행동이 주로 그 평가기준이 되는데, 이는 판정자의 주관이 개입할 수밖에 없는 영역이다. 즉, 판정하는 전문가의 판단의 여지가 있는 영역이다. 그리고 판정의 주관성은 결국 의사와 환자와의 개별적 관계에서도 표출된다. 환자는 의사의 평가에 따라 강제입원, 강제치료, 격리·강박 등의 조치가 이루어지기 때문에 자신의 행동을 그에 따라 조절가능한 부분도 있다.

다. 규범성

정신장애를 가진 사람에 대해서 별도로 규율하는 법률을 만들 필요가 있다면 그 이유가 있어야 한다. 사회에서 강요되는 인간상(人間像)을 벗어난 다양한 사람에 대한 사회적 제재조치들(과거 역사에 있었던 추방, 거세와 단종, 격리와 감금 등)과 보호조치들(복지, 돌봄과 부양, 구휼 등)이 이루어지기 위해서는 일정한 기준이 필요하였는데, 그 이탈의 기준 중 하나로서 정신장애는 늘 사회적으로 일정한 징표로서 남용되어 왔다.

과거의 사회 또는 특정한 사회가 요구하는 규범적 표준들, 예컨대 남녀 간의 결혼, 의사소통능력 및 노동능력, 독립적인 생활능력, 범죄적 행동의 자제 등을 갖춘 인간을 사회는 요구한다. 이러한 기준들을 벗어나 소통불가능하거나 노동불가능한 사람, 독립적인 생활능력이 없는 사람, 범죄의 위험이 있는 사람은 다른 취급을 받는 것이 가능하다고 인식되었다. 그 중 일부는 반사회성 인격장애, 절도광(竊盜狂), 방화광(放火狂), 병적 도박 등의 이름으로 정신장애의 목록에 등록되어 왔다.

이와 같이 사회적 일탈이란 결국 사회가 요구하는 수준의 행동과 욕망을 넘어서는 것을 말하는데, 그 한도를 넘어서 말과 행동으로 드러났을 때 이를 설명하는 의학적 표현들의 다수가 정신장애(mental disorder)라는 큰 틀로 흡수되어 왔다. 또한, 이러한 일탈의 규범적 기준들은 사회적으로 변화되는 개념이기도 하다. 예컨대 동성애가 정신장애의 목록에 올랐다가 사라지고, 범죄로서도 처벌받다가 사라지는 것처럼 정신장애는 현실에서의 보통이나 평균에서 벗어난 것이라기보다는 특정한 시기의 사회가 그 관할 내에서 설정한 규범적, 이상적 기준들로부터의 벗어남을 의미한다.

3. 정신질환인가? 정신장애인가?

가. 세계보건기구의 정신장애에 대한 개념 이해

정신장애(mental disorder)라는 용어는 여러 유형의 행동과 증상을 포섭시킬 수 있는 도구적 개념이다. 현재 알코올중독, 치매, 지적장애 등을 자신의 범주 안에 두고 있고, 나아가 그 범주를 지속적으로 확장해 나가는 경향이 있다.

세계보건기구(WHO)는 2005년 정신보건 지침서(인권 및 법령)를 통해 정신장애(mental disorder)라는 개념이 정신질환(정신병, mental illness) 외에 정신지체(지적 장애, mental retardation), 인격장애(personality disorder), 물질의존(substance dependence)을 포함하는 개념이 될 수 있다고 하였다. 그러나 각 국가들마다 정신보건법이나 관련법령에 다양하게 그 개념범주나 대상범주를 구분해 놓고 있음을 지적하며, 각 국가의 법령 속에 나타난 개념들을 다음과 같이 비교분석해 놓았다.

표 1-1 정신장애와 그 유사개념의 비교[1)]

용어	정신질환 (정신병) (mental illness)	정신장애 (mental disorder)	정신적 장애 (mental disability)	정신적 무능력 (mental incapacity)	정신적 불완전 (unsoundness of mnid)
범위	아주 협소	협소	광범위함	가장 협소	유동적, 확장적
장점	잘 정의되고, 일상적 용어법으로 이해 쉬움	의료적 분류에 적합하고, 활용이 쉬움	장애인의 적극적 권리보호에 유용하고, 생활상 문제에 쉽게 접근 가능함	정신장애(정신병)와 정신능력을 구분해 법적 개념으로 규정해 환자의 권리보호	유동적, 확장적 개념해석을 통해 당사자의 최대이익 보호
단점	의료모델을 강화시킴	정신지체와 같은 정신보건법의 주 대상이 아닌 자도 포함하고, 장애정도가 편차가 큼	강제입원의 대상이 되는 범주도 함께 넓어짐	좁은 범주의 사람들에게만 권리보호가 인정될 위험이 있음	특정 의학적 범주가 아니라 남용의 위험이 있음

위 표를 보면, 정신질환(정신병, mental illness)이 가진 장·단점, 정신장애 또는 정신적 장애가 가진 장·단점이 잘 드러나고 있다. 정신적 무능력은 주로 민사(民事) 또는 가사(家事)사건에서 후견의 대상이 되는 판단능력이나 의사결정능력의 장애가 있는 사람을 대상으로 하고 있는 것이고, 정신적 불완전(unsoundness of mind)은 정신의료가 발전하기 전인 1900년대 초반까지 주로 사용되어 오던 용어로서 로마법상의 심신상실 개념(non compos mentis)에서 유래된 것으로 현재로서는 그 개념의 경계선이 불분명하여 채택하기가 어렵다.

나. 국제연합의 정신장애에 대한 개념 이해

국제연합(UN)은 1948년 세계인권선언 이후 사회적 처우가 열악한 계층에 대한

1) WHO, 「WHO Resource Book On Mental Health: Human Rights And Legislation」, 2005, 24-25면의 표 1(정신장애 개념의 비교)을 번역한 것이다.

권리선언을 지속해 오고 있다. 1971년 정신지체인 권리선언, 1975년 장애인 권리선언이 있었지만 구체적으로 정신지체인이나 장애인에 대한 개념 정의는 두지 않았다.

1991년 국제연합은 '정신장애인의 보호와 정신보건증진을 위한 원칙'(Principles for the Protection of Persons with Mental Illness and for the Improvement of Mental Health Care. 이하 'UN 정신장애인 보호원칙' 또는 'MI 원칙'이라 한다)에서 '정신질환을 가진 사람(persons with mental illness)'이라는 표현을 쓰고 있다. 다만, 정신질환(mental illness)에 대한 개념 정의는 하지 않은 채 정신질환 판정의 기준(국제적 의학기준에 따른 판단)만을 제시하고 있다.

한국이 비준한 국제연합의 2006년 「장애인권리협약」(the Convention on the Rights Of Persons with Disabilities)은 장애(disability)를 표현함에 있어 "다양한 장벽의 상호작용으로 인하여 다른 사람과 동등하게 완전하고 효과적인 사회참여를 저해하는 장기간의 신체적, 정신적, 지적 또는 감각적인 손상을 가진 사람을 포함한다"라고 하여 장애 개념에 있어 의료적 모델이 아닌 사회적 모델을 채택하고 있고, '장기간의 신체적, 정신적, 지적, 감각적 손상(long-term physical, mental, intellectual or sensory impairments)'이라고 하여 정신적 장애와 지적 장애를 포함하고 있다.

다. 국내의 정신장애인 용례

정신질환(mental illness)과 정신적 장애(mental disability)는 하나의 실체를 바라보는 서로 다른 방식이라 할 수 있다. 단순히 어떤 직역의 전문가가 정신질환자라는 용어를 더 선호하고, 다른 직역의 전문가는 정신장애인이라는 용어를 더 선호하는 것과는 무관하게 '질병'과 '장애'가 가진 관계를 어떻게 이해하는 것이 좋을 것인가의 문제이기도 하다.

의료적 측면에서 보는 '정신질환'은 질병과 치료의 관점에서 환자를 대상화한다. 규범화된 가치로서의 정신건강을 회복시키기 위한 노력이 환자 외부의 의료진을 통해 해야 할 일이라 생각한다. 반면, 복지적 측면에서 보는 '정신적 장애'는 고착화된 장애를 가지고서 사회적 삶을 살아야 하는 상황에 대한 고민이 중심이 된다. 그래서 치료는 전체의 일부로서 자리매김되고, 치료에 더하여 사회적 삶을 지원하는 것을 목표로 한다.

두 단어에 대한 사회적 현실에서의 용례를 보면, 의료전문가는 정신질환자를, 복지전문가와 인권기관에서는 정신장애인을 선호하여 사용한다. 실제 언론사의 기사를 검색해 보면, '정신질환자'라는 표현은 범죄나 위험과 관련된 이슈에, '정신장애인'이라는 표현은 복지나 인권과 관련된 이슈에 더 많이 사용되고 있다.

4. 정신질환 범주의 변화

가. UN의 정신장애인 보호(MI) 원칙

국제연합은 1991년 정신장애인 보호 원칙에서 환자(patient)의 개념을 "정신보건케어를 받은 사람과 현실적으로 정신건강시설(mental health facility)에 입원되어 있는 모든 사람을 포함한다(MI 원칙의 정의규정 f)"라고만 하고 별도로 정신질환이나 정신질환자 개념을 정의하지는 않고 있다. 다만, 국제연합이 제시한 정신질환 판정기준은 다음과 같다(MI 원칙 4).

i) 국제적으로 승인된 의학기준에 따를 것
ii) 정치·경제·사회적 상태 또는 문화·인종·종교에 근거하는 등 정신건강상태와 직접적으로 관련 없는 이유로 한 정신질환 판정의 금지
iii) 가족적, 직업적 갈등, 사회 내의 도덕·사회·문화적·정치적 가치나 종교적 신념과의 불일치는 정신질환 진단의 결정요소가 될 수 없음
iv) 과거 환자로서의 치료나 입원경력 그 자체만으로는 현재 또는 미래의 정신질환 판정의 정당화근거가 될 수 없음

(1) 국제적으로 승인된 의학기준

위의 네 가지 판정기준을 정리하면 다음과 같다. 먼저, 적극적 판정기준으로 국제적으로 승인된 의학기준을 따를 것을 요구한다. 현재 다수의 국가에서 정신질환 진단에 관하여 세계보건기구가 제정한 국제질병분류(The International Statistical Classification of Diseases and Related Health Problems, 이하 'ICD'라 한다)를 사용한다. ICD 제1판부터 제9판까지는 정신질환을 정신병(psychosis)과 신경증(neurosis)으로 구분해 왔는데, 1992년 제10판에서는 위와 같은 구분을 폐지하고,[2] 좀 더 다양하게 분류된 정신 및 행동장애(F00-F99) 진단분류를 두고 있다. 세계보건기구는 2018년 현재 ICD-10판을 개선한 ICD-11판을 준비 중에 있다. 한국의 경우에는 ICD-10과 유사하게 통계청이 만든 「한국표준질병·사인분류」(KCD)항목 중 정신 및 행동장애(F00-F99)질병분류 항목을 가지고 있다.

2) ICD-10 정신 및 행동장애의 임상기술과 진단지침에 관해서는 WHO, 「ICD-10 정신 및 행태장애 - 임상기술과 진단지침」, 이부영 책임번역, 일조각, 1994를 참조할 것.

(2) 소극적 판단기준

정신질환은 역사적으로 마녀사냥[3]이나 정치적 반대자에 대한 낙인을 비롯해 여러 가지 사회·정치적 목표를 이루기 위한 개념으로 이용되어 왔기 때문에 그 반성적 고려로 ⅰ) 정치·경제·사회적 상태 또는 문화·인종·종교를 이유로 한 정신질환 판정을 금지하고, ⅱ) 가족적, 직업적 갈등, 사회 내의 도덕·사회·문화적·정치적 가치나 종교적 신념과의 불일치를 정신질환 판정의 요소로 삼아서는 안 되며, ⅲ) 과거의 정신질환으로 인한 치료나 입원 그 자체만으로 현재나 미래의 정신질환 판정의 기준이 되어서는 안 됨을 MI 원칙은 지적하고 있다.

정신질환 판정은 강제입원 및 강제치료의 출발점이 되기 때문에 위와 같은 주관적·갈등적 요소가 정신질환 판정에 중요한 요소로 간주되는 것을 막기 위하여 국제연합이 정신질환으로 인정하지 않는 소극적 기준을 제시한 것이다.

특히, 과거의 정신질환 치료나 판정만으로 현재나 미래의 정신질환 여부를 규정하여서는 안 된다는 의미는 앞서 보았던 정신질환의 유동성과 회복성을 보여주는 것이기도 하다.

나. 정신질환 범주의 변화

정신질환 판정기준이 되는 질병유형이나 질병명 또한 변화한다. 미국정신의학회(APA)가 1952년 제정하여 2013년 5판까지 개정된 「정신질환 진단 및 통계 편람」(Diagnostic and Statistical Manual of Mental Disorders, 이하 'DSM')은 과거 청소년의 '가출반항'(runaway reaction, 1968년 DSM-Ⅱ)을 정신질환 중의 하나로 분류하였다가 1980년 DSM-Ⅲ에서 삭제하였다.[4] 동성애(homosexuality) 또한 미국정신의학회가 1952년 DSM-Ⅰ에서는 사회병질적 인격장애(sociopathic personality disturbance)의 하나로, 1968년 DSM-Ⅱ에서는 성적 편향(sexual deviations) 중의 하나로 분류하였다가 1973년 삭제하였다.[5] 이는 어떤 형태의 개인적 행동이나 취향이 사회·정치·종교적 여론과 상황에 의해 질병, 특히 정신질환으로 분류되기도 하고 사라질 수도 있는 상황을 보여주는 것이다.

---

3) 앨런 프랜시스, 「정신병을 만드는 사람들(Saving Normal)」, 김명남 역, 사이언스 북스, 2013, 90면.
4) Brenda K. Melson, 「Runaway Adolescents: A Family Systems Perspective」, Garland Publishing. Inc., New York & London, 1995, 24면.
5) Jack Drescher, "Out of DSM: Depathologizing Homosexuality", 「Behavior Science」 Vol. 5 Issue. 4, 2015, 570-571면.

5. 정신건강복지법의 정신질환자 개념

아래에서는 정신건강복지법에서 개념 정의하고 있는 '정신질환자' 개념을 살펴보기로 한다.

제3조(정의) 이 법에서 사용하는 용어의 뜻은 다음과 같다.

1. "정신질환자"란 망상, 환각, 사고(思考)나 기분의 장애 등으로 인하여 독립적으로 일상생활을 영위하는 데 중대한 제약이 있는 사람을 말한다.

가. 의 의

(1) 정신질환자 개념의 기능

'정신질환자'는 정신건강복지법의 적용 대상여부를 결정하는 기본 개념이다. 정신질환자에게만 보호의무자가 있고, 정신건강증진시설도 정신질환자 또는 정신건강상 문제가 있는 사람만이 입원, 입소 또는 이용할 수 있다. 한편, 강제입원의 대상이 되는 사람도 '정신질환자'로 한정되며, 자격취득이 제한되는 대상도 '정신질환자'이다.

즉, 정신질환자 개념의 축소나 확대는 누군가에게 보호의무자를 사라지거나 생기게 만들고, 정신재활시설 입소를 허용하거나 제한하게 만들며, 강제입원이나 자격취득제한의 대상자를 축소 또는 확대한다.

(2) 정신질환자 지위의 유동성

정신질환이라는 것은 발병·악화·회복이라는 질병으로서의 주기를 가진다. 정신건강복지법이 정신의료적 진단명이 아닌 증상과 장애정도로 정신질환자 여부를 판단하는 이상 정신질환자라는 개념은 이제 법적 지위라기보다 때에 따라서는 일시적인 법적 상태가 된다. 만성화되어 장애가 고착된 정신질환이 아니라 초발하거나 반복적으로 회복 가능한 정신질환을 가진 사람은 일정한 순간이나 시기에만 법적으로 정신질환자가 되는 것이고, 회복되면 정신질환자가 아닌 것으로 이해하여야 한다.

나. 정신건강복지법의 정신질환자 개념 내용

(1) 증상

정신건강복지법의 정신질환자가 되기 위해서는 '망상, 환각, 사고(思考)나 기분의 장애 등'이 있어야 한다. 망상이나 환각은 통상 조현병의 증상 중의 하나로, 사고의 장애는 조현병, 발달장애나 치매의 증상으로, 기분의 장애(mood disorder)는 우울증과 조울증의 증상으로 제시될 수 있다.

정신적 문제로 인한 다양한 증상을 포섭하기 위하여 정신건강복지법은 그 밖에도 같은 것이 더 있음을 나타내는 '등(等)'이라는 표현을 써서 개념범주의 해석을 통한 확대가능성을 전제하고 있다.

특히 문제가 되는 것은 알코올중독을 포함한 정신활성물질 복용 등의 행동의 장애(behavioural disorder)가 위 개념범주에 포함될 수 있는지 문제된다. 생각건대, 정신질환자 개념 범주를 축소하기 위해 정신건강복지법이 둔 문턱은 '일상생활에 중대한 제약'이라는 장애의 정도에 따른 기준이지 증상이나 진단명을 통하여 개념범주를 축소하려는 것은 그 입법취지가 아니다.

(2) 장애(disability)

정신건강복지법은 단순히 증상이 있다는 것만으로는 정신질환으로 간주하지 않는다. 법은 그러한 증상으로 인해 독립적으로 일상생활을 영위하는 데 중대한 제약이 있어야만 정신질환자로 인정한다.

'독립적으로 일상생활을 영위하는데 중대한 제약'이라 함은 법적으로 보면 장애(disability)를 의미한다. 여기서 우리말로 표현되는 '장애'는 영어의 'disorder'를 가리키는 경우도 있고, 어떤 경우에는 'disability'를 가리키는 경우도 있다. 예컨대 우리가 '정신장애'라고 표현할 때 그 영어원문은 mental illness, mental disorder, mental disability 중 어느 것을 지칭하는 것인지 혼란스러울 때가 많다.

예컨대, 세계보건기구(WHO)는 2005년 정신보건 지침서(인권 및 법령)에서 'mental disorder(정신장애)'가 'mental illness(정신질환)'과 'mental retardation(지적장애)'를 포괄하는 더 큰 개념이라 하고 있는데,[6] 구 정신보건법은 정신질환(mental illness)의 범주에 '정신병, 인격장애, 알코올 및 약물중독, 기타 비정신병적 정신장애(mental disorder)'를 포함시켜 국제적 기준과는 반대로 개념 정의되어 있었다.

---

6) WHO, 앞의 책, 2005, 20-26면.

1992년 국제질병분류 10판(ICD-10) 이후에는 정신질환의 병명에 일반적으로 장애(disorder)라는 개념을 많이 사용하게 되었다. 반면에 정신적 장애인(person with mental disability) 개념은 「장애인복지법」에서 찾을 수 있는데, '발달장애나 정신질환으로 오랫동안 일상생활이나 사회생활에서 상당한 제약을 받는 자'로 법령상 규정되고 있다.

정신건강복지법은 정신질환자 개념 정의에 있어 위와 같은 일시적 장애개념을 채택하여 단순히 질병으로 인한 증상만이 아니라 그로 인한 장애가 발생하여야 함을 규정하여 정신질환자 개념 범주를 구 정신보건법보다는 축소하고자 하였다. 즉, 진단명만으로는 그를 정신질환자로 판정하여 강제입원이나 강제치료를 할 수 있는 것이 아니고, 증상과 장애가 상당한 정도에 이르러야만 강제입원과 강제치료의 대상이 되는 것이다.

(3) 정신질환 진단명

1) 구 정신보건법

정신건강복지법은 정신질환자 개념 속에 정신질환 진단명을 따로 규정하고 있지 않지만 기존의 구 정신보건법의 진단범주에 따라 현행 정신건강복지법의 정신질환자 개념을 검토해 보도록 한다.

의학적 측면으로 접근해 본다면, 정신질환은 질병으로서 치료와 재활의 대상이 된다. 그 치료주체는 의사이며, 입원, 약물, 상담, 수술 등이 그 치료수단이다. 우리 구 정신보건법의 정신질환자 개념 정의도 의학적 접근방법을 사용하였다. 구 정신보건법이 표현하고 있던 4가지 범주 ⅰ) 정신병(기질적 정신병을 포함, psychosis), ⅱ) 인격장애(personality disorder), ⅲ) 알코올 및 약물중독, ⅳ) 기타 비정신병적 정신장애는 모두 의학적으로 정의될 수 있는 개념이다.

2) 정신병과 장애

과거 의학적으로 '정신병(psychosis)'이라 함은 병식(病識)이 없고, 성격 전체가 관여하며, 주관적 경험에 잘못된 환경을 구축하여 합리적 사회적응을 하지 못하는 것이라 보아 왔고, 이에 대응하여 '신경증(neurosis)'은 병식(病識)이 있고, 성격 일부만이 관여하며, 주관적 경험과 현실을 구분할 수 있는 증상을 가진 정신질환을 말하는데, 1992년 ICD-10 출간 이후 이러한 구분(정신병 對 신경증)은 폐기되었다.[7]

이후 정신질환의 병명에 일반적으로 장애(disorder)라는 개념을 많이 사용하게

---

7) 이정균 · 김용식 편저, 「정신의학(제4판)」, 일조각, 2000, 143면.

되었는데, 의료적으로 '장애(disorder)'의 개념 내용은 개인에게 괴로움과 기능저해를 수반하는 임상적으로 인지가능한 일군의 증상이나 형태의 존재를 의미한다.[8)]

3) 발달장애

구 정신보건법이 표현하고 있는 4가지 범주(정신병, 알코올 및 약물중독, 인격장애, 기타 비정신병적 정신장애) 안에 발달장애(developmental disorder)와 정신지체(mental retardation)를 포함시킬 수 있는가? 이는 주로 발달기 아동에게서 시작되는 정신장애인데, 이러한 유형의 정신장애를 정신보건법의 적용대상으로 삼고자 한 것인지는 의문이 있기 때문이다.

의학적 정신장애(mental disorder)의 범주(F 코드)로서 본다면 발달장애, 정신지체는 모두 정신 및 행동장애의 한 유형이므로 정신장애의 범주에 포함되기는 하나, 「장애인복지법」은 정신적 장애(mental disability)를 '발달장애' 또는 '정신질환'으로 인하여 발생하는 장애(「장애인복지법」 제2조 제2항 제2호)로 개념 정의하여 발달장애와 정신질환으로 인해 발생하는 장애를 구분하고 있다.

이렇게 '정신질환'과 '발달장애'를 개념 구분하는 이유는 과거 역사적으로, 그리고 법적으로 서구사회에서 '정신이상(insanity or lunacy)'을 대하는 태도와 발달장애와 같이 유지되는 '정신적 장애(예컨대, idiot)'[9)]를 대하는 태도가 달랐기 때문에 그로부터 연유한 것이라 생각된다.

현대적 상황에서도 양자가 처한 상황(발병의 시기, 치료의 방법, 위험과 보호의 필요성)이 다름에도 정신건강복지법에 의해 발달장애 또는 지적장애 아동을 장기간 강제입원시키는 사례들이 있어 비판의 여지가 있다. 실제 2016년 정신건강증진시설 입원(입소)실태를 보면, 19세 이하 미성년자가 약 800여 명 입원해 있고,[10)] 지적장애(정신지체)로 인해 입원한 환자 수도 4,500여 명[11)]에 이른다.

4) 정신질환 진단명의 변화

구 정신보건법상의 정신질환자 개념을 의학적 개념으로 본다고 하더라도 그 개념은 유동적이다. 위에서 본 바와 같이 어떤 질병명은 정신의학의 발달에 따라 정신장애(mental disorder)의 범주에 추가되거나[12)] 삭제[13)]될 수 있다. 최근에는 사회적

8) 이정균·김용식 편저, 앞의 책, 143면.

9) 여기서는 영어권에서 쓰였던 과거의 역사적 명칭이자 표현인 'insanity', 'lunacy', 'idiot'라는 법적 표현을 사용한다.

10) 보건복지부 및 국립정신건강센터, 「2017 국가 정신건강현황 3차 예비조사 결과보고서」, 국립정신건강센터, 2017, 114면 표 20.

11) 보건복지부 및 국립정신건강센터, 앞의 책, 117면 표 22.

문제가 될 수 있는 쇼핑 중독과 같은 강박구매(compulsive buying)[14]나 게임중독 등도 정신장애의 범주에 포함시킬지 논의되고 있다.

(4) 정신과적 진단이나 정신장애인 등록이 없는 경우

정신건강복지법의 규율을 받기 위해서는 정신과적 진단이나 정신장애인등록이 필요한 것인지 문제된다. 이는 강제입원 등의 강제조치를 하는 경우와 복지서비스를 제공하는 경우로 나누어 생각해 볼 필요가 있다.

먼저, 정신건강복지법의 보호입원, 행정입원, 자발적 입원(자의입원과 동의입원)은 입원 전에 기본적으로 정신과 전문의의 진단이 필요하다(법 제68조 제1항). 정신재활시설 입소 또는 이용과 같이 자발적이고, 수익적인 서비스의 경우에는 그 수급자격으로서 사전에 정신과적 진단이나 장애등록이 필요할 수 있다.

다만, 행정입원의 신청이나 응급입원을 의뢰하는 경우에는 정신과 전문의가 아닌 정신건강전문요원이나 일반인이 할 수 있는데, 이 경우에는 그 대상자에 대한 초기절차에서 정신과적 진단이나 정신장애인 등록이 전제되지는 않는다.

다. 정신건강상 문제가 있는 사람

(1) 정신건강복지법의 '정신건강상 문제가 있는 사람'

2016년 정신건강복지법의 입법 당시부터 위에서 본 바와 같이 정신질환자 범주가 엄격히 제한될 경우 복지서비스나 시설입소 등도 함께 제한될 수 있다는 점에 대한 우려가 있어 왔다. 이를 고려해 정신건강복지법은 정신질환이 있는 사람의 범주를 둘로 구분하여, 정신건강복지법 제3조 제1호의 정신질환자는 강제입원 및 강제치료와 같이 기본권을 제한하는 규정들의 적용대상으로 한정하고, 법 제3조 제7호의 '정신건강상 문제가 있는 사람' 중 대통령령으로 정하는 사람은 시설이용 등의 복지서비스 지원을 받을 수 있도록 구분하여 후자의 경우 정신질환자에 비해 그 개념이 확대되어 있다.

---

12) 1992년 세계보건기구의 정신 및 행태장애에 대한 분류(ICD-10)은 과거에 포함시키지 않았던 '병적 방화', '병적 도박'을 추가하였다.

13) 미국정신의학회는 1973년 정신질환 통계편람인 DSM-Ⅱ에서 '동성애'를 정신질환 목록에서 삭제하였다.

14) Eric Hollander and Andrea Allen, "Is Compulsive Buying a Real Disorder, and Is It Really Compulsive?", 「Am J Psychiatry」(October 2006), American Psychiatric Association, 2006, 1670-1672면.

(2) 정신재활시설 이용자의 범위

앞서 본 바와 같이 정신건강복지법 제3조 제1호의 정신질환자는 진단명으로 범주화되지 않는다. 현재의 정신질환자 개념은 진단명이 아니라 증상과 장애의 정도까지 판단기준이 되기 때문에 엄격하게 한정된 범위로 축소된다. 그런데 그 축소된 범위의 정신질환자만을 대상으로 할 경우 정신건강복지법의 다양한 시설이용과 복지서비스 제공까지 제한되는 문제점이 있다. 그래서 정신건강복지법 시행령 제2조는 '정신재활시설 이용자의 범위'라는 제목 아래 다음과 같이 진단명에 따라 그 시설 이용대상자를 정하고 있다(영 제2조 각 호).

i) 기질성 정신장애(제1호)
ii) 알코올 또는 약물중독에 따른 정신장애(제2호)
iii) 조현병 또는 망상장애(제3호)
iv) 기분장애(제4호)
v) 정서장애, 불안장애 또는 강박장애(제5호)
vi) 그 밖에 제1호부터 제5호까지의 장애에 준하는 장애로서 보건복지부장관이 정하여 고시하는 장애(2018년 8월 현재 별도의 고시로 규정하지는 않고 있음)

라. 해석론으로서의 정신장애인

정신건강복지법 및 그 시행령은 '정신질환자' 개념이 축소되어 있음을 이유로 이를 다시 확대하기 위한 방법으로 위에서 본 바와 같이 정신재활시설 이용자의 범위를 정신질환자 외에 '정신건강상 문제가 있는 사람 중 대통령령으로 정하는 사람'으로 확대하고 있다. 그 밖에 자의입원 대상자 또한 정신질환자 외에 '정신건강상 문제가 있는 사람'도 추가하고 있다.

정신건강복지법은 '정신질환자'라는 명칭을 축소된 개념으로 쓰는 것이 아니라 일반적으로 정신적 건강에 문제가 있는 사람 모두를 포괄하는 광의의 의미로 쓰는 경우가 적지 않다. 예컨대 정신질환자의 재활 · 복지 · 권리보장(제6조, 제33조 내지 제38조) 및 국가정책에 관한 조항(법 제1조, 제2조, 제4조, 제7조, 제9조 및 제10조)을 보면 거기서 말하는 '정신질환자'는 법 제3조 제1호가 말하는 협의의 '정신질환자'가 아니라 광의의 '정신질환자'이다. 이러한 협의의 '정신질환자'와 구분하여 법에서 표현하는 광의의 '정신질환자'를 포함하여 표현하는 용어로서 본 책에서는 '정신장애인'을 사용하기로 한다.

마. 입법론으로서 정신장애로의 개념 전환

앞서 보았지만 정신건강복지법이 가진 '정신질환자' 개념의 모호성이나 주관성을 극복하고, 사회적 낙인이 된 '정신질환'을 장애의 측면에서 바라볼 수 있도록 '정신장애'의 개념으로 재정립하고, '정신장애인'이 향후 또 다른 사회적 낙인이 되지 않도록 입법론으로는 다음과 같은 방향이 필요하다.

i) 정신장애를 개념 정의할 것: 특정한 '사람'의 개념 정의가 아닌 정신장애의 개념을 정의하여 인격적 존재로서의 사람과 그 사람이 가진 정신장애를 구분할 것
ii) 개념을 단순화할 것: 낙인이 될 수 없는 표현으로 단순화(예컨대, 정신의료적 치료나 사회서비스가 필요한 사회심리적 장애를 겪는 사람)할 것
iii) 유동화할 것: 정신장애를 법적 지위로 고정화시키지 않도록 가능한 한 유동화하고, 회복가능성을 전제로 한 기준과 절차를 마련할 것

Ⅱ. 정신장애와 법

1. 정신장애법의 규율대상

법은 당위적인 목표를 세우고 그것을 실현하기 위해 인간을 규율한다. 예컨대, 노동법은 종속노동의 지양(止揚)을 목표로 하여 노동관계를 규율하고, 형법은 처벌을 통한 범죄예방을 목적으로 범죄와 형벌을 규율한다.

정신장애법은 정신장애를 가진 사람과 그를 둘러싼 관계(가족, 보건의료복지서비스 제공자, 시설, 국가 등)를 규율하기 위한 법이다. 정신장애법이라는 명칭을 가진 법률은 아직 탄생하지 않았다.

세계적으로 강제입원을 주요 내용으로 한 법률이 만들어지는 경우 그 명칭은 「정신위생법」(중국과 대만), 「정신건강법」(영국과 호주), 「정신보건법」이나 「정신보건복지법」(일본) 등이었다. 독립된 주를 가진 연방국가인 독일은 각 주별로 이름은 다르지만 통일적 개념으로 공법상 강제수용을 하는 각 주의 「정신질환자법」이 있고,[15)]

---

15) 박귀천, "독일의 정신보건법제와 정신질환자 강제입원제도", 「법학논집」 제19권 제2호, 이화여자대학교 법학연구소, 2014, 357면 이하.

미국도 각 주별로 강제입원제도를 규율하는 서로 다른 명칭의 법률들이 있는데 이를 통일하여 민사수용법(civil commitment law)이라 한다. 한국도 구 정신보건법이 2016년 정신건강복지법으로 재탄생하였지만 강제입원을 중심으로 한 제도의 기본 틀은 변하지 않았다.

정신장애법이 자신만의 독자적 학문체계를 구축하고자 한다면 일반의 법률과 다른 특수성과 독자성이 발견되어야 한다. 정신장애법의 특수성과 독자성을 든다면 아마도 그것은 근대적 이성이 만든 법제도들에 균열을 가하여 특별한 법영역을 창출해 나간다는 점에 있지 않을까 싶다. 예컨대, 범죄 없이는 형벌 없다는 근대 형법의 대원칙을 사실상 깨는 것은 정신장애이다. 자유의지 없이 이루어진 범죄는 무죄임에도 치료를 위한 격리는 있을 수 있다는 치료감호제도가 만들어진 것의 의미는 근대 형법의 원칙을 깨뜨리며 예외를 설정하게 만들었다는 것이다. 모든 인간이 향유한다는 법적 능력(행위능력, 책임능력, 의사능력)과 자유의지에 대한 법의 추정도 정신장애에 있어서는 예외를 두어 후견제도를 만들어 낸다.

이와 같이 정신장애를 위해 새롭게 법이 특별히 만들어 낸 제도들, 후견제도, 치료감호제도, 강제입원제도, 그리고 과거의 일이기는 하지만 정신장애인에 대한 강제추방과 강제불임 등 그의 신체와 추상적 법인격에 가해지는 조치들은 모두 정신장애가 없는 사람에게는 발생하지 않는 특유의 국가적 조치들이었다.

21세기 이후에는 이러한 법적 예외를 다시 전복하기 위한 기획들이 서구에서부터 시작된다. UN 「장애인권리협약」을 바탕으로 UN 장애인권리위원회는 세계를 향해 정신장애인에 대한 후견제도, 강제치료, 강제입원, 그리고 시설을 폐지하여 정신장애인의 자기결정권과 사회적 삶을 전면적으로 보장할 것을 요구하고 있다. 한국 정부도 2008년 「장애인권리협약」을 비준한 이상 이러한 국제적 요구들에서 자유로울 수는 없는 상황이다.

2. 정신장애법의 체계

현대 사회에서 정신장애법이란 정신장애를 가진 사람과 그를 둘러싼 법률관계(가족, 사회, 국가 등)를 규율하는 법규라 할 수 있는데, 이를 세분하여 제도별로 구분해 보면 다음과 같다.

표 1-2 정신장애법의 체계

	유형의 분류	제도의 내용	근거법령
정신장애법의 규율대상	사회적 치안과 치료	강제입원제도	정신건강복지법
		치료감호제도	치료감호법
		치료명령제도	치료감호법 정신건강복지법
		치료보호제도	마약류 관리에 관한 법률
	의사결정제도	후견제도	민법
		보호의무자제도	정신건강복지법
		보호자제도	발달장애인법
	사회정책적 목적	강제불임제도	폐지된 구 모자보건법(강제불임)
		자격제한제도	각종 국가자격취득법령
		강제퇴거제도	출입국관리법 (정신장애 외국인)
		복지제도	장애인복지법 발달장애인법 정신건강복지법
		공중보건제도	치매관리법 정신건강복지법
	권리구제제도	인신보호제도	인신보호법
		장애인차별구제제도	장애인차별금지 및 권리구제에 관한 법률
		퇴원청구제도	정신건강복지법

위 표를 보면, 신체장애와 달리 정신장애를 가진 사람에 대해서는 국가가 치안적 목적이나 다른 정책적 목적을 이유로 신체적 감금이나 불임 등의 강제적 격리와 치료를 시도해 온 것을 알 수 있다. 위와 같은 제도들은 모든 사람들을 규율하는 것이 아니라 정신장애를 가진 사람에게만 특별하게 적용된다. 한 사회가 정신장애를 가진 사람을 바라보는 시각들이 저 제도들 안에 녹아 있는 것이다. 그 중 강제불임제도를 규정했던 「모자보건법」은 1990년대 초반에 인권침해를 이유로 법률의 근거규정을 삭제하였고, 정신장애 외국인에 대한 강제퇴거(추방)제도는 아직 남아 있으나 흔하지는 않다. 정신장애법의 규율대상으로 가장 대표적인 것이라 할 수 있

는 것은 강제입원제도이다.

3. 정신장애의 특수성

가. 위험성을 특수성으로 강조하는 경우

정신장애의 특수성을 고려한다는 것은 두 가지 측면이 있다. 먼저, 정신장애가 가진 위험이라는 사회가 부여한 징표를 특수성으로 보아 이를 강화하게 되면, 정신장애라는 이유로 가능해지는 것들(강제입원, 강제치료, 격리·강박 등)에 대해 인권이나 평등과 같은 필터를 거치지 않은 채 정당성이 쉽게 부여되어 버린다. 이는 공무원이나 군인은 특별권력관계라는 이유로 기본권의 제한이 좀 더 수월해질 수 있다는 논리와 유사하게 위험을 강조할수록 정신장애인에 대한 신체적 제한의 법적 절차와 요건은 완화된다.

나. 정체성을 특수성으로 삼는 경우

또 다른 관점에서 정신장애가 가진 독자적인 정체성(正體性)을 특수성으로 보고, 이를 고려하게 되면 다른 정신적 정체성을 가진 사람에 대한 이해와 존중을 강화시킬 수 있다. UN의 장애인권리위원회가 주목하는 것은 이러한 부분이며, 그러한 정체성의 교정을 위하여 시도되는 강제치료와 대체의사결정권자(가족이나 후견인)에 의한 강제입원제도에 비판적이다. 정신장애가 가진 정체성을 부인하며 정상으로 복원하려 하는 강제치료, 그리고 정신장애인의 인격적 결정을 대체해버리는 가족이나 후견인에 의한 강제입원제도가 정신장애인의 인격적·정신적 정체성의 핵심을 침해하고 있음을 지적하는 것이라 할 수 있다.

다. 인격적 주체성의 복원

모든 사람이 가졌다고 전제되는 법적 주체로서의 지위, 즉 자신의 말이나 자신의 거부의 의사표시가 법적 힘을 가지고서 상대방과 대등한 법적 인격자로서의 지위를 가진다는 원칙이 앞서 본 정신장애를 규율하는 법체계 속에서는 정신장애를 이유로 다르게 취급되는 모습을 보인다. 특히, 입원과 치료, 격리·강박이 강제되는 과정에서 인격적 주체성은 더욱 제약된다. 이러한 현실을 법적 특수성으로 삼아 원래의 법적 주체로서의 지위인 인격적 주체성을 복원시키는 것을 정신장애법이 나아갈 지향으로 삼을 수 있을 것으로 생각한다. 즉, 정신장애의 현실적 위험성이나 정체성이 아닌 인격적 주체성의 상실을 직시하고, 그 복원을 통한 법주체로서의 지위의 재정립이 정신장애법의 임무이자 지향하는 바라 할 것이다.

4. 정신장애법의 법적 인간상(人間像)

가. 근대적 인간상

(1) 법적 인간상

법적 인간상이란 어떠한 법이 그 전제로서 상상하는 규범적, 추상적인 인간의 모습을 말한다. 현실의 구체적 인간이란 감정과 이기심에 충만해 있을지라도 법적 인간상은 그것을 넘어선 어떤 이상적인 인간의 모습을 전제한다. 근대국가의 각각의 법들은 자신들이 전제하는 인간상을 가지고 있다.

근대적 인간상은 중세의 신의 속박으로부터 벗어나 신의 자리를 인간의 이성이 대체하게 하고, 합리적이고 자유롭고 평등한 시민들을 전제한다. 그리하여 근대 법들도 그러한 근대 사회의 인간상을 본떠 자신들의 법적 인간상을 만들었다.

(2) 근대 민법의 인간상

근대 민법은 "신분에서 계약으로"라는 중세와의 단절을 말해 주는 구호와 같이 자유로움과 합리성을 가진 대등한 법적 주체로서의 시민을 전제한다. 즉, 손해를 보려 하지 않고, 스스로의 선택에 구속되고, 책임지는 합리적 인간을 전제한다. 이러한 추상적인 법적 인간상은 자기 몫을 위한 계산은 하지만 타인의 고통은 감안하지 않는다.

(3) 근대 형법의 인간상

근대 형법은 두 가지 차원에서 논의가 전개된다. 18세기 고전주의 범죄학은 형벌이 주는 고통과 범죄가 주는 쾌락을 비교형량할 줄 아는 자유의지가 있는 이성적 존재인 범죄자를 상정하였다. 이러한 고전주의 범죄학의 인간상은 형벌의 고통과 범죄의 쾌락을 비교하지 않는 현실세계의 충동적, 반복적 범죄자들 앞에서 무력해진다.

이에 반기를 들고 19세기 실증주의 범죄학은 현실의 범죄자들이 추상적 자유의지가 아닌 구체적·순간적 충동, 반사회성, 인격적 결함과 같은 인간의 개인적 특성으로부터 범죄가 비롯된다고 보았다. 그 대책으로 응보로서의 형벌이 아닌 예방으로서의 치료를 강조하게 된다. 즉, 실증주의 범죄학은 인간의 이성이 아니라 감정과 본성을 범죄의 원인으로 파악한 것이다. 고전주의 범죄학에서 말하는 이성과 자유의지라는 것은 현실에서 구체화되는 범죄를 설명하기 어렵다고 실증주의 범죄학은 보는 것이다.

나. 한국 헌법의 인간상

우리 헌법재판소도 지난 20년 동안 한국 헌법이 요구하는 법적 인간상을 여러 차례에 걸쳐 제시하고 있다. 이하에서 구체적으로 보면 다음과 같다.

i) 자기결정권을 지닌 창의적이고, 성숙한 개체로서의 국민[16)]
ii) 개인이 스스로 선택한 인생관·사회관을 바탕으로 사회공동체 안에서 각자의 생활을 자신의 책임 아래 스스로 결정하고 형성하는 성숙한 민주시민[17)]
iii) 공동체에 관련되고, 공동체에 구속되어 있기는 하지만 그로 인하여 자신의 고유가치를 훼손당하지 아니하고 개인과 공동체의 상호연관 속에서 균형을 잡고 있는 인격체[18)]

우리 헌법이 전제하는 인간상은 '사회 내에서 자기결정과 자기책임을 질 수 있는 합리적·이성적 인간'이다. 이는 모델형 인간으로서 모든 생물학적 인간들이 이에 부합할 수는 없는 것이다. 위와 같은 모델형 인간을 법적 인간상으로서 떠올리게 되면 될수록 현실에서 자기결정도 자기책임도 지지 못하는 사람들은 그 법적 주체로서의 지위를 인정받기 어렵게 된다.

다. 정신장애법의 인간상

정신장애법은 그 법역(法域)을 설정하는 명칭에서도 알 수 있듯이 합리성과 이성의 영역을 뛰어넘는 인간상을 전제한다. 법이 합리적 이성의 산물이라는 점에서 정신장애법은 그 명칭에서부터 불편한 관계를 형성한다. 이처럼 정신장애(mental disorder)는 이성(logos)의 산물인 법질서를 끊임없이 균열시킨다.

정신장애법은 정신건강법(Mental Health Law)의 인간상을 전제하지 않는다. 즉, 건강한 정신을 추구하고, 그것을 이상적 모델로 꿈꾸는 정신건강법과는 다른 목적을 가진다. 이성은 비이성 앞에서야 자신의 본래의 모습이 드러나듯이 법도 정신장애 앞에서야 자신의 베일을 벗어버리고 현실적 폭력성을 드러낸다. 정신장애 앞에

---

16) 헌법재판소 1998. 5. 28. 96헌가5 결정.
17) 헌법재판소 2009. 11. 26. 2008헌바58 결정.
18) 헌법재판소 2003. 10. 30. 2002헌마518 결정.

서는 법도, 사람도 위선적인 표정을 지을 수 없게 되는 것이다. 오멜라스의 지하방에 갇힌 한 아이를 보게 된 것처럼.

정신장애법은 이러한 현실을 직시하고자 한다. 정신장애법이 전제하는 인간상이 현실에서 이성으로부터 비이성으로 여겨진다는 이유로 사회적·법적으로 소외된 인간이라면, 정신장애법이 추구하는 인간상은 이성의 복원이 아니라 이성을 극복하는 주체의 복원, 즉 비이성으로 간주됨에도 불구하고 여전히 인격적 주체성을 담지할 수 있는 법적 지위를 가진 인간을 지향한다.

5. 정신장애에 대한 사회적 대응[19)]

가. 사회방위적 대응

정신장애에 대한 법적 태도는 늘 두 가지 관점이 교차되어 있다. 고대 그리스 시대 아리스토텔레스는 국가의 권능을 치안 권능(police power)과 가부장적 권능(parens patriae)으로 구분하여 국가가 정신장애에 대해 개입할 수 있는 근거를 마련해 놓았다. 이를 구분해 살펴보면 국가는 치안권능에 근거해 치안유지나 사회방위를 목적으로 한 사회방위적 대응을 하기도 하고, 가부장적 권능에 근거해 생계유지나 보호를 목적으로 한 사회보장적 대응을 하기도 한다. 예컨대, 정신장애로 인한 위험에 대해 치안유지나 범죄예방을 목적으로 한 다양한 정책들(치료감호, 보안처분, 강제입원)은 사회방위적 대응이라 할 수 있다.

역사적으로 볼 때, 고대 그리스·로마와 같이 노예제도가 있고, 사회·경제적 수준이 현재와 같이 발전하지 못한 시기에는 사회보장적 대응보다 사회방위적 대응이 더 강조되었다. 근대 이전에는 정신장애에 대한 국가적 대응보다 가족이나 지역사회, 중세교회가 중심이 되어 정신장애인에 대한 보호 또는 감호를 맡아 왔으나 근대 이후부터 정신장애에 대한 국가적 개입이 강화되기 시작하였다. 그 이유 중의 하나는 근대 자본주의가 강화되면서 노동능력이 없거나 결여된 사람들이 시장에서 배제되고, 배제된 사람들에 대한 관리를 치안을 담당하는 국가가 떠맡게 되었기 때문이다. 근대의 국가는 사람들의 관리가 용이한 행정조직체계를 갖춘 수용 중심의 사회방위적 시스템을 채택해 왔다.

---

19) 이하의 '정신장애에 대한 사회적 대응'의 내용은 신권철, 「정신질환자의 법적 지위 - 배제에서 통합으로」, 서울대학교 박사학위논문, 2012, 86-91면의 내용을 일부 수정하여 정리한 것임.

나. 사회보장적 대응

정신장애인은 그 내면적 고통과 외부적 시선으로 인해 생활을 유지하기 어려운 경우가 많다. 과거에는 주로 가족 또는 마을(지역사회)에서 생활능력이 부족한 정신장애인을 사실상 부양해 왔으나, 핵가족화·도시화·산업화 등의 과정을 겪으면서 가족이나 마을이 개별적으로 책임지기 어려운 사회적 상황이 되었고, 결국 국가가 이를 해결해야 했다.[20] 현대 복지국가에 이르러서는 정신장애인에 대해 주거, 일자리, 의료서비스 등을 제공하는 사회보장적 대응이 점차 강화되었다. 사회생활 능력이 부족한 정신장애인에 대한 사회보장수급권의 보장은 사회보장적 대응이라 할 수 있다.

사회보장적 대응은 정신장애인을 사회적 취약계층(장애인, 노인, 보호자 없는 아동 등)의 한 유형으로 보아 적절한 보호와 생활지원조치를 취하는 것을 주요한 목적으로 한다.

다. 사회통합적 대응

(1) 정신장애에 대한 사회적 대응 방식의 비교

정신장애에 대한 사회방위적 대응과 사회보장적 대응은 그 목적이나 실시기관, 대상이 서로 구분되기도 하나, 실질적으로 동일한 목적의 양면적 이유를 대는 근거가 되기도 한다. 예컨대, 정신장애로 인한 범죄에 대한 보안처분인 치료감호는 범죄예방이라는 사회방위적 목적이 있기도 하지만, 치료라는 사회보장적 목적이 있기도 하다. 자·타해 위험을 이유로 한 정신장애인에 대한 강제입원도 치료라는 사회보장적 목적이 있기도 하지만, 타인이나 사회에 대한 위험을 예방하기 위한 사회방위적 목적이 있다. 헌법재판소도 강제입원의 정당화 근거로 환자 개인의 치료 외에 사회적 안전도 들고 있다.

정신장애에 대한 사회적 대응 방식을 사회보장적 대응과 사회방위적 대응으로 도식화해 보면 다음과 같이 설명할 수 있다.

---

20) 16세기 스페인의 인문학자 비베스(Juan Luis Vives)는 빈자나 광인에 대한 구제는 개인적 자선이 아니라 국가나 도시가 책임을 부담해야 하는 공동체의 책임으로 인식하였는데, 이는 현대 사회복지의 문제로 정신질환자 문제를 접근하는 것이었다(Theodore Millon, 「Masters of the Mind-Exploring the Story of Mental Illness from Ancient Times to the New Millennium」, John Wiley & Sons, Inc., New Jersey, 2004, 89면).

표 1-3 정신장애에 대한 사회방위적 대응과 사회보장적 대응

정신장애에 대한 사회적 대응	사회방위적 대응	사회보장적 대응
국가적 권능의 근거	치안 권한 (police power)	가부장적(國親) 권능 (parens patriae)
수용의 목적	사회적 안전	취약한 개인의 보호
수용의 요건	타해위험과 사회적 안전	자해위험과 생존능력의 부족
수용절차와 주체	사법심사 및 사법기관	의료심사 및 의료(복지)기관
정신장애인 권리의 내용	수용에 따르는 (형사)절차적 기본권의 강조	치료 및 생활보장을 위한 사회적 기본권의 강조
사회적 대응의 제도들	강제입원제도 치료감호제도 치료명령제도 과거의 강제불임제도	장애인사회복지제도 장애인차별금지제도
대상	정신질환자	정신장애인

현대 사회제도의 측면으로 볼 때, 정신장애인에 대한 사회방위적 대응과 사회보장적 대응은 늘 충돌, 교차, 혼화한다.

(2) 규율의 대상자

먼저, 그 대상을 보면 표에서는 정신질환자와 정신장애인으로 구분하였지만, 그 둘은 사실 같은 사람을 다르게 표현한 것일 뿐 서로를 포함하고 있으며, 한 사람의 왼쪽과 오른쪽을 가리키는 다른 말로 설명하고 있는 것과 같다. 그런데, 왼쪽(정신질환자)과 오른쪽(정신장애인)이 서로 지향하는 방향이나 가치관이 다를 수 있다는 점에서 둘은 충돌될 수 있다. 예컨대, 조현병 환자, 치매노인, 발달장애아동을 우리는 법적으로 어떻게 호명할지 불분명하고, 어떻게 호명되느냐에 따라서 그의 법적 지위는 강제로 정신병원에 입원되어야 하기도 하고, 거꾸로 사회복지시설에 입소되기도 한다. 이것은 어떻게 호명하느냐에 따라 그 처우가 사회방위적 대응과 사회보장적 대응으로 나누어 질 수 있다는 것을 의미한다.

(3) 수용의 요건

다음으로, 가부장적 권능에 근거한 수용요건과 치안권한에 근거한 수용요건은 아래와 같이 그 목적에 따른 차이가 있다.

i) 가정과 사회에서 돌봄을 받지 못하는 치매노인이나 장애아동을 그 의사에 무관하게 또는 그 의사에 반하여 국가가 수용하는 근거는 그의 생존을 보호하기 위함이다. 여기에는 사법심사와 같은 법제도적 절차보장이 축소되는 경우가 많은데, 그 이유는 그를 위한 것이기 때문이다.

ii) 반대로 위험을 이유로 어떤 사람을 그의 의사와 무관하게 또는 그 의사에 반하여 국가가 수용하는 근거는 타인(사회)의 안전을 보호하기 위함이다. 여기에는 사법심사와 같은 법제도적 절차보장이 필요한데, 그 이유는 바로 자신이 아니라 타인을 위한 (신체적) 자유의 제약이기 때문이다.

iii) 그렇다면 중간(회색)지대는 어떠한가? 능력의 결여로 인해 법을 잘 지키지 못하고, 동시에 생활능력이 부족한 사람, 만성화된 정신장애로 안전과 생활능력의 부족을 동시에 가지고 있는 사람에게는 사회방위적 대응과 사회보장적 대응이 동시에 실현될 것이 요구되는데, 그럴 경우 수용의 법적 절차는 어떠해야 하는가? 이러한 중간(회색)지대는 결국 사회방위적 대응과 사회보장적 대응의 구분을 무화(無化)시키는 힘을 가지고 있다.

(4) 과거의 강제불임제도의 문제

끝으로, 수용 이외에 강제불임제도에 관하여 본다. 20세기 초반 근대 서양의 일부 국가에서부터 시작되어 확산된 강제불임제도는 종족적 순수성의 보전, 사회적 개량의 수단, 경제적 비용의 절감과 같은 사회정책적·사회가치적 인식을 가지고 있었고, 정신장애인에 대한 국가적 보호라는 의미는 거의 가지고 있지 않다. 위와 같은 강제불임제도는 20세기 후반이 되어서야 그 인권침해적 요소를 이유로 근거법률들이 폐지되기 시작하였다. 한국은 1973년 모자보건법에 정신장애인에 대한 국가의 강제불임수술을 위한 근거조문이 마련되었다가 1999년 폐지되었다. 참고로 한센인을 상대로 한 20세기 중반의 국가에 의한 강제불임수술은 2017년 대법원 판결을 통해서 그 위법성이 인정되어 국가가 피해자들에게 손해배상을 하였다.[21]

정신장애를 이유로 한 불임수술에 있어 국가의 강제가 제도적으로 사라지자 최근의 사회는 가족을 통한 강제(후견인으로서 불임수술에 동의하는 것)뿐만 아니라 사회적 강제(불임수술을 정신장애인 본인을 위해서도 보다 나은 삶을 영위하게 하는 수단으

21) 대법원 2017. 2. 15. 선고 2014다230535 판결.

로 인식)의 모습들도 드러나고 있다. 이는 정신장애인 스스로의 결정이 배제된 상황에서 국가는 전면에 나서지 않은 채 가족과 사회가 사실적으로 개입하고 있는 모습을 보여준다.

라. 사회통합적 접근의 징표 – 자기결정과 사회적 삶

정신장애에 대한 사회방위적 대응(강제불임, 강제수용, 치료감호, 과거 나치하의 안락사)과 사회보장적 대응(후견제도, 장애인복지제도, 차별금지제도)은 일견 양 관점의 목적과 법적 지향이 다름에도 불구하고, 각종 사회제도 내에서 서로 교차하고, 혼화하여 과연 무엇이 더 본질적인지 알 수 없게 만든다. 또한 정신장애를 가진 개인에 대한 국가의 사회보장적 개입이 결국에는 사회의 안전을 이루는 유용한 수단일 수도 있다는 점에서 그 목적 또한 나누어 구분하기도 어렵다.

개인적 생각으로는 정신장애와 관련된 어떤 제도들이 진정으로 정신장애인의 사회적 결속과 통합[22]을 위한 제도인지를 파악하기 위해서는 정신장애인의 자기결정권과 사회적 삶이 얼마나 확보되는지를 기준으로 삼아야 한다.

정신장애를 가진 경우 내면의 고통과 사회적 시선으로 인해 사회적 생활이나 의사결정에 부족함이 생기더라도 i) 정신장애인과의 관계형성을 위해 제도적으로 노력하는지 ii) 의사결정능력을 지원하기 위한 교육노력이나 지원이 있는지, iii) 정신장애인을 대신한 의사결정권자의 결정에 대해 이의나 통제를 할 수 있는 감독시스템이 있는지를 묻는 것이 정신장애인을 위한 제도인지 아닌지를 판별하는 가장 좋은 방법이지 않을까 싶다.

정신장애인의 사회적 삶과 자기결정권을 보장하고, 지원하며, 감독하는 법제도적 장치는 사회적 치안의 목적이나 개인적 삶의 보존(생존) 목적과는 구분된다. 이러한 정신장애인의 사회적 삶과 자기결정권 보장을 위한 제도와 정책을 앞의 두 유형과 구분하여 사회통합적 대응이라 불러도 좋을 것이다.[23]

---

22) 탈시설화를 통한 지역사회통합은 정신장애인과 그 가족과의 관계, 이웃주민과의 관계를 형성하게 한다. 정신장애인의 지역사회통합은 물리적 차원과 심리적 차원으로 구분되는데, 물리적 차원의 통합은 1) 지역사회에서 보낸 시간을 의미하는 현재성, 2) 재화나 서비스, 사회적 접촉에 대한 접근성, 3) 다른 사람들과의 활동에 참여하는 참여성, 4) 소득활동에 참여하는 생산성, 5) 금전관리 및 재화 구입 등의 소비성을 기준으로 그 물리적 통합의 정도를 측정할 수 있고, 심리적 차원의 지역사회통합은 지역사회의 비정신장애인과의 사회적 접촉이나 상호작용, 지역사회의식(sense of community, 지역사회 소속감, 이웃과의 정서적 유대감, 필요욕구를 지역사회 내에서 달성할 수 있는 상태, 지역사회주민으로서 역량을 발휘하는 것 등)을 포함한다(민소영, “정신장애인의 지역사회통합에 영향을 미치는 요인의 경로분석”, 「정신보건과 사회사업」 제33권, 2009, 39-40면).

23) 정신장애인의 사회복지수급권 실현은 보편성이나 평등함 이외에도 그 권리행사 및 실현과정에서 정신장애인의 참여, 자기결정 및 최선의 이익을 도모하는 것이 필요하고, 이러한 참여와 선택을 보장받기

제2절 정신장애법의 법원(法源)

Ⅰ. 법원(法源)의 의미

법원(法源)은 법의 연원(淵源)의 준말로서 ⅰ) 법의 근본적 효력의 원천이 되는 추상적인 존재로서의 신, 왕, 국가, 국민, 이성 등을 의미하기도 하고, ⅱ) 법을 인식할 수 있는 법의 존재형식을 의미하기도 하는데, 여기서는 후자를 의미한다.

법은 어딘가에 근거를 가지고 있다. 그것이 일정한 제정절차를 거쳐서 문서화되어 적혀 있으면 이를 성문법(成文法)이라고 하고, 제정절차를 거치지 않은 채 사람들의 관습이나 판결문 속에 나타나 있으면 불문법(不文法)이라 한다. 이를 그 존재형식(문서화 여부)에 따라 나누면 성문법원(成文法源)과 불문법원(不文法源)으로 나뉜다.

예컨대, 보건복지부가 매년 초 각 지방자치단체와 정신건강복지센터에 정신건강사업과 관련된 지침과 기준을 제시하는 '정신건강사업안내'가 각 정신건강복지센터와 정신건강증진시설, 보건소에 법적 효력을 발생하는지 여부는 그것이 법원(法源)으로서의 성질을 가지는 성문법인지 여부에 달려 있다. 법이 힘을 가지는 이유는 거기에는 일정한 기준으로서의 강제력이 부여되어 있기 때문이다. 이하에서는 성문법원과 불문법원의 유형을 간단히 살펴보기로 한다.

Ⅱ. 성문법과 불문법

법의 존재형식으로서 일정한 제정절차를 거쳐 문서화시키는 것을 성문법이라 하고, 성문법이 아닌 것을 불문법이라 한다. 성문법과 불문법은 모두 국가나 개인의 행위를 강제하는 행위규범으로 작용하고, 동시에 법원의 판단기준이 되는 재판규범으로도 작용한다. 예컨대, 정신건강복지법의 정신장애인의 존엄과 평등에 관한 규정은 국가와 개인이 그것을 준수해야 하는 행위규범이면서 동시에 법원이 일정한 사건을 심사하는 기준이 되는 재판규범으로서도 작용한다.

위한 방안으로 1) 사정(査定)받을 권리의 보장, 2) 정보제공 및 정보의 공유, 3) 참여를 보장하기 위한 실천기술의 개발과 메뉴얼화, 4) 서비스 운영에의 참여를 드는 견해가 있다(박숙경, "사회복지서비스 이용자 권리보장 방안", 「인권법평론」 창간호, 2008, 74-79면).

1. 성문법

가. 헌 법

'헌법'은 모든 법률의 상위에 있는 최고규범이면서 근본규범이다. 모든 국가기관은 국민의 헌법상 기본권을 침해해서는 안 되며, 기본권을 제한할 경우에는 법률에 근거하여 최소한의 제한만을 하여야 하며, 그 경우에도 기본권의 본질적 내용은 침해할 수 없다. 헌법상 근본규범의 하나로 헌법 제10조의 인간의 존엄과 가치를 들 수 있는데, 이는 모든 인간이 어떠한 사유로도, 그리고 어떠한 상황에서도 존엄함과 인간으로서의 가치가 훼손당하여서는 아니됨을 선언한 것이다. 그것은 전쟁이나 비상사태 중이라도, 그리고 질병·범죄·장애·빈곤·고령 등으로 사회적 부담만 주거나 사회적 역할을 하지 못하더라도 변하지 않는 교의(敎義)로서의 의미를 가진다.

나. 국제법규

헌법 제6조 제1항은 "헌법에 의해 체결·공포된 조약과 일반적으로 승인된 국제법규는 국내법과 동일한 효력을 가진다"라고 규정하고 있어, 대한민국이 법적 절차에 따라 비준한 조약(협약)[24]이나 설령 대한민국이 비준하지 않았더라도 일반적으로 승인된 국제법규[25]는 대한민국이 따라야 할 행동규범이 되고, 동시에 법원의 재판규범이 된다.

다. 법 률

'법률'은 입법부인 국회가 헌법과 법률이 정한 절차에 따라 제정 또는 개정한 법규범을 말한다. 헌법이 국가제도나 국민의 기본권의 뼈대와 추상적 틀을 만든 것이라면, 법률은 거기에 살을 붙이는 작업이라 할 수 있다. 어떤 법제도를 만들 때에는 법률에 그 기본적 내용이 기재되어야 하고, 국민의 기본권을 제한하는 사항도 법률에 근거해서만 할 수 있다. 다만, 법률은 자신이 규정해야 할 내용 중의 구체적 사항은 하위법령(대통령령, 부령, 조례와 규칙) 등에 위임할 수 있다. 법률이 명시적으로

---

24) 그 예로는 한국이 가입한 국제항공운송에 관한 1955년 바르샤바 협약(대법원 2006. 4. 28. 선고 2005다30184 판결)과 관세법 위반과 관련된 세계무역기구 설립을 위한 마라케쉬협정(헌법재판소 1998. 11. 26. 97헌바65 결정)을 들 수 있다.

25) 일반적으로 승인된 국제법규로서 대법원이 인정한 것을 보면, 국제관습법에 의하면 국가의 주권적 행위(*私法的* 행위는 제외)는 다른 국가의 재판권으로부터 면제되는 것이라 하고 있다(대법원 1998. 12. 17. 선고 97다39216 전원합의체 판결).

하위법령에 위임하는 경우라도 포괄적 위임을 하면 안 되고(포괄위임입법의 금지), 그 경우 위헌의 소지가 있게 된다.

라. 명령(대통령령, 총리령, 부령 등)

국회가 제정한 법률의 하위법령으로서 행정부가 일반적 규율사항으로 정하는 법규범을 '명령(命令)'이라고 한다. 명령의 주체에 따라 구분해 보면, 대통령령, 총리령, 부령 등이 있다. 명령은 그 내용과 목적에 따라서 두 가지로 나뉘는데, 하나는 법률이 위임한 사항을 정하는 위임명령과 법률이 위임하지는 않았지만 법률의 규정을 집행하기 위한 세부사항을 규정하는 집행명령으로 나뉜다.[26)]

마. 자치법규(조례와 규칙)

'자치법규'는 지방자치단체의 기관이 그 관할범위 내에서 효력을 가지는 지방자치와 관련된 내용을 규율하는 법규범을 말한다. 지방의회가 정하는 조례(條例)와 지방자치단체의 장이 정하는 규칙(規則)으로 나뉜다.

2. 불문법

가. 관습법

'관습법'이란 사회에서 발생하는 반복적인 관행(관습)이 사회의 법적 승인과정을 거쳐 사회 속에서 법적으로 인식된 것을 말한다. 예컨대, '살인하지 말라'는 규정은 사회적으로 요구되어 온 수 천년 간의 금지행위가 관습법으로서 자리를 차지한 것일 수도 있으나, 근대 이후의 형법전은 이를 범죄로 명문화하여 성문법으로 전환시켰다.

나. 판 례

한국은 성문법국가여서 불문법 국가인 영미법계 국가(영국, 미국 등)와 달리 상급 법원(예컨대, 대법원) 판결이 하급 법원 판결을 구속하는 효력은 없다. 따라서 하급 법원은 기존의 대법원 판결의 법리와 다르게 판결할 수 있다. 그러나 현실에 있어 대법원 판결은 하급 법원에 사실상의 구속력을 가진다. 그 이유는 하급 법원이 대법원 판결과 다르게 결론을 내리더라도 결국 최종심인 대법원이 하급심의 결론을

---

26) 헌법 제75조: 대통령은 법률에서 구체적으로 범위를 정하여 위임받은 사항과 법률을 집행하기 위하여 필요한 사항에 관하여 대통령령을 발할 수 있다.

바꿀 수 있기 때문이다.

다. 법의 일반원칙(조리)

법의 일반원칙 또는 '조리(條理)'란 사람의 이성에 의해 생각되는 일반적인 규범을 의미한다. 즉, 성문법이나 불문법에 포함되어 있는 것이기도 하겠지만 어떤 구체적 사건에 접하였을 때 그 규범의 이행자의 행동규범으로서 또는 해석자의 재판규범으로서 법의 일반원칙으로 적용될 수 있는 것을 말한다. 통상, 그러한 예로 들어지는 것은 신의성실의 원칙, 정의, 형평(평등) 등이다.

Ⅲ. 법원(法源) 간의 위계(位階)구조

1. 법원(法源) 간의 위계

위에서 본 법원(法源)들 사이에는 위계구조가 있다. 즉, 법원들 사이에 규범내용이 충돌될 경우 상위법이 우선하게 되며, 상위법에 위반되는 하위법은 효력이 없다. 또한 특정한 사항들은 헌법사항, 법률사항, 명령사항, 자치법규사항과 같이 구분되어 있다. 예컨대, 헌법상 기본권을 제한하는 사항은 법률에 규정되는 것이 원칙이다. 이를 명령이나 자치법규에 규율할 수는 없다. 다만, 법률의 위임이 있는 경우에만 예외적으로 허용된다.

명령 또한 그 제정 주체에 따라 위계가 정해진다. 대통령령은 법률에 위배될 수 없고, 총리령 또는 부령은 법률과 대통령령에 위배될 수 없고,[27] 자치법규는 법률과 명령에 위배될 수 없다.

자치법규들 사이에도 위계가 있다. 광역지방자치단체의 자치법규가 기초지방자치단체의 자치법규에 우선하는 효력이 있고, 지방의회가 제정한 조례가 지방자치단체의 장이 제정한 규칙에 우선하는 효력이 있다.

2. 상위법을 위반한 하위법의 효력과 통제

상위법을 위반한 하위법은 무효 또는 취소의 대상이 된다. 예컨대, 헌법에 위반한 법률은 위헌법률심판 또는 헌법소원을 통하여 위헌임이 확인되면 헌법재판소가 무효로 하거나 일정기간 동안만 유효하게 적용하거나 적용을 배제하는 조치를 내린다.

---

27) 총리령과 부령 사이는 상하관계가 없다(박균성, 「행정법강의」 제9판, 박영사, 2012, 52면).

법률에 위배되는 하위법령(대통령령, 총리령, 부령 등)에 대해서는 구체적 사건에서 재판의 전제가 되는 경우 위헌·위법명령심사를 통하여 대법원이 최종적 심사권을 가진다.

지방자치단체의 자치법규 중 조례안이 상위법령에 반하는 경우 지방자치법에 따라 주무부장관이나 시·도지사가 일정한 절차를 거친 후 대법원에 집행정지결정의 신청과 무효확인소송을 제기할 수 있다.[28)]

Ⅳ. 정신장애법의 내용과 법원(法源)

1. 정신장애법의 내용

앞서 보았듯이 정신장애법을 법의 한 영역으로 볼 경우 정신장애와 관련하여 다음의 각 내용을 규율하는 헌법, 법률, 명령, 자치법규, 판례 등은 모두 정신장애법의 법원이 된다.

가. 치안 또는 치료 목적의 제도

다음의 각 제도와 관련된 법령과 판례는 모두 정신장애법의 법원(法源)이 된다.

i) 강제입원제도 – 「정신건강복지법」
ii) 치료감호제도 – 「치료감호법」
iii) 치료명령제도 – 「치료감호법」, 「정신건강복지법」
iv) 치료보호제도 – 「마약류 관리에 관한 법률」

나. 의사결정제도

다음의 각 제도와 관련된 법령과 판례는 모두 정신장애법의 법원(法源)이 된다.

i) 성년후견제도 – 「민법」
ii) 보호의무자제도 – 「정신건강복지법」
iii) 보호자제도 – 「발달장애인법」, 「장애인복지법」

현행 민법에 따른 성년후견제도는 질병, 장애, 노령 등의 사유로 인한 정신적

28) 지방자치법 제172조(지방의회 의결의 재의와 제소)

제약으로 사무처리 능력이 결여되거나 부족한 사람에 대해 가족이나 지방자치단체의 장의 청구로 가정법원이 후견인을 선임하여 피후견인의 신상(의료행위, 병원입원 등)과 재산에 대해 대신 결정하는 권한을 부여하는데, 이는 피후견인의 의사를 후견인이 대체하는 대체의사결정제도라 할 수 있다.

정신건강복지법의 보호의무자제도도 일정한 요건 하에서 보호의무자가 정신장애인의 치료나 입원연장에 관해 동의를 하는 대체의사결정자로 나서게 하는 제도이다. 「발달장애인 권리보장 및 지원에 관한 법률」(이하 '발달장애인법'이라 한다)은 보호자를 두어 발달장애인의 의사결정을 지원하고, 재판을 보조하거나, 복지서비스 신청, 계좌관리대행 등의 역할을 규정하고 있는데, 이는 대체의사결정제도라기보다는 지원의사결정제도의 한 유형이라 할 수 있다.

다. 사회정책적 제도

정신장애와 관련하여 국가가 사회정책적 목표를 이루기 위해 다양한 제한적 조치나 복지적 조치를 제도화하고 있다. 아래의 각 제도는 정신장애인을 그 주 대상으로 하고 있다는 점에서 정신장애법의 한 내용이자 그와 관련된 법령은 정신장애법의 법원(法源)이 될 수 있다.

i) 자격제한제도 – 각종 국가자격취득법령
ii) 추방(강제퇴거)제도 – 「출입국관리법」
iii) 복지제도 – 「장애인복지법」 및 「정신건강복지법」
iv) 공중보건제도 – 「치매관리법」, 「국민건강증진법」 및 「정신건강복지법」

라. 권리구제제도

다음의 각 정신장애인 권리구제제도와 관련된 법령과 판례는 모두 정신장애법의 법원(法源)이 될 수 있다.

i) 인신보호제도 – 「인신보호법」
ii) 입원심사제도 및 퇴원청구제도 – 「정신건강복지법」
iii) 인권위 진정제도 – 「국가인권위원회법」
iv) 장애인차별구제제도 – 「장애인차별금지법」
v) 장애인권익옹호제도 – 「장애인복지법」

정신장애인은 신체의 자유를 제약당하거나 차별이나 그 밖의 인권침해를 당할 위험이 적지 않기 때문에 그에 따른 특별한 권리구제제도가 마련되어 있다. 예컨대, 2008년 도입된 「인신보호법」에 따른 '인신보호제도'는 지난 10여 년간 그 구제제도 이용자의 90%가 넘는 사람이 정신의료기관에 입원된 강제입원환자였다. 그 밖에 정신건강복지법에 의한 '입원심사제도(최초입원심사 및 입원연장심사)'와 '퇴원청구제도', 「장애인차별금지법」에 따른 국가인권위원회 '진정제도'도 입원 정신장애인이 쉽게 접근할 수 있는 권리구제제도라 할 수 있다.

2. 정신장애법의 법원(法源)

가. 헌 법

헌법의 모든 조항이 정신장애법의 법원이 될 수는 없지만 정신장애와 관련된 규정들이 있다. 인간의 존엄(제10조), 법 앞의 평등(제10조 제1항), 신체의 자유의 보장(제12조), 인간다운 생활을 할 권리(제34조 제1항), 보건권(제36조 제3항), 질병·노령 기타 사유로 생활능력이 없는 국민에 대한 국가의 보호의무(제34조 제5항) 등이 그 예이다.

법률이나 명령, 자치법규는 헌법에 위배될 수 없다. 2016년 헌법재판소가 구 정신보건법의 보호입원 조항에 대해 위헌으로 판단한 것은 헌법 제12조의 신체의 자유보장 규정이 헌법재판소의 재판규범, 즉 법원(法源)이 되어 위 법률조항을 무효로 만든 것이다.

나. 국제법규

앞서 보았듯이 한국정부가 헌법절차에 따라 체결·공포한 조약과 일반적으로 승인된 국제법규는 국내법과 같은 효력을 가진다. 정신장애와 관련된 국제조약으로는 2006년 국제연합(UN)이 제정한 「장애인권리협약」(CRPD)이 있다. 한국은 2008년 국회가 비준하여 그 이후 국내법적 효력을 지니게 되었다. 따라서 「장애인권리협약」은 국가기관의 행동규범으로서, 그리고 법원의 재판규범으로서 법원(法源)이 될 수 있다.

한편, 국제연합이 1991년 총회에서 의결한 '정신장애인 보호원칙'은 아직까지 일반적으로 승인된 국제법규로 보기는 어렵고, 2006년 제정된 국제연합의 「장애인권리협약」과는 일부 상충될 수 있는 부분도 있어 위 정신장애인 보호원칙을 국내법으로서 효력이 있는 법원(法源)으로 인정하기는 어렵다. 그러나 여전히 한국의 강제입원제도에 있어서는 참조할만한 기준을 제시하고 있다.

그 밖에 세계보건기구(WHO, 약물남용분과)가 권고한 1995년 정신보건법 10대 원칙, 위의 UN의 MI 원칙에 대한 지침을 제시한 1996년 정신장애인의 인권 향상을 위한 지침(Guidelines for the Promotion of Human Rights of Persons with Mental Disorders)[29] 등도 일반적으로 승인된 국제법규라 보기는 어렵지만 참고할 만한 기준을 제시하고 있다.

다. 법률과 명령

국회가 제정한 법률이나 행정부가 제정한 명령(대통령령, 총리령, 부령)은 정신장애법의 성문의 법원(法源)이 된다. 앞서 본 정신건강복지법과 그 하위법령(대통령령, 보건복지부령, 예규, 고시, 지침 등)은 국가기관이나 국민이 그에 따라야 할 의무가 있고, 법원 또한 관련 법령을 재판의 근거로 하여 판단해야 한다.

라. 자치법규

지방자치단체가 제정한 자치법규는 지방자치단체의 행위규범이 되어 그 절차와 기준을 준수하여야 한다. 구 정신보건법 하에서 일부 지방자치단체가 제정하여 시행하고 있는 '정신보건센터 설치 및 운영(위탁운영) 조례', '정신질환자의 사회복귀지원에 관한 조례', '정신보건심의위원회 조례', '00정신병원 설치에 관한 조례', '정신건강증진 및 지원에 대한 조례', '아동·청소년의 정신건강을 위한 지원에 관한 조례' 등을 그 예로 들 수 있다.

마. 보건복지부의 정신건강사업안내

(1) 문제의 소재

보건복지부가 구 정신보건법 시행 이후 매년 정신보건법에 따라 시행해야 될 사업(정신건강사업)에 대한 지침을 책으로 엮은 '정신건강사업안내'에는 정신건강증진시설과 법이 정한 기관들의 운영방식과 기준, 정신건강복지센터 종사자의 기본급 기준, 보고사항, 격리·강박 지침, 작업치료 지침까지 제시하고 있다. 위 사업안내에서 요구하고 있는 내용 중에는 정신건강증진시설이나 정신건강복지센터가 통상 따

29) 위 지침에 대한 번역서로는 세계보건기구 정신보건 및 약물남용예방분과, 「정신장애인의 인권 향상을 위한 지침」, 신영전·최영은 옮김, 한울아카데미, 2007을 참조할 것.

라야 할 기준들을 규정하고 있는데, 이것이 행위규범(당사자가 따를 의무가 발생하는 규범) 또는 재판규범(법원이 따를 의무가 발생하는 규범)으로서 근거가 될 수 있는지 문제된다.

(2) 판례의 태도

판례 중에는 정신건강사업안내와 유사하게 보건복지부에서 발간하는 장애인복지사업안내 중 장애인차량 엘피지 지원사업 절차와 감독과 관련된 규정에 관해 다음과 같이 보고 있다.[30)]

"사회보장수급권이라는 권리의 존부나 범위를 결정하는 것은 '사회보장 관계 법령'이라고 할 수 있고, 「장애인복지법」과 그 시행규칙 등은 법규적 효력을 갖는 사회보장 관계 법령에 해당한다고 볼 수 있지만, 장애인복지사업의 집행대상 및 방법 등 구체적이고 실무적인 규정을 담고 있는 이 사건 지침[장애인복지사업안내]은 보건복지부 지침으로서 행정규칙에 불과하다"

위의 판례와 다르게 일부 판례 중에는 행정규칙이 아니라 실제 법원의 재판규범이 된다고 본 것도 있다. 보건복지부의 보육사업안내 중 보육교사 인건비 지급과 관련된 규정은 아래와 같이 법원을 구속하는 재판규범(내부적 행정규칙이 아닌 외부적 효력이 있어 법원과 개인을 구속하는 법규명령)으로 보았다.[31)]

"구 「영유아보육법」(2011. 6. 7. 법률 제10789호로 개정되기 전의 것) 제36조는 국가나 지방자치단체는 대통령령으로 정하는 바에 따라 보육교사의 인건비 등 보육사업에 드는 비용의 전부 또는 일부를 보조한다고 규정하고 있고, 구 영유아보육법 시행령(2011. 12. 8. 대통령령 제23356호로 개정되기 전의 것) 제24조 제2항은 이러한 비용의 지원방법 등에 관하여 필요한 사항은 보건복지부장관 또는 해당 지방자치단체의 장이 정한다고 규정하고 있다.

이에 따라 보건복지부장관은 '보육사업안내'라는 지침을 마련하여 보육교사 인건비 등의 지급대상자, 지급조건, 지급액 등을 구체적으로 정하고 있는데, 거기에는 보육시설은 07:30부터 19:30까지 운영하는 것을 원칙으로 하되 보호자의 근로시간 등을 참작하여 조정 운영할 수 있고, 보육교사는 '전임'이어야 하며 1일 8시간 근무하는 것을 원칙으로 하고, 8시간을 초과하여 근무하는 경우에는 근로기준법 등에 따라 시간외 수당을 지급하여야 한다고 규정하고 있다. 이러한 관련 규정의 내용과 보육교사 인건비에 대한 보조금 지급취지 등을 종합하여 보

30) 대법원 2016. 1. 14. 선고 2015다218075 판결.
31) 대법원 2013. 6. 13. 선고 2012두2436 판결.

면, 보육교사 인건비에 대한 보조금은 해당 보육교사가 기준 운영시간 범위에 따른 당해 보육시설의 통상적인 운영시간 중에 담당 업무에 전임하고, 그 전임 근무시간이 8시간 이상임을 전제로 지급되는 것이고, 따라서 해당 보육교사가 소속 보육시설의 통상적인 운영시간 중에 다른 업무에 종사하여 전임규정을 위반한 이상 비록 나머지 근무시간이 8시간 이상이라 하더라도 이는 보조금 지급요건을 갖춘 경우로 보기 어렵다"

(3) 정신건강사업안내의 법규범성 검토

위 두 개의 판례를 비교해 보면, 보건복지부가 발행하는 사업안내의 내용이 행정지침의 성격을 띠고 있다는 점은 수긍하고 있다. 그런데 그 지침내용 중 일부는 상위법령(법률, 시행령, 시행규칙 등)에 근거해 위임을 받거나 그 집행을 위해 마련된 내용이어서 상위법령과 결합하여 대외적인 구속력이 있는 '법규명령'으로서 효력을 가지게 되는 경우가 있다.[32] 위에서 본 보육사업안내의 보조금 지급 관련 지침이 그 예이다.

반면에, 지침내용 중에 어떤 것은 상급행정기관이 하급행정기관에 대하여 업무처리나 법령의 해석·적용에 관한 기준을 정하여 발하는 '행정규칙'의 성질을 띠는 것이 있는데, 이런 경우는 일반적으로 행정조직 내부에서만 효력을 가질 뿐, 대외적인 구속력을 갖는 것은 아니다.[33] 위에서 본 장애인복지사업안내의 엘피지 지원사업 절차와 감독에 관한 규정이 그 예라고 할 수 있다.

어떤 지침이나 그 내용이 행정규칙인지, 법규명령인지가 중요한 이유는 행정기관 내부에서만 효력을 가지는지(행정규칙), 아니면 대외적 효력을 가지는지(법규명령)에 차이가 있을 뿐만 아니라, 그 지침이나 규정을 법원이 해석의 기준으로 삼아야 하는지(법규명령), 아니면 무시하고 법원이 스스로 별도의 해석기준을 세울 수 있는지(행정규칙)에서 차이가 있다.

생각건대, '정신건강사업안내'는 국가가 지방자치단체, 정신건강증진시설, 정신건

32) 대법원 2016. 1. 28. 선고 2015두53121 판결.

33) 대법원 2008. 3. 27. 선고 2006두3742 판결(상급행정기관이 하급행정기관에 대하여 업무처리지침이나 법령의 해석적용에 관한 기준을 정하여 발하는 이른바 행정규칙은 일반적으로 행정조직 내부에서만 효력을 가질 뿐 대외적인 구속력을 갖지 않지만, 법령의 규정이 특정 행정기관에게 그 법령 내용의 구체적 사항을 정할 수 있는 권한을 부여하면서 그 권한 행사의 절차나 방법을 특정하고 있지 않아 수임행정기관이 행정규칙의 형식으로 그 법령의 내용이 될 사항을 구체적으로 정하고 있다면, 그와 같은 행정규칙은 위에서 본 행정규칙이 갖는 일반적 효력으로서가 아니라 행정기관에 법령의 구체적 내용을 보충할 권한을 부여한 법령 규정의 효력에 의하여 그 내용을 보충하는 기능을 갖게 되고, 따라서 이와 같은 행정규칙은 당해 법령의 위임 한계를 벗어나지 않는 한 그것들과 결합하여 대외적인 구속력이 있는 법규명령으로서의 효력을 가진다).

강복지센터의 운영과 위탁기준, 보고사항, 직무범위, 비용보조절차와 기준, 격리 · 강박 지침, 작업치료 지침 등 다양한 내용을 담고 있어서 이를 모두 일률적으로 대외적 효력이 없는 행정규칙으로 보거나, 아니면 대외적 효력이 있는 법규명령으로 볼 수는 없다.

결국, 각 내용별로 상위법령의 위임이 있거나 구체적 집행사항이 필요한지 여부, 대내적 관계에서의 지침인지 아니면 대외적 관계에서의 지침인지 여부, 단순한 해석인지 아니면 권한이나 의무를 부과하는 것인지 여부에 따라 그 법적 성격을 행정규칙 또는 법규명령으로 구분하여 판단하여야 할 것이다.

바. 관습법

(1) 불법적인 관행은 관습법이 될 수 있는가?

정신장애와 관련된 법제도와 관련하여 관습법이 인정될 만한 사항은 거의 없다. 일본이 메이지 유신을 전후하여 20세기 초반까지 집안에 정신장애인을 가두어 보호하는 이른바, 사택감치(私宅監置)의 관행이 있었다고 하더라도 이를 관습법으로서 승인할 수는 없는 것이고, 한국이 1995년 정신보건법이 제정되기 전 정신질환이 있는 사람을 미인가 요양원 등에 강제입소시키는 것이 관행화되었다고 하더라도 이를 관습법이라 하여 허용할 수는 없는 것이다. 그 이유는 어떠한 관행이 사회질서나 법을 위반할 경우, 그것을 관행이라는 명목으로 또 다른 법제도로서 승인해 줄 수는 없는 것이기 때문이다.

다만, 위와 같은 관행을 일부 받아들여서 일정한 합법적 제도로서 법률로 정하는 것은 가능하다. 일본의 사택감치제도가 1900년 「정신병자감호법」에 제도적으로 수용되고, 우리의 정신보건법이 1995년 보호의무자에 의한 입원제도를 도입한 것이 그러한 기존의 입원현실을 반영한 것이라 할 수 있다.

(2) 보호의무자 순위를 무시하는 관행은 적법한가?

구 정신보건법이든, 현행 정신건강복지법이든 보호입원(보호입소를 포함한다. 이하 같다)의 경우 보호의무자 2인 또는 그 이상의 입원동의나 신청이 필요한데, 법은 그 보호의무자 사이의 순위를 두어 왔다. 즉, 후견인과 부양의무자 사이에 순위를 정해 놓고(구 정신보건법은 부양의무자가 우선하도록 하였으나, 현행 정신건강복지법은 후견인이 우선하도록 하였다), 부양의무자 사이에도 민법에 따라 법원이 우선순위를 정하는 규정을 두고 있다(법 제39조 제2항).

그런데 구 정신보건법 시행 이후 지난 20여 년 동안 위 순위와 관련된 법령 규정은 모두 무시한 채 보호의무자 중 아무나 2인만 되면 입원시킬 수 있는 관행이 만들어졌고, 이에 관해서는 정부의 어떤 지침도 없고, 법원의 판례도 아직 제시되지 않고 있다.

참고로, 과거 일본은 「정신보건복지법」에 보호(의무)자 1인의 동의만으로 의료보호입원이 가능한 반면, 그 보호(의무)자 순위는 엄격히 절차적으로 준수해 왔으나 2013년 법을 개정하여 순위에 관한 규정을 폐지하고, 후견인이나 가족 중 1인이면 누구나 의료보호입원의 동의권자가 될 수 있도록 하였다.

입법론으로 보자면, 정신장애인 가족에게 부담을 주는 보호의무자제도는 일본과 같이 폐지하고, 보호입원의 신청권이나 의견진술권만 순위 없이 부여하는 제도로 정비할 필요가 있다. 보호의무자 제도에 관한 구체적인 입법론에 대해서는 ☞ 법 제39조(보호의무자) 부분을 참조할 것.

사. 판 례

(1) 판례의 기속력

판례는 사실상 불문(不文)의 법원(法源)으로서의 역할을 하고 있다. 판례를 만들어내는 사법기관은 헌법재판소와 법원이다. 법원 중에서는 대법원이 최종심으로서 판결을 내리게 되면 하급심은 사실상 그 판결에 기속되어 개별적 사건을 판단하게 된다.

(2) 판례의 변경

대법원이나 헌법재판소는 과거 내린 결정이나 판결의 법리를 나중에 구체적 사건을 통하여 바꿀 수 있다. 헌법재판소가 1990년 간통죄에 대해 합헌결정[34)]을 한 이래로 지난 25년 여 동안 같은 태도[35)]를 취해 오다가 2015년이 되어서야 기존의 결정들을 뒤집고 간통죄에 대해 위헌결정[36)]을 한 것이 그 예이다. 과거 합헌결정을 해 오다가 2018년에서야 비로소 '대체복무제도'가 없는 병역제도의 위헌(헌법불합치) 결정을 한 것도 그 예이다. 이와 같이 판례라는 것도 일정한 시간이 흐르고, 새로운 사회통념이나 헌법상 기본권의 새로운 해석에 따라 바뀔 수 있는 것이다.

---

34) 헌법재판소 1990. 9. 10. 89헌마82 결정.
35) 헌법재판소 1993. 3. 11. 90헌가70 결정; 헌법재판소 2001. 10. 25. 2000헌바60 결정; 헌법재판소 2008. 10. 30. 2007헌가17 등 결정.
36) 헌법재판소 2015. 2. 26. 2011헌가31 등 결정.

(3) 헌법재판소의 대표적 판례

정신장애와 관련된 헌법재판소 판례의 대표적인 예로는 2016년 구 정신보건법의 강제입원(보호입원) 조항에 대한 위헌(헌법불합치)결정을 들 수 있겠다.[37] 헌법재판소는 위 위헌결정을 통하여 강제입원의 절차, 심사기준, 심사기관의 중립성과 독립성, 입원하는 사람의 절차적 권리의 보장 등에 관한 헌법상의 포괄적 기준들을 제시하였고, 이는 향후 법령의 개정이나 구체적 강제입원의 위법성 여부에 대한 심사기준이 된다.

(4) 대법원의 대표적 판례

구 정신보건법 하에서 지난 20년 동안 대법원은 많지는 않지만 강제입원에 있어 일정한 기준이 되는 판례들을 제시해 왔다. 먼저, 정신질환자 개념에 있어 치매(기질적 정신병)를 포함시키고, 알코올중독 등 정신질환의 의심이 있는 사람도 정신보건법상 정신질환자 범주에 포함시켜 그 적용범위를 확대했다.[38] 그러나 이는 강제입원의 대상을 확장하는 것이어서 비판을 받을만한 소지가 있다.[39] 그 밖에 대법원의 주요 판례로서 다음과 같은 것이 있다.

i) 정신보건법상 보호의무자 아닌 자가 동의하여 정신질환자를 입원시키는 것은 불법행위로 보아 손해배상책임을 인정한 사례[40]

ii) 강제입원판단의 객관성을 고려하여 정신과 전문의의 감금죄를 인정하거나[41] 부정한 사례[42]

iii) 권리나 절차에 대한 고지나 안내가 없는 등 최초입원절차나 입원연장절차에 하자가 있는 경우 그 이후 치유가 불가능하고, 그 입원기간 전체에 대해 불법행위에 따른 손해배상책임을 진다고 한 사례[43]

iv) 구 정신보건법의 보호입원조항에 따른 입원과정에서의 유형력의 행사는 보호의무자의 동의가 있더라도 정신과 전문의가 직접 대면하여 진찰하고서

---

37) 헌법재판소 2016. 9. 29. 2014헌가9 결정.
38) 대법원 2009. 2. 26. 선고 2008도11063 판결.
39) 이에 대해서는 신권철, "정신질환자 개념의 규범적 고찰", 「법조」 제644호, 2010, 36면 이하를 참조할 것.
40) 대법원 2016. 4. 28. 선고 2014다205584 판결.
41) 대법원 2009. 7. 23. 선고 2007도5383 판결; 항소심은 의정부지방법원 2007. 6. 8. 선고 2006노536 판결.
42) 대법원 2015. 10. 29. 선고 2015도8429 판결(의사의 감금죄를 부정한 사례).
43) 대법원 2009. 1. 15. 선고 2006다19832 판결.

입원이 필요하다고 진단한 후 입원의료기관의 결정이 있어야 하고, 그 이후에야 비로소 환자의 저항에 상당한 정도의 물리력의 행사가 가능하다고 한 사례[44)]

v) 남편을 강제입원시킨 부인이 입원상태의 남편에게 재산이전을 요구한 경우 감금죄 외에 공갈죄를 추가하여 인정한 사례[45)]

vi) 인신보호사건에 있어 수용자(정신의료기관의 장)가 환자의 적법한 수용과 수용 계속의 필요성을 입증(소명)할 책임이 있다고 한 사례[46)]

제3절 정신건강복지법의 지위

하나의 구체적 법률들은 어떤 계보를 가지고 있다. 일종의 가계도가 있는 것이다. 정신건강복지법은 「의료법」이나 「장애인복지법」의 자손이거나 사촌일 수 있다. 예컨대, 정신건강복지법의 정신의료기관은 「의료법」의 적용을 받는가? 받지 않는가? 정신요양시설은 「사회복지사업법」의 사회복지시설로 간주되는가? 간주되지 않는가? 와 같은 문제들은 정신건강복지법이 어떤 위계 속에 있는지를 파악하면 쉽게 해결할 수 있다.

Ⅰ. 보건의료법과의 관계

1. 보건입법 - 「국민건강증진법」 및 「보건의료기본법」의 특별법

'보건입법'이라 함은 전체 국민이나 특정 인구집단을 대상으로 병의 예방과 치료를 통해 건강과 생명을 보호하고 증진하는 것을 중심으로 하는 법령을 말한다. 「국민건강증진법」, 「보건의료기본법」을 보건입법의 일반법으로 들 수 있겠다.

보건입법의 특별법으로서 지역·대상·보건영역 등에 따라 「공공보건의료에 관한 법률」, 「군보건의료에 관한 법률」, 「농어촌 등 보건의료에 관한 특별조치법」,

44) 대법원 2001. 2. 23. 선고 2000도4415 판결.
45) 대법원 2001. 2. 23. 선고 2000도4415 판결.
46) 대법원 2009. 6. 11.자 2009인마2 결정.

「지역보건법」, 「구강보건법」, 「환경보건법」, 「모자보건법」, 「산업안전보건법」, 구 정신보건법 등을 예로 들 수 있다. 특별법은 일반법에 우선하여 그 대상이나 분야에 적용되고, 특별법에 규정이 없는 경우 일반법의 규정을 준용할 수 있다.

정신건강복지법은 구 정신보건법에 비해 보건입법으로의 성격이 강화되었다. 정부가 2014년 법 명칭을 '정신건강증진법'으로 하여 전 국민 정신건강증진을 일차적 목표로 제안한 것을 보면 알 수 있다.

정신건강복지법은 보건입법으로서 제2장(정신건강증진 정책의 추진 등)을 통하여 국가계획, 지방자치단체의 시행계획, 정신건강증진정책, 실태조사, 정신건강상 문제의 조기발견, 학교·사업장·국가기관에서의 정신건강증진사업 시행, 정신건강의 날 행사 등과 같은 다양한 정신건강증진정책을 두고 있다.

2. 의료입법 - 「의료법」의 특별법

'보건입법'은 국가기관의 정책으로서 국민이나 특정인구집단을 상대로 건강과 생명을 유지·보존하는 것이 주 목적인데 비하여 '의료입법'은 의료인과 의료시설, 환자와의 관계를 민사적으로 또는 행정적으로 규율하기 위한 법령을 말한다. 「의료법」이 위와 같은 의료입법의 일반법으로서의 역할을 한다.

의료입법의 특별법으로서는 각 질병에 따라 「감염병의 예방 및 관리에 관한 법률」(이하 '감염병예방법'이라 한다), 「결핵예방법」, 「후천성면역결핍증 예방법」, 「진폐의 예방과 진폐근로자의 보호 등에 관한 법률」(이하 '진폐예방법'이라 한다), 「암관리법」, 「치매관리법」, 「희귀질환관리법」 등이 있다.

정신건강복지법은 제3장에서 정신의료기관의 설치 및 운영기준을, 제5장에서 입원 및 치료에 관한 규정을 제6장에 퇴원청구와 심사에 관한 규정을, 제7장에서 환자의 시설 내에서의 권익보호 및 지원에 관한 규정을 두고 있다. 위와 같은 내용은 의료입법에 관한 규정으로서 「의료법」과 정신건강복지법에 유사한 규정이 있는 경우 특별법인 정신건강복지법이 우선하여 적용된다. 다만, 정신건강복지법에 규정이 없는 경우에는 일반법인 「의료법」의 규정이 적용된다. 예컨대, 정신병원 인증에 관한 규정은 정신건강복지법에는 없지만 「의료법」에 규정되어 있기 때문에 정신병원은 의무적인 인증대상기관이 된다.

Ⅱ. 장애복지법과의 관계

1. 장애입법 - 「장애인복지법」의 특별법

'장애입법'은 장애인에 대한 교육, 주거, 활동보조 등 복지서비스를 지원하기 위한 법령을 말한다. 주로 그 내용 때문에 복지입법의 한 종류로 이해되고 있으나 장애로 인한 사회적 불리함을 극복하기 위한 것이어서 장애입법을 복지입법과 분리하여 살펴보기로 한다.

'장애입법'의 일반법으로는 「장애인복지법」을 들 수 있다. '장애입법'의 특별법으로는 그 장애유형이나 대상에 따라 「발달장애인법」, 「장애아동 복지지원법」을 들 수 있다. 장애인에 대한 지원의 유형에 따라 구분해 보면 「장애인고용촉진 및 직업재활법」, 「장애인 건강권 및 의료접근성 보장에 관한 법률」(약칭은 '장애인건강권법'), 「장애인기업활동 촉진법」, 「장애인 등에 대한 특수교육법」, 「장애인·노인·임산부 등의 편의증진 보장에 관한 법률」(약칭은 '장애인등편의증진법'), 「장애인연금법」, 「장애인활동 지원에 관한 법률」, 「장애인차별금지 및 권리구제에 관한 법률」(이하 '장애인차별금지법'이라 한다) 등이 있다.

정신건강복지법은 정신장애인만이 입소나 이용이 가능한 정신요양시설과 정신재활시설을 두어 정신장애인에게 거주와 재활 서비스를 제공한다. 이는 장애인복지의 한 측면을 담당하고 있는 것이라 할 수 있다. 아울러 모든 정신장애인은 아니지만 일부는 「장애인복지법」의 정신장애인 등록이 가능하기 때문에 「장애인복지법」과 그 밖의 위의 다양한 장애인관련법령의 적용이 가능하다.

2. 복지입법 - 「사회복지사업법」의 특별법

'복지입법'은 사회보장법 전체 체계(사회보험, 공공부조, 사회서비스)에서 사회서비스에 해당하는 입법을 말한다. 사회서비스의 내용은 복지, 보건의료, 교육, 고용, 주거, 문화, 환경 등의 분야에서의 인간다운 생활을 보장하고, 상담, 재활, 돌봄, 정보의 제공, 관련 시설의 이용, 역량 개발, 사회참여 지원 등을 하는 제도를 말한다(「사회보장기본법」 제1조). 이러한 사회서비스와 사회복지시설을 규율하는 기본법으로는 「사회복지사업법」이 있다.

'복지입법'의 특별법으로는 그 대상별로 「군인복지기본법」, 「근로복지지원법」,

「노인복지법」, 「노숙인 등의 복지 및 자립지원에 관한 법률」(이하 '노숙인복지법'이라 한다), 「아동복지법」, 「청소년복지지원법」, 「예술인복지법」, 「한부모가족지원법」 등이 있다.

정신건강복지법은 구 정신보건법과 달리 제4장(복지서비스 제공)에서 명시적으로 복지서비스 개발, 고용 및 직업재활 지원, 평생교육 지원, 문화·예술·여가·체육활동 등 지원, 지역사회 거주·치료·재활 등 통합지원, 가족에 대한 정보제공과 교육 등을 규정하여 국가의 사회복지 서비스 지원의 근거를 마련해 두고 있다.

한편, 정신건강복지법은 정신요양시설에 관하여는 먼저 특별법인 정신건강복지법을 적용하고, 그 외에는 사회복지시설에 관한 일반법인 「사회복지사업법」을 적용하도록 규정하고 있다(법 제25조 제5항). 그 밖에 정신재활시설도 「사회복지사업법」의 사회복지시설의 하나로 간주되어 정신건강복지법에 특별한 규정이 없는 경우 일반법인 「사회복지사업법」을 적용한다.[47]

Ⅲ. 치안입법과의 관계

1. 치안과 경찰

'치안입법'이라 함은 국가나 사회의 안녕과 질서를 유지·보전하기 위한 법령으로 주로 경찰법이나 형사법에서 규율하고 있다. 예를 들면, 타인을 폭행한 행위는 형법에 규정되어 「형사소송법」에 따라 경찰의 수사, 검사의 기소, 법원의 재판을 거쳐 벌금이나 징역이라는 형벌이 집행된다.

이와 달리 폭행이라는 범죄가 발생하지는 않았지만 폭행이라는 범죄의 위험이 있고, 이러한 범죄를 미리 예방하기 위한 경찰행정조치들(순찰, 불심검문, 보호조치 등)이 경찰법의 하나인 「경찰관직무집행법」에 규정되어 있다.

경찰행정업무 중 하나를 보면 "정신착란을 일으키거나 술에 취하여 자신 또는 다른 사람의 생명·신체·재산에 위해를 끼칠 우려가 있는 사람"이나 "자살을 시도하는 사람"에 대해 경찰관서 보호조치, 긴급구호, 공공보건의료기관 인계 등의 조치를 취할 수 있다(「경찰관직무집행법」 제4조).

---

47) 광주지방법원 2007. 10. 25. 선고 2007구합2616 판결.

2. 범죄와 위험

위의 범죄예방조치는 범죄가 일어난 상태가 아닌 범죄의 위험이나 자해의 위험이 있는 상태이기 때문에 그것만으로 범죄로 입건하여 형벌을 부과하는 형사사법절차를 진행할 수는 없다. 결국 이러한 범죄의 위험성 또는 자·타해 위험성에 대해서는 국가가 형사정책적으로 또는 사회정책적으로 다른 제도적 수단을 도입해야 했다. 그러한 형사정책적 수단이 통상 보안처분이라고 하는 예방적 구금제도이고,[48] 사회정책적 수단으로는 강제치료를 포함한 강제입원제도가 있다.

즉, 범죄를 저질렀을 때에는 그 유·무죄를 가리는 재판절차를 거쳐 형벌을 확정하지만, 범죄의 위험만이 있을 때에는 범죄를 아직 저지른 것은 아니어서 위와 같은 형사사법절차를 거칠 수 없어 범죄의 위험에 대한 다른 대안적 조치(보안처분)가 요구된 것이다.

3. 치료감호제도와 강제입원제도

'범죄'가 아니라 '범죄의 위험'에 대한 대응방식으로 한국의 경우 두 가지 서로 다른 제도가 있다. 그 중 하나가 재범의 위험성 여부를 판단하여 법원이 치료감호(강제입원) 또는 치료명령(강제치료)을 하는 제도이고, 다른 하나가 정신건강복지법에 의한 외래치료명령 및 강제입원제도이다.

둘의 차이점은 치료감호(치료명령을 포함한다)제도는 범죄를 저지른 사람이 다시 범죄를 저지를 가능성, 즉 재범의 위험성을 기준으로 하는데 반하여, 후자인 강제입원(외래치료명령을 포함한다)제도는 범죄의 위험여부나 재범위험성이라는 판단기준이 아니라 자·타해 위험성을 기준으로 한다. 그러나 타해 위험성과 재범의 위험성은 겹치는 부분이 있다. 또 다른 차이점은 치료감호제도는 법원이 재판절차를 통해 결

---

48) 헌법재판소는 이를 형벌과 보안처분으로 구분하여 다음과 같이 설명하고 있다.
"형사제재에 관한 종래의 일반론에 따르면, 형벌은 본질적으로 행위자가 저지른 과거의 불법에 대한 책임을 전제로 부과되는 제재를 뜻함에 반하여, 보안처분은 행위자의 장래 위험성에 근거하여 범죄자의 개선을 통해 범죄를 예방하고 장래의 위험을 방지하여 사회를 보호하기 위해서 형벌에 대신하여 또는 형벌을 보충하여 부과되는 자유의 박탈과 제한 등의 처분을 뜻하는 것으로서, 양자는 그 근거와 목적을 달리하는 형사제재이다. 연혁적으로도 보안처분은 형벌이 적용될 수 없거나 형벌의 효과를 기대할 수 없는 행위자를 개선·치료하고, 이러한 행위자의 위험성으로부터 사회를 보호하기 위한 형사정책적인 필요성에 따라 만든 제재이므로 형벌과 본질적인 차이가 있다. 즉 형벌과 보안처분은 다 같이 형사제재에 해당하지만, 형벌은 책임의 한계 안에서 과거 불법에 대한 응보를 주된 목적으로 하는 제재이고, 보안처분은 장래 재범 위험성을 전제로 범죄를 예방하기 위한 제재이다"(헌법재판소 2012. 12. 27. 2010헌가82 결정; 헌법재판소 2015. 12. 23. 2013헌가9 결정 등 참조).

정하는 데 반하여 강제입원제도는 전문가 합의체(예컨대, 입원적합성심사위원회)에 의한 심사절차를 통해 가족이나 시장·군수·구청장의 강제입원을 승인하는 방식을 취한다. 외래치료명령과 법원의 치료명령의 차이점은 ☞ 법 제64조(외래치료명령)을 참조할 것.

4. 치안입법으로서의 정신건강복지법

우리 정신건강복지법이 치안입법임을 드러내는 명문의 규정은 없다. 그러나 정신건강복지법이 표현하고 있는 강제입원 및 강제치료의 기준이라 할 수 있는 자·타해 위험성 중 타해 위험성은 정신건강복지법의 치안입법으로서의 성격을 드러낸다.

우리 헌법재판소는 2016년 구 정신보건법 제24조의 '보호입원'조항에 대한 위헌(헌법불합치)결정을 하면서 위 보호입원조항의 목적이 정신장애인 본인의 안전 외에 '사회의 안전'을 지기키 위한 것이고, 그러한 입법목적은 정당하다고 하였다.[49]

헌법재판소가 제시한 강제입원의 목적 중 하나인 '사회의 안전'을 정신건강복지법이 명문으로 규정한 것이 아님에도 불구하고 해석을 통하여 인정하고 있는 것이다. 이는 현실의 강제입원제도가 '사회의 안전'을 목적으로 활용되는 것에 대해 국가 사법기관이 승인하였음을 의미한다. 그러나 강제입원이 사회의 안전을 주된 목적으로 할 때 환자의 치료는 사실상 빈 말이 되고, 결국 정신병원이 교정시설과 같은 격리시설들과 구분하기 어렵게 된다.

실제 일본은 1950년 제정된 「정신위생법」을 통하여 1960, 70년대 최대 7만 명에 이르는 환자를 경찰, 검찰, 교도소장 등의 요청으로 도도부현(우리의 시·도에 해당) 지사가 행정조치로서 입원시켰다.[50] 강제입원제도가 50여 년 전 일본에서는 범죄위험이 있다는 이유로 격리수단으로서 주로 활용되었던 것이다. 우리의 경우도 현재 비록 숫자에 있어 일본과 차이는 있지만 위험을 이유로 한 강제입원이 적지 않다.

정신건강복지법의 치안입법적 성격은 법 제정경위를 보아도 알 수 있다. 1995년 정신보건법 제정은 1991년 발생한 두 건의 무차별 범죄(여의도 광장 질주사건과 대구

---

49) 헌법재판소 2016. 9. 29. 2014헌가9 결정.

50) 일본은 1965년 「정신위생법」 개정 직후부터 정신병원 입원환자 수, 정신병원 수, 정신병상 수가 모두 크게 늘어 병상 수는 1966년 19만 7,000여개에서 1985년 34만 여개까지 늘어나고, 도도부현 지사에 의한 강제입원인 조치입원 환자 수도 1966년 6만 7,000여 명에서 1971년 7만 6,000여 명까지 증가하였다가 의료기술의 발달과 조치입원의 억제로 1975년에는 6만 6,000여 명, 1985년에는 3만 1,000여 명으로 감소하였다(精神保健福祉研究會, 「精神保健福祉法詳解」(三訂版), 中央法規出版, 2007, 12면).

거성관 나이트 방화사건)에서부터 시작하였다. 위 범죄 직후 법무부가 정신보건법 제정을 공론화한 것을 보아도 강제입원제도를 내포한 법률은 사회의 안전이라는 치안적 목적이 있음을 부인할 수 없다. 그러나 위 두 건의 사건은 정신장애와는 무관한 범죄였고, 실직한 20살 청년과 나이트 출입을 거부당한 농민의 분노와 음주 때문에 발생한 일이었다. 국가는 그러한 범죄사건이 마치 정신장애로 인한 것처럼 사회에 인식시킴으로서 자신의 치안상의 과오를 정신장애를 가진 사람에게 전가할 수 있었다.

위와 같이 정신건강복지법의 강제입원제도와 강제치료제도가 현실에서 치안입법의 성격을 가짐을 인정하더라도 그것은 지향(指向)하는 목표가 아니라 지양(止揚)되어야 할 성질의 것이다. 이유는 치료(治療)라는 목적과 사회의 안전(治安)이라는 목적은 정신장애인을 바라보는 시각에 있어 서로 다른 방향을 설정하기 때문이다.

Ⅳ. 정신건강복지법의 성격

구 정신보건법의 성격과 관련해 다음과 같은 학자들의 견해가 있다.

i) 복지입법과 치안입법의 성격을 가진 법이라는 견해[51)]

ii) 일차적으로 정신장애인의 치료 및 사회복귀에 관한 법으로 의료입법의 특별법적 성격을 갖지만, 사회방위와 국민의 생명 및 신체를 보호하는 경찰입법, 인권을 보호하는 인권보장법, 정신장애인의 복지증진을 위한 복지입법으로서의 성격을 가진다는 견해[52)]

iii) 기본적으로 정신장애인의 복지와 권익을 위한 복지입법이어야 한다는 견해[53)]

iv) 역사적으로 강제입원제도의 목적이 20세기를 거치며 치안입법에서 의료입법으로, 21세기에는 의료입법에서 복지입법으로 전환되고 있는 점을 고려해 볼 때 구 정신보건법은 치안입법, 의료입법, 복지입법의 성격을 모두 겸비하고 있는데 그 중 복지입법의 성격이 점차 강조되고 있다고 보는 견해[54)]

---

51) 류기환, "정신보건법과 치료감호법에 대한 비교 연구", 「법학연구」 제23집, 한국법학회, 2006, 507-508면.
52) 박균성, "정신보건법안의 문제점 - 정신질환자의 인권보장과 보호의 관점에서-", 「현대공법논총: 일암 변재옥 박사화갑기념논문집」, 1994, 715면.
53) 양옥경, 「정신보건과 사회복지」, 나남출판, 2006, 263면.
54) 신권철, "정신질환자의 강제입원과 퇴원 - 인신보호법상 구제요건을 중심으로", 「저스티스 통권」 제113호, 한국법학원, 2009, 221면.

생각건대, 구 정신보건법의 법적 성격과 관련하여 2016년 제정된 새로운 정신건강복지법은 어떤 부분은 계승되었지만, 어떤 부분은 새롭게 신설된 부분이 있다. 새롭게 신설된 부분은 정신장애인의 자기결정과 복지서비스에 관한 부분이며, 특히 정신장애인의 자기결정권은 입원과 퇴원, 시설 내 생활에 있어 기본적 원칙으로 자리잡았다.

2016년 제정된 정신건강복지법은 앞서 본 바와 같이 보건의료입법, 장애복지입법의 성격이 강화되었지만 그렇다고 하더라도 강제입원을 통한 사회적 안전이라는 치안입법의 성격이 사라진 것은 아니다. 다만, 강제입원의 치안적 성격으로 인한 환자의 신체의 자유와 권리제한을 극복하기 위한 수단으로 환자의 자기결정권과 절차참여권 및 국가적 입원심사기관를 규정하면서 강제입원이 가진 강제력과 권한남용을 어느 정도 통제하고 있다.

제4절 정신장애인의 권리

정신장애인은 헌법과 법률이 보장하는 바에 따라 모든 사람이 가지는 권리와 동등한 권리를 가진다. 정신장애인에게는 정신장애가 가진 특성으로 인해 더 많은 권리가 부여되는 것도 아니고, 그가 가진 취약성으로 인해 법이 보장한 권리가 더 축소되는 것도 아니다. 권리가 축소되어 보이는 것은 현실이 그렇다는 것 뿐이며, 법은 그렇지 않고, 않아야 한다. 특히, 자유권의 제한에 있어서는 더욱 그러하다. 예컨대, 신체의 자유의 제한과 관련하여 헌법재판소가 제시한 절차적 기본권의 보장은 그것이 정신장애를 가졌다고 특별히 더 요구되는 것이 아니고, 범죄를 저지른 사람이라고 하여 그것이 축소되어야 되는 것도 아니다.

다만, 여기서 정신장애인의 권리를 별도로 조망해 보는 이유는 강제입원이라는 특수한 상황에 처해진 사람이 겪을 수 있는 어려움(신체적 속박, 강제적 치료, 외부와의 통신 제한, 법적 조력의 필요 등)에 대응하기 위한 권리들을 위주로 개관해 보기 위함이다. 먼저, 구체적 법률인 정신건강복지법에서 그 기본이념이라는 명칭 하에 다음과 같은 권리들을 부여하고 있다.

제2조(기본이념) ① 모든 국민은 정신질환으로부터 보호받을 권리를 가진다.
② 모든 정신질환자는 인간으로서의 존엄과 가치를 보장받고, 최적의 치료를 받을 권리를 가진다.
③ 모든 정신질환자는 정신질환이 있다는 이유로 부당한 차별대우를 받지 아니한다.
④ 미성년자인 정신질환자는 특별히 치료, 보호 및 교육을 받을 권리를 가진다.
⑤ 정신질환자에 대해서는 입원 또는 입소(이하 "입원등"이라 한다)가 최소화되도록 지역사회 중심의 치료가 우선적으로 고려되어야 하며, 정신건강증진시설에 자신의 의지에 따른 입원 또는 입소(이하 "자의입원등"이라 한다)가 권장되어야 한다.
⑥ 정신건강증진시설에 입원등을 하고 있는 모든 사람은 가능한 한 자유로운 환경을 누릴 권리와 다른 사람들과 자유로이 의견교환을 할 수 있는 권리를 가진다.
⑦ 정신질환자는 원칙적으로 자신의 신체와 재산에 관한 사항에 대하여 스스로 판단하고 결정할 권리를 가진다. 특히 주거지, 의료행위에 대한 동의나 거부, 타인과의 교류, 복지서비스의 이용 여부와 복지서비스 종류의 선택 등을 스스로 결정할 수 있도록 자기결정권을 존중받는다.
⑧ 정신질환자는 자신에게 법률적·사실적 영향을 미치는 사안에 대하여 스스로 이해하여 자신의 자유로운 의사를 표현할 수 있도록 필요한 도움을 받을 권리를 가진다.
⑨ 정신질환자는 자신과 관련된 정책의 결정과정에 참여할 권리를 가진다.

위의 기본이념에 나타난 제2항 이하의 정신장애인의 권리를 정리하면 아래와 같다.

1. 인간의 존엄과 가치의 보장
2. 최적의 치료를 받을 권리
3. 부당한 차별대우의 금지
4. 미성년 정신장애인의 치료·보호 및 교육을 받을 권리
5. 지역사회 중심 치료(입원의 최소화)
6. 입원 정신장애인의 자유로운 환경과 소통권
7. 정신장애인의 자기결정권

다음으로, 우리 헌법도 강제입원되는 사람의 자유와 권리를 보장하는 근거규정을 두고 있어 헌법상 기본권에 관한 규정(신체의 자유, 직업선택의 자유, 사생활의 비밀과 자유, 통신의 자유, 종교·학문·예술의 자유, 선거권)을 참조하여 보기로 한다. 세 번째로는 정신장애인의 권리로서 국가에 급부를 요구할 수 있는 권리인 사회권의

하나로서 사회보장수급권을 검토해 보기로 한다. 마지막에서는 환자와 의사 사이에 체결된 의료(입원)계약에 따른 권리 및 치료거부권과 강제치료의 대립을 검토한다.

Ⅰ. 정신건강복지법이 규정한 권리

정신건강복지법은 제2조에서 자신의 기본이념으로서 정신장애인의 다음과 같은 권리보장을 규정하고 있다. 우리는 아래의 권리목록이 정신장애인의 어느 상황에서 적용될 수 있는지 생각해 보아야 한다. 아래의 권리들은 정신장애인이 자신의 인격과 신체 속에 숨겨 가지고 다니는 권리들일 뿐만 아니라, 언제든지 법전을 들어 꺼내 보일 수 있는 권리라 할 수 있다.

1. 인간의 존엄과 가치의 보장

가. 헌법상 인간의 존엄과 가치

헌법은 모든 국민의 인간의 존엄과 가치를 보장하고 있는 반면에, 정신건강복지법은 모든 정신장애인의 인간의 존엄과 가치를 보장하고 있다. 국민의 인간으로서의 존엄과 가치가 정신장애인의 그것과 다른 것은 아니다. 즉, 인간으로서의 존엄과 가치는 노인이든, 장애인이든, 정신장애인이든 그 차이를 두지 않는다. 그것은 개인의 추상화된 인격이 가지는 존엄과 가치이기 때문이다.

인간이 존엄한 이유는 무엇일까? 중세에는 신이 자신을 본떠 만든 피조물이라는 이유로, 근대에는 이성을 가진 존재라는 이유로 인간은 그 존엄함을 주장할 수 있었다. 근대 독일의 철학자 칸트는 스스로의 자율성을 가지고 책임을 질 줄 아는 인격(Person)을 부여받았기 때문에 존엄함이 부여된다고 하였고, 그 존엄함으로 인해 인간은 수단이 되어서는 안 된다고 하였다.[55]

한편, 헌법이 말하는 '인간의 가치'란 수치화(數値化)될 수 없는, 대체가능하지도, 양도가능하지도, 그리고 교환가능하지도 않는 인간 자체의 가치를 말한다. 즉, 상품화되지 않고, 금전과 교환되지 않고, 가격을 매길 수 없는 존재임을 의미한다.

---

55) 차수봉, "인간존엄의 법사상사적 고찰", 「법학연구」 제16권 제2호, 한국법학회, 2016, 9-13면.

나. 인간존엄의 침해

(1) 인간존엄 침해의 순간

그렇다면 우리는 언제 인간으로서의 또는 정신장애인으로서의 존엄함과 가치가 침해되는지 파악해 보아야 한다. 인간의 존엄과 가치가 각 국의 헌법조항에 편입되는 것은 대체로 1948년 국제연합의 세계인권선언 이후이다.[56] 세계인권선언은 2차 세계대전 중에 벌인 인간이 인간에게 가한 끔찍한 행위들(고문, 생체실험, 집단학살 등)에 대한 반성에서 시작된다. 생체실험, 강제불임, 집단학살 등은 인간의 존엄을 침해하는 일이다. 그것은 사람의 인격적 자율성뿐만 아니라 그 실체적 기반인 생명을 제거하는 것이기 때문이다.

(2) 인간존엄과 객체화(수단화)

인간의 생명을 침해하는 일은 아니지만 인간의 존엄을 침해하는 일은 어떤 것일까? 독일 법학자 귄터 뒤리히(Günter Dürig)는 "인간을 객체로, 단순한 수단으로, 짓밟을 수 있는 등급으로 비하되었을 때" 인간 존엄성의 침해가 있다고 보았다.[57] 독일 연방헌법재판소는 인간존엄을 다음과 같이 표현하고 있다.[58]

> "인간을 단지 국가의 객체로 삼거나 또는 인간을 단지 국가의 객체로 취급함으로써 자신의 주체성을 원칙적으로 위태롭게 하는 것을 금지한다. 이러한 의미에서 인간의 존엄은 단지 개별적 개인의 존엄이 아니라 오히려 인류로서의 인간의 존엄을 말하는 것이다. 모든 인간은 자신의 특성, 자신의 성과, 자신의 사회적 지위를 고려함이 없이도 존엄을 지니고 있다. 또한 인간의 존엄은 자신의 신체적 또는 정신적 상태로 인해 의미있게 행동하지 않을 수 있는 특성이 있다. 그러나 인간은 '비존엄한' 행위로 인해 스스로 그 존재 자체를 상실할 수 없다"

인간존엄은 위에서도 보았듯이 신체적·정신적 특성으로 다르게 행동하더라도 상실되지 않는 것이다. 또한 인간존엄은 더 이상의 근거와 증명을 요구하지 않는

---

56) 세계인권선언 전문은 "모든 인류 구성원의 천부의 존엄성과 동등하고 양도할 수 없는 권리를 인정하는 것이 세계의 자유, 정의 및 평화의 기초이며, 인권에 대한 무시와 경멸이 인류의 양심을 격분시키는 만행을 초래하였으며...이하 생략"로 시작되고, 그 제1조에서 "모든 인간은 태어날 때부터 자유로우며 그 존엄과 권리에 있어 동등하다. 인간은 천부적으로 이성과 양심을 부여받았으며 서로 형제애의 정신으로 행동하여야 한다"고 규정하고 있다(번역문은 국가법령정보센터 홈페이지 조약사항의 번역문을 인용함)

57) G. Dürig, Der Grundrechtssatz von der Menschenwürde, in: AöR 81, S. 117 (127) 1956(차수봉, 앞의 논문, 15면에서 재인용).

58) BVerfGE 87, 209 (228); BVerfGE 96, 375 (399)(이부하, "인간의 존엄 개념에 관한 헌법이론적 고찰 - 독일 헌법학이론을 분석하며", 「성균관법학」 제26권 제2호, 2014, 19면에서 재인용).

최종적 공리(公理)이며, 다른 헌법상 기본권과 달리 그것을 행사할 필요도 없고, 표현할 필요도 없다.

다. 강제입원과 인간존엄의 침해

(1) 헌법재판소의 판단

우리 헌법재판소는 구 정신보건법에 대한 보호입원 위헌(헌법불합치)결정을 하면서 다음과 같이 판단하였다.[59)]

> "보호의무자나 정신의료기관의 장이 외부와의 접촉이나 퇴원을 원하는 피보호입원자의 입원을 장기화할 목적으로 이를 악용할 경우, 피보호입원자는 인간으로서 가져야 할 최소한의 존엄성마저 침해당할 수 있다"

(2) 대법원의 판단

한편, 우리 대법원도 보호의무자 아닌 자가 북한이탈주민을 강제입원시킨 사안에서 국가의 불법행위로 인한 손해배상책임을 인정하면서 구 정신보건법상의 인간의 존엄과 가치를 다음과 같이 언급한다.[60)]

> "정신질환자의 인간으로서의 존엄과 가치를 존중하고 입원치료가 필요한 정신질환자에 대하여는 항상 자발적 입원이 권장되어야 한다는 정신보건법의 기본이념에 비추어 볼 때, 정신보건법상 보호의무자에 의한 입원 규정은 입원과정에서 발생할 수 있는 정신질환자의 인권침해를 방지하기 위하여 입원동의를 할 수 있는 보호의무자를 한정적으로 열거하고 입원요건 및 절차를 엄격하게 규정하고 있다. 따라서 정신보건법에 규정된 보호의무자가 아닌 자가 정신질환자의 보호의무자로서 동의를 하여 정신질환자를 입원시키는 것은, 정신질환자가 자신 또는 타인을 해할 위험이 크고 상황이 매우 급박하다는 등 정신보건법 제26조 제1항에 규정된 응급입원의 요건 및 절차가 충족되는 등의 특별한 사정이 없는 한, 위법하여 불법행위를 구성한다"

위와 같이 정신건강복지법의 기본 이념인 인간의 존엄은 법원과 헌법재판소와 같은 사법기관의 사법심사(민형사 소송, 헌법재판, 입원심사를 하는 인신보호재판 등)에 있어 기본 바탕이 되는 해석지침이 된다.

---

59) 헌법재판소 2016. 9. 29. 2014헌가9 결정.
60) 대법원 2016. 4. 2. 선고 2014다205584 판결.

라. 인간존엄 침해의 사례

위에서 본 바와 같이 인간의 존엄함이 침해당하는 일이라 함은 인간을 객체화·수단화·사물화(事物化)하는 것이라 할 수 있다. 그것이 어떤 것인지는 다음의 사건에서 확인할 수 있다.

「요양병원이나 정신병원에 환자를 알선하는 사설 환자응급이송단의 브로커는 7천여 명의 환자 리스트를 관리하며 이렇게 말한다. "환자들이 다 돈이니까. 병원 입장에서는 국가에서 딱딱 돈을 주니까 환자가 돈이 되는 거에요"」[61)]

「환자를 병원에 데려오는 대가로 돈거래한 정신·요양병원 원장과 사설 응급환자이송단 대표 등 140여 명이 경찰에 적발됐다. 「의료법」 위반 등 혐의로 정신병원(35곳) 및 요양병원(10곳)의 원장과 직원 등 95명이 불구속 입건되었고, 이들로부터 돈을 받고 환자를 데려다 준 혐의로 서울·경기지역 7개 사설 응급환자이송단 대표와 직원 등 48명이 불구속 입건되었다. 병원장 등은 병원에 환자를 이송해주는 대가로 사설 응급환자이송단 직원 등에게 환자 1 인당 30만~50만원씩 (속칭 '통값') 총 40억여 원을 제공한 혐의를 받고 있다」[62)]

환자들의 살아 있는 신체가 자신의 의사와 상관없이 거래대상이 된다는 얘기는 결국 인간의 사물화·수단화가 이루어졌다는 의미이다. 사물화된 인간은 저 이송과정과 입원과정에서 아무런 법적 보호도 받지 못하게 된다. 인간존엄의 침해란 저 이송과정과 입원과정에서 일어나는 일이다.

2. 최적의 치료를 받을 권리

정신건강복지법 제2조 제1항은 "모든 정신질환자는 최적의 치료를 받을 권리를 가진다"고 규정한다.[63)] 여기서 말하는 최적의 치료에서 말하는 '치료'란 의료행위에서 말하는 치료보다는 좀 더 넓게 이해해야 할 것이다.

먼저, '치료받을 권리'의 주체는 정신장애인이다. 의사는 치료할 의무가 있는 것

61) KBS 추적60분 2014. 3. 8. 방영 , 제목: "나는 '평생환자'였다: 정신병원 환자거래 실태 보고" 중에서 http://www.kbs.co.kr/2tv/sisa/chu60/view/vod/2232410_75588.html(최종방문 2018. 7. 1.)

62) 연합뉴스 2013. 10. 31. 기사, 제목: 환자유치 돈거래 병원장·이송단 등 140여 명 적발 http://www.yonhapnews.co.kr/it/2013/10/31/2402000000AKR20131031048900061.HTML (최종방문 2018. 7. 1.)

63) 참고로 「장애인 건강권 및 의료접근성 보장에 관한 법률」(이하 "장애인건강권법"이라 한다) 제2조(기본이념) 제1항도 "장애인은 최적의 건강관리와 보호를 받을 권리를 가진다"는 규정을 두고 있다.

이지 환자의 동의 없이 치료할 권리가 생기는 것은 아니다. 치료를 받을 권리에는 치료를 거부할 권리가 전제되어 있다. 다만, 치료를 거부할 권리가 정신건강복지법상 일정한 요건 하에서 제한되는데 그것이 바로 강제입원과 강제치료이다.

다음으로, '최적(最適)'의 치료란 그 치료방법을 선택함에 있어 질병의 증상을 정확히 진단하고, 치료의 안전성과 유효성을 확보할 수 있는 것을 선택하여야 하고, 치료에 수반되는 부작용이나 합병증에 적절하게 대처할 수 있는 전문 의료지식과 기술을 확보하여야 함을 말한다.

끝으로, '권리'란 그 귀속주체가 타인에게 일정한 금지나 의무의 이행을 청구하거나 집행할 수 있는 것이어야 한다. 그런데 위 조문을 근거로 국가나 정신의료기관에 환자가 최적의 치료를 요구할 권리가 있을까?

예컨대, 강제입원된 의료급여 환자가 부작용이 많은 낮은 단가의 약만 처방하는 정신의료기관의 장을 상대로 최적의 치료를 요구하며 부작용이 적은 높은 단가의 약 처방을 요구하고, 국가를 상대로는 의료급여 수가의 적절한 상향을 요구하는 소송이 가능할지의 문제이기도 하다.

위와 같은 소송이 가능하지 않다면 위 법조항은 한낱 장식적 조항이라 비판할 수도 있을 것이다. 그러나 비록 위 법조항에서 선언하고 있는 권리가 국가나 정신의료기관의 장에게 구체적 이행의무를 부과하지는 못한다고 하더라도 저 선언은 정신의료기관의 치료행위에, 국가의 정신보건정책에 일정한 지향성을 제시해 준다. 또한, 위 조항은 법원이 정신의료기관의 치료행위나 국가의 정책집행을 사법적으로 심사할 때(의료과오소송이나 국가배상소송에서) 심사기준으로 작동한다.

3. 부당한 차별대우의 금지

가. 정신건강복지법의 규정

(1) 관련 규정

정신건강복지법 제2조 제2항은 "모든 정신질환자는 정신질환이 있다는 이유로 부당한 차별대우를 받지 아니한다"고 규정한다. 헌법도 법 앞의 평등과 차별금지 규정(제11조 제1항)을 두고 있고, 차별의 문제가 발생하는 주된 대상(기간제 근로자, 파견근로자, 노인, 여성, 장애인 등)이나 사유(성별, 연령, 장애, 다문화 등)와 관련된 법률들은 대부분 차별금지 규정을 두고 있다.

(2) 차별금지의 유형

각종 법률의 차별금지 규정은 절대적 차별금지(정당한 사유 여부를 불문하고 차별을 금지함) 규정[64]과 상대적 차별금지 규정(정당한 사유가 있을 경우에는 차별의 대상이 됨)[65]으로 나뉜다. 정신건강복지법의 차별금지 규정은 상대적 차별금지 규정에 해당한다.

상대적 차별금지 규정은 정당한 사유(합리적 이유) 없는 차별만을 금지하기 때문에 정당한 사유(합리적 이유)가 있으면 차별이 허용되는 구조를 가지고 있다.

나. 정신장애인 차별

정신장애인 차별은 도처에 산재한다. 법제도화된 예로서는 자격취득제한을 들 수 있고, 법제도화되지는 않았지만 현실에서 발생하는 것으로는 보험가입 제한을 들 수 있다. 아래에서 구체적으로 본다.

(1) 정신장애인 자격제한 법률

정신질환은 과거 그 자체로 위험의 요소로 인식되었고, 20세기 초 서구의 근대적 법률을 참조해 새로운 제도를 만들어 가던 일본은 각종 국가자격취득의 결격사유로 금치산자, 파산자, 정신질환자 등을 법률에 규정해 넣었다. 한국도 해방 이후 각종 법률을 제정하면서 일본과 유사하게 각종 국가자격 취득의 결격사유로 금치산자, 파산자, 정신질환자 등을 규정해 두었다. 정신질환자 자격제한이 법률에 규정된 것을 보면, 의료인, 이·미용사, 영양사, 조리사, 약사, 한약사, 요양보호사, 수의사 등이 있다. 이와 관련하여 정부는 2016년 2월 정신건강종합대책을 발표하면서 정신장애인에 대한 불합리한 차별을 하는 법령, 제도, 행태 등에 대한 실태조사 및 개선을 마련하기로 하였다.

국가인권위원회도 2018년 4월 정신장애인 자격·면허 취득제한 제도에 대해 헌법과 UN 장애인권리협약 위반을 근거로 정신장애인 결격조항의 폐지와 개선을 각 정부 부처에 권고하고, 「사회복지사업법」에 있는 정신장애인 결격조항은 폐지하도

64) 예컨대, 「다문화가족법」 제10조(아동·청소년 보육·교육) ① 국가와 지방자치단체는 아동·청소년 보육·교육을 실시함에 있어서 다문화가족 구성원인 아동·청소년을 차별하여서는 아니 된다; 「장애인건강권법」 제2조(기본이념) ② 장애인은 장애를 이유로 건강관리 및 보건의료에 있어 차별대우를 받지 아니한다.

65) 예컨대, 「고령자 연령차별금지 및 고령자고용촉진에 관한 법률」 제4조의4(모집·채용 등에서의 연령차별 금지) ① 사업주는 다음 각 호의 분야에서 합리적인 이유 없이 연령을 이유로 근로자 또는 근로자가 되려는 자를 차별하여서는 아니 된다. 1. 모집·채용 2. 임금, 임금 외의 금품 지급 및 복리후생 이하 생략.

록 권고하였다.[66)]

생각건대, 정신장애인 자격제한 법률은 일본의 법률을 무분별하게 차용하면서 남겨진 제도이고, 다른 서구 국가들의 경우 법률이 명시적으로 정신장애인에게 자격부여를 금지하는 형태를 취하고 있지 않다. 일본 또한 2000년대 초반 정신장애인 자격제한 법령을 폐지하거나 개정하는 대대적인 개혁을 하였다. 그 외에도 금치산자(현재는 피성년후견인), 파산자, 형집행자와 같이 법원의 선고를 받은 결격자와 달리 정신장애인은 공식적으로 그 결격사유에 해당함을 선언해 주는 공식적인 기구도 없고, 정신질환이 회복될 수 있는 점도 고려하지 않고 있다.

이러한 여러 사정을 고려해 볼 때 정신장애인의 자격취득제한을 법률이 승인해 주는 시스템을 유지하는 것은 헌법상 평등의 원칙이나 직업자유에 대한 과도한 제한으로서 위헌이라고 생각한다.[67)]

(2) 정신장애인 보험가입 차별

정신장애인에 대한 보험가입 차별은 정당한 것인지 논란이 있어 왔다. 이에 2013년 5월 정부가 입법예고한 '정신보건법 전부개정법률안(정신건강증진법안)' 제57조는 정신질환을 이유로 한 보험차별을 금지시키고, 차별의 정당한 사유에 대한 입증책임을 보험회사측이 부담하도록 하였다. 그러나 2014년 1월 정부가 국회에 제출한 법률안[68)]에는 위 조항이 삭제되었다. 다시 동일한 19대 국회에서 한 국회의원이 정신질환자 보험차별 금지를 규정한 '정신보건법 일부개정법률안'을 제출[69)]하였으나 제대로 논의되지 못한 채 결국 국회 임기만료로 폐기되었다.

한편, 위와 같은 입법적 노력의 좌절에도 불구하고 법원은 「장애인차별금지법」에 근거하여 양극성 정동장애(조울증)가 있는 사람의 보험가입을 거부한 보험회사에 대해 「장애인차별금지법」이 금지하는 (부당한) 차별행위라는 이유로 손해배상을 인정하였다.[70)] 이러한 판결에도 불구하고 보험회사의 정신질환자에 대한 보험차별 관행이 사라진 것은 아니다.[71)]

---

66) 국가인권위원회 상임위원회 2018. 4. 12. 결정(제목: 정신장애인 자격·면허취득 제한 개선권고).
67) 정신질환자 자격제한법령과 관련해 보다 구체적인 내용은 신권철, "정신질환자 자격제한 법령의 문제점과 개선방안", 「인권과 정의」 제433호, 대한변호사협회, 2013, 58면 이하
68) 2014. 1. 16. 정부 제출 정신보건법 전부개정법률안(의안번호 9081)
69) 2014. 2. 6. 신의진 의원 대표발의 정신보건법 일부개정법률안(의안번호 9275)
70) 1심(서울중앙지방법원 2013. 8. 30. 선고 2011가합38092 판결)은 손해배상액으로 100만 원을 인정하였고, 2심(서울고등법원 2016. 4. 26. 선고 2013나61901 판결, 확정)은 500만 원을 인정하였다.
71) 보다 자세한 내용은 신권철, "정신질환자 보험차별의 법적 쟁점과 과제", 「신경정신의학」 제53권 제2호, 대한신경정신의학회, 2014, 61-71면.

다. 정신장애인 차별의 법적 문제점[72)]

(1) 법령에 근거한 차별의 문제

한국이 정신장애를 가진 사람에 대한 강제입원이나 후견을 허용하는 법제도를 가진 것 자체를 비판하기는 어렵다. 그러나 정신장애를 가지거나 후견을 받는다는 이유로 사회적 참여 자체를 제도적으로 제한하는 것은 비판받아 마땅하다. 피성년후견인(금치산자)에 대한 선거권 박탈, 정신질환자나 금치산자에 대한 각종 법령상 자격제한 등은 한국 사회에서는 여전히 존재하지만 이미 서구사회나 일본에서는 불필요한 차별적 제도로서 폐지하거나 개선하였다.

(2) 배제와 박탈의 부당성

정신장애인에 대한 차별적 제도의 폐지에 대한 여러 가지 이유 중의 가장 근본적인 것은 사회적 평온을 유지하기 위한 목표를 달성하는 수단에 있어 어떤 사람들에 대한 박탈과 배제보다는 사회적 껴안음이 더 유용한 방법이라는 것을 인식해야 할 필요이다. 그리고 사회적 박탈과 격리의 극단의 사고방식에서 이루어진 일이 20세기 중반 독일 나치의 장애인에 대한 안락사와 유태인 학살의 실험들이다. 이후 인류나 국가 공동체가 어떤 방식으로 지속 가능한 평화를 공동체 내에서 구현할 수 있는지에 대한 진지한 고민들이 20세기 후반에 이루어졌고, 그 속에서 탄생한 인간 존엄과 평등도 정신장애인에 대한 차별적 제도의 폐지의 근본이유로서 제시될 수 있을 것이다.

(3) 사회의 부당한 인식의 강화

한국 사회에서 법제도화된 차별은 모두 그럴싸한 명분을 가지고 있다. “정신질환이 있는 사람에게 어떻게 자격증을 줘”, “정신질환이 있는 사람은 자격취득시험도 보게 하면 안 돼”. 이런 사회적 통념들은 사실상 법이 만들어준 것일 수도 있다. 법이 정신장애인에 대한 자격취득을 제한하고 있기 때문에 위와 같은 사회적 통념들이 합법성을 얻어 형성된 것이기도 하다.

(4) 법 뒤의 차별의 문제

앞서 정신장애에 대한 법제도화된 차별인 자격제한법률과 달리 법 뒤의 차별은

---

72) 이하의 다. ‘정신장애인 차별의 법적 문제점’의 내용은 신권철, “정신장애, 법 앞의 그리고 법 뒤의 차별”, 중앙정신건강사업지원단 발간 이슈 페이퍼(2016. 10. 14. 제2호), 1-6면의 내용 중 일부를 수정하여 요약한 것이다.

법이 하는 차별이 아니라 사회가 하는 차별이다. 법이 그러한 차별을 금지시키고 있음에도 이루어지는 사회적 차별을 의미하는 것이다.

한국 사회는 사회적으로 불리한 지위에 있는 사람에 대한 차별을 금지하는 법률을 두고 있다. 여성의 고용평등을 선언하고, 보장하는 「남녀고용평등과 일·가정 양립지원에 관한 법률」, 장애인의 사회적 활동에 대한 차별금지와 편의제공을 규정하는 「장애인차별금지법」, 고령자의 취업 및 고용에서 차별을 금지하고, 고용촉진을 보장하는 「고용상 연령차별금지 및 고령자고용촉진에 관한 법률」이 그것이다.

그러나 위와 같은 법률들이 제정되었다는 의미는 결국 사회적 현실에서는 여성, 장애인, 고령자에 대한 차별, 특히 고용상 차별이 그만큼 심각했음을 의미한다. 그리고 위와 같은 법률들이 제정되었다고 해서 여성, 장애인, 고령자에 대한 사회적 차별이 없어진 것도 아니다. 강력한 사회적 현실이 무기력한 법들을 오히려 잠식하기 때문이다.

(5) 차별의 합리성 문제

특히, 위의 법률들도 합리적 이유 없는 차별만을 문제삼을 뿐 합리적 이유나 정당한 이유가 있으면 차별을 금지하지 않는다. 여기서 차별금지법제가 가진 무기력함이 발생한다. 사람들은 일정한 자격(성, 연령, 장애 등)을 조건으로 임무를 부여하는 것은 차별 자체가 아니라고 생각하거나, 아니면 차별 자체를 합리적이라고 생각하는 경향이 있기 때문이다.

여기서 다양한 합리성들이 등장하기 시작한다. 정신질환자 보험가입에 있어 차별의 합리성, 정신질환자에 대한 수가차별의 합리성, 각종 사회복지시설사용 제한의 합리성, 정신질환자 경찰공무원 임용제한의 합리성, 정신질환자와의 임대차계약갱신 거절의 합리적 사유, 마을주민들의 정신질환자에 대한 이사요청의 합리성 등등. 이렇게 정신장애인에 대한 차별은 결국 합리성의 문제로 귀결된다.

그러나 이러한 차별의 합리성은 사회통념 속에서 싹트는 사회적 이기심에서 발현된다. 자제되지 않은 사회적 이기심들이 취약계층에 대한 사회적 배제시스템을 구축한다. 법 앞의 차별은 법령을 지워버리는 것으로 해결되지만 법 뒤의 차별은 사회적 인식의 문제이다. 그래서 법 뒤의 차별을 없애기 위해서는 더 많은 사회적 노력이 필요하다.

(6) 제재로서의 차별

경제본위의 사회에서는 정상성(normality) 또는 규범(norm)의 관점에서 볼 때 노동하지 않는 상태, 그리고 규범에 따르지 않는 행위나 생각도 비정상이다. 이성의 입장에서 바라보면 비정상은 정화·교정·순화의 대상이 된다. 우리가 지금까지 말한 차별은 이러한 비정상의 정상화 수단으로서 사회적 요구에 의해 작동되는 것이기도 하다. 차별은 취약성을 집단적 무기로 삼지 못하도록 강요하고, 그것을 숨길 것을 은연중에 요구하여 취약한 사람들에게 자발적으로 그 교정과 순화의 차별 과정에 참여하게 한다.

4. 미성년 정신장애인의 치료·보호 및 교육을 받을 권리

미성년 정신장애인은 성년이 아니라는 이유로, 그리고 정신장애가 있다는 이유로 이중의 제약을 받게 되는데, 이를 극복하기 위한 이중의 접근이 필요하다. 구 정신보건법의 정신장애인의 보호를 받을 권리는 삭제되었지만 정신건강복지법에서도 여전히 남아 있는 것은 미성년 정신장애인의 보호받을 권리이다. 미성년자에게는 아직 돌봄이 필요하다는 법적 가치판단이기도 하다.

미성년(未成年)의 법적 의미는 덜 성숙한 법적 인격이지만 시간이 지나면 성년이 될 잠재성이 있는 지위이다. 미성년의 시기에는 친권자(부모)의 돌봄을 받으며, 친권자가 그 미성년자녀를 대신하여 결정을 하는 제도를 두고 있다. 특히 미성년 정신장애인의 치료·보호 및 교육을 받을 권리는 먼저 그 친권자(부모)에게 그 자녀의 치료·보호 및 교육을 받게 할 의무를 부담시키고, 그러한 보호자가 없을 때 후순위로 국가가 나서서 그 부담을 지는 구조를 가지고 있다.

프랑스 철학자 미셸 푸코의 견해에 따르면, 정신장애인은 과거부터 역사적으로 미성년자와 같은 법적 취급을 받아 왔다고 한다. 즉, 정신장애인은 성년의 미성년자로서 보호자의 후견이 부모의 친권을 대신하고 있음을 간파한 얘기라 할 수 있다. 그러나 21세기 초반, 보다 구체적으로는 2006년「장애인권리협약」제정 이후, 현대적 관점에서 볼 때는 정신장애인에 대한 그러한 법적 미성년자 취급을 극복하는 논의로서 후견제도의 개혁이나 강제입원제도의 개혁이 제기되고 있다.

생각건대, 2000년 넘게 이어져 온 정신장애인에 대한 법적 미성년 취급의 의미가 무엇인지는 고민할 필요가 있을 것이다. 거기에는 법적으로 성년이 될 수 없다는 것 외에도 평생 누군가의 친권이나 후견과 같은 지배를 받아야 한다는 상징적 의미를 극복해야 하는 숨겨진 과제가 현재에도 남아 있음을 의미한다.

5. 지역사회 중심 치료(입원의 최소화)

'병원에서 지역사회로'라고 하는 지역사회 중심 치료가 정신건강복지법의 모토로서 가진 의미는 무엇인가? 이는 구 정신보건법도 비슷하게 내세운 원칙인 '정신질환자의 사회복귀'라는 의미와도 크게 다르지는 않을 것이며, 현재 논의되는 커뮤니티 케어와도 동일한 논의선상에 있다.

해방 전후부터 한국사회의 정신장애인이 있었던 장소를 보면 다음과 같다. 대체로 동양(유교)적 삶과 가족의 돌봄 시스템이 잔존하고, 국가의 역량 부족으로 정신의료기관이나 시설이 부족한 시기였던 해방 전에는 가정이 정신장애인의 공간이었다. 해방 이후에는 전쟁과 급격한 근대화 속에서 정신장애인이 국가의 규제를 받지 않는 미인가 시설 등으로 이전하게 된다. 1980년대 미인가 시설 등의 문제점이 지적되면서 정신보건법 제정을 전후한 1990년대에는 '시설에서 병원으로'의 경향이 강화된다. 정신의료기관 입원 병상 수가 1984년부터 2015년까지 32년 동안 10배 이상 증가(1984년 6,107개 ⇒ 2015년 83,696개)한 것[73]에서도 이를 확인할 수 있다.

2016년 정신건강복지법의 제정은 정신병상의 증가를 어느 정도 정체시킬 수 있을 것으로 보고 있고, 거기에서 더 나아가 정신장애인의 공간을 병원에서 지역사회로 이전시키는 계기도 될 수 있을 것이다.

다만 정신건강복지법이 강제입원이나 자의입원 등 입원 중심의 치료시스템을 지역사회 치료시스템으로 전환하고자 한 것이지, 의료 중심의 치료시스템 자체를 지역사회 중심의 복지시스템으로 전환하고자 한 것은 아니다. 즉, 의료 중심의 치료시스템에 지역사회 중심의 복지시스템을 양립하고자 한 것이 정신건강복지법의 의도라 할 것이다.

위에서 본 바와 같이 해방 이후 정신장애인의 장소적 현실은 '가정에서 시설로', 구 정신보건법 제정 이후 '시설에서 병원으로'의 경향이 이루어졌다면 정신건강복지법은 그 기본이념으로 '병원에서 지역사회로'라는 목표를 가지고 있다. 이는 서구에서 1950년대 이후 이루어진 정신장애인의 탈시설(deinstitutionalization) 운동과 정책이 가진 이념과도 일치한다. 이러한 의미의 탈시설은 반정신의료가 아니며, 지역사회 내에서 정신장애인의 치료와 복지가 공존할 수 있음을 수긍한다.

---

73) 중앙정신보건사업지원단, 「2008년 사업보고서」, 2008, 80면 표 18; 보건복지부 및 국립정신건강센터, 「2016 국가 정신건강현황 제2차 예비조사 결과보고서」, 2016, 113면 표 9 참조.

6. 입원 정신장애인의 자유로운 환경과 소통권

정신건강복지법은 지역사회의 정신장애인 외에 입원한 정신장애인에 대해서도 자신의 신체와 인격에 부착된 권리로서 자유로운 환경을 누릴 권리와 다른 사람들과 자유로이 의견교환을 할 수 있는 권리를 부여한다.

입원과 동시에 자신의 소통수단을 빼앗기고, 타인과의 연락이 단절되는 문제는 다른 의료기관에서는 발생하지 않고, 오직 정신의료기관에서만 발생한다. 그것은 통상 교정시설이나 특수시설(군부대시설)에서만 허용가능한 것이다. 통신과 면회를 제한하는 것은 신체의 자유를 빼앗겼다는 사실에 대한 확실한 징표이기도 하다. 게다가 헌법재판소가 지적한 대로 신체의 자유를 빼앗은 자에게 통신과 면회마저 단절시키면 그것은 인간의 존엄에 대한 위협이 된다.[74)]

먼저, 입원 또는 입소한 사람의 가능한 한 자유로운 환경을 누릴 권리는 앞에 있는 조건('가능한 한')에 비추어 보면, 정신건강증진시설의 입원 또는 입소환경(CCTV의 설치, 전화사용 제한, 개방병동의 외부 출입문 잠금, 면회 제한 등)이 어떠해야 하는지를 제시한다. 즉, '가능한 한 자유로운 환경'이 하나의 심사기준이 되어 정신건강증진시설의 환자에 대한 구체적 규제행위들을 심사하게 된다.

다음으로, 다른 사람들과의 자유로운 의견교환이란 타인과 대면할 수 있는 면회, 소통할 수 있는 전화·이메일·문자메시지 등이 포함된다. 이는 정신건강복지법 제74조가 통신과 면회의 자유 제한을 원칙적으로 금지하고, 정신과 전문의 지시가 있는 경우에만 예외적으로 허용하는 구체적 절차와 기준과도 관련이 있다.

7. 정신장애인의 자기결정권

가. 자기결정권

'자기결정권'이란 지배하는 자의 권리가 아니라 누군가로부터 지배당할 위험이 있는 자에게 법이 부여해 준 무기이다. 혼인, 치료, 교제와 같은 어떠한 인격적 결

---

74) 헌법재판소 2016. 9. 29. 2014헌가9 결정(피보호입원자는 정신의료기관으로부터 치료의 필요성이라는 이유로 통신의 자유, 면회의 자유 등을 제한받을 수 있고(제45조), 정신의료기관 내에서 격리되거나 결박당할 수도 있다(제46조). 피보호입원자 본인의 치료를 위하여 위와 같은 조치가 극히 예외적으로 허용될 수도 있으나, 보호의무자나 정신의료기관장이 외부와의 접촉이나 퇴원을 원하는 피보호입원자의 입원을 장기화할 목적으로 이를 악용할 경우, 피보호입원자는 인간으로서 가져야 할 최소한의 존엄성마저 침해당할 수 있다. 실제로도 피보호입원자의 이익이나 입장은 전혀 고려되지 않은 채 장기격리를 위하여 위와 같은 조치들이 이용된 사례도 상당수 존재한다).

단들을 타인이 대신할 경우 그 대상이 된 본인은 결단의 객체, 즉 인격적 주체로서의 지위가 위협받게 된다. 성년이 된 사람은 그런 타인결정의 객체가 되지 않는 것이 법의 기본원칙이다.

'자기결정권'은 취약한 사람에게 그 인격적 주체성을 보장하는 권리라 할 수 있다. 의사와 환자 사이에서, 사용자와 근로자 사이에서, 남성과 여성 사이에서와 같이 자기결정권은 각각 신체적, 경제적, 성적 종속들을 극복하는 수단이다.

나. 정신장애인의 자기결정권

정신장애인의 자기결정권은 단순히 환자와 의사 사이에서의 치료선택에 대한 자기결정권을 의미하는 것이 아니다. 정신장애인의 자기결정권은 물화(物化)되는 인격을 복원할 수 있는 권리이다. 그에게 묻지 않고, 선택지를 제시하지도 않으며, 말할 기회와 이의를 제기할 기회를 주지 않고, 그의 얼굴을 외면하는 모든 사람과 제도에 대항할 수 있는 권리로서 정신장애인의 자기결정권은 자리매김되어야 한다.

정신장애인의 자기결정권은 ⅰ) 먼저, 자신의 신체에 가해지는 일들에 대한 설명에서부터 시작된다. 즉, 상대방에게 설명할 의무를 부여한다. ⅱ) 두 번째로는 그에게 선택지를 제공하고, 상대방에게 선택이나 동의를 구할 의무를 부여한다. ⅲ) 세 번째로는 동의를 얻지 못하여 강제하는 경우라면 사전에 상대방은 그와 대면하여 그에게 말할 기회를 제공하여야 한다. ⅳ) 네 번째로 강제적 조치가 이루어졌다면 그 조치에 대해 설명하고, 불복할 방법과 기회를 제공하여야 한다. ⅴ) 끝으로, 자신의 의사표현이 어려운 경우라면 그에게 도움을 줄 사람을 제공하여야 한다.

이러한 설명과 질문, 대답, 이의제기의 절차, 지원의 절차가 자기결정권의 보장과정이라 할 것이다. 이러한 자기결정권의 실현을 위해서 정신건강복지법의 강제입원이나 강제치료의 과정이 어떻게 이루어져야 하는지를 고민할 필요가 있다.

다. 정신건강복지법의 자기결정권

정신건강복지법은 정신장애인의 자기결정권의 내용을 다음과 같이 제시하고 있다.

(1) 원칙적으로 자신의 신체와 재산에 관한 사항에 대하여 스스로 판단하고 결정할 권리

여기서 '자신의 신체에 관한 사항'이라 함은 원래 'person'과 관련된 것을 의미하는데, 이는 육체적인 것과 인격적인 것 둘 모두를 포함하고 있다. 예컨대, 입원,

치료, 노동, 신체적 돌봄과 같이 자신의 실제적 신체(건강을 포함한다)가 제공되는 것을 말하고, 인격적인 것이라 함은 혼인, 이혼, 출산, 교제와 같이 추상적인 인격적 결단행위를 내포하는 것을 말한다.

다음으로, '재산에 관한 사항'은 자신이 관리하거나 소유하는 재산의 처분, 상속재산의 처분 등을 말한다. 정신장애인의 재산관리와 처분을 제한하거나 대체할 수 있는 현재의 합법적 방식은 민법상의 '성년후견제도'가 유일하다.

끝으로, 자신의 신체와 재산에 관한 사항에 대하여 '스스로 판단하고 결정'한다는 의미는 민법에서 말하는 법적 행위능력을 전제하지 않는다. 정신장애인의 자기결정권에 있어서는 내가 어떤 사람을 좋아한다거나 어떤 물건을 가지고 싶다는 일정한 감정과 바람을 법적으로 존중하여야 한다는 의미이다. 법적 능력이 없다는 이유로 그러한 감정과 바람을 무시해서는 안 된다는 의미이기도 하다.

(2) 특히 주거지, 의료행위에 대한 동의와 거부, 타인과의 교류, 복지서비스의 이용 여부와 종류 선택 등을 스스로 결정할 권리의 존중

정신장애인의 자기결정권이 특히 존중되지 않은 부분에 대해 법은 구체적으로 지적해 놓고 있다. '주거지'는 정신장애인이 병원이나 시설에 가족이나 국가의 타인 결정에 의해 입원 또는 입소되는 상황을 극복하기 위한 것이고, '의료행위에 대한 동의와 거부'도 정신장애인이라는 이유만으로 설명도, 동의도, 이의제기도 허용하지 않는 여러 현실을 극복하기 위한 것이다. '타인과의 교류'는 우정, 연애와 혼인, 출산을 비롯해 가족의 형성 및 타인과의 삶을 통해 사회적 관계를 유지하는 것을 보장하기 위한 것이다.

'복지서비스의 이용 여부나 종류의 선택 등'에 있어서도 정신장애인에게 일방적으로 서비스제공자의 가치관으로 판단하여 제공하여서는 안 된다. 새로운 복지시설과 서비스가 더 좋다고 하더라도 거기에 친구가 없다면 그 곳은 주관적으로든 객관적으로든 그 사람 입장에서는 더 좋은 곳이 아니다.

8. 자유로운 의사표현에 필요한 도움을 받을 권리

자기결정은 외화(外化), 즉 바깥으로 드러내져야만 상대방이 존중할 수 있다. 그러나 발달장애인이나 정신장애인은 자신의 바람을 타인이 이해할 수 있도록 외화하는 것이 쉽지 않다. 한편, 자기결정은 외부의 환경과 조건에 대한 이해를 전제로 한다. 자기결정에는 결정에 앞서 타인의 설명이나 상황에 대한 이해가 필요한데 이

부분에 있어서도 발달장애인에게나 정신장애인이 스스로 해내기 어려운 부분이 있을 수 있다.

자기결정에 전제되는 이해과정과 자기결정을 표현하기 위한 외화(外化)과정은 마치 통역이나 수화처럼 다른 형태의 의사소통의 한 과정이고, 이러한 자기결정권을 구체적으로 행사하기 위해서는 교육이나 인적 지원을 필요로 하게 된다.

9. 정책결정과정 참여권

가. 정신건강복지법의 규정

정신건강복지법은 정신장애인이 "자신과 관련된 정책의 결정과정에 참여할 권리를 가진다"고 규정하고 있다. 「발달장애인법」에도 같은 취지의 규정이 있다.[75]

위 규정은 규범이 현실을 어떻게 뛰어넘을 수 있는지 보여준다. 사회적 통념으로는 기존에 쉽게 생각하지 못하던 참여권이다. 모든 국민이 투표할 권리가 있고, 모든 국민이 정책결정에 참여할 권리가 있어도 정신장애인과 발달장애인은 현실적으로 아닐 것이라 생각했던 것이다. 그러나 법규정은 정반대로 얘기한다. 불가능해 보이는 현실을 가능하게 만드는 것이 법일 수 있다.

위 조항은 장애당사자단체 등이 입법화시킨 것이다. 실제 정신건강복지법 제정과정은 어느 정도 장애당사자단체의 참여와 의견개진이 있었고, 앞으로는 위 규정에 근거해서 국가가 정신장애인의 정책결정 참여를 보장하여야 한다.

나. 정책결정과정 참여권의 내용

먼저, 정책결정과정 참여권의 주체를 본다. 정책결정참여는 정신장애인 개인에게 주어진 권리이기도 하지만 정신장애당사자단체나 정신장애인의 권익을 옹호하는 기관이나 단체에게도 그 문호를 넓힐 필요가 있다. 자신을 대표할 수 있는 사람을 통한 참여방식도 가능하기 때문이다.

다음으로, 정책결정 참여의 구체적 유형으로는 입법참여, 정책참여, 예산참여, 정책감시, 자문 및 위원회 참여 등이 있다. 현재 입원적합성심사위원회나 정신건강심의위원회 위원과 관련해서는 법령상 제도적으로 정신질환에서 회복한 정신장애인의 참여가능성을 열어놓고 있다.

---

75) 「발달장애인법」 제3조(발달장애인의 권리) ③ 발달장애인은 자신과 관련된 정책의 결정과정에서 자기의 견해와 의사를 표현할 권리가 있다.

끝으로, 정책결정과정 참여의 방식으로는 국가의 법정(法定)기관에 정책 등에 대한 의사결정이나 모니터링 또는 평가를 위한 위원 등으로 정신장애인이 참여하도록 하거나 그 밖에 정신장애인 단체의 집단적 의견개진을 위한 기회를 정책결정과정에서 제도적으로 열어놓는 방법이 있다. 실제 정신건강복지법 시행 이후부터는 정신장애당사자나 단체의 대표가 법정자문기구인 중앙정신건강복지사업지원단이나 입원심사기관인 입원적합성심사위원회 위원 등으로 참여하고 있다.

Ⅱ. 헌법에 따른 정신장애인의 권리

정신건강복지법뿐 아니라 헌법 또한 정신장애인의 권리를 보장하는 근거규범이 된다. 구 정신보건법의 가족에 의한 보호입원 조항을 헌법재판소가 위헌(헌법불합치) 결정하면서 위헌 결정의 근거가 된 헌법상 기본권은 '신체의 자유'였다. 정신건강복지법은 강제입원과 강제치료, 격리·강박을 규정하고 있는데, 이로 인해 신체의 자유를 제한하고, 신체적 침습행위를 본인의 의사에 반하여 강제할 수 있게 된다. 이는 형사절차상 구금되어 있는 사람과 유사한 상황에 처하게 되어 구금된 사람에게 보장되는 절차적 기본권의 보장 여부가 핵심적 쟁점이 된다. 이하에서는 헌법조항들이 정신장애인의 권리를 어떻게 구현할 수 있는지, 특히 구금된 사람에게 보장되거나 제한되는 헌법상 기본권 위주로 살펴본다.

1. 신체의 자유

헌법 제12조 ① 모든 국민은 신체의 자유를 가진다. 누구든지 법률에 의하지 아니하고는 체포·구속·압수·수색 또는 심문을 받지 아니하며, 법률과 적법한 절차에 의하지 아니하고는 처벌·보안처분 또는 강제노역을 받지 아니한다.

② 모든 국민은 고문을 받지 아니하며, 형사상 자기에게 불리한 진술을 강요당하지 아니한다.

③ 체포·구속·압수 또는 수색을 할 때에는 적법한 절차에 따라 검사의 신청에 의하여 법관이 발부한 영장을 제시하여야 한다. 다만, 현행범인인 경우와 장기 3년 이상의 형에 해당하는 죄를 범하고 도피 또는 증거인멸의 염려가 있을 때에는 사후에 영장을 청구할 수 있다.

④ 누구든지 체포 또는 구속을 당한 때에는 즉시 변호인의 조력을 받을 권리를 가진다. 다만, 형사피고인이 스스로 변호인을 구할 수 없을 때에는 법률이 정하는 바에 의하여 국가가 변호인을 붙인다.

⑤ 누구든지 체포 또는 구속의 이유와 변호인의 조력을 받을 권리가 있음을 고지받지 아니

하고는 체포 또는 구속을 당하지 아니한다. 체포 또는 구속을 당한 자의 가족등 법률이 정하는 자에게는 그 이유와 일시·장소가 지체 없이 통지되어야 한다.
⑥ 누구든지 체포 또는 구속을 당한 때에는 적부의 심사를 법원에 청구할 권리를 가진다.

헌법 제37조 ① 국민의 자유와 권리는 헌법에 열거되지 아니한 이유로 경시되지 아니한다.
② 국민의 모든 자유와 권리는 국가안전보장·질서유지 또는 공공복리를 위하여 필요한 경우에 한하여 법률로써 제한할 수 있으며, 제한하는 경우에도 자유와 권리의 본질적인 내용을 침해할 수 없다.

가. 신체의 자유와 제한

(1) 신체의 자유의 의미

헌법재판소는 강제입원을 헌법 제12조 제1항의 '신체의 자유'에 대한 제한이라고 보았다. 여기서 '신체의 자유'란 신체의 안전성이 외부로부터의 물리적인 힘이나 정신적인 위험으로부터 침해당하지 아니할 자유와 신체활동을 자율적으로 할 수 있는 자유를 말한다.[76] 결국 신체의 자유를 제약하는 것으로는 강제입원 외에도 강제치료, 격리·강박 모두가 신체의 자유를 제한하는 행위라 할 수 있다.

(2) 신체의 자유 제한의 형식과 사유

신체의 자유는 헌법상 기본권이기 때문에 자신의 동의가 없는 한 법률로써만 제한할 수 있고, 제한의 사유도 국가안전보장, 질서유지 또는 공공복리로 한정된다. 그리고 제한하는 경우라도 그 본질적 내용을 침해할 수 없고, 그 제한은 헌법상의 비례의 원칙(목적의 정당성, 수단의 적절성, 침해의 최소성, 법익의 균형성)을 준수하여야 한다. 정신건강복지법이 개인의 신체의 자유를 제한하는 강제치료, 강제입원, 격리·강박을 합법화 할 수 있었던 것은 그것이 국회가 제정한 법률이고, 질서유지나 공공복리의 목적을 가지고 있다고 입법자들이 승인한 것이기 때문이다.

(3) 구 정신보건법의 강제입원의 위헌사유

헌법재판소는 보호입원 조항에 대한 위헌(헌법불합치)결정에서 구 정신보건법의 보호입원 조항이 환자의 치료와 사회의 안전을 지키기 위한 것이어서 그 목적은 정당하지만, 헌법상의 비례의 원칙 중 '침해의 최소성'과 '법익의 균형성'을 갖추지 못

76) 헌법재판소 1992. 12. 24. 92헌가8 결정 등 참조.

하였다는 이유로 9명 재판관 전원일치로 위헌이라 판단하였다.

나. 고문으로부터의 자유

헌법 제12조 제2항은 "모든 국민은 고문을 받지 아니"한다고 하여 고문으로부터의 자유를 규정하고 있다. 헌법이 말하는 고문(拷問)은 통상 육체적·정신적 고통을 주는 것을 의미하며, 수사기관에서 자백을 받기 위하여 하는 고문만으로 한정되지 않는다.

정신장애인에 대한 강제치료나 물리적·화학적 강박의 문제는 그것이 절차나 비례의 원칙을 위반할 경우 신체의 자유의 침해에서 더 나아가 굴욕적 처우가 될 수 있고, 국가기관의 동의나 묵인 아래 규율위반에 대한 징벌이나 질서유지의 수단으로 사용될 경우 UN 고문방지협약에서 규정한 고문의 한 형태가 될 수 있다.

다. 헌법상 체포·구속 적부심사 청구권

(1) 체포·구속 적부심사제도

헌법 제12조 제6항은 "누구든지 체포 또는 구속을 당한 때에는 적부의 심사를 법원에 청구할 권리를 가진다"라고 규정하고 있다. 이에 근거해 형사사건의 피의자를 위한 구속적부심사제도가 「형사소송법」에 보장되어 있다. 여기서 체포 또는 구속에 강제입원이 포함될 수 있는지 헌법상 해석이 필요하다. 헌법재판소는 강제입원이 신체의 자유를 제한 내지 박탈하는 인신구속의 성질을 가지고 있다고 보았다.

(2) 헌법상 절차적 권리의 보장

헌법재판소는 부당한 강제입원으로부터 입원된 사람의 절차적 기본권으로서 다음의 절차들을 제시하였다.[77)]

1) 당사자에 대한 사전고지
2) 청문 및 진술기회의 부여
3) 강제입원에 대한 불복
4) 부당한 강제입원에 대한 사법심사
5) 국가 또는 공적기관에서 제공하는 절차보조인의 조력

77) 헌법재판소 2016. 9. 29. 2014헌가9 결정.

(3) 인신보호재판제도

헌법재판소가 요구한 부당한 강제입원에 대한 사법심사제도로는 현재 헌법 제12조 제6항에 근거해 만들어진 「인신보호법」에 따른 인신보호재판이 있다. 그러나 헌법재판소는 법원의 인신보호재판제도가 강제입원환자의 구제에 있어 제대로 된 역할을 하지 못한다고 판단하였다. 이를 고려해 보면 향후 강제입원환자에 대한 새롭게 개선된 심사제도 또한 필요하게 되었다.

2. 직업선택의 자유

헌법 제15조 모든 국민은 직업선택의 자유를 가진다.

가. 직업선택의 자유와 그 제한

헌법 제15조는 모든 국민의 직업선택의 자유를 보장한다. 따라서 직업수행능력이 있다면 장애를 이유로 일정한 국가자격증의 취득을 제한하지 않는다. 시각장애를 가진 판사와 변호사 등이 있는 것도 같은 이유이다. 그러나 앞서 차별과 관련하여 지적한 바와 같이 정신장애인(법 명칭상으로는 '정신질환자')의 국가자격증 취득 자체를 배제하는 법령이 현재 20여 개 넘게 존재한다.

나. 정신질환자 개념 축소와 부칙의 유지 문제

정신건강복지법은 이러한 문제점을 감안하여 정신질환자 개념범주를 중증의 정신장애인으로 축소하였다. 그런데 법 부칙에서, 정신질환자 범위에 대한 경과조치를 두어 다른 각 법률의 규정이 개정되기 전까지는 종전의 구 정신보건법의 정신질환자 개념에 따르도록 하고 있어 사실상 구 정신보건법의 태도를 그대로 유지하고 있다(법 부칙 제7조). 그러나 폐지된 기존의 구 정신보건법에 따른 정신질환자 개념을 현재의 다른 법률들이 계속 인용할 수 있도록 하는 것은 직업선택의 자유를 침해하고, 평등권을 침해하는 것이다. 정신건강복지법 부칙을 통해 구 정신보건법의 정신질환자 개념의 내용을 그대로 유지시키는 것은 위헌의 소지가 있으므로 정신건강복지법 부칙의 개정이 요구된다.

3. 사생활의 비밀과 자유

헌법 제17조 모든 국민은 사생활의 비밀과 자유를 침해받지 아니한다.

가. 의의와 내용

헌법상 사생활의 비밀과 자유는 '프라이버시권'이라고 불리운다. 여기서 '비밀'은 사생활영역을 들여다보고 누설하는 것에 대한 금지를, '자유'는 사생활의 자유로운 형성을 방해하는 것에 대한 금지를 의미한다.

사생활의 비밀이란 결국 개인의 내밀한 것이어서 바깥으로 드러내기를 원치 않는 사항을 의미한다. 정신질환 병력이나 치료사실 등이 그 예에 속한다. 환자관리를 위해 병원 내 CCTV로 탈의실이나 화장실, 샤워실 등을 감시하는 것도 사생활의 비밀과 자유를 침해하는 것이 될 수 있으나,[78) 「개인정보보호법」 시행 이후 법령상 위와 같은 CCTV 감시를 보호 등의 목적으로 허용하고 있다(「개인정보보호법」 제25조 제2항).

헌법이 사생활의 비밀과 자유를 보장하고 있고, 이를 근거로 정신건강복지법은 정신건강증진시설에서 직무수행하거나 직무수행을 했던 사람이 그 직무와 관련하여 알게 된 다른 사람의 비밀을 누설하는 것을 금지하고, 이를 위반한 경우 형사처벌할 수 있는 규정을 두고 있다(법 제85조 제6호).

또한, 정신건강복지법은 누구든지 정신질환자, 그 보호의무자 또는 보호를 하고 있는 사람의 동의를 받지 아니하고 정신질환자에 대하여 녹음·녹화 또는 촬영하여서는 아니된다고 규정하고 있고(법 제69조 제2항), 이를 위반하는 경우에 대비해서도 형벌규정을 두고 있다(법 제86조 제9호).

나. 정신건강복지법에 의한 제한 여부

구 정신보건법은 입원 또는 입소한 사람에 대하여 대통령령으로 정하는 행동의 자유를 제한할 수 있도록 하고, 그 시행령에서 사생활의 자유를 제한할 수 있다고

78) 국가인권위원회(장애차별시정위원회) 2009. 8. 7. 09진인1804 결정[보호의무자 아닌 자에 의한 강제입원 등으로 인한 인권침해 사건](정신병원이 CCTV를 화장실과 욕실에 설치해 입원환자들의 용변 보는 장면과 욕실에서 목욕하는 장면을 그대로 노출되도록 한 것은 CCTV 설치목적인 정신보건시설 내의 안전관리라는 목적의 정당성을 인정한다 하더라도 침해의 최소성 원칙을 위반하여 헌법 제17조에서 보장하는 입원환자들의 사생활의 비밀을 침해한 행위라고 판단한 사례)

하였다. 그러나 정신건강복지법은 통신과 면회의 자유를 제한하는 것만 예외적으로 허용하고 있고, 따로 사생활의 자유를 제한할 수 있는 근거규정은 두지 않고 있다. 따라서 입원 또는 입소한 사람의 사생활의 자유를 제한하는 경우에는 법령에 다른 규정이 없다면 원칙적으로 입원 또는 입소한 사람의 동의를 요한다.

4. 통신의 자유

헌법 제18조 모든 국민은 통신의 비밀을 침해받지 아니한다.

가. 통신의 자유의 의의

헌법이 보장하는 '통신의 자유'는 통신의 비밀을 그 핵심으로 하며, 통신의 자유를 기본권으로 보장하는 것은 사적 영역에 속하는 개인간의 의사소통을 사생활의 일부로서 보장하겠다는 취지이다.[79] 여기서 '통신'이란 전화, 이메일, 문자, 서신(편지나 진정서 등) 등 타인과 연락수단을 사용하는 것을 말하며, 그것을 보내는 것과 받는 것을 모두 포함한다.

나. 정신건강복지법의 규정

통신의 자유와 관련해 정신건강복지법은 원칙적으로 그 제한을 금지하고, 예외적으로만 허용하는 규정을 두고 있다(법 제74조). 또한 예외적으로 허용하는 요건을 갖추지 않은 채 통신의 자유를 제한하는 상황을 막기 위한 형벌규정을 두고 있다(법 제85조 제7호).

다. 휴대폰이나 노트북 사용 금지의 문제

정신의료기관이나 정신요양시설에 입원 또는 입소할 때 입원하는 사람이 타인과 연락을 취할 수 있는 휴대폰이나 노트북 등을 휴대하지 못하거나 강제로 수거하는 것은 통신의 자유를 제한하는 것이 된다. 헌법상 기본권을 제한하는 것은 법률상 근거가 필요한데, 정신건강복지법 제74조는 정신의료기관이나 정신요양시설의 장의 통신의 자유 제한을 원칙적으로 금지하고, 예외적으로 허용하는 경우에도 정신과 전문의의 지시에 따라 치료 목적으로 최소한의 범위 내에서만 허용하고 있다.

---

79) 헌법재판소 2001. 3. 2. 2000헌바25 결정.

5. 종교·학문·예술의 자유

헌법 제20조 ①모든 국민은 종교의 자유를 가진다.

헌법 제22조 ①모든 국민은 학문과 예술의 자유를 가진다.

가. 종교의 자유

(1) 종교의 자유의 의미와 내용

종교·학문·예술의 자유는 자유권의 일종이다. '종교의 자유'는 일반적으로 내심의 신앙의 자유, 종교적 행위의 자유, 종교적 집회·결사의 자유로 구성되는데, 그 중 종교적 행위의 자유는 적극적으로 종교적 확신에 따라 행동하고 교리에 따라 생활할 수 있는 자유와 소극적으로 자신의 종교적 확신에 반하는 행위를 강요당하지 않을 자유를 포함한다.[80] 종교의 자유는 소극적으로는 위와 같은 종교적 행사나 선교 등을 강제받지 않을 자유를 포함한다.

(2) 정신의료기관 내 종교의 자유 문제

정신의료기관이나 정신요양시설에 입원 또는 입소한 사람에 대해 종교적 행사의 자유를 제한하거나 그 반대로 특정 종교적 행사(예컨대, 예배, 미사, 예불 참석 등) 참여를 정신의료기관이나 정신요양시설에서 요구하는 것이 문제될 수 있다. 구 정신보건법 제45조 제2항의 위임에 따라 구 정신보건법 시행령 제20조는 정신의료기관이나 정신요양시설의 장이 "종교행사의 자유, 종교적 집회·결사의 자유, 선교의 자유"를 제한할 수 있도록 규정하였는데, 정신건강복지법은 이를 삭제하였다. 따라서 법령의 근거 없이 정신의료기관이나 정신요양시설의 장이 입원한 사람의 종교의 자유를 제한할 수 있는지 해석이 필요하게 되었다.

생각건대, 각 시설들이 입원 또는 입소한 사람의 개별적 종교적 자유(예컨대, 주일 예배나 미사, 예불 등)를 보장하는 것이 현실적으로 어려울 수 있고, 특히 강제입원된 경우에는 시설 내 생활과 질서, 치료절차에 편입된다는 점을 고려해 볼 때 시

80) 헌법재판소 2016. 6. 30. 2015헌바46 결정(교회가 운영하는 양로시설이 신고하지 않았다는 이유로 목사가 형사재판을 받자 종교단체가 운영하는 노인복지시설에 대해 신고의무를 부과하는 노인복지법이 위헌이라고 헌법소원을 한 사건에 대하여 헌법재판소가 종교단체 운영의 양로시설에 신고의무를 부과하는 노인복지법이 합헌이라고 결정한 사례).

설 외부에서의 종교활동은 제한될 수밖에 없다. 다만, 일요일과 같은 특정한 요일의 일정 시간대에 입원 또는 입소한 사람들의 개별적 또는 집단적인 자율적 종교행사 등은 보장해 줄 필요가 있다.

나. 학문·예술의 자유

학문·예술의 자유 또한 구 정신보건법 시행령 제20조에 의해 정신의료기관이나 정신요양시설의 장이 제한할 수 있었는데, 정신건강복지법은 학문·예술의 자유 제한에 관한 하위법령에의 위임규정이나 별도의 규정을 두지 않았다. 따라서 학문·예술의 자유는 입원 또는 입소한 사람에게도 원칙적으로 보장되어 있다. 위와 같이 학문·예술의 자유에 대한 제한의 근거규정을 없앤 이상 시설 내에서의 치료·요양과 질서를 해하지 않는 범위 내에서라면 독서, 공부, 집필작업, 창작활동 등이 제한되어서는 안 될 것이다.

실제 과거 서구의 정신의료기관 내에서 의미 있는 학문과 예술을 위한 창작활동을 한 사람이 적지 않았던 점을 고려해 볼 때, 그 곳에서 다양한 학문 및 예술활동을 할 수 있도록 적극 지원하는 것이 치료적 의미에서도 효과가 있을 수 있다.

6. 선거권

헌법 제24조 모든 국민은 법률이 정하는 바에 의하여 선거권을 가진다.

가. 선거권의 의의

'선거권'은 국민이 주권자로서 자신의 대표자를 선출하는 권리이다. 「공직선거법」은 19세 이상의 국민이면 원칙적으로 선거권을 부여하고 있다(제15조 제1항). 다만 「공직선거법」은 금치산선고를 받은 자, 수형자, 선거범 등에 대해 선거권을 주지 않고 있다(제18조 제1항 제1호). 여기서 지적하고자 하는 것은 금치산선고를 받은 자에 대한 선거권박탈이다.

나. 금치산자(피성년후견인)의 선거권 박탈 문제

(1) 금치산자(피성년후견인)의 선거권 박탈 규정

2018. 6. 30.까지는 민법상 금치산선고를 받은 자에 대해 피성년후견인으로 명칭을 변경하여 법을 적용하고 있어(법률 제10429호 민법 부칙 제3조) 성년후견을 받

는 사람은 「공직선거법」에 의해 선거권이 저절로 박탈되어 왔다.

선거권 박탈과 관련해 기존에 「공직선거법」상 '집행유예 기간 중에 있는 사람'에 대한 선거권 박탈 규정이 위헌결정이 나면서 2015년 8월 「공직선거법」이 개정되어 집행유예 기간 중에 있는 사람은 선거권이 확보되었고, 수형자 중 1년 이상의 징역형이나 금고형을 받은 경우에만 선거권이 박탈되도록 규정하였다.

(2) 금치산자(피성년후견인)의 선거권 박탈 규정의 위헌성

「공직선거법」이 규정하는 금치산자(피성년후견인)에 대한 선거권 박탈이 평등선거와 보통선거를 보장하는 헌법상 선거권 보장 취지에 반하여 위헌인지 여부에 관하여 보면, 다음과 같은 이유로 위헌적 조항으로 공직선거법의 선거권 없는 사람에서 '금치산자' 규정을 삭제하여야 한다.

i) 한국은 UN 「장애인권리협약」상의 장애인에 대하여 동등하게 정치적 권리와 기회를 향유할 수 있도록[81)]할 의무가 있는 협약당사국이다.[82)]

ii) 영국, 프랑스, 오스트리아, 독일, 스웨덴, 스위스 등 서구 국가들에서 최근 피후견인에 대한 선거권 박탈 규정을 삭제, 개정 또는 위헌으로 하는 결정이 내려졌다.[83)]

iii) 한국과 유사한 선거권박탈 규정을 가지고 있던 일본의 경우에도 2013년 법원에서 피후견인에 대한 선거권 박탈을 위헌판결한 직후 국회에서 공직선거법 등을 개정하여 피후견인에 대한 선거권박탈을 삭제하였다.

iv) 금치산자(피성년후견인)에 대한 선거권 부여는 사회적 안전의 문제와는 관련이 없

---

81) 「장애인권리협약」 제29조(정치 및 공적 생활에 대한 참여) 당사국은 장애인이 다른 사람과 동등하게 정치적 권리와 기회를 향유할 수 있도록 보장하며, 다음의 사항을 약속한다.

가. 장애인이 투표하고 선출될 수 있는 권리와 기회를 포함하여, 다른 사람과 동등하게, 직접 또는 자유롭게 선택한 대표를 통한 정치 및 공적생활에 효과적이고 완전하게 참여할 수 있도록 특히 다음의 사항을 통하여 보장할 것

① 투표절차, 시설 및 용구가 적절하고, 접근가능하며, 그 이해와 사용이 용이하도록 보장할 것

② 적절한 경우 보조기술 및 새로운 기술의 사용을 촉진하여, 장애인이 위협당하지 아니하고 선거 및 국민투표에서 비밀투표를 할 권리와, 선거에 출마하고 효과적으로 취임하여 정부의 모든 단계에서 모든 공적 기능을 수행할 장애인의 권리를 보호할 것

③ 유권자로서 장애인의 자유로운 의사 표현을 보장하고, 이를 위하여 필요한 경우, 투표에 있어 장애인의 요청에 따라 그가 선택한 사람에 의하여 도움을 받도록 인정할 것

82) UN 장애인권리위원회는 「장애인권리협약」 제12조에 관한 일반논평에서 장애인에 대한 법적 능력의 제한이 종종 투표나 정치참여에 대한 배제로 이루어져 왔음을 지적하면서 개인의 의사결정능력이 투표 등 정치에 참여할 권리를 배제하는 정당화사유가 될 수 없다고 하고 있다(UN 장애인권리위원회의 「장애인권리협약」 제12조에 대한 제1호 일반논평 제44항 참조).

83) 서구 국가의 피후견인 선거권 개선 관련 내용은 홍남희, "피성년후견인의 선거권 등 제한에 대한 법적 고찰", 「사회보장법연구」 제4권 제1호, 서울대학교 사회보장법연구회, 2015, 15-33면.

고,[84] 민사상 거래능력의 판단기준인 금치산자 판단기준을 공법상 선거능력의 판단기준으로 삼을 수 없다.

위와 같은 국제기준과 외국의 예, 금치산제도의 취지와 판단기준을 고려해 볼 때 위헌적 조항으로 공직선거법의 규정은 삭제되어야 한다.[85]

다. 금치산자(피성년후견인)의 선거권 회복

(1) 피성년후견인

현행법의 해석으로 볼 때에도 「공직선거법」이 '금치산자(금치산 선고를 받은 자)'를 그대로 놔 둔 채, 피성년후견인을 선거권박탈 대상자로 포함시키지 않고 있고(제18조 제1항 제1호), 민법 부칙에 따라 '금치산'을 '피성년후견인'으로 인용하는 것으로 간주하는 효력은 2013. 7. 1.부터 5년 간인 2018. 6. 30.까지이다.[86] 따라서 그 이후부터는 피성년후견인은 「공직선거법」이 선거권을 박탈한 대상자가 아니므로 유효한 선거권자로 보아야 한다.

(2) 금치산자

나아가 금치산자의 경우에도, 위 민법 부칙 조항에 따르면 금치산 선고의 효력도 2018. 6. 30.까지만 유지되므로 2018. 7. 1.부터는 금치산자가 아닌 것이 된다. 따라서 결국 기존의 금치산자 또한 모두 그 지위가 소멸하게 되므로 「공직선거법」상의 선거권을 모두 회복하게 되었다고 볼 것이다.

---

84) 신권철, "정신질환자 자격제한 법령의 문제점과 개선방안", 「인권과 정의」 제433호, 대한변호사협회, 2013, 80면.

85) 같은 취지의 홍남희, 앞의 논문, 48-49면.

86) 민법 부칙 <법률 제10429호, 2011.3.7.>
제1조(시행일) 이 법은 2013년 7월 1일부터 시행한다.
제2조(금치산자 등에 관한 경과조치) ① 이 법 시행 당시 이미 금치산 또는 한정치산의 선고를 받은 사람에 대하여는 종전의 규정을 적용한다.
② 제1항의 금치산자 또는 한정치산자에 대하여 이 법에 따라 성년후견, 한정후견, 특정후견이 개시되거나 임의후견감독인이 선임된 경우 또는 이 법 시행일부터 5년이 경과한 때에는 그 금치산 또는 한정치산의 선고는 장래를 향하여 그 효력을 잃는다.
제3조(다른 법령과의 관계) 이 법 시행 당시 다른 법령에서 "금치산" 또는 "한정치산"을 인용한 경우에는 성년후견 또는 한정후견을 받는 사람에 대하여 부칙 제2조제2항에 따른 5년의 기간에 한정하여 "성년후견" 또는 "한정후견"을 인용한 것으로 본다.

라. 정신의료기관 및 시설 입소 환자의 사실상 선거권 제약 문제

위와 다른 별도의 문제로서, 정신의료기관이나 정신요양시설에 입원 또는 입소하고 있는 사람의 실질적인 선거권 보장의 문제가 있다. 후견을 받는 사람은 아니라 하더라도 강제로 입원 또는 입소된 사람의 경우 선거에 참여하고 싶다고 하더라도 시설의 장이 이를 허용하지 않는 한 현재로서는 선거에 참여할 수 있는 방법이 없다. 이에 대한 국가의 시설수용자에 대한 적극적 선거권 보장조치가 마련될 필요가 있다. 특히 최근과 같이 지역에 상관없이 사전투표를 할 수 있는 상황에서는 각 시설을 선거관리기관에서 사전투표기간에 시설을 순회하여 다니면서 투표권 행사를 지원하는 것도 고려될 필요가 있다.

Ⅲ. 정신장애인의 사회보장수급권[87)]

1. 개 관

가. 인간다운 생활권과 국가의 보호의무

헌법은 국민의 자유를 보장하고 있을 뿐만 아니라 모든 국민의 인간다운 생활을 할 권리도 보장하고 있다(제34조 제1항). 이러한 인간다운 생활권에 대응하여 국가는 사회보장·사회복지의 증진에 노력할 의무가 있고, 신체장애자 및 질병·노령 기타의 사유로 생활능력이 없는 국민은 법률이 정하는 바에 의하여 국가의 보호를 받는다(제35조 제5항). 정신장애로 인해 생활능력이 부족해지는 경우 국가는 법률로 그 대상자들을 지원해 주어야 하는데, 정신건강복지법은 제4장에서 복지서비스 제공을 규정하여 이를 실현하고 있다.

나. 강제입원과 국가의 보호

그런데, 국가의 보호방식이 복지서비스를 제공하는 것이 아니라 입원이나 치료의 강제라고 한다면 그것이 과연 규범적으로 받아들여질 수 있는 것인지 규명해 볼 필요가 있다. 사람들의 인식 속에는 입원치료의 강제가 환자의 건강과 안전을 위한 것이라 생각하기 때문에 강제입원도 국가에 의한 복지와 보호로 인식하는 경우도

---

87) 이하의 Ⅲ.항의 정신장애인의 사회복지수급권에 관한 내용은 신권철, 정신질환자의 법적 지위 – 배제에서 통합으로, 서울대학교 박사학위논문, 2012, 212-222면의 내용을 일부 수정하여 옮긴 것이다.

많다. 그래서 당사자가 거부하는 치료와 요양이 국가에 의한 보호라는 명목 하에 이루어지는 경우 그것을 정당화할 근거가 과연 있는지 검토가 필요하다. 특히, 정신장애로 인한 강제입원에 있어 국가가 그 입원비용의 대부분을 부담하는 현실(입원진료비용 중 자기부담금이 없는 의료급여 환자가 60%가 넘는 현실)에서 국가의 보호가 무엇이어야 하는지 대답이 필요하다.

다. 국가의 급부와 국민의 참여

사회보장의 대상이 되는 사람은 대체로 장애인, 노인, 아동, 정신장애인, 노숙인 등 경제적·사회적 생활의 참여로부터 배제되거나 고립된 사람들이어서 시장참여를 전제로 한 자기기여를 하기 쉽지 않다. 이러한 점을 고려해 국가가 그 생활을 보장해 줄 필요성이 있고, 국가는 위와 같은 요보호자의 보호 필요성에 근거해 사회보장 및 복지를 증진할 헌법상 의무가 있기 때문에 통상 국가의 취약계층에 대한 보호는 사회복지서비스라는 급부행정을 통해 이루어진다.[88]

행정법에서는 급부행정의 일환으로 사회복지법체계를 바라보고 있는데, 포르스트호프(E. Forsthoff) 교수는 생존배려(Daseinsvorsorge)의 개념을 통하여 사회적 수요(경제적 수요와 무관하게 산업화에 따라 등장한 기능영역에서 개인이 독립된 주체로서 자신의 생존을 책임질 수 없을 때 필요한 사회적 요구)를 충족시키는 급부행정에서의 국민의 참여를 강조한다.[89] 여기서 참여란 일방적인 서비스가 되지 않도록 국가가 대상자에게 필요한 것이 무엇인지 직접 물어보고, 그 서비스에 대해 선택하거나 결정, 불복할 기회를 주는 것을 의미한다.

2. 사회보장수급권의 개념과 내용

가. 사회보장수급권의 개념

「사회보장기본법」에 따르면, 사회보장수급권은 '사회보장 관계법령에서 정하는

---

88) 사회복지학에서는 사회복지의 개념에 사회복지서비스(사회사업)에 더하여 사회보험 또는 공공부조의 범주를 포함하고 있어 '사회복지급여수급권'을 '금전적 급여를 통한 최저한도의 생활보장과 자립을 목적으로 하는 생활보호, 비금전적 급여를 통한 재활, 생활의 안정과 복지의 증진을 목적으로 하는 사회복지서비스에 대한 급여청구권'이라고 하거나(장동일, 「한국사회복지학의 이해」, 학문사, 2002, 120면), '사회적 위험으로 인하여 보호를 필요로 하는 사람이 인간존엄성을 지킬 수 있는 인간다운 생활을 영위하기 위하여 사회복지법에 근거하여 국가에 대하여 일정한 내용의 급부를 청구할 수 있는 권리'(박차상 외 4인, 「한국사회복지법 강의」 제3판, 학지사, 2009, 111면)로 이해한다.

89) 양천수, "생존배려 개념의 기원-법철학의 시각에서 본 포르스트호프의 사회보장법체계", 「영남법학」 제26호, 2008, 101면 이하 참조.

바에 따라 사회보장급여를 받을 권리'라 하고 있다(제9조). 사회보장급여란 그럼 어떤 것을 의미하는가? 거기에는 건강보험, 산재보험과 같은 '사회보험'(자기기여가 있음), 의료급여나 기초생활수급을 포함한 '공공부조'(자기기여가 없음), 취약계층에 대한 시설이용 등을 제공하는 '사회서비스'를 포함한다. 예컨대, 입원하여 건강보험환자가 되면 사회보험수급자가, 의료급여환자가 되면 공공부조수급자가, 정신요양시설이나 입소생활시설 등을 이용하면 사회서비스수급자가 되는 것이다.

「사회보장기본법」은 관계법령이 정하는 바에 따르도록 하고 있으므로 개별 법률에서 그 수급자격이나 급여의 내용, 신청방법이나 비용부담 등에 대해 정할 수 있다.

나. 사회보장수급권의 내용(유형)

사회보장수급권(사회보험, 공공부조, 사회서비스)의 규범적 구조와 관련해 사회보장수급권을 실체적 권리(사회보험청구권, 공공부조청구권, 사회서비스청구권)와 절차적 권리(사회보장쟁송권, 사회보장행정참여권, 사회보장입법청구권)의 두 가지 유형으로 나누는 것이 일반적이다.[90)]

사회보장수급권이라는 실체적 권리를 실현하기 위해서는 ⅰ) 권리 실현에 앞서 사회보장 실시기관으로부터 상담과 조언을 통해 각종 정보를 얻어야 할 필요성이 있고, ⅱ) 사회보장수급권이라는 실체적 권리의 실현과정에서도 절차적 참여권으로 입법이나 행정에 참여가 필요하게 되며, ⅲ) 사회보장수급권이 실현되지 못하였을 때에는 이를 사법적으로 구제받을 수 있는 수단으로 행정심판이나 행정소송 등으로 사법적으로 다툴 수 있는 권리가 필요하다. 이는 실체적 권리인 사회보장수급권을 실현하기 위해 부수적, 절차적 권리들도 전반적으로 함께 보장되어야 함을 보여주는 것이다.[91)]

「사회보장기본법」도 사회보장제도와 관련하여 정보의 공개 및 홍보(제33조), 상

---

90) 김유성, 「한국사회보장법론」 제4판, 법문사, 2001, 93면; 권영성, 「헌법학원론」 개정판, 법문사, 2004, 656-658면; 사회복지학자 중 일부도 사회복지수급권(사회보장의 전반적 내용을 포함)을 실체적 권리, 수속적 권리, 절차적 권리로 나누어 그 내용을 ① 실체적 권리: 사회복지급여를 청구할 수 있는 구체적 권리(사회보험청구권, 공공부조청구권, 사회복지조치청구권), ② 수속적 권리: 사회복지급여에 대한 각종 정보를 요구하는 권리, 상담과 조언을 구하는 권리, 사회복지기관을 이용하는 권리, ③ 절차적 권리: 사회복지급여 쟁송권, 사회복지행정 참여권, 사회복지입법 청구권로 나누고 있다(신섭중 외 5인, 「사회복지법제」, 대학출판사, 2002, 76면).

91) 전광석 교수는 사회보장급여에 대해 청구권자는 사법적으로 이를 관철할 수 있는 권리(사회보험급여청구권, 공공부조 급여청구권)를 주된 권리로 보고 있으며, 상대방의 부수적 의무로 정보제공, 설명, 상담, 통지, 정보보호 등의 의무를 제시하고 있다(전광석, 「한국사회보장법론」 제8판, 법문사, 2010, 103-105면)

담 및 설명과 통지(제34조 내지 제36조), 개인정보의 보호(제38조), 권리구제와 의견 수렴(제39조 및 제40조)에 관한 규정을 두어 사회보장수급권의 실현을 위한 부수적, 절차적 권리들을 마련해 놓고 있다.

다. 사회서비스수급권의 법적 성격(특성)

「사회보장기본법」상의 사회보장수급권은 법이 명시하고 있듯이 일단 관계법령이 정한 바에 따라 발생하는 점에서 헌법상 사회적 기본권이 구체적 법령을 통해 실현되어 발생하는 구체적 권리이다. 즉, 헌법상 사회적 기본권과 달리 사회보장수급권은 법령에 의해 만들어진 권리로서 헌법상 사회적 기본권의 구체적 표현 형태로 이해해야 하는 것이다.

또한 사회보장수급권의 하위범주인 사회보험수급권, 공공부조수급권, 사회서비스수급권은 법에 의해 형성된 구체적 권리이기는 하더라도 자기기여 여부, 법에 의해 정해진 수급심사기준의 재량 정도, 예산 운용 등에 따라 권리보장의 정도(권리의 실효성)가 다르게 이해될 수 있다.[92)]

사회보장입법 중 사회서비스입법은 대체로 신체적, 정신적 특수상황으로 인하여 자신의 능력으로 사회생활을 유지하는 데 어려움이 있는 사회적 집단을 보호할 목적으로 현물서비스나 수당 등을 제공하는 시스템을 갖추고 있다. 「노인복지법」, 「아동복지법」, 「장애인복지법」 등이 그 예가 될 수 있다.

이들에 대한 보호는 단순히 발생한 사회적 위험(출산, 양육, 실업, 노령, 장애, 질병, 빈곤, 사망 등)을 극복하는 것을 넘어 인격의 신장을 도모하는 조치로서의 성격을 가지며, 가족의 보호와도 직접적인 연관성을 가지고, 사전에 자기기여를 전제로 하지 않는다.[93)] 자기기여를 전제로 하지 않기 때문에 재원은 국가의 일반예산에서 충당된다. 그로 인하여 사회서비스수급권은 자기기여가 있는 사회보험수급권이나 법이 정한 일정한 요건을 충족하면 급여를 행하여야 하는 공공부조수급권에 비해 재량이 많이 부여된다.

---

92) 서정희 교수는 개별 입법에서 사회보장수급권이 실효적인 것이 되기 위해서는 1) 행정기관을 구속할 수 있는 강행규정을 가져야 하고, 2) 국가의 재정적 지원에 대한 적극적 의무규정이 필요하며, 3) 적절한 급여의 질이 확보되어야 하고, 4) 벌칙조항 등을 통해 그 위반시에 적절한 제재나 구제절차가 필요함을 강조하고 있다(서정희, "장애인 사회보장수급권의 실효성에 관한 기준", 서울대학교 박사학위논문, 2009, 19-23면).

93) 전광석, 앞의 책, 44면.

3. 「장애인차별금지법」상의 정당한 편의제공

가. 장애인에 대한 정당한 편의제공과 사회보장수급권

시각장애인 대입수험생에게 수학능력시험에서 글자가 큰 문제지나 점자문제지를 제공하는 것은 이제 국가가 당연히 해야 할 일로 여겨진다. 이는 사회보험수급권도, 공공부조수급권도 아니고, 굳이 따지자면 사회서비스수급권에 포함될 수 있다. 그리고 「장애인차별금지법」에서 말하는 동등한 대접을 위한 정당한 편의제공[94]의 한 유형이라고도 할 수 있다. 위와 같은 정당한 편의제공의 의무는 국가에만 있는 것이 아니라 사인(私人)에게도 부여된 의무이다.

나. 장애인에 대한 편의제공과 복지

사회보장수급권의 한 내용으로 「장애인차별금지법」상의 정당한 편의제공을 포함시킬 수 있는지 검토의 여지가 있다. 「장애인차별금지법」은 반차별입법(인권법)으로서 자유권 또는 공민권에 관한 법으로 이해되기도 하며, 반차별입법의 실효성 보장을 위한 국가의 적극적 개입을 강조하며 사회보장수급권에 관한 법으로 논의되기도 한다.[95] 「장애인차별금지법」 제정과정에서도 그 법적 성격이 인권법인지, 복지법인지에 관한 논쟁이 쟁점이 되기도 하였다.

「장애인차별금지법」은 장애인에 대한 차별금지라는 소극적 내용 외에도 정당한 편의제공이라는 적극적 조치를 포함하고 있으며, 그와 같은 편의제공의 주체를 국가, 지방자치단체, 공공기관 외에도 일반 사용자, 교육책임자 등으로 확대하고 있다. 편의제공의 내용 또한 '편의시설·설비·도구·서비스 등 인적·물적 제반 수단과 조치'를 모두 포함하고 있어 다양한 형태의 편의가 의무로서 제공될 수 있다.

다. 정신장애인에 대한 민간보험 회사의 보험차별 구제 문제

「장애인차별금지법」을 여기서 검토하는 이유는 차별금지라는 부작위에서 더 나아가 상대방에게 적극적 조치를 할 작위의무를 발생시킬 수 있는지에 관한 논의의 전제가 되기 때문이다. 그 논의의 예로는 정신장애인에 대한 보험인수(보험가입) 거

---

94) "정당한 편의"라 함은 장애인이 장애가 없는 사람과 동등하게 같은 활동에 참여할 수 있도록 장애인의 성별, 장애의 유형 및 정도, 특성 등을 고려한 편의시설·설비·도구·서비스 등 인적·물적 제반 수단과 조치를 말한다(「장애인차별금지법」 제4조 제2항).

95) 보다 자세한 논의는 서정희, 앞의 논문, 26-27면(서정희 교수는 「장애인차별금지법」을 장애인의 사회보장수급권을 보장하는 법률로 이해하고 있다).

절사건을 들 수 있다.

정신장애인에 대한 보험인수 거절에 대한 차별구제청구사건에서 원고측은 민간 보험회사의 보험인수거절이 「장애인차별금지법」 위반이기 때문에 그 차별을 금지하고, 더 나아가 적극적 구제조치로 보험계약 체결에 응할 것을 요구하였다. 그러나 법원은 민간 보험회사의 계약체결의 자유나 사적 자치(私的 自治)의 원칙 등을 들어 청구를 받아들이지 않고 있다.[96]

생각건대, 「장애인차별금지법」이 '차별금지'라는 형식적 평등이 아닌 실질적 평등을 목적으로 한 적극적 조치(정당한 편의제공)를 규정하고 있으나, 그 내용이 장애인의 권리로서 구성되지 않고, 단순히 국가나 사용자, 상품제공자 등 편의제공 주체가 부담하여야 할 추상적 의무로서 규정되어 있는 점(이에 반하여, 「장애인복지법」은 예산 등을 확보하여 각종 수당과 서비스의 구체적 내용을 규정하고 있다), 「장애인차별금지법」상의 의무 부담주체가 국가 외에도 사인(私人)인 사용자, 교육책임자 등도 포함되어 있는 점을 고려해 볼 때 법령에 의해 구체화된 사회서비스수급권과는 그 성격이 구분된다.

위와 같이 장애인의 사회복지수급권이 국가에 대한 주관적 공권이라는 측면에서 바라보면 「장애인차별금지법」상의 국가 및 사용자 등의 정당한 편의제공 의무를 근거로 장애인에게 구체적 권리가 발생할 수 있는지 논란의 여지가 있을 수 있다.

생각건대, 「장애인차별금지법」은 차별행위에 대한 금지 외에 적극적 조치를 법원에 요구할 수 있는 근거규정을 두고 있다.[97] 사회복지수급권은 對 국가에 대한 주관적 공권으로서 확보되는 것이지만 장애인의 반차별권은 국가 외에 기업 등 사회조직으로부터 차별의 방식으로 피해를 당하는 소수자들이 차별을 제거하기 위한 방법이다. 장애인은 정당한 편의제공을 요구할 권리가 보장될 수 있어야 한다는 점에서 장애인의 반차별권은 對 사회에 대한 주관적 권리로서 그 개념범주를 확장할 필요성이 있다.

96) 서울중앙지방법원 2013. 8. 30. 선고 2011가합38092 판결; 항소심인 서울고등법원 2016. 4. 26. 선고 2013나61901 판결(1심과 2심은 장애인차별이라며 원고측의 위자료는 인정하였지만, 보험가입 청약을 승낙하라는 취지의 구제청구는 받아들이지 않았다).

97) 「장애인차별금지법」 제48조(법원의 구제조치) ① 법원은 이 법에 따라 금지된 차별행위에 관한 소송 제기 전 또는 소송 제기 중에 피해자의 신청으로 피해자에 대한 차별이 소명되는 경우 본안 판결 전까지 차별행위의 중지 등 그 밖의 적절한 임시조치를 명할 수 있다.
② 법원은 피해자의 청구에 따라 차별적 행위의 중지, 임금 등 근로조건의 개선, 그 시정을 위한 적극적 조치 등의 판결을 할 수 있다.
③ 법원은 차별행위의 중지 및 차별시정을 위한 적극적 조치가 필요하다고 판단하는 경우에 그 이행기간을 밝히고, 이를 이행하지 아니하는 때에는 늦어진 기간에 따라 일정한 배상을 하도록 명할 수 있다. 이 경우 「민사집행법」 제261조를 준용한다.

특히, 최근에는 국가가 스스로 사회서비스를 제공하기보다 시설이나 단체 등에 사회서비스 업무를 위탁하거나, 장애인 등의 일자리 창출을 위한 사회적 기업을 지원하는 등의 조치를 시행하고 있어 국가 외에 이러한 시설 등에 대해서도 편의제공 의무를 관철시켜야 할 정책적 필요성도 존재한다. 현재 법원이 최종적으로 결정하는 적극적 조치는 극히 소수의 사건에서만 이루어지고 있다.[98] 생각건대, 각 장애유형 및 편의제공의 내용에 따라 법원이 상대방에게 과도한 부담이 되지 않는 범위에서 다양하게 적절한 의무를 부과하는 것은 가능할 것인데, 현재와 같이 적극적 구제조치에 다소 인색한 법원의 사법소극주의적 태도는 변화의 필요성이 있다.

4. 강제입원과 강제치료의 법적 성격

가. 정신건강복지법의 법적 성격

정신건강복지법은 「사회복지사업법」에 의해 사회복지사업의 한 내용으로도 포함되어 있지만, 그 입법목적은 정신질환의 예방과 치료, 정신장애인의 재활·복지·권리보장에도 두고 있어 보건의료와 사회복지가 중첩되는 법 분야이기도 하다. 그리고 정신장애로 인한 자·타해 위험을 이유로 한 강제입원시스템을 두고 있는 정신건강복지법은 실질적으로 치안목적의 입원까지 포함하고 있어 그 성격을 단순히 사회복지입법이라 단정하기도 어렵다.

나. 강제입원과 강제치료가 사회보장급여가 될 수 있는가?

정신건강복지법이 규정한 정신장애인에 대한 강제입원, 입원 후의 강제치료, 외래치료명령이 사회보장급여가 될 수 있는가? 이는 사회서비스수급권이 강제적·침익적일 수 있는지 여부와 공적 관계의 매개 없이 사인(私人)에 의해 이루어질 수 있는지 여부 두 가지 측면에서 보아 부정해야 될 것이다.

먼저, 정신건강복지법에 의한 강제입원 및 강제치료제도나 외래치료명령제도는 환자의 치료를 위한 목적이라는 점에서 환자에게 이른바 행정법에서 말하는 '수익적(受益的)'이라 볼 여지도 있으나, 본인의 의사에는 반하는 것이어서 환자에 대한 '수익적' 조치라고 보기는 어렵다.

98) 「장애인차별금지법」을 근거로 한 법원의 판결이 법 시행 10년 동안(2008년~2017년) 약 70여 건 가량 나왔고, 그 중 민사(행정)소송에서 법원이 구제조치를 인용한 판결은 약 6건으로 많지 않은 편이다(김재왕, "장애인차별금지법 판결 분석", 「사회보장법연구」 제7권 제1호, 서울대사회보장법연구회, 2018, 13면).

따라서 다른 일반인의 경우와 동일하게 정신장애를 이유로 한 신체의 자유를 제약하거나 신체를 침습하는 침익적이고, 강제적인 것으로 보는 것이 타당하다. 강제입원과 강제치료의 결과가 치료로서의 효과나 건강의 회복을 가져올 수 있는 가능성이 있지만 환자의 의사에 반한 강제적 행위로서의 법적 성격은 사라지지 않기 때문이다.

다음으로, 보호입원 및 그에 따른 치료는 원칙적으로 국가나 지방자치단체의 개입 없이, 입원환자 및 보호의무자와 의료기관 사이의 입원계약관계로 이루어진다. 병원이 제공하는 입원 및 치료는 원칙적으로 사회보장적 급부가 아니라 계약에 따른 급부다. 다만 그 계약에 따른 의료비용의 지급은 건강보험 또는 의료급여로서 제공될 수 있다.

행정입원은 시·군·구청장의 행정적 조치로서 이루어지는 것이고, 본인의 의사에 반하는 신체적 자유의 제약이라는 측면에서 보면 앞서 본 침익적 행위에 해당하므로 사회서비스적 급여라 속단하기는 어렵다.

5. 사회복지제도로서 시설수용의 의미

사회복지입법들(「노인복지법」, 「아동복지법」, 「장애인복지법」, 「노숙인복지법」 등)은 보호의 필요가 있는 노인, 아동, 장애인, 노숙인 등에 대해 복지시설을 제공하고, 그곳에서 주거, 식사, 의료 등 생활을 지원한다. 한편 정신장애인의 경우에도 정신건강복지법에 따라 정신의료기관 또는 정신요양시설에서 치료 또는 요양을 제공받는다. 더 나아간다면 정신장애로 인한 범죄를 저지른 사람에 대해 이루어지는 「치료감호법」상의 치료감호도 그 목적은 적절한 보호와 치료를 함으로써 재범을 방지하고 사회복귀를 촉진하는 것이다(제1조). 여기서 우리는 위 각 시설수용의 대상자와 그 목적, 운영시스템의 공통점과 차이점을 살펴볼 필요가 있다. <표 1-4>는 각 시설수용 제도의 차이점을 일별하여 본 것이다.

<표 1-4>를 보면, 치료감호제도, 강제입원제도, 복지시설입소제도가 서로 다른 목적과 기능을 가지고서 그 수용요건을 달리한다고 볼 수 있다. 그러나 실제 운영의 현황을 보면, 먼저, 치료감호소는 그 수용시설 및 인원에 한계가 있어 1,000여 명 내외의 재범의 위험성이 있는 사람을 수용할 수 있을 뿐이고, 병상이나 인력의 한계로 수용인원은 제약되어 있다. 그로 인해 치료가 요구되는 형사절차상의 사람들이 치료를 받지 못하는 일반 교도소에 많이 남게 된다.

표 1-4 각 시설수용 제도의 유형과 특성

유형	치료감호제도	강제입원제도	복지시설입소제도
법적 근거	치료감호법	정신건강복지법	개별 복지입법
강제성 유무	강제	강제	자의
운영시스템	형사사법시스템	의료시스템	복지시스템
강제의 근거	치안 목적	치안 및 보호 목적	보호 목적
대상	정신장애로 인해 범죄를 저지른 사람	자·타해 위험성이 있는 정신장애인	생활능력이나 돌볼 사람이 없는 아동, 노인, 노숙인, 장애인 등
수용요건	재범 위험성	자·타해 위험성	생활능력 부족 또는 결여
수용장소	치료감호소 (국립법무병원)	정신의료기관 (정신요양시설 포함)	생활시설 (정신요양시설 제외)

다음으로, 정신의료기관은 자·타해 위험성을 강제입원의 기준으로 하면서 생활능력이 없거나 부족하여 복지시설에 입소하여야 할 사람들이 문제행동이 있을 경우에는 정신의료기관이 흡수하고 있다.

끝으로, 복지시설입소제도는 강제가 아닌 자의에 의하여야 함에도 불구하고 의사결정능력이 부족한 노인이나 장애인에게 그들의 의사를 고려하거나 지원할 수 있는 법적 조력자 없이 사실상 가족이나 국가의 의지에 따라 본인의 의사와 무관한 입소가 이루어지고 있다.

강제입원제도가 가지는 두 가지 목적인 치안과 보호는 법적 배제와 포섭의 형태로 구현된다. 강제입원제도를 포함한 정신보건시스템은 치안 시스템과 복지 시스템의 둘 사이를 오가며, 양자를 진동하는 이중적 성격을 지닌 제도이다. 강제입원제도나 복지시설입소제도는 국가가 사회적으로 취약해져 불안한 상태의 사람을 생활능력이나 의사결정능력의 결여나 부족을 근거 삼아 사실상 치료와 생활보호를 이유로 수용하는 것이라는 비판도 제기된다.[99]

99) 사회복지시설의 역사가 과거 수용과 격리를 위해 존재해 왔고, 전염병 환자에 대한 격리치료가 이루어지는 병원이 곧 시설의 역할을 하였다고 한다(김정환, "사회복지시설에 관한 공법적 고찰", 연세대학교 박사학위논문, 2010, 224면); 이러한 강제적 시설수용제도의 대안으로 탈시설과 지역사회복귀를 목적으로 하는 운동과 정책이 우리 사회에서도 목소리를 만들어내고 있다. 이전의 탈시설 소송사례(서울행정법원 2011. 1. 28. 선고 2010구합28434 판결. 뇌병변장애인인 원고 1심 승소 확정, 유사 사례인 청주지방법원 2010. 9. 30. 선고 2010구합691 판결에서는 뇌병변장애인인 원고들 2인 모두 1심 패소확정됨)도 그러한 목적을 실현하기 위한 공익소송으로 이루어졌다.

Ⅳ. 정신장애인의 자기결정권과 강제치료의 문제

정신건강복지법은 정신장애인의 자기결정권을 보장하고 있으나 강제입원이나 강제치료는 이러한 자기결정권을 치료나 안전을 목적으로 법령에 근거해 제한하는 것이어서 양자 사이에 긴장관계가 존재한다. 아울러, 강제입원된 환자라고 하더라도 강제치료를 할 수 있는지 여부에 대해서는 서구에서는 강제입원과 강제치료의 요건을 구분하여 판단하고 있다. 즉, 강제입원되었다고 하더라도 강제치료 여부는 또 다른 절차와 기준으로 판단할 수 있음을 보여주고 있다. 이하에서는 정신장애인의 입원계약과 강제입원으로 인한 법적 문제를 검토해 보기로 한다.

1. 입원계약

가. 계약을 통한 환자와 의사의 법적 권리와 의무

'계약'이란 스스로의 결정으로 상대방과의 합의하에 권리와 의무를 설정하는 것을 말한다. 예컨대, 입원계약이란 환자와 의료기관 사이의 합의를 통해 환자는 입원하여 의료인으로부터 진료를 받을 권리를 부여받고, 그에 따른 입원진료비를 지급할 의무를 부담하는 계약이다. 여기서 계약이 중요한 의미를 가지는 것은 스스로의 의사로서 그 계약에 구속되기로 결정하였다는 것이다. 즉, 개인에게 의무나 강제를 부여할 수 있는 것은 자신의 의사결정에 따른 것(계약)과 국가의 의사결정에 따른 것(법률) 외에는 없다.

계약관계가 없는 사인(私人)인 의사는 환자에게 법률의 규정 없이는 치료나 입원을 강제할 수 없고, 입원계약이 체결된 경우라도 의사는 치료권한이나 입원권한을 가지게 된 것이 아니라 의사는 진료비청구권에 대한 교환급부로서 진료의 의무를 부담하게 되는 것이다.[100)]

100) 대법원 2015. 8. 27. 선고 2012다118396 판결(환자가 의사 또는 의료기관(이하 '의료인'이라 한다)에 진료를 의뢰하고, 의료인이 요청에 응하여 치료행위를 개시하는 경우에 의료인과 환자 사이에는 의료계약이 성립된다. 의료계약에 따라 의료인은 질병의 치료 등을 위하여 모든 의료지식과 의료기술을 동원하여 환자를 진찰하고 치료할 의무를 부담하며 이에 대하여 환자 측은 보수를 지급할 의무를 부담한다).

나. 환자의 법적 지위

(1) 통상의 의료계약

통상의 진료계약이나 입원계약(이하 '의료계약'이라 한다)은 환자가 진료나 입원을 요청하여 의사(정확하게는 의료기관을 운영하는 의사나 법인)가 이를 승낙하면 계약이 성립하는 것이고, 의사는 「의료법」상 정당한 사유 없이 진료를 거부할 수는 없기 때문에 적어도 진료에 있어서는 일정한 수준에서 제한이 있다고 할 수 있다. 이러한 보통의 진료계약이나 입원계약은 환자가 원칙적으로 언제든지 계약을 해지하고, 진료를 받지 않거나 퇴원할 수 있다.

(2) 정신장애인의 의료계약

정신장애를 이유로 한 진료나 입원에 있어서는 위와 같은 의료계약(진료계약이나 입원계약)의 원칙적 모습이 사라지고, 환자에 대한 일정한 강제나 제한이 허용된다. 그것은 계약에서 정해지는 것이 아니라 법률에 의해 정해진다. 우리 정신건강복지법도 입원환자에 대한 자유제한의 근거를 규정하고 있는데, 이는 주로 강제입원된 환자를 대상으로 한다.

(3) 자의입원환자의 동의

자의입원환자의 스마트폰 사용을 제한할 수 있는지? 자의입원환자에 대해 격리·강박이 허용될 수 있는지?는 해석상 논란의 소지가 있을 수 있다. 나아가 위와 같은 제한이 들어 있는 입원계약서에 환자가 동의한다면 그 동의(격리·강박, 스마트폰 사용제한에 대한 동의)가 유효한 것이 될지도 모호하다.

생각건대, 어떤 환자의 경우에는 자신이 이성적 판단이나 의사결정을 할 수 없는 상황에 대비해 강제적 진료나 격리·강박의 통제를 받을 수 있도록 미리 동의하는 것도 상정할 수 있지만 그 동의가 언제든 환자에 의해 철회될 수 있는 것이라는 점을 감안할 때 미리 동의를 받은 것으로 강제적 조치들이 일반적으로 허용되는 것은 아니라 할 것이다.

다. 정신의료기관의 장과 의사의 법적 지위와 권한

(1) 정신의료기관측의 의료계약의 당사자

의료계약의 당사자는 의료기관을 운영하는 개인이나 법인이다. 정신과 의원의 경우 대부분 정신과 전문의가 계약당사자가 되지만 정신병원의 경우에는 의료인 또는 법인이 된다. 그 경우 계약당사자인 운영자(개인이나 법인)와 의료행위를 하는 의사는 구분된다. 또한, 정신의료기관의 장은 의사여야만 하는데, 그는 의료계약의 당사자인 운영자와 동일할 수도 있지만, 법인이 운영주체인 경우에는 정신의료기관의 장과 운영자는 구분된다.

(2) 정신의료기관 소속 의사의 권한

정신의료기관의 의사는 법적으로는 의료계약에 따라 환자의 진료를 담당하고, 원칙적으로 강제로 진료나 입원을 시킬 수는 없다. 다만, 법률(정신건강복지법)이 일정한 권한을 부여한 경우에는 가능하다. 예컨대, 격리 · 강박, 통신의 자유 제한, 작업요법, 강제입원을 위한 진단에 대해서는 정신과 전문의만이 그 지시나 진단을 할 수 있다. 그러나 이 또한 정신과 전문의 본인이 직접 집행하는 것이 아니라 정신의료기관의 장이 그 사용자로서의 지위를 이용해 지휘권을 행사하는 방법으로 그 소속 직원들을 통해 집행(격리 · 강박, 통신제한, 입원실 이동 등)을 하게 된다.

(3) 정신의료기관의 장의 권한

자의입원이나 동의입원과 같은 환자의 입원요청에 근거한 자발적 입원이나 보호의무자의 신청에 의한 보호입원 또는 응급입원은 정신의료기관의 장이 입원이나 퇴원의 결정을 할 수 있다. 그러나 행정입원의 경우에는 정신의료기관의 장에게 직접 입 · 퇴원을 결정할 권한은 없다.

정신의료기관에 소속된 정신과 전문의는 법률적으로 보면 원칙적으로 입 · 퇴원에 대한 결정권한이 없다. 위 각 유형(행정입원은 제외)의 입원조항(법 제41조, 제42조, 제43조, 제50조)을 구체적으로 보면, 모두 정신의료기관의 장이 입 · 퇴원을 결정하고, 정신과 전문의는 진단에 따른 의견을 표명할 수 있을 따름이다.

(4) 입 · 퇴원 결정권한의 위임여부

법률이 규정한 정신의료기관의 장의 입 · 퇴원 결정권한을 소속 정신과 전문의에게 위임할 수 있을지도 검토가 필요하다. 소속 정신과 전문의에게 그 권한의 위임이 가능하다고 하면, 정신의료기관의 장이 부담해야 할 민 · 형사적 책임을 그 권한을 위임받은 소속 정신과 전문의가 부담해야 할 가능성이 발생한다. 한편, 위임이 불가능하다고 하면, 입 · 퇴원의 결정은 오로지 정신의료기관의 장만이 가능하다고 해야 할지 문제가 된다.

생각건대, 이 부분은 권한의 위임이라기보다 정신의료기관 조직 내부의 입 · 퇴원결정에 대한 결재라인과 상황에 따른 결재권자의 분담 등을 통해서 명확하게 정신의료기관 내부적으로 규정해 둘 필요가 있다. 특히, 우리 입원 현실에서는 각종 입원유형을 불문하고, 정신과 전문의 진단으로 입원이나 퇴원을 하게 되는 것이라 인식하고 있지만, 법률은 정신의료기관의 장에게 입·퇴원 결정권한을 부여하고 있다. 따라서, 단순히 자발적으로나 강제적으로 입원되었다는 사정만으로 입원결정이 되는 것이 아니라 정신의료기관의 장이 내·외부적으로 환자를 입원시켰음을 확인할 만한 근거자료(예컨대, 정신의료기관 내부의 결재과정을 통한 정신의료기관의 장의 승인)를 가지고 있을 필요가 있다.

2. 자발적 입원과 입원계약

정신건강복지법은 5가지 유형의 입원을 법정입원형식으로 규정하고 있는데, 자의입원(제41조), 동의입원(제42조), 보호입원(제43조), 행정입원(제44조), 응급입원(제50조)이 그것이다.

5가지 유형의 입원 중 자의입원과 동의입원은 환자가 입원을 자발적으로 신청하여 정신의료기관의 장이 입원을 받아들이는 것이다. 이는 환자의 입원청약을 정신의료기관의 장이 승낙하는 입원계약으로 구성할 수 있다. 이 경우 계약 당사자는 환자와 정신의료기관의 운영자(의사 개인 또는 의료법인 등)가 되어 환자는 진료비지급의무를, 정신의료기관의 운영자는 입원진료의무를 부담한다.[101] 다만, 환자의 진료비지급의무는 건강보험이나 의료급여에 따라 그 진료비의 일부만을 부담하거나 면제되기도 한다.

3. 강제입원과 입원계약

가. 강제(보호)입원의 계약당사자는 누구인가?

강제(보호)입원은 누가 입원계약의 당사자가 되는 것인지 논란의 여지가 있다. 예컨대, 정신장애가 있는 甲의 어머니인 乙이 정신건강복지법에 따라 보호입원신청을 하여 丙 정신의료기관에 입원한 경우 과연 입원계약이 존재하는가? 만약 존재한다면 계약의 주체는 환자 甲인가? 보호의무자 乙인가? 입원진료비는 누가 부담해야

101) 대법원도 환자가 의사에게 진료를 의뢰하고, 의사가 그 요청에 응하여 치료행위를 개시하는 경우에 의사와 환자 사이에 진료계약이 성립하고, 진료계약에 따라 의사는 환자를 진찰하고 치료할 의무를 부담하고, 이에 대해 환자측은 보수를 지급할 의무를 부담한다고 하고 있다(대법원 2014. 6. 26. 선고 2009도14407 판결).

하는가? 라는 문제에 휩싸이게 된다. 여기에서는 먼저 아래와 같이 세 가지 유사한 형태의 입원계약 방식을 살펴볼 필요가 있다.

나. 각 강제유형별 계약당사자의 법적 구성

(1) 미성년자의 입원

미성년자에 대해 부모가 입원을 시키는 것과 관련해서는 부모가 미성년자의 친권자로서 법정대리인이기 때문에 입원계약을 대리인으로서 체결할 법적 권한을 가진다. 따라서 입원계약 당사자는 친권자가 아닌 미성년자가 될 수 있다. 미성년자의 경우 민법이 친권자인 부모에게 법정대리권을 부여하고 있기 때문에 그 부모는 법정대리인의 지위로, 미성년자는 계약당사자의 지위로 구성할 수 있다.

(2) 감염병환자의 강제입원

「감염병예방법」에 따라 내·외국의 감염병환자에 대해 보건복지부장관이나 지방자치단체의 장은 강제진료와 강제입원을 시킬 수 있다. 계약관계 없이 국가의 조치로 이루어지는 것이기 때문에 강제진료와 입원치료에 드는 비용은 국가나 시·도가 부담한다(「감염병예방법」 제66조 및 제67조).

감염병환자의 강제입원은 국가 공권력의 행사에 따른 것이므로 입원계약에 의해 이루어진 것으로 보기 어렵고, 그 권한과 책임도 모두 국가나 지방자치단체가 부담하는 것이 맞다. 정신건강복지법의 행정입원도 이에 해당한다. 행정입원은 사인(私人)간의 계약을 근거로 하는 것이 아니라 법령에 근거해 행정기관이 강제력을 행사하는 것이다.

(3) 노인요양시설 입소노인

대법원은 노인요양시설 입소노인이 시설 내에서 요양보호사의 잘못으로 골절상을 입어 시설운영법인 측에서 병원에 의뢰하여 골절상 등을 치료하게 한 사안에서 병원에 진료비를 낼 책임은 입원을 의뢰한 시설운영법인이라 판단하였다.[102] 즉, 입원계약의 당사자를 입소노인이 아니라 시설운영법인이라 본 것이다. 노인요양시설 입소노인에 대한 시설측의 입원의뢰와 관련하여 입원계약의 당사자의 지위를 대법원은 아래와 같은 요소를 기준으로 판단하였다.

---

102) 대법원 2015. 8. 27. 선고 2012다118396 판결.

"환자가 아닌 자가 의료인에게 의식불명 또는 의사무능력 상태에 있는 환자의 진료를 의뢰한 경우 진료 의뢰자와 환자의 관계, 진료를 의뢰하게 된 경위, 진료 의뢰자에게 환자의 진료로 인한 비용을 부담할 의사가 있었는지 여부, 환자의 의식상태, 환자의 치료과정 등 제반 사정을 종합적으로 고찰하여 진료 의뢰자와 의료인 사이에 환자의 진료를 위한 의료계약이 성립하였는지 여부를 판단하여야 한다"[103]

위 판례에 따르면, 의식불명이거나 의사무능력 상태의 환자에 대한 진료의뢰의 경우 의뢰자와 환자의 관계, 진료의뢰 경위, 진료의뢰자의 비용부담 의사, 환자의 의식상태와 치료과정 등을 고려해 계약당사자가 의뢰인인지 환자인지를 판단해야 한다고 보고 있다.

다. 보호입원의 입원계약 당사자 검토

보호입원의 경우 보호의무자인 가족에게 정신건강복지법에 근거해 보호입원신청 권한이나 입원연장에 대한 동의권한이 있는 점, 통상 가족은 입원의료비용 부담의사가 있는 점을 고려해 볼 때 입원계약의 당사자는 보호입원을 신청한 가족이 될 수 있다고 할 것이다. 보호입원신청은 보호의무자인 후견인이나 가족 중 2인 이상을 요구하고 있는 점에서 신청을 한 보호의무자 둘 모두 공동으로 계약당사자가 되는 것이다.

다만, 보호입원을 신청한 가족이 계약당사자라 하더라도 의사의 진료의무와 진료비청구권과의 사이에 권리의무관계만 서로 조응하는 것이고, 실제 진료를 받는 환자의 자기결정권을 법령의 근거 없이 제한할 수는 없다. 예컨대, 입원계약의 당사자인 가족이 환자에 대한 격리·강박 허용, 퇴원제한, 전화금지 등에 합의하는 약정을 하더라도 그것이 의사에게 환자에 대한 어떤 권한을 부여하거나 환자가 의사에게 의무로서 그것을 부담해야 하는 것은 아니다. 왜냐하면, 이와 같은 환자에 대한 강제나 제한을 가족의 권한으로서 허용하는 것은 자신(가족)이 아닌 타인(환자)의 신체와 권리를 제약하여 마치 타인을 인격이 없는 물건처럼 다루는 것이어서 가족의 그러한 동의나 합의는 민법상 무효이기 때문이다.

---

103) 위 판결.

4. 환자의 자기결정권과 치료거부권

가. 환자의 자기결정권과 치료행위

보호입원에 있어 입원계약의 당사자가 보호의무자라고 하더라도 환자의 자기결정권이 제한되는 것은 아니다. 다만, 정신건강복지법은 보호입원의 경우 환자 본인의 의사에 반한 입원을 허용하고 있다. 나아가 보호입원은 환자가 본인의 의사로 입원하기를 원하는 경우 또는 본인의 의사 여부를 확인할 수 없는 경우에도 허용된다. 환자 본인의 의사와는 무관한 입원이기 때문이다.

환자가 자신의 의사에 반하여 입원하였다고 하더라도 환자로서의 법적 권리는 보장받는다. 그 중에 하나가 자기결정권이다. 여기서 환자의 자기결정권이란 '자신의 생명과 신체의 기능을 어떻게 유지할 것인지에 대해 스스로 결정하고 진료행위를 선택'할 권리라 할 수 있는데,[104] 여기에는 진료를 거부할 수 있는 권리가 원칙적으로 포함된다.

나. 환자의 치료거부권

독일 연방헌법재판소 판례에 따르면, 자유의 헌법적 보장은 제3자의 관점에서 볼 때 그 주체의 이익에 반하는 방향으로 자유를 행사하는 것까지도 보호하여 "아플 자유", "질병을 안고 살 자유", "치료를 위한 도움을 거부할 자유"를 가지기 때문에 치료를 위한 조치를 거부할 수 있는 권리도 포함하고 있다고 한다.[105]

실제, 우리 대법원도 특정방식의 치료를 거부하는 환자에 대해 의사가 이를 존중하여 발생한 악결과에 대해서는 의사의 책임을 인정하지 않고 있다. 예컨대, 종교적 이유로 수혈을 하지 않겠다고 미리 명시적으로 수술 전에 고지한 환자가 수술과정 중에 수혈이 필요한 상황이 발생하였으나 의사가 타가수혈을 하지 않던 중 환자가 사망한 사건에서 의사가 직업적 양심에 따라 타가수혈이라는 진료방법을 거부한 환자의 요구를 존중한 것이라는 이유로 대법원은 업무상 과실이 없다며 업무상과실치사죄로 기소된 의사의 무죄를 선고하기도 하였다.[106]

---

104) 대법원 2014. 6. 26. 선고 2009도14407 판결.

105) BVerfGE 58, 208 (226 f.); BVerfGE 128, 282, 304; 22, 180 (219 f.); BVerfGE 128, 282, 304; 58, 208 (226); 30, 47 (53); 22, 180 (219); BVerfGE 128, 282, 304; 58, 208 (225)(정태호, "보호의무자에 의한 정신질환자 강제입원·치료제도의 위헌성", 「경희법학」 제51권 제12호, 2016, 134-135면에서 재인용).

106) 대법원 2014. 6. 26. 선고 2009도14407 판결.

다. 의사의 설명의무와 환자의 동의권

(1) 의사의 설명의무와 환자의 동의권

환자가 자기결정권을 실현하기 위해서는 그 전제로서 환자의 신체를 침해하는 진료행위를 하는 경우 의사의 설명을 통해 그 필요성이나 위험성(후유증)을 고지받아 비교한 후 그 진료행위를 받을지 여부를 선택하도록 하여야 하고, 그 진료행위에 대해 동의를 받아야 한다.[107] 여기서 환자의 동의는 헌법 제10조에서 규정한 개인의 인격권과 행복추구권에 의하여 보호되는 자기결정권을 구체화한 것이다.[108]

(2) 설명의무에 대한 기록과 입증책임

한편, 의사의 설명의무는 침습적 의료행위로 나아가는 과정에서 의사와 환자에게 필수적으로 요구되는 절차상의 조치로서, 그 의무의 중대성에 비추어 의사는 환자에게 설명한 내용을 문서화하여 이를 보존할 직무수행상의 필요가 있다.[109] 이는 의사가 환자에게 설명의무를 이행한 것에 대한 입증책임이 의사에게 있음을 의미한다.[110]

(3) 격리·강박과 설명의무

최근 대법원은 한 정신병원이 정신장애가 있는 환자에 대해 10여일 넘게 장기간 반복하여 격리·강박을 하여 폐동맥혈전색전증으로 사망한 사건에서 치료 목적의 격리 및 강박의 법적 근거가 있다고 하더라도 신체를 직접 구속해 혈액순환 장애 등 신체적 합병증을 유발할 수 있는 행위임이 인정되는 이상 환자의 자기결정권이 문제되는 사항이어서 이 경우에도 설명이 필요하다고 본 원심을 받아들여 병원 측의 상고를 기각하였다.[111]

5. 환자의 자기결정권과 강제치료

가. 강제입원되면 강제치료는 자동적으로 허용되는가?

앞서 보았듯이, 환자의 자기결정권에는 의사의 진료를 거부할 권리를 포함하고

---

107) 대법원 1994. 4. 16. 선고 92다25885 판결; 대법원 2007. 5. 31. 선고 2005다5867 판결 등.
108) 대법원 2014. 6. 26. 선고 2009도14407 판결.
109) 대법원 2007. 5. 31. 선고 2005다5867 판결.
110) 위 판결.
111) 대법원 2018. 6. 28. 선고 2017다204681 판결; 원심은 서울고등법원 2016. 12. 21. 선고 2015나2015007 판결.

있다. 그렇다면, 정신건강복지법에 의해 강제입원(보호입원, 행정입원, 응급입원)된 경우에도 환자는 의사의 진료(진단과 치료)를 거부할 수 있는지 문제된다. 실제, 강제입원된 환자가 진료를 거부하는 경우 강제로 약물을 주입하지 않는 병원도 있고, 반대로 강제로 약물을 주입하는 병원도 있기 때문에 그 기준을 세워야 할 필요가 있다. 특히, 강제입원의 목적이 치료라고 하면, 그 치료를 거부할 권리가 환자에게 부여될 경우 치료라는 목적이 의미를 상실할 수 있기 때문이다. 이는 국제적으로도 논쟁이 되고 있다. 이하에서는 국제기구의 기준, 독일과 한국의 판례를 검토해 본다.

나. 강제치료의 국제기준 등

(1) 세계보건기구의 지침(2005년)

세계보건기구의 2005년 정신보건, 인권과 법 지침서(resource book)는 각국의 강제입원 체계를 비교하면서 강제입원이 되면 강제치료 또한 당연히 허용되는 시스템과 강제입원과 강제치료의 요건이나 절차를 분리한 시스템으로 구분하고 있다. 특히, 강제입원과 강제치료를 분리한 시스템에서는 입원환자가 치료에 동의할 능력이 있는 사람으로 평가되는 경우에 환자의 동의 없이는 치료할 수 없고, 다만 환자가 동의할 능력이 없는 사람으로 평가되는 경우에는 독립된 심사기관의 심사를 거쳐 강제치료를 결정할 수 있도록 하고 있다.[112]

(2) UN 장애인권리위원회의 일반논평과 한국정부에 대한 권고

UN 장애인권리위원회는 2014년 「장애인권리협약」 제12조(법 앞에 동등한 인정)의 해석지침인 일반논평(general comment)을 통해 장애를 가진 사람의 치료에 대한 동의권을 강조하면서, 지적, 정신적, 인지적 장애가 있는 사람에 대한 강제치료를 허용하는 법이나 정책의 폐지를 요구하고, 육체적·정신적 온전함을 침해하는 의료행위에 대한 결정은 본인에 대한 설명이 사전에 제공된 후 자유로운 환경 하에서의 본인 동의에 근거할 것을 요구하고 있다.[113]

한편, UN 장애인권리위원회가 2014년 9월 한국정부 보고서에 대한 심사를 한 후 권고한 내용 중 강제치료에 대한 부분을 보면 ⅰ) 정신보건서비스에 대해 해당

---

112) WHO, 「WHO Resource Book On Mental Health: Human Rights And Legislation」, 2005, 53-59면.

113) Committee on the Rights of Persons with Disabilities, General comment No. 1 (2014) Convention on the Rights of Persons with Disabilities Article 12: Equal recognition before the law, 2014, 11면.

장애인의 자유롭고, 설명이 고지된 동의에 기반하도록 함, ii) 장애인에 대해 잔인하고, 비인간적·모욕적 처우나 징벌로서 이루어지는 강제치료의 폐지, iii) 정신병원 내 장애인에 대한 모든 유형의 폭력, 학대, 불법적 치료를 예방할 수 있는 모니터링 제도를 담당할 외부 독립기구(장애당사자단체의 대표성을 보장받는 기구)의 설립을 촉구하고 있다.[114)]

(3) 유럽평의회의 2004년 각료회의 권고

유럽평의회(Council of Europe)는 2004년 정신장애인의 인권과 존엄을 보호하기 위한 각료회의 권고[115)]를 통해 회원국에 정신장애인의 시민적, 정치적 권리와 차별금지 등의 내용을 가이드라인으로 제시하였는데, 그 중에 강제치료의 기준(요건), 원칙, 절차와 결정에 관한 내용을 보면 다음과 같다.[116)]

1) 강제치료의 기준(제18조)

i) 정신장애(mental disorder)를 가진 사람

ii) 자신의 건강이나 타인에게 심각한 위해를 가할 상당한 위험을 보일 것

iii) 활용가능한 적당한 돌봄을 제공할 수 있는 다른 최소제한적 침습수단이 없을 것

iv) 본인의 의견을 고려할 것

유럽평의회의 권고에 따르면, 위의 각 요건을 모두 충족해야만 강제치료가 허용된다. 강제치료가 허용되는 경우라 하더라도 아래와 같은 원칙을 준수하여야 한다.

2) 강제치료의 원칙(제19조 제1항)

강제치료를 하는 경우에는 다음의 원칙을 준수하여야 한다.

i) 특정한 임상적 징후와 증상에 기반할 것

ii) 환자의 건강상태에 대응하여 조치할 것

iii) 문서화된 치료계획을 가질 것

---

114) Committee on the Rights of Persons with Disabilities, Concluding observations on the initial report of the Republic of Korea, 2014, 5면.
http://tbinternet.ohchr.org/_layouts/treatybodyexternal/Download.aspx?symbolno=CRPD%2fC%2fKOR%2fCO%2f1&Lang=en (최종방문 2018. 7. 1.)

115) Recommendation Rec(2004)10 of the Committee of Ministers to member states concerning the protection of the human rights and dignity of persons with mental disorder

116) 영어 원문은 아래 홈페이지를 참조함.
https://search.coe.int/cm/Pages/result_details.aspx?ObjectID=09000016805dc0c1 (최종방문 2018. 7. 1.)

ⅳ) 기록될 것
ⅴ) 가능한 한 당사자가 받아들일수 있는 치료법의 사용을 목표로 할 것

유럽평의회의 권고는 먼저, 앞서 본 강제치료의 기준(조건)을 갖춘 경우라 하더라도 그 기준(조건)에 부합하는지 여부를 확인할 수 있도록 하기 위해 환자의 개별적·구체적 증상과 건강상태에 맞는 치료를 하도록 하고, 그것을 미리 계획하고, 문서화하도록 하였다.

3) 강제치료의 치료계획(제19조 제2항)

강제치료에 있어 치료계획은 ⅰ) 가급적이면 해당 환자, 그리고 개인적 대리인이나 대표자가 있다면 그들과도 상담을 거쳐 치료계획을 준비하고, ⅱ) 적당한 기간을 두고서 치료계획을 재심사하고, 필요하다면 변경할 것을 요구하고 있다. 이는 치료과정이나 치료변경에 있어 환자나 그 대표자의 참여의 한 방법으로서 의료진에게 환자나 대표자의 의견을 청취할 수 있도록 권고한 것이다.

4) 강제치료의 절차와 결정(제20조)

유럽평의회 각료회의 권고에 따르면, 강제치료를 결정하기 전의 사전절차로서 다음과 같은 것들을 요구하고 있다.

ⅰ) 강제치료나 그 연장조치는 유효하고, 신뢰할만한 전문가적 기준을 바탕으로 자격과 경험이 있는 의사의 진단에 기초하여야 함
ⅱ) 의사나 자격 있는 기관은 환자 본인의 반대가 없고, 의견을 듣는 것이 불가능하거나 부적절하지 않는 경우에는 가까운 주변 사람들의 의견을 청취하여야 함
ⅲ) 환자의 대리인은 정보를 제공받고, 의견을 진술할 수 있어야 함

위와 같은 사전절차를 거치고 난 후의 강제치료 결정은 다음과 같은 조건 하에서 이루어져야 함을 요구하고 있다.

ⅰ) 강제치료를 결정하는 것은 법원(준사법기관이나 심판원을 포함)이나 자격 있는 기관이어야 함
ⅱ) 법원이나 자격 있는 기관은 본인의 의견을 고려하여야 하고, 본인을 대면하여 진술을 듣는 원칙에 기반한 법절차에 따라 진행하여야 함
ⅲ) 강제입원을 당한 환자에 대한 강제치료의 결정은 환자의 진단과 환자의 의견을 고려한 후에 자격과 경험이 있는 의사에 의한 치료가 이루어질 수 있

도록 법에 규정할 수 있음

ⅳ) 강제치료에 대한 결정은 문서화되어야 하고, 법에 따라 공식적으로 심사를 받아야 하는 최장기간을 정해야 함(최장기간을 정한 경우라도 심사나 항소할 권리에 영향을 미쳐서는 안 됨)

위의 각 강제치료의 절차 및 결정에 관한 규정은 강제입원에 관한 절차 및 결정의 내용과 함께 서술되어 있는데, 그 내용을 요약하면, 법원이나 일정한 기관이 대면심사를 통하여 환자에 대한 강제입원이나 강제치료의 결정을 하여야 함을 강조하고 있다.

(4) 독일 연방헌법재판소의 강제치료의 기준

1) 개관

독일 연방헌법재판소는 강제입원 및 강제치료에 관한 헌법적 기준을 여러 차례에 걸쳐 제시하였는데, 그 중 정신장애인의 치료거부권을 제한하면서까지 강제치료를 할 수 있는 정당화 근거는 정신장애인이 자유롭게 의사를 결정할 수 있는 사실상의 가능성 여부에 있다.[117] 입법자가 엄격한 요건을 제시하면서 정신장애인이 자신의 질병이 위중하다는 것과 치료받을 필요가 있다는 것을 분별하지 못하거나 그 분별의 결과에 맞추어 행동할 수 없는 경우에는 예외적으로 그의 자연적 의사에 반하는 입원조치를 할 수 있다는 것이 독일 연방헌법재판소의 견해이다.[118]

2) 강제치료에 있어 법원의 허가

특히, 2011년 3일 23일 독일 연방헌법재판소는 강제치료에 관한 기존 법령에 대해 위헌을 선언하였는데, 그 내용을 보면 범죄로 인해 보안처분집행을 받고 있는 정신장애인에 대해 그 후견인이 법원의 허가를 얻은 신경이완제에 의한 치료 동의를 하였다. 독일 연방헌법재판소는 그 당사자인 정신장애인에 대한 치료가 비록 후견인이 법원의 허가를 받아 동의하는 경우라 하더라도 강제치료가 기정사실화되기 전에 환자가 재판상의 결정을 받을 기회가 보장되어야 한다며 기존의 강제치료에 관한 법령에 대해 위헌을 결정하였다.[119]

---

117) BVerfGE 128, 282, 304; 58, 208 (225)(정태호, 앞의 논문, 135면에서 재인용).

118) BVerfGE 128, 282 (304 f.); 58, 208 (224 ff.); BVerfG, Beschluss der 3. Kammer des Zweiten Senats vom 23. März 1998 -- 2 BvR 2270/96, NJW 1998, S. 1774 (1775)(정태호, 앞의 논문, 135면에서 재인용). 보다 자세한 내용은 정태호의 위 논문을 참조할 것.

119) 박귀천, “독일 정신보건법제와 정신질환자 강제입원제도”, 「이화여자대학교 법학논집」 제19권 제2호, 2014, 364-365면.

3) 강제치료의 목적

독일 연방헌법재판소의 논리는 사회적 위험과 관련해서는 이미 격리가 이루어졌기 때문에 제3자를 보호하기 위하여 환자를 강제로 치료한다는 것은 정당화 근거가 될 수 없고, 다만, 수용된 사람이 질병으로 인해 자신의 병을 인식할 수 없고, 그로 인해 질병의 치료기회마저 이용할 수 없게 되면 실질적으로 자기결정권 행사를 못하는 것이 되어 그러한 경우에만 예외적으로 수용된 사람의 기본권을 침해하여 강제치료를 할 수 있다고 보는 것이다.[120)]

4) 강제치료의 요건 및 관련 법개정

위와 같은 강제치료의 실체적 요건으로는 i) 정당화할 수 있는 목적(예컨대, 치료)과 관련하여 성과가 기대되는 경우에만 허용가능하고, ii) 더 완화된 다른 수단으로는 성과를 기대할 수 없을 때 최후수단으로만 가능하며, iii) 당사자가 대화할 수 있는 능력이 있는 한 당사자의 신뢰에 기반한 동의에 도달하기 위한 시도가 진지하도록 필요한 시간을 들여야 하고, 허용되지 않는 압력이 있어서는 안 되며, iv) 그러한 동의를 얻기 위한 시도가 강제치료에 앞서 이루어져야 한다고 보았다.[121)]

아울러, 절차적 요건으로는 i) 강제치료를 받을 당사자가 강제치료가 기정사실화 되기 전에 법원에 의한 결정을 받을 기회가 보장되어야 하고, ii) 그것은 법정대리인의 동의가 있는 경우에도 마찬가지이며, iii) 이 경우 필요하다면 절차보좌인의 도움을 받아 법정대리인의 동의에 반대하여 대응할 수 있도록 보장해야 한다고 하였다.[122)]

위 2011년 독일 연방헌법재판소의 결정에 의해 후견인 동의에 의한 강제치료 관련 민법규정이 2013년 개정되고, 정신장애인의 강제입원절차에 관한 가사 및 비송사건절차법도 일부 개정되었다.[123)]

다. 한국 법원의 강제치료 기준과 입법론

(1) 한국 법원의 강제치료의 기준

우리 대법원도 환자의 자기결정권(치료거부권)을 제한하는 강제치료의 가능성을 열어두고 있다. 다만, 자기결정권 및 신뢰관계를 기초로 하는 진료계약의 본질에 비

120) BVerfG 23.3.2011-2 BvR 882/09-NJW 2011, 2113(박귀천, 앞의 논문, 365면 재인용)
121) 박귀천, 앞의 논문, 366면 재인용.
122) 박귀천, 앞의 논문, 366면 재인용.
123) 보다 자세한 논의는 박귀천, 앞의 논문, 367면 이하를 참조할 것.

추어 강제진료를 받아야 하는 특별한 사정이 없는 한 환자는 자유로이 진료여부를 결정할 수 있고, 체결된 진료계약을 해지할 수 있다고 한다.[124] 이는 환자가 진료여부와 퇴원여부를 결정할 권리가 있음을 전제하는 것이다. 그렇다면, 대법원이 예외적으로 인정하고 있는 강제진료를 받아야 하는 특별한 사정이란 결국 법령상의 근거나 응급상황에서 환자의 동의를 얻을 수 없는 경우 등에 한정될 것으로 보이고, 만약, 허용되는 경우라도 일정한 절차에 따라 권한이 부여된 자에 의해 허용되어야 할 것이다.

(2) 강제치료에 대한 향후 입법론

현재, 정신건강복지법은 일정한 유형의 특수치료에 관해서는 입원환자나 보호의무자의 동의 등을 거쳐 허용하는 규정을 두고 있고, 일반적인 약물치료 등에 대해서는 별도의 규정을 두고 있지 않다. 향후에는 앞서 본 국제 기준의 요구나 다른 나라의 예를 참조하여 입원 정신장애인에 대한 강제치료의 기준과 절차를 만들어나갈 필요가 있다.

특히, 강제치료의 고려요소로 ⅰ) 치료에 대한 의사의 사전 설명으로 환자에게 필요성과 부작용을 고지하는 것, ⅱ) 환자의 동의 절차를 지원하는 것, ⅲ) 환자의 동의능력이 있을 경우에는 그 존중의 노력, ⅳ) 강제치료 외의 대안적 조치를 고려하는 것, ⅴ) 강제치료를 결정하는 권한 있는 기관과 절차를 규정하는 것, ⅵ) 강제치료를 거부하는 환자에게는 법원에 이의를 제기할 기회를 부여하는 것 등을 절차적으로 규범화할 필요가 있다.

124) 대법원 2014. 6. 26. 선고 2009도14407 판결.

제2장

강제입원제도

제2장 강제입원제도

제1절 강제입원의 근거와 유형

Ⅰ. 강제입원의 역사

1. 개 관

한국에서 강제입원이 법 제도화한 것은 1995년 구 정신보건법이 제정되면서이고, 그 시행의 역사는 현재까지 약 20여 년 정도밖에 되지 않는다. 일본은 1900년 「정신병자감호법」을 시작으로 1950년 「정신위생법」 제정을 통해 근대적 강제입원 제도를 마련하여 약 60~70년의 역사를 가지고 있다. 대만은 1990년 「정신위생법」을 제정하면서, 중국은 2012년 말 「정신위생법」을 제정하면서 강제입원을 법제도화하여 그 경험이 오래되지 않았다.

반면에, 서구의 경우에는 근대적 국가의 탄생 이후 법원이 그 결정주체가 되어 치안적 목적으로 다양한 유형의 사람(부랑인, 범죄자, 돌봄이 필요한 사람, 고아, 정신장애인 등)에 대한 수용시스템을 시도해 오면서 그 중 하나가 강제입원제도로 발전하게 된다.

2. 고대 플라톤의 사고

강제입원은 강제수용의 한 유형이라 할 수 있는데, 수용을 강제로 하기 위해서는 국가의 공권력이 필요하다. 유럽의 중세나 고대의 경우 치안을 담당하는 근대적 형태의 중앙집권적인 국가가 탄생하기 전이라서 가족이나 마을이 그 책임의 일부를 부담하는 형태로 되면서, 가족이나 마을 스스로 정신장애를 가진 사람에게 일정한 강제력을 행사하게 되는 경우가 일반적이었다.

2,400여 년 전 고대 그리스의 플라톤이 광인(狂人)에 대한 돌봄을 바라보는 시

각은 가족에게 그 책임을 맡기는 것이었다. 플라톤은 그의 저서 '법률'에서 가족(친척)들이 가정 내에서 이들을 보호하여 모습을 드러내지 않게 하고, 그러지 못할 경우에 가족에게 벌금을 물려야 한다고 하였다.[1)]

플라톤은 걸인(乞人)에 대해서도 언급하였는데, 광인과 같이 모습을 드러나지 않게 하는 것이 아니라 걸인은 추방하여 도시를 정화시켜야 한다고 하였다.[2)] 플라톤이 가지고 있던 엘리트적 철인(哲人)정치는 어떤 사람들에 대한 숨김과 추방을 요구하여 정화된 도시를 원했던 것이다.

그리고 안타깝게도 위와 같은 플라톤의 사고방식은 근대 이후에도 계속 지속되어 18세기 말 프랑스의 법률[3)]이나 19세기 말 일본의 형법[4)], 1954년 한국의 경범죄처벌법[5)]은 플라톤의 저 주장을 입법화하였다.

3. 근대적 강제입원제도

'정신의학의 역사'를 쓴 에드워드 쇼터[6)]는 유럽 정신보건시스템의 역사에 있어서 푸코와 같이 중세의 격리수용소(custodial asylums)를 최초의 치료적 수용소의 출현으로 보고 정신의학의 역사를 시작하기보다는 18세기 말 프랑스 혁명시기부터 시작된 파리의 대형 정신병원들에서의 치료부터 시작할 것을 제안한다. 당시는 필립 피넬이라는 의사가 수용된 환자들의 쇠사슬을 풀어주면서 정신치료(moral treatment)[7)]를 시작한 시기이기도 하다.

에드워드 쇼터는, 18세기 말부터 19세기 초에 프랑스, 영국을 비롯한 유럽국가들에서 정신장애인의 수용소 입소에 관련된 여러 법들이 만들어지기 시작했는데, 그 후의 약 150여 년을 근대의 첫 단계로 수용소(asylum)의 시기(19세기부터 20세기

1) 플라톤, 「법률」, 박종현 역, 서광사, 2009, 790면, 2009, 790면(934d-934e).
2) 플라톤, 앞의 책, 793-794면(936c)
3) 프랑스 혁명 후 제정된 1791. 7. 22. 법률은 광인의 친척들에게 광인을 돌볼 책임을 부과하고, 그들이 거리를 배회하지 못하도록 하고, 혼란이나 범죄를 저지르지 않도록 감시할 책임을 부과하였으며, 이를 게을리할 경우 발생한 무질서에 대해서는 시 당국이 책임을 지도록 하였다(미셸 푸코, 「광기의 역사」, 김부용 역, 인간사랑, 1991, 302면).
4) 구 일본 형법(1880년 제정) 제462조 제7호는 발광인(發狂人)의 간수(看守)를 게을리하여 노상을 배회하게 한 자를 구류 또는 과료로 처벌하였다.
5) 1954년 제정된 한국의 「경범죄처벌법」 제1조 제31호는 '정신병자 감호소홀'이라는 제목으로 위험한 행위를 할 우려가 있는 정신병자를 돌볼 의무가 있는 사람이 그를 제대로 돌보지 아니하여 집 밖이나 감호시설 밖으로 나돌아다니게 한 사람(제정 당시에는 '위험행위를 할 우려가 있는 정신병자의 감호를 태만히 하여 옥외에 배회하게 한 자')을 10만 원 이하의 벌금, 구류 또는 과료로 처벌하였다. 위 조항은 약 60여 년 간 지속되다가 2012년 법이 전부개정되면서 폐지되었다.
6) 에드워드 쇼터, 「정신의학의 역사」, 최보문 역, 바다출판사, 2009.
7) 필립 피넬의 정신치료에 대해서는, 하지현, 「정신의학의 탄생」, 해냄, 2016, 347면 이하 참조.

전반까지)로 명명한다.[8)]

에드워드 쇼터는 2차 대전 이후 1970년대까지는 사회보험과 복지의 발전에 따른 점진적 정신보건 서비스의 증가와 더불어 효과적인 정신약물의 발전, 사설 정신과 개업의의 형성, 정신병원을 통한 데이케어와 외래클리닉 등이 발전하면서 첫 단계의 지역사회 케어 시스템이 현실화되었다고 보고 있다(정신보건시스템의 생성기).[9)]

이후 1980년대부터는 '병원에서 지역사회로'라는 구호가 법규범이 되고, 정신보건팀은 병원 외부적 세팅이 되고, 정신병상 수가 감소하고, 정신보건이 비의료화되어가는 경향을 겪고 있다고 에드워드 쇼터는 평가한다.[10)] 그러나 유럽 국가 모두가 그런 것이 아니라 각 국가의 정책이나 경제적 상황에 따라서는 다른 경향을 보임을 지적한다. 예컨대, 1970년대와 비교해 볼 때 2001년에 프랑스, 독일, 이탈리아, 벨기에 등은 정신병상 수가 감소하였지만, 체코, 헝가리, 불가리아, 말타 등의 국가는 정신병상 수가 증가하여 유럽의 전반적인 상황은 아님을 지적하고 있다.[11)]

한국의 경우를 위의 근대적 강제입원제도의 시대구분에 따라 나누어보면, 우리에게는 서구적 형태의 근대가 그리 길지 않음을 고려해 볼 때, ⅰ) 해방 이후 1980년대까지를 요양원 등 수용시설의 시기, ⅱ) 1990년대부터 지금까지가 정신병원의 시기라 할 수 있다. 에드워드 쇼터가 말하는 지역사회 정신보건의 시기는 한국사회에 아직 도래하였다고 보기는 어렵고, 2017년 정신건강복지법의 시행으로 그 단초가 마련되었다고는 할 수 있다.

4. 영국의 근대적 수용제도와 강제입원제도[12)]

위에서는 일반적이고, 추상적인 강제입원제도의 변화를 보았다면, 여기서는 영국의 강제입원제도가 어떤 변화를 거쳐 현재에 이르렀는지 구체적으로 본다. 영국은 중세 이후 법원이 수용여부를 결정하는 시스템을 가져오다가 20세기 중반에 준사법적 절차를 거치는 합의체인 정신보건심판원이 수용여부를 결정하는 시스템을 가지게 되었다. 그 제도의 변화를 추적해 보면, 강제입원제도에 있어 의료주의와 법

8) Edward Shorter, "The historical development of mental health services in Europe", 「Mental health policy and practice across Europe - The future direction of mental health care」, WHO, 2007, 16-17면.
9) Edward Shorter, 앞의 논문, 16면.
10) Edward Shorter, 앞의 논문, 21-22면.
11) Edward Shorter, 앞의 논문, 24면의 표 참조.
12) 이하의 영국의 근대적 수용제도는 신권철, "정신질환자의 법적 지위 - 배제에서 통합으로", 서울대학교 박사학위논문, 2012, 44면-48면 및 104-108면의 내용을 일부 수정하여 옮긴 것이다.

률주의의 특징과 대립을 확인할 수 있다. 또한, 영국의 근대적 수용제도는 영연방국가들(호주, 캐나다, 뉴질랜드 등)과 미국의 현행 강제입원제도의 근간을 이루는 것이어서 영국의 근대적 수용제도를 고찰해 보도록 한다.

가. 중세의 영국

서구의 중세에 정신장애인을 수용하는 일반적 제도가 만들어진 것으로 보이지는 않으나, 중세시대의 취약한 여성에 대한 마녀사냥[13)]이나, 광인에 대한 추방[14)]이 있었고, 근대의 중앙집권화된 국가가 생기고, 치안유지를 위한 국가의 역할이 강화되면서 국가에 의한 수용제도가 확산되었다.

영국의 경우 최초의 정신병원이라 일컬어지는 베들렘 병원에 14세기 경 광인들을 수용해 두었으나,[15)] 이를 제도화하기 위한 특별한 법령은 없었고, 다만 14세기 무렵 치안판사에게 치안유지를 위한 의무를 부과하여 법원이 치안을 해치는 사람에 대한 형벌을 부과할 수 있도록 규정하였다.[16)]

나. 영국의 근대적 수용제도

(1) 17~18세기 부랑법

영국은 1609년 부랑법(The Vagrancy Act, 1609)을 통해 도둑, 부랑자, 걸인, 게으르고 무질서한 사람, 광인(lunatics, 당시의 용어로 번역함)이나 백치(idiots, 당시의 용어로 번역함)를 대상으로 하여 교화소(house of correction)를 설치하여 수용하였다.[17)] 이후 1744년 부랑법(The Vagrancy Act, 1744)에서는 처음으로 두 명의 치안판사에게 위험한 광인에 대해 수용명령을 할 수 있는 권한을 부여하였고, 그로 인해 광인들은 감옥(gaol), 교화소 또는 사설 광인시설(private madhouse)에 수용되었다.[18)]

---

13) 중세시대 마녀로 낙인찍혔던 여성은 대체로 나이 많고, 가난한 독신 여성으로 사회적 규범을 잘 지키지 않고, 입성이 사나우며, 싸움을 잘 하고, 성격이 괴팍하여 마을에서 평판이 좋지 않았던 사람들이며, 그 중에서는 보기 흉한 몰골이나 절름발이 등 신체적 결함이 있는 사람들도 마녀로 몰렸다고 한다(Thomas, Religion and Decline of Magic, 529-530면)(김동순, "Witchcraft란 무엇인가?", 「서양중세사연구」 제12호, 2003, 17-18면에서 재인용).

14) 미셸 푸코, 광기의 역사, 김부용 역, 인간사랑, 1999, 25-27면,

15) Philip Fennell, "Mental Health Law: History, Policy and Regulation", 「Principles of Mental Health Law and Policy」, Edited by Lawrence Gostin, Jean McHale, Philip Fennell, Ronald D. Mackay, and Peter Bartlett, Oxford University Press, London, 2010, 5면.

16) Philip Fennell, 앞의 논문, 6면.

17) Philip Fennell, 앞의 논문, 6면.

18) Philip Fennell, 앞의 논문, 6-7면.

(2) 인신보호청구과 광인시설

18세기에는 사설 광인시설이 광인들을 붙잡아 두고서 돈을 버는 장소로 인식되며 점차 늘어나기 시작하였다. 그러나 이에 대한 법적 규제는 만들어지지 않아 사설 광인수용소에서는 광인 아닌 자에 대한 위법한 감금이 늘어나게 되었고, 그곳에서 탈출하는 방법으로 피수용자들의 인신보호(habeas corpus) 청원이 활용되기 시작하였다.[19)]

이후 광인시설(madhouse)에 대한 법적 규율(등록과 면허부여, 치안판사 및 위원회의 출입 거부시 면허취소, 입소 전 의사나 약사에 의한 지시 필요)을 위해 1774년 광인시설법(The Madhouse Act, 1774)이 제정되었다. 이 법 제정의 의미는 광인시설이 더 이상 사적인 공간이 아니라 법에 의해서만 수용이 허용되고, 그 수용과정은 국가기관이 공익적 목적을 위해 조사를 할 수 있게 되었다는 점이다.[20)]

다. 19세기 영국의 강제수용제도

영국의 1808년 카운티 광인수용소법(The County Lunatics Asylum Act, 1808)은 각 카운티의 치안판사에게 수용소(Asylum)를 설립할 권한을 부여하였는데, 이후 각 지역의 수용소(Asylum)와 베들렘 병원에서 확인된 피수용자들에 대한 비인간적 처우(과도하게 밀집된 수십명의 생활공간, 족쇄 채움, 지하감옥에서의 장기간 수용)는 수용소에 대한 조사를 담당하는 광기 위원회(Lunacy Commission)를 출범시켰고, 이후 광기 위원회는 1913년 폐지될 때까지 각 수용소들에 대한 조사, 방문 등 감독기관으로서의 역할을 하였다.[21)]

영국에서는 범죄적 정신이상자(the criminal insane)들을 위한 별도의 광인수용소가 19세기에 각 지역(잉글랜드, 스코틀랜드, 아일랜드 등)에서 설립되기 시작하였고, 프랑스, 독일, 이탈리아 등지에서도 이와 유사한 수용소가 건립되었다.[22)] 이러한 목적의 수용소에는 정신이상 상태에서 범죄를 저지르거나, 재판 중 정신이상이 되거

---

19) Philip Fennell, 앞의 논문, 7-9면(이 글에서는 그 무렵 사설 광인수용소에서 나오기 위해 인신보호청구를 한 사례로 1791년 Rex v Turlington 사건, 1792년 Rex v Clarke 사건, 1772년 Rex v Coate 사건을 들고 있으며, 인신보호 청원을 할 수 있었던 이유는 사설 광인수용소에 관한 법이 없어 결국 사설 광인수용소는 법적 권한들 없이 감금하는 것이어서 보통법 원리에 따른 인신보호청원이 가능하기 때문이라 한다).

20) Philip Fennell, 앞의 논문, 9-10면.

21) Philip Fennell, 앞의 논문, 11-12면.

22) Enrico Ferri, 「Criminal Sociology」(Translated By Joseph I. Kelly And John Lisle), The American Institute Of Criminal Law And Criminology, Boston, 1917, 521-522면.

나, 정신이상으로 인해 교도소의 규율에 따를 수 없는 사람들이 수용되었다.[23]

1845년 광인수용소법(The Lunatics Asylum Act, 1845)은 강제수용의 기준으로서 위험성에 대한 명시적 요구는 없었지만, 입소를 청원하는 사람은 피수용자가 자살의 위험이나 타해위험이 있다는 점을 진술해야 했으며, 이 시기에는 수용소 내 의료진이 환자를 다룸에 있어 환자의 동의 없는 강제성을 띤 약물투약, 격리, 샤워 치료 등이 일정한 절차와 기준 내에서 허용되었다.[24]

1890년 광기법(The Lunacy Act, 1890)은 의사의 증명서 외에도 추가적으로 치안판사(magistrate)나 카운티법원 판사(county court judge)의 수용명령을 필요로 하도록 규정하였고, 이는 사법기관이 환자의 입원과 수용을 통제할 수 있는 제도적 계기를 마련해 준 것이었다.[25] 이 당시 수용의 기준은 광인(a lunatic), 정신이상자(insanity person), 백치(idiot), 정신불안자(person of unsound-mind)와 수용되어 치료와 돌봄이 필요한 사람이었으며, 자·타해 위험성에 대한 명시적 기준은 없었으나, 수용을 청원하는 사람은 환자가 타해 위험이나 자살 위험이 있는지 진술하여야 했다.[26]

라. 20세기 영국의 강제입원제도(법률주의와 의료주의의 대립)

(1) 20세기 초반 정신장애의 의료화

영국의 1890년 광기법은 수용소(asylum) 수용의 요건으로 판사에 의한 심문과 명령을 거치도록 규정하였다.[27] 이후 20세기에 들어 정신의학이 발전하기 시작하면서 치료불가능한 광인을 치료가능한 환자로서 처우하기 시작하고, 환자인 이상 수용소가 아닌 병원에서 의사의 주도 하에 치료를 받을 수 있도록 해야 한다는 관념이 발생하였다. 이러한 관념은 정신질환자의 처우에 있어 판사가 아닌 의사가 권한과 책임을 가지도록 법제도를 변화시키기 시작한다.

20세기 초반 영국의 정신의학 전문가들은 정신병원 입원에 있어 사법적 권한을 제한하고, 의료적 판단이 이를 대체하도록 노력하였다. 그러한 노력의 일환으로 1) 정신이상(insanity)은 신체질환과 분리될 수 없는 그와 유사한 질환(illness)으로, 2) 법적 보호장치들은 낙인(stigma)과 유사형벌(quasi-penal)로서, 3) 정신의학은 현대

23) Cesare Lombroso, 「Criminal Man」, Knickerbocker Press, New York and London, 1911, 207면
24) Philip Fennell, 앞의 논문, 15면.
25) Philip Fennell, 앞의 논문, 24면.
26) Philip Fennell, 앞의 논문, 24면.
27) Martin Zinkler and Stefan Priebe, “Hospitalization and Civil Commitment in England and Wales”, 「International Handbook on Psychopathic Disorders and the Law」 Volume 2, Edited by Alan Felthous and Henning Sass, John Wiley & Sons, Ltd, U.K, 2007, 22면.

화되고, 문명화된, 역동적 치료기구로서 묘사한다.[28)]

영국의 1930년 정신치료법(The Mental Treatment Act 1930)은 위에서 본 의료적 관점을 반영하여 사법적 판단 없이 입원이 가능한 서면신청에 의한 자발적 입원(voluntary admission)과 비자발적 환자의 임시강제입원(temporary compulsory admission)을 도입하였다. 이후 자발적 입원은 1947년도에 전체 입원의 50% 내외로 상승하였고, 1957년 및 1958년 사이에는 전체 입원의 82% 내지 85%(약 73,000건)를 차지하였다.[29)]

1930년 정신치료법은 자발적 입원의 도입, 정신과의사의 치료권한 보장과 의료행위의 법적 보호라는 다양한 방식으로 의료주의(medicalism)를 반영하고 있으며, 이러한 의료주의는 1930년대부터 1950년대 의학적 치료(인슐린 요법, 항정신성 약물 등)의 확대와 더불어 정신과 의사가 동의 없는 치료를 함에 있어 법적 책임으로부터 보다 자유롭게 만들어 주었다.[30)]

(2) 1959년 정신보건법의 제정 – 의료적 권한 강화

영국의 1959년 정신보건법은 1890년 광기법, 1930년 정신치료법, 1913년 정신결함법을 모두 폐지하면서 제정되었으며, 정신보건시스템의 중추기관으로 과거의 규제위원회(the Board of Control)를 해산하고, 기존의 법원심사를 대신하여 정신보건심판원(Mental Health Review Tribunal, MHRT)을 설치하였다.[31)] 1959년 정신보건법은 의료주의가 한층 더 강화되어 강제입원 권한을 의료전문가와 사회사업전문가(social work profession)에게 부여하여 사법적 허가(judicial certification)를 대신하게 하였다.[32)] 1959년 정신보건법의 특징으로는 1) 시설보호에서 지역사회보호로의 전환, 2) 강제입원에 있어 사법부 관할이 아닌 정신보건심판원이라는 독립한 준사법기관 관할로 전환, 3) 지역사회보호에서 대인서비스의 중요성을 인식하게 되었다는 점을 들 수 있다.[33)]

---

28) Philip Fennell, 앞의 논문, 31면.
29) Philip Fennell, 앞의 논문, 33면.
30) Philip Fennell, 앞의 논문, 35-37면.
31) Mental Health Act 1959, section 1, 2 참조; 법률의 원문은 아래 홈페이지에서 확인하였다. http://www.legislation.gov.uk/ukpga/1959/72/pdfs/ukpga_19590072_en.pdf (2018. 7. 1. 최종방문)
32) Philip Fennell, 앞의 논문, 38면.
33) 홍선미 외 8인, 「정신장애인 인권개선을 위한 각국의 사례연구와 선진모델 구축(2009년도 인권상황실태조사 연구용역보고서)」, 국가인권위원회, 88면.

(3) 1983년 정신보건법의 제정 – 환자 권리의 강화

영국의 1959년 정신보건법 하에서는 의료주의가 강화되면서 그 시행결과 정신병원에서의 의료권한 남용이 문제되기 시작하였고,[34] 이에 1978년에 기존 정신보건법에 대한 개혁안이 담긴 백서는 환자의 자유와 권리를 강화하는 방안을 마련하여 제시하기도 하였다.[35]

이후 새롭게 만들어진 영국의 1983년 정신보건법은 환자의 자유와 권리를 보장하기 위한 목적으로 법률주의가 강화된다.[36] 1983년 정신보건법은 총 10개장 149개 섹션으로 구성되어 있는데, 제1장 법 적용대상이 되는 정신장애(mental disorder)의 개념, 제2장 강제입원과 후견, 제3장 형사절차나 형을 선고받은 환자의 처우, 제4장 치료에 대한 동의, 제5장 정신보건심판원(Mental Health Review Tribunal, MHRT), 제6장 영국(United Kingdom) 내 환자의 이송과 복귀, 제7장 환자의 재산과 사무의 관리, 제8장 지방행정기관과 국무장관의 역할, 제9장 위반행위(offences), 제10장 잡칙과 보칙으로 구성되어 있다.[37]

1983년 정신보건법 시행 이후 정신보건심판원은 자신들의 결정에 대해 법정기준을 충족하였다는 것을 넘어 그 결론에 이르게 된 이유를 문서로서 설명하여야 했고, 환자들의 문서에 대한 접근권도 확대되었다. 정신보건심판원은 매년 청문을 거친 퇴원신청의 약 15～17%를 퇴원시켜주는 퇴원율을 보이면서 계속수용에 있어 중요한 기능을 수행해 왔다.[38]

마. 20세기 영국 강제입원 및 지역사회 치료 제도에 대한 평가

1950년대 이후 정신병원 입원보다 지역사회 내 치료가 더 중요해짐에 따라 강제권이 병원 내에서의 치료가 아닌 지역사회 내 치료로 확장되어야 할 필요성이 있게 되었고, 정신보건은 병원기반 치료모델에서 지역사회 기반 케어모델로 전환되었다. 영국에서 1954년부터 2004년까지 50년간 정신병상 수는 최고 15만 4,000개였

---

34) Philip Fennell, 앞의 논문, 43면.

35) Robert Bluglass, “Review of the Mental Health Act, 1959: A Summary of the White Paper”, 「The Psychiatrist」, The Royal College of Psychiatrists, 1978, 192면.

36) Joanna Shapland and Tim Williams, “Legalism Revised: New Mental Legislation in England”, 「International Journal and Psychiatry」 Vol. 6, 1983, 351면 이하.

37) 영국 1983년 정신보건법 법률의 원문은 http://www.legislation.gov.uk/ukpga/1983/20/pdfs/ukpga_19830020_en.pdf.(2018. 7. 1. 최종방문)에서 확인할 수 있다.

38) Philip Fennell, 앞의 논문, 45면.

다가 3만 2,400개로 급락하였고, 이로 인해 지역사회 내에서 케어를 받아야 하는 중증 정신장애인 수의 증가를 발생시켰다.[39] 또한 정신병상 수의 감소와 지역사회 내 케어의 확산은 환자들이 약물복용을 이행해 주어야 할 필요성과 약물복용을 감독할 수 있는 수발자 역할의 중요성을 인식하게 하였다.[40]

한편, 지역사회 내에서 증가된 정신장애인이 치료(약물)와 감독을 받지 않으면서 발생한 다양한 사건들로 인해 정신장애인의 위험성이 사회적 안전을 위해 강조되거나 정신장애인의 의사결정능력의 부족을 들어 시설 내 치료필요성을 강조하는 시각도 함께 병존하였다.

5. 강제입원의 제도화(의료주의와 법률주의)

가. 의료주의와 법률주의의 개념

위의 영국의 예를 보면, 시간의 흐름에 따라 강제입원제도에 있어 의료주의(medicalism)와 법률주의(legalism)의 시각을 동시에 확인할 수 있다. 의료주의라 함은 강제입원제도의 구성에 있어 의료의 치료적 관점을 기반으로 만들어진 제도를 말한다. 이에 대하여 법률주의는 강제입원이라는 환자의 자유 제한조치에 대한 법적 승인 여부를 핵심으로 보아 법원의 재판절차적 관점을 기반으로 한 강제입원제도를 말한다.

나. 영국의 의료주의와 법률주의

영국의 경우 19세기에는 법원 판사의 강제입원 심사 및 결정에 둔 법률주의에 기반하였으나, 20세기 초반부터 중반까지는 의료적 권한을 중심으로 한 의료주의로 전환되었다. 이후 의사의 권한남용으로 인해 환자의 자유와 권리가 제한되면서 다시 환자의 자유와 권리보장을 위한 법률주의적 관점이 1983년 정신보건법에서 부활하였다. 실제 영국의 경우 현재 운영되는 정신보건심판원은 준사법기관(행정심판원)의 성격을 띠고 있고, 강제입원심사는 상급심의 심사를 받을 수 있는 행정재판의 성격을 띠고 있다.

---

39) Philip Fennell, 앞의 논문, 51면.
40) Philip Fennell, 앞의 논문, 52면.

다. 의료주의와 법률주의의 비교

강제입원제도에 있어 의료주의와 법률주의의 특성과 차이점을 비교해 보면 다음과 같다.

표 2-1 강제입원제도에 있어 의료주의와 법률주의의 비교[41)]

강제입원 심사방식	의료주의	법률주의
근거사상	국친(國親)사상 (parens patriae)	치안(治安)권한 (police power)
강제입원의 목적	치료(환자보호)	치안(사회보호)
논거	취약한 환자의 치료보장	취약한 환자의 적법절차보장
심사기관	의료인이 중심이 된 합의체기관	법원
명칭	정신보건심판원(mental health tribunal), 정신보건심판위원회(mental health review board)	치안판사(magistrate, justice of the peace), 판사(judge), 후견판사(probate judge)
방식	특별행정절차에 따른 의료심사	재판절차에 따른 사법심사
장점	의료인의 전문성에 대한 존중(치료적 목적, 전문성에 대한 추인, 치료적 재량의 확보)	환자의 재판절차에서 보장되는 권리 확보(판사대면권, 진술권, 항소권, 변호인 선임권 등)
단점	강제입원에 있어 의료인의 권한남용에 대한 통제역할을 못함	심사주체인 판사가 의료적 전문성이 없어 정신보건 전문가의 진단에 의존함
채용국가	일본, 대만, 한국 등	독일, 프랑스, 미국 등 다수의 서구 국가

위 표는 의료주의와 법률주의를 이해를 돕기 위해 도식적으로 나누어 본 것일 뿐 위와 같은 모델에 따라 각 국가의 제도를 의료주의나 법률주의로 일도양단할 수는 없다.

예컨대, 한국의 경우 입원심사기관이 입원적합성심사위원회 또는 정신건강심사위원회이기는 하지만 인신보호재판에 의해 퇴원청구가 가능하므로 법률주의에 속하는 요소도 가지고 있고, 다른 나라들의 경우에도 입원심사기관으로 법원과 심판원

41) 신권철, "강제입원 위헌(헌법불합치)결정의 의미와 향후 과제", 「서울법학」 제25권 제1호, 2017, 6면 표 1 일부 수정 인용.

모두가 작동하는 경우도 적지 않기 때문이다.

그 외에 영국과 호주와 같이 서구 여러 국가들의 정신보건심판원은 의료적 합의체라기보다 의료인, 법조인, 공익적 전문가가 동등하게 심판원을 구성하여 강제입원 심사를 하는 경우가 다수여서 의료주의라고 하여 반드시 의료인 중심의 합의체로 구성된다고 보기 어렵다.

결국 각 국가는 의료주의와 법률주의의 양 극단의 시스템 중에서 각 국가별로 적합한 것들을 취사선택하는 형태에 따라 의료주의나 법률주의의 어느 하나에 더 가깝거나, 아니면 양자를 모두 혼합한 형태의 강제입원제도를 가지게 되는 경우도 있다.

Ⅱ. 강제입원의 정당화 근거

1. 강제입원의 정당화

강제입원을 정당화하기 위해서는 단순히 법률에 근거하고 있다는 형식적 정당성에서 더 나아가 그 실질적 정당성을 담보하기 위한 근거가 필요하다. 우리 헌법재판소는 강제입원의 목적 또는 제도적 정당성의 근거를 '환자의 치료'와 '사회적 안전'이라고 보았다. 이 두 가지 목적을 위해서 그 수단으로서 강제력을 사용할 수 있다고 본 것이다.

서구에서는 플라톤 이래로 국가가 가진 권한행사의 양 측면을 사회적 안전을 위한 목적에서의 치안권한(治安權限)으로부터 나오는 것과 취약한 개인의 복리를 위한 목적에서의 가부장적 권능(家父長的 權能)으로부터 나오는 것으로 구분한다.

2. 국가의 가부장적 권능(家父長的 權能)

가. 가부장적 권능

가부장적 권능(家父長的 權能, parens patriae)의 어원인 'parens'는 라틴어로 아버지(父)나 가장(家長)을 의미하고, 'patriae'는 나라(국가)를 의미한다. 영어로는 이를 가부장 국가(parent of the country)라 하고, 일본에서는 이를 국친(國親)이라 표현한다.

국가의 가부장적 권능이란 결국 부모나 가장의 돌봄으로부터 벗어난 아동이나 취약한 계층에 대해서는 국가가 곧 아버지로서 돌보아야 한다는 사상을 의미한다.

이러한 국가의 가부장적 권능은 아동이나 취약계층에 대한 치료나 돌봄에 있어 강제를 정당화하는 근거로 작용하게 된다. 부모가 아이에게 그가 원하지 않는 예방주사나 치료를 강제할 권한(親權)이 있다고 생각하는 것과 유사하게 국가에게도 그런 권한이 있다고 보는 것이다.

나. 동양에서의 왕의 적자(赤子)

위와 같은 관점은 서구에만 있는 것이 아니다. 조선왕조실록을 보면, 영조가 걸인(乞人)들을 불러 쌀을 나누어 주자 신하가 '쌀을 얻기 위해 간사한 짓으로 부당하게 받아가는 걸인들이 있을 듯 싶습니다'라고 말하였다. 이에 영조가 '모두 나의 적자(赤子)이니 비록 부당하게 받는 일이 있더라도 해로울 게 있겠는가?'라고 답한다.[42] 여기서 적자(赤子)라는 표현은 한·중·일 모두 같은 의미로 갓난아이를 칭하면서 동시에 왕의 보호하에 있는 백성을 칭하는 표현[43]이기도 하다. 왕에게는 갓난아이를 돌보듯 취약한 백성을 돌볼 책임이 있었던 것이다. 위의 대화에서 신하는 쌀의 부정수급을 우려했지만 왕은 그들 또한 자신이 돌보는 백성임을 상기시킨다.

3. 국가의 치안권한(police power)

국가는 공공의 안녕과 질서유지를 위하여 경찰력을 행사할 수 있는 권한이 부여되는데 이를 치안권한(治安權限, police power)이라 한다. 공공의 안녕과 질서유지를 위해 국가가 개인의 자유를 제한하는 것에 대한 정당화 근거로서 치안권한이 활용된다. 우리 헌법도 헌법상 국민의 자유와 권리를 제한할 수 있는 사유로서 국가안전보장, 질서유지 또는 공공복리를 들고 있고, 국가의 권한행사를 위한 일정한 강제력의 행사를 법률상 보장한다.

4. 정신장애인에 대한 강제입원

가. 강제입원의 요건과 목적

정신장애인에 대한 강제입원의 요건을 보면, 대체로 치료필요성 또는 자·타해위험이라고 하는 기준이 제시된다. 위 두 요건은 서로 다른 국가의 권능에 근거한다. 전자인 치료필요성은 정신장애인 본인의 치료와 복리를 위한 목적이고, 후자인

42) 조선왕조실록 영조 114권 46년 1월 2일 [영인본] 44책 343면.
43) 네이버 사전 검색 참조.

자·타해 위험성은 정신장애인 본인을 위한 것이라기보다 타인이나 사회적 안전을 위한 목적이 더 강하다. 그래서 여러 유럽 국가들이 이 둘을 분리하여 입원요건을 만들어 낸 것도 강제입원의 목적과 그 정당성의 근거가 서로 다른 것에서 연유한 것이라 보았기 때문이다.

그러나 어떤 사람을 강제로 입원을 시킨다고 할 때에는 치료 목적과 타인이나 사회에 대한 위험을 동시에 고려하여야 한다. 그러지 않고 치료필요성만을 강조하게 되면, 의료적 권한남용의 위험이 커지고, 자·타해 위험성만을 강조하게 되면, 정신장애인의 치료가 아니라 사회적 안전을 위한 수단으로 강제입원이 전락할 수 있다.

나. 강제입원의 대상

강제입원은 통상 위의 두 가지 정당화근거를 모두 충족시키는 대상을 찾아다닌다. 바로 사람들 속에서 무능력과 위험의 징표를 찾아다니는 것이다. 강제입원제도는 치매노인이나 발달장애인 속에서도 위험을 발견하려 하고, 정신장애인 속에서도 무능력을 발견하려 한다. 대체로 정신장애인을 입원시킬 경우 그 정당화근거로서 위험에 대해서는 사회적 안전을 목적으로 하고 있음을, 무능력에 대해서는 대상자 개인의 복리를 목적으로 하고 있음을 항변하여 정당화시킨다.

입원된 정신장애인이 회복되어 치료필요성이나 자·타해 위험성도 더 이상 없는데, 병원을 나오면 오갈 데도 없고 생활능력도 없고, 돌보아 줄 사람도 없는 경우라면 과연 환자를 퇴원시키는 것이 옳은 일인가?라는 이 고민은 어디서 시작되는 것인지 보면, 그것은 강제입원의 구체적 기준을 뛰어넘어 우리가 앞서 본 국가의 가부장적 권능에 근거한 사고체계를 아직 가지고 있기 때문이다.

다. 강제입원 요건에 있어 치료와 위험

(1) 치료필요성 기준

2011년 호주 각 지역(州)의 정신보건법을 분석한 연구에 따르면, i) 정신질환(mental illness)을 가진 사람, ii) 정신질환으로 인한 자·타해 위험, iii) 치료필요성, 이와 같은 3요소가 기본적으로 강제입원(강제치료 포함)의 요건인데, 그 중 ii)와 iii)의 요건이 '또는'으로 연결될 경우 사실상 치료필요성 요건만 충족하면 되고, '그리고'로 연결될 경우에는 실제 자·타해 위험이 더 중요한 요건이 된다고 한다.[44]

44) Robert King and Jacqueline Robinson, "Obligatory dangerousness criteria in the involuntary

생각건대, 정신질환이 있는 것으로 진단된다면 그것은 의료적 관점에서의 질병이므로 당연히 치료를 전제로 하는 것이 되기 때문에, 실제 치료필요성 요건은 어느 정도 주관적·재량적이고, 객관적으로 근거로 될 만한 증명자료를 구비하기도 힘들어 강제입원에 있어 어떤 문턱(기준)으로서 의미를 두기는 어렵다.

(2) 위험성 기준

위험성 기준과 치료필요성 기준의 구체적 내용이 무엇인지와 관련해서도 검토가 필요하다. 호주의 위 연구를 보면, 치료필요성 기준의 내용으로 강제입원법령에서 일반적으로 나오는 것으로 i) 악화의 회피, ii) 정신과적 케어의 필요성, iii) 치료의 필요성, iv) 건강과 안전을 위한 필요, v) 환자의 복리, vi) 급박한 개입 필요성 등을 제시하고 있다.

한편, 위험성 기준의 내용으로도 위 연구보고서는 i) 자·타해 위험, ii) 기본적 수요를 충족할 수 없음, iii) 과도한 괴롭힘(intolerable harassment), iv) 타인에게 심각한 정신적 고통을 주는 행동, v) 본인의 건강과 안전에 대한 필요성, vi) 타인의 보호 등을 제시하고 있다.[45)]

그러나 위에서 본 기준에 따라 나누어진 내용을 보더라도 위험성 기준에 속한 내용 중 일부는 치료필요성 기준에 속한 내용과 유사하다. 이러한 이유는 i) 위험성 기준에서 자해위험과 타해위험을 실무적으로는 구분하기가 상당히 어렵고, ii) 자해위험의 내용에 포섭할 수 있는 것들로 개인의 건강이나 안전이 포함될 수 있으며, iii) 개인의 건강이나 안전을 자해위험에 포함시키게 되면 결국 치료필요성의 징표들이 자해위험의 내용 속에 들어가게 된다. 즉, 자해위험성과 치료필요성은 서로 같은 내용을 다르게 표현하는 것이 된다. 이는 자살시도의 위험이 있으면 치료필요성이 있다는 말을 원인(자살시도의 위험)과 그 대응책(치료필요성)을 강제입원의 요건으로 표현하면서 생긴 문제이기도 하다.

---

commitment and treatment provisions of Australian mental health legislation", 「International Journal of Law and Psychiatry」 34, 2011, 66면.

45) Robert King and Jacqueline Robinson, 앞의 논문, 66면.

Ⅲ. 강제입원의 법적 근거와 유형

1. 법률근거에 따른 강제입원제도의 구분

가. 감염과 응급의료

강제입원은 법률적 근거가 필요하다. 예컨대, 일정한 법정감염병에 걸린 사람에 대해서 강제입원조치를 취하기 위해서 「감염병예방법」이, 응급의료를 받아야 하는 환자에 대해 동의 없이 응급진료를 하기 위해서 「응급의료에 관한 법률」(이하 '응급의료법'이라 한다)이 있다.

나. 마약과 심신상실 등으로 인한 행위

그 밖에 정신장애로 인한 심신미약 또는 심신상실 상태에서 범죄를 저지른 경우 형벌을 받지 않고, 법원의 치료감호판결을 받아 국립법무병원(구 치료감호소)에 입원하여 치료를 받는 치료감호제도를 규정하는 「치료감호법」이 있고, 마약류 중독자에 대한 진단과 치료를 위하여 치료보호심사위원회의 심사를 거쳐 보건복지부장관이나 시·도지사가 치료보호기관에 보호조치를 하는 치료보호제도를 규정하는 「마약류 관리에 관한 법률」이 있다.

다만, 중독자에 대한 치료보호제도는 현재 강제적 입원·치료를 위한 보호조치는 하지 않고서 자발적 입원으로 치료를 받는 중독환자에 대한 진료비를 국가가 지급하는 형태로 운영되고 있다.

다. 정신장애로 인한 치료 필요성과 위험

정신건강복지법도 강제입원을 규정하는 법률 중의 하나이다. 정신건강복지법의 강제입원은 헌법재판소의 표현을 빌리자면 환자의 치료 외에도 환자 본인과 사회의 안전을 지키기 위한 것이라 하고 있다. 응급의료에 의한 입원을 제외하고는 위에서 본 다양한 법률에 근거한 강제입원의 목적은 치료 외에 사실상 감염의 예방, 마약 등 중독과 재범위험의 방지와 같이 사회적 안전을 위한 격리도 포함하고 있다.

2. 정신건강복지법에 따른 강제입원의 유형

정신건강복지법은 입원의 유형을 5가지로 구분한다. 그 중 강제입원인 보호입원과 행정입원은 그 각 유형 내에 진단(평가)을 위한 입원과 치료를 위한 입원을 구분하여 두고 있다. 이를 유형화하여 비교해 보면 다음과 같다.

가. 자발적 입원과 강제입원

(1) 자발적 입원

자발적 입원은 입원하는 당사자의 명시적 입원의사에 의한 입원을 말한다. 입원은 진료의 시작이 되기 때문에 입원기관으로부터 입원 시 환자의 권리나 제한, 입원 후 치료계획에 대한 설명을 듣고, 자유로운 환경에서 자발적 동의를 하였을 것을 요구한다. 동의능력이 없는 사람의 경우에는 입원의 자발적 의사 여부를 확인할 수 없기 어렵기 때문에 원칙적으로 자발적 입원의 절차를 거쳐서는 안 되고, 강제입원의 절차를 거쳐야 한다.

구 정신보건법은 자발적 입원의 유형을 자의입원 하나만 두고 있었으나, 정신건강복지법은 자발적 입원유형의 하나로 동의입원을 추가하였다. 자의입원과 동의입원의 공통점은 환자가 자발적으로 신청하여 입원한다는 점에서는 동일하나, 동의입원은 보호의무자 1인의 동의를 받아 입원하여야 하고, 72시간 동안 퇴원제한이 가능하고, 퇴원제한 기간 동안 보호입원이나 행정입원으로 전환할 수 있다. 즉, 자의입원은 강제입원으로 전환할 수 없으나, 동의입원은 강제입원으로 전환할 수 있다.

(2) 강제입원

강제입원은 본인의 의사에 반하거나 본인의 의사와 무관하게 입원되는 것을 말한다. 정신건강복지법은 강제입원의 유형으로 보호입원, 행정입원, 응급입원을 규정하고 있다.

보호입원은 가족이나 후견인과 같은 보호의무자가 입원을 신청하여 환자의 의사와 무관하게 입원시키는 것이고, 행정입원은 시·군·구청장과 같은 행정기관이 입원을 의뢰하여 환자의 의사와 무관하게 입원시키는 것이다.

응급입원은 자발적 입원을 거부하고, 보호입원이나 행정입원의 절차를 거칠 여유가 없는 급박한 경우에 3일 내에 환자의 강제입원과 진료를 하고서 퇴원을 시키거나 보호입원이나 행정입원으로 전환할 수 있는 입원제도이다.

나. 진단(평가)입원과 치료입원

강제입원의 목적을 환자의 진단(평가)을 목적으로 하는 경우와 치료를 목적으로 하는 경우로 나눌 수 있는데, 장기간의 치료를 요하는 정도나 성질의 정신장애가 있는지 여부를 진단하기 위한 목적의 입원이 진단(평가)입원이고, 장기간의 치료를 위한 목적의 입원이 치료입원이다.

정신건강복지법은 구 정신보건법과 달리 진단입원과 치료입원을 구분하는 형태로 입원방식을 규정하고 있다. 보호입원과 행정입원은 모두 최초 14일 동안의 입원과정에서 정신과 전문의 2인의 진단(보호입원의 경우에는 서로 다른 기관의 의사이어야 하고, 그 중 하나는 국·공립 정신의료기관 또는 보건복지부장관이 지정하는 정신의료기관에 속하여야 함)을 통해 향후 추가적으로 치료가 더 필요한지를 파악하여야 한다.

위 정신과 전문의 2인이 최초 입원 후 14일 이내에 일치하여 계속입원이 필요하다는 소견을 내는 경우 치료를 위한 입원이 시작되고 그 기간은 최초 입원일로부터 3개월 이내로 한다.

다. 보호입원과 행정입원

프랑스나 독일의 강제입원제도를 보면, 가족이나 후견인이 입원시키는 보호입원은 원래 환자의 치료나 안전 등 환자의 복리를 위한 목적으로만 허용되고, 행정기관이 입원시키는 행정입원은 자·타해 위험이 있을 경우 공중의 안전을 목적으로 활용하여 그 입원의 절차, 요건이나 목적이 구분되어 왔다. 이를 유형화하여 비교해 보면 다음과 같다.

표 2-2 보호입원과 행정입원의 일반적 비교[46)]

제도적 비교	보호입원	행정입원
입원목적	환자의 건강이나 안전	타인을 포함한 공중(사회)의 안전
입원요건	건강의 악화나 자해위험	타해위험이나 공중의 안녕
입원절차	가족이나 후견인등 사인(私人)에 의한 신청	국가기관에 의한 조치
입원심사 절차와 방식	법원(court)이나 심판원(tribunal)에 의한 심사	
퇴원절차	입원신청권자인 가족이나 후견인에 의해 가능	국가기관의 결정에 의한 퇴원

46) 신권철, "강제입원 위헌(헌법불합치)결정의 의미와 향후 과제", 「서울법학」 제25권 제1호, 2017, 25면, 표 4 인용.

정신건강복지법의 보호입원과 행정입원은 구 정신보건법과 달리 입원 신청(의뢰) 권자를 제외하고는 입원요건이나 절차, 최초입원심사 및 입원연장방식이 대체로 동일하여 보호입원과 행정입원의 제도적 목적을 구분하지는 않고 있다고 볼 수 있다.

구 정신보건법 하에서 보호입원이나 행정입원의 경우에도 실제 본인이 입원을 할 의사가 있음에도 불구하고 입원의 편의나 퇴원을 제한하기 위하여 보호입원(가족 또는 시·군·구청장이 보호의무자가 되는 경우)을 시키는 경우가 적지 않았다. 실제 2008년 국가인권위원회 조사보고서에 따르면, 환자가 입원에 동의하는 경우에 자의입원으로 되는 경우가 약 35%, 보호입원이 되는 경우가 약 62%로[47] 입원실무에서 환자의 의사보다는 병원이나 가족의 입원의 편의에 따른 입원유형 선택이 더 많았다.

제2절 강제입원의 국제기준

정신장애로 인한 입원제도와 관련된 국제기준은 우리가 아직 참조할 만한 것들이 많이 있다. 주로 서구 국가들의 역사적 경험에 바탕하여 점진적으로 정신장애인에 대한 강제입원이 규범화·제도화되어 왔다.

이하에서는 i) 국제연합(UN)의 1991년 정신장애인 보호(MI) 원칙, ii) 2006년 「장애인권리협약」(CRPD)에 근거한 기준, iii) 세계보건기구(WHO)의 1995년 정신보건법 10대 원칙, iv) 47개 회원국을 가진 유럽평의회(Council of Europe)의 2004년 정신장애인의 인권과 존엄을 보호하기 위한 각료회의 권고 중 강제입원관련 기준, v) 유럽연합국가의 강제입원제도를 차례로 살펴본다.

47) 정인원 등, 「정신보건시설 재원자 및 시설 실태조사」, 국가인권위원회, 2008, 17면.

Ⅰ. 1991년 국제연합의 정신장애인 보호원칙[48)]

1. 국제연합의 정신장애인 보호원칙의 법적 성격과 기능

가. 법적 성격

국제연합의 정신장애인 보호(MI)원칙은 국제연합의 「장애인권리협약」과 달리 조약이 아니고, 한국이 이를 체결하거나 비준한 것도 아니다. 국제연합의 정신장애인 보호원칙이 헌법이 말하는 국제관습법과 같이 일반적으로 승인된 국제법규라고 사법기관에 의해 공적으로 인정된 적은 없지만 헌법재판소는 강제입원 위헌(헌법불합치)결정에서 위 정신장애인 보호원칙의 내용들을 참조하여 구 정신보건법의 강제입원제도가 위헌임을 선언하였다.

나. 기 능

국제인권법에 따른 인권의 국제적 보호는 각 국가의 보편적인 의무로 인식된다. 비록 국제연합 총회에서 채택된 결의로서 법적 구속력이 없는 것이라 하더라도 법원이나 헌법재판소와 같은 사법기관은 이를 국제적 기준으로 참조할 수 있다. 예컨대, 국제연합의 1948년 세계인권선언은 법적 구속력이 없는 문서임에도 불구하고, 헌법재판소가 세계인권선언의 조항을 해석기준으로 검토하기도 한다.[49)]

한편, 헌법재판소가 구 정신보건법의 보호입원조항에 대해 위헌(헌법불합치) 결정을 할 때 그 위헌심사기준으로 명시하지는 않았지만 국제연합의 MI 원칙의 내용(권리고지, 이의제기권한, 입원심사기관의 독립성과 중립성 등)을 제시하고 있는 것을 보면, 위 정신장애인 보호원칙은 사법기관의 일정한 판단기준으로 사실상의 규범력이 어느 정도 확보되어 있는 것이라 할 수 있다. 또한 국제연합의 위 정신장애인 보호원칙은 강제입원심사기관이나 정신장애인의 절차적 기본권과 관련하여 향후 입법개선과정에서 여전히 참고할 필요가 있다.

---

48) 이하의 정신장애인 보호(MI) 원칙의 번역은 국가인권위원회, 「정신장애인 인권보호와 증진을 위한 국가보고서」, 2009, 244면 이하 부록 '정신장애인 보호와 정신보건의료 향상을 위한 원칙'의 번역문을 사용하였고, 일부 단어는 영어 원문에 맞게 재해석하였다. 아울러, 위 MI 원칙의 가이드라인에 대한 번역은 세계보건기구 정신보건 및 약물남용예방분과, 「정신장애인의 인권향상을 위한 지침」, 신영전·최영은 옮김, 한울아카데미, 2007의 번역문을 사용하였고, 일부 단어는 영어 원문에 맞게 재해석하였다.

49) 헌법재판소 2000. 8. 31. 97헌가12 결정.

2. 국제연합의 정신장애인 보호원칙의 개관

국제연합의 MI 원칙은 정신보건시스템에서 사용하는 각 개념의 정의(카운셀, 정신보건, 정신보건시설, 환자, 법적 대리인)를 한 후 환자 권리행사를 제한하는 기본방식은 '법률'에 의하여야 하고, 그 사유는 "환자나 타인의 건강이나 안전" 또는 "공공안전, 질서, 건강이나 모럴(moral) 또는 타인의 자유와 권리를 보호"하기 위한 목적으로만 가능하다고 하고 있다.

1991년 제정된 MI 원칙은 총 25개의 원칙을 제안하고 있는데, 그 원칙들은 현재까지 주요국의 정신보건법(mental health law)의 기본 원칙으로 영향을 미치고 있다. 이를 주요 제목만으로 간단히 살펴보면 다음과 같다.

i) 정신장애인의 지역사회에서 생활하고 노동할 권리
ii) 정신장애 판정과 의료적 치료에 관한 기준(약물치료 기준, 덜 제한적 치료, 치료 동의, 권리 고지 등)
iii) 입원 및 심사에 관한 기준(입원 원칙, 비자발적 입원의 제한, 입원심사기관의 원칙, 절차상 보호원칙)
iv) 정보 열람 및 비밀 보장
v) 법에 따른 이의제기와 구제절차 보장

3. 「장애인권리협약」과의 비교

국제연합의 「장애인권리협약」(CRPD)과 정신장애인 보호원칙(MI 원칙)을 비교해 보면 다음과 같은 차이가 있다. 법적 구속력을 따져 보면, 「장애인권리협약」은 국내법적 효력을 가진 법적 구속력 있는 협약이지만 정신장애인 보호원칙은 국내법적 효력이 없고, 다만 강제입원 등에 대한 위헌심사나 위법성심사 또는 법개정을 할 때 참조할 수 있는 기준이다.

다음으로, 「장애인권리협약」은 장애 일반의 내용을 다루고 있는 반면, 정신장애인 보호원칙은 강제입원과 강제치료와 같이 정신장애인에 특수한 내용들을 세부적으로 규율하고 있다.

전반적으로 보면, 정신장애인 보호원칙이 20세기 후반의 정신장애인의 처우에 대한 일반원칙으로서 강제입원이나 강제치료를 엄격한 요건 하에서 수긍하는 데 반하여 21세기의 「장애인권리협약」은 정신장애인의 법적 능력과 자율성의 보장을 바탕으로 타인 결정에 의한 대체의사결정제도로 운영되는 강제입원과 강제치료를 폐지하고자 한다.

4. 강제입원제도 관련 원칙

국제연합의 정신장애인 보호원칙(MI 원칙)은 1991년 총회에서 의결된 권고로서 20여 년 넘게 세계 각국의 정신보건법 제정이나 개정에 참고가 되어 왔다. 2006년 이후부터 국제연합 장애인권리위원회는 「장애인권리협약」을 비준한 각 회원국에 적용되는 「장애인권리협약」과 그 해석지침인 일반논평을 통해 강제입원 및 강제치료에 관한 기준을 제시하고 있다.

이하에서는 먼저 정신장애인의 입원과 관련해 1991년 UN의 정신장애인 보호원칙을 살펴본다. 정신장애인 보호원칙은 강제입원제도와 관련하여 ⅰ) 입원의 원칙, ⅱ) 강제입원, ⅲ) 심사기관(review body), ⅳ) 절차상 보호조치(procedural safeguards)에 관하여 규정하고 있다. 이하에서 구체적으로 본다.

5. 입원의 원칙(Admission principles, MI 원칙 15)

MI 원칙은 입원의 원칙으로 ⅰ) 강제입원의 회피노력, ⅱ) 정신보건시설 출입에 관해 보건의료시설의 출입과 동일하게 관리할 것, ⅲ) 자발적으로 입원한 사람의 퇴원할 권리와 그 권리에 대한 고지를 규정하고 있다. 이하에서는 우리 정신건강복지법이 규정하고 있는 ⅰ)과 ⅲ)에 대해서만 본다.

가. 강제입원의 회피노력

① 정신보건시설 내 치료가 필요한 사람이 있을 경우, 비자발적 입원(involuntary admission)을 피하기 위한 모든 노력을 다하여야 한다(MI 15-1).

(1) 의의

강제입원의 회피노력이란 정신보건시설(mental health facility) 내에서 치료가 필요한 사람이 있을 때에도 강제입원을 피하기 위한 모든 노력을 해야 한다는 것이다.

MI 원칙 가이드라인에 따르면, 위 원칙이 잘 지켜지고 있는지 여부를 확인할 수 있는 것으로 ⅰ) 자발적 입원의 비율이 어느 정도인지, ⅱ) 강제입원을 회피하기

위한 노력으로 수행되는 조치들이 무엇인지 등을 들고 있다.[50]

(2) 정신건강복지법의 규정과 현황

현행 정신건강복지법은 강제입원을 회피하기 위하여 자발적 입원의 권장, 입원의 최소화, 지역사회 중심 치료를 법의 기본이념으로 규정하고 있다. 그러나 2015년 12월 31일 기준 자의입원의 비율은 32%로[51] 일본의 2013년 6월 30일 기준 자의(임의)입원 비율 51%에는 못 미치는 수준이었다.[52]

그러나 2017. 5. 30. 정신건강복지법 시행 이후부터는 자발적 입원(자의입원과 동의입원)의 비율이 50%를 넘어서고, 2017년 말 이후에는 60%를 넘어서고 있고, 강제입원 비율은 30%대로 떨어졌다.[53]

서구국가들은 자의입원의 원칙이 잘 준수되고 있어 자의입원 비율이 상당히 높다. 예컨대, 2000년 전후를 기준으로 독일, 영국, 네덜란드, 프랑스 등 유럽국가들은 강제입원 비율이 10% 또는 20% 내외로 보고되는데 비해,[54] 한국의 경우는 2000년 기준으로는 94%의 강제입원 비율을 유지하였고,[55] 2007년에 이르러서야 90% 미만으로 강제입원 비율이 떨어지고, 2014년 말에야 강제입원 비율이 70% 미만으로 되었다.[56] 한국은 구 정신보건법 하에서도 자발적 입원을 강조하고 있었지만 현실은 강제입원이 원칙이고, 자의입원은 예외였던 것이다.

---

50) WHO Division of Mental Health and Prevention of Substance Abuse, Guidelines for the Promotion of Human Rights of Persons with Mental disorders, 1996, 35면(세계보건기구 정신보건 및 약물남용예방분과, 앞의 책, 75면) 원문은 아래 홈페이지에서 확인할 수 있다.
http://www.who.int/mental_health/policy/legislation/guidelines_promotion.pdf (최종방문 2018. 7. 1.)

51) 보건복지부 및 국립정신건강센터, 「2016 국가 정신건강현황 2차 예비조사 결과보고서」, 2016, 135면 표 참조.

52) 厚生労働省 社会援護局 障害保健福祉部 精神障害保健課 · (独) 国立精神神経医療研究センター精神保健研究所, 精神保健医療福祉資料-平成24年度6月30日調査の概要, 2015, 2면(2013년 6월 30일 기준 재원환자 297,436명 중 임의입원 환자 157,178명).

53) 보건복지부 2018. 5. 25. 보도자료 "비자의입원 · 입소에 대한 입원적합성심사 시행", 붙임 1. 법 시행 전후 입 · 퇴원 현황자료 9면.

54) 국가인권위원회, 「정신장애인 인권보호와 증진을 위한 국가보고서」, 2009, 65면 표 참조.

55) 중앙정신보건사업지원단, 「2006 중앙정신보건사업지원단 사업보고서」, 2007, 94면 표 3-23 참조

56) 보건복지부 및 국립정신건강센터, 「2016 국가 정신건강현황 제2차 예비조사 결과보고서」, 2016, 133면 표 27 참조.

나. 퇴원할 권리보장과 권리고지

② 비자발적으로 입원하지 않은 모든 환자는 비자발적 환자로 계속 입원되어야 할 기준(MI 16)에 포함되지 않는 한 언제든지 정신보건시설을 퇴원할 권리를 가지며, 그러한 권리를 고지받아야 한다(MI 15-3).

(1) 의의

자발적 입원을 한 사람의 경우 강제입원의 요건에 해당하지 않는 한 언제든지 퇴원할 권리가 있고, 그러한 퇴원할 권리는 고지되어야 한다(MI 원칙 15-3).

위 원칙이 준수되기 위해서는 ⅰ) 권리고지의 문서화, ⅱ) 환자의 권리고지 확인조치(예컨대, 설명을 듣고서 서명날인한 확인서를 정신의료기관측에서 수령), ⅲ) 환자 권리서면을 시설 내 볼 수 있는 곳에 게시하거나 비치, ⅳ) 환자의 퇴원요구에 대한 응대절차 마련, ⅴ) 퇴원거부나 강제입원전환 이유 등에 대한 고지와 불복절차 마련 등이 필요하다.

(2) 정신건강복지법의 규정

정신건강복지법 제6조도 강제입원환자뿐만 아니라 자발적 입원환자에게도 퇴원과 관련된 권리고지를 하도록 규정하고 있고, 자의입원·동의입원·보호입원에 있어 환자가 퇴원을 요구하면, 강제입원의 요건에 해당하지 않는 한 원칙적으로 정신의료기관의 장이 퇴원시키도록 규정하고 있다. 특히, 자의입원의 경우에는 강제입원으로 전환하는 것이 금지되어 있어 특별한 사정이 없는 한 퇴원을 시켜야만 한다.

6. 강제입원(Involuntary admission, MI 원칙 16)

강제입원에 관한 MI 원칙은 요건과 기간, 장소에 관한 기준을 제시하고 있다. 이를 차례로 보면 다음과 같다.

가. 강제입원의 요건

① 정신보건시설에 환자로서 비자발적으로 입원시키거나 자발적으로 입원한 환자를 비자발적 환자로서 전환하여 계속입원시키는 경우에는 법에 의해 해당 목적을 위하여 자격을 가진 정신보건 전문가가 MI 원칙 4(정신질환의 판정기준)에 따라 정신질환이 있다고 진단하고서 다음과 같이 판단할 경우에 허용된다.

(a) 정신질환으로 인해 자기 또는 타인에 대한 즉각적이거나 급박한 위험의 가능성이 높은 경우 또는

(b) 정신질환이 심각하여 그 판단능력이 손상된 사람의 경우 입원이나 강제입원으로의 전환을 하지 않을 경우 환자의 상태가 심각하게 악화될 것이 예상되거나 최소제한의 대안치료의 원칙에 따라 정신보건시설에 의한 입원만이 적정한 치료를 보장할 수 있는 경우

(b)에 해당하는 경우에는 앞서의 정신보건전문가와 독립된 두 번째 정신보건전문가의 의견을 가능한 한 참조해야 한다. 만약 두 번째 정신보건전문가가 의견이 일치하지 않는다면 비자발적 입원이나 계속입원은 허용되지 않는다(MI 16－1).

(1) 강제입원의 요건

위 강제입원의 요건과 관련하여 (a)를 통상 '자·타해 위험'이라 표현하고, (b)를 미국에서는 '중대한 장애(grave disability)'라 표현하고, 일본의 경우에는 '동의무능력'으로, 한국의 경우는 '입원치료 필요성'으로 표현한다. 이 둘은 그 입원 목적과 요건을 달리하는 것이라 볼 수 있다. '자·타해 위험'은 사회적 안전을 위한 치안목적의 입원을 주로 의미하고, '입원치료 필요성'은 환자의 건강과 복리를 위한 치료목적의 입원을 의미한다. 후자의 경우 환자의 자기결정권을 침해할 우려가 있어 강제입원의 절차를 보다 엄격히 하는 경우가 있다. MI 원칙에서 (b)의 경우에는 가능한 한 두 번째 정신보건전문가의 의견을 요구하는 것도 그 때문이다.

(2) 강제입원의 목적과 절차

(a)와 (b)는 서로 다른 절차의 강제입원형태를 띠게 되는 경우도 있다. 예컨대, 일본「정신보건복지법」의 행정기관에 의한 조치입원은 자상타해(自傷他害) 위험을 요건으로 하고, 가족에 의한 의료보호입원은 정신장애로 인해 임의입원을 할 수 있는 상태가 아니지만 의료 및 보호의 필요성이 있는 경우를 요건으로 하고 있다. 일본의 경우에는 자·타해 위험이 있는 상황에서는 국가가, 환자의 치료를 위한 상황에서는 가족이 그 입원절차를 시작할 수 있도록 한 것이다.

(3) 강제입원 요건과 관련된 지침

세계보건기구는 위 강제입원의 요건과 관련된 지침에서 ⅰ) 강제입원의 결정주체, ⅱ) 강제입원의 사유, ⅲ) 두 번째 정신보건전문가의 개입 여부, ⅳ) 두 번째 정신보건전문가를 선택하는 주체, ⅴ) 개별적 정신상태검사(MSE) 여부 및 서류화 여부, ⅵ) 두 번째 정신보건전문가의 다른 시설 소속 여부 및 기록열람 가능 여부 등을 강제입원 요건의 평가에 필요한 요소로서 제시하고 있다.57)

(4) 정신건강복지법의 규정

우리의 현행 정신건강복지법도 보호입원과 행정입원의 요건을 일응 형식상 구분해 놓고 있다. 보호입원의 경우에는 '자·타해 위험성'과 '입원치료(요양) 필요성'을 모두 갖추도록 하는 반면, 행정입원의 경우에는 '자·타해 위험성'은 명시적인 요건으로 규정하고 있으나, '입원치료의 필요성'은 따로 규정하고 있지 않다. 그러나 모든 강제입원에는 치료라는 목적이 있고, 정신질환이라는 개념 자체가 치료가능성을 전제로 한 개념이어서 '입원치료의 필요성'이라는 요건이 행정입원에 있어 명문으로 포함되지 않았다고 해도 여전히 기본적 전제가 되는 요건이라 할 수 있다.

나. 강제입원의 기간과 통지

---

② 강제입원이나 계속입원은 먼저 심사기관의 입원심사나 계속입원심사의 진행 중에 관찰과 예비적 치료를 위해 국내법이 정한 단기간의 동안 진행되어야 한다. 입원사유는 지체 없이 환자에게 알리고, 입원사실과 그 사유를 즉시 상세하게 심사기관, 환자의 개인적 대리인이 있는 경우 그 대리인, 환자가 반대하지 않을 경우 그 가족에게 알려야 한다(MI 16-2).

---

(1) 의의

MI 원칙에 따르면, 최초입원이나 입원연장심사에 있어 환자에 대한 입원평가를 단기간 내에 수행하도록 요구하고 있다. 아울러 강제입원 심사를 담당해야 하는 입원심사기관, 환자를 도와줄 수 있는 개인적 대리인이나 가족에게도 강제입원된 사실과 사유를 통지하여 도움을 받을 수 있도록 요구하고 있다.

위 원칙을 법으로 구현할 때 고려할 사항으로는 ⅰ) 환자의 입원기간의 법정(法定)여부, ⅱ) 환자에 대한 입원사유 고지여부, ⅲ) 심사기관, 환자의 대리인 또는

---

57) 세계보건기구 정신보건 및 약물남용예방분과, 「정신장애인의 인권향상을 위한 지침」, 신영전·최영은 옮김, 한울아카데미, 2007, 78-79면.

가족에 대한 통지여부, ⅳ) 환자가 지정하는 사람에 대한 통지 여부 등이다.

(2) 정신건강복지법의 규정

정신건강복지법은 보호입원이나 행정입원의 경우 최초 입원일로부터 14일 이내에 2명 이상의 정신과 전문의가 일치된 의견으로 진단하도록 하여 입원기간이 법으로 정해져 제한되어 있고, 보호의무자에게 그 입원사실(입원장소 등)과 입원사유 등을 통지하도록 하고, 환자에게도 그 입원사유를 알리도록 하고 있다. 그러나 아직 환자가 지정하는 사람에 대한 통지는 규정하지 않고 있다.

다. 강제입원의 장소

---

③ 정신보건시설은 그 시설이 국내법에 의해 권한 있는 기관에 의해 지정된 경우에만 비자발적 입원 환자를 수용할 수 있다(MI 16-3).

---

(1) 정신보건시설 지정의 의의

MI 원칙에 따르면, 강제입원의 장소는 법령에 근거해 권한 있는 기관에 의해 지정된 시설에서만 가능하다. 일상적으로 강제입원이 허용되는 의료기관은 환자의 신체의 자유가 구속되고, 격리·강박, 강제치료까지 허용되는 공간이기 때문에 국가의 특별한 허가와 감독을 받아야 하기 때문이다. 여기서 말하는 지정은 단순히 정신의료기관 개설신고나 개설허가를 내 주는 것을 의미하는 것이 아니라 정신의료기관 중에서 강제입원이 가능한 정신의료기관을 국가가 지정하는 것을 의미한다.

(2) 정신건강복지법의 규정 여부

구 정신보건법이나 현행 정신건강복지법은 위와 같은 지정절차를 법령에 규정해 두고 있지 않아 병상이 있는 정신의료기관이기만 하면 강제입원이 가능하도록 하고 있다. 그러나 강제입원이 가능한 정신의료기관은 일정한 자격과 요건을 갖춘 정신의료기관에만 허용하여 국가가 지정하는 것이 위 원칙에 비추어 타당하다고 할 것이다. 강제입원은 자의입원과 달리 신체적 구속과 물리력의 행사를 전제하기 때문이다.

7. 심사기관(review body, MI 원칙 17)

MI 원칙 17은 강제입원심사기관이 가져야 할 원칙과 기준을 제시하고 있다. 이를 구체적으로 나누어서 보면 다음과 같다.

가. 강제입원심사기관의 법적 지위

① 심사기관은 국내법에 의해 설립된 사법기관 또는 그 밖의 독립적, 중립적 기관으로서, 그 직무가 국내법에 의해 정해진 절차에 따라 운영되어야 한다. 심사기관은 공식적인 결정을 내리는 데 있어서, 자격 있는 독립적인 정신보건 전문가 1인 이상의 조언을 참고해야 한다(MI 17-1).

(1) 심사기관의 유형

MI 원칙에 의하면, 강제입원은 사법기관 또는 국내법에 따라 설립된 독립적이고 중립적인(공정한, impartial) 기관이어야 한다. 전자인 사법기관이 입원심사를 맡는 국가로는 독일, 프랑스, 미국 등이 있다. 심사를 맡는 법원의 유형은 일반법원, 독일과 같이 입원심사 등을 담당하는 후견법원, 미국의 일부 카운티에 설치된 정신의료법정(mental illness court) 등이 그 역할을 담당하며, 모두 법원 판사의 재판을 통해 입원여부를 결정하거나 승인한다.

후자인 국내법에 의해 설립된 독립적·중립적 기관은 통상 사법적 절차에 따라 결정을 하는 독립되고 중립적인 준사법기관을 의미하며, 영국이나 호주의 정신보건 심판원(mental health review board 또는 mental health tribunal)이 이에 해당한다.

(2) 심사기관의 독립성과 중립성

심사기관의 '독립성'이라 함은 어떤 조직의 내부에 소속된 것이 아니라 어떠한 조직으로부터도 독립되어 있어 입원심사에 따른 결정을 할 때에도 심사기관이 외부의 영향에 좌우되지 않는 것을 의미한다.

또한, '중립성'은 심사기관의 심사자가 입원심사의 당사자인 환자나 병원 양측으로부터 이해관계가 없는 중립적이고 객관적인 자격을 갖춘 자로 구성되어야 함을 의미한다. 위원회나 심사자를 둘 때 누구도 그 결론을 미리 예측할 수 없는 중립적 자격을 갖춘 인물들로 위원들을 구성하여야 함을 의미한다.

(3) 심사절차에서 전문가의 조언

강제입원심사기관의 업무는 법에 규정된 절차에 따라 운영되어야 하는데, MI 원칙은 입원심사(결정)기관과 입원평가기관을 분리하여 입원심사기관이 심사를 할 때 독립된 자격 있는 정신보건 전문가 1인 이상의 조언을 참고하도록 규정하고 있다.

이는 구 정신보건법에서 입원 의료기관 소속 정신과 전문의 진단으로 정신의료기관의 장이 입원을 결정하거나 입원연장심사에서 입원 의료기관 소속 정신과 전문의의 진단의견만을 참고하는 심사시스템이 가진 문제점이 무엇인지를 알려주는 규정이라 할 수 있다.

여기서 독립된 전문가는 입원심사에 참고할 수 있는 자료를 제공하여야 하기 때문에 환자를 진단하고, 평가할 수 있는 자격 있는 사람으로서 객관성이 요구된다. 따라서 입원 의료기관 소속 전문의와 같이 환자의 입원 여부에 이해관계가 있는 사람은 제외되어야 한다.

(4) 정신건강복지법의 강제입원심사기관의 규정

정신건강복지법은 최초입원심사기관으로 입원적합성심사위원회를, 입원연장심사기관으로 정신건강심사위원회를 두고 있다. 모두 현실적으로 보면 의료인이나 정신보건전문가가 중심이 된 합의체이고, 국립정신병원이나 시·군·구에 소속되어 있어 독립성이나 중립성이 보장되는 강제입원심사기관이라 보기는 어렵다.

(5) 강제입원심사기관 입법론

향후의 입법론으로는 먼저, 다른 기관에 소속되지 않은 강제입원심사기관(예컨대, 가칭 정신건강심판원)을 두고, 최초입원심사와 입원연장심사를 모두 관할하도록 하고, 각 심판원 내부에는 3명(의료인, 법조인, 공익적 제3자)으로 중립적으로 구성된 심판부(部)를 두어 입원(연장) 및 그 과정의 적법성과 필요성을 심사하게 하는 방법을 생각해 볼 수 있다.

또 다른 방법으로는 의료적 심사체에 의할 것이 아니라 독립성과 중립성이 있는 사법기관인 법원이 강제입원심사기관이 될 수도 있을 것이다. 각 지역의 가정법원이나 각 지원의 후견전담판사가 현재의 영장전담판사제도와 유사하게 강제입원심사를 맡는 입원전담판사가 되어 특별히 별도로 정한 강제입원심사절차에 따라 입원심사를 진행하게 하는 것도 강제입원심사기관의 권위와 독립성을 인정받는 방법이 될 수 있다.

위의 두 가지 방안(심판원 시스템과 법원 시스템)을 절충하여 심판원의 심사에 대한 불복방법으로 법원에 이의를 제기하면 법원이 입원심사를 하는 방법도 가능할 것이며, 이미 법원이 인신보호재판을 담당하고 있어 그 절차를 준용하여 활용하면 될 것이다.

위의 모든 방안에 대한 기본적인 전제는 입원환자를 대면하여 심사해야 한다는 것이다. 대면하여 환자의 이야기를 듣는 것만이 그 절차적 정당성과 심사기관의 결정의 정당성을 확보할 수 있는 유일한 방안이기 때문이다.

나. 강제입원 심사의 신속성, 자동성, 정기성

② 위 원칙 16의 2절에 해당하는 비자발적 환자의 입원이나 계속입원결정에 대한 심사기관의 최초 심사는 가능한 한 빨리 이루어져야 하며, 국내법에 의해 규정된 대로 수월하고 신속한 절차에 따라 수행되어야 한다(MI 17-2).
③ 심사기관은 국내법에 의해 규정된 대로 적당한 기간마다 비자발적 환자를 주기적으로 심사해야 한다(MI 17-3).

(1) 신속성(MI 원칙 17-2)

강제입원이나 강제입원으로의 전환 결정을 위한 입원심사기관의 최초 심사는 가능한 한 빨리 이루어져야 하고, 법이 정한 수월하고 신속한 절차에 따라 진행되어야 한다.

구 정신보건법은 사실상 강제입원에 대한 독립적인 최초의 심사절차가 없었던 반면, 정신건강복지법은 입원적합성심사위원회의 최초입원 심사를 거친다. 다만, 대면심문절차를 진행하지 않음에도 불구하고 그 입원심사과정이 최초입원일로부터 1개월까지 계속될 수 있어 사실상 최초입원심사라 하기에는 그 신속성이 없다.

(2) 자동성(MI 원칙 17-3)

'자동성'이라 함은 환자가 신청하지 않더라도 자동적으로 입원심사가 진행되어야 함을 의미한다. 신청이 없더라도 자동적으로 입원심사를 하는 이유는 환자의 신청만으로 입원심사가 이루어지게 되면, 정신적 능력이 부족한 대부분의 환자들이 입원심사를 받을 기회마저 없게 되는 점을 고려해 모든 강제입원을 국가의 심사를 받도록 한 것이다.

정신건강복지법은 모든 강제입원환자에 대해 신청이 없더라도 자동적으로 최초입원 후 1개월 이내, 3개월 이내, 그 후 6개월마다 입원적합성심사위원회 또는 정신건강심사위원회의 심사를 받도록 하고 있다.

(3) 정기성(MI 원칙 17-3)

'정기성'이라 함은 일정한 주기를 정하여 입원연장 여부를 심사하여야 함을 의미한다. 정기적 심사를 하는 이유는 정신질환이란 치료를 통해 회복될 수 있기 때문에 환자가 회복될 경우에는 더 이상 강제입원을 유지할 정당성을 상실하기 때문이다. 따라서 일정한 간격으로 퇴원이나 입원연장 여부를 심사기관이 결정해 주어야 한다. 정신건강복지법도 최초 입원 후 처음에는 3개월 이내에, 그 다음부터는 6개월마다 정기적으로 정신건강심사위원회에 의한 입원연장심사를 하고 있다.

다. 강제입원 심사와 퇴원

④ 비자발적 환자는 국내법에 의해 규정된 대로 적당한 기간을 두고 심사기관에 퇴원이나 자발적 상태로의 전환 신청을 할 수 있다(MI 17-4).
⑤ 개개의 심사에서 심사기관은 위 원칙 16의 1절에 제시된 강제입원 기준에 여전히 속하는지를 고려해야 하며, 그렇지 않은 경우 환자는 비자발적 환자 상태를 벗어나 퇴원 할 수 있어야 한다(MI 17-5).
⑥ 담당 정신보건전문가는 언제라도 환자가 비자발적 환자로서의 계속 입원을 위한 요건에 더 이상 해당되지 않는다고 판단되는 경우 퇴원 지시를 내려야 한다(MI 17-6).

(1) 의의

강제입원 심사는 환자별로 개별적으로 이루어져야 하고, 환자가 강제입원의 요건기준에 속하는지 여부를 판단하고, 그 요건에 해당하지 아니하면 심사기관은 환자를 퇴원시켜야 한다.

MI 원칙에서는 강제입원된 환자가 적당한 기간이 지나면 자신의 권리로서 심사기관에 퇴원을 청구하거나 자의입원으로의 전환을 신청할 수 있고, 강제입원된 환자가 강제입원의 요건이 소멸하였다면 담당 정신보건전문가가 퇴원지시를 하도록 의무로서 규정하였다.

(2) 정신건강복지법의 규정

정신건강복지법도 입원연장심사에서는 정신건강심사위원회가 심사대상 환자를 강제입원에서 자의입원으로 전환할 수 있도록 추가하였고, 구 정신보건법과 같이 강제입원된 사람에 대해 독립적인 권리로서 퇴원청구권을 보장하고 있다.

라. 심사에 대해 상급법원에 불복할 권리

⑦ 환자나 환자의 개인 대리인, 또는 기타 이해관계인에게는 정신보건시설 입원이나 계속입원 결정에 대해 상급법원에 항소(이의)할 권리가 주어져야 한다(MI 17-7).

입원심사기관의 입원결정에 대해 환자는 상급법원에 불복할 이의제기(항소)권한을 보장받는다. 환자 외에 환자의 개인 대리인이나 기타 이해관계인도 그 권리를 보장받는다. 여기서는 입원결정에 대해 불복할 권리만을 환자측을 위하여 보장하는 것이기 때문에 퇴원결정에 대해서 불복하는 권리는 위 MI 원칙에서 보장하는 것이 아니다. 즉, 위 MI 원칙을 들어 병원측이나 가족측에서 입원심사기관의 환자 퇴원결정에 불복할 수는 없다.

환자를 다시 입원시키라는 가족이나 병원의 요구는 불복할 수 있는 권리로서 보장받지 못한다. 환자의 인격과 신체는 가족이나 병원의 이해관계로부터 독립되어 있기 때문이다.

정신건강복지법은 명문으로 법원에 이의를 제기할 수 있다는 규정은 두고 있지는 않지만, 본인의 의사에 반하여 수용된 사람이 법원에 수용해제(퇴원)를 요청할 수 있는 인신보호청구를 활용할 수는 있다.

8. 절차상 보호조치(Procedural safeguards, MI 원칙 18)

MI 원칙 18은 환자의 입원심사과정 또는 이의제기(항소)과정에서 필요한 재판상 절차와 환자의 권리를 규율하고 있다. 이를 구체적으로 보면 다음과 같다.

가. 변호인과 국선변호인

① 환자에게는 이의제기 절차나 항소 시 변호인은 물론이고 자신을 대리할 대리인을 선택하여 선임할 권리가 주어져야 한다. 환자 자신이 그러한 서비스를 확보하지 않았을 경우 환자가 지불여력이 안 된다면 무료로 변호인을 확보할 수 있게 해 주어야 한다(MI 18-1).

MI 원칙에 따르면, 강제입원되는 환자는 강제입원에 대해 이의제기를 하거나 항소할 경우 자신을 대리할 변호인을 선택하거나 지명할 권한을 부여받는다. 만약 환자가 경제적 궁핍으로 인해 비용을 지불할 수 없는 경우에는 무료로 활용할 수 있는 국선변호인을 제공하도록 규정하고 있다(MI 원칙 18-1).

환자를 입원심사과정 또는 이의제기(항소)과정에서 대리 또는 대표(representation)한다는 것은 변호인이 당사자를 대리하여 그의 주장과 이익을 옹호하는 것을 의미한다.

참고로, 현재 국내에서는 「인신보호법」에 따라 퇴원을 청구하는 인신보호재판에

서 인신보호청구를 하는 환자에게 사실상 필요적으로 국선변호인을 선임하여 주고 있다.[58]

나. 통역(진술조력) 서비스의 제공

② 또한, 환자에게는 필요한 경우 통역 서비스를 받을 권리가 주어져야 한다. 통역서비스가 필요하나 환자 스스로 이를 확보하지 않은 경우 환자에게 지불여력이 없다면 무료로 서비스가 주어져야 한다(MI 18-2).

(1) 외국인의 강제입원심사과정에서의 통역

MI 원칙에 따르면, 강제입원되는 환자는 통역서비스를 제공받을 자격이 있고, 만약 그러한 서비스가 필요한데도 환자가 경제적 여력이 없어 확보되지 않는 경우에는 무료로 그러한 서비스가 제공되어야 함을 규정하고 있다(MI 원칙 18-2).

프랑스, 호주 등 서구 국가에서는 외국인의 강제입원심사과정에서 국가가 제공하는 통역서비스를 제공하고 있다. 한국에서도 형사재판과 같은 재판절차에서는 법원이 외국인 당사자에게 통역인을 제공하고 있다.

(2) 정신장애인의 강제입원심사과정에서의 진술조력

여기서 말하는 '통역인 서비스(the service of interpreter)'는 미성년자[59]나 발달장

---

58) 「인신보호법」 제12조(심리의 공개 및 국선변호인 선임) ① 심리는 공개된 법정에서 행한다. 다만, 피수용자의 보호를 위하여 필요하다고 인정되는 때에는 결정으로 이를 공개하지 아니할 수 있다.
② 피수용자와 구제청구자는 변호인을 선임할 수 있다. 구제청구자 등이 빈곤이나 그 밖의 사유로 변호인을 선임할 수 없는 경우 구제청구자 등의 명시적 의사에 반하지 아니하는 이상 법원은 직권으로 변호인을 선정하여야 한다. 다만, 구제청구가 명백하게 이유 없는 때에는 그러하지 아니하다.

59) 「소년법」 제17조(보조인 선임) ① 사건 본인이나 보호자는 소년부 판사의 허가를 받아 보조인을 선임할 수 있다.
② 보호자나 변호사를 보조인으로 선임하는 경우에는 제1항의 허가를 받지 아니하여도 된다.
③ 보조인을 선임함에 있어서는 보조인과 연명날인한 서면을 제출하여야 한다. 이 경우 변호사가 아닌 사람을 보조인으로 선임할 경우에는 위 서면에 소년과 보조인과의 관계를 기재하여야 한다.
④ 소년부 판사는 보조인이 심리절차를 고의로 지연시키는 등 심리진행을 방해하거나 소년의 이익에 반하는 행위를 할 우려가 있다고 판단하는 경우에는 보조인 선임의 허가를 취소할 수 있다.
⑤ 보조인의 선임은 심급마다 하여야 한다.
⑥ 「형사소송법」 중 변호인의 권리의무에 관한 규정은 소년 보호사건의 성질에 위배되지 아니하는 한 보조인에 대하여 준용한다.

「소년법」 제17조의2(국선보조인) ① 소년이 소년분류심사원에 위탁된 경우 보조인이 없을 때에는 법원은 변호사 등 적정한 자를 보조인으로 선정하여야 한다.
② 소년이 소년분류심사원에 위탁되지 아니하였을 때에도 다음의 경우 법원은 직권에 의하거나 소년 또는 보호자의 신청에 따라 보조인을 선정할 수 있다.
1. 소년에게 신체적·정신적 장애가 의심되는 경우
2. 빈곤이나 그 밖의 사유로 보조인을 선임할 수 없는 경우

애인[60]에게 수사과정이나 재판과정에서 국가가 제공하는 진술조력인(陳述助力人) 지원과 같은 방식으로 확대될 수 있다. 의사소통능력이 부족한 정신장애인이 입원심사나 이의절차에서 자신의 의사진술을 조력하는 진술조력인을 제공받을 필요성이 있기 때문이다. 변호인과 진술조력인이 다른 점은 변호인은 절차에서의 법적 대리인으로서 법적·절차적 행위에 대한 대리권이 있는 반면, 정신장애인의 진술조력인은 정신장애인의 의사나 바람 등을 심사기관에 정확하게 전달하는 목소리가 되는 것이 그 임무라 할 수 있다.

다. 증거자료 요청 및 제출권한

③ 환자와 환자의 변호인은 심리 시에 독립적인 정신보건 보고서와 기타 다른 보고서, 관련 있는 서면, 기타 증거 자료를 요청하고 제시할 수 있다(MI 18-3).

(1) 강제입원심사와 증거

강제입원심사 및 이의제기(항소) 심리과정은 기본적으로 객관적인 증거에 의해 강제입원요건에 해당하는지 여부를 판단하는 과정이다. 따라서 심사기관은 심사의 당사자로부터 증거자료를 제출받거나 직권으로 증거자료를 조사하여야 한다.

(2) MI 원칙

MI 원칙은 이러한 심리(청문)과정에서의 환자의 증거제출권을 보장하기 위해 환자나 그 변호인이 환자의 정신감정 등을 한 독립적인 정신건강보고서(정신감정서를 포함) 등의 자료를 제출할 수 있고, 서면이나 구두로 관련 증거를 요청하거나 제시할 수 있도록 규정하고 있다.

---

3. 그 밖에 소년부 판사가 보조인이 필요하다고 인정하는 경우
③ 제1항과 제2항에 따라 선정된 보조인에게 지급하는 비용에 대하여는 「형사소송비용 등에 관한 법률」을 준용한다.

60) 「발달장애인법」 제12조(형사·사법 절차상 권리보장) ① 국민안전처장관, 경찰청장 및 제주특별자치도지사는 「국가공무원법」 제2조 제2항 제2호에 따른 경찰공무원과 「지방공무원법」 제2조 제2항 제2호에 따른 자치경찰공무원에게 발달장애인에 대한 올바른 인식확산을 위한 교육을 실시하여야 한다. <개정 2014.11.19.>
② 발달장애인이 재판의 당사자가 된 경우 그의 보호자, 제33조에 따른 중앙발달장애인지원센터 및 지역발달장애인지원센터(이하 "발달장애인지원센터"라 한다)의 직원이나 그 밖에 발달장애인과 신뢰관계에 있는 사람은 법원의 허가를 받아 법원의 심리과정에서 발달장애인을 위한 보조인이 될 수 있다.
③ 법원은 발달장애인을 증인으로 신문하는 경우 발달장애인 본인, 검사, 보호자, 발달장애인지원센터의 장의 신청이 있는 때에는 재판에 중대한 지장을 줄 우려가 있는 등 부득이한 경우가 아니면 발달장애인과 신뢰관계에 있는 사람을 동석하게 하여야 한다.
④ 수사기관이 발달장애인을 조사하는 경우에도 제2항 및 제3항을 따라야 한다.

(3) 증거제출권한의 입법 필요성

한국의 구 정신보건법이나 현행 정신건강복지법은 강제입원심사과정이나 입원연장심사과정에서 위와 같은 환자나 그 변호인의 증거제출권을 보장하는 규정이 없다. 입법론으로는 법률을 개정하여 증거자료 요청 및 제출권한을 보장하는 것이 옳지만, 그 법 개정 이전이라도 시행령이나 시행규칙 또는 강제입원심사지침이나 매뉴얼을 통하여 환자의 증거제출권을 보장할 필요가 있다. 적어도 환자의 진술서나 자신에게 유리한 자료를 제출할 기회를 부여하는 것이 형평상으로도 옳기 때문이다. 현재는 보호입원 연장심사과정에서는 사실상 입원 정신의료기관이나 지정진단의사의 진단소견과 입원시킨 가족의 동의서만으로 입원심사과정이 진행되기 때문에 입원당사자인 환자에게 공정한 진술기회와 입증기회를 부여하는 심리과정이라 보기 어렵다.

라. 환자에 대한 기록제공의 원칙과 예외

④ 환자 기록 및 제출되는 기타 보고서와 자료들은, 환자에게 해당 자료가 공개될 경우 환자의 건강에 심각한 위해가 초래되거나 다른 이의 안전에 위험을 초래할 것으로 판정되는 특별한 경우를 제외하고는, 환자와 그 대리인에게 사본을 전달해야 한다. 환자에게 전달하지 않은 기록은, 국내법 규정이 있다면 그에 따라, 비밀리 전달이 가능한 경우 환자의 개인 대리인과 변호인에게 전달해야 한다. 기록 중 환자에게 알리지 않은 부분이 있는 경우에는 환자나 환자의 대리인에게 그 사실과 이유를 고지하여야 하며, 이는 사법적 심사를 거쳐야 한다(MI 18-4).

(1) 환자의 강제입원심사과정에서 기록열람권한

환자와 그가 위임한 대리인은 환자의 진료기록 등에 대해 열람하고, 사본을 발급받을 권한이 있다.[61] 이는 환자가 가진 자신의 개인정보에 대한 열람(사본의 발급

61) 「의료법」 21조(기록 열람 등) ① 환자는 의료인, 의료기관의 장 및 의료기관 종사자에게 본인에 관한 기록의 열람 또는 그 사본의 발급 등 내용의 확인을 요청할 수 있다. 이 경우 의료인, 의료기관의 장 및 의료기관 종사자는 정당한 사유가 없으면 이를 거부하여서는 아니 된다. <신설 2016.12.20.>
② 의료인, 의료기관의 장 및 의료기관 종사자는 환자가 아닌 다른 사람에게 환자에 관한 기록을 열람하게 하거나 그 사본을 내주는 등 내용을 확인할 수 있게 하여서는 아니 된다. <개정 2009.1.30., 2016.12.20.>
③ 제2항에도 불구하고 의료인, 의료기관의 장 및 의료기관 종사자는 다음 각 호의 어느 하나에 해당하면 그 기록을 열람하게 하거나 그 사본을 교부하는 등 그 내용을 확인할 수 있게 하여야 한다. 다만, 의사·치과의사 또는 한의사가 환자의 진료를 위하여 불가피하다고 인정한 경우에는 그러하지 아니하다.
1. 환자의 배우자, 직계 존속·비속 또는 배우자의 직계 존속이 환자 본인의 동의서와 친족관계임을 나타내는 증명서 등을 첨부하는 등 보건복지부령으로 정하는 요건을 갖추어 요청한 경우

을 포함)을 요구할 권리에 바탕을 두고 있다.[62)]

(2) MI 원칙

MI 원칙도 위와 같은 환자의 자기정보에 대한 열람권을 존중하여 원칙적으로 강제입원심사과정에서 환자나 그 변호인에게 환자기록이나 보고서 또는 자료의 사본이 환자나 그 대리인에게 제공되어야 함을 원칙으로 삼고 있다.

다만, 위 원칙에 대한 예외로서 공개될 경우 ⅰ) 환자의 건강에 심각한 위해가 초래되거나 ⅱ) 타인의 안전에 위험을 초래할 경우에는 공개를 제한할 수 있도록 하고 있다.

그러나 위와 같이 환자에 대한 공개가 제한되는 경우라도, 국내법의 규정에 따라 환자는 알지 못하게 그 대리인이나 변호인에게 전달하여야 하고, 환자에게 공개되지 않은 부분은 환자나 그 변호인에게 그 사실과 이유를 고지하여야 하고, 사법적 심사도 거쳐야 한다.

(3) 강제입원심사과정에서 자료공개의 원칙과 예외

강제입원심사과정은 법원이나 준사법기관의 심리(청문)과정을 거치고, 강제입원요건에 해당하는지 여부에 대한 양 당사자 사이의 공방과 입증을 필요로 하기 때문에 환자는 자신에 대한 진단이나 진료기록 등을 제출받아 이를 반박하고, 자신에게 유리한 증거를 제출할 권한이 있다.

다만, 그 과정에서 환자가 알게 될 경우 환자의 건강이나 안전, 타인의 안전 등에 우려를 발생시킬 수 있는 자료가 제출되는 것을 일정하게 제한할 필요성이 발생한다. 그러나 그 경우에도 기록의 사본이 변호인에게는 제공되어야 하고, 환자나 그 변호인에게 공개제한의 대상과 사유도 알려야 한다. 이러한 기록의 공개 제한여부는 병원측에서 정하는 것이 아니라 심리과정에서 심사기관이 정하거나 법원이 정하는 것이다.

---

2. 환자가 지정하는 대리인이 환자 본인의 동의서와 대리권이 있음을 증명하는 서류를 첨부하는 등 보건복지부령으로 정하는 요건을 갖추어 요청한 경우

62) 「개인정보 보호법」 제4조(정보주체의 권리) 정보주체는 자신의 개인정보 처리와 관련하여 다음 각 호의 권리를 가진다.

1. 개인정보의 처리에 관한 정보를 제공받을 권리
2. 개인정보의 처리에 관한 동의 여부, 동의 범위 등을 선택하고 결정할 권리
3. 개인정보의 처리 여부를 확인하고 개인정보에 대하여 열람(사본의 발급을 포함한다. 이하 같다)을 요구할 권리
4. 개인정보의 처리 정지, 정정·삭제 및 파기를 요구할 권리
5. 개인정보의 처리로 인하여 발생한 피해를 신속하고 공정한 절차에 따라 구제받을 권리

마. 환자의 대면진술권

⑤ 환자와 환자의 개인 대리인 및 변호인에게는 심리에 직접 출석하여 참여하고 발언할 수 있는 권리가 주어져야 한다(MI 18-5).

(1) MI 원칙

MI 원칙에 따르면, 심리(청문)과정에서 환자와 그 대리인 및 변호인은 몸소 참석해 진술할 권리가 보장된다(MI 원칙 16-5). 이른바, '말하여질 권리(right to be heard)'의 보장이다.

(2) 말하여질 권리의 개념

'말하여질 권리'란 취약한 지위에 있는 사람의 참여권의 하나로서 어떤 정책결정이나 자신의 이해관계에 영향을 미치는 절차에 참여하여 결정기관에게 자신의 목소리로 말하여 전달할 수 있는 권리를 말한다.

이는 아동, 범죄피해자, 정신장애인 등 자신의 능력이나 사회적 지위로 인해 정책이나 자신의 미래에 영향을 미치는 결정과정에서 참여하지 못하는 상황을 막기 위한 권리이다. 예컨대, 이혼과정에서 자신을 키울 양육권자가 누가 좋은지 아동의 의견을 청취하는 것, 가해자에 대한 재판에서 피해자의 목소리를 듣는 것, 강제입원 심사과정에서 환자의 의견을 표명하도록 하는 것 등이 '말하여질 권리'를 보장하기 위한 제도라 할 수 있다.

(3) 말하여질 권리의 요소

1) 대면(對面)할 권리

'말하여질 권리'는 기본적으로 결정권자를 대면하여 말로서 표현하는 것을 의미한다. '대면(對面)'이 가진 가장 큰 의미는 서로의 얼굴로서, 즉 서로의 인격으로서 대면하는 것이며, 질문과 대답을 통하여 서로를 설득하는 과정을 거칠 수 있다는 점이다. 이 과정은 기본적으로 오랜 전통을 이어온 재판의 과정과 닮아있다.

2) 결정권자를 대면할 권리

다음으로, 환자의 대면의 상대는 '결정권자'여야 한다. 자신의 미래의 운명을 결정하는 자가 누구인지, 그리고 자신이 운명을 결정하는 타인이 누구인지 서로 알아야 한다. 그것이 서로에 대한 관계와 책임의 시작이자 예의이다. 얼굴을 모르는 타인의 운명을 결정하는 것과 얼굴을 알게 된 사람의 운명을 결정하는 것은 그 책임감과 현실성이 달라진다. 법원의 형사재판과 구속심사가 대면으로 이루어지게 된 이유도 거기에 있다.

3) 말하여질 시간, 장소, 기회의 제도적 보장

끝으로, '말할 권리'가 아니라 '말하여질 권리'라는 것은 취약한 사람들에게는 발언의 기회도, 해명할 기회도, 이의를 제기할 기회도 얻지 못해 온 오랜 과거의 경험 속에서 새롭게 인식된 것이다. '말하여질 권리'의 보장이란 단순히 자유로서 혼자 떠들라는 것이 아니라 일정한 시간과 장소와 인력을 제도적·의무적으로 보장하라는 의미이다.

아동에게 자신이 선호하는 양육권자와 양육방식을 묻는 것, 피해자에게 가해자의 처벌의사를 묻는 것, 강제입원되는 환자에게 의견을 진술할 기회를 준다는 것은 결국 그 권리를 설명하고, 고지하고, 말할 시간과 장소를 제공하여 환자의 목소리가 결정권자에게 직접 전달되어 결정에 참고될 수 있는 제도적 장치를 마련하는 것이라 할 수 있다.

(4) 정신장애인의 강제입원심사과정에서 말하여질 권리

구 정신보건법에 따른 최초입원심사과정이나 입원연장심사과정에서 입원당하는 정신장애인에게 말하여질 권리가 보장되어 있었는가? 그리고 현재의 정신건강복지법의 최초입원심사과정이나 입원연장심사과정에서 말하여질 권리가 보장되어 있는가?

우리는 지난 20여 년 동안 입원되는 환자의 얼굴을 보지 않았고, 지금의 정신건강복지법은 일부 개선된 점이 있다고 하지만 여전히 대면심사가 아닌 서면심사를 하고 있다.

강제입원된 환자가 퇴원을 청구하는 인신보호재판에서만 유일하게 국선변호인이 선임되어 환자를 지원하고, 심문(재판)기일을 열어 판사가 구제청구인인 환자의 얼굴을 보고서 재판을 진행한다. 그러나 그 청구는 현실적으로 많이 제약되어 있어 청구건수도 2008년에는 100여 건도 채 안 되고, 2016년에 이르러서야 약 900여 건에 이르게 되었다. 그러나 매년 강제입원 건수가 수만 여건이 넘는 것을 고려하면 강제입원 되는 사람 중 1~2%도 채 안 되는 사람만이 '말하여질 권리'를 행사하는 것이라 할 수 있다. 그러나 '말하여질 권리'는 자신이 적극적으로 행사하는 것이라기보다 앞에서 본 바와 같이 국가에 의해 제도적으로 주어져야 하는 것이다.

향후 강제입원제도의 핵심적 개선방향은 바로 강제입원심사과정에서 '말하여질 권리'의 보장에 있다고 할 수 있다. 그것을 보장하게 된다면 환자는 적어도 얼굴을 가진 인격적 주체로서 대접받고, 상대방과 대등하게 자신의 의견과 권리를 주장할 수 있는 법주체로 인정될 수 있다.

바. 증인 신청의 권한

⑥ 환자나 환자의 개인 대리인 또는 변호인이 심리에 특정인 출석을 요청할 경우에는, 그 사람의 출석이 환자의 건강에 심각한 위해를 초래하거나 다른 이의 안전에 위험을 초래할 수 있다고 판정된 경우가 아닌 한 허용해야 한다(MI 18-6).

MI 원칙에 따르면, 강제입원심사나 이의제기(항소)심문 과정에서 환자나 그 대리인 또는 변호인은 심리에 필요한 증인을 심사기관에 신청할 수 있다. 심사기관은 원칙적으로 이를 허용하여야 하나, 환자의 건강에 심각한 위해를 초래하거나 타인의 안전에 위험을 초래할 수 있다고 판단하는 경우에는 증인을 채택하지 않을 수 있다(MI 원칙 18-6).

현행 정신건강복지법은 위와 같은 규정을 명문으로 두고 있지는 않지만, 입원심사기관인 입원적합성심사위원회나 정신건강심사위원회가 자체적으로 심문의 방식과 증거제출을 받는 방법을 정할 때 증인 신청과 관련된 규정을 둘 수도 있을 것이다.

사. 강제입원심사의 공개여부

⑦ 심리나 그 과정이 공개적으로 이루어져야 할지 내밀하게 이루어져야 할지와 공개적으로 보도되어도 좋을지에 대한 결정을 내릴 때는 반드시 환자 자신의 바람과 환자 및 다른 사람들의 사생활 존중을 위한 필요성, 환자의 건강에 대한 심각한 위해를 막거나 다른 이들의 안전에 대한 위험을 피하기 위한 요건을 충분히 고려하여야 한다(MI 18-7).

강제입원심사과정이나 이의제기(항소)심리 절차는 법원이 하든 정신보건심판원과 같은 준사법기관이 하든 기본적으로 사법적 절차인 재판(심리)절차를 거친다. 통상적으로 재판은 공개가 원칙이지만 가사재판은 개인의 사적 생활과 관련된 부분이 있어 비공개가 원칙이다.

사법적 심사절차를 거치게 된다면 그것은 당사자들의 참여를 기본적 전제로 하기 때문에 공개로 할지, 비공개로 할지 여부가 중요해진다. MI 원칙은 공개를 원칙으로 할지, 비공개를 원칙으로 할지에 대해서는 따로 규정을 두지 않고 있다. 다만, 공개로 할지, 비공개로 할지를 결정하기 위해 고려할 요소로서 i) 환자의 바람, ii) 환자 및 다른 사람들의 사생활 존중의 필요성, iii) 환자의 건강에 대한 심각한 위해를 막거나 다른 이들의 안전에 대한 위험 등을 규정하고 있다.

현행 정신건강복지법은 강제입원심사과정이나 입원연장심사과정이 서면심사 위주로 이루어지기 때문에 공개, 비공개 여부를 따로 규정하지 않고 있다. 강제입원에 대한 이의제기(항소)과정으로 볼 수 있는 인신보호재판의 경우에는 통상 환자의 출석을 요구하고 있고, 그 심리를 공개법정에서 행하여 공개를 원칙으로 하고 있다. 다만, 피수용자(강제입원환자)의 보호를 위한 경우에는 법원의 결정으로 공개하지 않을 수 있다.[63)]

아. 결정이유의 작성과 서면통지

⑧ 심리를 통한 결정과 그에 대한 이유는 서면으로 작성되어야 하며, 그 사본을 환자와 환자의 개인 대리인 및 변호인에게 전해야 한다. 결정을 전체 혹은 부분적으로 공개발표해야 할지에 대한 결정을 내릴 때는, 환자 자신의 바람과 환자 및 다른 사람들의 사생활 존중을 위한 필요성, 환자의 건강에 대한 심각한 위해를 막거나 다른 이들의 안전에 대한 위험을 피하기 위한 요건을 충분히 고려하여야 한다(MI 18-8).

(1) 결정이유 서면통지의 의의

강제입원은 그것을 당하는 사람에게는 본인의 의사에 반하는 결정이어서 강제입원심사기관은 그 이유를 설명해 주어야 한다. 법원이 하는 본안재판에는 왜 그 결론이 나왔는지에 대한 구체적 이유가 적혀 있는 판결문을 각 당사자에게 송부해 준다. 그래야만, 당사자가 설득될 수 있고, 이유를 알아야만 불복할지 여부를 결정할 수 있기 때문이다.

(2) MI 원칙

MI 원칙도 강제입원심사과정이 기본적으로 사법적 절차를 거치기 때문에 그 결정은 이유를 붙인 서면으로 당사자와 그 대리인 및 변호인에게 알리도록 하고 있다. 다만, 결정의 이유가 알려질 경우 환자나 타인의 사생활에 대한 침해가 될 수 있거나, 환자 건강의 심각한 위해나 타인의 안전에 대한 위험이 될 수 있을 경우에

63) 「인신보호법」 제12조(심리의 공개 및 국선변호인 선임) ① 심리는 공개된 법정에서 행한다. 다만, 피수용자의 보호를 위하여 필요하다고 인정되는 때에는 결정으로 이를 공개하지 아니할 수 있다.

는 환자 본인의 바람 등을 고려해 결정의 이유나 공개를 제한할 수 있도록 하였다(MI 원칙 18-8).

(3) 정신건강복지법의 규정 여부

정신건강복지법은 입원적합성심사위원회나 정신건강심사위원회가 입원결정 또는 입원연장결정을 할 때 결정이유를 적도록 한 규정은 없으나, 시·군·구청장의 퇴원청구나 입원연장청구에 대한 결정, 입원적합성심사위원회 위원장의 입원적합 여부에 대한 통지는 행정청의 행정처분이라 할 수 있으므로 「행정절차법」 제23조에 따라 당사자인 환자 등에게 처분의 근거와 이유를 제시하여야 한다. 입법론적으로는 정신건강복지법에 명문으로 규정할 필요가 있다. 위에서 본 바와 같이 환자에게 내려진 강제입원이라는 국가의 결정에 대해 국가 스스로 그 근거와 사유를 밝히는 것이 그 처분대상자에 대한 최소한의 예의이기도 하고, 행정절차법이 요구하는 것이기도 하다.

입원적합성심사위원회나 정신건강심사위원회(또는 그 외부의사결정기관인 시·군·구청장)의 입원(연장)의결은 강제입원된 환자에 대한 불이익한 행정처분의 내부결정이지만 그것이 곧 행정청의 처분의 바탕이 되기 때문에 그 의결의 근거와 이유를 제시하여 위원장이나 행정청에 보고되어야 한다. 응급입원이 아닌 이상 이는 「행정절차법」이 처분을 행하는 행정청에게 부과한 법적 의무이다.

Ⅱ. 2006년 국제연합의 「장애인권리협약」과 한국정부 권고

1. 국제연합의 「장애인권리협약」

가. 「장애인권리협약」의 국내법적 효력

(1) 한국정부의 비준

헌법이 정한 절차에 따라 체결·공포된 조약은 국내법과 같은 효력을 지닌다(헌법 제6조 제1항). 국제연합은 2006년 「장애인권리협약」(Convention on the Rights of Persons with Disabilities, 이하 'CRPD'라 한다)을 제정하였는데, 한국 정부는 국회 동의를 얻어 2008년 「장애인권리협약」(협약은 헌법에서 말하는 조약과 같은 의미임)을 비준하였다. 이로서 「장애인권리협약」은 국내법적 효력을 지니게 되었다.

(2) 국내법적 효력

국회 동의를 받은 「장애인권리협약」이 국내법적 효력을 가진다는 의미[64]는 i) 법원의 사법심사나 판단의 직접적 적용 기준이 될 수 있고,[65] ii) 정부정책의 지침이나 방향이 될 수 있으며, iii) 헌법재판소의 위헌법률심판대상이 될 수 있음[66]을 의미한다. 「장애인권리협약」은 그 내용 안에 협약당사국이 구체적으로 장애인권리 보장을 위한 제도적 시스템을 마련할 것을 의무로서 규정하고, 이를 비준국가가 장애인권리위원회에 보고하고 심사받도록 하고 있다.

나. 「장애인권리협약」의 기본이념

「장애인권리협약」은 전문을 포함해 총 50조로 이루어진 국제조약이다.[67] 앞서 정신건강복지법의 법 목적과 기본이념과 유사하게 「장애인권리협약」도 협약의 지도원칙으로 8개를 정하고 있는데, 그 내용은 다음과 같다(「장애인권리협약」 제3조 지도원칙).[68]

i) 천부적 존엄성, 스스로의 자발적 선택의 자유를 포함하는 개인의 자율성, 인격적 독립성의 존중
ii) 비차별(Non-discrimination)
iii) 완전하고 효과적인 사회적 참여(participation)와 통합(inclusion)
iv) 차이의 존중, 인간적 다양함과 인류의 일부로서 장애의 승인
v) 기회의 평등
vi) 접근성

---

64) 조약의 국내법적 효력에 대한 구체적 판례 및 학설의 분석은 정인섭, "조약의 국내법적 효력에 관한 한국 판례와 학설의 검토", 「서울국제법연구」 제22권 제1호, 서울국제법연구원, 2015, 27면 이하를 참조할 것.

65) 대법원 2006. 4. 28. 선고 2005다30184 판결; 대법원 2002. 10. 22. 선고 2002다32523, 32530 판결 등.

66) 헌법재판소 2001. 9. 27. 2000헌바20 결정; 헌법재판소 2013. 11. 29. 2012헌마166 결정.

67) UN 「장애인권리협약」 원문과 한국어 번역문은 아래 홈페이지에서 확인할 수 있다. https://www.un.org/development/desa/disabilities/convention-on-the-rights-of-persons-with-disabilities.html (2018. 7. 20. 최종방문). 참고로 법제처 국가법령정보센터 홈페이지에서도 한국어 번역문을 확인할 수 있는데, 법제처 국가법령정보센터 홈페이지에서는 「장애인권리협약」(CRPD)을 '장애인의 권리에 관한 협약'이라고 조약명칭을 칭하고 있다.

68) 아래 홈페이지의 내용을 참조함. https://www.un.org/development/desa/disabilities/convention-on-the-rights-of-persons-with-disabilities/guiding-principles-of-the-convention.html (2018. 7. 1. 최종방문)

vii) 남녀 간의 평등
viii) 잠재가능성과 스스로의 정체성을 가진 장애아동의 권리에 대한 존중

다. 「장애인권리협약」의 장애개념과 적용대상

(1) 장애 개념

UN 「장애인권리협약」은 그 전문(前文)에서 장애개념을 유동적·사회적·기능적 개념으로 파악하여 "장애(disability)는 진화하는 개념으로 '장애'란 손상(impairment)을 가진 사람이 다른 사람과의 동등한 기반 하에서 완전하고 효과적인 사회적 참여를 저해하는 태도와 환경의 장벽과의 상호작용으로 인해 발생한다"는 것을 인식하여야 함을 강조하고 있다. 「장애인권리협약」은 장애를 개인적 특성에 의한 의료적 장애모델이 아닌 사회와의 상호작용으로 발생하는 기능적·사회적 장애모델을 채택하고 있다.

(2) 협약 적용대상인 장애인 개념

「장애인권리협약」은 그 목적(제1조)에서 「장애인권리협약」의 적용대상이 되는 장애인(Persons with disabilities)을 위 장애개념에 발맞추어 "다양한 장벽과의 상호작용으로 인하여 다른 사람과 동등한 기반 하에 사회 내에서 완전하고 효과적인 참여를 저해할 수 있는 장기간의 신체적(physical), 정신적(mental), 지적(intellectual) 또는 감각적(sensory) 손상을 가진 사람을 포함"한다고 하고 있다. 「장애인권리협약」의 장애인 개념 범주에 따르면, 정신질환이 있는 사람도 장애인 범주에 해당한다.

법제도적으로나 사회적으로 정신장애가 있는 사람에 대한 사회참여를 방해하는 예는 적지 않다. 앞서 본 정신장애인에 대한 보험차별이나 자격취득제한법령은 사회적, 법제도적 규정을 통해 사회적 참여가 불가능한 장벽이 세워지면서 정신장애가 사회적·제도적 불리함 속에 편입하게 되는 한 예이다.

라. 「장애인권리협약」의 내용과 해석

(1) 「장애인권리협약」의 내용

「장애인권리협약」은 장애인의 장애를 극복하도록 국가와 사회가 실현하여야 할 구체적 의무의 내용을 규정하고 있다. 「장애인권리협약」은 국제사회에서 장애인의 권리장전 또는 장애인의 기본법으로서의 역할을 하고 있다.

「장애인권리협약」은 먼저 장애로 인한 차별이 무엇인지, 장애인에게 제공되어야 할 합리적 편의제공이 무엇인지를 개념 정의한다. 이후 구체적으로 각 대상자별로(장애아동, 장애여성), 법 원리별로(평등 및 비차별, 법 앞의 동등한 인정, 접근성), 권리 및 생활영역별로(생명권, 신체의 자유, 사법접근, 이주·국적의 자유, 자립생활, 지역사회 참여, 사생활, 교육, 재활, 근로 및 고용, 사회적 보호, 정치 및 공적생활 참여, 문화·여가·체육활동 참여) 각 국가와 사회가 장애인권리보장을 위하여 해야 할 구체적 내용을 제시하고 있다.

(2) 「장애인권리협약」에 대한 해석

UN 장애인권리위원회는 「장애인권리협약」이 각 국가마다 다르게 해석되는 것을 방지하고, 향후 각 국가의 장애인정책과 법령에 일정한 방향성을 마련해 주기 위해 국제적으로 통일된 기준이 될 수 있는 해석지침을 마련하고 있다.

이를 각 「장애인권리협약」 조항에 대한 '일반논평(general comment)'이라 한다. 제일 먼저 나온 일반논평은 2014년 협약 제12조(법 앞의 동등한 인정)에 관한 것이다. 이는 각 국가의 후견제도와 강제입원 및 강제치료제도를 향후 어떻게 만들어나가야 할 것인지에 대한 지침이 되고 있다. 이후 2018년까지 협약 제9조(접근성, 2014년), 제6조(장애여성, 2016년), 제24조(통합교육권, 2016년), 제19조(자립생활과 지역사회통합, 2017년), 제5조(평등과 차별금지, 2018년)에 관한 일반논평이 채택되었다.[69] 그 중 제19조의 자립생활과 지역사회통합에 관한 일반논평은 시설에서 지역사회로 넘어가야 할 구체적 방향성과 지침을 제시하고 있다.

2. 한국정부에 대한 UN 장애인권리위원회의 권고

위에서 「장애인권리협약」에 관해 개략적 내용과 그 의미를 개관해 보았는데, 여기서는 한국정부에 대한 UN 장애인권리위원회의 권고를 먼저 살펴본 후, 강제입원과 강제치료를 중심으로 「장애인권리협약」과 그 해석지침인 일반논평의 내용을 살펴보기로 한다.

가. 강제입원에 대한 권고

「장애인권리협약」을 비준한 한국정부는 2014년 UN 장애인권리위원회의 정부보

69) 위 각 「장애인권리협약」 일반논평은 아래 홈페이지에서 확인할 수 있다.
http://www.ohchr.org/EN/HRBodies/CRPD/Pages/GC.aspx (2018. 7. 1. 최종방문)

고서 심사를 받아 위원회로부터 권고를 받았다. 그 중 강제입원과 관련해 위원회는 한국사회의 정신장애인과 지적장애인의 높은 강제입원률과 장기입원, 격리·강박 및 강제적 약물치료에 대해 심각한 우려를 나타내면서, 2014년 10월 한국정부에 강제입원과 관련하여 다음과 같이 권고(제26항)하였다.[70)]

i) 정신장애나 지적장애 등 장애에 기반한 자유박탈조치를 허용하는 현존 법령조항을 폐지할 것
ii) 설명을 동반한 당사자의 자유로운 동의에 기반한 정신보건서비스 마련
iii) 정신보건법 개정 이전까지라도 병원이나 시설에 수용된 사람의 자유박탈사례에 대한 심사와 이의제기 기회 보장

나. 강제치료에 대한 권고

장애인권리위원회는 고문, 잔인하거나 비인도적·굴욕적 치료나 형벌로부터의 자유를 규정한 「장애인권리협약」 제15조에 근거해 한국정부에 대해 정신병원 내에서의 정신장애인 격리, 구타, 강박 및 과도한 약물처방 등을 우려하면서 다음과 같은 내용을 촉구하였다.[71)]

i) 장애를 가진 사람을 잔인하거나 비인도적·굴욕적으로 치료하거나 벌하는 강제치료의 폐지
ii) 시설수용이 계속되는 경우에는 정신병원 내에서의 폭력, 학대, 모든 형태의 불법적 치료를 예방하기 위하여 장애인단체의 대표성을 보장하는 효과적인 외부적이고, 독립적인 모니터링 시스템을 확립할 것

다. UN 장애인권리위원회 권고의 영향

UN 장애인권리위원회가 한국사회의 강제입원 및 강제입원 시스템에 대한 우려를 나타낸 것은 단순히 한, 두건의 사고로 인한 것이 아니라 제도 자체가 가지고 있는 문제점을 지적한 것이다. 위와 같은 2014년 가을 UN 장애인권리위원회의 한

---

70) Committee on the Rights of Persons with Disabilities, "Concluding observations on the initial report of the Republic of Korea", Adopted by the Committee at its twelfth session (15 September - 3 October 2014), 26항http://tbinternet.ohchr.org/_layouts/treatybodyexternal/Download.aspx?symbolno=CRPD/C/KOR/CO/1&Lang=En (2018. 7. 1. 최종방문)
71) UN 장애인권리위원회의 한국정부에 대한 최종권고 제29항 및 제30항.

국정부에 대한 권고는 2015년 국회에 추가적인 정신보건법 개정안을 발의하는 계기를 만들고, 2016년 5월 강제입원제도의 개선이 중심이 된 정신건강복지법으로 재탄생하게 만드는 한 원인이 된다.

3. 「장애인권리협약」 일반논평(강제입원, 강제치료 및 후견 관련)

가. 법 앞의 동등한 인정에 관한 일반논평

2014년 제1호로 채택된 UN 장애인권리위원회의 '법 앞의 동등한 인정(제12조)'에 관한 일반논평은 향후 각 국가들이 강제입원, 강제치료, 후견제도에서 지향해야 하는 원칙과 책무를 제안하고 있다. 그 내용을 보면 다음과 같다.

i) 후견제도나 관리인제도와 같은 기존의 대체의사결정제도(substitute decision-making regime)의 폐지
ii) 정신장애인을 포함한 장애인을 대신하여 대체의사결정자가 강제치료를 결정하는 조치를 금지
iii) 투표, 혼인, 출산, 친권, 치료동의와 같은 장애인의 법적 능력(legal capacity)의 보장
iv) 법적 능력 행사가 어려운 장애인의 자율성과 의지, 선호를 존중하는 인적·물적 지원 등의 조력의사결정제도(supported decision-making regime)로 전환
v) 정신의료 전문가를 포함한 보건의료인이 장애인을 치료하기에 앞서 다른 사람과 동등한 법적 능력의 보장하에 설명이 동반된 자유로운 동의를 취득하여야 함

나. 강제입원 및 강제치료 관련 일반논평의 의미

위의 내용들은 전 세계 각 국의 후견제도, 강제입원제도 및 강제치료제도에 큰 변화를 주고 있다. 예컨대, 한국의 경우도 이미 UN 장애인권리위원회에서 2014년 지적했지만, 현행 민법상 성년후견제도는 전형적인 대체의사결정제도라 할 수 있어 UN 장애인권리위원회의 권고대로라면 그것을 폐지하고 새로운 조력의사결정제도를 마련하여야 한다.

또한, 강제입원 및 강제치료와 관련해서도 구 정신보건법도 그렇고, 현재의 정신건강복지법에서도 그렇지만 보호의무자가 환자의 의사에 반해 환자를 대신하여 입원이나 치료를 동의하여 결정하는 제도들이 있는데 이는 폐지되어야 한다. 다만, 가족이나 후견인이 강제입원이나 강제치료를 신청하는 것까지 금지하는 것은 아니라 할 것이다. 동의는 강제입원을 자신의 권한으로 승인하는 것이지만, 신청은 제3

인 결정권자의 승인을 받아야 하기 때문이다.

UN 장애인권리위원회의 의도는 후견인이나 가족과 같이 환자나 장애인을 대신한 법적 대체의사결정권자를 만들 것이 아니라 환자나 장애인을 진실로 그 편에서 조력하거나 지원하는 사람만 남겨두고, 최종적 의사결정은 후견인이 아닌 법원 등의 국가가 하도록 요구하고 있는 것이라 할 수 있다.

장애인권리위원회가 근본적 문제로 본 것은 바로 가족과 후견인과 같은 대체의사결정권자에 의한 대리결정제도이다. 이러한 대리결정제도가 환자나 장애인의 자율성과 인격, 신체를 제한하고, 처분해 버리는 법적 힘을 부여하고 있고, 그로 인해 환자나 장애인이 권리 없는 인간으로 사물화(事物化)되어버리는 문제점을 간파한 것이라 할 수 있다.

Ⅲ. 1995년 세계보건기구의 정신보건법 10대 원칙[72)]

1. 정신보건법 10대 원칙의 개관

세계보건기구(WHO)는 1991년 국제연합(UN)의 정신장애인 보호원칙 선언 이후 45개국의 정신보건법을 비교분석하여 공통적인 특징을 도출해 정신보건법 10대 원칙을 제시하였다. 그 원칙의 제목만 나열해 보면 아래와 같다.

i) 정신건강증진과 정신장애의 예방
ii) 기본적 정신보건에 대한 접근
iii) 국제적으로 승인된 원칙에 따른 정신건강평가
iv) 정신보건에 있어 최소제한의 규정
v) 자기결정(Self-Determination)
vi) 자기결정 행사를 위한 지원을 받을 권리
vii) 심사절차의 활용(Availability of Review Mechanism)
viii) 자동적이고 정기적인 심사메커니즘(Automatic Periodical Review Mechanism)
ix) 자격 있는 결정권자(Qualified Decision-Maker)
x) 법의 지배의 존중(Respect of the Rule of Law)

72) 이하의 세계보건기구의 정신보건법 10대 원칙은 WHO(Division Of Mental Health and Prevention of Substance Abuse), 「Mental Health Care Act: Ten Basic Principles」, Geneva, 1996의 내용을 참조하여 정리한 것이다.

위의 정신보건법 10대 원칙은 대체로 국제연합의 1991년 정신질환자 보호원칙에 준하여 만들어졌고, 2006년 제정된 「장애인권리협약」에 비추어 보면, 정신보건법 10대 원칙은 강제입원이나 강제치료에 있어 대체의사결정권자를 승인하고 있다는 점에서 비판의 소지가 있다.

1995년 만들어진 위의 정신보건법 10대 원칙은 대체로 국제연합의 1991년 정신장애인 보호원칙에 준하여 만들어졌지만 2006년 제정된 「장애인권리협약」은 위 원칙들 중 후견인이나 가족의 결정에 의한 강제입원제도의 폐지를 촉구하고 있는 점에서 위 원칙 중 일부(예컨대, 자격 있는 결정권자)는 폐기될 수밖에 없는 과거의 기준이라 할 것이다. 그럼에도 불구하고 여기서 소개하는 이유는 우리의 정신건강복지법이 아직도 참고해야 할 만한 구체적 내용을 담고 있기 때문이다.

2. 강제입원 및 강제치료와 관련된 기준

가. 정신건강평가

세계보건기구의 10대 원칙은 정신건강평가는 국제적으로 승인된 원칙에 따를 것을 요구하고 있다. 현재 정신질환과 관련된 진단은 세계보건기구가 제정한 국제질병분류(The International Statistical Classification of Diseases and Related Health Problems, ICD)나 미국 정신의학회가 제정한 「정신질환 진단 및 통계 편람」(Diagnostic and Statistical Manual of Mental Disorders, DSM) 등을 주요한 판단지침으로 삼고 있다.

정신건강의 평가란 결국 강제입원에 대한 요건(기준)을 평가하는 것인데, 거기에는 ⅰ) 진단과 치료방법의 선택, ⅱ) 정신능력의 평가, ⅲ) 정신장애로 인한 자·타해 위험여부의 결정을 하여야 한다.[73)]

나. 정신보건에 있어 최소제한의 규정

정신보건에 있어 '최소제한의 규정'이라 함은 환자의사에 반한 치료나 입원을 최소화하여 그 권리제한을 줄인다는 의미이다. 따라서 강제적 조치를 취할 때에는 관련 장애와 가능한 다른 치료방법, 당사자의 자율성의 수준, 수용 및 협조, 자·타해 위험의 잠재성 등을 고려해야 하고, 지역사회 기반 치료의 활용가능성을 먼저 살펴본 후 그것이 안 되면 시설 기반 치료를 선택하여야 하지만 그 경우라도 덜 제한된 환경에서의 치료를 제공하여야 한다.[74)]

---

73) WHO, 앞의 자료, 3-4면.

예컨대, 신체적 격리·강박, 화학적 강박(chemical restraint) 등을 할 경우라도, 환자와 대안적 수단에 대한 지속적 논의 시도, 정신보건전문가에 의한 조사와 처방, 급박한 자·타해 위험의 회피 필요성 여부, 정기적 관찰, 강박에 대한 규칙적인 재평가, 엄격히 제한된 격리·강박 기간, 환자 의료기록의 작성·보관 등이 필요하다.[75]

다. 자기결정(Self-Determination)

자기결정은 환자에 대한 강제적 개입이 발생하기 전에 동의를 얻는 것을 기본으로 한다. 여기서 '개입(interference)'은 진단절차, 약물·전기충격치료·회복불가능한 외과수술과 같은 의료적 처치와 같이 육체적·정신적 온전함(integrity)을 방해하거나 병원강제수용과 같이 자유를 제한하는 경우도 포함한다.[76]

자기결정에서 요구하는 당사자의 '동의(consent)'는 가족이나 전문가의 조언이 주어지고, 외부 영향을 받지 않는 자유로운 상태에서, 장·단점, 위험, 예상되는 결과와 부작용 등의 정보가 제공되어야 하고, 기록되어야 한다.[77]

세계보건기구는 1996년 해설서를 통해 만약 정신장애를 가진 사람이 동의할 수 없는 상황임이 확인되는 경우라면 환자를 대신하여 환자의 이익을 위해 대신 결정할 수 있는 권한 있는 사람(친척, 친구, 국가기관)이 필요하다고 하였다. 그러나 이에 대해서 2006년 제정된 국제연합의 「장애인권리협약」은 위와 같은 대체의사결정자에 의한 입원이나 치료를 개선할 것을 요구하고 있다. 앞서 보았지만 세계보건기구의 원칙은 하나의 지침이나 권고로서 법적 효력이 없지만, 「장애인권리협약」은 한국 정부가 비준한 것이기 때문에 국내법적 효력이 있다.

라. 자기결정 행사를 위한 지원을 받을 권리

정신적 장애가 있는 환자의 경우 정신적 문제로 인해 일반적 지식이나 언어적 표현능력에 어려움이나 장애가 있을 수 있다. 이로 인해 어떤 결정의 의미를 파악하는 데 어려움을 겪어 스스로 결정할 수 없을 때에는 그가 선택한 일정한 지식을 가진 제3자의 지원을 받을 수 있도록 해야 하는 것이 자기결정권 행사의 지원을 받을 권리이다.

74) WHO, 앞의 자료, 7면.
75) WHO, 앞의 자료, 8면.
76) WHO, 앞의 자료, 9면.
77) WHO, 앞의 자료, 9면.

자기결정권 행사의 지원을 위한 추가적 실행원칙으로서 세계보건기구는 ⅰ) 지원이 필요한 상황에 직면하는 순간에 지원에 관한 권리와 정보가 제공될 것, ⅱ) 변호사나 사회복지사(social worker)와 같은 제시가능한 잠재적 지원자를 확보할 것, ⅲ) 가능하다면 무료로 도움을 제공하는 것을 포함하여 도움의 연계를 촉진할 것, ⅳ) 옴부즈만이나 환자 위원회와 같이 도움을 제공하는 기구의 제정을 추진할 것을 들고 있다.[78)]

마. 심사절차의 활용 가능성

ⅰ) 판사와 같은 공적 의사결정권자, ⅱ) 후견인과 같은 대리의사결정권자나 ⅲ) 정신보건제공자와 같은 사람의 강제적 조치(입원, 치료, 격리·강박 등)에 환자나 이해관계인이 대응할 수 있는 활용가능한 심사절차를 갖추어야 한다.[79)]

심사절차는 당사자나 이해관계인의 요청에 의해, 적시에 방해 없이 활용가능해야 하고, 환자는 몸소 직접 자신의 말을 전할 수 있는 기회가 보장되어야 한다. 여기서 중요한 것은 형식적 서면심사가 아닌 얼굴을 보고 묻고, 말할 수 있는 대면심사를 보장하는 것이 원칙이라는 점이다. 즉, 자신에 대한 결정권자를 대면하여 말할 수 있는 기회를 주는 것이 적법절차의 원칙이다. 이는 입원심사기관을 가진 대부분의 서구 국가에서 채택하고 있다.

심사절차를 보장하기 위해서 추가적으로 필요한 것으로 세계보건기구는 법에 의해 만들어진 상시적인 심사위원회, 그리고 환자를 위한 법적·행정적 서비스를 할 수 있는 국가지원기구를 둘 것을 요구하고 있다.

바. 자동적이고 정기적인 심사 메커니즘[80)]

환자의 온전성(integrity)과 자유(liberty)에 영향을 주는 치료와 장기적 입원의 결정의 경우에는 심사가 필요한데, 그 심사는 자동적으로 적정한 간격을 두고서 자격 있는 결정권자에 의해 공식적 자격을 가지고서 이루어져야 한다.

자동적이고 정기적인 심사를 위한 추가적 실행원칙으로 ⅰ) 심사를 할 심사기관의 지정, ⅱ) 정해진 주기로 환자를 만나고 사례를 심사할 심사기관의 구성원, ⅲ) 환자에게 심사기관을 대면할 권한의 부여, ⅳ) 개별적으로 심사사례가 발생할 때마다 모든 심사절차를 이행할 것, ⅴ) 지정된 업무수행의 실수에 관한 심사기관 구성

78) WHO, 앞의 자료, 11면.
79) WHO, 앞의 자료, 12면.
80) WHO, 앞의 자료, 13-14면을 정리함.

원 제재 등을 요구하고 있다.

사. 자격 있는 결정권자[81)]

세계보건기구는 1995년 정신보건법 10대 원칙에서 입원이나 치료 결정에 있어 현재 UN 장애인권리위원회에서 폐지를 요구하는 대체의사결정권자에 의한 것을 승인하고 있고, 의사결정권자로서 판사와 같은 공적 자격을 가진 자 외에 친척, 친구, 후견인과 같이 환자 동의를 대체하는 자격을 가진 자도 포함하였다. 세계보건기구의 해설에 따르면, 결정권자로서의 자격을 갖추기 위해서는 이해력과 판단력이 있어야 하고, 공적 자격을 가진 결정권자인 경우에는 독립성과 중립성이 있어야 한다. 한편, 직접적·개인적 이해관계가 있는 경우라면 의사결정권자로의 지위는 배제된다.

아. 법의 지배의 존중[82)]

이 원칙은 입원심사 등의 결정은 관련된 유효한 법에 따라야 하고, 다른 판단근거나 재량에 기반하여 이루어져서는 안 된다는 것을 의미한다. 위 원칙의 실행을 위한 조치로는 i) 환자에게 그들의 권리를 알려줄 것, ii) 관련법령을 쉬운 언어로 안내하는 출판·설명 등을 통해 이해관계인과 의사결정권자에게 널리 알릴 것, iii) 법의 지배가 가진 의미와 내용을 의사결정권자에게 교육시킬 것, iv) UN 정신장애인 보호원칙이나 정신보건법 10대 원칙과 같은 국제적으로 받아들여지는 인권규범을 관련 법 영역에서 유효한 법으로 가능하게 해석 속으로 끌어들일 것, v) 보건당국과 보건서비스제공자로부터 독립된 감독기구가 모니터링하는 정신보건법 체계가 실질적으로 활용되도록 할 것을 제시하고 있다.

Ⅳ. 2004년 유럽평의회 각료회의의 강제입원 권고기준

1. 정신장애인의 인권과 존엄을 보호하기 위한 권고

47개 회원국을 가진 유럽평의회(Council of Europe)는 1950년 유럽인권협약(ECHR)을 제정하여 정신장애인의 강제입원과 같은 법적 구금에 대해서는 피구금자가 법원에 그 구금의 합법성 여부를 지체 없이 결정하고, 합법적이 아닌 경우에는 석방되도록 법원에 청구할 권리를 가진다고 하였다(유럽인권협약 제5조).

81) WHO, 앞의 자료, 15면을 정리함.
82) WHO, 앞의 자료, 16-17면을 정리함.

유럽인권협약 제정 후 50여 년이 지난 2004년 유럽평의회 각료회의는 '정신장애인의 인권과 존엄을 보호하기 위한 각료회의 권고'(이하 '유럽평의회 권고'라 한다)[83]를 제정하여 47개 회원국에 위 권고를 정신장애인의 권리장전으로 활용할 수 있도록 제안하였다. 위 권고는 유럽 47개 회원국의 정신장애인에 대한 처우와 관련된 내용들의 방향성을 제시하기 위한 목적이 있었고, 각 국가마다 다르게 규정된 강제입원이나 강제치료에 관한 규정들을 일정한 기본원칙에 따라 개정할 수 있도록 지침을 제공하기 위한 목적도 가지고 있었다. 여기서는 강제입원과 관련된 규정만 소개하도록 한다.

2. 강제입원의 기준과 원칙

가. 강제입원의 적용 대상

유럽평의회 권고는 강제입원이나 강제치료가 적용될 수 있는 대상의 적용범위와 관련해 정신장애인(persons with mental disorder) 중 ⅰ) 동의능력이 있고 입원이나 치료를 거부(refusing)하는 사람 또는 ⅱ) 동의능력이 없고 입원이나 치료를 찬성하지 않는(objecting) 사람이다(유럽평의회 권고 제16조. 이하 조항만 표시). 동의능력이 없을 경우 입원에 대한 찬반의 동의를 하기 어려우므로 자의입원이 아닌 강제입원의 대상이 됨을 규정한 것이다.

나. 강제입원의 요건(기준)

(1) 치료입원

강제입원은 아래의 각 조건을 모두 충족시킬 때에 가능하다(제17조 제1항).

ⅰ) 정신장애인일 것
ⅱ) 본인의 건강이나 타인에게 심각한 위해를 가할 상당한 위험을 보일 것
ⅲ) 입원은 치료목적을 포함할 것
ⅳ) 활용가능한 적당한 돌봄을 제공할 수 있는 다른 최소제한적 조치가 없을 것
ⅴ) 본인의 의견을 고려할 것

83) Recommendation Rec(2004)10 of the Committee of Ministers to member states concerning the protection of the human rights and dignity of persons with mental disorder. 원문은 아래 홈페이지 참조.
https://rm.coe.int/CoERMPublicCommonSearchServices/DisplayDCTMContent?documentId=090000168066c7e1 (2018. 7. 1. 최종방문)

(2) 평가(진단)입원

한편, 유럽평의회 권고는 법에 따라 어떤 사람이 정신장애로 인해 본인의 건강이나 타인에게 심각한 위해를 끼칠 상당한 위험이 있는지 여부를 평가하기 위하여 일정한 조건(행동에 있어 정신장애의 강한 의심, 위와 같은 위험의 현존, 평가를 위한 다른 최소침해적 대안적 방법이 없을 것, 본인의 의견 고려) 하에서 필요한 최소기간 동안 강제입원이 허용될 수도 있도록 규정하고 있다(제17조 제2항). 앞서 본 제1항이 치료를 위한 입원이라면, 제2항은 평가(진단)를 위한 입원으로 그 목적이나 기간, 요건에서 서로 차이가 있을 수 있음을 보여준다.

다. 강제입원 결정의 주체와 절차

(1) 결정의 주체

강제입원 결정의 주체는 법원(준사법기관이나 심판원을 포함)이나 다른 자격 있는 기관을 말한다. 여기서 자격 있는 기관(competent body)이란 법에 의해 규정된 개인, 기관 또는 행정당국으로 강제적 조치(입원이나 치료)를 신청하는 개인이나 단체와는 구분되어 독립적으로 결정할 수 있는 기관을 말한다(제2조 제3항).

(2) 심사과정에서 대면진술과 본인 의견의 고려

강제입원을 결정하는 법원이나 자격 있는 기관은 입원하는 본인의 의견을 고려하여야 하고, 당사자가 대면하여 의견을 진술할 수 있도록 하는 기본원칙이 규정된 법에 따른 절차를 준수하여야 한다(제20조 제1항).

(3) 문서화 및 심사주기

강제입원에 대한 결정은 문서화되어야 하고, 법에 따라 공식적으로 심사를 받아야 하는 최장기간을 정해야 한다. 최장기간을 정한 경우라도 당사자의 심사권이나 이의제기(항소)할 권리에 영향을 미쳐서는 안 된다(제20조 제3항).

(4) 입원(연장)결정 전 절차

강제입원이나 그 연장조치는 신뢰할만한 전문가의 기준에 따라 자격과 경험이 있는 의사의 진단에 기초하여 이루어져야 한다(제20조 제4항). 의사나 자격 있는 기관은 당사자의 반대가 없고, 의견을 듣는 것이 불가능하거나 부적절하지 않은 경우에는 가까운 주변 사람들의 의견을 청취하여야 한다(제20조 제5항). 위 과정에서 환자의 대리인도 정보를 제공받고, 의견을 진술할 수 있어야 한다(제20조 제6항).

라. 응급입원의 절차

유럽평의회 권고는 응급상황에서의 강제입원에 대해 별도의 규정을 두고 있다(제21조). 먼저, 응급입원이 강제입원에 관한 일반절차를 회피하기 위해서 사용되어서는 안 된다고 규정하여 응급입원은 긴급한 상황하의 예외적 제도임을 강조하고 있다(제21조 제1항).

다음으로, 응급입원의 절차와 관련해서는 ⅰ) 당해상황에 적합한 의료적 평가에 기반해 단기간 동안만 활용해야 하고, ⅱ) 가능한 한 의사나 자격 있는 기관이 가까운 주변 사람들의 의견을 청취하고, 환자의 대리인의 의견 진술 등을 규정한 입원(연장)결정 전 절차를 거치도록 하며, ⅲ) 응급입원에 대한 결정을 문서화하고, 법에 따른 심사의 최장기간을 정하여야 한다(제21조 제2항).

끝으로, 응급입원조치가 응급상황을 넘어서 지속될 경우에는 법원이나 다른 자격 있는 기관이 일반적 강제입원 규정에 따라 조치의 지속여부를 결정하여야 한다(제21조 제3항).

3. 강제입원 이후의 권리보장과 퇴원

가. 권리고지(Right to information)

강제입원된 환자는 즉시 구두 및 서면으로 입원환자의 권리와 그들에게 제공되는 구제수단에 대한 정보를 제공받아야 한다. 아울러 강제입원된 환자는 정기적으로 그리고 적정한 시기에 강제입원결정의 이유와 향후의 입원연장이나 퇴원의 기준에 대한 정보를 제공받아야 한다. 환자의 대리인이 있다면, 그 또한 위와 같은 정보를 모두 제공받아야 한다(제22조).

나. 환자의 소통할 권리와 면회할 권리

강제입원된 환자에게 있어서는 변호사, 대리인 및 필요한 행정당국과의 소통할 권리가 제한되어서는 안 된다(제23조 제1호). 아울러, 강제입원된 환자는 면회할 권리(방문을 받을 권리, right to receive visits)가 부당하게 제한되어서는 안 되지만 동시에 시설 내의 취약한 개인이나 미성년자 보호의 필요성과 정신의료시설의 방문이라는 점도 고려되어야 한다(제23조 제2호).

다. 강제입원의 종료(퇴원)

유럽평의회 권고는 강제입원의 종료라 할 수 있는 퇴원에 관해서도 그 요건과 절차를 규정하고 있다.

(1) 퇴원의 요건

퇴원요건을 보면 강제입원 이후에 강제입원의 요건 중 어느 하나라도 충족되지 않는 경우에는 그 강제입원은 종료되어야 한다(제24조 제1항).

(2) 퇴원요건의 심사

다음으로, 퇴원요건의 심사라 할 수 있는 평가는 의사의 책임으로 하고 있다. 환자를 담당하는 의사는 법원이 일반적 타인이나 구체적으로 특정된 개인에게 심각한 위해를 가할 위험의 평가를 보류해 두지 않은 경우라면 강제입원 요건의 충족 여부를 평가할 책임이 있다(제24조 제2항).

(3) 퇴원결정의 주체

만약 강제입원의 종료(퇴원)조치가 사법적 결정에 따르는 것이 아니라면, 의사, 책임 있는 행정당국, 자격 있는 기관이 강제입원을 종료하기 위해 위의 기준에 따른 조치를 할 수 있다(제24조 제3항). 각 국가의 법령이나 강제입원의 유형(보호입원인 경우와 행정입원인 경우)에 따라서는 법원이나 행정기관이 결정을 하는 경우도 있고, 의료인이 결정하는 경우도 있기 때문에 퇴원결정의 주체를 일률적으로 정할 수는 없다.

(4) 강제입원 기간의 최소화

유럽 평의회는 아울러, 회원국들에게 적정한 애프터케어 서비스 제공을 통하여 가능하다면 강제입원의 기간을 최소화할 것을 권고하고 있다(제24조 제4항).

라. 강제입원의 합법성에 관한 심사와 이의제기

유럽평의회 권고는 각 국가가 강제입원의 합법성을 심사하고 환자가 그러한 심사를 받거나 이의제기를 할 수 있는 권리를 보장하도록 규정하고 있다.

(1) 강제입원 후 보장되는 환자의 권리

유럽평의회 권고는 각 회원국에 대해 강제입원된 환자가 다음의 각 권리를 효과적으로 행사할 수 있도록 보장할 것을 권고하고 있다(제25조 제1항).

i) 강제입원결정에 대해 이의(항소)할 권리

ii) 합리적 기간을 두고서 강제입원조치나 그 계속입원신청의 합법성을 법원에 의해 심사받을 권리

iii) 위와 같은 심사나 이의(항소)절차에서 환자가 몸소 또는 개인적 대리인이나 대표를 통하여 말하여질 권리

만약에 환자나 변호인 또는 대리인이 위와 같은 심사를 요청하지 않을 경우라도, 책임 있는 행정당국이 법원 등 심사기관에 정보를 제공하여 합리적인 주기를 정해 강제입원의 계속적 합법성을 담보하도록 유럽평의회는 권고하고 있다(제25조 제2항).

(2) 변호사와 대리인의 지원

유럽평의회 권고는 회원국에게 법원에서의 위와 같은 심사절차를 위해 변호사를 환자에게 지원하는 제도를 고려할 것을 요구하고 있다. 특히, 환자가 자신을 위하여 행동할 수 없는 경우에는 환자가 무료법률구조를 위한 법에 따라 변호사의 도움을 받을 권리가 있어야 함을 강조한다. 위의 심사과정에서 변호사는 모든 자료에 접근할 수 있고, 법원에 증거를 제출할 권한을 보장받는다(제25조 제3항).

환자가 대리인(representative)[84]이 있는 경우라면, 그 대리인도 변호사와 동일하게 모든 자료에 대한 접근과 법원에 증거를 제출할 권한을 보장받는다(제25조 제4항).

(3) 증거의 접근과 비밀보장

강제입원의 합법성 여부에 대한 법원의 심사과정에서 환자는 법원의 자료에 접근할 수 있는 권한을 가진다. 다만, 그 접근은 법에 따른 비밀보호와 타인의 안전을 조건으로 하여 제한된다. 환자가 대리인이 없다면, 법원의 심리절차에서 개별적 옹호인(personal advocate)의 지원에 대해 접근할 수 있어야 한다(제25조 제5항).

(4) 법원의 결정과 항소권

법원의 결정은 신속하게 환자에게 전달되어야 하고, 만약 강제입원이 관련법령

---

84) 여기서 대리인(representative)이라 함은 동의능력이 없는 사람에 대해 그의 이익을 대표하거나 그를 대신해 의사결정을 할 수 있도록 법에 의해 규정된 사람을 말한다(유럽평의회 권고 제2조 제3호). 통상 서구에서 강제입원환자의 대리인은 미성년자의 친권자인 부모나 피후견인의 법정대리인인 후견인 등을 말한다.

을 침해한 경우라면 그 결정은 관계기관에도 송부되어야 한다. 법원의 결정에 대해서는 항소절차가 보장되어야 한다(제25조 제6항 및 제7항).

4. 유럽평의회 각료회의 권고의 검토

근대 이후 성립된 강제입원제도는 그 역사를 고찰해 볼 때 근대국가의 탄생 이후에 만들어진 서구유럽의 제도라 할 수 있다. 정신의료 또한 서구에서 그 발전의 기틀이 마련되어 온 이상 강제입원제도의 최근의 기준과 변화를 서구 유럽으로부터 참조하는 것은 필요한 부분이다.

가까운 일본이 우리의 강제입원제도와 유사하고, 유교문화를 바탕으로 한 가족적 특성도 동일하기 때문에 접근하여 참고하기는 쉽지만 이상적인 모델이 되기에는 부족함이 적지 않다.

2004년 유럽평의회 각료회의 권고는 1991년 국제연합의 MI 원칙이나 2006년 제정된 「장애인권리협약」에 비해서 좀 더 구체적인 모습을 띠고 있고, MI 원칙에 비해서는 좀 더 진보적인 모습도 보이고 있다. 그러나 UN 장애인권리위원회가 2014년 내놓은 「장애인권리협약」 제12조 법 앞의 동등한 인정에 관한 일반논평이 제시한 내용(대체의사결정권자에 의한 강제입원의 제한, 지적장애 · 정신장애 · 인지장애가 있는 사람에 대한 강제치료의 폐지)과 비교해 본다면, 위 권고가 가진 한계도 엿보인다.

V. 유럽연합 회원국의 강제입원제도와 그 특징

1. 유럽연합[85] 회원국의 강제입원제도

유럽연합은 회원국의 기본권 상황에 대한 지원과 경험을 제공하기 위하여 유럽연합 기본권청(the EU Agency for Fundamental Rights, 이하 'FRA'라 한다)을 설립하여 매년 유럽연합 회원국의 인권상황에 대한 비교, 조사를 하고 있다. 유럽연합 기본권청(FRA)은 2012년 정신장애인의 강제입원과 강제치료에 관한 27개 회원국(영국 포함, 당시 비회원국이었던 크로아티아 제외)의 법제도를 비교 · 분석하여 공개하였다. 위 보고서에 따라 각 회원국의 강제입원제도를 전체적으로 평가하여 정리해 보면

85) 유럽연합(European Union)은 2016년 영국이 탈퇴하기 전까지 28개의 회원국(2013년 크로아티아가 회원국이 됨)을 가진 연합체로서 유럽의회, EU 정상회의(European Council), 각료이사회, 집행위원회(European Commission), EU 사법재판소 등의 기관을 두어 각 회원국의 법령에 영향을 미치는 EU 법규범(the Union's instruments)을 제정하고 있다.

다음과 같다.

표 2-3 유럽연합 회원국(27개국)의 강제입원제도 비교[86]

내용	EU 강제입원 제도
정신보건법의 목적	환자와 타인(공중)의 생명, 건강 및 위험방지(EU 다수의 국가)
강제입원 및 치료의 요건[87]	1. 정신건강상 문제가 있는 사람(EU 27개국 공통) 2. 자신 또는 타인에 대한 중대한 위험(25개국) 3. 치료목적(15개국. 위 2.항의 요건에 추가한 국가는 13개국) 4. 덜 제한적인 조치가 없을 것(18개국)
입원평가 기관	1. 정신과 전문의(대부분의 EU 회원국) 또는 의사(3개국) 2. 평가의사 1명(9개국), 2명(EU 국가의 과반수), 3명(2개국)
입원결정 기관	1. 법원이나 심판원(21개국) 2. 의료인의 결정 후 법원의 승인이나 연장
필수적 청문(대면)절차	EU 회원국 대부분 규정
입원(치료) 종료결정	1. 판사가 결정(프랑스, 오스트리아) 2. 병원과 판사의 협조를 통한 결정(독일 등) 3. 시장이 결정(이탈리아)
국선변호인 제공	1. 자동적·필수적 제공(벨기에 등 다수 국가) 2. 경제적 형편이나 사선 변호인 미선임 여부에 따라 국선변호인 지원(일부 국가)

2. 유럽연합 회원국 강제입원제도의 특징

위의 유럽연합 회원국의 일반적인 강제입원제도의 모습을 다음과 같이 설명할 수 있다.

i) 강제입원의 목적: 환자와 타인(공중)의 생명, 건강 및 위험방지
ii) 강제입원의 요건: 정신건강상 문제로 자·타해 위험 또는/과 치료필요성이 있는 사람으로 덜 제한적인 다른 대안적 조치가 없을 것

86) FRA, 「Involuntary placement and involuntary treatment of persons with mental health problems」, 2012, 29-40면 및 57-60면의 내용 중 일부를 정리하여 표로 구성한 것임(신권철, "강제입원 위헌(헌법불합치)결정의 의미와 향후 과제, 「서울법학」 제24권 제4호, 14면에서 일부 수정 재인용).

87) FRA, 앞의 책, 60면(부록의 표) 참조. 본문 31면 및 33면에 보다 구체적으로 각 나라의 내용이 정리되어 있는데, 여기서는 부록 60면의 표를 따랐다.

iii) 입원평가기관: 의사 2명 이상
iv) 입원결정기관: 법원이나 심판원
v) 입원심사절차: 필수적 청문(대면)절차
vi) 입원종료절차: 판사·시장이나 병원이 단독으로 결정하거나 협조하여 결정
vii) 절차보조인: 강제입원 심사시 환자를 지원하는 변호인 등을 필수적으로 제공하거나 경제적 형편 등에 따라 무료로 제공

위와 같이 유럽연합 회원국의 강제입원제도의 일반적 상황을 보면, 국가기관인 법원이나 심판원이 입원에 대한 최종 결정권한을 가지며, 그 과정은 입원하는 환자를 지원하는 변호인과 같은 절차보조인이 참여하여 대면하는 심리절차를 통하여 이루어짐을 알 수 있다.

위와 같은 강제입원제도의 일반적 모습은 앞서 본 UN의 1991년 정신장애인 보호원칙, WHO의 1996년 정신보건법 10대 원칙, 유럽평의회(Council of Europe) 각료회의의 2004년 권고에 따른 기준들을 대부분 참조하여 만들어진 것이라 할 수 있다.

제3절 강제입원심사와 퇴원제도

I. 헌법재판소의 강제입원 위헌(헌법불합치) 결정

2016년 9월 헌법재판소의 구 정신보건법의 보호입원 조항에 대한 위헌(헌법불합치) 결정은 강제입원제도 전반에 대한 법률적 개선을 요구하고 있다. 이제 강제입원 법제가 현실에 부합하도록 하는 것이 아니라 헌법이 요구하는 기준에 부합하도록 해야 함을 제시하고 있는 것이다. 헌법재판소는 9명 재판관 전원일치로 구 정신보건법의 보호입원조항이 위헌임을 선언하였다. 그리고 그 결정에서 제시된 기준과 강제입원 대상자에 대한 절차적 기본권 보장을 향후 법령 개정의 방향과 지침으로 제시하고 있다. 이하에서는 보호입원 조항에 대한 위헌소송의 경과와 쟁점, 헌법재판소 결정의 내용과 의미, 향후과제를 간략히 제시해 본다.[88)]

1. 강제입원 위헌소송의 경과와 쟁점

가. 강제입원 위헌소송의 경과

(1) 강제입원조항의 헌법상 문제점

구 정신보건법의 보호입원 조항은 제정 당시부터 태생적으로 위헌의 소지를 안고 있었다. 그것은 우리 헌법이 "누구든지 체포 또는 구속을 당한 때에는 적부의 심사를 법원에 청구할 권리를 가진다"고 규정하고 있음에도 불구하고, 구 정신보건법은 공권력이 아닌 가족과 의사에 의한 강제입원을 허용하고 있고, 영장도 재판도 없이 장기간의 격리와 강제치료를 허용하고 있었기 때문이다.

(2) 헌법재판소의 강제입원조항 헌법소원에 대한 각하

우리 헌법재판소는 1988년 신설된 이후 2001년부터 2014년까지 10차례 이상 강제입원 당사자의 헌법소원청구를 접수하였으나 모두 본안판단을 하지 않은 채 각하하였다.[89] 그 각하의 사유는 퇴원 후 헌법소원을 제기하는 청구기간을 도과하였다거나 헌법소원의 직접성이나 보충성에 반한다는 것이었다.

2014년 1월 정신장애인권단체 등이 연합하여 공익소송으로서 구 정신보건법의 보호입원조항에 대해 4인의 강제입원환자를 청구인들로 하여 헌법소원을 제기하였다. 그러나 헌법재판소는 두달 만인 2014년 3월에 기존과 동일하게 위 헌법소원을 각하하였다.

구체적 이유를 보면, 보호입원 조항은 강제입원이라는 구체적 집행행위가 있을 때 비로소 기본권침해가 발생하는 것이어서 헌법소원심판청구에 필요한 직접성(법률 자체가 직접 국민의 기본권을 침해하여야만 헌법소원 대상이 될 수 있다는 요건)[90]을 갖추지 못하였다는 것이다.[91] 위 헌법재판소 각하 결정의 의미는 결국 강제입원된 환자가 법원에 퇴원(인신보호)청구를 하고 그 재판에서 전제가 되는 법률인 구 정신

---

88) 이하의 Ⅰ.항의 내용 중 일부는 필자가 2016년 11월 헌법재판소의 헌법실무연구회 월례발표회에서 발표한 글과 이를 바탕으로 수정·보완한 글인 "강제입원 위헌(헌법불합치)결정의 의미와 향후 과제"(「서울법학」 제24권 제4호, 2017, 18면 이하)의 일부 내용을 참조하여 인용한 것이다.

89) 헌법재판소 2001. 11. 29. 2001헌마433 전원재판부 결정; 헌법재판소 2008. 10. 7. 2008헌마572 결정; 헌법재판소 2009. 2. 17. 2009헌마19 결정; 헌법재판소 2009. 7. 28. 2009헌마383 결정 등.

90) 헌법재판소 1991. 11. 25. 89헌마99 결정(법률이 별도의 구체적인 집행행위의 매개를 필요로 하지 아니하고 그 법률자체로서 직접 청구인의 자유를 제한하거나 의무를 부과하는 경우에는 직접성이 인정된다).

91) 헌법재판소 2014. 3. 4. 2014헌마22 결정.

보건법 제24조에 대해 위헌법률심판제청을 하여 위헌심사를 받으라는 의미이기도 하다. 즉, 직접 헌법재판소로 가져오지 말고, 사전에 법원을 거쳐 오라는 의미이다.

(3) 서울중앙지방법원의 강제입원 위헌법률심판제청

2014년 1월 강제입원 조항(구 정신보건법 제24조의 보호입원)에 대한 헌법소원 청구인 중 1인은 강제입원된 상태에서 서울중앙지방법원에 퇴원을 요구하는 인신보호청구를 하였고, 그 인신보호재판에서 청구인측에서 제기한 위헌법률심판제청신청이 서울중앙지방법원에 의해 받아들여져 법원이 2014년 5월 헌법재판소에 구 정신보건법의 보호입원조항에 대한 위헌법률심판제청 결정을 하였다.[92] 그 구체적 결정이유를 보면 다음과 같다.

1) 침해되는 기본권

법원은 강제입원으로 제한되는 기본권이 헌법상 신체의 자유 외에도 인격권과 행복추구권에서 도출되는 개인의 자기결정권도 포함된다고 하였다.

2) 과잉금지의 원칙 준수 여부

헌법상 기본권을 제한하기 위해서는 과잉금지의 원칙을 준수하여야 하는데, 그 원칙은 입법목적의 정당성, 수단의 적합성, 침해의 최소성, 법익의 균형성을 내용으로 하고, 이 모든 테스트를 통과하여야만 합헌이 된다.

ⅰ) 입법목적의 정당성: 법원은 강제입원제도가 입원치료와 사회복귀를 목적으로 하고, 부수적으로 자신과 타인의 안전에 대한 잠재적 위험을 보호하기 위한 것으로 법원은 그 입법목적 자체는 정당하다고 보았다.

ⅱ) 수단의 적합성: 법원은 수단의 적합성과 관련해서는 입원요건의 불완전성과 불명확성, 보호의무자와 입원대상자의 이해충돌에 대한 대책 미비, 입원필요성을 판단하는 주체의 제도적 객관성 결여 등을 들어 구 정신보건법의 강제입원제도는 그 수단으로서 적합성이 없다고 보았다.

ⅲ) 침해의 최소성: 법원은 사실상 감금 내지 인신구속에 준하는 기본권침해 효과를 가져오는 강제입원은 예외적, 최후적 수단이 되어야 하는데, 치료 필요성이라는 완화된 요건이 적용되고, 행정입원과 비교해 볼 때도 보호입원은 그 요건이나 기간에 있어 남용의 소지가 높다고 보았다.

ⅳ) 법익의 균형성: 법원은 보호입원이 "공익을 위한 것이라고 포장하기에는 그로 인한 정신질환자의 기본권 침해 효과가 너무나도 커서 위헌의 소지가 있다"고 보았다.

---

92) 서울중앙지방법원 2014. 5. 14. 2014초기408 결정.

3) 적법절차 위배 여부

헌법상 신체의 자유는 적법절차의 원칙을 규정하고 있는데, 적법절차(due process) 원칙은 형식적인 절차뿐만 아니라 실체적 법률내용도 정당성과 합리성을 갖춘 것이어야 한다는 점을 강조한다.

법원은 보호입원 조항이 적법절차의 원칙에도 반할 소지가 있음을 지적하고 있는데, 그 이유로 ⅰ) 이해충돌 가능성이 있는 보호의무자와 객관성이 보장되지 않는 정신과 전문의 1인의 판단만으로 사실상 장기간의 감금 내지 인신구속에 준하는 기본권 침해 효과를 갖는 강제입원을 허용하고, ⅱ) 강제입원된 이후에야 퇴원청구나 인신보호청구를 할 수 있을 뿐 독립된 심사기관에 의한 공정한 판단을 받을 기회 자체가 없고, ⅲ) 입원과정에서 환자의 의사결정능력을 존중하지 않고, 환자를 "모든 절차에 있어서 철저히 배제된 객체"에 불과하게 만들어 놓은 제도임을 지적하였다.

4) 서울중앙지방법원의 결론과 그 의미

위와 같은 사유를 들어, 서울중앙지방법원은 2014년 5월 구 정신보건법의 보호입원조항이 헌법상 과잉금지원칙에 반하여 정신질환자의 신체의 자유와 자기결정권을 침해하고, 적법절차의 원칙에 위배되는 위헌적 조항이라고 의심할 만한 상당한 이유가 있다고 보아 헌법재판소에 위헌법률심판제청을 하였다.

생각건대, 서울중앙지방법원의 결정이유와 같이 구 정신보건법의 보호입원 조항이 위헌의 의심이 있다는 생각은 다수의 법조인들이 위와 같이 헌법상 기본권과 적법절차의 원리를 배웠기 때문에 관심만 있다면 위헌임을 재판관들에게 설득할 수 있었을 것이다. 그러나 구 정신보건법의 보호입원조항에 의해 매년 10여 만 건 이상의 강제입원이 이루어져도 그 위헌성을 제대로 주장하여 재판관 앞에 다가가는 데에는 무려 20여 년이 걸린 것이다.

서울중앙지방법원의 결정은 판사 스스로의 진지한 고민으로 강제입원제도가 가진 문제점을 법리적으로 표현해 내었고, 우리의 강제입원제도가 무엇을 간과하고 있는지도 정확하게 지적하였다. 특히 적법절차의 원칙에 위배하여 환자를 절차적 객체로 전락시키는 강제입원과정이 인격적 주체성을 상실하게 되는 과정임을 적절히 지적하였다. 그것은 그래서 이후의 헌법재판소의 심리와 위헌결정에서도 영향력을 가진 결정이 될 수 있었다.

(4) 헌법재판소의 강제입원 위헌법률심판 경과

1) 정부와 국가인권위원회의 의견 제출

헌법재판소는 2014년 5월 법원의 위헌법률심판제청사건이 접수되자 이해관계인인 정부(보건복지부)에 서면진술의견을 제출하도록 하였다. 정부는 2014년 8월 합헌의견을 제출하였고, 국가인권위원회는 위원회 결정으로 2015년 7월 위헌의견을 제출하였다. 보건복지부의 합헌의견은 보호입원조항이 치료를 받지 못하던 정신질환자에게 치료의 기회를 제공한 것임을 강조하였고, 국가인권위원회의 위헌의견은 여러 현실적 통계자료들을 제출하며, 보호입원조항이 UN의 국제기준과 「장애인권리협약」 등에도 반하는 것임을 강조하였다.

2) 헌법재판소의 공개변론

헌법재판소는 2016년 4월 구 정신보건법의 보호입원조항에 대한 공개변론을 개최하였다. 공개변론은 사회적 관심이 있는 사건에 대해 당사자와 이해관계인, 관련 전문가가 함께 참여하여 자신의 의견을 개진할 수 있는 기회를 제공한다. 2016년 4월 공개변론에서는 ⅰ) 위 인신보호재판을 청구한 청구인과 그 대리인들이 먼저 보호입원조항의 위헌성을 강제입원의 열악한 현실과 통계 등을 들어 지적하였고, ⅱ) 이해관계인인 정부(보건복지부) 대리인은 보호입원제도가 가진 사회적 필요성과 현실성을 주로 강조하였다. ⅲ) 전문가 진술로는 정신의료기관협회측의 정신과 전문의 1인과 국가인권위원회 사무총장이 강제입원의 현실에 대해 헌법재판관들을 향해 의견을 개진하였다.[93]

3) 헌법재판소의 위헌(헌법불합치) 결정

헌법재판소의 공개변론 직후 국회 보건복지위원회는 2016년 4월 말 정신보건법을 전면개정한 정신건강복지법안을 통과시켜 국회 본회의에서 2016년 5월 새로운 정신건강복지법이 의결되었다. 구 정신보건법은 그리하여 2017년 5월 말까지만 유효한 법이 되었고, 헌법재판소는 그리하여 좀 더 자유롭게 구 정신보건법에 대해 결정을 할 수 있게 되었다.

헌법재판소는 2016년 9월 구 정신보건법의 보호입원조항에 대해 재판관 9인 전원일치로 위헌선언을 하고, 다만 새로운 정신건강복지법이 시행될 때까지는 혼란을

93) 구 정신보건법 보호입원 조항에 대한 변론 전체의 동영상은 헌법재판소 홈페이지(변론동영상: 변론일자 2016. 4. 14.)에서 2017년 초까지 확인할 수 있었으나 현재는 삭제되어 정보공개청구를 해야 동영상 파일을 받아볼 수 있다.

피하기 위하여 구 정신보건법의 보호입원조항을 2017년 5월까지는 잠정적용할 수 있도록 하는 헌법불합치 결정을 하였다.

나. 강제입원 위헌소송의 쟁점

(1) 법적 정당성의 논증

어떤 법률조항의 위헌 여부에 대한 심사는 앞서 본 과잉금지의 원칙이나 적법절차의 원칙으로 표현되는 법적 정당성을 논증하는 과정을 거친다. 예컨대, 그것은 제도의 필요성뿐만 아니라 적합성에서 더 나아가 법적 정당성을 가져야 한다. 치료를 강제한다는 것, 입원을 강제한다는 것이 그 명목적 선의에도 불구하고 정당성을 가지기 위해서는 그 과정에서 법이 통상 부여하고 있는 인격적 절차를 준수하고 있는지를 검토하는 방식으로 진행된다.

강제입원제도가 법률에 근거해 만들어졌다는 것만으로는 그 법적 정당성이 저절로 부여되지 않는다. 과거 형식적 법률에 의해 이루어진 수많은 기본권 침해가 법률에 의해서도 불법은 자행될 수 있다는 의심을 가지게 만들었기 때문이다. 구 정신보건법의 보호입원 조항은 그래서 자신의 법적 정당성을 스스로 증명하였어야 하는데, 그러지 못하였다.

(2) 국가와 사인(私人)

강제력을 행사할 수 있는 권한이 부여된 자는 경찰과 같이 국가에 소속된 사람이어야 한다. 우리는 사인(私人)이 동의 없이 나의 신체를 건드리는 것으로부터 헌법과 법률에 의해 보호되어 있다.

강제입원이나 강제치료는 그러나 사인(私人)의 사인(私人)에 대한 신체적 침습을 당사자의 동의 없이 허용하는 제도이다. 환자 본인의 치료나 사회적 안전을 이유로 한 강제입원제도에는 앞서 서구의 예에서 보았듯이 판사와 같은 국가 공권력 주체의 확인과 집행을 요구한다. 그러나 우리의 강제입원제도는 국가가 뒤로 숨고, 가족과 의사와 정신의료기관의 장에게 그 권한을 적당히 배분하여 일임해 버렸다. 그래서 강제입원의 결정권자가 가족인지, 의사인지, 정신의료기관의 장인지, 시·군·구청장인지 판가름하지 못하게 하였고, 구 정신보건법의 제도적 유습은 정신건강복지법에서도 이어져 오고 있다.

(3) 적법절차와 절차적 기본권

헌법재판소나 법원이 위헌의 이유로 강조한 것 중에 하나는 적법절차의 원리와 그것으로부터 보장되는 강제입원 대상자의 절차적 기본권이다. 진단과 치료가 본업인 의료인이라 하더라도 환자의 동의 없는 입원과 치료를 할 강제적 권한이 부여되지는 않는다. 유일하게 그러한 권한이 부여되는 상황은 환자가 의식불명 상태인 응급의료의 경우뿐이고, 그 경우라도 다른 가족 등의 동의나 설명이 요구된다.

법적 정당성의 측면에서는 환자의 동의 없는 강제입원치료의 과정에서도 적법절차의 원리가 적용되고, 환자의 절차적 기본권이 확보되어야 한다. 이는 의료와 법이 충돌되는 지점이기도 한다. 의료는 강제입원과 강제치료를 구속, 구금, 신체적 제한이나 침습이라는 법적 측면에서 이해하지 않으려 한다. 그러나 법은 그 자유제한이 가진 위험성과 남용가능성을 고려하여 환자를 대상화된 물적(物的) 신체가 아니라 인격화된 대등한 법적 주체로 남게 만들려고 한다. 그리고 그러한 법적 방식이 강제입원되는 사람을 물건처럼 취급되지 않게 하는 유일한 방법이라고 생각한다. 서구는 그것을 나치가 만든 수용소에서 일으킨 악몽으로부터 얻었다. 법은 강제로 수용되는 공간에서 그 존재의 의미가 더 명확해진다.

2. 헌법재판소 결정의 내용과 분석

가. 헌법재판소 위헌(헌법불합치)결정의 내용

헌법재판소는 2016년 9월 구 정신보건법의 보호입원 조항에 대한 위헌(헌법불합치) 결정에서 강제입원제도가 가져야 하는 헌법적 기준을 제시한다. 헌법재판소는 강제입원(보호입원)제도와 관련해 목적의 정당성과 수단의 적합성을 인정하였지만, 최소 침해성과 법익 균형성은 인정하지 아니하여 위헌으로 판단하였다. 법원이 보호입원의 수단 적합성도 인정하지 않은 것에 비해서는 헌법재판소가 다소 소극적인 것이라 할 수도 있다.

그러나 헌법재판소는 ⅰ) 강제입원이 신체적 자유를 제한 내지 박탈하는 인신구속의 성질을 가지고 있어 절차적 보장이 필요함을 강조하고, ⅱ) 강제입원 대상자의 절차적 기본권 보장을 위한 제도들의 마련을 제시하고 있는 점에서는 향후 법률의 입법방향까지 적극적으로 규범화한 의미가 있다. 이하에서는 차례로 헌법재판소 결정(2014헌가9)의 내용을 구체적으로 살펴본다.

(1) 과잉금지의 원칙 위반 여부

표 2-4 보호입원조항의 과잉금지의 원칙 위반 요지

쟁점	요지
제도(목적)의 정당성 인정	정신질환자를 신속·적정하게 치료하고, 정신질환자 본인과 사회의 안전을 지키기 위한 것으로서 그 입법목적은 정당하다.
수단의 필요성 인정	보호의무자 2인의 동의 및 정신과전문의 1인의 진단을 요건으로 정신질환자를 정신의료기관에 보호입원시켜 치료를 받도록 하는 것은 입법목적을 달성하는 데 어느 정도 기여할 수 있을 것이므로 수단의 적절성 또한 인정된다.
침해의 최소성 위반(위헌)	보호입원은 정신질환자의 신체의 자유를 인신구속에 버금가는 수준으로 제한하므로, 정신질환자 본인에 대한 치료와 사회의 안전 도모라는 측면에서 긍정적인 효과가 있더라도 그 과정에서 신체의 자유 침해를 최소화하고 악용·남용가능성을 방지하며, 정신질환자를 사회로부터 일방적으로 격리하거나 배제하는 수단으로 이용되지 않도록 해야 한다. 그러나 심판대상조항은 정신질환자의 신체의 자유 침해를 최소화할 수 있는 방안을 충분히 마련하지 않고 있어, 침해의 최소성 요건을 충족하고 있다고 볼 수 없다.
	심판대상조항은 입원의 필요성에 대한 판단에 있어 객관성과 공정성을 담보할 만한 장치를 두고 있지 않고, 보호입원 대상자의 의사 확인이나 부당한 강제입원에 대한 불복제도도 충분히 갖추고 있지 아니하여, 보호입원 대상자의 신체의 자유를 과도하게 제한하고 있어, 침해의 최소성에 반한다.
법익의 균형성 위반(위헌)	심판대상조항이 정신질환자를 신속·적정하게 치료하고, 정신질환자 본인과 사회의 안전을 도모한다는 공익을 위한 것임은 인정된다. 그러나 심판대상조항은 단지 보호의무자 2인의 동의와 정신과전문의 1인의 판단만으로 정신질환자에 대한 보호입원이 가능하도록 하면서 정신질환자의 신체의 자유 침해를 최소화할 수 있는 적절한 방안을 마련하지 아니함으로써 지나치게 기본권을 제한하고 있다. 따라서 심판대상조항은 법익의 균형성 요건도 충족하지 못한다.

(2) 실체적 위헌성

표 2-5 보호입원조항의 실체적 위헌성 요지

쟁점	요지
대상자 (요건)의 문제	정신보건법은 입원치료·요양을 받을 정도의 정신질환이 어떤 것인지에 대해서는 구체적인 기준을 제시하지 않고 있어, 정신과전문의의 정신질환 소견만 있으면 누구나 보호입원될 가능성이 있다. 또한 '자신의 건강 또는 안전이나 타인의 안전'이라는 요건 또한 매우 추상적일 뿐만 아니라 이를 판단할 수 있는 구체적인 기준도 마련되어 있지 않다.

보호의무자 동의 문제	심판대상조항이 보호의무자 2인의 동의를 요건으로 설정한 것은 보호의무자가 정신질환자의 입원 여부를 결정함에 있어 정신질환자 본인을 위하여 최대한 이익이 되는 쪽으로 판단하리라는 선의에 기초하고 있으나, 보호의무자 중에는 부양의무의 면탈이나 정신질환자의 재산탈취와 같은 목적으로 보호입원을 악용하는 사람도 있을 수 있으므로, 이러한 경우에는 그 보호의무자의 동의권은 제한되거나 부정되어야 한다. 그러나 현행 정신보건법은 정신질환자의 이익을 저해하는 보호입원을 방지할 수 있는 제도를 충분히 마련하고 있지 않다. 소송이 제기되지 않은 상태에서 이해충돌이나 갈등이 발생할 수 있고 이해충돌이나 갈등이 모두 소송으로 발전하는 것도 아니므로, 정신보건법 제21조 제1항 제3호와 같은 결격사유를 둔 것만으로는 보호의무자와 정신질환자 사이의 이해충돌을 적절히 예방하고 있다고 볼 수 없다.
정신과전문의 1인 진단	정신장애나 질환의 특성상 보호입원의 필요 여부에 관하여 전문가의 의견이 필요하다는 점은 부인할 수 없으나, 이러한 필요성이 인정되더라도 그 진단의 남용가능성을 차단할 수 있는 제도적 장치가 마련되어야 한다. 그러나 심판대상조항은 입원치료·요양을 받을 만한 정신질환을 앓고 있는지 또는 환자 자신의 건강·안전이나 타인의 안전을 위하여 입원이 필요한지 여부에 대한 판단권한을 정신과전문의 1인에게 전적으로 부여함으로써, 그의 자의적 판단 또는 권한의 남용가능성을 배제하지 못하고 있다. 정신과전문의가 자신의 경제적 이익을 위하여 진단 권한을 남용하는 경우 현행 정신보건법상 이를 막을 방법이 없고, 정신과전문의와 보호입원된 정신질환자(이하 '피보호입원자'라고만 한다) 사이에 이해관계가 충돌할 수 있다.
보호입원의 남용가능성	보호의무자 동의 요건의 문제점과 정신과전문의 진단 요건에 관한 문제점들이 서로 결합하는 경우 보호입원 제도가 남용될 위험성은 더욱 커진다. 보호의무자 2인이 정신과전문의와 공모하거나, 또는 그로부터 방조·용인을 받아 정신질환자를 보호입원시킬 수 있고, 이는 실제로도 종종 발생하여 사회문제가 되었다. 또한, 사설 응급이송단에 의한 정신질환자의 불법적 이송, 감금 또는 폭행과 같은 문제도 빈번하게 발생하고 있다.
입원기간과 계속입원의 문제	보호입원은 입원기간도 최초부터 6개월이라는 장기로 정해져 있어, 보호입원이 치료의 목적보다는 격리의 목적으로 이용될 우려가 크다. 피보호입원자와 보호의무자는 언제든지 정신의료기관장에게 퇴원을 신청할 수 있으나, 정신의료기관장은 정신과전문의로부터 정신질환자의 위험성을 고지받았음을 이유로 이를 거부할 수 있다. 또한, 정신의료기관장은 6개월이 지난 후에도 피보호입원자에 대하여 계속하여 입원치료가 필요하다는 정신과전문의의 진단 및 보호의무자 2인의 동의가 있는 때에는 6개월마다 시장·군수·구청장 소속 기초정신보건심의위원회의 계속입원 심사를 통해 얼마든지 피보호입원자의 입원을 연장할 수 있다. 이로 인하여 보호의무자와 의료기관 사이의 이해만 맞으면 얼마든지 정신질환자의 의사나 이익에 반하는 장기입원이 가능하다. 실제로 2013년 통계에 의하면 평균 입원기간은 정신의료기관의 경우 176일, 정신요양시설의 경우 3,655일에 이른다.

(3) 절차적 위헌성

표 2-6 보호입원조항의 절차적 위헌성 요지

쟁점	요지
절차적 권리보장의 결여	강제입원은 기본적으로 인신구속의 성질을 가지므로 부당한 강제입원으로부터 환자의 권리를 보호할 수 있는 절차의 마련이 필요하다. 예컨대 당사자에 대한 사전고지, 청문 및 진술의 기회, 강제입원에 대한 불복, 부당한 강제입원에 대한 사법심사, 국가 또는 공적 기관에서 제공하는 절차보조인의 조력과 같은 절차가 보장될 필요가 있다. 그런데 정신보건법은 심판대상조항과 같은 보호입원제도를 두면서 이러한 절차들을 전혀 마련하고 있지 아니하다.
절차적 능력의 배제	정신질환자의 판단능력은 모두 다를 수 있음에도 불구하고, 심판대상조항은 입원을 결정함에 있어 정신질환자 모두에 대해 판단능력 내지 입원에 대한 동의능력이 전혀 없는 것으로 간주하여 이들의 의사를 고려하고 있지 아니하다.
권리사전고지 및 절차보조인 결여	입원 전이나 입원 당시에 당사자에게 고지하는 제도가 없고, 입원 후에야 이를 통지하는 사후통지제도만을 두고 있다. 공적기관에서 제공하는 절차보조인과 같이 보호입원 전반에 걸쳐 객관성을 담보할 수 있는 자의 관여도 허용하고 있지 아니하다.
대면심사 결여	기초정신보건심의위원회는 피보호입원자의 정신의료기관장의 퇴원거부에 대한 이의신청, 정신의료기관장의 피보호입원자에 대한 입원기간 연장에 대하여 심사한다. 그러나 위 위원회에서는 피보호입원자를 직접 대면하여 그의 진술을 충분히 청취하는 절차를 거치지 않은 채 대부분 서류를 위주로 심사가 이루어지고 있는 점, 피보호입원자가 이미 보호입원된 상태에서 사후적으로 입원의 필요성 등을 심사하게 되어 결국은 처음 입원의 필요성이 있다고 인정한 정신과전문의 1인의 진단에 상당히 의존할 수밖에 없는 점 등에 비추어 보면, 위 위원회가 보호입원 당시의 위법·부당성을 충분히 심사할 수 있으리라고 기대하기 어렵고, 이는 통계로도 알 수 있다.
입원의 장기화 위험	더구나 피보호입원자는 정신의료기관으로부터 치료의 필요성이라는 이유로 통신·면회의 자유를 제한받을 수 있고, 또 정신의료기관 내에서 격리되거나 결박당할 수도 있다. 보호의무자나 정신의료기관장이 외부와의 접촉이나 퇴원을 원하는 피보호입원자의 입원을 장기화할 목적으로 이를 악용할 경우, 피보호입원자는 인간으로서 가져야 할 최소한의 존엄성마저 침해당할 수 있다. 실제로도 피보호입원자의 이익이나 입장은 전혀 고려되지 않은 채 장기격리를 위하여 위와 같은 조치들이 이용된 사례도 상당수 존재한다.
「인신보호법」상 구제청구의 한계	법원에 「인신보호법」 제3조에 따라 구제를 청구하는 것도 피보호입원자를 위법·부당한 보호입원으로부터 충분히 보호하는 방법이 되기 어렵다. 「인신보호법」상 구제청구는 보호입원의 위법성을 심사함에 있어 심판대상조항에서 정한 보호입원 요건이 구비되었는지 여부만을 심사함에 그칠 수 있고, 피보호입원자가 보호입원된 때와 「인신보호법」상 구제청구 사이에는 상당한 시간적 간격이 있으며, 피보호입원자로서는 정신의료기관에 격리수용되어 있어 구제청구 자체를 이용하

	기도 쉽지 않다. 나아가 피보호입원자에 대한 구제청구 절차가 진행되면 정신의료기관이 정신질환자를 퇴원시키거나 다른 정신의료기관으로 전원시키는 방법으로 그 절차를 무력화시킬 수 있다.

(4) 헌법재판소의 결정형식과 정신건강복지법 판단유보

표 2-7 보호입원조항에 대한 헌법재판소 결정형식과 이유

결정형식	요지
헌법불합치결정	심판대상조항의 위헌성은 보호입원을 통한 치료의 필요성 등에 관하여 독립적이고 중립적인 제3자에게 판단 받을 수 있는 절차를 두지 아니한 채 보호의무자 2인의 동의와 정신과전문의 1인의 판단만으로 정신질환자 본인의 의사에 반하는 보호입원을 가능하게 함으로써, 제도의 악용이나 남용 가능성을 배제하지 못하고 있다는 점에 있다. 이러한 상황에서 심판대상조항에 대하여 단순위헌결정을 하여 그 효력을 즉시 상실시킨다면 보호입원의 법률적 근거가 사라져 보호입원의 필요성이 인정되는 경우에도 보호입원이 불가능한 법적 공백 상태가 발생하게 된다. 따라서 심판대상조항에 헌법불합치결정을 선고한다.
입법개선촉구 및 계속적용	입법자가 심판대상조항의 위헌성을 제거하여 합헌적인 내용으로 법률을 개정할 때까지 심판대상조항이 계속 적용되도록 할 필요가 있다.
정신건강복지법 판단유보	국회는 2016. 5. 29. 법률 제14224호로 정신보건법을 '정신건강증진 및 정신질환자 복지서비스 지원에 관한 법률'로 전부개정하였고, 위 개정법률은 2017. 5. 30.부터 시행될 예정인데, 개정법률의 내용이나 개정법률에서 심판대상조항의 문제점을 해소하였는지 여부에 대하여는 나아가 판단하지 아니한다.

나. 헌법재판소 위헌(헌법불합치)결정의 분석

위에서 본 헌법재판소 결정은 강제입원제도 개선을 위한 나침반이 될 수밖에 없다. 그 이유는 헌법재판소가 정한 기준들에 미치지 못하는 정신건강복지법령은 또 위헌의 판단을 받을 수 있기 때문이다. 이하에서는 위 결정의 의미를 검토해 본다.

(1) 본인의 의사와 무관하게 이루어지는 시설수용의 기본원리

헌법재판소는 보호입원 조항에 대한 위헌선언만을 하였을 뿐이다. 그에 더하여 사실상 본인의 의사나 선호와 무관하게 이루어지기 쉬운 노인요양시설, 요양병원, 장애인거주시설의 입소나 입원의 경우에도 헌법재판소가 말한 절차적 기본권의 보장과 국가적 감독기관이 요구된다. 독일은 이러한 점을 감안해 정신의료기관 외에 반개방시설에 환자를 입소시키거나 할 때에도 후견인이 법원에 그 입소여부에 대한 허가를 청구하여 판사의 승인을 얻도록 하고 있다.

(2) 정신요양시설의 간과

헌법재판소가 위헌선언을 한 보호입원조항은 그 안에 정신요양시설에서의 보호입소가 포함되어 있다. 헌법재판소는 환자 본인의 치료를 목적으로 강제입원이 정당화될 수 있다고 보고 있는데, 정신요양시설은 의사가 상주하는 공간이 아니어서 실질적인 치료를 받을 수 있는 시설은 아니다. 그럼에도 불구하고 강제입소가 허용되는 정신요양시설의 위헌성에 대해서는 판단하지 않고서 간과하였다.

(3) 수단의 적합성 문제

법원이 사인(私人)에 의한 강제입원이라는 이유로 수단의 적합성을 인정하지 않았음에도 불구하고 헌법재판소는 강제입원이라는 수단의 적합성을 긍정하였다. 그러나 여기서 '수단'이라 함은 환자의 동의 없는 입원과 치료를 강제할 수 있는 강제력의 행사권한을 사인(私人)인 가족과 의사, 정신의료기관의 장에게 부여하는 방식으로 운영하고 있다는 점이다. 이는 다른 나라가 입원과정(호송, 진단 및 평가, 심사 및 결정 등) 전체에 대체로 국가적 개입과 감독을 하여 강제력 행사의 정당성을 부여하는데, 우리는 사인(私人)에게 모든 것을 맡겨 놓고 있어 그 강제력 행사의 주체가 적합하다고 보기는 어렵다.

(4) 강제입원 유형의 일원화 문제

헌법재판소가 보호입원제도가 가진 기존의 속성을 간과한 채 사회적 안전을 그 목적으로 이해한 것은 재고의 여지가 있다. 보호입원제도는 기본적으로 환자 본인의 치료가 주 목적인 제도이고, 가족들이 입원에 개입할 수 있게 만든 제도이다. 다만, 헌법재판소가 강제입원제도를 보호입원과 행정입원을 유사한 기능을 가졌다고 보아 그 요건과 목적을 통일적으로 이해하고 있고, 새로운 정신건강복지법도 보호입원과 행정입원을 요건과 절차에 있어 유사하게 규정하고 있는 점을 고려하면, 향후 강제입원유형의 이원화(보호입원과 행정입원)가 아닌 일원화가 더 합리적인 규율체계가 될 수도 있을 것이다. 즉, 강제입원에 있어 그 신청권자의 차이만 있을 뿐 이후의 요건과 심사절차, 연장절차 등은 동일하게 국가가 관리하는 사법적 메커니즘으로 규율할 수 있도록 개정하는 것도 가능할 것이다.

3. 정신건강복지법의 위헌성 여부 검토

헌법재판소가 새로운 정신건강복지법의 보호입원제도에 대한 판단은 유보하였지만 보호입원제도 위헌결정 이유를 기준으로 정신건강복지법의 보호입원제도의 위헌 여부를 가늠해 볼 수는 있다. 이하에서 간단히 이를 살펴본다.

가. 실체적 입원요건의 강화와 권한남용 방지제도

표 2-8 헌법재판소 결정의 실체적 위헌성 기준과 정신건강복지법

쟁점	정신건강복지법의 개선내용
대상자 및 입원요건의 불명확 문제	▪ 입원요건 제한 및 구체화 1. 정신질환자 개념을 축소(제3조) 2. 입원치료 또는 요양을 받을만한 정도 또는 성질의 정신질환(제43조) 3. 자신의 건강 또는 안전이나 타해 위험 기준 보건복지부령으로 설정(제43조)
보호의무자 동의 문제	▪ 보호의무자의 동의권 제한 1. 최초입원시 보호의무자 동의가 아니라 신청으로 전환(제43조) 2. 보호의무자 2인 이상으로 강화 3. 후견인을 부양의무자보다 선순위로 둠 4. 보호의무자 자격을 대통령령으로 제한 5. 보호의무자 신청에 의한 입원기간을 14일 이내로 제한
정신과 전문의 1인 진단의 문제	▪ 정신과 전문의 진단권한 통제 1. 보호입원 신고(3일 이내) 2. 국공립 등 지정진단의료기관의 두 번째 의사의 진단 소견 요구 3. 신청이나 직권으로 조사원 조사(1개월 이내) 4. 입원적합성심사위원회 심사 5. 3개월째 정신건강심사위원회 심사
보호입원의 남용가능성 문제	▪ 보호입원 남용가능성 방지 1. 환자의 입원사항 등 전산시스템을 통한 신고사항 제출·확인 2. 보호의무자 및 정신과 전문의 권한남용에 대한 통제 3. 각종 절차상 권리의 고지
입원기간과 계속입원의 문제	▪ 장기입원 방지 1. 입원심사기간 단축(14일, 1개월, 3개월 사이에 국가적 기관에 의한 입원진단 및 심사) 2. 입원연장청구 시 국공립 등 지정진단의료기관의 두 번째 의사에 의한 진단 소견 요구

나. 절차적 권리와 적법절차의 보장제도

표 2-9 헌법재판소 결정의 절차적 위헌성 기준과 정신건강복지법

쟁점	헌재 결정의 내용	정신건강복지법령
절차적 권리보장의 결여	1. 입원 전 권리고지	1. 당사자의 입원 시 구제절차 및 권리에 대해 서면 및 구두로 고지
	2. 청문 및 진술의 기회부여	2. 심사기관의 청문(심사)에 직접 참여하여 진술하는 것은 아니나 조사원 대면조사 신청권 인정
	3. 강제입원에 대한 불복제도	3. 강제입원에 대한 불복수단으로 구 정신보건법과 같이 퇴원심사청구나 인신보호청구제도가 있음
	4. 부당한 강제입원에 대한 사법심사	4. 입원적합성심사위원회 결정에 대한 불복절차가 법령 내에 없으나 「인신보호법」상 구제청구 가능
	5. 국가 또는 공적기관에서 제공하는 절차보조인의 조력	5. 조사원을 통한 지원 있음
	6. 심사기관에 의한 대면심사	6. 심사기관의 조사원을 통한 간접적 대면심사 가능
	7. 절차적 능력(판단능력과 동의능력)의 존중	7. 자기결정권 존중 선언 및 환자의 판단능력이 미흡한 경우만 보호의무자가 대신 동의
입원과정 및 입원심사의 문제	1. 입원 시 통신 및 면회의 자유의 제한 문제점 해결 필요	1. 통신 및 면회의 자유 제한은 특별한 경우에 정신과 전문의 지시로 예외적으로만 인정
	2. 입원 시 격리·강박의 문제점 해결 필요	2. 격리·강박의 규정은 기존과 동일하게 두고 있으나 지침 등으로 개정 가능
	3. 응급환자이송단의 불법이송 문제 해결 필요	3. 경찰관과 구급대원에 의한 응급입원 및 행정입원 정비
	4. 서류 위주 입원심사 지양	4. 조사원 조사를 통해 환자 의견반영
	5. 독립적·중립적인 심사기관 필요	5. 국공립 정신병원 산하에 입원적합성심사위원회를 두어 독립성과 중립성 확보 노력
인신보호구제청구의 한계	1. 입원요건 구비여부만 심사	1. 형식적 입원요건 외에 입원 필요성 여부도 심사(「인신보호법」 해석을 통해 가능)
	2. 보호입원과 인신보호 구제절차 사이의 시간적 간격	2. 「인신보호법」에 입원 즉시 인신보호 구제청구권 고지 규정 있음
	3. 갇혀 있어 사실상 구제청구 자체를 할 수 없음	3. 「인신보호법」개선 필요
	4. 구제청구하면 퇴원이나 전원시켜 구제절차 무력화	4. 「인신보호법」 개선 필요

다. 정신건강복지법의 위헌성 여부

2016년의 헌법재판소의 위헌(헌법불합치) 결정에서 제시한 기준을 바탕으로 볼 때 정신건강복지법의 강제입원제도가 여전히 위헌 판단을 받을 가능성이 있을지 검토할 필요가 있다. 왜냐하면, 위헌성의 의심이 있는 조항들은 위헌선언을 받기에 앞서 개정할 필요가 있기 때문이다.

개인적으로 구 정신보건법 하에서도 그렇고, 새로운 정신건강복지법에서도 그렇고 강제입원제도를 형식화 또는 열악하게 만드는 제도들은 위헌의 소지가 있다. 그러한 제도들을 간단히 지적해 보면 다음과 같다.

(1) 정신요양시설제도

구 정신보건법과 정신건강복지법이 허용하고 있는 정신요양시설에서의 강제입소의 결과를 보면 사실상 평균적으로 입소환자들이 10년이 넘게 장기간 밖으로 나오지 못하게 하는 시스템을 만들었다. 거주할 공간을 제공하는 것은 필요하지만 나올 수 없게 갇혀 있다면 그곳은 사람에게 격리의 공간일 뿐이다.

(2) 보호의무자제도

가족에게 강제입원과 퇴원의 사실상 결정권한의 부여를 통하여 가족과 환자의 관계를 충돌·대립시키는 보호의무자제도는 환자의 자기결정권 침해의 문제뿐만 아니라 가족에게 과도한 권한이자 과도한 의무를 부과한다는 점에서 위헌성이 있는 제도라 할 수 있다. 실제 구체적 도움을 주어야 할 국가를 대신해 부양의무자라는 이름으로 가족이 다른 가족에 대해 그 권한과 책임을 대신 부담하도록 한 것이다.

(3) 강제입원심사기관과 심사절차

국제기준이나 서구 국가의 입원심사기관과 절차들을 보면, 독립성과 중립성의 보장 및 환자의 입원과정에서의 절차적 권리 확보에 많은 지원을 하고 있다. 정신건강복지법의 입원적합성심사위원회나 정신건강심사위원회는 모두 사실상 의료적 합의체의 형태를 띠고 있고, 국립정신병원이나 시·군·구에 소속되어 있어 독립성이 없으며, 대면심사의 기회를 제공하지도 않는다. 이러한 상황에서는 앞으로도 지속적으로 법원의 판사와 같은 중립적이고, 독립된 대면심사가 가능한 심사기관을 요구하게 될 것이다. 그렇지 않더라도 현재의 형식화된 심사기관의 한계와 문제점은 지속적으로 비판될 수밖에 없다.

Ⅱ. 강제입원심사기관의 유형과 그 운영

여기서 논의하고자 하는 것은 강제입원의 최종적 결정권자로서의 국가기구인 강제입원심사기관이다. 오랜 동양적 가족전통과 그것을 제도화한 보호입원제도에 지난 20여 년간 익숙해지면서 우리는 강제입원심사기관이 구체적으로 어떤 형상을 한 것인지 잘 떠올리지 못하게 되었다. 그러나 서구의 강제입원심사기관인 법원과 정신보건심판원(Mental Health Tribunal)을 보면 대략적으로 그 모습을 확인할 수 있다.

구 정신보건법의 정신보건심판위원회나 정신건강복지법의 입원적합성심사위원회와 정신건강심사위원회를 통해 비대면 의료적 합의체 형식의 입원심사기관에 익숙해지기는 했지만 이는 입법적 개선이 필요하다. 이하에서는 강제입원심사기관의 일반적 내용을 개괄하여 살펴보아 향후의 강제입원심사기관은 어떤 것들이 필요한지 살펴보도록 한다.

1. 강제입원심사기관

가. 개념과 의의

(1) 강제입원심사기관의 개념

국제연합의 정신장애인 보호(MI) 원칙은 강제입원심사기관을 "정신보건시설에 강제로 입원되거나 수용된 환자의 심사를 위해 MI 원칙 17에 맞게 설립한 심사기관(review body)"으로 정의하고 있다(MI 원칙 정의규정). 따라서 강제입원심사기관(이하 '심사기관'이라고만 한다)이 되기 위해서는 위 원칙에서 요구하는 아래의 개념요소들을 지녀야 한다(MI 원칙 17).

1) 심사기관의 독립성과 중립성

심사기관은 독립성과 중립성을 지녀야 한다. '독립성'은 그 기관 내부로부터 심사 및 결정에 있어 영향을 받지 않아야 할 뿐만 아니라 외부적으로도 심사 및 결정에 있어 영향을 받지 않아야 한다. 이러한 독립성을 유지하기 위해서는 단순한 법적 선언만으로 되는 것이 아니라, ⅰ) 심사위원 선발에 있어 독립성, ⅱ) 심사위원 임기보장, ⅲ) 심사 및 결정으로 인한 불이익 금지, ⅳ) 심사기관이 어떤 기관의 산하조직이 되거나 자문기관이 되지 않도록 제도화되어야 한다.

심사기관의 중립성은 강제입원의 이해당사자들과 사이에 심사위원이 불편부당(不偏不黨)한 관계를 유지할 수 있는 제도적 장치가 마련되는 것을 의미한다. 이는 i) 법원의 판사와 같이 중립적 성격의 심사자들로 심사기관을 구성하는 것, ii) 이해관계가 있을 경우에 제척·기피·회피 제도의 보장, iii) 심사위원 간 대등성 보장, iv) 입원기관측이나 환자측에 치우치지 않은 심사기관의 구성 등을 요구한다.

2) 사법기관 또는 국내법에 의해 설립된 기관

서구의 대다수의 국가들이 채택하고 있는 심사기관은 법원의 판사이거나 판사 등의 법조인이 참여하는 심판원이다. 이와 같은 기관들은 독립성과 중립성이 이미 확보된 기관일 뿐만 아니라 강제입원은 구금과 유사한 신체의 자유 제한이어서 영장 발부와 같은 재판(심사)업무에 익숙한 판사들이 강제입원심사기관이 되는 것이 자연스런 측면이 있다.

그 외에 MI 원칙에 따르면, 국내법에 의해 설립된 기관도 심사기관이 될 수 있는데, 적어도 그 전제는 앞서 본 독립성과 중립성이 법제도적으로 보장되어 있는 기관이어야 한다.

3) 심사기관과 진단(평가)기관의 분리

MI 원칙은 심사기관이 심사절차에서 독립된 자격 있는 전문가의 조언을 참고하도록 요구하고 있다. 이는 두 가지를 의미하는데, 하나는 심사기관이 스스로 환자에 대한 진단(평가)기관까지 겸하여서는 안 되어야 함을 의미한다. 마치, 중립성을 가져야 하는 판사가 유죄를 입증하는 검사의 역할까지 해서는 안 되는 것처럼 심사기관은 진단(평가)기관의 역할까지 함께 맡아서는 안 된다.

4) 심사의 신속성·자동성·정기성

심사기관은 강제입원심사의 내용과 양(심사건수)에 알맞게 구성되어야 한다. 그래야만 신속하고, 내실 있게 심사를 할 수 있다. 또한 강제입원심사기관은 환자의 신청이 없더라도 일정한 간격을 두고서 의무적으로 환자를 심사하여야 한다. 환자의 의사결정능력의 취약성과 회복가능성을 고려한 것이다.

5) 강제입원환자의 퇴원 및 전환신청권 보장

심사기관이 정기적·의무적으로 심사를 한다고 하더라도 그 기간은 통상 법령에 3개월, 6개월, 1년 등으로 규정되어 그 사이에는 심사를 하지 않는다. 그러나 환자에 따라서는 회복하여 퇴원의 요건을 그 사이에 갖추는 경우도 있고, 자의입원으로의 전환 필요성도 있을 수 있어 환자에게 일정한 조건 하에서 별도의 퇴원청구권을 보장해 주어야 한다. 정신건강복지법의 퇴원 및 처우개선 청구제도도 이러한 제도 중의 하나이다.

6) 환자나 대리인 등의 상급법원에 불복할 권리

심사기관이 최종적 결정권자가 되면 그 심사기관은 권한을 남용할 가능성이 커진다. 그 이유는 상급기관의 권한 통제를 받지 않게 되기 때문이다. 또한, 강제입원 환자가 상급기관에 불복할 권리를 가지게 되면, 심사기관은 자신의 권한을 쉽게 남용하지 못한다. 위와 같이 환자나 대리인 등에게 상급법원에 불복할 권리를 보장하게 되면 심사기관은 적법절차를 지키게 될 뿐만 아니라 상급법원의 지시와 방향에 따를 수밖에 없게 되어 강제입원의 기준과 절차를 통일적으로 정할 수 있게 된다.

(2) 강제입원심사기관의 기능과 의의

서구 국가의 예에 비추어 보면, 구 정신보건법 하에서 실제 최초입원에 있어 강제입원심사기관이 없었던 우리나라와 법원 등의 강제입원심사기관이 있는 서구 국가들 간에는 차이점이 있다. 우리의 경우 입원요건이나 기간, 절차 등을 준수하지 않았다고 하더라도 최초입원심사기관이 없기 때문에 강제입원의 위법성을 문제삼기 어려웠고, 입원환자 중 일부가 법원이나 국가인권위원회 등에 문제제기를 하지 않은 한 대부분의 절차적 위반의 문제들은 어쩔 수 없다고 생각해 왔다.

그러나 법원과 같은 강제입원심사기관이 생기면 상황은 달라진다. 법원과 같은 심사기관의 경우 그 자신이 가진 의료적 전문성의 부족으로 인해 정신보건전문가의 자문이 필요하기는 하지만 기본적으로 법령상 절차와 환자의 절차적 기본권이 보장되는지 여부는 확인할 수 있기 때문이다.

이와 같이 강제입원심사기관은 ⅰ) 입원 의료기관이 법령이 정한 기준과 절차를 준수하도록 하고, ⅱ) 입원 진단의사가 가질 수 있는 주관성을 또 다른 전문가의 시선으로 교정하며, ⅲ) 환자에게 대면하여 말할 기회와 변호인이나 절차보조인을 통한 조력의 기회를 부여해 주며, ⅳ) 개인이 아니라 국가의 객관적 입장에서 독립적인 판단을 하여 강제입원을 합법적으로 승인하는 기능을 가진다.

나. 심사기관의 유형과 구성

심사기관은 크게 두 가지 유형으로 구분해 볼 수 있다. 하나는 법원으로 일원화된 심사기관을 두는 것과 다른 하나는 중립적 합의체로 구성된 준사법기관(심판원)을 두어 심사하고, 불복할 경우 상급의 법원에서 재심사하는 것이다. 이를 유형화하여 전자를 '법원 심사기관'이라 하고, 후자를 '심판원 심사기관'이라 하여 그 내용을 검토해 본다.

(1) 법원 심사기관

법원을 강제입원의 일원화된 심사기관으로 둔다면, 그것은 미국, 독일, 프랑스의 강제입원심사를 하는 법원의 판사들을 상상해 보면, 대략적으로 그림이 그려질 수 있다. 법정 또는 병원에서 열리는 단독판사의 재판(심문), 병원측의 입원요건에 대한 증거와 진단, 환자와 그 대리인(국선변호인)의 항변, 재판을 위한 환자의 이송이나 판사의 병원출장, 판사의 결정과 그에 대한 불복과 상급심 재판 등이 일련의 심사절차와 내용이 될 것이다.

한국의 경우 판사가 가지는 독립성과 공정성은 제도적으로 보장되어 있어 앞서 본 강제입원심사기관의 징표를 갖추고 있고, 판사와 그 보조인력만 일부 충원된다면 전국의 각 법원(후견업무를 하는 각 지역의 가정법원이나 지원이 적합하다)의 관할구역 내에서 그 진행이 어렵지 않을 것이다.

다만, 현재는 강제입원 건수가 상당히 많아 인력충원에 어려움이 있을 수 있고, 법률에 근거규정을 마련하고, 기존의 입원심사기관인 입원적합성심사위원회나 정신건강심사위원회를 폐지해야 하는 어려움이 있다. 그러나 이미 법원이 인신보호재판의 경험을 통해 강제입원심사기관으로서의 역할을 해 왔기 때문에 단기간의 준비를 거쳐 시도할 수 있는 제도라 할 수 있다.

(2) 심판원 심사기관

심판원(tribunal) 형태의 강제입원심사기관을 두는 나라로는 영국과 호주 등을 꼽을 수 있다. 두 나라 모두 19세기 경에는 지역법원의 치안판사 등이 의사의 진단을 받아 강제수용하는 제도를 가지고 있다가 20세기 들어서 준사법기관(행정심판기관)인 심판원(mental health tribunal)의 심사로 전환하였다.

영국의 경우 21세기 초에 와서 심판원(tribunal) 제도 자체를 개혁하여 통합하고, 법관 자격을 가진 자가 위원으로 참여하는 등 행정심판보다는 사법절차에 가까운 시스템으로 전환하였고,[94] 그 와중에 기존의 정신보건심판원(mental health tribunal)도 다양한 행정심판 유형의 부문별 1심 심판원(first-tier tribunal) 중의 하나로 통합된다. 호주 뉴사우스웨일즈 주나 빅토리아 주의 정신보건심판원은 모두 원칙적으로

94) 오준근, "영국과 독일의 행정심판제도 개혁 경과에 관한 비교법적 연구", 「경희법학」 제48권 제1호, 2013, 406면.

3인의 위원(의료인, 법조인, 공익적 전문가)으로 구성된 합의체로 강제입원심사를 진행한다. 심문의 형태는 원칙적으로 대면심문이지만, 호주 빅토리아 주는 장거리에 있는 병원의 경우 화상심문을 하기도 한다.

심판원 심사기관의 경우에도 대체로 법원 심사기관과 큰 차이가 없으나, 3인의 합의체 심사를 원칙으로 하는 점, 심판원의 결정에 대해 환자 등이 법원에 불복할 수 있는 점이 있고, 심판원 제도 자체가 가진 장점으로 신속성과 전문성 외에 재판절차의 엄격함을 다소 완화시킨 절차적 수월함 등이 있다.

(3) 심사기관에 대한 검토

위에서 법원 심사기관과 심판원 심사기관으로 구분해 보았으나, 둘 모두 대면심사와 절차적 권리보장이라는 사법적 절차들을 따르고, 법관이나 변호사와 같이 법조인이 개입하는 점에서 오히려 중요한 부분에서는 공통되는 점이 더 많다. 일본이나 한국과 같이 독립성과 중립성이 빈약한 의료적 심사체(일본의 정신의료심사회와 한국의 구 정신보건법상 정신보건심판위원회)가 오히려 사법적 심사체인 위 두 유형의 심사기관(법원과 심판원)과 대비된다. 그러나 한국과 일본의 의료적 심사체는 국제기준에도 미흡하고, 절차적 권리보장이 안 되어 있어 모델로서 제시하기에는 어려운 측면이 있다.

생각건대, 강제입원심사기관에 대해서는 단계적 방안이나 융합적 방안이 필요할 수도 있다. 예컨대, 정부의 2016년 정신건강종합대책은 2017년에는 입원적합성심사위원회에 의한 입원심사를 하고 2019년 이후에는 중장기적으로 사법기관이 입원심사기관이 되는 것을 정책적 방향으로 제시하고 있다.[95]

강제입원심사기관은 그것이 어떤 기관이 되든, 앞서 본 국제기준들, ⅰ) 환자대면심사와 의견진술기회 보장, ⅱ) 국선변호인 등의 지원, ⅲ) 사법적 불복제도 보장, ⅳ) 심사기관의 독립성과 중립성 등이 확보되어야 한다.

또한, 뒤의 통계현황에서 보겠지만 서면심사 위주의 의료적 합의체의 퇴원명령률이 낮은 부분이나 환자의 대면진술기회를 보장하지 못하는 점 등에 대해 개선이 이루어지기 위해서는 현재의 입원심사기관들은 일단 심판원 형태의 일원화된 독립된 심사기관으로 거듭날 필요가 있다.

그와 동시에 심판원 심사기관의 입원결정에 대해서는 법원에 불복하는 제도를 만들어 불복하는 사람의 선택에 따라서 최종적으로는 사법심사를 거치도록 할 필요

95) 보건복지부, 「2016년 정신건강종합대책」, 국가정책조정회의 자료집, 2016, 24면.

가 있다.

만약 강제입원심사기관을 법원으로 일원화하여 법원이 직접 1차적으로 모든 강제입원의 심사기관이 된다면, 초기에는 다소 과도한 심사량에 직면하게 될 수 있지만 강제입원제도의 근본적 개선방안의 하나가 될 수도 있다.

다. 구 정신보건법과 정신건강복지법의 심사기관

(1) 입원적합성심사위원회

정신건강복지법은 보호입원과 행정입원의 최초입원을 심사하는 기관으로 입원적합성심사위원회를 두었다. 입원적합성심사위원회는 국립정신병원 원장을 위원장으로 두고서 그 산하에 각 지역별 위원회를 두어 관할지역 내 정신의료기관과 정신요양시설의 강제입원(입소)심사를 맡는다.

입원적합성심사위원회는 강제입원을 한 정신의료기관이나 정신요양시설의 장으로부터 입원 후 3일 내 입원신고를 받고, 환자가 신청한 경우나 필요한 경우에는 조사원으로 하여금 병원을 방문하여 환자를 대면해 조사하게 할 수 있다. 입원적합성심사위원회는 입원신고사항 외에 국·공립 및 지정정신의료기관에 소속된 두 번째 의사의 진단서 등을 검토해 입원 후 1개월 이내에 최초입원의 적법성과 필요성, 계속입원의 적법성과 필요성을 심사하여 퇴원 또는 계속입원 여부를 결정한다.

입원적합성심사위원회가 앞서 본 국제기준에서 정한 심사기관이 가져야 할 독립성과 중립성이 있는지, 위원회의 결정에 환자가 불복할 권리가 있는지 검토할 필요가 있다. 국립정신병원 산하에 입원적합성심사위원회가 있고, 그 위원장을 모두 국립정신병원장으로 법률에 규정하고, 그 위원장의 추천으로 위원회 위원들을 구성하도록 하는 경우 독립성이나 중립성이 보장되기 어려운 합의체로 될 가능성이 있다. 제도적으로 입원적합성심사위원회의 중립성과 독립성을 보장하기 위한 개선책이 필요하다. 이는 제3장 제4절(입원적합성심사위원회)에서 구체적으로 본다.

(2) 정신건강심사위원회(구 정신보건심판위원회)

구 정신보건법의 정신보건심판위원회는 정신건강복지법에서 그 명칭을 정신건강심사위원회로 개칭하였다. 정신건강심사위원회의 역할은 입원(입소)연장심사기관으로 그 전에 정신보건심판위원회가 맡은 역할과 대동소이하고, 소속도 여전히 시·군·구청장 또는 시·도지사 산하의 자문기구이자 심사기관으로 운영된다. 입원적합성심사위원회가 최초의 강제입원을 1개월 내에 심사하는 최초입원심사기관이라면, 정신건강심사위원회는 3개월째, 그리고 6개월마다 시행되는 입원(입소)연장심사와 퇴원청구심사를 담당하는 입원연장심사기관이다.

정신건강복지법에서는 이렇게 두 개의 입원심사기관이 서로 다른 임무를 맡아 분리되었다. 그 이유는 기존의 정신보건심판위원회와 같이 형식적 서면심사만으로 최초입원심사도 하게 될 경우 부실하게 될 우려가 있어 조사원제도까지 갖춘 새로운 국가(지방자치단체가 아닌) 소속의 최초입원심사기관을 두어 강제입원제도의 문제점을 적극적으로 해결하려는 의지가 있었기 때문이다. 그러나 앞서 보았듯이 입원적합성심사위원회나 정신건강심사위원회 모두 그 독립성이나 중립성은 제도적으로 보장되어 있다고 보기 어렵고, 형식적 서면심사 위주의 절차진행이 이루어지는 점에서 기존과 같은 문제점을 가지고 있어 법원 심사기관 형태나 심판원 심사기관 형태로 전환될 필요가 있다.

2. 강제입원심사의 방식과 절차 및 내용

가. 심사방식

(1) 대면심사와 서면심사

강제입원 심사방식은 크게 대면심사와 서면심사로 구분된다. 대면심사에 의하면 통상 심사기관의 면전에서 입원된 환자가 자신의 권리를 고지받고, 의견을 진술하며, 증거를 제출하고, 변호인 등의 도움을 받을 수 있게 된다. 이에 비해 서면심사라 함은 심사기관이 심사위원들의 합의체에서 회의방식으로 환자의 입원심사자료를 검토해 결정을 내리는 것을 말한다. 두 방식은 서로 원칙과 예외의 관계처럼 운영될 수 있고, 환자의 대면심사 신청권 등을 보장하는 방식으로 법령이 규정할 수도 있다.

(2) 법정심사, 병원방문심사, 화상(畫像)심사

각 국가의 대면심사방식은 그 상황에 따라서 법정심사, 병원방문심사, 화상(畫像)심사 등의 다양한 방법으로 이루어진다. 전통적으로 법원이 입원심사기관이 되는 경우에는 환자를 법원까지 호송하여 재판을 받게 하고서 입원을 결정하거나 기존의 입원을 승인해 왔다. 환자들의 호송에 어려움이 있는 경우에는 판사가 직접 병원에 방문하여 병원 내 심문실 등에서 여러 환자를 심문한 후 입원여부를 결정하는 병원방문심사도 효율적인 방법으로 생각하였다.

20세기 후반 이후에는 병원과 법원(심판원)과의 거리가 먼 경우에 대면심사를 하는 것이 어려운 점을 감안해 영상촬영장비를 통해 판사는 법정에서, 환자는 병원에서 영상을 보면서 심문을 하는 방식도 법령에 근거규정을 두어 이용하는 경우가 발생하였다. 그러나 화상심문은 환자를 직접 대면하는 것이 아니고, 사실상 화상심사는 심사기관이 환자의 대면을 기피하는 수단이 될 수 있어 원칙적 심사방식으로 활용하기는 어렵다.

나. 심사절차

심사절차도 대면심사와 서면심사가 다소 구분된다. 다만, 공통적으로 필요한 것은 ⅰ) 강제입원심사청구의 주체와 그 상대방, ⅱ) 심사에서의 주장의 공방과 입증자료의 제출, ⅲ) 입원여부에 대한 결정과 당사자의 불복절차 등이다.

예컨대, 정신건강복지법의 최초입원심사기관인 입원적합성심사위원회에 심사를 청구하는 사람은 입원정신의료기관의 장(입원신고가 그것을 대신함)이고, 정신건강심사위원회에 퇴원청구나 인신보호청구를 하는 사람은 입원환자나 그 대리인이다.

심사절차는 ⅰ) 강제입원을 주장하는 측과 그것의 부당함을 주장하는 측의 대립당사자구도 하에서 입원심사기관이 그 주장과 입증 내용을 확인하고서 최종 결론을 내리는 당사자주의적 심사절차와 ⅱ) 입원심사기관이 적극적으로 개입하여 환자의 입원요건과 입원필요성 여부를 심사해 결정하는 직권주의적 심사절차로 나눌 수 있다. 전자는 민사소송의 재판방식이고, 후자는 형사소송의 재판방식이다.

우리 인신보호재판은 병원측의 주장과 입증을 요구하고 있어 기본적으로 당사자주의적 심사방식을 채택하고 있다고 할 수 있다. 한편, 서면심사의 경우에는 당사자들의 공방이나 입증의 기회가 거의 없고, 환자가 심사기관을 대면할 기회도 없어 심사절차로서의 공정성이나 정당성이 부여되기 어렵다.

다. 심사내용

(1) 입원의 적법성

심사기관은 무엇을 심사하여야 하는가? 그것은 기본적으로 입원의 적법성과 필요성이라 할 수 있다. 입원의 적법성은 ⅰ) 법령과 지침 등의 기준에 위배된 행위가 발생하였는지 여부 외에 ⅱ) 환자의 헌법상 기본권이나 법률상의 권리를 침해하는 것, ⅲ) 입원계약상의 주된 의무나 신의칙상 의무를 불이행하는 것도 포함된다. 이는 의료적이라기보다 규범적이며, 환자의 육체적인 것 외에 인격적인 것들을 포함한다.

입원의 적법성은 최초입원과정, 계속입원과정, 입원연장과정, 입원 후 처우 등 시기적으로 모든 영역에서 매번 확인하여야 한다. 대법원 판례에 따르면 최초입원과정이 불법적인 경우에는 이후에 그 하자가 합법적으로 치유되는 것이 아니기 때문에 그 불법성은 계속된다고 보고 있다.96) 따라서 입원연장심사과정에서 최초입원과정의 문제점이 확인된 경우에는 입원을 지속시킬 수 없는 위법한 사유가 된다.

(2) 입원치료의 필요성

입원치료의 필요성은 심사기관의 재량적 판단이 허용될 수밖에 없는 부분이기는 하다. 이는 마치 증거인멸이나 도주의 우려를 판단해야 하는 판사의 구속여부 결정과 같이 주관적인 부분일 수 있다. 그러나 우리 정신건강복지법은 입원치료(요양)의 필요성 여부를 강제입원의 요건으로 규정해 놓고 있기 때문에 단순히 주관적 판단의 영역으로만 놓아두기는 어렵다. 예컨대, 몇 년 간의 치료가 환자에게 효과가 없을 때조차 환자를 병원에 계속 수용해 두는 경우 입원을 정당화시킬 근거가 없으므로 퇴원의 절차를 준비하도록 하는 것이 필요하다.

입원치료의 필요성은 강제입원을 유지시키는 요건이기 때문에 그 필요성이 사라지면 정신의료기관의 장은 환자를 퇴원시킬 의무가 발생하고, 이러한 입원치료 필요성이 없는 환자에 대해서는 심사기관이 퇴원을 명령하여야 한다.

입원치료 필요성을 무엇을 기준으로 판단하여야 할지에 대해서는 구체적으로 제시하기 어려우나 영국 정신보건법 실무지침의 경우 i) 발병한 정신질환의 만성도, 진단, 예후, 치료에 대한 순응도, ii) 환자의 현재적 증상과 징후의 정도, iii) 환자의 바람과 관점, 신체적 건강, 가정상황, 친족이나 보호자에게 미칠 영향과 친족이나 보호자의 대처능력, 입원 또는 퇴원의 경우 환자 및 그 가족 등에 대한 효과를 고려하도록 하고 있다.97) 이는 정신질환의 유형과 정도 및 환자와 이해관계인의 대처능력을 모두 고려하게 하는 것이라 할 수 있다.

96) 대법원 2009. 1. 15. 선고 2006다19832 판결(정신의료기관의 장은 응급입원이 의뢰된 자에 대하여 72시간 내에 계속입원에 필요한 정신보건법 소정의 요건을 갖추지 못한 때에는 입원 중인 자를 즉시 퇴원시켜야 하고, 이를 위반하여 72시간이 경과하였음에도 본인의 의사에 반하여 퇴원을 시키지 않는 경우에는 위법한 감금행위로서 불법행위가 성립하며, 이러한 위법한 감금행위가 지속되는 가운데 이루어진 절차는 위법하므로 뒤늦게 계속입원의 요건을 갖출 수도 없다. 또한, 정신보건법 제24조에 따라 정신질환자를 6월을 초과하여 입원시킬 경우에 정신의료기관의 장은 최초 입원일부터 6월이 경과하기 전에 전문의 진단, 보호의무자 동의, 심사청구 등의 절차를 모두 마쳐야 하고, 6월이 경과하였음에도 이러한 절차를 마치지 못한 경우에는 입원중인 자를 즉시 퇴원시켜야 하며, 이를 위반하는 경우에도 위와 같은 법리는 마찬가지로 적용된다).

97) Depart of Health, 「Mental Health Act 1983: Code of Practice」, TSO UK, 2015, 113-114면.

(3) 입원처우의 적정성

입원의 적법성이나 입원치료의 필요성과 달리 입원처우의 적정성은 강제로 입원된 정신의료기관 내에서 환자가 다른 환자나 의료진으로부터 불법적 처우 또는 부당한 처우를 당하였을 때 그 심사를 하여 적정한 조치를 취하는 것을 말한다. 정신건강복지법의 처우개선 청구가 이에 해당하고, 그 심사기관인 정신건강심사위원회는 퇴원 외에도 다른 병원으로의 이송, 외래치료명령 조건부 퇴원 등 다양한 조치로 환자의 상황에 대응할 수 있다.

입원처우가 적정하지 않은 경우에도 심사기관은 퇴원을 명령할 수 있다. 예컨대, 부작용이 있는 약물을 지속적으로 장기간 주입하여 환자의 상태가 심하게 악화되거나, 다른 환자들로부터 부당한 처우를 당하고 있음에도 불구하고 의료진이 이를 제지하지 않거나 환자의 보호를 소홀히 하는 경우 등도 처우가 부적정한 것이라 할 수 있다.

(4) 심사기관의 심사사항

입원적합성심사위원회와 정신건강심사위원회가 입원심사 대상자별로 심사하여야 할 내용을 정리하여 제시해보면 다음과 같다.

i) 입원의 적법성
ii) 입원(연장)이나 퇴원의 필요성
iii) 환자 처우의 적정성

참고로 「인신보호법」[98]은 인신보호재판에서는 수용(입원이나 입원연장)의 필요성과 적법성을 법원이 심리하도록 하고, 이에 따라 「인신보호규칙」에서도 수용의 필요성과 적법성에 대해 수용자(예컨대, 정신의료기관의 장)에게 입증(소명)책임을 부여하고 있다.[99] 대법원 판례도 위 법령에 따라 정신의료기관의 장에게 수용의 필요성과 적법성에 대해 소명할 책임이 있다고 판시하고 있다.[100]

---

98) 「인신보호법」 제8조(청구사건의 심리) ① 법원은 구제청구에 대하여 이를 각하하는 경우를 제외하고 지체 없이 수용의 적법 여부 및 수용을 계속할 필요성 등에 대하여 심리를 개시하여야 한다.

99) 「인신보호규칙」 제12조(심문기일의 진행) ① 법원은 심문기일에 구제청구자 또는 변호인의 진술 및 수용자의 답변을 들은 후 소명방법에 대하여 조사한다.
② 수용자는 수용의 적법성 및 수용을 계속할 필요성에 관하여 소명하여야 한다.

100) 대법원 2009. 6. 11.자 2009인마2 결정(피수용자의 구제청구에 대하여 수용의 적법성 및 수용을 계속할 필요성에 관한 수용자의 소명이 부족한데도 피수용자가 위법하게 수용되었다거나 수용사유가 소멸하였다는 주장을 인정할 만한 자료가 없다고 본 원심결정에, 구제청구사건의 심리요건 등에 관한 법

위와 같은 기준에 따라 인신보호재판을 하는 법원은 최근 정신과 전문의 대면진단 및 정신의료기관의 장의 입원 결정이 없는 상태에서는 구 정신보건법 제24조의 보호입원조항을 근거로 환자에게 물리력을 행사해 강제로 병원으로 이송할 수 없고, 그러한 강제적 호송(환자 보호의무자의 사설응급업체 출동요청 후 보호의무자 동의를 받아 응급업체 직원이 환자를 결박하여 병원까지 이송) 결과로 입원된 경우에 퇴원을 명하였다.[101] 입원적합성심사나 입원연장심사에서도 법원의 판례와 동일한 기준이 적용되어야 할 것이다.

위와 같은 심사사항들을 증거와 진술에 의해 확인하여야 함에도 불구하고, 현행법의 심사기관의 심사방식은 서면심사이고, 심사자료도 제한적으로 제출되고 있다는 점에서 한계가 있다.

입법론으로 보자면 심사기관이 객관적 입장에서 심사하기 위해서는 입원적합성심사위원회와 같이 정신건강심사위원회에서도 조사원을 활용할 수 있도록 해야 하고, 일정한 정기적 간격(예컨대 6개월에 1회씩)을 두어 강제입원된 환자를 국가의 조사원이나 절차보조인이 방문하여 그 바람과 상황 등을 확인하는 조치가 필요하다.

3. 강제입원심사에 따른 결정

가. 강제입원심사기관의 결정과 불복

(1) 결정의 형식

강제입원심사기관은 입원의 적법성과 필요성을 심사한 후 퇴원 또는 입원(연장) 여부를 결정한다. 대부분의 경우는 환자가 입원되어 있는 상태에서 심사기관이 입원심사를 하기 때문에 환자의 기존의 입원을 승인하여 입원을 연장하는 방식을 취하거나 승인을 거부하여 입원의 유지를 더 이상 할 수 없게 하여 퇴원을 하게 한다. 아니면 명시적으로 입원이나 퇴원을 지시하는 형태로 명령이 발부되기도 하고, 법원의 판사가 심사하는 경우에는 결정의 형식으로 입원에 대한 승인이나 수용 해제가 이루어질 수도 있다.

(2) 결정의 주체

강제입원심사기관이 입원여부를 명령하거나 승인하는 결정의 주체인 것이 원칙

리를 오해하고 심리를 다하지 아니한 위법이 있다고 한 사례).

101) 서울중앙지방법원 2016. 3. 30.자 2016인1 결정(윤태호, "판례해설 - 보호의무자에 의한 정신병원 입원 시 강제이송의 가부", 「법률신문」 2016. 4. 20.에서 재인용).

이다. 따라서 심사기관 명의의 명령서나 승인서가 입원심사의 당사자나 대리인에게 통지되어야 한다.

정신건강복지법은 구 정신보건법과 동일하게 정신건강심사위원회의 입원(입소) 연장심사나 퇴원청구심사에 따른 결과를 시·도지사나 시·군·구청장의 명의로 통지한다. 정신건강심사위원회는 시·도지사나 시·군·구청장 소속 심사기관이기 때문에 법적 효과를 발생시키는 외부적 의사표시는 행정청인 시·도지사나 시·군·구청장 명의로 하는 것이다.

(3) 결정에 대한 불복

강제입원심사기관의 입·퇴원 여부에 대한 결정은 환자 등이 사법기관에 불복하여 신속하게 법원의 재판을 받을 수 있도록 제도적 보장이 필요하다. 이 경우 환자의 이의제기(불복신청)권, 진술권 및 증거제출권 인정, 국선변호인의 지원 등 사법절차적 권리의 보장도 함께 필요하다.

정신건강복지법은 입원적합성심사위원회의 1개월 이내에 이루어지는 계속입원 승인결정(이로 인해 3개월까지 입원기간이 연장되는 효과가 발생함)에 대해 불복제도를 마련해 놓지 않고 있다. 아울러 기초 정신건강심사위원회의 입원연장심사에 따른 결정에 대해서도 사법기관에 대한 불복이 아니라 시·도지사에게 재심사를 위한 불복신청을 하여 광역 정신건강심사위원회의 심사를 거치도록 하고 있다. 그러나 광역 정신건강심사위원회의 재심사는 초심(기초 정신건강심사위원회)과 동일하게 여전히 합의체에 의한 서면심사여서 불필요할 뿐만 아니라 사법기관에 대한 청구를 지연시키는 효과도 있기 때문에 폐지를 요한다.

강제입원은 법적 효과를 다투는 행정처분에 대한 불복제도가 아니라 강제입원이라고 하는 구금 사실에 대한 수용해제를 요구하는 별도의 불복제도가 필요하다. 현재 「인신보호법」에 의한 인신보호재판이 입원심사기관인 입원적합성심사위원회나 정신건강심사위원회의 입원에 관한 결정에 대해 간접적으로 불복하는 방법이라 볼 수 있으나 정신건강복지법에 입원적합성심사위원회나 정신건강심사위원회(시·군·구청장)의 결정에 불복하여 사법기관의 인신보호재판을 받을 수 있는 근거를 명문으로 규정해 놓는 것이 필요하다. 이는 19대 국회에서 발의한 정신보건법 개정법률안에 포함되어 있던 내용이기도 하다.

나. 강제입원심사기관 결정의 효력과 내용

(1) 결정의 효력

입원심사기관은 그 결정으로 정신의료기관의 장에게 입원이나 퇴원을 명하거나 승인할 수 있다. 퇴원명령의 경우 통상 정신의료기관의 장은 그 명령에 따라 퇴원 조치를 취할 의무가 발생하고, 입원명령이나 입원(연장)승인의 경우 환자는 입원을 할 의무가 발생하거나 정신의료기관의 장에게 합법적으로 그 대상환자에 대해 강제입원을 유지할 권한을 부여한다.

입원심사기관의 결정은 법원이 하는 경우 재판으로서의 효력을 가지며, 심판원과 같은 준사법기관이 하는 경우라면 행정처분으로서의 효력을 가질 수도 있다. 정신건강복지법이나 구 정신보건법은 입원연장 등에 대한 외부적 의사표시인 통지는 시·군·구청장이나 시·도지사가 하도록 하여 행정기관의 처분으로서의 효력을 발생하도록 하였다.

(2) 결정의 내용

1) 입원심사기관의 입·퇴원 명령과 외래치료명령

입원심사기관은 기본적으로 입원이나 퇴원을 명령할 수 있다. 최근의 주요국의 입원심사기관들은 입·퇴원 외에 다양한 형태의 명령을 발할 수 있도록 법령규정을 개선하고 있는데, 그 중의 하나가 강제입원을 피하기 위한 외래치료명령이다. 입원심사기관이 환자의 상태를 보아 강제입원보다는 지역사회 내에서의 강제치료가 더 좋을 것이라 판단한 경우 외래치료명령을 내리고, 일정한 의무들을 준수하도록 하고, 만약 의무를 미이행하면 환자의 상태에 대해 강제적 진단을 위한 조치가 가능하게 두는 경우가 일반적이다.

예컨대, 호주 빅토리아 주의 경우 정신보건심판원이 입원 후 28일 내에 청문(대면심사)을 한 후 계속해서 입원하여 치료하도록 명령을 내리거나 아니면 지역사회 내에서 치료하는 명령을 내릴 수 있다. 2015년 호주 빅토리아 주 정신보건심판원 연례 보고서에 따르면 위 최초 청문에서 1,060건의 지역사회 치료명령(입원치료명령은 약 1,591건 발령)이 정신보건심판원에서 발령되었다.[102)]

2) 정신건강복지법의 결정유형

정신건강복지법은 입원적합성심사위원회의 결정으로는 계속입원승인(입원적합)

---

102) Mental Health Tribunal, 「2014/2015 Annual Report」, 2015, 18-19면.

또는 퇴원명령(입원부적합)만이 가능하도록 하였다. 다만, 입원연장심사기관인 정신건강심사위원회는 기존의 입원연장이나 계속입원승인, 퇴원, 임시퇴원, 처우개선 등의 명령 외에 i) 3개월 내 재심사, ii) 다른 정신의료기관으로의 이송, iii) 자의입원(입소)이나 동의입원(입소)으로의 전환, iv) 외래치료명령 조건부 퇴원을 추가하였다(법 제59조). 이로 인해 입원연장심사나 퇴원청구심사에서 정신건강심사위원회는 환자의 요구나 필요에 따라 지역사회 내 외래치료명령 등을 할 수 있게 되었다.

Ⅲ. 정신건강복지법의 퇴원제도

우리는 앞서 정신장애인의 입원제도를 논의하였다. 이하에서는 입원제도에 대응하는 퇴원제도를 검토해 보기로 한다. 퇴원제도는 통상 정신건강복지법에서 입원환자의 퇴원요건과 방식을 정하여 규율하고 있고, 자발적으로 입원한 사람이나 강제로 입원된 사람 모두에게 퇴원이 제한될 경우에는 합법적으로 입원환자가 퇴원을 청구할 수 있는 제도가 권리로서 마련되어 있다. 이하에서 구체적으로 본다.

1. 퇴원방식의 유형

가. 퇴원 의사결정 주체에 의한 분류

입원환자의 퇴원방식은 그 퇴원결정의 실질적 주체에 따라 세 가지로 구분될 수 있는데, i) 환자 본인의 의사에 의한 퇴원, ii) 보호의무자나 정신의료기관의 장에 의한 퇴원, iii) 입원심사기관이나 행정감독기관의 명령에 의한 퇴원으로 나눌 수 있다.

(1) 환자 본인의 의사에 의한 퇴원

먼저, 환자 본인의 의사에 의한 퇴원이 원칙적 퇴원의 방식이고, 이는 통상의 자발적 입원에서뿐만 아니라 강제적 입원이어서 퇴원이 제한되는 경우라 하더라도 환자의 자기결정권의 하나인 퇴원의 자유는 퇴원의 원칙적 모습으로 존중되어야 한다. 실제 우리가 퇴원이 제한된다고 생각하는 정신건강복지법의 보호입원의 경우도 실은 원칙적으로 환자의 퇴원의 자유를 보장하고, 정신의료기관의 장에게는 지체없이 퇴원시킬 의무를 부과하고 있다(법 제43조 제9항).

(2) 보호의무자나 정신의료기관의 장에 의한 퇴원

다음으로, 담당의사는 환자의 호전상태나 여건을 고려하여 퇴원의견을 제시할 수 있고, 보호의무자 또한 퇴원을 요구할 수 있다. 보호의무자의 경우 우리 정신건강복지법은 동의입원이나 보호입원에서 퇴원 동의나 퇴원 청구의 주체로 명시하고 있고, 정신의료기관의 장도 강제입원의 요건이 소멸된 경우 환자를 퇴원시킬 의무가 발생한다. 다만, 환자가 자발적 입원으로 계속 남기를 원한다면 자발적 입원으로의 전환도 가능하다.

(3) 입원심사기관이나 행정감독기관에 의한 퇴원

퇴원결정의 주체가 강제입원심사기관인 경우가 있다. ⅰ) 최초입원심사 시에 입원부적합판정을 하여 퇴원을 명하는 입원적합성심사위원회, ⅱ) 입원연장심사 시에 연장을 불승인하여 퇴원을 명하거나 환자나 보호의무자의 퇴원청구를 심사하여 퇴원을 명하는 정신건강심사위원회가 그러한 퇴원명령의 주체가 된다. 다만, 정신건강심사위원회는 시·군·구청장이나 시·도지사의 내부 심사기구여서 그 대외적 의사표시는 시·군·구청장이나 시·도지사가 하게 된다.

또한, 행정입원에 있어서는 시·군·구청장이 정신과 전문의 진단의견 등을 참조하여 입원 및 퇴원(입원해제)의 결정주체가 된다(법 제62조). 시·도지사나 시·군·구청장이 행정감독기관으로서 직권으로 정신의료기관의 입원적절성이나 퇴원필요성, 처우에 관하여 심사 후 퇴원명령을 할 수도 있다(법 제66조 제2항 내지 제4항).

나. 입원유형에 의한 퇴원방식 분류

퇴원은 입원에 대응하기 때문에 자발적 입원의 퇴원방식과 강제입원의 퇴원방식은 구분되어 있다. 한국의 경우 폐쇄병동에 자발적 입원환자와 강제입원환자를 함께 두는 경우가 적지 않고, 그 경우 입원환자들의 그 곳에서의 생활은 자발적 입원이든 강제입원이든 그 입원유형에 차이가 없이 대체로 동일하다. 차이점이 발생하는 순간은 입원환자가 퇴원을 요구할 때에 있다. 퇴원 여부는 어떤 입원형태로 입원했는지 여부에 따라 좌우되기 때문이다.

예컨대, 정신건강복지법에 따르면, 폐쇄병동의 입원환자가 퇴원을 요구하는 경우 그가 ⅰ) 자의입원환자이면 지체 없이 퇴원시켜야 하고, ⅱ) 동의입원환자이면 보호의무자가 퇴원에 동의하면 지체 없이, 동의가 없을 경우에는 일정한 요건 하에서 72시간의 퇴원제한과 강제입원으로의 전환이 가능하다. 만약 그가 ⅲ) 보호입원환자라면 보호의무자의 동의 여부와 상관없이 일정한 요건 하에서 정신의료기관의 장이 퇴원을 제한할 수 있고, ⅳ) 행정입원환자라면 시·군·구청장에게 그 퇴원여부에 대한 최종결정권이 있으며, ⅴ) 응급입원환자라면 정신의료기관의 장이 일정한 요건 하에서 최초 입원 후 3일 이내의 기간 동안 퇴원을 제한할 수 있다.

2. 퇴원요건과 절차

가. 퇴원요건

(1) 강제입원의 퇴원요건

입원과 퇴원은 동전의 양면처럼 연결되어 있다. 예컨대 강제입원의 요건이 되는 자·타해 위험성이나 입원치료 필요성 요건은 그것이 입원이 지속되는 기간 중에 계속 유지되고 있어야 하다. 만약 치료 등을 통한 회복으로 인하여 자·타해 위험성이나 입원치료 필요성이 소멸된 경우라면 그것은 퇴원의 요건이 되고, 정신의료기관의 장은 강제입원된 환자를 퇴원시킬 의무가 발생한다. 이는 국제연합의 MI 원칙에서도 확인된 의무이다(MI 17-5, 17-6). 다만, 정신의료기관의 장이 행정입원의 경우와 같이 스스로 퇴원을 결정할 권한이 없는 경우에는 그 결정권자인 시·군·구청장에게 퇴원을 권고하는 등의 통지를 취하여야 한다.

(2) 자발적 입원의 퇴원요건

자발적 입원의 경우 입원이 자유로운 것처럼 퇴원도 자유로운 것이 원칙이다. 환자의 자기결정권은 원칙적으로 치료뿐만 아니라 입원과 퇴원에 있어서의 자유를 포함하기 때문이다. 따라서 퇴원의 자유를 제약하는 절차적 요구들은 법률에 근거가 필요하다. 예컨대, 퇴원서식을 안 썼다는 이유로 또는 입원진료비의 미납을 이유로 한 퇴원제한 등은 법령상 근거가 없는 것이어서 위법하다. 다만, 동의입원이나 보호입원과 같이 일정한 요건 하에서 퇴원을 제한할 수 있는 법률상 근거가 있는 경우에는 환자의 퇴원요구에 일정한 절차를 거쳐 응하지 않을 수 있다.

나. 퇴원절차

(1) 입원유형별 퇴원절차

퇴원절차는 정신건강복지법이 따로 규정하지 않은 채 그 시기적으로만 '지체 없이' 정신의료기관의 장이 퇴원을 시키도록 하고 있다. 보다 구체적으로 보면, ⅰ)

자의입원이나 동의입원의 경우 환자가 퇴원을 신청한 경우, ii) 보호입원의 경우 환자나 보호의무자가 퇴원을 신청한 경우(법 제43조 제9항)에 정신의료기관의 장에게 지체 없이 퇴원을 시킬 의무를 발생시키고 있다. 다만, 동의입원과 보호입원의 경우 일정한 요건 하에서 정신의료기관의 장이 퇴원을 거부할 수 있는데, 그 거부의 요건과 절차가 진행하는 기간 동안에는 정신의료기관의 장에게 환자의 퇴원을 시킬 의무가 정지된다.

행정입원의 경우에는 환자가 정신의료기관의 장에게 퇴원을 요구한다고 하더라도 정신의료기관의 장이 스스로 퇴원을 시킬 권한이 없기 때문에 퇴원을 시킬 의무가 발생하지 않는다. 응급입원의 경우에는 환자의 퇴원의사 유무와 상관없이 환자가 계속하여 입원할 필요성이 없을 경우 정신의료기관의 장은 즉시 '퇴원'을 시킬 의무가 발생한다(법 제50조 제5항).

(2) 입원심사기관의 명령에 따른 퇴원

위에서 본 바와 같이 환자나 보호의무자의 퇴원신청에 따른 퇴원이 아니라 강제입원심사기관의 명령에 따른 퇴원의 경우에는 '퇴원신청 후'가 아니라 '명령의 통지를 받은 후' 지체 없이 퇴원을 시켜야 한다. 이러한 퇴원명령은 i) 입원적합성심사위원회의 입원부적합 통지(법 제47조 제4항), ii) 정신건강심사위원회 심사결과에 따른 시·군·구청장의 퇴원 또는 임시퇴원명령 통지(법 제43조 제7항) 또는 입원연장심사에서의 퇴원명령이나 이송명령 통지(법 제59조), iii) 시·군·구청장의 행정입원 해제 통지(법 제62조 제1항), iv) 시·군·구청장 및 시·도지사의 정신의료기관 검사에 따른 퇴원명령(법 제66조 제4항) 등에서 발생한다.

(3) 퇴원절차에서 지체 없는 퇴원조치의 내용

정신건강복지법은 환자의 퇴원신청이나 입원심사기관 등의 퇴원명령을 받은 후 정신의료기관의 장은 지체 없이 퇴원을 시켜야 한다고 규율하고 있는데, 그 '지체 없이'에 대한 해석에 있어 불명확한 점이 있다.

환자가 퇴원 신청을 한다고 하여도 야간이나 주말에는 퇴원조치의 어려움이 있고, 보호자에게도 연락을 취할 필요가 있는 점 등 정신의료의 현실을 고려할 필요도 있다. 특히 정신의료기관의 장이 퇴원명령을 받은 후 일정 기간 동안 퇴원을 지연시킨 것을 이유로 정신보건법위반죄로 형사처벌되면서 '지체 없이'의 해석에 관한 기준이 불분명하다는 비판도 있다. 이에 관한 구체적 내용은 개별조항의 해석(법 제43조 및 제44조, 제50조 등)을 통해 제3장에서 구체적으로 살펴보기로 한다.

다. 퇴원조치의무 불이행 시의 형사처벌

정신의료기관의 장은 앞서 본 바와 같이 자의입원환자가 퇴원을 신청할 경우에는 지체 없이, 그리고 동의입원 또는 보호입원환자나 그 보호의무자가 퇴원을 신청할 경우에는 일정한 퇴원거부 사유가 없는 한 지체 없이 퇴원을 시켜야 할 의무가 발생한다. 아울러, 앞서 본 바와 같이 강제입원심사기관 등으로부터 여러 가지 형태의 퇴원명령을 받은 경우에도 지체 없이 퇴원을 시킬 의무가 발생한다.

만약 정신의료기관의 장이 이러한 의무를 게을리하여 환자를 퇴원시키지 아니하거나 그 퇴원을 지연시킬 경우 형벌규정이 적용될 수 있다(법 제84조 제2호, 제3호, 제5호, 제6호, 제7호). 여기서 형사처벌의 대상이 되는 사람은 정신의료기관의 장이다. 정신건강복지법이 퇴원조치를 실행할 의무를 명문으로 정신의료기관의 장에게 부여하고 있기 때문이다.

나아가 정신의료기관의 장이 환자의 퇴원신청이 있다는 사실이나 퇴원명령이 통지된 사실을 알고서도 퇴원과 관련된 조치를 취하지 않은 채 계속 강제입원 상태로 둔 경우에는 판례에 따르면 감금죄의 고의가 인정될 수도 있다.

3. 정신건강복지법의 퇴원제도

정신건강복지법은 강제입원의 경우 입원진단과 심사과정뿐만 아니라 행정감독을 통하여서도 환자가 퇴원할 수 있는 제도를 마련하고 있다. 아울러 강제입원된 환자가 자신의 권리로서 퇴원을 청구하는 제도도 마련해 놓고 있다. 정신건강복지법 외에 「인신보호법」에 의한 퇴원청구제도(인신보호청구)는 사법심사에 의한 것이어서 별도로 항목을 따로 두어 보기로 한다.

가. 입원진단과 심사를 통한 퇴원제도

(1) 지정진단의사의 진단을 통한 퇴원

보호입원과 행정입원은 모두 최초 입원 시 정신과 전문의 1인의 진단이 요구되는데, 이는 입원조치가 이루어지기 전에 필요한 절차이다. 위 진단이 있는 경우 입원대상자는 2주의 범위 내에서 입원할 수 있다.

이후 2주의 입원기간 내에 서로 다른 정신의료기관에 속한 2명 이상의 정신과 전문의(보호입원의 경우 그 중 1명 이상은 원칙적으로 다른 국공립·지정 정신의료기관 소속이어야 함)의 일치된 소견으로 계속입원이 필요하다는 의견을 받아야 3개월(실은 입원적합성심사가 1개월 이내에 있기 때문에 그 승인을 받는 것을 조건으로 한 입원기간임)까지 연장될 수 있다.

통상 치료를 위한 입원(3개월)을 위해서 첫 번째 진단을 내는 입원의료기관 소속 정신과 전문의는 입원계속이 필요한 경우라면 다시 입원소견을 낼 것이지만, 외부의 국공립·지정 진단의사의 경우는 입원의료기관의 의사와는 다른 독립적이고, 객관적인 소견을 낼 수 있고, 만약 그 소견이 치료를 위한 장기입원의 필요성이 없다고 진단하여 통지한 경우라면 환자는 퇴원할 수 있게 된다.

(2) 입원적합성심사위원회의 입원적합성심사를 통한 퇴원

보호입원이나 행정입원을 한 환자가 있는 정신의료기관의 장은 3일 이내 입원적합성심사위원회에 신고를 하여야 하고, 입원적합성심사위원회는 1개월 이내에 입원적합성 여부를 심사하여 정신의료기관의 장에게 통지해 주어야 한다. 입원적합성심사위원회는 입원의 적합 또는 부적합 여부를 결정하기 때문에 입원부적합 결정을 하여 통지하는 경우 정신의료기관의 장은 환자를 퇴원시켜야 한다.

(3) 정신건강심사위원회의 입원연장심사나 퇴원청구심사를 통한 퇴원

정신건강심사위원회는 보호입원환자나 행정입원환자에 대해 최초입원 후 3개월째에, 그리고 그 이후에는 매 6개월마다 정신의료기관으로부터 입원연장심사청구를 받아 그 입원연장 여부를 승인하거나 아니면 즉시 퇴원, 기한부 퇴원, 외래치료명령조건부 퇴원, 이송 및 자발적 입원으로의 전환(환자 동의 필요)과 같이 다양한 결정을 취할 수 있다. 환자나 보호의무자의 퇴원청구에 따른 심사를 거쳐 정신건강심사위원회가 퇴원을 결정할 수도 있다.

나. 행정감독을 통한 퇴원명령제도

행정감독을 통한 퇴원명령제도는 시·도지사나 시·군·구청장이 정신의료기관에 입원된 환자에 대해 필요한 경우 방문하여 조사 및 심사를 거쳐 처우의 부적절함, 입원의 부적법이나 불필요 등을 이유로 퇴원명령을 내리는 제도이다(법 제66조).

위에서 본 정기적인 입원연장심사와 달리 지방자치단체의 장이 직권으로 조사를 시작할 수 있고, 그 대상자도 강제입원환자뿐만 아니라 자발적 입원을 한 환자도 대상으로 삼을 수 있다. 이는 입원심사기관에 의한 정기적 입원심사제도를 보완하고, 퇴원심사청구조차 할 수 없는 입원환자에 대해 국가가 행정감독적 보호차원에서 시행하는 조치이다.

다. 퇴원심사청구제도

정신건강복지법의 퇴원심사청구제도는 강제입원된 환자 및 그 보호의무자의 권리로서 보장된 제도이다. 앞서 본 바와 같이 강제입원심사기관에 의한 정기적 심사는 서면심사를 원칙으로 하고, 통계적으로 보아도 정신의료기관측에서 입원연장청구한 사건들을 대체로 승인하는 상황이기 때문에(2014년 내지 2016년 기준 입원연장률 약 97%, 퇴원률 약 3%), 입원환자의 독자적 권리로서 별도의 퇴원심사청구권을 보장하고 있다. 퇴원심사청구를 한 경우는 입원연장심사청구보다는 그 퇴원률이 높아(2014년 기준 약 10% 내외) 보다 실효성 있는 제도라 할 수 있다. 그 구체적 통계현황은 다음의 제4절에서 본다.

Ⅳ. 「인신보호법」에 따른 퇴원제도

1. 「인신보호법」 개관

가. 인신보호제도의 기원과 활용

「인신보호법」의 기원은 중세 영국 법원의 영장제도에서 시작하였다.[103] 17세기에는 영국에서 정식의 법률(Habeas Corpus Act 1679)로 제정되어 그 후 몇 차례 개정되어 활용되어 왔다.

영국에서 대체적 활용방식은 18~19세기 무렵부터는 정신장애로 인해 사설 수용소 등에 갇힌 사람들이 법원에 석방을 요구하는 인신보호사건이 있었으나 20세기 이후에는 영국 정신보건법이 제도적으로 잘 정비되면서 인신보호청구는 난민수용자 등의 수용해제를 위해 일부 활용되고 있다.

영미법계 국가에서는 별도의 법률로서 「인신보호법」을 제정하여 활용하는 경우가 많다. 일본의 경우는 패전 이후인 1948년 「인신보호법」을 제정하였는데, 주로 부모 이혼 시 양육권자 등이 미성년 자녀의 신체를 인도받기 위한 목적으로 활용되어 왔고, 교도소나 정신병원에 있는 사람들의 수용해제나 이송 등을 요구하는 사건도 있다. 대만은 1935년 「제심법(提審法)」을 제정하여 불법체포·구금에 대해 법원에 심사를 구할 수 있도록 하였고, 이후 수차례 개정을 거쳐 2013년에는 강제입원의

---

103) 정형근, "인신보호법에 관한 연구", 「인권과 정의」 제390호, 2009, 85-86면.

경우에도 불복하는 경우 법원에 퇴원을 청구하여 심사를 받을 수 있도록 하였다.

나. 국가권력 사이의 권력통제 기능

영국의 인신보호제도는 미국으로 넘어가 연방 수정헌법 제1조를[104] 통해 제도화되는데, 미국에서는 주로 행정권한에 의한 불법구금에 대항하여 사법부가 그 피수용자의 권리를 보장하는 방식으로 전개가 되었다. 2000년대 초반에는 미국 관타나모 수용소에 테러혐의를 이유로 수감된 자들의 인신보호청구를 미 연방 대법원이 받아주면서 부시 행정부의 일련의 행정적·입법적 조치들이 견제를 받게 된 사건들도 발생하였다.[105] 한국에서도 법원이 인신보호재판을 통해 행정기관의 사실적 수용권한을 통제하려 한 예가 있다.[106]

다. 인신보호제도의 구조

인신보호제도는 근본적으로는 본인의 의사에 반하여 수용되는 모든 사람이 그 수용시설의 장(이하 '수용자'라 한다)을 상대로 하여 법원에 그 수용해제를 청구하는 제도이다. 그 제도적 기초는 모든 강제수용된 사람에게 법원의 판사 앞에서 그 억울함을 호소할 기회를 주는 것이고, 제도적 절차는 그 수용된 사람을 데리고 오라는 판사의 명령, 즉 수용된 신체를 넘기라는 명령이 담긴 인신보호영장(habeas corpus writ)을 중심으로 운영되었다. 그렇게 법정의 법대 앞에 선 사람에 대해 판사는 그 신체(corpus)를 그대로 수용을 유지할지 아니면 석방할지에 대한 결정권을 가진다.

라. 한국 인신보호제도의 현황과 의미

2008년 시행된 「인신보호법」이 규정한 인신보호제도는 강제입원된 환자의 퇴원청구제도로 대부분 활용되고 있다. 2016년과 2017년 전국적으로 약 900여 건에 가까운 인신보호청구가 접수되었고, 그 중 대부분이 강제입원환자의 퇴원청구사건이다.

---

104) 미국 연방헌법 제1조 제9항 "인신보호영장에 관한 특권은 반란(反亂) 또는 외침(外侵)의 경우 공공의 안전을 위해 요구되는 경우가 아닌 한 이를 정지할 수 없다"(정형근, 앞의 논문, 86면에서 재인용).

105) 미국 관타나모 수용소 수감자들의 인신보호청구에 대한 구체적 논의는 김승대, "테러와의 전쟁과 헌법의 국외확장 적용 - 테러혐의자의 관타나모 구금 관련 미국 연방대법원의 부메디언 판결의 헌법적 함의", 「부산대학교 법학연구」 제50권 제1호, 2009, 27면 이하를 참조할 것.

106) 예컨대, 법무부가 난민인정신청을 한 외국인을 출입국관리법에 따라 입국불허처분을 하여 공항 송환대기실에 수용되어 5개월 간 외부출입이 금지된 상태가 되자 그 수용된 외국인이 출입국관리사무소 등을 상대로 인신보호청구를 하여 수용해제 결정을 받은 사례(인천지법 2014. 4. 30.자 2014인라4 결정)가 있다.

인신보호제도는 그 시행 이후 자연스럽게 법원의 판사가 강제입원에 대한 사후적 심사기관으로 작동하게 만들었다. 또한, 중요 쟁점(예컨대, 입원의 적법성과 필요성에 대한 입증책임 부담자로서 정신의료기관의 장 인정, 환자의 인신보호청구 후 병원측이 퇴원을 시킨 경우라도 인신보호청구의 구제이익을 일부 긍정)에 대하여 대법원 판례가 만들어지기도 하였다.

2. 인신보호청구의 내용

인신보호제도는 기본적으로 재판절차이다. 재판절차에서 나오는 당사자들을 보면, 청구인과 그에 대립하는 피청구인(수용시설의 장인 수용자)이 있고, 수용해제의 대상이 되는 피수용자가 있으며, 재판을 주관하는 판사가 있다. 이하에서는 강제입원심사와 관련하여 필요한 내용들을 위주로 본다.

가. 청구인과 수용자

(1) 인신보호청구의 청구권자

인신보호청구는 청구권한이 있는 자가 법원에 청구함으로써 그 절차가 시작된다. 강제입원환자는 자신이 피수용자이기도 하지만 동시에 청구권자이기도 하다. 그 밖에 본인의 의사에 반하여 수용된 사람의 보호의무자, 동거인, 고용주 또는 수용시설 종사자도 청구권자 중의 하나이다. 그러나 실제 퇴원을 요구하는 인신보호청구 사건을 보면 피수용자인 입원환자 자신이 직접 청구인이 되는 경우가 거의 대부분이다.

(2) 수용자

청구인은 그 재판의 상대방을 특정하여야 하는데, 「인신보호법」은 그 상대방을 수용자(수용시설의 장 또는 운영자)로 정해 놓고 있다(제2조). 수용자는 수용된 사람이 아니라 수용시킨 사람을 의미하며, 수용된 사람(피수용자)의 신체를 관리하며, 사실상 입소, 호송, 퇴소 등의 조치를 취할 수 있는 사람을 말한다. 즉, 정신의료기관의 장, 정신요양시설의 장이 그 수용자가 된다. 아래에서는 구체적으로 수용자가 누가 되어야 하는지 검토해 본다.

1) 보호의무자의 수용자 여부

일부 인신보호사건에서는 입원시킨 보호의무자를 수용자로 하여 인신보호청구를 한 경우도 있으나 실제 직접 신체를 관리하고, 입원 및 퇴원을 시킬 수 있는 결정능력과 권한을 가진 사람이 수용자여야 한다. 따라서 보호의무자는 입원신청권자나 동의권자일 뿐이어서 해당이 없으며, 사람이 아닌 의료법인이나 그 법인의 이사장도 수용자가 될 수 없다.

2) 담당의사의 수용자 여부

일부 인신보호사건에서는 정신의료기관의 장의 이름을 몰라 담당의사나 병원명을 적어 놓기도 하는데, 담당의사는 진단과 치료를 하고서 의견을 제안할 뿐 정신건강복지법상 입·퇴원의 결정권자는 아니므로 수용자가 아니다.

3) 행정입원에 있어 수용자 판단

행정입원은 시·군·구청장이 입원의뢰와 입원해제를 통해 입원결정권자로 기능하지만 그 입원환자의 신체를 관리하고 있는 사람은 정신의료기관의 장이기 때문에 수용자는 정신의료기관의 장이 된다. 만약 시·군·구청장이 입원의 유지를 원하고 있다고 하더라도 법원의 판사가 인신보호재판을 통해 정신의료기관의 장에게 퇴원을 명령하면 정신의료기관의 장은 판사의 명령을 따라야 한다. 사법기관은 행정기관의 행정조치에 대해 재판을 통해 취소하거나 번복할 권한을 가지고 있기 때문이다.

나. 피수용자

피수용자란 "자유로운 의사에 반하여 국가, 지방자치단체, 공법인 또는 개인, 민간단체 등이 운영하는 의료시설·복지시설·수용시설·보호시설(이하 '수용시설'이라 한다)에 수용·보호·감금되어 있는 자"를 말한다. 그 중 형사절차에 따라 체포·구속된 자, 수형자 및 출입국관리법에 따라 보호된 자는 제외한다(「인신보호법」 제2조 제1항). 여기서 위 요건을 강제입원환자를 대상으로 구체화하면 다음과 같다.

(1) 의사요소(본인의 자유로운 의사에 반할 것)

강제입원과 자발적 입원을 가르는 기준은 본인의 의사에 반하는지 여부이다. 입원 시에는 본인의 의사에 의한 것이었다가 퇴원을 요구하니까 퇴원이 제한되는 경우에는 그 시점부터는 자발적 입원이 아닌 것이 된다. 본인이 퇴원을 요구하지 않더라도 제도적으로 퇴원이 허용되지 않는 경우도 강제입원이 된다.

문제는 지적장애나 치매 등의 사유로 입원의 유형과 상황을 판단하거나 인식할 수 없는 경우와 같이 자발적으로 본인의 진정한 의사를 표현하기 어려운 때에는 어떤 판정을 해야 하는지 문제된다. 의사표시를 하지 않았기 때문에 또는 할 수 없기 때문에 의사에 반한 것이 아니라는 이유로 그 사람은 피수용자가 개념에 포함되지 않는다는 견해도 있을 수 있으나, 본인의 자유로운 의사가 드러나지 않거나 드러낼 능력이 없다면 피수용자 개념에 포섭하여 해석하는 것이 타당하다. 즉, 본인의 자유로운 의사에 반한다는 것 속에는 본인의 진정한 자유로운 의사에 의하지 않는 모든 경우를 포함한다고 해석해야 한다. 만약 자유로운 의사결정을 할 능력이 없다는 이유로 피수용자 개념에서 제외하게 되면, 상당한 숫자의 사람들이 인신보호제도의 도움을 받지 못한 채 수용되어 살아야 하는 문제가 발생한다.

(2) 시설요소(수용시설)

수용시설은 그 유형(의료시설, 복지시설, 수용시설, 보호시설)을 불문하고, 그 운영기관이 국공립인지 여부(국가, 지방자치단체, 공법인 또는 개인, 민간단체 등)도 불문한다. 개인이 자신의 집이나 주택, 건물 등에 장애인 등을 강제로 거주시켜 생활하게 하는 경우도 수용시설의 하나로 볼 수 있다.

(3) 감금요소(수용·보호·감금)

앞서 '본인의 의사에 반'한다는 의미가 수용된 피수용자의 상태를 중심으로 본 것이라면, 여기서 볼 감금의 의미는 수용시설의 장인 수용자의 피수용자에 대한 신체적 자유제한에 대한 권한과 능력의 문제이다. 예컨대, 피수용자의 신체를 강박하여 격리실에 며칠 째 둔다면 그것은 당연히 인신보호청구를 할 수 있다. 신체적 제한이 명확하기 때문이다. 폐쇄병동에 갇혀 나갈 수 없는 경우에도 감금의 개념 속에 포함된다.

좀 더 법적으로 논의가 필요한 것은 물리적으로는 외부 출입이 허용되지만 법적으로는 외부 출입이 금지된 상태에서의 인신보호청구가 가능한지 논란이 될 수 있다. 예컨대, 개방병동에 있는 보호입원환자에 대해 담당의사가 조건으로서 무단 외부출입을 할 경우 폐쇄병동으로 옮기게 될 것이라 할 때 그 의무부과(외부 출입금지)를 해제해 달라는 인신보호청구를 할 수 있는지 여부이다.

생각건대, 이동공간에 대한 물리적 제한이 아니라 의무나 명령을 통한 이동제한도 그것을 위반시 합법적 제재조치가 이루어질 수 있는 경우라면 인신보호청구의 대상이 되는 본인의 의사에 반한 수용에 해당한다고 볼 것이다. 그 이유는 환자에 대한 신체적 제한과 이동의 제한이 합법적인 조치라면 환자는 이를 어길 수 없고, 그 상황에서는 인신보호청구가 그 제한조치를 위반하지 않은 상태에서 대상자가 그 해제를 위한 심사를 청구할 수 있는 유일한 수단이 될 수 있다. 의무부여를 통한 신체적 이동의 제한은 물리적 감금과 실질적으로 차이가 없다.

다. 인신보호청구권의 고지와 방해금지의무

(1) 관련규정

수용시설의 장은 피수용자에 대해 수용을 개시하기 전에 「인신보호법」 제3조에 따른 구제청구를 할 수 있음을 고지하여야 하고, 피수용자가 구제청구를 하는 것을 방해하여서는 안 된다(「인신보호법」 제3조의2). 만약 수용시설의 장이 피수용자의 구제청구를 방해하는 경우 1년 이하의 징역 또는 1천 만원 이하의 벌금에 처해질 수 있고(제18조 제2항). 구제청구를 고지하지 아니한 경우에는 500만 원 이하의 과태료가 부과될 수 있다(제20조 제1항).

(2) 인신보호청구제도의 안내와 문제점

피수용자는 인신보호청구절차를 모르는 경우가 대부분이다. 실제 대법원에서 인신보호제도를 방송광고를 통해 홍보하기도 하고, 인터넷 홈페이지에서 서식제공을 하며[107], 콜센터를 운영하여 인신보호제도 안내전화(1661-9797)까지 마련하여 운영하고 있으나, 강제입원이 되고 나면 전화나 인터넷 접속이 차단 또는 제한되기 때문에 실제 인신보호청구를 하는 데에는 어려움이 있다.

(3) 권리고지 방식

수용시설의 장은 피수용자가 입원(입소)하기 전에 「인신보호법」의 구제청구(인신보호청구)를 할 수 있음을 고지하여야 한다. 그 고지여부에 대한 다툼을 막기 위해서는 입원(입소) 전 권리고지 서면 제공 및 피수용자의 확인 서명을 받아두어 향후 행정기관의 조사나 과태료 부과에 대비할 필요가 있다.

(4) 구제청구를 위한 편의제공

구제청구를 방해하는 것은 형사처벌 대상이므로 환자의 구제청구권을 보장하기 위해서는 다음과 같은 것들이 제공될 필요가 있다.

i) 필기도구와 인선보호 청구 서식의 제공
ii) 수용시설의 명칭과 주소 및 연락처 제공
iii) 인신보호청구서 작성 시 관할법원에 대한 송부

---

107) http://help.scourt.go.kr/nm/min_9/min_9_7/index.html (2018. 7. 1. 최종방문)

ⅳ) 인신보호재판 과정에서 서면 및 증거의 수령과 전달

ⅴ) 환자의 심문기일 호송과 적정한 재판진행을 위한 약물조절

라. 인신보호청구의 사유와 입증책임

(1) 인신보호청구의 사유

「인신보호법」상 인신보호청구의 사유는 수용의 위법성과 수용의 불필요성에 관한 것이다(제8조 제1항). 수용의 위법성에는 앞서 보았던 강제입원심사기관의 심사대상처럼 ⅰ) 최초입원, 계속입원, 입원연장 등 입원과정과 입원기간 전체에 걸친 위법성을 주장할 수 있고, ⅱ) 입원의 불필요성에 대해서도 최초입원, 계속입원, 입원연장, 향후입원 등 과거와 현재, 미래 전체에 걸쳐 입원 필요성이 없음을 주장할 수 있다. 이는 인신보호청구를 한 청구인이 피수용자(청구인과 동일인일 수 있음)의 수용해제를 위해 주장하는 것이다.

(2) 수용의 적법성과 필요성에 대한 입증책임

청구인은 위와 같은 입원의 위법성과 불필요성을 주장만 하면 되지 따로 입증할 필요는 없다. 이유는 인신보호법령과 대법원 판례가 수용시설의 장(수용자)이 수용의 적법성 및 수용을 계속할 필요성에 대해 소명할 의무를 부과하고 있기 때문이다(「인신보호규칙」 제12조 제2항).[108] 따라서 수용시설의 장은 입원과정에서의 입원심사기록과 진료기록 등과 객관적 진단을 통하여 환자의 입원의 적법성과 필요성을 소명하여야 한다.

3. 인신보호재판의 절차

가. 인신보호재판 관할과 이송

(1) 관할

인신보호재판을 법원에 청구하기 위해서는 그 지역을 관할하는 법원에 구제청구서(인신보호청구서)를 접수시켜야 한다. 「인신보호법」은 당해 피수용자 또는 수용시

108) 대법원 2009. 6. 11.자 2009인마2 결정(수용자가 이 사건 수용의 적법성 및 수용을 계속할 필요성에 관하여 소명을 다하였다고 보기 어려움에도 불구하고, 원심은 구제청구인이 위법하게 수용되었다거나 수용사유가 소멸하였다는 주장을 인정할 만한 자료가 없다고 판단하고 말았으니, 이러한 원심의 조치에는 「인신보호법」 제8조 제1항, 「인신보호규칙」 제12조 제2항 소정의 구제청구사건의 심리요건 등에 관한 법리를 오해하고 필요한 심리를 다하지 아니한 위법이 있다).

설의 주소, 거소 또는 현재지를 관할하는 지방법원 또는 지원으로 규정하고 있다(법 제4조). 피수용자는 통상 수용시설에 수용되어 있기 때문에 수용시설이 있는 주소지를 관할하는 지방법원 또는 지원이 그 관할법원이 된다. 인신보호재판은 합의부 사건이 아닌 단독사건이어서 1인의 단독판사가 재판한다.

(2) 이송

인신보호청구를 접수하여 인신보호재판이 시작되고 난 다음에 그 피수용자를 다른 시설이나 기관으로 이송시켰을 때 문제가 된다. 통상 다른 시설로 이송되면, 수용자가 변경되어야 하기 때문에 기존의 인신보호청구는 각하되거나 그 새로운 수용시설을 관할하는 지방법원 또는 지원으로 사건이 이송되기도 한다. 그러나 기존의 수용자가 위법한 수용을 하고 있던 것이어서 그 확인이 필요한 경우라면 법원은 이송이나 각하를 하지 않고, 수용의 위법성을 확인하는 결정을 할 수도 있다.

나. 청구 및 심문절차

(1) 청구절차

강제입원환자가 퇴원을 청구하는 인신보호청구의 통상적인 절차는 입원기관 내에서 입원 당시 권리고지를 받은 후 서식을 요구하여 구제청구서(인신보호청구서)에 「인신보호법」 제5조의 사항(구제청구자의 주소 및 성명, 수용자의 성명 및 주소, 피수용자의 성명, 청구의 요지, 수용이 위법한 사유, 수용장소)을 적어 정신의료기관 내 직원에게 제출하면, 직원은 그 구제청구서를 관할 법원(지원)에 송부하여 접수시킨다. 이 과정에서 직원이 환자의 구제청구서 송부를 거부하거나 내용을 열람하는 경우 환자의 구제청구를 방해하는 것으로 될 수 있다. 환자가 외부로 나가는 것이 제한되기 때문에 그 관리자인 수용시설의 장이 입원환자의 구제청구에 필요한 권리실현에 일정 정도 조력할 의무가 있기 때문이다.

(2) 법원의 심문준비

법원에 구제청구서가 접수되면, 법원에서는 ⅰ) 사건번호를 부여하고, ⅱ) 수용자(정신의료기관의 장)에게 그 구제청구서사본과 첨부자료를 송부하고, 수용자에게 답변서와 소명자료의 제출을 요구한다. 법원은 이후 심문기일을 지정하여 통지한다. 아울러 그 청구인 겸 피수용자가 경제적 형편이 어려우면 법원이 직권으로 국선변호인을 지정해 주거나 청구인이 국선변호인 선정을 신청할 수도 있다.

인신보호재판에 필요한 인지대는 면제되어 있으나, 송달료는 청구인이 법원에 납부하여야 한다. 그러나 청구인이 수용되어 있어 돈도 없고, 은행을 갈 수도 없어 법원에서 송달료에 대해 납부를 면제하는 소송구조결정을 한 사례들이 있다.

(3) 국선변호인의 심문준비

대부분의 인신보호재판에서는 환자가 강제로 입원되어 있어 변호인을 선임할 수 없는 사정인 점, 입원환자의 다수가 의료급여환자이거나 장기입원으로 경제적 형편이 어려운 점을 감안해 법원이 직권으로 국선변호인을 선임하는 경우가 대부분이다. 인신보호사건의 국선변호인으로 지정되면, 국선변호인은 인신보호재판 자료를 열람하여 복사한 후 심문기일 전에 환자의 입원기관을 방문하여 환자로부터 필요한 내용을 듣고, 자료를 수집하여 법원에 수용의 위법성과 불필요성을 주장하는 서면과 자료를 제출한다.

(4) 심문기일의 진행

심문기일에는 수용시설의 장이 직접 출석하거나 그 권한을 위임받아 담당의사나 행정직원이 출석할 수 있다. 통상 청구인(피수용자)은 입원기관에 있기 때문에 수용시설의 장이 심문기일에 호송하여 출석하게 할 의무가 있다(「인신보호법」 제10조 제3항).

법원은 심문기일 전후에 수용의 적법여부와 필요성 여부에 대한 전문가 의견을 받기 위해 피수용자의 정신·심리상태에 대한 소견이나 수용상태에 대한 의견을 요청할 수 있다(위 법 제8조 제2항).

심문기일의 절차를 보면, 통상 담당판사가 법정이나 심문실에서 i) 당사자의 출석여부를 확인하고, ii) 청구인의 수용사유에 관한 진술과 수용자의 수용사유의 적법성과 필요성에 관한 진술을 듣고, iii) 당사자들로부터 필요한 소명자료를 제출받고, iv) 판사가 진료기록이나 소송기록 및 당사자들의 진술 속에서 궁금한 사항이나 필요한 사항을 묻고, 답하는 심문과정을 거친다.

(5) 정신감정의 문제

인신보호 재판과정에서 환자에 대한 객관적 제3자의 정신과적 진단이 필요한 경우에는 환자가 다른 병원으로 이송되어 입원 후 정신감정 과정을 거쳐야 한다. 그러나 당사자들에게 그 비용부담이 적지 않고, 입원의 적법성과 필요성에 대해 소명책임이 있는 수용시설의 장도 비용까지 들여 입원의 필요성을 소명하려 하지는 않아 법원에서 진료기록에 대한 조회나 정신보건 전문가에 대한 사실조회 회신 등으로 대체하는 경우가 많다. 그러나 입원 필요성 여부에 대한 정신감정비용은 과거 법원에서 예산으로 미리 책정해 놓았으나 인신보호 재판청구 자체가 적어 활용하지 못한 적도 있는 점에 비추어 볼 때 직권으로 정신감정을 채택할 수도 있을 것이고, 만약 정신감정이 어렵다고 하면 다른 방식으로라도 입원의 필요성에 대한 수용시설의 장의 소명책임을 다하도록 하여야 한다.

4. 인신보호재판에 대한 법원의 결정

가. 인신보호재판 중의 결정

(1) 수용의 임시해제 결정

법원은 재판과정 중에 수용되어 있는 피수용자의 신체적 위해 등을 예방하기 위한 긴급한 필요가 있는 경우에는 청구자의 신청이나 직권으로 피수용자의 수용을 임시로 해제하는 결정을 할 수 있고, 수용의 임시해제를 할 경우에는 조건을 붙일 수도 있다(제9조 제1항 및 제2항). 만약, 피수용자가 심문기일에 출석하지 아니하거나 그 조건을 준수하지 않은 경우에는 임시해제 결정을 취소하여 수용자의 시설에 다시 수용하거나 다른 동종·유사의 수용시설에 유치할 수 있다(제9조 제3항).

위와 같은 임시해제 결정은 마치 시·군·구청장이 임시퇴원을 시킨 후 경과관찰을 보다가 증상의 변화 등이 있으면 다시 입원시키는 임시퇴원제도와 유사한 절차로 구성되어 있다. 그러나 법원의 임시해제 결정은 인신보호재판을 진행하는 과정에서 피수용자의 수용이 불필요하거나 수용의 계속이 피수용자의 처우나 상태를 악화시킬 우려가 있는 경우에 취하는 임시처분이고, 최종적으로는 인신보호재판의 본안에서 그 수용 여부가 결정되는 점에서 차이가 있다.

(2) 피수용자의 신병보호 결정

법원은 인신보호재판이 청구된 이후 피수용자가 기존의 수용시설에서 재판 동안 수용되어 있는 것이 피수용자를 위해 좋지 않다고 여겨질 때에는 그 신병보호를 위하여 다른 동종·유사시설로 이송할 것을 기존 수용시설의 장에게 명할 수 있다(제11조). 이는 수용을 임시로 또는 영구히 해제하는 것이 아니라 다른 시설로의 이송을 하는 것인데, 환자를 다른 정신의료기관에서 정신감정이나 더 좋은 치료를 받도록 하기 위해서도 위와 같은 결정을 할 수 있다.

나. 청구요건 부적법으로 인한 각하 결정

(1) 부적법 각하 사유

법원은 심문의 전후에 퇴원여부에 대한 본안 결정이 아니라 청구요건을 갖추지 못하였다는 이유로 각하 결정을 할 수 있다. 그 사유로는 ⅰ) 구제청구자 아닌 자가 청구를 한 때, ⅱ) 서면기재사항 등 청구의 방식에 관한 요건을 충족하지 못한 때, ⅲ) 다른 법률의 구제절차에 따른 구제를 받을 수 있음이 명백한 때, ⅳ) 구제청구가 기각된 후 다시 구제청구를 한 때를 규정하고 있다(제6조 제1항). 위와 같은 각하 사유가 있는 경우라도 법원은 그 하자의 보정을 명하여 심리를 계속 진행할 수 있다(제6조 제2항).

(2) 인신보호청구의 보충성 관련 각하의 문제

위의 ⅲ)의 "다른 법률의 구제절차에 따른 구제를 받을 수 있음이 명백한 때"라 함은 인신보호재판과 같이 법원의 판사에 의한 동종·유사의 구제절차여야 하며 행정기관에 의한 절차는 제외하여야 한다. 또한, 수용상태에서 장기간 기다려야 하는 본안소송절차를 인신보호재판 전에 요구할 수는 없고, 높은 패소 가능성이 있는 절차를 진행하지 않았다고 하여 인신보호청구를 거절하고서 각하해서도 안 된다.

인신보호제도는 행정처분의 유·무효나 법률관계에서의 권리·의무를 따지는 본안 소송이 아니라 구금이라는 사실 자체의 해제를 위한 것이어서 신속성이 필요하다. 또한 연혁적으로 보면, 기존의 쟁송절차를 거친 후에 보충적으로 최후에 인신보호청구를 인정했던 이유는 법원의 형사재판 등 판사의 판결을 다시 다투는 불복수단으로 사용하지 못하게 하기 위함이다. 그런데 우리 「인신보호법」은 이미 형사절차에 의해 수용된 자들에 대해서는 그 적용을 배제하고 있어 인신보호청구의 보충성은 사실상 이미 법제도적으로 해결되어 있다고 볼 수 있다.

다. 인신보호 본안재판에 대한 결정

법원은 심문기일을 종결하면 그 직후 또는 통상적으로 2주 내에 수용여부에 대한 결정을 한다. 인신보호재판의 접수에서부터 결정까지 빠르면 1~2개월 늦으면 5~6개월까지 기간이 진행되며, 통상 3~4개월 내외에 결정이 된다. 이와 같은 심문이 모두 종결되면 법원은 본안에 관한 결정으로 수용자에게 수용해제명령을 내리거나 청구인에게 기각결정을 내린다.

(1) 수용해제명령

법원은 심리결과 청구인의 청구가 이유 있다고 인정되면 결정으로 피수용자의 수용을 즉시 해제할 것을 명한다(제13조 제1항). 여기서 청구인(환자)의 청구가 이유 있다는 것은 반대당사자인 수용자(정신의료기관의 장)가 수용의 적법성과 필요성을 모두 입증하여야 하는데, 수용자가 그 두 가지 모두를 입증하는 것에 실패했음을 의미한다. 수용해제명령이 수용시설의 장에게 통지되면 수용시설의 장은 즉시 수용해제조치를 취하여야 한다.

(2) 수용해제명령의 효과

수용해제명령이 내려지면 구제청구의 전제가 된 사유와 같은 사유로 다시 수용할 수 없는 효과가 발생한다(제16조). 여기서 인신보호재판을 통해 한 번 수용해제명령을 받은 피수용자는 언제든, 누구라도 수용을 할 수 없는 것인지 해석이 필요하다. 즉, 그 재판을 받은 수용자에게만 적용되는 것인지, 아니면 향후의 모든 수용자에게 위 명령의 효력이 발생하는지의 문제가 하나 있고, 또 다른 문제는, 구제청구의 전제가 된 사유라는 것이 알코올중독이라면 알코올중독으로는 이제 다시 수용될 수 없는 것인지 검토가 필요하다.

생각건대, 수용해제명령의 효과를 수용자(정신의료기관의 장) 아닌 제3자에게 확장시키려면 그 제3자가 수용해제명령이 발령되었다는 사실을 알아야 하는데, 이를 수용자가 알 수 있도록 하는 방법이 쉽지 않다. 다만, 수용해제명령을 받았는데 다시 같은 사유로 수용되었다고 피수용자가 고지하였다면 그 새로운 수용자(정신의료기관의 장)는 같은 사유인지 여부를 판단하여 같은 사유로 인정되면 퇴원시켜야 할 의무가 있다고 봄이 상당하다. 그렇지 않다면, 수용해제명령이 사실상 무용지물로 전락할 수 있기 때문이다.

나아가, 구제청구의 전제가 된 사유란 시간적으로 볼 때 기존에 입원사유로 된 행위들을 의미하며, 퇴원 후에 새롭게 발생한 행위는 동종의 행위라 하더라도 별도의 새로운 사유가 된다고 할 것이다. 예컨대, 알코올환자가 수용해제명령을 받아 퇴원 후 다시 음주를 하였다면 그 음주는 기존의 구제청구의 전제가 된 사유가 아니라 새롭게 발생한 행위이므로 수용의 적법한 사유가 될 수 있다.

(3) 기한부 수용해제명령

「인신보호법」은 법원이 명령을 내릴 때 즉시 수용해제를 하도록 규정하고 있으나 기한부 수용해제 명령을 내릴 수 있는지 문제가 되기도 한다. 예컨대, 결정문에 '수용자는 이 사건 결정문을 받은 후 1개월 이내에 피수용자의 수용을 해제한다'라고 명령하는 것이 허용되는지 여부이다. 입원과 퇴원에 대한 결정권한이 있다면, 그 중간쯤인 기한부 퇴원(향후 1개월의 추가적 입원 후의 퇴원)에 대한 권한도 있고, 입원환자의 급작스런 퇴원보다는 치료와 거주 준비가 된 퇴원이 더 유익할 수 있고, 가족들에게도 환자의 퇴원에 대한 준비와 지원의 기간이 필요한 점을 고려해 볼 때 기한부 퇴원의 결정도 허용된다고 볼 것이다. 이와 같은 기한부 퇴원의 결정은 하급심 인신보호재판에서 몇 차례 이루어지기도 하였다.

(4) 기각결정

법원은 청구인의 구제청구가 이유 없다고 인정하는 때에는 이를 기각하여야 한다(제13조 제2항). 구제청구가 이유 없다는 의미는 수용자가 피수용자의 수용의 적법성과 필요성을 모두 소명하였다는 것이다. 기각결정은 청구인의 주장을 받아들이지 않음을 의미한다. 그래서 기각결정은 본래의 상태(입원상태)를 변화시키지 않는다.

인신보호재판 진행 중에 피수용자를 임시 수용해제 시킨 후 다른 수용시설에 유치해 두었거나 신병보호를 위해 다른 수용시설로 이송해 둔 경우 기존의 수용시설의 장이 피수용자의 신병을 인도받을 수 있도록 법원이 기각결정을 하는 경우 임시의 수용시설의 장에게 피수용자 신병인도에 대한 명령을 함께 한다(제13조 제2항).

라. 법원 결정에 대한 불복방법

인신보호청구의 청구인은 기각결정에 대하여, 그 상대방인 수용자는 수용해제명령에 대하여 즉시항고할 수 있다(제15조). 즉시항고가 되면 상급법원인 2심 법원(합의부)에서 1심에 이어 심리를 하게 된다. 법원의 결정에 불복하여 즉시항고하는 기간이 본래 구 「인신보호법」에 3일로 정해져 있었다.[109] 이와 관련된 법원의 사건을 보면 다음과 같다.

> 「인신보호청구를 한 결과 1심에서 기각결정을 송달받고서 환자가 병원 간호사에게 즉시항고장의 우편송달을 요청하였는데 송부 후 4일이 지난 후 법원에 도착하여 즉시항고 기간이 도과되었다. 이에, 2심 법원이 「인신보호법」이 정한 즉시항고 기간이 너무 짧아 피수용자의 재판청구권과 신체의 자유, 평등권을 침해한다는 이유로 헌법재판소에 위헌법률심판을 제청하

---

109) 개정 전 「인신보호법」 제15조(상소) 구제청구자와 수용자는 제13조의 결정에 대하여 불복하면 3일 이내에 즉시항고할 수 있다.

였다. 이에 헌법재판소는 2015년 법원의 위헌제청을 받아들여 위 3일 부분을 무효로 하는 위헌결정을 하였다」[110]

이는 수용시설에 수용되어 있는 피수용자의 재판청구권 보장을 위해 절차적 기간의 연장을 보장한 것이라 할 수 있다. 헌법재판소의 위헌결정에 따라 국회는 2017. 10. 31. 즉시항고기간을 3일에서 7일로 변경하는 「인신보호법」 개정을 하였다.[111]

5. 인신보호제도의 개선방안(입법론)

가. 인신보호재판의 기능 – 강제입원불복심사제도

인신보호재판은 일반적으로 의사에 반하여 수용된 사람을 위한 법원재판제도이다. 그럼에도 불구하고 2008년 「인신보호법」 시행 이래로 지난 10년 간 강제입원 환자의 퇴원청구제도로 주요한 역할을 해 왔다. 그렇게 된 이유를 보면, 인신보호재판 외에는 강제입원에 대한 사법심사제도가 별도로 마련되어 있지 않고, 구 정신보건법의 정신보건심판위원회의 심사가 서면심사일 뿐만 아니라 의료적 합의체에 의한 형식적 심사로 인해 입원환자들이 대면하여 자신의 의견을 진술할 기회를 가지지 못하였기 때문이기도 하다.

이러한 문제점으로 인해 인신보호재판이 강제입원심사제도로 활용되었고, 소수이기는 하지만 인신보호청구를 한 사람들에 대해서는 법원이 강제입원심사기관으로 이용되어 온 것이다.

나. 인신보호재판의 한계와 가능성

헌법재판소도 지적하고 있듯이 인신보호재판이 가진 일정한 한계들(수용시설에서의 권리 미고지, 인신보호청구 시 퇴원이나 전원시키는 사례, 결정이유의 미기재, 불충분한 심사, 2심에서의 서면심리 허용[112] 등)도 있다.

그러나 인신보호재판은 환자 개개인을 법정에 불러내 일일이 대면하여 판사가 묻고, 질문하는 과정을 통하여 환자의 권리와 인격적 주체성을 복원시키고, 수용자

---

110) 헌법재판소 2015. 9. 4. 2013헌가21 결정.

111) 개정 후 「인신보호법」 제15조(상소) 구제청구자와 수용자는 제13조의 결정에 대하여 불복하면 7일 이내에 즉시항고할 수 있다. 다만, 즉시항고는 집행정지의 효력이 없다. <개정 2017.10.31.> [2017. 10.31. 법률 제14972호에 의하여 2015.9.24. 헌법재판소에서 위헌 결정된 이 조를 개정함.]

112) 창원지방법원 2015. 6. 22.자 2015인라4 결정(인신보호사건의 항고심에서 서면심리 방식으로 심리를 진행하는 것을 허용).

를 상대방으로 하여 양 당사자를 대등하게 만들어 공방하게 한다. 이는 수용시설 내에서의 환자와 의사의 관계를 전환시킨다. 게다가 인신보호재판은 국선변호인 선정을 통해 절차적 조력을 지원하는 법령상 근거와 예산이 확보되어 있다. 이러한 장점에 비추어 본다면, 인신보호재판은 그 한계에도 불구하고, 여전히 유일하고, 실질적인 강제입원불복심사제도로 작동하고 있다.

다. 「인신보호법」의 개선방안

(1) 인신보호재판의 관할과 절차

인신보호재판이 강제입원환자의 퇴원청구제도로 주로 활용되면서 그 관할법원을 가정법원으로 전환하는 것, 외래치료명령 조건부 퇴원 등 퇴원명령의 다양화, 원칙적인 국선변호인 선임, 모든 강제입원에 대한 법원의 사법심사 등 다양한 논의가 전개되어 왔다.

또한, 형식적 논의로서 정신건강복지법에 강제입원에 관한 사법심사의 근거규정을 둔 후 그 절차는 「인신보호법」의 절차를 준용하도록 하거나 아니면 별도의 법원 입원심사규정을 따로 두는 방안 등이 국회 입법안으로 논의되기도 하였다.

(2) 현행 강제입원심사제도의 문제

먼저, 생각해야 할 것은 법원이 모든 강제입원에 대해 전수심사를 할 것이냐?는 문제인데, 그 경우에는 심사건수가 많아 현재의 인신보호재판과 같이 개별적 사건처럼 대하기가 어려워진다. 게다가 지금의 인신보호재판보다 시간이나 인력, 국선변호인의 지원 등도 더 줄어들 수밖에 없다. 즉, 현재 1년에 1,000건이 채 안 되는 인신보호재판이 수만 여건 이상으로 늘어난다면, 그 재판은 지금과 같은 시간과 인력을 투여하기 어려울 수 있다.

다음으로, 강제입원심사기관으로서 현재의 입원적합성심사위원회와 정신건강심사위원회를 그대로 유지하여야 할 지에 대한 문제이다. 지금의 위원회들이 형식적 서면심사를 계속 지속하고자 한다면 그 존재의의는 거의 없다. 다만, 의료적·복지적 전문성에 있어서는 법원이 쫓아가기 어렵다는 점에서 쉽게 기존의 심사기관을 법원이 대체하기도 어렵다.

(3) 입원심사제도의 개선방안

생각건대, 지금의 상황에서는 기존의 입원심사기관은 입원심사에 있어 좀 더 적극적인 사법적 절차와 대면을 통해 환자의 말하여질 권리와 절차적 기본권들을 보장하고, 법원(그 중에서도 가정법원이 후견적 역할로서 적절하다)은 위 입원심사기관들의 결정에 대한 불복심사기관으로서 기존과 같은 대면심문, 국선변호인 지원, 서면과 증거의 공방 등 절차적 제도를 보장하는 방식이 더 유용해 보인다. 즉, 1단계의 전문가 합의체에 의한 대면심사(준사법적 절차)와 그 결과에 불복하는 경우 2단계의 법원 판사에 의한 심사(사법절차)를 통해 1단계의 신속하고 전문적인 대면심사와 2단계의 공정하고 사법적인 대면심사를 결합하는 것이다.

제4절 강제입원 및 퇴원청구 현황

Ⅰ. 강제입원과 통계

강제입원은 한국 사회에서 어느 정도 흔한 일인지, 다른 나라와 비교하여 강제입원이나 장기입원의 상황이 어떻게 다른지 파악해 볼 필요가 있다. 그것은 통상 수치(數値)로서 표현된다. 즉, 명(名), 건(件), 률(率) 등으로 사람이나 사건을 수치화한다. 이러한 통계적 표현은 현실을 파악하는 데 도움이 되고, 정책을 세우고, 실현하는데 있어 일정한 가시적인 목표와 성과를 드러낼 수 있다. 예컨대, 정부는 2016년 정신건강종합대책을 통해 다음과 같은 수치들을 2020년까지 변화시키겠다고 정책목표를 세웠다.

표 2-10 2016년 국가 정신건강종합대책 중 입원관련 성과지표 부분[113)]

목표	지표	2016년	2020년
중증 정신장애인 지역사회 통합	정신의료기관 평균 입원기간 30% 단축	197일	138일
	정신의료기관 병상 수 축소	83,711병상	75,340병상
	사회복귀시설 정원 10% 확충	6,783명	7,461명
	정신의료기관 강제입원율 감소	70%	45%

113) 보건복지부, 「2016년 정신건강종합대책」, 국가정책조정회의 자료집, 2016, 43면.

대체로 국가의 목표는 종종 정신장애인의 강제입원과 장기입원을 줄이고, 지역사회에서의 사회적 삶을 향유하는 것을 중심으로 하고 있다. 1995년 구 정신보건법이 환자를 병원으로 옮겨 치료를 받을 수 있도록 정신의료기관을 확충하는 것이 목표였다면 20년 뒤인 현재의 목표는 병원으로부터 나오는 것이 하나의 목표가 된 것이다.

국가는 위 지표들을 달성하기 위해 다양한 정책적 수단들을 쓸 것이고, 그 중 가장 먼저 한 일이 2016년 5월 정신건강복지법을 통과시킨 것이다. 실제 2017년 5월 법 시행 이후 채 1년이 되지 않아 강제입원(보호입원 및 행정입원)의 비율은 30%대로 떨어져 국가가 계획했던 목표시기보다 훨씬 빠르게 목표치를 초과달성하였다.[114]

이하에서는 강제입원과 관련된 다양한 수치들을 통해 구 정신보건법 하에서의 입원현황을 분석해 보고, 정신건강복지법을 통해 위에서 본 지표들이 어떻게 실현될 수 있을지 미래를 전망해 본다.

Ⅱ. 입원 · 입소시설의 현황

1. 정신병상 수의 변화

구 정신보건법 하에서 강제적 입원 · 입소가 허용되는 공간은 정신의료기관과 정신요양시설이었다. 지난 20여 년간의 병상 수의 변화를 보면, 정신장애가 어떤 속도로 의료화되었는지 확인할 수 있다.

114) 보건복지부, 「국립정신의료기관 조사원 워크샵」, 2018. 5. 2.자, 2018, 8면의 표(법 시행 이후의 비자의입원환자 수의 변화) 참조.

표 2-11 정신병상 수의 변화(1984년~2016년)[115]

연도	정신의료기관		정신요양시설		합계 정신병상 수[116]
	병상 수	구성비	병상 수	구성비	
1984	6,107	42.2	8,349	57.7	14,456
1990	14,109	44.7	17,432	55.2	31,541
1996	24,176	57.1	18,182	42.9	42,358
2000	43,885	75.3	14,135	24.3	58,010
2001	46,472	76.5	13,960	23.0	60,792
2002	49,868	77.7	13,840	21.3	63,708
2003	52,143	78.3	13,886	20.9	65,943
2004	53,391	78.8	13,850	20.4	67,241
2005	58,150	79.6	14,049	19.3	72,199
2006	63,760	81.7	14,296	18.3	78,056
2007	68,253	82.4	14,609	17.6	82,862
2008	69,702	83.0	14,235	17.0	83,937
2009	72,378	83.5	14,325	16.5	86,703
2010	75,414	84.2	14,145	15.8	89,559
2011	80,012	85.2	13,920	14.8	93,932
2012	84,220	85.6	14,208	14.4	98,428
2013	83,001	85.6	13,964	14.4	96,965
2014	83,711	85.8	13,804	14.2	97,515
2015	83,696	85.8	13,830	14.2	97,526
2016	83,405	86.1	13,519	13.9	96,924

115) 중앙정신보건사업지원단 등, 「2011년 중앙정신보건사업지원단 사업보고서」, 2012, 77면 표 11 및 79면 표 12; 보건복지부 등, 「2016 국가 정신건강 2차 예비조사 결과보고서」, 2016, 113-114면의 표 9와 표 10; 보건복지부 등, 「2017 국가 정신건강 3차 예비조사 결과보고서」, 2017, 101면(2016년 현황)을 재구성하였다.

116) 1999년부터 2006년 사이에는 사회복귀시설 병상 수가 0.2% 내지 1.1% 점유하고 있었으나, 여기서는 따로 표시하지 않는다.

그림 2-1 정신병상 수의 변화(1984년~2016년)

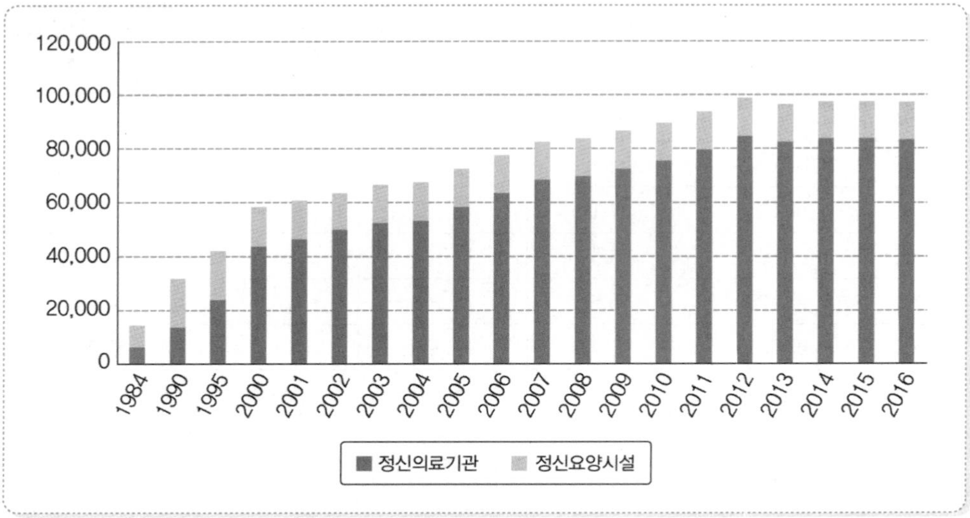

가. 정신병상 수의 급격한 증가

위 표와 그래프를 보면, 1984년을 기점으로 하면, 정신병상 수가 약 6.7배 증가하였고, 정신보건법이 시행된 1996년을 기점으로 하면, 20년 간 약 2.3배 증가하였다. 지난 30여 년 간 지속적으로 증가해 오던 정신병상 수는 2012년 9.8만 여개를 최고점으로 하여 그 이후에는 증가세가 사실상 멈추었다.

구 정신보건법 하에서 이러한 정신병상 수의 지속적인 증가는 대다수의 서구 OECD 국가의 지난 50여 년간의 정신병상 수 감소경향과는 상반된 것이었다.[117] 이는 우리 사회에서는 1960년대부터 서구에서 시작된 탈시설 운동이나 정책이 아직 정착되지 않았기 때문이기도 하고, 오히려 서구의 1960년 이전까지의 정신병상의 증가 추세를 재현하는 것이라 볼 수도 있다.

나. 정신의료기관의 정신병상

1995년 정신보건법이 제정되기 전까지는 정신요양시설의 정신병상 수(17,432개)가 정신의료기관의 병상 수(14,109개)보다 많았다. 그러나 정신보건법 제정 무렵을

117) OECD 국가의 인구 1,000명 당 정신병상 수의 변화와 관련해서는 보건복지부, 「2016 국가 정신건강 2차 예비조사 결과보고서」, 2016, 117면 표(2000년 이후) 및 중앙정신보건사업지원단, 「2006년 중앙정신보건사업지원단 사업보고서」, 2006, 64면 표 3-6(2000년 이전) 참조.

전후하여 정신의료기관의 병상 수가 더 많아지고, 반면에 일부 정신요양시설은 정신보건법 제정을 통하여 정신의료기관이나 사회복지시설로 전환되었다. 그래서 정신요양시설은 정신보건법 제정 이후 그 병상 수가 1.4만 여개로 줄어든 후 지난 15년 간 큰 변동이 없었고, 추가로 정신요양시설이 신설되는 경우도 드물었다. 반면에 정신의료기관은 그 기관의 숫자 자체도 크게 증가하였을 뿐만 아니라 병상 수도 정신보건법 제정 이후 급속도로 증가하여 정신의료기관의 정신병상 구성비가 2016년 기준으로 86.1%, 정신요양시설은 13.9%로 크게 역전되었다. 이는 정신보건법의 시행을 통해 정신장애의 의료화가 이루어졌음을 보여준다.

2. 정신병상 이용률

한편, 정신의료기관 및 정신요양시설의 정신병상을 환자가 얼마나 많이 이용하는지와 관련된 병상이용률(입원 환자 수/정신병상 수)을 보면 1999년부터 2012년까지 13년 동안 1999년 91.6%에서 2012년 81.9%로 약 10% 가량이 감소하였다.[118] 2016년 기준으로도 병상이용률은 81.9%를 차지하고 있는데,[119] 이는 정신병상(病床) 10개 중 8개 병상에 입원(입소)환자가 있다는 것을 의미한다.

3. 향후 정신병상 수의 감소 가능성

2017년 정신건강복지법 시행 이후에는 정신병상 수와 관련해서 몇 가지 변화가 예상될 수 있다. 예컨대, 시·군·구청장이 보호의무자가 되어 보호입소시키던 제도가 폐지되고, 강제입원의 요건이 강화되면서 입원 또는 입소환자가 감소될 수 있으므로 그에 따른 정신병상 수의 감소가 예상된다. 아울러 위에서 본 정부의 2016년 정신건강 종합대책도 정신병상 수의 감소를 그 정책적 목표로 하고 있는데 이는 탈원화 정책의 시작을 알리는 것이라 할 수 있다. 탈원화는 정신장애인의 지역사회에서의 삶, 즉 커뮤니티 케어의 기반이 되는 것이기도 하다.

---

118) 중앙정신보건사업지원단, 「2012년 중앙정신보건사업지원단 사업보고서」, 2013, 83-84면.
119) 보건복지부 및 국립정신건강센터, 「2017 국가 정신건강현황 제3차 예비조사 결과보고서」, 2017, 110면 표 16의 병상 수와 입원·입소 정신질환자 수를 비율로 계산하여 산출함.

Ⅲ. 구 정신보건법상 입원현황

1. 강제입원 현황

가. 개 관

구 정신보건법은 4가지 유형의 입원제도(자의입원, 보호입원, 행정입원, 응급입원)를 가지고 있었고, 보호입원은 다시 그 입원동의권자에 따라 가족(후견인 포함)의 동의에 의한 입원과 시·군·구청장의 동의에 의한 입원으로 구분된다.

강제입원 중 행정입원은 시·군·구청장이 지방자치단체의 예산을 확보하여 입원을 시켜야 하는 것인데, 그 예산이 적고, 시·군·구청장이 보호의무자가 되는 보호입원이 절차상 보다 수월하고, 장기입원도 가능하여 행정입원은 정신의료 현장에서는 크게 활용되지 않았다.

2016년 말 기준으로 보호입원(정신요양시설 보호입소를 포함한다. 이하 같다)을 통하여 입원한 환자는 49,664명(가족 동의입원 43,643명, 시·군·구청장 동의 입원 6,021명, 일정 시점 기준임)으로 강제입원환자의 99% 이상을 차지하고 있다. 이는 교도소 등 교정시설 1일 평균 수용인원 56,495명(2016년 기준)[120]에 육박한다.

아래에서는 2000년 이후 매년 발간되는 중앙정신보건사업지원단의 보고서의 입원통계(연간 통계가 아니라 매년 12월 31일 기준 시점의 통계임)를 중심으로 입원(입소를 포함한다. 이하 같다)의 현황을 살펴본다.

나. 입원유형별 입원현황과 변화추이

<표 2-12>를 보면, 전체적으로 강제입원 중 행정입원환자(0.2%~0.4%)나 응급입원환자(0.1% 미만)는 거의 없고, 강제입원의 하나인 보호입원이 다수(2016년 기준 전체입원의 약 63%, 치료감호를 제외하는 경우 강제입원 중 99%)를 차지하고 있다. 자의입원의 비율은 다소 적음(2016년 기준 약 36%)을 알 수 있다. 2000년부터 2016년까지 지난 17년 간 구 정신보건법 하에서의 입원유형별 현황과 변화는 다음과 같이 정리할 수 있다.

---

120) 법무연수원, 「2017 범죄백서」, 2018, 375면 표 Ⅲ-1.

표 2-12 구 정신보건법상 입원유형별 현황(2000년~2016년)[121]

연도	총입원 환자(명)	자의입원 (제23조)	보호입원		행정입원 (제25조)	응급입원 (제26조)	기타입소 (치료감호)
			가족	시장·군수·구청장			
2000	59,032	3,393	36,945	18,694	–	–	–
		5.8%	62.6%	31.7%			
2001	60,079	4,041	39,167	16,868	–	–	–
		6.7%	65.2%	28.1%			
2002	61,066	3,946	40,263	16,857	–	–	–
		6.5%	65.9%	27.6%			
2003	64,083	4,182	41,853	17,293	–	–	755
		6.6%	65.9%	26.3%			1.2%
2004	65,349	5,024	44,024	15,618	–	–	683
		7.7%	67.4%	23.9%			1.0%
2005	67,895	6,036	45,958	15,316	–	–	585
		8.9%	67.7%	22.6%			0.9%
2006	70,967	6,534	49,935	13,917	–	–	579
		9.2%	70.4%	19.6%			0.8%
2007	70,516	6,841	51,028	11,961	–	–	686
		9.7%	72.4%	17.0%			0.9%
2008	72,325	9,387	50,425	11,580	112	37	785
		13.0%	69.7%	16.0%	0.2%	0.1%	1.1%
2009	74,919	12,087	50,575	11,154	176	76	851
		16.1%	67.5%	14.9%	0.2%	0.1%	1.1%
2010	75,282	15,271	51,714	7,027	251	109	910
		20.3%	68.7%	9.3%	0.3%	0.1%	1.2%

121) 중앙정신보건사업지원단, 「2011년 중앙정신보건사업지원단 사업보고서」, 2012, 101면 표 29의 일부; 보건복지부 및 국립정신건강센터, 「2016 국가 정신건강현황 제2차 예비조사 결과보고서」, 2016, 133면 표 27의 일부; 보건복지부 및 국립정신건강센터, 「2017 국가 정신건강현황 제3차 예비조사 결과보고서」, 2017, 122면 표 27의 각 일부를 재구성한 것임.

연도	총입원 환자(명)	자의입원 (제23조)	보호입원		행정입원 (제25조)	응급입원 (제26조)	기타입소 (치료감호)
			가족	시장·군수·구청장			
2011	78,637	16,833	53,533	6,853	323	50	1,045
		21.4%	68.1%	8.7%	0.4%	0.1%	1.3%
2012	80,569	19,441	53,105	6,737	230	43	1,013
		24.1%	65.9%	8.4%	0.3%	0.1%	1.3%
2013	80,462	21,294	5,1132	6,320	262	53	1,401
		26.5%	63.5%	7.9%	0.3%	0.1%	1.7%
2014	81,625	24,266	49,792	6,235	147	26	1,159
		29.7%	61.0%	7.6%	0.2%	0,0%	1.4%
2015	81,105	26,064	47,235	6,432	131	43	1,200
		32.1%	58.2%	7.9%	0.2%	0.1%	1.5%
2016	79,401	28,285	43,643	6,021	94	58	1,300
		35.6%	55.0%	7.6%	0.1%	0.1%	1.6%
정신의료기관	69,220	26,545	38,286	2,937	94	58	1,300
		38.3%	55.3%	4.2%	0.1%	0.1%	1.9%
정신요양시설	10,181	1,740	5,357	3,084			
		17.1%	52.6%	30.3%			

i) 총 입원환자 증가(59,032명 → 79,401명, 2000년 기준 약 2만 명 증가)
ii) 보호입원 환자비율의 감소 경향(94.3% → 62.6%)
iii) 보호입원 중 시·군·구청장 동의입원 비율의 감소 경향(31.7% → 7.6%)
iv) 보호입원 중 가족 동의에 의한 입원환자의 증가와 비율의 유지(최소 55%~최대 72%)
v) 자의입원 환자비율의 증가 경향(5.8% → 35.6%)

다. 입원유형별 입원현황과 변화추이 분석

총 입원환자의 증가는 앞서 본 정신병상 수의 증가, 자의입원환자의 증가와 관련이 있고, 보호입원(강제입원) 환자비율의 감소 경향은 자의입원 환자비율의 증가 경향과 맞물려 있다. 즉, 통계적으로 보면, 자의입원의 증가는 보호입원의 감소와 연결되어 있다.

표 2-13 자의입원 및 보호입원 인원과 비율(2000년~2016년)

(단위: 명, %)

연도	2000	2001	2002	2003	2004	2005	2006	2007	2008	2009	2010	2011	2012	2013	2014	2015	2016
자의입원 환자	3393	4041	3946	4182	5024	6036	6534	6841	9387	12087	15271	16833	19441	21294	24266	26064	28285
	5.8	6.7	6.5	6.6	7.7	8.9	9.2	9.7	13.0	16.1	20.3	21.4	24.1	26.5	29.7	32.1	35.6
가족에 의한 보호입원 환자	36945	39167	40263	41853	44024	45958	49935	51028	50425	50575	51714	53533	53105	51132	49792	47235	43643
	62.6	65.2	65.9	65.9	67.4	67.7	70.4	72.4	74.0	67.5	68.7	68.1	65.9	63.5	61.0	58.2	55.0
시·군·구청장에 의한 보호입원 환자	18694	16868	16857	17293	15618	15316	13917	11961	11580	11154	7027	6853	6737	6320	6235	6432	6021
	31.7	28.1	27.6	26.3	23.9	22.6	19.6	17.0	16.0	14.9	9.3	8.7	8.4	7.9	7.6	7.9	7.6

그림 2-2 입원유형별 현황(2000년~2016년)

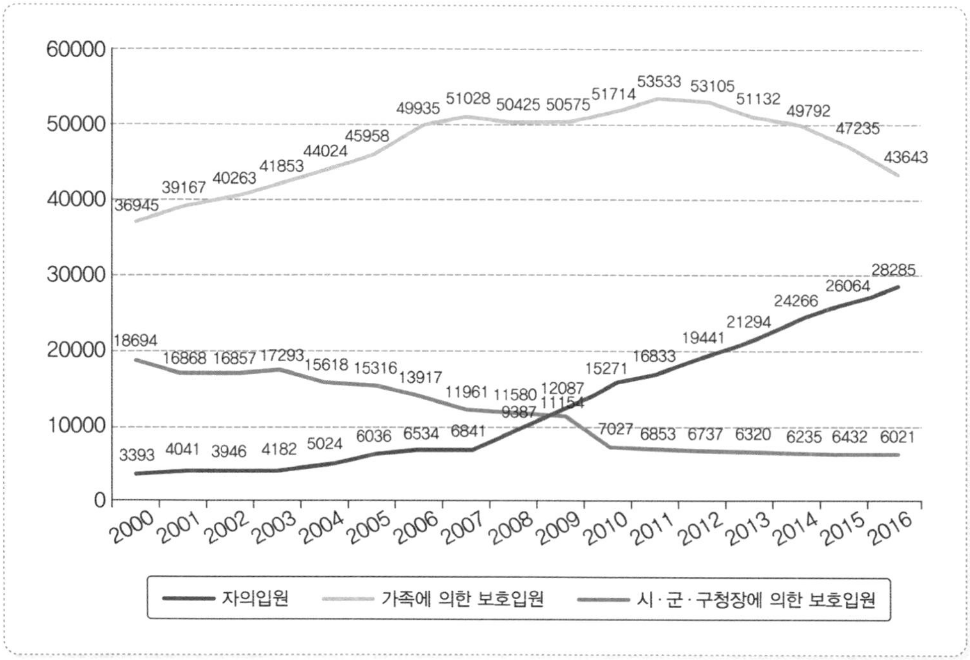

그림 2-3 입원유형별 비율(2000년~2016년)

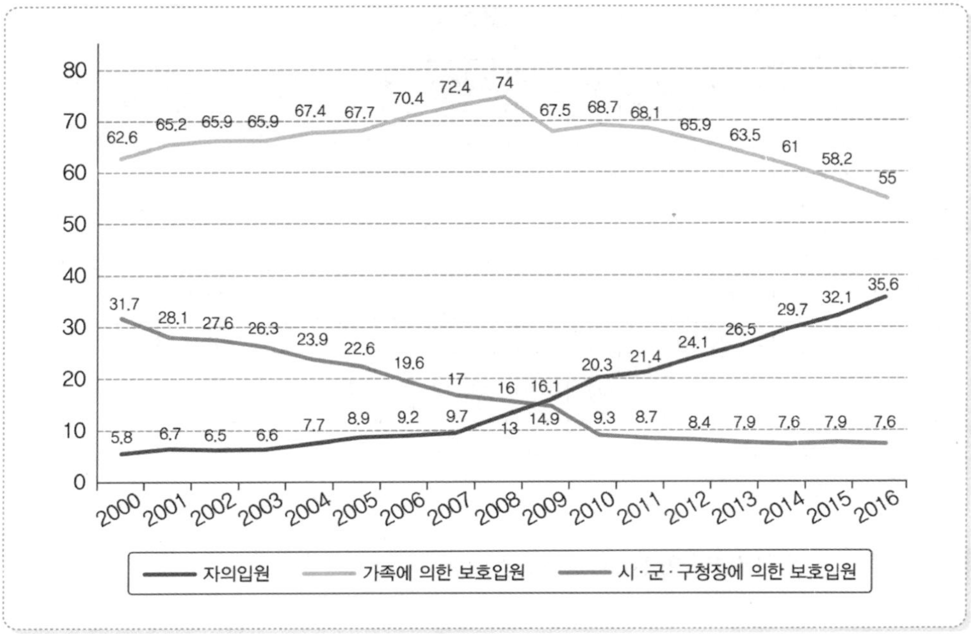

위 두 그림은 비중이 거의 없는 행정입원과 응급입원 및 「치료감호법」에 따른 치료감호 인원을 보이지 않고, 구 정신보건법 하에서 지난 17년 간의 자의입원과 보호입원의 현황과 비율을 보여준다. 이를 차례로 분석해 보면 다음과 같다.

(1) 자의입원의 변화추이

자의입원은 2000년만 해도 그 비율이 5.8%(인원 3,393명)로 극소수였다. 이는 구 정신보건법의 대원칙인 자의입원의 원칙이 현실에서는 강제입원이 원칙인 것처럼 진행된 것이다. 이후 2007년까지 조금씩 자의입원환자와 비율이 증가하기는 하였지만 채 10%를 넘지 못하였다. 그러다가 보호의무자 2인 동의로 법이 바뀌어 보호입원이 어려워지자 2008년 자의입원은 13%로 증가하고, 그 후 매년 자의입원 비율이 2~3% 증가하여 2015년부터는 30%를 넘어섰다.

위에서 본 바와 같이 2008년은 보호입원에 있어 변화가 있었던 시기이다. 보호의무자 1인 동의에서 2인 동의로 법이 개정됨에 따라 자의입원 비율의 상승과 동시에 가족에 의한 보호입원 비율은 2008년을 기점으로 천천히 하락하게 되었다. 보호의무자 2인 동의제도는 보호의무자 1인에 의한 보호입원 권한 남용을 어느 정도 통제하게 되었고, 그 무렵부터는 정신의료 현실에서 환자 설득에 의한 자의입원이 조금씩 늘어나게 된 것이다.

(2) 가족에 의한 보호입원의 변화추이

가족에 의한 보호입원은 그 인원 수에 있어서 2000년 이후 매년 큰 폭으로 증가하다가 2008년을 기점으로 그 증가세를 2년 여간 멈추다가 2011년 5만 3,500여 명으로 최고점을 찍은 후 지속적으로 그 숫자가 감소하고 있다. 비율로 보면, 2000년 약 63%의 비중을 차지하던 보호입원은 계속 증가하여 2008년에는 74%로 최고점에 달하였다가 이후 법 개정의 영향으로 지속적으로 하락하여 2016년에는 55%까지 낮아졌다.

(3) 시·군·구청장에 의한 보호입원의 변화추이

구 정신보건법 시행 초기인 2000년대 초반에 시·군·구청장에 의한 입원은 주로 보호자가 없거나 돌볼 수 없는 행려환자를 강제로 입원시키는 제도로 활용되었다. 그래서 구 정신보건법 시행 초기에 다수의 환자들이 정신의료기관과 정신요양시설에 입소되었다.

돌볼 가족이 없고, 지역사회 내 주거 등을 제공할 여건이 안 된 국가에서는 그렇게 초기에 입원 또는 입소시킨 사람들을 장기간 그 곳에 두고 있고, 그 입원기간 중에 사망 등을 하면서 시·군·구청장이 보호의무자로 된 환자들은 점차 줄어들고 있다. 비율로 보면, 구 정신보건법 시행 초기(2000년)에는 전체 입원비율의 약 32%가 시·군·구청장이 보호의무자가 된 입원이었으나 그 비율은 지속적으로 감소하여 2016년에는 약 8% 내외로 감소하고, 그 숫자도 2000년에는 약 1.9만 명에 이르렀으나 2016년에는 그 1/3 정도인 약 6천 여명 정도만 남았다.

라. 다른 국가의 강제입원 비율과의 비교

2004년 Salize와 Dressing의 논문에 의하면, 유럽연합 회원국의 경우 강제입원의 비율은 약 20% 이하(1999년 기준 오스트리아 18%, 덴마크 4.3%, 핀란드 20.7%, 아일랜드 10.9%, 포르투갈 2.8%, 잉글랜드 13.6%, 독일 15.9%)로 보고되고 있다.[122] 일본

122) Hans Joachim Salize And Harald Dressing, "Epidemiology of involuntary placement of mentally ill people across the European Union ill people across the European Union", 「British Journal Of Psychiatry」 184, 2004, 165면 표 2(룩셈부르크와 네덜란드의 경우 일부 병원만을 대상으로 한 것이어서 본 글의 예시에서는 제외하였음).

의 경우는 2012년 기준으로 강제입원 비율이 약 45%(의료보호입원이 대부분을 차지)[123]로 보고되고 있다.

서구의 다수의 통계는 연간 입원건수 전체를 대상으로 한 강제입원 비율이어서 일정시점을 기준으로 한 한국이나 일본의 강제입원 비율 산정방식과는 차이가 있다.

마. 향후 강제입원의 변화 전망

새로운 정신건강복지법은 시·군·구청장에 의한 보호입원제도를 폐지하고, 행정입원제도를 일부 개정하였는데, 구 정신보건법 하에서는 0.2% 내외의 비율을 차지하던 행정입원이 다소 증가할 가능성이 있다.

새로운 정신건강복지법은 정신장애인의 강제입원을 축소시키고, 지역사회 복귀를 활성화하는 것을 정책적 목표로 삼고 있다. 실제 법 시행 후 보호입원환자의 숫자나 비율은 크게 줄어들고, 자발적 입원(자의입원과 동의입원)을 하는 환자의 숫자나 비율은 크게 늘었다. 이에 대한 구체적 현황과 내용은 ☞ 법 제41조의 표를 참조할 것.

2. 재원일수(입원기간) 현황

가. 개 관

표 2-14 입원환자의 재원일수[124] 현황(2000년~2016년)[125]

(단위: 日)

연도	2000	2001	2002	2003	2004	2005	2006	2007	2008	2009	2010	2011	2012	2013	2014	2015	2016[126]
정신의료기관	166	168	165	156	159	159	160	155	158	161	166	170	161	176	197	207	226
국립정신병원[127]	142	89	118	102	101	89	102	117	128	152	153	256	191	192	248	260	245

123) 鶴田 真也, "最近の精神保健医療福祉施策の動向について", 平成27年度全国保健所長会研修会, 2016, 19면 그래프.

124) 재원기간의 분포상 50%에 해당하는 입원(입소) 환자의 재원기간을 의미한다(보건복지부 및 국립정신건강센터, 「2016 국가 정신건강현황 제2차 예비조사 결과보고서」, 2016, 136면 주석).

125) 보건복지부 및 국립정신건강센터, 위 결과보고서, 137면.

126) 보건복지부 및 국립정신건강센터, 위 결과보고서, 137면.

127) 보건복지부 및 국립정신건강센터, 「2017 국가 정신건강현황 제3차 예비조사 결과보고서」, 2017, 125면 표 30 및 126면 표 31 참조(국립정신병원 중에는 치료감호소인 국립법무병원을 포함하면서 입원기간이 길어지게 되었다. 실제 국립법무병원(치료감호소)을 제외하면 국립정신병원은 재원일수가 2014년 기준 103일, 2015년 기준 99일, 2016년 101일로 반 이상 줄어든다).

정신의료기관유형별	공립정신병원	207	256	216	216	260	240	200	235	254	272	248	267	233	272	265	283	277
	사립정신병원	220	248	240	229	266	264	271	252	186	217	252	208	223	252	281	260	282
	종합병원정신과	80	69	67	65	69	75	65	61	61	50	71	66	65	70	75	79	83
	병원정신과	231	228	215	173	168	165	164	163	150	164	150	157	157	153	154	178	198
	정신과의원	75	61	74	60	77	74	73	75	88	93	99	103	105	111	114	117	125
정신요양시설		2787	2321	2665	2455	2521	2867	2630	2914	2870	3231	3364	3539	3693	3655	3617	3655	3931
입원환자재원일수		277	288	287	261	267	267	257	236	233	246	248	251	247	262	281	288	303

정신건강증진시설 중 강제입원(입소)이 허용되는 정신의료기관 및 정신요양시설의 환자 재원기간을 보면, 그 곳이 치료의 공간인지, 거주의 공간인지 확인할 수 있다. 위 통계는 매년 12월 31일 기준으로 입원한 환자만을 대상으로 한 재원일수를 의미하므로, 퇴원 후 재입원하거나 다른 기관이나 시설에서 바로 재입소한 경우에는 다시 입원기간이 진행되기 때문에 환자 개인의 전 생애를 걸쳐 입원하는 기간을 의미하는 것은 아니다. 또한, 일정 시점을 기준으로 판단하기 때문에 그 시점 이전에 퇴원한 환자의 입원기간은 포함되지 않으며, 입원한 환자를 입원기간에 따라 줄세운 후 그 중 중간지점인 50%에 있는 사람의 입원기간을 나타내는 것이어서 환자의 평균 입원기간이나 생애에 걸친 입원기간과는 다르다.

나. 정신요양시설의 입소기간 현황

정신요양시설은 2000년 기준으로 7.6년(2,787일)인데 점차 증가하여 2015년부터는 10년을 넘게 되었다. 실제 정신요양시설에는 2016년 기준 10년 이상 입소해 있는 환자가 5,327명, 정신의료기관에는 1,740명이 있다.[128)]

이러한 장기간의 입원이나 입소는 강제입원의 경우가 대부분이고, 치료나 요양

128) 보건복지부 및 국립정신건강센터, 「2017 국가 정신건강현황 제3차 예비조사 결과보고서」, 2017, 125면 표 30.

목적이라기보다는 사실상 정신장애인의 거주의 장소로 역할한다. 그런데 그 거주 장소 밖을 나가는 것이 제한되어 있다면 그 제도는 격리와 처벌로서의 기능을 가진 것이 될 뿐이다.

다. 정신의료기관의 입원기간 현황

위 표를 보면, 정신의료기관 입원기간은 2000년 5.5개월(166일)에서 2015년 7.5개월(226일)로 증가하였다. 정신요양시설과 달리 정신의료기관은 치료를 목적으로 하는 공간임에도 불구하고 6개월이 넘는 입원기간은 환자의 치료가 아닌 다른 목적의 입원이 증가하고 있음을 보여준다. 이른바 '사회적 입원'(환자의 증세나 건강상태로 보아서 더 이상의 치료가 필요 없어 퇴원할 수도 있는 환자이지만 퇴원을 할 경우 가족 등 돌보아 줄 사람이나 지역사회 내 주거 및 생활공간이 없어 병원에 계속 입원되어 있는 상태)이 증가하는 상황을 암시하는 것이라 할 수 있다.

라. 다른 국가의 정신의료기관 재원기간

2002년 유럽연합 국가의 강제입원제도 관련 보고서에 따르면,[129] 정신과 입원환자의 입원기간의 중간 값은 1997년 내지 2000년 기준으로 오스트리아 17.6일, 덴마크 36일, 핀란드 46일, 프랑스 35.7일, 독일 26.9일, 아일랜드 130일, 이탈리아 13.4일, 스페인 18일, 스웨덴 28일, 영국 52일이었다. 이탈리아가 13.4일로 가장 짧고, 아일랜드가 130일로 가장 길며, 위 국가들의 입원기간을 평균해 보면 약 40일이다. 한국 정신의료기관의 입원기간 중간 값은 226일(2016년 기준)로 위 평균에 비해 5배 넘게 길다.

위의 유럽연합 국가에 비하여 일본의 평균재원일수는 상당히 길다. 일본의 평균재원일수는 2010년 376일에서 5년 간 입원기간 감소를 위한 국가적 노력을 하여 2014년 281일까지 줄였다.[130] 위와 같은 일본 정신병원의 입원기간 장기화는 고령의 치매(인지증) 환자 등이 2000년대 이후 지속적으로 증가한 것이 한 이유가 되었다.

---

129) Hans Joachim Salize, Harald Dreßing and Monika Peitz, "Compulsory Admission and Involuntary Treatment of Mentally Ill Patients - Legislation and Practice in EU-Member States", 「European Commission - Health & Consumer Protection Directorate-General Research Project Final Report」, 2002, 38면.

130) 厚生勞動省, 「平成23年板 厚生勞動白書 資料編」, 2011, 43면; 厚生勞動省, 「平成28年板 厚生勞動白書 資料編」, 2016, 43면.

마. 정신의료기관 및 정신요양시설 장기입원의 문제점

한국 정신의료기관 및 정신요양시설의 재원기간은 위에서 보았듯이 서구의 재원기간과 비교하여 상당히 장기간이다. 그 원인은 다음과 같은 것을 들 수 있다.

i) 높은 강제입원 비율: 입원방식이 강제로 되는 경우 입원이 장기화되는 경향이 있는데, 한국의 경우 높은 강제입원 비율이 장기입원의 한 원인으로 작용함

ii) 거주 공간으로 전환: 일부 유형의 정신의료기관과 정신요양시설은 치료적 목적보다는 환자의 거주 공간처럼 인식되면서 입원이 장기화됨

iii) 입원진료비의 국가 부담: 입원환자의 60%를 넘는 의료급여 환자의 경우 입원 및 진료 비용의 대부분이 국가에서 지원되면서 가족과 병원 모두에 퇴원을 시킬 유인을 마련하지 못하고 있음

iv) 지역사회 지원시설과 재원의 부족: 입원 환자가 퇴원을 하기 위해서는 지역사회 내에서의 주거 · 고용 · 돌봄 · 치료와 재활 등이 마련되어야 하는데, 실제 시설이나 인력에 대한 국가적 지원이 많이 부족한 실정임

위와 같은 장기간의 강제적 입원은 환자의 자유와 사회적 삶을 제약할 뿐만 아니라 치료라는 정신의료 본연의 목적에도 반한다. 즉, 장기간의 강제입원은 치료라는 입원의 목적을 정당화하지 못하며, 단순히 사회적 격리와 생존만을 지속시키는 것이어서 입원환자의 사회적 삶을 제약하여 그 정당성을 부여받기 어렵다.

3. 입원(입소)자의 진단유형별 분포

표 2-15 입원(입소)자의 진단유형별 분포(2016년 기준)[131]

(단위: 명, %)

진단유형		조현병	조울증	우울증	알코올 중독	지적장애 (정신지체)	치매	신경증	뇌전증	기타	전체
전체	인원	34,174	3,422	3,426	16,507	4,496	2,777	722	475	4,402	70,401
	비율	54.4	4.3	4.3	20.8	5.7	3.5	0.9	0.6	5.5	100%
정신요양시설	인원	8,450	68	54	139	655	18	7	84	706	10,181
	비율	83.0	0.7	0.5	1.4	6.4	0.2	0.1	0.8	6.9	100%

131) 보건복지부 및 국립정신건강센터, 「2017 국가 정신건강현황 제3차 예비조사 결과보고서」, 2017, 117면 표 22 참조하여 재구성.

그림 2-4 입원(입소)자의 진단유형별 분포(2016년 기준)

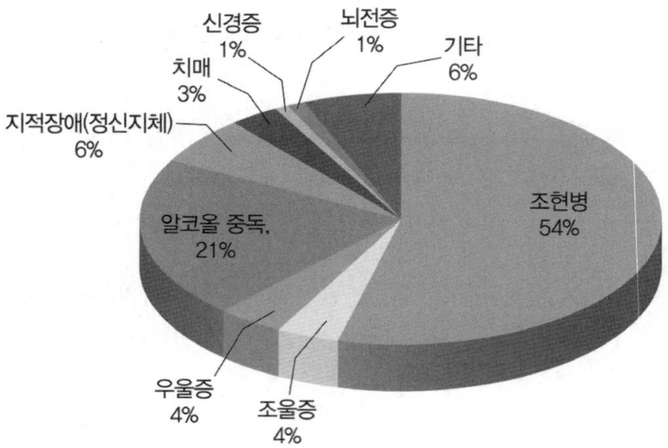

가. 진단유형별 분포

2016년 기준 정신의료기관 및 정신요양시설 입원(입소)자의 진단유형별 분포를 보면, 조현병이 54%를 차지하고 있고, 그 뒤를 이어 알코올중독(21%), 지적장애(5%), 우울증, 조울증과 치매(각 4%), 신경증 및 뇌전증(각 1% 미만) 순이다. 정신요양시설의 경우에는 83%가 조현병을 차지하고 있어 정신요양시설이 주로 만성화된 조현병 환자를 중심으로 운영되고 있음을 알 수 있다.

나. 진단유형별 분포 변화추이

지난 17년 간 환자 진단유형별 변화추이를 보면, 2000년에는 조현병 환자 비율이 64%였으나 2016년에는 54%로 약 10% 가량 감소하였고, 그 반면에 알코올 중독의 경우에는 2000년 13%의 비율을 차지하였으나 2016년에는 22%로 9% 가량 증가하였다.[132] 그 외 다른 진단유형의 경우에는 지난 17년 간 그 분포비율에서 큰 변화가 없다.

132) 보건복지부 및 국립정신건강센터, 「2017 국가 정신건강현황 제3차 예비조사 결과보고서」, 2017, 117면 표 22 참조하여 재구성.

다. 지적장애 및 치매환자의 입원 문제점

정신의료기관이나 정신요양시설에서 지적장애가 있는 사람이나 치매가 있는 사람을 입원(입소)시키는 경우가 있다. 위 표를 보더라도 그 인원이 전체입원의 8~9%(지적장애 4,496명, 치매 2,777명)를 차지하고 있다.[133] 통상 치매나 지적장애를 가진 사람을 입원시키는 경우 그 입원사유로 행동상의 장애로 인한 행동조절의 어려움 등을 든다. 그러나 치료가능성의 문제와 강제적 장기입원이 될 가능성을 고려해 볼 때 정신의료기관이나 정신요양시설에서 지적장애나 치매를 가진 사람의 입원(입소)은 자제될 필요가 있다.

Ⅳ. 정신보건심판위원회의 강제입원 심사 현황

1. 구 정신보건법의 입원심사방식

구 정신보건법은 기초정신보건심판위원회(이하 '정신보건심판위원회'라고만 한다)가 정신병상을 가진 시설이 있는 각 시·군·구별로 설치되어 보호입원에 있어 최초 입원 후 6개월마다 입원연장심사를 하였고, 강제입원된 환자들과 그 보호의무자가 퇴원청구를 하는 경우 그 퇴원여부를 심사하였다. 입원연장심사청구는 정신의료기관(정신요양시설을 포함한다)의 장이 모든 6개월이 넘어 강제입원시키려는 자에 대하여 하였다. 정신보건심판위원회가 심사하여 퇴원이나 입원연장 의결을 하면, 시·군·구청장이 정신의료기관의 장에게 통보하여 그 결정을 이행하도록 하였다. 이하에서는 정신의료기관의 장의 입원연장심사청구와 환자나 그 보호의무자의 퇴원심사청구 현황과 그 결과를 살펴본다.

---

133) 보건복지부 및 국립정신건강센터, 위 결과보고서, 117면 표 22.

2. 입원연장 및 퇴원청구에 대한 심사현황

표 2-16 구 정신보건심판위원회 심사현황[134]

구분		입원연장심사	퇴원청구심사	합계
청구건수	2014	71,762	1,591	73,353
	2015	76,399	1,820	78,219
	2016	72,517	1,990	74,507
입원계속	2014	69,062	1,445	70,507
	2015	73,895	1,568	75,463
	2016	70,202	1,749	71,951
퇴원건수	2014	2,700	136	2,836
	2015	2,504	252	2,756
	2016	2,315	241	2,556
퇴원율	2014	3.8%	8.6%	3.9%
	2015	3.3%	13.8%	3.5%
	2016	3.2%	12.1%	3.4%

구 정신보건법 하에서 전국적으로 입원(입소) 정신병상이 있는 145개 시·군·구에 정신보건심판위원회가 설치되어 있고, 통상 1개월에 1회씩 그 시·군·구 내의 정신의료기관 및 정신요양시설에 대한 입원연장심사와 퇴원청구심사를 해 왔다. 2016년 기준으로 1회 심사 시에 평균 약 46건(전국 심사건수 총 74,507건/전국의 심판위원회 각 개최횟수 1,632회)[135]의 청구(입원연장청구 45건, 퇴원청구 1건)를 심사하였다.

위 표를 보면, 입원연장심사의 경우는 퇴원율이 대략적으로 약 3%인데 비해, 퇴원청구심사의 경우는 퇴원율이 10% 내외로 두 배 이상 높다. 두 입원요건이 동일함에도 불구하고, 퇴원율이 서로 다른 이유는 퇴원청구심사는 그 청구자가 환자 본

134) 보건복지부 및 국립정신건강센터, 「2015 국가 정신건강현황 예비조사 결과보고서」, 2015, 81면 표 42; 보건복지부 및 국립정신건강센터, 「2016 국가 정신건강현황 제2차 예비조사 결과보고서」, 2016, 67면 표 17; 보건복지부 및 국립정신건강센터, 「2017 국가 정신건강현황 제3차 예비조사 결과보고서」, 2017, 63면 표 11 각 재구성.

135) 보건복지부 및 국립정신건강센터, 「2017 국가 정신건강현황 제3차 예비조사 결과보고서」, 2017, 63면 표 11을 기준으로 산정함.

인(보호의무자도 가능하나 현실적으로 청구하는 경우는 거의 없음)으로서 적극적으로 퇴원의 의지를 보이는 것이어서 퇴원율이 더 높아진 것이다. 이는 유사한 제도를 가진 일본에서도 비슷한 현상이 나타난다.

전국적으로 입원연장심사나 퇴원청구심사를 통해 퇴원하는 비율은 합하여 4%가 채 안 된다. 이러한 결과를 보면 그 심사기관인 정신보건심판위원회가 사실상 의료적 합의체로서 형식적 서면심사를 통하여 강제적 장기입원을 유지시키는 데 주요한 역할을 했다고 볼 것이다. 뒤에서 보겠지만 이러한 강제입원심사시스템은 입법론적으로는 보완을 요구한다.

3. 지역별 심사현황(퇴원율)과 문제점

표 2-17 각 지역별 정신보건심판위원회 퇴원율(2013년~2016년)[136)]

지역		서울	부산	대구	인천	광주	대전	울산	세종	경기	강원	충북	충남	전북	전남	경북	경남	제주	전국평균
퇴원율(%)	2013	2.2	0.5	6.9	10.7	5.6	2.0	1.0	0.0	6.5	11.5	4.7	1.4	2.3	1.0	8.0	1.3	1.1	3.92
	2014	3.2	0.4	7.9	8.9	5.8	2.5	7.2	0,0	5.3	12.1	5.1	1.9	3.1	1.6	8.4	1.3	0.0	4.39
	2015	3.8	0.4	5.8	8.7	7.3	2.7	0.5	0.0	5.2	8.8	5.1	1.4	1.3	0.9	7.4	1.3	0.0	3.56
	2016	4.5	0.3	4.6	9.5	5.9	3.0	0.6	0.0	5.0	6.0	5.1	1.2	1.8	2.2	7.1	0.9	0.0	3.39
	평균	3.42	0.40	6.30	9.45	6.15	2.55	2.33	0.00	5.50	9.60	5.00	1.48	2.13	1.43	7.72	1.20	0.28	3.81

위 표에서는 2013년부터 2016년까지를 기준으로 각 광역 지방자치단체 산하 시·군·구 정신보건심판위원회가 입원연장심사와 퇴원청구심사를 통해 퇴원을 시킨 비율(퇴원명령 건수/입원심사 건수)을 지역별로 보여주고 있다. 위 표를 보면, 4년 내내 한 건의 퇴원명령을 내리지 않은 지역이 있는가 하면, 퇴원명령 비율이 4년 간 평균 9%를 유지하는 지역도 있다. 이렇게 심한 편차가 있게 될 경우 특정 지역의 정신의료기관에 입원한 경우 그 환자는 퇴원청구를 하든 아니면 입원연장심사청구에서든 퇴원할 수 있는 가능성이 전혀 없게 되는 경우도 있다.

이렇게 상당히 큰 퇴원율 편차가 발생하는 이유는 지역 내 환자여건에 따른 것

136) 보건복지부 및 국립정신건강센터, 「2015 국가 정신건강현황 예비조사 결과보고서」, 2015, 81면 표 42; 보건복지부 및 국립정신건강센터, 「2016 국가 정신건강현황 제2차 예비조사 결과보고서」, 2016, 67면 표 17; 보건복지부 및 국립정신건강센터, 「2017 국가 정신건강현황 제3차 예비조사 결과보고서」, 2017, 63면 표 11 각 재구성

이라기보다는 ⅰ) 심판위원회 위원들 구성의 문제, ⅱ) 단 시간 내에 형식적 서면 심사만으로 이루어지는 절차적 문제, ⅲ) 객관적 기준과 증거 없이 청구한 정신의료기관의 진단과 의견에 따라 승인하는 관행, ⅳ) 환자측의 의견진술 기회가 없는 점 등이 복합적으로 작용하여 위와 같은 편차와 결과를 발생시키고 있다. 새로운 정신건강복지법에서는 제도적 보완이 필요하다.

Ⅴ. 인신보호청구 현황

1. 인신보호제도 개관

2008년 시행된 「인신보호법」은 강제입원된 환자가 법원에 인신보호청구를 하여 법원으로부터 퇴원(수용해제)명령을 받을 수 있는 인신보호제도를 규정하고 있다. 법 시행 이후 90%가 훨씬 넘는 청구는 보호입원된 환자가 정신의료기관의 장을 상대로 법원에 인신보호청구를 하는 사례였다.

강제입원된 환자가 법원에 인신보호청구를 하게 되면, 법원은 정신의료기관의 장에게 진료기록 등의 제출과 더불어 입원의 적법성과 필요성을 주장, 소명하도록 요구한다. 환자에게는 통상 국선변호인이 선임되어 정신의료기관 내에서 접견과 변호인의 도움을 받을 수 있게 되고, 법원의 심문기일에 출석하여 환자가 진술할 권리도 보장된다. 법원은 법정에서의 심문과 증거자료들을 검토하여 입원의 적법성과 필요성 여부를 판단하여 퇴원(수용해제) 여부를 결정하여 통지한다. 환자와 수용자인 정신의료기관의 장은 법원의 결정에 불복하여 상급심에 항고(抗告)할 수 있다.

2. 인신보호제도 이용현황

인신보호청구는 강제입원된 환자와 같이 본인의 의사에 반하여 시설에 수용된 사람과 그 가족 등(직계혈족, 배우자, 후견인, 형제자매, 동거인, 고용주 또는 수용시설 종사자)이 할 수 있다(「인신보호법」 제3조). 그러나 실제 인신보호청구를 하는 사람은 대부분 강제입원된 환자 본인이다. 법 시행초기인 2009년에는 전국적으로 120여 건 정도 청구하였으나, 매년 증가하여 2016년에는 900여 건에 이르게 되었다.

한편, 위와 같이 9년 간 청구된 약 4,000여 건 중 극소수는 강제입원된 환자나 그 가족 등이 청구한 것이 아니라 사회복지시설이나 특수한 시설에 수용된 사람이나 그 가족의 인신보호청구이다. 연도별 청구현황 및 처리현황은 아래 표와 그림과 같다.

표 2-18 인신보호청구 접수 및 처리현황(2009년~2017년)

(단위: 건)

연도	2009	2010	2011	2012	2013	2014	2015	2016	2017	합계
청구현황	122	198	246	278	350	440	762	894	856	4,146
인용(퇴원)	12	26	20	27	19	30	56	50	48	288 (7.2%)
기각 (계속입원)	16	64	72	101	119	138	201	267	288	1,266 (31.8%)
취하	44	70	102	99	139	181	351	426	397	1,809 (45.5%)
기타	12	37	50	42	55	61	115	121	121	614 (15.4%)
처리현황	84	197	244	269	332	410	723	864	854	3,977 (100%)

그림 2-5 인신보호사건 연간 처리현황(2009년~2017년)

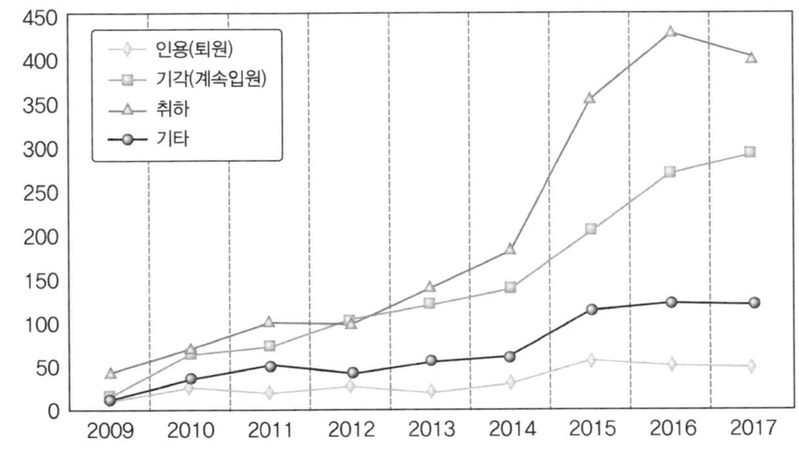

그림 2-6 인신보호사건 처리현황(2009년~2017년)

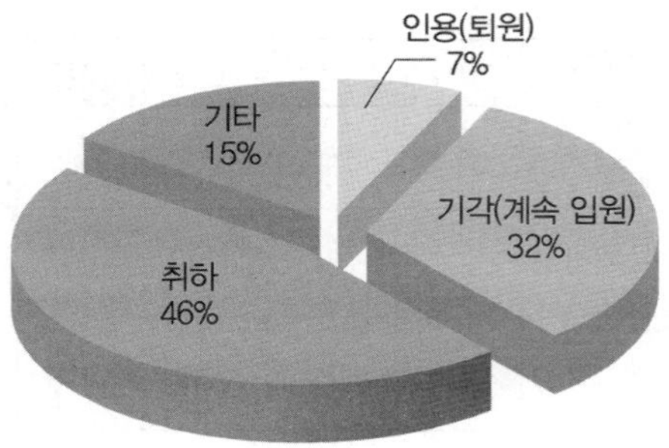

가. 인용(퇴원명령) 현황

각 지역의 법원이 강제입원된 환자의 인신보호청구를 재판절차를 거쳐 심리한 후 최종 결정으로 퇴원(수용해제)을 명한 건은 2009년 12건에서 2017년 48건으로 증가하였다. 이는 청구건수의 증가로 인한 것이나 2009년과 2010년에는 그 인용비율이 전체 청구건수 중 10% 내외(10건 중 1건 퇴원명령)를 차지하였으나 그 이후에는 다소 그 비율이 감소하여 9년 간 인용(퇴원)비율은 7.2% 정도이다.

나. 기각(계속입원) 현황

강제입원된 환자가 퇴원(수용해제)을 법원에 청구하였음에도 불구하고, 정신의료기관에서 입원의 적법성과 필요성을 소명(疏明)한 경우 법원은 퇴원청구를 기각할 수 있다. 환자의 퇴원청구를 기각하는 비율은 지난 9년 간 약 32%로 퇴원청구를 하면 10건 중 3건은 법원에서 기각하는 명령을 내린 것이다.

다. 취하 등의 현황

강제입원된 환자가 법원에 인신보호청구를 하는 경우 그 수용시설인 정신의료기관에서는 환자의 보호자 등을 통해 퇴원을 시키거나 다른 병원으로 이송시켜서 환자의 인신보호청구를 무력화시킨 경우가 많았다. 실제 지난 9년 간 인신보호청구가 퇴원 등을 이유로 취하된 경우가 45%로 2건 중 1건은 청구한 환자 본인의 취하로 종료되었다. 즉, 환자가 인신보호청구를 하면 정신의료기관측에서 다수의 경우 퇴원을 시키면서 인신보호청구를 취하하도록 한 것이다.

그 외에 정신의료기관측이 보호자를 통하여 다른 정신의료기관이나 시설로 이송시키는 경우도 자주 발생하였는데, 그 경우 법원은 인신보호사건을 이송된 시설의 지역을 관할하는 법원으로 이송(移送)하는 결정을 하거나 환자 입장에서는 새로 인신보호청구를 제기해야 하는 어려움이 발생하였다.

이러한 문제점 때문에 대법원은 판례를 통해 본래의 정신의료기관에서 퇴원한 경우라도 특별한 필요성이 있다면 법원이 재판을 해서 최종 결정을 할 수 있다고 하였고,[137] 정부도 2012년 「인신보호법」 개정안을 마련하여 인신보호청구를 한 환자를 퇴원시키거나 다른 수용시설로 이송하는 경우 사전에 법원의 허가(이송하는 경우)나 인신보호관에게 통보(퇴원시키는 경우)하도록 규정하였으나 국회 임기만료로 2016년에 위 개정안은 폐기되었다.

3. 법원 본안 결정의 경우 퇴원율

법원의 인신보호사건 처리현황, 특히 전체 인신보호청구사건에서 수용해제(퇴원) 명령을 내린 비율을 보면 지난 9년 간 매년 약간의 차이는 있으나 총 누적된 사건 수를 기준으로 보면 약 7%이다.

이는 구 정신보건법 하에서 환자의 퇴원청구에 대해 정신보건심판위원회가 퇴원 명령을 한 비율보다 낮다. 그러나 앞서 본 바와 같이 정신의료기관측이 퇴원조치를 하여 환자가 취하하거나 법원의 각하 등으로 해결이 되는 경우가 전체적으로 50% 이상이다.

따라서 환자가 같은 정신의료기관 내에서 계속 인신보호청구를 유지한다면 법원은 통상 둘 중 하나의 판단(인용 또는 기각)을 해야 하는데, 법원이 이와 같은 본안 판단을 하여 결정한 사건 중에서의 인용비율(퇴원명령 288건/본안 판단 1,554건)은 약 18.5%에 이른다. 본안재판 결과만을 놓고 보면, 10건을 법원이 결정하면 그 중 2건은 인용되어 청구한 환자가 퇴원하게 된다.

---

137) 대법원 2012. 1. 27.자 2011인마2 결정(구제청구절차의 진행 중 피수용자의 보호자 혹은 수용자 측의 사정으로 피수용자의 퇴원 및 재수용 등이 반복됨으로써 피수용자의 인신의 자유에 대한 신속한 권리구제가 이루어지지 아니할 우려가 적지 아니한 점 등에 비추어 보면, 구제청구에 따라 수용의 적법 여부 및 수용을 계속할 필요성 등 청구의 당부에 관한 심리가 상당한 정도 이루어졌다면, 그 후 수용이 해제되었다고 하더라도, 피수용자 등 구제청구자가 법원에 구제를 청구한 사유와 같은 사유로 다른 수용시설에 다시 수용되었거나 향후 같은 사유로 재수용될 가능성을 배제할 수 없는 한, 위와 같은 수용 해제의 사유만으로 그 구제청구의 이익이 없다고 할 수 없다. 따라서 이러한 경우 법원은 구제청구를 각하할 것이 아니라, 위 해제 이전 당초의 수용이 위법하게 개시되었는지 여부 혹은 그 수용을 계속할 필요성이 소멸하였는지 여부 등 수용의 실체적 사유에 관한 판단을 함이 상당하다).

또한, 실제 인신보호청구를 통해 퇴원하는 사람은 법원의 퇴원명령을 받아 퇴원하는 경우 외에 정신의료기관의 퇴원결정으로 퇴원하는 사람도 적지 않다. 이러한 점을 감안해 볼 때 인신보호청구가 강제입원환자의 퇴원을 위한 구제수단으로 적지 않은 기능적 효과가 있다고 할 수 있다.

Ⅵ. 국가인권위원회 진정 현황

1. 국가인권위원회 진정제도

2001년 제정된 「국가인권위원회법」에 따라 구금·보호시설의 하나로 정신건강증진시설을 규정해 국가인권위원회(이하 '인권위'라 한다)의 방문조사나 진정조사가 가능하게 되었고, 병상이 있는 각 정신건강증진시설 내에 인권위 진정함을 설치해 지난 15년여 간 정신건강증진시시설 강제입원(입소)과정이나 시설 내 인권침해 문제를 조사해 적극적 개선권고를 해 왔다. 이하에서는 먼저 국가인권위원회 진정조사절차와 조치를 확인하고, 정신건강증진시설 관련 진정현황을 살펴본다.

가. 정신건강증진시설의 조사

「국가인권위원회법」은 정신병상이 있는 정신건강증진시설을 구금·보호시설 중의 하나인 다수인 보호시설로서 규정하고, 필요한 경우 인권위 의결로서 그 시설을 방문하여 직권으로 조사할 수 있도록 규정하고 있다(제24조).

나. 강제입원환자 등의 진정권

강제입원된 환자나 그 사실을 알고 있는 사람이나 단체는 인권위에 인권침해나 차별행위를 이유로 진정을 할 수 있다(제30조 제1항). 특히 강제입원환자에 대해서는 진정서 작성에 필요한 시간과 장소, 편의를 제공하여야 하며, 작성한 진정서를 즉시 인권위에 송부하여야 한다(제31조).

다. 인권위 진정조사절차와 조치

인권위는 진정서가 접수되면 피진정인 등에 대해 조사하고, 그 결과를 바탕으로 진정을 기각하거나 인권침해나 차별행위가 일어났다고 판단할 때에는 피진정인, 그 소속 기관·단체 또는 감독기관의 장에게 ⅰ) 인권침해나 차별행위의 중지, ⅱ) 원상회복, 손해배상, 그 밖에 필요한 구제조치, ⅲ) 동일하거나 유사한 인권침해 또는 차별행위의 재발을 방지하기 위하여 필요한 조치의 이행 등을 권고할 수 있다(제44조). 인권위 권고에 대해서는 그 권고를 받은 기관에서 그 이행을 위한 노력의무 외에 이행계획을 통지할 의무가 있다(제25조). 인권위는 필요한 경우 권고사항 등을 공표할 수 있다(제25조 및 제50조).

그 밖에, 진정조사 결과 i) 진정내용이 범죄행위에 해당하고, 형사처벌 필요성까지 인정되면 검찰총장에게 고발할 수 있고, ii) 인권침해 및 차별행위가 있다고 인정하면 책임 있는 사람을 징계하도록 소속기관의 장에게 권고할 수 있다(제45조).

2. 인권위 상담 및 진정현황

가. 정신보건시설 인권침해 상담현황

인권위 상담통계에 따르면, 인권위가 설립된 2001년 이후 2015년 6월까지 접수된 정신건강증진시설 인권침해 상담만 4만 여건에 육박하고, 2008년 이후 인권침해 상담의 54.8%가 정신건강증진시설 인권침해 상담이다.[138] 이는 입원된 환자들이 인권위 진정에 대한 고지를 받고, 각 시설마다 인권위 진정함까지 두는 등 인지도가 높아져 인권위 상담센터에 많이 문의를 하면서 발생한 결과라 한다.[139]

나. 정신보건시설 인권침해 진정현황

상담이 아니라 직접 인권침해를 인권위에 진정하여 인권위 조사가 시작되는 경우도 적지 않다. 2001년 이후 인권위에 접수된 정신건강증진시설(정신보건시설) 관련 진정현황을 보면 아래 표와 같다.

표 2-19 정신보건시설 인권침해 관련 진정 현황(2001년~2014년)

연도	2001	2002	2003	2004	2005	2006	2007	2008	2009	2010	2011	2012	2013	2014	누적 합계
전체 인권위 진정건수[140]	803	2,790	3,815	5,368	5,617	4,187	6,274	6,309	6,985	9,168	7,357	9,582	10,056	10,915	89,226
정신보건시설 진정건수[141]	8	20	45	112	176	228	548	591	402	1,260	1,186	1,848	2,145	2,604	11,173
정신보건시설 진정비율(%)	1%	0.7%	1.2%	2.1%	3.1%	5.4%	8.7%	9.4%	5.7%	13.7%	16.1%	19.3%	21.3%	23.9%	12.5%

138) 국가인권위원회, 「2016 인권상담사례집」, 2016, 41면.
139) 국가인권위원회, 위 사례집, 13면.
140) 국가인권위원회로부터 최민희 의원실에서 요청하여 송부받은 자료로 인터넷 신문에 공개된 자료를 바

그림 2-7 정신보건시설 인권침해 진정현황(2001년~2014년)

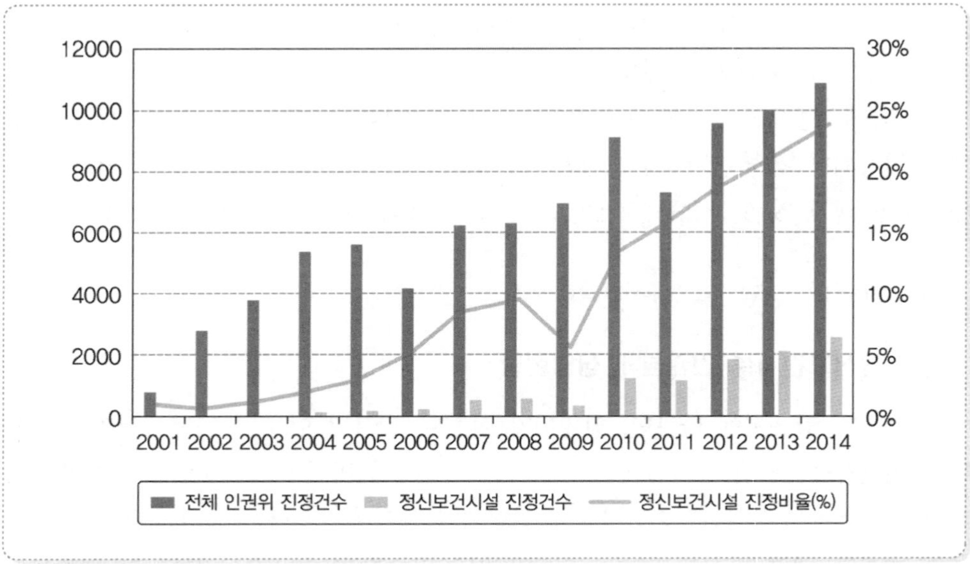

위 표와 그림을 보면, 구 정신보건법 하에서 정신보건시설 인권침해를 이유로 한 인권위 진정이 2000년대에 지속적으로 증가하다가 2010년 이후 1,000건 이상, 2013년 이후는 2,000건 이상으로 급속하게 증가한다. 또한 전체 인권위가 접수하는 인권침해 진정사건에서 차지하는 비율도 2001년에는 1%에서 2010년에는 약 14%, 2014년에는 약 24%가 되어 인권위에 제기되는 인권침해 진정사건 4건 중 1건이 정신보건시설 인권침해 진정사건이 되었다.

탕으로 하였다. 아래 홈페이지 참조.
http://www.mediatoday.co.kr/?mod=news&act=articleView&idxno=123943 (2018. 7. 1. 최종방문)

141) 2001년부터 2008년까지는 국가인권위원회의 2009년 정신장애인 국가보고서(4면), 2009년부터 2014년까지는 김재원 의원실에서 국가인권위원회에 요청하여 송부받은 자료로 인터넷 신문에 공개된 자료를 바탕으로 하였다. 아래 홈페이지 참조.
http://www.medicaltimes.com/News/1091718 (2018. 7. 1. 최종방문)
http://www.ablenews.co.kr/News/NewsContent.aspx?CategoryCode=0013&NewsCode=001320150910094415073818 (2018. 7. 1. 최종방문)

다. 정신보건시설 인권침해 진정유형

2001년부터 2008년까지 인권위에 정신보건시설 인권침해로 진정접수된 사건을 침해유형 및 내용별로 분류하여 보면 아래와 같다.

표 2-20 정신보건시설 관련 진정유형별 현황(2001년~2008년)[142]

유형별 분류		내용	진정건수	비율(%)	
입원	입원	비자의 입원	572	21.9	23.2%
	입원과정	사설응급구조단에 의한 인권침해	33	1.3	
퇴원	퇴원불허	퇴원불허	379	14.5	15.7%
	퇴원지연	계속입원청구누락	32	1.2	
재원중	치료	강제투약	92	3.5	58.8%
		약물과다, 치료미흡	198	7.6	
		부당한 작업치료	124	4.8	
	가혹행위	부당한 격리·강박	261	10.0	
		폭력(언어적, 육체적)	241	9.2	
	사생활보호	감시카메라 설치	51	2.0	
	외부소통 제한	면회·외출·외박 금지	83	3.2	
		전화·서신 제한, 검열	205	7.9	
	알권리	정보제공 거부나 불충분	28	1.1	
	종교의 자유	종교 강요 또는 제한	14	0.5	
	성폭력	성폭력, 성희롱	22	0.8	
	시설 등	시설환경, 위생, 병원인력부족	215	8.2	
이의제기 및 권리구제방해	진정방해	인권위 진정방해	59	2.3	2.3%
합 계			2,609	100%	100%

142) 국가인권위원회, 「정신장애인 인권보호와 증진을 위한 국가보고서」, 2009, 4면 표를 재구성함.

그림 2-8 정신보건시설 관련 진정유형별 현황(2001년~2008년)

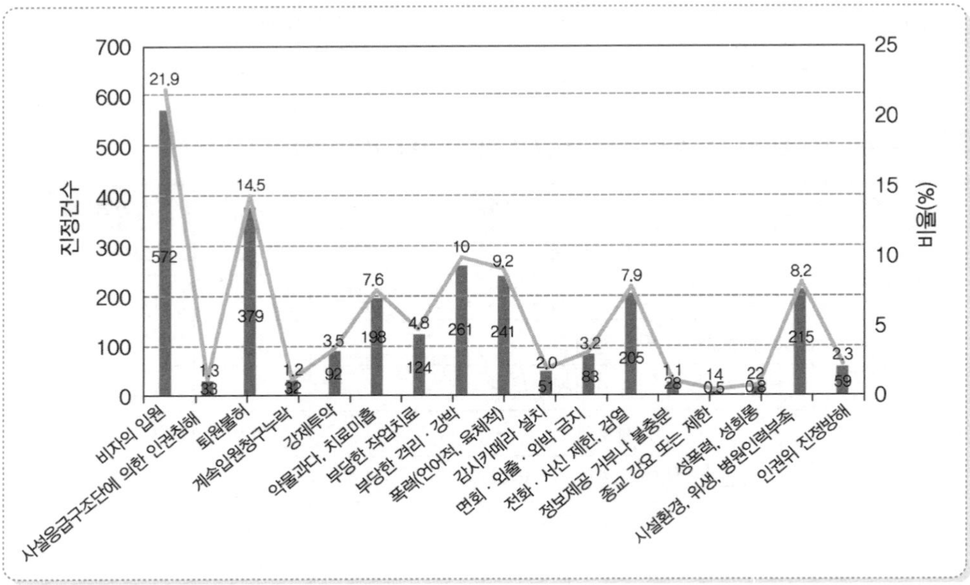

위 표와 그림을 보면, 2008년까지 인권위에 진정으로 가장 많이 들어오는 사건 유형은 i) 강제입원절차와 관련된 문제(21.0%), ii) 퇴원불허(14.5%), iii) 부당한 격리 · 강박(10%), iv) 육체적 · 언어적 폭력의 문제(9.2%) 등 순이다. 전반적으로 보면, 입 · 퇴원 관련 진정이 약 40%에 이른다.

3. 진정에 대한 인권위 조치 현황

인권위는 진정사건에 대해 크게 각하(형식요건 등이 갖추어지지 않아 진정에 대한 실질적 조사를 하지 않고서 종결처리하는 경우), 인용(시설이나 기간 등에 대한 권고, 수사의뢰, 고발, 법률구조, 긴급구제, 조정 등의 결정을 하는 경우), 기각(진정에 대한 실질적 조사 후 인권침해를 인정하지 않는 경우)의 조치를 할 수 있는데, 각하율은 크게 높은 반면, 인용률은 크게 높지 않은 편이다. 이를 구체적으로 보면 다음과 같다.

가. 인권침해 진정사건 처리현황

표 2-21 인권위 인권침해 진정사건 전체 처리현황(2001년~2014년)[143)]

연도		2001	2002	2003	2004	2005	2006	2007	2008	2009	2010	2011	2012	2013	2014	누적 합계
전체 인권 침해 진정 현황	접수 건수	803	2790	3815	5368	5617	4187	6274	6309	6985	9168	7357	9582	10056	10915	89,226
	인용	1	40	130	181	317	355	392	427	534	538	532	480	576	491	4,994 (5.8%)
	기각	0	160	785	1387	1452	1122	1387	1884	2226	2457	2648	3239	3491	3250	25,488 (29.6%)
	각하	0	1629	2766	4028	3376	2622	4105	3977	3868	5157	3843	5791	6292	6462	53,916 (62.6%)
	이송 · 조사 중지	0	27	116	208	205	107	180	178	160	246	72	77	71	134	1,781 (2.1%)
	처리 건수	1	1856	3797	5804	5350	4206	6064	6,466	6,788	8,398	7,095	9,587	10,430	10,337	86,179 (100%)

그림 2-9 인권위 진정사건 처리현황 (2001년~2014년)

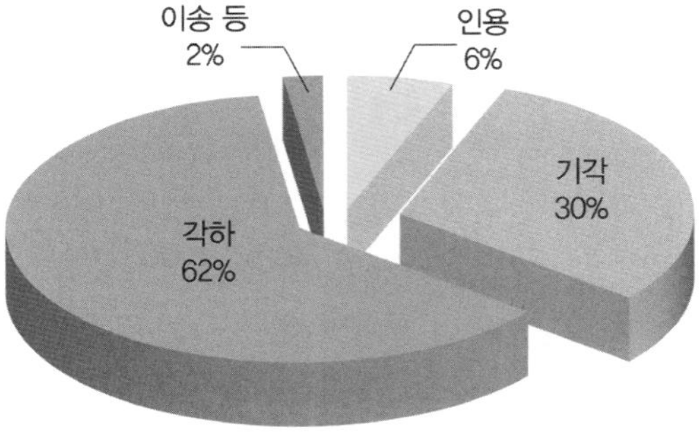

위 표와 그림을 보면, 인권위가 지난 14년 동안 접수하여 처리한 전체 약 8만 6,000여 진정사건 중 인용된 건은 약 5,000여 건(약 6%), 기각된 건은 약 2만

143) 국가인권위원회가 2015년 국회의원실에 제출한 자료임(미디어 오늘 2015. 7. 7.자 기사제목: 국가상대 인권위 진정, 3년 연속 1만 건 돌파하나?).
http://www.mediatoday.co.kr/?mod=news&act=articleView&idxno=123943 (2018. 7. 1. 최종방문)

5,000여 건(약 30%), 각하된 건은 약 5만 4,000여 건(약 62%), 이송이나 조사중지된 건은 약 1,800여 건(약 2%) 정도이다. 국가인권위 진정사건이 10건이 접수되면, 6건은 각하되고, 3건은 기각되며, 1건이 채 못 되는 사건만 인용되는 것이다.

나. 정신보건시설 인권침해 진정사건 처리현황

표 2-22 정신보건시설 인권침해 진정사건처리현황[144)]

연도		2009	2010	2011	2012	2013	2014	누적 합계
정신보건시설 인권침해 진정처리현황	인용	18	117	112	105	162	122	636 (6.7%)
	기각	61	369	309	457	493	561	2,250 (23.8%)
	각하	317	753	763	1,282	1,487	1,916	6,518 (69.0%)
	이송 · 조사중지	6	21	2	4	3	5	41 (0.4%)
	처리건수	402	1,260	1,186	1,848	2,145	2,604	9,445 (100%)

그림 2-10 정신보건시설 인권침해 진정사건 처리현황(2009년~2014년)

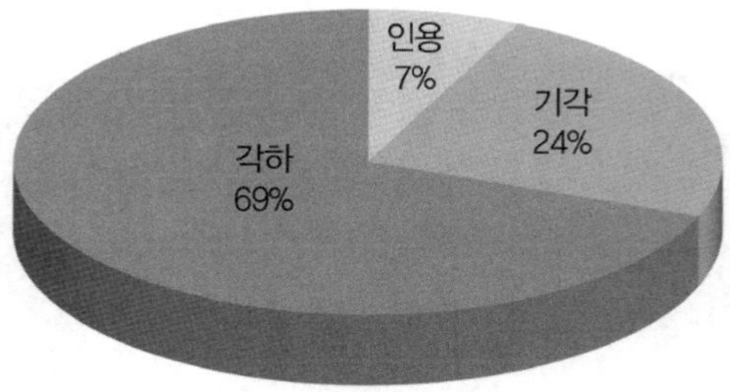

144) 김재원 의원실에서 국가인권위원회에 요청하여 송부받은 자료로 인터넷 신문에 공개된 자료를 바탕으로 하였다. 아래 홈페이지 참조.
http://www.medicaltimes.com/News/1091718 (2018. 7. 1. 최종방문)
http://www.ablenews.co.kr/News/NewsContent.aspx?CategoryCode=0013&NewsCode=001320150910094415073818 (2018. 7. 1. 최종방문)

위 표와 그림을 보면, 2009년부터 2014년까지 인권위가 정신보건시설 인권침해 진정사건과 관련한 처리현황을 알 수 있는데, 6년 간 처리된 9,445건 중 인용은 636건(약 7%), 기각은 2,250건(약 24%), 각하는 6,518건(약 69%)으로 인권위의 전체 인권침해 진정사건 처리현황과 비해 볼 때 각하비율이 7% 정도 높고, 기각비율은 6% 정도 낮고, 인용비율은 1% 정도 높다.

정신보건시설 입원 또는 입소 환자의 경우 형식적 요건과 증거를 갖추어 진정을 하기가 쉽지 않은 점 때문에 각하 비율이 다소 높아진 것으로 보인다.

다. 정신보건시설 인권침해 진정사건 인용현황

표 2-23 정신보건시설 인권침해 진정사건 인용유형 현황[145)]

연도		2009	2010	2011	2012	2013	2014	누적 합계
진정사건 인용유형	수사의뢰	–	–	–	2	–	1	3 (0.5%)
	합의권고·조정·긴급구조	–	–	–	–	–	–	0
	권고	7	71	33	55	34	23	223 (35.1%)
	고발	1	1	3	–	2	8	15 (2.4%)
	징계권고	–	1	–	–	–	1	2 (0.3%)
	법률구조	–	–	–	–	–	1	1 (0.2%)
	합의종결	10	44	76	47	125	88	390 (61.3%)
	직권조사종결	–	–	–	1	1	–	2 (0.3%)
	합계	18	117	112	105	162	122	636

145) 2009년부터 2013년은 위 주석의 에이블뉴스의 홈페이지 기사 중의 표(김재원 의원실 제공)를 참조하였고, 2014년은 메디컬뉴스의 홈페이지 기사 중의 표(김재원 의원실 제공)를 참조하였다.

그림 2-11 정신보건시설 인권침해 진정사건 인용유형 현황(2009년~2014년)

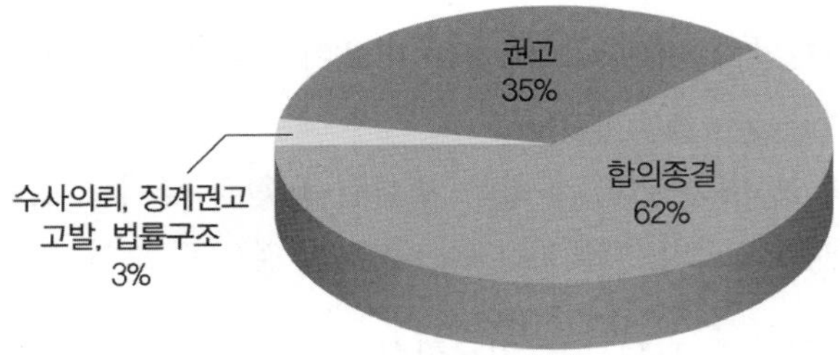

2009년부터 2014년까지 구체적으로 인권위가 정신보건시설 인권침해 진정사건을 조사하여 인용처리(수사의뢰, 합의권고, 조정, 권고, 고발, 징계권고, 법률구조, 긴급구조, 합의종결, 직권조사종결)한 경우(총 636건)에도 주로 강제적 효력이 없는 권고(223건, 약 35%)나 당사자 간 합의(390건, 62%)로 종결되고, 수사의뢰 · 고발 · 징계권고 · 법률구조와 같은 실질적인 제제조치나 피해구제조치를 결정한 것은 모두 합하여 21건으로 3% 밖에 안 되는 실정이다.

4. 인권위 진정사건 처리의 문제점

인권위는 2001년 이후 지난 15년 간 정신보건시설 내 인권침해 진정을 가장 활발하게 조사하고, 인권교육과 개선권고 등 정신장애인의 권리보장을 위해 다양한 결정을 해 왔다. 그러나 정신보건시설 인권침해 관련 진정이나 상담이 크게 증가하였지만 그에 따른 조사관 인력 충원은 부족한 상태여서 조사조차 제대로 이루어지지 않은 채 각하로 종결되는 사건의 비중이 다소 높아지고 있는 것은 우려할 일이다.

또한, 정신보건시설 인권침해 진정사건을 인용하는 결정을 한다고 하여도 그 인용유형은 약 2/3가 합의로 인한 종결이고, 나머지 약 1/3은 법적 권고에 그치고 있고, 실질적인 제재조치인 수사의뢰 · 고발 · 징계권고 등은 많이 활용되지 못하고 있는데, 이는 인권위가 자신의 권위와 권한을 스스로 위축시킨 결과라 할 수 있다.

제3장

보호 및 치료

제1절 보호의무자제도
제2절 자발적 입원
제3절 강제입원
제4절 입원적합성심사위원회
제5절 응급입원과 퇴원

제3장 보호 및 치료

정신건강복지법 제5장은 정신건강복지법의 실체라 할 수 있는 강제입원제도가 포함되어 있다. 만약 강제입원제도에 대한 규율이 없었다면 그것은 일반 의료법이나 보건법의 단순한 특별법으로 자리매김하였을 것이다. 그러나 정신건강복지법은 강제입원과 강제치료에 관한 규정을 가지게 되면서 독자적인 법영역을 형성한다.

여기서는 입원과 치료를 중심으로 설명하여야 하기 때문에 이해하기 쉬운 표현인 '환자'라는 의료적 개념을 일반적으로 사용하기로 한다. 정신건강복지법이 정신질환자 개념을 축소하면서 정신질환자로 표현할 경우 그 대상자가 너무 축소되고, 정신장애인이란 표현을 쓸 경우 의료적 시스템에서는 오해의 가능성이 있어 본 장 이후에는 특별한 사정이 없는 한 '환자'라는 표현을 사용하고, 법의 규정에 따라 명확히 축소된 개념으로 써야 할 때에는 '정신질환자'로, 보다 광의의 개념으로 표현할 필요가 있는 때에는 '정신장애인'으로 표현하기로 한다.

정신건강복지법은 제5장 내지 제8장에서 ⅰ) 정신의료기관과 정신요양시설을 합친 표현으로 '정신의료기관등'이라는 표현을, ⅱ) 정신의료기관의 장과 정신요양시설의 장을 합친 표현으로 '정신의료기관등의 장'이라는 표현을, ⅲ) 입원과 입소를 포함하여 '입원등', ⅳ) 퇴원과 퇴소를 포함하여 '퇴원등'으로 쓰고 있다. 그러나 이 책에서는 이해의 편의를 위해 정신의료기관, 정신의료기관의 장, 입원, 퇴원이라는 단일한 표현을 사용하기로 하고, 그 경우 정신요양시설, 정신요양시설의 장, 입소, 퇴소라는 내용이 함께 포함된 것으로 한다. 다만, 정신요양시설에 대한 언급이 별도로 필요한 경우 따로 항목을 두어 언급하기로 한다.

정신건강복지법 제5장(보호 및 치료)은 다음과 같이 구성되어 있다.

제39조 보호의무자

제40조 보호의무자의 의무

제41조 자의입원

제42조 동의입원

제43조 보호의무자에 의한 입원(보호입원)

제44조 시장 · 군수 · 구청장에 의한 입원(행정입원)

제45조 입원적합성심사위원회 신고

제46조 입원적합성심사위원회 설치 및 운영

제47조 입원적합성심사위원회 심사 및 심사결과 통지

제48조 입원적합성조사

제49조 입원적합성심사위원회 위원 제척

제50조 응급입원

제51조 신상정보의 확인

제52조 퇴원사실의 통보

법은 정신의료기관 입원의 형식으로 5가지 유형(자의입원, 동의입원, 보호입원, 행정입원, 응급입원)을 두고, 정신요양시설 입소의 형식으로 3가지 유형(자의입소, 동의입소, 보호입소)을 두고 있다.

최초의 보호입원과 보호입소, 행정입원은 1개월 이내에 입원적합성심사위원회의 심사를 거쳐야 하기 때문에 입원적합성심사위원회의 설치, 구성, 운영, 조사 및 심사에 관한 규정이 있고, 그 밖에 보호의무자제도와 신상정보 확인, 퇴원통보 등의 내용도 함께 규정되어 있다. 이하에서 각 조문별로 검토한다.

제1절 보호의무자제도

보호의무자는 구 정신보건법이 만들어 낸 제도이다. 민법상 부양의무자와는 다른 의미를 가지며, 환자의 입원, 재산 및 신체보호 등에 있어 일정한 의무를 부담하고, 민법상 법정감독의무자가 되기도 하여 환자가 불법행위를 하였을 경우 그 손해배상책임을 부담하는 경우도 있다.

실제 현행 보호의무자제도는 지난 20년 동안 강제입원의 결정과 퇴원에 있어 가족이 이니셔티브를 가지고, 국가는 뒤로 물러선 채 가족관계 속에 강제입원제도를 고착화시키는 제도로 작동해 왔다. 보호의무자에 의한 입원제도가 결국 우리의 강제입원제도를 전 근대적이고, 국가가 자신의 책임을 회피할 수 있는 제도로 만들어 온 것이다.

지난 20년 동안 법적 보호의무자로 볼 수 없는 사람에 의한 입원(생계를 같이 하지 않는 친족에 의한 입원, 보호의무자 2인이 아닌 1인에 의한 입원 등)뿐만 아니라 보호의무자가 입원동의권한을 남용하는 형태로 행사되는 경우(퇴원 후 즉시 다른 병원으로 입원시키는 경우, 입원시킨 후 아무런 돌봄을 하지 않는 경우, 병원의 퇴원요구를 거부하는 경우 등)도 많았다.

한국 사회는 1995년 정신보건법 제정 이래로 매년 수만 명이 넘는 사람을 사실상 국가적 감독 없이 보호의무자의 결정에 의하여 강제입원시키거나 그 연장을 지속해 왔다. 실로 가(家)의 재판에 의한 입원이라 할 수 있다. 2016년 새로운 정신건강복지법은 보호의무자제도를 새롭게 인식하면서 일정한 변화를 가하였지만 여전히 문제점은 남아 있다. 이하에서 구체적으로 본다.

Ⅰ. 보호의무자(제39조)

제39조(보호의무자) ① 「민법」에 따른 후견인 또는 부양의무자는 정신질환자의 보호의무자가 된다. 다만, 다음 각 호의 어느 하나에 해당하는 사람은 보호의무자가 될 수 없다.

1. 피성년후견인 및 피한정후견인
2. 파산선고를 받고 복권되지 아니한 사람
3. 해당 정신질환자를 상대로 한 소송이 계속 중인 사람 또는 소송한 사실이 있었던 사람과 그 배우자
4. 미성년자
5. 행방불명자
6. 그 밖에 보건복지부령으로 정하는 부득이한 사유로 보호의무자로서의 의무를 이행할 수 없는 사람

② 제1항에 따른 보호의무자 사이의 보호의무의 순위는 후견인·부양의무자의 순위에 따르며 부양의무자가 2명 이상인 경우에는 「민법」 제976조에 따른다.

1. 보호의무자제도의 의의와 변천

가. 의 의

보호의무자제도는 정신장애인의 가족이나 후견인에게 일정한 권한과 의무를 부과하여 정신장애인을 돌볼 책임을 부과하는 제도이다. 일부 서구(프랑스, 영국, 호주, 미국 등)에서도 가족과 같은 근친자 또는 최근친자(nearest relative)에게 입원신청 등을 할 수 있도록 하여 환자의 입원이나 치료에 개입할 수 있도록 하는 경우가 있으나 근친자들에게 특별한 보호의무를 강제하는 경우는 드물다.

사람은 19살의 성년이 되면 친권자인 부모의 지배로부터 법적으로 벗어나 혼인과 이혼과 같은 신분행위, 이사나 연애와 같은 사실행위, 그리고 거래와 취업과 같은 계약행위가 모두 가능한 법적 주체가 된다. 그러나 이러한 일반적 법의 원칙에 따른 자유들이 정신장애인에게는 보호의무자를 통해 제한이 되는 경우가 있다. 보호의무가 부과된 가족이나 후견인이 그 의무이행을 위해 정신장애인을 대상으로 다양한 권한이 부여되어 대상자의 자유가 제한될 수 있도록 제도화되어 있기 때문이다.

정신장애인 본인의 의사에 반한 입원을 보호의무자가 신청하거나 동의하는 것이

그 한 예가 된다. 강제입원은 입원된 사람의 모든 것(혼인생활, 근로생활, 사회생활)을 앗아갈 수 있다. 따라서 보호의무자가 그 권한을 행사할 때에는 자신의 보호의무의 한도를 넘어서는 안 된다. 이는 부모의 자녀에 대한 친권행사 시에 그것이 남용(학대, 방임, 유기 등)되어서는 안 되는 것과 동일한 법리이다.

나. 보호의무자제도의 기원과 변천

(1) 일본의 보호의무자제도의 변천

일본은 1990년 「정신병자감호법」의 '감호의무자'를 시작으로, 1950년 「정신위생법」의 '보호의무자', 1993년 보호의무의 범위를 대폭 축소시킨 「정신보건법」의 '보호자'제도를 유지하다가 2013년 일본 「정신보건복지법」 개정을 통해 결국 보호자제도를 폐지(2016년 시행)하였다.

(2) 근대에서 가족과 국가의 역할전환

일본의 보호의무자제도 폐지는 근대에 들어 가족의 다른 가족에 대한 책임이 어떻게 축소되어가는지를 보여주는 것이기도 하다. 동양사회에서 이러한 가족 책임의 축소는 근대화되어가는 개인을 서서히 전면으로 내세우고, 그 과정에서 기존에 가족이 맡았던 책임을 대신해야 하는 국가의 역할을 확대시킨다. 그것은 일할 수 있는 가족들은 생계와 노동을 위해 사회에서 일하도록 하고, 기존에 가족이 맡았던 다른 가족에 대한 돌봄과 부양은 국가가 일부 분담하는 형태로 나타난다. 근대에서 자녀의 양육과 노인 및 장애가족에 대한 돌봄은 그렇게 가족제도를 넘어 사회화된다.

(3) 보호의무자제도의 문제점

정신장애인에 대한 가족의 보호도 점차 국가로 이양되어 사회화된다. 그렇기 때문에 현재의 보호의무자제도는 오래갈 수 있는 것이 아니다. 그리고 가족은 다른 가족에 대한 민법상 부양의무를 가지는 것으로 충분하다. 거기에 더하여 정신장애를 이유로 가족에게 보호의무까지 덧붙이면 그것은 근대적 국가가 가져야 할 책임을 가족에게 전가하는 것이 된다.

물론 지금도 국가가 책임을 안 지고 있는 것은 아니다. 적어도 강제입원과 관련된 입원진료비용만큼은 의료급여제도를 통하여(또는 건강보험을 통하여 일부를) 국가가 부담하고 있는데, 국가는 이것만으로 자신의 책임을 다 했다고 생각하여서는 안 된다.

일찍이 일본도 19세기 무렵에서 20세기 초까지 정신장애가 있는 가족을 집에 격리시켜 두고서 행정관서에 신고하는 사택감치제도를 두고 있었지만, 1950년 「정신위생법」을 통해 결국 폐지하였다. 가족 안에서 해결하기에는 제도의 폐해가 더 컸던 것이다. 이를 시대와 장소를 달리해 국가로 확장해 보면, 국가의 강제입원제도가 과거 가족의 사택감치제도를 더 거대하게 집단적으로 제도화한 것이 될 위험은 늘 상존한다. 그래서 법은 현실의 강제입원을 가족과 국가의 남용으로부터 막아내고, 인간화할 수 있는 거의 유일한 수단이다.

다. 보호의무자제도의 역할과 의미

(1) 보호의무자제도의 역할

보호의무자제도는 어떤 역할을 하는가? 실제 보호의무자제도의 기능은 강제입원 결정에 집중되어 있다. 구 정신보건법 하에서 강제입원의 99%를 차지했던 보호입원(그 중 시·군·구청장이 보호의무자가 되는 입원은 약 10% 내외) 중 80% 이상은 보호의무자인 가족에 의한 입원이었다. 구 정신보건법은 가족에게 단순히 입원에 대한 동의권과 퇴원을 신청할 수 있는 권리만을 부여했을 뿐인데, 추가적으로 국가가 아닌 정신의료기관측에 입원여부를 결정할 수 있는 권한을 부여하면서 결과적으로는 환자를 입원시키는 것과 퇴원시키는 것은 모두 보호의무자인 가족의 사실적 권한과 책임이 되었다.

법제도적으로 본다면, 보호의무자제도는 가족과 후견인에게 보호의무를 부과하면서 그 의무이행을 위한 수단으로서 사실상의 강제입원 결정권한을 제공한 것이다. 이는 국가가 자신의 책임을 가족과 병원에 전가하면서 동시에 가족과 병원에 제공한 권한부여이기도 하다. 그래서 국가는 구 정신보건법 하에서 지난 20년 동안 강제입원제도를 손대기 어려웠던 것이다. 그 권한을 돌려받으면 국가 자신이 책임을 져야하기 때문이었다.

(2) 보호의무자제도의 또 다른 의미 – 부양

사람들은 자신의 자녀나 노부모를 부양하면서 그것이 민법전에 써져 있는 자신의 법적인 의무임을 눈치채지 못한 채로 부양한다. 그러니 슬그머니 민법전에 있는 가족간의 부양의무를 삭제해 버리면 우리에게는 어떤 일이 발생할까? 여태까지 우리는 내가 자식과 부모를 부양할 의무가 있음을 대부분 의심하지 않았고, 그것이 가정과 사회의 세대를 유지해가는 생존전략이기도 했다. 그러나 그것이 법적인 의무가 아닌 것이 된다면, 즉 가족이 다른 가족을 서로 버릴 수 있는 것이 허용된다면, 우리의 가족관계와 국가와의 관계는 근본부터 재구성해야 된다. '내가 저 인간을 돌보아야 하는 사람입니까?'라는 의문을 제기하는 순간 카인과 아벨의 싸움이 시작되는 것이다. 현실에서 가족과 가족이 사실적으로는 서로를 버릴지라도 법은 여전히 부양할 의무를 명하고, 학대와 유기를 금지한다.

보호의무자제도 또한 부양의무의 연장선상에 있다. 부양의무보다 좀 더 많은 것을 요구하고, 그래서 좀 더 많은 권한이 부여된다. 그러나 그것은 가족에게 좀 더 많은 부담만을 안기는 것이 되었다. 가족이 다른 가족을 강제로 입원시킨다는 것은 그 관계를 회복할 수 없게 만든다. 게다가 국가의 도움도 없이 불법이송업체를 불러야 되고, 퇴원을 바라지 않게 되는 이 과정들은 적어도 가족 서로에게 치유하기 어려운 상처로 남고, 결국 제도적 폭력 대 개인적 폭력의 싸움을 만든다. 이제 보호의무자제도는 모두를 위해서 바뀌어야 한다. 순수하게 민법상 부양의무만 인정하면 족하다. 추가적인 보호감독의무를 부과하고, 사고가 발생하면 그 보호의무자에게 책임을 물리는 제도는 바꾸어야 한다.

2. 구 정신보건법과의 비교

가. 보충적(시·군·구청장) 보호의무자제도 폐지

정신건강복지법이 구 정신보건법의 보호의무자제도와 가장 큰 차이를 나타내는 것은 후견인이나 부양의무자와 같은 보호의무자가 없거나 그 의무를 이행할 수 없을 때 시·군·구청장이 보호의무자가 되는 이른바 '보충적 보호의무자'제도를 폐지한 것이다.

그 폐지이유는 i) 시·군·구청장이 주로 가족이 없는 행려환자나 노숙인에 대해 보호의무자가 되어 장기입원을 시키는 문제점이 지난 20여 년간 나타났고, ii) 최초 시·군·구청장의 입원동의 후 6개월마다 반복적으로 입원동의를 하고, 이후 그 심사과정에서 입원을 연장하는 결정을 하는 자도 모두 시·군·구청장이어서 그 동의(사실상 청구)권자와 결정권자가 동일한 제도적 결함이 있고, iii) 시·군·구청장이 보호의무자로서의 실질적 역할은 하지 않은 채 계속 입원동의에 도장만 찍는 문제가 있었다.

위와 같은 문제점을 고려하여 시·군·구청장이 보호의무자가 되는 보충적 보호의무자제도는 폐지하고, 다만, 입원이 필요한데 보호의무자가 없는 경우에는 보충적으로 후견인을 선임하거나 시·군·구청장이 의뢰하는 행정입원을 활용하도록 하였다.

나. 보호의무자 순위 변경(후견인을 선순위로)

구 정신보건법이나 현행 정신건강복지법은 보호의무자가 될 수 있는 자격을 후견인과 부양의무자로 한정하고 있다. 한국의 구 정신보건법은 일본의 정신보건법을 참조하여 법을 제정할 때 후견인을 선순위자로 한 일본과 달리 부양의무자를 선순위로 하여 보호의무자로 되게 하였다. 구 정신보건법 제정 당시인 1990년대 초반에 한국의 경우 후견인이 지정된 사람이 거의 없었고, 대부분 가족이 입원시키는 현실을 반영하여 부양의무자를 선순위로 한 것이다. 그러나 2016년 정신건강복지법은 가족이 우선순위의 보호의무자가 되어 보호입원을 시키는 것보다는 국가(법원)의 감독을 받는 후견인을 우선순위로 하는 것이 보호의무자의 권한남용을 통제할 수 있다고 보아서 그 보호의무자 순위를 후견인이 앞서게 하였다.

다. 보호의무자 결격사유 확대

구 정신보건법 하에서는 보호의무자 결격사유가 '금치산자·한정치산자·파산자·미성년자·행방불명자·정신질환자를 상대로 한 소송제기자' 등으로 제한되어 있었다. 그런데 실무에서 보호입원을 하기 위해 보호의무자를 찾다보면, 고령·군부대입소·해외거주 등 다양한 형태로 보호의무를 이행할 수 없는 사람이 확인된다. 그 경우 보호의무자이기는 하지만 실제 보호의무를 이행하는 것이 불가능한 경우가 많은데, 보호의무자에서 제외시키는 것이 제도적으로 불가능하였다. 보호의무자는 부양의무자와 유사하게 자신이 하기 싫다고 거절할 수 있는 것이 아니다. 그래서 정신건강복지법은 현실적으로 보호의무를 이행할 수 없는 사람들(질병, 시설수용 등)을 보호의무자 결격사유로 추가하고, 보건복지부령을 통해 그 범위를 확대할 수 있도록 하였다.

3. 보호의무자의 개념 정의

가. 보호의무자 개념

보호의무자는 "정신질환자의 민법에 따른 후견인 또는 부양의무자"이다(법 제39조 제1항). 보호의무자는 둘(후견인과 부양의무자)로 범주화되어 있다. 보호의무자 개념은 일견 명확해 보이지만 후견인과 부양의무자의 양립가능성 여부, 보호의무자가 법인인 경우, 외국인 보호의무자 등은 검토가 필요하다.

(1) 후견인과 부양의무자는 보호의무자로 양립가능한가?

후견인과 부양의무자 모두 보호의무자로 양립가능한지 여부이다. 즉, 후견인이 있으면 부양의무자는 보호의무자가 될 수 없는가? 라는 문제이기도 하고, 보호의무자는 여럿이 될 수 있는가?의 문제이기도 하다.

보호의무자 지위에 있게 될 경우 법정감독의무자로서 손해배상책임 등을 부담할 위험이 생기므로 보호의무자가 여럿일 경우 그들 모두에게 책임이 부여될 수도 있고, 보호의무자가 여럿일 경우 입원 관련 통지도 그 중 누구에게 할지 아니면 전부에게 해야 할지 문제가 된다. 실제 보호의무자가 손해배상책임을 지는 경우 보호의무자인 가족들이 연대해서 책임을 부담한 사례가 적지 않다.

생각건대, 정신건강복지법이 보호입원 신청에 있어 그 요건을 보호의무자 2명 이상을 원칙으로 하고 있는 점, 통상 부양의무자나 후견인은 여럿이 될 수 있는 점, 부양의무자와 후견인은 동일인(후견인이 가족인 경우)일 수도 있고, 다를 수도 있으나 후견인의 경우 부양의무를 부담하지는 않아 서로 양립가능한 점에 비추어 보면 정신건강복지법은 보호의무자로서 후견인이 보호의무자가 되든, 부양의무자가 보호의무자가 되든 1인 이상을 전제로 하고 있다고 할 수 있다. 즉, 후견인이 있다고 하더라도 부양의무자인 보호의무자도 여전히 법적 지위를 유지하면서 보호입원에 있어 입원신청권한을 유지한다.

(2) 법인이 보호의무자가 될 수 있는가?

민법은 부양의무자는 자연인만을 전제로 하고 있으나 후견인은 법인도 가능하다고 하여 상황에 따라서는 정신질환자의 후견인으로 법인(실제 최근 후견사례들 중에 법인후견인 선임 사례가 다수 있다[1])이 선임되는 경우도 있다. 이 경우에는 법인이 보호의무자가 될 수도 있다. 그러나 보호의무자나 후견인 모두 재산보전을 위한 것이 아니라 신상에 대한 보호가 중요한 역할이기 때문에 입법론적으로는 법인이 아니라 얼굴 있는 사람(自然人)이 하는 것이 옳다.

2017년 정신요양시설 입소환자의 계속적 입소연장 동의를 위해 수백여 명에 대

1) 연합뉴스 2016. 8. 31.자 "법원, 000 후견 지정·대리인이 의사결정...사단법인 XX". http://www.yonhapnews.co.kr/bulletin/2016/08/31/0200000000AKR20160831128451004.HTML (2018. 7. 1. 최종방문)

해 한정후견이 개시되면서 여러 사회복지법인이 한정후견인이 되었다. 그러나 이는 다시 생각할 필요가 있다. 피후견인에게는 얼굴 있는, 그리고 스스로 의사결정 권한이 있는 후견인이 필요하기 때문이다. 따라서 법령에 근거하지 않는 한 후견권한이 없는 후견법인의 직원이 그 후견법인의 피후견인에 대한 권한을 위임받아 대신 행사하는 것을 허용하기는 어렵다.

(3) 외국인도 보호의무자가 될 수 있는가?

정신건강복지법은 그 입원 대상자의 국적을 불문한다. 외국인이 입원대상이 되는 경우 그 외국인의 부양의무자(배우자, 직계혈족, 생계를 같이 하는 친족)와 권한 있는 후견인이 그 보호의무자가 될 수 있고, 그 보호의무자가 외국인이어도 무방하다. 다만, 보호의무자가 외국에 있는 경우 보호의무자로서의 권한이나 의무를 이행하기 어렵고, 각종 통지를 수령하기도 어려울 수 있으나 그렇다고 하여 보호의무자 자격이 저절로 없어지는 것은 아니다. 나아가 국적이 서로 다른 가족이라도 보호의무자가 될 수 있다.

나. '정신질환자'의 보호의무자

친권자는 미성년자에게만 허용되듯이 보호의무자는 '정신질환자'에게만 발생한다. 모든 사람은 일정한 가족(미성년자, 배우자, 직계혈족 등)에 대해 부양의무가 있지만, 보호의무는 정신질환자의 후견인과 부양의무자에게만 부과된다.

구 정신보건법은 정신질환자 개념을 질병유형별로 범주화하여 일원화하였으나, 정신건강복지법은 정신질환자 범주를 축소하는 개념 정의를 시도하면서 정신질환자보다 좀 더 넓은 범주라 할 수 있는 정신장애인(영 제2조에 따른 정신재활시설 이용자 범주나 법 제41조의 자의입원 대상자인 정신건강상 문제가 있는 사람을 포함)에 해당하는 경우에는 보호의무자가 인정되지 않는다. 정신건강복지법이 정신장애인이 아니라 엄격하게 그 개념이 제한된 '정신질환자'에게만 보호의무자를 두도록 한 것은 보호의무자의 발생범위를 축소하는 것을 의미한다.

다. 후견인

(1) 후견인의 개념과 변화

민법상 '후견인'이란 '질병·장애·노령·그 밖의 사유로 인한 정신적 제약으로 사무처리 능력이 지속적으로 결여 또는 부족하여 가정법원으로부터 후견심판을 받은 사람에 대해 가정법원의 지정을 받아 그 대상자에 대해 일정한 권한을 부여받은 사람'을 말한다.

후견(後見)이란 그 표현 그대로 '뒤를 봐준다'는 의미이고, 고대 로마법 이래로 2,500여 년 이상 존재해 온 서구의 법제도이다. 2013년 새로운 성년후견제도가 시행되기 전의 구 민법은 금치산자제도를 두었는데, 법원이 금치산선고를 하면, 당연히 친족인 배우자, 직계혈족 등의 순으로 후견인이 선임되었다. 그러나 2013년 성년후견제도 시행으로 가족이 반드시 후견인이 되는 것이 아니라 법원이 여러 사정을 고려하여 사회복지사나 변호사와 같은 제3자나 법인도 지정할 수 있도록 하였다(민법 제930조 제3항).

후견이 활성화된 독일과 같은 나라에서는 가족은 환자를 입원시킬 권한이 없는 반면에 후견인은 민법에 따라 법원의 승인을 얻어 입원시킬 수 있다(민사상 수용제도). 역사적으로 보면, 후견인은 피후견인의 재산과 신상(身上)에 대한 권한을 가지고 있기 때문에 후견권한을 남용할 우려가 있어 과거부터 법원이나 후견감독인이 후견인의 권한남용을 통제해 왔다.

(2) 후견인의 유형

1) 후견의 유형

민법상 후견은 i) 크게 연령에 따라 구분하면, 미성년후견과 성년후견으로 나뉘고, ii) 성년후견(成年後見)은 다시 협의의 성년후견, 한정후견, 특정후견으로 나뉜다. iii) 위에서 말한 후견은 모두 민법이 형식과 권한을 정해 놓은 법정후견이고, 후견대상자와 후견을 맡고자 하는 자 사이의 후견계약을 통해 이루어지는 임의후견도 있다. 한편, 후견인이 자연인인지, 법인인지에 따라 자연인후견과 법인후견으로 나눌 수도 있다.

2) 후견인의 유형

위와 같은 각 후견유형에 따라 후견인의 유형도 미성년후견인, 성년후견인, 한정후견인, 특정후견인, 임의후견인으로 나뉘고, 그 후견을 받는 사람의 유형도 피성년후견인, 피한정후견인, 피특정후견인 등으로 구분된다. 미성년후견인은 원칙적으로 친권자 또는 성년후견인과 동일한 권한과 의무를 부여받은 사람으로 간주될 필요가 있다.

후견인의 유형을 나누어 놓은 이유는 각 후견유형마다 부여되는 권한의 크기와 내용이 다르기 때문이다. 성년후견인은 법원이 제한하지 않는 한 원칙적으로 법정대리권을 포함하여 모든 권한이 부여되는 반면, 한정후견인은 원칙적으로 법원이 부여한 권한만 인정되며, 특정후견인은 특정한 기간이나 임무에 대해서만 권한이 부여된다.

(3) 후견인의 권한

후견인은 기본적으로 피후견인의 재산관리와 신상보호에 관한 권한과 의무를 가진다. 예컨대, 성년후견인은 피성년후견인이 가진 재산을 임대하거나 처분하고, 그 대금을 받을 수 있는 법정대리권이 부여된다. 피성년후견인의 신상에 관해서는 수술이나 치료에 대한 의료계약뿐만 아니라 사실행위인 수술 자체에 대해 피성년후견인을 대신해 동의 등을 할 수 있는 신상보호에 관한 권한을 가진다(민법 제947조의2).

(4) 후견인의 피후견인 격리에 대한 허가

민법에 따르면, 성년후견인은 피성년후견인을 치료 등의 목적으로 정신병원이나 그 밖의 다른 장소에 격리하려는 경우에 가정법원의 허가를 받도록 하고 있다(제947조의2 제2항). 위 허가는 입원이나 격리를 시키기 전의 사전허가이며, 정신의료기관이나 정신요양시설과 같이 본인의 의사에 반하여 입원·입소되는 모든 시설을 포함한다. 또한 위 허가는 개별 입원이나 입소마다 따로 가정법원의 허가를 받아야 하는 것이며, 성년후견인에게 일반적인 권한으로서 부여되는 것이 아니다.

따라서 성년후견인이 피성년후견인을 본인의 의사에 반하거나 본인의 의사와 무관하게 입원 또는 입소시키기 위해서는 가정법원의 사전허가를 얻어야 하고, 설령 그 후견인이 가족이라 하더라도 후견인의 신상보호권한을 행사하는 것이기 때문에 사전허가를 받아야 한다. 가정법원의 사전허가 없이 후견인이 피후견인을 본인의 의사와 무관하게 입원시킬 경우라면 때에 따라서는 감금죄 등으로 처벌받을 수 있다.

(5) 입원적합성심사위원회의 가정법원에 대한 통지

가정법원은 후견인의 감독기관이다. 따라서 후견인이 피후견인을 정신의료기관에 입원시키거나 하는 경우에는 위에서 본 바와 같이 가정법원의 허가를 받도록 하고 있다. 피후견인을 입원시키는 경우에는 이를 사후적으로라도 감독기관인 가정법원이 확인할 필요가 있다. 이러한 점을 고려해 정신건강복지법은 피후견인이 입원되는 경우에는 최초입원을 심사하는 입원적합성심사위원회가 관할 가정법원에 통지를 하도록 규정하였다(법 제47조 제1항).

(6) 후견인의 입원권한과 사전허가

모든 후견인이 피후견인의 신상에 관한 권한을 보유하는 것은 아니다. 법원이 그러한 권한을 부여하거나 제한할 수 있다. 예컨대, 성년후견인이라 하더라도 피후견인을 강제입원이나 입소를 시킬 수 있는 권한을 법원이 제한할 수 있으며(민법 제938조 제3항), 특정후견인이어서 원래 강제입원이나 입소를 시킬 수 있는 권한이 없더라도 법원이 그 권한을 부여하면 가능하다.

그렇게 권한을 부여받더라도 그 입원 등의 조치를 취할 때에는 사전에 별도의 허가를 받아야 한다. 후견인이 자신의 피후견인을 입원시킬 때에는 단순히 후견인이라는 사유만으로 보호입원 신청자격을 얻는 것이 아니다. 따라서 법원으로부터 입원 등의 신상보호에 대한 권한 부여와 더불어 개별 입원이나 입소에 대한 사전허가를 받아야 한다.

즉, 정신건강복지법에서 말하는 후견인은 단순한 후견인이 아니라 성년·한정·특정 후견인 중에서 피후견인의 입원 등 신상에 관한 권한을 가지고 있는 후견인만을 의미한다.

(7) 후견인과 부양의무자와의 관계

정신건강복지법에서 후견인이 부양의무자보다 선순위가 되었다는 것은 법적으로 어떤 것을 의미하는 것일까? 권한 있는 후견인은 모든 부양의무자에 대하여 순위가 앞선 보호의무자이다. 그런데 권한 있는 후견인이라도 피후견인을 보호입원시키기 위해서는 다른 부양의무자 1명 이상의 신청(동의)이 추가적으로 필요하다. 법이 보호의무자 2인 이상을 요구하기 때문이다.

한편, 부양의무자들 2명 이상이 보호입원을 시키려고 하는데 권한 있는 후견인이 반대한다면, 입원을 시킬 수 없는 것일까? 입원시킬 수 없다고 보아야 할 것이다. 그 이유는 i) 법이 순위제도를 둔 것은 그 입원신청이나 동의에 있어 권한의 위계를 정한 것이어서 반대의 의사표시도 그 순위에 따라 반영되어야 하고, ii) 법원으로부터 피후견인의 신상에 관한 보호권한을 받은 후견인은 가족에 의한 피후견인 신상결정을 막을 권한이 있고, iii) 후견인은 법원의 지정을 받은 법정대리인으로 가족과는 독립된 국가대리인의 역할을 해야 하기 때문이다.

(8) 후견인에 의한 입원 후 사후허가의 문제

권한 있는 후견인이 피후견인을 보호입원시키기 전에 후견인은 관할 후견법원에서 그 입원의 사전허가를 받아야 한다(민법 제947조의2 제2항). 이 허가는 사후허가를 허용하지 않는다. 피후견인의 생명에 위험을 초래하는 등의 지연이 있을 경우 후견법원의 사후허가가 허용되는 후견인의 의료행위 동의와는 다르다(민법 제947조의2 제4항).

현실에서는 후견인이 피후견인을 보호입원시킨 후 사전허가를 받아야 하는 것을 몰랐다거나 허가를 받을 시간적 여유가 없었다는 이유로 사후에 법원의 허가를 신청하는 경우가 있는데, 어느 법원에서는 사후허가를 해 주지 않고, 어느 법원에서는 사후허가를 해 주는 경우도 발생하고 있다.

생각건대, 민법은 피후견인의 자유보장을 위해 사전허가만을 규정하고 있고, 사후허가를 허용할 경우 피후견인의 강제입원에 대한 법원의 사전적, 절차적 통제가 불가능해지며, 우리 대법원이 입원과정에서의 하자(불법)는 사후적으로 치유될 수 없다는 취지로 지적하고 있는 점[2]을 볼 때 사전허가 없는 후견인의 보호입원은 사후허가를 받더라도 소급하여 합법적으로 추인되지 않는다고 볼 것이다. 따라서 입원적합성심사위원회나 정신건강심사위원회는 사전허가 없이 입원된 피후견인에 대해서는 입원부적합이나 부적법을 이유로 퇴원을 시켜야 할 것이다.

라. 민법상 부양의무자

(1) 민법상 1차 부양의무자

배우자 사이에서는 서로 부양의무가 있으며(법 제826조 제1항), 사실혼 배우자에 대해서도 판례는 부양의무를 인정하고 있다.[3] 미성년자녀에 대해서는 그 부모가 친권자로서 부양의무가 있는데, 위와 같은 배우자에 대한 부양의무나 미성년자녀에 대한 부모의 부양의무는 1차 부양의무로서 이른바 콩 한쪽이라도 나누어 먹어야 하는 무조건적 부양의무이다.[4] 그 외의 친족 간 부양의무(성년자녀와 그 부모 사이 등)는 2차 부양의무로서 자신의 생활을 유지할 수 있는 경제적 여유가 있는 경우에만 인정되는 조건적 형태의 부양의무이다.[5] 정리하면, 1차 부양의무는 배우자 사이에서의 부양의무와 미성년자녀에 대한 부모의 부양의무를 의미한다.

---

2) 대법원 2009. 1. 15. 선고 2006다19832 판결.
3) 대법원 1998. 8. 21. 선고 97므544 판결.
4) 대법원 2012. 12. 27. 선고 2011다96932 판결(부부간 상호부양의무는 혼인관계의 본질적 의무로서 부양을 받을 자의 생활을 부양의무자의 생활과 같은 정도로 보장하여 부부공동생활의 유지를 가능하게 하는 것을 내용으로 하는 제1차 부양의무이고, 반면 부모가 성년의 자녀에 대하여 직계혈족으로서 민법 제974조 제1호, 제975조에 따라 부담하는 부양의무는 부양의무자가 자기의 사회적 지위에 상응하는 생활을 하면서 생활에 여유가 있음을 전제로 하여 부양을 받을 자가 자력 또는 근로에 의하여 생활을 유지할 수 없는 경우에 한하여 그의 생활을 지원하는 것을 내용으로 하는 제2차 부양의무이다).
5) 대법원 2017. 8. 25.자 2017스5 결정(부모가 성년의 자녀에 대하여 직계혈족으로서 민법 제974조 제1호, 제975조에 따라 부담하는 부양의무는 부양의무자가 자기의 사회적 지위에 상응하는 생활을 하면서 생활에 여유가 있음을 전제로 하여 부양을 받을 자가 자력 또는 근로에 의하여 생활을 유지할 수 없는 경우에 한하여 그의 생활을 지원하는 것을 내용으로 하는 제2차 부양의무이다).

(2) 민법상 2차 부양의무자

민법상 부양의무자는 나를 기준으로 i) 직계혈족 및 그(직계혈족)의 배우자간 ii) 생계를 같이 하는 친족간에 대한 부양의무로 구분되어 있다.

먼저, 직계혈족이란 윗대로는 부모, 조부모 등, 아랫대로는 자녀, 손자녀 등과 같이 수직적 혈연관계(입양을 포함한다)에 대한 것이고, 배우자란 원칙적으로 법률상 혼인관계에 있는 사람을 말한다.

직계혈족, 배우자 및 직계혈족의 배우자(아버지의 부인, 어머니의 남편, 며느리, 사위 등)는 생계를 같이 하지 않더라도 보호의무자 자격이 있다. 다만, 여기서 배우자는 법률상 배우자여야 하며, 사실혼 배우자는 비록 부양의무가 있다고 하더라도 보호의무자가 안 된다고 해석되어야 한다. 그 이유는 보호의무자가 가진 보호입원신청 또는 동의권한에 비추어 객관적으로 증명될 수 있는 공적으로 확인된 법률관계가 있는 자에게만 그 권한이 부여되어야 하기 때문이다.

다음으로, 생계를 같이 하는 친족에서 '친족'을 보면 그 범주가 상당히 넓다. 민법은 8촌 이내의 혈족, 4촌 이내의 인척, 배우자를 친족에 포함하고 있다. 이 중 '혈족'이란 혈연이나 입양으로 이어진 관계로 형제나 삼촌과 같은 방계혈족을 포함한다. 인척이란 혈족의 배우자(새어머니,[6] 새아버지, 형수, 매부, 고모부, 이모부 등), 배우자의 혈족(시부모, 장인·장모, 처남, 처제 등), 배우자의 혈족의 배우자(동서 등)로 구성된다.

위와 같이 너무 많은 친족이 보호의무자가 되어서는 안 되기 때문에(그들 모두에게 보호의무에 따른 의무위반을 이유로 손해배상책임을 지게 해 서는 안 되므로) 위의 사람들 중 생계를 같이 하는 친족(직계혈족과 배우자는 생계를 같이 하지 않아도)만 보호의무자 자격이 있다.

마. 혼인(인척)관계로 인한 보호의무자 자격 여부

(1) 쟁점

시부모는 며느리의 입장에서는 배우자(남편)의 직계혈족(부모)이고, 며느리는 시부모의 입장에서는 직계혈족(아들)의 배우자(부인)이다. 우리 민법은 위에서 본 바와 같이 i) 직계혈족 및 그 배우자 간, ii) 생계를 같이하는 친족 간 부양의무를 규정하고 있다(민법 제974조). 여기서 '직계혈족 및 그 배우자 간'의 부양의무에 직계

---

6) 서울가정법원 2007. 6. 29.자 2007브28 결정.

혈족의 배우자(사위, 며느리)와 배우자의 직계혈족(시부모, 장인·장모) 모두 보호의무자가 되는지 문제가 된다.

(2) 학설의 검토

학설상으로는 '직계혈족 및 그 배우자 간'이란 며느리와 시부모관계, 사위와 장인·장모관계 등을 포함하며, 그 서로들 사이에 부양의무가 있다는 견해가 있다.[7] 이를 편의상 이하에서는 '쌍방의무설'이라 하겠다.

한편, 위 법조항의 문언을 그대로 해석할 경우에는 '직계혈족의 부양의무'(부모와 자녀, 조부모와 손자녀 등)와 '직계혈족의 배우자'(며느리와 사위)에 대한 부양의무만 도출될 뿐 '배우자의 직계혈족'(시부모와 장인·장모)에 대한 사위나 며느리의 부양의무는 도출되지 않는다. 다만, 시부모와 장인·장모는 며느리와 사위와 같이 사는 등으로 생계를 같이 하는 경우에는 비로소 '생계를 같이 하는 친족'(민법 제974조)으로서 사위나 며느리의 부양의무가 발생한다고 볼 수 있다. 이와 같은 견해를 '일방의무설'이라 하겠다.

이러한 서로 다른 부양의무자 해석론은 보호의무자 인정 여부에도 영향을 미친다. 쌍방의무설에 따르면 시부모와 며느리 사이, 장인·장모와 사위 사이에서도 생계를 같이 하는지(同居) 여부를 불문하고 서로 보호의무자 자격을 인정한다. 반면에 일방의무설에 따르면 시부모와 며느리 사이, 장인·장모와 사위 사이에서는 생계를 같이 하는 경우(同居)에만 서로 보호의무자 자격을 인정한다. 서로 생계를 같이 하지 않는 경우에는 민법 제974조 제1호에 따라 시부모와 장인·장모에게만 보호의무자 지위를 인정한다. 일방의무설에 따르면, 사위나 며느리는 시부모나 장인·장모와 생계를 같이 하지 않는 경우라면 시부모나 장인·장모의 보호의무자가 될 수 없어 보호입원 신청자격이 없다.

(3) 판례

대법원 판례는 시부모가 아들 사망 후 떨어져 살고 있는 며느리에게 부양의무의 이행을 청구한 사례에서 아들 사망으로 며느리의 혼인관계가 소멸하였기 때문에 그 시부모는 배우자의 직계혈족에서 인척으로 전환되어 생계를 같이 하여야만 부양의무가 발생되고, 생계를 같이 하지 않는 경우에는 부양의무가 발생하지 않는다고 보았다.[8] 그러나 대법원은 아직 배우자(혼인)관계가 유지되고 있는 상황에서 시부모와

---

7) 김주수, 김상용, 「주석 친족법 Ⅲ」(제4판), 한국사법행정학회, 2011, 654면.
8) 대법원 2013. 8. 30.자 2013스96 결정.

며느리 사이, 장인·장모와 사위 사이의 부양의무에 대해서는 직접적으로 판단한 사례가 없다.

(4) 사견(私見)

생각건대, 민법 제974조 제1호가 비록 그 문언상 '배우자의 직계혈족'을 포함하지 않고 있기는 하지만 성인들 사이의 부양의무는 상호적인 것이고, 위 문언에 따라 시부모나 장인·장모는 며느리나 사위(직계혈족의 배우자)에 대해서 생계를 같이 하는지 여부를 불문하고 부양의무가 있는데, 며느리나 사위는 생계를 같이하는 경우에만 시부모나 장인·장모에 대해 부양의무가 있다고 보는 것은 형평에 어긋나는 해석이 될 수밖에 없기 때문에 쌍방 간 부양의무를 인정하는 해석이 필요하다.

위와 같이 쌍방의무설에 따라 해석할 경우 며느리나 사위는 생계를 같이 하지 않더라도 시부모나 장인·장모에 대한 보호의무자 자격을 갖출 수 있고, 시부모나 장인·장모도 당연히 직계혈족의 배우자인 사위나 며느리에 대해 부양의무자로서 보호의무자가 될 수 있다.

4. 보호의무자 순위 문제

가. 후견인과 부양의무자 사이의 순위

정신건강복지법은 보호의무자 자격이 있는 후견인과 부양의무자 사이에서 부양의무자를 우선 순위로 했던 구 정신보건법의 내용을 바꾸어 후견인을 선순위로 앞세웠다. 이러한 법 개정을 한 이유는 가족에 의한 입원이 가지는 문제점을 조금이라도 개선하기 위한 의도였다. 그러나 현실에서는 정신장애인에게 후견인이 선임된 경우가 전국적으로 드물고, 후견을 받더라도 다수의 경우에는 가족이 후견인을 담당하고 있기 때문에 그 입법의도에도 불구하고 가족에 의한 입원현실을 변경하기는 어렵다.

보호의무자 자격이 있는 후견인은 모든 후견인이 아니라 법원으로부터 피후견인에 대한 입원 등의 신상보호권한을 부여받아야 한다. 아울러, 개별적으로 입원 전에 법원의 사전허가를 받아야 부양의무자보다 선순위가 되어 보호입원 신청이나 동의를 할 수 있다. 신상보호 권한이 없는 후견인은 피후견인의 입원 등을 동의하거나 신청할 권한이 없기 때문에 보호의무자 지위를 가지지 않는다고 보아야 한다.

나. 부양의무자들 사이의 순위

(1) 현행 정신건강복지법의 문언규정과 문제점

대부분의 사람들은 후견인이 없기 때문에 통상 부양의무자들이 보호의무자가 된다. 민법상 부양의무자들은 결격사유만 없으면 원칙적으로 모두 보호의무자가 된다. 보호의무자가 여럿 있을 경우 그 순위는 민법 제976조(부양의 순위)에 따르도록 되어 있는데(법 제39조 제4항), 그 순위는 다음의 순서로 정해진다.

ⅰ) 협정: 부양의무자가 여럿인 경우 그 순위는 부양의무자들의 협정에 의함
ⅱ) 법원의 결정: 협정이 없는 경우에는 부양의무자의 청구에 의해 법원이 정함 (이 경우 법원은 여러 부양의무자를 선정할 수도 있음)

위와 같이 보호의무자(부양의무자) 순위와 실제 의무부담을 정하는 방법은 실은 문제가 있다. 가까운 친족인지, 아니면 먼 친족인지 불문하고, 모두 보호의무자가 되어 협정을 통해 누가 선순위인지를 정하는 것도 문제이고, 협정이 없으면 법원이 정하도록 하는 것도 그러하다. 실제 민법에서도 위와 같이 부양의무자 순위를 정하는 청구는 거의 이루어지지 않는다. 그럼 왜 이러한 규정이 현행 정신건강복지법에서 유지되고 있는 것일까?

(2) 일본의 보호의무자 순위제도와의 차이점

실제 일본의 구 정신보건법이 보호의무자 순위제도를 둔 이유는 한 명의 보호의무자에게만 입원동의권한과 보호의무를 부담하게 하기 위한 것이었다. 그래서 그 순서는 법이 이미 ⅰ) 1순위 '후견인 또는 보좌인', ⅱ) 2순위 '배우자', ⅲ) 3순위 '친권을 행사하는 자', ⅳ) 4순위 '부양의무자 중 가정법원에서 선임하는 자'를 법률이 일률적으로 규정하고, 특별한 경우에만 가정법원이 신청을 받아 위의 순위를 변경하여 그 권한과 의무를 이행하도록 한 것이다.

그런데 한국의 경우 일본의 법을 참조하면서도 2008년 구 정신보건법을 개정하여 보호의무자 2인 이상 보호입원에 동의하도록 하고, 그 순위제도까지 여전히 남겨 두고 있어 앞서 본 바와 같은 1인 보호의무자 제도를 전제로 한 제정 정신보건법의 시스템과 충돌하게 된 것이다. 참고로 일본은 2013년 보호(의무)자제도를 폐지하면서 순위제도도 함께 삭제하였다.

(3) 현행 보호의무자 순위제도의 문제점

현행 보호의무자 순위제도는 다음과 같은 질문에 대답하기 어렵다. 체계적으로 해석할 수 없다는 의미이다. 보호입원을 시키는 경우 입원의 현실에서 보호의무자 사이에 순위를 두고 있는가? 예컨대, 부모, 배우자, 자녀, 형제자매가 있는 사람에 대해 그 가족 중 누군가 보호입원 신청을 할 때 다음과 같은 질문을 해 보자.

i) 위의 보호의무자들 중 누가 우선하는가?
ii) 급박한 입원신청 상황에서 그 순위를 법원으로부터 결정받아오는가?
iii) 당사자들 사이에 협정이 이루어지면 그 사람이 우선순위가 되는가?
iv) 만약 후순위자가 선순위자에 앞서 보호입원을 신청하면 위법한 신청이 되는가?
v) 퇴원도 선순위자만 시킬 수 있는가? 아니면 후순위자도 가능한가?

위의 부양의무자 순위제도는 결국 보호의무자의 순위를 정하겠다는 의미인데, 그 순위 구분의 목적도 없고, 실익도 없다. 그리고 정신의료의 현실에서 20년이 넘도록 그런 순위를 지켜 입원되지도 않았다. 이러한 점을 고려해 볼 때 결국 보호의무자 순위제도는 폐지되어야 한다.

5. 생계를 같이 하는 친족

가. 생계를 같이 하는 친족의 문제점

법이 정한 정신질환자의 보호의무자가 되기 위해서는 직계혈족이나 배우자 외의 사람은 생계를 같이 하는 친족이어야 한다. 주로, 한 주거공간에서 같이 거주하는 형제자매가 이에 해당한다. 생계를 같이 하는지 여부는 통상 동일한 거주지에 주민등록이 함께 되어 있는지를 확인하면 알 수 있다.

문제는 동일한 거주지에 주민등록이 되어 있지 않거나 주민등록이 되어 있다고 하더라도 실제 거주하지 않아 생계를 같이 한다고 볼 수 없는 경우이다. 게다가 입원이 장기화된 사람의 경우 그 보호의무자의 입원연장동의 시점에는 이미 몇 년 이상 떨어져 살고 있는 상황도 발생한다. 특히, 고령의 부모가 있거나 미혼인 정신질환자의 경우 함께 거주하지 않는 형제자매나 형제자매의 배우자가 생계를 같이 하는 친족이라며 보호입원에 대해 신청하거나 입원연장에 대해 동의하는 경우가 다수 있다. 이러한 경우 과연 그 형제자매부부가 생계를 같이 하는 친족이 될 수 있는지 논란이 있다.

이러한 문제점 때문에 생계를 같이 하는 친족 여부에 대해서는 복건복지부가 지침(사업안내)으로 기준을 정해 놓고 있고, 법원이나 국가인권위원회는 여러 판례와 결정 속에서 그 일정한 기준을 제시하고 있다. 이를 간단히 검토해 본다.

나. 국가기관의 '생계를 같이 하는 친족'의 기준

(1) 보건복지부의 기준

보건복지부는 정신건강사업안내를 통하여 생계를 같이하는 친족의 기준으로 ⅰ) 입원하는 환자와 동일세대를 구성하여 3개월 이상 동거하는 경우(세대는 다르더라도 3개월 이상 동일 주소에 거주하는 경우 동거하는 것으로 간주), ⅱ) 비동거자인 경우 공동의 가계에 속하는 때에는 개개의 구체적 사정을 고려하여 판단해야 하고, 주거지 제공, 가계지원, 학비, 용돈 등 경제적 지원에 의하여 환자가 생활하는 경우 생계를 같이 한다고 간주한다. 이 경우 최소 3개월 이상 생계를 같이 한다는 구체적인 증빙자료를 첨부할 것을 요구하고 있다. 그 밖에 증빙으로서 배제되는 것은 ⅰ) 본인이나 외부인의 진술이나 확인서, ⅱ) 입원 후에 생계지원을 약정하는 각서는 증빙자료로 인정하지 않고 있다.[9]

(2) 법원의 기준

대법원은 세법과 관련하여 세금 부과에 있어 한 기준이 되는 '생계를 같이하는'의 의미를 '생활자금이나 주거장소 등'을 함께 하는 것으로 판단하고 있다.[10] '생계를 같이 하는 친족'은 통상 줄임말로 동거친족(同居親族)이라는 용어로도 사용되는데, 하급심 판례 중에는 동거친족의 개념 속에 주민등록지가 서로 다르더라도 실제 함께 거주하여 살면 동거친족으로 본 사례가 있다.[11]

(3) 국가인권위원회 결정 기준

2001년 이후 국가인권위원회에 정신의료기관 및 정신요양시설 인권침해 사례로 입원(입소)과정의 문제를 진정하는 경우가 많았고, 그 중 생계를 같이 하는 친족 여부가 쟁점이 된 경우가 있다. 국가인권위원회에서는 '생계를 같이 하는 친족'을 '정신질환자와 보호의무자가 동일한 주소지에 거주하는지 여부 또는 주소지가 다르다면 가계지원, 학비, 용돈 등의 경제적 지원에 의해 생계를 같이 할 것'을 요구하고,

---

9) 보건복지부, 「2018 정신건강사업안내」, 2018, 283면.
10) 대법원 2014. 11. 27. 선고 2013두16876 판결.
11) 춘천지방법원 2002. 7. 11. 선고 2001가합543,949 판결.

그 구체적 증빙서류를 요구하고 있다.[12)] 이를 보건복지부의 기준과 비교해 보면, 국가인권위원회는 보건복지부와 달리 일정한 기간(3개월 이상)을 요구하지 않고 있다는 점에서 차이가 있다.

(4) 위와 같은 기준들의 문제점

'생계를 같이 하는지 여부'로 보호의무자 여부를 판단하는 경우 다음과 같은 문제점이 발생한다.

i) 보호의무자 지위의 유동성 문제: 보호의무자는 자신의 의지로 주어지거나 버릴 수 있는 법적 지위가 아니다. 그 가족을 입원시킬 목적으로 또는 거꾸로 보호의무를 지지 않을 목적으로 주소지를 일치 또는 변동시키거나 보건복지부가 제시한 요건과 같이 일정 기간 생활비용을 지원하기도 한다. 이는 보호의무자라는 지위를 환자나 보호의무자의 의지로 변화하게 만드는 문제가 있다.

ii) 장기입원환자의 문제: 보호입원된 장기입원환자의 경우 그 입원진료비가 의료급여로 전부 지급되는 경우도 많다. 이 경우 보호의무자가 주거도 같이 하지 않고, 생계의 비용도 부담하지 않아 생계를 같이 한다고 보기도 어렵다. 이러한 장기입원환자에 대해서는 실제 판례가 말하는 생활자금이나 주거장소의 공통성이 인정된다고 보기도 어렵다.

iii) 보호의무자 지위의 명확성 문제: 보호의무자는 주로 보호입원을 신청하거나 연장할 때만 주로 그 법적 존재가 드러나는데, 입원시키는 과정에서 정신의료기관 입장에서는 명확한 증빙을 확인해야 한다. 그런데 생계를 같이 한다는 증빙을 제출받기는 어렵다. 아울러, 형제자매의 경우 대부분 실질적으로 생계를 같이 하지 않음에도 불구하고 환자에게 부모나 자녀가 없다는 이유로 어쩔 수 없이 보호의무자로 인정되어 문제가 발생하는 경우도 적지 않다. 나아가 실질적으로 생계를 같이 하지 않는 형제자매 중 1인이 입원을 시키면서 그 배우자(생계를 같이 하는 인척)도 함께 보호의무자가 되어 2인 동의를 하는 경우도 있다.

전반적으로 볼 때 '생계를 같이 하는 친족'이라는 민법상 부양의무자 기준을 그

12) 국가인권위원회 2012. 7. 25. 12진정0468800 및 12진정0469200(병합) 부당입원 및 전화사용 제한(아래 결정례집 64-68면).

대로 차용한 것은 100여 년 전 일본의 것을 그대로 답습한 것이라 할 것이고, 현재의 가족관계, 주거관계, 입원상황 등을 적정히 고려한 것은 아니어서 뒤의 입법론에서 보는 바와 같이 개선이 필요하다.

6. 보호의무자 여부에 대한 구체적 문제 사례

적법한 보호의무자 아닌 자가 입원을 시킨 경우 그 입원을 시킨 보호의무자나 정신의료기관의 장은 환자에 대해 불법행위로 인한 민사상 손해배상책임을 부담할 위험이 발생한다. 실제 보호입원 사건들 중에서 생계를 같이 하는 친족 여부가 불분명하거나 아닌 경우들이 다수 있다. 이를 구체적으로 본다.

가. 대법원 판결사례(북한이탈주민과 하나원장)

대법원은 주민등록이 되어 있지 않은 북한이탈주민을 북한이탈주민 정착지원사무소(하나원)의 하나원장이 스스로 보호의무자가 되어 보호입원시킨 사례에서 보호의무자 아닌 하나원장에 의한 입원을 불법행위로 인정하여 그 환자에게 국가가 손해배상을 하도록 하며 아래와 같이 판단하였다.[13]

> "정신질환자의 인간으로서의 존엄과 가치를 존중하고 입원치료가 필요한 정신질환자에 대하여는 항상 자발적 입원이 권장되어야 한다는 정신보건법의 기본이념에 비추어 볼 때, 정신보건법상 보호의무자에 의한 입원 규정은 입원과정에서 발생할 수 있는 정신질환자의 인권침해를 방지하기 위하여 입원동의를 할 수 있는 보호의무자를 한정적으로 열거하고 입원요건 및 절차를 엄격하게 규정하고 있다. 따라서 정신보건법에 규정된 보호의무자가 아닌 자가 정신질환자의 보호의무자로서 동의를 하여 정신질환자를 입원시키는 것은, 정신질환자가 자신 또는 타인을 해할 위험이 크고 상황이 매우 급박하다는 등 정신보건법 제26조 제1항에 규정된 응급입원의 요건 및 절차가 충족되는 등의 특별한 사정이 없는 한, 위법하여 불법행위를 구성한다."

위 대법원 판결은 보호의무자 아닌 자에 의한 입원은 환자에 대해 불법행위를 구성하게 됨을 선언하고 있으며, 그 입원에 동의한 부적법한 보호의무자(하나원장)가 불법행위로 인한 손해배상책임을 부담해야 함을 강조하고 있다. 위 사건에서는 병원은 피고가 되지 않았지만, 입원기관은 적법한 보호의무자인지 여부를 확인하여

---

13) 대법원 2016. 4. 2. 선고 2014다205584 판결.

야 할 의무가 있으므로 위와 같이 부적법한 보호의무자의 동의나 신청을 받아 입원시킨 정신의료기관도 그 사실에 대해 고의나 과실의 귀책사유가 있다면 그 손해배상책임을 부담하여야 한다.

나. 국가인권위원회 결정사례

국가인권위원회는 보호의무자 아닌 자에 의한 입원의 경우 형사고발이나 권고 등을 통해 지속적으로 개선을 요구해 왔다. 이를 구체적으로 결정사례별로 보면 다음과 같다.[14]

i) 생계를 같이 하는지 여부 미확인: 환자(성인의 자녀가 있음)의 '여동생과 누나'가 환자와 생계를 같이 하는지 여부를 확인할 수 있는 객관적 증빙자료를 제출받지 않고서 병원이 위 두 형제자매의 동의로 입원시킨 것에 대해 신체의 자유 침해와 정신보건법위반을 이유로 병원측을 고발한 사례[15]

ii) 선순위 보호의무자 미확인: 부모 이혼 후 연락이 단절된 환자의 '고모'로부터 사유서만 제출받고, 보호의무자인 부모의 신상정보를 확인하지 않은 채 환자를 고모 1인의 동의로 입원시킨 것에 대해 신상정보 미확인을 이유로 병원측을 고발한 사례[16]

iii) 이혼소송 미확인: 배우자와 딸에 의해 보호입원된 환자에 대해 병원측이 입원이 지난 며칠 후 환자가 그 배우자와 사이에서 이혼소송 중임을 알았으나 다른 보호의무자인 형으로 변경요청을 하지도 않고, 계속입원시킨 것이 신체의 자유를 침해한 것이라는 이유로 인권위가 병원측에 교육과 재발방지대책을 권고한 사례[17]

iv) 동의위임 또는 미성년자 동의: 실제로 환자를 보호하는 사실상의 보호자가 보호의무자들로부터 위임을 받아 동의하였다고 하나 실제 위임받은 자료가 없고, 일부는 보호의무자 자격이 없는 미성년자녀들에 의해 동의되었음에도 불구하고 병원이 그 확인조차 하지 아니하여 인권교육 등을 권고한 사례[18]

---

14) 이하의 국가인권위원회 진정사건은 보건복지부 및 한국보건복지인력개발원, 「인권위 정신보건결정례집」, 2015의 내용을 참고하여 정리한 것이다.

15) 국가인권위원회 2014. 8. 20. 14진정0480100 위법한 정신병원 입원에 의한 인권침해(위 결정례집 11-14면).

16) 국가인권위원회 2014. 6. 2. 14진정0038100 정신질환자의 신상정보 확인의무 위반(위 결정례집 15-19면).

17) 국가인권위원회 2013. 6. 18. 13진정0325900 정신의료기관의 부당입원(위 결정례집 48-50면).

18) 국가인권위원회 2012. 11. 29. 12진정0012900 적법절차 위반에 의한 입원(위 결정례집 54-59면).

v) 배우자의 전 남편 소생의 자녀에 의한 입원 동의: 배우자와 그 배우자의 전 남편 소생의 자녀(환자 입장에서는 배우자의 직계혈족)가 입원에 동의하였는데 그 자녀는 입원환자와의 관계에서는 직계혈족이 아니어서 환자와 생계를 같이하는지 여부를 확인하여야 하는데 그러한 증빙자료를 병원측이 제출받지 아니하여 병원측에 퇴원이나 자의입원 전환을 권고한 경우[19]

위의 인권위 결정례를 간단히 보면, i) 보호의무자 결격사유가 있는 사람의 동의에 의한 입원(이혼소송 중인 배우자, 미성년자), ii) 배우자의 전 남편 소생의 자녀와 같이 환자의 자녀인 것으로 보이지만 실은 동거인으로 인척 관계에 있어 생계를 같이 하는지 여부를 확인하지 못한 경우, iii) 부모처럼 생계를 같이하는지 여부를 불문하는 선순위 보호의무자가 있음에도 생계를 같이 하는 친족 1인만으로 입원시킨 경우, iv) 생계를 같이하는지 여부를 입증하는 증빙자료가 없는 경우 등으로 다양하다.

7. 보호의무자 결격 사유

가. 정신건강복지법

정신건강복지법은 보호의무자의 자격을 갖춘 자 중에서 보호의무를 수행하는 것이 어렵거나 부적절한 사람은 결격사유를 두어 보호의무자 자격을 주지 않고 있다. 법이 규정한 결격사유는 다음과 같다(법 제39조 제1항 각 호).

i) 피성년후견인 및 피한정후견인(제1호)
ii) 파산선고를 받고 복권되지 아니한 사람(제2호)
iii) 해당 정신질환자를 상대로 한 소송이 계속 중인 사람 또는 소송한 사실이 있었던 사람과 그 배우자(제3호)
iv) 미성년자(제4호)
v) 행방불명자(제5호)
vi) 그 밖에 보건복지부령으로 정하는 부득이한 사유로 보호의무자로서의 의무를 이행할 수 없는 사람(제6호)

보호의무의 수행이 어려운 경우로 법은 피성년후견인 또는 피한정후견인, 미성년

19) 국가인권위원회 2012. 7. 25. 12진정0468800 · 12진정0469200(병합)(위 결정례집 64-68면).

자, 행방불명자를 규정하고 있고, 이해관계의 상충으로 인해 보호의무자 지위 부여가 부적절한 경우로서는 소송한 사실이 있었던 사람이나 파산한 사람을 두고 있다. 여기서 소송은 보호의무자(그 배우자 포함)와 환자 사이에 당사자로 대립하여 소송을 한 경우를 의미하므로, 소송이라 할 수 없는 비송(非訟)사건인 후견심판이나 협의이혼 절차의 진행 등은 소송이라 할 수 없다. 따라서 보호의무자가 환자에 대해 협의이혼 신청을 하였거나 후견심판청구를 한 경우에는 보호의무자 지위가 유지된다. 보호의무자가 소송을 제기하거나(원고), 환자로부터 소송을 당하거나(피고) 모두 보호의무자 자격은 없으며, 이미 소송이 종결되었더라도 보호의무자 자격이 회복되지는 않는다.

또한, 미성년자의 친권자는 부양의무자이기 때문에 정신건강복지법의 보호의무자이다. 친권자가 친권을 전부 상실하여 박탈된 경우라도 그 자녀에 대한 부양의무는 남아 있고, 성년이 되어서도 쌍방 간에 부양의무를 이행해야 하는 직계혈족 간이어서[20] 자녀가 미성년일 때 친권상실선고를 받았다고 하더라도 직계혈족 간의 부양의무는 사라지지 않으므로 자녀의 성년 이후에도 보호의무자 지위가 박탈되는 것은 아니라고 볼 것이다.

나. 법 시행규칙 – 보호의무자 지위의 정지

그 밖에 법의 위임에 따라 보건복지부령으로 부득이한 사유로 보호의무자의 의무를 이행할 수 없는 사람을 다음과 같이 두고 있다(규칙 제31조 각 호).

i) 교정시설 또는 치료감호시설 등에 수용되어 있는 경우(제1호)
ii) 고령·질병·장애 등으로 보호의무자로서의 의무를 이행할 의사능력이 현저히 부족하다는 의사의 소견 또는 법원의 결정이 있는 경우(제2호)
iii) 정신질환자에 대한 부양의무의 이행을 서면으로 거부 또는 포기한 경우(제3호)
iv) 그 밖에 제1호부터 제3호까지의 사유에 준하는 사유로서 보호의무자의 의무를 이행하기가 힘들다고 보건복지부장관이 정하여 고시하는 경우(제4호)

위의 어느 하나에 해당하는 사람은 보호의무자 지위를 취득하지 못한다. 다만, 위의 사람이 출소, 의사결정능력의 회복, 부양의무의 이행 등 부득이한 사유가 해소되면 그 때부터 다시 보호의무자 지위를 취득한다고 볼 것이다. 위의 시행규칙의

---

20) 민법 제 제974조(부양의무) 다음 각 호의 친족은 서로 부양의 의무가 있다.
1. 직계혈족 및 그 배우자간

사유는 보호의무자 지위를 영영 박탈하는 것이라기보다 그 의무수행이 어려울 때 잠시 보호의무자 지위를 정지시키는 의미가 있고, 그 기간 동안은 보호의무자 자체가 되지 않기 때문에 그 사람은 제외시키고서 보호의무자의 숫자를 세야 한다.

위와 같은 결격사유가 있음에도 불구하고 보호의무자로서 보호입원신청을 하겠다고 하더라도 그것을 허용할 수는 없다. 그 이유는 이미 법이 일정한 기준을 가지고서 보호의무자 지위를 부여하지 않겠다고 정해 놓은 것이기 때문에 그것이 그 결격자의 의사에 따라 달라져서는 안 되기 때문이다.

그래서 위의 iii)과 같이 부양의무의 거부나 포기 의사가 있는 사람에 대해서 결격사유로 규정한 것은 스스로 보호의무자 지위를 포기할 수 있게 만드는 것이어서 적절하지 않다. 어떤 가족은 보호의무자 지위를 유지하고 싶어 하고, 어떤 가족은 보호의무자 지위를 버리고 싶어하겠지만 그것은 주관적이며, 증명하기가 어렵다. 법은 어떤 시점에서든 즉시 누가 보호의무자인지 확인할 수 있게 해 주어야 하므로 보호의무자의 의사에 따라 그 지위를 포기할 수 있는 제3호(규칙 제31조 제3호)의 사유는 삭제하는 것이 옳다.

다. 보건복지부 고시

보건복지부령(시행규칙)의 위임에 따라 보건복지부장관은 2018. 4. 15. '보호의무자 의무를 이행할 수 없는 사유에 관한 고시(제2018-74호)'를 발령하였다. 그 내용을 보면, 보호의무자 지위를 가질 수 없는 사유(보호의무자로서의 의무를 이행하기 힘들다고 인정하는 사유)로 다음 각 호를 규정하고 있다(위 고시 제3조 각 호).

i) 「병역법」에 따라 징집되거나 소집된 경우(제1호)
ii) 3개월 이상 장기간 해외 체류 중인 경우(제2호)
iii) 실종선고 절차가 진행 중인 경우(제3호)
iv) 가출 또는 실종으로 경찰서 등 행정관청에 신고된 후 1개월이 지난 경우(제4호)

위의 각 사유도 일신상의 사유로 보호의무의 이행이 어려운 상태에 있을 때 보호의무자 지위를 부여하지 않는 것이어서 징집(소집)이 해제된 경우, 귀국한 경우, 실종선고가 취소된 경우, 사람이 발견된 경우 등에는 보호의무자 자격을 회복할 수 있다.

라. 결격사유의 확인

정신의료기관은 입원 당시에 환자의 보호의무자가 이혼소송을 한 적이 있거나 파산선고를 받아서 결격사유가 있는지 알 수가 없다. 입원기관에서 보호의무자에게 이를 직접 매번 물어보기도 어렵다. 이러한 점을 감안해 규칙 별지 제15호 서식은 보호입원 신청서에 유의사항으로 결격사유를 고지하고 있다. 그러나 단순히 결격사유를 고지하는 것만으로는 부족하고, 정신의료기관측이 결격사유 여부를 확인하는 것이 필요하다. 따라서 보호입원 신청서 서식에 신청이나 연장에 동의하는 보호의무자가 스스로 결격사유 없음을 구체적으로 체크할 수 있도록 해 정신의료기관의 확인의무를 덜어 줄 필요가 있다. 일본도 이와 유사한 방법으로 과거 보호의무자 결격사유 여부를 확인하였다.

8. 보호의무자 지위와 관련된 쟁점

가. 보호입원기간 중 보호의무자 지위의 유지와 소멸

보호입원된 환자는 보호의무자 2명 이상의 동의로 6개월씩(최초는 3개월) 입원이 연장될 수 있다. 그런데 입원이 진행되던 중 보호의무자가 사망하거나 결격자가 되는 경우가 있다. 이를 보호의무자가 1인인 경우와 2인인 경우로 구분하여 살펴본다.

(1) 단독의 보호의무자의 사망이나 결격

환자에게 보호의무자가 1인밖에 없어 1인의 보호의무자가 입원시켰는데, 그 보호의무자가 사망하거나 결격사유(이혼소송의 제기 등)가 생긴 경우 환자는 그 즉시 퇴원하여야 하는가?

현실적으로 보면, 보호의무자에게 위와 같은 일이 발생하는 것을 정신의료기관이 그 사유발생 시점에서 바로 알 방법은 없고, 이후 입원연장심사를 청구하기 위해 보호의무자 동의를 구할 때 알게 되는 경우가 많다.

또한, 보호의무자는 입원을 신청하거나 입원연장에 동의할 뿐이고, 실제 보호입원을 결정하는 것은 입원적합성심사위원회나 정신건강심사위원회(또는 시·군·구청장)이기 때문에 보호의무자가 결격이 되거나 사망한 것만으로는 공적 기관이 한 입원(연장)결정의 효과가 바로 상실되는 것이 아니다. 따라서 환자의 보호입원기간은 그 결격사유나 사망에도 불구하고 그 입원기간의 만기까지는 지속된다.

입원기간 만료 이후에 입원연장에 동의해 줄 보호의무자가 없다면 환자는 특별한 사정이 없는 한 퇴원하거나 자의입원으로 전환하여야 한다. 시·군·구청장은 입원기간 만료 전에 환자에게 후견인이 필요한 경우 관할 가정법원에 공공후견인 선임청구를 하는 등의 방법으로 후견인인 보호의무자를 설정해 줄 수도 있다.

(2) 여러 보호의무자 중 1인의 사망이나 결격

환자를 입원시킬 때 여러 보호의무자가 있어 2명 이상이 보호입원 신청을 하여 입원을 시킨 후 그 중 1명에게 사망이나 결격사유가 발생했을 때 그 입원기간 만료까지는 위에서 본 바와 같이 일단 유효한 입원이라 할 수 있다. 다만, 입원을 연장하기 위해 보호의무자 2명 이상의 동의를 받아야 하므로, 그 때 새로운 보호의무자 1명이 사망(결격)자를 대신하여 추가되어야 한다.

후견인이 없는 한 우리 법제에서는 현재 사실상 보호의무자들 사이에 별도의 순위가 없다고 해석하는 경우가 많고, 실무관행도 그러하다. 보호의무자이면 누구든 권한과 의무가 발생하게 되므로 최초입원과 달리 새로운 보호의무자 2명이 입원에 동의하는 것도 가능하다. 추가될 보호의무자가 없다면 법에 따라 1명 동의도 가능하다.

나. 소송의 제기와 보호의무자 결격

정신건강복지법은 해당 환자를 상대로 소송이 계속 중인 사람 또는 소송한 사실이 있었던 사람을 결격사유로 하고 있다. 여기서 환자를 상대로 한 소송이라 함은 보호의무자가 환자를 상대로 한 소송(피고가 환자)뿐만 아니라 환자가 보호의무자를 상대로 한 소송(원고가 환자)도 포함한다. 소송이어야 하기 때문에 민사소송 또는 이혼소송과 같은 가사소송도 포함되지만, 고소나 고발은 포함되지 않는다. '소송'이 아닌 비송(非訟)사건인 후견심판청구, 친권상실·친권제한 심판 등의 가사비송재판은 문언의 해석상 포함되지 않는다.

보호의무자인 부인이 보호입원을 시키자 입원당한 남편이 부인을 상대로 이혼소송을 제기하면서 퇴원을 요구한 사례도 있다. 앞서 보았듯이 양 당사자 대립구조인 소송의 형태상 서로 이해관계가 대립되는 보호의무자에게 보호의무자 지위를 계속 유지시키는 것은 타당하지 않으므로 입원시킨 배우자는 보호의무자 자격을 즉시 상실하나 입원기간 만료일까지는 일단 유효한 입원이 유지된다고 볼 것이다.

다. 보호의무자 아닌 자에 의한 입원

앞의 사례들은 입원시킬 때는 정당한 보호의무자였으나 입원기간 중에 보호의무자 지위를 상실하는 경우인데 반해, 여기서 논의할 것은 애초부터 보호의무자가 아님에도 불구하고, 병원측이 증빙서류를 확인하지 못하거나 간과하여 또는 알면서도 입원을 시킨 경우 어떤 책임을 부담하게 되는지 본다.

(1) 생계를 같이 하는지 여부를 불문하는 보호의무자

환자의 보호의무자가 부모나 자식과 같은 직계혈족이나 환자의 배우자라면 동거 여부나 생계를 같이 하는 친족인지 여부와 상관없이 그 친족관계 자체만으로 보호의무자가 되고, 입원과정에서 환자로부터 쉽게 그 친족관계를 확인할 수 있기 때문에 환자와의 친족관계만 확인하는 서류를 제출하면 그 보호의무자로서의 적법성은 크게 다툼이 없다.

(2) 생계를 같이 함을 증명해야 하는 보호의무자

'생계를 같이 함'을 증명해야 하는 보호의무자는 여러 가지로 어려움이 있다. 주민등록을 같이 하지 않는 경우에는 먼저 가족관계증명서를 통해 형제자매 등임을 증명하여야 한다. 두 번째로는 「정신건강사업안내」에서 요구하는 대로 환자와 3개월 넘는 금전적 지원이나 실제 동거생활을 증명하여야 하는데, 이러한 객관적 사실을 확인하는 증빙자료는 제공하기가 쉽지 않다. 그래서 앞서 인권위 결정례에서 본 것과 같이 병원측에서 그 부분 증빙자료를 누락해서 인권위로부터 지적을 당하는 상황도 발생한다. 생계를 같이 함을 증명할 수 있는지 여부에 따라 보호의무자 여부가 결정되는 현재의 제도는 개선이 필요하다.

9. 보호의무자의 민사상 손해배상책임의 문제

가. 보호의무자에 대한 법적 손해배상책임의 근거

(1) 민법상 불법행위책임

어린 아동이나 청소년이 그 책임을 판단할 만한 능력이 없는 때에는 타인에게 불법행위를 저지르더라도(예를 들면, 폭행) 그 본인은 손해배상책임이 없다. 정신장애 등으로 심신상실 상태에서 불법행위를 저지른 사람도 마찬가지다.[21] 그러나 피

---

21) 민법 제753조(미성년자의 책임능력) 미성년자가 타인에게 손해를 가한 경우에 그 행위의 책임을 변식

해자 입장에서는 누군가로부터 자신이 당한 피해에 대해 손해배상을 받아야 하는데 민법은 그 경우 미성년자녀의 친권자 또는 법이 정한 감독의무자에게 손해배상책임을 부담하도록 하고 있다.[22)]

(2) 보호의무자의 법정감독의무자 책임

실제 정신질환을 가진 사람이 행한 불법행위로 인해 피해를 입은 피해자가 그 정신장애인의 가족에게 손해배상청구를 하는 소송들이 과거 보호의무자제도를 가진 일본이나 한국에서 여러 번 있었다. 그 소송의 상대방이 되는 사람들은 정신장애인 본인이 아니라 대부분 보호의무자들이다. 즉, 정신건강복지법의 보호의무자제도(구 정신보건법을 포함하여)가 민법이 말한 법정(法定) 감독의무자제도이기 때문에 보호의무자가 손해배상책임을 부담한다는 논리이다.

(3) 실제 소송에서 보호의무자의 손해배상책임

1) 법정감독의무자로서의 책임

실제 일부 소송사례에서는 환자의 정신장애로 인한 타인에 대한 상해 등 불법행위에 대해 민법상의 감독의무자책임을 들어 ⅰ) 보호의무자인 부모에게 손해배상책임을 지도록 한 사례[23)], ⅱ) 보호의무자인 남편과 자녀에게 손해배상책임을 지도록 한 사례[24)], ⅲ) 보호의무자인 아내에게 손해배상책임을 지도록 한 사례[25)], ⅳ) 보호의무자인 어머니에게 손해배상책임을 지도록 한 사례[26)]가 있다.

2) 일반 불법행위자로서의 책임

또한 일부 소송사례에서는 환자 본인이 심신상실 상태가 아니라 심신미약 상태에서 불법행위를 저질러서 스스로 손해배상책임을 질 수 있음에도 불구하고, 그 부모도 구 정신보건법의 보호의무자로서 타인을 해치지 않도록 유의하여야 할 의무가 있다는 이유로 가해자인 환자 본인과 연대하여 보호의무자가 손해배상책임을 부담

할 지능이 없는 때에는 배상의 책임이 없다.
민법 제754조(심신상실자의 책임능력) 심신상실 중에 타인에게 손해를 가한 자는 배상의 책임이 없다. 그러나 고의 또는 과실로 인하여 심신상실을 초래한 때에는 그러하지 아니하다.

22) 민법 제755조(감독자의 책임) ① 다른 자에게 손해를 가한 사람이 제753조 또는 제754조에 따라 책임이 없는 경우에는 그를 감독할 법정의무가 있는 자가 그 손해를 배상할 책임이 있다. 다만, 감독의무를 게을리하지 아니한 경우에는 그러하지 아니하다.
② 감독의무자를 갈음하여 제753조 또는 제754조에 따라 책임이 없는 사람을 감독하는 자도 제1항의 책임이 있다.

23) 서울중앙지방법원 2007. 11. 30. 선고 2007가단265630 판결.

24) 부산지방법원 2004. 7. 15. 선고 2003가합3075 판결.

25) 서울지방법원 의정부지원 1998. 5. 15. 선고 97가합1812 판결.

26) 수원지방법원 성남지원 2003. 6. 27. 선고 2002가합4326 판결.

하도록 하고,[27] ii) 정신장애가 있는 아들의 불법행위에 대해 보호의무자인 아버지가 구 정신보건법에 따라 타인에게 가해를 하지 않도록 보호감독할 의무를 게을리 하였다는 이유로 일반 불법행위책임상의 과실(주의의무 해태)을 들어 손해배상책임이 인정되기도 한다.[28]

나. 보호의무자 손해배상책임의 문제점

위에서 본 바와 같이 보호의무자가 환자의 불법행위에 대해 책임을 지도록 하는 것은 과도하다는 이유로 일본은 '보호의무자'제도에서 의무를 약화시킨 '보호자'제도로 바꾸었고, 결국에는 '보호자'제도까지 폐지하였다. 그 이유 중의 하나가 앞서 본 바와 같은 보호의무자의 감당하기 어려운 감독의무와 그 의무위반을 이유로 한 손해배상책임이었다.

보호의무자가 부담해야 하는 손해배상책임의 발생이유는 구 정신보건법이 부양의무자인 가족에게 부양의무에 덧붙여 특별한 보호의무를 추가하였기 때문이다. 보통의 부양의무자는 피부양자의 불법행위에 대해 책임을 지지 않는다. 보호의무자라는 이유로 부담하는 손해배상책임은 그래서 과도하고, 합당하지 않은 책임이다.

민법의 자기책임의 원칙은 자기가 할 수 있었는데 하지 않은 것이나 게을리 한 것에 대한 책임이다. 그런데 보호의무자인 가족이 다른 가족의 불법행위를 저지할 능력이나 가능성은 사실 전무하고, 게다가 오랫동안 대면하지도, 관계하지도 않은 상황에서 감당하기 어려운 손해배상을 부담시키는 사례도 있다. 결국 이러한 방식으로 보호의무자에게 감독책임을 부담하게 한다면, 보호의무자 입장에서는 환자를 입원시켜 격리해 두는 것이 유일하게 자신을 위한 안전책이 된다. 그러나 강제입원은 보호의무자가 해야 할 의무나 권한이 아니라 국가의 권한과 책임 아래 이루어져야 한다.

10. 보호의무자제도의 문제점과 입법론

어떤 제도를 폐지한다는 것은 그것이 현실에 부합하지 않아서인 경우도 있지만 규범적으로도 그것이 의미를 상실하고, 오히려 뜻하지 않은 문제들을 지속시켜서인 경우도 있다. 현행법의 보호의무자제도가 그러하다고 볼 수 있다. 보호의무자제도의 문제점과 입법론을 아래에서 본다.

---

27) 대전지방법원 서산지원 2001. 5. 23. 선고 2000가단302 판결.
28) 대전지방법원 서산지원 2001. 6. 20. 선고 2000가단9774 판결.

가. 역사적 측면 – 가족과 국가의 전근대성

역사적으로 보면, 보호의무자제도는 전근대적 일본의 감호의무자로부터 유래된 산물이다. 보호의무자라는 지위가 가족의 환자에 대한 보호와 책임을 강제하는 긍정적 측면이 있다고 볼 수 있지만 그것은 보호의무자가 아니라 부양의무자로서 가지는 통상의 부양의무로서 해결해도 충분하다.

게다가 우리의 가족은 100년 전의 그 가족이 아니고, 국가도 100년 전의 그 국가가 아니다. 국가는 적어도 정신장애로 인한 강제입원의 문제에 대해서 이제는 가족의 힘을 빌리거나 책임을 전가해서는 안 된다. 그것은 강제력을 행사하는 것이기 때문에 온전히 국가의 영역 속에서 논의될 수밖에 없는 것이다.

나. 제도적 측면 – 가족제도에서 나온 징계와 후견의 유사성

다음으로, 제도적으로 보면, 정신장애인을 둘러싼 가족의 관계는 마치 미성년자를 둘러싼 친권자의 관계를 닮아 있다. 민법에서 친권자에게 미성년자 징계권을 부여하고, 법원의 허가를 얻어 감화 또는 교정기관에 위탁할 수 있는 것처럼(제915조), 그리고 성년후견인이 법원의 허가를 얻어 피성년후견인을 정신병원에 입원시킬 수 있는 것처럼(제947조의2 제2항), 정신건강복지법에 의하면 가족이 일정한 기관의 승인을 얻어 다른 가족을 정신의료기관에 입원시킬 수 있다. 이와 같은 방식은 모두 유사한 제도적 특성을 가지고 있는데, 민법의 위의 제도(미성년자의 교정기관 위탁, 피후견인의 정신병원 위탁)는 거의 활용되지 않는 데 비하여, 정신건강복지법의 보호입원제도는 법원을 거치지 않는다는 그 수월함으로 인해 너무 크게 확산되었다.

다. 구조적 측면 – 입법체계로서의 문제

그 밖에 앞서 보호의무자제도를 논하며 나온 현실적 문제점으로는 ⅰ) 보호의무자 사이에 순위제도를 둔 것은 보호의무자의 동등함을 전제로 한 우리의 현행 정신건강복지법에 맞지 않고, ⅱ) 보호의무자로서 생계를 같이 하는 친족임을 증명하기에는 우리 사회가 1인 가구나 따로 사는 가구들이 너무 많아지면서 사실상 그 요건을 맞추기가 어려워 불법을 조장하는 상황이 발생하고 있으며, ⅲ) 보호의무자로서의 법적 지위가 부여되면서 환자의 불법행위에 대해 대신 또는 연대하여 법정 감독의무자로서 손해배상책임을 지는 상황이 발생하고 있다. 이는 가족에게 사실상 가능하지 않은 보호의무를 요구하는 것이어서 자기책임의 원칙에도 반한다.

라. 국제장애인권적 측면 – 대체의사결정제도의 문제

보호의무자제도는 전형적인 대체의사결정제도라 할 수 있다. 보호의무자인 가족에 의한 환자의 입원과 치료는 환자의 자기결정권과 자율성을 박탈한다. 이는 국제연합의 장애인권리위원회에서 그 폐지를 권고하는 대체의사결정제도라 할 수 있다. 타인이 자신의 의사결정을 대신하는 힘을 가지게 될 때 그 자신은 인격적 주체로서 대접받지 못하게 될 위험이 발생한다. 자신의 생각과 목소리를 잃게 되기 때문이다. 그래서 국제연합의 「장애인권리협약」 중 제12조 법 앞의 동등한 인정에 대한 일반논평(general comment)도 장애인의 자기결정권을 강조하면서 다른 사람이 장애인의 의사를 대신하여 결정하는 대체의사결정제도의 폐지를 요구하는 것이다.

마. 구체적 입법개선방안

보호의무자제도를 폐지한다고 해서 보호입원제도를 폐지하는 것은 아니다. 다만 보호의무자라는 지위를 가진 사람이 입원을 신청하는 것이 아니라 i) 일정한 가족관계(직계혈족, 배우자, 형제자매로 한정)나 후견관계(권한을 부여받은 성년후견인과 한정후견인)에 있는 사람만 신청하도록 하는 것이다. ii) 아울러, 위의 사람들에게는 현재 보호의무자가 가진 신청(동의)권이나 퇴원신청권한, 퇴원심사청구권은 그대로 유지하고, iii) 다만 보호의무자로서의 의무들은 모두 삭제하는 것이다. 그렇더라도 가족들은 부양의무가 여전히 존재하며, 후견인은 피후견인에 대한 신상보호의무가 존재한다. 한편, iv) 생계를 같이 하는지 여부나 순위여부도 나누지 않고, v) 가족이나 후견인으로서 그들 사이에서는 동등하게 참여할 수 있도록 하는 것이다.

위와 같은 입법개선방안도 완전한 것이라 할 수 없겠지만 기존에 발생해 온 문제들은 적절히 해결할 수 있고, 보호의무자인 가족의 부담을 덜고, 한편으로는 보호의무자가 가진 권한도 적절히 통제할 수 있을 것이다.

Ⅱ. 보호의무자의 의무와 권한(제40조)

제40조(보호의무자의 의무) ① 보호의무자는 보호하고 있는 정신질환자가 적절한 치료 및 요양과 사회적응 훈련을 받을 수 있도록 노력하여야 한다.

② 보호의무자는 보호하고 있는 정신질환자가 정신의료기관 또는 정신요양시설(이하 "정신의료기관등"이라 한다)에 입원등을 할 필요가 있는 경우에는 정신질환자 본인의 의사를 최대한 존중하여야 하며, 정신건강의학과전문의가 정신의료기관등에서 정신질환자의 퇴원등이 가능하다고 진단할 경우에는 퇴원등에 적극 협조하여야 한다.

③ 보호의무자는 보호하고 있는 정신질환자가 자신이나 다른 사람을 해치지 아니하도록 유의하여야 하며, 정신질환자의 재산상의 이익 등 권리보호를 위하여 노력하여야 한다.

④ 보호의무자는 보호하고 있는 정신질환자를 유기하여서는 아니 된다.

---

1. 보호의무자의 의무와 권한

가. 보호의무의 기능과 역할

보호의무자제도는 가족이나 후견인에게 정신질환자에 대해 일정한 추가적 보호의무를 지우기 위해 마련한 제도이다. 보호의무는 오랜 역사를 통해 나타난 현실(방임이나 유기, 치료의 부재 등) 속에서 부양의무와는 별도로 정신질환으로 인해 발생할 수 있는 여러 상황들에 대처하기 위해 돌보는 사람들에게 필요한 임무들을 맡겨 놓은 것이다. 그래서 보호의무에는 입원과 퇴원, 치료와 관련된 의무들이 규정되어 있다.

나. 보호의무의 한계

보호의무는 잘 살펴보면, 어머니가 아픈 어린 아이를 돌보면서 책임져야 하는 일들과 유사하게 구성되어 있다. 부양의무가 생존을 유지하도록 하는 것이라면, 보호의무는 치료와 돌봄에 특유한 의무라 할 수 있다. 그러나 이러한 치료에 관한 협조나 돌봄은 법적 의무로 강제하는 것이 쉽지 않다. 정신질환자의 보호의무자인 가족이 입원이나 퇴원에의 협조, 치료를 위한 노력은 그 수준이나 내용이 구체화되기 어렵고, 설령 구체화되더라도 이를 강제할 수 없다. 법은 보호의무자가 정신질환자를 유기한 경우만 형사처벌의 대상으로 삼고 있고(법 제84조 제1호), 그 밖에 나머지 보호의무를 위반한 경우에는 처벌하지 않고 있으며, 보호의무자에게 따로 강제할 수 있는 방법도 없다.

다. 보호의무의 유형

정신건강복지법이 정한 보호의무의 유형을 구분해 보면 i) 치료·요양·훈련·퇴원 시 신병인수와 같은 환자의 신상보호의무, ii) 재산상 이익 등의 권익보호의무, iii) 환자의 자·타해 방지 유의의무 등으로 구분할 수 있다.

보호의무자의 환자에 대한 신상보호의무는 환자 자신의 신상에 대한 자기결정권을 존중하여서 이루어져야 하고, 재산상 이익 등의 권익보호의무는 보호의무자가 환자의 재산유지와 보존을 포함해 환자 권익을 옹호하는 의무를 의미한다. 마지막으로, 보호의무자가 부담하는 자·타해 방지 유의의무는 환자 본인이나 타인의 안전에 위험을 야기하지 않도록 유의하는 것이다. 이 자·타해 방지 유의 의무를 주요한 근거로 하여 보호의무자가 민법상 법정감독의무자로서 환자의 불법행위에 대한 손해배상책임을 지게 된 사례들은 법 제39조에서 살펴보았다.

2. 구 정신보건법과의 비교

정신건강복지법은 구 정신보건법과 비교해 볼 때 일부 보호의무의 내용을 추가하거나 변경하였다. 이를 구체적으로 비교하여 보면 다음과 같다.

표 3-1 보호의무자의 의무에 관한 신·구법 비교

의무유형	정신건강복지법	구 정신보건법
노력의무	1. 적절한 치료 및 요양과 사회적응 훈련을 받을 수 있도록 노력할 의무	적정한 치료를 받도록 노력할 의무
존중의무	2. 정신의료기관 입원 필요 시 환자 본인의 의사를 최대한 존중할 의무	정신과 전문의 진단에 의하지 아니하고는 환자를 입원시키거나 입원을 연장시키지 않을 의무
협조의무	3. 정신과 전문의가 퇴원 가능하다고 진단할 경우에는 퇴원에 적극 협조할 의무	정신과 전문의 진단에 따라 환자가 입·퇴원할 수 있도록 협조할 의무
자·타해 방지 유의의무	4. 환자가 자신이나 다른 사람을 해치지 아니하도록 유의할 의무	
권익보호의무	5. 재산상의 이익 등 권리보호를 위해 노력할 의무	
유기금지의무	6. 환자를 유기하지 아니할 의무	

위 표를 보면, 알 수 있듯이 자·타해 방지 유의의무, 권익보호의무, 유기금지의무는 정신건강복지법이나 정신보건법이 모두 공통되며, 퇴원에 대한 협조의무(사실상 환자를 인수하는 것을 의미함)도 공통된다.

구 정신보건법은 정신과 전문의 진단에 의해서만 보호의무자가 환자를 입원시키도록 의무로서 규정해 놓았는데, 이는 1970, 80년대에 가족이 환자를 의사의 진단 없이 미인가 시설 등에 강제로 입소시키는 관행을 막기 위해 특별히 보호의무자의 의무로서 부과한 것이었다. 정신건강복지법에서는 보호의무자가 합법적으로 정신과 의사의 진단을 통해서만 입원시킬 수 있으므로 불필요한 규정으로 보아 삭제되었다.

그 밖에 정신건강복지법이 추가한 보호의무자의 의무로는 입원(입소)이 필요한 경우에는 환자 본인의 의사를 최대한 존중할 의무가 추가되고(존중의무), 치료 외에 지역사회에서의 요양이나 사회적응훈련을 받도록 노력할 의무(노력의무)도 추가되었다.

3. 보호의무의 내용

가. 노력의무(제1항): 치료·요양·사회적응 훈련 노력

(1) 의의

보호의무자의 1차적 역할과 목적은 환자의 건강과 사회적 삶의 보장에 있다. 그 수단으로서 치료·요양·사회적응 훈련이 필요하다. 보호의무자는 그러한 수단을 직접 제공해 주는 것은 아니지만 그러한 정보를 알아보고, 권유하며, 안내하고, 격려하고, 협조하는 역할을 하여야 한다.

(2) 의무의 내용과 한계

구 정신보건법이 '치료'만을 규정하였던 반면, 정신건강복지법은 거기에 '요양'과 '사회적응 훈련'을 추가하였다.

위 의무의 내용으로는 ⅰ) 약물복용·진료·프로그램이나 시설 이용 등의 권유, ⅱ) 의료기관·시설·센터 등의 방문동행, ⅲ) 정보제공 등을 들 수 있다. 위와 같은 의무는 앞서 보았듯이 그 의무이행을 강제할 방법이 없고, 또한 그 의무를 이행하기 위해 환자를 강제로 동행하거나 시설 이용 등을 대신 신청할 법적 권한이 위 의무로 인해 부여되는 것도 아니다.

나. 존중의무(제2항): 입원 필요 시 본인의 의사를 최대한 존중

(1) 의의

환자가 치료 등을 받을 수 있도록 노력할 보호의무자의 의무에는 그 의무이행을 위한 법적 권한이나 의무 위반에 대한 제재 조치가 부여되지는 않는다. 그러나 보호의무자는 환자가 입원하여 치료받을 사유가 있다고 판단한 경우에는 입원을 신청할 권한이 있다.

보호입원신청의 권한은 환자를 입원시킬 보호의무자의 의무가 아니라 권한이기 때문에 그 입원대상자가 되어 버리는 환자의 의견을 무시하기 쉽다. 권한을 가진 자는 그 권한의 대상자를 대등하게 생각하지 않는 경향이 있기 때문에 법은 그것을 막기 위해 다시 권한을 가진 자에게 상대방을 존중할 의무를 부여한다. 그것이 위와 같은 입원(입소) 필요 시 본인의 의사를 최대한 존중할 의무로 나타난 것이다.

(2) 내용

보호의무자는 환자를 입원시킬 때 어떤 의무를 부담하는가? 환자 본인의 의사를 존중하는 것의 시작은 물어보는 것이다. i) 입원에 대한 정보를 제공하는 것, ii) 환자 본인의 상태와 그 악화의 위험을 알리고, 설득하는 것, iii) 외래진료나 자의입원 등의 다른 대안적이고, 최소한의 침해를 하는 조치를 찾아보고 알리는 것 등이 그 예이다. 그러나 위와 같은 의무의 내용을 실행하지 않았더라도 보호의무자에게 그 의무이행을 강제할 방법은 사실상 없고, 보호의무자의 교체나 변경제도 또한 없기 때문에 보호의무자의 권한 남용이나 존중의무 위반을 통제하기는 사실상 어렵다.

다. 퇴원협조의무(제2항)

(1) 의의

퇴원협조의무는 기본적으로 정신의료기관이나 정신요양시설의 환자신병 인수요구에 보호의무자가 협조해야 할 의무 또는 입원이 더 이상 필요 없는 환자의 퇴원에 반대하지 않을 의무를 의미한다. 위 의무는 실제 정신의료기관 내 환자의 증상의 정도나 상태로 보아서 가족이 돌봄을 제공하기만 하면 퇴원이 가능한 상황에서 특히 의미가 있다.

(2) 퇴원협조의무의 중요성

현실에서는 보호의무자가 환자를 보호입원시킨 후 상태가 좋아진 후에도 돌볼 상황이 되지 않는다는 이유로 보호의무자의 계속입원요구나 퇴원반대로 입원되어 있는 환자도 적지 않다. 또한, 정신의료기관이 더 이상 환자의 입원진료를 유지할 필요가 없다고 판단하거나 입원심사기관의 퇴원명령을 받아 퇴원시켜야 할 상황에서도 환자의 퇴원에 협조하지 않는 보호의무자가 있을 수 있다. 이러한 경우에는 위 퇴원협조의무 조항이 보호의무자에게 구체적으로 부과된 의무임을 제시할 수 있는 근거가 된다. 그러나 위와 같은 퇴원협조의무를 보호의무자가 거부한다고 하여도 달리 현실적으로 강제할 방법은 없다. 병원측이 보호의무자를 상대로 환자의 신병을 인수해 가라는 소송 등의 법정공방도 검토해 볼 수 있겠지만 환자가 스스로의 의지를 지닌 인격체인 이상 환자의 의사에 반한 신병인수 또한 불가능할 수 있다.

(3) 퇴원협조의무의 내용

퇴원협조의무라는 것은 보호의무자가 관여한 입원에 한정되는 것이 원칙이다. 그러나 자의입원환자나 행정입원환자가 퇴원하는 경우 그 보호의무자는 퇴원에 협조할 의무는 없더라도 유기금지의무는 있는 이상 정신의료기관 내에서 보호를 받던 환자가 퇴원하면 보호의무자로서 현실적 보호의무는 발생하기 때문에 주거나 숙식 등 부양의무를 포함한 보호의무가 현실화된다.

동의입원이나 보호입원과 같이 보호의무자가 직접 동의하거나 신청하여 환자가 입원된 경우는 원칙적으로 퇴원에 협조할 의무가 발생한다. 여기서 퇴원에 협조할 의무는 그 동안 보호역할을 하던 정신의료기관으로부터 환자의 신병을 인수받는 것 외에 환자의 입원사유가 소멸하여 퇴원이 필요할 때에 퇴원을 거부하거나 반대하지 않는 것도 포함된다.

구체적 현실에서는 보호의무자와의 관계로 인하여 환자의 입원이 장기화되기도 하고, 환자의 퇴원이 바로 또 다른 입원으로 전환되기도 하며, 어떤 경우는 환자의 신병 인수가 거부되기도 한다. 앞서 본 바와 같이 이러한 보호의무자의 퇴원협조의무도 강제할 방법은 없다.

라. 자·타해 방지 유의의무(제3항)

(1) 의의

자·타해 방지 유의의무는 보호의무자가 환자의 자해나 타인에게 해를 미치는 행위를 방지하는 데 유의(留意)할 의무이다. 일본의 구 정신보건법은 보호의무자가 부담하는 '자상타해(自傷他害)방지 감독의무'라는 다소 높은 수준의 감독의무를 부과하고, 환자의 불법행위가 발생하는 경우 보호의무자가 위 의무를 소홀히 했다는 이유로 손해배상책임을 부담시켰다. 그러나 보호의무자에게 실제 과도한 손해배상 책임이 발생하자 1999년 법 개정을 통하여 위 '자상·타해 방지 감독의무'를 폐지하였고, 2013년에는 보호자제도 자체를 폐지하였다.

한국의 자·타해 방지 유의의무는 '마음에 새겨두어 조심하여 관심을 가진다'는 유의(留意)라는 개념에 비추어 감독보다는 낮은 수준의 의무로 해석할 필요가 있고, 이 의무를 근거로 일본과 같이 민법상 법정 감독의무자의 책임을 보호의무자에게 물을 것은 아니다. 다만, 위 자·타해 방지 유의의무가 법정 감독의무자 책임을 부과하는 근거규정이 아니라 하더라도 보호의무자의 보호의무 자체에 내재하는 감독의무가 있을 수는 있다.

(2) 내용

자·타해 방지 유의의무는 그 의무의 내용이 주의를 두는 것에 있으므로 ⅰ) 환자의 증상이나 상태의 변화에 주의를 기울이는 것, ⅱ) 증상이 악화되어 자·타해 위험이 있다고 판단하면 치료 등을 권유하는 것, ⅲ) 환자의 악화된 증상을 의료진에 설명하는 것 등이 있다. 일본의 자상타해 방지 감독의무는 보호의무자가 환자를 감독할 지위에 있는 것처럼 인식하게 만들었으나 우리의 자·타해 방지 유의의무는 그 문언의 내용에 비추어 일본과 같은 감독의무라 보기 어렵다.

(3) 한계와 문제점

보호의무자에게 환자의 자·타해 방지에 유의하도록 하더라도 그 의무는 강제될 수도 없고, 그러한 유의를 하지 않았다고 하더라도 환자의 불법행위로 인한 문제를 보호의무자에게 책임을 지우는 것은 부당할 수 있다. 보호의무자는 미성년자의 친권자처럼 징계권이나 거소지정권을 가지는 것도 아니고, 환자의 증상이 악화되어 위험하더라도 스스로 입원을 시킬 결정권한을 가진 것도 아니다. 보호의무자는 입원을 신청할 뿐이고, 그 입원결정은 입원심사기관이나 정신의료기관의 장이 결정하는 것이기 때문이다.

또한, 국가가 부담하여야 하는 사회적 안전을 목적으로 한 타해방지의무를 보호의무자에게 개별적으로 부담하도록 하는 것은 결국 보호의무자에게 환자를 강제로 입원시키는 것 밖에 다른 선택지가 없게 만든다. 이러한 문제점을 고려하여 1999년 일본이 법을 개정하여 자상타해방지 감독의무를 폐지한 것은 참고할 만하다.

마. 재산상 이익 등 권익보호의무(제3항)

(1) 의의

환자의 권익보호의무를 보호의무자의 의무로서 규정한 것은 보호의무자가 취약한 상황에 처한 환자의 적극적 권익옹호기관으로 활동할 수 있도록 하는 것이다. 이는 단순히 현실적인 신체적 돌봄을 제공하는 것과는 차원이 다른 것이라 할 수 있다.

법률이 그 하나의 예로 들고 있는 재산상 이익의 보호는 환자의 재산이 유실되거나 감소되지 않도록 보호의무자가 조치하는 것을 의미하지만, 구체적으로 환자의 재산에 대해 처분권이나 대리권이 부여되는 것은 아니다. 그러한 권한은 후견인이 법원으로부터 별도로 부여받아야 하는 것이다.

(2) 권익보호의무의 종류와 내용

1) 재산상 이익 보호의무

보호의무자는 환자의 건강뿐만 아니라 환자의 재산상 이익도 보호할 의무가 있다. 재산상 이익의 보호란 재산을 관리하거나 처분할 권한이 부여된다는 의미가 아니라 환자가 정신장애로 재산을 관리할 능력이 없거나 입원을 하여 재산을 관리할 수 없게 된 때에 보호의무자가 그 환자재산의 유실(遺失)을 막도록 하는 행위를 말한다.

예컨대, 잃어버릴 수 있는 귀중품의 관리, 입원한 환자에게 재산상황을 알려 주어 지시를 받아 처리하는 것 등이다. 법원으로부터 권한을 받은 후견인을 제외하고는 환자의 부양의무자인 가족은 환자의 위임이 없는 한 재산을 관리할 권한이나 처분할 권한이 없다. 이러한 권한이 없는 상태에서 보호의무자가 환자의 예금이나 부동산 등의 재산을 처분(임대, 매매, 증여 등)하는 경우 절도죄나 횡령죄로 처벌받을 수 있으며(단, 친족상도례에 해당하는 경우는 처벌이 면제됨), 본 조의 재산상 이익 보호의무도 위반한 것이 된다.

2) 권리보호의무

환자의 권리보호의무로서 보호의무자가 할 수 있는 것은 어떤 것이 있을까? 구체적으로 보면, 아래에서 보게 될 환자를 위한 퇴원청구 외에도 인신보호청구 등 환자의 퇴원을 위해 보호의무자에게 부여되는 권한이 있다. 이러한 보호의무자의 권한은 환자의 권리를 보호하기 위한 것이라 할 수 있다. 즉, 보호의무자에게 부여된 권한 중의 일부는 환자의 권리를 보호하기 위해 사용되는 보호의무자의 무기 같은 것이라 할 수 있다.

환자의 퇴원을 위한 보호의무자의 청구권한 이외에도 일반적으로 환자에 대한 시설 내 학대나 방임 등에 대해 적절한 조치를 취할 의무, 환자의 권리보장을 위해 보호의무자가 상담이나 원조를 요구할 의무 등도 환자 권리보호의무의 한 예로 들 수 있다.

바. 유기금지의무(제4항)

(1) 의의

내다버린다는 뜻의 '유기(遺棄)'의 법적 개념은 보호할 의무가 있는 사람이 그 대상자를 보호하지 않는 것을 말한다. 형법상 유기죄는 '노유(老幼), 질병 기타 사정으로 부조(扶助)를 요하는 자를 보호할 법률상 또는 계약상 의무가 있는 자가 유기'할 것을 요구한다. 정신건강복지법은 '보호의무자는 정신질환자를 유기하여서는 안 된다'고 규정하고 있어 보호의무자는 유기죄의 주체가 될 수 있다. 그러나 모든 정신질환자가 부조(扶助)를 요하는 사람이라고 볼 수는 없으므로 보호의무자가 정신질환자를 방치하였다고 하여 반드시 형법상의 유기죄를 구성한다고 볼 수는 없다.

(2) 유기금지의무와 유기

유기금지의무는 정신건강복지법에 의해 보호의무자에게 부과된 의무로서 보호를 요하는 환자의 생명·신체에 대한 안전을 도모하는 것이어서 환자가 직면하게 될 생명·신체에 대한 위험을 실질적으로 차단하기 위해 필요한 조치를 해야 할 의무라 할 수 있다.[29)]

따라서 '유기행위'란 환자를 보호 없는 상태로 둠으로써 생명·신체를 위태롭게 하는 것으로 작위뿐만 아니라 부작위도 가능하며, 유기를 당한 환자의 생명·신체에 위험을 발생시킬 가능성이 있으면 유기행위로서의 요건은 성립한다.[30)]

(3) 보호의무자의 유기죄 성립요건

위와 같은 유기금지의무 위반행위가 성립하기 위해서는 보호의무자가 환자에 대한 보호책임의 발생원인이 된 사실을 인식하고서도 그에 기한 보호의무를 게을리한

29) 대법원 2015. 11. 12. 선고 2015도6809 전원합의체 판결 참조.
30) 위 판결 참조.

다는 것에 대해 의식이 있음을 요한다.[31] 예컨대, 보호의무자가 환자가 질병이 있다는 사실을 알지 못하거나 보호를 요하는 위험에 빠져 있는 상태 자체를 알지 못하였다면 유기죄는 성립하지 않는다. 또한 그러한 상황을 보호의무자가 인식하였다고 하더라도 보호조치를 취하는 등 보호의무를 게을리하지 않았다면 그 결과가 나쁘더라도 그에 대해 형사책임을 부담하지는 않는다.

(4) 형사처벌

보호의무자의 유기금지의무는 다른 보호의무와 다르게 그 죄과가 엄중하고, 환자가 사망 등의 위험에 빠질 수 있는 행위이기 때문에 그 유기금지의무를 위반하여 유기행위를 한 경우 형사처벌의 대상으로 삼고 있다(법 제84조 제1호). 형량은 징역 5년 이하 또는 벌금 5,000만 원 이하이다.

앞서 본 형법상의 유기죄[32]로도 보호의무자를 처벌할 수 있음에도 불구하고, 별도로 정신건강복지법에 보호의무자 유기죄로 처벌할 수 있도록 한 것은 부조의 대상이 되는 자의 범위가 차이가 날 수 있고, 그 형량이 정신건강복지법보다 가볍기 때문에 정신건강복지법이 특별법으로서 별도의 형사처벌 규정을 둔 것이라 할 수 있다.

여기서, 문제가 될 수 있는 것은 손자, 며느리 등 모든 보호의무자들이 형사처벌의 대상이 되는지 문제된다. 앞서 본 바와 같이 죄가 성립되기 위해서는 환자가 위험에 빠져 있는 상황을 인식하여야 하는데, 이는 통상 동거하는 가족이 아니면 알 수 없는 경우가 많아 보호의무자라고 모두 동일한 책임을 지게 되는 것은 아니다.

4. 보호의무자의 권한

가. 의 의

정신건강복지법은 마치 보호의무자가 의무만 있는 것처럼 규정하고 있다. 그러나 그 의무수행을 위해 곳곳에 보호의무자의 권한을 규정해 두었다. 예컨대 보호입원에 대한 신청권한과 그 입원연장에 대한 동의권한이 그것이다. 보호입원은 오직

---

31) 대법원 1988. 8. 9. 선고 86도225 판결.

32) 형법 제271조(유기, 존속유기) ① 노유, 질병 기타 사정으로 인하여 부조를 요하는 자를 보호할 법률상 또는 계약상의무 있는 자가 유기한 때에는 3년 이하의 징역 또는 500만 원 이하의 벌금에 처한다.
② 자기 또는 배우자의 직계존속에 대하여 제1항의 죄를 범한 때에는 10년 이하의 징역 또는 1천 500만 원 이하의 벌금에 처한다.
③ 제1항의 죄를 범하여 사람의 생명에 대한 위험을 발생하게 한 때에는 7년 이하의 징역에 처한다.
④ 제2항의 죄를 범하여 사람의 생명에 대하여 위험을 발생한 때에는 2년 이상의 유기징역에 처한다.

보호의무자만이 신청할 수 있고, 그 퇴원청구도 환자 외에는 보호의무자만이 할 수 있다.

나. 보호의무자 권한남용의 문제

보호의무자의 입원, 치료, 퇴원 등에 대한 신청이나 동의권한은 모두 보호의무 수행을 위한 범위 내에서만 허용되며, 그 보호의무 수행을 위한 범위를 이탈하여 권한을 행사하는 경우에는 보호의무자가 권한을 남용한 것이어서 보호의무자 지위를 배제할 필요가 있다. 헌법재판소도 2016년 강제입원 위헌(헌법불합치) 결정에서 보호의무자가 보호입원에 동의하는 권한을 남용할 우려가 있는 경우에는 보호의무자의 동의권을 제한하거나 부정하여야 함을 지적하였다.[33]

다. 보호의무자 권한의 유형별 내용

보호의무자는 정신건강복지법상 다음과 같은 권한을 가지고 있다.

(1) 입원 및 퇴원에 관한 권한

i) 동의입원신청 동의권(법 제42조 제1항)
ii) 동의입원환자의 퇴원신청 동의권(법 제42조 제2항)
iii) 보호입원 신청권(법 제43조 제1항)
iv) 보호입원의 연장에 대한 동의권(법 제43조 제2항)
v) 보호입원환자의 퇴원신청권(법 제43조 제9항)
vi) 입원환자를 위한 퇴원 및 처우개선청구권(법 제55조 제1항)

위의 보호의무자의 권한들은 보호의무자가 환자의 입원과 퇴원에 있어 신청권과 동의권을 가지고서 입·퇴원의 결정에 있어 주도적 역할을 할 수 있음을 보여준다. 특히, 보호입원은 보호의무자만이 신청가능하도록 하여 보호의무자에게 특별한 의무와 더불어 특별한 권한을 부여해 준 것이라 할 수 있다. 이러한 입원신청, 입원연장동의, 퇴원에 대한 제한 권한은 남용될 경우 환자를 장기간 강제로 입원시켜 둘 수 있는 위험이 있어 적절한 심사기관이나 통제기관이 필요하다. 보호입원 신청이나 연장동의의 경우 2명 이상의 보호의무자가 하도록 한 정신건강복지법의 규정도 보호의무자들 내부에서 서로 권한을 견제할 수 있도록 한 것이다.

---

33) 헌법재판소 2016. 9. 29. 2014헌가9 결정.

(2) 치료에 관한 권한

i) 외래치료명령에 대한 동의권(법 제64조 제1항)
ii) 특수치료에 대한 보충적 동의권(법 제73조 제1항)

환자에게 의무적 치료를 부과하는 시·군·구청장의 명령인 외래치료명령은 보호의무자의 동의가 없으면 명령을 발령할 수 없다. 생각건대, 외래치료명령의 요건으로 보호의무자의 동의를 규정한 것은 잘못된 것이다. 입원과 달리 치료에 있어서는 보호의무자가 개입할 수 있는 부분이 적고, 외래치료명령은 주로 약물의 복용이나 인지행동치료 등 프로그램의 참여를 요구하는 것이어서 환자에 대한 신체적 침습도 크지 않아 보호의무자가 환자를 위해 치료를 막아야 할 필요성이 강한 것도 아니기 때문이다. 오히려 보호의무자의 동의로 강제치료가 이루어졌다는 점에 대해 환자가 보호의무자에게 반감을 가지게 하는 문제만이 발생할 뿐이다.

특수치료의 경우에는 환자가 동의할 의사능력이 미흡한 경우 보호의무자가 대신 동의(보충적 동의권)할 수 있도록 규정하고 있으나 그 치료 자체가 회복불가능한 기능상의 손상을 가져오는 경우라면 보호의무자의 보충적 동의만으로는 부족하다. 입법론으로는 회복불가능한 기능상의 손상을 가져올 수 있는 특수치료는 정신건강심사위원회의 심사를 거친 결정이나 법원의 결정을 받아 시행될 필요가 있다.

(3) 기록열람 및 각종 고지를 받을 권리

i) 기록열람 및 사본발급을 위한 보충적 요구권(법 제30조 제3항)
ii) 각종 통지 및 고지를 받을 권리

보호의무자는 환자의 위임을 받거나 환자의 의사능력이 미흡한 경우 보충적으로 진료기록 등을 열람하고, 사본발급을 요구할 수 있는 권리가 있다. 그 외에 환자의 입원이나 퇴원 시에 각종 통지나 고지를 받을 권리가 있는데, 이는 환자의 입원사실이나 퇴원사실을 알려 보호의무자가 환자의 권익옹호기관으로서 퇴원이나 처우개선을 요청할 수 있도록 하거나, 퇴원에 협조할 보호의무자의 의무를 이행하도록 하기 위한 것이다.

5. 정신요양시설의 적용

보호의무자의 권한과 의무는 정신요양시설에서도 그대로 적용된다. 따라서 환자의 입소 시 본인의 의사를 최대한 존중해 주는 등의 의무와 보호입소 신청 등의 권한도 함께 가지고 있다. 다만, 정신요양시설에서는 특수치료나 외래치료명령과 관련된 청구나 치료를 할 수 없으므로 그에 대한 보충적 동의권한은 없다.

6. 보호의무자의 의무와 관련된 입법론 - 의무의 폐지나 축소

앞의 법 제39조에서는 보호의무자제도 자체의 폐지론을 말하였다면, 여기서 제시하는 입법론은 보호의무자의 의무를 폐지하거나 폐지가 어려울 경우 축소하자는 것이다. 그 이유는 다음과 같다.

가. 부양의무로 대체가능

먼저, 앞서 보호의무자의 의무로 열거하여 검토한 내용들은 대부분 보호의무자에게 구체적인 강제가 불가능하고, 치료를 받도록 하는 것이나 입원을 시키도록 하는 것 등은 통상의 부양의무자인 가족이 가진 부양의무나 후견인의 신상보호의무로 해결할 수 있다.

나. 자·타해 방지 유의의무의 폐지

다음으로, 자·타해 방지 유의의무는 그것이 확대될 경우 보호의무자에게 법정감독의무자로서의 책임을 부담시켜 예상치 않은 손해배상을 해야 하는 문제가 있다. 보호의무자가 그러한 부담을 감당해야 하는 것이 정당화되려면 보호의무자에게 환자를 구체적으로 감독하고, 지시할 수 있는 권한이 있어야 하는데 보호의무자에게 그러한 권한은 부여되지 않고, 입원에 관해서도 신청권한만 부여될 뿐 입원 자체를 스스로 결정할 수 있는 권한은 부여되지 않는다. 따라서 보호의무자에게 환자의 자·타해 위험을 막도록 의무를 부과하는 것은 폐지되어야 한다.

다. 유기금지의무 폐지

끝으로, 보호의무자에게 정신건강복지법에 별도의 유기금지의무를 부과하는 것은 큰 의미가 없다. 그 이유는 보호의무자는 부양의무자이거나 후견인이기 때문에 법률에 의해 환자에 대해 보호의무가 있는 사람이어서 만약 가족이나 후견인이 환자를 유기하면 형법상 유기죄로 형사처벌이 가능하다. 나아가 정신건강복지법이 별도의 다른 유기죄의 구성요건을 두어서 특별하게 환자에 대한 보호를 넓히고 있는 것도 아니다. 따라서 유기금지의무와 더불어 그 처벌규정도 폐지될 필요가 있다.

제2절 자발적 입원

본 절에서는 정신건강복지법이 정하고 있는 자발적 입원인 자의입원(제41조)과 동의입원(제42조)을 해설한다.

1995년 제정 정신보건법의 자의입원은 환자에 대한 퇴원제한(퇴원중지)이 가능하였으나 2000년 인권침해의 위험이 있다는 이유로 퇴원의 자유를 보장하기 위해 퇴원제한이 폐지되었고, 2008년 자의입원 환자의 입원의사 유지 여부를 확인하는 퇴원의사 확인제도가 도입되었다. 정신건강복지법은 2016년 자발적 입원의 형태로 보호의무자와 함께 입원을 신청하고, 퇴원이 제한되어 강제입원으로 전환할 수 있는 동의입원제도를 신설하였다.

정신보건법 시행 초기라 할 수 있는 2000년까지만 해도 자의입원 비율은 5% 내외이고, 95% 내외가 강제입원(보호입원)의 형식으로 입원되었다. 이후 보호입원을 통제하기 위한 방법으로 2008년 법 개정을 통해 보호의무자 동의를 1인에서 2인으로 늘려 강제입원 비율이 다소 감소하기는 하였지만 여전히 2016년 말까지 보호입원이 70% 내외를 차지하였다. 2017년 정신건강복지법 시행 이후 자발적 입원(자의입원과 동의입원)의 비율은 60%를 넘어서고, 강제입원(보호입원과 행정입원) 비율은 30%대로 감소하였다.

본 절에서 논의할 자의입원과 동의입원은 자발적 입원의 형태로 서로 보완적인 역할을 한다. 그러나 입원과 퇴원이 모두 자유로운 자의입원이 정신건강복지법의 입원의 원칙이기 때문에 동의입원은 보충적, 예외적으로 활용될 필요가 있다.

Ⅰ. 자의입원(제41조)

제41조(자의입원등) ① 정신질환자나 그 밖에 정신건강상 문제가 있는 사람은 보건복지부령으로 정하는 입원등 신청서를 정신의료기관등의 장에게 제출함으로써 그 정신의료기관등에 자의입원등을 할 수 있다.
② 정신의료기관등의 장은 자의입원등을 한 사람이 퇴원등을 신청한 경우에는 지체 없이 퇴원등을 시켜야 한다.
③ 정신의료기관등의 장은 자의입원등을 한 사람에 대하여 입원등을 한 날부터 2개월마다 퇴원등을 할 의사가 있는지를 확인하여야 한다.

1. 자의입원의 의의

가. 자의입원의 우선원칙

정신건강복지법의 기본이념에 따르면 ⅰ) 지역사회 중심의 치료가 우선적으로 고려되어야 하고, ⅱ) 입원은 최소화되어야 하며, ⅲ) 만약 입원을 하는 경우라도 자발적 입원이 먼저 권장되어야 한다(법 제2조 제4항). 이를 정리하면 정신건강복지법상 환자의 입원 및 치료 원칙은 다음과 같다.

ⅰ) 지역사회 중심 치료의 원칙
ⅱ) 입원의 최소화 원칙
ⅲ) 자발적 입원 우선의 원칙

여기서 자발적 입원이라 함은 자의입원과 동의입원을 포함하는 개념인데, 자발적 입원 중 자의입원이 보호의무자의 관여 없는 진정한 환자 본인의 의사만으로 입원과 치료, 퇴원을 결정할 수 있는 입원유형이므로 자의입원이 동의입원에 우선하여 고려되어야 한다.

나. 국제적 비교

(1) 국제연합의 MI 원칙과 「장애인권리협약」의 입원원칙

국제연합의 MI 원칙은 입원치료가 필요한 경우라도 강제입원을 피하기 위한 모든 노력을 다하여야 한다고 하여(MI 원칙 15-1) 자의입원의 원칙을 규정하고, 강제로 입원되지 않은 모든 환자는 강제입원의 요건에 해당하지 않는 한 언제든지 퇴원할 권리가 있고, 그러한 퇴원의 권리를 고지받을 수 있어야 한다고 규정하고 있다(MI 원칙 15-3).

한편, 국제연합의 「장애인권리협약」 중 제12조 법 앞의 동등한 인정에 대한 일반논평(general comment)도 장애인의 자기결정권을 강조하면서 다른 사람이 장애인의 의사를 대신하여 결정하는 대체의사결정제도의 폐지와 더불어 정신의료인이 환자를 치료하기에 앞서 설명을 제공한 후 환자의 자유로운 동의를 취득할 것을 요구하여 사실상 자의입원과 자의치료의 원칙을 제시하고 있다.

(2) 프랑스의 자의입원 원칙

강제입원제도를 규정하고 있는 프랑스 「공중보건법」은 i) 입원이 치료의 한 수단일 뿐 '치료'가 그 목적임을 고려해 환자의 동의 없는 정신치료의 원칙적 금지를 선언하고 있다(L 3211-1). 다만, 예외로서 「공중보건법」과 「형사소송법」에 특별히 규정한 경우만 강제치료를 허용하고, 그 강제치료의 한 유형으로서 강제입원을 두고 있다.

프랑스의 또 다른 입원원칙은 정신장애를 이유로 정신치료에 동의한 환자는 다른 질병을 치료받는 환자와 동일한 개인적 자유의 권리를 주장할 수 있음을 규정하고 있다(L3211-2). 이는 정신장애로 인한 자의입원환자는 다른 질병을 가진 환자와 동일하게, 즉 병동의 개방, 진료에 대한 설명, 퇴원의 자유 등을 확보하게 만드는 효과를 가진다.

(3) 일본의 임의입원 원칙

일본 「정신보건복지법」의 경우 정신의료기관 관리자의 노력의무로서 환자 본인의 동의에 근거한 임의입원을 우선하도록 하고 있고(제20조), 퇴원과 관련된 권리고지, 퇴원의 자유 및 제한 등을 규정하고 있다(제21조). 우리의 자의입원과 달리 일본의 임의입원은 72시간의 퇴원제한이 가능하도록 되어 있다. 일본의 임의입원은 퇴원제한이 가능하다는 점에서 우리의 동의입원과 유사하지만 일본의 임의입원은 환자의 보호의무자가 개입하지 않는다는 점에서 차이가 있다.

다. 자의입원의 법적 성격

(1) 입원진료계약

자의입원이라는 개념은 환자가 자신의 자발적 의사로 입원한다는 사실을 표현하는 것이기도 하지만, 법적으로 보면 환자와 병원(운영자) 사이의 입원진료계약이라는 법적 권리의무관계가 형성되는 것을 의미하기도 한다. 특히, 자의입원은 환자의 청약과 병원(운영자)의 승낙이라는 계약의 체결이 입원신청서라는 형식으로 문서화되고, 다른 진료계약들과 동일하게 환자의 퇴원의 자유, 의사의 설명의무, 환자의 진료비 납부의무 등이 계약에 기반해 적용된다.

(2) 입원진료계약에 따른 환자의 권리의무

통상의 입원진료계약에 따른 환자의 권리의무를 보면, i) 치료받을 권리, ii) 의료진의 설명을 듣고 자신의 치료를 선택하거나 치료여부를 결정하여 치료에 관여할 권리, iii) 진료기록에 대한 열람 및 보호 등 개인정보 보호권, iv) 차별적 진료처우의 금지가 계약상 또는 법령상의 권리로 보장된다.

그 밖에 입원 중임을 고려할 때에는 i) 방문을 받을 권리(면회권), ii) 통신을 할 자유(통신권) 등이 보장되어야 하는데, 이는 병원 내 질서유지의 한도 내에서 일부 제한될 수 있다. 그러나 자의입원의 원칙과 계약의 내용상 퇴원의 자유는 제한될 수 없다.

입원진료계약이나 법령에 따른 권리에 대응하는 환자의 의무로서 주된 것은 입원진료비를 부담하는 것이고, 그 외에 부수적 의무로서 입원생활상의 협조나 치료에 대한 협조의무가 있다. 입원생활상의 협조는 통상 금연규정과 같은 병동규정으로 정해져 있고, 치료에 대한 협조의무란 자신의 상태나 증상을 의료진에게 정확하고, 신속하게 알리고, 의료진의 지시에 협조해야 하는 것을 말한다. 그러나 의료진의 지시에 협조하지 않는다고 하더라도 법령에 근거한 경우를 제외하고는 의료진이 강제력을 행사할 수 있는 것은 아니다.

2. 구 정신보건법과의 비교

자의입원환자의 퇴원의사 확인제도는 1995년 제정 정신보건법에는 없었으나 2008년 법을 개정하여 신설하여 현행 정신건강복지법까지 이어져 오고 있다. 현행 정신건강복지법은 구 정신보건법과 다음과 같은 차이점이 있다.

표 3-2 자의입원의 신 · 구법 비교

자의입원	정신건강복지법	구 정신보건법
대상자	1. 정신질환자 2. 그 밖에 정신건강에 문제가 있는 사람	정신질환자
퇴원의사 확인주기	2개월마다	1년에 1회 이상
퇴원의사 확인 방법	별도 규정 없음 (퇴원의사 확인서 참고서식 제4호로 규정)	진료기록부에 기재 후 본인 확인 받음

가. 자의입원 대상자의 변경

대상자가 위와 같이 변경된 이유는 자의입원의 대상자를 구 정신보건법과 같이 정신질환자로만 한정하면 현행 정신건강복지법이 정신질환자 범위를 대폭 축소하여 실제 경증의 환자들은 입원하기 곤란해 질 수 있어 자의입원 대상자의 범위를 정신건강에 문제가 있는 사람도 추가하여 확대시키게 된 것이다.

나. 퇴원의사 확인주기의 변경

자의입원환자의 퇴원의사를 확인하는 주기를 단축한 것은 자의입원환자의 증상이나 상태에 따라 퇴원의사를 확인하기 어려운 경우도 있어 자주 관찰하여 물어보아 본인의 입원의사에 따른 입원인지를 확인하기 위함이다.

다. 퇴원의사 확인방식의 변경

자의입원환자 본인의사의 확인 방법을 구 정신보건법은 진료기록부에 기재 후 본인확인을 하였으나, 새로운 정신건강복지법은 정신의료기관이 향후 퇴원의사 확인의무이행의 증명방법으로 쓸 수 있는 퇴원의사 확인서라는 참고서식을 두어 환자의 퇴원의사 여부를 확인하고, 그 사유를 구체적으로 기재한 후 환자의 서명을 받도록 하고 있다(참고서식 제4호).

3. 자의입원의 개념과 요건

가. 법상 '입원'과 '퇴원'의 개념

법은 '입원'과 '퇴원'의 개념을 따로 규정하고 있지 않아서 해석이 필요하다. 이

하에서는 입원실무상 쟁점이 되고 있는 입원유형의 전환, 전과(轉科)와 전원(轉院), 환자의 외출·외박 등을 검토해 본다.

(1) 입원유형의 전환

법은 5개의 입원유형(자의입원, 동의입원, 보호입원, 행정입원, 응급입원) 중 공식적인 퇴원 없이 다른 입원유형으로 전환할 수 있는 경우는 동의입원과 응급입원만 허용하고 있다. 그렇다고 하여 자발적 입원 사이에서, 그리고 강제입원 사이에서 공식적인 퇴원 없이 입원유형을 전환하는 것을 불허한다고 해석할 수는 없다. 다만, 자의입원에서 강제입원(보호입원, 행정입원, 응급입원)으로 전환하는 것은 금지되고, 보호입원이나 행정입원에서 응급입원으로 전환되는 것도 해석상 허용되기 어렵다. 여기서 말하는 입원유형의 전환은 환자의 실제 퇴원 없이 이루어지는 입원유형의 전환을 의미한다.

(2) 입원환자의 전과(轉科)와 전원(轉院)

1) 입원환자의 전과(轉科)

종합병원 등에서 다른 과에 입원한 환자가 정신과로 전과되는 경우 정신건강복지법의 입원 개념에 포함되어 각 유형에 따른 입원절차와 형식(입원신청서 및 증빙서류 징구, 입원신고 등)을 거쳐야 하는지 문제된다. 다른 과의 경우 원칙적으로 강제입원제도가 없기 때문에 모두 자의에 의한 입원으로 전제해야 하고 정신과로 전과되는 경우도 자의에 의한 입원을 전제로 하여야 한다. 따라서 환자가 정신과 병동으로 옮겨져 입원병동이 전환(정신과 폐쇄병동이나 개방병동)되는 경우라면 공식적인 자의입원절차를 밟아야 한다. 다만, 환자가 기존의 병동에 그대로 있는 채 진료만 정신과 진료를 보는 경우라면 정신과 외래환자와 유사한 상태이므로 따로 입원절차를 밟을 필요는 없다고 할 것이다.

정신의료기관 입원의 경우 정신건강복지법의 적용을 받아야 하는데, 정신의료기관의 한 유형으로 병원급 의료기관에 설치된 정신건강의학과를 포함하고 있어(법 제3조 제5호 나.목) 정신과 개방병동이나 폐쇄병동으로 환자가 들어오려 하는 경우에는 원칙적으로 정신건강복지법이 적용되어야 한다.

2) 입원환자의 전원(轉院)

입원환자가 병동이 아니라 병원을 옮기는 경우에는 그것은 기존의 병원에서는 퇴원을, 새로운 병원에서는 입원을 하는 것이기 때문에 정신건강복지법에 따른 입·

퇴원절차가 공식적으로 이루어져야 한다. 정신건강복지법은 입원을 환자를 기준으로 하는 것이 아니라 입원 정신의료기관을 기준으로 하기 때문에 기존 정신의료기관에서 퇴원하여 당일 다른 정신의료기관에 입원하는 경우라도 기존 입원기관은 퇴원절차를, 새로운 입원기관은 입원절차를 모두 진행하여야 한다.

입원환자의 전원(轉院)이란 다른 병원으로 이송될 당시 이송되었다가 다시 되돌아올 것을 예정하지 않아야 한다. 예컨대, 정신의료기관 입원환자가 다른 진료를 위해 외부 병원에서 며칠 입원해 진료를 받고서 다시 돌아오는 경우는 전원의 개념에 포함시킬 수 없다. 이러한 사유를 이유로 한 일시적인 외부 진료나 숙박 후 다시 돌아오는 경우에는 정신건강복지법의 퇴원절차 및 입원절차를 거칠 필요가 없다. 다만, 이와 같은 외부병원에서의 다른 과 진료를 위한 며칠 간의 입원은 임시퇴원(법 제63조)의 개념이나 목적과는 다른 것이어서 진료기록에 사유와 내용을 기재하고, 여전히 기존 입원 정신의료기관 입장에서는 잠시 나가게 된 환자에 대한 관리책임을 부담해야 한다.

(3) 입원환자의 외출·외박과 무단퇴원 등

1) 외출·외박

입원환자가 외출·외박을 하는 경우는 어떠한가? 통상 자발적 입원(자의입원 및 동의입원)환자의 경우 퇴원이 원칙적으로 자유롭기 때문에 자신 스스로 공식적 퇴원을 유보하고서 정신의료기관측의 동의를 받아 병원을 나간 후 일정 기간 내에 복귀할 수 있다. 이러한 경우는 실제 정신의료기관 외부로 나갔다가 들어왔다고 하더라도 정신건강복지법이 요구하는 퇴원 및 입원의 절차를 다시 거칠 필요가 없이 기존의 입원이 그 외출·외박에도 불구하고 계속 유지되는 것으로 볼 것이다. 또한, 강제입원환자가 정신의료기관측의 동의를 받아 외출·외박을 하고서 다시 정신의료기관으로 복귀한 경우도 위의 자의입원환자의 외출·외박과 동일하게 처리하면 된다.

2) 무단퇴원

병원의 공식적인 외출·외박의 절차를 밟지 않고서 입원환자가 정신의료기관 밖으로 나가 일정기간 이상 돌아오지 않는 경우 또는 공식적인 외출·외박의 절차를 밟고서 밖으로 나갔으나 예정된 기간 내에 돌아오지 않는 경우는 모두 무단퇴원이라 할 수 있다.

법은 무단퇴원이 발생하면 일정한 경우에는 제65조에 따라 무단퇴원자에 대한 조치(보다 자세한 내용은 ☞법 제65조를 참조할 것)를 취하도록 하고 있지만, 일부 의료현실에서는 일반적 퇴원이 이루어진 것으로 조치를 취해놓기도 한다. 무단퇴원의 경우도 퇴원의 일종이므로 퇴원과 관련된 정신의료기관의 의무(퇴원사항의 등록, 퇴원사실통보 등)를 이행하여야 한다.

나. 자의입원에서 '자의(自意)'의 개념

(1) 쟁점

환자가 명시적으로 입원거부의사를 표시하였음에도 불구하고 입원이 되거나 입원에 사실상 강제력이나 강압이 행사되었다면 그것은 강제입원이라 할 수 있다. 그러나 정신의료의 실무에서는 입원하는 환자의 상태가 본인의 진정한 입원의사로 입원하는지 여부가 불명확한 경우가 적지 않다. 예컨대, 지적장애, 치매, 만성화된 정신질환이 있는 경우 본인의 진정한 의사를 표시하기 어렵거나 의사결정능력이 부족해진 경우가 적지 않기 때문에 입원 시에 그 방식을 자의입원으로 해야 할지 아니면 강제입원의 형태인 보호입원으로 해야 할지 실무적으로 다양한 형태로 진행되고 있다. 실제 입원현황을 보아도 지적장애(정신지체), 치매로 입원한 환자(모든 입원 및 입소 포함)가 2016년 기준 약 7,300여 명(전체 입원의 약 9.2%)에 이른다.[34)]

(2) 국가인권위원회 결정례

최근 국가인권위원회(이하, '인권위'라 한다) 결정례를 보면, 장애인거주시설의 중증 지적장애인(1급)을 정신의료기관에 자의입원시켰으나 며칠 뒤 사망하여 인권위에 진정을 한 사례가 있었다. 그 사건에서 인권위는 다음과 같이 자의입원의 개념을 정의한다.[35)]

> "자신의 의지와 선택으로 자신이 가지고 있는 질병을 인지하고, 치료하기 위하여 자발적으로 입원하는 것"

인권위는 위 진정사건에서 ⅰ) 위 지적장애인이 1급의 장애를 가지고 있고, 참고인들의 진술 등을 고려해 볼 때 위 지적장애인 명의로 작성된 자의입원신청서나 서약서는 본인의 의사로 작성된 것이라 볼 수 없고, 스스로의 판단으로 입원 및 치료를 하겠다는 결정을 하거나 그러한 능력이 없었던 것으로 판단하고, ⅱ) 이러한 경우에는 보호입원이나 응급입원으로 처리하여야 하는데, 부적절하게 자의입원의

34) 보건복지부 및 국립정신건강센터, 「2017 국가 정신건강현황 제3차 예비조사 결과보고서」, 2017, 117면 표 22.
35) 국가인권위원회 2016. 11. 14. 결정 16진정0197900 중증 지적장애인 입원과정에서의 인권침해 등.

형식으로 입원시켜 보호의무자의 입원동의서나 관련 서류를 일체 받지 아니하고 입원시킴으로서 iii) 신체의 자유를 침해한 것이라 판단하였다.[36]

(3) 의사결정능력이 부족한 환자의 입원형태에 대한 검토

의사결정능력이 부족한 환자, 즉 앞서 인권위가 개념 정의하였던 것과 유사하게 자신의 질병상태와 입원의 의미를 이해하고, 본인의 자유로운 의사와 의지로 입원치료를 받겠다는 명시적 표현을 하지 못하는 경우에는 자의로 입원을 하는 의사표시가 유효하게 성립하였다고 보기 어렵다.

따라서 이러한 경우에는 자의입원이나 동의입원과 같은 자발적 형식을 취해서는 안 되고, 강제입원의 형식을 취하여야 한다. 그 이유는 자의입원과 같은 자발적 입원환자의 경우 매 2개월마다 퇴원의사 확인만 할 뿐 국가적 입원심사를 거치지 않아 환자의 처우가 전적으로 정신의료기관에 맡겨지게 되면서 여러 가지 문제가 발생하기 때문이다.

다. 자의입원의 대상자

자의입원의 대상자는 정신질환자 또는 정신건강에 문제가 있는 사람이다. 자의입원은 객관적으로 보아 정신질환이나 정신건강상 문제가 있는 사람이어야 한다. 주관적으로 입원하고자 하는 사람이 그렇게 주장한다고 해서 입원이 당연히 되어야 하는 것은 아니다. 자의입원 또한 정신과 전문의(입원의료기관 소속인지 여부를 불문함) 대면 진단 없이는 입원을 할 수 없다(법 제68조 제1항). 외래환자로 진료를 받아오다가 입원하는 경우에는 기존의 외래진료를 통해 대면진단이 이루어진 것으로 볼 수 있을 것이다.

라. 자의입원의 결정권한

자의입원의 결정권한은 누구에게 있는가? 정신과 전문의가 입원의 의사표시를 하는 환자를 진단하였다고 하여도 그것으로 바로 입원이 승낙되는 것은 아니고, 최종적으로 자의입원을 결정하는 것은 정신의료기관의 장이다. 동의입원이나 보호입원과 마찬가지로 자의입원의 입·퇴원의 결정주체는 정신의료기관의 장이다. 정신과 전문의의 대면진단은 자의입원의 요건일 뿐이다.

---

36) 위 결정.

마. 자의입원의 요건

통상 자의입원은 보호입원과 같은 요건과 절차가 문제되지 않았다. 그러나 자의입원을 위해서도 일정한 실체적 요건이 필요하다. 그 실체적 요건을 보면 다음과 같다.

i) 환자 본인의 자의입원에 대한 판단능력과 의사결정능력
ii) 자의에 의한 입원의 의사표시
iii) 정신과 전문의 대면진단에 의해 정신질환이나 정신건강상 문제가 있다고 판정될 것
iv) 정신의료기관의 장에 의한 입원결정

i)과 ii)의 경우 환자 본인이 직접 입원신청서를 작성하는 경우 위와 같은 능력과 자의입원의 의사가 있다고 추정할 수 있고, iii)의 경우는 입원기관이나 외부기관의 진료기록이나 진단서 등을 통해 확인할 수 있으며, iv)는 입원신청서를 정신의료기관이 접수하여 입원을 시키거나 입원을 권고한 행위를 통해 그 결정을 추정할 수 있다.

ii)의 입원의 의사표시는 본인이 판단과 의사표시에 있어 법적 능력이 있는 상태에서 자유롭게 이루어져야 하기 때문에 정신과 약물의 영향이나 가족의 영향으로부터 독립하여 본인의 의사를 결정하여야 한다.

바. 자의입원의 절차와 서류

(1) 자의입원의 절차

1) 입원 전 권리고지절차

정신의료기관의 장은 입원을 하는 때에는 지체 없이 입원하는 사람과 그 보호의무자에게 정신건강복지법과 다른 법률에 규정된 권리 및 그 행사방법을 알려야 하고, 권리행사에 필요한 서류를 비치하여야 한다(법 제6조 제1항). 법 시행규칙 제2조는 총 9개 사항(입원적합성심사, 조사원 대면조사 신청, 퇴원 및 처우개선청구, 재심사 청구, 촬영 및 노동강요금지, 수용 및 가혹행위 금지, 특수치료의 제한, 통신과 면회의 자유 제한, 격리·강박 금지)에 걸쳐 그 구체적 권리내용을 서면 및 구두로 고지할 것을 규정하고 있다.

권리고지의 시기와 방식은 자의입원환자의 경우 원칙적으로 입원신청서를 작성

하기 전에 구두로 알려주고, 권리고지 서식(참고서식 제1호)을 제공하고서 그 제공을 하였다는 확인서면을 받을 필요가 있다. 향후 권리고지 여부에 대한 다툼이나 국가기관의 조사가 있을 경우에 대비해 권리고지의무를 이행하였음을 증명할 수 있는 자료를 보관해 두어야 하기 때문이다.

2) 입원신청서의 작성 및 제출

원칙적으로 권리고지가 되고 난 후에 입원신청서를 작성하여 제출해야 한다. 입원 이전에 자신에게 어떤 권리가 제한되는지 알고서 자발적으로 입원을 해야 하기 때문이다. 다만, 본인의 입원의사를 진정하게 정신의료기관에 입원 전에 표시한 경우라면 자의입원 신청서를 입원 직후에 작성하는 것도 허용된다고 볼 것이다.

자의입원 신청서는 본인이 자필로 작성한다. 입원의 의사표시 자체는 자신의 신체를 제공하게 되는 행위라서 법률의 규정이 없는 한 대리나 위임이 불가능하다. 자의입원 신청서는 원칙적으로 입원을 하기 전에 정신의료기관에 제출되어야 하고, 정신의료기관은 그 신청서를 접수하거나 환자를 대면진단한 후 입원여부를 결정하여야 한다. 환자가 자의입원 신청서를 작성하기 전에 정신의료기관이 환자에게 자의입원을 권고할 수 있음은 물론이다.

3) 보호자에 대한 고지의무 여부

자의입원환자의 경우 그가 정신질환자가 아니어도 정신적 건강에 문제가 있는 사람이라면 입원할 수 있다. 정신질환자에게만 보호의무자가 생기므로 자의입원을 할 수 있는 사람인 정신적 문제가 있는 사람은 보호의무자가 없다고 보아야 할 것이다. 다만, 일반적으로 병원에서 말하는 보호자는 있을 수 있다. 자의입원의 경우 입원하는 환자의 보호자나 보호의무자가 원칙적으로 아무런 관여(입원동의나 입원신청)도 할 수 없으므로 별도로 입원사실이나 보호의무자의 권리 등을 통지할 필요는 없다. 다만, 실무적으로 자의입원환자에게 보호자가 있는 경우 그 연락처 등을 확인하여 두었다가 필요한 경우 연락할 수는 있다.

4) 통상적인 입원수속 절차와 입원병동

정신건강복지법은 자의입원환자의 입원절차에 대해서는 앞서 법 제6조의 권리고지절차 외에는 따로 규정한 것이 없으므로 통상의 입원수속 절차에 따라 진행하면 된다. 자의입원환자가 입원하는 병동은 원칙적으로 개방병동이어야 할 것이지만, 환자의 증상, 병원의 병동상황, 환자에 대한 치료적 목적 등을 고려하여 폐쇄병동에서의 입원도 허락된다고 할 것이다. 다만, 자의입원하려는 환자가 폐쇄병동을 거부

함에도 불구하고 강제로 폐쇄병동에 입원시키는 것은 자의입원이라는 형식에 맞지 않는다고 할 것이다.

환자가 폐쇄병동에 입원하여 실질적으로 신체의 자유를 제한받는다고 하더라도 이는 입원환자의 자의에 따른 것이어서 감금이라고 할 수는 없다. 다만, 본인이 퇴원신청을 하였는데도 퇴원의 자유가 제한되는 경우에는 그 시점부터는 감금의 문제가 발생할 수 있다.

(2) 자의입원 시 필요한 서류

자의입원 신청시 필요한 것은 법정서식인 자의입원 신청서(규칙 별지 제14호 서식)이다. 정신건강복지법령에서는 자의입원에 필요한 서류로 자의입원신청서와 환자 본인의 주민등록증 사본 또는 주민등록표 등본 외에 별도의 증빙서류를 요구하지 않고 있다. 다만, 정신과 전문의 대면진단은 그 신청서 제출 이전이나 이후에 이루어져서 그 입원환자가 정신질환이 있거나 정신건강상 문제가 있는 사람인지 여부를 확인하여야 한다.

자의입원 대상자 여부를 확인할 수 있는 방식은 기존의 외래환자가 입원을 하는 것이라면 1달 이내로 정신과 전문의 진단을 받은 적이 있으면 된다(법 제68조 제2항 참조). 별도의 진단서의 형식을 띠지 않고 진료기록의 일부이거나 입원권고서, 입원의뢰서 등 다른 기관의 정신과 전문의가 작성한 것도 무방하다. 즉, 환자의 입원 전에 정신과 전문의 직접 대면이 이루어져 진단한 것을 입증할 수 있는 자료가 있으면 가능하다.

4. 자의입원환자의 퇴원

가. 퇴원의 자유의 보장

(1) 관련규정

자의입원환자는 퇴원의 자유가 보장되기 때문에 언제든지 퇴원할 수 있다. 정신의료기관의 장은 환자가 퇴원을 신청하는 경우 지체 없이 퇴원을 시켜야 할 의무가 있다(법 제41조 제2항). 이를 위반하면 형벌규정이 적용될 수 있다(법 제84조 제2호).

(2) 환자의 퇴원요구에 대한 정신의료기관의 거부 허용 여부

일반적 의료기관에서의 환자의 퇴원은 진단과 치료를 거쳐 회복 여부를 판단하여 의사의 결정과 환자의 협조 하에 이루어지는 경우가 대부분이지만 정신의료기관에서의 자의입원환자의 퇴원은 의사의 결정이 아니라 환자의 퇴원요구로 이루어지는 경우가 있고, 정신적 증상 등에 의한 환자의 퇴원요구 자체가 진정한 것인지 의심될 경우도 있다. 그러나 적어도 자의입원환자에 대해서는 병원측이 퇴원을 거부할 수는 없으며, 퇴원을 제한할 수 있는 법령상 근거가 없다. 그럼에도 불구하고 환자의 현실적 상황이나 치료의 필요성을 이유로 정신의료기관이 퇴원을 제한하였다가 그것이 위법행위로 문제된 사건들이 과거 여러 번 있어 왔다.

나. 퇴원신청의 방법

(1) 퇴원신청서의 작성

정신건강복지법은 자의입원환자의 퇴원신청의 방법에 대해서는 따로 규정하지 않고 있다. 따라서 자의입원환자는 구두로 정신의료기관의 담당자에게 퇴원신청을 하거나 정신의료기관측이 준비한 퇴원신청서식을 작성하는 방식으로 퇴원의 의사를 표시하기만 하면 된다. 보건복지부는 참고서식으로 자의입원환자 퇴원신청서를 제공하고 있다(참고서식 제5호). 자의입원환자의 퇴원신청이 구체적으로 문제가 되는 경우는 아래와 같다.

(2) 퇴원요구와 그 철회

통상 문제가 되는 것은 자의입원환자가 반복적으로 퇴원을 요구하는 경우, 정신적 증상으로 흥분상태에서 퇴원을 요구하는 경우, 조건부나 기한부로 퇴원을 요구하는 경우와 같이 공식적이고 유효한 퇴원신청의 의사표시인지 여부가 불분명할 때가 있고, 이로 인해 법적 분쟁이 발생하기도 한다.

퇴원요구나 신청은 환자 본인에 의해 언제든지 철회될 수 있으며, 정신의료기관측이 억압 없이 자유로운 환경 하에서 자의입원 치료를 계속 받도록 설득하는 것도 가능하다.

(3) 공식적인 퇴원절차의 필요성

정신의료기관의 장에 대한 퇴원신청은 공식적인 방식으로 절차를 거칠 필요가 있다. 그래야만 정신의료기관측에서도 지체 없이 퇴원절차를 진행시킬 의무가 발생하기 때문이다. 단순히 병동 직원에게 '집에 가고 싶어요'라고만 해서 퇴원을 시켜야 한다면 환자의 치료중단으로 인한 본인의 피해나 정신의료기관의 입·퇴원절차의 행정상 어려움으로 자의입원을 기피하게 될 가능성도 크기 때문이다. 퇴원의 공식적인 절차라 함은 원칙적으로 환자의 요구가 진정한 의사인지 정신의료기관측에서 확인하고, 퇴원신청서를 제출받은 후에 그 때부터 지체 없이 퇴원시킬 의무가 발생하는 것으로 하여 퇴원절차를 진행시키는 것이다.

다. 지체 없이 퇴원시킬 의무

법은 자의입원환자가 퇴원을 신청한 경우 정신의료기관의 장에게 지체 없이 퇴원시킬 의무를 부과하고 있다(법 제41조 제1항). 여기서 '지체 없이'가 퇴원 신청 후 언제까지인지 검토가 필요하다. 퇴원절차에서 고려할 사항은 퇴원에 필요한 수속, 주치의 또는 보호의무자에 대한 연락, 야간퇴원의 위험, 퇴원할 사람의 거주지 확보 등이다. 퇴원절차의 기산점이 되는 시점은 퇴원 신청서 작성시(퇴원 신청서 작성을 거부하거나 작성할 수 없는 경우에는 그 거부시 또는 작성불능시)부터 진행된다고 볼 것이다. 구체적 시간을 정할 수는 없지만 '즉시'와 다르게 '지체 없이'는 지체할 수밖에 없는 정당한 사유가 있을 때에는 지체로 간주되지 않을 수 있다. 예컨대, 퇴원수속에 걸리는 통상적인 시간이라면 그것은 지체한 것이 아니라 할 수 있다.

라. 정신의료기관의 장의 퇴원통보

퇴원절차에서 고려할 사항 중 하나로 퇴원하는 사람의 거주 확보 등이 있다. 정신건강복지법은 입원환자의 퇴원 전에 지역사회 내에서 정신건강복지센터의 도움을 받을 수 있도록 퇴원하는 환자의 의견을 물어 환자의 동의를 받은 경우 정신의료기관의 장이 정신건강복지센터(없을 경우는 보건소)에 퇴원통보를 할 것을 의무화하고 있다(법 제52조). 이러한 통보를 받은 환자 거주지 관할 정신건강복지센터의 장은 퇴원을 할 사람 또는 보호의무자와 상담하여 지원방안을 마련하여야 한다(법 제52조 제2항). 따라서 자의입원환자의 퇴원과 관련해서는 다음과 같은 절차를 거칠 필요가 있다.

i) 지원의사 확인 및 동의서 수령: 환자의 퇴원신청이 있을 경우 위와 같은 거주지 관할 정신건강복지센터의 지원을 받을 것인지 물어보고, 그러할 의향이 있다고 말하면 퇴원통보에 대한 동의서를 받는다.

ii) 정신건강복지센터에 대한 통보: 동의서를 받는 즉시 정신의료기관의 장 명의의 통보서에 환자 동의서 사본을 첨부하여 거주지 관할 정신건강복지센터의 장에게 환자나 보호의무자의 인적사항과 연락처, 퇴원(예정)일을 통보한다(통보의 방식은 이메일 등 전자문서로도 가능할 것이다).

iii) 면담 등 지원계획 수립: 통보를 받은 정신건강복지센터의 장은 (아직 환자가 퇴원하지 않은 경우라면 병원에 찾아가) 환자를 면담하여 지역사회 내 거주 등과 관련된 지원계획 등을 세운다.

마. 자의입원환자에 대한 퇴원거부 시의 민·형사상 책임

(1) 형사상 책임

정신의료기관의 장은 자의입원을 한 사람이 퇴원을 신청한 경우에는 지체 없이 퇴원을 시켜야 한다(법 제41조 제2항). 퇴원을 시킬 의무는 정신의료기관의 장의 의무이다. 이를 위반하여 환자를 퇴원시키지 아니하면 형벌 규정이 적용될 수 있다(법 제84조 제2호).

1) 퇴원의무 미이행의 주체

자의입원의 경우 정신의료기관의 장에게 입·퇴원 결정의 권한과 의무가 있다. 따라서 정신의료기관의 장에게만 퇴원을 시킬 권한이 있기 때문에 퇴원을 시킬 의무도 정신의료기관의 장에게 부여된다. 담당 의사나 행정직원은 스스로 퇴원을 시킬 법적 권한은 없지만 사실상 퇴원을 제한할 경우 양벌규정(법 제88조)이 적용될 수 있다.

정신의료기관의 장은 환자의 퇴원요구나 퇴원신청을 자신이 몰랐다고 항변하여 형사책임을 면하기 어려울 수 있다. 이러한 행정형벌의 경우 고의뿐만 아니라 과실로 의무를 위반한 경우로 처벌하고 있기 때문이다.[37)38)] 따라서 퇴원의사를 밝힌 자의입원환자에 대해서는 법령에 따라 지체 없이 퇴원을 시킬 수 있는 내부 행정시스템(결재나 대리결재제도)을 갖추어 두어야 한다.

2) 퇴원의무 미이행의 내용

퇴원의무 미이행이라 함은 환자의 퇴원신청에 대해 ⅰ) 퇴원을 거부하는 행위, ⅱ) 퇴원을 미이행하는 행위, ⅲ) 퇴원을 지연하는 행위를 모두 포함한다. 담당 의

---

37) 대법원 1993. 9. 10. 선고 92도1136 판결(법의 입법목적이나 제반 관계규정의 취지 등을 고려하면, 위 법 제36조에 위반하는 행위 즉, 법정의 배출허용기준을 초과하는 배출가스를 배출하면서 자동차를 운행하는 행위를 처벌하고자 하는 위 법 제57조 제6호의 규정은 고의범 즉, 자동차의 운행자가 그 자동차에서 배출되는 배출가스가 소정의 운행 자동차 배출허용기준을 초과한다는 점을 실제로 인식하면서 운행한 경우는 물론이고, 과실범 즉, 운행자의 과실로 인하여 그러한 내용을 인식하지 못한 경우도 함께 처벌하는 규정이라고 해석함이 상당하다).

38) 대법원 2017. 5. 11. 선고 2014두8773 판결(행정법규 위반에 대한 제재조치는 행정목적의 달성을 위하여 행정법규 위반이라는 객관적 사실에 착안하여 가하는 제재이므로, 반드시 현실적인 행위자가 아니라도 법령상 책임자로 규정된 자에게 부과되고, 특별한 사정이 없는 한 위반자에게 고의나 과실이 없더라도 부과할 수 있다).

사나 직원이 입원의 계속을 설득하는 행위 자체를 퇴원 거부에 포함시키기는 어려우나 설득을 이유로 퇴원 자체를 장기간 지연시키는 것은 허용되지 않는다.

어느 정도를 퇴원의 지연이라 볼 수 있는지 여부는 법이 정한 '지체 없이'의 해석에 달려 있다. 생각건대, '지체 없이'는 통상적인 입원환자의 퇴원절차를 진행해야 하는 것이므로 정신의료기관 내부의 특별한 사정(예컨대, 담당의사나 정신의료기관의 장의 출장이나 휴가)으로 인한 퇴원의 지연은 정당한 지체 사유가 되기 어렵다. 실제 정신의료기관에서 자의입원환자가 퇴원신청을 하였음에도 밀린 병원비를 이유로 퇴원을 거부한 사건에서 법원은 정신의료기관의 장에게 정신보건법위반의 유죄를 인정하였다.[39)]

3) 감금죄의 성립가능성

환자가 퇴원신청을 하였음에도 불구하고 퇴원을 거부하거나 지연시키는 것은 부작위에 의한 감금죄가 검토될 수 있다. 법원의 일부 판결에서도 강제입원된 환자의 사례이기는 하지만, 입원치료의 필요성이 없는 환자임을 알면서도 환자의 퇴원요구를 거부한 담당 의사에 대해 부작위에 의한 감금죄를 구성한다고 한 사례가 있다.[40)]

대법원은 최근에 구 정신보건법 하에서 정신의료기관측이 자의입원을 한 노숙인의 퇴원신청을 받아들이지 않고서 계속 폐쇄병동에 입원시켜 그 환자가 80여 일이 지난 후 경찰에 전화해 자신이 벌금수배자이니 병원에 와서 잡아가라는 신고를 하여 출동한 경찰에 의해 병원에서 나올 수 있게 된 사건에서 정신의료기관측의 위 자의입원환자에 대한 감금죄를 인정하였다.[41)]

자의입원환자에 대한 퇴원거부가 감금죄를 구성하기 위해서는 일정한 작위의무(퇴원시킬 의무)가 있는 사람이어야 하고, 퇴원요구를 한 환자를 의식적으로 퇴원시키지 않고 있다는 감금에 대한 인식(고의)이 필요하다. 감금죄는 앞서 본 정신건강복지법의 퇴원의무위반과 달리 그 의무의 주체나 고의 필요 여부에 차이가 있다.

39) 대전지방법원 2008. 3. 13. 선고 2007고단2579 판결.

40) 의정부지방법원 2007. 6. 8. 선고 2006노536 판결(환자가 정신의료기관 내 입원치료를 받을 만한 정도 또는 성질의 정신질환에 걸려 있거나, 환자 자신의 건강 또는 안전이나 타인의 안전을 위하여 입원할 필요가 있는 경우에 해당하지 않는 것으로 밝혀졌을 경우에는, 당해 환자의 요구에 따라 즉시 퇴원시켜야 할 법률상 의무가 있다고 할 것이므로, 그와 같은 사정을 알고도 환자의 요구를 묵살하고 정당한 이유 없이 상당기간 퇴원조치를 취하지 않는 행위는 감금죄에 해당한다). 상고심인 대법원도 의사인 피고인들의 위 판결에 대한 상고를 기각하였다(대법원 2009. 7. 23. 선고 2007도5383 판결).

41) 대법원 2017. 8. 18. 선고 2017도7134 판결.

(2) 불법행위로 인한 민사상 손해배상책임

자의입원환자의 퇴원신청에 대해 정신의료기관의 장이 정당한 사유 없이 불응하거나 거부할 경우 환자의 신체의 자유를 위법하게 제약한 것이 되어 불법행위에 따른 손해배상책임을 부담하게 된다.

대법원 판례에 따르면, 정신의료기관이 "정신질환자의 퇴원요구가 있음에도 정신보건법 소정의 절차를 취하지 아니한 채 방치한 경우에는 그 입원기간 전체에 대해 위법한 감금행위로서 불법행위를 구성한다"고 판시한 적이 있다.[42] 구 정신보건법 하에서의 판례이나 정신건강복지법에서도 그대로 그 취지가 적용될 수 있다.

5. 정기적 퇴원의사의 확인(퇴원의사 확인제도)

가. 관련규정

정신의료기관의 장은 자의입원을 한 사람에 대하여 입원을 한 날부터 2개월마다 퇴원할 의사가 있는지를 확인하여야 한다(법 제41조 제3항). 법은 자의입원환자 외에 동의입원환자의 경우에도 동일한 취지의 규정을 두고 있다.

나. 퇴원의사 확인제도의 의의

(1) 본인의 의사표현의 취약성(소극성)에 대한 보완

자의입원환자는 자의(自意)라는 문자 그대로 입원과정이 자발적인 것을 전제로 한다. 그래서 강제입원과 같은 입원기관 외부의 공적 의사인 지정진단의사의 진단절차나 국가기관에 의한 입원심사절차가 없다. 그러나 본인의 판단이나 의사결정이 정신질환으로 인해 잘 표현되지 못하는 경우가 있어 누군가 적극적으로 물어서 확인해 주는 것이 필요하다.

(2) 환자의 입·퇴원 의사에 대한 지속적 확인

퇴원의사 확인제도의 또 다른 필요이유는 정신질환의 증상이 악화나 회복을 거치는 것이어서 입원시점 이후에도 지속적으로 정신적으로 회복된 상태에서 입·퇴원여부에 대한 환자 본인의 의사를 확인하여야 하기 때문이다. 즉, 2개월마다 환자의 퇴원의사 여부를 확인하라는 말은 2개월마다 환자의 계속입원의사를 확인하라는 의미이고, 환자에게 계속입원의사가 없으면 입원을 지속할 정당성의 근거(환자의 입

---

42) 대법원 2009. 1. 15. 선고 2006다19832 판결.

원동의)가 사라지는 것이어서 퇴원을 시켜야 한다.

다. 퇴원의사의 의미

퇴원의사확인제도에서 '퇴원의사(退院意思)'란 입원환자가 i) 입원 의료기관으로부터 퇴원의사 확인제도의 설명을 듣고서 ii) 퇴원을 하고 싶은지 여부에 대한 질문에 iii) 강요나 제약 없이 자유롭게 퇴원의 희망을 밝히는 것이다.

자의입원환자는 퇴원의 자유가 있기 때문에 원칙적으로 언제든지 퇴원을 요구하거나 신청할 수 있지만 그런 의사표현을 하기 어려운 소극적 환자들이 적지 않아 법이 자의입원환자에 대해서는 적극적으로 물어볼 의무를 정신의료기관에 부여한 것이다.

퇴원의사는 민법에서 말하는 법률행위로서 유효하게 성립하기 위한 의사능력을 요구하는 것이 아니라 상대방의 말을 이해하여 알아듣고 나가고 싶다는 바람을 표현하는 것으로 족하다고 해야 한다. 그 이유는 민법상 의사표시이론은 거래행위에서 계약 등의 유·무효를 판단하기 위한 제도여서 사람들이 가진 자연적 의사표시에 적용되기에는 부적합하기 때문이다.

라. 퇴원의사 확인의 주기와 확인방법

(1) 퇴원의사 확인의 주기

1) 초일 불산입과 역(曆)에 의한 계산

퇴원의사 확인의 주기는 '2개월마다'로 법이 규정하고 있다(법 제41조 제3항). 2개월의 최초 기산점은 실제 입원일을 기준으로 그 초일을 산입하지 않고서 달력에 의하여 계산하는 것이 원칙이다(민법 제160조). 예컨대, 4월 1일 자의입원한 환자는 초일을 산입하지 않고서 4월 2일부터 2달이 되는 6월 1일이 만료일이므로 6월 1일이 퇴원의사를 확인해야 하는 날이 된다. 다만, 퇴원의사 확인일이 그 달에 없는 경우(예컨대 31일에 입원하였는데 2개월 뒤에는 30일 밖에 없는 경우)에는 그 달의 말일(30일)에 퇴원의사를 확인하면 된다(민법 제160조 제3항). 퇴원의사 확인일이 토요일 또는 공휴일에 해당하는 때에는 확인일은 그 다음날까지 연장된다(민법 제161조).

2) '2개월마다'의 의미

퇴원의사 확인은 '2개월마다'로 되어 있으나 입법취지상 최초 입원일이나 그 이전의 퇴원의사확인일로부터 위에서 본 일수 계산방식에 따라 2개월 이내에 확인하면 된다. '2개월마다'는 2개월 한도 내에서의 퇴원의사 확인 주기라 할 것이므로 반드시 2개월이 되는 시점에서 퇴원의사 확인을 해야 하는 것은 아니다. 특히, 환자가 자연스럽게 자신의 의사를 표시할 수 있는 시기를 찾아야 할 필요성도 있기 때문에 2개월 이내의 적정한 시점에서 하는 것이 타당하다. 다만, 2개월 이내에 퇴원의사 확인을 하게 되더라도 다음 확인 시점까지의 주기가 2개월 이상으로 늘어나는 것은 아니며, 최종 퇴원의사 확인일로부터 2개월이 다시 시작된다.

(2) 퇴원의사 확인의 주체와 방법

1) 퇴원의사 확인의 주체

퇴원의사 확인의 방법은 법 문언대로라면 정신의료기관의 장이 퇴원의사를 확인하여야 한다. 즉, 퇴원의사 확인의 의무는 정신의료기관의 장이 부담하는 것이다(법 제41조 제3항). 통상은 정신의료기관 내 행정조직체계를 이용하여 그 담당의사나 담당직원이 퇴원의사를 확인하는 것이 일반적이다. 이러한 직원을 통한 확인조치는 정신의료기관 내부의 행정적 지시나 지침에 따른 조치일 뿐이지 직원에게 법적 책임을 전가할 수는 없고, 정신의료기관의 장의 책임이 없어지는 것도 아니다.

2) 퇴원의사 확인의 방법

퇴원의사 확인은 정신의료기관 내 담당의사나 직원이 자의입원환자에게 퇴원의사 확인제도의 의미를 설명한 후, 자의입원환자에게 퇴원의사 여부를 묻고서 환자의 대답을 듣는 방법으로 진행한다.

퇴원의사 여부 확인을 2개월마다 하지 않을 시에는 형사처벌하는 규정이 있기 때문에 퇴원의사 여부 확인은 서류로서 형사 공소시효(3년)가 완료되기까지는 보존해 두어야 한다. 만약 2개월마다 퇴원의사 확인을 하였는지 여부를 정신의료기관측에서 증명할 수 없다면 결국 퇴원의사 확인을 안 한 것으로 추정될 수밖에 없다. 위와 같은 이유로 정신건강복지법 시행규칙은 참고서식으로 퇴원의사 확인서(참고서식 제4호)를 제공하고 있다.

퇴원의사 확인서는 환자가 자필로 날짜와 퇴원의사 여부를 적어 작성하여야 하고, 만약 환자의 자필작성이 불가능한 경우에는 그 사유를 기재할 필요가 있다.

마. 퇴원의사 여부 확인 후의 조치

정신의료기관의 장은 퇴원의사 여부를 확인한 후에는 그에 따른 조치를 이행하여야 한다. 정신건강복지법은 퇴원의사 확인 이후의 조치에 대해서는 따로 규정하고 있지 않으나, 퇴원의사가 확인된 경우에는 퇴원절차를 밟는 것이 당연하다. 자의

입원환자의 퇴원의사를 확인하고도 그대로 입원시켜 두는 것은 본인의 의사에 반한 입원이 되고, 자의입원은 강제입원으로 전환할 수도 없기 때문이다.

(1) 퇴원의사 확인 시의 조치

자의입원환자의 퇴원의사가 확인된 경우 정신의료기관의 장은 그 퇴원의사를 퇴원신청의 의사로 간주하여 퇴원절차를 밟아야 한다. 퇴원절차를 공식적으로 진행하기 위해서는 환자에게 퇴원신청서 작성을 요구해 퇴원신청서를 제출받을 수도 있으며, 퇴원신청서 작성을 거부하거나 작성할 수 없는 경우라도 퇴원절차를 진행하여야 한다.

정신의료기관의 장은 입원된 환자의 관리책임자이기 때문에 퇴원을 시킬 의무 또한 정신의료기관의 장에게 있으며, 환자의 퇴원요구 사실을 알지 못하였다고 하더라도 법적 책임이 없어지는 것이 아니다. 정신의료기관의 장이 퇴원에 대한 최종적 의무자이며 결정권자이기 때문에 위와 같은 퇴원의사 확인 이후의 조치나 퇴원신청서에 관한 처리는 내부 행정적 결재절차를 거쳐 승인을 받는 것이 필요하다.

(2) 퇴원의사 확인불능 시의 조치

자의입원환자에 대한 퇴원의사 확인 시 증상으로 인해 본인의 퇴원의사 여부를 확인할 수 없을 때에는 그 이전에 자의입원 신청 시에 입원신청이 의사결정능력이 있는 자유로운 상태에서 본인의 의사로 입원한 것인지 검토할 필요가 있다.

만약 최초 자의입원 시에는 자신의 진정한 의사로 입원한 것이 맞으나 퇴원의사를 확인할 때에는 증상의 악화로 퇴원의사 여부를 확인할 수 없게 된 경우에는 일단 퇴원의사 확인불능 사유를 확인서에 담당자가 기재한 후 환자 증상회복 시에 다시 보완확인을 하여 그 퇴원의사 여부를 기재하고, 그 증상회복에 장기간이 소요될 것이라 예상되는 경우에는 퇴원계획을 준비하여야 한다. 2개월마다 퇴원의사를 확인하는 이유는 2개월마다 입원의 의사를 재확인하라는 의미여서 만약 그러한 계속입원의 의사를 확인할 수 없을 때에는 입원을 지속시킬 수 있는 정당화 사유가 사라지기 때문이다.

(3) 퇴원의사 없음(계속입원의사)을 확인할 시의 조치

자의입원환자의 퇴원의사 없음(계속입원 의사)을 확인하였을 경우에는 퇴원의사 확인서에 환자가 자필로 퇴원의사 없음(계속입원 의사 있음)을 적거나 체크한 후 서명과 날짜를 기재하도록 하고, 담당자가 그 확인일시 등을 적어 보관한다.

바. 퇴원의사 미확인 시의 제재

정신건강복지법은 자의입원환자에 대해 2개월마다 퇴원의사를 확인하지 아니한 사람을 1년 이하의 징역이나 1,000만 원의 이하의 벌금에 처하도록 규정하고 있다(법 제86조 제2호).

6. 강제입원으로의 전환 금지

가. 입법취지

1995년 제정 정신보건법은 자의입원의 경우에도 퇴원을 72시간 거부(중지)할 수 있었고, 그 72시간 이내에 강제입원으로 전환할 수 있었으나 2000년 위 퇴원거부(중지)조항을 삭제하였다. 삭제 이유는 진정한 자의입원이 되기 위해서는 퇴원의 자유도 보장되어야 하고, 퇴원의 자유가 제한될 경우 입원생활에서의 자유도 보장될 수 없다는 점에 있었다.

이후 2016년 정신건강복지법으로 전면개정될 때에도 이러한 입법취지는 그대로 유지되어 자의입원의 경우에는 퇴원제한을 할 수 없게 하여 퇴원의 자유를 보장하고 있다. 다만, 퇴원제한이 가능한 동의입원제도를 신설하여 정신의료의 입원현실과 퇴원제한의 필요성을 일정 정도 제도적으로 보장하였다.

나. 강제입원으로의 전환의 위법성

(1) 정신의료의 현실

구 정신보건법 하에서 2000년 이후 자의입원에서 퇴원의 제한이 제도적으로 폐지되자 자의입원환자 중 증상이 악화된 상태나 치료가 필요한 상태에서 퇴원을 요구할 때 보호자나 의료인이 설득만으로 입원을 유지시키기 어려운 때가 많았다. 그리하여 정신의료기관에서는 보호의무자의 동의를 받아 자의입원환자를 보호입원환자로 전환하는 사례가 발생하였고, 이에 대해 환자측에서는 자의입원환자의 퇴원을 거부하고 강제입원시켰다는 이유로 국가인권위원회에 인권침해 진정을 하는 경우가 많았다.

(2) 인권위 결정례

위와 같은 인권침해 진정을 조사하여 인권위는 지난 몇 년간 지속적으로 자의입원을 강제입원으로 전환하는 것은 법이 허용하지 않고 있는 위법한 행위라고 판단해 왔다. 그 구체적 내용을 보면 다음과 같다.

i) 2008년 8월 자의입원한 환자가 2011년 2월 하순경부터 몇 차례 주치의를 면담해서 퇴원을 요청하였으나 주치의는 2011년 3월 환자의 모친으로부터 보호입원의 동의를 받아 자의입원에서 보호입원으로 전환하자 환자가 인권위에 진정을 하였다. 이에 인권위는 환자의 자기결정권과 신체의 자유를 침해하였다는 이유로 퇴원권고를 하였다.[43]

ii) 2015. 12. 10. 자의입원한 환자가 같은 달 21. 보호의무자에게 퇴원을 요구하자 보호의무자가 병원측에 환자가 하루 더 머물 수 있게 해 달라고 하여 주치의가 형식적으로는 서류상 환자를 퇴원조치하고서 환자에게는 알려주지 않은 채 다음 날 보호의무자 동의를 받아 보호입원으로 전환하여 환자가 인권위에 진정을 하였다. 이에 인권위는 환자의 자기결정권과 신체의 자유를 침해하였다는 이유로 입원 정신의료기관 직원들을 대상으로 한 교육권고 결정을 하였다.[44]

iii) 2013. 9. 29. 자의입원한 환자가 2013. 10. 14. 병원장에게 퇴원을 요구하자 같은 달 16. 보호의무자의 동의를 받아 보호입원으로 전환해서 환자가 인권위에 진정을 하였다. 이에 인권위는 정신의료기관의 장을 검찰총장에게 정신보건법 위반을 이유로 고발하였다.[45]

iv) 2014. 1. 10. 알코올치료를 목적으로 입원한 자의입원환자가 같은 달 12.과 13. 간호사에게 퇴원의사를 표현하였으나 병원측에서 보호의무자에게 부탁하여 같은 달 14. 보호의무자로부터 동의를 받아 보호입원으로 전환하였다. 이에 환자가 인권위에 진정을 하자 인권위는 입원 정신의료기관 직원들을 대상으로 한 교육권고를 하였다.[46]

위의 사례들을 포함하여 10여 건이 넘는 인권위 결정에서 자의입원환자의 보호입원으로의 전환은 계속 위법함을 지적해 왔으나, 그 현실적 필요성을 이유로 계속 빈번하게 위법한 전환이 발생해 왔다. 새로운 정신건강복지법이 퇴원제한이 가능한 동의입원제도를 신설한 이상 자의입원환자의 퇴원제한은 기존과 같이 금지되며, 강제입원으로의 전환도 금지된다.

---

43) 국가인권위원회 2011. 7. 22. 결정 11진정0267400, 11진정0267200(병합) 퇴원불허에 의한 인권침해.
44) 국가인권위원회 2016. 7. 21. 결정 16진정0009600 부당한 입원형식 변경에 따른 인권침해.
45) 국가인권위원회 2016. 5. 13. 결정 15진정0905500 자의입원환자에 대한 입원형식 변경 등 인권침해.
46) 국가인권위원회 2014. 3. 21. 결정 14진정0102300 자의입원환자의 입원형식 변경.

7. 자의입원의 쟁점들

가. 강제입원에서 자의입원으로의 전환 문제

(1) 전환 허용 여부

자의입원에서 강제입원으로의 전환은 금지되지만 강제입원에서 자의입원으로의 전환은 허용된다. 정신건강복지법이 자의입원 우선의 원칙을 제시하고 있고, 입원환자의 입장에서도 자의입원이 강제입원보다는 자율성을 보다 많이 보장받을 수 있기 때문이다. 정신의료기관 입장에서도 환자의 치료적 순응도와 회복의 상태를 고려해 입원의 방식을 전환하는 것이 효과적일 수도 있다. 강제입원에서 자의입원으로의 전환은 본인의 동의를 얻어야 하는 것이기 때문에 본인의 욕구와 필요에 따른 것이어야 한다. 예컨대, 보호입원 상태에서 환자의 증상이 회복되고, 보호의무자들도 퇴원시키고자 하나 환자가 당분간 사회복귀의 준비와 안정을 위해 입원을 계속할 필요가 있다고 스스로 판단하는 경우 자의입원으로의 전환은 유용한 방법이 될 수 있다.

(2) 전환 절차

정신건강복지법은 강제입원에서 자의입원으로의 절차적 전환규정을 따로 두고 있지 않다. 그래서 해석을 통하여 그 절차적 방식을 고민하여야 한다. 먼저 강제입원에서 자의입원으로의 전환 시 별도의 전환절차가 없는 이상 형식상 퇴원과 재입원절차만 갖추어도 되는지, 아니면 실질적으로 정신의료기관을 나갔다가 다시 들어오는 실질적 퇴원과 재입원 절차를 밟아야 하는지 문제되기도 한다. 그러나 실질적으로 퇴원과 재입원을 하는 경우라면 입원방식의 전환을 허용하지 않는 것과 동일한 의미가 되기 때문에 입원유형의 전환이라 보기는 어려우므로 이는 논외로 한다.

전환 절차는 최대한 손쉽게 이루어져야 할 것이다. 다만, 전환의 절차는 기존의 강제입원(응급입원 · 보호입원 · 행정입원)을 종료하게 되는 것이어서 보호입원이나 행정입원의 경우에는 강제입원의 퇴원(전환) 사실을 입 · 퇴원관리시스템(www.amis.go.kr)에 등록하여야 하고, 환자로부터 추가로 자의입원 신청서를 제출받아야 한다. 보호입원의 경우에는 정신의료기관의 장이 입원사유가 소멸하거나 환자가 퇴원을 신청하면 환자를 퇴원시킬 수 있기 때문에 따로 보호의무자의 동의를 받아 자의입원으로 전환할 필요는 없으나 입원유형 전환 사실을 보호입원을 신청한 보호의무자에게 통지해 줄 필요는 있을 것이다.

나. 자의입원에서 동의입원으로의 전환 문제

(1) 전환 허용 여부

자의입원에서 강제입원으로의 전환은 금지되지만 자발적 입원의 한 유형인 동의입원으로의 전환은 허용될지 해석상 검토가 필요하다. 자의입원과 동의입원은 모두 환자의 자발적 입원신청(입원동의)을 전제로 하고, 2개월마다 퇴원의사를 확인하고, 퇴원 신청 시 지체 없이 퇴원을 시킬 의무를 정신의료기관의 장에게 부여하고 있는 점에서는 동일하다. 다만 차이가 있다면 자의입원은 퇴원제한이 불가능하지만 동의입원은 퇴원제한이 72시간 동안 가능하고, 그 시간 안에 강제입원으로 전환할 수 있다.

생각건대, 자의입원이나 동의입원 모두 환자의 자발적 입원신청의사를 전제로 하고 있는 점, 자의입원환자가 동의입원으로 바꾸기 위해 실제 퇴원이 된 후 다시 동의입원절차를 밟는 것은 환자 치료의 지속성과 안전을 해할 수도 있는 점을 고려할 때 퇴원과 재입원의 현실적 이행 없이 자의입원에서 동의입원으로 전환하는 것을 허용하여야 할 것이다.

(2) 동의입원으로의 전환기능

자의입원에서 동의입원으로의 전환기능을 보면, ⅰ) 환자의 자발적 입원을 그대로 유지시켜 치료의 지속성과 안전을 보장할 수 있고, ⅱ) 환자가 응급한 상태에 있는 경우 보호입원이나 행정입원으로 전환할 수 있는 기회를 제공하여 환자치료의 지속성을 유지할 수 있으며, ⅲ) 환자 또한 강제입원이 아닌 자발적 입원상태를 유지할 수 있다는 점에서 보다 자유로운 입원환경에서 치료를 받게 하는 기능이 있다.

(3) 전환절차

자의입원에서 동의입원으로의 전환은 통상 자의입원환자가 치료적 조치가 지속적으로 필요한 상태이나 자의입원환자라서 임의퇴원이 가능하고, 그러한 임의퇴원으로 인해 치료가 중단될 경우 환자의 상태가 악화될 수 있어 정신의료기관측에서 동의입원으로의 전환을 설득하여 이루어지는 경우가 많다.

이 경우 동의입원으로의 전환절차는 보호의무자 중 1인의 동의를 받아 환자가 자발적으로 동의입원신청서를 작성하여야 한다. 담당의사가 진료기록 등에 입원전환의 권유와 그 사유, 전환일시 등을 기재하여 추후 분쟁의 소지를 없앨 필요가 있고, 이미 입원되어 있는 상태이기는 하지만 동의입원 또한 정신의료기관의 장이 입원결정권한이 있기 때문에 의무기록 등에 적절하게 새로운 동의입원이 시작되는 날짜를 표시하고, 그 때부터 2개월마다 퇴원의사 확인을 해야 할 필요가 있다. 최초 자의입원일부터 입원환자의 퇴원의사를 2개월마다 확인하여야 한다는 견해도 있을 수 있겠으나 입원유형이 달라졌다면 그 새로운 유형의 최초 입원일에 맞추어 법을 적용하는 것이 체계상 더 적합하다.

다. 자의입원환자에 대한 강제적 조치 허용여부

자의입원환자는 퇴원의 자유가 있기 때문에 입원 정신의료기관의 치료나 제한적 조치들이 마음에 들지 않을 경우 퇴원을 요구할 수 있다. 즉, 자의입원환자는 통상의 일반 의료기관의 입원 환자들이 가지는 권리들을 보장받는다. 따라서 환자의 동의가 없는 한 강제치료나 격리·강박은 허용되지 않는 것이 원칙이다. 다만, 환자의 증상으로 인한 급박한 자해위험 등을 막기 위해 긴급한 응급의료로서 적법한 절차에 따라 약물의 투입이나 격리·강박 조치를 하는 것은 민·형사상 면책사유에 해당하는 정당행위가 될 수 있다.

병동 내 통신·면회의 자유 제한도 미리 입원 신청 전에 알려 그것에 대해 승인을 받거나 최소한 제한되는 자유가 무엇인지 알려 고지해 줄 필요가 있다.

한편, 자의입원환자에 대해 환자의 입원신청 전에 입원계약 내용 중의 하나로 퇴원제한(예컨대, 퇴원신청 후 담당의사의 진단과 검토를 거쳐 10일 이내에 퇴원여부를 결정)규정을 둘 수 있는지를 보면, 계약을 통해 당사자의 자유를 제한하는 것은 당사자의 동의로 허용되는 경우도 있으나, 법이 정한 기준을 넘어 환자의 자유를 제한할 수 있도록 일방적 입원계약을 체결하는 것은 민법상 무효가 될 수 있다.

라. 자의입원환자의 유인과 형사처벌

2010년 이후 일부 지역의 정신의료기관에서 서울역 등의 노숙인에게 금품 등을 제공하기로 약속하고서 자신들의 의료기관에 자의로 입원할 것을 권유하여 이를 받아들인 노숙인들에게 교통편의를 제공하여 폐쇄병동에 입원시킨 사건들이 있었다. 이는 마치 합법적 자의입원처럼 보이지만 환자를 유인하는 것이 되어 「의료법」 위반으로 처벌을 받는다. 실제 위 사례에서는 i) 노숙인들을 폐쇄병동에 입원시킬 때 정신과 전문의 사전 대면진단 없이 입원을 시킨 점이 구 정신보건법 위반죄로 처벌되고, ii) 금품제공을 통한 유인행위[47]는 「의료법」위반으로 처벌되었다.[48]

마. 자의입원을 신청할 수 있는 능력의 문제

정신의료 입원현실에서 자의입원환자 중에는 사실상 의사표시를 할 수 있는 능력이 부족하거나 일시적으로 의사능력을 상실한 상태에 있는 경우가 적지 않다. 이러한 능력이 없는 사람으로부터 자의입원 신청서나 동의입원 신청서를 받는 것은 사실상 효력이 없으며, 타인에게 그러한 신청서 작성권한 등을 위임할 능력이 없는 경우도 많기 때문에 가족 등이 대필을 하거나 대신 도장을 날인한다고 하더라도 그 효력이 없는 것은 마찬가지이다.

또한 자발적 입원을 신청하는 환자의 입원을 결정할 때 정신의료기관으로서는 환자의 판단능력이나 결정능력을 감안하여 그 입원신청의사의 유·무효의 가능성을 판단하여야 하고, 자발적 입원의 경우에도 정신과 전문의 대면진단을 해야 할 의무(법 제68조 제1항)가 있는 정신의료기관으로서는 환자의 입원의사의 진정성을 확인할 필요가 있다. 만약 그와 같은 능력이나 진의 여부가 확인이 되지 않는다면 정신의료기관의 장은 자발적 입원을 허용하여서는 아니 된다.

서구에서도 입원에 저항하지는 않지만 입원에 대한 동의나 결정능력이 없는 환자를 비저항환자(non-protesting patient)[49]라 하여 대체로 강제입원의 형태로 규율하고 있다. 미국의 경우도 판례를 통하여 의사결정능력이나 판단능력이 부족해진 환자를 자의입원의 형태로 입원시키는 경우 강제입원에서 받을 수 있는 법원심사나 권리보장을 받을 수 없게 되므로 환자의 권리를 침해하는 것이라 보고 있다.[50] 일

---

47) 「의료법」 제27조 ③ 누구든지 「국민건강보험법」이나 「의료급여법」에 따른 본인부담금을 면제하거나 할인하는 행위, 금품 등을 제공하거나 불특정 다수인에게 교통편의를 제공하는 행위 등 영리를 목적으로 환자를 의료기관이나 의료인에게 소개·알선·유인하는 행위 및 이를 사주하는 행위를 하여서는 아니 된다. 이하 생략.

48) 창원지방법원 2015. 2. 11. 선고 2014노1609 판결.

49) WHO, 「WHO Resource Book On Mental Health: Human Rights And Legislation」, 2005, 46면.

50) Zinermon v. Burch, 494 U.S. 113 (1990); 사건의 내용은 Darrell Burch가 1981년 11월 플로리다 주 고속도로를 멍들고, 피가 묻은 채 배회하다가 발견되어 지역사회 정신보건센터로 넘겨졌고, 그는 당시 정신분열병을 앓고 있어 장기적 치료가 필요해서 플로리다 주립병원으로 며칠 후 이송되었다. Burch는 정신보건센터와 병원 모두에서 자발적 입원과 치료 양식 서류에 사인을 한 후 병원에 다섯 달간 있다가 퇴원하였다. 퇴원 직후 Burch는 부당하게 수용되었고, 자신이 한 사인을 기억하지 못한다며 민원을 제기하였고, 1985년 2월 연방지방법원에 정신보건센터와 플로리다 주립병원을 상대로 소송을 제기하였다. Burch는 사인 당시 자신에게 그러한 행위를 할 능력이 없었고, 자의입원이 되는 바람에 비자의입원에서 보장되어야 할 절차적 권리들이 침해당하였다고 주장하였다. 미 연방대법원은 플로리다 주 법은 환자에게 설명이 고지된 동의를 얻을 것을 규정하고 있는데, 정신질환의 경우에는 입원치료 전에 그가 입원에 동의할 능력이 있었는지 아니면 강제수용의 법정 요건을 충족시켰는지를 판정하기 위해 법적 보호장치로서 사법적 청문절차를 거치거나 그에 준하는 청문절차가 요구된다고 판단하였다. 연방대법원은 Burch 사건에서 정신질환자라도 시설 외부에서 안전하게 살아갈 수 있는 사람이라면 강제수용절차를 거칠 필요가 없고, 만약 입원절차에서 그러한 절차를 거쳤더라면 Burch가 수용되지 않았을

본의 경우 환자가 자의로 입원에 동의할 수 있는 상태가 아니라면 강제입원인 의료보호입원(우리의 보호입원에 해당)만 가능하도록 하고 있다.[51]

실제 국가인권위원회는 구 정신보건법 하에서 자의입원을 "자신의 의지와 선택으로 자신이 가지고 있는 질병을 인지하고, 치료하기 위하여 자발적으로 입원하는 것"이라 하여 1급 지적장애인을 정신의료기관에 자의입원신청하게 하고, 그 신청서나 서약서를 작성시킨 것에 대해 본인의 능력에 기한 결정이라 볼 수 없고, 그러한 경우에는 강제입원의 형태를 취하여야 함을 지적하며 신체의 자유를 침해한 위법한 입원이라 하였다.[52]

생각건대, 입원에 대해 의사결정을 할 능력이 없는 환자를 자의입원시키는 경우 입원 및 그 연장에 대한 심사가 없어 입원이 장기화되는 문제점이 있다. 위와 같이 환자 스스로 입원을 결정할 능력이 없는데도 불구하고 외형적 형식만 갖추어 환자를 자의입원환자로 입원시킨 경우 그에 가담하는 가족이나 정신의료기관은 위법한 입원을 행한 것이라 볼 것이다.

바. 환자 유인문제

2000년대 이후 정신병원의 증가로 입원환자 유치를 위한 경쟁이 이루어지면서 정신의료기관 측에서 역 주변의 노숙인이나 노숙인시설 등을 찾아가 금전이나 금품을 제안하고, 자의입원을 권유하는 사례들이 적발되었다. 실제 위와 같은 권유로 입원한 노숙인은 입원진료비를 면제받고서 폐쇄병동에서 생활하고, 정신의료기관측은 위 입원환자로 인해 국가로부터 매달 일정한 진료비(의료급여환자 및 건강보험환자의 입원진료비)를 받을 수 있게 된다.

국가인권위원회는 2015년 정신의료기관 방문조사를 통하여 위와 같이 입원된 노숙인들에 대한 실태조사를 하여 유인된 노숙인들에 대한 실질적 치료조치들이 이루어지지 않고, 일부 위법행위들이 발생하고 있음을 지적하였다.[53] 이러한 정신의료기관측의 노숙인 유인 행위는 영리 목적으로 환자를 유인하는 행위로서 「의료법」 위

가능성이 있으며, 수용 이후에도 치료 결정을 위한 후견인의 임명이나 정기적 사법심사도 없어 강제수용절차에 보장된 보호장치들을 박탈당하여 기본권을 침해하였다고 판단하였다. 보다 자세한 내용은 Christopher Slobogin, Arti Rai and Ralph Reisner, 「Law and the Mental Health System: Civil and Criminal Aspects」 Fifth Edition, Thomson/West, 2009, 865면 이하.

51) 일본 「정신보건복지법」 제33조 제1항 제1호.

52) 국가인권위원회 2016. 11. 14. 결정 16진정0197900 중증 지적장애인 입원과정에서의 인권침해 등.

53) 국가인권위원회(장애인차별시정위원회) 2016. 2. 17. 결정(제목: 2015년 정신의료기관 방문조사에 따른 입원유인관행 등 개선권고).

반에 해당하여 관여자는 형사처벌의 대상이 되고, 환자의 퇴원요구를 거부하고 계속 폐쇄병동에 두거나 퇴원의사를 확인하지 않는 것 등도 정신보건법위반이 된다.[54)]

민사상 손해배상측면에서 본다면, 비록 환자의 동의를 얻어 자의입원시킨 것이라 하여도 환자에게 제시한 조건이 이행되지 아니하거나 다르게 이행되는 경우(예컨대, 자유로운 생활이 가능하도록 해 주겠다고 하였으나 폐쇄병동에 입원된 경우) 약속내용과 다른 정신의료기관의 조치, 퇴원거부 및 퇴원의사미확인 등에 대해 손해배상 책임을 부담할 수 있다.

8. 자의입원의 현황과 전망

가. 자의입원의 현황

(1) 구 정신보건법 시기의 현황

자의입원은 환자의 입원치료를 고려할 때 최우선으로 고려해야 하는 입원방식이어야 하고, 환자의 신체의 자유나 자기결정권을 강제입원보다 더 높게 보장할 수 있는 입원형태여서 국제기준이나 각 국의 정신보건법은 자발적 치료와 입원을 하나의 원칙으로서 선언하고 있다. 2000년 이후 구 정신보건법에 의한 자의입원 및 보호입원 현황(정신요양시설 입소를 포함한다)을 보면 다음과 같다.

표 3-3 구 정신보건법의 입원현황(입소 포함. 2000년~2016년)[55)]

(단위: 명, %)

연도	2000	2001	2002	2003	2004	2005	2006	2007	2008	2009	2010	2011	2012	2013	2014	2015	2016
자의입원환자	3,393	4,041	3,946	4,182	5,024	6,036	6,534	6,841	9,387	12,087	15,271	16,833	19,441	21,294	24,266	26,064	28,285
	5.8	6.7	6.5	6.6	7.7	8.9	9.2	9.7	13.0	16.1	20.3	21.4	24.1	26.5	29.7	32.1	35.6
가족에 의한 보호입원환자	36,945	39,167	40,263	41,853	44,024	45,958	49,935	51,028	50,425	50,575	51,714	53,533	53,105	51,132	49,792	47,235	43,643
	62.6	65.2	65.9	65.9	67.4	67.7	70.4	72.4	74.0	67.5	68.7	68.1	65.9	63.5	61.0	58.2	55.0
시·군·구청장에 의한 보호입원환자	18,694	16,868	16,857	17,293	15,618	15,316	13,917	11,961	11,580	11,154	7,027	6,853	6,737	6,320	6,235	6,432	6,021
	31.7	28.1	27.6	26.3	23.9	22.6	19.6	17.0	16.0	14.9	9.3	8.7	8.4	7.9	7.6	7.9	7.6

54) 창원지방법원 2015. 2. 11. 선고 2014노1609 판결; 인천지방법원 2016. 2. 17. 선고 2014고합532, 849, 941, 2015고합422(병합) 판결.

55) 보건복지부 및 국립정신건강센터, 「2017 국가 정신건강현황 제3차 예비조사 결과보고서」, 2017, 122면 표 27; 2000년 통계는 보건복지부 등, 「지역정신보건사업 기술지원단 사업보고서」, 2001, 66면 표 2-16을 참조하여 재구성.

위 표를 보면, 2000년 이후 17년 동안 자의입원환자의 비율은 2000년 6%(소수점 이하 반올림. 이하 같다)에서 2016년 36%로 증가하였고, 시·군·구청장이 보호의무자가 되는 보호입원은 2000년 32%에서 2016년 8%로 감소하였다. 가족(부양의무자)에 의한 보호입원은 2000년 63%에서 2008년 74%까지 증가하다가 보호의무자 2인 동의로 법 개정이 있은 후부터 감소세가 이어져 2016년에는 55%까지 감소하였다. 전반적으로 정신보건법 제정 이후 20여 년 동안 자의입원율이 증가하고, 강제입원율은 감소하는 경향을 보였다고 할 수 있다.

(2) 정신건강복지법 시행 이후의 현황

정신건강복지법은 2016. 5. 29. 제정되어 2017. 5. 30.부터 시행되었다. 법 제정과 시행을 전후하여 여러 논의가 있었지만 정신건강복지법 시행 전후를 통해 자발적 입원(자의입원과 동의입원)의 비율은 급격하게 상승하였고, 강제입원인 보호입원의 비율은 급격하게 하락하였다. 정신건강복지법의 입법 목적 중의 하나였던 강제입원제도의 개선이 현실에 영향을 미친 것이다.

표 3-4 법 개정을 전후한 입원형태(강제입원 비율)의 변화[56)]

정신의료기관	2017. 4. 30.	2017. 6. 23.	2017. 8. 21.	2017. 12. 29.	2018. 4. 23.
총 입원현황 (100%)	66,958	66,688	67,605	66,658	66,523
자발적 입원 (2017.5.30. 이후 동의입원 포함)	27,877	35,686	39,089	42,096	41,794
	41.6%	53.5%	57.8%	63.2%	62.8%
강제입원 (보호입원, 행정입원 등)	39,081	31,002	28,516	24,562	24,729
	58.4%	46.5%	42.2%	36.8%	37.2%

위 표를 보면 2017년 초에 자발적 입원(자의입원과 동의입원)의 비율이 40%대로 증가하고, 채 1년이 되지 않아 60%대까지 증가한 상황을 확인할 수 있고, 강제입원

56) 정신의료기관의 보호입원과 행정입원(기타입소 포함) 환자의 숫자를 합한 것이 강제입원이며, 자발적 입원에는 자의입원과 동의입원을 합한 것이다. 정신요양시설 입소는 제외되었다. 표의 수치는 보건복지부, 「국립정신의료기관 조사원 워크샵」, 2018. 5. 2.자, 2018, 8면의 통계(법 시행 이후의 비자의입원환자 수의 변화) 및 보건복지부 2018. 5. 25. 보도자료 "비자의입원·입소에 대한 입원적합성심사 시행", 붙임 1. 법 시행 전후 입·퇴원 현황자료 9면을 재구성한 것이다.

(보호입원과 행정입원 등)은 58%에서 37%로 20% 이상 감소한 사실도 확인할 수 있다. 이는 정신건강복지법의 시행이 미친 영향이라 할 수 있다. 2018년 이후에도 이러한 자발적 입원 비율은 당분간 지속될 수 있다.

나. 자의입원의 전망

2017년 5월 시행된 정신건강복지법은 자의입원제도 외에 퇴원이 제한되는 자발적 입원의 한 형태인 동의입원제도를 신설하였다. 서구의 경우에도 자발적 입원환자의 퇴원을 제한하는 제도를 대부분 두고 있어 동의입원 또한 자발적 입원(voluntary admission)에 속한다. 이와 같이 자발적 입원의 형태가 둘로 나누어지면서 기존의 자의입원의 비율은 감소할 가능성이 높고, 동의입원 방식은 자의입원의 일부와 보호입원의 일부를 흡수하여 증가할 것으로 예상된다. 결국 자발적 입원 전체적으로 보면, 보호입원의 일부를 동의입원이 흡수하면서 2018년 이후에도 자발적 입원의 비율이 60%대 이상을 유지할 가능성이 높고, 그에 따라 강제입원의 비율은 30%대 내외로 유지될 가능성이 있다.

9. 정신요양시설에서의 적용

표 3-5 구 정신보건법상 정신요양시설 입소형태별 현황(2012년~2016년)[57]

(단위: 명, %)

정신요양시설	2012	2013	2014	2015	2016
자의입소 환자	1,025	1,124	1,292	1,473	1,740
	9.2	10.3	12.1	14.1	17.1
가족에 의한 보호입소 환자	6,658	6,476	6,047	5,657	5,357
	59.7	59.1	56.6	54.0	52.6
시·군·구청장에 의한 보호입소 환자	3,461	3,351	3,354	3,347	3,084
	31.1	30.6	31.4	31.9	30.3
합계	11,144	10,951	10,693	10,477	10,181
	100	100	100	100	100

57) 2014년 내지 2016년의 통계는 보건복지부 등, 「국가정신건강현황 예비조사 결과보고서」(2015, 2016, 2017)를, 2013년 통계는 보건복지부 등, 「2013 정신보건 통계현황집」, 29면 표 14를, 2012년 통계는 보건복지부 등, 「2012 중앙정신보건사업지원단 사업보고서」, 2013, 126면 표 32를 참조하여 재구성한 것이다.

앞서 1. 내지 7.에서 보았던 정신의료기관에서의 자의입원에 관한 논의는 똑같은 법적 규율대상으로 되어 있는 정신요양시설에서도 그대로 적용된다. 따라서 정신요양시설 자의입소의 요건과 절차, 퇴소의 요건과 절차, 자의입소로의 전환가능성, 형사처벌과 관련된 규정, 강제입소로의 전환 여부 등은 그대로 적용이 된다. 정신요양시설에서의 최근 입소현황을 보면 <표 3-5>와 같다.

구 정신보건법 하에서 정신요양시설은 입소환자의 요양을 주목적으로 하고, 그 입소대상이 주로 만성화된 정신질환을 가진 경우가 많아 강제입소인 보호입소의 비율이 구 정신보건법 시행 초기에는 약 90%가 넘었으나 조금씩 감소하여 2016년에는 약 83%이고, 자의입소의 비율은 17%로 증가하였다.

2017년 5월 정신건강복지법이 시행되면서 시·군·구청장이 보호의무자가 되는 입소는 폐지되었고, 시·군·구청장에 의해 보호입소된 환자들의 일부에 대해서는 국가가 공공후견인을 선임하여 계속 보호입소를 유지하고 있고, 일부 환자들은 자발적 입소의 형태로 전환되었다. 정신요양시설에서는 최근까지 자발적 입소로 전환하는 비율이 크게 증가하였는데, 그 이유 중의 하나는 새로운 정신건강복지법의 강제입소심사절차를 이행하기에 부담이 있어 입소환자들을 자발적 입소의 형태로 전환하는 경우가 많았기 때문이다. 그러나 자발적 입소의 동의가 의사능력이 있는 상태에서 자유롭게 입소환자가 결정한 것이 아니라면 앞서 본 바와 같이 법적 문제가 발생할 수 있다.

Ⅱ. 동의입원(제42조)

제42조(동의입원등) ① 정신질환자는 보호의무자의 동의를 받아 보건복지부령으로 정하는 입원등 신청서를 정신의료기관등의 장에게 제출함으로써 그 정신의료기관등에 입원등을 할 수 있다.

② 정신의료기관등의 장은 제1항에 따라 입원등을 한 정신질환자가 퇴원등을 신청한 경우에는 지체 없이 퇴원등을 시켜야 한다. 다만, 정신질환자가 보호의무자의 동의를 받지 아니하고 퇴원등을 신청한 경우에는 정신건강의학과전문의 진단 결과 환자의 치료와 보호 필요성이 있다고 인정되는 경우에 한정하여 정신의료기관등의 장은 퇴원등의 신청을 받은 때부터 72시간까지 퇴원등을 거부할 수 있고, 퇴원등을 거부하는 기간 동안 제43조 또는 제44조에 따른 입원등으로 전환할 수 있다.

③ 정신의료기관등의 장은 제2항 단서에 따라 퇴원등을 거부하는 경우에는 지체 없이 환자 및 보호의무자에게 그 거부 사유 및 제55조에 따라 퇴원등의 심사를 청구할 수 있음을 서면 또는 전자문서로 통지하여야 한다.

④ 정신의료기관등의 장은 제1항에 따라 입원등을 한 정신질환자에 대하여 입원등을 한 날부터 2개월마다 퇴원등을 할 의사가 있는지를 확인하여야 한다.

1. 동의입원의 의의와 기능

가. 동의입원의 의의

'동의입원'이란 보호의무자의 동의 하에 정신질환자가 본인의 의사로 입원을 하고, 보호의무자의 퇴원 동의가 없는 일정한 경우에는 정신의료기관의 장이 퇴원을 제한하고서 보호입원이나 행정입원으로 전환할 수 있는 입원형식을 말한다.

동의입원은 자의입원과 보호입원의 중간쯤 되는 성격의 입원이라 할 수 있다. 자의입원은 입원과 퇴원 모두가 자유로운 입원이고, 보호입원은 입원과 퇴원 모두가 본인의 의사로 결정되지 않는 입원이라면 동의입원은 입원은 자유로우나 퇴원의 자유는 제한될 수 있는 입원이다.

나. 동의입원의 기능

동의입원은 환자가 입원 의사결정의 주체인 상태를 유지하게 하면서 보호의무자인 가족이 입원과 퇴원에 있어 보조적 역할을 하게 하여 입원유지에 있어 안정성과 가족의 책임성을 강화한다.

입원에 있어 보호의무자의 동의를 요구한 이유는 정신의료기관 입장에서는 보호의무자가 가진 보호의무를 통해 환자에 대한 협조를 구할 수 있어 환자의 입원과정이나 입원생활에서 지원을 받을 수 있도록 하기 위함이다. 한편, 퇴원에 있어 보호의무자의 동의의 의미는 치료의 중단이나 퇴원 이후의 생활에서 가장 이해관계가 큰 보호의무자인 가족에게 직접 퇴원을 제한할 수 있도록 하는 것이 아니라 퇴원동의를 거부하여 정신의료기관의 장에게 퇴원제한 및 강제입원으로의 전환기회를 부여할 수 있도록 한 것이다.

다. 동의입원의 법적 성격

(1) 자발적 입원

동의입원은 자발적 입원(voluntary admission)이다. 따라서 대체로 앞서 본 자의입원에서 설명한 내용이 대부분 적용된다. 환자의 청약(입원신청)과 병원의 승낙(입원절차 진행)을 통한 입원진료계약이 체결되고, 그에 따른 권리의무를 가지게 되는 것, 환자의 입원에 있어 '자의(自意)'가 필요한 것과 퇴원에 있어 '퇴원의사'가 필요한 것도 동일하다. 또한 동의입원에서 입원의 결정권한은 자의입원에서와 동일하게 정신의료기관의 장에게 있다.

(2) 동의입원계약

동의입원도 자의입원과 동일하게 법적으로는 환자와 병원(운영자) 사이의 입원진료계약에 의해 권리의무관계가 형성된다. 다만, 유효한 동의입원이 되기 위해서는 적법한 보호의무자에 의한 동의가 요구되고, 이러한 적법한 동의입원은 법률규정에 따라 환자의 퇴원의 자유가 제한될 수 있고, 그 제한기간 동안 보호입원이나 행정입원으로 전환할 수 있는 권한을 정신의료기관의 장에게 부여한다.

(3) 동의입원환자의 권리와 의무

동의입원환자는 자의입원과 동일하게 본인이 스스로 체결한 입원진료계약에 따라 권리의무가 발생한다. 다만, 동의입원으로서 유효하게 되기 위해서는 환자 본인의 입원의사 외에 적법한 보호의무자의 입원동의가 필요하다. 아울러, 퇴원을 하기 위해서는 본인의 퇴원의사 외에 보호의무자의 퇴원동의가 필요하다. 보호의무자로부터 이러한 퇴원동의를 받지 못하면 동의입원환자는 정신의료기관의 장의 결정에 따라 퇴원이 72시간 동안 제한되고, 강제입원으로 전환될 수 있다. 위와 같이 입·

퇴원에 있어 특별한 요건이 추가된 것 외에는 자의입원환자의 권리의무에서 설명한 것과 동일하다.

2. 자의입원과의 비교

위에서 동의입원과 자의입원을 개략적으로 비교해 보았다. 이를 입원대상자와 요건, 절차 등으로 구체적으로 나누어 비교해 보면 다음과 같다.

표 3-6 자의입원과 동의입원의 비교

입원유형	자의입원	동의입원
대상자	1. 정신질환자 2. 그 밖에 정신건강에 문제가 있는 사람	정신질환자
입원요건으로서 보호의무자 동의	불요	절대적으로 필요
퇴원요건으로서 보호의무자 동의	불요	상대적으로 필요
퇴원제한사유	없음	환자의 치료와 보호 필요성
강제입원으로의 전환	불가	가능
퇴원의사 확인주기	2개월마다	
퇴원의사 확인 방법	참고서식인 퇴원의사 확인서에 의할 수 있음	

자의입원이나 동의입원은 모두 환자의 자발적 입원의사인 '자의(自意)'를 요구하는 것은 동일하며, 퇴원의사를 확인하는 방법이나 그 주기(2개월마다)는 모두 동일하다. 다만, 동의입원은 입원요건과 퇴원요건에 있어 보호의무자의 동의를 요하고(다만, 퇴원의 경우 반드시 보호의무자의 퇴원동의가 있어야 퇴원되는 것은 아님), 퇴원제한 및 강제입원으로의 전환이 가능하다.

3. 동의입원의 요건과 절차

가. 대상자

동의입원의 대상자는 '정신질환자'이다. 이 개념은 법 제3조 제1호가 규정하고 있는 협의의 '정신질환자' 개념이다. 협의의 정신질환자에게만 보호의무자가 있기 때문에 동의입원은 '정신질환자'만 가능하다. 이 의미는 정신질환자가 아니라면 동의입원을 신청할 수 없다는 의미이기도 하다.

나. 동의입원의 요건

동의입원의 요건은 ⅰ) 정신질환자의 자발적 입원의사와 ⅱ) 보호의무자의 동의가 있어야 한다. 자발적 입원의사는 법정서식인 동의입원 신청서(규칙 별지 제14호서식)에 따라 정신질환자 본인이 작성하면 그 입원의사를 추정할 수 있다. 보호의무자의 동의는 그 법정서식의 동의란에 보호의무자가 자필서명을 하거나 날인하면 그 동의의사는 추정된다.

협의의 '정신질환자'만 입원할 수 있기 때문에 입원하려는 사람은 정신과 전문의로부터 대면하여 진단을 받아야 한다. 기존의 진료기록이나 입원기록만으로 현재 정신질환자로 판정하여서는 안 되고, 입원 전 정신과 전문의로부터 대면진단을 받을 필요가 있다(법 제68조 제1항).

다. 동의입원의 절차와 서류

(1) 동의입원의 절차

동의입원의 경우에도 앞서 자의입원절차에서 본대로 ⅰ) 입원 전 권리고지절차, ⅱ) 입원신청서의 작성 및 제출, ⅲ) 보호의무자에 대한 고지, ⅳ) 통상적인 입원수속 절차와 병동입원으로 이루어진다. 동의입원의 신청 전후로 입원수속이 이루어지기 전에 정신과 전문의 진단을 통해 정신질환이 있음을 판정받을 필요가 있다.

(2) 동의입원의 증빙서류

동의입원은 환자의 정신질환 및 인적 사항을 파악하기 위한 증빙서류와 보호의무자의 자격과 인적 사항을 파악하기 위한 증빙서류가 필요하다. 기존에 외래환자로 통원하다가 입원을 권유받거나 외래진료기관에서 병실이 있는 정신의료기관에 입원을 의뢰하는 경우 등에는 대체로 정신질환을 증명하는 서류가 확보되어 있고, 입원신청 전후에 정신과 전문의가 대면진단을 하여 입원시키므로 동의입원의 경우에 따로 진단서를 제출할 필요는 없다.

각 증빙서류를 구체적으로 보면 ⅰ) 환자의 인적 사항을 파악하기 위한 서류(주민등록증 사본, 주민등록표 등본 등), ⅱ) 보호의무자임을 증명하기 위한 서류(예컨대,

혼인관계증명서, 가족관계증명서, 후견등기사항증명서 및 입원권한을 부여하는 법원의 결정서, 동거여부를 확인할 수 있는 주민등록표등본 등)이다. 추가적으로 보호의무자의 인적 사항을 파악하기 위한 서류(주민등록증 사본, 주민등록표 등본, 생계를 같이 하는 친족 여부에 대한 자료 등)가 필요할 수 있다.

4. 퇴원의 자유와 제한

가. 퇴원의 자유와 퇴원절차

(1) 퇴원의 자유와 퇴원시킬 의무

동의입원도 퇴원의 자유가 원칙적으로 보장된다. 따라서 정신의료기관의 장은 동의입원환자가 퇴원을 신청하는 경우 지체 없이 퇴원을 시켜야 할 의무가 있다(법 제42조 제2항 본문).

(2) 동의입원환자의 퇴원요건

동의입원환자의 경우 자의입원환자와 동일하게 퇴원신청서 서식(참고서식 제5호)이 제공되고 있다. 보호의무자는 동의입원환자의 퇴원을 동의할 수 있는 있으나 퇴원을 신청할 수 있는 신청권자는 아니다. 동의입원환자의 퇴원신청은 환자 본인만이 할 수 있다.

동의입원환자가 퇴원신청을 할 때 그 입원에 동의한 보호의무자만 동의할 수 있는지 아니면 다른 보호의무자도 동의할 수 있는지 의견이 갈릴 수 있어 해석이 필요하다. 생각건대, 법에서 입원에 동의한 보호의무자로 한정하지 않고 있고, 보호의무자의 권한은 그 자격을 가진 사람 누구에게나 동일해야 하므로 보호의무자라면 누구라도 퇴원에 동의할 수 있다고 해석하는 것에 찬성한다.

동의입원환자가 퇴원신청을 할 때 보호의무자의 동의를 받지 못하였다고 하더라도 퇴원이 제한되는 것은 아니다. 그 경우에 퇴원을 제한할지 아니면 퇴원을 시킬지 여부는 정신의료기관의 장이 결정한다. 거꾸로 동의입원환자가 보호의무자의 동의를 받아 퇴원신청을 하는 경우라면 정신의료기관의 장은 퇴원을 제한할 수 없다.

(3) 동의입원환자의 퇴원절차

앞서 본 바와 같이 동의입원환자가 보호의무자의 퇴원동의를 받아 퇴원신청서를 작성하는 경우 또는 보호의무자의 퇴원동의 없이 퇴원신청서를 작성하는 경우라도 향후 치료와 보호 필요성이 없는 경우에는 자의입원에서의 퇴원절차와 동일하게 지체 없이 퇴원을 시켜야 한다(법 제42조 제2항 본문).

동의입원의 경우에도 자의입원의 경우와 마찬가지로 환자 동의를 얻은 경우 정신의료기관의 장에게 정신건강복지센터에 퇴원통보를 하도록 의무화하여 지역사회에서 지원을 받을 수 있게 하고 있다(법 제52조).

나. 퇴원제한의 요건과 효과

(1) 퇴원제한의 요건

정신의료기관의 장이 동의입원환자의 퇴원제한을 위해서는 다음의 각 요건을 모두 갖추어야 하다.

i) 동의입원환자의 퇴원신청이 있을 것
ii) 보호의무자의 퇴원동의를 받지 못할 것
iii) 정신과 전문의 진단결과 환자의 치료와 보호 필요성이 있을 것

위의 '치료와 보호 필요성'은 강제입원의 요건보다 완화된 요건이다. 그 이유는 퇴원제한의 요건과 강제입원의 요건은 구분되고, 퇴원제한은 72시간의 짧은 시간만 가능하므로 그 요건이 자·타해 위험성까지 요구되는 강제입원 요건보다 완화되어 있다. 따라서 강제입원으로 전환하기 위해서는 보호입원 또는 행정입원이 요구하는 엄격한 요건을 별도로 추가적으로 갖추어야 한다.

(2) 퇴원제한의 절차

퇴원제한은 자발적 입원환자인 동의입원환자의 적법한 퇴원신청을 정신의료기관의 장이 거부하는 것인데, 이로 인해 환자의 퇴원의 자유가 제한되므로 환자와 그 입원동의를 한 보호의무자에게 퇴원거부 사유 및 퇴원심사청구권이 있음을 서면 또는 전자문서로 고지하여야 한다(법 제42조 제3항). 현재 보건복지부는 퇴원거부 사유 및 퇴원심사청구권 고지서(환자에게 제공) 및 통지서(보호의무자에게 제공)를 참고서식(제6호 서식)으로 제공하고 있다.

(3) 퇴원제한의 기간

동의입원환자가 퇴원신청을 하였음에도 정신과 전문의 진단 결과 환자의 치료와 보호 필요성이 인정되면 퇴원신청을 받은 때로부터 72시간까지 퇴원을 거부할 수 있다. 위 퇴원신청은 동의입원환자의 공식적 의사표현으로 객관적으로 정신의료기관이 확인할 수 있어야 하므로 기본적으로 퇴원신청서를 작성하도록 하여 그 신청

시점을 기준으로 판단하여야 할 것이다. 그러나 퇴원신청서 작성을 거부하거나 작성할 수 없는 경우에는 구두로 퇴원신청을 받은 때로부터 72시간 이내로 퇴원이 제한된다.

5. 강제입원으로의 전환

가. 강제입원으로의 전환제도의 의의

동의입원은 퇴원제한기간인 72시간 이내에 보호입원이나 행정입원으로 전환이 가능하다. 다만, 응급입원으로의 전환은 불가능하다(법 제42조 제2항).

국제기준이나 각국의 강제입원제도가 대체로 자발적 입원에서 강제입원으로의 전환제도를 허용하고 있는 이유는 i) 처음부터 강제입원으로 입원생활을 시작하는 것보다는 환자 본인의 의사에 의한 자발적 입원을 확대할 수 있고, ii) 자발적 입원 환자라도 악화되는 경우 강제입원이 필요할 수 있는데, 그 경우 퇴원 후 강제입원의 형태로 재입원시키는 것은 절차적 어려움이 있어 입원상태를 유지한 상태로 그 유형만 전환하는 제도가 필요하게 된 것이다.

강제입원으로 전환하기 위해서는 퇴원제한기간인 72시간 내에 보호입원이나 행정입원의 요건을 갖추어야 한다. 행정입원의 경우에는 국가가 지정한 정신의료기관에서만 입원이 가능하므로 동의입원환자가 행정입원으로 전환되는 경우에는 지정정신의료기관으로의 이송이 필요할 수도 있다.

나. 보호입원으로의 전환요건과 절차

(1) 보호입원 전환요건

보호입원에 관해서는 법 제43조(보호입원)에 대한 설명에서 그 요건을 구체적으로 보고, 여기서는 간단히 동의입원의 퇴원제한기간인 72시간 내에 갖추어야 할 요건을 본다. 보호입원으로의 전환요건은 다음과 같다.

i) 보호의무자 2인 이상의 보호입원신청
ii) 입원치료의 필요성과 자·타해 위험성이 있다는 정신과 전문의 진단
iii) 정신의료기관의 장의 '진단을 위한 보호입원'결정

i)은 법정서식인 보호입원신청서(규칙 별지 제15호 서식)를 보호의무자 2인 이상이 입원 정신의료기관에 증빙서류를 첨부하여 제출하면 되고, ii)는 정신과 전문

의가 법정서식인 진단결과서(입원권고서. 규칙 별지 제16호 서식)에 입원필요의 소견을 내어 정신의료기관의 장에게 제출하면 된다. ⅲ)의 보호입원결정은 명시적으로 드러나는 경우는 거의 없으나, 보호입원의 최종적 입원결정권자는 정신의료기관의 장이기 때문에 환자가 입원수속을 밟거나 보호입원되었다는 통지(참고서식 제7호) 등을 통해서 묵시적으로 그 결정이 드러난다.

보호입원을 신청하는 보호의무자는 입원 동의한 보호의무자가 아니어도 되고, 후견인이 있는 경우를 제외하고는 보호의무자의 순위와 상관 없이 2인 이상이면 된다고 보는 것이 실무관행이다. 입원필요의 소견을 내는 정신과 전문의는 입원의료기관 소속인지 여부는 불문한다. 다만, 1인의 정신과 전문의의 입원권고 소견만으로는 원칙적으로 14일을 초과하여 입원기간을 진행시킬 수는 없고, 14일을 초과하여 입원기간을 진행하려면 소속이 서로 다른 두 번째 정신과 전문의(단, 예외규정에 해당되면 동일한 입원기관의 정신과 전문의도 가능)의 추가적 진단소견이 필요하다.

(2) 보호입원 전환절차

앞서 본 바와 같이 두 가지의 보호입원 요건(보호의무자 신청과 정신과 전문의 진단)이 모두 갖추어졌다고 하더라도 이는 정신의료기관 내부적 절차일 뿐이어서 동의입원환자가 보호입원환자로 전환되었음을 환자와 보호의무자에게 알리는 공식적 절차인 정신의료기관의 장의 결정이 필요하다. 보호입원의 경우 입원시킬 때 지체 없이 정신의료기관의 장이 보호입원환자와 보호의무자에게 그 사실을 통지하도록 되어 있으므로(법 제43조 제6항) 환자에 대한 보호입원 사실 통지시점을 보호입원으로의 전환시점으로 보아야 할 것이다. 그리고 그 통지시점은 동의입원환자의 퇴원신청 시점으로부터 퇴원제한기간 내인 72시간 이내에 이루어져야 한다.

보호입원으로 전환되는 입원일도 특정이 필요한데, 퇴원제한기간 72시간이 만료되는 날은 불산입하고, 그 다음날 0시부터 보호입원이 시작되는 날로 보는 것이 타당할 것이다. 따라서 보호입원 신고도 그 입원초일(전환입원일)부터 3일 이내에 이루어져야 한다. 민법에 따르면 기간이 오전 영시부터 시작하는 때에는 초일을 산입하기 때문이다(민법 157조 단서).

다. 행정입원으로의 전환요건과 절차

(1) 행정입원 전환요건

동의입원에서 행정입원으로 전환하기 위한 요건으로는 ⅰ) 정신과 전문의 또는 정신건강전문요원의 진단 및 보호(행정입원) 신청, ii) 시·군·구청장의 진단의뢰, iii) 입원치료의 필요성과 자·타해 위험성이 있다는 정신과 전문의 1인의 진단, iv) 시·군·구청장의 지정 정신의료기관에 대한 진단을 위한 입원결정이 필요하다. 앞서 보호입원으로의 전환요건에서 본 것처럼 시·군·구청장의 입원결정은 외부적으로 드러나지 않으나 시·군·구청장이 행정입원의 최종결정권자인 점에서 볼 때 이 또한 하나의 요건으로 보아야 할 것이다. 시·군·구청장의 결정은 시·군·구청장이 진단을 위한 행정입원을 지정 정신의료기관에 의뢰하는 것으로 드러난다고 볼 수 있다(법 제44조 제3항).

(2) 행정입원 전환절차

위 입원요건 중 진단 및 보호(행정입원) 신청은 법정서식에 따라 행정입원 신청권자가 시·군·구청장에게 제출하면 되고, 시·군·구청장은 정신과 전문의에게 진단을 의뢰하면 된다.

행정입원 신청권자 중의 하나로 동의입원된 정신의료기관 소속의 정신과 전문의나 정신건강전문요원도 허용된다고 볼 것이다. 시·군·구청장은 동의입원된 정신의료기관의 퇴원제한기간인 72시간 내에 정신과 전문의 진단을 의뢰하여 입원치료의 필요성 및 자·타해 위험성이 있다는 입원권고소견을 받아 시·군·구청장이 진단을 위한 행정입원을 의뢰하면 행정입원으로의 전환은 완료되는 것이라 볼 것이다. 따라서 퇴원신청 시점으로부터 72시간 이내에 위 진단의뢰결정이 나와야만 한다.

행정입원은 보건복지부장관이나 지방자치단체의 장이 지정한 지정 정신의료기관의 경우에만 입원이 허용되므로 시·군·구청장의 진단을 위한 행정입원(진단의뢰)의 결정에 따른 입원의뢰는 동의입원된 환자의 현재의 입원의료기관이 지정 정신의료기관이 아닌 경우에는 지정 정신의료기관으로의 이송이 필요하다.

6. 정기적 퇴원의사의 확인(퇴원의사 확인제도)

가. 동의입원환자의 퇴원의사 확인제도

퇴원의사 확인제도의 의의와 내용은 자의입원과 동의입원 사이에 큰 차이는 없다. 그 제도의 의의는 i) 입원환자 본인의 의사표현의 취약성(소극성)을 보완하기 위한 것이고, ii) 환자의 입·퇴원 의사에 대한 지속적 확인을 통하여 입·퇴원에 대한 자기결정의 기회를 제공하는 것이라 할 수 있다.

그 내용으로서 i) 퇴원의사의 의미, ii) 퇴원의사의 확인의 주기, iii) 퇴원의사 확인의 주체와 방법도 앞서 본 자의입원과 동일하게 이해하면 된다.

나. 퇴원의사 여부 확인 후의 조치

자의입원환자의 퇴원의사 확인제도와 동의입원환자의 퇴원의사 확인제도에 차이가 발생하는 지점은 퇴원의사가 확인된 경우의 조치에 있다. 자의입원환자로부터 퇴원의사가 확인되는 경우에는 정신의료기관의 장에게 지체 없이 퇴원을 시켜야 할 의무가 발생하지만, 동의입원환자로부터 퇴원의사가 확인되더라도 정신의료기관의 장은 앞서 본 퇴원제한을 할 수 있다. 이를 둘로 나누어서 본다.

(1) 보호의무자가 퇴원동의를 하는 경우

동의입원환자의 퇴원의사가 확인되는 경우에는 정신의료기관의 장은 입원에 동의한 보호의무자에게 퇴원에 동의하는지 여부를 확인하여 보호의무자가 퇴원에 동의하는 경우에는 자의입원과 동일하게 지체 없이 퇴원의 절차를 진행하여야 한다. 보호의무자의 퇴원동의가 있는 경우 환자에 대해 퇴원제한을 할 수 없기 때문이다.

(2) 보호의무자가 퇴원동의를 하지 않은 경우

동의입원환자의 퇴원의사는 확인하였지만 보호의무자가 동의하지 않은 경우에는 환자로부터 퇴원신청서를 수령하고, 정신과 전문의 진단으로 치료와 보호 필요성이 인정될 경우 72시간 동안 퇴원을 제한할 수 있다. 그 기간 동안 보호의무자에게 연락하여 보호입원으로의 전환의사 여부를 확인하고, 보호의무자 2명 이상의 보호입원 신청서, 정신과 전문의 입원권고서(진단결과서)를 수령하여야 한다. 아울러 보호입원에서 요구하는 권리고지와 입원전환 후 3일 이내에 보호입원 신고를 하여야 한다.

7. 자의입원 전환여부(자의입원과의 관계)

자의입원과 동의입원은 둘 모두 자발적 입원이지만 두 유형의 자발적 입원 사이에서 퇴원함이 없이 서로 전환이 가능한지에 대해서 법은 아무런 규정을 두지 않고 있다. 따라서 해석론으로서 이를 검토해 보기로 한다.

가. 동의입원에서 자의입원으로의 전환

자발적 입원 중 입원의 자유뿐 아니라 퇴원의 자유까지 완전하게 보장하는 자의

입원은 환자의 자기결정권 보장이 일반 질환으로 인한 입원과 동일한 수준으로 보호될 수 있다. 또한 동의입원환자의 입원에 동의한 보호의무자가 입원기간 중에 사망하는 등 보호의무자가 될 수 없는 사유가 발생한 경우에는 퇴원에 동의하는 것이 불가능해지므로 그 경우 동의입원이 그대로 유효하게 유지되는지 문제가 된다.

생각건대, 입원에 동의한 보호의무자가 입원기간 중 사망하거나 결격사유가 발생하더라도 다른 보호의무자가 있다면 새롭게 보호의무자를 변경하여 입원 동의를 하거나 다른 보호의무자가 퇴원동의를 해 줄 수도 있다고 볼 것이다. 이러한 변경절차나 퇴원에 대한 동의나 부동의가 따로 없다면 동의입원은 보호의무자가 부재하게 된 경우 자의입원으로 전환된다고 볼 것이다.

나. 자의입원에서 동의입원으로의 전환

자의입원에서 동의입원으로의 전환은 환자와 보호의무자의 협의하에 보호의무자가 입원에 동의하여 환자가 동의입원 신청서를 제출하고 정신의료기관의 장이 동의입원을 결정하면 가능하다고 볼 것이다. 이를 위하여 실제적으로 퇴원을 한 후 재입원을 하거나 형식적으로 퇴원신청을 한 후 동의입원 신청을 하는 형태로 서식을 작성할 것은 아니라 할 것이다. 보다 자세한 내용은 ☞ 법 제41조(자의입원)의 설명을 참조할 것.

다. 부적법한 보호의무자 동의와 입원의 효과

부적법한 보호의무자가 동의하더라도 유효한 동의입원으로서 효과가 발생할 것인가? 예컨대, i) 보호의무자 자격이 없는 자(생계를 같이 하지 않는 형제자매 등)의 동의, ii) 보호의무자 동의가 위조된 경우, iii) 적법한 보호의무자라 하더라도 동의의 의사표시를 할 능력이 없음에도 동의가 된 경우와 같이 동의입원에 있어 보호의무자 동의가 무효인 경우에 그 동의입원의 효력을 인정할 수 있는지와 관련된 문제이다.

생각건대, 보호의무자 동의가 위와 같은 이유로 부적법한 경우라 하더라도 환자의 입원신청에 의한 입원이라 할 것이므로 그 입원은 처음부터 자의입원으로 간주하여야 할 것이다. 따라서 위와 같은 부적법한 동의입원의 경우에는 정신의료기관의 장이 퇴원을 제한할 수 없으며, 보호입원이나 행정입원으로도 전환할 수 없다고 볼 것이다.

8. 동의입원환자의 퇴원제한과 민·형사책임

가. 형사책임

(1) 부당한 퇴원거부 시의 형사책임

동의입원환자는 원칙적으로 퇴원의 자유가 보장되고, 예외적으로만 퇴원제한이 가능하다. 특히, 보호의무자의 퇴원동의가 있는 경우에는 자의입원과 동일하게 퇴원의 자유가 보장된다.

동의입원환자가 퇴원신청을 할 때 퇴원제한의 요건에 해당하지 않아, 즉 퇴원의 자유가 보장될 때에는 정신의료기관의 장은 지체 없이 퇴원을 시켜야 할 의무가 발생한다(법 제42조 제2항). 이 때 퇴원을 제한(거부)하거나 정당한 사유 없이 지연시키는 경우에는 형사처벌 규정(법 제84조 제2호)이 있고, 불법행위로서 손해배상책임이 발생한다. 이는 앞서 자의입원에서 본 내용과 동일하다. 한편, 퇴원제한(거부)의 사유가 있는 경우에는 72시간 동안 퇴원제한을 하고, 합법적으로 그 퇴원제한기간 내에 보호입원이나 행정입원으로 전환할 수 있다.

(2) 퇴원의사 미확인 시의 형사책임

정신의료기관의 장은 법이 정한 2개월마다 동의입원환자의 퇴원의사를 확인할 의무가 있다(법 제42조 제4항). 이에 대해서는 자의입원환자에 대한 퇴원의사 미확인 시의 형사처벌에서 본 것과 동일하게 퇴원의사 확인의무를 미이행하는 경우 형사처벌 규정이 있다(법 제86조 제2호).

나. 동의입원의 위법과 민사책임

(1) 동의입원의 입법취지

자의입원환자는 퇴원도 자유로워 정신의료기관측에서는 치료의 안정성이나 지속성을 유지하기 어려워 자발적으로 입원하는 환자조차도 본인의 의사와 무관하게 보호의무자 동의를 받아 보호입원의 형태로 처리하는 경우가 구 정신보건법 하에서는 적지 않았다. 이러한 문제점을 고려해 정신건강복지법은 입원은 자유로우나 퇴원은 일정시간 제한되어 강제입원으로 전환할 수 있는 동의입원제도를 신설하였다. 이는 일본이나 서구의 자의입원환자의 퇴원제한 규정을 참고한 것이기는 하지만, 한국의 동의입원제도는 자의입원과 별도의 자발적 입원유형으로 동의입원을 두고, 거기에 가족이나 후견인인 보호의무자의 입·퇴원 동의를 요구하고 있다는 점에서 특성이 있다.

(2) 동의입원이 위법한 경우

1) 동의입원 자체가 위법한 경우

구 정신보건법에는 없었던 제도여서 동의입원이나 퇴원제한과 관련된 위법성이 국가인권위원회나 법원으로부터 판단된 바는 없으나, ⅰ) 보호의무자 동의 없이 환자의 신청만 있는 동의입원, ⅱ) 보호의무자 자격 없는 자의 동의에 의한 입원은 동의입원으로서의 효력을 발생할 수 없다. 그러나 환자의 자발적 입원신청은 유효하므로 자의입원으로 전환되어 입원은 유효한 것이라 볼 것이다. 다만, 이 경우 동의입원으로서의 효력은 없기 때문에 퇴원제한은 허용되지 않고, 환자가 퇴원신청을 하면 지체 없이 퇴원을 시켜야 한다.

동의입원환자에 대해 퇴원을 제한하기 위해서는 ⅰ) 환자가 퇴원을 신청할 것, ⅱ) 보호의무자의 퇴원동의가 없을 것, ⅲ) 정신과 전문의 진단결과 환자의 치료와 보호 필요성이 있을 것을 요건으로 하므로 정신과 전문의가 진단을 하지 않은 채로 무작정 정신의료기관의 장이 퇴원을 거부할 수는 없다.

2) 퇴원제한 및 입원전환이 위법한 경우

구 정신보건법상 보호입원에 관한 판단이기는 하지만 법원은 정신의료기관의 장이 퇴원신청을 요구하는 환자에 대해 정신과 전문의가 환자의 위험성을 고지하지 않고서 이틀 간 퇴원을 거부하였다는 이유로 형사처벌을 한 사례가 있다.[58]

동의입원의 퇴원제한 목적은 단순히 72시간 동안 퇴원을 제한하는 것에 있다기보다는 보호입원이나 행정입원으로 전환하기 위한 시간을 확보하기 위한 것이다. 다른 강제입원으로 전환되지 않은 채 퇴원제한이 72시간을 넘어 유지되는 경우 위법한 입원이 되므로 그 이후 다른 강제입원으로 적법하게 전환되었다고 하여도 그 하자가 치유되지 않는다.[59]

정신의료기관의 장은 동의입원환자가 퇴원을 거부할 때에는 환자 및 보호의무자

58) 수원지방법원 2016. 7. 5. 선고 2015노6379 판결.

59) 대법원은 구 정신보건법의 응급입원에서 보호입원으로 전환하는 과정에서 72시간을 경과한 경우 72시간 이후의 입원은 모두 위법하다고 보았다. 예컨대, 대법원 2009. 1. 15. 선고 2006다19832 판결(정신의료기관의 장은 응급입원이 의뢰된 자에 대하여 72시간 내에 계속입원에 필요한 정신보건법 소정의 요건을 갖추지 못한 때에는 입원중인 자를 즉시 퇴원시켜야 하고, 이를 위반하여 72시간이 경과하였음에도 본인의 의사에 반하여 퇴원을 시키지 않는 경우에는 위법한 감금행위로서 불법행위가 성립하며, 이러한 위법한 감금행위가 지속되는 가운데 이루어진 절차는 위법하므로 뒤늦게 계속입원의 요건을 갖출 수도 없다).

에게 그 거부사유 및 퇴원심사청구를 할 수 있음을 서면 또는 전자문서로 통지할 의무가 있다. 환자에게 이러한 내용을 서면 등으로 통지하지 않으면 과태료(제89조 제1항 제4호)가 부과된다. 정신의료기관의 퇴원거부사유 미고지는 퇴원거부사유를 알 환자의 권리를 침해하는 것이고, 퇴원심사청구를 할 기회를 상실하게 하는 것이어서 환자의 정신적 손해에 대한 배상책임이 발생한다.

9. 동의입원의 향후 전망

동의입원은 2016년 정신건강복지법 제정을 통해 만들어진 제도여서 2017년 5월부터 시행되었다. 이전에 없던 유형의 입원제도여서 향후 동의입원제도의 활용가능성에 대해 검토가 필요하다. 앞서 자의입원의 전망에서 보았듯이 자발적 입원인 자의입원과 동의입원은 서로 경쟁적으로 또는 보완적으로 작용할 수 있다.

동의입원은 동의입원환자에 의한 주체적 결정을 전제로 보호의무자의 관여, 퇴원제한의 허용, 강제입원으로의 전환이라는 제도적 특징을 가지고 있어 보호의무자나 정신의료기관의 입장에서는 자의입원보다 좀 더 선호할 수 있는 입원유형이라 할 수 있다.

자의입원은 입원과 퇴원의 자유를 모두 보장하여 치료나 입원생활에 있어서도 환자의 자기결정권을 보장받을 수 있는 제도라는 점, 그리고 일반 질환과 차이 없이 통상의 환자로서의 권리의무를 보장받을 수 있다는 점에서 당위적이고, 지향하여야 할 입원형태라 할 수 있다. 그러나 다수의 외국의 자의입원제도는 퇴원제한이 대부분 허용되고 있는 반면, 우리의 자의입원제도는 퇴원제한 자체를 삭제하고 있어 동의입원제도의 장·단점이나 활용도를 동일 선상에서 비교하기에는 어려운 측면이 있다.

향후 동의입원제도는 앞서 보았듯이 자의입원의 일부와 보호입원의 일부를 흡수하여 적지 않게 활용될 것으로 예상된다. 동의입원제도는 동양적 가족전통에 따른 보호자의 관여를 허용하면서도 환자의 입원과 퇴원에 있어 가족의 관여는 최소한도로 하였고, 정신의료기관 또한 보호의무자의 협조 없이는 퇴원 제한에 대한 결정을 스스로 할 수 없도록 하여 입원결정에 관여하는 사람들에게 적절한 권한통제들이 이루어지게 하였다. 다만, 입원전환의 방식이나 절차가 명확히 법령에 규정되어 있지 않은데 이는 국가가 지침 등으로라도 입원전환방식을 명확히 할 필요가 있다.

10. 정신요양시설에서의 적용

정신의료기관에서의 동의입원에 관한 위의 설명들은 정신요양시설의 동의입소에 있어서도 동일하게 적용된다. 다만, 정신건강복지법은 정신요양시설에서의 행정입소를 규정하지 않고 있기 때문에 동의입소에서 행정입소로의 전환은 불가능하고, 동의입소에서 보호입소로의 전환만 가능하다.

정신요양시설의 경우 최근 자발적 입소의 비율이 크게 증가하였는데, 이는 동의입소로의 전환이 활발히 이루어진 것에 기반하고 있다. 그러나 동의입소 또한 환자의 의사능력과 그에 기반한 자발적 동의를 요건으로 함을 명심할 필요가 있다.

제3절 강제입원

정신건강복지법은 강제입원의 유형으로 보호입원과 행정입원을 두고 있다. 응급입원은 강제입원이기는 하지만 긴급한 상황에서의 신속한 입원조치를 취하기 위한 것이고, 단시간 내에 자발적 입원이나 강제입원 또는 퇴원으로 전환하기 위한 임시적 입원이어서 제3장 제5절에서 따로 논하기로 한다.

정신건강복지법이 규정하고 있는 보호입원과 행정입원은 연혁적으로 볼 때 그 목적이나 관여자, 입·퇴원결정의 주체가 서로 구분되는 것이었으나 정신건강복지법은 그 입원요건이나 입원연장방식, 입원심사방식을 통일시켜 사실상 양자의 제도적 차이를 축소하였다.

강제입원은 다음과 같은 구성요소를 법령에 규정할 것을 필요로 한다.

i) 강제입원의 대상자: 정신질환자
ii) 강제입원의 요건: 자·타해 위험성 및 입원치료 필요성
iii) 강제입원의 절차: 신청 → 진단 → 입원 → 심사 → 결정 → 연장절차
iv) 강제입원의 관여기관: 신청권자, 진단기관, 조사기관
v) 강제입원심사기관: 독립성과 중립성이 있는 판사 또는 합의체 심사기관

정신건강복지법 시행 이후 강제입원(보호입원 및 행정입원) 비율은 60% 대에서 30%대로 크게 감소하였다. 이는 동의입원제도가 신설되면서 보호입원의 일부를 흡수하면서 발생한 일이기도 하지만 강제입원에 대한 신고, 진단 및 심사절차가 새로 생기면서 그러한 절차적 통제를 피할 수 있는 자발적 입원유형을 선호하게 되면서 발생한 것이기도 하다. 물론, 그 과정에서 환자나 보호자에게 자발적 입원을 권유하는 설득 또한 증가하게 된 부분도 있다.

본 절에서 논하는 보호입원은 그 내용과 분량이 적지 않고, 법원의 판례나 인권위 결정례도 적지 않게 축적되어 있다. 보호의무자제도 등 한국 강제입원제도의 핵심적 문제를 안고 있는 부분이기도 하며, 입원의 적법성과 필요성에 관한 강제입원심사기관들(법원, 입원적합성심사위원회, 정신건강심사위원회)의 사법심사나 의료심사의 객관적 기준이 필요한 영역이기도 하다. 이하에서 구체적으로 논의하기로 한다.

Ⅰ. 보호입원(제43조)

제43조(보호의무자에 의한 입원등) ① 정신의료기관등의 장은 정신질환자의 보호의무자 2명 이상(보호의무자 간 입원등에 관하여 다툼이 있는 경우에는 제39조제2항의 순위에 따른 선순위자 2명 이상을 말하며, 보호의무자가 1명만 있는 경우에는 1명으로 한다)이 신청한 경우로서 정신건강의학과전문의가 입원등이 필요하다고 진단한 경우에만 해당 정신질환자를 입원등을 시킬 수 있다. 이 경우 정신의료기관등의 장은 입원등을 할 때 보호의무자로부터 보건복지부령으로 정하는 바에 따라 입원등 신청서와 보호의무자임을 확인할 수 있는 서류를 받아야 한다.

② 제1항 전단에 따른 정신건강의학과전문의의 입원등 필요성에 관한 진단은 해당 정신질환자가 다음 각 호의 모두에 해당하는 경우 그 각각에 관한 진단을 적은 입원등 권고서를 제1항에 따른 입원등 신청서에 첨부하는 방법으로 하여야 한다.

1. 정신질환자가 정신의료기관등에서 입원치료 또는 요양을 받을 만한 정도 또는 성질의 정신질환을 앓고 있는 경우
2. 정신질환자 자신의 건강 또는 안전이나 다른 사람에게 해를 끼칠 위험(보건복지부령으로 정하는 기준에 해당하는 위험을 말한다. 이하 같다)이 있어 입원등을 할 필요가 있는 경우

③ 정신의료기관등의 장은 정신건강의학과전문의 진단 결과 정신질환자가 제2항 각 호에 모두 해당하여 입원등이 필요하다고 진단한 경우 그 증상의 정확한 진단을 위하여 2주의 범위에서 기간을 정하여 입원하게 할 수 있다.

④ 정신의료기관등의 장은 제3항에 따른 진단 결과 해당 정신질환자에 대하여 계속 입원등이 필요하다는 서로 다른 정신의료기관등에 소속된 2명 이상의 정신건강의학과전문의(제21조 또는 제22조에 따른 국립·공립의 정신의료기관등 또는 보건복지부장관이 지정하는 정신의료기관등에 소속된 정신건강의학과전문의가 1명 이상 포함되어야 한다)의 일치된 소견이 있는 경우에만 해당 정신질환자에 대하여 치료를 위한 입원등을 하게 할 수 있다.

⑤ 제4항에 따른 입원등의 기간은 최초로 입원등을 한 날부터 3개월 이내로 한다. 다만, 다음 각 호의 구분에 따라 입원등의 기간을 연장할 수 있다.

1. 3개월 이후의 1차 입원등 기간 연장: 3개월 이내
2. 제1호에 따른 1차 입원등 기간 연장 이후의 입원등 기간 연장: 매 입원등 기간 연장 시마다 6개월 이내

⑥ 정신의료기관등의 장은 다음 각 호의 모두에 해당하는 경우에만 제5항 각 호에 따른 입원등 기간의 연장을 할 수 있다. 이 경우 정신의료기관등의 장은 입원등 기간을 연장할 때마다 관할 특별자치시장·특별자치도지사·시장·군수·구청장에게 대통령령으로 정하는 기간 이내에 그 연장에 대한 심사를 청구하여야 한다.

1. 서로 다른 정신의료기관등에 소속된 2명 이상의 정신건강의학과전문의(제21조 또는 제22

조에 따른 국립·공립의 정신의료기관등 또는 보건복지부장관이 지정하는 정신의료기관등에 소속된 정신건강의학과전문의가 1명 이상 포함되어야 한다)가 입원등 기간을 연장하여 치료할 필요가 있다고 일치된 진단을 하는 경우

2. 제1항에 따른 보호의무자(이하 "신청 보호의무자"라 한다) 2명 이상(제1항에 따른 입원등 신청 시 신청 보호의무자가 1명만 있었던 경우에는 1명으로 한다)이 제5항에 따른 입원등의 기간 연장에 대한 동의서를 제출한 경우

⑦ 정신의료기관등의 장은 제6항에 따른 입원등 기간 연장의 심사 청구에 대하여 특별자치시장·특별자치도지사·시장·군수·구청장으로부터 제59조(제61조제2항에서 준용하는 경우를 포함한다)에 따라 퇴원등 또는 임시 퇴원등(일시적으로 퇴원등을 시킨 후 일정 기간이 지난 후 다시 입원등 여부를 결정하는 조치를 말한다. 이하 같다) 명령의 통지를 받은 경우에는 해당 정신질환자를 지체 없이 퇴원등 또는 임시 퇴원등을 시켜야 한다.

⑧ 정신의료기관등의 장은 제1항이나 제3항부터 제5항까지의 규정에 따라 입원등을 시키거나 입원등의 기간을 연장하였을 때에는 지체 없이 입원등을 한 사람 및 보호의무자에게 그 사실 및 사유를 서면으로 통지하여야 한다.

⑨ 정신의료기관등의 장은 입원등을 한 사람 또는 보호의무자가 퇴원등을 신청한 경우에는 지체 없이 그 사람을 퇴원등을 시켜야 한다. 다만, 정신의료기관등의 장은 그 입원등을 한 사람이 제2항 각 호에 모두 해당하는 경우에는 퇴원등을 거부할 수 있다.

⑩ 정신의료기관등의 장은 제9항 본문에 따라 입원등을 한 사람을 퇴원등을 시켰을 때에는 지체 없이 보호의무자에게 그 사실을 서면으로 통지하여야 하고, 제9항 단서에 따라 퇴원등을 거부하는 경우에는 지체 없이 정신질환자 본인과 퇴원등을 신청한 보호의무자에게 그 거부사실 및 사유와 제55조에 따라 퇴원등의 심사를 청구할 수 있다는 사실 및 그 청구 절차를 서면으로 통지하여야 한다.

⑪ 제4항 및 제6항제1호에 따른 서로 다른 정신의료기관등에 소속된 2명 이상의 정신건강의학과전문의의 진단은 해당 지역의 정신의료기관등 또는 정신건강의학과전문의가 부족한 사정이 있는 경우에는 보건복지부령으로 정하는 바에 따라 구체적인 시행방안을 달리 정하여 진단하도록 할 수 있다.

1. 보호입원의 제도적 의의

가. 보호입원의 개념과 현황

(1) 보호입원의 개념

'보호입원'은 가족 등 보호의무자가 환자 본인의 의사에 반하거나 그 의사와 무관하게 입원을 신청하거나 입원연장에 동의하여 이루어지는 정신건강복지법의 입원

유형을 말한다. 구 정신보건법은 시·군·구청장을 보충적 보호의무자로서 인정하여 시·군·구청장이 보호의무자가 되어 입원을 시키는 보호입원제도도 가지고 있었으나, 정신건강복지법은 위와 같이 시·군·구청장이 보충적 보호의무자가 되는 입원을 폐지하여 현재는 후견인과 부양의무자만이 보호의무자가 될 수 있다.

(2) 보호입원의 현황

보호입원은 한국 사회의 대표적인 강제입원 유형으로 구 정신보건법 하에서는 사실상 강제입원의 99%(시·군·구청장에 의한 보호입원 포함)를 차지하고, 자의입원을 포함한 전체 정신의료기관 입원유형 중 보호입원은 61.5%(시·군·구청장에 의한 보호입원을 제외하면 57.2%, 2016. 12. 31. 기준)를 차지하였다. 정신건강복지법 시행 1년 여 뒤에 보호입원은 33.3%(2018. 4. 23. 기준)로 20% 이상 크게 감소하였다.[60] 그러나 여전히 전국적으로 2만 여명 내외의 환자들이 보호입원의 형태로 입원되고 있어 여전히 보호입원제도가 강제입원의 일반적 유형으로 기능하고 있다. 정신건강복지법 시행을 전후한 2017년의 정신의료기관 강제입원 현황을 보면 다음과 같다.

표 3-7 법 개정을 전후한 강제입원의 변화[61]

정신의료기관	2017. 4. 30.	2017. 6. 23.	2017. 8. 21.	2017. 12. 29.	2018. 4. 23.
총 입원현황	66,958	66,688	67,605	66,658	66,523
강제입원 (보호입원, 행정입원 등)	39,081	31,002	28,516	24,562	24,729
	58.4%	46.5%	42.2%	36.8%	36.9%

강제입원의 현황에서 보호입원이 대부분을 차지하기 때문에 위 통계를 보면 2017년 4월 이후 1년 간 보호입원환자의 급격한 감소를 확인할 수 있고, 보호입원 비율 또한 약 20% 가량 감소하였음을 알 수 있다.

60) 보건복지부 2018. 5. 25.자 보도자료 (제목: "비자의입원·입소에 대한 입원적합성심사 시행") 9면 붙임 1. 법 시행 전후 정신의료기관 입원환자 현황 참조.

61) 정신의료기관의 보호입원과 행정입원(기타입소 포함) 환자의 숫자를 합한 것이 강제입원이다. 정신요양시설 입소는 제외되었다. 표의 수치는 보건복지부, 「국립정신의료기관 조사원 워크샵」, 2018. 5. 2.자, 2018, 8면의 통계(법 시행 이후의 비자의입원환자 수의 변화)와 보건복지부 2018. 5. 25.자 보도자료 제목: "비자의입원·입소에 대한 입원적합성심사 시행" 9면 붙임 1. 법 시행 전후 정신의료기관 입원환자 현황을 참조하여 재구성한 것이다.

나. 보호입원의 기능과 법적 구조

(1) 보호입원의 기능

구 정신보건법 하에서 보호입원은 통상 가족의 주도로 이루어지고, 보호입원환자의 퇴원 또한 가족이 사실상 결정하는 경우가 많다. 보호입원은 사실상 가족에 의한 입·퇴원결정이 보장되는 구조로 되어 있다. 그러나 새로운 정신건강복지법의 내용을 보면, 가족은 보호입원의 신청이나 그 입원연장의 동의를 하는 자일 뿐이고, 입원이나 연장에 대한 최종적 결정권은 정신의료기관의 장이나 강제입원심사기관(입원적합성심사위원회, 정신건강심사위원회)이 가진다.

보호입원의 본래적 목표는 환자의 건강과 안전을 위한 치료이다. 보호의무는 가족의 환자에 대한 부양의 책임이나 돌봄 의무와 연관되어 있다. 보호의무자는 통상 부양의무자인 가족인 경우가 대부분이고, 후견인 또한 피후견인에 대한 신상보호의무가 있어 이러한 의무를 수행하는 데 필요한 권한으로서 보호의무자에게 입원 신청권이나 입원연장에 대한 동의권이 주어진 것이라 할 수 있다. 그러나 이러한 신청권한이나 동의권한이 남용될 우려가 있다는 점에서 적절한 제도적 통제수단이 필요하다.

(2) 보호입원의 법적 구조

앞서 본 자의입원이나 동의입원과 같은 자발적 입원은 환자와 정신의료기관 운영자 사이의 입원계약을 통하여 양자의 법적 권리의무가 확정된다. 즉, 환자는 입원진료비를 지급할 의무가 있는 대신 입원치료를 받을 권리가 발생하며, 정신의료기관측은 진료할 의무가 발생하는 대신 입원진료비를 받을 권리가 생긴다.

그런데 보호입원은 보호의무자가 환자의 입원을 신청하여 그에 따라 입원절차가 진행되고, ⅰ) 환자와 정신의료기관측과의 입원계약, ⅱ) 보호의무자 2명과 정신의료기관측과의 입원계약, ⅲ) 환자와 보호의무자 사이의 위임계약 어느 것도 이루어지지 않는다. 그래서 정신의료기관측은 누구로부터 진료비를 받을 것이며, 환자에게 계약상 권리로서 진료받을 권리가 부여되는지, 보호의무자에게 진료비 납부의무가 발생하는지 등이 모두 문제가 된다.

이는 보호입원이라는 제도가 사인(私人)들 사이의 동의에 기반한 계약구조로 판단할 수 없음을 드러내주고 있다. 아울러 환자를 마치 보호의무자가 관리가능한 사람처럼 법이 취급하여 입원과정에서 당사자로 주체화시키지 않을 경우 환자로서의 권리보장이 어렵게 되는 문제도 있다. 즉, 그를 입원계약의 대상처럼 간주하면 그는 人이 아닌 物처럼 된다. 나아가 구 정신보건법과 달리 정신건강복지법은 가족과 병원의 합의에 의한 계약적 관계보다 국가의 최초입원심사를 통한 입원 승인과 같은 국가적 개입이 강화되었고, 보호의무자는 입원에 동의하는 것이 아니라 정신의료기관의 장과 입원적합성심사위원회에 환자의 입원을 신청하는 지위에 있을 뿐이어서 실제적으로나 형식적으로나 보호의무자의 입원계약은 존재하지 않지만 이를 법적으로 가정할 필요는 있다.

다. 보호입원의 제도적 문제점

보호입원제도는 정신질환이 있는 사람의 가족인 보호의무자에게 입·퇴원 결정의 주도권을 주는 시스템이라 할 수 있다. 이를 통해 국가는 정신질환자에 대한 자신의 책임을 덜었고, 보호의무자제도를 통해 가족에게 권한을 부여하여 가족 내 개입을 자제할 수도 있었다. 이로 인해 한국사회에서는 마치 정신질환자와 관련된 책임은 그를 돌보는 가족이 담당해야 하는 것처럼 인식되었다. 이러한 사회적 인식은 가족에게 유형, 무형으로 환자를 입원시키라는 압력으로 작용해 왔고, 실제 가족은 보호입원제도를 통하여 그렇게 해 왔다.

구 정신보건법의 보호입원제도는 환자가 해야 할 입원에 대한 동의를 가족이 대신할 수 있도록 한 것이다. UN 장애인권리위원회에서 폐지를 권고하고 있는 이른바 대체의사결정권자에 의한 강제입원제도였던 것이다.

정신건강복지법은 위와 같은 문제점을 고민하여 환자의 동의를 대신하는 형태가 아니라 환자의 입원을 부양의무자인 가족이 신청하는 형태로 전환하였다. 보호의무자의 '동의'는 그 자체로 입원에 대한 허락을 의미하지만 '신청'은 다른 제3자에게 입원을 요청하는 것이어서 그 법적 효과에 있어 차이가 있다.

그러나 정신건강복지법도 보호입원 연장에 있어서는 여전히 보호의무자의 동의를 요구하고 있고, 그 동의가 없을 경우 입원연장이 되지 않도록 하여 보호의무자가 사실상 환자의 입원동의를 대체결정하도록 하고 있는 문제점이 여전히 남아 있다. 이러한 상황에 대한 개선방법은 뒤에 입법론에서 살펴본다.

라. 헌법재판소의 위헌(헌법불합치) 결정

구 정신보건법 제24조의 보호입원조항은 헌법재판소가 위헌(헌법불합치)결정을 하여 2017. 5. 29.을 끝으로 그 조항의 효력을 다하였다. 헌법재판소가 지적한 것은 두 가지인데, 하나가 입원과정에서 보호의무자, 진단의사, 정신의료기관의 장이 가진 보호입원 권한의 남용의 문제이고, 다른 하나는 보호입원 과정에서 환자의 절차적 기본권 보장 미비의 문제였다. 헌법재판소가 지적한 내용을 구체적으로 보면, 다음과 같다.[62)]

(1) 보호입원 권한의 남용문제

1) 가족(보호의무자)

구 정신보건법의 보호입원제도는 부양의무자인 가족의 선의, 즉 입원에 동의하는 가족이 환자의 치료와 돌봄 등 환자의 이익을 우선으로 할 것이라는 점을 전제로 한다. 그러나 현실이 꼭 그렇지만은 않기 때문에 그 동의권한행사에 대한 적절한 통제가 필요하다. 즉, 보호입원의 악용가능성을 염두에 둔 제도적 통제(예컨대, 환자와 이해가 상반될 수 있는 가족의 동의권한 등의 배제나 보호의무자 지위 배제)가 요구되는데, 구 정신보건법은 그러한 조치를 마련해 두지 않았다.

2) 진단의사(診斷醫師)

구 정신보건법은 정신과 전문의 1인에 의해 보호입원을 시킬 수 있도록 하였는데, 여기에도 진단의 남용가능성을 막을 제도적 장치가 마련되어 있지 않다. 특히, 진단의사가 자신의 경제적 이익을 위해 진단권한을 남용하거나 진단의사와 환자 사이에 이해관계의 충돌을 배제할 수 있는 제도적 장치가 마련되어 있지 않다.

3) 정신의료기관의 장

보호입원의 결정이나 입원연장심사청구, 보호입원환자의 퇴원결정에 대한 권한은 법적으로 보면 정신의료기관의 장에게 있다. 가족의 동의와 진단의사 1인의 진단, 사설응급환자이송단의 불법이송과 관련해 공모, 방조, 용인 등에 의해 입원시키는 사회적 문제가 종종 발생하고 있다. 그리고 제도적으로 볼 때 정신의료기관의 장이 퇴원거부를 할 수 있고, 입원연장심사청구를 하게 되면서 실제 장기입원이 이루어지고 있다.

4) 정신건강복지법의 검토

위의 헌법재판소 결정이유를 바탕으로 현행 정신건강복지법을 검토해 보면 다음과 같다. 현행 정신건강복지법의 보호입원제도는 기본적으로 구 정신보건법의 보호입원제도를 바탕으로 한다. 다만, 차이점이 있다면 구 정신보건법의 보호입원은 입

---

62) 이하의 내용은 헌법재판소 2016. 9. 29. 2014헌가9 결정의 내용 중 일부를 요약하여 검토해 정리한 것이다.

원기간이 6개월이고, 매 6개월마다 연장이 가능하도록 하였지만, 정신건강복지법은 가족의 신청과 정신과 전문의 진단에 의해 입원할 수 있는 최대기간은 14일까지(진단 목적의 입원)로 하였다.

그 기간을 넘어 치료를 위한 입원을 위해서는 원칙적으로 지정진단의사에 의한 입원진단심사, 입원적합성심사위원회의 입원적합성심사를 거치고, 최초 입원 후 2차례는 3개월마다 기간연장심사를 하는 등으로 가족, 진단의사, 정신의료기관의 장의 입원 및 연장조치에 대해 적절한 심사 및 통제기구를 마련하였다.

(2) 환자의 절차적 기본권 보장 미비

헌법재판소는 보호입원과정에서의 환자의 절차적 기본권 보장과 관련해서는 기본적으로 강제입원이 인신구속의 성질을 가지기 때문에 부당한 강제입원으로부터 환자의 권리를 보호할 수 있는 절차적 보장제도가 필요함을 지적하였다. 이에 기반하여 구 정신보건법의 보호입원제도의 문제점을 다음과 같이 지적하고 있다.

1) 절차적 능력의 배제

환자의 판단능력은 모두 다를 수 있음에도 불구하고, 보호입원조항은 입원을 결정함에 있어 환자 모두에 대해 판단능력 내지 입원에 대한 동의능력이 전혀 없는 것으로 간주하여 이들의 의사를 고려하지 않고 있다.

2) 권리고지제도의 미비

당사자에 대한 권리의 사전고지가 필요한데, 입원 전이나 입원 당시에 환자에게 권리를 고지하는 제도가 없다.

3) 절차보조인의 결여

강제입원과정에서 환자를 지원하기 위해 공적 기관에서 제공하는 절차보조인과 같이 보호입원 전반에 걸쳐 객관성을 담보할 수 있는 자의 관여를 허용하지 않고 있다.

4) 대면 청문 및 진술기회 부여 미비

구 정신보건법의 정신보건심판위원회는 입원연장심사와 관련해 직접 대면하여 진술을 충분히 청취하는 절차를 거치지 않은 채 대부분 서류를 위주로 심사하고, 이미 입원된 환자에 대한 사후적 입원의 필요성 등을 심사하여 결국 처음 입원할 때의 진단의사의 진단에 상당히 의존하게 되는 점에서 정신보건심판위원회가 보호입원 당시의 위법·부당성을 충분히 심사할 수 있으리라 기대하기 어렵고, 이러한 실태는 통계로도 알 수 있다.

5) 격리·강박 등과 입원의 장기화 위험

구 정신보건법상 보호입원환자는 '치료필요성'이 있다는 이유로 통신·면회의 자유를 제한받을 수 있고, 정신의료기관 내에서 격리되거나 결박당할 수 있는데, 보호의무자나 정신의료기관의 장이 입원을 장기화시킬 목적으로 이를 악용할 경우 인간의 최소한으로서의 존엄성마저 침해당할 수 있고, 실제 장기격리를 위해 위와 같은 조치들이 이용된 사례도 상당수 존재한다.

6) 「인신보호법」상 구제청구의 한계

「인신보호법」상 구제청구에 따른 심사는 보호입원요건이 구비되었는지 여부만을 심사함에 그칠 수 있고, 입원 시점과 청구 사이에 상당한 시간적 간격이 있으며, 보호입원환자는 정신의료기관에 격리수용되어 있어 구제청구 자체를 이용하기 어렵고, 나아가 구제청구절차가 진행되면 정신의료기관이 환자를 퇴원이나 전원시켜 그 절차를 무력화하는 문제가 있다.

7) 현행 정신건강복지법의 검토

위의 1) 내지 6)에서 헌법재판소가 지적한 사항에 따라 현행 정신건강복지법을 검토해 보면, 아직도 강제입원 과정에서의 사전 권리고지제도가 법적으로 보장된 것은 아니며, 입원심사 또한 여전히 서면심사로 진행되고 있고, 강제입원절차에서 환자에 대한 절차적 보조인 없이 입원심사를 위한 조사원제도만을 두고 있다. 이 또한 모든 환자에 대해 조사원 조사가 이루어지는 것은 아니며, 환자가 신청하거나 입원적합성심사위원회 위원장이 직권 조사결정을 하는 경우에만 가능하다.

마. 보호입원의 기능과 역할(입법론)

(1) 보호입원제도의 폐지 논쟁

구 정신보건법의 보호입원조항에 대한 위헌심사절차에서 보호입원조항은 위헌이기 때문에 제도 자체가 폐지되어야 한다는 것이 청구인(환자)측의 의견이었다. 위헌(헌법불합치) 결정 이후에도 현행 정신건강복지법의 보호입원조항은 UN 「장애인권리협약」에 위배되는 대체의사결정권자에 의한 강제입원제도라는 이유로 폐지되어야 함을 주장하는 견해도 있다.[63]

---

63) 권오용, "정신장애인의 법적 능력과 정신보건법상 비자의 입원 및 치료", 「한국정신보건사회복지학회 학술발표논문집」, 2014, 282면; 웰페어 뉴스 2017. 5. 25.자 인터넷판(제목: 보호입원 대신 지역사회 통합 위한 법 만들어 달라) 중 인터뷰 부분.

이와 달리 보호입원제도 또는 행정입원제도는 유지한 채 현행 입원심사기관(입원적합성심사위원회, 정신건강심사위원회)을 폐지하고 법원 판사에 의한 사법심사(대면심사)를 도입하자는 견해도 제기되고 있다. 일부 정신의료단체에서도 강제입원에 대하여 대면심사를 하는 이른바 사법입원(법원 판사 또는 의료인이나 법조인을 포함한 심판원 형태의 준사법기관에 의한 사법심사)을 주장하는 견해도 있다. 즉, 현행 강제입원제도에 대한 입원심사기관을 사법기관(법원)이나 준사법기관(심판원)으로 두자는 의견이다.

(2) 헌법재판소의 보호입원제도 유지 근거의 문제점

보호입원제도는 폐지되어야 하는 것이 맞을까? 헌법재판소가 위에서 본 보호입원 조항의 위헌성 심사를 하면서 보호입원제도 자체의 목적의 정당성과 수단의 적합성을 인정하고 있다는 점에서 보호입원제도 자체의 위헌성은 인정하지 않고 있는 것으로 보인다. 그러나 가족과 의사라는 사인(私人)에 의한 강제력 행사가 가능한 강제입원을 승인하는 것이 과연 옳은지 헌법재판소는 재검토할 필요가 있다.

가족이나 의사라 하더라도 응급한 상황이 아닌 한 강제적 조치의 허용은 오직 환자의 동의에 의해서만 가능한데, 정신질환이 있는 환자에 대해서는 가족이 환자의 동의를 대체하고, 의사 또한 응급상황이 아니더라도 정신질환자에 대해서는 강제적 조치(입원과정에서의 강제호송, 강박, 격리 등)를 일반적으로 허용하는 것은 위헌적 소지가 있다. 그래서 행정입원은 보호입원과 달리 국가적 조치로서 이루어진다.

특히, 보호입원과 관련해 국가의 개입시기가 늦어지면 늦어질수록 그 위헌성은 더 커진다고 볼 수 있다. 사인(私人)에 의한 강제적 입원조치에 대해 국가기구가 심사를 거쳐 승인을 하는 시기가 구 정신보건법은 6개월 뒤였는데, 현행 정신건강복지법은 1개월 내로 좀 더 빨라졌다고 할 수 있지만, 그 또한 대면심사가 아닌 서면심사라는 점에서 여전히 위헌적 소지가 있다.

(3) 보호입원제도의 유지 여부

사견으로는 현행 보호입원제도 및 그 심사제도의 입법적 개선사항이 많다고 생각한다. 다만, 정신질환이 있는 환자를 가족이 입원시키는 것이 더 좋을 것이냐? 국가가 입원시키는 것이 더 좋을 것이냐?는 고민할 필요가 있다. 국가에게는 가족과 같은 인간적 유대를 바랄 수 없기 때문이다. 여전히 우리 사회가 국가보다는 가족

---

http://www.welfarenews.net/news/articleView.html?idxno=61449 (2018. 7. 1. 최종방문)

에게 더 많이 의존하고 있고, 국가는 절대 환자를 면회하러 오지 않을 것이라는 점에서도 그러하다. 만약 보호입원제도를 폐지할 경우라면 행정입원제도로 강제입원제도가 하나의 유형으로 통일될 것인데, 적어도 그 입원과정에서 가족들이 적정한 방법으로 입원과 퇴원을 위한 의견개진을 통해 관여할 수 있는 기회는 필요하다.

(4) 보호입원제도의 개선방향

보호입원제도는 현재와 같이 보호의무자인 가족이 환자의 의사결정을 대신할 수 있는 형태가 아니라 가족의 의견을 입원이나 퇴원의 결정에 참고하는 형태 정도로만 그 대체결정의 수준을 낮출 필요가 있다.

예컨대, 강제입원제도를 하나로 통일하더라도 환자의 가까운 가족들에게 환자의 입원을 요청하거나 신청할 자격을 부여하고, 입원심사나 연장심사과정에서 가족의 동의를 요건으로 하는 것이 아니라 가족의 의견을 진술할 수 있도록 하는 것은 여전히 필요할 것이다. 환자는 국가보다는 가족을 필요로 하기 때문에 가족에게도 그 것에 관해 의견을 제시할 기회는 필요하기 때문이다.

기존의 구 정신보건법이 환자의 입원에 대한 의사결정과 관련해 가족이 100% 대체한 것(환자의 동의를 가족이 대신하고, 환자는 그 과정에서 의견진술의 절차나 권한이 없는 상태)이라면, 현행 정신건강복지법은 가족에게는 입원의 신청권한만 주고, 환자에게는 입원 후 조사원에게 의견진술할 권한을 부여하고서 최종적으로 입원적합성심사위원회가 입원적합 여부를 결정한다. 이러한 현행 정신건강복지법의 보호입원절차는 환자의 절차에서의 의사결정권한이 20%쯤 보장된 것이라 할 수 있다. 보호입원과정에서 환자의 자기결정권 보장을 확대하기 위해서는 적어도 심사기관에 대면하여 말할 기회를 부여하는 것이 필요하다. 그 대면의 기회를 만들기 위해 법원이나 심판원에 의한 강제입원 사법심사제도가 도입되어야 한다.

2. 구 정신보건법과의 비교

가. 개 관

현행 정신건강복지법의 보호입원제도는 기본적으로 구 정신보건법을 모태로 하고 있다. 양자의 주요 공통점과 차이점을 비교해 보면 다음과 같다.

표 3-8 보호입원제도에 대한 신·구법의 공통점과 차이점

보호입원	구 정신보건법	정신건강복지법
대상자	정신질환자(구 정신질환자 개념에 따라 유형별로 포섭)	정신질환자(새로운 개념에 따라 기능별, 정도별 포섭)
동의 또는 신청	보호의무자 동의	보호의무자 신청(최초입원시) 보호의무자 동의(입원연장시)
보호의무자 숫자	2명 (2명 없으면 1명 가능)	2명 이상 (2명 없으면 1명 가능)
보호의무자 순위	부양의무자 우선	후견인 우선
보충적 보호의무자	시·군·구청장(보호의무자가 없거나 의무이행 불가능한 경우)	폐지
보호입원 요건	입원치료 필요성 또는 자·타해 위험성(or 요건)	입원치료 필요성 및 자·타해 위험성(and 요건)
보호입원 기간	6개월	2주(진단 목적의 입원) 3개월(치료 목적의 입원)
입원연장 기간단위	매 6개월마다	1. 최초 연장은 3개월 2. 이후 매 6개월마다
진단 정신과 전문의	1명	2명(다른 의료기관에 속하여야 하고, 그 중 1명은 국·공립 또는 지정진단의료기관 소속이어야 함이 원칙임)
최초입원심사기관	없음	입원적합성심사위원회
최초입원조사기관	없음	조사원제도 신설
입원연장심사기관	정신보건심판위원회	정신건강심사위원회
공통점	1. 정신의료기관의 장이 입원과 퇴원결정의 주체임 2. 환자의 퇴원자유와 그 제한(보호입원요건에 해당하는 경우 정신의료기관의 장의 퇴원거부 가능) 3. 입원연장심사청구는 정신의료기관의 장이 하여야 함 4. 서면심사의 원칙	

나. 시·군·구청장에 의한 보호입원 폐지

현행 정신건강복지법은 시·군·구청장이 보충적으로 보호의무자가 될 수 있는 구 정신보건법의 보충적 보호의무자제도를 폐지하였다. 시·군·구청장이 실제 가족과 같은 보호의무자로서 역할을 하지 못한 채 단순히 가족의 도움을 받을 수 없는 행려환자 등을 입원시켜 6개월마다 도장만 찍은 채 정신의료기관이나 정신요양시설 등에 수용만 해 두는 제도로 주로 활용되어 온 점이 문제가 되었다.

아울러 제도적으로 보면, 시·군·구청장이 보호의무자가 된 환자의 경우 입원연장 시에 시·군·구청장이 보호의무자로 입원에 동의하고, 그 입원동의에 근거해 시·군·구청장이 최종적으로 입원을 결정해 통보하고 있어 사실상 입원동의권자와 입원결정권자가 일치하여 그 권한의 남용을 견제할 수 없는 제도적 문제점도 있었다.

시·군·구청장의 보충적 보호의무자 제도가 폐지되고, 새로운 정신건강복지법이 2017. 5. 30. 시행되면서 기존에 위와 같이 시·군·구청장에 의해 보호입원된 환자는 더 이상 입원의 동의를 해 줄 보호의무자가 없는 경우 환자가 자의로 입원하기를 원하지 않는 한 퇴원을 하는 것이 원칙이다. 그러나 시·군·구청장에 의한 보호입원제도 폐지에 대한 대체수단으로 국가는 공공후견의 형태로 가족의 보호를 받기 어렵고, 지역사회 생활이 어려운 기존의 보호입원(보호입소) 환자들 중 일부에 대해 후견인을 선임하여 계속 입원이나 입소를 유지하게 하였다.

다. 보호의무자 요건의 강화

(1) 보호의무자 신청(동의) 요건 강화

앞서 헌법재판소가 보호입원제도의 문제점으로 지적한 가족인 보호의무자의 권한남용을 어느 정도 통제하기 위하여 입원신청 및 입원연장요건을 보호의무자 2명 이상으로 확대하고(구 정신보건법은 2명), 보호의무자 사이에 입원에 관해 다툼이 있는 경우에는 보호의무자 중 선순위자 2명 이상으로 입원신청이나 연장동의를 하도록 하였다(법 제43조 제1항).

(2) 부양의무자에 대해 후견인을 선순위자로 보장

구 정신보건법은 부양의무자인 가족을 후견인보다 선순위자로 두었으나, 현행 정신건강복지법은 후견인이 법원으로부터 권한을 받은 자임을 고려하여 부양의무자인 가족보다 후견인을 선순위자로 두었다(법 제39조 제2항).

(3) 보호의무자 결격사유의 확대

끝으로, 보호의무자 자격(지위)과 관련해 기존의 보호의무자 결격사유 외에 추가적으로 부득이한 사유로 보호의무자로서의 의무이행을 할 수 없는 사람을 보건복지부령으로 정하여 이해관계가 충돌되거나 현실적으로 보호의무를 수행할 수 없는 사람에 대해서는 보호의무자 지위에서 배제할 수 있게 하였다(법 제39조 제1항 제6호).

라. 입원진단요건의 강화

(1) 입원치료 필요성 및 자·타해 위험성

구 정신보건법은 보호입원의 요건으로 입원치료 필요성이나 자·타해 위험성 중 하나만 있으면 보호입원의 요건을 충족하였지만 정신건강복지법은 입원치료 필요성 및 자·타해 위험성 모두 갖출 것을 요구하여 입원요건을 엄격히 하였다.

(2) 자·타해 위험성의 기준 제시

헌법재판소가 지적한 바와 같이 입원치료 필요성이나 자·타해 위험성은 그 요건이 추상적이고, 그 판단기준이 모호하다. 이러한 점을 고려하여 정신건강복지법은 법률의 위임규정을 두어 그 시행규칙에서 자·타해 위험성의 내용을 보다 구체화하고 있다(규칙 제34조 제2항).

(3) 2명 이상의 서로 다른 기관의 진단의사 요구

구 정신보건법은 보호입원 시 입원요건이나 연장요건을 진단하는 정신과 전문의를 1명으로 하고, 입원 정신의료기관의 정신과 전문의가 진단하는 것도 허용하였다. 정신건강복지법은 치료를 위한 입원진단에 대한 객관성과 공정성을 담보하고, 입원 정신의료기관의 진단의사에 의한 주관적 판단을 통제하기 위한 목적에서 다른 정신의료기관의 진단의사의 진단을 추가로 요구하였다. 아울러, 그 두 번째 진단의사는 원칙적으로 국·공립이나 보건복지부장관이 지정한 지정진단의료기관 소속 정신과 전문의로 한정하여 입원진단에 대한 국가적 감독이 가능하도록 하였다(법 제43조 제4항). 다만, 해당 지역의 정신의료기관이나 정신과 전문의가 부족한 사정이 있는 경우에는 구체적 시행방안을 달리 정하여 진단할 수 있도록 하였다(법 제43조 제11항).

마. 최초입원심사기관의 설립

구 정신보건법에서는 최초 입원과정에 대한 국가적 입원심사기관이 없고, 그러한 이유로 불법적 입원이 장기간 방치되어 왔다는 점을 반성하여 정신건강복지법에서는 환자의 강제입원과정에서의 절차적 기본권을 보장하기 위해 최초입원을 심사하는 입원적합성심사위원회를 두었다. 입원적합성심사위원회는 입원 정신의료기관의 입원신고서, 조사원 조사와 지정진단의사의 진단서 등을 통해 1개월 이내에 보호입원환자와 행정입원환자에 대한 입원여부를 결정한다.

바. 보호입원신고제도 신설

강제입원은 환자에 대한 신체의 자유를 제한하는 구속과 감금의 법적 성질을 띠기 때문에 국가의 감독대상이다. 구 정신보건법의 보호입원은 입원 후 입원연장심사를 청구하는 6개월 여의 기간 동안 국가가 그 입원사실조차 알 수도 없어 문제가 많이 발생하였다. 이러한 문제점을 해결하기 위해 보호입원이나 행정입원과 같은 강제입원의 경우 입원 후 3일 이내에 국립정신병원 산하의 입원심사기관인 입원적합성심사위원회에 신고(전산을 통하여 등록)하도록 하여 강제입원에 대한 국가적 감독이 가능하도록 하였다.

3. 보호입원의 목적

가. 보호입원제도의 역사적 기원

(1) 프랑스의 19세기 정신이상자에 관한 법률

근대 서구의 강제입원제도의 원형이 된 법은 180년 전인 프랑스 1838년 법률(「정신이상자에 관한 법률」)이라 할 수 있다. 당시는 정신과 전문의가 있는 정신의료기관은 없었지만 위 프랑스 법률은 정신이상자를 치료하는 의사가 있는 수용소에 입소시키는 법규정을 담고 있다.

위 법률에 따르면,[64] 시·도지사의 명령에 의한 입소(행정입원)의 경우에는 공공안녕과 개인적 안전에 대한 위험을 그 목적으로 들고 있지만(제18조), 후견인이나 가족과 같은 제3자의 청원에 따른 입소(보호입원)의 경우에는 입원요건으로 입원신청서 작성 외에 질병의 특성과 입원치료의 필요성이 담긴 의사증명서, 환자의 신분증 등만을 요구하고 있다(제8조). 이후 퇴원과 관련해서는 후견인이나 배우자, 직계혈족, 입원신청자나 친족회의 승인을 얻는 자가 퇴원을 요청할 수 있는데, 시설 내 의사는 환자가 공공안녕과 개인적 안전에 위험을 줄 경우 그 퇴원을 제한할 수 있도록 하였다(제14조).

(2) 일본의 1950년 「정신위생법」 이후

일본 또한 프랑스 법률과 유사하게 1950년 「정신위생법」 제정 이후로 의료보호

64) 프랑스 1838년 법률(「정신이상자에 관한 법률」)의 구체적 내용은 George L. Harrison, 「Legislation On Insanity - A Collection Of All The Lunacy Laws」, Philadelphia, Press Of Globe Printing House, 1884. 1025면 이하에 있는 영문 번역판을 참조하였음.

입원(우리의 보호입원에 해당)의 경우에는 의료 및 보호를 위한 입원 필요성이 있는 정신장해자를 그 요건으로 하고(일본 「정신보건복지법」 제33조 제1항 제1호), 조치입원(우리의 행정입원에 해당)의 경우에는 정신장해자로서 의료 및 보호를 위해 입원을 시키지 않으면 그 정신장해로 인해 자신에게 상해를 가하거나 타인에게 위해를 미칠 우려가 있을 것을 요건으로 한다(일본 「정신보건복지법」 제28조의2 및 제29조).

(3) 한국의 구 정신보건법

한국의 1995년 제정 정신보건법도 일본의 강제입원제도와 유사하게 가족에 의한 보호입원과 행정처분으로서의 성격을 가진 지방자치단체의 장에 의한 행정입원을 구분하고, 그 요건도 서로 다르게 규정하여 전자인 보호입원은 자·타해 위험 또는 입원치료의 필요성을 요건으로 한 반면, 후자인 행정입원(시·도지사에 의한 입원)은 자·타해 위험으로 인한 입원필요성을 그 입원의 요건으로 하였다.

20여 년 간 시행되어 온 구 정신보건법은 법적으로는 위와 같이 입원유형을 나누어 그 요건을 구분하고 있었지만, 실제 행정입원이 이루어지는 경우는 거의 없었고, 보호입원과 행정입원의 목적이나 입원요건을 나누어 검토해 온 해석이나 실무관행도 없었다. 그렇기 때문에 사실상 강제입원의 99%를 차지해 온 보호입원이 강제입원의 일반적 기준으로 자리잡아 왔다. 그런데 보호입원의 경우 입원치료의 필요성만으로도 강제입원이 가능했기 때문에 그 입원요건은 사실상 입원을 제한하는 문턱으로서의 역할을 하지 못했다. 입원치료의 필요성이란 상당히 주관적인 것이고, 그 기준도 없었기 때문에 재량적 의료판단이 허용되어 버렸고, 사실상 그 근거자료도 불필요하였기 때문에 입원진단의 적법여부를 심사하는 것도 현실적으로 불가능하였다.

나. 보호입원제도의 목적

(1) 보호입원과 행정입원

보호입원제도는 위의 역사적 기원에서 본 바와 같이 국가의 개입보다는 가족 등 개인의 개입이 보다 강조된다. 이는 서구의 강제수용제도의 큰 흐름이 하나는 가족에 의한 수용이고, 다른 하나가 가족의 돌봄을 받지 못하는 사람에 대한 국가의 수용이었기 때문에 그것이 위와 같은 두 가지 형태의 입원제도(보호입원과 행정입원)로 제도화된 것이다.

한편, 영미법계 국가의 경우에는 강제입원제도의 유형을 위와 같이 보호입원이나 행정입원으로 구분하지 않고서 하나로 통일하고, 다만 강제입원의 신청을 가족이 하는지 또는 경찰이나 구급대원, 정신보건전문가 등이 하는지만 차이를 두고, 그 강제입원의 요건이나 절차는 동일하게 규정하는 경우가 다수이다.

(2) 한국의 보호입원제도

실제 한국에서도 해방 이후 정신보건법이 제정되기 전에 정신장애가 있는 사람에 대한 강제수용의 현실은 가족이 미인가시설 등에 입소시키는 것이 하나의 큰 흐름이었고, 또 다른 하나가 국가가 지원하는 부랑인수용시설 등에 가족으로부터 벗어나 거리에 있는 정신장애인을 사실상 강제로 입소시키는 방법이었다. 이 두 가지 유형의 수용제도가 1995년 정신보건법 제정을 통해 하나의 강제입원 제도 속에 규율된 것이다.

한국의 경우 구 정신보건법 하에서는 보호입원의 신청, 입원요건과 절차, 연장심사절차 등을 행정입원과 다르게 규정하였으나, 현행 정신건강복지법 하에서는 입원진단의 요건이나 절차, 입원연장심사절차 등을 거의 유사하게 규정하여 사실상 그 유형구분의 의미는 많이 축소되었다.

게다가 입원요건에서 입원치료 필요성과 자·타해 위험성을 보호입원의 요건으로 삼고 있고, 행정입원의 경우에도 자·타해 위험성이 있어 입원치료의 필요성이 있을 것을 요건으로 삼고 있어 사실상 두 강제입원유형의 입원요건은 차이가 없다고 볼 수 있다.

4. 보호입원의 대상자

가. 정신질환자

보호입원의 대상자는 동의입원과 동일하게 정신질환자만을 대상으로 한다. 정신건강복지법의 정신질환자 개념("망상, 환각, 사고나 기분의 장애 등으로 인하여 독립적으로 일상생활을 영위하는 데 중대한 제약이 있는 사람")은 계속적 지위가 아니라 일정한 상태를 가리키는 개념이다.

그렇다면 오전의 환청이 오후가 되어 사라질 때 그를 오후에도 정신질환자로 계속 입원시켜 둘 수 있는가? 고대 로마법에서는 정신이상자의 정신이상 상태에서의 법률행위는 무효로 보았지만, 제 정신으로 돌아왔을 때에 한 법률행위는 유효로 보았다. 이는 우리에게 정신장애를 바라보는 또 다른 시각을 제공해 줄 수 있다. 법적 지위가 아닌 유동하는 상태로서의 정신장애 개념은 병의 시간적 순환이나 반복을 법적으로 어떻게 포착할 것인가? 라는 문제를 제시한다.

생각건대, 만성화된 정신질환이나 기능상의 장애가 회복불가능한 경우와 달리 약물 등의 치료를 통하여 회복된 상태라면 정신질환자 개념에 포섭되지 않고, 그 경우 보호입원 대상자로서의 요건은 소멸된다고 할 것이다. 다만 그 병의 경과를 관찰해야 하는 기간은 퇴원 요건이 확정되지 않은 상태로 보아 입원유지가 가능하다고 할 것이다.

나. 보호입원 대상자로서 쟁점이 되는 경우

정신건강복지법의 보호입원 대상자로서 쟁점이 되는 사례들은 다음과 같다.

(1) 미성년자

19세 미만의 미성년자는 친권자(부모)의 친권(親權) 아래에 있다. 부모의 친권은 공동행사가 원칙이며, 이혼한 경우 통상 부모 중 1인이 친권자로 지정된다. 친권자는 미성년자녀에 대해 친권에 근거해 징계권과 거소지정권을 가지고, 입원계약 등에 대해서는 자녀를 대리해 체결할 수 있고, 미성년자녀의 수술이나 치료에 대해서도 자녀를 대신해 동의할 수도 있다.

친권자는 미성년자녀에 대한 입원이나 치료에 대한 동의 및 결정권한이 있기 때문에 일부 외국에서는 정신보건법의 강제입원제도는 성년자에 대해서만 적용하는 경우가 있다.

그러나 우리 정신건강복지법은 미성년자에게도 정신건강복지법의 적용을 배제하지 않고 있으며, 실제 현실에서도 부모에 의해 정신건강복지법에 의해 입원되는 미성년자녀들이 있다. 또한, 정신건강복지법의 적용을 제외하게 될 경우 미성년자녀의 입원에 대해서는 입원심사나 입원기간 등의 제한이 없게 되는 문제점이 발생하므로 미성년자녀에 대해서도 원칙적으로 정건강복지법이 적용되어야 한다. 따라서 보호입원된 미성년자는 성년자와 동일하게 입원에 대한 심사절차 등을 거치고, 정신건강복지법의 각종 청구를 할 수 있고, 그 법정대리인인 친권자나 미성년후견인은 미성년자의 대리인으로서 보호입원된 미성년자가 할 수 있는 권한을 대신 행사할 수 있다. 즉, 친권자나 미성년후견인은 보호의무자로서 가진 권한 외에 추가적으로 법정대리인으로서 가진 권리도 행사할 수 있다. 나아가 보호입원된 미성년자도 퇴원 및 처우개선청구, 조사원 대면조사 신청, 「인신보호법」상의 구제청구를 할 권한과 법적 능력이 있다고 간주되어야 할 것이다.

(2) 행려환자(무연고자)

「의료급여법」에 의한 의료급여 수급권자 중의 하나로 일정한 거소가 없는 사람으로서 경찰관서에서 무연고자로 확인된 사람(「의료급여법」 시행령 제2조 제1호)을 '행려환자'라 한다. 행려환자에 대해서는 정신의료기관이나 정신요양시설에서 무료로 입원 및 치료를 받을 수 있는데, 행려환자 선정기준을 보면, i) 일정한 거소가 없을 것, ii) 경찰서나 소방서 등 행정관서에 의해 병원에 이송될 것, iii) 의사 진단서나 소견서상 응급환자임이 확인될 것, iv) 부양의무자가 없거나 부양의무자의 부양능력이 없을 것이 요구된다.[65]

일부 행려환자의 경우 스스로의 신원확인이 안 되어 가족도 확인되지 않는 경우에 전산관리번호만을 취득한 채 돌볼 보호자 없이 지내는 경우가 적지 않다. 구 정신보건법 하에서는 시·군·구청장이 보충적 보호의무자로서 정신의료기관이나 정신요양시설에 입소시킨 후 6개월마다 입원(입소)연장 동의만 반복된 채 10여 년 넘게 환자들이 외부와 소통하지도 못하고, 가족도 확인하지 못하는 문제가 있었다.

정신건강복지법은 시·군·구청장이 위와 같은 방법으로 환자를 계속 입원(입소)시키는 방법에 문제점이 있다고 판단하여, 시·군·구청장에 의한 보호입원을 폐지하였다. 아울러, 정신건강복지법 시행 이후에는 행려환자와 같이 보호의무자가 없거나 보호의무를 이행할 수 없는 상황인 경우 공공후견인이 보호의무자로서 입원신청이나 입원연장에 동의할 수 있도록 하고, 입원한 행려환자에 대한 지원을 맡을 수 있도록 하고 있다.

(3) 외국인

외국인을 한국 정신건강복지법에 의해 강제입원시킬 수 있는가? 강제입원제도를 두고 있는 정신건강복지법은 치안적 측면이 있고, 정신질환이 있는 외국인에 대한 입원치료가 선의로서 필요한 경우도 많아 실제 일부 병원에서는 보호입원을 통해 외국인을 입원시켜 왔다. 대부분의 국가의 정신보건법에서도 따로 조항을 두어 외국인에 대해 적용된다고 하는 경우는 없으나, 실제 현실적으로는 외국인 환자를 입원시키는 경우가 대부분이다.[66]

한국에 거주하는 외국인 중에는 혼인이나 출산 등으로 한국 국적의 배우자나 자

---

65) 보건복지부, 「2017 의료급여사업안내」, 2017, 30-32면.
66) 예컨대, 직접 방문한 국가인 독일, 프랑스, 일본의 경우가 그러하였다.

녀, 시부모 등을 둔 경우도 있고, 직장에 소속을 두고 일을 하는 경우도 있다. 보호입원은 보호의무자만이 신청할 수 있는데, 보호의무자의 국적이 내국인인지, 외국인인지는 불문하며, 다만 그 친족관계(배우자, 직계혈족, 생계를 같이 하는 친족)는 증명하여야 한다.

보호입원의 대상자가 외국인인 경우 그 외국인이 알아들을 수 있는 언어로 권리고지 및 각종 통지를 하여야 하고, 입원심사절차에서의 의견진술은 번역이나 통역을 하여주어야 한다. 민간 정신의료기관에서는 위와 같은 일이 어렵겠지만 국·공립 정신의료기관 등을 외국인 입원이 가능한 기관으로 지정하여 위와 같은 통·번역 서비스를 제공할 필요가 있다.

(4) 군인

군인은 국가에 대한 병역의무를 지고 있고, 장교나 부사관의 경우 주거지에서 출·퇴근할 수 있지만, 의무 복무하는 사병(士兵)의 경우 군부대 내에서 거주하여야 하고 근무지를 이탈할 수 없다. 이탈할 경우 군무이탈로 처벌된다. 그러나 군인이라 하더라도 정신건강복지법의 적용을 배제할 이유는 없다.

정신질환이 있는 군인의 경우라도 군 시설 내에서 상관이나 다른 군인이 강제력을 행사해 수용해 둘 수는 없다. 한편, 군 병원 내에 있는 정신과 병동을 정신건강복지법과 「의료법」이 정한 기준에 따른 적법한 정신의료기관으로 간주할 수 없기 때문에 군 병원 내 강제입원은 논란의 소지가 있다.

군인의 경우라도 보호입원은 보호의무자인 가족이 입원신청을 해야 하고, 지정진단의사의 진단, 입원적합성심사위원회 신고 및 심사 등을 거쳐야 하기 때문에 군 병원 내에서는 이러한 절차를 이행하기 곤란하므로 군인의 경우에도 군과 협의하여 지정된 외부 정신의료기관에 입원을 시키는 것이 필요할 수 있다.

5. 보호입원의 실체적 요건

가. 보호입원의 실체적 요건에 대한 확인의무

(1) 정신의료기관의 장의 확인의무

위에서 보호입원의 대상자는 정신질환자임을 설명하였으므로, 남은 보호입원의 실체적 요건은 두 가지라 할 수 있다. 하나는 보호의무자 2인 이상의 신청이고, 다른 하나는 입원치료 필요성 및 자·타해 위험성에 대한 정신과 전문의 진단(권고)이다.

위와 같은 실체적 요건을 갖춘 경우에만 정신의료기관의 장은 환자를 입원시킬 수 있다. 정신의료기관의 장은 적법한 보호의무자에 의한 입원신청인지 여부를 객관적 증빙서류를 통해 확인하여야 하고, 입원 전의 진단(권고)이 1개월 이내에 환자를 대면진단한 정신과 전문의에 의해 작성되고, 보호입원의 요건(자·타해 위험성 및 입원치료 필요성)을 모두 갖추고 있는지 확인하여야 한다.

(2) 확인의무 미이행에 대한 제재

위와 같은 확인의무가 있는 정신의료기관의 장이 입원신청서나 보호의무자임을 확인할 수 있는 서류를 받지 않은 경우 형사처벌 규정이 있다(법 제86조 제3호). 정신과 전문의 대면진단 없이 보호입원을 시키거나 그 입원연장을 한 경우에도 그러하다(법 제84조 제9호).

위와 같이 보호입원을 할 때 보호의무자의 입원신청서와 보호의무자임을 확인할 수 있는 서류를 수령할 의무를 정신의료기관의 장에게 부여한 이유는 보호입원은 보호의무자 자격을 가진 사람만이 신청권이 있기 때문이다. 따라서 이를 서면화시켜 그 신청의사를 명백히 할 필요가 있다. 보호의무자 아닌 자가 입원을 신청해 환자가 입원되는 경우에는 불법한 감금이 되기 때문에 보호입원을 결정할 권한이 있는 정신의료기관의 장에게 그 확인의무를 부여한 것이기도 하다.

나. 보호의무자 2명 이상의 신청

(1) 보호의무자

보호의무자는 앞서 법 제39조에 관해서도 보았듯이 입원신청의 시점에서 가족관계증명서에 의해 객관적으로 증명가능할 수 있게 확정되어 있어야 한다. 그래서 사실혼관계에 있는 배우자는 보호의무자가 될 수 없다고 해석되어야 한다.

배우자나 직계혈족은 가족관계증명서를 통해 바로 확인할 수 있고, 후견인도 후견등기사항증명서나 후견심판서, 입원허가결정서를 통하여 환자와의 관계와 권한을 확인할 수 있다. 따라서 이러한 경우는 보호입원 신청 시에 병원이 쉽게 확인할 수 있다.

다만, 환자에게 후견인이 있는지 여부는 환자나 보호의무자가 알려주지 않는 한 병원측이 알 수는 없기 때문에 병원측으로서는 환자나 보호의무자에게 후견인이 있는지 여부를 확인하여 기록해 둘 필요가 있다. 만약, 필요하다면 입원환자나 보호의무자에게 환자의 후견인이 없다는 '후견등기사항 부존재 증명서'를 법원으로부터 발급받아 오도록 할 수도 있다. 후견인이 있는지 여부를 확인해야 하는 이유는 후견임이 있음에도 불구하고 선순위 보호의무자인 후견인을 제외하고, 가족들이 피후견인을 입원시키는 것인지 여부를 정신의료기관측에서 확인할 의무가 있기 때문이다.

(2) 보호의무자 2명 이상

정신건강복지법은 구 정신보건법과 달리 2명이 아니라 2명 이상의 입원신청을 요구하고 있다. 즉, 보호입원을 신청하는 사람은 2명도 좋고, 3명도 좋다는 의미이다. 입원신청을 하는 보호의무자를 2명 이상으로 한 이유는 보호의무자 전원이나 다수의 일치로 환자를 입원시키는 것이 가족 내 분쟁을 덜 수 있을 것이며, 2명이 입원신청을 하는 것보다는 다수가 결정에 관여할 경우 보호의무자 서로 간의 권한 통제에 적절히 작용할 수 있을 것이라는 의미가 내포되어 있다.

그러나 정신질환자 한 사람에게는 수많은 보호의무자가 있다. 위로는 조부모와 부모, 아래로는 자녀와 손자녀, 그 밖의 보호의무자로 생계를 같이 하는 친족들(형제자매, 삼촌과 조카, 시부모, 장인·장모 등)이 있다. 그런데 우리는 보호입원을 할 때 위와 같은 모든 보호의무자를 확인할 만한 증빙서류를 구비하기 어렵다. 특히, 생계를 같이 하는 친족 여부는 객관적인 증빙서류를 만들기 어려워 주관적이고, 불분명한 상태이다.

게다가 보호의무자에게는 각종 권한과 의무가 부과되고, 정신의료기관에서 보호의무자에게 통지해야 하는 내용도 적지 않다. 그런데 위와 같은 보호의무자 모두에게 그러한 권한과 의무, 수령권한을 부여하는 것은 불필요하다. 입법론적으로는 기존의 2명으로 족할 듯 싶다.

(3) 신청의 시기와 방식

1) 보호입원신청의 시기

보호입원의 신청은 언제 하여야 하는가? 응급입원이나 동의입원의 상태에서 전환되어 이루어지는 보호입원이라면 보호의무자의 입원신청은 환자의 입원 중에 이루어지게 되고, 별도의 입원시행절차도 필요없게 된다.

위와 같은 예외적 상황이 아니라면 보호의무자의 보호입원 신청은 원칙적으로 환자의 정신의료기관 입원 전에 이루어져야 한다. 그 이유는 정신의료기관의 장에 의한 보호입원 결정 및 그 집행이 보호입원신청에 근거하여 이루어져야 하기 때문이다. 그래서 보호의무자의 보호입원 신청이 없는 상태에서의 정신의료기관의 장의 임의적인 입원결정 및 집행은 부적법하다.

2) 보호입원신청의 방식

보호입원신청의 방식은 서면으로 하여야 한다. 법이 정신의료기관의 장에게 보호입원을 할 때 신청서와 보호의무자임을 확인할 수 있는 증빙서류를 함께 받도록 의무를 부과해 놓고 있기 때문이다(법 제43조 제1항).

다만, 보호입원신청이라는 것은 입원대상자에 대해 보호의무자가 정신의료기관의 장(또는 그 직원)에게 입원을 시켜달라는 의사를 표시하는 것이기 때문에 그것은 입원 전에 구두로 이루어질 수도 있다. 그래서 보호입원신청 의사표시는 신청서 작성 전에 이루어질 수도 있고, 신청서 작성과 동시에 이루어질 수도 있다. 전화나 문자, 이메일 등으로 정신의료기관 측에 보호입원신청 의사표시를 한 경우도 적법한 보호입원신청의 의사표시로 볼 수 있다.

보호입원의 신청은 보호의무자 2명 이상이 하여야 하므로 그 신청시점이 서로 다를 수 있는데, 중요한 것은 적어도 두 번째 보호의무자의 보호입원 신청의 의사표시가 입원 전에 이루어져야 한다는 점이다. 이러한 신청의 의사표시는 공식적인 보호입원신청서 작성과는 구분되는 것이다.

(4) 보호의무자 간 입원에 다툼이 있는 경우

보호입원 신청 시 보호의무자 간 다툼이 있는 경우 선순위 보호의무자 2명 이상이 보호입원 신청을 하여야 한다(법 제43조 제1항). 이를 반대해석하면 보호입원 신청 시 다툼이 없는 경우에는 순위와 무관하게 보호의무자 2명 이상의 보호입원 신청을 받으면 된다.

입원시키려는 정신의료기관의 장은 적법한 보호의무자에 의한 입원만을 받아야 하는 의무가 있다. 그런데 입원시점에서 환자의 보호의무자가 몇 명이 있는지(조부모 생존여부, 손자의 숫자, 생계를 같이 하는 친족들 여부) 사실상 알 수 없고, 보호의무자 순위라는 것도 후견인을 제외하고는 가족들 사이에서는 법원의 가사재판으로 몇 달에 걸쳐 정해지는 것인데, 그러한 재판을 받아오는 보호의무자는 사실상 없고, 실제 그러한 가사재판도 거의 이루어지지 않는다. 정신의료기관에 보호의무자의 전체 숫자를 확정한 후 순위를 확인하여 그 선순위자를 찾아 입원을 시켜야 하는 과도한 부담을 주는 위 괄호의 규정(법문에 괄호로 되어 있다)은 삭제될 필요가 있다. 이 문제는 앞서 보호의무자 제도에서 지적한 바와 같이 1인 보호(의무)자제도를 가지고 있던 일본과 달리 2인 이상의 보호의무자제도를 가지게 된 한국의 상황에 그대로 적용하면서 생긴 오류라 할 수 있다.

(5) 보호의무자 1인만 있는 경우

환자의 보호의무자가 1인만 있는 경우 그 보호의무자 1명의 입원신청만 받으면 된다(법 제43조 제1항 괄호부분). 그런데 보호의무자가 2명 이상 있는 경우라면 적어도 2명의 보호의무자의 입원신청을 받아야 한다. 병원은 적법한 보호의무자에 의한 입원만을 해야 할 의무가 있기 때문에 만약 보호의무자가 1명만이 입원신청을 하였다면 그 외에 다른 보호의무자가 없음을 확인하여야 한다. 그런데 다른 보호의무자가 없음을 확인하기 위해서는 앞서 본 후견등기사항 부존재 증명서를 통해 후견인이 없다는 사실 외에도 환자의 직계존속, 직계비속, 배우자, 생계를 같이 하는 친족이 모두 없음을 확인하여야 한다. 환자 쪽에서 이러한 증빙자료를 모두 구비하는 것은 쉽지 않고, 병원 측에서 이를 모두 확인하는 것도 쉽지 않다.

생각건대, 이를 입원실무상 해결하기 위해서는 보호입원을 신청하는 측에서 자신이 보호의무자임을 입증하는 서류 외에 다른 보호의무자(후견인, 직계존속, 직계비속, 배우자, 생계를 같이 하는 다른 친족)가 없다는 확인서와 환자를 기준으로 한 가족관계증명서, 주민등록등본 등을 제출받도록 하여 병원의 확인의무를 덜어 줄 필요가 있다.

(6) 보호의무자 자격과 관련된 사례

법은 보호의무자가 2명 이상 있으면 그 중 최소한 2명을, 보호의무자가 1명만 있으면 그 1명으로 입원신청이 가능하도록 하고 있다. 그런데 자주 문제가 되는 것은 보호의무자 자격이 없는 자가 보호의무자 자격이 있는 자와 함께 보호입원을 신청하거나 보호의무자 자격이 있는 다른 사람이 있음에도 불구하고 보호의무자 1명만 신청을 하는 경우이다. 다음의 사례를 생각해 보자.

1) 생계를 같이 한다고 볼 수 없는 형제자매가 입원신청을 한 경우

환자와 수년 간 별거하여 생계를 같이 한다고 볼 수 없는 형제자매들이 어머니 등과 함께 입원을 신청하는 경우 생계를 같이 하지 않는 형제자매는 보호의무자 자격이 없으므로 그 신청은 위법한 신청이다. 적법한 신청을 받아 입원을 시켜야 하는 정신의료기관의 장은 이를 거부하고, 추가로 적법한 다른 보호의무자의 신청을 받아야 한다. 그러한 하자의 보정이 이루어지지 않은 경우에는 즉시 퇴원시켜야 한다. 다만, 그 신청자인 형제자매 외에 다른 보호의무자가 없는 경우라면 어머니 1인의 보호신청으로 적법하게 되는데, 앞서 본 바와 같이 다른 보호의무자가 없다는 사실에 대한 증빙서류나 확인이 필요하다.

실제 보호의무자가 아닌 자가 환자를 보호입원시킨 것에 대해 그 부적법한 입원을 당한 환자가 부적법한 보호의무자를 상대로 손해배상청구를 한 사례가 있다. 이에 대해 법원은 그 부적법한 보호의무자에 대해 비록 병원의 요구에 의한 입원동의였다고 하더라도 스스로 보호의무자에 해당하지 않는다는 사실을 알았거나 충분히 알 수 있었던 것으로 보아 불법행위에 해당한다는 이유로 입원된 환자에게 위자료를 지급하라고 하였다.[67)]

2) 다른 보호의무자가 있는데 보호의무자 1인만 입원신청을 한 경우

보호의무자가 2명 또는 그 이상 있음에도 불구하고 그 중 1명만이 보호입원신청을 하는 경우가 있다. 정신의료기관의 장은 앞서 본 바와 같이 다른 보호의무자가 있는지 여부를 확인하여야 한다. 그 확인의 방법은 제출한 증빙서류(환자 또는 보호의무자의 가족관계증명서나 주민등록등본 등)를 통해 확인하거나 보호의무자나 환자를 통해 다른 보호의무자에게 연락 등을 하여 확인조치를 취하여야 한다.

실제 인신보호사건 사례 중에는 적법한 보호의무자로 모(母), 처(妻), 성년의 딸 등 총 3명이 있는데 그 중 모(母)만이 보호의무자가 되어 환자를 보호입원시킨 사안에 관해 '정신의료기관측에서는 입원될 환자의 가족관계증명서 등을 확인해 보호의무자가 될 수 있는 자의 연락처나 주소를 확인할 의무가 있음에도 불구하고, 환자의 부모측에서 제출한 제적등본만을 제출받고서 다른 보호의무자가 있는지 여부를 입원 당시의 가족관계증명서 등 공적 문서에 따라 확인하지 않은 점'을 지적하고서 부적법한 입원으로 즉시 퇴원을 명하는 수용해제명령을 내린 사례가 있다.[68)]

(7) 보호의무자 결격사유와 관련된 사례

위와 같이 보호의무자 자격 여부는 가족관계증명서나 주민등록등본, 제적등본 또는 환자나 보호의무자의 진술을 통해서도 확인이 가능하고, 병원측에서도 입원의 적법, 부적법 여부를 공적 증빙자료로 바로 확인할 수 있다. 그러나 보호의무자 결격사유가 있는 경우는 환자나 보호의무자가 고지해 주지 않으면 병원측에서도 알기 어렵다.

보호의무자 결격사유로 법은 ⅰ) 피성년후견인 또는 피한정후견인, ⅱ) 파산선고를 받고 복권되지 아니한 사람, ⅲ) 해당 정신질환자를 상대로 한 소송이 계속

---

67) 서울중앙지방법원 2015. 1. 29. 선고 2013가소603535 판결.

68) 대구지방법원 경주지원 2009. 9. 3.자 2009인3 결정.

중인 사람 또는 소송한 사실이 있었던 사람과 그 배우자, ⅳ) 미성년자, ⅴ) 행방불명자를 규정하고 있다(법 제39조 제1항 제1호 내지 제5호). 법의 위임을 받아 제정된 시행규칙은 '부득이한 사유로 보호의무자로서의 의무를 이행할 수 없는 사람'으로 ⅵ) 교정시설 또는 치료감호시설 등에 수용되어 있는 경우, ⅶ) 고령·질병·장애 등으로 보호의무자로서의 의무를 이행할 의사능력이 현저히 부족하다는 의사의 소견 또는 법원의 결정이 있는 경우, ⅷ) 정신질환자에 대한 부양의무의 이행을 서면으로 거부 또는 포기한 경우, ⅸ) 그 밖에 ⅵ) 내지 ⅷ)에 준하는 사유로서 보호의무자로 의무를 이행하기가 힘들다고 보건복지부장관이 정하여 고시하는 경우(징집 또는 소집, 3개월 이상의 해외체류 중, 실종선고 절차 진행, 가출 등 신고 후 1개월이 지난 경우)를 들고 있다.

위와 같은 결격사유가 있는 사람은 보호의무자가 될 수 없다. 예컨대, 이혼 소송 중이거나 과거 이혼소송을 제기한 경험이 있는 배우자(원고인지 피고인지 여부를 불문함, ⅲ)에 해당), 경찰에 신고되어 행방불명자 또는 법원의 재판에 의해 실종자나 부재자가 된 사람은 결격사유가 있어 보호의무자가 될 수 없다.

병원은 보호의무자로서 입원을 신청한 사람이 결격사유가 있는지 그리고 보호의무자로서 입원을 신청하지 않은 사람에게 결격사유가 실제 있는지 확인할 필요가 있다. 그 확인방법은 객관적 증빙자료(이혼소송사건 접수증명원, 소송계류사실 확인원, 실종선고나 부재자재산관리인 선임 신고서, 의사능력이 부족하다는 의사 소견서, 부양의무 거부 또는 포기 각서, 교정시설 수용증명서 등)나 환자나 보호의무자의 진술을 통해 확보하여야 한다.

그러나 위와 같은 증빙자료를 모두 갖추도록 요구하기에는 병원의 부담이 크므로 일본과 유사하게 보호입원을 신청하는 보호의무자에게 자신은 결격사유가 없음을 확인하는 진술서를 서명받아 수령하는 것이 효율적일 수 있다.

다. 보호입원 신청 시의 정신과 전문의 진단 및 권고

(1) 개관

보호입원 신청은 그 대상자가 정신질환자여야 할 뿐만 아니라 그 대상자에게 정신질환으로 인한 입원치료의 필요성과 자·타해 위험성이 있어야 한다. 정신질환 여부나 치료필요성, 자·타해 위험성에 대한 판단은 전문가에 의할 수밖에 없는데, 현행 정신건강복지법은 그 판단을 정신과 전문의에게 맡기고 있다.

보호입원은 그 목적에 따라 입원초기 14일 간은 환자에 대한 평가를 위한 진단

(평가)입원으로, 최초 입원일로부터 3개월 간은 환자에 대한 치료 목적의 치료입원으로 나뉘어져 있다. 그래서 단기의 진단입원을 위해서는 사전에 1개의 진단결과서를 요구하는 데 비해, 장기의 치료입원을 위해서는 진단입원 기간인 14일 내에 서로 다른 기관에 속한 정신과 전문의 2명의 진단결과서(입원권고서)를 요구하고 있다. 이와 같은 보호입원의 입원진단 방식은 행정입원에서도 유사하게 규정되어 있다.

(2) 보호입원 전 진단의 주체 – 정신과 전문의

법은 정신의료기관 입원(응급입원은 제외)에 있어 정신과 전문의 진단을 거치지 아니하고는 입원할 수 없도록 하고 있다(법 제68조 제1항). 따라서 보호입원의 경우에도 정신과 전문의 진단 없이 입원시킬 수 없기 때문에 입원 후 사후적으로 진단을 받는 것은 위법하다. 보호입원 전의 진단은 반드시 입원 정신의료기관에 소속된 정신과 전문의일 필요는 없으며, 별도의 다른 정신의료기관의 정신과 전문의라도 무방하다.

보호입원의 진단은 정신과 전문의만이 가능하고, 일반 의사나 다른 과 전문의 또는 정신과 전공의가 진단을 한 경우는 위법한 입원이 된다. 실제 구 정신보건법 하에서 정신과 전공의가 환자를 대면하여 입원을 시킨 후에 정신과 전문의인 담당 의사가 환자를 보고, 진료기록을 작성한 경우는 절차적으로 위법한 입원이며, 사후적으로 정신과 전문의가 환자를 보았다고 하더라도 그 하자가 치유되는 것도 아니라고 하면서 불법행위로서 그 전공의와 병원이 연대하여 민사상 손해배상책임을 부담한다고 하였다.69) 다른 과 전문의인 정신의료기관의 장이 환자를 대면진단하고서 입원시킨 후 정신과 전문가가 입원시킨 것처럼 입원 후에 입원소견서를 작성한 경우도 위법한 입원으로 보아야 한다.

(3) 보호입원 전 진단의 시기

여기서 말하는 보호입원 전 진단은 실제 정신과 전문의가 환자를 대면진단하는 것을 말하며, 그 진단결과서를 작성하는 것과는 구분된다. 즉, 보호입원이 되기 전에 진단을 하였다면, 그 진단은 보호입원의 근거가 될 수 있다. 앞서 보았듯이 입원 정신의료기관이나 그 소속 정신과 전문의가 작성한 진단결과서가 아니라고 하더라도 무방하다. 다만, 보호입원의 시점에서 너무 오래 전에 진단된 경우라면 보호입원의 근거로 삼을 수 없다.

---

69) 서울고등법원 2008. 12. 23. 선고 2007나56106 판결.

정신건강복지법은 위와 같은 사정을 고려하여 진단의 유효기간을 진단서 발급일로부터 30일로 하고 있으므로(법 제68조 제1항) 보호입원 시점에서 30일을 넘어가는 과거에 진단된 경우라면 허용이 되지 않는다고 볼 것이다.

(4) 보호입원 전 진단의 내용

보호입원 전 진단의 내용에는 환자가 정신질환자로서 입원치료의 필요성과 자·타해 위험성이 있어야 한다. 거기에는 구체적 근거가 필요하다.

1) 정신질환자 여부

환자가 정신질환자 개념에 해당하는지 여부를 판단할 수 있도록 진단명 외에 증상(환각, 망상, 기분이나 사고의 장애 여부 등) 및 기능상의 장애 정도(환자가 독립적으로 일상생활을 영위하는데 중대한 제약이 있는지 여부)를 제시하여야 한다. 단순한 진단명이나 증상만으로는 생활상 중대한 제약이 있는지 여부를 알 수는 없기 때문이다.

2) 입원치료 필요성 여부

입원치료 필요성 여부에 대해서도 구체적 근거가 필요한데, 환자를 돌볼 가족이나 주거, 일자리 등이 보장되어 있는 경우라면 환자의 입원치료의 필요성은 상당히 줄어들 수 있으므로 이에 대한 확인이 필요할 수 있다. 참고로 독일 쾰른 지방법원에서 강제입원 시 사용되는 의사 소견서에 환자의 가족관계(기혼, 미혼, 별거, 이혼, 사별 등)나 거주환경(독거, 가족친지, 요양시설, 응급보호시설 등) 등을 기재하도록 하는 것도 위와 같은 입원치료 필요성에 참조하기 위한 것이라 할 수 있다.

3) 자·타해 위험성 여부

보호입원 전 진단결과 입원대상 환자에게 자·타해 위험성도 있어야 한다. 그것은 단순한 진단명이나 증상만으로 확인될 수 있는 것이라 보기는 어렵고, 구체적인 행동이나 사건, 환자의 생각과 언동, 가족 등 주변인의 진술 등을 통하여 그 위험성의 근거를 제시하여야 한다.

(5) 보호입원 전 진단의 효과

보호입원 전에 위와 같이 정신과 전문의가 환자를 대면하여 정신질환자로서 입원치료 필요성과 자·타해 위험성이 있다는 진단결과를 제시할 경우 이는 보호입원의 일부 요건만 갖추었다고 할 수 있고, 정신과 전문의의 진단만으로 보호입원의 효과가 발생하는 것은 아니다. 최종적 보호입원의 결정 여부는 정신의료기관의 장이 정하는 것이다.

정신의료기관의 장은 보호입원 및 퇴원여부를 결정하는 권한을 가지는데, 실제 입·퇴원 실무에서는 행정조직체계에서 그 결정을 대행한다. 그러나 보호입원 및 퇴원에 대한 결정은 정신의료기관의 장의 권한이기 때문에 그 법적 책임도 정신의료기관의 장에게 있다. 따라서 적법한 보호의무자 여부뿐만 아니라 보호입원의 요건에 적합한 진단결과인지 여부를 검토하여 보호입원 여부를 결정하여야 한다.

라. 입원치료의 필요성

(1) 정신의료기관과 정신요양시설의 입원요건 구분

보호입원의 실체적 요건 중의 하나는 입원치료의 필요성이다. 입원치료의 필요성에 대해 법은 구체적으로 '정신의료기관에서 입원치료를 받을 만한 정도나 성질의 정신질환을 앓고 있는 경우'라고 규정하고 있다. 정신요양시설 입소치료의 필요성은 이와 다소 차이가 있다. 구체적으로 보면, '정신요양시설에서 요양을 받을 만한 정도 또는 성질의 정신질환을 앓고 있는 경우'라고 하고 있다. 이는 구 정신보건법 하에서부터 정신의료기관은 치료를 목적으로 하고, 정신요양시설은 만성화된 정신질환자의 요양을 목적으로 하였기 때문에 보호입원요건과 보호입소요건에는 다소 차이가 있다.

(2) 입원치료를 받을만한 정도와 성질의 정신질환

정신질환의 성질(nature)과 정도(degree)는 어떻게 고려되어야 할 것인가? 영국(잉글랜드 및 뉴웨일즈) 정신보건법(Mental Health Act)의 실무지침(code of practice)은 정신질환의 성질과 관련해 그 만성도, 진단, 예후, 치료에 대한 순응도 등을 검토하여야 하고, 정신질환의 정도와 관련해서는 질환의 현재적 징후와 증상을 검토해야 함을 지적하고 있다.[70)]

그 외에도 강제적 입원치료 외에 다른 대안적 조치로서 자발적 입원이나 입원하지 않고서 치료가 강제되는 외래치료명령, 지역사회 위기쉼터 등의 거주 지원 등도 고려할 것을 제시하고 있다.[71)]

입원치료 여부는 환자의 가정환경이나 거주환경 또는 환자의 의지와도 무관하지 않기 때문에 환자의 연령, 건강, 필요와 바람, 표현과 감정, 입원이나 퇴원이 동거할 가족에게 미칠 영향 및 그들의 대처능력과 자발성 등도 함께 고려해야 함을 지

---

70) Depart of Health, 「Mental Health Act 1983: Code of Practice」, TSO UK, 2015, 113면.
71) Depart of Health, 앞의 책, 115-116면.

적하고 있다.[72)]

정신건강복지법 시행규칙에 따른 현행 진단결과서 서식(별지 제16호 서식)을 보면, 환자의 진단명, 증상, 입원필요성과 자·타해 위험성 여부만 묻고 있어 영국 정신보건법 실무지침과 달리 환자의 구체적 환경에 대한 파악을 하지 않고 있다. 진단결과서 서식의 변경뿐만 아니라 보건복지부 지침 등을 통하여 보호입원의 입원(연장)치료 필요성 요건의 판단기준으로 위와 같은 요소들을 확인하여 입원(연장)진단 및 심사에 반영할 필요가 있다.

마. 자·타해 위험성

(1) 강제입원의 요건으로서 '위험성' 기준에 관한 논의

1) 위험성 기준에 대한 비판

근대 강제입원제도의 역사를 볼 때 강제입원의 요건으로서 자·타해 위험성은 오랜 역사를 가지고 있을 뿐만 아니라 다수의 국가의 강제입원제도에서 채택되어 있는 보편적 요건이라 할 수 있다. 그러나 최근에 와서는 강제입원제도에서 입원요건으로 자·타해 위험성을 요구하는 것은 환자에 대한 치안적 관점을 드러내는 것이어서 강제입원에 있어 낙인의 요소를 강화시킨다는 지적이 있어 왔다. 또한 강제입원제도가 자·타해 위험성을 요건으로 하는 경우 그 입원의 목적도 치료가 아니라 위험성을 제거하기 위한 사회적 격리가 될 수밖에 없으며, 결국 치료목적의 입원이라는 것은 그 의미를 사실상 상실할 수밖에 없다는 비판도 제기될 수 있다.

2) 이탈리아의 위험성 기준에 대한 폐지

이러한 비판을 고려해 이탈리아는 1978년 장기입원이 가능한 정신병원 폐지를 목표로 하는 강제입원제도 개혁을 담은 일명 '바잘리아 법(같은 해 「국민보건서비스에 관한 법률」로 통합됨)'을 시행하였다. 바잘리아 법은 종합병원 응급정신과에 단기입원을 하는 강제입원환자의 요건과 관련해 기존 법에 있던 '자·타해 위험(공중질서를 해할 위험을 포함)'이라는 요건을 넣지 않고 정신장애인으로서 '긴급한 치료적 개입을 요하는 정신적 변화'가 있고, '입원 외에 적시에 취할 다른 조치가 없거나 환자가 진단 및 치료를 거부할 것'을 요건으로 하였다.

3) 미국의 '중대한 장애' 기준의 도입

미국의 경우 과거 '치료필요성'만으로 강제입원을 허용해 오다가 미국 연방대법

72) Depart of Health, 앞의 책, 114면.

원 판례[73]를 통하여 강제입원의 요건으로 객관적 근거를 제시할 수 있는 '자·타해 위험성'을 두게 된다. 이는 '치료필요성'이라는 의료전문가의 주관적인 판단만으로 신체의 자유를 제한할 경우 남용의 우려가 있는 점과 '치료필요성'이라는 것이 사실상 입원요건(입원문턱)으로서 증명가능한 기준이 되기 어렵다는 점을 감안한 것이다. 최근에는 강제입원의 요건으로 미국 다수의 주에서 '중대한 장애(grave disability)' 기준을 추가하고 있다.

4) 위험성 기준에 대한 검토

생각건대, 강제입원의 요건으로 진단 및 '치료필요성'만을 둘 경우 그 기준을 객관화, 구체화시키기 어렵고, 결국 강제입원진단 및 결정권자에 의한 입원권한 남용을 막기 어렵다. 위험성(자·타해 위험) 기준은 강제입원을 신청하는 자에게 적어도 환자가 입원해야 할 이유로 구체적 위험성을 제시해야 하는 문턱을 만들 수 있다. 단순히 입원치료가 필요한 정신질환이라는 것만으로는 강제입원을 정당화시킬 수는 없다. 그것은 환자 자신을 위한 것이든 타인이나 사회를 위한 것이든 추가적인 정당화요소가 필요하다. 환자의 급박한 건강위험이나 자살위험을 막는 것, 가족이나 타인의 급박한 위험을 막는 것 등이 강제입원의 정당화요소가 되는 것이다. 결국 강제입원을 신청하는 사람은 가족이든, 정신의료기관의 장이든, 시·군·구청장이든 그 위험성에 대한 입증이 필요하게 된다. 즉, 입원요건을 단순히 주장하는 것이 아니라 그 입증이 필요하다.

(2) 외국의 기준

1) 영국(잉글랜드 및 웨일즈)

영국의 경우 자해위험으로부터 '환자 자신의 건강과 안전'을 지키기 위한 고려요소로서 다음과 같은 것을 들고 있다.[74]

i) 증거: 환자의 자살, 자해, 자기방임, 스스로의 건강이나 안전에 대한 방치, 건강이나 안전을 무모하거나 무의식적으로 예측이 어려운 행위를 하거나 그 밖의 방식으로 위험행위를 할 우려가 있다는 증거

ii) 악화 우려: 치료받지 않을 경우 환자의 정신건강이 악화될 것이라는 증거(환자, 보호자, 동거하는 친족이나 친구들의 견해를 포함함)

iii) 환자의 생활능력: 환자 자신이 상황을 관리할 수 있는 기술과 경험 여부

---

73) O'Connor v. Donaldson, 422 U.S. 563(1975).

74) Depart of Health, 앞의 책, 115면.

ⅳ) 의사결정능력: 입원이나 치료에 동의하거나 거절할 능력 및 자유박탈조치에 따른 보호가능성
ⅴ) 반대여부: 환자가 치료에 실제 반대하거나 반대할 가능성
ⅵ) 입원 시 호전가능성: 환자의 정신장애와 상태가 호전될 가능성과 그 증거의 신빙성
ⅶ) 치료이익형량: 치료로 인한 이익과 환자의 복리에 미칠 부정적 영향을 비교 형량하여야 함
ⅶ) 대안의 탐색: 강제적 입원치료가 아닌 다른 방식으로 위험에 대한 관리가 가능한지 여부를 확인

한편, 타해위험과 관련해서도 영국은 제3자의 보호를 위한 강제입원에서 고려해야 하는 요소로 위험의 유형, 위험한 결과의 가능성과 잠재적 위험의 심각성을 들고 있는데, 그 요소들을 고려할 때 참작해야 하는 내용은 다음과 같다.[75)]

ⅰ) 자해의 위험과 타해의 위험이 명백히 분리하여 구분되지는 않음
ⅱ) 환자의 임상병력과 과거의 행적(다른 관련기관의 서비스, 전과)
ⅲ) 동거가족이나 환자 보호자가 위험을 대처하고 관리하고자 하는 자발성과 능력
ⅳ) 위험관리를 위한 다른 대안적 방법이 있는지 여부
ⅴ) 타인에 대한 신체적 또는 심리적인 위해 여부

영국의 자·타해 위험성에 대한 고려요소나 참작기준들을 보면, 의료적인 것보다는 환자의 능력과 바람, 가족의 지지 여부, 환자의 과거 병력과 경험, 대안적 조치의 탐색 등 사회적 측면에 대한 고려가 강화되어 있다. 결국 강제입원 과정에서 입원진단 및 입원심사를 통하여 이러한 사항들을 물어보아 입원 여부를 결정하는 시스템이라는 점을 확인할 수 있다.

한국의 경우 보호입원에 대한 입원진단이나 입원심사 과정에서 자·타해 위험성을 명확한 증빙자료 없이 의료진이나 입원기관이 주관적으로 환자가 폭력성을 가지는지 여부, 사회적 지지여부 등만 기재하고 있어 실제 환자의 위험성에 대한 증빙자료나 영국에서와 같은 전반적인 고려가 누락되어 있다.

2) 미국

미국의 경우 각 주마다 서로 다른 강제입원제도(civil commitment law)를 가지고

75) Depart of Health, 앞의 책, 116면.

있지만 강제입원의 요건은 앞서 본 바와 같이 대동소이하게 자·타해 위험성 요건(위험성 기준)을 대부분 채택하고 있다. 보다 구체적으로 보면, 위험성이라는 요건은 정신질환으로 인한 행동에 기인한 것이어야 하고, 객관적으로 자신이나 타인에 대한 위협으로 실제 존재하거나 감지될 수 있어야 한다. 일부 주에서는 위험이 단순히 잠재적이어서는 안 되고, 급박하거나 긴급할 것을 요구하기도 한다.

3) 호주(뉴사우스웨일즈 주)

호주도 각 주마다 별도의 정신보건법을 제정해 시행하고 있는데, 그 중 뉴사우스웨일즈 주는 강제입원의 대상을 정신질환자(mentally ill person)라 하여 그 정신질환자 개념 내에 자·타해의 중대한 위험을 포함시키고 있다(호주 뉴사우스웨일즈 정신보건법 제14조). 여기서 말하는 자·타해의 중대한 위험은 실무적으로 넓게 해석되어 i) 신체적 위해에 더하여 감정적·심리적·재정적 위해도 포함하고, ii) 폭행, 스토킹, 고의적 약탈, iii) 사회적 관계나 명성에 대한 위협, iv) 자녀를 포함한 돌보는 타인에 대한 방임, v) 자살·자해·자기방임을 포함한다.[76]

4) 일본

일본은 우리의 보호입원에 해당하는 의료보호입원에서는 자·타해 위험성을 요건으로 하지 않고 '의료보호를 위한 입원 필요성'과 '환자가 입원에 필요한 동의를 할 수 없을 것'을 요건으로 하고 있으나 실제 위 입원 필요성 내에 자·타해 위험성으로 인한 입원 필요성도 포함되어 있다. 즉, 의료보호입원에서 자·타해 위험성 요건을 고려하지 않는 것은 아니다. 우리의 행정입원에 해당하는 일본의 조치입원은 '자상타해(自傷他害) 위험'이라 하여 위험성 기준을 제시하고 있다.

'자상타해 위험'의 구체적 내용은 1988년 일본 후생성 고시로 제정(2006년 개정)되었는데,[77] 그 내용을 요약해 보면 다음과 같다.

i) 일련의 정신질환으로 인한 증상과 상태(환각, 망상, 흥분, 혼미, 의식·지능장애, 조증 상태, 억압 상태, 인격의 병적 상태 등)

ii) 그리 인한 자상행위(自傷行爲, 자살기도 등 자기의 생명이나 신체를 해하는 행위) 또는 타해행위(他害行爲, 형벌에 저촉되는 정도의 범죄행위로서 타인의 생명, 신체, 정조, 명예, 재산 등 또는 사회적 법익 등에 해를 미치는 행위)를 일으

76) The NSW Institute of Psychiatry, Mental Health Act 2007 Guidebook, 2016, 14면.

77) 精神保健及び精神障害者福祉に関する法律第 28 条の 2 の規定に基づき厚生労働大臣が定める基準(昭和 63 年 4 月 8 日厚生省告示第 125号).

킬 우려가 있어야 함

후생성 고시는 또한 위와 같은 판단의 고려요소로서 대상자의 기왕력, 현재의 병력 및 이와 관련된 사실행위를 참조해 판단하여야 함을 제시하고 있다. 일본의 경우 위 기준은 보호입원(의료보호입원)의 기준이 아니라 행정입원(조치입원)의 기준으로 사용하고 있고, 그 내용이 광범위하고, 범죄가 될 수 있는 대부분의 위험행위들을 담고 있고, 위험의 긴급성이나 임박성을 요구하지도 않아 강제입원을 엄격하게 제한하기 위한 기준이 되지는 못한다.

다만, 일본은 행정입원(조치입원)을 1980년대 이후 정책적으로 엄격히 제한하고 있어 조치입원 환자숫자는 크게 감소하였다. 이는 위 조치입원에 관한 기준 때문이 아니라 일본의 조치입원에 대한 정책적 방향 때문이라 할 수 있다.

(3) 법령상 규정

법은 자·타해 위험과 관련된 기준을 다음과 같이 제시하고 있다(법 제43조 제2항 제2호).

> "정신질환자 자신의 건강 또는 안전이나 다른 사람에게 해를 끼칠 위험(보건복지부령으로 정하는 기준에 해당하는 위험을 말한다. 이하 같다)이 있어 입원등을 할 필요가 있는 경우"

위의 내용을 이하에서는 '자·타해 위험'이라 줄여 부르기로 한다. 법의 위와 같은 위임에 따라 보건복지부령인 법 시행규칙은 다음과 같이 자·타해 위험의 요건을 구체화하고 있다(규칙 제34조 제2항 각 호).

i) 본인 또는 타인의 건강 또는 안전에 중대하거나 직접적인 위해를 가하는 경우(제1호)
ii) 본인 또는 타인의 건강 또는 안전에 중대하거나 직접적인 위해를 가할 개연성이 높다고 인정되는 경우(제2호)
iii) 본인 또는 타인의 건강 또는 안전에 상습적인 위해를 가하는 경우(제3호)
iv) 본인의 건강이나 안전에 중대하거나 급박한 위험이 있는 경우(제4호)
v) 본인의 건강이나 안전에 중대하거나 급박한 위험의 개연성이 높다고 인정되는 경우(제5호)

위의 각 위험기준을 판단하는 때에는 환자의 질병, 증세, 증상, 기왕력, 행위의 성격 또는 건강이나 안전에 미치는 영향 등을 종합적으로 고려하도록 규정하고 있다(규칙 제34조 제2항 후단).

위 시행규칙은 위험(危險)과 위해(危害)를 구분하고 있다. 사전적 의미로서 '위험'이란 해로움이나 손실이 생길 우려나 그런 상태를 의미하고, '위해'란 위험을 야기하는 행위를 이르는 말로서 주로 사람의 생명이나 안전을 위협하는 것을 의미한다. ⅰ), ⅱ), ⅲ)은 '본인 또는 타인'의 건강이나 안전에 대한 위해의 '중대성, 직접성, 상습성'을 제시하고 있는 반면, ⅳ), ⅴ)는 '본인'의 건강이나 안전에 대한 위험의 '중대성, 급박성'을 제시하고 있어 서로 다소 차이가 있다.

(4) 자·타해 위험성의 내용

정신건강복지법의 자·타해 위험성 구분 기준을 보면, ⅰ) 본인과 타인, ⅱ) 건강과 안전, ⅲ) 위해와 위험, ⅳ) 위해(위험)의 중대성, 직접성, 급박성, 상습성 등을 통해 분류하고 있다.

앞서 본 일본은 위험성을 일정한 법익(생명, 신체, 재산, 명예 등의 개인적 법익 등)에 대한 침해를 기준으로 분류하였음에 비해 한국은 개인의 '건강과 안전'이라는 다소 추상적인 기준을 제시하고 있다. 일단 여기서는 해석이 필요한 본인과 타인, 보호대상 법익인 건강과 안전, 위해와 위험, 위해(위험)의 현실성과 개연성, 위해(위험)의 중대성, 직접성, 급박성, 상습성에 대해서 차례로 살펴본다.

1) 본인과 타인

본인의 건강과 안전을 해하는 것과 타인의 건강과 안전을 해하는 것은 근본적으로 차이가 있다. 본인은 자신의 신체나 행위에 대한 결정권이 있기 때문이다. 자살을 처벌할 수 없고, 암환자가 수술을 거부하는 것을 막을 수 없는 이유도 모두 환자의 자기결정권에 근거한 행위이기 때문이다.

우리 정신건강복지법의 자·타해 위험기준도 이러한 점을 감안하여 자해위험은 타해위험과 달리 급박성을 가질 것을 요구하고 있다. 예컨대, 자살에 대한 생각이나 단기간의 게임몰입과 같이 자신의 안전이나 건강을 해치는 실제적 결과가 급박하게 이루어질 가능성이 없다면 급박성 요건에 해당하기 어렵다. 다만 자해위험(본인의 건강이나 안전에 대한 위험)이 급박하지는 않지만 중대한 경우라면 법 시행규칙이 정한 자·타해 위험기준에 해당할 수 있다.

2) 건강과 안전

건강이란 사람의 생명이나 신체 또는 정신이 통상성을 가지고서 유지되는 것을 의미하며, 안전이란 개인의 신체적, 정신적, 사회적 안전을 모두 포함한다고 볼 수 있다. 신체적 안전이란 생명이나 신체에 대한 위협이 없는 것을, 정신적 안전이란 의식이나 감정, 의지에 동요가 없도록 하는 것을, 사회적 안전이란 개인이 타인과의 관계를 통해 형성시킨 법적 상태나 지위(학생, 혼인관계, 가족관계, 근로관계 등)에 위협이 없도록 하는 것을 의미한다.

폭행은 신체적 안전을 해하는 것이고, 상해는 그에 더하여 건강을 해하는 행위라 할 수 있으며, 명예를 훼손하는 행위는 사회적 지위를 해하는 것이라 할 수 있다. 재산을 손괴하는 행위도 그 폭력적 행위 자체로 인해 신체적 안전에 위협이 될 수도 있다.

3) 위해와 위험

'위해(危害)'란 일정한 대상에게 해로움을 주는 행위를 말한다. 이에 반하여 '위험(危險)'은 통상적으로 아직 발생하지 않은 것으로 해로움이나 손실이 생길 우려나 그러한 상태를 의미한다. 정신건강복지법은 '위해'와 '위험'을 구분하여 사용하고 있다. 위 규칙의 자·타해 위험 기준에서 타인에게는 '위해'를 가한다고 표현하지만 본인에게는 '위험'이 있다고 표현한다. 그러나 위해의 개연성(가해의 개연성)은 위험(해로움이 생길 우려)과 달리 보기 어려우므로 그 의미를 구분하기가 쉽지는 않다.

4) 위해(위험)의 현실성과 개연성

위해(위험)의 현실성은 과거에 실제 그러한 일이 발생했음을 의미하는 것이고, 위해(위험)의 개연성은 향후에 그러한 일이 발생할 것이라는 추측을 의미한다. 즉, 과거에 발생한 위험한 행위나 언동이 향후에 발생할 위험에 대한 개연성을 징표하는 것이다. 그것의 가능성이 몇 %가 되어야 하는지는 알 수 없지만 적어도 일어날 가능성이 안 일어날 가능성보다는 높아야 할 것이다. 그래서 어느 수준의 입증 정도가 되어야 그러한 개연성이 확보되는 것인지가 중요해진다.

5) 위해(위험)의 중대성, 직접성, 급박성, 상습성

건강이나 안전에 대한 위해(위험)는 중대하거나 직접적 또는 상습적이거나 급박성이 있어야 한다. 그문언의 해석상 중대성, 직접성, 급박성, 상습성을 모두 갖출 필요는 없고, 그 중 하나만 있으면 가능하다.

위해(위험)의 중대성을 가늠하는 기준은 i) 형사처벌의 대상이 될 만한 행위인지 여부, ii) 피해를 입는 사람에게 미치는 신체적·정신적 영향의 정도, iii) 강제입원으로 인한 환자의 손해를 능가할만한 다른 이익이 있는지 여부 등을 기준으로 판단할 필요가 있다.

위해(위험)의 직접성을 가늠하는 기준은 i) 위해가 환자 자신의 의지와 행동에 의해 직접적으로 발생하는 것인지 여부, ii) 환자 자신의 언동과 위해의 결과 사이에 직접적인 인과관계가 있는지 여부, iii) 환자 자신의 언동과 위해의 결과가 시간적으로 근접한 것인지 여부 등을 기준으로 판단할 필요가 있다.

위해(위험)의 급박성을 가늠하는 기준은 i) 강제입원이 지연될 경우 회복할 수 없는 위험이 현실화될 것인지 여부, ii) 통원치료 등 대체할만한 다른 수단으로는 시간적으로 위해를 막기 어려운지 여부, iii) 위해가 시간적으로 곧 도래할 가능성에 대한 신빙성 있는 근거자료가 있는지 여부 등을 기준으로 판단할 필요가 있다.

위해(위험)의 상습성을 가늠하는 기준은 i) 기존에 동일한 위험행위가 반복되었는지 여부, ii) 현재의 상태가 유지된다면 향후에도 위험행위가 반복될 가능성 여부, iii) 입원 외에 다른 조치를 통하여 상황을 변경시키면 그 반복을 멈출 수 있는지 여부 등을 기준으로 판단할 필요가 있다.

6) 자·타해 위험의 종합적 고려 및 근거의 제시

위와 같은 위해(위험)의 중대성, 직접성, 급박성, 상습성은 하나의 기준만으로 판단할 것이 아니라 보호입원의 종합적 고려사유로서 모두 참고할 수 있으며, 위와 같은 위해(위험)의 중대성, 직접성, 급박성, 상습성을 보호입원의 근거로서 진단결과에 명시할 필요가 있다.

(5) 구 정신보건법상 판례의 태도

구 정신보건법의 보호입원과 관련해 자·타해 위험성 기준이 대법원에서 명시적으로 제시된 적은 없지만 하급심에서 그에 관한 구체적 기준을 제시한 것에 대해 대법원이 이를 그대로 승인(상고기각)한 사례가 있다.[78]

그 사례를 보면, 환자의 종교적 활동을 이유로 남편이 보호입원을 시켰는데, 환자는 주치의에게 지속적으로 자신에게 정신질환이 없으니 퇴원시켜달라고 요구하였으나 주치의가 환자에게 보호입원의 요건에 해당되는 정신질환이나 입원치료 필요성 또는 자·타해 위험성이 없음에도 불구하고 퇴원요구를 거부하고서 계속 입원시켰다는 이유로 부작위에 의한 감금죄로 형사처벌을 받았다. 위 재판의 판결문을 보면, 자·타해 위험에 대한 보다 구체적 기준이 제시되어 있다.[79]

---

78) 대법원 2009. 7. 23. 선고 2007도5383 판결.
79) 의정부지방법원 2007. 6. 8. 선고 2006노536 판결(검사와 의사측에서 모두 상고하였으나 대법원에서 상고기각됨).

> "환자가 정신의료기관 내 입원치료를 받을 만한 정도 또는 성질의 정신질환에 걸려 있는 경우에 관한 판단은 정신과전문의의 재량에 속한다고 볼 것이나, 그 판단은 환자 자신의 건강 또는 안전이나 타인의 안전을 위하여 입원할 필요가 있는 경우와의 균형상 그에 상응하는 정도에 이를 것을 요한다고 보아야 할 것이다. 한편, 환자 자신의 건강 또는 안전이나 타인의 안전을 위하여 입원할 필요가 있는 경우란 자해(自害) 또는 타해(他害)의 위험성을 의미하는 것인바, 강제입원으로 인하여 환자의 신체적 활동의 자유를 침해하는 결과를 가져오므로 이를 정당화할 수 있는 자신 또는 타인의 생명, 신체 등에 대한 직접적, 구체적 위험에 한정해야 하고, 재산상의 위험 또는 이혼당할 위험 등은 자해(自害) 또는 타해(他害)의 위험에 포함되지 않는다고 볼 것이다."

위 판결에서는 재산상의 위험이나 사회적 지위와 관련된 위험(혼인관계에서 이혼관계로의 변화)은 환자 본인이나 타인의 생명, 신체 등에 대한 직접적, 구체적 위험에 해당하지 않는다는 이유로 제외하고 있다. 위와 같은 법원의 태도는 현행 정신건강복지법에서도 이어질 수 있으며, 실제 법 시행규칙이 중대성, 직접성, 급박성, 상습성 등으로 위험의 상황을 구체화시켜 놓고 있어 단순한 거래관계나 재산관계에서의 위험을 이유로 한 보호입원은 입원요건을 충족하지 못할 수 있다.

(6) 자 · 타해 위험성의 입증

자 · 타해 위험성은 입증이 필요하다. 법이 보호입원의 요건을 구체화하고, 입원절차에 필요한 서식을 제공하며, 지정진단의사가 입원을 진단하고, 입원적합성심사위원회가 입원심사를 하는 것은 모두 적법한 입원요건을 충족하였는지 여부를 심사하기 위한 것이다. 심사를 위해서는 누군가 그 요건을 충족하였다는 점을 주장하고, 증명할 사람이 필요하다.

이와 관련하여 누가 누구를 위해 입증을 하여야 하는가? 그리고 어느 정도의 입증이 필요하며, 그 입증자료(증거)는 무엇이어야 하고, 어떻게 제시되어야 하는가? 라는 문제가 있다. 이를 차례대로 본다.

1) 자 · 타해 위험성의 입증 및 판단주체(절차별 검토)

보호입원에 있어 입원치료 필요성이나 자 · 타해 위험성을 입증하여야 하는 사람은 누구인가? 이는 보호입원의 단계별로 차이가 있다.

i) 최초입원단계: 먼저, 보호의무자가 최초 입원을 신청하는 경우라면 그는 보호입원의 요건을 갖추기 위해 보호입원신청서를 작성하고, 거기에 진단결과

서를 첨부하여야 한다. 그 진단결과서에는 진단명, 입원치료의 필요성, 자·타해 위험성을 정신과 전문의가 기재하도록 하고 있는데, 이 서류를 바탕으로 정신의료기관의 장이 보호입원 여부를 결정하게 된다. 이 상황에서는 보호의무자가 정신의료기관의 장에게 입원요건을 충족시키는 상황을 증명(보호의무자 자격, 자·타해 위험행위 등)하여 정신의료기관의 장이 입원을 결정하게 된다.

ii) 진단입원단계: 보호입원 후 14일 이내에는 환자의 향후 장기치료 여부에 대한 진단을 목적으로 입원 정신의료기관의 담당의사가 진단을 한다. 그 후 지정진단의사가 환자가 보호입원의 진단요건을 충족하였는지 여부를 판단한다. 이러한 진단절차는 정신의료기관측에서 향후 환자의 장기(치료)입원을 목적으로 지정진단의사를 호출하게 된 것이기 때문에 정신의료기관측에서 환자가 장기의 치료목적의 보호입원의 요건을 충족하였음을 증명하는 진단자료 등을 제시할 필요가 있게 된다. 이 때 지정진단의사는 환자의 상태가 보호입원의 요건을 충족하는지(입원치료 필요성, 자·타해 위험성) 여부를 판단하여 충족되지 않았을 경우에는 환자의 퇴원이 이루어지게 된다.

iii) 입원적합성심사단계: 정신의료기관측은 지정진단의사를 통해 14일을 넘는 계속입원을 승인받았다고 하더라도 1개월 이내에 입원적합성심사위원회의 입원적합성결정을 받아야 한다. 그러기 위해서는 정신의료기관측에서 입원 후 3일 이내 보호입원신고를 하고, 두 개의 진단결과서 외에 보호입원의 요건을 모두 충족시켰음을 입증할 수 있는 자료(보호의무자 지위를 확인할 수 있는 서류, 보호입원신청서, 환자의 자·타해 위험성을 입증할 수 있는 진료기록 등 구체적 자료)를 심사위원회에 제시할 필요가 있다. 입원적합성심사위원회는 보호입원의 적법성 여부와 필요성 여부를 위와 같은 자료를 바탕으로 심사하고, 그 자료가 보호입원 요건을 충족하기에 불충분할 경우에는 입원의 부적합판정을 하여야 한다.

iv) 입원연장단계: 입원연장에 있어서도 연장심사청구자는 정신의료기관의 장이기 때문에 정신건강심사위원회에 보호입원의 연장요건을 충족하였음을 입증할 수 있는 자료를 제출하여야 한다. 보호의무자의 적법성이나 자·타해 위험성을 입증할 수 있는 자료가 충분하지 않은 경우 정신건강심사위원회는 입원연장의 요건을 소명하지 못하였음을 이유로 퇴원 등의 명령을 할 수 있다.

2) 자·타해 위험성의 입증자료(증거)

자·타해 위험성의 입증자료는 입원 전에는 환자의 기왕력이나 과거 진료기록, 보호자의 진술, 의사나 간호사의 면담 등 환자나 관계자의 진술기록이 될 수 있고, 입원 후에는 환자 간호기록지, 의사의 면담 등이 기재된 진료기록이나 법 시행규칙의 법정서식인 진단결과서 등이 될 수 있다.

자·타해 위험성에 대한 입증자료와 관련해 정신의료기관측에서는 환자나 보호자의 진술서 등을 제출받을 수도 있고, 담당의사가 별도의 의견서 등을 입원심사기관에 제시하는 것도 가능하다.

3) 자·타해 위험성의 입증정도

자·타해 위험성의 입증정도는 어느 수준에 이르러야 하는지 문제된다. 법원의 재판과정이라면 입증을 해야 하는 당사자가 법원에 ⅰ) 합리적 의심의 여지가 없을 정도로 명확하게 입원요건을 증명해야 하거나 ⅱ) 명백하고 확실한 증거로 입원요건을 증명하거나, ⅲ) 어느 정도의 개연성이 있는 증거로서 증명하는 등의 단계로 나뉜다.

자·타해 위험성은 과거의 사실을 증명하는 것이 아니라 미래의 상황을 예측하는 것이기 때문에 위와 같은 증명의 정도를 요구하기 어려울 수 있다. 그러나 보호의무자 자격이나 지위의 문제와 같이 객관적 증빙서류로 확인할 수 있는 것은 확실한 증명이 필요하다.

4) 자·타해 위험성 입증실패의 법적 효과

보호의무자가 입원권고서(진단결과서)를 첨부하여 정신의료기관의 장에게 보호입원을 신청하더라도 정신의료기관의 장은 다시 환자의 상황을 평가하여 보호입원의 요건이 충족되지 않았음을 이유로 입원을 거부할 수 있다. 이는 진료 자체를 거부한 것이 아니라 진료 후 환자의 상태가 입원요건을 충족하지 아니함을 이유로 한 입원거부여서 진료거부에 해당하지 아니한다.

정신의료기관의 장이 환자를 보호입원시킨 이후에는 ⅰ) 최초 보호입원의 요건을 충족시킨 것을 입증해야 할 뿐만 아니라 ⅱ) 입원기간 중에도 지속적으로 보호입원의 요건을 충족시켜 왔음을 입증해야 하고, ⅲ) 입원연장청구에 있어서도 향후 보호입원의 요건이 유지될 수 있음을 입증하여야 한다.

정신의료기관의 장이 자·타해 위험성과 같은 보호입원의 요건을 입증하지 못하면 최초입원심사기관인 입원적합성심사위원회나 입원연장심사기관인 정신건강심사위원회는 환자의 퇴원을 명령할 수밖에 없다.

환자가 퇴원청구나 인신보호청구를 하는 경우에도 정신의료기관의 장은 환자의 입원의 적법성과 필요성을 입증하여야 한다. 법원의 인신보호청구에 따른 재판에서는 정신의료기관의 장(수용자)이 환자(피수용자)의 보호입원(수용)에 대한 적법성과 필요성을 소명(疎明)할 책임이 있다(「인신보호규칙」 제12조 제2항). 대법원도 정신의료기관측의 소명할 책임을 판례를 통하여 확인해 주고 있다.[80] 만약 인신보호청구사건에서 정신의료기관의 장이 보호입원의 적법성과 필요성을 입증(소명)하지 못하면 그 입증책임을 부담하는 측에 불리하게 판단하여 법원은 수용해제명령(퇴원명령)을 내리게 된다.

바. 환자의 입원동의 여부

보호입원은 환자의 입원동의가 있을 경우 허용되지 않을 것인가? 즉, 보호입원이 성립되기 위한 요건으로서 환자의 입원동의가 없을 것을 요건으로 하는지가 문제이다. 이를 나누어 살펴보면 다음과 같다.

(1) 진정한 입원동의

먼저, 환자의 진정한 입원동의가 있다면 환자의 자기결정권을 존중해야 하고, 자발적 입원을 우선적으로 고려해야 하는 정신건강복지법의 기본이념을 고려해 볼 때 가능한 한 자의입원이나 동의입원의 형식을 취하여야 할 것이다.

(2) 부진정한 입원동의

다음으로, 환자의 의사능력의 부족, 정신적 증상의 결과, 퇴원을 위한 목적 등으로 입원동의를 하는 경우에는 검토가 필요하다. 입원동의는 입원하려는 환자의 의사능력에 기반한 자발적 의사여야 하고, 그 입원동의의 내용은 입원하여 의료진의 지시에 따른 일정기간 동안 치료를 받겠다는 것이어야 한다. 따라서 의사능력이 없이 하는 입원동의, 정신적 증상에 의한 입원동의, 퇴원을 목적으로 한 입원동의의 경우에는 보호입원을 시행하는데 장애가 되지 않는다.

(3) 환자의 입원동의와 보호입원

결론적으로 볼 때, 환자가 입원동의를 하더라도 정신의료기관의 장은 보호입원의 결정을 할 수 있다고 볼 것이다. 환자의 입원동의는 언제든 철회될 수 있는 의

80) 대법원 2009. 6. 11.자 2009인마2 결정.

사표시이고, 그렇게 철회될 경우라도 입원을 유지시킬 수 있는 방법은 보호입원이나 행정입원밖에 없기 때문이다. 일본 「정신보건복지법」은 동의할 수 없는 경우에 의료보호입원을 할 수 있도록 하고 있으나 한국의 정신건강복지법은 그러한 요건을 규정하고 있지 않기 때문에 보호입원이나 행정입원은 환자의 입원동의 여부를 불문하고 가능한 입원형태로 보아야 한다.

6. 보호입원의 형식과 절차

가. 정신과 전문의 입원권고서(진단결과서) 작성

(1) 대면진단

법은 정신과 전문의 대면진단 없이 환자를 입원시키거나 입원연장을 할 수 없도록 하고(법 제68조 제1항), 이를 위반할 경우 형사처벌을 하고 있다(법 제84조 제9호). 판례도 위와 같은 법의 취지를 고려하여 정신과 전문의가 환자를 직접 대면하여 진찰한 후 정신의료기관의 장이 입원을 결정해야 한다고 하고 있다.[81] 실제 위 형사처벌 규정에 근거해 공휴일에 정신의료기관에 내원한 환자에 대해 정신과 전문의가 외부에서 간호사에게 전화로 입원지시를 한 사례가 기소되기도 하였다.[82]

(2) 입원권고서

법 시행규칙은 보호입원 신청서에 첨부하여야 하는 서류로 입원권고서를 요구하고 있다(제34조 제1항 제3호). 이 입원권고서는 원칙적으로 정신의료기관의 장의 보호입원의 결정 전에 작성되어야 하고, 보호의무자의 보호입원신청서에 첨부되어야 한다.

입원권고서는 환자를 대면진단한 정신과 전문의가 작성하여야 하지만 그 작성자가 반드시 입원 정신의료기관 소속 의사여야 할 필요는 없으며, 30일 이내에 대면진단하여 발행한 입원권고면 된다. 입원권고서에는 환자의 진단명이나 증상 외에 입원치료의 필요성과 자·타해 위험성을 확인할 만한 내용과 근거가 필요하고, 최종적으로 대상자의 입원을 권고하는 내용이 담겨 있어야 한다.

81) 대법원 2001. 2. 23. 선고 2000도4415 판결.
82) 의정부지방검찰청 2016. 9. 28.자 보도자료(퇴원명령을 받은 강제입원환자를 퇴원시키지 않는 등 정신의료기관의 비정상적 입·퇴원관행 무더기 적발).

(3) 입원권고서의 입원 후 전용금지

위 입원권고서는 보호입원의 결정 전에 보호입원신청서에 첨부하여 제출되어야 하는 것이다. 위 입원권고서는 환자를 2주간 입원시켜 진단을 하기 위한 단기입원을 목적으로 작성된 것이다. 따라서 그 내용이나 입원 요건을 판단하는 수준이 치료입원이나 입원연장을 위한 진단수준과 다를 수밖에 없다. 따라서 보호입원환자의 입원 후 판단해야 하는 2인 이상의 진단의사가 발급해야 하는 진단결과서의 하나로 사용될 수 없다. 즉, 보호입원의 경우 환자가 최초 입원하기 직전에 입원권고서를 작성하는 것이고, 그 이후부터는 입원된 상태에서 14일 이내 두 개의 치료 목적을 위한 진단결과서가 발급되어야 하며, 3개월 이내에 다시 입원 연장을 위한 2개의 진단결과서가 발급되어야 한다.

이는 행정입원의 경우에도 동일하다. 행정입원이나 보호입원 모두 입원 전 1개의 입원권고서, 최초입원 후 14일 이내에 치료 목적을 위한 2개의 진단결과서, 최초입원 후 2개월 무렵의 향후 입원 연장을 위한 2개의 진단결과서가 필요하다.

나. 보호입원의 신청

(1) 보호의무자의 보호입원신청의사

통상 보호의무자는 정신과 전문의로부터 환자의 상황에 대한 평가를 듣고, 입원을 권유받거나 직접 입원을 요청하게 되는데, 이 때 보호입원신청의사를 밝힐 수 있다. 다만, 보호입원신청은 원칙적으로 혼자 할 수 있는 것이 아니라 2명 이상이 함께 신청하여야 하므로 신청할 다른 보호의무자에게도 알려 최소한 2명 이상이 정신의료기관측에 보호입원신청의사를 밝혀야 한다.

(2) 대리나 대표의 금지

1명의 보호의무자가 다른 1명의 보호의무자의 보호입원신청의사를 대리하거나 대표하여 대신 전달할 수 있을까? 보호입원의 신청이란 재산적 거래가 아니라 타인의 신체를 구속하려는 의사표시이기 때문에 대리가 허용되지 않는다고 볼 것이다. 또한, 대리나 대표를 허용할 경우 법이 2인 이상의 보호의무자를 두어 권한의 남용을 막으려는 목적을 회피할 수 있게 되어 정책적으로도 대리나 대표는 허용하기 어렵다. 게다가 보호의무를 이행하기 어려운 사람에 대해서는 보호의무자 결격사유로 두어 대리나 대표를 필요로 하는 상황도 거의 두지 않고 있는 입법취지도 고려하여야 한다.

따라서 보호의무자 1명이 다른 보호의무자를 대신하여 보호입원신청의 의사표시를 하거나 보호입원신청서를 법적 대리인으로서 작성하는 것도 허용되지 않는다고 볼 것이다.

(3) 보호입원 신청서의 작성

보호입원 신청서는 2명이 공동하여 작성하여야 한다. 보호의무자가 1명만 있는 경우라면 1인 단독으로 작성한다. 현재 보호입원 신청서의 법정서식(규칙 별지 제15호 서식)은 1장의 서식에 2명의 사람이 함께 서명날인하도록 되어 있으나 보호의무자 각자가 다른 장소에서 따로 자기 부분만 작성하여 각각 제출하는 것도 무방하다.

(4) 보호입원 신청서 첨부서류

보호입원 신청서에는 ⅰ) 환자의 주민등록증 사본(또는 주민등록표 등본), ⅱ) 보호의무자임을 증명하는 서류, ⅲ) (진단결과서 내용이 포함된) 입원권고서를 첨부하여야 한다(규칙 제34조 제1항 제1호).

여기서 환자의 주민등록증 사본을 제출하는 이유는 환자의 얼굴과 이름 등을 통해 환자의 인적 동일성을 확인하기 위한 것이며, 보호입원신청권한이 있는 사람인지 여부를 확인하기 위해 보호의무자임을 증명하는 서류도 제출하도록 한 것이다. 또한, 입원 전에 환자의 입원이 필요한지를 소명할 수 있는 자료로 보호입원의 진단요건에 해당한다는 정신과 전문의의 입원권고서도 요구된다. 참고로 보호의무자임을 증명하는 서류로는 다음과 같은 것이 있다.

ⅰ) 직계혈족이나 배우자임을 증명해 줄 수 있는 각종 가족관계증명서
ⅱ) 생계를 같이 하는 친족이나 가족임을 알 수 있는 주민등록표등본이나 건강보험증
ⅲ) 권한 있는 후견인 여부를 확인할 수 있는 후견등기사항증명서, 후견심판서, 가정법원의 입원허가결정 등

(5) 보호입원 신청서 제출방법

보호입원 신청서는 위와 같은 서류를 첨부하여 서면으로 정신의료기관에 제출되어야 한다. 그런데 법은 위 신청서를 전자문서로 작성할 수 있도록 하였고, 위에서 본 첨부서류도 전자문서로 첨부할 수 있도록 하였다(규칙 제34조 제1항).[83] 따라서

83) 여기서 말하는 전자문서는 「정보통신망 이용촉진 및 정보보호등에 관한 법률」 제2조 제5호의 전자문서

보호입원 신청서와 그 첨부서류는 직접 보호의무자가 서면으로 제출하지 않더라도 이메일이나 팩스 등을 통해 정신의료기관측에 제출할 수 있다. 다만, 위와 같은 경우 보호의무자가 직접 본인의 입원신청의사로 이메일이나 팩스 등을 송부하였는지 알 수 없기 때문에 보호의무자의 진정한 의사 여부를 확인해야 하는 정신의료기관측에서 그 신청의사여부나 보호의무자의 동일성 여부를 확인하여 두는 것이 필요하다.

(6) 보호입원 신청서의 위조나 허위작성의 문제

1) 보호입원 신청서의 위조

보호입원 신청서(입원연장을 위한 보호입원 동의서를 포함한다. 이하 같다)를 보호의무자 아닌 제3자가 보호입원신청의사를 표시한 적이 없는 보호의무자(예컨대, 직계혈족이나 배우자) 명의로 직접 작성하여 날인해 정신의료기관측에 제출하는 경우 사문서위조 및 위조사문서행사죄에 해당하여 형사처벌 대상이 된다.

2) 보호입원 신청서의 허위작성

보호입원 신청서를 작성자 자신 명의로 하면서도 자신이 생계를 같이 하는 친족이 아님에도 불구하고, 생계를 같이 하는 친족이라고 하여 정신의료기관측을 속여서 보호입원을 시키는 경우도 형사처벌의 대상이 된다. 보호입원의 권한이 없는 자가 권한이 있는 것처럼 가장하여 환자를 강제입원 시킨 것이 되기 때문이다.

3) 정신의료기관측의 보호입원 신청서 작성

보호입원 신청서나 입원연장 동의서를 보호의무자의 구두 동의를 받아 정신의료기관측에서 작성해 입원절차나 입원연장절차에 사용하는 것은 비록 보호의무자의 동의를 받았다고 하더라도 입원신청이나 입원연장동의가 앞서 본 바와 같이 대리나 대표가 허용되지 않는 점, 법은 보호입원 신청서와 그 첨부서류를 정신의료기관의 장이 제출받을 의무를 규정하고 이를 위반할 경우 처벌하고 있는 점을 고려해 볼 때 보호입원 신청서나 연장동의서를 정신의료기관측이 작성하는 것은 허용되지 않는다.

(7) 보호입원 신청서의 미제출이나 누락

1) 관련법령 규정

보호입원을 신청하는 보호의무자는 앞서 본 보호입원 신청서와 필요서류를 첨부

로 컴퓨터 등 정보처리능력을 가진 장치에 의하여 전자적인 형태로 작성되어 송수신되거나 저장된 문서형식의 자료로서 표준화된 것을 말한다.

하여 정신의료기관의 장에게 제출하여야 한다(규칙 제34조 제1항). 정신의료기관의 장은 입원을 할 때에 신청서와 보호의무자임을 확인할 수 있는 서류를 받아야 한다(법 제43조 제1항 후문). 정신의료기관의 장이 보호입원을 할 때에 위와 같은 신청서와 보호의무자 증명서류를 받지 않았을 경우에 대비한 형사처벌규정을 두고 있다(법 제86조 제3호).

2) 입원실태

구 정신보건법 하에서 보호입원의 실태를 보면, 보호의무자가 정신의료기관을 찾아가 환자에 대한 상담을 한 후 정신의료기관측으로부터 입원을 권유받거나 스스로 입원을 요구한 후 환자를 강제로 정신의료기관까지 이송하고, 그 후 정신과 전문의 대면진단과 입원결정이 이루어지는 경우가 종종 있었다. 위와 같은 입원과정에서 보호의무자의 보호입원 신청서나 보호의무자임을 증명하는 서류를 입원 후에 제출받는 일이 빈번하게 발생하였고, 실제 입원시키고 난 후 보호의무자 2명의 동의를 얻지 못하거나 생계를 같이 하는 친족이라 볼 수 없어 보호의무자 아닌 자에 의한 불법입원으로 되는 경우도 적지 않았다.

2016년 검찰의 수사에 의해 적발된 보호입원위반의 내용들을 보면, 정신의료기관의 장이 보호입원을 결정하기 전에 보호입원 신청서와 보호의무자임을 확인할 수 있는 서류를 제출받을 의무가 있는데, i) 사후에 제출받은 사례, ii) 동거하는 친족이 아닌 사람의 서류를 받은 사례, iii) 보호의무자가 2인 이상 있음에도 불구하고 1인만 신청받은 사례 등이었다.[84]

법원도 구 정신보건법 하에서 정신의료기관의 장이 보호입원의 과정에서 입원동의서 및 보호의무자임을 확인할 수 있는 서류를 받지 아니하고서 입원시킨 경우 정신의료기관의 장의 서류수령의무위반의 유죄를 인정하였다.[85]

3) 입원적합성심사위원회 심사자료 제출 필요성

정신의료기관의 장은 보호입원이나 행정입원 후 3일 이내에 국가 입·퇴원관리 시스템 인터넷 홈페이지 전산등록을 통해 입원적합성심사위원회에 입원신고를 하여야 한다. 그 입원신고 과정에서 입원시킨 보호의무자의 지위(직계혈족, 배우자, 후견인 등)와 필요 첨부서류 구비여부를 확인하여 신고하도록 규정하고 있어 신고를 통하여 일종의 적법성에 대한 자기점검이 가능하다.

---

84) 의정부지방검찰청 2016. 9. 28.자 보도자료(퇴원명령을 받은 강제입원환자를 퇴원시키지 않는 등 정신의료기관의 비정상적 입·퇴원관행 무더기 적발).
85) 수원지방법원 2015. 5. 13. 선고 2014노6750 판결.

정신의료기관의 보호입원 신고사항이 불분명하거나 누락되어 있을 경우에는 입원적합성심사위원회 직권으로 그 소속 조사원 조사를 통하여 서류 미수령이나 첨부서류 누락여부를 확인할 수 있고, 입원적합성심사과정을 통해서 자료제출을 요구할 수도 있다. 그러나 현재로서는 조사원 인력의 한계로 인해 소수의 사건에 대해서만 조사가 가능하다. 그래서 현재 보호입원 신청서나 그 첨부서류는 전자문서 등의 형태로 최초입원심사기관인 입원적합성심사위원회가 직접 눈으로 확인할 수 있게 입원신고사항 등록시에 첨부서류가 함께 스캔되어 송부되고 있다. 그러한 첨부서류를 보아야만 심사기관이 직접 보호의무자가 적법한지 여부를 확인할 수 있고, 입원과정의 위법 여부도 확인할 수 있다.

다. 정신의료기관의 장의 입원결정

(1) 관련 법령

보호입원의 경우 정신의료기관의 장이 입원 및 퇴원결정의 주체이다. 이는 행정입원에서 시·군·구청장이 입원 및 퇴원결정의 주체인 것과 다른 점이다. 정신건강복지법은 보호입원의 경우 ⅰ) "정신의료기관의 장은 ....일부 중략... 입원을 시킬 수 있다"라고 하고 있고, ⅱ) 정신의료기관의 장에게 서류수령 및 그 확인의무를 부과하고 있으며, ⅲ) 2주 간 진단입원의 결정, 3개월 간 치료입원의 결정, 입원연장청구 여부, ⅳ) 퇴원에 관한 결정 등을 모두 정신의료기관의 장에게 맡겨 놓고 있다(법 제43조).

(2) 판례

대법원은 구 정신보건법 하에서 보호입원의 경우 정신과 전문의 대면진단 후 정신의료기관의 장이 입원을 결정해야 하고,[86] 그 때부터 입원 및 그 유지를 위한 물리력 행사가 가능하다고 하고 있다.[87] 이러한 법리에 기반해 병원장의 입원결정이나 정신과 전문의 진단이 없는 상태에서 아들이 어머니인 환자를 응급이송차량에 태워 강제로 진단을 위해 병원으로 데려가 입원시킨 행위는 구 정신보건법에 기하여 허용된 행위라 볼 수 없다고 판단하고 있다.[88] 특히 대법원은 정신의료기관의 장의 입원결정과 정신과 전문의의 입원진단 및 입원권고서 작성행위를 구분하고 있다.[89]

---

86) 대법원 2017. 4. 28. 선고 2013도13569 판결.
87) 대법원 2001. 2. 23. 선고 2000도4415 판결.
88) 대법원 2015. 10. 29. 선고 2015도8429 판결.

(3) 현실의 입원상황과 개선방안

입원의 현실에서 정신의료기관의 장의 입원결정은 명시적으로 드러나지 않는다. 그러나 원무과의 입원수납요구나 입원실 배정과 같은 외부적 행위를 통해 정신의료기관의 장의 입원결정을 추정할 수 있을 뿐이다.

정신의료기관은 그 내부 행정조직을 이용하여 정신의료기관의 장의 보호입원이나 퇴원에 대한 결정을 공식화할 필요가 있다. 예컨대, 보호입원 신청서와 첨부서류가 들어오면 내부 결재과정을 통하여 정신의료기관의 장의 승인을 얻어(위임전결이나 대리결재도 가능하다) 보호의무자에게 입원여부에 대한 결정을 통지해 주는 시스템을 만들어 정신의료기관의 장의 입원결정을 가시화하고, 그러한 입원결정의 가시화를 통해 그 권한이나 책임을 명확히 할 필요가 있다. 우리 법은 보호입원 신청서의 접수나 정신과 전문의 진단만으로 입원을 결정하는 시스템을 가지고 있지 않음에도 불구하고 현실에서 정신의료기관의 장의 입원결정 없이 이루어지는 관행을 사실상 방관하고 있는 상황이라 할 수 있다.

라. 보호입원 전 권리고지

(1) 관련규정

법 제6조 제1항에 따르면, 정신의료기관의 장은 환자가 입원을 하려고 하는 때에 지체 없이 환자와 보호의무자에게 그 권리 및 행사방법을 알려주어야 하고, 권리행사에 필요한 각종 서류를 시설 내에 비치해 두어야 한다.

(2) 권리고지의 내용

권리고지의 내용을 요약해 보면, ⅰ) 입원적합성심사, ⅱ) 대면조사 신청, ⅲ) 퇴원 및 처우개선심사청구, ⅳ) 재심사 청구, ⅴ) 노동강요 금지 등 권익보호, ⅵ) 가혹행위의 금지, ⅶ) 특수치료의 제한, ⅷ) 통신과 면회의 자유 제한 금지, ⅸ) 격리 등의 제한 금지에 관한 사항이다(규칙 제2조 제1항 각호).

(3) 권리고지의 대상자

권리고지의 대상자는 입원하는 환자뿐만 아니라 보호의무자에게도 고지되어야 하는데, 입법론적으로 보면 환자를 입원시키는 보호의무자 외에 환자가 지정하는 보호의무자에게도 위와 같은 권리고지를 해 줄 필요가 있다. 나아가, 보호의무자가 환

89) 대법원 2017. 4. 28. 선고 2013도13569 판결.

자를 대신하여 권리고지를 받을 수는 없고, 환자에게 따로 권리고지를 하여야 한다.

(4) 권리고지의 방식

권리고지의 방식은 서면으로 알리면서 동시에 구두로도 설명해 주어야 한다. 이러한 권리고지는 입원하는 환자마다 개별적으로 이루어져야 하며, 권리행사를 위해 필요한 서식 또한 비치해 두어야 한다. 서면 권리고지의 편의를 위해 보건복지부는 정신의료기관에서 활용할 수 있는 권리고지 서식을 마련해 두고 있다(참고서식 제1호).

(5) 권리행사서류 비치의무

법이 정신의료기관의 장을 포함한 정신건강증진시설의 장에게 입원환자의 권리행사를 위해 시설 내에 권리행사를 위한 서류비치의무를 규정하고 있고(법 제6조 제3항), 그 서류를 환자 및 보호자 등이 쉽게 볼 수 있는 장소에 두도록 규정하고 있다(규칙 제2조 제3항).

(6) 권리미고지 등의 과태료 부과

정신의료기관의 장이 권리 및 권리행사방법을 알리지 아니하거나 권리행사에 필요한 서류를 시설 내에 갖추어 두지 아니한 경우에는 100만 원 이하의 과태료가 부과된다(법 제89조 제1항 제1호).

이러한 과태료는 권리고지를 받아야 하는 입원환자 개인마다 발생하는 것이어서 여러 사람에게 권리를 고지하는 않은 경우 각 사람에 대한 위반행위로서 과태료 금액이 각각 부과된다.

정신의료기관측에서는 권리행사방법을 기재한 서류를 비치해 놓아야 할 뿐만 아니라 구두 및 서면으로 권리고지를 하였다는 사실을 증명할 수 있어야 하므로 입원환자에게 위와 같은 서면을 제공하면서 동시에 권리고지 확인서를 환자의 서명을 받아 수령해 둘 필요가 있다.

마. 보호입원의 실행(환자이송을 포함하여)

(1) 보호입원의 실제상황

법은 정신의료기관의 장의 보호입원 결정을 어떻게 실행(집행)할 것인지에 대해 침묵하고 있다. 환자는 통상 입원 자체를 거부하고 있는 상황일 것이고, 병원 외부에 있다. 정신의료기관의 장은 사인(私人)이기 때문에 환자에 대해 강제력을 행사할 수도 없다. 이러한 경우 정신의료기관측에서 호송차량과 직원을 보내 강제력을 행사해 병원까지 호송해오거나 보호의무자측에서 비용을 들여 사설응급환자이송단을 통하여 강제로 병원까지 호송해 가기도 한다. 모두 불법적인 행위이고, 이에 가담한 정신의료기관, 보호의무자, 응급환자이송단 모두 민·형사상 법적 책임을 부담하여야 한다.

(2) 불법호송 등에 대한 법적 책임

불법호송과 관련된 구체적 사례를 보면, 보호입원을 시키고자 하는 환자를 보호의무자인 가족, 응급환자이송단, 입원하려는 병원측 관계자들이 강제로 환자를 병원에 이송시켜 진단한 후 보호입원을 시킨 사례에서 법원은 입원을 주도한 보호의무자, 입원 및 퇴원절차에서 환자를 제압한 병원 직원들, 환자의 거주지에서 병원까지 호송을 담당한 응급환자이송단 직원을 모두 공동감금죄로 처벌하였다.[90)]

대체로 보호의무자가 응급환자이송단 직원을 불러 환자를 그의 거주지에서 강제로 제압하여 병원까지 호송하는 경우 보호의무자와 직원들은 공동감금이나 공동폭행의 죄에 해당하고, 입원결정의 권한이 있는 정신의료기관의 장이 이와 같은 사실을 알고서도 입원을 시키게 되면 보호의무자와 사이에 정신의료기관의 장도 공동감금과 관련된 형사적 책임을 함께 부담할 수도 있다.

(3) 환자이송의 문제에 관하여

기존의 구 정신보호법의 보호입원제도는 보호의무자와 정신의료기관의 장 모두 사인(私人)들에 의한 입원관계여서 행정입원이나 응급입원과 달리 환자의 이송에 있어 119 구급대원이나 경찰의 도움을 얻지 못하였다. 또한, 경찰과 119 구급대원은 관할구역의 문제나 가정 내 문제라는 이유로 환자 이송을 사실상 꺼려왔다. 그러나 환자이송과 관련된 국가의 합법적 공권력과 구급인력이 활용되지 못하면서 지난 20여 년간 돈을 받고서 강제력을 행사하는 불법적인 민간이송업체가 국가 공권력이 해야 할 업무를 대신해서 맡게 되었다.

생각건대, 보호입원의 경우에도 보호입원 요건상 그 대상환자는 자·타해 위험성이 있다고 볼 수 있으므로 「응급의료에 관한 법률」상의 '응급환자'로 간주(제2조 제5호)하여 119 구급대 등을 통한 호송조치가 이루어질 필요가 있다.

---

90) 수원지방법원 2015. 5. 13. 선고 2014노6750 판결.

바. 진단을 위한 보호입원 통지

(1) 관련규정

정신의료기관의 장의 입원결정 이후 보호입원이 이루어지면 지체 없이 입원한 환자와 보호의무자에게 입원사실 및 그 사유를 서면으로 통지해야 한다(법 제43조 제8항). 위 입원사실 및 그 사유를 통지하지 아니하면 100만 원 이하의 과태료가 부과된다(법 제89조 제1항 제5호). 이는 법 제6조 제1항에 규정된 권리고지와는 구별되는 별도의 보호입원에 관한 통지이다.

(2) 통지내용과 방법

환자와 보호의무자에게 통지하여야 할 내용은 입원사실과 입원사유이다. 그 구체적 내용으로는, ⅰ) 입원유형(보호입원인지 행정입원인지), ⅱ) 입원기간과 목적(14일간의 진단을 위한 입원인지, 3개월의 치료를 위한 입원인지), ⅲ) 법이 정한 입원사유, ⅳ) 입원일자, ⅴ) 입원기관의 명칭과 연락처를 들 수 있다.

법은 보호의무자에 대한 '서면' 방식의 통지만을 규정하고 있으나, 보호의무자에 대한 신속한 통지를 위해서는 서면 통지 외에 전자문서(이메일, 팩스, 문자메시지 등)도 허용할 필요가 있다.

(3) 통지대상자

통지의 대상자는 환자와 보호의무자이다. 보호의무자들 중 누구에게 통지할 것인지는 해석상 논란의 여지가 있다. 보호입원을 신청한 보호의무자 2명이 그 대상자가 되어야 할 것인지만 다른 보호의무자들도 환자에 대한 의무와 권한을 보유하고 있기 때문에 통지의 대상에서 해석상 배제하기가 어렵기 때문이다.

입법론적으로 본다면, 선순위 보호의무자인 후견인이 있는 경우 후견인에게 그 통지가 필요할 것이다. 환자가 자신이 도움을 받을 수 있는 보호의무자를 지정하여 알려주면 그 사람에게도 입원사실을 통지해 줄 필요가 있다.

7. 보호입원의 효과와 입원기간

가. 보호입원의 효과

(1) 적법한 보호입원의 효과

앞에서 본 보호입원의 요건과 절차를 갖추어 환자가 정신의료기관에 적법하게 입원한 경우 정신의료기관의 장은 입원일로부터 14일의 기간 동안 합법적으로 진단을 위하여 환자의 퇴원이 제한된 상태에서 진료를 할 수 있다.

환자는 자신이 강제로 입원되었음에도 불구하고 적절한 진료를 받을 권리가 발생하며, 정신의료기관 또한 환자에 대해 진료의무와 보호의무를 부담하게 된다. 퇴원이 제한되어 있기 때문에 정신의료기관의 장은 환자의 신체에 대한 관리자로서의 책임도 입원일부터 시작된다.

(2) 부적법한 보호입원

보호입원의 요건을 충족하지 못한 입원이나 보호입원의 절차가 위법한 입원은 최초입원부터 위법한 입원이 되며, 그 후에는 위법한 입원이라는 하자가 치유될 수 없다.[91] 예컨대, 보호의무자 2인이 있음에도 불구하고 1인이 신청한 입원, 정신과 전공의 진단에 의한 입원, 정신과 전문의 대면진단 없는 입원, 입원 필요성이 소명되지 않는 입원, 자·타해 위험성이 소명되지 않는 입원, 정신질환자 아닌 자의 입원 등은 모두 위법한 입원이어서 추후에 그 하자를 치유하여도 적법한 보호입원의 효과가 발생하지 않는다.

부적법한 보호입원의 경우 환자를 감금하는 불법행위가 될 수 있고, 그 부적법 사실을 몰랐다고 하더라도 정신의료기관의 장은 적법한 보호입원을 할 의무가 있는 이상 그 과실이 없다고 할 수 없어 민사상 손해배상책임을 부담할 수 있다. 형사법적으로도 관련규정 위반을 이유로 한 정신보건법위반죄 외에 고의로 입원시켜 두려는 감금의 고의나 공모가 있는 경우에는 감금죄에 해당할 수 있다.

나. 최초 보호입원기간(진단입원기간)

(1) 기간의 기산일

최초의 보호입원이 적법하다고 하더라도 이는 입원일로부터 최대 2주(14일)의 범위 내에서만 유효하다(법 제43조 제4항). 입원한 첫날은 불산입하므로(민법 제157조 본문) 예컨대, 화요일에 입원하였다면 수요일부터 기산하여 그 다다음주 화요일 24시까지 입원을 시킬 수 있다.

(2) 기간의 말일

기간의 말일이 토요일 또는 공휴일(일요일과 법정공휴일을 포함)에 해당하는 때에

---

91) 대법원 2009. 1. 5. 선고 2006다19832 판결.

는 기간은 그 익일에 만료한다(민법 제161조). 따라서 토요일에 입원한 경우라면 일요일부터 기산하여 그 다다음주 토요일 24시까지 입원기간이 만료되어야 할 것이나 토요일과 일요일이 만료일인 경우 그 익일인 월요일 24시까지 입원기간이 연장된다.

(3) 보호(진단)입원기간의 경과

정신의료기관의 장은 입원일 다음날 0시로부터 2주(14일) 동안 입원시킬 수 있는데, 그 기간이 경과하기 전에 보호입원환자를 퇴원시켜야 한다. 보호입원환자에 대해 3개월의 치료입원으로 전환하지 않을 경우에는 입원 후 환자에 대한 추가적인 진단결과서 등을 따로 작성하지 않아도 된다.

보호(진단)입원기간 2주의 도과를 간과한 채 환자를 계속입원 시켜두는 것은 위법한 행위이며, 그 기간이 경과한 후에 서로 다른 기관에 속한 2명의 정신과 전문의(그 중 1명은 지정진단의사) 진단을 받더라도 위법한 하자가 치유되지 않고, 계속 불법한 입원상태가 진행되는 것으로 볼 수밖에 없다. 따라서 위와 같은 기간도과를 안 경우 즉시 퇴원을 시켜야 한다.

정신의료기관의 장이 입원연장심사청구기간을 지난 후 심사청구를 하거나 심사청구를 하지 아니하고서 입원을 연장하여 입원시키는 경우도 형벌규정이 적용된다(법 제86조 제4호). 반면에 14일의 보호(진단)입원기간 만료 이후에 진단이 이루어지거나 두 번째 의사의 진단 없이 14일을 넘어 입원시키고 있는 경우에 형사처벌 규정이 없는 것은 위 입원연장위반과 비교해 볼 때 법 개정과정에서의 입법상 불비라 할 수 있다.

다. 치료목적 입원으로의 전환

(1) 치료목적 입원으로의 전환제도

정신의료기관의 장이 스스로 입원을 결정하여 할 수 있는 입원기간(진단입원기간)은 최대 2주이다. 그리고 보호입원이나 행정입원에서 최초의 2주의 입원기간은 진단이나 평가를 위한 입원기간이다. 만약 향후 입원치료의 필요성이 없다면 정신의료기관의 장은 퇴원을 결정할 수 있고, 계속 입원치료의 필요성이 있다면 입원의 목적을 치료목적의 보호입원으로 전환하여야 한다.

(2) 치료목적 입원으로의 전환요건

3개월 간의 입원이 가능한 치료목적 입원으로의 전환요건은 서로 다른 정신의료기관에 소속된 2명 이상의 정신과 전문의(그 중 1명은 지정진단의사)가 일치된 소견으로 계속 입원이 필요하다는 진단을 하는 것이다(법 제43조 제4항). 그 요건을 분설해 보면 다음과 같다.

1) 서로 다른 정신의료기관에 소속된 2명 이상의 정신과 전문의

치료 목적의 입원이 필요하다는 진단을 하는 정신과 전문의는 서로 다른 정신의료기관에 소속되어야 한다. 입원 정신의료기관에 소속된 정신과 전문의가 진단하는 것도 가능하지만 반드시 입원 정신의료기관 소속 정신과 전문의의 진단이 필요한 것은 아니다.

2) 지정진단의사

위와 같이 진단을 하는 2명 이상의 정신과 전문의 중 1명 이상은 지정진단의사여야 한다. 치료목적의 입원으로의 전환이나 입원연장을 위한 진단을 할 때 2명 이상이 모두 지정진단의사여도 무방하다.

본 글에서 말하는 '지정진단의사'라 함은 '국·공립의 정신의료기관이나 정신요양시설 또는 보건복지부장관이 지정하는 정신의료기관이나 정신요양시설에 소속된 정신과 전문의'를 말한다(법 제43조 제4항 괄호 부분).

지정진단의사란 결국 i) 국·공립 또는 보건복지부장관이 진단을 위하여 지정한 정신의료기관(이하 '지정진단의료기관'이라 한다)이나 정신요양시설에 소속되어 ii) 보호입원이나 행정입원에 있어 치료입원으로의 전환이나 입원연장을 위한 진단을 실제로 수행하는 정신과 전문의를 말한다.

3) 계속입원이 필요하다는 진단

치료목적의 입원으로의 전환이나 입원연장의 경우 진단의사가 보호입원환자나 행정입원환자에 대해 대면진단 후 계속입원이 필요하다는 진단을 해야만 치료입원으로의 전환이나 입원의 연장이 가능해진다. 여기서 계속입원이 필요하다는 진단요건은 보호입원이나 행정입원에서의 최초입원의 요건 즉, 자·타해 위험성과 입원치료 필요성을 모두 충족하여야 한다.

기존에 보호입원이나 행정입원을 위한 최초 입원권고서의 내용과 달리 장기의 치료목적의 입원여부를 판단하는 것이고, 진단입원상태에서 환자를 관찰하는 것이기 때문에 보다 상세하고, 구체적인 근거가 요구된다고 할 것이다.

4) 일치된 소견

2주의 진단입원 기간 내에 2명 이상의 일치된 소견이 있어야만 치료 목적의 입원으로 전환이 가능하다. 그 진단입원 기간 중 진단의사 1명이 계속입원의 필요성

이 있다고 보고, 다른 1명이 계속입원의 필요성이 없거나 불분명하다고 보는 경우에는 그 환자에 대한 입원은 기존의 진단입원 기간인 2주를 초과할 수 없다.

진단입원 기간 중에 진단의사 1명이 계속입원의 필요성이 없다는 의견을 냈다고 하여 그 직후 다른 진단의사를 불러 계속입원의 필요성을 인정하는 의견을 받았다고 하더라도 치료 목적의 입원으로 전환할 수 없고, 진단입원 기간 내에 퇴원을 시켜야 한다. 그 이유는 법 제43조 제4항은 2명 이상의 진단의사가 있는 경우라도 모두가 일치된 소견이 있는 경우에만 치료목적의 입원으로의 전환이 가능하다고 해석할 수밖에 없기 때문이다.

아울러 진단의사의 퇴원의견을 무효화시키는 방법으로 세 번째 의사를 동원하는 것은 제도의 취지에 맞지 않고, 만약 세 번째 의사도 계속입원에 대한 반대소견을 낼 경우 네 번째, 다섯 번째 의사까지도 가능해져서 진단의사의 진단권한을 무력화시킬 수 있기 때문이다.

(3) 치료목적 입원으로의 전환효과

1) 3개월로의 입원연장 효과

2주의 진단입원 기간 중에 2명 이상의 진단의사가 일치된 소견으로 계속입원의 필요성을 제시한 경우라면 최초입원일부터 3개월까지의 범위 내에서 정신의료기관의 장은 치료목적의 입원을 시킬 수 있다(법 제43조 제4항). 다만 1개월 이내 입원적합성심사위원회가 입원부적합(퇴원) 통지를 하는 경우에는 치료입원의 기간이 남았다고 하더라도 그 통지를 받은 후 지체 없이 퇴원을 시켜야 한다.

2) 입원연장효과 발생시점

3개월로 입원기간 연장의 효과가 발생하는 시점은 정신의료기관의 장에게 두 번째 진단의사의 계속입원 필요성이 적힌 진단결과서에 따른 입원적합성심사위원회의 통지가 도달하는 시점에서 그 효과가 발생된다고 볼 것이다. 위 통지서는 입원적합성심사위원회가 설치된 관할 국립정신병원을 통하여 정신의료기관의 장에게 통지된다.

(4) 환자나 보호의무자에 대한 치료목적 입원으로의 전환통지

보호입원환자는 최초 입원된 직후 14일의 진단목적의 보호입원임을 정신의료기관의 장으로부터 통지받고, 다시 위와 같이 14일 내에 치료목적 입원으로의 전환이 이루어지면 그 후 지체 없이 환자와 보호의무자에게 다시 그 입원유형과 입원사유를 통지해 주어야 한다(법 제43조 제8항). 이를 위반하였을 경우의 과태료 규정이나 통지 대상자, 통지 내용, 통지 방식 등은 앞서 6. 바.항의 진단을 위한 보호입원 통지에서 설명한 부분과 동일하다.

8. 보호입원환자의 입원진단심사

가. 입원진단심사의 의의

(1) 구 정신보건법의 문제점

구 정신보건법은 보호입원 전에 최초 입원권고서를 작성하는 정신과 전문의가 입원 정신의료기관에 소속된 전문의여도 상관이 없었다. 또한 6개월 뒤 진행되는 입원연장심사에 있어서도 입원 정신의료기관에 소속된 정신과 전문의가 제시한 환자에 대한 입원소견을 가지고서 판단하여야 했다. 입원 정신의료기관 소속 의사에게 환자의 입원 및 그 연장 결정에 있어 독립성과 객관성을 가진 진단을 기대하기는 어려움에도 이를 사실상 국가가 방관해 왔다.

(2) 국제기준

입원결정이나 그 연장결정에 있어서는 독립성과 중립성을 가진 전문가의 진단의견을 참고하여 입원심사기관이 판단하는 것은 국제적 요구이기도 하다. 예컨대 국제연합의 정신장애인 보호(MI) 원칙 17에 따르면, 입원심사기관이 결정을 함에 있어 자격 있는 독립적인 정신보건 전문가 1인 이상의 조언을 참고하도록 하고 있는데, 이는 입원 정신의료기관 측의 입원의견에 대해 다른 의견을 낼 수 있는 객관성을 담보해주는 장치가 된다.

(3) 지정진단의사의 기능

보호입원에 있어 치료입원이나 입원연장을 위해서는 서로 다른 정신의료기관에 속한 2명 이상의 정신과 전문의의 일치된 소견을 얻어야 하는데, 통상 그 중 1명은 입원 정신의료기관에 소속된 담당의사가 되는 경우가 대부분이다. 따라서 나머지 1명이 그 기관에 소속되지 않은 의사로서 독립성을 가지고서 환자를 진단하여야 한다.

정신건강복지법에 따르면, 지정진단의사는 국가적 성격을 가진 독립성과 공정성을 가진 제3자로서 진단을 할 수 있도록 국립과 공립 정신의료기관 소속 정신과 전문의를 활용하고 있다. 다만, 현재 국·공립 정신의료기관에 소속된 정신과 전문의만으로 수만 건이 넘는 입원진단 및 연장진단을 하기 어려워 보건복지부장관이 민간 정신의료기관의 신청을 받아 정신의료기관을 지정하여 그 소속 정신과 전문의도

지정진단의사로서 활동할 수 있도록 하였다.

입법론적으로는 현재와 같이 강제입원 진단을 목적으로 정신의료기관을 지정할 것이 아니라 일본 「정신보건복지법」의 정신보건지정의(精神保健指定醫)처럼 일정한 자격과 경험 및 교육을 바탕으로 강제입원에 대한 진단 등을 전문으로 하는 정신과 전문의를 양성하여 입원적합성심사위원회 위촉 진단의사로 지정해 운영하는 것이 더 바람직할 수 있다.

나. 지정진단의료기관

(1) 의의와 기능

정신건강복지법은 보호입원(치료를 위한 입원)과 그 입원연장에 있어 핵심적 역할을 하는 진단의사의 독립성과 공정성을 보장하기 위하여 국·공립 정신의료기관을 진단기관으로 두고 있다. 그러나 국·공립 정신의료기관 소속 정신과 전문의만으로는 전국의 모든 강제입원진단을 담당하기 어려워 보건복지부장관이 지정하여 보호입원의 진단업무를 할 수 있는 민간지정진단의료기관도 함께 두었다.

(2) 지정진단의료기관의 지위

강제입원에 대한 진단이나 결정은 환자에게 강제력을 행사하거나 의무를 부여하는 것이기 때문에 민간이 직접 행하는 것보다는 국가가 직접 행하거나 전문성 등을 이유로 필요한 경우에는 위탁하여 할 수도 있다.

지정진단의료기관은 국가가 행해야 할 보호입원에 대한 진단업무를 민간에 위탁하는 것이어서 지정진단의료기관은 공행정업무를 수탁받은 것이라 할 수 있다. 지정진단의료기관이 자신의 이름으로 환자나 보호의무자에게 권한을 행사하거나 의무를 부과하는 것은 아니고 국가가 해야 할 진단업무의 일부를 대행하는 것이어서 자신이 공무수탁사인으로서 행정기관이나 행정주체가 되는 것은 아니다.

(3) 지정진단의료기관의 지정절차

1) 관련법령의 미비

정신건강복지법은 '보건복지부장관이 지정하는 정신의료기관에 소속된 정신과 전문의'가 보호입원에 있어 치료입원으로의 전환이나 입원연장에 있어 보호입원환자를 진단할 수 있도록 하는 내용만 규정하고 있을 뿐(법 제43조 제4항 및 제6항) 그 지정 및 취소절차, 지정요건 등을 따로 규정하고 있지 않고, 시행령이나 시행규칙에도 이에 관한 별다른 규정이 없다.

이는 정신건강복지법 입법과정에서 지정진단의료기관에 관한 규정이 국회 입법 막바지에 추가되어 그 지정자격 등에 대한 논의가 이루어지지 않으면서 생긴 입법상 불비여서 지정절차와 방법 등에 대한 하위법령 위임 등 법률상 보완이 요구된다.

2) 지정자격과 절차

2017년 정신건강복지법 시행을 전후해 보건복지부는 일정한 자격요건을 갖춘(지정 전 2년 간 「의료법」이나 정신보건법위반으로 사업정지 이상의 행정처분이나 형사처벌을 받지 않았을 것) 정신의료기관의 신청을 받아 보호입원의 출장진단을 할 수 있는 정신의료기관을 지정하였다.

3) 지정현황

2017년 상반기 동안 정신의료기관의 지정신청을 받아 지정된 전국의 지정진단의료기관은 정신병상이 있는 정신의료기관 490개소 중 333개 기관이 참여하여 입원병상이 있는 정신의료기관 중 약 3분의 2가 참여하였다.[92] 2017년 초반에는 지정을 신청하는 정신의료기관이 적었으나 법 시행 이후에도 지속적으로 지정신청이 늘어 입원병상이 있는 정신의료기관의 다수가 참여하게 되었다.

(4) 지정진단의료기관의 임무와 역할

지정진단의료기관의 임무는 지역적으로 가까운 다른 정신의료기관이나 정신요양시설의 지정진단의사로서 보호입원에 있어 치료입원으로의 전환이나 입원연장 여부를 진단하기 위해 자신에게 소속된 정신과 전문의를 왕진(往診)보내는 것이다. 그 진단행위에 대한 대가로서 건강보험이나 의료급여에 따른 수가가 산정된다.[93]

지정진단의료기관은 인근 정신의료기관이나 정신요양시설로부터 진단방문신청을 받아 방문신청 정신의료기관이나 정신요양시설을 찾아가 진단을 할 의무가 발생한다. 이는 지정진단의료기관이 지정의 조건이나 대가로서 국가에 대하여 지는 의무이기 때문에 이를 위반할 경우 지정의 취소 등의 조치를 당할 수 있다.

다. 지정진단의사 제도

(1) 개념

'지정진단의사'라 함은 국·공립 정신의료기관 및 지정진단의료기관에 소속되어

92) 보건복지부 2017. 7. 6.자 보도자료(정신건강복지법 시행 한달, 변화의 시작).
93) 2017년 5월 30일 정신건강복지법 시행 이후에 이와 관련된 수가 시범사업이 진행되었다. 보다 구체적인 내용은 보건복지부, 정신건강복지법 시행에 따른 2인 의사 입원진단을 위한 수가 시범사업 안내(2017) 자료 참조.

실제 다른 정신의료기관이나 정신요양시설에 진단을 위해 왕진을 하는 정신과 전문의를 말한다. 소속 정신의료기관에서 타 기관 왕진을 할 정신과 전문의를 행정적으로 선택하여 정하는 것이기 때문에 별도의 자격을 가진 것은 아니다. 그러나 국·공립 정신의료기관이나 지정진단의료기관 내에서 행정시스템이나 전산시스템을 통하여 타 기관 강제입원환자의 진단을 위해 지정진단의사로 배정받으면 그 순간부터 지정진단의사로서의 지위가 발생하게 된다.

(2) 지정진단의사의 법적 지위

지정지단의사는 강제입원이라는 강제력 행사 및 격리수용 과정에 있어 제3의 독립적이고, 중립적인 전문가로서 환자에 대한 진단을 하여야 하는 일종의 공무수행자라 할 수 있다. 일본에서 강제입원진단을 하는 정신보건지정의가 그 업무수행에 있어 공무원의 지위를 가지는 것과 유사하게 지정진단의사 또한 그 진단과정에서는 공무수행자로서 역할을 한다.

현재 지정진단의사가 법제도적으로 독립성과 중립성을 보장받고 있지는 못하지만 국립 정신의료기관 소속 정신과 전문의는 공무원 신분을 가지고 있고, 민간 지정진단의료기관에 소속되어 지정진단의사가 된 정신과 전문의도 공무수행의 일환으로서 하는 입원진단이므로 독립성과 중립성을 유지하여야 한다.

여기서 말하는 '독립성'이란 소속 정신의료기관의 지시, 방문 정신의료기관의 부탁 등으로부터 자유로와야 함을 말하며, '중립성'이란 진단에 있어 환자나 의사, 가족 등의 영향을 받지 않고, 객관적인 평가를 할 수 있어야 함을 말한다.

(3) 지정진단의사의 권한과 역할

지정진단의사는 국·공립 정신의료기관 및 지정진단의료기관이 맡은 보호입원에 있어 치료입원으로의 전환이나 입원연장에 대한 진단 업무를 담당하는데, 만약 그가 계속입원의 필요성이 없다고 진단할 경우 사실상 그 진단결과 자체로 입원 정신의료기관 측은 입원을 더 이상 연장할 수 없다. 이는 지정진단의사가 치료입원으로의 전환이나 입원연장에 있어 결정적 역할을 하게 됨을 의미한다. 정신의료기관측이 지정진단의사의 진단결과에 대해 불복할 수단도 없기 때문에 그 진단은 최종적인 것이라 할 수 있다.

그러나 지정진단의사는 자신이 환자에 대하여 계속입원이나 입원연장 여부에 대해 진단만 할 뿐이지 방문 정신의료기관이나 환자에 대해 어떤 처분을 내리는 것은 아니며, 그러한 외부적 공개의 의사표시와 법적 조치는 입원적합성심사위원회나 시·

군·구청장이 하는 것이다.

결국 지정진단의사의 진단 결과 향후에 입원이 불필요하다거나 입원이 부적법하다는 의견은 정신의료기관측에서 보호입원에 있어 치료입원으로의 전환요건이나 입원연장요건을 충족시키지 못하게 만들어 2주의 진단입원 기간만으로 만족해야 하거나 3개월 또는 6개월의 기존 입원기간까지만 입원을 시킬 수 있게 된다.

(4) 지정진단의사의 진단절차

지정진단의사가 다른 정신의료기관이나 정신요양시설의 진단요청에 따라 전산배정을 받아 방문진단을 하게 되는 경우 지정진단의사는 환자를 대면하여 진단하고, 환자에 대한 진료기록과 기존의 진단결과서 및 보호입원과 관련된 서류를 검토할 권한과 의무가 있다.

환자의 입원필요성이나 자·타해 위험성을 진단하여 예측하기 위해서는 결국 환자의 가족, 주거, 사회적 지지기반, 과거력 등을 확인하여야 한다. 따라서 지정진단의사는 자·타해 위험성과 입원치료 필요성의 판단을 위해 필요한 자료나 진술을 요구할 수 있다.

만약 방문의료기관측에서 환자에 대한 면담 또는 자료를 제공해 주지 못하여 지정진단의사로서 자·타해 위험성이나 입원치료 필요성을 확인할 수 없다면 이를 진단결과서에 적절히 반영하여 작성할 것이다.

(5) 지정진단의사의 진단내용

지정진단의사는 통상 최초 보호입원 후 약 10일 내외를 경과할 즈음에 공정한 중립적 진단의사로서 입원요건의 충족여부 및 그 지속여부를 판단하여야 한다. 지정진단의사는 최초 입원 당시에 환자가 입원요건을 충족하였는지 여부 외에도 환자가 향후 3개월의 추가적인 치료입원을 받을 필요가 있는지 여부에 대해서도 진단하여야 한다. 즉, 최초입원의 필요성이 있었는지뿐만 아니라 향후 입원의 필요성이 있는지도 진단하여야 한다. 입원 진단요건은 최초입원 시점에서뿐만 아니라 지정진단의사의 진단시점에도 유지되어야 하고, 향후 3개월 동안도 입원 진단요건(입원치료 필요성 및 자·타해 위험성)을 유지하여야 하기 때문이다.

(6) 위법한 입원에 대한 조치여부

환자면담이나 자료확인 결과 환자의 응급이송과정의 불법이나 부적법한 보호의무자에 의한 입원, 법이 정한 입원기간의 도과 등과 같이 현재의 입원 자체가 부적법한 상태인 경우에 지정진단의사는 어떤 조치를 취하여야 할지 문제된다.

지정진단의사는 의료적 판단만 하여야 하기 때문에 위와 같은 불법을 조사하거나 확인하여서는 안 되며, 확인하더라도 환자의 진단에 관한 것만 작성하여 제출하면 된다는 의견이 있을 수 있다.

그러나 ⅰ) 지정진단의사는 공적 임무를 수여받은 공무수행자인 점, ⅱ) 외부인으로 환자를 첫 대면하는 사람으로서 환자가 겪은 입원과정 등을 질문할 필요가 있는 점, ⅲ) 불법적 사항을 알게 될 경우 의료인들에게 일정한 신고의무가 있는 것처럼 지정진단의사도 입원과정이나 입원중의 불법사항에 대해서 보고들은 사실을 객관적으로 보고할 의무가 있는 점, ⅳ) 만약 환자가 불법사항들을 지정진단의사에게 고지하였음에도 불구하고 지정진단의사가 이를 무시하거나 묵인하는 것은 오히려 입원 정신의료기관과의 유착 등의 문제로 비화될 수 있다. 또한 입원적합성심사위원회 조사원 조사제도는 강제입원 전수에 대한 조사가 아닌 반면 지정진단의사의 진단은 강제입원환자 전수에 대한 진단이므로 조사원에게 이러한 사항의 조사를 전가하기도 어렵다.

이러한 점을 감안할 때 지정진단의사는 위법한 입원에 대해 적절하게 객관적 사실을 적어 진단결과서를 통해 보고할 필요가 있으며, 입원적합성심사위원회가 그 심사과정에서 지정진단의사의 진단결과서를 심의하여 입원의 부적합 여부를 판단하게 하면 된다.

9. 보호입원환자의 입원적합성심사

입원적합성심사에 대한 보다 자세한 설명은 ☞ 법 제45조 내지 제49조를 참조할 것(여기서는 보호입원환자에 특유한 사항만을 다룬다).

가. 보호입원환자에 대한 입원적합성심사의 기능

(1) 입원적합성심사의 도입

구 정신보건법은 사인(私人)에 의한 강제조치라 할 수 있는 보호입원과 관련해 환자의 최초입원과정에서 국가적 감독과 심사절차가 없었다. 이러한 상황에 대해 불법적 입원을 확인하여 조치해야 하는 국가의 역할을 방치하고 있는 것이라는 비판이 지속되었고, 이러한 비판을 받아들여 최초입원에 있어 국가의 감독과 심사절차를 도입하였다.

특히, 구 정신보건법 하에서 2000년대 이후 지속적으로 지적되었던 사설환자이송단의 불법적 강제이송, 보호의무자 아닌 자에 의한 입원, 입원 직후의 격리·강박과 과도한 약물투여 등 주로 초기입원과정의 문제가 많이 지적되었고, 이에 대한 국가적 감독을 위해 국립정신병원 산하에 입원적합성심사위원회를 두어 최초입원의 적합성 여부를 심사하도록 하였다.

(2) 보호입원에 있어 입원적합성심사의 기능

행정입원과 달리 보호입원은 사인(私人)에 의한 강제입원이어서 그 국가적 감독이 더 절실하다. 구 정신보건법 시행 이후 지난 20년 간 강제입원의 전부라 할 수 있는 보호입원은 국가의 통제를 받지 않는 사인(私人)에 의한 강제조치들로 활용되어 왔고, 그 폐해는 적지 않았다. 2017년 시행된 정신건강복지법은 특히 사인(私人)에 의한 강제입원의 권한남용을 막기 위한 제도적 통제수단으로 입원적합성심사위원회를 도입하였다.

입원적합성심사위원회는 위와 같은 사인(私人)에 의한 강제입원에 대한 승인과정을 통해 국가적 감독을 실현한다. 입원적합성심사위원회는 강제입원을 사전에 통제하는 시스템이 아니라 강제입원을 사후에 승인하는 시스템이어서 그 역할에 어느 정도 한계가 있다. 이는 사람의 구속과 관련하여 법원이 구속 전에 행하는 구속영장 실질심사제도(구속 전 피의자심문제도)와 구속 이후에 구속의 적부를 심사하는 구속적부심사제도 중 후자의 형태만을 우리 정신건강복지법이 가지고 있는 것이라 할 수 있다.

나. 보호입원환자에 대한 입원적합성심사사항

(1) 보호의무자 요건에 대한 심사

입원적합성심사위원회는 보호입원환자의 보호의무자에 대해 다음과 같은 사항을 조사하여 확인하고, 위법이 있으면 불법입원으로서 입원부적합판정을 내려야 한다.

i) 보호의무자 1명에 의한 입원(다른 보호의무자가 없음을 정신의료기관측에서 소명하지 않은 경우)
ii) 적법한 보호의무자 아닌 자가 보호의무자가 된 경우의 입원(사실혼 배우자, 생계를 같이 하지 않는 형제자매 등의 친족)
iii) 법원의 입원허가를 받지 않은 후견인

iv) 사설응급환자이송단의 불법적 폭력에 의한 이송
v) 보호의무자임을 확인할 수 있는 자료가 없는 경우
vi) 보호의무자의 입원신청의사를 알 수 없는 경우

위와 같은 경우는 기존의 판례나 국가인권위원회 결정 등을 통하여 부적법한 입원으로 입원 정신의료기관측이나 입원시킨 가족, 환자이송단 직원 등이 민사상 또는 형사상으로 처벌되는 경우이므로 이에 대해 입원적합성심사위원회는 입원과정을 조사원 조사 등을 통해 확인해 위법사항이 있으면 부적합판정을 하여야 한다.

(2) 진단요건에 대한 심사

입원적합성심사위원회는 보호입원환자의 입원 진단요건인 자·타해 위험성과 입원치료 필요성 여부에 대해 심사한다. 심사자료는 보호입원 신고서와 2개의 진단결과서를 바탕으로 하여 조사원의 조사보고서(환자가 신청한 경우와 입원적합성심사위원회 위원장이 직권조사한 경우), 환자·보호의무자·정신의료기관의 장의 의견 등을 참고할 수 있다.

입원적합성심사위원회는 최초입원의 적법성 외에 향후 입원의 필요성도 심사할 수 있기 때문에 입원적합성심사 시점에서 보호입원환자가 진단요건을 충족하지 못하였다고 판단하는 경우 입원부적합판정을 내릴 수 있다. 그 구체적 예는 다음과 같다.

i) 진단결과서상 입원치료 필요성이나 자·타해 위험에 대한 근거가 없거나 부족한 경우
ii) 진단결과서상 자·타해 위험의 근거로 작성된 내용이 시행령이 정한 자·타해 위험(위해)의 급박성, 직접성, 중대성, 반복성 등의 요건에 이르지 못하는 경우
iii) 진단결과서상 최초 입원시와 달리 회복이나 증상의 개선이 이루어져 입원요건을 충족하지 않게 된 경우

위와 같은 경우에는 비록 2개의 진단결과서가 모두 계속입원이 필요하다는 일치된 소견을 제시하더라도 입원 진단요건을 충족하였음을 구체적으로 입증하지 못한 것으로 보아 입원부적합판정을 내릴 수 있다.

10. 보호입원의 연장

정신건강심사위원회의 입원연장에 대한 보다 자세한 설명은 ☞ 제53조 내지 제61조를 참조할 것(여기서는 보호입원환자에 특유한 사항만을 다룬다).

가. 보호입원 연장제도의 의의

최초 보호입원 후 2명 이상의 정신과 전문의의 일치된 계속입원 소견이 있어 치료입원으로 전환된 경우 그 보호입원기간은 최초입원일로부터 3개월 이내이다(법 제43조 제5항 본문). 따라서 보호입원환자는 3개월의 기간 내에 치료를 하여 퇴원시켜야 한다. 그러나 환자의 추가적인 치료가 필요한 경우에는 정신의료기관의 장은 입원연장심사를 청구할 수 있다(법 제43조 제6항). 보호입원 연장제도는 무기한의 반복이 가능하여 실제 보호입원환자 중에는 10여 년이 넘게 입원되는 사례도 있다.

나. 보호입원 연장요건

(1) 관련규정

보호입원환자에 대해 입원을 연장하기 위해서는 다음과 같은 두 가지 요건을 모두 충족하는 것이 필요하다(법 제43조 제6항).

ⅰ) 2명 이상의 진단: 서로 다른 정신의료기관에 소속된 2명 이상의 정신과 전문의(국·공립 정신의료기관 또는 보건복지부장관이 지정하는 정신의료기관에 소속된 정신과 전문의 1명 이상 포함)가 입원기간을 연장하여 치료할 필요가 있다고 일치된 진단을 하는 경우

ⅱ) 보호의무자 2명 이상의 동의: 보호입원을 신청하였던 보호의무자 2명 이상(보호입원 신청 시 보호의무자 1명만 있었던 경우는 1명)이 입원연장에 대한 동의서를 제출한 경우

이를 구체적으로 설명해 보면 아래와 같다.

(2) 2명 이상의 진단

여기서 설명할 내용은 앞서 본 보호입원에 있어 치료목적 입원으로의 전환요건에서 본 설명과 동일하다. 즉, 입원을 연장하여 치료할 필요가 있다는 2명 이상의 정신과 전문의 소견이 일치하여 있어야 하고, 그 중 1명은 원칙적으로 국·공립 또

는 지정진단의료기관에 소속된 지정진단의사여야 한다.

입원연장의 경우에도 2명의 의사 중 1명이 입원연장에 대해 반대하는 진단의견을 낸 경우, 추가적으로 다른 진단의사를 통해 입원연장이 필요하다는 진단의견을 받더라도 앞서 1명이 다른 진단의견을 낸 이상 일치된 소견이 나오지 않은 것이어서 입원연장은 불가능하게 된다.

(3) 보호의무자 2명 이상의 동의

보호입원의 신청과 유사하게 보호입원의 연장에 있어서도 보호의무자 2명 이상의 동의를 받도록 하고 있다. 보호입원의 신청은 보호의무자가 정신의료기관의 장에게 하지만 보호입원의 연장심사청구는 정신의료기관의 장이 보호의무자의 동의를 얻어 시·군·구청장(보다 구체적으로는 정신건강심사위원회)에게 하도록 하여 차이를 두고 있다. 이하에서 구체적으로 보호의무자 동의 요건을 살펴본다.

1) 보호의무자

구 정신보건법 하에서는 보호입원의 경우 최초입원이든 입원연장이든 모두 보호의무자의 동의를 얻도록 하였고, 입원연장의 동의를 하는 보호의무자가 최초입원에 동의를 한 보호의무자로 한정되는지 해석상 논란이 있었다. 이에 정신건강복지법은 원칙적으로 보호입원을 신청했던 보호의무자가 그 입원연장에 있어서도 동의권한을 가지도록 하였다(법 제43조 제6항 제2호).

그러나 입원신청을 한 보호의무자가 환자의 입원기간 중 그 자격이 상실되거나 사망하는 경우라면 다른 보호의무자가 그 입원연장 동의시점에서 보호의무자 자격이 있는 한 입원연장에 대한 동의권한이 있는 보호의무자라고 할 것이다. 만약 이렇게 해석하지 않는다면 신청 보호의무자 중 1명 또는 모두가 사망하거나 결격이 된 경우에도 다른 보호의무자가 그 동의권한을 행사할 수 없게 되어 보호입원환자를 입원기간만료 시 퇴원시키거나 다시 재입원시켜야 하는 문제점이 발생할 수 있기 때문이다.

최초입원을 신청한 보호의무자 2명이 모두 있음에도 불구하고, 그 외에 다른 보호의무자 2명으로부터 동의를 받는 것은 적법하지 않다. 그 이유는 우리 정신건강복지법이 명문으로 보호입원을 신청한 보호의무자에 대해서 입원연장에 대한 동의권한도 부여하고 있기 때문이다. 이는 최초입원에 관여한 보호의무자에게만 입원연장 동의권한을 부여하려는 입법취지가 있는 것이라 할 수 있다.

2) 2명 이상

보호입원환자가 최초입원 시에는 보호의무자 2명이 동의하였으나 그 중 1명이 사망, 결격사유 발생 또는 생계를 같이하지 않게 된 경우라면 그 보호의무자의 동의권한은 소멸하게 된다. 따라서 다른 보호의무자가 추가적으로 있는 경우라면 그의 입원연장 동의를 받아야 한다. 만약 다른 보호의무자가 없는 경우라면 최초 보호입원신청을 한 2명 중 여전히 보호의무자 지위에 있는 1명으로부터만 입원연장 동의를 받으면 된다.

3) 동의

보호의무자의 동의는 입원연장의 요건 중의 하나이다. 따라서 보호의무자 2명 이상의 적법한 입원연장에 대한 동의가 없다면 입원연장심사청구를 하더라도 정신건강심사위원회는 이를 받아들일 수 없어 결국 입원기간만료로 퇴원되어야 한다.

보호의무자의 동의는 환자의 입원연장 동의의 의사표시를 대신하는 것이라 할 수 있다. 이는 환자의 대체의사결정권자로서 보호의무자를 내세우는 것이다. UN 장애인권리위원회는 이러한 환자의 의사를 대신하는 대체의사결정제도를 환자를 지원하는 지원의사결정제도로 전환할 것을 요구하고 있다.

생각건대, 입원연장심사는 그 진단이나 심사에 있어 국가나 지방자치단체가 관여하고 있는 점을 고려해 볼 때 보호의무자의 동의가 있어야만 입원연장이 정당화될 수 있는 것이 아니다. 그래서 입법론으로는 입원신청을 한 보호의무자에 대해 입원연장에 대한 의견을 묻는 것으로 전환하는 것이 더 나은 방향일 수 있다. 보호의무자에게 입원연장에 대한 사실상 결정권한을 부여하는 것은 적절하지 않을 수 있기 때문이다.

다. 보호입원 연장절차

(1) 보호입원 신고

보호입원은 환자가 최초 입원한 날부터 3일 이내에 입원적합성심사위원회에 신고하여야 한다. 이는 국가가 입원적합성심사나 입원연장심사의 대상사건이 들어왔음을 통보받는 것이며, 그에 따라 환자에 대한 지정진단의사의 진단이나 조사원 조사 및 심사기일 등을 준비하게 된다.

(2) 보호입원 연장심사를 위한 진단과 동의

보호입원 중 치료입원기간은 최초 입원일로부터 3개월 이내이다(법 제43조 제5

항). 정신의료기관의 장의 입원연장심사 청구기간은 입원기간 만료일 전 2개월이 되는 날부터 입원기간 만료일 전 1개월이 되는 날까지 사이이다(영 제18조). 따라서 적어도 2명 이상의 정신과 전문의 진단서와 2명 이상의 보호의무자의 동의서는 연장심사청구 이전에 준비하여야 한다. 다만, 최초 입원기간(3개월)이 만료된 후 3개월 간 입원연장된 이후부터는 6개월씩 입원연장이 될 수 있으므로 그에 따라 입원연장 관련 서류를 준비하면 된다.

(3) 보호입원 연장청구

1) 청구기간

보호입원 연장심사청구는 정신의료기관의 장이 시·군·구청장에게 한다(법 제43조 제6항). 보호입원 연장심사청구기간은 앞서 보았듯이 입원기간 만료일 전 2개월이 되는 날부터 입원기간 만료일 전 1개월이 되는 날까지이다.

청구기간을 도과하여 청구되는 사건은 시·군·구에서 수리하여서는 아니된다. 그 이유는 다음과 같다. 대법원은 ⅰ) 구 정신보건법상 입원연장기간인 6개월이 경과하기 전에 심사청구 등의 절차(심사결정 통지 등을 포함하는 의미임)를 모두 마쳐야 하고, ⅱ) 6월이 경과하였음에도 이러한 절차를 마치지 못한 경우에는 입원 중인 자를 즉시 퇴원시켜야 하며, ⅲ) 이를 위반하는 경우에는 위법한 감금행위로서 불법행위가 성립하고, ⅳ) 이러한 위법한 감금행위가 지속되는 가운데 이루어진 절차는 위법하므로 뒤늦게 요건을 갖출 수도 없다고 보고 있다.[94]

위와 같은 대법원 판결취지에 따른다면, 입원연장심사청구를 입원기간만료일이 거의 다 되어서 제출할 경우 정신건강심사위원회의 심사나 그 결과통지를 6개월이 넘어서 받을 수밖에 없게 되어 6월의 입원기간을 경과하는 순간 환자는 퇴원하여야 한다. 환자를 계속 입원시켜 둘 경우에는 위에서 본 바와 같이 불법한 입원이 되는데 이는 나중에 입원연장 통지를 받는다고 하더라도 적법하게 바뀌는 것이 아니다.

2) 입원연장 청구사유에 대한 입증

정신의료기관의 장이 입원연장을 청구하는 청구권자이므로 시·군·구에 청구를 할 때에 그 입원연장청구요건을 입증하여야 한다. 이를 위해 입원연장 심사청구서에 보호의무자 2명 이상의 입원연장동의서와 서로 다른 기관에 소속된 정신과 전문의 2명 이상의 진단결과서를 첨부한다.

---

94) 대법원 2009. 1. 5. 선고 2006다19832 판결.

3) 보호입원 연장심사절차

보호입원 연장심사청구가 시·군·구에 접수되면 시·군·구에서는 심사기일을 잡아 정신건강심사위원회를 소집하여 통상 그 달에 들어온 입원연장심사청구와 퇴원 및 처우개선심사청구를 함께 심사한다. 현재의 심사방식은 위원들이 출석하여 접수된 서류를 심사하는 서면심사를 위주로 하고 있다. 실제 입원연장심사의 실무에서는 일부 환자에 대해 정신건강심사위원회 위원이나 정신건강복지센터 직원이 대면조사를 하여 그 조사보고서를 작성하여 보고하기도 한다.

정신건강심사위원회는 심사자료와 보고를 검토한 후 각 환자별로 위원회 위원의 과반수 출석과 과반수 찬성으로 입원연장 여부를 의결하며, 그 처분내용과 이유를 기재하여 각 환자별로 통지하여야 한다(「행정절차법」 제23조 제1항 본문).

4) 보호입원 연장심사에 대한 결정

정신건강심사위원회는 정신의료기관의 장의 입원연장청구에 대해 퇴원이나 입원연장결정을 하는 것 외에 필요한 경우 외래치료명령(조건부 퇴원), 처우개선조치명령, 3개월 이내 재심사, 다른 정신의료기관으로의 이송(환자 동의 필요), 기간이나 시점을 정한 퇴원명령(임시퇴원명령을 포함한다), 자의입원이나 동의입원으로의 전환(환자 동의 필요)을 결정할 수 있다(법 제59조 제1항).

(4) 보호입원 연장심사결과 통지

보호입원에 대한 연장심사결과 통지는 시·군·구청장이 자신의 명의로 정신의료기관의 장, 심사청구자 및 해당 정신질환자에게 서면으로 하여야 한다(법 제59조 제4항). 보호입원에서 입원연장심사청구자는 정신의료기관의 장이다. 정신의료기관의 장이 보호입원 연장심사청구를 하여 시·군·구청장으로부터 퇴원 또는 임시퇴원의 명령을 통지받은 경우에는 해당 환자를 지체 없이 퇴원(임시퇴원)시켜야 한다(법 제43조 제7항).

(5) 환자 및 보호의무자에 대한 입원연장 통지

보호입원환자 및 보호의무자에 대한 입원유형이나 결과 및 그 입원사유에 대한 고지는 순차적으로 보면 다음과 같다.

i) 진단목적의 입원통지: 환자 및 그 보호의무자는 최초 입원된 직후 14일의 진단목적의 보호입원임을 정신의료기관의 장으로부터 통지받아야 한다.

ii) 치료목적의 입원통지: 이후 치료목적 입원으로의 전환이 이루어지면 정신의료기관의 장은 전환 후 지체 없이 환자와 보호의무자에게 다시 그 입원유형과 입원사유를 통지해 주어야 한다.
iii) 입원연장통지: 이후에도 매 입원기간 연장이 이루어질 때마다 정신의료기관의 장은 입원연장의 결과와 그 사유를 환자와 보호의무자에게 지체 없이 통지해 주어야 한다.

이를 위반하였을 경우의 과태료 규정이나 통지 대상자, 통지 내용, 통지 방식 등은 앞서 설명한 부분과 동일하다.

라. 보호입원 연장의 효과(연장기간)

(1) 최초 3개월 연장

보호입원에 있어 최초입원의 기간은 3개월 이내이다. 따라서 정신의료기관의 장은 그 이후까지 보호입원환자를 입원시키기 위해서는 청구기간 내에 앞서 본 연장심사청구를 하여야 하고, 3개월 이내에 시·군·구로부터 입원연장결정을 통지받지 못한 경우에는 3개월의 마지막 날 이내에 환자를 퇴원시켜야 한다. 최초입원에 대해 시·군·구로부터 입원연장결정을 받은 경우에는 3개월 이내의 기간 동안 환자를 입원시킬 수 있다(법 제43조 제5항 제1호).

(2) 이후 6개월씩 연장

위와 같이 3개월 이내의 입원연장을 받은 후 그 입원연장기간 내에 다시 입원연장심사청구를 하여 시·군·구로부터 입원연장결정을 받은 경우에는 6개월 이내의 기간 동안 환자를 입원시킬 수 있다. 이후부터의 입원연장은 매 입원연장결정마다 6개월씩이다(법 제43조 제5항 제2호).

(3) 정신건강심사위원회의 입원기간 단축 결정여부

입원연장심사를 하는 정신건강심사위원회는 단순히 입원연장결정(법이 정한 6개월 또는 3개월)을 하는 것이 아니라 의결을 통해 2개월의 입원기간 연장결정이나 4개월의 입원기간 연장결정 등으로 입원연장기간을 단축할 수 있다고 보아야 할 것인가? 해석상 부정해야 할 것이다.

그 이유는 먼저, 퇴원명령(임시퇴원명령을 포함한다)을 할 때 일정 시점이나 기간을 정하여 퇴원을 시킬 수 있고, 3개월 이내 재심사 결정을 통하여 입원기간 연장을 단축시킬 수 있으므로 별도로 입원연장결정에서 그 기간을 단축시킬 필요가 없기 때문이다. 예컨대, 정신건강심사위원회가 입원연장심사 과정에서 2개월 내에 재심사결정을 하면 입원 정신의료기관의 장은 그 환자에 대해 2개월 내에 재심사를 받을 수 있도록 다시 입원연장청구를 하여야 하고, 그 연장청구에 대한 재심사가 입원기간 연장을 단축시키는 효과를 발생시키기 때문이다.

(4) 연장개시시점의 문제

입원연장심사절차를 통해 정신의료기관의 장이 3개월 또는 6개월의 입원연장결정을 시·군·구청장으로부터 통지받는 경우 그 새로운 입원연장의 개시시점은 언제인지 해석상 쟁점이 될 수 있다.

예컨대, 2018년 8월 1일 0시에 보호입원된 환자에 대해 정신의료기관의 장이 9월 20일 연장심사청구를 하여 10월 10일 입원연장결정 통지를 받았다면 환자의 원래의 3개월 입원기간 만료일 다음날인 2018. 11. 1.부터 새로운 3개월의 기간이 시작되는 것인지, 아니면 입원연장결정 통지를 받은 2018. 10. 10.부터 새로운 3개월의 기간이 시작되는 것인지 문제된다.

생각건대, ⅰ) 법은 정신의료기관의 장에게 3개월이나 6개월의 입원기간 모두를 보장하는 것이 아니라 3개월 이내 또는 6개월 이내라고 하여 그 입원기간을 축소할 수 있도록 하고 있는 점, ⅱ) 입원기간의 장기화는 입법취지에 반하는 점, ⅲ) 입원기간에 대해 정신의료기관이나 행정감독기관이나 동일하게 관리해야 할 필요가 있는 점, ⅳ) 정신의료기관 입장에서도 입원환자들이 함께 동일한 시점에 입원연장이 되는 것이 효율적인 점을 고려해 볼 때 입원연장결정 통지시점을 기준으로 입원연장기간이 진행되는 것이라 볼 것이다. 보다 구체적으로 보면, 정신의료기관의 장에게 시·군·구청장의 통지가 도달된 날은 초일이라서 산입하지 않고, 그 다음날부터 6개월(최초입원연장의 경우 3개월) 이내가 입원기간이라 할 수 있다.

11. 보호입원환자의 퇴원

가. 개 관

대체로 사람들의 인식 속에는 보호입원환자는 강제로 입원되었기 때문에 그 퇴원도 당연히 제한되는 것이라 생각한다. 그러나 우리의 보호입원제도는 보호입원환자의 퇴원의 자유를 원칙적으로 보장하고 있고, 예외적으로만 퇴원을 제한하고 있다. 보호입원환자의 퇴원에 있어 자발적 환자인 동의입원환자와 유사한 예외적 퇴원제한의 입법형식을 취하고 있다. 법적으로는 이와 같이 보호입원환자의 퇴원의 자유가 원칙적으로 보장된다고 하더라도 현실에서는 퇴원의 제한이 마치 원칙처럼 작용한다.

나. 보호입원환자의 퇴원방식

보호입원환자의 퇴원은 다음과 같은 방식으로 가능하다.

i) 환자나 보호의무자의 퇴원신청에 따른 퇴원
ii) 보호입원요건의 결여에 따른 퇴원(보호의무자 결격, 정신질환자 아님, 자·타해 위험이나 입원치료 필요성 소멸)
iii) 치료입원이나 입원연장 요건의 미비에 따른 퇴원(지정진단의사의 미진단이나 입원불필요 진단, 보호의무자 입원연장 부동의 등)
iv) 입원기간의 만료에 따른 퇴원(14일, 3개월, 6개월 등)
v) 입원심사기관의 퇴원 등 명령(입원적합성심사위원회의 부적합판정)
vi) 행정기관의 퇴원 등 명령(시·군·구청장의 퇴원명령이나 임시퇴원 명령)
vii) 법원의 퇴원명령(인신보호재판에 따른 수용해제명령 등)

위의 퇴원방식을 주체에 따라 구분해 보면, 환자 본인의 신청, 보호의무자의 신청, 병원의 판단, 국가기관의 명령에 근거해 퇴원이 이루어지고 있음을 알 수 있다. 이를 차례로 살펴본다.

다. 환자의 퇴원의 자유와 제한

(1) 퇴원의 자유와 퇴원시킬 의무

1) 퇴원의 자유(관련규정)

보호입원환자도 원칙적으로 퇴원의 자유가 보장된다. 법 규정을 보면 '정신의료기관의 장은 입원을 한 사람 또는 보호의무자가 퇴원을 신청한 경우 지체 없이 그 사람을 퇴원시켜야 한다'고 하고 있다(법 제43조 제9항 본문). 이것이 원칙이다. 정신의료기관의 장은 보호입원환자나 보호의무자의 퇴원요구에 따라 퇴원시킬 의무가 있고, 정신의료기관의 장이 위 규정을 위반하여 퇴원시키지 아니한 경우에 대해서는 형사처벌 규정이 있다(법 제84조 제2호).

2) 퇴원거부의 사유

퇴원신청을 한 환자가 보호입원의 진단요건(입원치료의 필요성과 자·타해 위험성)

을 모두 갖춘 경우에만 정신의료기관의 장이 퇴원을 거부할 수 있다(법 제43조 제9항 단서).

구 정신보건법은 정신과 전문의가 위험성을 고지한 경우에만 퇴원을 거부할 수 있도록 하였는데, 정신건강복지법은 보호입원의 요건을 계속 충족시키는 경우에만 퇴원을 거부할 수 있도록 하고 있다. 이는 보호입원환자가 입원 중에도 지속적으로 자·타해 위험성과 입원치료 필요성을 유지해야 함을 의미하고, 만약 그 요건을 충족시키지 않는다면 환자의 퇴원요구를 정신의료기관의 장이 거부할 수 없도록 한 것이다.

(2) 실제 퇴원의무 불이행으로 인한 제재 사례

최근 법원에서는 구 정신보건법에 의해 입원된 보호입원환자가 자신은 정신질환이 없다며 며칠간 지속적으로 퇴원신청을 하였으나 이에 대해 따로 정신과 전문의가 자·타해 위험성을 고지하는 등의 퇴원거부 요건을 갖추지 않은 채로 정신의료기관의 장이 퇴원을 거부하였다는 이유로 유죄가 인정된 사례가 있다.[95] 위와 같은 법원의 판결은 보호입원환자의 퇴원신청에 대해 정신의료기관측에서 무응답으로 일관하는 상황을 막고, 별다른 입원계속 사유도 고지하지 않은 채 입원을 유지시키는 것을 허용하지 않겠다는 의미가 있다.

(3) 보호입원환자의 퇴원신청

보호입원환자가 스스로 퇴원을 신청할 경우 거기에 따로 절차나 서면을 갖출 필요는 없다. 보호입원환자는 서면 외에 구두로도 정신의료기관의 직원이나 의사에게 퇴원을 신청할 수 있다. 다만, 위에서 본 바와 같이 환자의 퇴원요구에 정신의료기관측에서 무응답으로 일관할 경우 환자의 퇴원의 자유를 보장하고 있는 법 제43조 제9항의 의무를 위반한 것이 되어 위에서 본 바와 같은 형사처벌의 대상이 될 수 있다는 점을 유의할 필요가 있다.

정신의료기관측의 의무위반 상태를 막기 위해서는 보호입원 환자로부터 퇴원신청이 있으면 공식적인 퇴원신청서를 정신의료기관측에서 접수받은 후 환자의 상태가 여전히 보호입원 요건을 충족하고 있음을 진단하여 기록해 두는 것이 형사처벌을 예방하는 한 방법이라 할 수 있다.

---

95) 수원지방법원 2016. 7. 15. 선고 2015노6379 판결(대법원에서도 원심과 같은 취지로 판단하여 정신의료기관측의 상고를 기각함. 대법원 2016. 12. 29. 선고 2016도12315 판결).

(4) 정신의료기관의 장의 퇴원제한(퇴원거부)요건

정신의료기관의 장이 보호입원환자의 퇴원제한을 위해서는 다음의 각 요건을 모두 갖추어야 한다.

i) 보호입원환자의 퇴원신청이 있을 것
ii) 보호입원환자가 보호입원의 진단요건(입원치료 필요성 및 자·타해 위험성)을 충족하고 있을 것

여기서 문제는 보호입원환자가 보호입원의 진단요건을 갖추고 있는지에 관해 정신의료기관의 장이 어떻게 확인하고, 그 입증자료를 어떻게 보존해 둘 것인지가 문제될 수 있다. 예컨대, 정신의료기관의 장이 환자의 구두의 퇴원신청에 대해 무응답으로 일관할 경우 앞서 본 바와 같이 지체 없이 퇴원시켜야 할 의무를 어기는 것이 될 위험도 있는데 이는 나중에 민·형사소송과정으로 가면 정신의료기관의 장이 퇴원을 거부한 사유와 조치에 대한 입증자료를 제출할 책임으로 이어진다.

생각건대, 위와 같이 보호입원환자가 진정한 의사로 반복적으로 퇴원을 구두로 요청하는 경우라면 이를 공식화하여 퇴원신청서를 작성하도록 하고, 그에 대해 정신의료기관측에서 환자가 보호입원 진단요건을 여전히 충족하고 있음을 진료기록 등에 확인해 두는 것(예컨대, 환자에 대한 진단 등)이 필요할 수 있다.

(5) 퇴원거부사유 등의 고지

정신의료기관의 장은 퇴원을 거부할 경우 환자에게 지체 없이 그 거부사실 및 거부사유를 서면으로 통지하고, 아울러 그 환자에게 시·군·구청장에게 퇴원심사청구를 할 수 있다는 사실 및 그 청구절차를 서면으로 함께 통지하여야 한다(법 제43조 제10항). 이는 정신의료기관의 장의 퇴원거부처분에 대한 이유와 그에 대한 불복수단을 환자에게 알려주어 권리구제가 가능할 수 있도록 한 것이다. 위와 같은 퇴원거부사유나 퇴원심사청구를 할 수 있다는 사실 및 그 청구절차를 알려주지 않은 경우 과태료 부과대상이 된다(법 제89조 제1항 제6호).

라. 보호의무자의 퇴원신청

(1) 보호의무자의 퇴원신청

보호입원환자에 대해서는 보호의무자도 퇴원을 신청할 수 있다. 여기서 보호의무자는 입원신청이나 입원연장 동의와 달리 1명으로도 가능하다. 보호의무자가 퇴

원을 신청한 경우에도 정신의료기관의 장은 환자가 퇴원신청을 한 경우와 동일하게 지체 없이 퇴원시킬 의무가 있고, 다만, 환자가 보호입원 진단요건을 계속 충족하고 있는 경우에만 퇴원을 거부할 수 있다. 보호의무자에게도 앞서 본 퇴원거부사유 및 퇴원심사청구절차 등에 대한 고지가 필요하며, 이를 정신의료기관의 장이 이행하지 않았을 경우 과태료 부과대상이다.

(2) 입원 신청 보호의무자의 퇴원신청

보호입원환자에 대해 보호입원을 신청한 보호의무자가 퇴원을 신청할 수 있는 자임은 당연하다. 다만, 정신의료기관의 장은 입원신청을 한 보호의무자가 퇴원을 신청하더라도 환자의 상태가 보호입원 진단요건을 충족하면 퇴원을 거부할 수 있다.

(3) 입원 신청을 하지 않은 보호의무자의 퇴원신청

보호입원신청을 하지 않은 보호의무자도 환자의 퇴원신청을 할 수 있을까? 긍정해야 할 것이다. i) 법 제43조 제9항의 법문상 보호의무자를 입원신청을 한 보호의무자로 한정하지 않고 있고, ii) 입원신청을 한 보호의무자에게만 환자의 퇴원신청자격을 줄 이유가 없으며, iii) 정신의료기관측의 퇴원거부 후 이어질 수 있는 퇴원심사청구자격도 모든 보호의무자에게 있는 점을 고려해 볼 때 퇴원신청을 할 수 있는 보호의무자는 입원신청을 한 보호의무자로 한정되지 않는다.

마. 입원기간의 만료

(1) 진단(평가)입원기간의 만료

보호입원은 그 최초입원 시 진단(평가) 목적의 입원기간이 2주(14일) 이내이고, 그 기간이 경과되면 위법한 입원이 되므로 환자는 2주 이내에 원칙적으로 퇴원하여야 한다. 다만, 진단입원 기간 중에 2명 이상의 정신과 전문의(그 중 1명 이상은 지정진단의사)가 일치된 소견으로 계속입원의 필요성을 인정할 경우에는 그 입원기간이 3개월까지 연장된다.

(2) 치료입원기간의 만료

보호입원이 진단입원에서 치료입원으로 전환된 경우 그 입원기간은 최초 입원일로부터 3개월까지 가능하다. 치료입원기간이 만료되기 전에 환자는 퇴원하여야 하며, 그 입원기간을 도과하면 위법한 입원이 된다. 다만, 환자에 대해 정신의료기관의 장이 입원연장심사를 청구하여 그 입원연장결정이 3개월 이내에 통지되는 경우 그 통지시점부터 다시 3개월 이내로 입원기간이 연장된다.

(3) 입원연장기간의 만료

입원연장기간은 최초에는 3개월이기 때문에 입원연장 통지시점으로부터 3개월이 도과하기 전에 환자를 퇴원시켜야 한다. 그 3개월의 입원연장기간 중에 다시 입원연장신청을 하여 입원연장결정을 받는 경우에는 입원연장결정 통지시점부터 6개월 내로 입원기간이 연장된다. 그 이후의 입원연장결정은 기존과 동일하게 매번 6개월까지 가능하다.

(4) 시·군·구청장에 의해 정해진 입원연장기간의 만료

입원연장을 심사하는 시·군·구 소속 정신건강심사위원회는 입원환자 개별적으로 향후의 일정한 입원기간을 정하여 퇴원명령을 의결할 수 있고, 이에 따라 시·군·구청장은 그 입원기간을 정한 퇴원결정(기한부 퇴원결정)을 정신의료기관의 장에게 통지하여야 한다. 그 경우 정신의료기관의 장은 그 입원기간 내에서만 입원시킬 수 있고, 입원기간이 만료되기 전에 퇴원시켜야 한다.

바. 국가기관 등에 의한 퇴원명령

(1) 개관

보호입원환자에 대해 국가기관은 퇴원명령을 내릴 수 있다. 정신건강복지법은 그러한 퇴원명령을 내릴 수 있는 기관으로 보호입원 및 행정입원환자에 대해서는 입원적합성심사위원회와 지방자치단체의 장(정신건강심사위원회)을 두고 있고, 「인신보호법」은 법원의 판사가 정신의료기관의 장에게 입원환자의 퇴원명령(수용해제명령)을 내릴 수 있다. 위와 같은 국가기관의 퇴원명령을 이행하지 않을 경우에 대비해 형벌규정을 두고 있다.

다만 인신보호법에 따른 법원의 퇴원명령(수용해제명령)의 미이행에 대한 명시적인 형벌규정은 없으나 명령을 받고도 계속 입원시키는 것은 형사상 감금죄에 해당할 수 있다.

(2) 입원적합성심사위원회

입원적합성심사위원회는 보호입원환자나 행정입원환자에 대해 최초입원에 대한 심사를 거쳐 정신의료기관의 장에게 입원부적합판정을 서면으로 통지할 수 있다. 이 경우 정신의료기관의 장은 지체 없이 해당 입원환자를 퇴원시켜야 한다(법 제47조 제

4항). 입원부적합 퇴원명령을 따르지 않는 경우 형벌규정이 있다(법 제84조 제2호).

(3) 시·군·구청장

시·군·구청장은 정신건강심사위원회의 심사를 거쳐 보호입원환자에 대한 정신의료기관의 장의 입원연장청구를 거절하고, 퇴원(임시퇴원을 포함한다)이나 이송, 외래치료명령 등의 결정을 서면으로 통지할 수 있다(법 제59조).

정신의료기관의 장은 위와 같은 퇴원조치를 취하여야 하는 통지를 받은 경우에는 지체 없이 퇴원(임시퇴원을 포함한다)을 시켜야 한다(법 제43조 제7항). 퇴원명령을 따르지 않는 경우 형벌규정이 있다(법 제84조 제3호).

실제 입원연장심사나 퇴원청구심사를 통해 시·군·구청장이 정신의료기관의 장에게 퇴원명령을 내렸음에도 불구하고 정신의료기관측에서 여러 가지 사유를 들어 환자를 장기간 퇴원시키지 않은 사례들에 대해 검찰이 정신의료기관의 장이나 담당의사를 기소하여 법원에서 재판이 진행되기도 하였다.

(4) 행정감독기관의 퇴원명령

정신의료기관에 대한 행정감독기관인 시·도지사 또는 시·군·구청장은 정신의료기관에 대한 보고요구와 직접 조사 및 감독을 할 수 있는데, 그 과정에서 정신건강심사위원회 심사를 거쳐 정신의료기관의 장에게 보호입원환자 등을 퇴원시키도록 하는 명령을 내릴 수 있다(법 제66조 제4항). 위 퇴원명령을 따르지 않는 경우에 대해서도 형벌규정이 있다(법 제84조 제7호).

(5) 법원의 인신보호재판에 따른 퇴원명령

강제입원된 환자는 입원 후 언제든지 입원 소재지 관할법원에 퇴원을 청구하는 「인신보호법」에 따른 구제청구를 할 수 있고, 법원의 판사는 인신보호재판을 진행한 후 정신의료기관의 장에게 환자의 퇴원(수용해제)을 명할 수 있다. 이러한 법원의 퇴원(수용해제)명령이 있는 경우 그 환자에 대해서는 다시 동일한 사유로 재입원(재수용)이 금지된다(「인신보호법」 제16조).

사. 보호입원 요건의 결여

(1) 개관

보호입원의 요건은 크게 두 가지로 나눌 수 있는데, 하나는 보호의무자 요건(보호의무자 2인 이상의 신청이나 동의)이고, 다른 하나가 진단요건(자·타해 위험성 및 입원치료 필요성)이다. 위 두 요건(보호의무자 요건과 진단요건)을 갖추지 못하면 보호입원요건은 결여되어 퇴원이 이루어져야 할 수 있다. 이에 관하여 구체적으로 본다.

(2) 보호의무자 요건의 결여

보호의무자는 환자의 입원기간 중에 사망하거나 결격이 될 수 있으며, 새롭게 보호의무자가 나타나기도 한다. 예컨대, 미성년자가 성년자가 되는 경우는 보호의무자가 새롭게 생긴 것이고, 배우자가 이혼소송을 제기하면 그 보호의무자였던 배우자는 결격이 된다.

앞서 보호의무자 규정에 대한 설명에서 지적하였듯이 보호의무자 요건은 보호입원신청 시, 그리고 입원연장청구 시에 그 자격을 갖추고 있으면 되고, 입원기간 중에 사망하거나 결격사유가 되었다고 하더라도 최초 입원기간이나 입원연장기간에는 영향을 미치지 아니하므로 이를 이유로 환자를 퇴원시킬 것은 아니다.

다만, 보호의무자가 1명 밖에 없어 그 1명이 입원신청이나 입원연장동의를 하였다가 사망한 경우라면 더 이상 향후 보호입원을 연장시킬 수 있는 가능성이 사라지게 되므로 환자에 대해 다른 입원형태로의 전환이나 후견인 선임 등을 고려해 볼 수 있을 것이다.

(3) 진단요건의 결여

보호입원환자는 입원 시의 보호입원 진단요건(자·타해 위험성 및 입원치료 필요성)을 지속적으로 충족시켜야 한다. 다만 환자의 상태가 일시적으로 좋아졌다고 하여 바로 보호입원의 요건을 결하는 것이라 보기는 어렵다. 정신의료기관측에서 환자의 상태를 파악하여 환자의 상태가 현재 진단요건을 충족시키지 않게 되었고, 향후에도 당분간 입원진단 요건을 충족시킬 상황도 아니라고 판단한다면 환자를 퇴원시켜야 한다. 보호입원 요건을 충족시키지 못하는 환자를 계속입원시키는 것은 법적으로는 근거가 없는 것이다. 나아가 입원 진단요건을 충족시키지 않는 환자가 퇴원을 요구하는데도 계속입원시켜 두는 것도 입원의 정당성을 확보하기 어렵다. 이는 앞서 본 UN의 정신장애인 보호원칙에서 보장하는 환자의 퇴원할 권리를 제한하는 것이기도 하다.

아. 퇴원절차와 방식

보호입원환자의 퇴원신청에 의한 퇴원절차와 방식은 자의입원환자나 동의입원환자의 퇴원신청에 의한 퇴원절차 및 방식과 다르지 않다. 여기서는 자의입원이나 동의입원에서는 없는 보호의무자에 의한 퇴원, 국가기관의 명령, 보호입원기간 만료, 보호입원요건 불충족으로 인한 퇴원절차와 방식을 살펴본다.

(1) 보호의무자의 퇴원신청에 의한 퇴원

1) 퇴원신청서의 작성

정신건강복지법령은 현재 법정서식으로 퇴원신청서를 두고 있지는 않지만 참고서식(제5호 서식)으로 퇴원신청서를 두고 있다. 환자나 보호의무자의 퇴원신청의사를 명백히 표시할 수 있는 퇴원신청서를 활용하는 것이 향후 퇴원거부 여부 등에 대한 분쟁의 소지를 적게 할 수 있으므로 정신의료기관측에서는 환자나 보호의무자가 퇴원신청을 할 때에는 그 서식을 제공하여 퇴원신청서를 적도록 할 필요가 있다. 여기서의 퇴원신청은 앞서 본 바와 같이 보호의무자 1명이 하여도 무방하고, 입원신청을 하지 않은 보호의무자가 하여도 무방하다.

2) 환자의 진단 여부

보호의무자가 퇴원을 신청하는 경우 환자가 보호입원의 진단요건(자·타해 위험성 및 입원치료 필요성)을 갖추었는지 조사하여 진단요건을 갖추었으면 퇴원을 거부하고, 진단요건을 못 갖추었으면 퇴원을 시켜야 하는가? 아니면 진단 없이 바로 퇴원시켜도 되는가?

법 제43조 제9항 본문이 보호의무자가 퇴원을 신청한 경우에도 지체 없이 퇴원을 시킬 의무를 부과하고 있고, 그 단서에서 퇴원을 거부하기 위해서는 환자가 보호입원 요건(자·타해 위험성 및 입원치료 필요성)을 갖춘 경우에 거부할 수 있다고 하고 있다. 생각건대, 환자나 보호의무자의 퇴원신청 시 정신의료기관의 장에게 환자에 대한 진단의무를 반드시 부과하는 것은 아니어서 정신의료기관의 장은 진단 없이 퇴원의무를 이행하는 것이 허용된다고 볼 것이다.

3) 환자의 퇴원절차

보호의무자의 퇴원신청이 있는 경우 정신의료기관의 장은 지체 없이 환자를 퇴원시켜야 한다(법 제43조 제9항 본문). 여기서 '지체 없이'가 어느 정도의 시간인지 문제되는데, 이에 대해서는 일률적으로 답할 수 없으며, 다만 앞서 자의입원이나 동의입원에서 검토한 것과 유사하게 다음과 같은 사정을 고려하여야 할 것이다.

i) 퇴원신청서 작성 시점(또는 구두의 퇴원요구시점)부터 실제 퇴원까지의 시간
ii) 보호의무자에 대한 연락과 환자 인수절차

iii) 야간이나 주말로 인한 정신의료기관의 퇴원절차
iv) 퇴원할 환자의 상태나 주거 및 이동경로

4) 환자의 퇴원에 관한 보호의무자 통지

정신의료기관의 장은 환자나 보호의무자의 퇴원신청에 따라 환자를 퇴원시켰을 경우 지체 없이 보호의무자에게 그 퇴원사실을 서면으로 통지하여야 한다.

퇴원신청을 한 보호의무자에게 통지하여야 할 뿐만 아니라 입원신청이나 입원연장에 동의한 보호의무자들에게 통지를 할 필요가 있다. 그 이유는 법이 퇴원신청을 한 보호의무자에게만 통지할 것을 규정한 것이 아니라 보호의무자라고 하여 그 대상을 보호의무자 일반으로 하고 있고, 입원신청이나 입원연장에 동의한 보호의무자들은 환자의 입·퇴원에 이해관계가 있어 다른 보호의무자가 환자를 퇴원시킨 경우 그 사실을 알아야 할 필요가 있기 때문이다.

(2) 국가기관의 명령에 의한 퇴원

보호입원환자에 대해서는 정신의료기관의 장이 최초입원심사에서 입원적합성심사위원회의 입원부적합판정 통지를 받은 때, 입원연장심사에서 시·군·구청장으로부터 퇴원을 시키는 통지를 받은 때로부터 지체 없이 퇴원을 시켜야 한다. 이 경우도 앞서 본 환자의 퇴원절차 시 고려사항을 참조해야 하고, 국가기관의 명령에 따른 퇴원이기 때문에 이를 알지 못하는 환자와 보호(의무)자에 대한 통지 등도 신속하게 진행할 필요가 있다.

(3) 보호입원기간 만료나 입원요건 결격으로 인한 퇴원

보호입원기간을 경과하거나 입원요건을 갖추지 못한 것으로 인한 퇴원은 즉시 퇴원을 원칙으로 하여야 한다. 최초 입원기간 2주를 두 번째 의사의 진단 없이 도과하거나, 3개월의 보호입원기간을 연장 없이 도과하는 경우, 부적법한 보호의무자에 의한 입원의 경우 그 입원은 불법입원이 되고, 그 하자는 치유되지 않기 때문에 공식적으로 퇴원을 시키는 것만이 불법입원을 종료할 수 있다.

자. 퇴원 관련 통지

정신의료기관의 장은 보호입원환자를 퇴원시킬 경우 환자 본인이 동의한다면 그 동의를 받아 그 퇴원사실 등을 관할 정신건강복지센터의 장(없는 경우 보건소장)에게 통보하여야 하고, 그 통지를 받은 센터의 장은 퇴원할 사람 또는 보호의무자와 상담하여 그 사람의 재활과 사회적응을 위한 지원방안을 마련하여야 한다(법 제52조).

12. 보호입원의 전환

가. 자발적 입원의 원칙

보호입원은 강제입원의 대부분을 차지하고 있는데, 우리 정신건강복지법은 그 기본이념으로 입원의 최소화와 자발적 입원을 권장하고 있다(법 제2조 제5항). 따라서 지역사회복귀나 자발적 입원은 실무와 법 해석의 원칙적 방향이 되어야 한다. 현재 보호입원에서 다른 입원형태로의 전환은 법이 침묵하고 있으나 입원현장에서는 많이 발생하는 일이고, 자발적 입원인 자의입원이나 동의입원은 법이 권장하고 있다. 이하에서 강제입원인 보호입원에서 다른 유형의 입원으로의 전환을 검토해 보기로 한다.

여기서 말하는 입원형태의 전환도 환자가 실제 퇴원을 하지 않은 채(병원 밖을 나가지 않음) 입원의료기관 내에서 입원형태를 전환하는 것을 말한다. 만약 보호입원환자가 실제 퇴원을 하고서 자발적 입원을 하는 경우라면 그 입원은 입원형태의 전환이 아니라 퇴원과 새로운 입원이 이루어지는 것이므로 그에 따른 입·퇴원절차를 거쳐야 한다.

나. 자의입원으로의 전환

(1) 전환 허용여부

자의입원은 환자의 입원신청서 작성 및 제출 외에 특별한 절차를 거칠 것이 없다. 보호입원환자가 퇴원명령 등으로 인해 실제 퇴원해야 하는 상황에 직면하여서 보호의무자나 정신의료기관측이 자발적 입원으로의 전환을 권유하는 것은 허용될 것인가?

자의입원으로 전환하는 경우라면 의사결정능력이 있는 환자 본인의 자발적 의사에 근거한 것이어야 하고, 환자 본인의 의사가 가족이나 병원측의 강요나 강권 없이 자유로운 상태에서 이루어진 것이라면 이를 위법하다고 보기는 어렵다. 환자의 입장에서 보면, ⅰ) 보호입원보다는 자의입원이 언제든 병원을 떠날 수 있는 기회를 제공하고, ⅱ) 지역사회에서의 거주나 생활이 어려운 경우에는 그 선택지 중의 하나로 자의입원도 고려할 수 있기 때문이다.

(2) 전환절차

자의입원으로 전환하는 경우에 비록 실제 병원을 떠나는 것은 아니더라도 보호입원에 따른 퇴원의 형식적 절차(보호의무자에 대한 통지, 입·퇴원관리시스템에서의 퇴원처리 등)를 거쳐야 하며, 입원의 형식적 절차(자의입원 신청서의 작성) 또한 필요하다.

(3) 전환이 금지되는 경우

보호입원에서 자의입원으로의 전환이 보호입원에서 발생하는 다양한 국가적 감독시스템을 회피하기 위한 수단으로 이루어지는 경우가 있다. 특히 질병이 만성화되어 의사결정능력이 없거나 부족한 환자에게 자의입원 신청서를 작성하게 한 후 장기간 특별한 관리감독 없이 정신의료기관을 거주의 공간으로 활용하게 하는 것도 문제가 된다.

이러한 점을 감안해 볼 때 i) 자의입원 신청에 부모 동의를 받지 않은 미성년자, ii) 의사결정능력이 없거나 부족한 환자, iii) 입원전환 시점에서 전환에 자발적으로 동의할 수 없는 환자 등은 자의입원환자로 전환하여서는 아니 된다.

자의입원을 할 수 있는 의사결정능력이나 동의능력이 없는 환자로부터 자의입원 신청서를 받았다고 하더라도 이는 법률상 무효이며, 결국 환자 본인의 의사에 의하지 않은 입원이 되어 이 입원과정에 관여한 사람들에게는 법적 책임이 부과될 수 있다. 또한 환자의 자의입원 신청이 무효인 이상 여전히 보호입원 상태가 유지된다고 볼 것이어서 보호입원의 요건이나 심사를 거치지 않은 것 또한 위법이 될 수 있다.

다. 동의입원으로의 전환

(1) 전환 허용여부

동의입원은 앞서 본 바와 같이 보호의무자 1명이 입원에 동의하여야 하고, 퇴원에 있어 자의입원과 달리 정신의료기관의 장이 72시간 동안 퇴원을 제한하고 보호입원이나 행정입원으로 전환할 수 있다(법 제42조).

보호입원이나 동의입원의 경우 모두 퇴원이 제한된다. 차이점은 동의입원의 경우에는 72시간 이내로만 퇴원제한이 허용되지만 보호입원은 기한 없이 퇴원제한을 반복할 수 있기 때문에 환자의 퇴원의 자유 확대를 위해서는 보호입원에서 동의입원으로의 전환을 허용하여야 한다.

(2) 전환절차

동의입원으로 전환하는 경우 보호입원을 신청하거나 동의한 기존의 보호의무자 중 1명 또는 보호입원에 관여하지 않는 보호의무자도 환자의 동의입원 신청에 동의권자가 될 수 있다. 정신의료기관측과의 합의 하에 보호의무자가 동의한 적법한 입원신청서가 환자에 의해 작성되어 정신의료기관에 제출되면 기존의 보호입원은 소멸하고, 새로운 동의입원이 시작된다.

이 때 보호입원환자 퇴원의 형식적 절차(보호의무자에 대한 통지, 입·퇴원관리시스템에서의 퇴원처리 등)를 거쳐야 하며, 동의입원의 형식적 절차(입원신청서 및 증빙서류 첨부) 또한 필요하다.

(3) 전환이 금지되는 경우

앞서 자의입원에서 검토하였던 것과 동일하게 동의입원에서도 환자 본인이 동의능력을 포함한 의사결정능력을 가져야만 유효한 동의입원이 될 수 있다. 그러한 능력이 없음에도 불구하고 보호의무자나 정신의료기관측의 권유로 동의입원 신청서를 작성하게 된 경우 그 신청은 무효이며, 결국 환자는 사실상 기존의 보호입원 상태에서 입원연장심사 등을 거치지 않은 채 위법하게 입원된 것으로 간주될 수 있다. 특히, 보호입원에 따른 심사를 회피할 목적으로 자의입원이나 동의입원으로 전환시키는 경우는 그 전환의 목적이 위법하여 무효라고 볼 여지가 있다.

라. 행정입원으로의 전환

(1) 전환 허용여부

보호입원환자가 자·타해 위험성으로 인한 입원치료 필요성이 있음에도 불구하고, 보호의무자들이 입원연장에 동의하지 않고, 환자 또한 자의입원이나 동의입원에 대해 거부의사를 보일 경우 정신의료기관의 장이 행정입원으로 전환할 수 있을까?

생각건대, 행정입원은 환자에게 다른 입원형태를 유지할 수 없을 때 사용되는 최후의 수단이며, 정신의료기관의 장은 행정입원을 신청하거나 결정하는 주체가 아니다. 다만, 환자가 행정입원의 진단요건(보호입원과 동일하게 자·타해 위험성 및 입원치료 필요성이다)을 갖추고 있고, 퇴원을 시킬 경우 오히려 환자의 건강이나 안전 또는 타인의 안전에 위험이 생길 우려가 있다면 행정입원의 신청을 고려할 필요가 있다. 보호입원에서 행정입원으로 전환하는 제도는 프랑스 1838년 「정신이상자에 관한 법률」에서도 보이는데, 수용시설의 장이 가족이 입소시킨 사람에 대해 위험을 이유로 퇴소를 거부한 후 행정기관에 알려 행정입소로의 전환을 통해 입소를 지속시키는 것을 가능하게 하였다.

(2) 전환절차

1) 신청과 진단의뢰

행정입원의 신청은 정신과 전문의 또는 정신건강전문요원이면 가능하므로 보호입원 중인 정신의료기관의 정신과 전문의나 정신건강전문요원도 신청할 수 있다. 행정입원 신청을 받은 시·군·구청장은 그 환자의 진단을 정신과 전문의에게 의뢰하여야 한다. 진단의 공정성을 보장하기 위해서는 입원 정신의료기관에 소속되지 않은 정신과 전문의에게 의뢰할 필요가 있다.

2) 행정입원으로의 전환 – 진단과 호송

의뢰를 받은 정신과 전문의가 정확한 진단을 위한 입원을 권고하면 시·군·구청장은 2주의 범위 내에서 법 제44조 제4항의 지정정신의료기관에 입원을 시킬 수 있다. 그 환자가 입원한 정신의료기관이 지정정신의료기관이라면 그대로 환자를 입원된 상태에서 행정입원으로 전환하면 되고, 지정정신의료기관이 아니라면 환자를 지정정신의료기관으로 이송하여야 한다. 이송되는 경우 환자의 이송시점이 보호입원의 퇴원일자이자 행정입원으로의 전환일자가 된다.

입원 정신의료기관이 지정정신의료기관이라면 시·군·구청장이 발송하는 진단을 위한 입원의 통지를 입원 정신의료기관측에서 받는 시점이 보호입원에서 행정입원으로 전환되는 시점으로 삼아야 한다. 그 때를 보호입원 퇴원 및 행정입원 시점으로 삼아 보호입원환자의 퇴원을 입·퇴원시스템에 등록하고, 새로운 행정입원의 신고를 3일 이내에 하여야 한다.

(3) 행정입원으로의 전환 시 검토사항

보호입원에서 행정입원으로의 전환은 강제입원에서 강제입원으로의 전환일 뿐만 아니라 환자의 입·퇴원에 대한 결정권이 보호의무자와 정신의료기관의 관할에서 시·군·구의 관할로 이전되는 것이다. 특히 행정입원으로 전환될 경우에는 보호의무자가 더 이상 입원연장에 대한 동의도 할 수 없고, 적법한 퇴원신청권자도 아니기는 하지만 입원과정에서 보호의무자인 가족의 의견을 참조할 필요는 있다.

마. 응급입원으로의 전환여부

응급입원은 다른 정신건강복지법의 입원(자의입원, 동의입원, 보호입원이나 행정입원)을 시킬 수 없는 상황에서 3일 이내의 기간만 허용되는 것이기 때문에 보호입원에서 응급입원으로 전환하는 것은 허용되지 않는다. 다만, 보호입원환자가 퇴원하고서 다른 병원으로 이송되어 입원절차를 밟는 것이라면 그 이송된 병원에서 새롭게 경찰관 동의가 필요한 응급입원절차를 거치는 것은 이미 실제 퇴원이 되었기 때문에 응급입원으로의 전환이라기보다 퇴원 후의 새로운 응급입원이라 할 수 있다.

13. 보호입원 절차나 의무위반에 대한 형사책임

가. 의무위반에 대한 정신의료기관의 장의 책임

보호입원은 사인(私人)에 의한 강제적 격리조치이고, 법이 그 입원에 대한 결정권한을 정신의료기관의 장에게 부여해 놓고 있기 때문에 그에 따른 법적 책임도 함께 부여하고 있다. 아래는 모두 정신의료기관의 장에게 주어진 권한 또는 의무를 위반한 것이기 때문에 소속 직원이나 의사에게 책임을 전가하기는 어렵다. 정신의료기관을 관리하는 책임자로서 정신의료기관의 장은 내부행정체계와 직원 등을 통하여 신고, 통지, 서류수령, 입·퇴원등록 등의 의무를 부담하는 것이고, 행정형벌은 고의범(그 의무위반사실을 알고 있어야 처벌)뿐만 아니라 과실범(그 의무위반사실을 모르고 있어도 처벌)도 처벌하므로 정신의료기관의 장이 모른다고 하여 책임을 면할 수 있는 것이 아니다.

법은 또한 양벌규정을 두어 그 정신의료기관을 운영하는 운영자(법인이나 개인)나 소속 직원에 대해서도 함께 형사처벌을 할 수 있는 규정을 두고 있다. 이하에는 보호입원위반과 관련된 형벌과 과태료의 규정을 구체적으로 본다.

나. 보호입원관련 의무위반에 대한 형사책임

(1) 퇴원의무위반

자의입원환자나 동의입원환자가 퇴원을 신청하였을 경우 지체 없이 퇴원시키지 않았을 때 정신의료기관의 장이 형사처벌을 받는 것과 동일하게 보호입원환자나 그 보호의무자가 퇴원을 신청하였을 때 정신의료기관의 장이 지체 없이 퇴원을 시키지 않았을 때에도 형벌규정이 있다(법 제84조 제2호).

다만, 정신의료기관의 장이 환자가 여전히 입원진단요건을 충족함을 들어 퇴원을 거부할 수 있으나 그 경우에는 지체 없이 환자나 퇴원을 요구한 보호의무자에게 퇴원심사청구권과 그 절차를 서면으로 고지해 주어야만 한다(법 제43조 제9항 단서 및 제10항 후단). 앞서 본 바와 같이 환자의 퇴원신청에 만연히 정신의료기관측에서 아무런 응답을 하지 않는 것은 퇴원의무위반이 될 수 있다. 환자의 퇴원신청과 실제 병원측의 퇴원조치 사이에 걸리는 시간으로 법이 정한 '지체 없이'는 병원이 행정체계를 통해 퇴원의무를 이행하는 데 필요한 상당(相當)한 기간이라 할 수 있는데, 앞서 본 바와 같이 여러 사정을 고려하여야 한다.

(2) 퇴원명령위반

정신의료기관의 장은 입원심사기관이나 행정감독기관으로부터 아래와 같은 명령이나 통지를 받은 경우 해당 정신질환자를 지체 없이 퇴원시켜야 한다.

i) 보호입원환자에 대해 입원적합성심사위원회의 입원부적합 통지를 받은 경우(법 제47조 제4항)
ii) 시·군·구청장으로부터 입원연장심사에 있어 퇴원명령 또는 임시 퇴원명령의 통지를 받은 경우(법 제43조 제7항)
iii) 시·도지사 또는 시·군·구청장으로부터 (퇴원청구심사에 있어) 퇴원명령 또는 임시퇴원명령을 받은 경우(법 제59조 제1항 제1호 및 제61조 제2항)
iv) 시·도지사 또는 시·군·구청장이 입원적절성이나 퇴원 필요성 여부를 조사 및 심사하여 퇴원명령을 내린 경우(법 제66조 제4항)

위와 같은 부적합통지나 퇴원명령을 받고서도 퇴원을 시키지 않거나 퇴원을 지체한 경우에는 퇴원명령위반이 된다(법 제84조 제2호, 제3호, 제5호, 제7호).

(3) 신고의무위반

정신의료기관의 장이 환자를 보호입원시켰을 경우 입원을 한 날부터 3일 이내에 입원적합성심사위원회에 일정한 사항을 신고하여야 한다. 입원을 한 날부터 3일 이내에 신고를 하지 아니한 경우 신고의무위반이 된다(법 제84조 제4항). 위 신고는 환자 개인마다 이루어져야 하는 것이어서 여러 건의 신고를 하지 않는 경우 여러 건의 의무위반을 저지른 것이 된다.

여기서 '3일'이란 입원초일은 산입되지 않으며 입원 다음날 0시부터 3일 간이며, 마지막 3일 째가 토요일이거나 공휴일이면 그 다음날이 마지막 날이 된다. 따라서 수요일 오전 9시에 보호입원을 하였다면 목요일부터 기산하여 토요일 24시가 마감일인데, 만기일이 토요일 또는 공휴일이어서 토요일과 일요일의 다음날인 월요일 24시가 마감일이 된다.

현재 보호입원과 행정입원에 대한 신고는 국가 입·퇴원관리시스템인 아미스(www.amis.go.kr)에 전산적으로 입력하고 있는데, 위 전산시스템의 마비나 오류로 인해 입원신고가 누락되거나 지연된 경우는 정신의료기관측이 귀책사유가 없는 것이어서 신고의무위반이 아니다. 보호입원 후 3일을 넘겨 정신의료기관측에서 입원신고를 한 경우 위와 같은 정당한 지연사유가 있지 않으면 신고의무위반이 된다.

(4) 대면진단의무위반

정신의료기관의 장을 포함하여 누구든지 정신과 전문의 대면진단 없이 환자를 정신의료기관에 입원시키거나 입원을 연장할 수 없다(법 제68조 제1항). 이를 위반할 경우 형사처벌의 대상이 된다(법 제84조 제9호). 다음과 같은 경우는 법원 판결에 의해 불법한 입원으로 민사상 또는 형사상 책임을 진 사례들이다.

i) 환자를 전화로 지시해 보호입원을 시킨 후 입원 후에 대면한 경우
ii) 정신과 전공의가 대면진단 후 입원시킨 경우
iii) 당직의사인 다른 과 전문의가 대면진단 후 입원시킨 경우

환자의 정신의료기관 입원이나 입원연장은 정신과 전문의 대면진단 후 이루어져야 하는 것이 원칙이므로 정신과 전문의가 없는 상태에서 환자의 입원이 필요한 경우에는 응급입원의 절차를 거칠 필요가 있다. 즉, 정신과 전문의가 아니더라도 정신의료기관 내 의사 중 1인이 동의를 하고, 인근 경찰서 경찰관의 동의를 받아 정신의료기관의 장이 3일 이내로 응급입원을 실시하고, 그 기간 내에 정신과 전문의 진단을 받아 보호입원으로 전환하면 된다.

(5) 서류수령의무위반

보호입원환자에 대해 정신의료기관의 장은 보호입원신청서와 보호의무자임을 확인할 수 있는 서류를 입원을 할 때 보호의무자로부터 받아야 한다(법 제43조 제1항 후문). 이를 어길 경우 서류수령의무위반이 된다. 정신의료기관의 장이 보호의무자의 구두 동의나 신청에 따라 입원을 시킨 후 신청서나 보호의무자임을 증명하는 서류를 나중에 받는 것도 형사처벌된 사례가 있다.

한편, 보호입원 신청서에는 법에 의해 입원권고서도 함께 첨부하여야 하는데(법 제43조 제2항), 이를 첨부하지 않은 채로 입원시키는 경우 서류수령의무위반이 될지 검토가 필요하다. 형사처벌의 내용을 규정하고 있는 법 제86조는 명문으로 제43조 제1항의 위반(신청서와 보호의무자임을 확인할 수 있는 서류)만을 문제삼고 있고, 입원

권고서는 정신의료기관 내에서 작성가능한 것인 점, 죄형법정주의 원칙상 입원권고서 누락은 따로 형사처벌을 하고 있지 않은 점을 고려할 때 입원 전에 입원권고서(진단결과서)를 누락하였다는 이유로 위 조항에 근거해 형사처벌을 할 수는 없다고 할 것이다.

(6) 입원연장의무위반

정신의료기관의 장은 보호입원환자에 대한 입원연장심사청구를 입원기간 만료일 전 2개월이 되는 날부터 입원기간 만료일 전 1개월이 되는 날까지 하여야 한다(영 제18조). 만약 그 청구기간을 경과하여 심사청구를 하거나 심사청구 없이 입원기간을 연장하여 입원시키는 경우 입원연장의무위반이 된다(법 제86조 제4호).

법에 따르면, 정신의료기관의 장은 입원연장기간(3개월 또는 6개월)이 만료되기 전에 시·군·구청장으로부터 입원심사 및 통지까지 받아야 하고, 정신건강심사위원회의 입원연장심사는 통상 1개월마다 개최되기 때문에 연장기간 만료 2개월 전부터 1개월 전 사이로 연장심사청구기간을 정한 것이다.

따라서 각 환자별로 따져 입원기간 만료일을 산정하고, 그 만료일 전 2개월부터 1개월 사이에 심사청구를 하지 않으면 그 자체로 입원연장의무위반에 해당한다. 또한, 제때에 입원연장심사청구를 하지 못한 경우라면 입원기간 만료일까지 환자를 퇴원시켜야 하고, 입원기간 만료일을 도과하여 입원시킨 경우도 입원연장의무위반이 된다.

(7) 입·퇴원등록의무위반

정신의료기관의 장이 보호입원을 시킨 경우 입원적합성위원회에 신고하는 사항과 보호입원환자의 퇴원 시 그 퇴원사항을 국가 입·퇴원관리시스템에 등록하여야 한다(법 제67조 제2항). 정신의료기관의 장이 이를 등록하지 아니하는 경우 입·퇴원등록의무위반이 된다(법 제86조 제8호).

다. 보호입원관련 서면통지의무위반에 대한 과태료

'과태료'는 일종의 행정벌로서 행정상 의무위반에 대해 부과되는 금전적 제재이다. 과태료는 통상 형벌보다는 낮은 수준의 행정상 제재이다. 과태료 부과대상행위에 대해서는 「질서위반행위규제법」에서 그 부과 및 집행과 불복절차 등을 규정하고 있다.

대체로 보호입원과 관련하여 퇴원을 안 시키거나 퇴원명령을 위반하는 등의 중한 행위는 형사처벌을 하고, 환자에 대한 법령상 통지나 통보의무, 행정기관에 대한 보고나 협조의무위반의 경우에는 과태료로 제재를 하고 있다. 보호입원위반에 대한 과태료부과대상행위는 다음과 같다. 아래의 각 행위에 대해서는 100만 원 이하의 과태료가 부과되며, 각 환자별로, 각 행위별로 부과되는 것이다.

i) 정신의료기관의 장이 보호입원환자 또는 그 보호의무자에게 보호입원사실 또는 그 입원연장사실 및 그 사유를 서면으로 통지하지 않은 경우(법 제89조 제5호)
ii) 정신의료기관의 장이 보호입원환자 또는 그 보호의무자의 퇴원신청에 대해 거부를 하고서도 그 퇴원거부사실 및 사유와 퇴원심사청구권과 그 청구절차를 서면으로 통지하지 아니한 경우(법 제89조 제6호)

위의 각 과태료 부과 및 징수행위는 보건복지부장관, 시·도지사, 시·군·구청장이 할 수 있다(법 제89조 제2항).

14. 위법한 보호입원과 민사책임

가. 개 관

보호입원은 구 정신보건법 하에서 2000년 이후 15년 간 전체 입원의 약 95% 내지 70% 내외, 강제입원의 약 99%를 차지해 왔다.[96] 즉, 구 정신보건법 하에서는 보호입원이 강제입원의 전부라 할 수 있었고, 실제 2015년 기준 정신의료기관에 입원된 환자 7만여 명 중 약 4.5만여 명, 정신요양시설에 입소된 환자 1만여 명 중 약 0.9만여 명이 보호입원 또는 보호입소된 환자였다.[97] 정신건강복지법도 구 정신보건법의 보호입원의 내용을 대부분 승계하였기 때문에 이하의 인권위 결정례와 법원의 판결례는 현행 정신건강복지법의 보호입원제도 하에서도 여전히 유효하다. 이하에서 보다 구체적으로 본다.

96) 중앙정신보건사업지원단 등, 「2011년 중앙정신보건사업지원단 사업보고서」, 2012, 101면 표 29; 보건복지부 및 국립정신건강센터, 「2016 국가 정신건강현황 제2차 예비조사 결과보고서」, 2016, 133면 표 27 참조.
97) 보건복지부 및 국립정신건강센터, 「2016 국가 정신건강현황 제2차 예비조사 결과보고서」, 2016, 133면 표 27 참조.

나. 보호입원의 위법과 손해배상

(1) 불법이송

구 정신보건법과 현행 정신건강복지법은 모두 보호입원 대상자를 정신의료기관까지 이송하는 방법에 대해서 침묵하고 있다. 게다가 환자가 입원에 저항할 경우 정신의료기관까지 이송하는 것은 환자를 제지하거나 강박해야 하는 것과 같은 강제력을 수반할 수밖에 없다. 응급입원은 명문으로 경찰관의 동의와 구급대원의 이송을 규정하고 있으나 보호입원은 이러한 규정의 적용이 없다. 정신의료 현실에서는 가족이 환자를 입원시키는데 경찰이나 구급대원의 도움을 받기 어렵고, 실제 경찰이나 구급대원도 인력부족, 위험이나 법적 책임의 부담 등 현실적 이유로 환자 이송을 꺼리고 있다.

이러한 현실에서 가족들은 사설환자이송단, 입원병원의 직원, 불법 브로커 등에게 연락해 상당한 이송비용을 지불하고, 이송업자들이 환자를 강제로 제압하여 병원까지 이송하는 경우가 있다. 그러나 환자에게 폭력이나 수갑, 포승줄과 같은 강박도구를 활용해 이송하는 것은 불법이며,[98] 그 행위자나 그가 속한 단체는 폭력과 감금 등으로 처벌받게 된다. 예컨대, 환자 가족 甲의 연락으로 이송업체직원 乙과 丙이 환자 집에 무단으로 들어가 환자를 폭력으로 제압해 묶어서 차량으로 정신병원에 이송시켜 간 경우, 甲·乙·丙은 공동하여 주거침입, 폭행, 감금의 죄를 저지른 것이 되어 형사처벌과 민사상 불법행위책임을 부담한다.

만약 정신의료기관측에서 불법이송에 관여하였다면 위와 같은 형사책임이나 민사책임으로부터 자유로울 수 없다. 실제 일부 지역에서는 정신의료기관측에서 브로커에게 환자 알선비(이른바 '통값')를 지급하거나 환자를 소개받은 뒤 병원측 보호사를 보내 환자를 강제로 병원에 이송하고서 병원측에서는 이송된 환자를 즉시 격리·강박하고 보호입원조치를 하는 사례들이 적발되기도 하였다.[99]

정신의료기관측은 이러한 형태의 이송과정을 환자에 대한 대면진단을 통해 확인할 수 있을 뿐만 아니라 불법적 이송여부를 환자나 보호의무자를 통해 확인할 의무도 있다. 이러한 불법적 이송을 알 수 있었음에도 불구하고, 확인하지 않고서 만연

---

98) 서울중앙지방법원 2007. 4. 19. 선고 2006가합70443 판결; 인천지방법원 2007. 10. 25. 선고 2004가합7985 판결.

99) 전주지방검찰청 정읍지청 보도자료(2012. 7. 24.자) 제목: "영화 올드보이 속 사설감옥, 정신병원 - '정신병원 환자 가혹행위 사건' 종합 수사결과 -"; 조선일보 2012. 6. 25.자 제목: "환자 우리 병원으로 이송해주시면, 감사의 뜻으로"

히 강제입원시킨 경우라면 강제입원을 통해 환자의 불법적 호송에 대한 권리구제기회를 방해한 것이 되어 민사상 책임을 부담할 수도 있다. 실제 정신의료기관 중에서는 이러한 불법 이송과정을 확인한 경우 환자의 입원을 스스로 거절하는 경우도 있다.

대법원은 환자의 입원과정에서 강제력(물리력)의 행사의 허용요건과 관련해 i) 시기적으로는 보호의무자의 입원동의, 정신과 전문의 대면진단, 정신의료기관의 장의 입원결정을 모두 거친 후에만 가능하고, ii) 이러한 입원조치에 대해 환자가 저항하는 때에, iii) 정신의학적·사회적으로 보아 상당하다고 인정되는 범위 내에서만 가능하다고 한다.[100]

위와 같은 요건과 절차, 범위를 지키지 않고서 이루어지는 환자에 대한 강제력 행사는 불법이며, 그러한 불법적 과정을 통해 입원을 시킨 경우에는 입원 자체도 위법한 것이 되어 입원기간 전체에 대해 손해배상책임을 부담하여야 한다.

(2) 대면진단 없는 입원

구 정신보건법은 자의입원이나 행정입원과 동일하게 보호입원 전에도 정신과 전문의 진단을 요구하였다(제40조). 정신과 전문의 진단방식으로 전화나 서면 또는 영상 등에 의한 진단이 가능한지와 관련해 대법원은 2001년 판결을 통해 "정신과 전문의가 직접 대면하여 진찰하고서 입원이 필요하다고 진단한 다음 정신의료기관의 장이 입원을 결정하여야 한다"고 하였다.[101] 이로 인해 정신보건법에 따른 입원 전의 진단은 정신과 전문의의 직접 대면진단의 형식을 취하여야 했고, 이를 위반한 경우 형사처벌대상이 되었다.

현행 정신건강복지법은 위와 같은 대법원 해석을 입법화하여 응급입원을 제외한 모든 입원에 대해서 입원 전 '대면진단'을 명문규정으로 두고 있다(제68조 제1항).

과거에는 행려환자들을 정신의료기관이 입원시키면서 정신과 전문의 대면진단을 받지 않아 유죄가 인정된 사례가 있는데,[102] 최근에는 정신과 전문의(정신의료기관의 장이기도 함)가 환자를 보지 않고서 구두(전화)로 입원지시를 한 사례에서 법원이 정신과 전문의 대면진단 없는 입원이라 하여 유죄를 인정하였다.[103]

위 사례에서 또 다른 중요한 법적 쟁점 중의 하나는 누가 보호입원 결정의 주체

100) 대법원 2001. 2. 23. 선고 2000도4415 판결.
101) 위 판결 및 대법원 2015. 10. 29. 선고 2015도8429 판결.
102) 대구지방법원 경주지원 2006. 4. 19. 선고 2006고단30 판결.
103) 의정부지방법원 2017. 6. 9. 선고 2016고단3898 판결.

인가? 라는 문제이다. 정신건강복지법이나 대법원 판결의 태도에 따르면, 입원결정의 주체는 정신의료기관의 장이기 때문에 담당의사가 대면진단 없이 입원의견을 제안했다고 하더라도 입원결정의 주체인 정신의료기관의 장이 책임을 부담해야 할 수 있다. 담당의사는 정신과 전문의로서 진단 및 그 의견을 내는 지위에 있을 뿐 입원이나 퇴원을 결정하는 주체로 볼 수 없고, 정신의료기관의 장은 대면진단이 없을 경우 환자를 입원시키지 말아야 할 의무가 있기 때문이다. 다만, 양벌규정에 의해 실제 입원시킨 행위자(정신과 전문의)와 적법한 입원을 시킬 의무가 있는 책임자(정신의료기관의 장)가 함께 형사책임을 부담할 수도 있다.

위와 같이 대면진단 없이 환자를 입원시키는 것은 형사상 범죄행위일 뿐만 아니라 민사상 불법행위를 구성한다. 환자 입장에서는 자신의 강제입원절차에서 입원의견을 내는 전문가에게 자신의 상황을 대면하여 호소할 수 있는 기회를 박탈당하는 것일 뿐만 아니라 자신의 신체적 자유 제한이라는 불이익한 결과에 대해 사전에 이의를 제기할 절차적 권리를 박탈당하는 것이기도 하므로 정신의료기관측에서 그 민사상 책임을 면할 수는 없다.

실제 보호입원 과정에서 환자는 대면하지 않은 채 보호자인 아버지만을 대면하여 환자에 대한 진술내용을 듣고서 입원시킨 사례에 대해서도 환자 대면진단 없는 입원이라 하여 정신의료기관의 장과 환자를 대면하지 않은 채로 입원시킨 진단의에게 법원이 손해배상책임을 인정한 사례가 있다.[104)]

(3) 정신과 전문의 아닌 자의 진단

보호입원 과정에서 정신과 전문의가 야간, 주말, 휴가 등을 이유로 정신의료기관 내에 있지 않은 경우 다른 의사인 정신과 전공의(레지던트), 정신과 전문의 아닌 다른 의사나 다른 과 전문의, 정신과 전문의 아닌 정신의료기관의 장 등과 같이 입원 당시 정신의료기관 내에 있는 다른 의사가 대면진단을 하여 입원시키는 사례들이 있어 왔다.

이와 관련된 판결을 보면, 정신과 전공의가 입원진단을 한 것은 정신과 전문의가 입원 전 진단을 하도록 한 구 정신보건법에 위반되는 것이라는 이유로 환자의 신체의 자유와 절차적 권리를 침해한 것이라 하여 정신적 손해배상을 인정하고 있다.[105)]

104) 수원지방법원 2012. 7. 17. 선고 2011가단64382 판결.
105) 서울고등법원 2008. 12. 23. 선고 2007나56106 판결.

생각건대, 정신건강복지법은 입원 전 대면진단의 주체를 정신과 전문의로 특정하여 두어 정신의료기관 입원진단은 정신과 전문의의 독점적 전문영역으로 제한하고 있고, 강제입원이 가진 신체적 제한의 문제, 정신과 약물 사용의 특수성 등을 고려해 볼 때 다른 과 의사가 입원 여부에 관한 진단을 하는 것은 허용되지 않는다고 볼 것이다. 따라서 정신과 전문의 아닌 자가 보호입원과 관련해 입원권고 소견을 내고, 그에 따라 정신의료기관의 장이 보호입원 결정을 하였다면 이는 환자에 대해 적법한 권한 있는 자에 의한 입원진단이 아니어서 그 입원으로 인해 환자가 입은 손해에 대해 입원권고 소견을 낸 의사와 정신의료기관의 장은 공동하여 손해배상책임을 진다.

참고로 일본 「정신보건복지법」도 보호입원의 진단이나 격리·강박(행동제한) 지시 등은 원칙적으로 '정신보건지정의'라고 하는 일정기간 이상의 정신과 경험과 연수를 거쳐 국가로부터 지정된 의사에게만 그 권한을 부여하고 있다(제18조 내지 제19조의5).[106)]

(4) 정신과 전문의 2명 이상 일치된 소견에 의한 입원권고

정신건강복지법에 따르면, 최초입원 과정에서는 입원 정신의료기관 소속 여부를 불문하고 1개의 입원권고서(진단결과서)로 입원이 가능하나, 이는 진단을 위한 입원(이하 '진단입원'이라 한다)으로서 그 기간이 2주로 한정되며, 3개월까지 입원을 시킬 수 있는 치료를 위한 입원(이하 '치료입원'이라 한다)으로 전환하기 위해서는 자·타해 위험성 및 입원치료 필요성이 있다는 2명 이상의 정신과 전문의의 일치된 소견이 필요하다(제43조 제4항). 그리고 소견을 낸 2명 이상의 정신과 전문의는 서로 다른 정신의료기관에 속하여야 하며, 그 중 1명 이상은 국·공립 또는 보건복지부장관이 지정한 지정진단의료기관에 소속된 정신과 전문의(이하 '지정진단의사'라 한다)여야 한다. 위와 같은 2인 진단 및 지정진단의사제도는 입원 정신의료기관의 입원진단권한의 남용을 막기 위한 통제 제도로서 정신건강복지법에 새로 도입된 것인데, 2017년부터 법 시행 초기 지정진단의사의 숫자가 부족한 점을 고려해 한시적으로 그 적용의 예외를 두고 있다.[107)]

---

106) 일본 정신보건지정의에 대한 보다 자세한 설명으로는 精神保健福祉研究会, 「四訂 精神保健福祉法詳解」, 中央法規, 2016, 120-166면.

107) 정신건강복지법 제43조 제11항에 따르면, 서로 다른 정신의료기관에 소속된 2명 이상의 정신과 전문의 교차진단제도는 지역의 정신의료기관이나 정신과 전문의가 부족한 경우 보건복지부령으로 정하는 바에 따라 구체적 시행방안을 달리 정할 수 있도록 하고 있고, 2017년 5월 29일 정부는 '정신건강복지법 추가진단전문의 예외규정 시행방안'을 마련하여 한시적으로 같은 정신의료기관 소속 전문의가

정신건강복지법은 보호입원 중 진단입원은 2주의 범위 내에서만 정신의료기관의 장이 정할 수 있고, 2주를 초과하여 입원시키는 경우에는 위와 같은 지정진단의사의 진단을 받아야 하므로, ⅰ) 2주 이내에 2명 이상의 정신과 전문의의 진단을 받지 못한 경우, ⅱ) 2명 이상의 정신과 전문의의 진단을 받았다고 하더라도 계속입원 여부에 대한 의견이 일치하지 않는 경우 등은 위법한 입원이 된다.[108)]

한편, 입원한 지 2주가 경과한 후에 위와 같은 외부 기관의 지정진단의사의 입원진단을 받았다고 하더라도 2주를 초과하는 순간 위법한 입원이 되는 것이고, 그 위법함은 사후적으로 보완될 수 있는 것이 아니어서 여전히 위법한 입원이 계속되는 것이다.[109)] 따라서 2주가 넘었는데도 퇴원을 시키지 않는 한 환자가 입는 손해와 정신의료기관측의 불법입원 기간은 계속 늘어나는 것이 된다.

(5) 자격 없는 보호의무자

보호입원은 보호의무자의 자격과 권한이 있는 사람만이 신청할 수 있다. 보호입원 신청이나 입원연장동의는 보호의무자에게 주어진 특별한 권한이라 할 수 있다. 구 정신보건법은 보호의무자에게 신청권이 아니라 동의권을 부여하여 환자의 입원동의를 대신하여 결정할 수 있는 권한을 주고 있었다. 이는 국제연합(UN)의 「장애인권리협약」에 따른 장애인권리위원회가 전 세계적으로 폐지를 요구하는 강제입원에 있어 의사결정대체제도라 할 수 있다.[110)]

새로 시행된 정신건강복지법에서는 보호의무자가 보호입원을 신청할 수 있는 권한으로만 한정하고(제43조 제1항), 입원연장에 있어서는 정신의료기관의 장의 입원연장심사청구에 대해 환자의 이익을 위해서 보호의무자가 동의나 부동의를 할 수

추가진단을 하는 것도 일정한 조건 하에서 허용하고 있다. 위 시행방안에 대해서는 모법인 정신건강복지법의 규정취지에 반하는 행정지침이라는 비판이 정신의료단체나 정신장애단체에서 제기되고 있다.

108) 위 각주에서 본 '정신건강복지법 추가진단전문의 예외규정 시행방안'은 한시적으로 같은 정신의료기관 소속 정신과 전문의가 추가진단을 하는 것을 일정한 조건 하에서 허용하고 있어 위 시행방안의 지침에 따를 경우 위법한 입원이 아니라 볼 수 있는지 해석상 논란이 있을 수 있다. 법령에 근거한 행정지침이라 하더라도 모법에 위반되는 행정지침은 무효라 볼 수 있으며, 법원이 위 행정지침에 따른 입원이라 하더라도 정신건강복지법 제43조의 규정에 근거해 위 지침이 무효이고, 그에 따른 입원도 위법하다고 판단할 수 있기 때문이다.

109) 대법원 2009. 1. 15. 선고 2006다19832 판결(정신의료기관의 장은 응급입원이 의뢰된 자에 대하여 72시간 내에 계속입원에 필요한 정신보건법 소정의 요건을 갖추지 못한 때에는 입원 중인 자를 즉시 퇴원시켜야 하고, 이를 위반하여 72시간이 경과하였음에도 본인의 의사에 반하여 퇴원을 시키지 않는 경우에는 위법한 감금행위로서 불법행위가 성립하며, 이러한 위법한 감금행위가 지속되는 가운데 이루어진 절차는 위법하므로 뒤늦게 계속입원의 요건을 갖출 수도 없다).

110) Committee on the Rights of Persons with Disabilities, Convention on the Rights of Persons with Disabilities General comment No 1 (2014), 3항, 7항 및 9항 등 참조.

있는 권한을 가지게 하였다. 그러나 여전히 보호의무자는 보호입원의 유일한 신청권자이므로 자격 없는 사람이 신청하거나 동의한 보호입원은 그 자체가 하자 있는 입원이며, 그 이후의 강제입원절차도 모두 위법한 것이 된다.

보호의무자 아닌 자에 의한 보호입원은 그 입원이 응급입원에 해당하는 요건과 절차를 충족하지 않는 한 위법한 것이어서 불법행위를 구성한다. 실제 대법원은 구 정신보건법 하에서 북한이탈주민을 하나원장이 보호의무자가 되어 보호입원시킨 것에 대해 하나원장은 보호의무자 자격이 없으므로 그의 동의에 따른 입원은 직무집행에 필요한 주의의무를 다하지 못한 위법한 입원으로 불법행위를 구성한다고 하였다.[111)]

보호의무자 자격은 민법상 부양의무자인 직계혈족, 배우자, 생계를 같이 하는 친족, 그리고 법원에 의해 선임되어 법원으로부터 입원에 대한 신상권한과 입원 전 사전허가를 받은 후견인만이 가능하며, 정신건강복지법이 정한 결격사유(법 제39조 제1항 단서)에 해당하는 사람은 보호의무자가 될 수 없다. 인권위 결정례를 보면, ⅰ) 생계를 같이 하는 것이 증명되지 않은 형제자매,[112)][113)] ⅱ) 직계혈족이나 배우자와 같은 선순위 보호의무자를 확인하지 않은 채 후순위 보호의무자가 입원시킨 경우,[114)] ⅲ) 보호의무자 결격사유인 이혼소송 제기 중인 배우자[115)]를 부적법한 보호의무자로 판단하고 있다. 실제 일본의 판결 중에도 환자의 보호의무자가 될 수 있는 가까운 친족이 있음에도 불구하고, 이를 조사하지 아니한 채 만연히 보충적 보호의무자인 시정촌장(우리의 시·군·구청장에 해당)이 동의하여 환자를 입원시킨 것을 위법한 행위로 보고 있다.[116)]

앞서 보았듯이 보호의무자 아닌 자에 의해 보호입원된 경우 환자는 자신을 입원시킨 보호의무자를 상대로 불법행위를 이유로 위자료(손해배상)청구를 할 수 있다.[117)] 환자가 더 나아가 보호의무자 아닌 자에 의해 입원된 경우 그 입원의 최종적 결정권한을 가진 정신의료기관의 장과 그 운영자(법인일 경우 그 법인)를 상대로도 불법행위를 이유로 한 손해배상청구를 할 수 있을지 문제된다.

---

111) 대법원 2016. 4. 28. 선고 2014다205584 판결.
112) 국가인권위원회 2014. 8. 20. 14진정0480100 위법한 정신병원 입원에 의한 인권침해.
113) 법원도 생계를 같이 하지 않는 형제자매나 그 배우자들은 환자의 보호의무자가 될 수 없다고 판단하고 있다(인천지방법원 2007. 10. 25. 선고 2004가합7985 판결).
114) 국가인권위원회 2014. 6. 2. 14진정0038100 정신질환자의 신상정보 확인의무 위반.
115) 국가인권위원회 2013. 6. 18. 13진정0325900 정신의료기관의 부당입원.
116) 東京地方裁判所 民事 第14部 平成 2年11月19日 判決 昭和60年(ワ) 第5586号, 判例時報1396号95頁.
117) 서울중앙지방법원 2015. 1. 29. 선고 2013가소603534 판결.

생각건대, 정신건강복지법은 정신의료기관의 장에게 보호입원에 대한 결정권을 주고 있고, 입원 시 대면진단 외에 입원신청서와 보호의무자임을 확인할 수 있는 서류를 받도록 하고 있다(법 제43조 제1항 후문). 이는 정신의료기관의 장에게 보호의무자 확인의무를 부과하고 있는 것이라 할 것이므로, 정신의료기관의 장은 보호입원 시 환자나 보호의무자의 진술, 증빙서류를 통해 보호의무자 자격과 권한이 있는지, 결격사유가 있는지 여부를 확인하여야 하고, 이러한 주의의무를 게을리하여 보호의무자 아닌 자에 의해 입원이 된 경우 정신의료기관측은 주의의무위반에 따른 손해배상책임을 부담한다. 법원도 정신의료기관측이 보호입원을 시키는 경우 그 동의자가 보호의무자인지 여부를 확인하여 부적격자에 의한 강제입원을 막아야 할 주의의무가 있다고 보고 있다.[118]

다음으로, 정신의료기관의 장의 서류수령 시 보호의무자인지 여부에 대한 확인의무는 형식적 서면심사의무라 할 것이지만, 보호의무자가 1명뿐인지 아니면 여러 명인지, 그리고 보호의무자 간 순위는 어떻게 되는지, 후견인에게 입원을 시킬 권한이 있는지, 결격사유가 있는지 여부 등은 모두 증빙서류나 환자 또는 보호의무자의 진술을 통하여 확인하여야 하고, 그 서류나 진술 자체가 허위의 의심이 드는 경우라면 추가적인 조사를 통하여 확인할 필요가 있다.

(6) 보호입원 절차의 위법

보호입원은 위와 같이 실질적으로는 보호의무자의 신청(동의), 정신과 전문의 대면진단과 정신의료기관의 장의 입원결정으로 이루어지고, 형식적으로 보면, 보호의무자의 신청서(동의서) 및 보호의무자임을 확인할 수 있는 서류, 정신과 전문의의 입원권고서(진단결과서) 등의 서류제출과 접수로 이루어진다.

최근 법원은 최초입원과정에서 신청서 및 보호의무자임을 확인할 수 있는 서류를 징수하지 않은 채로 입원시킨 정신의료기관의 장에 대해 구 정신보건법의 규정에 따라 유죄를 인정하였는데, 비록 위와 같은 서류가 징수되지 않았다고 하더라도 자격 있는 보호의무자가 신청(동의)한 경우라면 환자의 권리를 침해하거나 손해를 야기한 것은 아니라 할 것이므로 위의 서류미비를 이유로 보호입원환자가 정신의료기관측을 상대로 손해배상청구를 하기는 어려울 것으로 판단된다.

그러나 정신건강복지법령이 규정한 입원 시 서면 및 구두 권리고지 및 설명의무(법 제6조, 시행규칙 제2조)나 입원이나 그 연장결정이 있는 경우 환자나 보호의무자

---

118) 인천지방법원 2007. 10. 25. 선고 2004가합7985 판결.

에 대한 입원사실 및 그 사유에 대한 서면통지의무를 정신의료기관의 장이 이행하지 않는 경우는 손해배상책임이 있다. 그 이유는 환자로서 입원사유 등을 알 권리가 침해되는 것이기 때문이다. 법원도 구 정신보건법령에 규정된 입원연장사유 서면통지의무를 미이행한 것은 환자의 퇴원심사청구의 기회를 박탈하거나 제한하는 결과가 되어 실질적으로 정신적 고통을 주는 것이라 하였다.[119]

실제 대법원은 구 정신보건법 하에서 "정신의료기관이 정신질환자를 입원시키거나 입원기간을 연장하면서 지체 없이 정신보건법 소정의 퇴원심사 청구 등의 절차를 서면으로 통지하여 안내하지 아니한 경우, 또는 정신질환자의 퇴원 요구가 있음에도 정신보건법 소정의 절차를 취하지 아니한 채 방치한 경우에는 그 입원기간 전체에 대하여 위법한 감금행위로서 불법행위를 구성한다"고 하여 정신보건법의 입원절차상 권리고지나 설명의무 위반도 불법행위로 보고 있다.[120]

(7) 보호입원 연장의 위법

정신건강복지법은 최초의 보호입원 중 진단입원은 2주를 한도로 하고, 3개월까지 입원이 가능한 치료입원으로 전환하기 위해서는 지정진단의사의 진단을 요구하고 있으며, 3개월 이후까지 입원을 계속하기 위해서는 입원 정신의료기관의 장이 입원기간 만료 전 2개월부터 1개월 사이에 시·군·구청장에게 연장심사를 청구하여야 한다. 입원연장의 요건은 입원신청 보호의무자 2명 이상의 연장동의와 입원시와 동일한 방식으로 2명 이상의 정신과 전문의의 일치된 입원연장의 소견을 요구하고 있다(법 제43조 제5항).

정신의료기관의 장이 대통령령으로 정한 적법한 심사청구기간(입원기간 만료 전 2개월부터 1개월 사이) 내에 위와 같은 입원연장심사청구를 하지 아니하고, 그 이후에 청구하는 경우 환자는 적법한 기간 내에 입원연장심사를 받을 권리를 침해받게 되어 그 입원은 불법한 입원이 된다. 실제 구 정신보건법 하에서 입원연장심사를 청구하지 않은 채 계속입원을 시킨 사례들이 입원연장의무위반으로 유죄가 인정된 경우가 있다.[121]

대법원은 구 정신보건법 하에서 ⅰ) 보호입원환자에 대해 입원기간 만료 전에 전문의 진단, 보호의무자 동의, 심사청구절차 등을 모두 마쳐야 하고, ⅱ) 이를 마치지 못한 경우 입원 중인 자를 즉시 퇴원시켜야 하며, ⅲ) 이를 위반한 경우 위법

---

119) 수원지방법원 2008. 1. 9. 선고 2008가단83512 판결.
120) 대법원 2009. 1. 15. 선고 2006다19832 판결.
121) 대구지방법원 경주지원 2006. 4. 19. 선고 2006고단30 판결.

한 감금행위로서 불법행위가 성립하고, ⅳ) 이러한 위법한 감금행위가 지속되는 가운데 이루어진 절차는 위법하므로 뒤늦게 입원연장의 요건을 갖출 수도 없다.[122]고 보고 있다.

입원연장심사청구를 하지 않은 채 입원기간 만료일까지 환자를 퇴원시키지 않는 것은 형사처벌의 대상일 뿐만 아니라 법절차의 미이행으로 인해 환자의 입원연장심사를 받을 권리가 침해되기 때문에 불법행위를 구성한다는 것이 법원의 태도이다.[123] 보호입원환자에 대해 보호의무자의 입원연장동의를 받지 못하자 정신의료기관측에서 보호의무자의 서명을 위조하여 입원연장심사청구를 한 사건에서도 법원은 사문서위조 및 위조사문서행사죄를 적용하였는데,[124] 이 또한 위법한 입원연장이 되므로 환자에 대해 불법행위를 구성한다.

(8) 자발적 입원으로의 전환 문제

최근 정신건강복지법이 시행되면서 정신의료기관이 보호입원환자를 자발적 입원(자의입원, 동의입원)환자로 전환하는 사례가 늘고 있다. 앞서 보았듯이 자의입원환자의 강제입원으로의 전환은 허용되지 않는다고 해석되고, 동의입원환자의 강제입원으로의 전환은 법이 명문으로 허용하고 있는 반면, 보호입원과 같은 강제입원에서 자발적 입원으로의 전환에 대해 법은 명문규정을 두지 않고 있다. 생각건대, 앞에서 보았듯이 정신건강복지법이 입원을 하는 경우에는 자발적 입원을 우선하도록 규정하고 있고, 보호입원환자가 입원의 필요성 때문에 계속 입원하고 있더라도 자발적 입원환자로 입원이 전환될 경우 보다 자유로운 입원생활과 퇴원의 자유 또한 가질 수 있게 되므로 보호입원에서 자의입원이나 동의입원으로의 전환을 위법하다고 볼 것은 아니다.

다만, 앞서 지적하였듯이 본인이 자발적 입원의사를 결정하고 표현할 능력이 없거나 부족한 경우라면 자발적 입원의사의 효력이 발생할 수 없으므로 이 경우에는 위법한 입원전환이라 볼 것이고, 자발적 입원의 형태가 무효인 이상 기존의 유효한 보호입원의 효력이 유지된다고 볼 것이다. 위와 같은, 보호입원심사와 입원연장절차 등을 회피하기 위한 편법적 목적의 자발적 입원으로의 전환은 위법하며, 환자 입장에서는 입원심사를 받을 권리와 기회를 침해당하는 것이다.

---

122) 대법원 2009. 1. 15. 선고 2006다19832 판결.
123) 인천지방법원 부천지원 2010. 7. 7. 선고 2009가단12940 판결.
124) 대전지방법원 2008. 3. 13. 선고 2007고단2579 판결.

(9) 입원치료의 필요성

정신건강복지법의 보호입원이나 행정입원은 입원진단요건을 ⅰ) 그 입원대상자가 정신질환자여야 하며, ⅱ) 입원치료의 필요성과 ⅲ) 자·타해 위험성을 함께 가질 것으로 하고 있다. 여기서 정신과 전문의가 대면하여 진단한 평가를 위법한 것이라 할 수 있는지 문제된다. 이는 절차나 형식의 문제가 아니라 전문가의 판단 자체가 위법한지 여부를 검토하는 것이어서 신중함이 필요하다.

강제입원이 위법하다고 주장하며 손해배상청구를 하는 사례들 중 다수는 자신이 입원치료를 받을 만한 정신질환이 없음에도 불구하고 입원 정신의료기관의 의사가 입원을 시킨 것이 불법행위라 주장한다. 구 정신보건법은 보호입원의 요건으로 '입원치료의 필요성' 또는 '자·타해 위험성'이라는 선택적 요건(둘 중 하나에 해당하면 입원가능)을 가지고 있었다. 구 정신보건법의 보호입원의 입원치료 필요성 요건과 관련해 하급심의 사례들 중에는 담당 정신과 전문의가 환자의 종교적 문제로 가족이 입원시키려 하고, 실제 입원치료를 받을 만한 정신질환이 없음에도 불구하고 입원시키고서 입원된 환자의 퇴원요구도 받아들이지 않은 것을 부작위에 의한 감금죄로 인정하여 형사처벌하고,[125] 손해배상책임도 인정한 사례가 있다.[126]

그 외에 정신과 전문의가 입원진단을 할 당시 환자에게 '입원치료의 필요성'이 없음에도 불구하고 입원을 결정하였다는 이유로 하급심에서 정신과 전문의인 정신의료기관의 장의 감금죄의 유죄를 인정하였으나,[127] 상급심인 대법원은 사안의 사실관계를 고려해 볼 때 정신과 전문의의 진단이 최선의 주의를 다하지 아니하거나 신중하지 못했던 점이 일부 있었더라도 감금죄의 고의를 인정하기는 어렵다는 이유로 감금죄가 성립하지 않는다고 한 경우도 있다.[128]

---

125) 의정부지방법원 2007. 6. 8. 선고 2006노536 판결(정신의료기관의 장 및 환자의 담당의사는 보호의무자의 동의로 강제입원된 환자에 대한 진단, 평가 및 치료과정에서 당해 환자가 정신보건법 제24조에서 정하고 있는 엄격한 요건, 즉 환자가 정신의료기관 내 입원치료를 받을 만한 정도 또는 성질의 정신질환에 걸려 있거나, 환자 자신의 건강 또는 안전이나 타인의 안전을 위하여 입원할 필요가 있는 경우에 해당하지 않는 것으로 밝혀졌을 경우에는, 당해 환자의 요구에 따라 즉시 퇴원시켜야 할 법률상 의무가 있다고 할 것이므로, 그와 같은 사정을 알고도 환자의 요구를 묵살하고 정당한 이유 없이 상당기간 퇴원조치를 취하지 않는 행위는 감금죄에 해당한다). 위 판결은 대법원 2009. 7. 23. 선고 2007도5383 판결에 의해 확정되었다.

126) 서울중앙지방법원 2008. 6. 13. 선고 2007나3543 판결.

127) 수원지방법원 2015. 5. 13. 선고 2014노6750 판결.

128) 대법원 2015. 10. 29. 선고 2015도8429 판결(망상장애와 같은 정신질환의 경우 진단적 조사 또는 정확한 진단을 위해 지속적인 관찰이나 특수한 검사가 필요한 때에도 환자의 입원이 고려될 수 있고, 피고인 갑, 을은 보호의무자인 피고인 병의 진술뿐만 아니라 피해자를 직접 대면하여 진찰한 결과를 토대로 피해자에게 피해사고나 망상장애의 의심이 있다고 판단하여 입원이 필요하다는 진단을 한 것이므로, 진단 과정에 정신건강의학과 전문의로서 최선의 주의를 다하지 아니하거나 신중하지 못했던

보호입원의 진단요건이라 할 수 있는 정신질환자, 입원치료의 필요성, 자·타해 위험성은 모두 주관적 또는 재량적 요소가 개입될 수밖에 없으며, 그것을 객관화시킬 만한 과학적, 전문적 증빙자료나 검사자료도 없기 때문에 정신과 전문의의 판단을 일응 존중할 수 있다. 이러한 전문가 판단의 존중을 전제로 하여 앞서 본 바와 같이 지정진단의사를 통한 교차진단, 입원적합성심사위원회나 정신건강심사위원회 등을 통한 심사를 통해 진단의사의 판단의 객관성을 검토하고, 위와 같은 감독장치를 통해 주관적 진단권한의 남용을 통제한다.

한편, 정신건강복지법은 입원이 아니라 지역사회생활을 기본이념으로 하고 있고, 입원을 하더라도 자발적 입원을 우선할 것을 명시하고 있는 점을 고려해 볼 때 객관적으로 치료나 증상의 완화가 불가능하거나 입원이 불필요한 경우까지 보호입원의 대상으로 삼아 치료 없이 다른 목적으로 환자를 격리해 두는 것은 불법행위가 성립할 수 있다.

(10) 자·타해 위험성

정신건강복지법은 보호입원에 있어 입원치료 필요성 외에 자·타해 위험성도 입원진단요건의 하나로 제시하고 있다. 이는 구 정신보건법이 입원치료 필요성과 자·타해 위험성을 선택적으로 둔 것과 차이가 있다. 자·타해 위험성의 구체적 내용에 대해 정신건강복지법 시행규칙[129]에서는 자·타해 위험의 중대성, 직접성, 급박성, 개연성, 상습성을 제시하고 있다.

구 정신보건법 하에서의 보호입원은 입원치료의 필요성만 있으면 환자에게 자·타해 위험성이 없더라도 입원을 결정하는 것이 가능하였으나, 정신건강복지법은 자·타해 위험성이 없는 경우에는 보호입원을 시킬 수 없도록 하고 있다. 여기서 문제가 되는 것은 자·타해 위험성을 누가 어느 정도의 입증으로 확인해 줄 수 있느냐?

점이 일부 있었더라도 피해자를 정확히 진단하여 치료할 의사로 입원시켰다고 볼 여지 또한 충분하여 피고인 갑, 을에게 감금죄의 고의가 있었다거나 이들의 행위가 형법상 감금행위에 해당한다고 단정하기 어려움...이하 생략).

129) 정신건강복지법 시행규칙 제34조 ② 법 제43조제2항제2호에서 "보건복지부령으로 정하는 기준에 해당하는 위험"이란 다음 각 호의 어느 하나에 해당하는 경우를 말한다. 이 경우 해당 위험 기준을 판단하는 때에는 정신질환자의 질병, 증세, 증상, 기왕력, 행위의 성격 또는 건강이나 안전에 미치는 영향 등을 종합적으로 고려하여야 한다.
1. 본인 또는 타인의 건강 또는 안전에 중대하거나 직접적인 위해를 가하는 경우
2. 본인 또는 타인의 건강 또는 안전에 중대하거나 직접적인 위해를 가할 개연성이 높다고 인정되는 경우
3. 본인 또는 타인의 건강 또는 안전에 상습적인 위해를 가하는 경우
4. 본인의 건강이나 안전에 중대하거나 급박한 위험이 있는 경우
5. 본인의 건강이나 안전에 중대하거나 급박한 위험의 개연성이 높다고 인정되는 경우

하는 것이다. 예컨대, 보호입원된 환자가 퇴원을 한 후에 자신이 자·타해 위험이 없음에도 불구하고 정신의료기관에서 강제입원시킨 것이라며 불법행위로 인한 손해배상청구를 할 때 정신의료기관측에서는 무엇을 어느 정도까지 입증하여야 하는지가 문제된다.

자·타해 위험성은 입원진단 시에는 과거 환자의 증상이나 행동을 통해 미래를 예측하는 것이고, 환자의 소송제기 시에는 과거의 입원진단상 나타난 자·타해 위험의 판단근거자료가 적정했는지 여부를 제3의 기관인 법원이 판단하는 것이 된다. 따라서 정신의료기관측에서는 입원과정에서 환자의 자·타해 위험성에 대한 객관적 사실을 보호의무자의 진술, 환자의 언행, 병원의 관찰과 기록, 진단결과서(입원권고서)의 소견 등으로 그 근거자료를 풍부하게 하여 입증할 필요가 있다. 만약 자·타해 위험의 중대성, 직접성, 개연성, 상습성, 급박성 등을 입증할만한 다른 자료가 없다면 결국 정신의료기관의 주관적 판단만으로 강제입원된 것이어서 자·타해 위험성 요건을 갖춘 것이라 보기 어려울 수도 있다.

(11) 행동제한(통신·면회의 제한, 격리·강박)

정신의료기관측에 강제로 입원된 직후에는 대체로 스마트폰 등을 이용한 통신이나 면회가 제한되는 경우가 많고, 환자가 강제입원에 저항한다는 이유로 약물이 투여되기도 하고, 동시에 보호실에서의 격리·강박이 진행되기도 한다. 정신건강복지법에 의하면, 이러한 행동제한(통신·면회의 제한, 격리·강박)은 ⅰ) 그 목적이 치료(보호) 목적이어야 하고, ⅱ), 그 지시주체는 정신과 전문의만 가능하며, ⅲ) 그 행사는 최소한의 범위 내에서만 이루어져야 한다(법 제74조 및 제75조). 그러나 실제 현실에서는 징계나 제재 목적의 행동제한, 간호사나 보호사 등에 의한 행동제한 조치, 행동제한 조치의 과도함이나 장기화 등 실제 법이 정한 요건을 갖추지 못한 경우가 많다. 예컨대, 입원 환자들에게 일률적으로 2주에 한 번만 할 수 있도록 전화사용을 제한하고서 그 이유를 진료기록부에 기재하지 아니하여 형사처벌을 받은 사례가 있는데,[130] 이러한 과도한 일률적인 통신제한은 치료목적이라 볼 수도 없어 환자의 외부와의 소통할 권리를 침해하는 것이어서 민사상 손해배상책임도 발생할 수 있다.

격리·강박과 관련한 사례를 보면, 환자가 다른 환자들에게 욕설을 하며 위협적인 행동을 하여 격리 및 강박을 시행당하였는데, 실제 환자에게 특별한 손해는 없

130) 서울동부지방법원 2006. 9. 12. 선고 2006고단255 판결.

다고 하더라도 정신의료기관 측에서 보건복지부가 정한 '격리 및 강박 지침'을 준수하지 아니한 것만으로도 환자가 정신적 고통을 입게 되는 것이라 하여 법원이 병원 측에 위자료 지급을 명하기도 하였다.[131)]

15. 위법한 보호입원과 행정상 책임

아래와 같이 보호입원이 위법하게 지속된 경우 정신의료기관의 장이 민·형사상 책임을 지는 외에 정신의료기관의 운영에 대해서도 시·군·구청장 등 행정감독기관이 정신의료기관의 장 또는 그 운영자에 대해 행정처분(시정명령 및 그 명령위반에 대한 사업정지·개설허가 취소·시설폐쇄 등)을 할 수 있다. 행정처분이 내려질 수 있는 보호입원 위반과 관련된 사유는 다음과 같다(법 제19조 제2호,제3호 및 제5호).

i) 보호입원연장심사에서 시·군·구청장 또는 시·도지사로부터 퇴원 또는 임시퇴원명령을 받았음에도 불구하고 지체 없이 퇴원시키지 아니한 경우

ii) 보호입원환자 또는 보호의무자가 퇴원신청을 하였음에도 불구하고 지체 없이 퇴원시키지 아니한 경우(단, 입원요건에 해당되어 퇴원을 거부하는 경우는 제외)

iii) 보호입원환자에 대해 입원적합성심사위원회로부터 부적합통지를 받았음에도 불구하고 지체 없이 퇴원시키지 아니한 경우

iv) 시·군·구청장 또는 시·도지사로부터 입원연장심사 또는 퇴원청구심사 또는 법 제66조에 따른 심사에서 처우개선명령, 재심사명령, 이송명령, 입원전환명령, 외래치료명령을 받고서도 이를 이행하지 아니한 경우

v) 정신과 전문의 대면진단에 의하지 아니하고 환자를 보호입원시키거나 입원기간을 연장한 경우

위의 각 규정과 같이 정신의료기관의 장이 행정감독기관의 명령을 이행하지 아니하거나 법령을 준수하지 아니한 경우 정신건강복지법이 정한 시정명령 등의 행정처분을 정신의료기관의 장이나 그 운영자에게 부과할 수 있고, 시정명령 또한 이행하지 아니하는 경우에는 사업정지, 개설허가 취소, 시설폐쇄와 같은 행정처분을 할 수 있다.

---

131) 수원지방법원 2009. 1. 9. 선고 2008가단83512 판결.

16. 정신요양시설 보호입소

가. 보호입소의 개관과 현황

(1) 제도적 개관

정신요양시설은 과거 정신보건법이 없던 시절 부족했던 정신의료기관을 대신하여 만성화된 환자의 요양이나 거주의 목적으로 활용되어 왔다. 과거 그 이름은 갱생원, 정신요양원, 기도원, 부랑인시설 등의 사회복지시설이나 미인가시설로 이름 붙여져 왔다. 1995년 정신보건법 제정 당시에는 정신요양원 등의 폐지를 목표로 하였으나 1997년 정신보건법 개정을 통해 정신요양시설이라는 이름으로 강제입소가 가능한 정신보건시설의 한 유형으로 제도화되었다.

제도적으로 볼 때 정신요양시설은 구 정신보건법상 만성화된 정신질환자의 요양시설로 활용되어 왔고, 본인의 의사에 반하여 입소시킬 수 있고, 퇴소 또한 자유롭지 않다. 정신요양시설은 의료기관이 아니어서 정신과 전문의가 주기적으로 방문하는 촉탁의 제도를 이용해 환자들의 정신과적 진단이나 약물복용의 지시를 받고 있다.

(2) 보호입소의 현황

정신요양시설의 현황을 보면, 2015년 말 기준 전국에 59개의 정신요양시설이 운영되고 있고, 병상(정원)은 13,830개, 실제 입소환자 수는 약 1만 여명이며, 환자 입소기간의 중간값은 10년을 넘어간다.[132] 입소자의 87%는 의료급여 환자이며, 건강보험 환자는 13%에 불과하다.[133]

(3) 법령의 규정

정신건강복지법은 구 정신보건법과 동일하게 정신의료기관 자의입원, 동의입원, 보호입원, 입원적합성심사, 입원연장심사 등에 관한 규정을 정신요양시설 입소의 경우에도 동일하게 규정하고 있다. 그 규정방식은 정신의료기관과 정신요양시설을 합하여 '정신의료기관등'이라 하고, 입원과 입소를 합하여 '입원등'이라 하고, 퇴원과 퇴소를 합하여 '퇴원등'이라 한다.

헌법재판소가 구 정신보건법의 보호입원조항에 대해 위헌결정을 할 때 같이 규

132) 보건복지부 및 국립정신건강센터, 「2016 국가 정신건강현황 제2차 예비조사 결과보고서」, 2016, 124면 표 16 참조.
133) 보건복지부 및 국립정신건강센터, 위 결과보고서, 2016, 132면 표 24 참조.

정되어 있는 정신요양시설의 보호입소제도에 대해서 침묵한 이유는 저 '등' 속에 숨어 있는 정신요양시설을 못 보아서라고 이해하고 싶다. 만약 알고서도 정신요양시설에 대해 위헌여부를 판단하지 않은 것이라면 의도적인 누락이라 볼 수밖에 없기 때문이다.

나. 보호입소의 목적과 대상자

(1) 보호입소의 목적

구 정신보건법에 의하면, 정신요양시설 보호입소의 목적은 만성화된 정신질환자의 요양이었다. 의료적 치료는 회복가능성을 전제로 하는데, 요양은 치료를 통한 회복이라기보다 건강상태의 악화를 방지하거나 유지하는 데 좀 더 주안점을 두게 된다. 또한 정신요양시설은 의사가 상주하는 시설이 아니기 때문에 의료적 조치를 위한 시설이라고 할 수 없다.

정신건강복지법은 구 정신보건법과 유사하게 정신요양시설의 목적을 정신질환자를 입소시켜 요양서비스를 제공하는 시설로 자리매김하고 있다(법 제3조 제6호). 헌법재판소는 보호입원제도에 대한 위헌(헌법불합치)결정을 하면서 강제입원제도를 정당화시킬 수 있는 근거 중의 하나로 강제입원을 통한 환자의 치료를 들고 있는데, 의사가 상주하지 않는 정신요양시설은 이러한 치료적 목적이 없고, 단순한 요양시설로서의 의미만 가지기 때문에 강제적 입소가 허용되는 것은 위헌적 소지가 있다.

(2) 보호입소의 대상자

구 정신보건법은 만성화된 정신질환자를 정신요양시설의 입소대상자로 삼았다. 그러나 정신질환의 만성화라는 것이 객관성을 담보하기 어려운 징표이기 때문에 실제 정신요양시설 입소자의 질병유형을 보면 조현병이 대부분을 차지하고 있고, 지적장애나 치매도 일부를 차지하고 있다. 보호입소된 환자의 적응능력, 치료가능성, 가족의 지지여부, 경제적 여건 등에 따라 정신요양시설이나 정신의료기관을 서로 오가며 지내는 경우도 있다. 즉, 정신요양시설 입소대상자가 현실적으로 특정되어 명확히 구분되는 것은 아니다.

다. 보호입소의 요건과 절차

(1) 보호입소의 요건

구 정신보건법은 만성화된 정신질환자로 정신요양시설 입소대상을 일정정도 제한하였으나 정신건강복지법은 정신질환자 개념을 재정의하면서 이러한 입소대상자의 제한이 사실상 사라졌다. 정신건강복지법은 구 정신보건법과 마찬가지로 자의입원, 동의입원, 보호입원과 동일한 요건과 방식으로 정신요양시설에서도 자의입소, 동의입소, 보호입소를 허용하고 있다. 다만, 시·군·구청장이 입원을 의뢰하는 행정입원과 의사의 동의가 필요한 응급입원은 정신요양시설에서 할 수는 없도록 하고 있다.[134)]

보호입소의 요건은 보호입원의 요건과 유사하다. 즉, 입소 전 정신과 전문의 대면진단 및 보호의무자 2명 이상의 신청을 필요로 한다. 다만 그 진단소견에는 정신질환이 있는 사람으로서 자·타해 위험성 및 입소요양의 필요성이 들어 있어야 한다.

여기서 정신의료기관의 경우에는 법이 '입원치료의 필요성'이라 하지만 정신요양시설의 경우에는 '입소요양의 필요성(요양을 받을 만한 정도 또는 성질의 정신질환)'이라 하여 다소 차이가 있다. 그 이유는 의사가 상주하지 않는 정신요양시설의 경우 정신의료기관에서의 치료와는 다른 차원의 요양서비스 제공을 목적으로 하고 있기 때문이다.

(2) 보호입소의 절차

보호입소의 절차도 보호입원의 절차와 차이가 없다. 다만, 입소 전에 촉탁의든 지정진단의사든 아니면 제3의 정신의료기관에서 발급한 진단서이든 입소대상자를 대면진단한 정신과 전문의 진단서가 필요하다.

입소 이후에는 14일 이내에 정신의료기관 입원과 동일하게 서로 다른 정신의료기관에 속한 2명 이상의 정신과 전문의(그 중 한 명 이상은 국·공립 또는 지정진단의료기관의 정신과 전문의)가 입소환자를 대면하여 진단한 진단결과서가 있어야 3개월 이내의 치료(요양)를 위한 입소가 허용된다.

그 외에 입소적합성심사, 입소연장심사, 퇴소심사청구, 각종 권리고지 등은 보호입원에서 설명한 내용이 그대로 적용된다.

라. 보호입소환자의 퇴소

보호입소환자의 퇴소도 보호입원환자의 퇴원과 동일하다. 예컨대, 정신요양시설

134) 2017년 3월 정부는 정신건강복지법 시행령을 입법예고할 때 시·군·구청장에 의한 정신요양시설 행정입소를 허용하는 규정(입법예고안 제20조)을 두었으나 이는 모법이 위임하지 않는 새로운 제도를 창설하는 것이고, 행정입원은 정신의료기관에서만 허용하려는 모법의 의도에 반하는 것이어서 시정이 필요하였다. 다행히 행정입소 관련 규정에 대해 입법예고 단계에서 여러 비판의견이 있어 최종 입법에서는 삭제되었다.

의 장은 입소환자나 보호의무자가 퇴소를 신청한 경우 지체 없이 그 사람을 퇴소시켜야 한다. 다만, 정신요양시설의 장은 그 대상자가 입소요양의 필요성과 자·타해 위험성이 있다면 퇴소를 거부할 수 있는데, 정신요양시설의 장은 정신과 전문의가 아니고, 시설 내 의사도 없기 때문에 그 입원진단요건을 대상자가 충족하는지 객관성이나 전문성을 가지고 증명할 수 없는 문제가 있다. 이 경우에는 입소환자가 입소진단요건을 유지하고 있는지에 대해 촉탁의나 진단의사에게 진단을 의뢰하여 퇴원거부의 근거와 사유를 마련해 둘 필요가 있다.

17. 보호입원제도의 문제점과 개선방향(입법론)

가. 보호의무자제도의 폐지

현재의 보호입원제도도 구 정신보건법에 비해 그 요건과 절차만 기존에 비해 엄격해져 있을 뿐 기본적 틀은 가족에 의한 강제입원시스템이다. 그런데 보호의무자라는 특별한 법적 지위를 만들면서 입원 현장에서 누가 보호의무자인지? 그리고 누가 우선순위에 있는지를 알지 못한 채 입원이 이루지는데 이것이 권한 없는 자에 의한 입원으로 되어 불법입원을 확대시키고 있다.

개선책을 제시하자면, 일본과 같이 보호의무자제도를 폐지하고, 보호입원신청권자를 생계를 같이하는지 여부와 상관 없이 민법상 가족(직계혈족, 배우자, 형제자매)과 권한 있는 후견인으로 한정하며, 그들 사이에 순위를 두지 않고서 2인의 신청(1인만 있는 경우에는 1인도 가능)으로 보호입원절차가 진행될 수 있도록 하는 것이다.

나. 불법호송의 개선

한국의 강제입원의 현실에서 환자에 대한 제압과 강제적 이송과정, 병원입원절차에서의 환자의 저항과 강박조치 등이 대부분 가족, 불법사설이송단, 병원직원 등을 통해 이루어진다는 점에서 심각한 문제가 있다. 즉, 우리의 강제입원제도는 최초 환자의 이송과정에서부터 불법성을 내포할 수밖에 없다. 이는 유일하게 의료적 또는 치안적 목적으로 강제력을 행사할 수 있는 119 구급대원과 경찰관이 환자 호송을 사실적으로 꺼려하면서 발생하는 문제이다.

이는 법령의 개선 문제라기보다 인식개선의 문제이다. 현재 「경찰관직무집행법」[135]이나 「응급의료에 관한 법률」[136]에 의해 자·타해 위험이 있는 환자의 보호

135) 「경찰관직무집행법」 제4조는 자살시도자나 정신착란이나 술에 취하여 다른 사람의 생명·신체·재산

나 이송의 법적 근거조문이 있으며, 구급대원이나 경찰은 그러한 환자를 응급환자나 구호대상자로 보아 직접 호송할 권한과 책임이 있다.

결국 경찰관서나 119구급대가 행해오던 기존의 임무 중 하나인 자·타해 위험이 있는 위급한 상태의 환자를 보호자의 호송의뢰연락을 받아 안전하게 정신의료기관까지 호송하도록 하는 임무를 제도화하고, 그 방식을 정형화·매뉴얼화하는 것이 필요하다. 경찰이나 119구급대가 위와 같은 보호(긴급구호)나 이송임무를 부당하게 이행하지 않는 것은 국가의 국민에 대한 생명·신체에 대한 보호의무를 위반하는 것이 되어 국가가 법적 책임을 부담할 수도 있다.137)

다. 정신요양시설의 기능전환

정신요양시설은 한국사회에서 정신의료기관을 제외하고는 유일하게 강제입소가 법적으로 승인된 시설이다. 과거 정신보건법이 제정되기 전부터 사실상 가족이나 국가에 의해 정신질환이 있는 사람이 강제로 입소되어 오던 공간이었고, 1995년 정신보건법이 그 시설상황이 심각함을 고려하여 제도적 폐쇄를 규정하였으나 1997년 법 개정을 통해 다시 부활하여 현재에 이르렀다. 정신요양시설은 다른 어떤 시설에서도 받아주지 않는 사람들, 정신의료기관에서도 치료가 의미가 없어 받아주지 않는 사람들을 받아준 시설이라는 점에서 그 역사적 존재의미를 부인할 수는 없다. 또한, 지역의 부족한 주거시설을 잠정적으로 보완할만한 주거시설로서도 여전히 의미가 있다. 문제는 강제적 입소, 퇴소의 제한, 격리·강박, 작업요법의 허용, 통신의 자유와 면회 제한과 같은 신체적 자유제한 시스템을 법이 허용하고 있다는 점이다.

위와 같은 문제점을 감안하여 정부는 2016년 정신건강 종합대책을 수립하면서

에 위해를 끼칠 우려가 있는 사람에 대해 응급구호조치로서 보건의료기관에 긴급구호를 요청하거나 경찰관서에 보호하는 등의 조치를 취할 수 있다.

136) 「응급의료에 관한 법률」 시행규칙 제2조 제1항 별표 1 제1항 자.목에 따르면, 정신과적 응급증상(자신 또는 다른 사람을 해할 우려가 있는 정신장애)이 있는 사람을 응급환자로 보고 있으므로 보호입원 대상환자는 환자이송 등 우선 응급의료를 제공받아야 하고, 응급의료가 거부되어서는 아니된다.

137) 대법원 1996. 10. 25. 선고 95다45927 판결(긴급구호권한과 같은 경찰관의 조치권한은 일반적으로 경찰관의 전문적 판단에 기한 합리적인 재량에 위임되어 있는 것이나, 그렇다고 하더라도 구체적 상황하에서 경찰관에게 이러한 조치권한을 부여한 취지와 목적에 비추어 볼 때 그 불행사가 현저하게 불합리하다고 인정되는 경우에는, 이러한 불행사는 법령에 위반하는 행위에 해당하게 되어, 국가배상법상의 다른 요건이 충족되는 한, 국가는 이로 인하여 피해를 입은 자에 대하여 국가배상책임을 지게 되는 것...일부 중략.....관할 파출소의 경찰관들이 위 피해자의 신고에 따라 X를 데려가 정신병원에 입원시키는 등 위 「경찰관직무집행법」의 규정이 정한 긴급구호 등의 조치를 취하고, 그가 퇴원하자 그로 하여금 정신병원에 입원하여 장기치료를 받는 데 도움이 되도록 생활보호대상자 지정의뢰를 하는 등 그 나름대로의 조치를 취한 이상, 더 나아가 위 경찰관들이 위 X에 의한 범행가능성을 막을 수 있을 만한 다른 조치를 취하지 못하였다고 하더라도, 이를 현저하게 불합리한 긴급구호권한 불행사로서 법령에 위반된다고 하기는 어렵다).

정신요양시설에 대해 2018년부터 중장기적으로는 입·퇴소가 자유로운 정신재활시설(사회복귀시설)이나 노인요양시설 등으로 기능전환을 유도할 계획을 제시하였다.[138)]

생각건대, 정신건강복지법은 입원이나 입소를 하는 환자에 대해 의료적 진단의 강화(2인 진단), 최초 입원의 입원적합성심사 등 의료적 진단에 대한 통제시스템이 강화되었는데, 정신요양시설은 이러한 의료적 통제시스템을 상시적으로 감당하기는 어렵다. 게다가 입원이나 입소의 강제가 정당화되는 이유는 치료인데, 정신요양시설은 사실상 그러한 목적이 없이 위험이나 생활적 어려움에 대한 격리의 수단으로서 활용될 뿐이다. 입법론으로는 폐지를 요한다. 다만, 현재 59개의 정신요양시설제도는 입법을 통해 폐지하지 않더라도 정신재활시설의 유형인 생활시설의 하나로 일정한 물적·인적 요건을 갖춘 정신요양시설을 가칭 '주거재활시설'로 전환하는 작업을 지금이라도 시행할 필요가 있다.

---

138) 보건복지부, 「2016년 정신건강종합대책」, 국가정책조정회의 자료집, 2016, 23면.

Ⅱ. 행정입원(제44조)

제44조(특별자치시장·특별자치도지사·시장·군수·구청장에 의한 입원) ① 정신건강의학과전문의 또는 정신건강전문요원은 정신질환으로 자신의 건강 또는 안전이나 다른 사람에게 해를 끼칠 위험이 있다고 의심되는 사람을 발견하였을 때에는 특별자치시장·특별자치도지사·시장·군수·구청장에게 대통령령으로 정하는 바에 따라 그 사람에 대한 진단과 보호를 신청할 수 있다.

② 경찰관(「국가공무원법」 제2조제2항제2호에 따른 경찰공무원과 「지방공무원법」 제2조제2항제2호에 따른 자치경찰공무원을 말한다. 이하 같다)은 정신질환으로 자신의 건강 또는 안전이나 다른 사람에게 해를 끼칠 위험이 있다고 의심되는 사람을 발견한 경우 정신건강의학과전문의 또는 정신건강전문요원에게 그 사람에 대한 진단과 보호의 신청을 요청할 수 있다.

③ 제1항에 따라 신청을 받은 특별자치시장·특별자치도지사·시장·군수·구청장은 즉시 그 정신질환자로 의심되는 사람에 대한 진단을 정신건강의학과전문의에게 의뢰하여야 한다.

④ 정신건강의학과전문의가 제3항의 정신질환자로 의심되는 사람에 대하여 자신의 건강 또는 안전이나 다른 사람에게 해를 끼칠 위험이 있어 그 증상의 정확한 진단이 필요하다고 인정한 경우에 특별자치시장·특별자치도지사·시장·군수·구청장은 그 사람을 보건복지부장관이나 지방자치단체의 장이 지정한 정신의료기관(이하 "지정정신의료기관"이라 한다)에 2주의 범위에서 기간을 정하여 입원하게 할 수 있다.

⑤ 특별자치시장·특별자치도지사·시장·군수·구청장은 제4항에 따른 입원을 시켰을 때에는 그 사람의 보호의무자 또는 보호를 하고 있는 사람에게 지체 없이 입원 사유·기간 및 장소를 서면으로 통지하여야 한다.

⑥ 제4항에 따라 정신질환자로 의심되는 사람을 입원시킨 정신의료기관의 장은 지체 없이 2명 이상의 정신건강의학과전문의에게 그 사람의 증상을 진단하게 하고 그 결과를 특별자치시장·특별자치도지사·시장·군수·구청장에게 서면으로 통지하여야 한다.

⑦ 특별자치시장·특별자치도지사·시장·군수·구청장은 제6항에 따른 진단 결과 그 정신질환자가 계속 입원할 필요가 있다는 2명 이상의 정신건강의학과전문의의 일치된 소견이 있는 경우에만 그 정신질환자에 대하여 지정정신의료기관에 치료를 위한 입원을 의뢰할 수 있다.

⑧ 특별자치시장·특별자치도지사·시장·군수·구청장은 제7항에 따른 입원 의뢰를 한 때에는 보건복지부령으로 정하는 바에 따라 그 정신질환자와 보호의무자 또는 보호를 하고 있는 사람에게 계속하여 입원이 필요한 사유 및 기간, 제55조에 따라 퇴원등 또는 처우개선의 심사를 청구할 수 있다는 사실 및 그 청구 절차를 지체 없이 서면으로 통지하여야 한다.

⑨ 특별자치시장·특별자치도지사·시장·군수·구청장은 제3항과 제4항에 따라 정신질환자로 의심되는 사람을 진단하거나 입원을 시키는 과정에서 그 사람이 자신의 건강 또는 안전

이나 다른 사람에게 해를 끼칠 위험한 행동을 할 때에는 「119구조·구급에 관한 법률」 제2조에 따른 119구급대의 구급대원(이하 "구급대원"이라 한다)에게 호송을 위한 도움을 요청할 수 있다.
⑩ 지정정신의료기관의 지정기준, 지정취소 및 지정취소 기준, 지정 및 지정취소 절차 등에 관하여 필요한 사항은 보건복지부령으로 정한다.

1. 행정입원의 제도적 의의

가. 행정입원의 개념

'행정입원'은 정신건강복지법에 의한 강제입원의 한 유형으로 행정기관인 시·군·구청장이 공권적 조치로서 환자를 강제로 입원시켜 진단 및 치료를 하는 제도를 말한다. 보호입원이 가족인 보호의무자에 의한 입·퇴원이라면, 행정입원은 공권력이 있는 행정기관에 의한 입·퇴원이라 할 수 있다.

프랑스 등 서구의 강제입원 제도의 역사를 볼 때, 보호입원이 환자의 건강과 안전을 그 목적으로 해 왔다면 행정입원은 사회의 안전을 그 목적으로 하여 왔다. 현행 정신건강복지법은 입원목적이나 입원요건에서 이러한 구분을 하지는 않고 있다.

나. 행정입원의 현황

(1) 구 정신보건법 하에서의 행정입원 현황

행정입원은 1995년 정신보건법 제정 당시에는 시·도지사가 입원결정의 주체였으나 2008년 법 개정을 통해 시·군·구청장에게로 그 입원결정권을 넘겼다. 위와 같이 법이 개정되었으나 행정입원은 2016년까지 정신의료 현실에서 거의 활용되지 못하였다. 실제 구 정신보건법 하에서 시·군·구청장에 의한 행정입원 현황을 보면, 아래와 같다.

표 3-9 행정입원 현황(2009년~2016년)[139]

연도	2009	2010	2011	2012	2013	2014	2015	2016	평균
행정입원 건수(명)	176명	251명	323명	230명	262명	147명	131명	94명	202명
전체 입원에서 행정입원 비율(%)	0.2%	0.3%	0.4%	0.3%	0.3%	0.2%	0.2%	0.1%	0.25%

위 표를 보면, 지난 8년 여간 구 정신보건법의 시·군·구청장에 의한 행정입원은 그 활용도가 상당히 낮음을 알 수 있는데, 그 이유는 다음과 같다.

i) 보호입원의 활용: 구 정신보건법에서는 시·군·구청장이 보충적 보호의무자가 되는 보호입원을 대부분 활용하면서 시·군·구청장이 공권력 주체로서 하는 행정입원을 활용하지 않았다.
ii) 입원예산의 부족: 행정입원은 국가가 입원을 시키는 것이어서 입원 및 진료비용을 국가측에서 부담할 필요가 있었다. 그러나 건강보험 환자의 개인부담금을 국가나 지방자치단체가 예산으로 제대로 확보해 놓지 못 하고 있었다.
iii) 입원연장 제한: 구 정신보건법은 행정입원환자에 대해서는 입원연장을 제한(최대 6개월까지만 가능)하고 있어 입원연장이 반복가능한 보호입원을 활용하는 경향이 있었다.

(2) 정신건강복지법의 행정입원

2016년 제정된 정신건강복지법은 행정입원제도를 다음과 같이 변경하였다.

i) 시·군·구청장이 보충적 보호의무자가 되는 보호입원제도를 폐지하여 행정입원의 활용도를 높일 수 있도록 하였다.
ii) 행정입원도 보호입원과 같이 입원연장이 반복될 수 있도록 하여 시·군·구청장의 보충적 보호의무자 제도 폐지로 인한 문제점을 보완하였다.
iii) 행정입원의 요건과 절차를 대체로 보호입원과 유사하게 통일하였다.

139) 보건복지부 및 국립정신건강센터, 「2017 국가 정신건강현황 제3차 예비조사 결과보고서」, 2017, 122면 표 27 재구성.

위와 같은 행정입원제도 개선을 통해 2017년 법 시행 이후 시·군·구청장에 의해 보호입원되었던 환자의 일부가 행정입원환자로 전환되는 경우가 생겼고, 가족이나 후견인과 같은 보호의무자가 없거나 보호의무를 이행할 수 없는 환자들에 대해서는 시·군·구청장이 입원의뢰를 하는 행정입원이 조금씩 늘어나고 있는 상황이다. 실제 2016년 말 기준으로 행정입원환자는 94명(입원환자의 0.1%)이었으나 법 시행 약 한달 뒤인 2017. 6. 23. 기준으로는 2,000명(입원환자의 3.0%)이 행정입원환자이다.[140]

향후에도 가족이나 후견인이 없거나 보호를 이행하기 어려운 경우 그 환자는 행정입원의 대상이 될 가능성이 높고, 국가가 그 입원기간 동안의 입원비 및 진료비를 부담할만한 적정한 예산을 확보하는 경우라면 행정입원환자의 숫자는 과거에 비해 증가할 가능성이 있다. 다만, 가족의 도움을 받기 어려운 환자의 경우에는 국가가 공공후견인을 선임해 준다면 행정입원을 통한 개입은 줄어들 수 있다.

다. 행정입원의 목적과 기능

(1) 구 정신보건법의 행정입원

우리 행정입원의 법제도적 연원으로 볼 때, 행정입원은 환자 보호를 목적으로 하기보다는 사회적 치안을 위한 목적의 입원이라 할 수 있다.

일본 정신보건법의 조치입원제도는 '자상타해(自傷他害)' 위험을 이유로, 다시 말하면 사회적 안전을 목적으로 경찰, 검사, 교정시설의 장, 보호관찰소장 등이 도도부현 지사(우리의 시·도지사에 해당)에게 입원을 요청하도록 하였다. 실제 일본은 1960~70년대에 6, 7만 건에 이르는 조치입원환자가 발생하였으나 이후 조치입원의 남용에 대한 국가사회적 우려의 인식이 있어 1980~90년대는 그 수가 지속적으로 감소하여 2014년 말 기준 조치입원환자는 1,479명으로 크게 적어졌다.[141]

근대적 강제입원제도의 기초를 만든 1838년 프랑스「정신이상자에 관한 법률」 또한 친족에 의한 수용과 시·도지사에 의한 수용을 구분하여 시·도지사는 공공의 안녕이나 개인의 안전에 대한 위험이 있는 경우에 입원을 결정할 수 있도록 하였다(위 법률 제18조 및 제20조).[142]

---

140) 보건복지부 2017. 7. 6.자 보도자료(제목: 정신건강복지법 시행 한 달, 변화의 시작) 7면 참조.

141) 일본 후생노동성의 아래 홈페이지 자료 참조.
http://www.mhlw.go.jp/toukei/saikin/hw/eisei_houkoku/14/dl/toukei.pdf (2018. 7. 1. 최종방문)

142) George L. Harrison, 「Legislation On Insanity-A Collection Of All The Lunacy Laws」. Philadelphia, 1884, 1030면(책의 부록에 있는 프랑스 1838년「정신이상자에 관한 법률」의 영문 번역

(2) 정신건강복지법의 행정입원

정신건강복지법은 구 정신보건법과 달리 행정입원의 경우에도 보호입원과 동일하게 입원연장을 허용하였고, 보호입원의 요건으로도 '자·타해 위험성'을 반드시 구비할 것을 요구하게 되면서, 사실상 행정입원의 요건과 유사하게 되었다.

아울러 입원이 필요한 환자가 가족이나 후견인이 없을 경우 최후의 조치로서 행정기관의 공권력을 활용한 입원조치가 필요하게 되는데, 이 경우에도 사회적 치안의 목적이라기보다 환자의 건강과 보호를 위한 목적으로 행정입원이 활용될 수밖에 없다.

실제로 강제입원의 현실은 환자의 증상이나 상태에 따라 보호입원으로 갈지 행정입원으로 갈지 나누어지는 것이 아니라 가족이나 후견인이 개입할 수 있는지 여부에 따라 보호입원으로 갈지 행정입원으로 갈지 나누어진다.

생각건대, 정신건강복지법에서 사회적 치안의 목적을 별도로 강조할 것은 아니다. 영미법계 국가에서는 단순히 강제입원의 신청권자로서 가족, 후견인, 의사, 정신보건전문가, 경찰 등을 규정할 뿐 보호입원 또는 행정입원과 같은 구분을 하지 않는다. 정신건강복지법의 행정입원은 구 정신보건법과 달리 그 목적이나 요건에 있어서 보호입원과 큰 차이가 없는 입원이라 볼 수 있다. 다만, 그 법적 구조는 보호입원과 달리 국가의 강제적 조치를 전제하고 있다는 점에서 차이가 있다. 정신건강복지법의 행정입원과 보호입원을 비교해 보면 다음과 같다.

표 3-10 행정입원과 보호입원의 비교

입원유형	행정입원	보호입원
입원시설	지정정신의료기관만 가능	모든 병상이 있는 정신의료기관과 정신요양시설 가능
입원요건 (동일)	1. 정신질환자 2. 자·타해 위험성 3. 입원치료의 필요성	
입원신청권자	정신과 전문의 또는 정신건강전문요원	보호의무자 (부양의무자 또는 후견인)
입·퇴원결정권자	시·군·구청장	정신의료기관의 장

본 내용임).

<table>
<tr><td rowspan="3">입원
진단
의사</td><td>진단입원</td><td colspan="2">1명의 정신과 전문의</td></tr>
<tr><td>치료입원</td><td rowspan="2">2명 이상의 정신과 전문의</td><td rowspan="2">서로 다른 기관의
2명 이상의 정신과 전문의
(그 중 1명 이상 지정진단의사)</td></tr>
<tr><td>입원연장</td></tr>
<tr><td rowspan="3">입원
심사
기관</td><td>최초입원</td><td colspan="2">입원적합성심사위원회</td></tr>
<tr><td>입원연장</td><td colspan="2" rowspan="2">정신건강심사위원회</td></tr>
<tr><td>퇴원청구</td></tr>
<tr><td rowspan="3">입원
기간</td><td>진단입원</td><td colspan="2">2주</td></tr>
<tr><td>치료입원</td><td colspan="2">3개월</td></tr>
<tr><td>입원연장</td><td colspan="2">최초 3개월, 이후 6개월씩 연장</td></tr>
<tr><td colspan="2">퇴원방식</td><td>시·군·구청장의 입원해제</td><td>환자 및 보호의무자의 퇴원신청</td></tr>
</table>

위 표를 보면, 입원의 요건이나 입원기간, 심사기관 등은 동일하고, 차이점이 있다면 입·퇴원 신청권자 및 결정권자, 입원 시 지정정신의료기관이나 지정진단의사의 필요여부 등에서 차이가 있다.

(3) 행정입원의 보충성과 예외성

행정입원은 국가공권력을 행사하는 조치이기 때문에 환자의 신체의 자유 등 헌법상 기본권을 침해할 소지가 크다. 아울러, 환자가 돌보는 가족이 있거나 또는 환자를 돌보는 가족이 있는 경우 그 가족에게 미치는 영향도 적지 않다. 행정입원이 사람에게 영장 없이 강제력을 행사하고, 강제적 치료와 장기입원의 위험이 있는 조치이기 때문에 그 남용의 위험을 적절히 통제하는 원리로서 보충성과 예외성이 필요하다. 행정입원조치를 취할 때에는 다음과 같은 단계를 거친 후 최후의 수단으로서 활용하여야 한다.

i) 입원 외의 대안적 수단의 모색: 지역사회 거주를 유지할 수 있는 다른 조치(예컨대, 외래치료명령, 주거시설 입소 등)에 대한 확인과 고려
ii) 자발적 입원의 우선적 고려: 환자 스스로 입원할 수 있도록 설명과 설득의 노력
iii) 보호입원의 차선책적 고려: 환자와 가족의 관계를 확인하고, 가족의 의사를 들은 후 경제적 사정 등을 고려하여 가족에게 보호입원을 권할 수 있는 경우 공권력 행사인 행정입원을 자제

ⅳ) 행정입원의 단기화: 행정입원된 경우라도 입원의 장기화를 막기 위한 고려 필요
ⅴ) 행정입원 중 지원: 행정입원된 경우에 필요한 상황이라면 공공후견인 지원 등을 통해 향후 지역사회 거주가 가능하도록 지원조치 노력

라. 행정입원의 법적 성격

(1) 행정입원의 법적 유형분류

행정입원은 지방자치단체의 장인 행정기관이 환자에 대하여 강제적 조치를 행하는 인적 처분행위이다. 그 법적 성질을 보면, 미리 입원을 명하여 의무를 부과할 만한 시간적 여유가 없거나 그 성격상 의무를 명하는 것으로는 목적달성이 어렵다고 보아 즉시 개인의 신체에 실력(實力)을 가하여 행정상 상태를 실현시키는 행정상 즉시강제라 할 수 있다.

(2) 행정입원의 행정법상 요건

행정입원(의뢰)은 행정기관이 행하는 행정상 즉시강제이기 때문에 행정법에서 요구하는 다음과 같은 요건을 갖추어야 한다.[143)]

ⅰ) 위험성: 자신 또는 타인의 법익(건강이나 안전)에 대한 위험
ⅱ) 보충성: 의무를 명하는 등의 다른 조치를 취할 여유가 없거나 성격상 그러한 의무를 명하여서는 입원의 목적을 달성하기 어려울 것
ⅲ) 비례성: 목적 및 수단의 적합성, 최소침해, 이익형량에 따른 비례성 준수

(3) 행정입원에 대한 불복수단

행정입원과 같은 행정상 즉시강제는 행정처분(권력적 사실행위)이므로 「행정심판법」에 따른 행정심판이나 「행정소송법」에 따른 행정소송의 대상이 되고, 아울러 「인신보호법」에 의한 구제청구도 허용된다.

그 외에 정신건강복지법은 모든 행정입원에 대해 입원적합성심사 및 입원연장심사를 거치기 때문에 심사위원회에 행정입원의 부당함을 주장하여 퇴원명령을 받을

143) 대법원 2008. 11. 13. 선고 2007도9794 판결(행정상 즉시강제는 그 본질상 행정 목적 달성을 위하여 불가피한 한도 내에서 예외적으로 허용되는 것이므로, 위 조항에 의한 경찰관의 제지 조치 역시 그러한 조치가 불가피한 최소한도 내에서만 행사되도록 그 발동·행사 요건을 신중하고 엄격하게 해석하여야 하고, 그러한 해석·적용의 범위 내에서만 우리 헌법상 신체의 자유 등 기본권 보장 조항과 그 정신 및 해석 원칙에 합치될 수 있다).

수 있고, 별도로 행정입원환자나 그 보호의무자가 행정입원에 대한 불복으로서 정신건강복지법의 퇴원청구(법 제55조)를 할 수도 있다.

2. 구 정신보건법과의 비교

가. 개 관

1995년 정신보건법 제정 이후 20여 년간 행정입원제도의 변화를 보면, 2008년 개정 전까지는 시·도지사가 입원결정권자였으나 2008년 개정 후에는 시·군·구청장이 입원결정권자로 변경되었다. 2016년 정신건강복지법으로 전문개정되면서 바뀐 내용은 다음과 같다.

i) 반복적 연장입원의 허용
ii) 치료를 위한 입원이나 입원연장 시 정신과 전문의 의사 2명 이상 진단
iii) 행정입원이 가능한 별도의 지정정신의료기관 지정
iv) 119 구급대원 호송지원요청 규정

2016년 개정을 통해 행정입원과 보호입원은 서로 입원요건이 유사하게 되었다. 보호입원과 같이 진단의사 2명의 요구, 입원연장절차의 통일화 등을 거치면서 입·퇴원신청(의뢰)권자를 제외하고는 보호입원과 행정입원의 절차 자체는 통일성을 가지게 되었다.

나. 구 정신보건법과의 비교

현행 정신건강복지법과 구 정신보건법의 행정입원을 비교해 보면 다음과 같은 차이점과 공통점이 있다.

표 3-11 행정입원에 대한 신·구법 비교

행정입원	정신건강복지법	구 정신보건법
입원요건	정신질환으로 인한 자·타해 위험	
입원신청권자	정신과 전문의 또는 정신건강(보건)전문요원	
입원요청자	경찰공무원	따로 규정 없음
입·퇴원결정권자	시·군·구청장	

<table>
<tr><td rowspan="3">입원
진단
의사</td><td>진단입원</td><td colspan="2">1명의 정신과 전문의</td></tr>
<tr><td>치료입원</td><td colspan="2">2명 이상의 정신과 전문의</td></tr>
<tr><td>입원연장</td><td colspan="2">2명 이상의 정신과 전문의</td></tr>
<tr><td rowspan="3">입원
심사
기관</td><td>최초입원</td><td>입원적합성심사위원회</td><td>별도의 입원심사기관 없음</td></tr>
<tr><td>입원연장</td><td rowspan="2">정신건강심사위원회</td><td rowspan="2">정신보건심판위원회</td></tr>
<tr><td>퇴원청구</td></tr>
</table>

위에서 보는 바와 같이 구 정신보건법과 비교하여 보면, 최초입원에 대한 심사기관이 신설되고, 경찰공무원이 행정입원신청을 정신과 전문의나 정신건강전문요원에게 요청할 수 있는 내용이 추가된 것을 제외하고는 특별히 바뀐 내용이 없다. 그러나 앞서 보았듯이 시·군·구청장이 보호의무자가 되는 보호입원제도가 폐지되면서 향후 행정입원의 활용은 이전과 다르게 빈번하게 될 가능성이 있다.

3. 행정입원의 대상자

가. 정신질환자 여부

보호입원은 정신과 전문의가 입원을 진단하기 때문에 입원요건인 정신질환자, 입원치료 필요성, 자·타해 위험성에 대한 판단은 전문성과 확정성을 가지고 있다. 그러나 행정입원은 경찰, 정신건강전문요원 등 정신과 전문의 아닌 사람의 요청이나 신청에서부터 시작하기 때문에 행정입원 절차에서의 초기단계에는 정신질환 여부나 자·타해 위험성을 확정하지 않은 채로 진행된다. 이와 같이 행정입원은 최초 대상자의 발견에서부터 치료를 위한 입원의 절차까지 몇 단계를 거치면서 정신질환자의 진단 및 위험평가를 확정한다. 구체적으로 보면 다음과 같다.

i) 행정입원 요청: 정신질환으로 인한 자·타해 위험의 의심이 있는 사람에 대한 경찰관의 행정입원신청 요청
ii) 행정입원 신청: 정신질환으로 인한 자·타해 위험의 의심이 있는 사람을 정신과 전문의나 정신건강전문요원이 전문성을 가지고서 판단한 후 입원신청
iii) 진단입원: 시·군·구청장으로부터 진단을 의뢰받은 정신과 전문의가 증상의 정확한 진단을 위해 입원이 필요하다고 평가 후 의뢰된 입원
iv) 치료입원: 2주 동안 진단입원된 환자에 대해 2명 이상의 정신과 전문의가 계속 입원의 필요가 있다고 평가 후 의뢰된 입원

v) 입원연장: 치료입원된 환자에 대해 2명 이상의 정신과 전문의가 퇴원할 경우 정신질환으로 인한 자·타해 위험이 명백하다고 평가 후 연장된 입원

위에서 보면 알 수 있듯이, 행정입원은 그 요청이나 신청, 입원의뢰 단계에서는 아직 정신질환으로 인한 자·타해 위험이 객관적으로 확정되지 않은 단계라 볼 수 있다.

나. 행정입원 대상자로서 쟁점이 되는 경우

(1) 미성년자

미성년자는 통상 친권자인 부모의 보호와 관리 하에 있기 때문에 부모가 생존해 있는 경우라면 친권의 효력이 미치고, 행정기관이 미성년자를 행정입원시킬 때는 이러한 친권자의 권한을 고려한 확인조치들이 필요하다. 즉, 행정입원이라는 국가공권력의 행사 시에도 친권자의 친권을 존중해 줄 필요가 있다. 다만, 친권자가 아동학대나 방임의 우려가 있거나 의도적으로 또는 가정형편상 부양을 하지 않고 있었던 경우이고, 미성년자의 입원치료 필요성이 있는 경우라면 국가가 미성년자 보호의 차원에서 행정입원 조치를 할 수 있다.

(2) 행려환자

앞서 보호입원에서 지적한 바와 같이 행려환자는 부양의무자인 가족이 없거나 부양능력이 없고, 스스로의 거주지도 없어 시설입소나 정신의료기관에 입원하여 생활하는 경우가 적지 않다. 행려환자의 경우 타해위험이 없는 경우도 많지만 돌봄과 지원이 필요한 경우도 많아 입원이 장기화되는 경우도 적지 않다.

가족이 없거나 가족이 돌보기 어려운 행려환자의 경우 보호입원을 시킬 수 있는 후견인도 없어 행정입원 결정이 될 가능성이 높다. 그러나 시·군·구청장이 행하는 행정입원은 최후의 보충적, 예외적 수단이 되어야 하고, 행정입원이 시작되었다고 하더라도 반복하여 연장입원을 승인할 것은 아니며, 행려환자를 지원할 수 있는 공공후견인의 선임과 지역 거주시설의 지원 등이 행정입원 기간 내에 필요하다.

(3) 외국인

외국인의 경우 한국에서 다른 가족과 함께 거주하지 않는 경우가 많기 때문에 보호의무자에 의한 보호입원을 하기 어렵고, 결국 국가의 강제적 조치에 의한 행정

입원이 이루어질 가능성이 높다. 앞서 보호입원에서 보았듯이 각국의 강제입원제도는 외국인에 대해서도 적용하고 있으며, 한국의 경우에도 실제 외국인을 강제입원시키고 있다.

외국인에게 보호의무자가 없다면 결국 행정입원을 해야 될 수 있는데, 이 경우 그 외국인 입장에서는 가족과 친구, 직장 등이 모두 단절되고, 입원 중 본국으로 추방되거나 연락도 두절될 위험이 있기 때문에 외국인에 대한 행정입원 시 필요한 절차적 매뉴얼을 준비할 필요가 있다. 즉, 통역의 제공, 모국어로 된 입원설명서, 대사관이나 환자가 원하는 가족이나 지인에 대한 전화 등 통신 제공, 퇴원청구절차의 설명 등이 필요하고, 그러한 절차를 미리 매뉴얼로 준비해 둘 필요가 있다.

(4) 군인

앞서 보호입원에서 지적하였듯이 군인이라 하더라도 정신건강복지법이 적용되고, 가족 등 보호의무자가 보호입원을 신청할 수 있음을 설명하였다. 군인에 대한 행정입원도 달리 금지되고 있지 않기 때문에 가능하다. 다만, 군인의 경우 근무지 이탈여부에 대한 관리권한이 소속 군 부대측에 있고, 군인의 부모는 보호의무자여서 알 권리가 있기 때문에 군인에 대한 행정입원조치는 군 부대의 상급자, 부모 등과 협의하거나 사전에 그러한 조치의 행사를 알려 협조를 받는 것이 필요하다. 그런 협조 없이 행정입원이 이루어질 경우 군무이탈이나 복무위반의 문제가 발생할 수 있다.

4. 지정정신의료기관제도

가. 지정정신의료기관의 의의

(1) 개념

'지정정신의료기관제도'라 함은 시·군·구청장에 의한 행정입원을 위하여 보건복지부장관이나 지방자치단체의 장이 일정한 요건을 갖춘 정신의료기관을 지정하여 행정입원환자의 진단과 치료를 맡기는 것을 말한다(법 제44조 제4항 및 제10항).

(2) 기능

한국의 경우 각 지역의 국·공립 정신병원이 적고(2016년 기준 국립 6개, 공립 12개, 사립 164개), 그 병상 수도 전체 정신의료기관 병상 수의 10% 미만(2016년 기준 정신의료기관 전체 83,405개 병상 중 6,847개로 약 8.2%의 점유율을 보임)[144]이어서 각 지역 시·군·구청장이 행정입원을 시키려는 경우 지역적으로 인접한 민간 정신병원에서라도 입원을 시킬 수 있도록 별도의 행정입원 병상이 필요하게 되었다.

구 정신보건법은 행정입원환자를 국·공립 정신의료기관 또는 종합병원에서 진단하고, 입원을 시킬 때에는 국·공립 정신의료기관(가까운 곳에 그러한 정신의료기관이 없는 경우에는 민간 정신의료기관)에 입원시키도록 하였다. 그러나 실제 행정입원환자가 거의 없어 민간 정신의료기관의 병상을 지정하여 행정입원환자가 입원할 필요까지는 없었다.

그러나 2016년 정신건강복지법으로 개정되면서 시·군·구청장이 보호의무자가 되는 입원이 폐지되었고, 정신요양시설의 보호의무자 없는 환자의 경우 그 시설에 행정입원을 시킬 법적 근거도 없어(행정입원은 정신의료기관에서만 허용된다) 향후 행정입원의 증가가 예상되었다. 이러한 점을 감안해 정신건강복지법은 행정입원을 위한 병상을 확보하기 위해 국·공립 및 민간정신의료기관에 대해 행정입원이 허용되는 정신의료기관으로 지정신청을 받아 정신건강복지법 시행일인 2017. 5. 30.을 전후에 전국적으로 행정입원이 가능한 정신의료기관을 지정하였다.

(3) 현황

2017년 정신건강복지법 시행 무렵 보건복지부장관과 지방자치단체의 장은 행정입원을 받아 줄 정신의료기관을 신청을 받아 지정하였다. 지정정신의료기관은 보호입원 진단을 위한 지정진단의료기관 중에서 선정이 되었기 때문에 전국적으로 입원병상이 있는 520여 개의 정신의료기관(2016년 말 기준)[145] 중 2017. 7. 12. 기준 약 260여 개의 기관이 지정정신의료기관이 되었다.[146] 입원병상이 있는 정신의료기관 중 약 50%가 참여한 것이다.

나. 지정정신의료기관의 법적 지위

(1) 지정행정기관과 지정정신의료기관과의 관계

지정정신의료기관은 자신들을 지정한 국가와 지방자치단체와의 관계에서 어떤 법적 지위를 가지고 있는지 검토할 필요가 있다. 먼저, 행정입원이란 시·군·구청

144) 보건복지부 및 국립정신건강센터, 「2017 국가 정신건강현황 제3차 예비조사 결과보고서」, 2017, 100면 표 8.

145) 보건복지부 및 국립정신건강센터, 위의 결과보고서, 99면.

146) 국립정신건강센터 홈페이지 내 지정정신의료기관 현황 공유(2017. 7. 12.자). http://www.ncmh.go.kr/kor/notice/snmhNoticeView.jsp?no=8226&fno=37&menu_cd=K_02_01_00_00_S0 (2018. 7. 1. 최종 방문)

장이 공권력적 조치로서 강제력을 행사하여 환자를 입원시켜 진단하거나 치료하는 것이어서 그 입원시설은 국가의 통제와 감독 하에 외부출입이 제한되어야 하고, 강제력을 통해 외부출입을 막을 수도 있어야 한다.

그런데 국가는 이러한 의료적 전문성과 통제시스템을 가진 별도의 시설이 없기 때문에 그 임무를 대신해 줄 국·공립정신의료기관과 민간 정신의료기관의 전문인력과 병상을 활용할 수 있도록 지정하고, 동시에 행정입원환자에 대한 강제적 치료와 통제의 권한 중 일부를 지정정신의료기관에 위탁한 것이라 할 수 있다.

(2) 정신의료기관 지정의 효과

1) 행정입원환자에 대한 입원진료의 거부금지

행정입원이 가능한 정신의료기관을 보건복지부장관이나 지방자치단체의 장이 지정하게 되면, 지정정신의료기관은 그 지정의 법적 효과로서 원칙적으로 행정입원환자에 대한 입원과 진료를 거부할 수 없다.

2) 행정입원 대상자의 지역적 제한 여부

보건복지부장관 외에 지방자치단체의 장도 행정입원이 허용되는 정신의료기관을 지정할 수 있는데, 그 지정의 효과를 제한할 수 있는지 문제된다. 예컨대, A지역 구청장이 그 지역에 있는 X 정신병원을 지정하면 X 정신병원은 A지역 구청장의 행정입원만 받을 수 있는 것인지? 아니면 다른 지역의 시·군·구청장에 의한 행정입원이라 하더라도 모두 받아야 하는 것인지 문제된다.

생각건대, 지방자치단체의 장에게 법이 지정권한을 부여한 것은 단순히 그 지역 구청장에게 행정입원 의뢰가 가능한 기관을 확보하기 위한 것이라기보다 국가로부터 위임받은 지정권한을 행사한 것으로 보아 그 지정의 효과가 다른 시·군·구청장에 의한 행정입원환자에 대해서도 입원을 허용할 의무를 부담하게 하는 것으로 볼 것이다. 이렇게 해석하지 않을 경우 각 지방자치단체 간의 지정의 경쟁으로 인한 지정 효과의 중첩, 지방자치단체별 행정입원 상황의 격차, 지정정신의료기관의 선별적 행정입원 허용 등 여러 가지 문제가 발생할 수 있다.

3) 행정입원 병상의 제한 여부

행정입원이 허용되는 정신의료기관을 지정할 때 행정입원으로 활용가능한 최대 병상 수를 제한하는 것은 가능할까? 예컨대, A 정신의료기관은 280병상을 보유하고 있는데, 그 중 최대 50병상만 행정입원환자를 받도록 하는 것도 가능하도록 할 것인가의 문제이다. 이 또한 법령에서는 전혀 규정되어 있지 않지만 행정기관측에서는 관내 환자에 대한 적정한 행정입원 병상 수를 확보하면 되는 것이고, 지정정신의료기관의 자율적, 안정적 운영을 위해 향후 지정정신의료기관제도에 반영할 필요가 있다. 참고로 일본의 경우 조치입원(우리의 행정입원에 해당)을 위해 지정 정신병원의 병상을 사전에 확보해 두는 형태로 이루어지고 있다.

다. 지정정신의료기관의 지정 및 취소

(1) 지정정신의료기관의 지정

1) 주체

행정입원이 가능한 정신의료기관을 지정할 수 있는 권한은 보건복지부장관과 지방자치단체의 장이다. 현재 법령상 제한이 없기 때문에 지방자치단체의 장은 관할구역 내에 소재하지 않는 정신의료기관이라도 지정을 할 수 있다.

2) 대상

지정의 대상은 정신의료기관이다. 이는 권리의무의 당사자가 되는 법인격이 있는 주체가 아니라 일정한 민간시설이어서 그 대표자(병원장)나 운영자(법인)가 실질적으로 지정절차에서 역할을 할 수밖에 없다. 즉, 위와 같은 지정은 대인적 처분이 아닌 대물적 처분이다. 그래서 병원장이나 운영자가 바뀌더라도 지정정신의료기관의 지정효과는 지속된다.

3) 지정기준

법은 지정기준에 대해 보건복지부령으로 정하도록 하였는데, 보건복지부령은 이를 다시 보건복지부장관의 고시로 정하도록 하였다. 보건복지부가 2017년 정한 지정정신의료기관 기준을 요약하면 다음과 같다.

i) 국·공립 정신병원 또는 지방의료원
ii) 지정진단의료기관 자격을 갖춘 기관 중에서 지정정신의료기관을 정함
iii) 제외사유: 정신병원 또는 병원급 이상의 의료기관으로 2년 간 정신의료기관이나 그 장이 「의료법」 또는 정신보건법 위반을 이유로 사업정지 이상의 처분을 받았거나 형사처벌을 받은 경우는 제외

4) 지정방식

2017년 지정방식을 보면, 국립정신건강센터를 포함한 국립정신병원은 보건복지부장관이 지정하고, 지역 내 국립 정신의료기관은 지방자치단체의 장이 지정하도록

하였다(그렇다고 하여 그 지정의 효과가 행정입원의 대상자나 의뢰권자를 구분하여 가려 받을 수 있는 것은 아니라 해석해야 한다. 그 이유는 앞서 정신의료기관 지정의 효과에서 본 바와 같다).

(2) 지정정신의료기관의 취소

1) 관련규정

법 시행규칙은 정신의료기관이 사업정지 이상의 처분을 받은 경우만 지정취소사유로 규정하고 있다(규칙 제37조 제2항).

2) 취소사유

해석상 지정정신의료기관의 지정은 일정한 권한과 의무를 부과하는 행정처분이기 때문에 그 지정요건을 갖추지 못하거나 그 지정에 따른 의무(예컨대, 정당한 이유 없는 행정입원의 거부)나 법령을 위반한 경우 지정권자가 지정을 취소할 수 있다. 이와 같은 경우에도 지정을 취소할 수 없다고 한다면 행정입원의 거부를 막을 수 있는 별 다른 제재조치가 없고, 지정정신의료기관의 행정입원환자에 대한 인권침해 시에도 계속 행정입원을 허용해야 하는 문제가 발생한다.

3) 취소절차

취소절차를 보면, 지정권자인 보건복지부장관이나 지방자치단체의 장은 그 지정을 취소하기 위해서는 정신의료기관에 대해 청문을 하여야 하고(규칙 제37조 제3항), 그 세부사항은 보건복지부장관이 정하여 고시하도록 규정하고 있다(규칙 제37조 제4항). 청문에 관하여 다른 규정이 없으면 「행정절차법」의 청문에 관한 절차규정이 준용된다(제27조 내지 제37조).

라. 지정정신의료기관의 임무

(1) 행정입원 및 퇴원(입원연장)에 대한 의견제시

지정정신의료기관은 시·군·구청장이 의뢰한 행정입원환자에 대한 진단 및 치료를 하는 역할을 한다. 지정정신의료기관의 장은 행정입원환자에 대한 입원과 퇴원을 결정할 수는 없으나 소속 정신과 전문의로 하여금 입원을 의뢰한 시·군·구청장에게 입원이나 퇴원에 대한 의료적 의견을 제시할 수 있다.

(2) 행정입원환자에 대한 진료와 보호

지정정신의료기관은 시·군·구청장으로부터 행정입원환자에 대한 진료와 보호를 위탁받은 기관이다. 따라서 환자 스스로 입원한 자발적 입원환자나 보호의무자의 신청에 의해 입원된 보호입원환자와는 그 법적 지위는 차이가 있다. 행정입원을 제외한 입원유형은 모두 정신의료기관의 장이 입·퇴원 여부를 결정하지만, 행정입원의 경우에는 그 결정권이 시·군·구청장에게 있다.

시·군·구청장의 행정입원 의뢰는 두 가지로 나뉘는데 하나는 진단을 위한 의뢰(진단입원)이고, 다른 하나는 치료를 위한 의뢰(치료입원)이다. 진단이나 입원을 의뢰받을 경우 지정정신의료기관은 환자에 대한 진단과 치료의 의무를 부담하며, 퇴원이 제한되어 있는 행정입원환자에 대해서 정신의료기관은 환자에 대한 일반적인 보호의무도 부담한다.

(3) 행정입원환자에 대한 입원연장진단 및 심사청구

행정입원은 보호입원과 유사하게 정신과 전문의 2명 이상의 진단과 시·군·구 소속 정신건강심사위원회의 심사를 통해 입원을 연장할 수 있다(법 제62조 제2항). 정신건강복지법령은 행정입원의 연장을 위한 절차를 따로 규정하지 않고 있는데, 이는 입법상 불비라 할 수 있다. 현행법 하에서도 입원연장 절차와 그 집행이 필요하기 때문에 법이 규정한 입원연장에 대한 진단과 심사는 보호입원의 절차를 준용하여, 지정정신의료기관의 장이 시·군·구청장에게 입원연장심사청구를 하도록 하는 것이 필요하다.

5. 행정입원의 실체적 요건

가. 행정입원의 실체적 요건에 대한 확인의무

행정입원에 필요한 실체적 요건(신청권자에 의한 신청 + 정신질환자 + 자·타해 위험성 + 입원치료 필요성)은 누가 확인하여야 하는지 검토의 필요가 있다. 행정입원을 시키거나 의뢰하는 자는 시·군·구청장인 반면, 실제 행정입원을 집행하는 자(환자를 인수하는 자)는 지정정신의료기관의 장이기 때문이다.

법은 행정입원의 경우에도 정신과 전문의 대면진단 없이 입원시키거나 입원연장을 시키는 것을 금지하고(법 제68조 제1항), 이를 위반할 경우 처벌하기 때문에(법 제84조 제9호) 그 입원결정의 주체 또는 입원집행의 주체가 행정입원의 요건이 있는지 여부를 확인해야 한다. 생각건대 행정입원은 시·군·구청장에게 입원여부에 대한 결정권한이 있기 때문에 그 입원의 실체적 요건을 충족하였는지 여부에 대해서도 시·군·구청장이 확인할 의무가 있다고 볼 것이다. 직접 시·군·구청장이 확인하는 것은 아니더라도 적어도 산하 보건소에 행정입원 요건과 절차를 담당하는 직원을 두는 것은 필요하다.

나. 정신과 전문의 또는 정신건강전문요원의 신청

(1) 신청권자: 정신과 전문의 또는 정신건강전문요원

행정입원의 신청권한이 있는 자는 정신과 전문의와 정신건강전문요원이다(법 제44조 제1항). 그 외의 사람은 시·군·구청장에게 행정입원을 신청할 수 없다. 정신과 전문의나 정신건강전문요원이라면 누구나 행정입원신청이 가능하기 때문에 현재 환자가 입원 중인 상태라면 그 입원기관 소속 정신과 전문의나 정신건강전문요원도 행정입원 신청을 할 수 있다고 볼 것이다. 또한 신청권자는 경찰이나 제3자의 요청이 없더라도 자신의 판단에 의해 신청을 할 수 있다.

시·군·구청장이 독자적으로 행정입원을 시작할 수 있도록 한다면 그 입원권한을 남용하게 될 우려가 있기 때문에 그 입원의 시작은 정신보건전문가만이 할 수 있도록 한 것이다. 따라서 적법한 신청권자에 의한 행정입원 신청이 없을 때에는 시·군·구청장이 행정입원절차를 진행할 수 없다. 만약 적법한 신청권자의 신청 없이 시·군·구청장이 행정입원을 위해 입원대상자에 대한 진단을 의뢰하였다면 그것은 위법하다.

(2) 요청권자: 경찰관

경찰관(국가공무원법에 따른 경찰공무원과 지방공무원법에 따른 자치경찰공무원을 말한다. 이하 같다)은 행정입원 신청권자인 정신과 전문의나 정신건강전문요원의 자격을 가진 사람에게 행정입원을 신청해 달라고 요청할 수 있다(법 제44조 제2항). 행정입원 신청권자는 정신보건 전문가로서 요청대상자의 상황이나 증상을 판단하여 경찰의 요청을 받아들여 신청을 하거나 요청을 거절할 수 있다. 경찰의 행정입원 신청요청에 대해 정신과 전문의나 정신건강전문요원은 전문가적 판단을 통하여 경찰의 요청권한의 남용 위험을 막을 필요가 있고, 해석상으로도 경찰의 요청에 신청권자가 기속된다고 보기도 어렵기 때문에 요청을 거절할 수 있다.

(3) 신청사유: 정신질환으로 인한 자·타해 위험의 의심

행정입원 신청사유는 “정신질환으로 자신의 건강 또는 안전이나 다른 사람에게 해를 끼칠 위험이 있다고 의심되는 사람을 발견한 경우”이다. 정신질환과 위험에 대한 의심이 요건이기 때문에 신청권자는 직접 대상자를 대면하여 구체적 상황을 확인하는 것이 원칙이라 할 것이다. 그러나 신청권자가 직접 발견하거나 대면한 상황이 아니고, 가족이나 제3자의 요청이나 연락 등을 통해 그러한 상황을 확인하게 된 경우에도 행정입원 신청은 가능하다고 볼 것이다.

(4) 권한 없는 자에 의한 신청

행정입원은 그 신청권자를 정신보건전문가의 자격이라 할 수 있는 정신과 전문의와 정신건강전문요원에게만 한정하고 있으므로 그 자격 없는 자가 행정입원을 신청하는 것은 위법하다. 만약, 권한 없는 자의 신청에 의해 행정입원이 되었다면 이는 위법한 입원으로 민·형사상 법적 책임을 부담할 수 있다.

다. 행정입원 의뢰시 정신과 전문의 진단

(1) 시·군·구청장의 진단의뢰의무

행정입원 신청이 들어오면 시·군·구청장은 즉시 그 대상자에 대한 진단을 정신과 전문의에게 의뢰하여야 한다(법 제44조 제3항). 법조문의 규정형식을 보면, 시·군·구청장은 행정입원 신청에 따른 진단의뢰를 거부할 수 없다. 즉, 신청이 들어오면 진단을 의뢰하여야 하는 것이 시·군·구청장의 의무이다.

시·군·구청장이 진단의뢰를 하게 되면, 입원신청의 대상이 되는 환자(이하 '입원신청대상자'라 한다)는 그 진단을 수인하여야 할 의무를 지는지, 아니면 의뢰를 받은 진단의사가 조력자의 도움을 받아 환자에 대해 물리력을 사용하거나 환자를 강제로 이송하여 진단을 받게 하는 것이 가능한지 논란의 소지가 있다.

생각건대, 법은 입원신청대상자가 자·타해 위험이 있는 행동을 하는 경우 구급대원을 통한 호송요청이 가능하도록 한 것(법 제44조 제9항)에 비추어 보면, 진단이나 입원을 위한 강제를 허용하고 있다고 볼 것이다.

(2) 진단의뢰받을 정신과 전문의의 지정

시·군·구청장은 입원신청대상자에 대한 진단을 정신과 전문의에게 의뢰하여야 한다. 현재 법령에는 그 진단자격(정신과 전문의)만 규정되어 있을 뿐, 별 다른 제한사유가 없다. 따라서 지정진단의사나 국·공립 또는 민간 정신의료기관의 정신과 전문의 등에게도 의뢰할 수 있다.

입원신청대상자가 이미 입원되어 있을 경우라면 그 입원기관 소속 정신과 전문의 또는 입원신청을 한 정신과 전문의에게 요청하는 것도 가능한지 해석이 필요하다. 입원을 위한 진단은 공정하고 중립적이어야 하는데 입원되어 있는 환자와 이미 관계를 맺고 있는 사람은 그러한 공정성과 중립성을 담보하기 어렵다는 이유로 진단의뢰를 하거나 받아서는 안 된다는 의견이 있을 수 있다. 그러나 행정입원이 통상 신속을 요하는 점, 입원기관의 전문의나 신청한 전문의가 환자에 대해 미리 알고 있어 더 잘 파악할 수 있는 점, 입원기관의 전문의나 행정입원 신청을 한 전문의라도 행정입원에 있어서는 경제적 이해관계가 있다고 보기는 어렵고, 달리 배제시킬 만한 법령상 근거도 없는 점을 고려하면 시·군·구청장은 입원기관의 전문의나 행정입원 신청을 한 전문의에게 그 진단의뢰를 하는 것도 가능하다고 볼 것이다.

(3) 정신과 전문의 진단

시·군·구청장의 행정입원이 추가로 진행되기 위해서는 진단의뢰를 받은 정신과 전문의가 의뢰된 대상자에 대해 "자신의 건강 또는 안전이나 다른 사람에게 해를 끼칠 위험이 있어 그 증상의 정확한 진단이 필요하다고 인정"하는 소견을 제출하여야 한다(법 제44조 제4항). 이는 보호입원에서 논의한 '자·타해 위험성' 진단이라 할 수 있다. 나아가 증상의 정확한 진단이 필요하기 때문에 '입원치료의 필요성'도 갖추어야 한다고 볼 수 있다.

라. 입원치료 필요성 여부

행정입원은 입원의 각 단계별로 입원치료 필요성의 요건이 조금씩 다르게 표현되고 있다. 이를 각 단계별로 보면 다음과 같다.

i) 행정입원 신청 시: 자·타해 위험성의 의심(법 제44조 제1항)
ii) 진단입원 의뢰 시: 자·타해 위험성이 있는 증상의 정확한 진단의 필요(법 제44조 제4항)
iii) 치료입원 의뢰 시: 계속입원의 필요(2인 이상 진단, 법 제44조 제7항)
iv) 행정입원 연장 시: 퇴원할 경우 자·타해 위험이 명백한 경우(2인 이상 진단, 법 제62조 제2항)

위에서 보면, 각 입원 시(진단입원, 치료입원, 입원연장)마다 그 입원요건이 다르게 표현되어 있기는 하지만 실질적으로는 진단 또는 치료를 위한 '입원의 필요성'을 의미하는 것이어서 보호입원의 '입원치료 필요성'이라는 요건과 달리 해석하기는 어렵다. 다만, 그 문구를 보면 각 행정입원의 단계(진단입원, 치료입원, 입원연장)별로

'입원치료 필요성'의 정도가 강해지고, 입증의 정도도 높아져야 한다고 해석된다.

마. 자·타해 위험성

보호입원에서 이미 '자·타해 위험성' 요건에 관해 그 해석과 외국의 기준들을 검토해 보았다. 여기서는 행정입원의 '자·타해 위험성'이 보호입원의 자·타해 위험성과 그 위험성의 정도나 입증의 정도가 동일한 것으로 해석될 수 있는지 살펴본다.

영미법계 국가(영국, 미국, 호주)의 경우 가족의 신청에 의한 것이나 행정기관의 신청에 의한 것이나 그 강제입원의 요건을 달리하지 않고 있다. 대륙법계 국가(독일, 프랑스, 일본)의 경우에는 보호자(가족이나 후견인 등)의 신청에 의한 경우에는 자·타해 위험성 요건을 두지 않고, 행정기관에 의한 입원의 경우에는 자·타해 위험을 주요한 요건으로 삼는 경우가 있다.

생각건대, ⅰ) 정신건강복지법은 명문으로 보호입원이나 행정입원 모두 '자·타해 위험성'을 입원요건으로 삼고 있는 점, ⅱ) 실제 환자의 건강이나 안전을 위한 것과 자·타해 위험을 예방하기 위한 것을 구분하기 어려운 점, ⅲ) 실제 입원의 현실도 자·타해 위험성 여부보다 환자를 보호할 가족이 있는지 여부에 따라 보호입원이나 행정입원이 결정되는 점을 고려해 볼 때 정신건강복지법의 자·타해 위험성 요건은 보호입원의 자·타해 위험성 요건과 동일하게 해석될 필요가 있다. 실제 정신건강복지법의 입법과정에서 보호입원에 '자·타해 위험성'을 추가한 이유가 행정입원의 요건과 통일성을 기하기 위한 목적이 있었다는 점도 참고할 필요가 있다.

6. 행정입원의 형식과 절차

가. 행정입원절차의 개관

행정입원절차를 그림으로 개관해 보면 다음과 같다.

그림 3-1 행정입원절차 개관

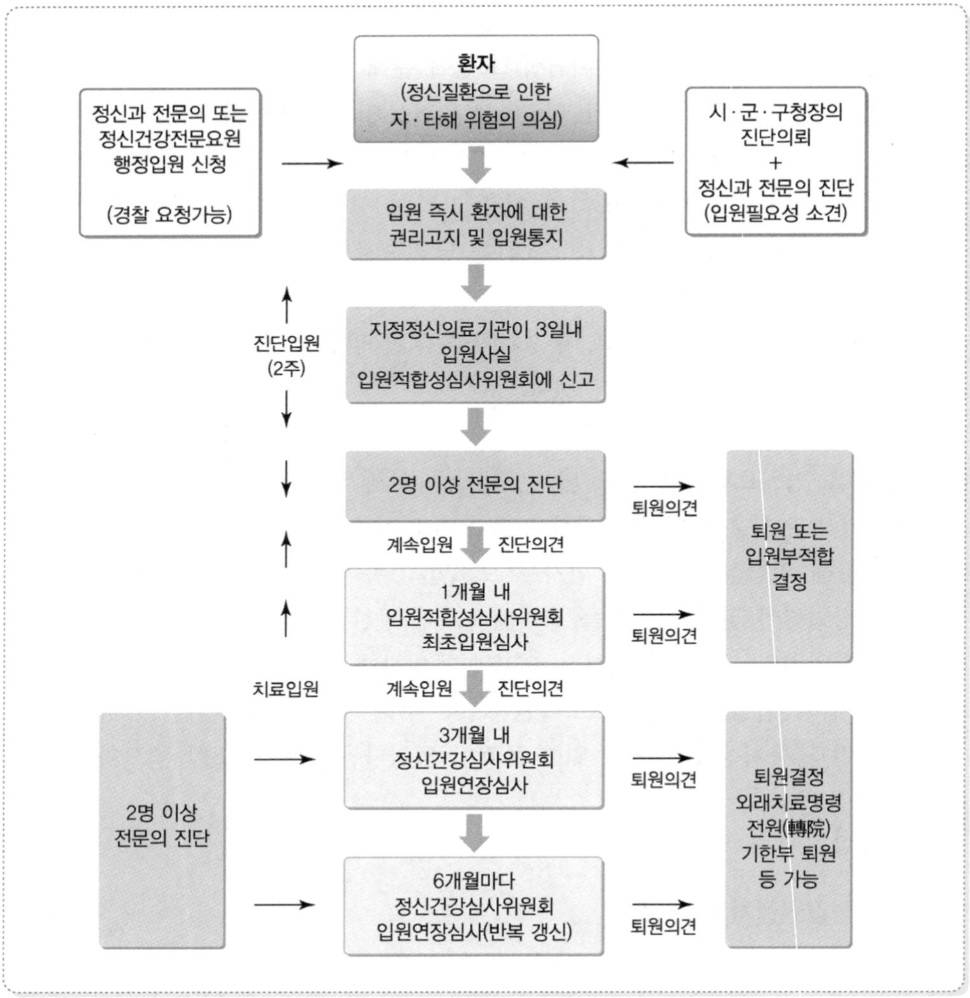

위 표 중 색깔이 칠해져 있는 부분은 보호입원과 그 절차가 동일하다. 보호입원의 행정입원과의 차이점을 보면, 보호입원은 i) 보호의무자가 입원신청과 연장동의를 하며, ii) 치료입원 및 입원연장 여부 진단을 하는 2명 이상 전문의는 원칙적으로 서로 다른 정신의료기관에 소속되어야 하고, iii) 1명 이상의 전문의가 지정진단의사여야 한다. 그 외에 행정입원은 보호입원과 달리 지정정신의료기관에서만 가능하다.

나. 행정입원신청과 요청

(1) 행정입원신청(진단 및 보호신청)

보호입원신청과 달리 행정입원신청시에는 입원대상자에 대한 정신과 전문의의 입원권고서(진단결과서)를 첨부하거나 입원신청권자의 자격이나 환자의 인적사항을 증명하는 서류가 불필요하다.

행정입원신청은 법정서식인 진단 및 보호신청서(규칙 별지 제17호 서식)에 따라 정신과 전문의나 정신건강전문요원이 작성하여 시·군·구청장에게 접수하면 된다. 신청대상자나 보호자의 인적 사항이 파악되지 않아 모르는 경우에는 모르는 대로 작성한다.

(2) 행정입원요청

경찰관은 행정입원의 신청권자인 정신과 전문의나 정신건강전문요원에게 요청할 수 있다. 그 요청의 방법은 달리 법령상 정해진 것이 없어 서면이나 구두, 전화 등으로 모두 가능하며, 알려야 할 내용은 입원요청 대상자의 인적사항과 그 증세, 보호자의 인적사항 등 구체적으로 정해져 있다(영 제19조 제2항).

다. 시·군·구청장의 진단의뢰와 정신과 전문의 진단

(1) 시·군·구청장의 진단의뢰

시·군·구청장은 행정입원신청이 접수되면 즉시 입원신청 대상자에 대한 진단을 의뢰하여야 한다(법 제44조 제3항). 이 진단의뢰는 입원을 의뢰하는 것은 아니지만 자·타해 위험성이 있는 환자가 정신의료기관에서의 진단을 거부하는 경우 시·군·구청장이 119 구급대원의 호송지원을 요청하여 정신의료기관에 호송할 수도 있다.

(2) 정신과 전문의 진단

진단을 의뢰받은 정신과 전문의가 환자를 진단하여 ⅰ) 정신질환의 의심이 있고, ⅱ) 자·타해 위험이 있으며, ⅲ) 증상의 정확한 진단 필요성이 있다는 소견을 내는 경우에 행정(진단)입원이 가능해진다. 위 진단은 보호입원의 입원 전에 필요한 입원권고서(진단결과서)와 유사한 것이어서 자·타해 위험성과 입원치료 필요성에 관해 근거를 제시하며 입원을 권고하는 방식도 가능하다.

라. 시·군·구청장의 행정(진단)입원 의뢰

(1) 행정(진단)입원 의뢰의 권한

시·군·구청장은 진단의뢰 결과 입원을 권고하는 의견이 나왔다면 지정정신의료기관에 그 대상자를 입원시킬 수 있다(법 제44조 제4항). 진단의뢰는 시·군·구청장의 의무사항이었지만 진단입원(행정입원)의뢰는 규정의 형식상 시·군·구청장의 권한사항이다. 이는 행정입원에 대한 최종적 결정에 대한 권한과 책임을 시·군·구청장이 부담해야 하기 때문에 위와 같은 입원소견이 나왔다고 하더라도 스스로의 판단에 따라 입원을 시키지 않을 수 있는 권한을 부여한 것이라고 해석하여야 한다. 그 입원기간은 보호입원과 동일하게 2주의 범위 내로 한정된다.

(2) 행정(진단)입원 의뢰의 법적 성질

행정(진단)입원 의뢰도 행정기관에 의한 행정상 즉시강제라 할 수 있다. 행정(진단)입원 의뢰는 입원대상자에 대한 권력적 사실행위로서 만약 입원대상자가 입원을 거부한다면 119 구급대원에게 그 호송지원을 요청할 수 있다.

마. 행정(진단)입원 전 권리고지

앞서 보호입원에서 본 바와 같이 행정(진단)입원의 경우에도 권리고지가 필요하다. 비록 행정(진단)입원이 시·군·구청장의 의뢰로 지정정신의료기관의 장이 수동적으로 입원을 받아들이는 것이지만 입원환자에 대한 권리고지는 정신의료기관의 장의 의무이다. 권리고지의 내용과 대상자, 권리고지의 방식 등에 대한 설명은 보호입원에서 설명한 것과 동일하니 앞 조문의 내용을 참조하면 된다.

바. 진단 및 행정입원의 실행(환자이송을 포함하여)

(1) 지역사회거주 환자에 대한 입원

보호입원의 경우 환자를 입원시키는 호송의 문제에 대해 법령상 별도의 규정이 없지만 행정입원은 시·군·구청장의 공권적 조치이기 때문에 환자 이송이라는 강제력 행사에 119 구급대원의 도움을 받을 수 있도록 하였다(법 제44조 제9항). 따라서 행정입원의 경우 119 구급대원이 환자에 대한 제지와 보호조치를 통한 이송은 법령에 근거한 행위라 볼 것이다.

(2) 입원환자에 대한 이송

자발적 입원환자, 보호입원이나 응급입원된 환자를 행정입원환자로 전환할 경우 지정정신의료기관으로 이송하여야 한다. 119 구급대원의 도움을 받지 않더라도 행정입원 자체가 시·군·구청장의 권력적 사실행위여서 환자의 이송도 특별한 사정이 없는 한 법령에 근거한 행위라 볼 것이다.

(3) 진단의뢰와 조건부 진단입원의뢰의 동시허용 여부

행정입원의 집행절차는 시·군·구청장의 진단의뢰와 (진단)입원의뢰로 나누어져 있다. 행정입원을 위하여 정신의료기관에 입원된 환자를 지정정신의료기관으로 이송하는 경우 진단을 위하여 이송을 시키거나 진단입원을 위하여 이송시키는 것이다. 시·군·구청장이 행정입원 대상자에 대한 진단을 의뢰하면서 동시에 입원요건을 충족하는 것을 전제로 진단입원도 함께 의뢰하는 것이 가능할지 문제된다. 생각건대, 입원환자를 진단을 위해 이송시킨 후 진단받은 후 다시 원래의 입원기관으로 이송시키고서 다시 진단입원의뢰를 해서 환자를 재이송하는 것은 환자에 대해 부담이 될 뿐만 아니라 진단의뢰와 입원의뢰 사이에 시간적 간격을 두어 두 번의 공권적 조치를 취할 경우 적절한 입원시기나 행정입원으로의 전환시기를 놓칠 수 있다. 따라서 진단의뢰를 할 때 입원을 권고하는 소견이 제시될 것을 조건으로 입원의뢰도 함께 하는 것을 해석상 허용할 수 있을 것이다.

사. 행정(진단)입원 관련 통지

(1) 시·군·구청장에 대한 통지

시·군·구청장의 행정(진단)입원 의뢰를 받은 지정정신의료기관의 장이 행정입원환자를 인수한 경우 지체 없이 2명 이상의 정신과 전문의로 하여금 입원대상자의 증상을 진단하게 하고, 그 결과를 시·군·구청장에게 서면으로 통지하여야 한다(법 제44조 제6항).

(2) 입원환자의 보호의무자에 대한 통지

시·군·구청장은 입원대상자를 행정(진단)입원시켰을 때에는 그 사람의 보호의무자 또는 보호를 하고 있는 사람에게 지체 없이 입원사유, 입원기간 및 장소를 서면으로 통지하여야 한다(법 제44조 제5항).

행정(진단)입원의 사유 등에 대한 통지 대상자를 보호의무자 또는 보호자만으로 한정하고, 환자에게 통지하지 않는 것은 입법상 불비로 보인다. 왜냐하면, 보호입원의 경우에는 진단입원된 경우, 치료입원으로 전환된 경우, 연장입원된 경우 모두 그 환자 및 보호의무자에게 그 사실과 사유를 서면으로 통지하도록 하고 있다. 이와 비교해 볼 때 행정입원 중 진단입원의 경우에만 환자에 대한 통지를 누락한 것은 입법상 불비라 할 수 있다. 게다가 행정입원 중 치료입원으로 전환된 경우(법 제44조 제8항)와 입원연장된 경우(법 제62조 제3항)에는 모두 환자에게 서면통지를 하도록 되어 있는 점에서도 그러하다.

7. 행정입원의 효과와 입원기간

가. 행정입원의 효과

(1) 적법한 행정입원의 효과

앞에서 본 행정입원의 요건과 절차를 갖추어 환자가 지정정신의료기관에 적법하게 입원한 경우 지정정신의료기관의 장은 입원일로부터 14일의 기간 동안 합법적으로 진단을 위하여 환자의 퇴원이 제한된 상태에서 진료를 할 수 있다. 지정정신의료기관은 환자를 인수하였으므로 환자에 대한 진료와 보호의무를 부담하고, 환자가 강제로 입원되어 있기 때문에 환자의 신체에 대한 관리자로서의 책임도 그 때서부터 시작된다. 다만, 보호입원과 달리 지정정신의료기관의 장은 입·퇴원의 결정권자는 아니어서 위법한 입원이 아닌 한 스스로의 결정으로 행정입원환자를 퇴원시킬 수는 없다.

(2) 부적법한 행정입원

행정입원의 요건을 충족하지 못한 입원이나 행정입원의 절차가 위법한 입원은 최초입원부터 위법한 입원이 되며, 그 후에 그 위법한 하자가 치유될 수 없다.[147] 예컨대, 정신과 전문의나 정신건강전문요원의 신청 없이 이루어진 행정입원, 행정입원 후 입원적합성심사위원회 신고기간을 도과한 입원, 2주의 진단입원 기간 내에 2명 이상의 정신과 전문의 진단 없이 계속된 입원 등이 그러하다. 이러한 불법이 발생한 경우 대법원 판례에 따르면 추후에 그 하자가 치유되어도 적법한 행정입원으로 전환되는 효과가 발생하지 않는다.

부적법한 행정입원의 경우도 시·군·구청장 또는 지정정신의료기관에 의한 환

147) 대법원 2009. 1. 5. 선고 2006다19832 판결.

자감금의 불법행위가 될 수 있고, 그 부적법 사실을 몰랐다고 하더라도 시·군·구청장 또는 지정정신의료기관의 장은 적법한 행정입원을 할 의무가 있는 이상 그 과실(過失)이 없다고 할 수 없다.

나. 최초 행정(진단)입원기간

(1) 기간의 기산일

최초의 행정입원은 다음과 같이 3가지 유형이 있을 수 있다.

i) 지정정신의료기관에 입원 중인 환자(자발적 입원이나 보호입원)에 대해 같은 입원의료기관에서 행정입원으로 전환하는 경우

ii) 지역사회 거주 환자가 지역사회에서 최초 진단을 받은 후 시·군·구청장의 '입원'의뢰로 진단입원된 경우(법 제44조 제4항)

iii) 지역사회 거주 환자가 시·군·구청장의 '진단'의뢰로 입원된 경우(법 제44조 제3항 및 제9항)

위 각 유형에서 입원의 기산점이 중요한 이유는 입원일부터 3일 이내에 입원적합성심사위원회에 신고를 해야 하기 때문이다.

i)의 경우에는 환자이송의 필요가 없고, 이미 입원되어 있는 상황이기 때문에 법 제44조 제4항의 시·군·구청장의 진단입원 의뢰통지가 도달되면, 그 때를 행정입원의 기산점으로 삼아 행정입원으로 전환하고서 3일 이내에 입원적합성심사위원회에 신고하여야 할 것이다.

ii)의 경우는 지정정신의료기관에 실제 진단입원된 날부터 3일 이내에 신고하면 될 것이고, iii)의 경우는 입원여부를 결정하기 위한 진단을 받기 위해 입원된 것이기 때문에 위와 같이 진단입원의뢰가 아닌 진단의뢰만으로는 행정입원 자체가 이루어진 것은 아니어서 진단 후 그 진단에 따라 실제 지정정신의료기관에 입원된 시점을 기준으로 그 기산일을 삼아야 할 것이다.

(2) 행정(진단)입원기간

행정(진단)입원기간은 실제 환자가 진단입원된 날 또는 진단입원 의뢰를 받은 날(이미 입원된 환자의 경우)부터 최대 2주 간이다(법 제44조 제4항). 보호입원과 동일하게 기간의 말일이 토요일 또는 공휴일(일요일과 법정공휴일을 포함)에 해당하는 때에는 기간은 그 익일(다음날)에 만료한다(민법 제161조). 따라서 토요일에 입원한 경

우라면 일요일부터 기산하여 그 다다음주 토요일 24시까지 입원기간이 만료되어야 할 것이나 토요일과 일요일이 끼는 경우 그 익일인 월요일 24시까지 입원기간이 연장된다.

위 2주의 입원기간 동안 지정정신의료기관의 장은 지체 없이 2명 이상의 정신과 전문의로 하여금 입원환자의 증상을 진단하게 하고, 그 결과를 시·군·구청장에게 서면으로 통지하여야 한다(법 제44조 제6항). 시·군·구청장은 계속입원 필요성에 대해 각 진단의사들이 일치된 소견을 제시한 경우에만 지정정신의료기관에 치료를 위한 입원을 의뢰할 수 있다(법 제44조 제7항).

(3) 행정(진단)입원기간의 경과

위와 같이 진단입원된 날부터 시작하여 2명 이상의 정신과 전문의 진단 및 시·군·구청장의 치료입원의뢰 통지까지 모두 2주 내에 이루어져야 하며, 그 기간을 도과할 때까지 치료입원의뢰 통지가 없는 경우 불법한 입원이 되어 그 하자는 치유될 수 없다.

이 경우 지정정신의료기관의 장은 2주를 도과하여 입원환자를 계속 입원시킬 수 있는지 문제된다. 지정정신의료기관의 장은 행정입원환자의 퇴원을 스스로 결정할 수 있는 권한은 없지만 위법한 입원을 방치해 두고 있는 경우에는 문제가 될 수 있다.

위 문제는 법원과 검찰의 구속피고인에 대한 영장의 효력과 유사한 구조를 가지고 있다. 형사구속 피고인에 대한 법원의 재판 중 구속영장 발부는 통상 2개월 단위로 유효하며, 그 기간 내에 영장이 재발부되지 않으면 피고인에 대해서는 영장기간의 만기로 인해 구치소나 교도소에서 석방되어야 하고, 구속영장만기로 인한 석방의 집행은 판사의 허락을 받음이 없이 검사가 행한다. 즉, 영장에 의한 구속만기 이후에는 피고인을 더 구금시켜 둘 법적 근거가 없기 때문에 구속 여부에 대한 집행기관인 검사가 법을 준수하기 위해 석방시키는 것이다.

이와 동일한 방식으로 행정(진단)입원기간 2주를 도과할 때까지 시·군·구청장의 치료를 위한 행정입원 의뢰통지가 없는 경우 그 이후의 입원은 위법하므로 지정정신의료기관의 장은 자신의 의무로서 환자를 퇴원시켜야 한다고 볼 것이고, 이 경우에는 따로 시·군·구청장의 승인이나 동의를 구할 필요도 없다고 볼 것이다. 다만, 지정정신의료기관의 장이 시·군·구에 치료입원의뢰 여부를 기간 도과 전에 확인요청의 조치를 취하는 것이 필요할 것이다.

다. 치료목적 입원으로의 전환

(1) 치료목적 입원으로의 전환제도

시·군·구청장이 진단 목적으로 입원을 시켜둘 수 있는 것은 최대 2주이다. 만약 2명 이상의 정신과 전문의의 환자 진단결과 향후 계속입원의 필요성(자·타해 위험성 및 입원치료 필요성)에 대한 일치된 소견이 있다면 시·군·구청장은 치료 목적의 행정입원을 의뢰할 수 있다(법 제44조 제7항). 이 또한 문언의 해석상 시·군·구청장의 권한이기 때문에 정신과 전문의 2명 이상의 일치된 소견에 반하여 치료를 위한 입원의 의뢰를 하지 않을 수 있다.

다만, 법은 2명 이상의 정신과 전문의의 일치된 소견이 없을 경우에는 치료를 위한 입원을 의뢰할 수 없도록 하고 있다고 해석되므로(법 제44조 제7항), 불일치 소견이 있음에도 불구하고 치료를 위한 입원을 의뢰하는 것은 불가능하며, 이는 위법한 입원에 해당된다.

(2) 치료목적 입원으로의 전환요건

1) 2명 이상의 정신과 전문의의 계속입원이 필요하다는 일치된 소견

3개월 간의 입원이 가능한 치료목적 입원으로의 전환요건은 입원 정신의료기관이나 다른 정신의료기관 소속인지 여부를 불문하고, 2명 이상의 정신과 전문의의 일치된 소견만 있으면 된다. 보호입원이 서로 다른 정신의료기관에 소속된 2명 이상의 정신과 전문의(그 중 1명 이상은 지정진단의사)가 일치된 소견으로 계속 입원이 필요하다는 진단을 해야 하는 것(법 제43조 제4항)과 차이점이 있다. 행정입원의 경우는 지정진단의료기관 소속 지정진단의사일 것을 요구하지도 않는다. 그러나 입법론적으로는 보호입원과 행정입원을 모두 통일하여 서로 다른 정신의료기관에 소속된 2명 이상의 정신과 전문의(그 중 1명은 지정진단의사)로 통일하는 것이 필요하다. 그 외에 계속입원이 필요하다는 진단, 일치된 소견 등은 보호입원에서 설명한 것과 동일하다.

2) 시·군·구청장의 치료 목적 입원의 의뢰

보호입원의 경우 일치된 진단이 있으면 그 자체로 치료입원으로 전환되어 3개월까지 입원기간이 계속되지만, 행정입원은 그 외에 시·군·구청장이 치료 목적 입원의 의뢰를 하여야만 그러한 효과가 발생한다. 시·군·구청장의 위와 같은 치료 목적 입원의뢰는 행정입원환자에게는 신체적 자유의 제약을 연장하는 것이어서 환자에게는 불이익한 행정처분이 되며, 입원된 지정정신의료기관의 장에게는 환자에 대한 퇴원을 3개월까지 제한할 수 있는 법적 권한을 부여하는 의미를 지닌다.

(3) 치료목적 입원으로의 전환효과

1) 3개월로의 입원연장 효과

2주의 진단입원 기간 중에 2명 이상의 진단의사가 일치된 소견으로 계속입원의 필요성을 제시하고, 그에 기반하여 시·군·구청장이 치료를 위한 입원을 의뢰한 경우에는 최초의 행정입원일부터 3개월까지의 범위 내에서 행정입원환자를 입원시킬 수 있다(법 제62조 제1항). 다만 1개월 이내에 입원적합성심사위원회가 입원부적합(퇴원) 통지를 하는 경우에는 치료입원의 기간이 남았다고 하더라도 그 통지를 받은 후 지체 없이 퇴원을 시켜야 한다.

2) 입원연장효과 발생시점

치료입원으로의 입원연장의 효과가 발생하는 시점은 지정정신의료기관의 장에게 시·군·구청장의 치료 목적을 위한 입원의뢰 통지가 도달하는 시점에 그 효과가 발생된다고 볼 것이다. 위 입원의뢰서는 행정입원환자를 2주를 초과해 입원시킬 수 있는 근거가 되는 행정문서로서 지정정신의료기관에서 보관이 필요하고, 시·군·구에서도 내부결재문서를 보존해 둘 필요가 있다.

(4) 치료목적 입원으로의 전환통지

행정입원환자는 최초 입원된 후 즉시 지정정신의료기관의 장으로부터 입원의 사유 및 입원적합성심사위원회에 심사를 받을 수 있는 사실을 구두 및 서면으로 고지받고, 조사원 대면조사 신청의사를 구두 및 서면으로 확인받을 권리가 있다(법 제45조 제1항).

아울러, 시·군·구청장은 행정입원환자를 치료 목적을 위해 입원을 의뢰한 때에는(법 제44조 제7항) 그 환자와 보호의무자(또는 보호를 하는 사람)에게 계속하여 입원이 필요한 사유 및 기간, 퇴원 또는 처우개선심사를 청구할 수 있다는 사실 및 그 청구절차를 지체 없이 서면으로 통지해 주어야 한다(법 제44조 제8항). 그 구체적 내용은 보건복지부령으로 정하도록 규정하고 있으나 법 시행규칙에는 치료목적 입원으로의 전환통지에 관한 구체적 내용이 없다. 이는 입법상 불비로 구체적 내용을 규정하는 법 시행규칙의 추가가 필요하다. 다만, 입법론적으로는 시·군·구청장에게 통지의무를 부과할 것이 아니라 지정정신의료기관의 장에게 그 통지의무를 부과하여 전체적인 강제입원제도의 통지의무 주체를 통일하는 것이 타당하다.

8. 행정입원환자의 입원진단심사

가. 행정입원환자 입원진단심사의 의의

행정입원은 시·군·구청장이 행정상 조치로서 입원을 결정하는 것이어서 그 과정에서 환자의 정신질환 여부, 입원치료 필요성 여부, 자·타해 위험성 여부에 대해 의료적 전문가인 정신과 전문의의 진단과 의견이 필요하다. 이러한 전문가 의견은 시·군·구청장의 행정입원 권한 남용을 적절히 통제할 수 있는 메커니즘으로 작용한다.

나. 행정입원환자 입원진단심사의 요건과 절차

구 정신보건법 하에서는 행정입원 권한남용 통제를 목적으로 보호입원에 비해 더 엄격한 입원진단심사를 거쳤다. 즉, 구 정신보건법 하에서 보호입원은 1인의 진단의사만을 요구하였음에 비해, 행정입원은 진단을 위한 입원과 치료를 위한 입원으로 나눈 후 진단입원 기간 중에 2인 이상의 정신과 전문의의 일치된 소견이 있어야 치료입원(3개월)으로 전환할 수 있고, 입원심사기준도 보호입원과 달리 별도의 자·타해 위험기준을 두었다.

현행 정신건강복지법은 구 정신보건법의 행정입원의 엄격한 기준(진단입원과 치료입원의 분리, 2명 이상의 정신과 전문의 진단, 자·타해 위험의 구체적 기준, 3개월의 입원기간)을 새로운 보호입원제도에 대부분 도입하여 보호입원의 기준과 절차를 행정입원의 기준과 절차와 유사하게 규정하였다.

다. 입법론

보호입원에서 논의하였던 지정진단의료기관이나 지정진단의사에 관한 규정은 행정입원에는 적용되지 않고 있다. 오히려 행정입원이 절차적으로 더 완화된 진단절차를 거치게 되는 점은 문제라 할 수 있다. 입법론적으로는 행정입원의 경우에도 서로 다른 정신의료기관의 정신과 전문의가 하도록 하고, 그 중 1명 이상은 지정진단의사가 하도록 하여 보호입원과 동일하게 규정할 필요가 있다.

9. 행정입원환자의 입원적합성심사

입원적합성심사에 대한 보다 자세한 설명은 ☞ 제45조 내지 제49조를 참조할 것(여기서는 행정입원환자에 특유한 사항만을 다룬다).

가. 행정입원환자에 대한 입원적합성심사의 기능

행정입원은 시·군·구청장이 환자에 대해 강제로 입원을 결정하는 것이어서 공권적 조치라 할 수 있다. 이러한 공권적 조치에 대해 다시 국가기관에 의한 입원적합성심사가 필요한지 검토할 필요가 있다. 보호입원은 가족과 의사인 사인(私人)에 의한 강제입원결정이어서 당연히 국가기관에 의한 입원심사가 필요하다고 볼 것이지만 행정입원은 사인(私人)이 아닌 시·군·구청장의 공권적 조치이기 때문에 보호입원과는 다른 심사의 정당화 근거가 필요하다.

생각건대, 시·군·구청장에 의한 행정입원조치도 그 권한남용의 가능성은 적지 않다. 일본의 경우 우리의 행정입원에 해당하는 조치입원을 통하여 50여 년 전 6~7만 명에 달하는 사람들을 장기간 입원시킨 전례가 있다. 최근에는 조치입원을 국가가 자제하여 2~3천 명 내외로 줄어들었지만 여전히 공권력에 의한 강제입원 조치는 권한남용의 위험이 있어 적절히 통제될 필요성이 있다.

또한, 신체의 자유를 제약하는 것은 그것이 경찰에 의한 것이든, 시·군·구청장에 의한 것이든 적절한 사법적 심사를 받는 것이 필요하다. 한국의 경우 아직 독립성과 중립성이 있는 사법기관이나 준사법기관에 의한 입원심사제도를 갖추지는 못하고 있지만, 입원적합성심사위원회는 시·군·구청장에 의한 행정입원의 위법성 여부를 심사하는 국가기관으로서 환자의 신체의 자유와 권리를 보장하는 역할을 할 필요성이 있다.

나. 행정입원환자에 대한 입원적합성심사사항

(1) 행정입원의 적법성에 대한 심사

입원적합성심사위원회는 행정입원의 요건과 절차에 대해 다음과 같은 사항을 조사하여 확인하고, 위법이 있으면 불법입원으로서 입원부적합판정을 내려야 한다.

i) 정신과 전문의 또는 정신건강전문요원 아닌 자에 의한 행정입원신청
ii) 자발적 입원이나 보호입원에서 행정입원으로의 전환과정의 적법여부

iii) 행정입원 과정에서의 위법한 물리력 행사 여부
iv) 행정입원환자에 대한 입원신고기간 등 도과 여부

위와 같은 경우는 기존의 보호입원에 관한 판례나 국가인권위원회 결정 등을 통하여 부적법한 입원으로 인정되어 왔고, 입원 정신의료기관측이나 지방자치단체 등이 민·형사·행정상 책임을 지는 경우이므로 이에 대해 입원적합성심사위원회는 입원과정을 조사원 조사 등을 통해 확인해 위법사항이 있으면 부적합판정을 하여야 한다.

(2) 행정입원의 진단요건에 대한 심사

입원적합성심사위원회는 행정입원환자의 입원 진단요건인 자·타해 위험성과 입원치료 필요성 여부에 대해 심사한다. 심사자료는 행정입원 신청서와 2개의 진단결과서를 바탕으로 하여 조사원의 조사보고서(환자가 신청한 경우와 입원적합성심사위원회 위원장이 직권조사한 경우), 환자·보호의무자·정신의료기관의 장의 의견 등을 참고할 수 있다.

입원적합성심사위원회는 최초입원의 적법성 외에 향후 입원의 필요성도 심사할 수 있기 때문에 입원적합성심사 시점에서 행정입원환자가 진단요건을 충족하지 못하였다고 판단하는 경우 입원부적합판정을 내릴 수 있다. 그 구체적 예는 다음과 같다.

i) 진단결과서상 입원치료 필요성이나 자·타해 위험에 대한 근거가 없거나 부족한 경우
ii) 진단결과서상 자·타해 위험의 근거로 작성된 내용이 시행규칙이 정한 자·타해 위험의 급박성, 직접성, 중대성, 반복성, 개연성 등의 요건에 이르지 못하는 경우
iii) 진단결과서상 최초 입원시와 달리 회복이나 증상의 개선이 이루어져 입원요건을 충족하지 않게 된 경우

위와 같은 경우에는 비록 2개의 진단결과서가 모두 계속입원이 필요하다는 일치된 소견을 제시하더라도 입원 진단요건을 충족하였음을 구체적으로 입증하지 못한 것으로 보아 입원부적합판정을 내릴 수 있다.

10. 행정입원의 연장

정신건강심사위원회의 입원연장에 대한 보다 자세한 설명은 ☞ 제53조 내지 제61조를 참조할 것(여기서는 행정입원환자에 특유한 사항만을 다룬다).

가. 행정입원 연장제도의 의의

최초 행정(진단)입원 후 2명 이상의 정신과 전문의의 일치된 계속입원 소견이 있어 치료입원으로 전환된 경우 그 행정(치료)입원기간은 최초입원일로부터 3개월 이내이다(법 제62조 제1항 본문). 따라서 행정입원환자는 원칙적으로 3개월의 기간 내에 치료를 하여 퇴원시켜야 한다. 그러나 환자의 추가적인 치료가 필요한 경우에는 시·군·구청장은 입원기간을 연장할 수 있다(법 제62조 제2항).

구 정신보건법은 행정입원기간을 3개월의 입원기간을 1회 연장하여 총 입원기간을 최대 6개월까지로 한정하였으나 정신건강복지법은 입원연장을 반복하는 것이 가능하도록 하여 보호입원과 동일하게 입원기간의 장기화가 우려될 수 있다.

나. 행정입원 연장요건

행정입원환자에 대해 시·군·구청장이 입원을 연장하기 위해서는 다음과 같은 두 가지 요건을 모두 충족하는 것이 필요하다(법 제62조 제2항).

i) 2명 이상의 진단: 2명 이상의 정신과 전문의(서로 같은 정신의료기관이어도 가능함)가 환자 퇴원의 경우 정신질환으로 인해 자·타해 위험이 명백하다고 인정하는 경우

ii) 정신건강심사위원회 심사: 위의 진단요건과 동일하게 환자 퇴원의 경우 정신질환으로 인해 자·타해 위험이 명백하다고 인정하는 경우

다. 행정입원 연장절차

(1) 행정입원 신고

행정입원은 환자가 최초 입원한 날부터 3일 이내에 입원적합성심사위원회에 신고하여야 한다. 이는 국가가 입원적합성심사나 입원연장심사의 대상사건이 들어왔음을 통보받는 것이며, 그에 따라 환자에 대한 진단의사의 진단이나 조사원 조사 및 입원적합성심사위원회 심사기일 등을 준비하게 된다.

(2) 행정입원 연장심사를 위한 진단과 심사청구

행정입원 중 치료입원기간은 최초 입원일(진단입원일)로부터 3개월 이내이다(법 제62조 제1항). 현재 행정입원 연장심사를 위해 지정정신의료기관의 장이 시·군·구청장에게 연장심사를 청구하는 규정이 법령상 따로 마련되어 있지 않은데, 이는 입법상 불비라 할 수 있다.

또한, 시·군·구청장이 행정입원조치를 스스로 결정해 놓고서 그 소속 기구라 할 수 있는 정신건강심사위원회에서 연장여부를 심사·결정하게 하는 것은 체계정합성에 어긋나는 것이라 할 수 있다. 중립성과 독립성이 있는 입원심사기관으로의 입법적 개선을 요한다.

현재 법령상 행정입원의 연장심사절차에 대한 규정은 없으나, 보호입원에 관한 규정을 준용하여, i) 지정정신의료기관의 장의 연장심사청구기간은 입원기간 만료일 전 2개월이 되는 날부터 입원기간 만료일 전 1개월이 되는 날까지 사이로 하고(영 제18조 준용), ii) 2명 이상의 정신과 전문의 진단결과서를 연장심사청구 이전에 준비한 후 iii) 시·군·구청장에게 행정입원 연장심사청구를 하여야 할 것이다. 그 외에 행정입원 연장심사청구와 관련된 내용은 보호입원 연장심사청구에 관한 사항에서 설명한 내용을 참조하여 처리하면 될 것이다.

(3) 행정입원 연장심사결과 통지

행정입원에 대한 연장심사결과 통지는 시·군·구청장이 자신의 명의로 그 환자와 보호의무자(또는 그 환자를 보호하고 있는 사람)에게 입원기간의 연장이 필요한 사유와 기간을 서면으로 통지하여야 한다(법 제62조 제3항).

정신의료기관의 장이 행정입원 연장심사청구를 하여 시·군·구청장으로부터 퇴원 또는 임시퇴원의 명령을 통지받은 경우에는 해당 환자를 지체 없이 퇴원(임시퇴원)시켜야 한다. 행정입원환자에 대한 퇴원여부 결정권한은 시·군·구청장에게 부여되어 있기 때문이다.

라. 행정입원 연장의 효과(연장기간)

(1) 행정입원의 기간과 입원해제

행정입원에 있어 최초입원의 기간은 보호입원과 동일하게 3개월 이내이다. 시·군·구청장은 특별한 사정이 없는 한 최초입원일로부터 3개월 이내에 입원을 해제하여야 한다(법 제62조 제1항 전단). 시·군·구청장은 이러한 입원해제 사실을 3개월 이내에 지정정신의료기관의 장에게 알려 지정정신의료기관의 장이 3개월 이내에 환자를 퇴원시킬 수 있도록 조치하여야 한다(법 제62조 제1항 후문).

(2) 최초 3개월의 행정입원연장

지정정신의료기관의 장은 3개월 이후까지 행정입원환자를 입원시키기 위해서는 일정한 기간 내에 앞서 본 연장심사청구를 하여야 하고, 3개월 이내에 시·군·구로부터 입원연장결정을 통지받지 못한 경우에는 법이 정한 입원기간을 도과하였으므로 3개월의 마지막 날 이내에 환자를 퇴원시켜야 한다. 만약 퇴원시키지 않는 경우에는 3개월이 도과된 날부터 위법한 입원으로 전환되며, 그 하자는 치유되지 않아 계속 불법입원이 된다. 최초입원에 대해 시·군·구로부터 입원연장결정을 받은 경우에는 추가로 3개월 이내의 기간 동안 환자를 입원시킬 수 있다(법 제43조 제5항 제1호).

(3) 이후 6개월씩 연장

위와 같이 3개월 이내의 입원연장을 받은 후 그 입원연장기간 내에 다시 입원연장심사청구를 하여 시·군·구로부터 입원연장결정을 받은 경우에는 6개월 이내의 기간 동안 환자를 입원시킬 수 있다. 이후부터의 입원연장은 매 입원연장결정마다 6개월씩이다(법 제43조 제5항 제2호).

(4) 정신건강심사위원회의 입원연장기간 결정

정신건강심사위원회의 행정입원연장결정 및 연장개시시점과 관련된 내용은 보호입원에서 설명한 내용과 동일하다.

11. 행정입원환자의 퇴원

가. 개 관

보호입원환자는 원칙적으로 퇴원의 자유가 보장되고, 다만 예외적으로 퇴원을 제한하고 있음에 비해, 행정입원환자는 원칙적으로 퇴원이 제한된다. 행정입원환자는 보호입원환자에게 적용되는 정신의료기관의 장의 지체 없는 퇴원의무규정(법 제43조 제9항)이 적용되지 않기 때문이다.

법은 행정입원의 경우 3개월 이내에 시·군·구청장이 입원해제를 하여야만이 정신의료기관의 장이 퇴원시킬 수 있도록 규정하고 있다(법 제62조 제1항). 즉, 행정입원의 경우 그 퇴원결정의 주체는 환자나 보호의무자, 정신의료기관의 장이 아니라 시 · 군 · 구청장이다.

나. 행정입원환자의 퇴원방식

행정입원환자의 퇴원은 다음과 같은 방식으로 가능하다.

i) 시 · 군 · 구청장의 입원해제에 따른 퇴원(법 제62조 제1항)
ii) 행정입원의 요건결여에 따른 퇴원(행정입원 신청권자 결격, 정신질환자 아님, 자 · 타해 위험이나 입원치료 필요성 소멸)
iii) 치료입원이나 입원연장 요건의 미비에 따른 퇴원(진단의사의 미진단이나 입원불필요 진단, 입원연장청구 미이행 등)
iv) 입원기간의 만료에 따른 퇴원(진단입원 14일, 치료입원 3개월, 입원연장 기간만료 등)
v) 입원심사기관의 퇴원 등 명령(입원적합성심사위원회의 부적합판정이나 정신건강심사위원회의 퇴원명령 등)
vi) 행정기관의 퇴원 등 명령(시 · 군 · 구청장의 퇴원명령 등)
vii) 법원의 퇴원명령(인신보호재판에 따른 수용해제명령 등)

위의 퇴원방식을 주체에 따라 구분해 보면, 환자나 보호의무자의 신청(퇴원청구)에 따라 정신건강심사위원회나 법원이 퇴원(수용해제)을 명하는 경우가 있으며, 입원결정의 주체인 시 · 군 · 구청장이 입원해제를 결정하는 경우 둘로 나누어질 수 있다. 행정입원의 경우에는 환자나 보호의무자 또는 지정정신의료기관의 장이 스스로의 결정으로 퇴원을 시킬 수 없다. 다만, 환자나 보호의무자는 시 · 군 · 구청장에게 퇴원청구를 하거나 법원에 인신보호재판청구를 하는 방식으로 퇴원을 요구할 수 있고, 지정정신의료기관의 장은 환자가 회복되어 입원치료의 필요성이나 자 · 타해 위험성이 소멸된 경우 그 사실을 통지하여 환자의 입원해제를 요구하여야 한다. 입원요건을 갖추지 못한 입원을 계속 유지하는 것은 위법하기 때문이다.

다. 행정입원환자의 퇴원제한 문제

자발적 입원환자나 보호입원환자는 원칙적으로 환자의 퇴원의 자유가 보장된다. 법 규정을 보면 자발적 입원환자나 보호입원환자가 '정신의료기관의 장에게 퇴원을 신청한 경우 정신의료기관의 장이 지체 없이 그 사람을 퇴원시켜야 한다'(법 제41조

제2항, 법 제42조 제2항 본문, 제43조 제9항 본문). 이것이 원칙이다. 그러나 행정입원환자의 경우 위와 같은 조문을 두지 않고 있다. 이는 행정입원이 과거 주로 타해위험이나 사회적 안전을 위한 목적의 입원으로 규정되었기 때문에 자연스럽게 입원환자의 퇴원의 자유를 보장하지 않고 있음을 의미한다. 그러나 우리 정신건강복지법이 보호입원과 행정입원의 요건을 통일하고, 그 입원절차나 입원연장절차도 유사하게 규정하고 있는 점을 고려해 볼 때 행정입원의 역사적 연혁만으로 보호입원과 달리 퇴원제한을 원칙으로 삼을 이유는 없고, 입법론적으로는 적어도 행정입원환자에 대해서 입원요건(자·타해 위험성 및 입원치료 필요성)이 사후적으로 결여되는 경우 입원된 지정정신의료기관의 장이 시·군·구청장에게 입원해제 요청을 할 수 있도록 법률에 명문으로 규정할 필요가 있다. 입원요건(자·타해 위험성 및 입원치료 필요성)이 소멸된 사람을 계속 입원시켜 둘 수 있는 법적 정당화의 근거는 현재로서는 없다.

라. 행정입원환자의 퇴원신청(퇴원청구)

행정입원환자가 스스로 퇴원을 신청할 경우 거기에 따로 절차나 서면을 갖출 필요는 없다. 행정입원환자는 서면 외에 구두로도 지정정신의료기관의 직원이나 의사에게 퇴원을 신청할 수 있다. 이러한 환자의 퇴원신청이 진정한 의사에 따른 것이라 한다면 지정정신의료기관의 장은 다음과 같은 세 가지의 퇴원이 가능한 방안을 설명하고, 그 서식 등을 제공해 줄 필요가 있다. 이는 최초 입원시에 법 제6조에 따른 정신의료기관의 장의 의무이기도 하고, 「인신보호법」에 따른 의무이기도 하지만 실제 입원된 행정입원환자가 퇴원신청을 할 때 보호입원의 경우처럼 퇴원(심사)청구권을 알려주는 규정(법 제43조 제10항)을 준용할 필요도 있다.

i) 정신건강복지법에 따른 입원해제요청
ii) 정신건강복지법에 따른 퇴원심사청구
iii) 「인신보호법」에 따른 인신보호청구

(1) 정신건강복지법에 따른 입원해제요청

수용해제요청은 행정입원환자가 그 입·퇴원결정권자인 시·군·구청장에게 직접 자신의 입원을 해제해 줄 것을 요청하는 것이다. 이 경우 지정정신의료기관의 장은 환자가 입원요건이 소멸되었다고 판단되는 경우 그 사유를 기재하여 입원해제 권한이 있는 시·군·구청장에게 송부하여 입원해제 통보를 받거나 입원요건의 불비를 이유로 이후의 입원연장심사청구를 하지 않아야 할 의무가 있다. 입원요건(입원치료 필요성과 자·타해 위험성)이 없는 환자를 계속 입원시켜 두는 것은 위법하기 때문이다.

(2) 정신건강복지법에 따른 퇴원심사청구

행정입원환자의 퇴원요청을 퇴원심사청구로 진행하는 경우의 전제조건은 행정입원환자가 아직 입원요건을 유지하고 있다고 지정정신의료기관의 장이 판단해야 한다. 이 경우에는 행정입원환자가 자신의 퇴원요구를 제3의 기관에서 판단해 줄 수 있도록 정신건강복지법 제55조 제1항에 따른 퇴원심사청구를 안내하여 계속입원심사기관인 정신건강심사위원회의 심사를 받도록 할 필요가 있다. 다만, 정신건강심사위원회가 시·군·구 산하 심사기관이라 시·군·구청장이 입원결정을 한 행정입원환자에 대해 독립성 있게 판단하기는 어렵다는 점에서 제도적 한계가 있다.

(3) 「인신보호법」에 따른 인신보호청구

인신보호청구는 독립성과 중립성이 있는 제3자 기구인 법원이 행정입원환자의 수용해제(퇴원) 여부를 판단한다는 점에서 적절한 권리구제수단이 될 수 있다. 이 경우 행정입원환자는 누구를 수용자(행정입원환자인 피수용자를 실질적으로 수용해 두고 있는 사람)로 할지 검토가 필요한데, 통상 인신보호청구는 피수용자를 현재 수용해 두어 현실적으로 관리하고 있는 사람을 수용자(예컨대, 정신의료기관의 장)로 하고, 그 수용결정을 한 사람(예컨대, 판사, 시·군·구청장 등)을 수용자로 삼지 않기 때문에 행정입원환자의 경우에도 그 상대방이 되는 수용자는 지정정신의료기관의 장이라고 해석된다.

마. 보호의무자의 퇴원신청(퇴원청구)

보호의무자는 행정입원의 결정이나 그 입원연장에 있어 보호입원에서와 같은 입원신청권이나 연장동의권이 없고, 그 입원절차에 있어 별 다른 참여의 기회를 부여받지 못하고 있다. 그러나 환자의 입원이나 퇴원에 가장 이해관계가 큰 보호의무자 입장에서는 적극적으로 그 절차에 개입할 필요가 있다. 특히, 행정입원은 국가공권력의 행사에 의한 강제입원이어서 가족은 적극적으로 퇴원을 요청할 기회나 권리가 보장될 필요가 있다.

이러한 점을 감안해 이미 정신건강복지법은 ⅰ) 행정입원환자 외에 그 보호의무자도 퇴원심사청구를 할 수 있도록 명문으로 규정하고 있고(법 제55조 제1항), ii) 「인신보호법」 또한 환자를 위한 인신보호 청구권자로 법정대리인, 후견인, 배우자, 직계혈족, 형제자매 등과 같은 보호의무자 외에 추가적으로 동거인, 고용주, 수용시설 종사자까지도 법원에 인신보호청구를 할 수 있도록 규정하고 있다(「인신보호법」 제3조). 그 외에도 보호의무자는 행정입원환자가 입원요건을 현재 갖추지 않고 있다고 주장하면서 행정민원의 하나로서 시·군·구청장에게 입원해제요청을 하는 것도 가능하다.

바. 입원기간의 만료

(1) 진단(평가)입원기간의 만료

행정입원은 그 최초입원 시 진단(평가) 목적의 입원기간이 2주(14일) 이내이므로, 그 기간이 경과되면 위법한 입원이 된다. 따라서 환자는 원칙적으로 2주 이내에 퇴원하여야 한다. 다만, 진단입원 기간 중에 2명 이상의 정신과 전문의가 일치된 소견으로 계속입원의 필요성(향후의 자·타해 위험 및 입원치료의 필요성)을 인정할 경우에는 그 입원기간이 3개월까지 연장된다.

(2) 치료입원기간의 만료

행정입원이 진단입원에서 치료입원으로 전환된 경우 그 입원기간은 최초 입원일로부터 3개월까지 가능하다. 치료입원기간이 만료되기 전에 환자는 퇴원(시·군·구청장의 입원해제)하여야 하며, 그 입원기간을 도과하면 위법한 입원이 된다. 다만, 환자에 대해 지정정신의료기관의 장이 시·군·구청장에게 입원연장심사를 청구하여 그 입원연장결정이 최초입원일로부터 3개월 이내에 통지되는 경우 그 통지시점부터 다시 3개월 이내로 입원기간이 연장된다.

(3) 입원연장기간의 만료

입원연장기간은 최초에는 3개월이기 때문에 입원연장 통지시점으로부터 3개월이 도과하기 전에 환자를 퇴원시켜야 한다. 그 3개월의 입원연장기간 중에 다시 입원연장신청을 하여 입원연장결정을 받는 경우에는 입원연장결정 통지시점부터 6개월 내로 입원기간이 연장된다. 그 이후의 입원연장결정은 기존과 동일하게 매번 6개월까지 연장이 가능하다. 다만, 입원연장심사를 하는 정신건강심사위원회가 추후의 재심사기간을 단축하거나 퇴원시점을 정할 수도 있는데, 그 경우에는 입원연장기간이 6개월 이내로 단축될 수도 있다.

사. 국가기관 및 지방행정기관에 의한 퇴원명령

(1) 개관

행정입원환자에 대해 시·군·구 외에도 다른 국가기관이 퇴원명령을 내릴 수 있다. 정신건강복지법은 그러한 퇴원명령을 내릴 수 있는 기관으로 보호입원 및 행정입원환자에 대해서는 입원적합성심사위원회를 두고 있고, 「인신보호법」은 법원의 판사가 지정정신의료기관의 장에게 입원환자의 퇴원명령(수용해제명령)을 내릴 수 있다.

(2) 입원적합성심사위원회

입원적합성심사위원회는 보호입원환자 외에 행정입원환자에 대해서도 최초입원에 대한 심사를 거쳐 지정정신의료기관의 장에게 입원부적합판정을 서면으로 통지할 수 있다. 이 경우 지정정신의료기관의 장은 지체 없이 해당 행정입원환자를 퇴원시켜야 한다(법 제47조 제4항). 지정정신의료기관의 장이 위 부적합퇴원명령을 따르지 않는 경우를 막기 위한 형벌규정이 있다(법 제84조 제2호). 다만, 지정정신의료기관의 장은 위와 같은 부적합판정 통지를 받은 경우 시·군·구청장에게 그 부적합사유와 내용을 알려 자신이 임의로 퇴원시키는 것이 아님을 통보해 줄 필요가 있다. 앞서 보았듯이 행정입원환자에 대한 입·퇴원의 최종적 책임과 권한은 시·군·구청장에게 있기 때문이다. 예컨대, 입원부적합사유가 불법적인 행정입원절차로 인한 것이라면 그 법적 책임은 시·군·구 내에서 부담해야 할 수도 있다.

(3) 시·군·구청장

시·군·구청장은 정신건강심사위원회의 심사를 거쳐 지정정신의료기관의 장의 행정입원연장청구를 거절하고, 퇴원(임시퇴원을 포함한다)이나 이송, 외래치료명령 등의 결정을 하여 서면으로 통지할 수 있다(법 제59조). 이 경우 지정정신의료기관의 장은 퇴원조치를 취하여야 하는 통지를 받은 경우에 지체 없이 퇴원(임시퇴원을 포함한다)을 시켜야 한다(법 제43조 제7항).

행정입원환자의 경우 시·군·구청장이 입원을 결정하고, 자신 스스로의 판단으로 입원해제결정권한을 행사할 수 있음에도 이와 별도로 정신건강심사위원회의 심사에 따른 퇴원명령 등을 하는 것이 법체계상 적합한가? 라는 문제에 대해서도 검토가 필요하다. 이는 정신건강심사위원회가 시·군·구 산하 심사기관이 되어 독립성을 가지지 못하면서 발생하는 문제이다.

입법론적으로는 입원심사기관인 정신건강심사위원회가 시·군·구청장으로부터 독립되어야 할 것이지만, 법해석론으로 보자면, 시·군·구청장이 스스로 입원결정을 한 행정입원환자에 대해서도 직접 수용해제 결정을 하여 퇴원시키는 방법 외에 정신건강심사위원회 의결에 따라 퇴원명령 등을 내리는 방법 두 가지 모두 가능하고, 필요하다. 시·군·구청장 스스로 입원시킨 사람을 자기 손으로 퇴원시키기는 쉽지 않지만, 전문가들의 합의체 기관의 심사를 거칠 경우 퇴원 결정을 내리는 것이 보다 용이해지기 때문이다.

(4) 행정감독기관의 퇴원명령

지정정신의료기관에 대한 행정감독기관인 시·도지사 또는 시·군·구청장은 지정정신의료기관에 대한 보고요구와 직접 조사 및 감독을 할 수 있는데, 그 과정에서 정신건강심의위원회 심사를 거쳐 지정정신의료기관의 장에게 행정입원환자 등을 퇴원시키도록 하는 명령을 내릴 수 있다(법 제66조 제4항).

시·도지사의 경우에는 시·군·구청장의 행정입원에 대한 감독기관으로 이를 행할 수 있고, 시·군·구청장의 경우에는 행정입원환자를 자신이 직접 입원시켰기 때문에 앞서 본 바와 같이 ⅰ) 직접 입원해제결정을 하거나, ⅱ) 입원연장심사 등에 있어 정신건강심사위원회 심사를 거쳐 퇴원명령 등을 하는 것도 가능하다. 즉, 시·군·구청장이 행정감독권의 행사로서 퇴원명령을 행사하는 것이 법 제66조라면, 입원요건의 미비나 소멸로 인한 입원해제가 법 제62조라 할 수 있다.

(5) 법원의 인신보호재판에 따른 퇴원명령

행정입원된 환자는 입원 후 언제든지 입원기관 소재지 관할법원에 퇴원을 청구하는 「인신보호법」에 따른 구제청구를 할 수 있고, 법원의 판사는 인신보호재판을 진행한 후 지정정신의료기관의 장에게 환자의 퇴원(수용해제)을 명할 수 있다. 이러한 법원의 퇴원(수용해제)명령이 있는 경우 그 환자에 대해서는 다시 동일한 사유로 재입원(재수용)이 금지된다(「인신보호법」 제16조).

아. 행정입원 요건의 결여

(1) 개관

행정입원의 요건도 보호입원과 마찬가지로 크게 두 가지로 나눌 수 있는데, 하나는 절차요건(권한 있는 자에 의한 신청과 결정)이고, 다른 하나가 진단요건(자·타해 위험성 및 입원치료 필요성)이다. 위 두 요건을 갖추지 못하면 행정입원요건은 결여되어 퇴원이 이루어져야 한다. 이에 관하여 구체적으로 본다.

(2) 절차요건의 결여

1) 행정입원의 신청권한

행정입원의 신청권자는 정신과 전문의와 정신건강전문요원이다. 경찰관은 행정입원의 요청을 할 수 있을 뿐 행정입원을 신청할 수는 없다. 경찰관의 행정입원 요청은 행정입원신청에 있어 반드시 필요한 절차는 아니기 때문에 행정입원 신청권자가 자신의 판단으로 경찰관의 요청과 다르게 신청을 하지 않을 수도 있다.

2) 행정입원의 결정주체

행정입원의 결정(의뢰)권자는 시·군·구청장이다. 내부적으로 보건소장이나 주무과장의 전결로 처리된다고 하더라도 외부적 결정(의뢰)공문에는 시·군·구청장이 행정입원을 의뢰하는 것으로 표시되어야 한다. 따라서 외부 의뢰공문에서 보건소장이나 주무과장 등이 행정입원을 의뢰하는 것은 위법하다고 볼 것이다.

3) 행정입원 결정(의뢰)의 적법성

행정입원은 최초진단의 의뢰, 진단입원의 의뢰, 치료입원의 의뢰 등 3회에 걸친 의뢰조치가 필요한데, 위 의뢰의 효과는 앞서 보았듯이 진단의사나 지정정신의료기관의 장에 대해서는 환자의 진단이나 입원을 위탁하는 것이고, 환자에 대해서는 위와 같은 진단이나 입원을 수인하도록 강제하는 명령이라 볼 수 있다. 따라서 위 각 의뢰는 행정상 조치로서 적법성을 준수하여야 한다.

(3) 진단요건의 결여

행정입원환자는 입원 시부터 행정입원 진단요건(자·타해 위험성 및 입원치료 필요성)을 입원기간 동안 지속적으로 충족시켜야 한다. 다만, 환자의 상태가 일시적으로 좋아졌다고 하여 바로 행정입원의 요건을 결하는 것이라 보기는 어렵고, 지정정신의료기관측에서 환자의 상태를 파악하여 환자의 상태가 현재 진단요건을 충족시키지 않게 되었고, 향후 당분간 행정입원진단 요건을 충족시킬 상황도 아니라고 판단한다면 시·군·구청장에게 입원해제(수용해제) 요청을 할 필요가 있다.

지정정신의료기관의 장은 자신이 행정입원환자의 입·퇴원 결정권자가 아니기 때문에 입원기간 만기나 퇴원명령 등을 받은 경우 외에는 직접 퇴원을 시키지는 못한다. 따라서 위와 같이 행정입원환자가 더 이상 입원요건을 충족시키지 않는다고 판단하는 경우에는 시·군·구청장에게 그 환자에 대한 상황(입원요건 해소)을 알리고서 입원해제요청을 할 의무가 있다고 해야 한다. 입원요건을 갖추지 못한 채 계속입원을 시키는 것은 위법이기 때문이다.

자. 퇴원절차와 방식

보호입원과 달리 행정입원환자는 환자나 보호의무자의 퇴원신청과 지정정신의료기관의 장의 퇴원결정을 통한 퇴원은 허용되지 않는다. 입·퇴원결정의 주체가 시·군·구청장이기 때문이다. 따라서 여기서는 정신건강복지법이 정한 시·군·구청장의 입원해제에 따른 퇴원, 국가기관의 명령, 행정입원기간 만료, 행정입원요건 불충족으로 인한 퇴원절차와 방식을 살펴본다.

(1) 시·군·구청장의 입원해제

1) 관련규정

법 제62조 제1항은 "시·군·구청장은 행정입원환자에 대해 최초입원일부터 3개월 이내에 입원을 해제하여야 한다"고 규정하고 있다. 입원기간의 만료 전에 입원을 해제하여야 한다고 하고 있을 뿐, 그 입원해제요건이나 절차에 대해서는 따로 규정하지 않고 있어 그 해석이 필요하다.

2) 입원해제요건

입원해제요건은 두 가지로 볼 수 있는데, ⅰ) 하나는 행정입원의 절차적, 실체적 위법이 있는 경우이고, ⅱ) 다른 하나는 입원 중에 입원요건(자·타해 위험성 및 입원치료 필요성)이 소멸한 경우이다.

전자와 같이 위법한 행정입원이 이루어진 경우에는 시·군·구청장이 정신건강복지법위반이나 불법행위로 법적 책임을 부담할 수 있고, 위법한 입원을 계속 유지시키는 것 또한 시·군·구청장의 법적 책임이 될 수 있으므로 즉시 행정입원환자에 대한 입원해제를 명하여야 한다.

후자와 같이 행정입원 기간 중 치료 등을 통해 자·타해 위험성이나 입원치료 필요성이 사라진 경우, 다시 말하면 치료로 환자가 회복된 경우에도 계속입원시키는 것은 허용되지 않으므로 그 지체 없이 시·군·구청장은 입원해제를 명하여야 한다.

3) 입원해제절차

입원해제절차에 관해 법령은 별다른 규정을 두지 않고 있으나, 지정정신의료기관에 행정입원환자가 위탁되어 있기 때문에 ⅰ) 주기적으로 행정입원환자의 상태를 보고받아 ⅱ) 입원절차나 처우에 있어 위법사유가 확인되거나 입원 후 치료로 인해 입원요건을 결하게 된 행정입원환자를 시·군·구에서 확인하고서 iii) 시·군·구청장이 해당 행정입원환자의 입원해제조치를 명하는 통지를 지정정신의료기관에 하도록 할 필요가 있다.

위와 같은 통지를 받은 지정정신의료기관의 장은 지체 없이 그 행정입원환자를 퇴원시켜야 한다(법 제62조 제1항).

4) 환자의 퇴원절차

입원해제통지를 받은 지정정신의료기관의 장은 행정입원환자를 지체 없이 퇴원시켜야 하는데, 자발적 입원이나 보호입원에서 보았던 것과 마찬가지로 여기서도 '지체 없이'가 어느 정도의 시간인지 문제된다. 이에 대해서도 일률적으로 답할 수는 없으나 보호입원환자의 퇴원 절차에서 본 다음과 같은 사항이 고려될 필요가 있다.

i) 통지시점부터 실제 퇴원까지의 시간
ii) 보호자 또는 보호의무자에 대한 연락과 환자 인수절차
iii) 야간이나 주말로 인한 정신의료기관의 퇴원절차
iv) 퇴원할 환자의 상태나 주거 및 이동경로

(2) 국가기관의 명령에 의한 퇴원

행정입원환자에 대해서는 지정정신의료기관의 장이 최초입원심사에서 입원적합성심사위원회의 입원부적합판정 통지를 받은 때, 입원연장심사에서 시·군·구청장으로부터 퇴원명령 통지를 받은 때로부터 지체 없이 환자를 퇴원을 시켜야 한다. 이 경우도 앞서 본 환자의 퇴원절차에 관한 사항을 참조하여 고려해야 하고, 국가기관이나 지방자치단체의 장의 명령에 따른 퇴원이기 때문에 이를 알지 못하는 환자 또는 보호(의무)자에 대한 통지(명령서 전달) 등도 신속하게 진행할 필요가 있다.

(3) 행정입원기간 만료나 입원요건 결격으로 인한 퇴원

행정입원기간을 도과하는 경우에는 지정정신의료기관의 장은 환자의 즉시 퇴원을 원칙으로 하여야 한다. 최초 입원기간 2주(진단입원기간)를 두 번째 의사의 진단 없이 도과하거나 3개월의 보호입원기간을 연장 없이 도과하는 경우, 입원절차상 부적법한 입원의 경우 그 입원은 불법입원이 되고, 그 하자는 치유되지 않기 때문에 공식적으로 지정정신의료기관의 장이 즉시 퇴원을 시키는 것만이 불법입원을 종료할 수 있다.

다만, 치료를 통해 행정입원환자가 회복되어 사후적으로 입원요건을 결하게 된

경우에는 지정정신의료기관의 장이 직접 퇴원결정을 내려 퇴원을 시킬 수는 없고, 입·퇴원결정권자인 시·군·구청장에게 입원해제 요청을 하여 그 해제통보를 받고서 퇴원을 시켜야 한다.

차. 퇴원 관련 통지

지정정신의료기관의 장은 행정입원환자를 퇴원시킬 때 환자 본인의 동의가 있다면 그 퇴원사실 등을 관할 정신건강복지센터의 장(없는 경우 보건소장)에게 통보하여야 하고, 그 통지를 받은 센터의 장은 퇴원할 사람 또는 보호의무자와 상담하여 그 사람의 재활과 사회적응을 위한 지원방안을 마련하여야 한다(법 제52조).

12. 행정입원의 전환

가. 다른 입원으로의 전환의 원칙적 금지

정신건강복지법은 그 기본이념으로 입원의 최소화와 자발적 입원을 원칙으로 하고 있다. 보호입원과 마찬가지로 행정입원의 경우에도 다른 자발적 입원이나 보호입원으로 전환하는 것에 대해 침묵하고 있는데, 과연 그러한 입원전환이 허용될지 법적 해석이 필요하다.

앞서 보호입원과 관련해서는 그것이 보호의무자, 환자, 정신의료기관의 장 사이의 3자 또는 양자 간의 적정한 협의나 합의를 통해 환자에 적합한 입원형태를 결정하는 것이어서 원칙적으로 허용될 수 있음을 설명하였다. 그러나 행정입원은 시·군·구청장이 입·퇴원결정의 권한을 가지고 있기 때문에 환자와 정신의료기관의 장 사이의 합의만으로 입원유형을 변경시킬 수 없다. 즉, 행정입원환자는 행정입원기간 중에 환자와 정신의료기관의 장과 사이에 합의나 협의만으로 다른 입원형태로 전환할 수는 없다.

행정입원을 다른 입원으로 전환하기 위해서는 시·군·구청장 등 국가기관(법원, 입원적합성심사위원회, 정신건강심사위원회 등)에 의한 퇴원조치(입원해제, 입원부적합, 퇴원명령, 수용해제 등)가 될 것을 전제로 논의할 필요가 있다.

나. 퇴원조치를 전제로 한 입원유형 전환의 개관

앞서 보았듯이 행정입원환자는 그 입원기간 중에는 환자와 정신의료기관의 장의 합의나 협의만으로 다른 입원형태로의 전환은 불가능하고, 국가기관에 의한 퇴원조치가 이루어질 것을 전제로 하여 다른 입원유형(자의입원, 동의입원, 보호입원, 응급입원 등)으로 전환이 가능한지 검토해 본다.

(1) 자발적 입원으로의 전환 – 허용

먼저, 행정입원은 강제입원인데 정신건강복지법이 자발적 입원을 권장하고 있으므로, 강제입원인 행정입원에서 자발적 입원인 자의입원이나 동의입원으로의 전환은 보호입원에서와 동일하게 원칙적으로 허용된다고 볼 것이다.

(2) 보호입원으로의 전환 – 허용

다음으로, 행정입원에서 보호입원으로의 전환을 보면, 행정입원은 국가 공권력에 의한 입원이며, 환자의 치료보다는 사회적 안전을 강조하고 있다는 점에서 최후적 형태의 강제입원수단으로 보아야 한다. 따라서 가족이 환자에 대한 치료와 보호를 목적으로 하는 보호입원으로의 전환을 요구할 경우 그 전환은 허용된다고 볼 것이다. 보호입원에서 행정입원으로의 전환 또한 허용되어야 함에 대해서는 앞서 보호입원에 관한 조항에서 살펴보았다. 구체적인 내용은 ☞법 제43조(보호입원)를 참조할 것.

(3) 응급입원으로의 전환 – 금지

끝으로, 행정입원에서 응급입원으로의 전환은 허용되지 않는다고 볼 것이다. 응급입원이 짧은 기간 환자를 다른 입원유형으로 전환하기 위한 목적의 입원이며, 입원의료기관 외부에 있는 환자를 전제로 한 조치인 반면, 행정입원환자는 이미 입원의료기관 내부에서 다른 입원유형 형태를 선택하는 것이기 때문에 따로 응급입원으로의 전환을 인정하기 어렵다. 이하에서는 자의입원, 동의입원, 보호입원으로의 각 전환의 절차 등을 검토해 본다.

다. 자의입원으로의 전환

(1) 자의입원 전환의 사유

자의입원은 환자의 입원신청서 작성 및 제출 외에 특별한 절차를 거칠 것이 없다. 행정입원환자가 퇴원명령 등으로 인해 실제 퇴원해야 하는 상황에 직면하여서 지역사회에 거주지가 없거나 돌보아 줄 사람이 없다는 이유로 자발적 입원으로의 전환을 권유하는 것은 허용될 것인가?

앞서 보호입원에서 본 바와 같이 자의입원으로 전환하는 경우라면 의사결정능력이 있는 환자 본인의 자발적 의사에 근거한 것이고, 환자 본인의 의사가 가족이나 병원측의 강요나 강권 없이 자유로운 상태에서 이루어진 것이라면 이를 위법하다고 보기는 어렵다. 환자의 입장에서 보면, i) 행정입원보다는 자의입원이 언제든 병원을 떠날 수 있는 기회를 제공하고, ii) 지역사회에서의 거주나 생활이 어려운 경우에는 그 선택지 중의 하나로 자의입원도 고려할 수 있기 때문이다.

(2) 자의입원 전환의 절차

자의입원으로 전환하는 경우에 비록 실제 병원을 떠나는 것은 아니더라도 행정입원에 따른 퇴원의 형식적 절차(입·퇴원관리시스템에서의 퇴원처리, 입원진료비의 정산 등)와 입원의 형식적 절차(입원신청서의 작성)가 필요하다.

(3) 전환이 금지되는 경우

행정입원에서 자의입원으로의 전환이 강제입원에서 발생하는 다양한 국가적 감독시스템을 회피하기 위한 수단으로 이루어지는 경우도 발생할 수 있다. 특히 질병이 만성화되어 의사결정능력이 없거나 부족한 환자에게 자의입원신청서를 작성하게 한 후 장기간 특별한 관리감독 없이 정신의료기관을 거주의 공간으로 활용하게 하는 것도 문제가 된다. 이와 관련된 문제는 보호입원에서 본 바와 같이 i) 자의입원 신청에 부모 동의를 받지 않은 미성년자, ii) 의사결정능력이 없거나 부족한 환자, iii) 입원전환 시점에서 전환에 자발적으로 동의할 수 없는 환자 등은 자의입원 환자로 전환하여서는 아니 된다.

라. 동의입원으로의 전환

행정입원에서 동의입원으로의 전환도 원칙적으로 허용된다. 다만 앞서 본 바와 같이 이는 행정기관이나 사법기관 등의 퇴원명령을 받는 것을 전제로 한다.

동의입원으로 전환하는 경우 보호의무자라면 누구나 동의권자가 될 수 있다. 보호의무자가 동의한 적법한 입원신청서가 환자에 의해 작성되어 정신의료기관에 제출되면 기존의 행정입원은 소멸하고, 새로운 동의입원이 시작된다.

이 때 행정입원환자 퇴원의 형식적 절차(입·퇴원관리시스템에서의 퇴원처리, 입원진료비의 정산 등)를 거쳐야 하며, 동의입원의 형식적 절차(입원신청서 및 증빙서류 첨부)도 필요하다.

앞서 자의입원으로의 전환에서 검토하였던 것과 동일하게 동의입원에서도 환자 본인이 동의능력을 포함한 의사결정능력을 가져야만 유효한 동의입원이 될 수 있다. 그러한 능력이 없음에도 불구하고 보호의무자나 정신의료기관측의 권유로 동의입원 신청서를 작성하게 된 경우라면 그 신청은 무효이며, 결국 환자는 사실상 기존의 행정입원 상태에서 퇴원조치도 하지 않고, 입원연장심사 등도 거치지 않은 채 위법하게 계속 입원된 것으로 간주될 수 있다.

마. 보호입원으로의 전환

(1) 보호입원으로의 전환사유

행정입원환자와 보호입원환자는 입원요건이 사실상 동일(자·타해 위험성 및 입원치료 필요성)하기 때문에 위와 같은 입원요건의 소멸로 행정입원환자가 퇴원명령이나 입원해제 등을 받은 경우에는 보호입원환자로 전환하는 것은 허용될 수 없다.

다음으로, 행정입원환자가 지정정신의료기관 내에서의 부당처우나 절차적 위법을 이유로 퇴원명령 등을 받은 경우에는 적어도 그 지정정신의료기관에서 다시 보호입원을 하는 것도 허용되지 않는다고 볼 것이다. 그 이유는 예컨대, 부당한 격리·강박이나 폭행을 당하여 퇴원명령을 받았는데, 그 입원기관에 다시 보호의무자 동의로 퇴원도 하지 못한 채 입원시키는 것은 허용될 수 없기 때문이다. 이는 「인신보호법」에서 수용해제명령을 받은 피수용자(환자)를 동일한 사유로 재수용하는 것을 금지하고 있다는 점을 고려해 볼 때도 불법행위를 한 지정정신의료기관 내에 다시 보호입원으로 전환해 입원을 유지시키는 것은 허용되지 않는다고 볼 것이다.

끝으로, 보호입원으로의 전환이 가능한 사유를 보면, i) 기존에 확인되지 않았던 보호의무자가 나타난 경우, ii) 행정입원기간 중에 후견인이 선임되어 보호의무자가 새로 생긴 경우, iii) 기존에 입원에 반대하였던 보호의무자가 입원에 동의하는 경우 등과 같이 환자의 보호의무자가 환자를 위해 입원 및 처우에 있어 돌봄을 할 수 있는 상황으로 변경된 때라면 보호입원으로의 전환을 허용할 수 있다고 볼 것이다. 다만, 이 경우도 그 전제는 행정기관이나 사법기관에 의한 퇴원명령이 선행되어야 한다.

(2) 보호입원으로의 전환절차

행정입원은 시·군·구청장이 여러 정황을 판단하여 직권으로 그 입원을 해제할 수 있기 때문에 보호의무자가 적법하게 보호입원 신청을 하였고, 그 진단결과 보호입원요건을 갖춘 경우라면 시·군·구청장은 일정한 미래의 시점을 정하여 행정입원환자에 대한 입원해제를 명하는 통지를 지정정신의료기관의 장에게 하고, 동시에 지정정신의료기관의 장은 보호입원 신청과 진단결과를 확인하고서 입원해제일자를 기준으로 보호입원을 결정하여 입원의 연속성을 유지하게 할 수 있을 것이다. 즉, 행정입원의 해제와 보호입원의 결정이 동시에 이루어지게 할 필요가 있다. 이는 보호입원할 정신의료기관이 기존에 입원된 지정정신의료기관임을 전제로 한다. 행정입원에서 보호입원으로 전환할 때 다른 병원으로 이송되는 경우라면 입원유형의 전환이 아니라 기존 지정정신의료기관에서의 퇴원이며, 같은 날 새로운 정신의료기관에서의 보호입원이어서 그와 같은 경우는 입원유형의 전환이라 할 수는 없다.

보호입원으로 전환된 경우에는 새로운 입원유형의 시작이므로 보호입원환자에 대한 입원신고, 입원적합성심사위원회 심사 등이 새롭게 시작되어야 한다.

13. 행정입원관련 의무위반에 대한 형사제재

가. 행정입원관련 의무위반에 대한 책임주체

보호입원이 가족과 정신의료기관인 사인(私人)에 의한 강제적 격리조치이고, 법이 그 입원에 대한 결정권한을 정신의료기관의 장에게 부여하고, 더불어 민·형사적 책임도 함께 부여하고 있다. 반면에, 행정입원은 시·군·구청장이 입·퇴원에 대한 결정권을 가지고 있고, 지정정신의료기관은 환자의 입원과 진료만을 위탁받고, 입·퇴원에 대한 결정권은 가지고 있지 않기 때문에 보호입원환자에 대한 정신의료기관의 장의 책임보다는 덜한 책임을 부여받고 있다.

예를 들면, 보호입원과 관련된 의무규정을 위반한 경우 과태료 책임을 규정하고 있는데 비해(법 제89조 제1항 제5호 및 제6호), 행정입원과 관련되어서는 지정 정신의료기관의 장에게 별도로 과태료를 부여하는 규정이 없다.

다만, 지정정신의료기관도 국가의 명령에 따라 퇴원을 시켜야 할 의무 등은 부담하고 있으며, 행정입원환자의 입원기간 중 처우에 대해서는 보호입원환자에 대한 것과 다르지 않기 때문에 일정한 사항에 대해서는 보호입원환자에 대한 책임과 동일한 책임을 부여받는다. 예컨대, 격리·강박, 통신 및 면회의 제한 등 환자 권익보호와 관련된 규정은 동일하게 적용된다. 이하에서는 행정입원위반과 관련된 형벌규정을 살펴본다.

나. 행정입원위반에 대한 형사제재규정

(1) 퇴원명령위반

자의입원환자나 동의입원환자, 보호입원환자가 퇴원을 신청하였을 경우 정신의료기관의 장은 지체 없이 퇴원시킬 의무(퇴원의무)가 있고 이러한 의무를 보장하기 위해 형벌규정이 있다(법 제84조 제2호). 그러나 행정입원환자가 퇴원을 신청하였을 경우에는 지정정신의료기관의 장에게는 퇴원시킬 의무(퇴원의무)가 없다. 퇴원의 결정권자가 시·군·구청장이기 때문이다.

다만, 지정정신의료기관의 장은 위와 같이 환자의 퇴원신청에 대한 퇴원의무는 없으나, 국가 등의 퇴원명령에는 따를 의무가 있고, 이러한 의무를 담보하기 위한 형벌규정이 있다. 지정정신의료기관의 장은 아래의 경우에 해당 행정입원환자를 지체 없이 퇴원시켜야 한다.

i) 행정입원환자에 대해 입원적합성심사위원회의 입원부적합 통지를 서면으로 받은 경우 (법 제47조 제4항)
ii) 시·도지사 또는 시·군·구청장으로부터 (퇴원청구심사에 있어) 행정입원환자의 퇴원명령 또는 임시퇴원명령을 받은 경우(법 제59조 제1항 제1호 및 제61조 제2항)
iii) 시·군·구청장으로부터 행정입원환자에 대해 입원해제 통지를 받은 경우(법 제62조 제1항 후단)
iv) 시·도지사 또는 시·군·구청장이 입원적절성 여부를 조사 및 심사하여 행정입원환자에 대해 퇴원명령을 내린 경우(법 제66조 제4항)

위와 같은 부적합통지나 퇴원명령, 입원해제 통지를 위반하여 퇴원을 시키지 않거나 퇴원을 지체한 경우에는 형벌규정이 적용될 수 있다(법 제84조 제2호, 제5호, 제6호, 제7호).

(2) 신고의무위반

지정정신의료기관의 장이 행정입원환자를 입원시킨 경우에도 입원을 한 날부터 3일 이내에 입원적합성심사위원회에 일정한 사항을 신고(국가 입·퇴원관리시스템 등록)하여야 한다. 여기서 '입원'은 원칙적으로 진단 목적의 입원(진단입원)을 한 날을 의미한다.

입원을 한 날부터 3일 이내에 신고를 하지 아니한 경우 신고의무위반이 된다(법 제84조 제4호). 위 신고는 환자 개인마다 이루어져야 하는 것이어서 여러 건 신고를 안 하는 경우 여러 건의 의무위반이 된다. 보다 자세한 내용은 ☞법 제43조(보호입원)를 참조할 것.

(3) 대면진단의무위반

지정정신의료기관의 장을 포함하여 누구든지 정신과 전문의 대면진단 없이 환자를 정신의료기관에 입원시키거나 입원을 연장할 수 없다(법 제68조 제1항). 이를 위반하는 것을 막기 위한 형벌규정이 있다(법 제84조 제9호). 앞서 보호입원에서 보았듯이 i) 환자를 일단 전화로 보호입원을 시킨 후 정신과 전문의가 사후에 대면한 경우, ii) 정신과 전공의가 대면진단 후 입원시킨 경우, iii) 다른 과 전문의가 대면진단 후 입원시키는 경우 등에 대해서 법원은 대면진단의무위반죄를 인정하였다.

환자의 정신의료기관 입원이나 입원연장은 정신과 전문의 대면진단 후 이루어져야 하는 것이 원칙이다. 그런데 행정입원의 경우 시·군·구청장이 순차적으로 진단의뢰, 진단입원의뢰, 치료입원의뢰를 거치게 된다. 그 중 진단의뢰는 행정입원환자가 반드시 입원된 상태를 요하는 것은 아니지만, 119 구급대원의 호송을 통한 진단의료기관까지의 강제적 조치를 허용하고 있고, 입원이 아니라 진단만을 목적으로 하고 있으므로, 행정입원 의뢰여부를 결정하기 위한 진단 목적의 의료기관 호송은 입원의 범주에 포함되지 않는다. 또한 위와 같이 진단 후 입원이 필요하다는 소견이 있다면, 그 진단을 근거로 하여 2주 간의 진단입원을 지정정신의료기관에서 하는 경우에도 위 진단이 대면진단인 이상 진단입원 또한 적법한 것이라 할 수 있다.

행정입원의 경우에는 2명의 정신과 전문의 대면진단 없이 치료입원을 시킨 경우, 입원연장을 위해 2명의 정신과 전문의 대면진단이 필요함에도 그러한 대면진단 없이 입원연장청구를 하는 경우 등에도 대면진단의무위반이 된다.

(4) 그 밖의 의무위반

지정정신의료기관의 장이라 하더라도 보호입원환자에 대해서는 보호의무자 자격에 대한 서류수령의무나 입원연장심사청구의무가 있기 때문에 이를 위반할 경우 형벌규정의 적용이 있지만, 행정입원환자에 대해서는 그러한 서류수령의무도 없고, 입원연장심사청구의무도 법령상 규정되어 있지 않다. 다만, 행정입원을 시킨 경우 입원적합성위원회에 신고하는 사항과 행정입원환자의 퇴원 시 그 퇴원사항을 국가입·퇴원관리시스템에 등록하여야 한다(법 제67조 제2항). 지정정신의료기관의 장이 이를 등록하지 아니하는 경우 등록의무위반죄가 된다(법 제86조 제8호).

14. 위법한 행정입원과 민사책임

가. 행정입원의 현황

1997년 무렵 제정 정신보건법 시행(1996. 12. 31.) 이래로 정신건강복지법으로 그 명칭을 변경한 2016년까지 행정입원은 보호입원과 달리 크게 활용되지는 않았다. 이는 한국사회가 국가보다는 가족을 입원에 개입하도록 하는 시스템을 오랫동안 유지하여 왔기 때문이기도 하고, 강제입원제도 설계에 있어 행정입원이 가진 기능과 역할을 고민하지 못해 왔기 때문이기도 하다.

특히, 행정입원은 시·군·구청장이 보호의무자가 되는 입원제도(2017년 5월 폐지됨)로 인해 거의 활용되지 않아 2008년 이후 2016년까지 매년 100여 건에서 300여 건 내외의 행정입원환자만 확인되어 왔다.

그러나 2017년부터는 새로운 정신건강복지법이 시행되면서 시·군·구청장이 보호의무자가 되는 입원(입소)제도가 폐지되고, 오직 지정정신의료기관에서만 행정입원이 가능(정신요양시설의 행정입소는 불가능)하게 되어 향후 그 입원유형을 활용하는 건수가 많아지게 될 것이다.

실제 앞서 본 바와 같이 2016년 말 기준 행정입원환자가 100여 명 내외(전체 입원환자의 0.1% 내외)였으나 법 시행 약 한 달 뒤인 2017. 6. 23. 기준으로는 2,000여 명(입원환자의 3.0%)의 환자가 행정입원환자가 되었다.[148)]

나. 행정입원의 위법과 손해배상

실제 지난 20여 년간 행정입원이 이루어진 경우가 드물기 때문에 행정입원을 이유로 한 국가나 시·군·구를 상대로 한 손해배상청구소송은 거의 확인되지 않는다. 그러나 향후 행정입원의 적법성과 책임성을 담보하기 위해서는 어떠한 경우에 행정입원이 불법행위가 되어 국가나 지방자치단체, 지정정신의료기관이 손해배상책임을 부담하게 될지 검토할 필요가 있다. 이하에서는 보호입원에서 제시된 사례와 내용을 기준으로 간략하게 살펴보도록 한다.

먼저, 보호입원에서 본 바와 마찬가지로, 행정입원에서도 불법이송이 발생하는 경우 시·군·구가 그 손해배상책임을 부담해야 할 수 있다. 다만, 행정입원의 경우

148) 보건복지부 2017. 7. 6.자 보도자료(제목: 정신건강복지법 시행 한 달, 변화의 시작) 7면 참조.

합법적으로 119 구급대원에게 그 호송을 위한 도움을 요청할 수 있고(법 제44조 제9항), 그러한 요청에 근거하여 119 구급대원이 행정입원환자에 대해 환자이송에 필요한 조치들로서 행한 행위는 불법행위라 볼 수 없을 것이므로 행정입원의 경우에는 원칙적으로 합법적인 119 구급대원 호송을 활용하거나 적법한 응급입원절차를 거쳐야 할 것이다.

다음으로, 입원과정에서 대면진단 없는 입원, 정신과 전문의 아닌 사람에 의한 진단, 2명 이상의 일치된 소견 없이 이루어지는 치료입원, 권한 없는 자에 의한 입원신청이나 의뢰에 따른 행정입원, 입원기간의 도과, 행정입원 연장절차의 위법 등은 시·군·구청장이나 지정정신의료기관측의 위법행위로 인한 민사상 손해배상책임을 부담할 수 있다.

끝으로, 지정정신의료기관측의 사유로 행정입원환자가 위법하게 입원되거나 입원기간이 연장된 경우라 하더라도 시·군·구가 환자 입원 및 진료에 대한 위탁자로서 지정정신의료기관에 대해 행정입원과 관련해 감독의무가 있는 이상 일정한 경우에는 그 감독자로서 손해배상책임을 부담할 수 있다.[149]

15. 행정입원의 위법과 행정상 책임

가. 행정입원과 관련된 의무위반이나 위법행위

행정입원이 위법하게 지속된 경우(예컨대, 지정정신의료기관의 입원연장심사청구의 미이행, 입원기간 도과 이후의 계속입원 등)는 사실상 그 퇴원에 대해 결정권한이 있는 시·군·구청장이 입원해제를 하지 않은 잘못이 더 크다고 할 수 있으므로 시·군·구가 그 위법행위에 대한 책임을 부담하는 것이 맞을 것이다. 다만, 지정정신의료기관이 퇴원결정을 스스로 할 수 없고, 법령상 입원연장심사청구의무도 규정되어 있지 않다고 하더라도 시·군·구 등으로부터 행정입원이 가능한 정신의료기관으로 지정된 이상 행정입원환자에 대한 일반적 진료의무 외에 정신건강복지법에 따른 지정정신의료기관으로서의 일정한 업무에 필요한 의무들도 수행할 필요가 있다. 예컨대, 환자 권리고지, 입원연장여부에 대한 조치, 입원요건이나 절차위반 시 시·군·구에 대한 통지나 입원해제 요청 등이 그러한 의무들이라 할 것이다.

---

149) 대법원 2006. 7. 28. 선고 2004다759 판결(부랑인선도시설 및 정신질환자요양시설에 대한 지도·감독 업무를 담당하는 공무원이 위 시설에서 수용자들에 대하여 폭행 등의 부당한 대우가 있음을 알았거나 쉽게 알 수 있었음에도 불구하고 이와 관련하여 필요한 조치를 취하지 아니한 경우, 그 직무상 권한의 불행사가 현저히 합리성을 결한 것으로서 위법하다고 한 사례).

행정입원과 관련된 지정정신의료기관의 과오나 위법행위 등은 지정정신의료기관 지정취소조건으로 사전에 제시하여 지정정신의료기관의 의무위반행위나 위법행위에 대한 적절한 사전고지를 할 필요가 있다.

나. 법이 정한 행정처분사유

지정정신의료기관의 장도 정신의료기관의 장과 동일하게 정신의료기관의 운영에 대해서 행정적 책임을 부담해야 하는 경우가 있다. 보호입원환자에 대한 의무위반행위에 대해서는 법 제43조에서 보았고, 여기서는 행정입원환자에 대한 특유한 의무위반행위에 대해서 본다.

시·군·구청장 등 행정감독기관은 정신의료기관의 장 또는 그 운영자에 대해 행정처분(시정명령 및 그 명령위반에 대한 사업정지·개설허가 취소·시설폐쇄 등)을 할 수 있다. 행정처분이 내려질 수 있는 행정입원 위반과 관련된 사유는 다음과 같다(법 제19조 제4항 제2호, 제3호 및 제5호).

i) 행정입원환자에 대해 입원적합성심사위원회로부터 부적합통지를 받았음에도 불구하고 지체 없이 퇴원시키지 아니한 경우

ii) 시·군·구청장 또는 시·도지사로부터 입원연장심사 또는 퇴원청구심사 또는 법 제66조에 따른 심사에서 행정입원환자에 대해 처우개선명령, 재심사명령, 이송명령, 입원전환명령, 외래치료명령을 받고서도 이를 이행하지 아니한 경우

iii) 정신과 전문의 대면진단에 의하지 아니하고 환자를 행정입원시키거나 입원기간을 연장한 경우

위의 각 규정과 같이 지정정신의료기관의 장이 행정감독기관의 명령을 이행하지 아니하거나 법령을 준수하지 아니한 경우 정신건강복지법이 정한 시정명령 등의 행정처분을 정신의료기관의 장이나 그 운영자에게 부과할 수 있고, 시정명령 또한 이행하지 아니하는 경우에는 사업정지, 개설허가 취소, 시설폐쇄와 같은 행정처분까지 부과할 수 있다. 위와 같은 위법행위는 지정정신의료기관을 더 이상 유지하기 어려운 법위반행위로 보아 지정을 철회하거나 취소하는 사유가 될 수도 있다.

제4절 입원적합성심사위원회

정신건강복지법은 강제입원에 대한 최초입원심사기관으로 입원적합성심사위원회를 신설하였다. 정신건강심사위원회가 지방자치단체의 장에 부설된 심사기관임에 비하여 입원적합성심사위원회는 국가기관(국립정신병원)에 부설된 심사기관으로 환자를 대면하여 조사할 수 있는 조사원을 두고 있다는 점에서 나름 입원심사기관으로의 기능을 확보하고 있다.

그러나 위원회의 독립성과 중립성이 확보되지 않는 점, 환자를 대면하여 심문하는 절차가 마련되지 않은 점, 환자에 대한 절차지원이 없는 점에서 입원심사기관으로서의 역할과 환자의 절차적 권리보장에는 한계가 있다.

입법론으로는 입원연장심사기관인 정신건강심사위원회를 통합하여 진단의사, 절차지원인, 조사원 등을 갖추고, 환자를 대면심사하는 3인의 합의체(법조인, 의료인, 공익적 제3자 등)로 구성된 독립적인 정신건강심판원을 두고, 심판원의 결정에 대해 법원에 불복할 수 있는 제도를 마련할 필요가 있다.

본 절에서는 다음의 각 내용에 대해 해설한다.

Ⅰ. 입원적합성심사위원회 신고(제45조)
Ⅱ. 입원적합성심사위원회 설치 및 운영(제46조)
Ⅲ. 입원적합성심사위원회 심사 및 심사결과 통지(제47조)
Ⅳ. 입원적합성조사(제48조)
Ⅴ. 입원적합성심사위원회 위원 등의 제척(제49조)

Ⅰ. 입원적합성심사위원회 신고(제45조)

제45조(입원등의 입원적합성심사위원회 신고 등) ① 제43조 또는 제44조에 따라 입원등을 시키고 있는 정신의료기관등의 장은 입원등을 시킨 즉시 입원등을 한 사람에게 입원등의 사유 및 제46조에 따른 입원적합성심사위원회에 의하여 입원적합성심사를 받을 수 있다는 사실을 구두 및 서면으로 알리고, 입원등을 한 사람의 대면조사 신청 의사를 구두 및 서면으로 확인하여야 한다.

② 제1항에 따른 정신의료기관등의 장은 입원등을 한 날부터 3일 이내에 제46조에 따른 입원적합성심사위원회에 입원등을 한 사람의 주민등록번호를 포함한 인적사항, 입원등 일자, 진단명, 입원등 필요성, 대면조사 신청 여부 및 그 밖에 대통령령으로 정하는 사항을 신고하여야 한다.

1. 입원적합성심사위원회제도

가. 입법경위와 개념

(1) 입원적합성심사위원회의 입법경위

1995년 제정된 정신보건법은 최초입원을 심사하는 독립적이고, 중립적인 국가기관이 없었고, 6개월 후 입원연장 여부만을 심사하는 정신보건심판위원회만을 두었다. 정신보건심판위원회 또한 국가가 운영하는 것이 아니라 지방치단체의 장에 소속된 자문·심사기관의 성격만 가지고 있었다.

최초의 강제입원에 대한 심사기관이 없음으로 인해 최초입원절차에 있어 지난 20여 년동안 위법한 상황이 통제되지 않았고, 거기에 더하여 입원연장심사기관인 정신보건심판위원회의 심사도 형식적 서면심사여서 사실상 구 정신보건법 하에서는 제대로 된 입원심사기관이 없었던 것과 같았다. 이는 강제입원과정에서의 불법을 국가가 방치해 온 것이라 할 수 있다.

이러한 문제점을 해결하기 위해 국회의원들이 2012년 이후 최초의 강제입원을 심사하는 국가기관으로 법원이나 입원적합성심사위원회 등을 두는 정신보건법 개정안을 발의하였고, 그 중 정신건강복지법은 최종적으로 국립정신병원 산하에 두는 입원적합성심사위원회를 통해 최초입원의 적합성을 심사하는 제도를 도입하여 2018. 5. 30.부터 시행하고 있다.

(2) 입원적합성심사위원회의 개념

입원적합성심사위원회는 국가기관인 국립정신병원이나 대통령령으로 정하는 기관(정신의료기관 또는 정신질환 관련 전문기관 중 보건복지부장관이 정하여 고시하는 기관)에 설치되어 보호입원(보호입소를 포함한다. 이하 같다)이나 행정입원의 입원적합성 여부를 결정하는 합의체 심사기관이다. 이를 분설하여 보면 다음과 같다.

1) 소속: 국립정신병원 부설기관

입원적합성심사위원회는 독립되어 있지 않고, 국립정신병원에 종속되어 설치되는 기관이다. 이는 국제연합의 MI 원칙에서 요구하는 강제입원심사기관의 독립성 요건을 충족하지 못하는 사유가 된다.

입원적합성심사위원회는 법령상 국립정신병원 외에도 보건복지부장관이 정하는 정신의료기관이나 정신질환 관련 전문기관 중 보건복지부장관이 정하여 고시하는 기관에 둘 수 있다. 2018년 기준으로는 전국의 5개 국립정신병원(국립정신건강센터, 국립춘천병원, 국립공주병원, 국립부곡병원, 국립나주병원)만을 입원적합성심사위원회 설치가 가능한 기관으로 두고 있어 현재 입원적합성심사위원회는 모두 국립정신병원 부설기관으로 되어 있다.

국립정신병원은 입원심사를 받아야 하는 기관임에도 불구하고 그 부설로 입원심사기관인 입원적합성심사위원회를 두는 것은 독립성이나 중립성을 보장하기에는 제도적으로 문제가 있다.

2) 업무: 보호입원 및 행정입원의 최초입원심사와 조사

입원적합성심사위원회의 업무는 보호입원 및 행정입원의 최초입원에 대한 심사를 하는 것이다. 심사업무를 구체적으로 맡는 기관은 입원적합성심사위원회 내부에 심사업무를 전담하는 입원심사소위원회이다. 입원적합성심사는 최초입원의 적법성과 필요성, 향후입원의 필요성, 입원처우의 적정성 여부를 심사하여야 하기 때문에 입원과정에서의 위법여부와 입원필요성 여부에 대한 조사도 함께 이루어진다.

3) 방식: 합의체 의결기관

입원적합성심사위원회는 30여 명 이내의 위원으로 구성되어 있지만 입원심사는 각 위원들을 몇 개의 입원심사소위원회로 나누어 입원심사소위원회라는 합의체 기관이 입원심사를 하여 다수결로 입원심사의 적합여부를 결정한다.

나. 위원회의 법적 성격

(1) 강제입원심사기관

입원적합성심사위원회는 보호입원과 행정입원이라는 강제입원을 심사하는 기관이다. 자발적 입원인 자의입원이나 동의입원은 심사대상이 아니다. 보호입원이나 행정입원으로 입원되는 경우에는 관할 입원적합성심사위원회에 신고할 의무가 있으므로 응급입원을 제외한 정신건강복지법에 근거한 모든 강제입원은 심사대상이 된다.

(2) 최초입원심사기관

정신건강복지법은 최초입원심사기관으로 입원적합성심사위원회를 신설하였고, 입원연장심사기관으로는 구 정신보건법에 있던 정신보건심판위원회를 정신건강심사위원회로 이름을 바꾸어 존치시켰다. 그러나 사실상 두 입원심사기관은 그 목적과 역할, 조직구성 등이 유사한 합의체 심사기관이어서 하나로 통일시켜(예컨대, 정신건강심판원) 독립된 준사법기관으로 탈바꿈시킬 필요가 있다.

(3) 강제입원조사기관

입원적합성심사위원회는 입원적합성심사를 위한 근거자료를 확보하기 위해 조사원을 두어 입원심사대상인 정신의료기관이나 정신요양시설 내 환자와 입원과정 및 처우에 대한 조사를 할 수 있다.

다. 위원회의 기능

(1) 심판기능

입원적합성심사위원회는 입원의 적합이나 부적합 여부를 판단하여 결정하는 심판기능을 한다. 즉, 스스로 심사하여 결정하는 준사법적 기능을 가지고 있다. 이러한 심판제도는 합의체 위원회의 결론을 내리기 위해 당사자들의 주장이나 증거를 바탕으로 한 절차를 보장하고, 그 심판대상자의 절차적 기본권과 재판청구권을 보장하는 역할을 한다.

(2) 인권보장기능

입원적합성심사위원회는 인권보장기능을 한다. 특히 환자의 동의 없이 신체의 자유를 제약하는 강제입원이나 강제치료는 독립된 국가기관에 의한 심사와 결정(승인) 없이 이루어지는 경우 환자의 신체와 인격에 대한 침해가 빈발할 수 있기 때문에 국가는 제도적으로 이러한 입원심사기관을 두어야 할 의무가 있다.

특히 우리 헌법은 신체의 자유를 제약하는 경우(체포나 구속) 그 적부(適否)의 심사를 법원에 청구할 수 있는 권리를 헌법상 기본권으로 보장하고 있다. 이에 근거해 2008년 「인신보호법」이 시행되었으나 인신보호청구는 입원환자가 개별적으로 법원에 청구를 하여야 하는 어려움이 있어 정신건강복지법은 그러한 청구가 없더라도 자동적으로 입원적합성심사위원회가 심사를 하도록 보장하여 입원환자의 권리보장을 할 수 있도록 하였다.

2. 입원적합성심사 관련 권리고지

가. 권리고지의 의미와 기능

보호입원과 행정입원은 원칙적으로 환자 본인의 동의 없이 이루어지는 입원이기 때문에 강제적 이송, 물리적 제압, 격리·강박 조치, 강제적 약물주입 등의 일이 흔하게 발생하고, 그 과정에서 불법적이거나 과도한 강제조치들도 발생한다. 그러나 입원환자가 이를 국가기관에 알릴 외부적 연락방법마저 제한되고, 법의 권리구제방법도 알지 못하는 경우가 대부분이다.

이러한 강제입원의 실제 상황을 고려하여 법은 환자가 강제입원된 직후(응급입원은 제외함) 정신의료기관의 장이 입원적합성심사와 관련된 사항에 대해 구두 및 서면으로 고지하고, 조사원 대면조사신청의사를 구두 및 서면으로 확인할 의무를 규정하고 있다(법 제45조 제1항).

이러한 권리고지의무의 기능은 ⅰ) 강제입원된 환자에게 국가기관을 통한 권리구제방법을 알려주고, ⅱ) 정신의료기관 외부의 독립된 국가조사기관인 조사원을 대면해 자신의 주장을 전달할 기회를 제공하며, ⅲ) 정신의료기관의 위법행위를 예방하는 기능을 한다.

나. 권리고지의 주체와 상대방

(1) 권리고지의 주체

권리고지를 해야 할 의무는 보호입원이나 행정입원을 하는 정신의료기관의 장에게 있다. 구체적으로는 정신의료기관의 직원 중 권리고지를 실제 이행해야 할 담당직원을 지정하여 의무를 이행하도록 하지만, 그 담당자가 권리고지를 안 한 경우에는 기관이나 시설의 장이 그 법적 책임을 부담하게 된다.

(2) 권리고지의 상대방

권리고지의 상대방은 보호입원이나 행정입원을 하는 환자이다. 환자의 보호의무자에게 권리고지를 하는 것으로 환자에 대한 권리고지를 대신할 수 없다. 보호의무자에게는 별도로 법 시행규칙 제2조 제1항을 통하여 권리고지를 할 의무가 입원 정신의료기관의 장에게 부여되어 있다.

권리고지를 받는 상대방이 그 권리고지의 내용을 이해하거나 조사원 신청 등을 스스로 할 능력이 향후 지속적으로 없다고 정신의료기관측에서 주관적으로 판단하더라도 권리고지를 생략해서는 안 되며, 다만 그 능력부족 등의 사유를 권리고지 서면에 기재해 보관해 둘 필요가 있다.

다. 권리고지의 시기와 방법

(1) 권리고지의 시기

법은 보호입원환자나 행정입원환자에 대해 입원 '즉시' 정신의료기관의 장이 권리고지를 하도록 규정하고 있다. 여기서 '즉시'라 함은 보호입원의 경우에는 정신의료기관의 장이 보호입원에 대한 결정을 한 직후이고, 행정입원의 경우에는 정신의료기관의 장이 시·군·구청장으로부터 진단을 위한 행정입원을 의뢰받아 실제 환자가 입원된 직후를 말한다. 실제 정신의료기관의 장의 보호입원결정이 없다고 하더라도 환자를 보호입원시킨 사실을 통해 정신의료기관의 장의 보호입원결정은 추단된다고 할 것이므로 이 경우에는 보호입원된 직후에 권리고지를 하여야 한다.

한편, 환자가 주취상태에서 입원한 경우나 심각한 정신증상으로 인해 입원한 경우와 같이 입원 직후 권리고지를 받을 경우 그 내용을 이해하여 판단하거나 결정할 수 없는 경우라면 술이 깨거나 증상이 안정된 시기에 권리고지를 받아야 한다. 이 경우 권리고지가 지연될 수 있는데, 그 지연은 입원적합성심사위원회에 3일 이내 신고를 해야 하는 점과 그 신고사항 중에 조사원대면조사 신청의사 여부를 확인해서 신고해야 하므로 입원적합성심사위원회 신고 전까지는 권리고지가 필요하다. 만약 이렇게 권리고지를 할 때에도 환자의 정신적 상황이 권리고지의 이해나 대면조사원 신청을 위한 결정이 어렵다고 판단되는 경우에는 그 사유를 기재해 보관해 둘 필요가 있다.

(2) 권리고지의 방법

1) 관련규정

규칙에 따르면 i) 입원사유 외에 입원적합성심사위원회 심사에 관한 사항, 조사원 대면조사 신청에 관한 사항을 ii) 강제입원환자와 그 보호의무자에게 알리도록 규정하고(규칙 제2조 제1항 제1호 및 제2호), iii) 그 권리 및 권리행사방법을 서면으로 알리면서 구두로 설명하도록 규정하고(규칙 제2조 제2항), iv) 그 권리행사에 필요한 서류를 정신의료기관이나 정신요양시설 내에 비치하도록 규정하고 있다(규칙 제2조 제3항).

2) 서면 및 구두고지

권리고지의 방법은 구두 및 서면으로 이루어져야 한다. 통상 권리고지 서면을 제공하면서 구두로 그 내용을 함께 설명하여 환자가 이해할 수 있도록 하여야 한다. 권리고지를 하는 입원기관 내 직원이나 담당자가 지정되어 그 내용을 스스로 이해하고서 전달해야 하며, 단순한 서류전달만으로는 법이 정한 구두고지방법의 하나로 볼 수 없다. 구체적 권리고지의 방법은 예컨대, 보험모집원이 보험계약을 설명하며, 서류를 보여주고서 서명을 받는 것처럼 입원기관의 직원이 권리고지 내용을 설명하고, 권리고지서를 보여주어 제공하고, 권리고지확인서에 환자 자필 서명을 받으면 된다.

3) 고지의 확인방법

권리고지가 구두 및 서면으로 되었음을 증명하는 방법은 정신의료기관 담당자가 설명한 후 권리고지서면을 제공하고서 권리고지확인서에 "직원으로부터 언제, 어디서 입원사유, 입원적합성심사절차에 대한 설명을 받고, 대면조사원 신청의사 여부에 대한 질문을 받고서 신청(불신청)을 하였음을 확인합니다"라는 취지의 서면을 받아 보관할 필요가 있다. 정신의료기관측에서는 이러한 권리고지확인서면으로 법이 정한 권리고지 방법과 내용을 모두 이행하였음을 입증할 수 있다.

라. 권리고지의 내용

보호입원이나 행정입원된 환자에 대해서는 아래의 각 내용을 고지하고, 조사원 대면조사신청의사에 대해서는 그 신청의사의 확인까지 받아야 한다.

(1) 입원사유의 고지

법은 입원사유를 고지하도록 규정하고 있다(법 제45조 제1항). 보호입원이나 행정입원 모두 법상에 추상적으로 규정된 입원요건은 '입원치료 필요성' 및 '자·타해 위험성'이며, '자·타해 위험성'과 관련한 구체적 내용은 법 시행규칙 제34조 제2항 각 호에서 규정하고 있다.

따라서 정신의료기관의 장은 해당 입원환자의 입원사유가 법령상 몇 호에 해당하고, 그 근거가 무엇인지를 고지해 줄 필요가 있다. 예컨대, '환자는 자살시도를 하는 등 본인의 건강이나 안전에 중대한 위험이 있어 정신건강복지법 시행규칙 제34조 제2항 제4호에 따라 입원되었습니다'라고 하여 그 법령상 해당조문과 근거(자살시도 등)를 제시해 줄 필요가 있다.

(2) 입원적합성심사의 고지

법은 입원적합성심사위원회의 입원적합성심사를 받을 수 있다는 사실을 강제입원환자에게 구두 및 서면으로 고지하도록 규정하고 있다(법 제45조 제1항). 이러한 심사절차의 고지는 환자에게 신체적 자유가 제한되어 있는 상태에서 국가기관에 의한 심사절차를 통해 수용해제가 가능할 수 있음을 알려주어 적극적으로 심사를 준비하도록 하는 기능을 한다.

(3) 조사원 대면조사신청의사의 확인

법은 강제입원환자에 대해 조사원의 대면조사 신청의사를 구두 및 서면으로 확인할 의무를 부과하고 있다. 이는 단순한 권리고지와 설명을 할 의무에서 더 나아가 강제입원환자에 대해 조사원을 통한 대면조사신청의사까지 확인하여 환자가 자신의 주장을 국가기관인 조사원에게 호소할 수 있도록 한 것이다.

모든 강제입원에 대해 국가의 조사원이 정신의료기관을 방문하여 환자의 상태나 입원의 적법성을 조사할 필요가 있다고 볼 수는 없지만 적어도 입원심사기관이 형식적 서면심사만 하는 정신건강복지법의 입원심사방식만으로는 환자의 의견이 제대로 전해질 수 없다. 그러한 이유로 정신건강복지법은 강제입원환자의 대면조사신청권을 인정하고 있다. 이는 강제입원환자의 권리이기 때문에 정신의료기관의 장은 조사원대면조사 신청권이 있음을 알리고, 환자에게 그 신청의사가 있는지 여부를 확인하여 입원적합성심사위원회에 환자의 대면조사 신청여부를 신고하여야 한다.

■ 정신의료기관 보관용

권리고지 등 확인서

※해당되는 [ ]에 ✓표시를 하시기 바랍니다.

환자	성명	생년월일 (남, 여)	연락처
	주소		

입원 기관	기관명	정신의료기관의 장(성명)
	주소	연락처

위 환자는

「정신건강복지법」 제6조 및 같은 법 시행규칙 제2조제2항에 따라 참고서식 제1호에 따른 권리의 내용을 설명하여 교부받고, 다음과 같이 조사원 대면조사 신청의사를 질문받아 신청 여부를 아래와 같이 결정하였음을 확인합니다.

※ 진하게 칠해진 부분은 환자가 직접 작성하여야 하는 부분입니다. 환자가 작성불능인 경우에는 그 사유를 확인담당자가 기재할 수 있습니다. 정신의료기관은 환자에게 권리고지 확인서를 작성하게 한 후 정신의료기관에서 보관하여야 합니다.

조사원 대면조사	[ ] 신청함 [ ] 신청 안 함 [ ] 신청불능(사유:)
고지일시: 년 월 일 시 분	환자 성명 (서명 또는 인)
서명 불능 사유	[ ] 서명거절 [ ] 서명불능(사유:)

확인담당자	작성일 년 월 일	성명 (서명 또는 인)

※ 환자에게 위의 권리들을 고지하지 않는 경우 정신의료기관의 장에게 법 제89조제1항제1호에 따라 100만 원 이하의 과태료가 부과됩니다.

마. 권리고지의 확인방법(권리고지 서식)

정신의료기관의 장은 강제입원환자에게 권리고지를 하지 않으면, 뒤에서 보는 바와 같이 민사상 손해배상책임이나 과태료의 제재를 받기 때문에 권리고지사실을 확인할 수 있는 서류를 보관해 두는 것이 필요하다. 특히, 민사상 손해배상소송이나 과태료 제재에 대비해 법령상 권리고지의무를 이행한 사실을 증명하기 위해서는 일정한 서식을 마련하여 환자의 권리고지확인을 받아두는 것이 필요하다.

현재 보건복지부가 마련한 정신건강복지법 참고서식 제1호 서식(권리고지)[150]은 단순히 조사원 대면조사신청권이 있음을 알리는 서면고지만 되어 있고, 그 대면조사신청의사를 확인하지는 않고 있어 위 서류를 제공했다는 사실만으로는 환자의 조사원 대면조사 신청의사를 서면으로 확인한 것은 아니다. 따라서 위 참고서식의 제공만으로 과태료 제재를 막을 수는 없다. 따라서 위 참고서식 외에 환자의 조사원 대면조사 신청의사를 확인하는 권리고지 확인서를 추가하는 것이 필요하다.

바. 권리고지 위반 시 제재

(1) 민사상 손해배상책임

정신의료기관의 장이 조사원 대면조사신청권이 있음을 알리지 아니하거나 환자가 신청의사가 있음에도 불구하고 입원적합성심사위원회에 조사신청의사가 없다고 허위로 신고하는 경우 환자의 조사원 대면조사신청권을 침해하는 것이 되어 불법행위로서 손해배상책임을 부담한다. 실제 구 정신보건법 하에서 입원연장사유 서면통지의무를 미이행한 것에 대해 환자의 퇴원심사청구의 기회를 박탈하거나 제한하는 결과가 된다고 하여 위자료를 인정한 판결이 있다.[151]

(2) 과태료 부과

법 시행규칙은 ⅰ) 입원사유 외에 입원적합성심사위원회 심사에 관한 사항, 조사원 대면조사 신청에 관한 사항을 강제입원환자와 그 보호의무자에게 알리도록 규정하고(제2조 제1항 제1호 및 제2호), ⅱ) 그 권리 및 권리행사방법을 서면으로 알리면서 구두로 설명하도록 규정하고(제2조 제2항), ⅲ) 그 권리행사에 필요한 서류를 정신의료기관이나 정신요양시설 내에 비치하도록 규정하고 있다(제2조 제3항).

---

150) 보건복지부 및 국립정신건강센터, 「2017 정신건강복지법에 따른 입·퇴원절차 안내」, 2017, 99면.
151) 수원지방법원 2008. 1. 9. 선고 2008가단83512 판결.

위와 같은 사항에 대해 권리고지나 대면조사신청의사를 구두 및 서면으로 확인하지 않거나 권리행사에 필요한 서류를 비치하지 않은 경우에는 100만 원 이하의 과태료 부과대상이 된다(법 제89조 제1항 제1호).

3. 입원신고

가. 입원신고의 의의

(1) 입원신고의 개념

정신건강복지법 제45조 제2항에 따른 '입원신고'라 함은 보호입원이나 행정입원이 이루어진 경우(전환된 경우도 포함한다) 입원 정신의료기관의 장이 국가기관이라 할 수 있는 입원적합성심사위원회에 환자의 인적사항 등 일정한 사항을 입원 후 3일 이내에 신고하는 것을 말한다. 입원신고의 대상은 보호입원, 보호입소 또는 행정입원을 하거나 그와 같은 입원이나 입소로 전환된 환자에 관해 법령이 규정한 사항이다.

따라서 보호입원이나 행정입원이라고 볼 수 없는 재입원들, 예컨대 강제입원환자의 임시퇴원이나 가퇴원 후 복귀하는 경우, 강제입원환자가 치료를 위하여 다른 과나 다른 기관으로 이송된 후 복귀하는 경우, 강제입원환자가 단기간의 휴가를 얻어 나갔다가 복귀하는 경우 등은 신고대상이 아니라 할 것이다.

보호입원에서 행정입원으로의 전환, 행정입원에서 보호입원으로의 전환은 입원유형이 달라지고, 그 입원결정권자나 동의권자 등이 달라지기 때문에 새로운 입원신고를 하여야 한다.

(2) 입원신고의 기능

구 정신보건법 하에서는 환자의 강제입원 후 6개월 뒤인 입원연장심사 전까지는 강제입원 사실을 국가조차 알 수 없어 사실상 환자의 신체가 장기간 정신의료기관에 맡겨져 있으면서 여러 가지 문제가 발생하였다. 이에 정신건강복지법에서는 강제입원 신고제도를 두어 강제입원이 최초부터 국가의 감독 하에 이루어지도록 하였다. 입원신고는 다음과 같은 기능을 한다.

i) 강제입원사실을 국가에 알려 국가의 입원심사를 시작하게 하는 기능
ii) 향후 입원심사에 있어 환자의 상태에 대한 정보와 자료를 제공하는 기능
iii) 환자의 대면조사신청 등을 입원심사기관에 알려 환자의 절차적 기본권을 보

장하는 기능

나. 입원신고의무의 주체

강제입원에 대한 신고의무의 주체는 정신의료기관의 장이다. 따라서 정신의료기관의 장은 보호입원환자의 입원을 결정하거나 행정입원환자의 입원이 의뢰되면 그 입원을 신고하여야 한다. 보호입소의 경우는 정신요양시설의 장에게 신고의무가 있다.

다. 입원신고의 방식

입원신고의 방식에 대해서는 법령에 별도로 규정된 것이 없다. 다만, 정신건강복지법은 입원 및 퇴원을 관리하기 위하여 국가 입·퇴원관리시스템을 구축하도록 하고 있고, 정신의료기관의 장이 강제입원에 대해 신고한 내용 및 퇴원 관련 사항을 등록할 의무를 부과하고 있다(법 제67조 제2항).

정신건강복지법 시행 이후 보건복지부는 실제 입원신고를 서면으로 할 필요 없이 국가 입·퇴원관리시스템 홈페이지(www.amis.go.kr)에 접속하여 입원사항을 신고하도록 하고 있다. 이는 신고의무를 이행하는 것임과 동시에 법에서 요구하는 등록의무도 함께 이행하는 것이 된다.

라. 입원신고의 기간

(1) 기산점(입원한 날)

입원신고는 입원한 날부터 3일 이내에 하여야 한다. 여기서 '입원한 날'이라 함은 보호입원이나 행정입원을 한 날을 의미하며, 보호입원이나 행정입원으로 전환된 날도 포함한다.

동일한 입원의료기관 안에서 동의입원에서 보호입원으로 전환되는 경우라면 그 입원전환시점은 보호입원신청서가 제출되어 보호입원 진단요건에 따른 진단을 하고서 정신의료기관의 장이 새로운 입원유형(보호입원)으로 결정한 시점을 보호입원 전환시점으로 보아야 한다. 그러나 따로 정신의료기관의 장의 입원결정이라 볼 만한 내부적 의사결정이 없다면 이미 동의입원 중인 환자에 대해 보호의무자 2명 이상의 신청이 있고, 보호입원에 부합한다는 진단이 확정되면 그 시점에서 보호입원으로의 전환이 있다고 볼 수밖에 없다.

(2) 입원신고 기간(3일)

입원신고의 기간은 입원한 날부터 3일 이내이다. 기간이나 기일에 대해서는 민법규정이 적용된다고 볼 것이므로 입원한 첫 날은 불산입된다(민법 제157조, 초일 불산입의 원칙). 그 입원일을 제외하고 3일 이내이며, 기간의 말일이 토요일 또는 공휴일에 해당하는 때에는 그 다음날로 만료한다(민법 제161조). 따라서 화요일에 입원된 환자는 초일을 불산입하여 금요일 24시가 신고만료시점이지만, 수요일에 입원된 환자는 토요일과 일요일을 지나 월요일 24시가 신고만료시점이 된다. 기간의 말일이 주말에 걸리는 경우에만 그 다음 날 만료되는 것이어서 목요일이나 금요일에 입원된 환자는 모두 월요일 24시가 신고만료 시점이 된다.

(3) 입원신고기간 도과의 문제

보호입원이나 행정입원 후 정신의료기관의 장이 3일 이내에 입원신고를 하지 않는 경우를 막기 위해 형벌규정을 두고 있다(법 제84조 제4호). 형사처벌을 하는 것은 별론으로 하고서 만약 입원신고 기간이 도과된 후에 신고를 하는 경우 그 신고를 접수하거나 전산상 입원등록이 가능하도록 할지 문제가 된다. 예컨대, 보호입원이나 행정입원을 한 지 1개월이 지났는데도 입원신고가 되지 않아 입원적합성심사위원회가 1개월 내 입원적합성심사를 할 수 없게 만들고서 1개월이 지난 이후에야 입원신고를 하는 경우 입원적합성심사위원회가 입원신고를 수리하고, 입원신고사항을 정신의료기관의 장이 등록하게 할 수 있도록 할지 문제가 된다.

생각건대, ⅰ) 입원신고기간을 도과하게 되면 그 자체로 의무위반이 되는 것이고, 신고기간이 도과되어 신고한다고 하더라도 이미 법 제45조 제2항의 신고의무위반사실이 치유되는 것은 아닌 점, ⅱ) 이미 신고기간이 도과된 후 신고나 등록을 허용하게 할 경우 지정진단의사의 진단, 조사원 조사, 입원적합성심사위원회의 심사도 모두 지연되거나 누락된 채로 입원 후 1개월이 도과된 상황이 될 수도 있는 점, ⅲ) 우리 대법원은 입원과정의 위법이 있는 경우 그 하자의 치유를 인정하지 않고 있는 점 등을 고려한다면 입원신고기간 도과 후 신고된 경우에는 그 신고를 수리하거나 등록을 허용하여 합법적으로 심사를 진행하는 것은 허용될 수 없다. 따라서 그러한 사실을 입원적합성심사위원회가 사후적으로 확인한 경우에는 환자에 대해서는 입원절차상 부적법을 이유로 입원부적합판정을 하여 퇴원조치를 명하여야 할 것이다.

마. 입원신고사항의 내용

(1) 법령상 입원신고사항

1) 정신건강복지법

법은 입원신고사항으로 다음의 각 내용을 정신의료기관의 장이 신고하도록 규정하고 있다(법 45조 제2항).

i) 입원환자의 주민등록번호를 포함한 인적 사항
ii) 입원일자
iii) 진단명
iv) 입원필요성
v) 대면조사 신청여부
vi) 그 밖에 대통령령으로 정하는 사항

2) 정신건강복지법 시행령

법의 위임규정에 따라 법 시행령은 다음의 각 사항을 신고사항에 추가하고 있다(영 제21조).

i) 동의입원이나 응급입원에서 보호입원이나 행정입원으로의 전환 여부
ii) 보호의무자가 있는 경우 그 성명, 주소, 주민등록번호, 연락처 및 환자와의 관계
iii) 정신의료기관 또는 정신요양시설의 명칭, 소재지 및 연락처
iv) 그 밖에 위 각 호의 규정에 준하는 사항으로서 보건복지부장관이 특히 필요하다고 인정하여 고시(告示)하는 사항

3) 보건복지부장관의 고시(입원신고서식)

위 시행령에서 말하는 '고시(告示)'라 함은 행정기관에서 국민들이 알 수 있도록 서면으로 알리는 것을 말하는데, 법령을 통해 보건복지부장관에게 구체적 사항을 정할 수 있는 권한을 부여하였으므로 근거법령 규정과 결합하여 대외적으로 구속력이 있는 법규명령으로서의 효력을 가진다.[152)] 현재 보건복지부는 입원신고서(참고서식 제10호 서식)[153)]를 두어 그 구체적 신고사항의 내용을 규정하고 있다.

---

152) 대법원 1999. 6. 22. 선고 98두17807 판결, 대법원 1999. 11. 26. 선고 97누13474 판결, 대법원 2015. 9. 10. 선고 2013두25856 판결 등.

(2) 신고사항의 내용과 규정취지

현재 입원신고사항은 앞서 본 국가 입·퇴원 관리시스템 홈페이지에 접속해 일정한 사항을 입력하는 것인데, 여기에서는 입원신고서(참고서식 제10호)를 바탕으로 그 구체적 내용과 그 신고를 하도록 한 입법취지를 보면 다음과 같다.

1) 신고기관에 관한 사항

신고기관과 관련된 신고사항은 '명칭, 연락처, 신고일, 행정담당자, 담당의사, 입력담당자, 주소 및 입원기관의 유형'이다. 위와 같은 신고기관에 관한 사항은 입원정신의료기관에 관한 사항이어서 기관과의 연락담당자 외에 입원신고일자를 확인할 수 있도록 하여 입원신고기간(3일) 도과 여부를 확인할 수 있게 한다.

2) 환자에 관한 인적 사항

환자 인적사항과 관련된 신고사항은 '성명, 주민등록번호, 주소, 직업, 연락처, 진단명, 최초 발병시기, 최근 발병일, 입원일자, 최근 퇴원일자, 최근 퇴원기관, 입원 횟수, 기존 입원기간, 보험환자 또는 급여환자 여부(급여 1종, 급여 2종, 보험, 기타)'이다.

위와 같은 환자에 관한 인적사항과 입·퇴원 이력, 기존 입원기간이나 최근 퇴원일자, 진료비용의 지급방법(의료급여 또는 건강보험) 등은 환자의 기존 치료나 향후 치료의 효과, 경제적 상황 등을 파악할 수 있게 하여 입원적합성심사의 자료로 활용된다.

특히, 최근 퇴원일 등이 기재되어 있어 입원환자가 퇴원 후 바로 입원된 것인지 여부를 심사기관이 확인할 수 있게 만들어 환자가 회전문 입원을 하거나 반복적 입원을 한 것인지 판단할 수 있도록 한다. 이는 입원심사기관의 퇴원명령이나 법원의 수용해제명령에 따라 퇴원된 직후 다시 입원되는 불법적 입원을 방지할 수 있게 한다.

3) 입원유형

입원신고사항에는 입원유형(보호입원, 보호입소, 행정입원)을 체크하도록 되어 있는데, 이는 입원결정의 주체(정신의료기관의 장인지 시·군·구청장인지), 입원요건의 구분(치료필요성인지 요양필요성인지), 입원비용의 부담문제, 입원신청권자의 구분(보호의무자인지 정신건강전문요원인지) 등의 기준을 제시해 준다.

---

153) 보건복지부 및 국립정신건강센터, 「2017 정신건강복지법에 따른 입·퇴원절차 안내」, 2017, 108-109면.

4) 입원에 필요한 증빙서류 구비여부

입원적합성심사위원회에 입원신고를 할 때에는 적법한 강제입원임을 정신의료기관의 장이 스스로 확인하여 신고하여야 한다. 따라서 보호입원의 경우에는 적법한 보호의무자(권한 있는 후견인이나 부양의무자)의 신청이 있어야 하고, 그 증빙서류로 법원의 정신병원 등 입원에 대한 사전허가(후견인의 경우)나 가족관계증명서 등(보호의무자의 경우)을 구비하고, 입원신고할 때 이를 스캔 등을 해 제출할 필요가 있다.

2018. 5. 30. 입원적합성심사제도 시행 이후에 보면, 위와 같은 적법한 보호입원 입증을 위한 구비서류를 입원신고를 할 때 정신의료기관의 장이 따로 스캔하여 제출하는 경우가 대부분이다. 입원적합성심사위원회가 입원의 적법성 여부를 심사해야 하고, 정신의료기관의 장은 입원의 적법성을 입증할 책임이 있는 이상 그 보호입원이나 행정입원 시 필요서류들(예컨대, 입원신청서, 가족관계증명서, 후견등기사항증명서, 가정법원 입원허가결정서, 시 · 군 · 구청장의 진단의뢰서 또는 입원의뢰서 등)을 스캔하여 국가 입 · 퇴원관리시스템에 접속해 신고사항 입력 시 의무적으로 첨부하도록 할 필요가 있다. 그렇지 않고서는 입원적합성심사위원회가 입원의 적법성을 심사할 수 있는 자료를 직접 확인할 방법이 없고, 입원적합성심사위원회는 입원의 적법성 여부를 알지도 못한 채 승인해야 하는 문제점이 발생할 수밖에 없다.

5) 조사원 대면조사 신청여부

입원신고사항으로 정신의료기관의 장은 환자에게 조사원 대면조사신청 여부에 관해 구두로 설명하면서 그 서면을 제공한 후 환자로부터 조사원 대면조사 신청의사를 확인받아야 한다. 입원신고사항에는 환자가 조사원 대면조사를 원하는지 원하지 않는지 여부, 확인불능 여부를 체크할 경우에는 그 사유를 기재하여야 한다. 위 입원신고사항 또한 필요적 · 의무적 신고사항이기 때문에 의도적으로 누락하거나 기재하지 아니할 수는 없다.

특히, 환자가 조사원 대면조사신청의사를 표시하였음에도 정신의료기관측이 이와 다르게 기재하여 신고하거나 환자에게 대면조사신청의사를 확인하지도 않은 채 환자가 원하지 않았다고 하거나 의사 확인이 불가능하다고 기재하는 경우에는 국가기관이라 할 수 있는 입원적합성심사위원회에 허위의 사실을 신고 및 등록한 것이 된다. 이러한 행위는 입원적합성심사위원회 사무처리를 그르치게 할 목적으로 권리의무나 사실증명에 관한 전자기록 등을 위작 또는 변작한 것으로 형사처벌의 대상이 될 수 있다(형법 제227조의2 또는 제232조의2).

6) 환자의 증상

입원신고사항으로서 환자의 증상에 대해서는 '환각 · 망상, 흥분 · 혼미, 의식장애, 우울, 조증상태, 인격의 병적 상태, 행동조절장애, 기타' 등의 증상에서 복수의 선택이 가능하다. 이러한 환자의 증상은 '정신질환자'에 해당하는지 여부를 판단하는 자료가 된다.

다만, 현재의 입원신고사항(입원신고서식)에 따르면, 단순히 정신적 증상만 체크하도록 되어 있으나, 정신질환자 개념 및 강제입원 규정은 독립적으로 일상생활을 영위하는데 중대한 제약이 있을 경우에만 강제입원의 대상으로 삼고 있기 때문에 그와 관련된 사항(독립적인 일상생활 영위여부)에 대해서도 입원신고사항이나 진단결과서에 적어 입원요건을 확인토록 할 필요가 있다.

7) 위험성의 정도

환자에 대한 진단결과서는 환자의 위험성의 내용을 자해위험과 타해위험으로 나누고, 그러한 위험이 있는지 여부와 알 수 없는지 여부로 구분하고 있다. 자·타해 위험성 기준을 구체적으로 제시하고 있는 법 시행규칙은 '자 · 타해 위험'의 중대성, 직접성, 개연성, 상습성, 급박성 등을 요건으로 삼고 있다(제34조 제2항). 위와 같은 우리 법령의 자 · 타해 위험요건 심사기준을 고려해 볼 때 입원신고사항이나 진단결과서에 있어서도 위와 같은 법령에 따른 기준인 '중대성, 직접성, 개연성, 상습성, 급박성' 등 법 시행규칙의 요건 중 어디에 해당하는지 체크하는 방식으로 바꾸고, 그 구체적 근거와 사유 및 증빙자료를 제공하게 할 필요가 있다.

8) 치료 · 요양의 필요성

강제입원의 필수적 요건 중 하나가 환자의 입원치료나 입소요양의 필요성이다. 입원치료나 입소요양의 필요성은 가족의 부양 및 돌봄의 가능성과 정도, 지역사회 내 거주시설의 확보, 환자나 가족의 통원치료 의지에 따라 달라질 수도 있는 점을 고려해 단순히 주관적으로 치료 · 요양 필요성의 여부만을 기재할 것이 아니라 구체적으로 입원치료의 필요성을 소명할 수 있는 근거와 사유를 설명하여 기재할 필요가 있다.

9) 환자이송방법

입원신고사항(참고서식 제10호)으로 환자이송방법을 체크하도록 되어 있는데, 그 이송방법의 유형을 보면, '경찰관, 구급대원, 가족, 응급환자이송단, 환자의 자발적 내원, 동의입원 중 전환, 응급입원 중 전환, 기타'로 구성되어 있다.

강제입원의 경우 환자가 병원까지 호송되는 방법을 확인하는 것은 특별히 중요한 의미가 있다. 그 강제호송과정은 대체로 환자의 신체를 제압하여 이송하는 물리적 과정이 대부분이기 때문에 공적 물리력만이 환자의 강제입원의 적법성을 담보한다.

또한 대법원 판례가 구 정신보건법 이래로 환자에 대한 정신의료기관측의 물리력 행사는 환자를 대면진단하고서 정신과 전문의가 강제입원의 요건을 인정한 후 정신의료기관의 장이 입원을 결정한 후에야 비로소 가능한 것으로 판단[154]하고 있기 때문에 대면진단 이전의 환자호송과정의 물리력 행사는 금지되어 있다. 다만, 예외적으로 구급대원이나 경찰이 직무행사의 일환으로 환자에 대한 제지나 강제적 호송을 하는 것은 법령상 허용하고 있다.

최근까지 정신의료기관측이 역에서 노숙하는 환자를 데려오는 픽업팀을 운영하면서 차량을 통한 이송과 입원 시 담배나 생필품 등을 지원할 것을 약속하는 등으로 인해 영리목적 환자유인의 「의료법」 위반죄로 처벌받는 경우도 있어[155] 강제입원환자의 이송절차를 확인하는 것은 중요한 의미가 있다.

이는 법을 준수하는 정신의료기관이 불법적 경쟁행위(환자유인, 입원브로커를 통한 입원, 직접 의료기관의 차량을 이용해 강제로 환자를 호송하는 방법)를 하는 정신의료기관에 의해 환자를 빼앗기는 것을 막는 방법이 되기도 한다.

환자이송유형 중 경찰관이나 구급대원에 의한 병원이송은 「경찰관직무집행법」이나 「응급의료에 관한 법률」 및 「119구조·구급에 관한 법률」에 따라 행정상 긴급조치나 보호조치로서 제압 등의 물리력의 행사가 가능하지만, 가족이나 사설환자이송단은 그러한 물리력을 행사할 수 없고, 물리력 행사를 하는 경우에는 폭행이나 감금의 범죄를 저지르는 것이 된다. 이러한 불법적 물리력 행사는 지속적으로 법원이 형사처벌을 해 오고 있으나 경찰력이나 구급인력이 강제입원에 관여하는 것을 꺼려하면서 불법적 강제호송은 여전히 지속되고 있다. 이를 근절하기 위해서는 입원심사기관이 불법적 호송을 통한 입원을 법원에서와 같이 위법한 입원으로 판단하여 퇴원시켜야 한다.

실제 서울중앙지방법원은 모(母)가 자녀를 강제입원시키기 위해 사설응급업체에 이송을 요청하여 그 업체 직원이 강제로 결박해 병원으로 이송해 입원시키자 그 입원한 자녀가 인신보호청구를 한 사건에서 환자의 대면진단 없이 입원이 이루어졌고, 응급환자이송단이 결박하여 병원으로 이송한 행위는 위법하고, 그 후에 사후적

154) 대법원 2001. 2. 23. 선고 2000도4415 판결.
155) 대법원 2017. 8. 18. 선고 2017도7134 판결.

으로 보호입원의 요건을 충족시켰다고 하더라도 그 최초수용이 위법한 이상 이후 환자를 계속 수용할 필요성도 인정되지 않는다고 하였다.[156] 위와 같은 법원의 판결취지에 반하여 입원적합성심사위원회가 불법적 이송에 의한 입원을 확인하고도 적합하다고 판단할 경우 입원적합성심사위원회나 위원들 또한 법적 책임에서 벗어나기 어려울 수 있다.

10) 응급입원이나 동의입원에서 전환여부 및 전환일자

응급입원이나 동의입원에서 보호입원이나 행정입원으로 전환된 경우에는 그 전환시점으로부터 3일 이내에 입원신고를 해야 하기 때문에 입원신고의 기산점이 되는 전환일자를 신고사항으로 확인할 필요가 있다.

11) 입원예상기간

입원신고사항으로 환자의 향후 입원예상기간을 기재(등록)하도록 하고 있다. 그 입원예상기간은 '2주 이내, 1개월 이내, 3개월 이내 또는 3개월 이상'으로 구분하여 그 중 하나에 체크하도록 되어 있으며, 위 각 입원예상기간은 지정진단의사의 진단이 불필요한 입원(2주 이내), 입원적합성심사위원회의 심사가 불필요한 입원(1개월 이내), 입원연장심사가 불필요한 입원(3개월 이내) 등을 미리 예측할 수 있게 하고, 입원기관에서도 최초 입원시부터 환자에 대한 입원치료계획을 세울 수 있도록 하기 위한 것이다.

12) 신체적 장애나 알코올·약물중독 여부

입원환자 중에는 정신질환 외에 고령이나 기존의 질병 등으로 인해 다른 과의 협진이나 도움을 받아야 할 사람도 있다. 입원 정신의료기관에서도 환자가 알코올중독이나 약물중독을 가지고 있거나 다른 신체적 장애나 질환이 있을 경우 그 입원치료나 요양과정에서 특별한 주의를 기울이도록 하고, 입원의 적합여부를 판가름할 때에도 고려사항이 될 수 있도록 신고사항으로 규정한 것이다.

13) 보호의무자에 관한 사항

보호입원의 경우에는 보호의무자가 원칙적으로 2명 이상 필요하고, 행정입원의 경우에는 입원의 필수적 요건은 아니지만 통상 환자의 부양의무자인 보호자를 적도록 하여 향후 퇴원계획이나 지원계획을 세울 수 있도록 보호의무자를 신고하도록 규정하고 있다. 보호의무자에 대한 신고사항은 주로 인적 사항으로, '성명, 생년월일

---

156) 서울중앙지방법원 2016. 3. 30.자 2016인1 결정(윤태호, "판례해설 - 보호의무자에 의한 정신병원 입원 시 강제이송의 가부", 「법률신문」 2016. 4. 20.에서 재인용).

및 성별, 주소, 연락처, 환자와의 관계' 등이다. 보호입원 신청이 가능한 보호의무자는 환자의 직계혈족, 배우자, 생계를 같이 하는 친족인데, 현재의 입원신고사항만으로는 선순위자가 있는지 없는지, 실제 적법한 보호의무자인지 여부를 알 수 없어 입원신고를 할 때에 입원신청 시에 첨부한 가족관계증명서 등을 입·퇴원관리시스템에 스캔하여 첨부해 신고(등록)하는 것이 요구된다. 2018년 5월 입원적합성심사위원회 운영 이후부터는 보호의무자 자격 관련 서류를 스캔해 입원신고(등록) 시에 첨부하는 경우가 많아지고 있다.

14) 후견인에 관한 사항

후견인이 보호의무자인 경우 그 후견유형(성년후견, 한정후견, 특정후견, 임의후견), 가정법원 사전허가 여부, 후견관할 가정법원의 명칭, 후견관련 사건번호를 신고사항으로 하고 있다. 후견인에 관해서도 보호의무자와 같이 그가 적법한 권한 있는 자인지 여부를 증빙서류(후견등기사항증명서, 가정법원의 정신병원 입원에 대한 사전허가 결정 등)를 신고(등록)할 필요가 있다.

한편, 후견인이 보호의무자인 보호입원이 입원적합성심사위원회에 신고되는 경우 입원적합성심사위원회는 관할 가정법원에 입원사실 등을 통지하여야 하기 때문에(법 제47조 제1항) 입원신고사항으로 관할 가정법원의 명칭과 후견관련 사건번호, 후견유형 등을 기재할 것을 요구하고 있다.

15) 환자지정 보호의무자(필요시 입력)

보건복지부가 제정한 보호입원신고서식(참고서식 제10호)에는 환자지정 보호의무자를 필요 시(존재하는 경우) 신고사항으로 규정하고 있다. 이는 강제입원을 당한 환자가 자신을 지원해 줄 보호의무자가 있는 경우 환자에게 이를 지정하도록 하고 환자나 정신의료기관측에서 그 보호의무자에게 연락하여 지원을 요청할 수 있도록 하는 제도이나 실제 하위법령 입법과정에서 이러한 환자지정 보호의무자 제도에 관한 논의에도 불구하고 삭제되는 바람에 현재로서는 임의적 신고사항이라 할 수 있다.

16) 입원의뢰기관

행정입원의 경우 그 입원을 의뢰하는 기관은 시·군·구청장이다. 행정입원은 시·군·구청장이 입·퇴원에 대한 결정권을 가지기 때문에 입원적합성심사위원회도 어느 시·군·구에서 입원의뢰를 하였는지 알고서 그 절차나 입원 필요성에 대해 확인할 필요가 있어 의뢰기관인 시·군·구의 명칭, 담당자, 연락처, 주소 등을 확보할 수 있도록 신고사항으로 넣은 것이다.

바. 입원신고 및 등록의무 위반 시 제재

(1) 형벌규정

1) 입원신고의무위반

입원신고는 정신의료기관의 장이 입원 후 3일 이내에 입원적합성신고위원회에 신고해야 한다. 입원신고의무의 이행을 담보하기 위하여 형벌규정이 있다(법 제84조 제4호). 입원신고의 방식은 국가 입·퇴원관리시스템에 입력하는 방식으로 이루어지기 때문에 그 입력과 동시에 신고가 접수되는 것이므로 그 입력일이 원칙적으로 신고접수일로 간주된다. 입원신고에 대한 입력을 허위로 하거나 고의로 누락한 경우에 대해서는 따로 정신건강복지법에 처벌규정은 없으나 일반법인 형법에 따라 앞서 본 바와 같이 전자기록 등을 위작 또는 변작한 것으로 형사처벌의 대상이 될 수 있다(형법 제227조의2 또는 제232조의2).

2) 등록의무위반

법은 정신의료기관의 장에게 입원신고 외에 입원신고내용을 등록할 의무를 규정하고 있고(법 제67조 제2항), 그 의무이행을 담보하기 위하여 형벌규정을 두고 있다(법 제86조 제8호). 그런데 국가 입·퇴원관리시스템은 정신의료기관의 장이 신고사항을 입력하면 곧 신고사항을 등록한 것으로 처리하므로 사실상 신고와 등록이 하나의 행위로 이루어지고 있다.

따라서 기간 내에 신고를 하지 않은 경우 등록도 하지 않은 것이 되어 두 개의 형벌조항이 같이 적용될 수밖에 없다. 이 경우 하나의 행위가 두 개의 범죄행위에 해당하는 상상적 경합범으로 처리하여 형법에 따라 중한 죄에 정한 형에 따라 처벌되어야 하므로 입원신고의무위반죄로 처벌하는 것이 타당할 것이다. 한편, 입원신고내용 등록의무는 입원신고의무와 달리 법령상 그 등록기간을 정하지 않고 있는데, 이는 입법상 불비라 할 것이다.

(2) 입원부적합 조치

정신의료기관의 장이 강제입원환자에 대한 입원신고 및 등록을 하지 않는 경우 입원적합성심사위원회는 그 환자의 강제입원사실 자체를 알 수 없어 강제입원심사절차를 진행할 수 없다. 이에 따라 강제입원환자는 지정진단의사의 진단을 받을 기회, 조사원대면조사를 받을 권리, 입원적합성심사위위원회의 심사를 받을 기회를 모두 잃어버리게 된다. 정신의료기관의 장이 3일을 도과하여 신고한 경우라면 위와 같은 기회들이 기일상 지연될 수밖에 없다.

정신의료기관의 장이 3일을 도과하여 강제입원환자에 대해 입원신고를 한 경우도 그 기간도과의 불법성(하자)은 치유되지 않기 때문에 입원적합성심사위원회는 입원신고의무위반을 이유로 환자를 퇴원시키는 조치를 취하여야 할 것이다.

(3) 민사상 손해배상책임

강제입원환자에 대한 입원신고를 정신의료기관의 장이 미이행하거나 늦게 신고한 경우 환자는 신속한 입원적합성심사를 받을 권리, 조사원 대면조사나 지정진단의사의 입원진단을 받을 권리 등이 침해된 것이라 할 수 있어 환자는 정신의료기관의 장이나 그 운영자를 상대로 민사상 손해배상청구를 할 수 있다.

4. 정신요양시설에서의 적용

정신요양시설의 경우 행정입소는 금지되어 있기 때문에 입원신고는 보호입소의 경우로만 한정된다. 따라서 정신요양시설의 장도 보호입소 환자에 대해서는 앞서 본 권리고지와 입소신고가 필요하다. 보호입소 시의 권리고지의 내용이나 입원적합성심사위원회에 대한 입소신고의 내용은 정신의료기관에 대해서 본 것과 대부분 동일하거나 유사하므로 위의 내용을 참조하면 된다.

Ⅱ. 입원적합성심사위원회 설치 및 운영(제46조)

제46조(입원적합성심사위원회의 설치 및 운영 등) ① 보건복지부장관은 제43조 및 제44조에 따른 입원등의 적합성을 심사하기 위하여 제21조에 따른 각 국립정신병원 등 대통령령으로 정하는 기관(이하 "국립정신병원등"이라 한다) 안에 입원적합성심사위원회를 설치하며, 각 국립정신병원등의 심사대상 관할 지역은 대통령령으로 정한다.

② 입원적합성심사위원회는 입원심사소위원회를 설치하여 제43조 및 제44조에 따른 입원등에 대한 적합성 여부를 심사하여야 한다.

③ 입원적합성심사위원회는 위원장을 포함하여 10명 이상 30명 이내의 위원으로 구성하고, 위원장은 각 국립정신병원등의 장으로 하며, 위원은 위원장의 추천으로 보건복지부장관이 임명 또는 위촉하되 다음 각 호에 해당하는 사람 중 각각 1명 이상을 포함하여야 한다.

1. 정신건강의학과전문의
2. 판사·검사 또는 변호사의 자격이 있는 사람
3. 정신건강복지센터 소속 정신건강전문요원
4. 정신질환자의 보호와 재활을 위하여 노력한 정신질환자의 가족
5. 다음 각 목의 어느 하나에 해당하는 사람으로서 정신건강에 관한 전문지식과 경험을 가진 사람
   가. 정신건강증진시설의 설치·운영자
   나. 「고등교육법」 제2조에 따른 학교에서 심리학·간호학·사회복지학 또는 사회사업학을 가르치는 전임강사 이상의 직에 있는 사람
   다. 정신질환을 치료하고 회복한 사람
   라. 그 밖에 정신건강 관계 공무원, 인권전문가 등 정신건강과 인권에 관한 전문지식과 경험이 있다고 인정되는 사람

④ 입원심사소위원회는 5명 이상 15명 이내의 위원으로 구성하고, 입원적합성심사위원회 위원 중 위원장이 임명 또는 위촉한다.

⑤ 입원적합성심사위원회 및 입원심사소위원회는 월 1회 이상 회의를 개최하여야 한다. 다만, 심사 사항이 없는 달에는 그러하지 아니하다.

⑥ 입원적합성심사위원회 및 입원심사소위원회의 위원의 임기는 2년으로 하되, 연임할 수 있다.

⑦ 입원적합성심사위원회에는 간사 1명을 두되, 간사는 위원장이 해당 국립정신병원등 소속 직원 중에서 지명한다.

⑧ 입원적합성심사위원회 및 입원심사소위원회의 구성, 운영 등에 필요한 사항은 대통령령으로 정한다.

1. 입원적합성심사위원회의 설치

가. 설치기관

(1) 관련규정

입원적합성심사위원회는 국립정신병원이나 입원적합성심사에 필요한 인력과 시설을 갖춘 정신의료기관 또는 정신질환 관련 전문기관 중 보건복지부장관이 정하여 고시하는 기관에 설치할 수 있다(법 제46조 제1항 및 영 제22조 제1항).

(2) 현황과 문제점

법은 입원적합성심사위원회를 국립정신병원 외에 정신의료기관이나 정신질환 관련 전문기관 중에서 보건복지부장관이 정하여 설치할 수 있도록 하고 있으나 실제 보건복지부장관은 수도권, 강원, 충청, 영남, 호남에 각 1개씩 있는 국립정신병원에만 입원적합성심사위원회를 설치할 수 있도록 하였다(영 별표 4). 생각건대, 국립정신병원이 정신의료에 대한 전문성이 있기는 하지만 입원심사기관을 국립정신병원 부설로 설치하는 것은 독립성이나 중립성을 해할 우려가 있다. 특히, 국립정신병원은 강제입원을 받아야 하는 정신의료기관인데 그 심사대상기관의 병원장이 심사기관의 위원장이 되는 구조적 문제점도 있다.

나. 지역적 관할

(1) 관련 규정

보건복지부장관은 현재 5개의 국립정신병원(국립정신건강센터, 국립춘천병원, 국립

표 3-12 입원적합성심사위원회 설치기관 및 관할지역

설치기관	관할지역
1. 국립정신건강센터	서울특별시, 인천광역시, 경기도
2. 국립나주병원	광주광역시, 전라북도, 전라남도, 제주도
3. 국립부곡병원	부산광역시, 대구광역시, 울산광역시, 경상북도, 경상남도
4. 국립춘천병원	강원도
5. 국립공주병원	대전광역시, 세종특별자치시, 충청북도, 충청남도
6. 보건복지부장관이 정하여 고시하는 기관	보건복지부장관이 고시하는 지역

공주병원, 국립부곡병원, 국립나주병원)을 지정하여 입원적합성심사위원회를 설치할 수 있도록 하고 있다. 위 각 국립정신병원의 심사대상 관할지역은 법 시행령 별표 4에 규정되어 있다(영 제21조 제2항 관련). 그 표의 내용을 구체적으로 보면 다음과 같다.

위 표를 보면, 각 지역의 거점 국립정신병원에 설치된 입원적합성심사위원회가 그 인근지역의 입원적합성심사를 맡도록 하고 있다.

(2) 수 개의 입원적합성심사위원회의 설치 허용여부

입원적합성심사위원회는 그 최대인원이 30명으로 제한되어 있어 5명 이상으로 구성해야 하는 입원심사소위원회를 최대 6개까지 밖에 구성하지 못한다. 이러한 상황에서는 정신병상이 많은 수도권지역이나 영남지역의 경우 실제 강제입원심사를 할 수 있는 입원적합성심사위원회가 부족할 수 있다. 한편, 정신건강복지법은 각 국립정신병원 등에 설치되는 입원적합성심사위원회를 한 개로 제한하지는 않고 있으므로 해석상 하나의 국립정신병원에 여러 개의 입원적합성심사위원회를 설치하는 것도 허용된다.

(3) 지역별 입원심사소위원회의 구성

각 지역의 정신병상 수와 강제입원 건수를 감안하여 각 국립정신병원에 최소 1개 내지 최대 6개의 서로 다른 관할구역을 담당하거나 일정한 시기별로 접수되는 사건을 담당하는 입원적합성심사위원회를 설치·운영할 필요가 있다.

다. 입원적합성심사위원회의 업무

(1) 입원적합성심사위원회와 입원심사소위원회의 관계

입원적합성심사위원회는 법적 지위와 권한이 두 개의 다른 위원회로 이원화되어 있다. 그 하나는, 국립정신병원에 설치되어 전체 위원을 구성원으로 하는 입원적합성심사위원회이고, 다른 하나는 입원적합성심사위원회 위원들 중 일부로 구성되어 실제 입원심사업무를 담당하는 입원심사소위원회이다. 예를 들어 비유하면, 일정지역을 관할하는 입원적합성심사위원회가 00지방법원이라 한다면, 입원심사소위원회는 그 법원에 소속된 재판부의 역할을 하는 것이며, 입원적합성심사위원회 위원장은 법원장에, 소위원회 위원장은 재판장의 지위에 비유할 수 있다.

(2) 입원적합성심사위원회의 업무

정신건강복지법은 입원적합성심사위원회의 업무를 다음과 같이 규정하고 있다.

i) 보호입원, 행정입원, 보호입소에 대한 신고(등록)접수(법 제45조 제2항)
ii) 입원심사소위원회의 설치 및 구성(법 제46조 제2항)
iii) 입원적합성심사위원회 전문자문단 구성 및 운영(영 제22조 제5항)

법령상 입원적합성심사위원회의 업무권한으로 규정된 것은 입원적합성심사위원회 위원장 단독으로 결정할 수 없고, 전체 입원적합성심사위원회 회의를 거쳐 재적위원 과반수 출석, 출석위원 과반수 찬성의 의결절차를 거쳐야 한다(영 제22조 제4항).

(3) 입원심사소위원회의 업무

정신건강복지법은 입원심사소위원회의 업무를 강제입원(보호입원, 보호입소, 행정입원)에 대한 적합성 여부의 심사와 그 내부적 결정을 맡도록 하고 있고, 그 심사를 위한 조사업무도 함께 담당하도록 하고 있다. 다만, 입원심사소위원회는 자신들의 명의로 결정을 외부에 표시할 수 있는 기관은 아니고, 입원적합성심사위원회 위원장에게 결과를 보고하여야 하고(영 제23조 제4항), 입원적합성심사위원회 위원장만이 대외적인 관계에서 입원적합여부를 표시할 수 있는 기관이 된다(법 제47조 제2항 및 제3항).

입원심사소위원회는 강제입원의 사실관계를 확인할 필요가 있다고 인정하는 경우 입원환자, 정신의료기관의 장이나 정신요양시설의 장, 그 소속 의료인에게 의견이나 자료의 제출을 요청할 수 있고(영 제23조 제3항), 입원적합성심사에 필요하다고 인정하는 경우 관계 행정기관, 정신건강증진시설 또는 관련기관·단체 등에 의견이나 자료의 제출을 요청할 수 있다(영 제23조 제2항).

(4) 입원적합성심사위원회 위원장의 업무와 권한

입원적합성심사위원회 위원장은 입원적합성심사위원회를 대표하며, 위원회의 업무를 총괄한다. 입원적합성심사위원회 위원장은 위원회의 대표기관이며, 집행기관이다. 위원장의 구체적 업무와 권한을 보면 다음과 같다.

i) 입원적합성심사위원회 위원의 추천권한(법 제46조 제3항)
ii) 입원신고된 강제입원사건의 입원심사소위원회에 회부(법 제47조 제2항)
iii) 피후견인 입원신고의 경우 관할 가정법원에 통지(법 제47조 1항)
iv) 입원적합성 여부에 대한 통지(법 제47조 제3항)
v) 입원적합성 여부에 대한 직권조사권한(법 제48조 제1항)

vi) 입원심사소위원회 위원장 지명권한(영 제23조 제1항)
vii) 입원적합성심사위원회 간사 지명권한(법 제46조 제7항)
viii) 입원적합성심사위원회 위원장 권한대행 지명권한(영 제22조 제3항)

2. 입원적합성심사위원회의 구성과 조직

입원적합성심사위원회는 위원장, 위원, 간사, 조사원으로 구성되며, 입원적합성 심사업무를 전문적으로 수행하기 위해 필요한 경우 전문자문단을 구성할 수 있다. 이를 구체적으로 보면 다음과 같다.

가. 위원장

(1) 법령에 근거한 위원장 자격

입원적합성심사위원회 위원장은 법률에 의해 국립정신병원 등 대통령령으로 정하는 기관의 장이 된다. 현재 5개 국립정신병원에만 입원적합성심사위원회가 설치되었기 때문에 국립정신병원장이 입원적합성심사위원회 위원장을 겸임하게 된다. 앞서 제도적 문제점으로 지적한 바와 같이 심사를 받아야 할 입원기관의 장이 입원심사기관의 장이 되도록 한 것은 제도설계상의 문제점이라 지적할 수 있다.

(2) 임기와 연임 여부

입원적합성심사위원회 위원장의 임기는 별도의 규정을 두고 있지 않다. 입원적합성심사위원회가 설치된 국립정신병원장이 겸임하도록 되어 있기 때문에 국립정신병원장의 지위에 있는 한 입원적합성심사위원회 위원장의 지위도 지속되고, 따로 임기가 있거나 연임을 할 수 있는 것은 아니라 해석할 것이다.

(3) 위원장 권한대행

입원적합성심사위원회 위원장은 자신이 부득이한 사유로 직무를 수행할 수 없는 경우를 대비하여 미리 위원회 위원 중에서 그 직무를 대행할 사람을 지명할 수 있다(영 제22조 제3항). 따라서 위원장이 부득이한 사유로 직무 수행이 불가능한 경우에는 미리 지정한 위원회 위원이 위원장 권한을 대행할 수 있다. 다만, 여기서 부득이한 사유로 인한 직무수행 불가능은 해외출장이나 휴가 등에 의한 것이 아니라 신체적·정신적 사유나 본인의 의사에 따른 것이 아닌 직무수행 불가능성(실종, 수감, 입원 등)을 의미한다.

다만. 직무수행이 불가능할 경우 국립정신병원 원장의 업무도 불가능한 상황일 것이어서 국립정신병원장이 교체되는 경우라면 새로운 국립정신병원장이 입원적합성심사위원회 위원장이 된다.

나. 위원의 자격

(1) 관련규정

입원적합성심사위원회 위원은 보건복지부장관이 임명 또는 위촉하되, 다음 각 호에 해당하는 사람 중 각각 1명 이상을 포함하여야 한다(법 제46조 제3항 각 호).

i) 정신건강의학과 전문의(제1호)
ii) 판사·검사 또는 변호사의 자격이 있는 사람(제2호)
iii) 정신건강복지센터 소속 정신건강전문요원(재3호)
iv) 정신질환자의 보호와 재활을 위하여 노력한 정신질환자의 가족(제4호)
v) 다음 각 항의 어느 하나에 해당하는 사람으로서 정신건강에 관한 전문지식과 경험을 가진 사람(제5호)
  가) 정신건강증진시설 설치·운영자
  나) 고등교육법 제2조에 따른 학교에서 심리학·간호학·사회복지학 또는 사회사업학을 가르치는 전임강사 이상의 직에 있는 사람
  다) 정신질환을 치료하고 회복한 사람
  라) 그 밖에 정신건강 관계 공무원, 인권전문가 등 정신건강과 인권에 관한 전문지식과 경험이 있다고 인정되는 사람

먼저, 정신건강의학과 전문의나 변호사는 그 자격을 취득한 것으로 족하고 따로 어느 기관에 소속되거나 스스로 의료기관이나 법률사무소를 운영하고 있을 필요는 없다. 판·검사의 경우는 공무원이기 때문에 퇴직하지 않은 경우라면 그 지위가 유지되는 직업이다.

다음으로, 정신건강복지센터 소속 정신건강전문요원의 경우 센터 소속이 그 요건이므로 센터를 그만두는 경우 그 위원자격을 상실하게 된다. 정신건강증진시설 설치·운영자나 정신건강 관계 공무원 등도 그 직위가 변경되거나 그 직위를 그만두는 경우 위원자격을 상실한다.

끝으로, 법은 「고등교육법」 제2조에 따른 고등교육을 하는 학교(대학, 산업대학, 교육대학, 전문대학, 원격대학, 기술대학, 각종학교)에서 심리학·간호학·사회복지학·

사회사업학을 가르치는 전임강사 이상의 직에 있는 사람을 위원자격으로 규정하고 있다. 그러나 「고등교육법」의 개정으로 '전임강사'라는 직위는 폐지되었고, '강사'라는 직위를 신설하였는데, '강사'의 법적 지위를 규정한 「고등교육법」 제14조의2를 고려해 볼 때 위 '전임강사'와는 다른 지위를 가지고 있어 결국 「고등교육법」에 따른 교수, 부교수 및 조교수만 위 자격요건에 해당된다고 볼 것이다.

(2) 자격이 반드시 필요한지 여부

입원적합성심사위원회 위원을 위촉(임명)할 때 모든 위원이 반드시 위와 같은 자격을 갖추어야 하는 것인가? 법조문의 해석상 검토가 필요하다. 법은 보건복지부장관이 위원을 위촉하도록 규정하고 있으나, 그 위원의 자격과 관련해서는 언급이 없이 위의 법 규정에 적힌 사람 중 각각 1명 이상을 포함하여야 한다고만 규정하고 있다.

생각건대, 입원적합성심사위원회 위원자격과 구성방식(법 제46조 제3항)은 정신건강심의위원회 위원자격 및 구성방식(법 제53조 제5항)과 기본적으로 동일하며, 두 위원회 모두 강제입원에 대한 심사를 주 목적으로 하는 기관으로 입·퇴원의 적법성이나 필요성 여부를 심사·의결한다. 이러한 심사와 의결은 환자의 신체의 자유를 제한하거나 해소하는 것이어서 독립성과 공정성 외에 전문적 지식 또는 경험을 요구한다. 따라서 심사를 하는 모든 위원들은 법이 정한 자격요건을 갖추는 것이 필요하다.

실제 일본이나 영국·호주 등의 합의체 강제입원심사기관에서도 그 심사위원들은 일정한 자격을 갖춘 자를 요구하고 있고, 우리의 1995년 제정 정신보건법도 정신과 전문의, 판사·검사 또는 변호사의 자격이 있는 자 및 정신보건에 관한 전문지식과 경험을 가진 자 중에서 정신보건심의위원회 위원을 위촉하도록 규정해 왔던 점(1995년 제정 정신보건법 제30조 제5항)에 비추어 볼 때도 법 제46조 제3항 각 호는 위원의 자격요건을 제시한 것이라 볼 것이다.

입원적합성심사위원회 위원의 경우 임기 중 기존에 위원이 된 자격(예컨대, 정신과 전문의, 판·검사·변호사, 정신건강전문요원 등)이 상실되는 경우에는 그 자격 상실 자체로 위원 자격을 잃게 된다고 볼 것이다. 판·검사의 경우 위원이 될 경우 개인의 자격으로 되는 것이 아니라 법원이나 검찰청 소속 기관의 허락을 받아 위촉되는 것이므로 판·검사의 직에서 퇴직한 경우라면 비록 변호사 자격을 가지고 있다고 하더라도 그 개인의 위원자격은 상실되어야 할 것이다.

(3) 자격의 확인

입원적합성심사위원을 위촉할 때에는 위의 각 항목 중 어느 자격에 해당하는지 확인할 필요가 있고, 두 가지 이상의 자격을 갖춘 경우라도 그 위촉을 할 때에는 한 가지 자격요건만을 가지고 위촉되어야 한다. 그렇지 않으면 다른 자격을 가진 사람의 위촉에 방해가 될 수 있기 때문이다. 예컨대, 정신과 전문의 자격을 가지고 있음과 동시에 변호사 자격도 있는 사람의 경우 그 위촉자격을 하나로 특정하지 않으면 위 ⅰ) 내지 ⅴ)의 각 자격이 있는 사람 각각을 1명 이상 포함해야 하는 조직 구성원리를 구현할 수 없게 된다.

정신건강복지법은 환자가 자신의 입원절차에서 도움을 받을 권리와 정책결정과정에 참여할 권리를 보장하고 있기 때문에, 위에서 본 바와 같이 입원적합성심사위원회 위원자격 중에 하나로 정신질환을 회복한 사람을 규정하고 있다. 따라서 실제 입원적합성심사위원회를 조직하고, 구성할 때에도 회복한 환자 또는 정신장애단체의 추천을 받는 사람을 입원적합성심사위원회에 참여시킬 필요가 있다.

한편, 입원심사의 권위와 합법성을 확보하기 위해 공무원인 판사나 검사를 입원적합성심사위원회 위원으로 위촉하여 각 소위원회에 배치하는 것도 정책적으로 필요하다. 실제 한국의료분쟁조정중재원의 조사위원회에는 비상근조사위원인 검사를 배치하여 두고 있고, 조정위원회에도 비상근조정위원인 판사를 배치하여 두어 그 조사와 조정의 권위와 설득력을 더 높이고 있다.

또한, 입원적합성심사위원회 상근위원으로 변호사 자격을 갖춘 자를 두어 강제입원 심사의 적법성을 전문적으로 심사할 수 있도록 하고, 입원심사소위원회를 상시화하여 운영할 필요가 있다. 한국의료분쟁조정중재원에도 상임감정위원(의료인)과 상임조정위원(변호사)을 두어 의료분쟁감정과 조정을 상시화하고 있는데 참고할 만하다.

강제입원심사기관인 입원적합성심사위원회가 중립성과 공정성을 유지하기 위해서는 위원회 구성의 외견 자체로서 입원환자에게 불리하다거나 유리하다고 하는 인상 자체를 주지 않게 각 직역이나 자격의 비율을 적정하게 조율할 필요가 있다.

다. 위원회 위원의 구성

(1) 위촉과 해촉

입원적합성심사위원을 위촉(임명)하거나 해촉(해임)할 권한은 보건복지부장관에게 있다. 보건복지부장관은 입원적합성심사위원회 위원장의 추천으로 위원을 임명 또는 위촉한다(법 제46조 제3항). 입원적합성심사위원회 위원의 해임이나 해촉사유는 다음과 같다(영 제22조 제1항 각 호).

i) 심신장애로 인하여 직무를 수행할 수 없게 된 경우(제1호)
ii) 직무와 관련된 비위사실이 있는 경우(제2호)
iii) 직무태만, 품위손상이나 그 밖의 사유로 위원으로 적합하지 아니하다고 인정되는 경우(제3호)
iv) 위원 스스로 직무를 수행하는 것이 곤란하다고 의사를 밝히는 경우(제4호)

(2) 인원

입원적합성심사위원회는 위원장을 포함하여 10명 이상 30명 이내의 위원으로 구성한다. 위원들을 특정자격을 가진 사람들만으로 구성할 수 없도록 법은 정신과 전문의, 법조인, 정신건강전문요원, 정신질환자의 가족을 반드시 각각 1명 이상 포함시키도록 하고, 정신건강증진시설의 설치·운영자, 대학에서 관련과목을 가르치는 전임강사 이상의 교원, 정신질환을 치료하고 회복한 사람, 그 밖에 정신건강 관계 공무원이나 인권전문가 중에서도 적어도 1명 이상을 포함시키도록 하였다(법 제46조 제3항).

앞서 본 바와 같이 각 자격을 겸유하는 사람은 위촉 당시 어느 한 쪽의 자격만으로 한정하여 특정해 위촉해야만 다른 자격을 가진 사람이 위촉될 수 있다. 따라서 정신건강전문요원이면서 법조인인 사람이 위촉될 때에 만약 정신건강전문요원 자격으로서 위촉되었다면 추가적으로 법조인을 별도로 반드시 1명 이상 위촉하여야 한다.

또한, 이미 위촉된 일정자격 있는 사람이 해촉되어 입원적합성심사위원회의 인원 구성이 10명 미만으로 되거나 법이 요구하는 특정자격이 있는 사람이 없어지게 된 경우에는 신속하게 그 특정자격이 있는 사람을 위촉하여야 한다.

참고로 일본은 1999년까지 「정신보건복지법」에 정신의료심사회(일본의 강제입원 심사기관으로 우리의 입원적합성심사위원회 또는 정신건강심의위원회에 해당) 위원수를 5인 이상 15인 이하로 그 숫자를 제한하여 두고 있다가 1999년 법 개정을 통하여 폐지하였다. 각 지역의 강제입원건수 등을 고려할 때 우리 정신건강복지법의 입원적합성심사위원회 위원 숫자를 제한한 것은 입법론으로 보면 일본처럼 폐지하는 것이 필요하다. 현재와 같이 전국을 5개 지역으로 나누어 국립정신병원에만 입원적합성심사위원회를 두는 경우 매년 수만 건의 심사를 해야 하는데, 소수의 입원적합성심사위원회에서 각각 최대 30명의 위원만으로 그 심사를 모두 맡는 것은 불가능할 뿐만 아니라 그 심사위원 부족으로 부실한 심사를 초래할 수밖에 없기 때문이다.

(3) 임기

입원적합성심사위원회 위원의 임기는 2년이며, 연임할 수 있다(법 제46조 제6항). 연임에는 법령상 제한이 없다. 다만, 법이 요구하는 일정한 자격을 상실하거나, 정신건강 관계 공무원이어서 위촉된 경우에는 그 자격을 상실하거나 지위가 변동된 경우에는 그 자격상실로 인하여 당연히 위원 지위를 유지할 수 없게 된다고 볼 것이다.

(4) 업무

입원적합성심사위원회 위원의 업무 중 가장 중요한 것은 입원심사소위원회 위원이 되어 입원심사업무를 하는 것이다. 다만, 현행 정신건강복지법의 해석상 입원적합성심사위원회 위원 중에서 입원심사소위원회를 구성하도록 하고 있으나 입원심사소위원회에 소속되지 않는 위원도 발생할 수 있다. 입원적합성심사위원회 위원장이 그 대표적인 예라 할 수 있다.

(5) 입원적합성심사위원회 회의

입원적합성심사위원회는 월 1회 이상 회의를 개최하는 것이 원칙으로 규정되어 있으나 심사사항이 없는 경우에는 회의 개최를 하지 않을 수 있다(법 제46조 제5항).

그런데 입원적합성심사는 입원심사소위원회가 하고, 입원적합성심사위원회는 입원적합성심사를 할 권한이 없기 때문에 사실상 1년 내내 회의를 개최하지 않을 수도 있다. 회의에서의 의결방식은 재적위원 과반수 출석으로 개의하고, 출석위원 과반수의 찬성으로 의결하다(영 제22조 제4항).

(6) 그 밖의 입원적합성심사위원회 구성 및 운영

입원적합성심사위원회 구성 및 운영에 관한 구체적 사항은 대통령령으로 정하도록 하고 있고(법 제46조 제8항), 다시 법 시행령은 이를 보건복지부령인 법 시행규칙에 위임하고 있다. 그러나 아직 법 시행규칙은 입원적합성심사위원회 구성 및 운영에 관한 특별한 규정을 따로 두고 있지 않다.

라. 간 사

입원적합성심사위원회 간사는 국립정신병원 소속 직원 중에서 입원적합성심사위원회 위원장이 지명한다(법 제46조 제7항). 간사는 위원장의 업무를 보조하고, 입원적합성심사위원회의 개최나 운영을 보조하며, 그 회의결과를 보존하거나 위원장의 지시에 따라 직무를 수행한다.

마. 전문자문단

법 시행령은 입원적합성심사위원회의 업무를 전문적으로 수행하기 위해 필요한 경우에는 보건복지부장관이 정하는 기준에 따라 전문자문단을 둘 수 있도록 하였다(영 제22조 제5항).

2018년 7월 현재까지 전문자문단의 설치와 운영에 대한 보건복지부장관의 기준은 마련되지 않았지만 각 지역의 입원적합성심사위원회에 부설하여 관할구역 내 입원심사기준 마련이나 퇴원 및 지역사회 지원을 위한 자문단을 구성하여 환자의 입·퇴원을 계획적으로 수행할 수 있도록 지원하는 것도 유용할 것이다.

바. 조사원

입원적합성심사위원회는 환자의 대면조사신청이나 직권에 따른 환자 및 입원 정신의료기관에 대한 조사를 위해 조사원을 둘 수 있는데, 그 구체적 내용은 법 제48조에서 보기로 한다.

사. 지정진단의사의 소속 여부

입원적합성심사위원회는 보호입원이나 행정입원에서 지정진단의료기관에 속한 지정진단의사와는 별개의 기관이며, 법령상으로는 서로 아무런 연관이 없다. 그러나 법 시행 이후 입원 정신의료기관 외부의 지정진단의사에 의한 두 번째 진단결과서는 지정진단의사가 공정하고, 자유롭게 진단할 수 있도록 입원 정신의료기관에 직접 알리지 않고, 입원적합성심사위원회측에 그 진단결과를 통지하도록 하고(국가 입·퇴원관리시스템에 접속하여 입력하는 것으로 대신함), 입원적합성심사위원회 위원장이 그 결과를 입원 정신의료기관의 장에게 14일 이후의 계속입원의 승인여부를 14일 이내에 통지하고, 그 입력된 진단결과서를 입원심사소위원회의 입원심사자료로 활용할 수 있도록 하였다.

입법론적으로는 각 지역별로 지정진단의사를 위촉해 각 입원적합성심사위원회마다 지정진단의료단을 구성하여 각각의 최초 강제입원사건의 진단을 입원적합성심사위원회가 배정하여 그 진단결과를 통보받고, 그 진단결과를 14일 이후의 계속입원 여부에 대한 근거와 입원적합성심사자료로 활용하도록 해야 할 것이다. 그 이유는 지정진단의사가 비록 민간의료기관에 속해 있다고 하더라도 입원적합성심사위원회에 의해 위촉되어 공정하고, 독립적으로 공적인 입원진단업무를 수행할 수 있도록 하는 것이 필요하기 때문이다.

현행법의 해석으로는 법 시행령 제5조에 의해 입원적합성심사위원회 내에 전문자문단을 둘 수 있으므로 지정진단의사를 전문자문단으로 위촉하여 입원적합성심사위원회가 입원심사에 있어 자문을 받는 형태로 하는 것도 가능할 것이다.

3. 입원심사소위원회의 구성과 운영

가. 소위원회의 법적 지위

(1) 합의체 심사기관

입원심사소위원회는 입원적합성심사위원회 내부에 설치되어 입원신고된 강제입원에 대한 입원심사업무를 전담하는 합의체 기관이다. 법원으로 따지면 실제 사건을 담당하는 재판부에 해당된다고 볼 수 있다. 입원심사소위원회도 합의체 심사기관이기 때문에 입원적합 여부에 대한 의견이 서로 다를 경우 출석위원들 과반수에 의한 다수결에 따라야 한다.

(2) 내부적 결정기관

입원심사소위원회는 내부적 의사결정을 직접 외부에 표시할 수 있는 행정기관은 아니며, 그것은 입원적합성심사위원회 위원장이 대신한다. 따라서 입원적합성 판정통지에 대해 환자가 불복하는 경우라면 입원적합성심사위원회 위원장을 상대로 관할기관에 행정심판이나 행정소송을 제기할 수 있다. 다만, 행정심판이나 행정소송은 위법·부당한 행정처분인지 여부를 심사하는 것이기 때문에 그 기간이 오래 걸리므로 법원에 수용해제를 청구하는 인신보호청구가 더 신속한 권리구제수단이라 할 수 있다.

나. 소위원회의 구성

(1) 소위원회 위원장

입원심사소위원회(이하 '소위원회'라 한다)는 소위원회 위원장, 소위원회 위원으로 구성된다. 소위원회 위원장은 입원적합성심사위원회 위원장이 지명한다(영 제23조 제1항).

(2) 소위원회 위원

소위원회는 5명 이상 15명 이내의 위원으로 구성하며, 입원적합성심사위원회 위원장이 입원적합성심사위원회 위원 중에서 임명 또는 위촉한다(법 제46조 제4항). 소위원회 위원자격은 입원적합성심사위원회 위원이어야 하므로, 입원적합성심사위원에서 해촉(해임)되거나 법이 요구하는 자격요건을 상실하거나 공무원 지위가 변동된 경우에는 소위원회 위원 자격도 당연히 상실하는 것으로 보아야 할 것이다.

소위원회 위원의 임기도 입원적합성심사위원회 임기와 동일하게 2년이며, 연임할 수 있다(법 제46조 제6항). 소위원회 위원의 임기를 입원적합성심사위원회 임기와 달리 정할 수도 있다고 할 것이지만 입원적합성심사위원회 임기가 만료되어 그 위원 지위가 상실되면 소위원회 위원 임기와 무관하게 소위원회 위원 자격을 상실하므로 그 위원임기를 동일하게 하는 것이 효율적이다.

(3) 소위원회의 구성

1) 소위원회의 숫자

입원적합성심사위원회 내에 1개 이상의 소위원회를 두어야 한다. 소위원회는 관할구역과 강제입원심사건수, 그리고 입원적합성심사위원회 위원 숫자에 따라 여러 개를 둘 수 있다. 소위원회는 입원적합성심사위원회 위원 중에서 최소 5명, 최대 15명 이내의 위원으로 별도로 구성되어야 한다(법 제46조 제4항). 소위원회의 구성은 심사와 의결의 중립성과 독립성을 보장하기 위하여 각 소위원회에 소속된 위원은 그 직역에 있어 서로 다르게 구성할 필요가 있다.

2) 외국의 심사체 구성

영국이나 호주 일부 주의 정신보건심판원은 판사나 변호사 등의 법조인, 정신의료 전문가, 공익적 대표자(환자단체 추천자 등) 3인의 합의체로 구성된다. 일본의 경우에는 정신과 전문의(정신보건지정의사), 법률가(판·검사, 변호사 및 법학교수), 유식자(有識者, 학식과 경험이 있는 사람)의 자격을 가진 사람들 중에서 5인의 합의체로 구성된다.

3) 소위원회 구성인원

생각건대, 입원적합성심사를 맡는 소위원회는 합의해 심사를 하기에는 3인 합의체가 적합하지만, 법이 5인 이상을 요구하고 있으므로, 5인의 합의체로 구성하는 것이 적절하다. 그 이상의 위원으로 소위원회를 구성할 경우 신속한 심사와 결정이 어려워지고 입원심사 회의 소집 등에서 실무상 애로가 발생할 수 있다. 현재 국립정신건강센터 소속 소위원회는 5, 6명의 위원들로 구성되어 있다.

4) 소위원회 위원 구성의 다양화

소위원회 구성은 앞서 본 바와 같이 독립성과 중립성을 확보할 수 있어야 하므로 어느 하나의 직역에 편중된 소위원회 구성은 적정하다고 보기 어렵다. 따라서 정신건강복지법이 제시하고 있는 바와 같이 법 제46조 제3항 제1호부터 제5호까지 제시된 자격이 있는 사람들 중 1명씩을 포함시켜 소위원회를 구성할 필요가 있다.

즉, 법령에서 정한 자격을 가진 사람(정신과 전문의, 법조인, 정신건강전문요원, 가족이나 회복한 환자, 전문가) 중에서 각 1명씩 소위원회를 구성하는 것이다. 또한 소위원회 위원 구성은 정신건강복지법 제2조의 기본이념에서 말하는 정신장애인의 정책결정과정 참여권 보장도 실현할 수 있어야 한다. 그 방법은 정신장애 당사자단체나 권익옹호단체 구성원의 참여나 추천을 보장하는 것이다.

다. 소위원회의 운영

(1) 입원심사기일 개최와 그 간격

입원심사소위원회는 월 1회 이상 입원심사기일을 열어야 한다. 다만 심사사항이 없는 달에는 개최하지 않을 수 있다(법 제46조 제5항). 입원심사기일 지정의 주체, 장소, 기일의 주기(週期) 등은 따로 정해진 것이 없으나 입원적합성심사위원회의 사무기관이 그 심사기일의 통지나 장소 및 회의의 준비를 해야 할 것이다. 그러나 법령상 간사 외에 현재로서는 이러한 사무기관이 별도로 규정되어 있지는 않다.

심사기일의 주기(週期)와 관련해 입원적합성심사위원회는 강제입원환자에 대해 1개월 이내에 입원적합 여부를 통지하여야 한다. 예컨대, 1월 4일 보호입원된 환자에 대해 입원적합성심사위원회는 2월 4일 이전까지 입원심사기일 진행 및 위원장에 대한 결과보고, 위원장의 입원적합성여부 통지와 입원 정신의료기관 도달이 이루어져야 한다. 따라서 적어도 입원심사기일은 입원 2주 이후(지정진단의사의 진단결과를 받은 이후)부터 입원 4주 이내(결과보고 및 입원적합 여부에 대한 통지수령기간 고려)에 심사하여 결정하여야 한다.

(2) 입원심사기일 전후의 자료제출요구

입원심사기일 전후에 소위원회는 입원심사에 필요하다고 인정되는 경우에 관계 행정기관, 정신건강증진시설, 관련기관이나 단체 등에 의견이나 자료를 요청할 수 있고(영 제23조 제1항), 입원의 사실관계를 확인할 필요가 있다고 인정되는 경우 입원환자, 정신의료기관이나 정신요양시설의 장 또는 그 소속 의료인에게 의견이나 자료의 제출을 요청할 수 있다(영 제23조 제2항).

(3) 입원심사결과 보고

소위원회는 입원심사결과를 심사완료일부터 3일 이내에 입원적합성심사위원회 위원장에게 보고하여야 한다(영 제23조 제4항). 소위원회의 보고는 대면보고가 아닌 서면보고도 가능하다. 보고서면에는 각각의 개별 환자의 입원심사사건에 대한 입원 적합 여부에 대한 판정과 그 구체적인 근거와 사유를 기재하여야 한다. 그 이유는 입원의 적합 또는 부적합 여부에 대한 구체적인 근거와 사유 등을 명시하여 입원적합성심사위원회 위원장이 입원 정신의료기관에 통지할 의무가 있기 때문이다(규칙 제38조).

4. 입법론 – 입원심사기관의 일원화, 독립성 및 중립성

누차 강조해 온 것이지만 강제입원심사기관은 독립성과 중립성을 보장받아야 하며, 신속하고 효율적으로 환자에게 심사기관을 대면할 수 있는 대면심사기회를 제공하여야 한다. 이를 구체적으로 보면 다음과 같다.

가. 입원심사기관의 이원화 문제

먼저, 정신건강복지법은 입원적합성심사위원회와 정신건강심사위원회를 두어 최초입원심사기관과 입원연장심사기관을 이원화하였지만 그 이유와 효용성에 대해서는 의문이 있고, 둘 모두 현재로서는 동일한 심급의 서면심사기관인 점에서 이를 일원화시켜야 할 필요가 있다.

나. 서면심사의 문제

다음으로, 입원적합성심사위원회나 정신건강심사위원회 모두 형식적 서면심사를 원칙으로 하고 있기 때문에 입원환자는 그 과정에서 절차적으로 의견을 진술하거나 증거를 제출할 기회를 사실상 박탈당한다. 이러한 서면심사는 입원환자의 의견진술과 증거제출, 변호인 지원과 같은 절차적 권리를 침해할 수밖에 없다.

다. 합의체(소위원회) 구성의 문제

세 번째로, 입원적합성심사위원회의 소위원회나 정신건강심사위원회가 의료적 합의체로 운영된다는 점이다. 입원적합성심사위원회 위원의 위촉이나 소위원회의 구성에 있어 의료인인 국립정신병원장에게 추천 권한이 부여되어 있고, 실제 소위원회에 입원적합판정을 하는 소위원회의 위원장이나 위원이 의료인(정신과 전문의, 정신건강간호사 등) 위주로 구성되는 경우가 적지 않다. 소위원회 구성에 있어 법령이 정한 각 자격을 가진 사람이 편중되지 않고, 다양하게 참여할 수 있도록 할 필요가 있다.

라. 독립성과 중립성의 문제

끝으로, 국립정신병원은 정신의료기관으로 강제 입원환자에 대한 입원심사를 받아야 하는 심사대상기관임에도 불구하고, 그 산하에 입원심사기관이 설치되는 것은 입원심사기관의 독립성과 중립성을 제도적으로 침해하는 것이라 할 수 있다.

Ⅲ. 입원적합성심사위원회 심사 및 심사결과 통지(제47조)

제47조(입원적합성심사위원회의 심사 및 심사결과 통지 등) ① 입원적합성심사위원회의 위원장은 제45조제2항에 따라 신고된 입원등을 입원심사소위원회에 회부하여야 하고, 입원등을 한 사람이 피후견인인 경우에는 관할 가정법원에 입원 사실 등을 통지하여야 한다.
② 입원심사소위원회는 제1항에 따라 회부된 입원등의 적합 또는 부적합 여부를 심사하여 그 심사결과를 입원적합성심사위원회의 위원장에게 보고하여야 한다.
③ 입원적합성심사위원회의 위원장은 최초로 입원등을 한 날부터 1개월 이내에 정신의료기관등의 장에게 입원등의 적합 또는 부적합 여부를 서면으로 통지하여야 한다. 이 경우 통지의 방법과 절차 등에 필요한 사항은 보건복지부령으로 정한다.
④ 정신의료기관등의 장은 제3항에 따라 입원등의 부적합 통지를 받은 경우에는 해당 입원등을 한 사람을 지체 없이 퇴원등을 시켜야 한다.
⑤ 제1항 및 제2항에 따른 입원심사소위원회의 개최·심사·보고 등에 필요한 사항은 대통령령으로 정한다.

1. 입원적합성심사의 절차

입원적합성심사는 입원신고에서 시작되어 입원심사회부, 지정진단의사에 의한 입원진단, 입원조사, 입원적합성심사, 심사결과보고, 입원적합성여부 통지로 종결된다. 그 절차를 개략적으로 살펴본다.

가. 입원신고

(1) 입원신고의 두 가지 의미

입원적합성심사는 강제입원환자에 대한 정신의료기관의 장의 입원신고로부터 시작된다. 입원신고는 두 가지 의미를 가진다. 하나는 정신의료기관이 하는 보고적 의미의 의무적 신고로서 어떤 환자가 자신의 정신의료기관에 강제입원되었음을 알리는 것이다. 다른 하나는 정신의료기관이 입원적합성심사위원회에 환자의 입원적합성을 승인받아 3개월간의 입원치료기간을 확보하기 위한 신청의 의미가 있다.

(2) 입원신고 이후의 퇴원과 입원적합성심사

강제입원환자가 입원신고 이후 입원적합성심사가 최종적으로 종료되기 이전에 퇴원하는 경우는 다음과 같다.

i) 지정진단의사의 진단 이전에 퇴원한 경우
ii) 입원 후 14일 이내에 지정진단의사의 진단을 받고 퇴원한 경우
iii) 조사원의 입원적합성조사 이후 퇴원한 경우

위와 같이 심사 전에 미리 퇴원한 경우에도 입원적합성심사를 개최하여 입원의 적합여부를 판단해야 하는지 검토할 필요가 있다. 이와 관련하여 강제입원환자가 인신보호청구를 하면 법원이 사실상 강제입원의 적법성과 필요성 여부에 대한 심사기관이라 할 수 있는데, 인신보호재판 중에 정신의료기관에서 퇴원시켜 주면 환자는 퇴원이라는 청구목적을 달성했으므로 인신보호청구의 구제이익이 없다고 보아 법원이 과거 인신보호청구를 각하하기도 하였다.

그러나 2012년 대법원은 환자의 보호자나 정신의료기관측에 의해 퇴원과 재입원이 반복될 위험을 고려해 재판의 심리가 상당한 정도 이루어진 경우에는 퇴원하였더라도 구제청구의 이익이 있다고 보아 입원이 위법하게 개시되었는지 여부 또는 그 입원을 계속할 필요성이 소멸하였는지 여부를 판단하여야 한다고 보았다.[157]

위와 같은 대법원 판결취지를 고려해 보면, 환자가 입원적합성심사 이전에 퇴원하였다고 하더라도 입원적합성심사라는 것이 기존의 입원의 적법성 여부를 심사해야 할 의무가 있고, 입원의 위법성을 숨기기 위해 퇴원을 시키는 경우도 있으므로 입원적합성심사를 해야 할 필요가 있다고 볼 것이다. 특히, 지정진단의사의 진단, 입원과정에서의 증빙서류, 기타 진료기록, 조사원 조사보고서 등을 통해 입원의 위법성이 발견된 후 퇴원이 된 경우라면 그 위법성 여부를 확인하여 입원부적합통지를 해 줄 필요가 있다.

나. 입원심사회부

입원신고가 입원적합성심사위원회에 접수되면 입원적합성심사위원회 위원장은 입원심사소위원회에 심사를 회부하여야 할 의무가 있다(법 제47조 제1항 전문). 실제적으로는 입원신고 및 등록이 국가 입·퇴원관리시스템 홈페이지 입력을 통하여 이루어지므로 입원적합성심사위원회도 법원의 사건배당과 유사하게 전산을 통하여 입원심사사건을 일정한 기준 아래 입원심사소위원회에 자동적으로 배당하는 것이 필요하다.

157) 대법원 2012. 1. 27.자 2011인마2 결정.

다. 입원신고보완

입원적합성심사위원회 위원장은 입원심사회부를 하기 전에라도 입원신고서의 기재사항(입원신고사항)이 불분명하거나, 입원권고서(진단결과서)의 내용이 부실하거나, 입원신청서나 보호의무자 자격을 증명하는 서류 등이 미비한 경우 등에는 직권으로 보완을 요구할 수 있다. 이는 입원신고를 접수하는 기관이 그 신고가 불완전한 경우 보완을 요구하는 의미를 가지고 있다. 구체적인 보완요구는 입원적합성심사위원회 간사나 조사원이 위원장을 대신하여 할 수 있다.

라. 입원진단

보호입원이나 행정입원 모두 그 입원이 되기 전에 환자에 대해 정신과 전문의가 대면진단을 하고서 작성한 입원권고서(진단결과서)가 필요하다. 위 입원권고서는 최초 강제입원의 근거가 되는 의료증명서라 할 수 있다.

입원 후 14일 이내에 다시 두 명 이상의 정신과 전문의(보호입원의 경우에는 서로 다른 정신의료기관에 소속되어야 하고, 그 중 1명 이상은 지정진단의사여야 함)의 일치된 입원소견이 있어야 한다.

그러나 현재의 정신의료의 현실에서는 입원 전 대면진단 때 작성된 입원 정신의료기관 전문의의 입원권고서를 입원 후 14일 이내에 필요한 두 개의 진단결과서 중의 하나로 사용하고 있는데 이는 법의 문언과는 어긋난다.

참고로 행정입원에서도 입원 전 1개의 진단(결과)서, 입원 후 14일 이내에 2개의 진단(결과)서를 요구하고 있다. 보호입원에서 입원 전 입원권고서를 가지고서 입원 후 진단결과서로 다시 활용하는 것은 정신건강복지법의 규정취지에 반한다.

보호입원과 관련하여 국가 입·퇴원관리시스템은 입원신고와 더불어 정신의료기관의 장이 지정진단의사의 출장진단을 신청하도록 하여 강제입원환자에 대한 중립적이고, 객관적인 진단을 제도적으로 보장하려 하고 있다.

마. 입원조사

입원조사는 법 제48조에서 구체적으로 보겠지만 입원적합성심사위원회 위원장이 직권으로 국립정신병원 소속 직원(이하 '조사원'이라 함)을 지정하여 환자와 정신의료기관을 조사할 수 있고, 환자가 조사원 대면조사신청을 하는 경우에도 의무적으로 조사원이 정신의료기관을 방문하여 환자의 진술을 들어야 한다.

바. 입원심사

(1) 서면심사

입원적합성심사는 입원심사소위원회 위원들이 참석하여 그 입원심사기일에 심사 회부된 강제입원사건들의 입원적합성 여부를 심사하여 결정하는 의결절차이다. 입원적합성심사는 소위원회 위원들은 출석하여 심사하여야 하지만 그 대상자인 강제 입원환자가 출석할 의무나 권리가 보장되어 있지는 않다.

입원심사가 서면심사로 이루어짐에도 불구하고 환자의 의견진술서 등 환자의 의견을 반영하거나 환자측을 대변하는 사람이 개입할 기회도 없어 근본적인 문제가 있다. 현행 입원적합성심사는 환자의 참여, 의견진술과 증거제출, 절차보조인의 인적 지원과 같은 절차적 기본권이 보장되어 있지 않다.

(2) 개별적 심사

입원심사는 강제입원환자에 대한 개별적 심사이다. 각 심사건마다 한 사람, 한 사람의 신체와 인격이 결부되어 있기 때문에 각 사건별로 소위원회가 매 입원환자마다 입원적합성 여부를 의결하여야 하고, 그 의결근거와 사유를 남겨야 한다. 개별적 심사이기 때문에 하나의 문건에 그 심사기일의 심사 건이 한꺼번에 강제입원환자에게 통보되어서는 안 되며, 개별적으로 각 강제입원심사사건의 입원환자마다 그 근거와 이유가 통지되어야 한다(규칙 제38조).

(3) 출석심사

입원심사는 합의체 소위원회가 출석하여 회의방식으로 입원의 적합 여부를 가려 결정하는 것이다. 따라서 한 장소에 모여 회의형태로 심사하여야 하고 각 심사위원들이 개별적으로 자신의 공간에서 서면심사하여 회신해 각 입원심사사건별로 다수결로 정하는 방식은 위법하다. 서면회신의 심사방식은 심사기관이 가져야 하는 설득과 토론, 합의의 과정을 거치지 못하기 때문이다. 강제입원심사는 단순히 보고를 받거나 개별적으로 찬반의사를 표시하는 방식만으로는 의결해서는 안 된다. 토론과 설득, 합의의 과정을 거쳐 입원심사를 해야 하는 이유는 그 심사 대상자의 인격성과 현존하는 의견을 존중해야 하기 때문이다. 즉, 위원회는 그를 안 보더라도 그가 위원회의 장소에 앉아서 지켜보고 있는 것처럼 존중하는 자세로 심사에 임하여야 한다.

(4) 입원적합성 판단

입원심사는 개별적 강제입원사건마다 소위원회가 출석하여 합의체로서 의결하여야 한다. 의견이 갈릴 경우에는 출석 위원 과반수의 찬성으로 의결한다. 예컨대, 출석위원 중 입원부적합이 2명, 입원적합이 2명일 경우에는 입원적합이 과반수를 넘지 못하므로 부적합판정을 하여야 할 것이다.

정신의료기관측에서 입원적합성에 관해 입증하고 입원을 설득하여야 하는데, 과반수를 넘지 못한 경우 입증에 실패하였다고 보아야 할 뿐만 아니라 가부동수일 경우 법령상 명시된 특별한 규정이 없으면 과반수가 되지 못하였으므로 그 요구하고자 하는 바(여기서는 계속입원의 청구)를 이루지 못하는 것이 맞다.

(5) 가부동수의 경우 위원장 권한 문제

가부동수 시에 소위원회 위원장이나 입원적합성심사위원장에게 결정할 권한을 주는 것은 '과반수'라는 법령상 요건을 위반한 것일 뿐만 아니라 소위원회 위원장은 위원의 1인으로서 이미 투표를 하였는데, 거기에 또 다른 결정권을 법령에 근거 없이 부여하는 것이어서 허용될 수 없다. 입원적합성심사위원회 위원장은 심사에 참여하지도 않기 때문에 심사된 환자에 대한 결정권이 부여될 수 없다. 이는 재판하지 않은 판사가 결정할 수 없는 것과 같다.

사. 심사결과보고

입원심사소위원회는 심사기일을 마친 후에 각 입원심사사건별로 적합 또는 부적합여부를 판정하고, 그 결과의 법령상 근거와 구체적 이유를 적어 3일 이내에 입원적합성심사위원회 위원장에게 보고하여야 한다(법 제47조 제2항 및 영 제23조 제4항 및 「행정절차법」 제23조 본문). 보고의 방식은 대면이 아니라 서면으로 할 수도 있고, 내부적 결재과정을 요하며, 위원장 부재 등의 경우에는 대결권자가 대신할 수도 있다.

입원적합성심사위원회 위원장에게 보고하는 이유는 입원적합성심사위원회 위원장만이 행정기관으로서 외부적으로 일정한 법적 효과를 발생시키는 행정처분을 할 수 있기 때문이다.

아. 입원적합성여부 통지

(1) 관련 규정

입원적합성심사위원회 위원장은 최초입원일로부터 1개월 이내에 정신의료기관의 장에게 입원적합 여부를 서면으로 통지하여야 한다(법 제47조 제3항). 위 서면은 입원적합 또는 부적합 여부에 대해 구체적인 근거와 사유 등을 명시하여야 한다(규칙 제38조). 정신의료기관의 장은 입원부적합 통지를 받은 경우 해당 입원환자를 지체 없이 퇴원시켜야 한다(법 제47조 제4항).

(2) 입원적합성 여부 통지의 법적 효과

1) 입원적합 통지의 효과

입원적합 통지는 정신의료기관의 장(보호입원의 경우)이나 시·군·구청장(행정입원의 경우)이 강제입원환자를 최초입원일부터 최대 3개월까지 강제입원을 할 수 있는 권한을 부여(승인)하고, 최초입원의 적합성을 승인하는 효과를 발생시킨다. 그러나 이러한 입원적합 판정을 받았다고 하더라도 사후에 수사기관, 국가인권위원회, 법원은 그 입원의 불법성이나 불필요성, 인권침해 여부를 조사, 수사, 재판을 하여 위법한 입원으로 판단할 수 있다.

입원적합 통지로 인하여 강제입원환자는 추가적으로 최초입원일부터 최대 3개월의 기간 동안 계속입원되어야 하고, 입원의 적합성까지 승인되는 불이익을 얻게 되었기 때문에 그에 불복하여 정신의료기관의 장을 상대로 법원에 인신보호청구를 하거나 입원적합성심사위원회의 적합통지를 행정처분으로 보아 입원적합처분의 취소를 구하는 행정심판이나 행정소송도 제기할 수 있다.

2) 입원부적합 통지의 효과

정신의료기관의 장은 입원부적합 통지를 받은 경우 해당 입원환자를 지체 없이 퇴원시켜야 한다(법 제47조 제4항). 즉, 입원적합성심사위원회 위원장은 입원부적합 통지를 하여 정신의료기관의 장에게 퇴원의무를 부과하는 것이다. 정신의료기관의 장이 지체 없이 해당 입원환자를 퇴원시키지 않을 경우에 대비해 형벌규정을 두고 있다(법 제84조 제2호).

(3) 해당 환자에 대한 통지

입원적합성심사위원회 위원장의 입원적합 통지(법 제47조 제3항)는 입원환자에게는 불리한 처분이므로 그 처분사유 외에 행정심판이나 인신보호청구를 통한 불복절차를 해당 환자에게도 통지하여야 한다.

정신의료기관의 장에게만 입원적합 여부를 서면으로 통지하도록 의무화하고(법 제47조 제3항 전단), 해당 환자에 대한 입원적합성심사위원회의 통지와 관련된 법령상 규정이 없는 것은 입법상 불비라 할 것이다. 법이 입원적합성 통지의 방법과 절차 등에 필요한 사항은 보건복지부령으로 정할 수 있도록 규정하고 있기 때문에(법 제47조 제3항 후단) 입원적합성심사위원회가 입원적합 여부 및 그 근거와 사유에 대한 통지를 개별 환자에게 서면으로 하도록 보건복지부령에 규정을 신설할 필요가 있다.

현재의 해결책으로는 보건복지부가 지침 등을 통해 입원적합성심사위원회 위원장이 정신의료기관의 장에게 통지할 때 강제입원심사대상 환자에게도 통지(입원적합성심사위원회 위원장의 적합/부적합 통지에 불복하는 경우 인신보호청구나 행정심판을 제기할 수 있음을 알리는 고지문구를 포함하여야 한다)를 같이 보내어 정신의료기관의 장이 의무적으로 환자에게 전달하고, 그 전달여부를 입원적합성심사위원회가 확인하도록 해야 한다.

2. 입원심사절차

가. 입원심사사건의 회부

입원적합성심사는 입원신고 후 입원적합성심사위원회 위원장이 강제입원사건을 소위원회에 회부하면서 시작된다. 어느 소위원회에 회부할지 여부를 위원장이 재량적으로 판단할 경우 공정성에 의심을 받을 수 있으므로 각 소위원회는 일정한 관할지역이나 일정기간을 정하여 두고서 입원신고가 들어오면 자동적으로 사건이 회부되어 소위원회에 배당될 수 있도록 할 필요가 있다.

나. 입원심사사건의 주기

사건이 회부되어 소위원회에 배당되면 소위원회는 입원심사기일을 열어 심사를 해야 한다. 소위원회가 여러 개 있는 경우라면 소위원회 심사 관할구역을 중복해 두어 매월의 일정기간에 들어오는 사건을 입원 1개월 이내에 각 소위원회가 기간을 나누어 분담할 수도 있다.

다. 소위원회별 위원의 소속과 대리위원제도

소위원회에 사건이 회부되어 배당되면 소위원회는 합의체이기 때문에 위원 모두가 배당된 사건을 함께 담당한다. 각 소위원회의 입원심사기일이 잡히면 원칙적으로 그 소위원회에 소속된 위원만이 참석 대상이어야 한다. 이는 소위원회 위원 과반수의 출석과 출석위원 과반수의 찬성으로 입원적합 여부를 판정하여야 하기 때문에 다른 소위원회 위원이 대신해 줄 수 없다.

이렇게 해석하는 것이 옳기는 하지만 이 경우 소위원회 위원들의 과반수 출석이 안 이루어져서 입원심사기일을 개의하지 못할 경우 그 소위원회가 배당받은 입원심사사건이 모두 적합성판정을 받지 못하게 되어 환자들이 퇴원해야 하는 사태가 발생할 수도 있다.

이러한 점을 감안하여, 각 소위원회 소속으로 대리위원제도를 두어 실제 소위원회에 소속된 위원이 참석하지 못할 경우를 대비해 옆 소위원회의 동일 직종의 위원을 대리위원제도로 두어 입원심사기일의 개최를 가능하도록 할 필요가 있다. 참고로 일본도 정신의료심사회 합의체를 구성하는 위원의 사고 등을 대비해 예비위원을 정신의료심사회의 다른 위원으로 구성해 순번을 정해두는 것을 지침(매뉴얼)으로 규정하여 두고 있다.[158]

라. 입원심사기일의 지정

입원심사기일은 소위원회 위원장이 지정하여 소집할 수 있다고 볼 것이나, 그 심사기일은 사전에 소위원회 위원들에게 공지되거나 정기적인 일정한 날짜와 시간 및 장소(매월 둘 째 및 넷째 주 금요일 4시에 국립정신건강센터 회의실 등)를 정하여 이루어질 필요가 있다.

마. 입원심사기일의 공개여부

입원심사가 원칙적으로 서면심사인 점, 당사자나 가족 등 이해관계인의 참여가 따로 없는 점 등을 볼 때 입원심사는 원칙적으로 비공개로 진행되어야 할 것이다. 다만, 소위원회 위원들의 의결(합의)로서 공개로 진행할 수도 있으며, 공개가 되는 경우에는 환자와 보호의무자의 개인정보와 질병정보 등이 드러나지 않도록 조치를

158) 일본 「정신보건복지법 제12조에 규정하는 정신의료심사회에 대해서」(2000년 3월 28일 장(障) 제209호, 각 도도부현 지사·각 지정도시 시장 앞 후생성대신 관방 장해보건복지부장 통지).

취할 필요가 있다.

여기서 공개금지란 이해관계 없는 제3자에 대해 입원심사기일의 공개를 금지한다는 의미이지, 참여가 필요한 위원들과 조사원, 입원환자 등 당사자와 이해관계인의 참석을 막는 것은 아니다.

바. 입원심사의 순서

(1) 심사 개시와 참석자

입원심사는 소위원회 위원들이 출석하여 소위원회 위원장의 주재 아래 심사를 진행한다. 입원적합성심사위원회의 조사원이나 간사도 조사사항이나 입원신고사항에 대한 보고를 위해 참석할 수 있다. 직접 대면조사한 조사원의 보고와 진술을 내부 지침으로라도 의무화할 필요가 있다.

(2) 심사보고

소위원회 위원장 또는 그가 지명한 위원이나 간사, 조사원 등이 개별 입원심사사건의 당사자인 환자별로 인적 사항과 증상, 입원상황 등을 간단히 제시한 후 특이사항 등을 보고한다.

(3) 의견청취

소위원회는 입원심사를 위하여 관계 행정기관, 정신건강증진시설 또는 관련 기관·단체 등에 의견이나 자료의 제출을 요청할 수 있고(영 제23조 제2항), 사실관계의 확인이 필요하다고 인정하는 경우에는 환자, 정신의료기관의 장 또는 그 소속 의료인에게 의견이나 자료의 제출을 요청할 수 있다.

위에서 말하는 의견제출은 서면으로 하는 것 외에 구두로 하는 것도 가능하다고 할 것이므로 환자나 정신의료기관의 장(또는 그 소속 의료인[159])은 입원심사기일에 직접 출석하여 의견을 진술하는 것도 가능하다.

다만, 입원심사의 당사자라 할 수 있는 입원환자와 정신의료기관의 장에게 스스로 입원심사기일에 직접 출석할 권리나 의무는 없으므로 소위원회의 출석의견진술 요구를 환자나 정신의료기관의 장(소속 의료인 포함)이 받아들여 참석하는 경우에만 출석진술이 가능하다고 볼 것이다. 이와 같이 환자나 해당 기관 소속 의료인을 포함한 정신의료기관의 장이 출석한 경우에는 입원심사기일 중에 그 의견진술기회를

159) 여기서 '의료인'이라 함은 「의료법」 제2조 제1항에서 말하는 면허를 받은 의사·치과의사·한의사·조산사 및 간호사를 말한다.

부여하여야 한다.

한편, 소위원회는 환자의견진술을 듣기 위해 조사원을 통해 환자를 대면하여 의견진술을 받을 수도 있고, 환자에게 강제입원과 관련된 의견진술서를 제출할 기회를 부여할 수도 있다.

입법론적으로는 국제기준인 정신장애인 보호(MI) 원칙을 참조해 볼 때, 강제입원환자에게 입원심사기일에서 대면 의견진술기회를 권리로서 보장하여 부여하는 것이 필요하고, 현행법 해석상으로도 적극적으로 환자의 입원심사기일 참여와 의견진술보장이 필요하다. 적어도 입원심사지침 등으로라도 입원심사자료로서 소위원회가 환자의 서면 의견진술서를 제출받도록 할 필요가 있다.

(4) 증거수집 등

입원심사는 당사자(입원환자와 정신의료기관의 장)가 제출한 증거와 소위원회가 직권으로 조사한 증거를 바탕으로 이루어진다. 직권증거조사를 위해 법 시행령은 당사자인 환자와 입원 정신의료기관의 장(소속 의료인 포함)에게 자료제출을 요청할 수 있다. 아울러 입원심사의 당사자 외에 입원심사에 필요한 자료를 수집하기 위해 관계 행정기관, 다른 정신건강증진시설이나 기관·단체 등에도 자료제출을 요청할 수 있다(영 제23조 제2항).

소위원회는 입원심사를 위하여 환자의 기존 입원경력, 입원과정, 환자의 증상이나 진단, 거주지, 생활능력, 가족 등 보호자들의 지원여부를 판단할 수 있는 증거자료를 수집할 수 있고, 이러한 증거자료가 있는 시설이나 기관, 단체 등에 자료제출을 요청할 수 있다.

소위원회가 행정기관 등에 자료제출이나 의견을 요청하였을 경우 이를 거부하는 것에 대해서는 처벌규정이 없지만 소위원회가 조사원을 통하여 정신의료기관의 장에게 자료제출 등을 요구하는 경우에는 이에 협조하여야 하고, 협조하지 아니하는 경우에는 과태료가 부과될 수 있다(법 제89조 제1항 제7호).

(5) 심사

위와 같이 당사자들의 의견을 청취하고, 수집된 증거를 고려하여 소위원회 위원은 심사기일에 개별 입원사건마다 심사를 하여 의결을 하여야 한다. 지역마다, 그리고 소위원회에 따라 다르기는 하지만 입원심사기일에 적게는 10여 건, 많게는 40~50건의 입원심사사건이 진행될 수 있다.

각 입원심사사건별로 각 개별 소위원회 위원별로 적합, 부적합과 그 근거를 밝히고, 만장일치의 적합 또는 부적합 의견이 아닌 경우에는 개별적으로 소위원회 위원별로 그 적합/부적합의 이유를 제시하여야 한다. 그렇게 하여야 최종적 과반수 여부를 판단할 수 있고, 추후 그 사유와 법적 근거(법령의 해당조항)를 기재하여 통지해야 하는 의무(규칙 제38조)를 이행할 수 있기 때문이다.

심사결과 출석위원의 적합/부적합 모두 과반수에 이르지 못하는 경우 입원부적합으로 보는 것이 해석상 타당할 것이다. 앞서 보았듯이 그 이유는 입원심사신청을 한 측이 정신의료기관의 장이고, 계속입원을 인정받기 위해서는 과반수 의결을 얻어야 하는데, 입원심사결과 입원신고에 기재된 내용과 주장이 입원적합성을 인정하기에 과반수에 못 미치는 경우에는 계속입원의 승인을 못 받도록 하는 것이 맞기 때문이다.

앞서 지적한 바와 같이 가부 동수일 경우 위원장이 결정권을 행사하는 것은 이미 표결권을 행사한 소위원회 위원장에게 추가적으로 결정권을 가지도록 하는 것이어서 위원들 사이의 표결권의 평등에 어긋나므로 법률에 위반한 것이 될 수 있다.

사. 소위원회의 의결

(1) 개관

소위원회의 의결은 현행법령 해석상 적합과 부적합 두 가지로만 판단할 수 있는 것으로 보인다. 이를 소위원회 의결주문(議決主文)으로 본다면 '000에 대하여 2018. 5. 1. 한 0000병원의 보호(행정)입원은 적합/부적합하다'라고 판단하는 것이다.

그런데 입원적합성심사란 보호입원과 행정입원에서 최초 입원의 적합성 여부를 위원회가 판단하는 것인데, 입원의 적합/부적합 여부가 판단대상이 아닌 입원심사사건이 올라오거나 적합/부적합 의결이 의미 없는 경우에는 어떻게 처리해야 하는지 문제가 된다.

(2) 개별 사유별 의결주문

1) 심사대상이 아닌 사건이 입원신고된 경우

예컨대, 자의입원이나 동의입원환자인데, 착오로 입원신고가 되는 경우에는 입원이 부적합하다고 의결할 것은 아니다. 이런 경우에는 심사기일을 거치지 아니한 경우에는 입원적합성심사위원회 위원장이 직권으로, 입원심사기일에 회부된 경우에는 소위원회가 직권으로, '심사대상 아님'이라고 의결하여 결과통지를 해 줄 필요가 있다. 강제입원의 적합/부적합 여부를 판단하는 심사기관이 실제 자발적 입원환자의 적합/부적합 여부를 판단할 수는 없기 때문이다.

2) 입원환자가 강제입원 중 퇴원한 경우

앞서 입원신고 이후의 퇴원에 관해서 지적한 바와 같이 입원환자가 강제입원 중 퇴원한 경우라도 입원적합여부를 심사하는 것은 가능하다. 그 이유는 입원적합성은 세 가지 사항을 그 대상으로 삼는데(최초입원과정의 적법성과 필요성, 입원 중 처우의 적정성, 향후 입원치료의 필요성), 입원환자가 퇴원한 경우 그 입원의료기관에서의 향후 입원치료의 필요성만 소멸할 뿐, 기존의 과거의 사실인 최초입원과정의 적법성과 필요성, 입원 중 처우의 적정성은 여전히 판단대상으로 남기 때문이다.

과거 강제입원환자가 인신보호재판을 청구하면 기존의 위법사유 등이 드러나는 것을 막고자 퇴원시키는 사례들도 있어 대법원이 퇴원 후에도 일정한 경우에는 인신보호재판을 할 실익이 있다고 한 점도 같은 취지라 할 수 있다. 따라서 환자가 퇴원한 경우라도 기존의 입원신고에 따른 입원적합성 여부는 심사대상이 된다고 볼 것이다.

3) 입원환자가 강제입원 중 자발적 입원으로 전환된 경우

과거의 사실인 최초입원의 적합성 여부는 판단해야 하기 때문에 입원신고 이후 자발적 입원으로 전환된 경우에도 그 적합 여부는 판단하여야 한다. 이러한 입원심사사건의 경우에는 기존의 강제입원의 적법성과 필요성 여부를 심사하여 그 적합여부를 확인해 주는 것이라 할 수 있고, 이후의 자발적 입원으로 전환된 부분에 대해서는 퇴원(부적합의 경우)이나 계속입원의 승인(적합의 경우)을 해주는 법적 효과는 없다.

아. 의결결과와 이유의 통지

(1) 의결결과의 보고

소위원회는 입원적합성심사를 완료한 후, 즉 입원심사기일을 마친 후 3일 이내에 입원적합성심사위원회 위원장에게 심사결과를 보고하여야 한다(영 제23조 제4항). 보호입원이나 행정입원의 최초 입원일부터 1개월 이내에 정신의료기관의 장에게 서면통지를 하여야 하기 때문에(법 제47조 제3항) 소위원회 의결결과는 즉시 보고되어 입원적합성심사위원회 위원장의 결재를 받을 필요가 있다.

(2) 입원적합성심사위원회 위원장의 변경요구권한 여부

입원적합성심사위원회 위원장이 소위원회 의결결과를 직접 변경하여 통지할 수

있는 권한은 없다고 할 것이다. 예컨대, 소위원회의 부적합의결을 위원장이 적합으로 바꾸어 통지한다든지 하는 것은 위원장의 권한범위를 넘어선 월권행위라 할 것이다. 참고로 일본 「정신보건복지법」에 따른 지침(매뉴얼)은 이러한 상황을 막기 위해 합의체(우리의 소위원회에 해당)에서 결정된 심사결과를 그대로 정신의료심사회(우리의 입원적합성심사위원회에 해당)의 심사결과로 간주하고 있다.160)

생각건대, 소위원회의 의결절차나 의결내용이 위법함이 판례나 법령에 비추어 객관적으로 명백하다고 하면 위원장이 그 소위원회에 이유를 제시하여 재의결을 요청하는 것은 허용될 필요가 있다.

한편, 소위원회 의결결과에 기재된 적합/부적합 사유나 근거법령 등이 오·탈자가 있는 경우에는 그 실체적 내용을 변경하지 않는 범위에서 그 통지를 할 때 수정할 수는 있을 것이다.

3. 입원적합성심사의 내용

가. 심사대상

입원적합성심사의 대상은 보호입소를 포함한 보호입원과 행정입원에서 최초입원의 적합성 여부이다. 단순히 '적법성'이라 표현하지 않고서 '적합성'이라 표현한 이유는 '적법성'을 넘어 입원의 '필요성'이나 입원처우의 '적정성'까지도 함께 포섭하기 위한 것이다. 입원적합성심사위원회에 의료, 복지, 법률전문가 외에 가족, 당사자 등을 위원자격으로 한 이유는 다양한 관점과 심사기준을 반영하기 위한 것이기도 하다.

강제입원환자의 퇴원청구재판의 근거법령인 「인신보호법」은 수용의 적법성 외에 수용의 필요성 여부를 그 심사기준으로 삼고 있고,161) 「인신보호규칙」은 그 수용의 적법성과 수용을 계속할 필요성에 대해 수용자(정신의료기관의 장은 수용자에 포함됨)162)가 소명(疏明)할 것을 요구하고 있다.163)

---

160) 일본 「정신보건복지법」 제12조에 규정하는 정신의료심사회에 대해서(2000년 3월 28일 障 제209호, 각 도도부현 지사·각 지정도시 시장 앞 후생성대신 관방 장해보건복지부장 통지) 매뉴얼 Ⅳ.1.(2) 심사를 취급한 합의체에서 결정된 심사결과를 가지고서 [정신의료]심사회의 심사결과로 한다.

161) 「인신보호법」 제8조(청구사건의 심리) ① 법원은 구제청구에 대하여 이를 각하하는 경우를 제외하고 지체 없이 수용의 적법 여부 및 수용을 계속할 필요성 등에 대하여 심리를 개시하여야 한다.
② 법원은 필요하다고 인정하는 때에는 정신건강의학과의사·심리학자·사회복지학자, 그 밖의 관련 전문가 등에게 피수용자의 정신·심리상태에 대한 진단소견 및 피수용자의 수용 상태에 대한 의견을 조회할 수 있다.

162) 여기서 '수용자'라 함은 수용을 실제 하고 있는 자를 말하며, 피수용자는 의사에 반하여 수용된 자를

법원도 위와 같은 법령규정에 따라 강제입원환자에 대한 최초수용(최초입원) 및 계속수용(입원연장)의 적법성과 그 필요성을 심사대상으로 삼고 있다.[164)165)]

나. 심사기준

(1) 입원의 적법성 여부

강제입원의 적법성에 대한 심사기준은 절차적 적법성, 형식적 적법성, 실체적 적법성으로 나뉜다. 절차적 적법성은 정신건강복지법의 형식과 절차를 준수하였는가? 입원절차에서 위법한 폭력이나 강제력이 행사되었는가의 문제라 할 수 있고, 형식적 적법성은 입원요건으로서 보호의무자나 정신건강전문요원과 같이 권한 있는 자에 의한 입원신청이 있는가? 정신과 전문의 진단이 있는가?와 같이 적법한 서류를 갖추었는지 여부를 판단하는 것이다. 끝으로, 실체적 적법성은 입원요건에 해당하는 정신질환, 자·타해 위험, 입원치료 필요성과 관련된 문제이다. 예컨대, 정신질환이나 자·타해 위험이 없는 사람을 입원시키는 경우 그것은 단순히 입원 필요성이 없는 경우가 아니라 입원이 적법하지 않은 경우이다. 이는 범죄자 아닌 사람을 구속시킨 경우와 마찬가지로 부적법한 입원이 된다.

1) 절차적 적법성

최초입원은 그 과정이 적법하여야 한다. 단순히 형식적 요건인 보호의무자 동의와 정신과 전문의 2인 진단이 있다는 것만으로 적법한 입원이 되는 것이 아니다. 강제입원은 최초입원과정에서 본인의 의사에 반하여 강제로 입원되는 것이기 때문에 사실상 일정한 물리적 제지와 강제호송, 강제적 입원진단, 강제적 치료와 격리 등이 수반된다. 이를 시기별로 나누어 살펴본다.

i) 강제호송: 환자를 입원 목적으로 물리적으로 제압하거나 강제로 호송하는 것은 특별한 사정이 없는 한 의료인이나 가족, 사설 응급환자이송단이 할 수 있는 것이 아니고, 경찰이나 구급대원만이 가능하다. 법원은 지속적으로 이 부분의 위법성을 지적하고 있으며, 이와 같이 신체적 결박을 당해 강제

말한다(「인신보호법」 제2조 참조).

163) 「인신보호법」 제12조(심문기일의 진행) ① 법원은 심문기일에 구제청구자 또는 변호인의 진술 및 수용자의 답변을 들은 후 소명방법에 대하여 조사한다.
② 수용자는 수용의 적법성 및 수용을 계속할 필요성에 관하여 소명하여야 한다.

164) 대구지방법원 경주지원 2009. 9. 3.자 2009인2 결정, 부산지방법원 2010. 4. 22.자 2010인1 결정 등.

165) 신권철, "정신질환자의 강제입원과 퇴원: 인신보호법상 구제요건을 중심으로", 「저스티스」 통권 제113호, 한국법학원, 2009, 234-237면.

호송되어 입원된 환자에 대해서는 퇴원시키고 있다.[166)]

ii) 입원절차: 대법원은 "보호의무자에 의한 입원의 경우 보호의무자의 동의가 있더라도 정신과 전문의가 정신질환자를 직접 대면하여 진찰하고 입원이 필요하다고 진단한 다음 이에 기하여 정신의료기관의 장이 입원을 결정하여야 하고, 이러한 요건을 갖춘 입원조치에 대하여 정신질환자가 저항하는 때에 비로소 정신의학적·사회적으로 보아 상당하다고 인정되는 범위 내의 물리력의 행사가 허용된다"고 보고 있다.[167)] 따라서 위와 같은 정신의료기관의 장의 최종적 입원결정이 없는 상태에서의 물리력 행사는 위법하다.

iii) 입원 후 강제조치: 최초입원 직후 입원에 저항하는 환자에 대해 강제적 약물투입이나 격리·강박 조치도 대법원 판례에 따른다면 위와 같이 정신의료기관의 장이 입원을 결정하고 난 후에 이루어져야 한다. 그런데 정신의료현실에서는 법에 따라 정신의료기관의 장이 강제입원 결정을 하는 절차(보고 및 결재 등)가 마련되어 있지 않기 때문에 여러 가지 문제가 발생하고 있다. 특히, 법에 따른 보호입원의 결정권자인 정신의료기관의 장이 실제 입·퇴원에 관여하지 않으면서 그 법적 책임이 담당의사 등에게 전가되는 문제가 있어 그 내부적 보고나 결재절차 등을 통해 책임소재를 명확히 하는 것이 필요하다.

2) 형식적 적법성

형식적 적법성은 강제입원을 신청한 자가 권한 있는 자인가? 강제입원을 진단하고, 결정한 자가 권한 있는 자인가? 라는 문제이다. 예컨대, 보호의무자 아닌 자가 보호입원을 신청하거나 정신과 전문의나 정신건강전문요원이 아닌 자가 시·군·구청장에게 행정입원을 신청하는 경우는 부적법한 입원신청이기 때문에 그에 근거한 입원은 부적법한 입원이 된다.

i) 입원신청: 보호입원은 보호의무자 2명 이상의 신청이 있어야만 적법하고, 행정입원은 정신과 전문의나 정신건강전문요원의 신청에 근거해 절차가 진행된다. 앞서 보호의무자 규정 및 보호입원 규정에서 본 바와 같이 보호의

166) 보호의무자가 사설응급환자이송단체에게 연락하여 병원가는 것을 거부하는 환자를 결박하여 병원으로 이송시킨 사례에서 환자의 인신보호청구(퇴원청구)를 받아들이면서 법원은 보호입원의 경우 강제호송은 위법하여 그에 따라 최초 수용의 적법성을 갖추지 못하였다는 이유로 환자를 퇴원시켰다(앞서 본 서울중앙지방법원 2016. 3. 30.자 2016인1 결정).

167) 대법원 2001. 2. 23. 선고 2000도4415 판결.

무자 자격이 없는 자에 의한 입원이나 보호의무자가 2명 이상임에도 1명에 의한 보호입원신청은 위법이다. 따라서 입원심사에서 가족관계증명서 등의 사본을 정신의료기관 측으로부터 제공받아 형식적 적법성 여부를 확인하여야 한다.

ii) 입원진단: 보호입원이나 행정입원 모두 입원 전에 정신과 전문의의 진단을 받아 입원을 결정하여야 하고, 입원 후에는 2명 이상의 정신과 전문의(그 중 1명은 다른 기관의 지정진단의사여야 함이 원칙임) 진단을 다시 받아야 한다. 그런데 정신의료 현실에서는 입원 전 진단을 입원 후 입원의료기관의 진단으로 다시 전용(轉用)하고 있는데 이는 정신건강복지법의 규정취지에 어긋나는 것이라 할 수 있다.

iii) 입원결정: 보호입원은 정신의료기관의 장이 결정하는 것이고, 행정입원은 시·군·구청장이 결정하는 것이다. 그것은 대내적으로는 조직 내부결재 등을 통해 다른 사람(예컨대 행정원장, 정신과 과장, 보건소장 등)에 의해 이루어지는 것이 가능하지만, 대외적으로는 그 의사결정자가 법과 일치하게 정신의료기관의 장이나 시·군·구청장으로 표시되어야 한다. 따라서 권한 없는 자가 행정입원을 의뢰하거나 권한 없는 자가 입원신고나 보호입원결정 등을 한 경우도 부적법한 입원이 된다.

3) 실체적 적법성

최초입원심사에서 실체적 적법성은 입원의 실질적 요건이라 할 수 있는 정신질환자 여부, 자·타해 위험성 여부, 입원치료 필요성 여부를 법령상 기준에 따라 판단하여야 한다.

i) 정신질환자: 법은 정신질환자를 증상(망상, 환각, 사고나 기분의 장애)과 생활능력(일상생활을 영위하는데 중대한 제약)을 기준으로 판단하고 있다(법 제3조 제1호). 강제입원은 정신질환자만을 대상으로 하기 때문에 위 두 요건(증상과 생활능력)에 대한 정신의료기관측의 주장과 입증이 필요하고, 그러한 주장과 입증자료가 없는 상태에서는 입원을 적합하다고 판정하기 어렵다.

ii) 자·타해 위험성: 자·타해 위험성 또한 강제입원의 실체적 적법성을 구성하는 요건이다. 법 시행규칙은 자·타해 위험성의 구체적 기준(중대성, 직접성, 개연성, 상습성, 급박성 등)을 제시하고 있다(규칙 제34조 제2항). 따라서 위 기준을 충족하는지 여부를 입원심사에서 확인하여야 하고, 그 법령상 기준을 충족하는지에 대한 입증자료를 제출받아야 한다. 단순히 추상적으로 '자·타해 위험성이 있음(높음)'과 같이 법령상 문구를 그대로 기재한 것은 입증자료가 될 수 없고, 구체적 사실(최근 1개월 내 자살시도 3회 확인됨, 입원 직전 자녀에게 술에 취해 주먹으로 폭력행사함 등)을 적시하는 것이 입증자료가 될 수 있다.

iii) 입원치료 필요성: 보호입원이나 행정입원 모두 입원치료의 필요성이 있음을 요구한다. 입원치료 필요성에 회복(치료)가능성(treatability)을 포함시킬 수 있을지 검토가 필요하다. 회복(치료)가능성이 없다면 입원의 목적인 환자치료가 무의미해지고, 오직 격리목적만 남게 되기 때문이다. 특히, 알코올중독, 지적장애, 치매를 가진 환자에 대한 입원에서 주로 이러한 문제점이 부각되고 있다. 생각건대, 입원치료 필요성은 사실상 환자를 가정이나 지역사회에서 돌보거나 지원할 가족이나 국가의 지원 등이 있는지 여부가 실질적으로 더 큰 문제로 작용한다. 즉, 강제입원된 병원이 가정이나 지역사회의 돌봄을 대신하는 부양기관의 형태를 띠는 이른바 사회적 입원의 문제이다. 입원치료 필요성에 대한 판단기준을 의료적으로만 판단하는 경우 입원까지는 필요 없는 사례도 있지만, 환자를 돌볼 가족이나 주거 등이 없음을 이유로, 즉 사회적 이유로 입원이 필요한 경우가 그 동안 적지 않았다. 이는 사실상 환자의 사회적 삶을 고려하지 않은 채 사회의 편의를 이유로 한 입원이라 할 수 있다.

(2) 입원치료의 필요성 여부

입원치료의 필요성 여부는 두 가지 시점을 기준으로 심사하여야 한다. 첫 번째는 최초입원이 필요하였던 것인가?라는 판단을 하는 것이고, 두 번째로는 입원심사 시점을 기준으로 향후의 입원계속이 필요한 것인가?라는 판단을 하는 것이다. 전자는 과거의 최초입원 당시의 입원치료 필요성을 후자는 향후의 입원치료 필요성을 심사하는 것이다.

1) 최초 입원당시의 필요성 심사

최초 입원당시에도 환자는 입원치료의 필요성이 있었어야 한다. 그러한 입원필요성이 없는데도 입원을 한 경우는 그 입원은 위법한 위법이 된다. 최초입원 당시의 입원필요성의 심사기준은 환자의 자발적 입원의사 여부를 확인하였는지, 통원치료와 같은 다른 대안적 조치를 고려하였는지, 보호의무자나 의료진이 설득과정을 거쳤는지, 환자의 증상과 정도가 위와 같은 사전적 조치를 거칠 수 없게 만드는 것이었는지 등을 고려할 필요가 있다.

2) 향후의 입원필요성 심사

최초 입원당시에 입원필요성이 있었더라도 입원심사기일을 기준으로 환자가 입원치료를 통해 입원필요성이나 자·타해 위험성이 없어진 경우라면 향후 입원은 부적합하다. 또한, 보호의무자나 환자가 적극적으로 치료와 퇴원의지를 밝히고 있고, 치료가 적절히 되어 퇴원이 가능하다고 판단하는 경우에는 과거의 입원은 적합하다고 인정하더라도 향후입원의 필요성은 없기 때문에 미래의 입원은 부적합하다고 판단하여야 한다. 이를 입원심사기일에 의결하는 경우라면 최초입원의 적법성과 필요성은 긍정하고, 향후 입원의 필요성은 부정하여 최종적으로 (향후) 입원부적합결정을 하여야 한다.

(3) 입원처우의 적정성 여부

입원심사는 단순히 이송과정, 입원절차, 입원요건만을 심사하는 것이 아니라 환자의 기본적 권리보호를 위하여 입원 이후의 처우에 대해서도 그 적정성 여부를 심사하여야 한다. 비록 입원 후 심사까지의 기간이 채 1개월이 되지 않지만 일정한 위법사유가 입원 중 발생한 경우 부적합한 입원으로 판단하여야 하기 때문이다. 그러한 예로는 다음과 같은 것이 있다.

1) 권리 등의 미고지
- i) 조사원 대면조사 신청권한의 미고지 및 신청의사 미확인
- ii) 법원에 대한 인신보호청구권 및 국가인권위원회 진정권 미고지[168)]
- iii) 법에 따른 퇴원청구권 미고지

2) 신체적 자유의 위법한 제한
- i) 환자에 대한 폭행이나 가혹행위
- ii) 위법·부당한 격리·강박행위
- iii) 치료목적이 아닌 과도한 강제적 약물투여 등 위법·부당한 강제치료행위

3) 환자의 권익제한행위
- i) 변호사, 관련 담당공무원, 권익옹호기관에 대한 연락 및 면회제한

---

168) 법은 정신건강복지법 외에 다른 법률에 따른 권리 및 권리행사방법도 알리고, 그 권리행사에 필요한 각종 서류를 정신건강증진시설에 갖추어 두도록 규정하고 있다(법 제6조 제1항).

ii) 인신보호청구 등 환자의 권리구제행위의 제한
iii) 정신과 전문의 지시 없이 이루어지는 통신 및 면회의 자유제한

위와 같은 정신의료기관측의 행위(법령상 의무위반행위 또는 권익제한행위)는 정신의료기관이 의무로서 이행해야 하거나(권리고지 행위), 원칙적으로 금지된 행위(통신 및 면회제한, 폭행이나 가혹행위, 격리·강박행위 등)이거나 예외적으로 일정한 요건 하에서만 허용되는 행위(통신 및 면회제한, 격리·강박)이기 때문에 그러한 법령상 의무나 금지를 위반한 것은 대부분 형사처벌 대상이어서 위법하다고 볼 수 있다.

이러한 위법행위를 입원적합성심사위원회가 확인하게 된 경우 그 확인에도 불구하고 입원이 적합하다고 판단하는 것은 입원심사기관 자체가 정신의료기관의 위법행위를 승인해 주는 것이 된다. 이러한 위법한 입원을 승인하는 것은 국가도 위법행위를 한 것이 되어 국가 또한 국가배상법상의 책임을 면하기 어렵다. 따라서 위와 같은 정신의료기관측의 행위들이 확인된 경우에는 입원심사에서 부적합판정을 하여야 한다. 불법행위를 당한 강제입원환자에게 입원이 적합하다고 하는 입원심사기관은 그 존재의미가 없기 때문이다.

(4) 입원심사기준에 어긋나는 강제입원의 입증방식

입원심사기관은 앞서 본 심사대상 사항(입원의 적법성과 필요성 및 입원 중 처우의 적정성)을 법령상의 i) 심사기준(절차적 요건, 형식적 요건, 실체적 요건), ii) 금지규정(폭행 및 가혹행위의 금지), iii) 예외적 허용요건 규정(통신 및 면회의 제한, 격리·강박)에 따라 판단한다.

위와 같은 위법사항 여부를 확인하는 방법은 조사원이 환자를 대면조사할 때 체크리스트로 체크하거나 환자 의견진술서를 받아 위법사항을 확인한 후 정신의료기관측에 그 반대되는 사실을 입증할 수 있는 자료(예컨대, 권리고지가 안 되었다고 환자가 주장하면, 권리고지를 입증할 수 있는 보관된 권리고지 확인서 등)를 제출받아 입원의 적법성이나 필요성을 입증하도록 하여야 한다. 그 이유는 강제입원요건의 적법성과 필요성은 입원을 유지하고자 하는 자에게 입증책임이 있기 때문이다.

다. 입원부적합사례

이미 구 정신보건법 시행 이후 지난 20년 동안 법원과 국가인권위원회는 위법

한 입원사례를 지속적으로 지적해 왔다. 앞서 입원유형(자의입원, 동의입원, 보호입원, 행정입원)을 설명할 때 위법한 입원사례를 설명하였는데, 여기에서는 강제입원에 있어 유형화된 위법사례를 간단히 살펴보기로 한다.

(1) 절차적 위반사례

1) 불법 강제이송

법원은 원칙적으로 합법적 강제력을 행사할 수 있는 공무원인 119 구급대원이나 경찰에 의한 강제호송만을 허용하고, 가족, 사설응급환자이송단이나 병원의 직원이 물리력이나 수갑·포승 등을 사용해 강제로 환자를 호송하는 것을 원칙적으로 허용하지 않고 있다. 따라서 이를 위반한 경우 형사적으로는 폭행, 감금죄로 처벌될 수밖에 없고, 민사적으로는 그 강제호송과정에 관여한 자들이 공동으로 불법행위에 따른 손해배상책임을 부담하며,[169] 환자가 인신보호청구를 통해 법원에 퇴원을 요구하면 법원은 강제이송의 위법성을 이유로 퇴원을 시키고 있다.[170]

2) 입원전환의 위법

보호입원이나 행정입원은 응급입원이나 동의입원에서 전환될 수 있는데, 그 전환기간은 3일(응급입원의 경우) 또는 72시간(동의입원의 경우)으로 제한되어 있고, 그 전환기간 내에 보호입원이나 행정입원의 요건(보호입원의 신청이나 행정입원의 의뢰 등)을 갖추지 못한 경우 위법한 강제입원이 된다. 한편, 자의입원의 경우에는 보호입원이나 행정입원으로 전환하는 것도 불가능하므로 자의입원환자에서 보호입원환자로 전환하는 것은 위법하다.

대법원도 응급입원 중 다른 강제입원요건을 갖추지 못한 경우 즉시 퇴원시켜야 하고 응급입원기간을 경과하고도 본인의 의사에 반해 퇴원을 시키지 않는 경우에는 위법한 감금행위로서 불법행위가 성립하며, 그 이후 강제입원요건을 갖추더라도 그 하자는 치유하지 못한다고 보고 있다.[171]

(2) 형식적 요건의 위반사례

1) 보호의무자 위법사례

보호입원은 보호의무자 2명 이상이 신청하여야 하기 때문에 보호의무자가 2명

---

169) 서울중앙지방법원 2007. 4. 19. 선고 2006가합70443 판결; 인천지방법원 2007. 10. 25. 선고 2004가합7985 판결.

170) 서울중앙지방법원 2016. 3. 30.자 2016인1 결정.

171) 대법원 2009. 1. 15. 선고 2006다19832 판결.

이상임에도 불구하고 1명만 신청하는 경우도 위법하고, 보호의무자 아닌 자가 보호입원을 신청한 경우에도 위법하다.

법원의 판결례를 보면, ⅰ) 보호의무자가 될 수 없는 하나원장이 보호의무자가 되어 입원시킨 사례, ⅱ) 생계를 같이 하지 않는 형제자매나 그 배우자가 보호입원시킨 사례에서 보호의무자 자격이 없다는 이유로 그 보호의무자측에 불법행위에 따른 손해배상책임을 인정하였고,[172] ⅲ) 보호의무자인 배우자와 성년의 딸이 있음에도 불구하고 환자와 별거 중이라는 이유만으로 친모(親母)만이 보호의무자가 되어 입원시킨 사례에서는 보호의무자 2명의 입원신청(동의)이 없다는 이유로 환자의 인신보호청구를 받아들여 퇴원시켰다.[173]

국가인권위원회 결정례를 보면, ⅰ) 생계를 같이 하는 것이 증명되지 않은 형제자매[174], ⅱ) 직계혈족이나 배우자와 같은 선순위 보호의무자를 확인하지 않은 채 후순위 보호의무자가 입원시킨 사례[175], ⅲ) 보호의무자 결격사유인 이혼소송 제기 중인 배우자에 의한 보호입원[176]을 부적법한 입원으로 판단하고 있다.

참고로 일본 판결 중에도 환자의 보호의무자가 될 수 있는 가까운 친족이 있음에도 불구하고 이를 조사하지 않은 채 만연히 보충적 보호의무자인 시정촌장(市町村長, 우리의 시·군·구청장에 해당)이 동의하여 입원을 시킨 것을 위법한 행위로 보고 있다.[177]

자격 없는 보호의무자에 의한 입원신청이나 다른 보호의무자가 있음에도 불구하고 1명의 보호의무자만이 입원신청을 하는 경우 입원신청 자체가 위법하고, 대법원 판례에 따라 그 하자는 치유되지 않는다고 보기 때문에 이후의 입원계속도 부적합하다고 보아야 한다.

2) 후견인 위법사례

구 정신보건법이나 현행 정신건강복지법은 모두 후견인을 부양의무자와 함께 보호의무자 중의 한 유형으로 보고 있다. 차이점이 있다면 구 정신보건법은 후견인을 부양의무자에 대해 후순위 보호의무자로 간주하였는데, 현행 정신건강복지법은 후견인을 부양의무자에 대해 선순위 보호의무자로 간주하였다는 점이다. 그러나 환자

---

172) 대법원 2016. 4. 28. 선고 2014다205584 판결.
173) 대구지방법원 경주지원 2009. 9. 3.자 2016인3 결정.
174) 국가인권위원회 2014. 8. 20. 14진정0480100 위법한 정신병원 입원에 의한 인권침해.
175) 국가인권위원회 2014. 6. 2. 14진정0038100 정신질환자의 신상정보 확인의무 위반.
176) 국가인권위원회 2013. 6. 18. 13진정0325900 정신의료기관의 부당입원.
177) 東京地方裁判所 民事 第14部 平成 2年11月19日 判決 昭和60年(ワ) 第5586号, 判例時報1396号95頁.

(피후견인)에게 다른 부양의무자가 있는 경우라면 후견인이 단독으로 보호입원 신청을 할 수는 없고, 다른 부양의무자와 함께 보호입원 신청을 하여야 한다.

또한, 후견인이라고 하여 모두 환자(피후견인)에 대한 입원신청권한이 자동적으로 부여되는 것은 아니다. 성년후견인(신상에 관한 권한이 제한되지 않은 경우에 한한다)이나 한정후견인(신상에 관한 권한을 법원으로부터 부여받은 경우에 한한다) 또는 법원으로부터 특별히 보호입원신청 등의 권한을 부여받은 특정후견인만 입원신청권한이 있고, 한정후견인이나 특정후견인은 그러한 권한이 부여되어 있음을 후견등기사항증명서나 후견심판서 등을 제출하여 입증하는 것이 필요하다.

한편, 민법은 피후견인을 정신병원 등에 격리하려는 경우 가정법원의 허가를 받도록 규정하고 있고(민법 제947조의2 제2항), 이와 같은 가정법원의 허가(앞서 권한을 증명하는 것과는 다르게 입원 시마다 개별적으로 별도의 허가를 받아야 할 것이다)를 보호입원이 되기 전에 받아두는 것이 필요하다. 따라서 이러한 가정법원의 사전허가 없이 피후견인이 입원되는 경우도 부적합한 입원이라 할 것이다.

정리하면, 피후견인이 강제입원심사환자라 한다면 ⅰ) 후견인이 선순위자로서 보호의무자가 되었는지 여부(후견인이 보호입원 신청을 하지 않은 경우는 후순위자들만의 입원신청이어서 위법한 입원으로 판단해야 함), ⅱ) 후견인이 보호입원신청을 한 경우 후견인에게 그러한 신상에 대한 권한이 있는지 여부를 확인(재산관리권한만 있는 후견인은 피후견인을 입원시킬 권한이 없음), ⅲ) 후견인이 가정법원의 사전허가를 받았는지 여부(별도의 가정법원의 사전허가를 제출하지 못하면 후견인은 가정법원의 허가 없이 입원을 시키려는 것이어서 위법한 입원이 될 수 있음)를 확인하여야 한다.

일부 가정법원에서 피후견인이 입원된 후 사후적으로 피후견인의 입원을 허가(사실상 사후적 승인)해 주는 경우도 있으나 사전허가만 규정한 민법 제947조의2 제2항의 취지에 반하는 것이다.

3) 정신과 전문의 진단 위법사례

정신건강복지법은 정신의료기관의 장의 보호입원의 결정이 있기 전에 정신과 전문의 1명의 진단을 요구하고 있다. 여기서 진단은 대면진단을 의미하며(법 제68조 제1항), 환자를 대면하지 않은 채 전화나 화상으로 진단 후 입원결정을 하는 것은 허용되지 않는다. 위 진단의 주체는 정신과 전문의여야 하기 때문에 병원장이나 당직의라 하더라도 정신과 전문의가 아닌 이상 환자를 입원시킬 수는 없다(법 제68조 제1항).

대법원도 2001년 판결을 통해 "정신과 전문의가 직접 대면하여 진찰하고서 입원이 필요하다고 진단한 다음 정신의료기관의 장이 입원을 결정하여야 한다"고 판시하고 있다.[178] 하급심 판결에서는 정신과 전공의가 환자를 대면진단하여 입원을 시키거나[179] 정신과 전문의가 아닌 병원장이나 당직의가 입원시킨 사례를 모두 위법하다고 보고 있다.[180] 특히, 정신과 전문의 대면진단이 없는 상태에서 정신의료기관의 장이 입원시킨 경우 정신의료기관의 장에 대해 대면진단 없이 입원시킨 것이라 하여 형사책임을 묻기도 하였다.[181]

정신과 전문의 아닌 자의 진단에 의해 입원된 경우라면 사후적으로 정신과 전문의가 대면하여 진단소견을 작성한다고 하더라도 기존의 입원 자체가 위법한 입원이기 때문에 판례에 따라 그 하자가 사후적으로 치유될 수 있는 것이 아니어서 입원은 부적합하다고 판단하여야 한다.

4) 2명 이상의 정신과 전문의 진단이 없는 경우

보호입원이나 행정입원 모두 입원 후 환자는 2명 이상의 정신과 전문의의 일치된 진단을 받아야 하고, 그 중 보호입원의 경우에는 다른 정신의료기관의 지정진단의사가 1명 이상 포함되어야 함이 원칙이다(법 제43조 제4항).

그런데 정신의료의 현실은 최초입원을 시키는 입원 정신의료기관의 대면진단 의사가 기존의 입원 전 진단결과서를 그대로 입원 후 진단결과서로 활용하고 있다. 이는 법이 환자를 입원 전과 입원 후로 나누어 따로 진단을 하도록 규정한 취지에 반하고, 결과적으로 법이 요구하는 입원 후 2명 이상의 정신과 전문의 진단을 누락한 것이라 보아야 할 것이다. 따라서 입원 정신의료기관에서는 입원 후 환자에 대한 진단결과서를 작성하여 입원적합성심사위원회에 제출할 필요가 있다.

(3) 실질적 요건의 위반사례

1) 정신질환이 없거나 소멸된 경우

정신질환자만이 강제입원의 대상이기 때문에 정신질환이 없는 사람을 입원시키는 것은 입원환자 자체가 그 실질적 입원대상요건을 갖추지 못하기 때문에 위법하다.

정신건강복지법은 정신질환을 증상(망상, 환각, 사고나 기분의 장애 등)과 기능상의 장애(독립적인 일상생활상의 중대한 제약)로 판단하고 있기 때문에 위와 같은 증상

---

178) 대법원 2001. 2. 23. 선고 2000도4415 판결; 대법원 2015. 10. 29. 선고 2015도8429 판결.
179) 서울고등법원 2008. 12. 23. 선고 2007나56106 판결.
180) 창원지방법원 2015. 2. 11. 선고 2014노1609 판결.
181) 의정부지방법원 2017. 6. 9. 선고 2016고단3898 판결.

이나 기능상의 장애가 사라지거나 회복되면 결국 강제입원대상적격이 소멸된다.

2) 자·타해 위험성이 없거나 소멸된 경우

정신질환자의 자·타해 위험성은 강제입원의 개시요건인 동시에 존속요건이다. 따라서 치료 등으로 자·타해 위험성이 소멸한 경우라면 환자에게 더 이상 강제입원을 유지할 근거가 없게 되는 것이다.

정신질환 중의 일부는 급성기 때 급격한 기분의 변화 등으로 자·타해 위험성이 중대하거나 급박한 경우도 있으나 입원 후 단기간의 치료로 안정을 찾는 경우도 있는데, 법령상의 자·타해 위험성 기준(중대성, 직접성, 개연성, 상습성, 급박성 등)을 입원 중에 충족시키지 않게 되면 환자의 강제입원은 부적합하게 된다고 볼 수 있다. 다만 향후의 환자의 증상을 관찰하기 위한 입원기간은 일정한 한도 내에서 허용될 수 있다.

3) 입원치료 필요성이 없거나 소멸된 경우

입원치료 필요성도 강제입원 개시의 요건이자 존속의 요건이다. 최초 입원 당시부터 입원치료 필요성이 없는 경우 외에도 입원치료로 인한 회복, 가족의 적극적 치료지원의사 확인 등으로 입원 후 입원치료가 불필요해진 경우도 강제입원의 사유가 사후적으로 소멸된 경우이다.

법원은 구 정신보건법 하에서 보호입원의 치료필요성 요건을 판단함에 있어 실제 입원치료를 받을 만한 정신질환이 없음에도 불구하고 입원시킨 후 입원된 환자의 퇴원요구를 거부하는 것을 부작위에 의한 감금죄로 보아 형사책임을 묻고,[182] 민사상 손해배상책임도 부담하게 한 경우가 있다.[183]

(4) 입원 중 처우의 위법사례

1) 권리미고지

대법원은 구 정신보건법 하에서 정신의료기관이 정신질환자를 입원시키면서 지체 없이 정신보건법 소정의 퇴원심사청구 등의 절차를 서면으로 통지하여 안내하지

182) 의정부지방법원 2007. 6. 8. 선고 2006노536 판결(정신의료기관의 장 및 환자의 담당의사는 보호의무자의 동의로 강제입원된 환자에 대한 진단, 평가 및 치료과정에서 당해 환자가 정신보건법 제24조에서 정하고 있는 엄격한 요건, 즉 환자가 정신의료기관 내 입원치료를 받을 만한 정도 또는 성질의 정신질환에 걸려 있거나, 환자 자신의 건강 또는 안전이나 타인의 안전을 위하여 입원할 필요가 있는 경우에 해당하지 않는 것으로 밝혀졌을 경우에는, 당해 환자의 요구에 따라 즉시 퇴원시켜야 할 법률상 의무가 있다고 할 것이므로, 그와 같은 사정을 알고도 환자의 요구를 묵살하고 정당한 이유 없이 상당기간 퇴원조치를 취하지 않는 행위는 감금죄에 해당한다). 위 판결은 대법원 2009. 7. 23. 선고 2007도5383 판결에 의해 확정되었다.

183) 서울중앙지방법원 2008. 6. 13. 선고 2007나3543 판결.

아니한 경우 또는 정신질환자의 퇴원요구가 있음에도 정신보건법 소정의 절차를 취하지 아니한 채 방치한 경우에는 그 입원기간 전체에 대해 위법한 감금행위로서 불법행위를 구성한다고 보았다.184)

하급심 법원도 구 정신보건법령에 규정된 입원결정 등이 있는 경우 정신의료기관의 장이 환자나 보호의무자에게 입원사유와 그 사실을 서면통지하지 않는 경우 환자로서는 퇴원심사청구의 기회를 박탈당하거나 제한당하는 결과가 되어 실질적으로 정신적 고통을 주는 것이라 하여 위자료를 인정하였다.185)

위와 같은 법원의 태도는 현행 정신건강복지법에서도 동일하다고 할 것이므로 적법한 입원이 되기 위해서는 강제입원환자에 대한 권리고지가 반드시 필요하다.

2) 격리 · 강박사례

환자 강제이송과정이나 병원 내 입원과정에서 폭행이나 가혹행위가 있는 경우에는 당연히 위법한 입원이다. 한편, 적법한 강제입원 절차 이후 병원 내에서 격리·강박조치가 행해지고, 그 격리·강박이 위법한 경우라면 그것 또한 결국 폭력과 감금죄로 처벌되거나 불법행위책임을 부담해야 하기 때문에 부적합하다고 볼 것이다.

법원은 다른 환자들에게 욕설과 위협적인 행동을 하여 환자가 격리·강박을 시행당하였는데, 정신의료기관측이 보건복지부가 정한 격리·강박지침을 준수하지 않은 경우, 별 다른 손해가 없더라도 그 행위 자체만으로 환자에 대해서는 정신적 피해가 있는 것이어서 불법행위가 된다고 보아 위자료 지급을 명하기도 하였다.186)

3) 통신 및 면회제한

정신건강복지법은 원칙적으로 입원환자에 대한 통신 및 면회의 제한을 금지시키고, 예외적으로 정신과 전문의 지시에 따라 치료 목적으로 최소한의 범위 내에서만 그 제한을 허용하고 있다(법 제74조).

구 정신보건법 하에서는 입원 환자들에게 일률적으로 2주에 한 번만 전화사용을 할 수 있도록 제한하고서도 그 사유를 진료기록부에 기재하지 아니한 사안에서 법원이 유죄를 인정한 사례가 있다.187)

강제입원된 환자가 자신의 권리구제를 위해 자신의 스마트폰 등에 저장된 변호사나 행정기관, 권익옹호기관에 전화나 문자, 이메일을 보내는 것은 정당한 권리행

---

184) 대법원 2009. 1. 5. 선고 2006다19832 판결.
185) 수원지방법원 2008. 1. 9. 선고 2008가단83512 판결.
186) 수원지방법원 2009. 1. 9. 선고 2008가단83512 판결.
187) 서울동부지방법원 2006. 9. 12. 선고 2006고단255 판결.

사에 해당한다고 볼 수 있어 변호사나 공무원, 장애인 권익옹호기관 담당자와의 연락이나 면회를 제한하는 것은 위법하다고 볼 것이다.

참고로 일본의 경우에는 입원환자에게 권리고지 서식을 제공할 때 그 서식의 내용으로 인권옹호행정기관의 직원 및 현재 대리인이거나 향후 대리인이 되려고 하는 변호사와의 전화, 면회는 제한되지 않음을 고지하여 주고 있다.[188)]

4. 피후견인 입원에 대한 관할법원 통지

가. 입법취지

입원적합성심사위원회 위원장은 입원심사사건을 회부할 때 그 입원환자가 피후견인인 경우 관할 가정법원에 입원사실 등을 통지하여야 한다(법 제47조 제1항).

피후견인은 늘 후견인을 두고 있고, 후견인은 부양의무자에 앞서는 선순위 보호의무자이다. 후견인은 피후견인의 가족인 경우가 다수이지만 공공후견인이나 법인후견인의 경우에는 가족이 아닌 제3자가 대부분이다. 가정법원 통지의 제1차적 목적은 가족이 후견인 모르게 또는 후견인이 그 감독기관인 법원 모르게 환자(피후견인)를 정신의료기관이나 정신요양시설에 입원(입소)시키는 것을 막기 위한 것이다.

더 나아가서는 이차적으로 앞서 본 바와 같이 후견인이 자신의 감독기관인 관할 가정법원의 사전 허가 없이 환자(피후견인)를 입원시키고서 환자가 거주하던 재산 등을 처분해 버리는 것을 막고, 환자(피후견인)의 거주와 신상에 대한 감독을 관할 가정법원에서 확보하기 위한 것이라 할 수 있다.

나. 피후견인 여부 확인

강제입원환자가 피후견인인지 여부를 입원적합성심사위원회는 어떻게 알 것인가? 다음과 같이 유형을 나누어 살펴본다.

(1) 후견인이 보호의무자가 되어 보호입원을 신청하는 경우

먼저, 보호입원신청자가 자신의 지위를 후견인으로 기재하여 보호입원신청을 하는 경우 입원 정신의료기관측에서 입원신고 시에 신고(등록)사항으로 입력하므로 그 입력정보 및 보호입원신청서에 첨부된 증명서류(후견등기사항증명서나 가정법원의 허

188) 일본【정신과병원에 입원하는 때의 고지 등에 관한 서면 및 입·퇴원의 신고 등에 대해서】(2000년 3월 30일 障精 제22호 후생성대신 관방 장해보건복지부 정신보건복지과장 통지) 양식 제1호(임의입원), 제7호(조치입원) 및 제8호(의료보호입원).

가서, 가정법원의 후견심판서 등)에 따라 입원적합성심사위원회 위원장 명의로 관할 가정법원에 통지하면 된다.

(2) 부양의무자들만 보호입원을 신청하는 경우

다음으로, 후견인이 있음에도 불구하고 부양의무자들만 보호입원을 신청하는 경우에는 환자가 피후견인인지 여부나 선순위의 후견인이 있는지 여부를 확인할 수 없게 된다. 이러한 상황을 막기 위해 보호입원을 신청하는 부양의무자들에게는 환자가 피후견인인지 여부, 후견인이 있는 경우 그 인적 사항, 후견관할 가정법원 등을 신청서에 기재하거나 확인하도록 할 필요가 있다.

(3) 후견인이나 부양의무자가 후견사실을 숨긴 경우

보호입원을 신청하는 후견인(부양의무자인 경우도 있음)이나 부양의무자가 위와 같은 내용을 숨기고서(가정법원의 허가를 받지도 않고, 가정법원에 통지도 하지 못하도록 하기 위한 목적으로) 모두 부양의무자의 지위에서 보호입원신청을 하는 경우도 발생할 수 있다. 이러한 경우가 발생할 수 있는 점을 감안하여 강제입원환자로부터 자신이 후견을 받는지 여부를 확인해 볼 필요가 있으며, 그러한 후견사실이 확인된 경우라면 후견등기사항증명서를 발급받을 필요가 있다.[189)]

(4) 행정입원의 경우

행정입원환자의 경우에도 피후견인인 경우라면 입원적합성심사위원회 위원장은 통지를 할 의무가 있다. 가정법원은 후견인에 대한 감독뿐만 아니라 피후견인의 최종적 보호자로서 임무를 수행해야 하기 때문이다. 따라서 행정입원 신청이나 입원의뢰, 환자 조사과정에서 피후견인이라는 사실이 확인된 경우라면 즉시 시·군·구청장이나 입원적합성심사위원회 위원장은 등기사항증명서를 발급받아 그 내용을 확인한 후 관할 가정법원에 통지하여야 한다.

다. 관할 가정법원 통지

(1) 관할 가정법원

피후견인이 강제입원환자인 경우 입원적합성심사위원회는 관할 가정법원에 통지

---

189) 참고로 후견등기사항증명서 등의 발급·열람에 관한 업무처리지침(등기예규 제1532호)에 따르면 국가나 지방자치단체는 그 직무수행을 위해 필요한 경우 등기사항증명서의 발급을 청구할 수 있다. 법령의 규정에 의해 등기사항증명서를 제출할 필요가 있는 자, 배우자나 4촌 이내의 친족도 발급청구가 가능하다(제3조 제1항).

하여야 하는데, 여기서 관할 가정법원을 어떻게 해석할지 검토가 필요하다.

먼저, 법 제47조 제1항에서 말하는 관할 가정법원을 피후견인에 대한 정신병원 입원을 허가(민법 제947조의2 제2항)해 주었거나 허가해 줄 수 있는 관할권이 있는 법원을 의미한다고 본다면, '가사소송법 제2조 제1항 2. 가사비송사건 가. 라류(類) 21)호'에 따른 라.류 가사비송사건의 관할 가정법원에 해당하는 입원환자(피후견인)의 주소지, 거소지, 마지막 주소지 순으로 관할법원이 된다(가사소송법 제34조).

다음으로, 후견등기사무는 환자(피후견인)의 주소지를 관할하는 가정법원에서 처리하지만, 법원의 심판에 따른 후견등기사무는 그 사건의 제1심 가정법원에서 처리하기 때문에(후견등기에 관한 규칙 제9조 제1항 및 제2항) 이를 기준으로 하면 후견심판을 한 법원이 관할법원이 된다.

끝으로, 법 제47조 제1항의 관할 가정법원을 입원적합성심사위원회 소재지를 관할하는 가정법원으로 본다면, 국립정신건강센터는 서울가정법원이 그 관할 가정법원이 된다.

생각건대, 피후견인 강제입원 시 관할 가정법원 통지의 입법취지는 후견감독기관인 가정법원에 이를 알리는 것에 그 목적이 있다. 따라서 입원환자에 대해 후견심판을 한 가정법원이 특별한 사정이 없는 한 원칙적으로 후견감독법원이 되므로 입원적합성심사위원회는 입원적합성심사위원회 소재지가 아니라 입원환자(피후견인)가 후견심판을 받은 관할 가정법원에 통지하는 것이 타당할 것이다. 예컨대, 입원환자가 서울가정법원에서 후견심판을 받았다면 후견감독법원인 서울가정법원에 통지하는 것이다.

(2) 관할 가정법원 통지사항

관할 가정법원에 통지를 하는 이유는 기본적으로 후견감독을 하는 가정법원이 그 피후견인의 입원에 적절한 조치를 취할 수 있도록 하기 위한 것이다. 예컨대, 입원시킬 권한이 없는 후견인이 입원시킨 경우 또는 가정법원의 사전허가 없이 입원시킨 경우를 가정법원이 확인하여 후견인에 대해 일정한 명령이나 후견인 변경 등의 조치를 취하기 위한 것이다. 따라서 관할 가정법원에 통지할 사항은 다음과 같은 것이 되어야 한다.

i) 입원환자에 대한 인적 사항(성명, 생년월일, 주소, 연락처 등)
ii) 후견인에 대한 인적 사항(성명, 생년월일, 주소, 연락처 등)
iii) 후견에 관한 사항(후견유형, 보호입원 신청 권한여부, 사전허가 여부)

ⅳ) 입원에 관한 사항(입원기관, 입원일자, 입원유형, 입원신청자, 입원기관의 주소와 연락처 등)

(3) 관할 가정법원 통지시기

관할 가정법원 통지의 시기는 원칙적으로 입원적합성심사위원회 위원장이 입원 신고된 사건을 입원심사소위원회에 회부하면서 회부하는 사건들 중 피후견인이 입원된 사건들을 조사하여 피후견인인지 여부를 등기사항증명서 등을 통해 확인한 후 관할 가정법원에 통지하여야 할 것이다. 따라서 적어도 소위원회의 입원심사 전에 통지하여야 하고, 입원심사 후에야 비로소 확인된 경우라면 그 입원환자에 대한 입원적합성통지를 하기 전(최초 입원일로부터 1개월 이내)까지는 관할 가정법원에 통지해 주어야 할 것이다.

라. 관할 가정법원 통지 후의 조치

관할 가정법원에 통지하는 이유는 실제 가정법원이 피후견인의 신상에 대한 최종적 보호·감독기관이기 때문이다. 즉, 피후견인인 환자가 후견인에 의해 강제입원되었다는 사실 자체는 후견인이 과연 피후견인에 대해 재산관리와 신상보호에 관한 선량한 관리자의 주의의무를 이행하고 있는지에 대해 의심이 드는 상황이기 때문에 후견인에 대한 감독기관인 가정법원이 이를 알고서 적절한 조치를 취하도록 입원적합성심사위원회가 통지해 주는 것이다. 따라서 법령에는 규정되어 있지 않지만 만약 피후견인이 입원적합성심사를 받고서 부적합으로 퇴원하는 경우에도 입원사실 통지와 유사하게 퇴원사실도 통지해 줄 필요가 있다.

Ⅳ. 입원적합성조사(제48조)

제48조(입원적합성의 조사) ① 입원적합성심사위원회의 위원장은 제47조제1항에 따라 입원심사소위원회에 회부하기 전에 입원등을 한 사람이 대면조사를 신청하거나 입원등의 적합성이 의심되는 등 대통령령으로 정하는 사유가 있는 경우에는 직권으로 그 국립정신병원등의 소속 직원(이하 "조사원"이라 한다)에게 해당 정신의료기관등을 출입하여 입원등을 한 사람을 직접 면담하고 입원등의 적합성, 퇴원등의 필요성 여부를 조사하게 할 수 있다.
② 제1항에 따라 조사를 수행하는 조사원은 해당 정신의료기관등의 장에게 다음 각 호의 사항을 요구할 수 있다. 이 경우 정신의료기관등의 장은 대통령령으로 정하는 특별한 사정이 없으면 이에 협조하여야 한다.
1. 정신의료기관등에 입원등을 한 사람 및 정신의료기관등의 종사자와의 면담
2. 정신의료기관등에 입원등을 한 사람의 진료기록 및 입원등의 기록의 제출
3. 정신의료기관등에의 출입 및 현장확인
4. 그 밖에 입원등 적합성을 확인하기 위하여 필요한 사항으로서 대통령령으로 정하는 사항
③ 제1항 및 제2항에 따라 조사를 수행하는 조사원은 권한을 나타내는 증표를 지니고 이를 조사대상자에게 보여주어야 한다.
④ 제1항 및 제2항에 따른 조사원의 자격, 정신의료기관등에의 출입, 면담 등 조사 방법 및 절차 등에 필요한 사항은 대통령령으로 정한다.

1. 입원적합성조사제도의 의의와 기능

가. 개 념

입원적합성심사와 연계하여 법은 입원적합성조사제도를 신설하였다. '입원적합성조사'라 함은 입원적합성심사위원회가 강제입원환자의 신청을 받거나 입원심사사건 중 그 입원적합여부가 의심스러운 경우 직권으로 입원적합성심사위원회가 설치된 국립정신병원 소속 조사원으로 하여금 환자나 정신의료기관 종사자와 면담 및 조사를 하도록 하여 입원적합성을 심사하는 입원심사소위원회에서 참고하도록 하는 것을 말한다. 그 개념을 하나하나 분설해 보면 다음과 같다.

(1) 입원적합성조사의 목적 – 환자 권익보호와 심사자료의 제공

입원적합성조사는 최초의 강제입원(보호입원, 보호입소, 행정입원)의 적합성을 심사할 목적으로 국가가 공적이며, 객관적인 심사자료를 확보하는 기능을 가지고 있

다. 아울러 강제입원환자의 의견진술을 국가가 조사원을 통해 대면하여 들을 수 있도록 하여 환자 권익보호의 목적도 가지고 있다.

입원의 적법성이나 필요성을 판단하는 강제입원심사기관으로 법은 입원적합성심사위원회(최초입원심사)와 정신건강심사위원회(입원연장심사)를 두고 있지만, 환자 대면심사가 아닌 서류심사이고, 그 심사자료는 대부분 입원한 민간 정신의료기관에서 신고하여 제출한 것뿐이어서 사실상 환자의 의견제출이나 입원과정 중의 위법사항을 확인할 수 있는 방법이 봉쇄되어 있다. 이러한 법제도적 현실을 감안해 환자가 조사원에게 해당 강제입원에 관한 자신의 의견을 진술하게 하여 입원과정의 위법사항을 파악하게 하고, 국가의 객관적이고 중립적인 심사자료를 확보하기 위하여 입원적합성조사제도가 마련된 것이다.

(2) 입원적합성조사의 주체

입원적합성조사의 결정주체는 입원적합성심사위원회 위원장이라 할 수 있다. 조사원은 입원적합성심사위원회 위원장의 지시를 받아 실제적인 조사를 수행하는 집행기관이다. 조사원은 입원신고가 들어온 사건들을 검토하여 직권조사를 위원장에게 요청할 수 있고, 위원장은 일정한 직권조사사건 기준을 미리 정한 경우라면 그에 해당하는 사건에 대해서는 조사를 지시할 수 있으며, 조사원 또한 입원신고사항에 대한 보완, 증빙서류 보완요청 등을 정신의료기관측에 직접 할 수 있다.

조사원은 입원적합성심사위원회 위원장의 지시를 받아 위원장을 대신하여 조사를 하는 것이어서 정신의료기관 출입 및 면담권한 등 일정한 조사권한이 부여되어 있다.

(3) 입원적합성조사의 방법 – 서면 및 대면조사

입원적합성심사는 원칙이 서면심사이지만 입원적합성조사는 원칙이 대면조사이다. 즉, 환자를 대면하여 환자의 의견을 청취하는 것이 기본적 조사방법이다. 입원적합성조사는 환자가 그 대면조사를 신청하는 경우에는 의무적으로 조사를 나가야 할 것이지만(의무적 개시사유), 환자가 그러한 대면조사를 신청하지 않은 경우에는 입원적합성심사위원회 위원장이 법령이 정한 일정한 사유가 있는 경우 그 조사여부를 직권으로 결정할 수 있다.

(4) 입원적합성조사의 내용 – 입원의 적법성과 필요성 및 적정성

입원적합성조사는 환자의 주장을 포함한 객관적 심사자료를 입원적합성심사위원회에 제공하는 것을 목적으로 하기 때문에 입원적합성조사의 대상사항은 앞서 법 제47조의 입원적합성심사에서 본 바와 같이 다음을 조사·확인하여야 한다.

i) 입원의 절차적·형식적·실질적 적법성과 관련된 내용
ii) 입원의 필요성과 관련된 내용
iii) 입원처우의 적성성과 관련된 내용

이는 앞서 본 입원적합성심사의 심사대상과 심사기준에서 본 내용과 일치한다. 입원적합성조사는 입원적합성심사의 심사자료를 제공하는 것이기 때문에 심사내용과 그 조사대상내용이 서로 동일하여야 하기 때문이다.

나. 입법취지

입원적합성조사는 기존의 구 정신보건법에 따른 강제입원제도에 대한 반성에서 비롯되었다고 할 수 있다. 한 사람이 본인의 의사에 반해 수 개월에 걸쳐 격리되는 결과를 가져오는 강제입원시스템에 국가의 조사와 심사 및 결정이 개입되지 않음으로서 발생하는 문제점이 적지 않았기 때문이다.

국제연합의 MI 원칙 등 국제기준에 따른다면 국가의 강제입원심사기관인 법원(court)이나 심판원(tribunal)이 환자를 대면해 의견을 듣고, 증거를 제출받아 입원 여부를 결정하여야 하지만 정신건강복지법은 아직 그 단계까지 미치지 못하고, 강제입원심사기관인 입원적합성심사위원회의 서면심사에 그치고 있다.

이러한 서면심사의 단점을 보완하기 위하여 환자에게 조사원 대면조사 신청권을 부여하고, 조사원이 위원회를 대신해 환자를 대면하여 조사하고, 객관적 자료를 확인하도록 하여 위와 같은 서면심사를 보완하도록 한 것이다.

다. 기 능

입원적합성조사제도는 환자 권익옹호기능, 강제입원 서면심사의 보완기능, 객관적 심사자료 제공기능이 있다. 이를 구체적으로 보면 다음과 같다.

(1) 환자 권익옹호기능

강제입원환자는 입원된 후 사회적으로 격리되며, 가까운 사람이나 국가기관에 대한 연락도 사실상 통제된다. 이러한 강제입원의 현실에 대해 국가기관이 환자를 대면하여 환자의 의견을 경청해야 할 필요가 있다. 조사원은 국가가 제공한 환자 권익옹호자로서의 기능을 가진다.

(2) 강제입원 서면심사의 보완기능

강제입원심사는 입원심사기관과 환자 사이의 대면심사를 바탕으로 의견진술과 증거제출 등이 이루어져야 하는데, 정신건강복지법의 강제입원심사는 서면심사여서 환자가 의견을 진술하거나 증거를 제출할 기회가 사실상 없다. 이를 보완하기 위하여 입원심사기관을 대신해 조사원이 환자의 의견과 주장을 듣고서 보고서를 작성해 입원적합성심사위원회에 환자의 의견을 전달하는 기능을 가진다.

(3) 객관적 심사자료 제공기능

강제입원심사사건의 자료는 현재로서는 입원신고서, 입원정신의료기관의 정신과 전문의와 지정진단의사가 작성한 진단결과서 등만이 제공되어 환자의 의견진술이나 환자측에 유리한 정황을 제공하는 입증자료는 심사자료로 제공되지 않는다. 이러한 점을 감안하여 환자와 가족간의 관계, 주거, 자·타해 위험 여부나 입원치료 필요성 여부를 확인할 수 있는 객관적 사실, 강제이송이나 입원절차에서 발생한 위법성, 환자에 대한 권리고지의무 이행여부, 격리·강박이나 통신 및 면회제한의 적법성 여부 등을 조사원이 조사하여 입원의 적합성 여부를 판단할 수 있는 객관적 심사자료 제공기능을 한다.

2. 조사원제도

가. 의 의

정신건강복지법 제48조 제1항의 '조사원'이라 함은 입원적합성심사위원회 위원장(현재로서는 모두 국립정신병원장이기도 하다)이 국립정신병원 소속 직원 중에서 입원적합성조사를 하도록 지명한 사람을 말한다. 위와 같은 입원적합성심사위원회 위원장의 지명은 그 지명된 사람에게 법령이 정한 조사원 지위와 권한을 부여하며, 조사원은 개별 입원적합성조사사건에서 공적 조사기관으로서 국가의 역할을 하게 된다.

나. 조사원 자격

조사원 자격은 법의 위임에 따라 법 시행령에서 정하고 있는데, 조사원이 될 수 있는 자격은 다음과 같다(영 제25조 제2항 각 호).

i) 정신건강의학과 전문의(제1호)
ii) 정신건강전문요원(제2호)
iii) 「의료법」 제7조에 따른 간호사 면허 또는 「사회복지사업법」 제11조에 따른 사회복지사 자격을 취득한 후 정신건강증진시설에서 2년 이상 근무한 경력이 있는 사람(제3호)
iv) 그 밖에 제1호부터 제3호까지의 규정에 준하는 사람으로서 보건복지부장관이 조사원으로 업무를 수행할 수 있다고 인정하여 고시하는 사람(제4호)

위 법 시행령의 위임에 따라 보건복지부장관은 2018. 4. 15. 고시(제2018-73호. '입원적합성심사 조사원에 관한 고시')로서 위 영 제3호와 관련해 '정신건강증진시설' 근무 외에 '정신건강복지센터' 근무 경력도 추가하고 있고(위 고시 제3조 제1호), 위 영 제4호와 관련해서도 위 고시에서 '그 밖에 정신건강복지센터 및 정신건강증진시설 등에 근무한 경력이 있거나, 정신건강에 관한 전문지식이 있어 보건복지부장관이 조사원으로 업무를 수행할 수 있다고 인정하는 사람'(위 고시 제3조 제2호)으로 확대하고 있다.

입원적합성조사제도가 환자의 권익옹호기능, 강제입원 서면심사의 보완기능, 객관적 심사자료 제공기능이 있는 점을 고려해 볼 때 정신보건전문가나 의료인에게만 조사원 자격을 부여하는 것에 더하여 변호사 자격을 가진 사람이나 환자의 권익옹호 역할을 할 수 있는 사람에게도 조사원 자격을 부여하는 것이 적절해 보인다.

다. 조사원 지명

조사원은 국립정신병원 소속 직원 중에서 지명한다(법 제48조 제1항). 조사원은 입원적합성심사를 위하여 마련된 지위이고, 입원적합성심사위원회는 현재 모두 국립정신병원에 설치되어 있어 국립정신병원 소속 직원으로 입원적합성심사업무를 담당하는 사람이 조사원으로 지명될 필요가 있다. 다만, 법은 입원적합성심사위원회를 국립정신병원 외에 대통령령으로 정하는 기관(현재는 없음)에도 설치할 수 있어 그 경우에는 그 기관 소속 직원 중에서 조사원이 지명될 수도 있다.

국립정신병원 소속의 공무원 아닌 자를 조사원으로 지명할 수 있을까? 법 해석상 소속만 국립정신병원에 있다고 하면 조사원지명이 가능할 수 있다고 보이지만 국가업무인 강제입원조사를 공무원 아닌 자에게 맡기는 것은 적합해 보이지는 않는다. 이는 마치 범죄수사나 세무조사 업무를 민간인에게 위탁하는 것처럼 보이기 때문이다. 입원심사를 위한 조사업무는 공무원이 하는 국가의 업무로서 유지되어야 한다.

라. 조사원의 법적 지위와 권한(역할)

(1) 조사원의 법적 지위

조사원은 국립정신병원 소속 직원 중에서 일정한 자격을 갖춘 사람을 입원적합성심사위원회 위원장이 지명함으로서 이루어진다. 개별 입원심사사건별로 조사원을 지명하는 것이 아니라 조사원이라는 지위를 부여받은 후 개별 입원심사사건의 조사를 담당하게 된다. 정신건강복지법의 조사원은 행정조사기본법 제2조 제3호에서 말하는 '조사원' 개념(행정조사업무를 수행하는 행정기관의 공무원·직원 또는 개인)에 포함된다. 따라서 정신건강복지법의 조사원은 행정조사기본법의 적용도 함께 받는다. 다만, 정신건강복지법에 규정이 있는 경우에는 행정조사기본법에 우선하여 적용된다(행정조사기본법 제3조 제1항). 정신건강복지법의 조사원의 권한과 역할을 구분하여 보면 다음과 같다.

(2) 조사원의 권한

조사원은 개별 강제입원심사사건에 관하여 다음의 각 사항을 정신의료기관의 장에게 요구할 수 있다(법 제48조 제2항 각 호).

> ⅰ) 입원환자 및 종사자와의 면담(제1호)
> ⅱ) 입원환자의 진료기록 및 입원기록의 제출(제2호)
> ⅲ) 정신의료기관 출입 및 현장확인(제3호)
> ⅳ) 그 밖에 입원적합성을 확인하기 위하여 필요한 사항으로서 대통령령으로 정하는 사항(제4호)

제4호와 관련되어 대통령령이 정한 내용은 없지만 조사원은 입원적합성조사를 위해 정신의료기관의 장이 신고한 입원신고사항의 확인 및 보완도 요구할 수 있다.

위의 각 호에 관한 조사원의 조사요구에 대해 정신의료기관의 장은 특별한 사정이 없는 한 이에 협조하여야 하고(법 제48조 제2항), 조사에 협조하지 아니하는 경우 과태료가 부과될 수 있다(법 제89조 제7호).

정신의료기관의 장이 협조를 거부할 수 있는 특별한 사정이란 ⅰ)「감염병예방법」에 의한 일정한 조치를 받은 경우, ⅱ) 입원환자가「감염병예방법」에 따른 입원이나 격리가 이루어진 경우, ⅲ) 입원환자가 의식불명상태이거나 다른 중대한 질환으로 인하여 면담이 곤란하다는 의사의 진단이 있는 경우(영 제25조 제4항 본문)이다.

정신의료기관의 출입이 제한되는 ⅰ)의 경우는 정신의료기관의 장이 면담 외에 조사원 출입, 기록제출요구 등도 거부할 수 있지만, ⅱ), ⅲ)의 경우에는 환자면담만 거부가 가능하고, 출입, 종사자 면담, 기록제출 등은 거부할 수 없다(영 제25조 제4항 단서).

(3) 조사원의 역할

조사원은 어떤 역할을 할 것인가? 그것은 자신이 맡은 바 임무와 관련되어 있다. 조사원은 강제입원환자가 만나는 최초이자 마지막인 국가이다. 조사원은 마치 구속된 사람에 대해 국가가 보내준 국선변호인과 유사한 역할을 한다. 조사원의 역할은 다음과 같다.

1) 환자의견전달

조사원은 환자의 말을 입원심사기관에 대신하여 전달하는 입이다. 그것은 편견과 일정한 고려에 의해 왜곡되어서도 안 되고, 숨겨져서도 안 되며, 있는 그대로 입원심사기관에 전달되어야 한다. 이를 위하여 필요한 경우에는 면담과정에서 환자 스스로 작성한 의견진술서를 제출받을 필요가 있다.

2) 사실조사

조사원은 환자가 말하는 것이 객관적 사실인지를 자료나 다른 사람의 진술을 통해 확인할 필요가 있다. 예컨대, 환자가 권리고지나 조사원 대면조사신청 고지를 받지 못하였다고 한다면 정신의료기관측에 환자에 대해 권리고지를 한 영상이나 환자로부터 받은 권리고지확인서 등을 제출받아 정신의료기관측이 의무이행을 하였는지 확인해야 한다.

3) 자료제공

조사원 조사는 그 자체가 목적이라기보다 입원심사에 쓰일 객관적 자료를 제공하여 입원적합성판단의 근거를 마련하기 위한 것이라 할 수 있다. 따라서 입원적합 여부를 판단할 수 있는 자료(환자 진술, 입원신청서류, 보호의무자 증빙서류, 진료기록, 입원기록, 종사자 면담, 가족과의 연락, 호송자료 등)를 조사하여 그 결과를 제공해야 한다.

3. 조사절차와 방법

조사원 조사는 강제입원 직후 정신의료기관측의 환자에 대한 조사원 대면조사 고지로부터 시작하여 이후 입원환자의 대면조사 신청, 정신의료기관의 입원신고 시 대면조사 신청 입력, 입원적합성심사위원회 위원장의 조사의 개시와 통지, 방문조사 및 보고서 작성, 입원심사기일에 보고 및 입원적합성심사 등의 과정을 거친다. 이하에서는 그 조사절차를 구체적으로 본다.

가. 조사원 대면조사의 고지와 신청

(1) 조사원 대면조사 고지(정신의료기관의 장)

정신의료기관의 장은 환자의 입원 시에 지체 없이 환자에게 정신건강복지법 및 다른 법률이 정한 권리 및 권리행사의 방법을 고지하여야 한다(법 제6조 제1항). 그 권리고지의 대상 중 하나가 조사원 대면조사신청권이다(영 제2조 제2호). 이러한 권리고지를 이행하지 아니한 경우 과태료가 부과된다(법 제89조 제1호).

강제입원환자에 대해서는 정신의료기관의 장이 입원사유 및 입원적합성심사위원회의 심사를 받을 수 있다는 사실을 구두 및 서면으로 알리고, 입원환자의 대면조사 신청의사를 구두 및 서면으로 확인하여야 한다(법 제45조 제1항). 위와 같은 구두 및 서면 고지사실과 대면조사 신청의사 확인사실을 정신의료기관의 장이 입증해야 하기 때문에 강제입원환자로부터 확인서를 받아 둘 필요가 있다.

(2) 조사원 대면조사 신청(입원환자)

입원환자는 위와 같은 구두 및 서면고지를 받고, 조사원 대면조사 신청의사를 물어오면 본인의 의사에 따라 신청여부를 결정할 수 있다. 다만, 이러한 환자의 신청 또는 불신청의사가 유효하기 위해서는 환자가 일정 수준의 의사결정능력이 있을 때 의사표시를 하도록 해야 할 것이다. 예컨대, 치료약물의 작용으로 인해 판단이 어려운 경우, 입원 직후 술에 취한 상태인 경우, 기분이나 감정의 부조화상태로 본인을 위한 적절한 판단이 어려운 경우에는 신청의사 확인을 정상적 판단능력을 회복하고 난 후에 하는 것이 적절하다.

(3) 입원신고 시 대면조사 신청여부 입력

입원신고 전에 입원환자에 대한 조사원 대면조사 신청의사를 확인하여야만 입원

신고 시에 입력할 수 있으므로 대면조사 신청의사 확인기간은 입원일로부터 최대 3일을 넘지 못한다고 볼 수 있다.

입원신고 시에는 환자의 대면조사 신청 여부를 신고하여야 한다(법 제45조 제2항). 법은 단순히 환자에게 대면조사 신청권만을 부여한 것이 아니라 정신의료기관의 장에게는 환자에게 대면조사 신청권이 있음을 고지할 의무와 신청여부에 대한 환자의 의사까지 확인하도록 하는 의무를 부과하였다. 따라서 환자가 단순히 신청하지 않았다는 이유만으로 '신청 안 함'으로 입력하여서는 안 되고, 정신의료기관측에서 구두 및 서면으로 신청권을 고지하고, 그 신청의사 여부를 물었음에도 신청하지 않겠다고 하였을 경우에만 '신청 안 함'으로 입력하여야 한다.

나. 조사의 개시

(1) 개관

입원적합성심사위원회는 입원신고가 들어오면 개별입원심사사건을 각 소위원회에 회부(배당)하여야 하는데, 그 회부 전후의 시점에 입원신고사항에 환자가 대면조사신청을 하였으면 의무적으로 조사원 조사를, 대면조사신청을 하지 않은 경우에는 일정한 의심사유가 있다고 보여질 때 위원장이 직권으로 조사원 조사를 지시할 수 있다.

실제 상황에서는 조사원을 포함한 입원적합성심사업무를 담당하는 직원이 입원신고사항을 검토하여 조사원 대면조사 신청을 한 강제입원심사사건에 대해서는 의무적으로 조사기일을 지정하고, 입원적합성의 의심이 있는 입원신고사건은 취합하여 입원적합성심사위원장에게 직권조사 개시결정을 받는 방식으로 할 필요가 있다.

(2) 의무적 조사(환자 신청)

강제입원환자의 조사원 대면조사 신청권은 법이 보장한 권리이다. 법령에 따르면, 대면조사 신청을 정신의료기관의 장이 의무로서 고지하도록 하고 있고(규칙 제2조 제1항 제2호), 입원적합성심사위원회 위원장이 조사원 대면조사 신청을 거부할 수 있는 규정을 별도로 두고 있지 아니하며, 위원장이 직권으로 조사를 할 수 있는 사유는 별도로 규정하고 있기 때문에 환자의 신청이 있는 경우 위원장이 재량이나 직권으로 신청을 거부할 수는 없다고 볼 것이다. 따라서 환자의 대면조사 신청이 있는 경우 위원장은 조사원을 시켜 환자에 대한 입원심사사건을 대면조사하게 할 의무가 있다. 환자가 대면조사신청을 하면 재판청구와 유사하게 일정한 절차를 진행시킬 의무가 있는 것이다.

(3) 직권조사(입원적합성의 의심)

강제입원환자 중 일부는 스스로의 의사결정이나 판단능력이 부족하여 조사원 대면조사 신청의사를 이해하거나 표시하는 것 자체가 어려운 경우도 있고, 그러한 판단능력을 갖춘 경우라 하더라도 외부와의 소통이 단절된 채 격리되어 있어 실제 위법한 입원을 당하고도 조사원 조사를 요청하기가 쉽지 않다. 이러한 점을 감안하여 입원적합성심사위원회 위원장이 입원적합성이 의심되는 경우에는 직권으로 조사원 조사를 개시할 수 있도록 하였다(법 제48조 제1항). 입원적합성에 의심이 있는 경우에 대해서는 구체적으로 법 시행령에 다음과 같이 규정하고 있다(영 제24조 각 호).

i) 입원적합성이 의심되는 경우(제1호)
ii) 법 제45조 제2항에 따른 신고내용이 거짓이거나 불명확하다고 인정되는 경우(제2호)
iii) 그 밖에 제1호 내지 제2호의 사유에 준하는 사유로서 보건복지부장관이 정하여 고시하는 사유에 해당하는 경우(제3호)

위의 입원적합성이 의심되는 경우란 앞서 심사기준에서 보았듯이 강제이송, 입원의 절차적·형식적·실질적 요건, 입원 필요성 여부, 입원 중 처우 등에 있어 부적합(위법·부당하거나 불필요한 경우)이 있다고 의심되는 경우를 말한다. 조사 개시의 사유가 되는 입원적합성의 '의심'은 객관적 위법사실이 확인된 상태가 아니라 제출된 입원신고사항, 진단결과서의 내용, 환자 의견진술 내용 등으로 입원부적합의 가능성이 있는 수준이면 조사개시의 사유가 된다고 할 것이다. ii)의 입원신고내용의 허위나 불명확은 예컨대, 일정한 정신의료기관에서 입원신고사항에 매번 환자가 대면조사신청의사가 없다고 신고되는 경우에는 그 권리고지나 신청의사 확인이 실제 이루어지고 있는지 조사가 필요한 상황이라 할 수 있다. 그 밖에 직권조사사유로서 들 수 있는 것은 환자이송방법이 늘 동일하게 신고되는 경우, 환자 퇴원 직후 바로 입원되는 경우, 보호의무자 자격이나 수에 의심이 있는 경우, 입·퇴원이 주기를 두어 반복되는 경우 등이다.

다. 조사기일의 통지

위와 같이 환자의 조사원 대면조사 신청에 의하거나 입원적합성심사위원회 위원장이 직권으로 조사개시를 결정한 경우에는 위원장이 조사 시작 3일 전까지 정신의료기관의 장에게 서면(전자문서를 포함한다)으로 다음 각 호의 사항을 적어 알려주어야 한다(영 제25조 제1항 각 호).

i) 조사일시(제1호)
ii) 조사원의 성명, 소속 및 연락처(제2호)
iii) 조사내용(제3호)
iv) 조사방법에 관한 사항(제4호)

조사 대상자가 하나의 정신의료기관에 여러 명이 있는 경우에는 각 입원환자별로 달리하여 조사 시간대를 지정할 필요가 있고, 조사내용에는 조사대상 환자의 인적 사항, 필요한 증빙자료(입원신청서, 보호의무자 자격 증명서류, 진료기록 및 입원기록, 격리·강박 자료 등), 면담 대상자의 이름 등이 필요하다. 조사방법에 관한 사항은 면담대상자와 면담시간, 열람할 진료기록 등, 통화가능한 보호의무자나 가족의 연락처 제공 등이 필요하다.

위와 같은 조사기일의 사전 통지는 긴급한 조사가 필요하거나 증거인멸의 우려가 있는 경우에는 생략할 수 있다(영 제25조 제1항 단서). 예컨대, 강제이송이나 입원의 불법성이 명백하고, 증거인멸의 우려가 있다면 사전통지 자체가 불필요하다. 다만, 입원적합성심사기일이 촉박하거나 심사기일을 진행하면서 직권조사가 필요하다고 인정된 경우라면 3일 전이 아니더라도 사전에 정신의료기관에 양해를 구하고서 조사를 할 필요는 있다.

라. 조사의 방법

법 시행령은 법의 위임에 따라 조사원의 조사방법으로 i) 면담, ii) 자료확인, iii) 현장조사, iv) 녹음, 녹화 또는 사진촬영, v) 보건복지부장관이 특히 필요하다고 인정하는 방법(영 제25조 제3항 각 호)을 규정하고 있다. 이하에서 보다 구체적으로 그 내용을 본다.

(1) 면담

조사원이 강제입원환자를 면담하는 장소는 일반적으로 해당 정신의료기관 내에서이다. 그 외에 환자나 정신의료기관 종사자에게 위원회 사무실이나 다른 장소로 출석을 요구하여 진술을 들을 수도 있다. 환자나 종사자가 현재하는 장소가 아닌 경우에는 입원적합성심사위원회 위원장이 그 면담을 위한 출석요구서를 발송하여야 한다(행정조사기본법 제9조 제1항).

법적으로 정신의료기관의 장의 협조를 받을 수 있는 면담 대상자는 입원환자와 정신의료기관 종사자이지만(법 제48조 제2항), 다른 면담 대상자로부터 면담 허락을 받아 면담하는 것도 가능하다. 그 외에 면담 과정에서 면담 대상자인 환자나 직원으로부터 의견진술서 등 면담대상자가 작성한 서류를 조사원이 제출받는 것도 가능하다.

(2) 자료조사

조사원은 입원환자의 진료기록 및 입원기록의 제출을 정신의료기관의 장에게 요구할 수 있다(법 제48조 제2항 제2호). 따라서 입원과 관련된 기록(입원신청서, 보호의무자 자격 증빙서류, 진단결과서, 진료기록, 통지서, 권리고지서, 권리고지확인서, 입원신고내역 등)의 제출을 요구할 수 있고, 정신의료기관 내에서 직접 열람하여 그 사본을 제공받을 수 있다.

「의료법」은 "환자가 아닌 다른 사람에게 환자에 관한 기록을 열람하게 하거나 그 사본을 내주는 등 내용을 확인할 수 있게 하여서는 아니된다"고 규정하고 있으나, 정신건강복지법도 명문의 법률규정으로 조사원이 진료기록이나 입원기록의 제출을 요구할 수 있고, 정신의료기관의 장이 이에 협조할 의무까지 부과하고 있으며, 그 협조의무 위반 시 과태료 부과를 하고 있다.

따라서 「의료법」에 대해서 특별법이라 할 수 있는 정신건강복지법의 규정이 우선하고, 위 경우는 「의료법」이 아닌 정신건강복지법의 규정이 적용되며, 위의 「의료법」 규정은 위와 같은 조사원의 자료조사에 있어서는 적용이 배제된다.

(3) 현장조사

조사원은 정신의료기관의 출입 및 현장확인을 할 권한이 있다(법 제48조 제2항 제3호). 조사원이 입원환자를 조사하거나 면담을 하기 위해서는 조사 대상 정신의료기관측에 3일 전(긴급한 경우에는 예외)에 알려야 하고, 면담대상자인 환자나 기관 종사자에 대해서도 사전에 정신의료기관을 통해 면담예정사실이 고지되어 있어야 한다. 현장조사나 면담 등을 수행하는 조사원의 경우에는 권한을 나타내는 증표를 지니고, 이를 조사대상자에게 보여주어야 한다(법 제48조 제3항).

현장조사를 위한 출입권한은 정신의료기관 내 시설(보호실, 입원실, 진료실 등) 어디든 가능하며, 직접 가서 눈으로 현장확인을 할 수 있다. 예컨대, 보호실에서 격리·

강박되어 있는 환자가 있는 경우 잠긴 문을 열어달라고 요청하고, 그 현장을 확인할 수 있다.

(4) 녹음, 녹화 또는 사진촬영

조사원은 입원환자나 종사자를 면담하면서 녹음, 녹화 또는 사진촬영을 할 수 있으며, 진료기록이나 입원기록 등을 녹화하거나 사진촬영할 수 있다(영 제25조 제3항 제4호).

여기서의 녹음, 녹화 또는 사진촬영은 사람의 얼굴이나 음성인 경우에는 그의 동의를 얻어야 하지만, 사람이 아닌 피사체나 사물을 촬영하거나 녹음하는 경우에 별도로 정신의료기관측의 동의를 받을 것은 아니다. 다만, 그 녹음(녹화)이나 사진촬영은 입원적합성 여부와 객관적 관련성이 있는 것이어야 한다. 예컨대, 강제이송 과정 중 결박으로 인해 얻게 된 상처, 격리·강박으로 인한 상처, 환자의 주장을 입증할만한 증거물의 촬영, 진술의 녹화나 녹음 등도 법령에 근거해 가능하다.

(5) 보건복지부장관이 특히 필요하다고 인정하는 방법

법 시행령은 그 밖에 위의 조사방법(제1호부터 제4호까지의 규정)에 준하는 방법으로서 보건복지부장관이 특히 필요하다고 인정하는 방법도 조사방법의 하나로 제시하고 있으나(영 제25조 제3항 제5호), 아직 따로 규정된 것은 없다. 행정조사기본법은 조사대상자로부터 현장조사 중에 자료·서류·물건을 받아 영치하는 것(행정조사기본법 제13조 제1항), 시료채취(행정조사기본법 제12조 제1항) 등도 행정조사의 한 방법으로 제시하고 있는데, 입원적합성심사를 위한 조사원 조사활동에 있어서도 허용되는 방법이라 할 수 있다.

마. 조사의 내용

조사원은 무엇을 조사할 것인가? 조사원제도의 기능은 앞서 본 바와 같이 환자 의견을 위원회에 전달하고, 입원적합성 여부를 조사하고, 그 자료를 위원회에 제공하는 것이다. 따라서 앞서 입원심사의 대상과 기준에서 본 내용(☞ 법 제47조의 설명내용 참조)이 곧 입원조사의 내용이 된다.

따라서 입원적합성의 내용이 되는 ⅰ) 입원의 적법성 여부(절차적 적법성, 형식적 적법성, 실체적 적법성), ⅱ) 입원의 필요성 여부, ⅲ) 입원처우의 적정성 여부(권리고지 여부, 신체적 자유의 제한 여부, 환자 통신 및 면회 등 권익제한행위)를 조사하여야 한다.

법 또한 조사원이 정신의료기관에 출입하여 입원환자를 직접 면담하고, 입원의 적합성, 퇴원의 필요성 여부를 조사한다고 규정하고 있다(법 제48조 제1항).

바. 조사보고서의 작성

조사원은 개별입원심사사건의 대상이 된 환자를 대면하여 면담하고, 입원관련 자료 및 가족 간의 상황 등을 조사한 후 조사보고서를 작성하여 입원적합성심사위원회에 제출하여야 한다.

조사보고서에는 입원심사에 필요한 입원적합성 여부를 판단할 수 있는 다양한 사실이 담겨 있어야 한다. 그 내용을 구체적으로 제시해 보면 다음과 같다.

i) 환자 관련사항(인적 사항, 학력 · 경력 · 재산 · 직업, 가족관계와 생활)
ii) 환자 입 · 퇴원사항(최근 퇴원기관과 퇴원일, 입원횟수, 입원기간 등)
iii) 형식적 심사사항(입원신고사항과 실제 내용의 일치 여부, 증빙서류의 구비여부, 입원절차상 법령위반 여부, 입원 중 격리 · 강박, 강제이송 사항)
iv) 환자 진술내용(의사소통 능력, 입원과정, 입원필요성 여부, 환자가 주장하는 입원 부적합 또는 퇴원필요 사유, 퇴원 시 계획)
v) 입원의료기관의 의견(환자의 증상, 자 · 타해 위험성, 입원치료계획 등)
vi) 가족의 의견(환자와의 관계, 가족의 환자 지원 여부, 향후 지원계획 등)

조사원은 조사보고서 외에 대면조사 중 수집된 증거자료(환자의 의견진술서, 촬영사진, 입원기록 등의 사본)가 있는 경우 첨부하여 제출하여야 한다.

사. 입원심사기일에서의 보고

입원심사기일은 서면심사로 진행된다. 조사원 대면조사가 진행된 사건에 대해서는 대면조사를 한 조사원이 직접 입원심사기일에 참석하여 소위원회 위원들에게 구두로 조사내용을 보고하여 위원들의 입원적합성 여부 판단을 위한 정보(환자의 증상과 상황, 입원의 적법성 및 필요성 여부, 입원처우의 적정성 여부 등)를 제공해 주어야 한다.

위원들은 조사원에게 질문할 수 있고, 조사원 또한 객관적 조사내용을 전달하고, 필요한 경우에는 조사원의 의견도 개진할 수 있다.

4. 조사원제도 입법론

가. 조사원의 법적 지위 보장

국가가 입원적합성심사를 하기 위해 정신의료기관에 입원한 환자와 정신의료기관 종사자를 조사하는 것은 국가의 공적 권한을 행사하는 것이다. 이는 민간인이 할 수 없는 직무이므로 조사원은 공무원 신분을 가질 필요가 있다. 또한, 조사원의 조사과정은 공무수행이므로 그 조사업무 또한 공무로서 보호받을 필요가 있다.

나. 조사원 제척사유

조사원은 현재 국립정신병원 소속으로 되어 있다. 국립정신병원은 정신의료기관이기 때문에 강제입원심사를 받아야 하는 기관이기도 하다. 따라서 특정 국립정신병원에 소속된 조사원이 그 병원에 입원된 강제입원환자를 조사하는 것은 공정성과 중립성에 의심을 받을 수밖에 없다. 이를 제도적으로 해결하기 위해서는 법률에 명시적으로 조사원 제척사유를 두어 자신이 속한 국립정신병원 강제입원환자에 대한 입원조사는 할 수 없게 하여야 한다.

V. 입원적합성심사위원회 위원 등의 제척(제49조)

제49조(입원적합성심사위원회 위원 등의 제척) 제46조 및 제47조에 따른 입원적합성심사위원회 및 입원심사소위원회의 입원등의 심사에서 심사 대상이 되는 사람이 입원등을 하고 있는 정신의료기관등에 소속된 위원은 제척(除斥)된다.

1. 입원심사위원 제척제도의 의의

입원심사의 공정성을 유지하기 위하여 입원적합성심사위원회 위원 및 입원심사소위원회 위원이 스스로 담당하는 입원심사사건과 인적·물적으로 특별한 관계가 있는 경우 그 심사업무에서 의무적·자동적으로 배제하는 제도를 '제척(除斥)'이라 한다.

참고로 법원 판사의 재판에서는 직무집행이 의무적·자동적으로 배제되는 '제척' 외에도 직무집행의 공정성을 담보하기 어렵다는 이유로 판사 스스로 직무집행의 배제를 신청하는 '회피(回避)'제도와 재판 당사자가 판사의 직무상 공정성이 담보될 수 없다는 이유로 당해 사건의 재판에서 배제해 달라고 신청하는 '기피(忌避)'제도도 있다.

법은 강제입원심사에 있어 심사위원의 의무적·자동적 배제를 규정하는 제척제도만을 두고 있다. 제척제도는 입원심사의 공정성을 확보하고, 환자나 정신의료기관 모두로부터 입원심사기관의 결정에 대한 신뢰를 확보하기 위한 것이다. 대부분의 재판 및 분쟁조정 심사시스템(법원, 헌법재판소, 의료분쟁조정위원회, 노동위원회 등)에서도 제척 등의 규정을 법제도화해 놓았다.

2. 입원심사위원 제척의 내용

가. 입원적합성심사위원회 위원의 제척 여부

(1) 입원적합성심사위원회 위원의 제척 여부

입원적합성심사위원회는 그 위원회 자체가 입원심사를 하지는 않는다. 따라서 입원적합성심사위원회 위원들의 회의나 의결은 위 법의 제척사유가 될 것이 없다. 이것은 마치 재판부(소위원회)의 법관(위원)만 제척사유가 인정되고, 법원(입원적합성심사위원회)의 판사(위원)는 제척사유가 인정되지 않는 것과 동일한 이치이다. 따라서 법이 입원적합성심사위원회 위원이 마치 제척될 수 있는 것처럼 규정한 것은 아무런 의미도 없으므로 향후 삭제가 필요하다.

(2) 입원적합성심사위원회 위원장의 제척 여부

1) 국립정신병원 강제입원환자에 대한 입원심사

입원적합성심사위원회 위원장이 입원심사사건에서 제척되어야 하는지도 문제된다. 예컨대, 국립정신건강센터의 장은 수도권 지역의 입원적합성심사위원회 위원장인데, 국립정신건강센터에 강제입원된 환자들에 대해서는 정신의료기관의 장으로서 입원신고를 하여야 하고, 스스로 입원적합성심사위원회 위원장으로서 입원심사소위원회에 그 입원심사사건들을 회부하고, 입원심사소위원회의 심사결과를 보고받아 입원적합성심사위원회 위원장 명의로, 국립정신건강센터의 장인 자신에게 입원적합/부적합 통보를 하여야 하는 상황에 처한다.

2) 국립정신병원 강제입원환자에 대한 입원심사의 문제점

위와 같은 상황은 입원적합성심사위원회제도 설계에 문제가 있음을 보여주는 것이다. 그 문제점은 두 가지인데, 하나는 입원심사기관이 독립되어 있지 않고, 다른 국가기관(국립정신병원)에 부설되어 있다는 점이고, 다른 하나는 국립정신병원 스스로도 강제입원을 시키는 정신의료기관이라는 점이다. 다시 말하면, 위와 같이 정신의료기관으로서 입원심사의 대상이 되는 국립정신병원이 입원심사의 주체가 되는 입원적합성심사위원회를 부설기관으로 두어 그 심사위원장과 입원 정신의료기관의 장을 겸임하도록 하면서 발생한 문제이기도 하다. 입법론적으로는 강제입원심사기관은 다른 기관, 특히 다른 국립정신의료기관에 부설하지 않고, 독립적, 중립적으로 두어야 한다.

3) 해결책

법을 그대로 두고서 하위법령의 개정이나 해석을 통해 정책적으로 이 문제를 해결하기 위해서는 입원적합성심사위원회 위원장은 실제 입원심사를 하는 입원심사소위원회 위원으로 되지 않아야 하고, 국립정신병원 강제입원환자에 대한 심사는 다른 국립정신병원의 입원적합성심사위원회의 관할로 해야 한다. 예컨대, 국립정신건강센터에 강제입원된 환자는 국립공주병원에 설치된 입원적합성심사위원회에서 심사를 하는 것이다.

나. 입원심사소위원회 위원의 제척

입원심사소위원회는 실제 입원심사사건을 회부받아 심사와 의결을 하여야 한다. 따라서 소위원회 위원들은 직접 입원심사를 하므로 법이 정한 제척사유가 있을 경우 입원심사에서 배제되어야 한다.

예컨대, 5인의 심사위원으로 구성된 소위원회에서 20건의 입원심사사건을 심사하여야 하는데, 그 중 3건이 한 위원이 근무(운영 또는 소유도 포함)하는 정신의료기관에서 입원신고한 강제입원심사사건이라고 한다면 그 위원은 그 3건의 입원심사에 참석하여서는 안 된다. 제척사유가 있는 위원은 심사뿐만 아니라 그 3건의 의결에 있어서도 참석해서는 안 된다. 그러나 나머지 17건의 사건에 대해서는 제척사유가 없기 때문에 심사와 의결에 참여할 수 있다. 따라서 17건의 입원심사사건을 5인의 소위원회 위원이 진행하고, 나머지 3건에 대해서는 4인으로 진행하거나 다른 소위원회 위원을 예비위원으로 보충하여 5인으로 진행하면 된다.

소위원회 위원장에게 제척사유가 있을 때에는 현행 법령이나 지침상 규정이 없으나 부위원장이 직무대행을 하거나 소위원회 내에서 입원심사기일에 호선(互選, 출석위원들이 선출)으로 직무대행자를 선출하여 당일의 제척사유가 있는 강제입원사건의 심사만 진행하도록 하면 될 것이다.

소위원회 위원의 제척으로 입원심사기일의 전체 사건 중 일부 사건이 개회나 의결이 안 될 수도 있으므로 이러한 경우에는 미리 위원의 제척사유를 파악하여 다른 위원으로 대체하여 입원심사기일을 개최할 필요가 있다.

다. 제척사유

법이 정한 제척사유는 입원심사사건의 대상환자가 입원된 정신의료기관(입소된 정신요양시설도 포함한다. 이하 같다)에 소속된 소위원회 위원이다. 이를 구체적으로 분설해 설명해 보면 다음과 같다.

(1) 입원심사사건

먼저, 한 입원심사기일에 개별입원심사사건은 수십 건 내외가 되는 것이 보통인데, 그 중 제척사유에 해당하는 것은 개별입원심사사건 대상환자의 입원 정신의료기관에 소속된 위원만이므로 다른 위원이나 다른 사건은 제척사유에 해당하지 않는다.

(2) 소속된 정신의료기관

다음으로, 소위원회 위원이 소속된 정신의료기관이므로, 위원이 월급을 받아 근무하는 경우 외에도 직접 그 정신의료기관을 운영하거나 그 운영법인의 임원(이사장, 이사 등) 또는 소속 직원일 경우에도 제척사유가 될지 해석이 필요하다. 예컨대 A 법인이 X 병원과 Y 병원을 운영하는데, 甲이 X 병원에 근무할 경우 A 법인에 소속되어 근무하는 이상 Y 병원 입원환자에 대한 입원심사사건에서도 제척되어야 한다는 해석이 있을 수 있다. 그 이유는 위원이 소속되어 월급을 받는 궁극적 지급 주체는 X 병원이 아니라 A 법인이고, A 법인을 통하여 甲은 Y 병원에 연결되어 있기 때문이다. 다른 해석으로는 법 문언상 심사대상자가 입원하고 있는 정신의료기관에 소속되어 있는 위원이라고 하고 있으므로 동일한 법인이 운영하는지 여부는 불문한다고 해석할 수도 있다. 생각건대, 전자의 해석은 입법론적으로는 타당하지만 법 문언의 해석 범위를 넘어선 것으로 보이며, 후자의 해석은 법 문언에 적합한 해석이기는 하지만 심사의 공정성과 중립성을 해할 여지가 있다. 제척사유에 해당하는 사람이 심사를 할 경우 그 심사 자체가 무효가 된다고 보기 때문에 엄격한 해석이 필요하므로 후자의 엄격한 문언해석에 따라 동일 정신의료기관 소속 여부로 판단해야 할 것이다.

(3) 입원심사기일 현재 소속

끝으로, 제척사유에 해당하는지 여부는 입원심사기일을 기준으로 위원이 환자의 입원 정신의료기관에 소속되어 있는지 여부로 판정하여야 한다. 따라서 과거에 그 기관에 소속되어 있었다거나 향후 소속될 예정이라고 하는 것은 제척사유가 되어서는 안 된다. 다만, 과거나 미래의 소속 가능성 때문에 공정한 판단을 할 수 없다고 생각하는 경우에는 소위원회에 사전에 그 사유를 통지하고서 그 해당 위원이 스스로 회피를 신청하여 참석하지 않거나 다른 위원으로 대체할 필요가 있다.

3. 제척사유에 해당하는 경우의 효과

가. 입원심사사건에서의 자동적·의무적 배제

제척사유가 있는 위원은 입원심사기일의 해당 입원심사사건들에서 자동적·의무적으로 배제되어야 하다. 따라서 입원심사를 준비하는 담당자들은 사전에 입원심사기일에 들어가는 사건의 환자들이 입원 중인 정신의료기관을 확인하여 그에 소속된 위원들에 대해서는 입원심사기일을 통지하지 아니하거나 참석시키지 말아야 한다. 다만, 입원심사기일에 들어가는 전체 사건 중 일부만 제척사유에 해당하는 경우에는 그 나머지 사건들에 대해서는 심사를 하여도 무방하다.

나. 제척사유가 있는 심사위원 심사·의결의 효과

제척사유가 있는 심사위원이 소위원회의 입원심사기일에 참석하여 자신이 속한 정신의료기관에 입원한 환자의 사건을 심사하여 위원들과 함께 의결한 경우 그 효력이 문제된다. 통상 법원의 재판에서는 제척사유 있는 판사가 심리를 진행하고, 판결을 한 경우 그 판결은 절차상 하자로 무효가 된다. 직무를 행할 수 없는 자에 의한 판결이기 때문이다.

위와 같은 제척사유의 효과를 고려해 볼 때 그 입원심사사건에서 제척사유가 있는 위원이 자신이 속해 있는 정신의료기관에 입원된 환자에 대한 입원심사와 의결에 참여한 경우 그 의결은 무효라 볼 것이고, 그 의결에 따른 입원적합/부적합 통지 또한 무효라 볼 것이다. 그 제척사유가 있는 위원을 제외하더라도 과반수를 넘어 의결된 것일지라도 무효로 보아야 한다. 그 사건의 심사에 관여해서는 안 된 위원이 관여한 것이고, 다른 사람의 의결에도 영향을 줄 가능성이 있었기 때문이다. 제척사유가 있는 판결도 동일하게 과반수 여부를 따지지 않고 무효로 보아 재심사유가 된다.

제척사유가 있는 위원이 심사·의결하여 이루어진 입원적합/부적합 통지는 무효이기 때문에 마치 입원적합성통지가 없는 것처럼 간주되어야 할 것이다. 따라서 환자는 1개월 이내에 퇴원하여야 할 것이고, 1개월을 도과하여 입원되어 있는 경우라면 위법한 입원이 된다고 볼 것이다.

4. 현행 제척사유의 문제점과 입법론

가. 제척사유의 구분

제척사유는 통상 사건의 당사자와 심사위원 사이에 배우자, 혈족관계, 인척관계 등과 같은 특별한 친족관계에 있는 경우에 심사자의 공정을 기대하기 어렵기 때문에 심사에서 배제하는 것이고, 이를 인적(人的) 제척사유라 한다.

한편, 이러한 당사자와 심사자 사이의 특별한 관계 때문이 아니라 사건 자체와 특수한 관계가 있기 때문에 현재의 심사사건에서 공정성을 의심받는 경우에 배제를 하는 것을 물적(物的) 제척사유라 한다. 예컨대, 1심 재판을 한 판사가 2심 재판에서도 담당판사가 되는 경우, 사건수임을 한 변호사가 판사로 전직 후 그 수임사건의 재판을 담당하는 경우 등이 그러한 예라 할 수 있다.

나. 현행 제척사유의 문제점

(1) 인적 제척사유의 부재

현행 입원적합성심사위원회 위원 제척사유의 문제점은 통상의 제척사유로 규정되는 인적·물적 제척사유 자체가 없다는 점이다. 예컨대, 심사위원의 친족(배우자, 자녀, 부모 등)이 입원심사대상이 되더라도 현행법상으로는 심사위원이 그 심사자의 입원심사를 담당할 수 있는 상태여서 이 경우 공정성과 신뢰를 크게 해할 수밖에 없다.

(2) 물적 제척사유의 부재

인적 제척사유뿐만 아니라 물적 제척사유도 현행 법은 규정하고 있지 않다. 예컨대, 정신의료기관에 지정진단의사로 출장 나가 이미 입원진단을 한 환자가 입원심사기일의 심사대상자인 경우 그 지정진단의사에게 심사자로서의 공정성을 기대하기는 쉽지 않다.

다. 입법론과 해석론

(1) 입법론

입법론으로는 현행 제척사유(심사대상환자의 입원기관 근무 심사위원)만으로는 심사의 공정성을 보장하기 어렵기 때문에 추가적으로 입원심사대상자와 심사위원 사이에 일정한 친족관계가 있는 경우(인적 제척사유)와 입원심사대상자를 지정진단의사로서 진단한 경우(물적 제척사유) 등을 제척사유로 추가할 필요가 있다.

(2) 해석론

현행 입원심사시스템 하에서도 입원심사의 공정성을 위하여 환자나 그 보호의무자와 사이에 심사위원이 일정한 친족관계가 있는 경우라든지, 환자에 대해 이미 진단을 하거나 개인적 관계가 있는 경우에는 사전에 알리거나 심사기일에 고지하여 그 입원심사사건을 스스로 회피할 수 있도록 지침 등을 마련할 필요가 있다.

제5절 응급입원과 퇴원

본 절에서는 다음의 각 사항을 해설한다.

Ⅰ. 응급입원(제50조)
Ⅱ. 신상정보의 확인(제51조)
Ⅲ. 퇴원사실의 통보(제52조)

응급입원은 정신장애로 자·타해 위험이 큰 사람을 발견한 경우 누구든지 경찰관과 의사의 동의를 얻어 정신의료기관에 입원시켜 단기간의 치료를 통해 회복시키거나 급박한 상황에서 보호의무자나 정신보건 전문가의 입원신청이나 정신과 전문의 진단을 입원 전에 미리 얻기 어려운 경우에 일단 입원시킨 후 보호입원이나 행정입원의 요건과 절차를 갖추어 진단이나 치료를 위한 입원을 할 수도 있다.

과거 거리 등에서 발견한 정신장애인을 행려환자로 간주하면서 신상정보를 확인하지 않아 가족과 장기간 단절하게 하여 정신장애인에게 가족의 지원과 돌봄의 기회를 잃게 만들고, 가족 또한 다른 가족인 정신장애인의 생사조차 확인하지 못하는 상황을 만든 경우들이 있었다. 이에 환자나 가족측이 국가나 병원을 상대로 소송을 제기하여 그에 따른 법적 손해배상책임 등을 인정받기도 하였다. 이에 구 정신보건법은 신상정보확인 규정을 신설하여 정신의료기관의 장에게 입원하는 환자의 신상정보를 확인할 의무를 부과하여 가족을 알 수 없는 정신장애인을 관공서를 통해 본인과 가족의 신원확인을 할 수 있도록 하였고, 정신건강복지법도 이를 이어받아 규정하고 있다.

법 제52조의 퇴원사실 통보는 입원환자가 퇴원할 때 환자나 보호의무자의 동의를 얻어 정신의료기관의 장이 환자 거주지 정신건강복지센터에 통지하여 정신건강복지센터가 퇴원환자의 재활과 사회적응을 위한 지원방안을 마련하도록 한 것이다. 이러한 퇴원환자의 지역사회연계는 입원 정신장애인의 지역사회복귀를 위한 커뮤니티 케어의 준비절차로서 자리매김할 수 있다.

Ⅰ. 응급입원(제50조)

제50조(응급입원) ① 정신질환자로 추정되는 사람으로서 자신의 건강 또는 안전이나 다른 사람에게 해를 끼칠 위험이 큰 사람을 발견한 사람은 그 상황이 매우 급박하여 제41조부터 제44조까지의 규정에 따른 입원등을 시킬 시간적 여유가 없을 때에는 의사와 경찰관의 동의를 받아 정신의료기관에 그 사람에 대한 응급입원을 의뢰할 수 있다.

② 제1항에 따라 입원을 의뢰할 때에는 이에 동의한 경찰관 또는 구급대원은 정신의료기관까지 그 사람을 호송한다.

③ 정신의료기관의 장은 제1항에 따라 응급입원이 의뢰된 사람을 3일(공휴일은 제외한다) 이내의 기간 동안 응급입원을 시킬 수 있다.

④ 제3항에 따라 응급입원을 시킨 정신의료기관의 장은 지체 없이 정신건강의학과전문의에게 그 응급입원한 사람의 증상을 진단하게 하여야 한다.

⑤ 정신의료기관의 장은 제4항에 따른 정신건강의학과전문의의 진단 결과 그 사람이 자신의 건강 또는 안전이나 다른 사람에게 해를 끼칠 위험이 있는 정신질환자로서 계속하여 입원할 필요가 있다고 인정된 경우에는 제41조부터 제44조까지의 규정에 따라 입원을 할 수 있도록 필요한 조치를 하고, 계속하여 입원할 필요가 없다고 인정된 경우에는 즉시 퇴원시켜야 한다.

⑥ 정신의료기관의 장은 제3항에 따른 응급입원을 시켰을 때에는 그 사람의 보호의무자 또는 보호를 하고 있는 사람에게 입원이 필요한 사유·기간 및 장소를 지체 없이 서면으로 통지하여야 한다.

1. 응급입원의 의의와 입법취지

가. 의 의

(1) 응급입원의 개념

'응급입원'이라 함은 정신건강복지법 제50조의 규정에 의해 정신질환이 있는 것으로 추정되는 사람에 대해 경찰관과 의사의 동의를 받아 3일 이내의 기간 동안 환자를 입원시킨 후 계속입원이 필요한 경우 다른 입원유형으로 전환할 수 있는 입원을 말한다.

(2) 응급입원제도의 의의

응급입원은 응급의료의 한 유형으로서 긴급한 상황에서 법상의 다른 입원유형이 요구하는 절차와 요건을 갖추지 못하였다고 하더라도 급성이나 증상이 심한 환자에 대한 진단과 단기간의 입원치료 및 입원된 상태에서 다른 유형으로의 입원조치가 가능하도록 하는 제도적 의미가 있다. 응급입원은 상황의 '긴급성'과 다른 입원이 어려울 때 활용하게 되는 '보충성'을 가진 입원제도라 할 수 있다.

(3) 일본과 대만의 응급입원제도

외국의 강제입원제도도 대부분 응급입원제도를 두고 있다. 일본은 환자 본인 동의 없이 정신보건지정의 진단에 따라 72시간(특정의사 진단의 경우 24시간) 동안 입원을 시키고서 다른 입원유형으로 전환할 수 있다(일본 「정신보건복지법」 제33조의7). 대만은 지방자치단체(직할시·현·시)의 행정기관이 결정하여 5일 이내로 응급입원(緊急安置)을 시키고, 그 기간 중에 2명의 지정전문의사의 진단(强制鑑定)을 거쳐 향후 60일 이내의 강제입원을 결정할 수 있고, 그 결정에 대해 환자나 보호자는 법원에 그 중지를 청구할 수 있다(대만 「정신위생법」 제41조 및 제42조).

나. 입법취지와 기능

(1) 단기의 강제입원의 기능

정신질환은 만성화되는 경우도 있으나 급성으로 발생하는 경우도 있다. 응급입원은 급박하게 정신질환의 증상이 나타난 경우 신속한 진단과 치료를 통해 단기간의 입원진료를 확보하고, 장기입원을 피할 수 있도록 하는 기능이 있다.

(2) 다른 입원유형으로 전환을 위한 사전절차 기능

응급입원의 또 다른 기능으로는 긴급한 상황에서 다른 입원유형의 절차를 거칠 수 없을 때, 예컨대 자·타해 위험이 있는 환자가 치료필요성이 있음에도 입원을 거부하거나 입원의사결정이 어려운 상황에서 보호의무자나 시·군·구청장이 입원조치를 할 시간적 여유가 없을 때 응급입원을 통하여 그러한 입원절차를 진행할 수 있는 시간을 확보하는 기능도 있다.

다. 문제점

응급입원은 외국의 경우 보호입원이나 행정입원과 같은 강제입원의 사전절차로서 필요한 것이 일반적이다. 즉, 보호입원이나 행정입원은 입원을 거부하는 환자를 강제로 입원시키는 것이기 때문에 공적 권한을 가진 행정기관인 경찰관이나 구급대원이 필요하다. 실제 우리 정신건강복지법은 보호입원의 경우 그러한 강제적 조치

(환자 이송, 신체적 저지 등)를 행사할 수 있는 내용이 없고, 행정입원의 경우에만 119 구급대원의 호송지원을 요청할 수 있도록 규정하고 있다(법 제44조 제9항).

위와 같은 제도적 상황에서는 응급입원만이 유일하게 합법적 환자이송이 가능한 상황인데, 정신의료 현실에서 경찰관이나 구급대원의 환자이송과 관련된 행정지원은 미비한 상황이다. 경찰관이나 구급대원과 같은 행정적 지원이 미흡한 관계로 지난 20여 년간 보호의무자는 환자의 이송을 환자이송단과 같은 민간기관에 맡기게 되었다. 그로 인해 민간 환자이송기관이 수십만 원의 비용을 받고서 환자에 대해 포박·수갑 등을 사용해 정신의료기관까지 이송시키는 불법적 호송이 강제입원의 일상적 방식 중의 하나가 되었다.

이러한 불법적 호송은 강제입원 자체를 위법하게 만들 뿐 아니라 그에 관여한 환자이송직원, 이송단체, 보호의무자 등은 민·형사상으로는 폭행과 감금 등의 법적 책임을 부담해야 하고, 정신의료기관측에서도 이러한 사실을 알면서 입원시키는 경우 불법한 강제입원을 지속시키는 것이어서 법적 책임으로부터 자유로울 수 없게 된다. 응급입원은 이러한 불법적 강제호송을 막고 합법적 절차로 강제입원이 진행될 수 있도록 개선이 필요하다. 이에 관한 개선방안은 후술한다.

2. 구 정신보건법과의 비교

구 정신보건법의 응급입원제도와 현행 정신건강복지법의 응급입원제도를 비교해 보면 다음과 같다.

응급입원제도는 구 정신보건법과 현행 정신건강복지법이 큰 차이는 없다. 입원을 의뢰하는 요건으로서 문구는 달라졌지만 '자·타해 위험의 중대성(큰 경우)'으로 사실상 동일하다고 볼 것이고, 입원유형전환도 정신건강복지법이 동의입원을 추가하여서 응급입원에서 동의입원으로의 전환도 가능해진 것뿐이다. 다소 차이가 있다면, 응급입원의 기간이 구 정신보건법에서는 72시간이어서 입원시점부터 72시간의 제한된 시간 동안 다른 입원조치로 전환하기가 어려웠다. 정신건강복지법은 응급입원의 시간을 추가적으로 확보하기 위한 목적에서 응급입원기간을 공휴일을 제외한 3일로 개정하였다. 그 외에 입원의뢰자, 입원동의자, 입·퇴원결정권자, 입원 이후 진단자는 구 정신보건법과 정신건강복지법이 동일하다.

표 3-13 응급입원에 대한 신 · 구법 비교

응급입원	정신건강복지법	구 정신보건법
입원대상자	정신질환자로 추정되는 사람	
입원의뢰요건	자신의 건강 또는 안전이나 다른 사람에게 해를 끼칠 위험이 큰 경우	자신 또는 타인을 해할 위험이 큰 경우
입원의뢰자	발견한 사람	
입원동의자	의사와 경찰관	
입·퇴원결정권자	정신의료기관의 장	
입원 이후 진단	한 명의 정신과 전문의	
응급입원 허용기관	정신의료기관(정신요양시설은 제외)	
응급입원기간	3일(공휴일 제외)	72시간
입원유형전환	1. 자의입원 2. 동의입원 3. 보호입원 4. 행정입원	1. 자의입원 2. 보호입원 3. 행정입원

3. 경찰관과 구급대원의 이송 등의 의무

가. 공무원의 개입의무

정신건강복지법의 응급입원은 경찰관과 구급대원의 개입이 제도적으로 보장되어 있다. 그러나 앞서 본 바와 같이 보호입원의 경우에는 대체로 경찰관이나 구급대원이 그 개입을 주저하는 경우가 많다. 그러나 응급입원의 요건이 되는 상황에서 경찰관이나 구급대원이 호송의뢰를 받았다면 공적 의무로서 개입하여야 한다. 이에 관한 판례나 법령을 살펴본다.

나. 판례의 태도

(1) 경찰의 경우

대법원은 경찰관의 공권적 개입의무의 근거와 그 의무위반 여부에 대한 판단기준을 아래와 같이 제시하고 있다.[190]

190) 대법원 2004. 9. 23. 선고 2003다49009 판결.

> "경찰은 범죄의 예방, 진압 및 수사와 함께 국민의 생명, 신체 및 재산의 보호 등과 기타 공공의 안녕과 질서유지도 직무로 하고 있고, 그 직무의 원활한 수행을 위하여 「경찰관직무집행법」, 「형사소송법」 등 관계 법령에 의하여 여러 가지 권한이 부여되어 있으므로, 구체적인 직무를 수행하는 경찰관으로서는 제반 상황에 대응하여 자신에게 부여된 여러 가지 권한을 적절하게 행사하여 필요한 조치를 취할 수 있는 것이고, 그러한 권한은 일반적으로 경찰관의 전문적 판단에 기한 합리적인 재량에 위임되어 있는 것이나, 경찰관에게 권한을 부여한 취지와 목적에 비추어 볼 때 구체적인 사정에 따라 경찰관이 그 권한을 행사하여 필요한 조치를 취하지 아니하는 것이 현저하게 불합리하다고 인정되는 경우에는 그러한 권한의 불행사는 직무상의 의무를 위반한 것이 되어 위법하게 된다."

한편, 경찰관이 정신질환이 있는 사람에 대한 정신의료기관 호송과 같은 긴급구호권한의 불행사와 그에 따른 손해배상책임에 대해 대법원은 다음과 같은 기준을 제시하고 있다.[191]

> "긴급구호권한과 같은 경찰관의 조치권한은 일반적으로 경찰관의 전문적 판단에 기한 합리적인 재량에 위임되어 있는 것이나, 그렇다고 하더라도 구체적 상황하에서 경찰관에게 그러한 조치권한을 부여한 취지와 목적에 비추어 볼 때 그 불행사가 현저하게 불합리하다고 인정되는 경우에는, 그러한 불행사는 법령에 위반하는 행위에 해당하게 되어 국가배상법상의 다른 요건이 충족되는 한, 국가는 그로 인하여 피해를 입은 자에 대하여 국가배상책임을 부담한다."

위와 같은 기준에 근거해 대법원은 경찰관이 그때그때의 상황에 따라 정신질환이 있는 사람을 입원시키는 등 「경찰관직무집행법」에 따른 긴급구호조치를 취한 경우라면 법령에 따른 의무를 이행한 것으로 보고 있다.[192]

(2) 소방공무원의 경우

소방공무원도 화재예방을 위한 직무를 게을리하여 피해가 발생한 경우 그 소속기관이라 할 수 있는 국가나 지방자치단체가 손해배상책임을 부담하게 되는데, 대법원은 다음과 같은 근거를 제시하고 있다.[193]

191) 대법원 1996. 10. 25. 선고 95다45927 판결.
192) 위 판결.
193) 대법원 2008. 4. 10. 선고 2005다48994 판결.

"공무원에게 부과된 직무상 의무의 내용이 단순히 공공 일반의 이익을 위한 것이거나 행정기관 내부의 질서를 규율하기 위한 것이 아니고 전적으로 또는 부수적으로 사회구성원 개인의 안전과 이익을 보호하기 위하여 설정된 것이라면, 공무원이 그와 같은 직무상 의무를 위반함으로 인하여 피해자가 입은 손해에 대하여는 상당인과관계가 인정되는 범위 내에서 국가가 배상책임을 지는 것[이다]."

위와 같은 기준에 따라 유흥주점 화재로 인한 피해자들의 사망사건에서 소방공무원이 소방법상 시정조치를 명하지 않은 직무상 의무위반과 사망의 결과 사이에 인과관계가 있다고 보아 국가의 피해자 유족에 대한 손해배상책임을 인정한 사례가 있다.[194)]

다. 관련법령

(1) 경찰관직무집행법

「경찰관직무집행법」 제4조에 따르면, '정신착란을 일으키거나 술에 취하여 자신 또는 다른 사람의 생명·신체·재산에 위해를 끼칠 우려가 있는 사람'이나 '자살을 시도하는 사람'으로서 응급구호가 필요한 사람을 발견하였을 때에는 경찰관이 보건의료기관이나 공공구호기관에 긴급구호를 요청하거나 경찰관서에 보호하는 등의 적절한 조치(이하 '보호조치'라 한다)를 취할 수 있다.

위와 같은 경찰관의 보호조치는 앞서 본 판례의 기준에 따르면 일정한 경우에는 경찰관의 의무로서 취해야 할 조치라 할 것이고, 그 중 하나가 정신건강복지법에서 정한 것과 같이 응급입원에 동의하고, 정신의료기관까지 호송할 의무라 할 것이다.

그 외에 경찰관은 「경찰관직무집행법」에 따라 '위해를 입을 우려가 있는 사람을 필요 한도에서 피난시키거나 억류'하는 조치(위 법 제5조), '범죄행위로 인한 생명·신체의 위해나 재산의 중대한 손해 우려가 있는 경우의 그 행위의 제지'(위 법 제6조), '임박한 위험의 방지를 위한 건물이나 차량 등에 대한 출입'(위 법 제7조) 등의 권한이 있다. 따라서 긴급한 위험상황에서 경찰관은 건물(주거)에 들어가 위험한 행동을 제지하고, 피해위험이 있는 사람을 피난시키는 것이 가능하며, 위에서 본 정신의료기관까지의 호송조치를 합법적으로 수행할 권한이 있다.

---

194) 위 판결.

(2) 119구조 · 구급에 관한 법률

119 구급대는 구급차를 이용하여 응급환자에 대한 처치와 이송을 담당한다. 119 구급상황관리센터에서는 응급환자에 대한 안내 · 상담 및 지도, 응급환자를 이송 중인 사람에 대한 응급처치의 지도 및 이송병원 안내 등을 담당한다(「119구조 · 구급에 관한 법률」 제10조의2). 119 구급대의 구급활동을 위한 긴급조치로서 다른 사람의 토지나 건물에 출입하는 것이 가능하다(위 법률 제15조 제1항).

(3) 응급의료에 관한 법률

「응급의료에 관한 법률」에 따르면, 응급환자는 상담 · 구조 · 이송 · 응급처치 및 진료 등의 응급의료 서비스를 제공받게 된다. 이러한 응급의료 서비스를 제공받을 수 있는 응급환자는 위 법률 시행규칙 별표 1로 규정하고 있는데, 정신과적 응급증상이 있는 사람(응급환자)은 '자신 또는 다른 사람을 해할 우려가 있는 정신장애'로 규정하고 있다(위 별표 1 제1호 자.목). 따라서 정신건강복지법의 응급입원 대상자는 위 응급환자에 해당하기 때문에 「응급의료에 관한 법률」이 적용된다고 볼 수 있다.

따라서 응급입원 대상자에 대해서는 「응급의료에 관한 법률」에 의해 응급의료가 우선적으로 제공되어야 하고(위 법률 제8조), 그 이송, 응급의료비용 및 그 미수금과 관련해서도 위 법률이 적용되어야 할 것이다.

4. 응급입원의 대상자

응급입원의 대상자는 '정신질환자로 추정되는 사람'이다. 이는 기존의 입원유형별 대상자와 다소 차이가 있다. 그 이유는 자의입원, 동의입원, 보호입원의 경우 정

표 3-14 정신건강복지법 입원유형별 대상자

입원유형	입원대상자
자의입원	정신질환자나 그 밖에 정신건강상에 문제가 있는 사람
동의입원	정신질환자
보호입원	정신질환자
행정입원	정신질환자로 의심되는 사람
응급입원	정신질환자로 추정되는 사람

신과 전문의 대면진단 후 입원되는 것이어서 입원대상자가 정신질환자(자의입원의 경우 정신건강에 문제가 있는 사람도 포함)로 한정될 수 있는데 비하여, 응급입원은 정신과 전문의 진단 전에 이미 입원이 되어 있는 상황을 전제로 한다. 정신건강복지법의 입원유형별 대상자를 비교해 보면 위와 같다.

위 각 입원유형별 입원대상자를 보면, 그 개념이나 표현이 서로 같지 않다. 일부는 입법의도로서 그렇게 표현된 것이다. 예컨대, 자의입원의 경우에는 반드시 정신건강복지법이 정한 협소한 정신질환자 개념 정의에 포함되지 않는다고 하더라도 정신건강상 문제가 있는 사람도 입원할 기회를 얻을 필요가 있어서 정신건강복지법이 입원대상자의 폭을 넓히기 위하여 추가한 것이다.

그 외에 동의입원이나 보호입원은 모두 보호의무자가 관여하는 입원이고, 정신질환자가 아니면 보호의무자가 존재할 수 없기 때문에 그 대상자를 정신질환자로 한정하게 된 측면도 있다.

행정입원이나 응급입원은 보호의무자와 무관한 강제입원이며, 초기 입원이나 진단의뢰는 정신과 전문의 진단을 받기 이전이고, 그 입원의뢰는 환자를 발견한 사람이나 정신건강전문요원 또는 시·군·구청장이 의료적 진단 없이 정신과 전문의에게 의뢰하는 것이어서 그 대상자를 확진된 정신질환자로 한정할 수 없어 정신질환자로 의심(추정)되는 사람의 경우로 그 대상자를 넓힌 것이다.

5. 응급입원의 요건

응급입원은 그 의뢰주체가 환자를 발견한 사람 누구나 될 수 있고, 그 후 강제입원으로의 전환이 가능하므로 다른 강제입원과 동일하게 일정한 엄격한 요건 하에서만 허용하고 있다. 특히, 응급입원은 기존의 일반적 입원유형에 따른 절차를 이행할 수 없을 때에 부득이하게 예외적으로만 허용되는 것이어서 그 요건이 보호입원이나 행정입원의 요건보다 더 엄격할 것을 요구한다. 이하에서 응급입원의 요건인 ⅰ) 자·타해 위험의 중대성, ⅱ) 상황의 급박성, ⅲ) 응급입원의 보충성(다른 입원유형 활용의 시간적 제약성)을 살펴본다.

가. 자·타해 위험의 중대성

법은 응급입원의 요건으로 자·타해 위험(자신의 건강 또는 안전이나 다른 사람에게 해를 끼칠 위험)이 클 것을 요구하고 있다. 여기서 위험이 크다는 것은 중대성을 의미하며, 보호입원에서 말하는 자·타해 위험의 중대성과 동일한 의미(규칙 제34조

제2항)를 가진다고 볼 것이다.

자·타해 위험이 중대하다는 것은 위험이 실현되었을 경우 그 피해가 중대함을 의미한다. 예컨대, 생명이나 신체적 손상, 회복하기 어려운 건강의 악화 등을 들 수 있다.

나. 상황의 급박성

응급입원은 환자나 보호의무자의 동의 없이 이루어지며, 정신과 전문의의 진단도 없이 이루어지기 때문에 그 상황의 급박성을 기본적 요건으로 하고 있다. 즉, 전문가가 아닌 보통 사람들 누가 보아도 위험을 막기 위해서 지금 바로 입원이 필요한 상태를 의미한다.

이러한 상황의 급박성은 통상 환자의 자·타해 위험이 현재화되어 있거나 임박하였을 때 그 요건을 갖추게 된다. 또한, 이러한 급박성은 그 위험이 조만간 현실화되어 버리면 회복불가능한 상태가 되는 것을 말한다. 예컨대, 정신질환으로 인한 자살시도 실패 직후에 이를 발견한 사람(가족, 정신건강전문요원, 경찰, 소방관 등)은 기존의 자살시도 때문이 아니라 그 재시도를 막기 위해 병원으로 호송해 가는 것 외에 추가로 응급입원도 의뢰할 수 있다.

다. 응급입원의 보충성

응급입원은 정신건강복지법의 다른 입원유형을 활용할 시간적 여유가 없을 때 사용하는 입원방식이다. 따라서 환자가 자발적 입원을 할 수 있거나 보호입원이나 행정입원이 응급입원을 거치지 않고도 가능한 상황이라면 응급입원은 자제되어야 한다. 그 이유는 응급입원이 가족이나 국가가 개입하지도 않고, 정신과 전문의 진단도 필요 없는 예외적 입원형태여서 최후적, 보충적으로만 활용가능하기 때문이다.

6. 응급입원의 절차

가. 개 관

응급입원은 다음과 같은 절차를 통해 진행된다.

i) 대상자 확인: 자·타해 위험성이 있는 정신질환자로 추정되는 사람의 확인
ii) 응급입원 의뢰: 발견자의 정신의료기관에 대한 응급입원 의뢰

iii) 의사와 경찰관의 동의: 응급입원 의뢰에 대한 의료적, 공적 승인절차
iv) 경찰관 또는 구급대원의 호송: 응급입원 대상자에 대한 공적 집행
v) 응급입원 결정: 정신의료기관의 장의 응급입원 결정
vi) 정신과 전문의 진단: 현재 상황과 향후 계속입원 필요성 여부 진단
vii) 퇴원 또는 입원유형 전환: 계속입원 필요성 여부에 따라 퇴원하거나 입원유형 전환

위와 같은 응급입원 절차를 절차도에 따라 보면 [그림 3-2]와 같다.

나. 대상자 확인

응급입원이 진행되기 위해서는 먼저 대상자에 대한 확인이 이루어져야 한다. 응급입원 요건에 해당되는 대상자는 앞서 본 바와 같이 i) 정신질환자로 추정될 만한 사정이 있어야 하고, ii) 그로 인한 자·타해 위험성이 중대하여야 한다.

응급입원을 의뢰하는 경우에는 대상자가 정신질환자로 이미 진단되지 않아도 되고, 정신과 전문의 진단을 거치지 않아도 가능하다. 정신건강복지법은 응급입원의 경우에는 정신과 전문의 대면 진단 없이도 입원되는 것을 허용하고 있기 때문이다(법 제68조 제1항).

다. 응급입원 의뢰주체와 의뢰방식

(1) 응급입원 의뢰주체

1) 경찰관이나 구급대원

응급입원 대상자를 발견한 자가 112(경찰) 또는 119(구급대)로 신고한 경우 그 자체를 응급입원 의뢰로 볼 수는 없을 것이다. 다만 경찰관이나 구급대원이 신고를 받은 후 출동하여 응급인원 대상자를 확인한 후 정신의료기관으로 호송하여 입원을 시키는 경우에는 응급입원의뢰의 한 유형으로 볼 수 있을 것이다. 법은 응급입원 의뢰주체를 제한하지 않은 채 누구나 가능하도록 하였으므로 경찰관이나 구급대원도 응급입원을 의뢰할 수 있다.

2) 가족 등 보호(의무)자

가족 등 보호(의무)자도 응급입원을 의뢰할 수 있다. 예컨대, 보호입원을 시키려고 하지만 정신의료기관까지 가는 것을 완강히 거절하거나 다른 보호의무자들의 동의를 즉시 얻을 수 없는 경우라면 가족 등 보호(의무)자가 응급입원을 의뢰할 수 있

그림 3-2 응급입원절차 개관

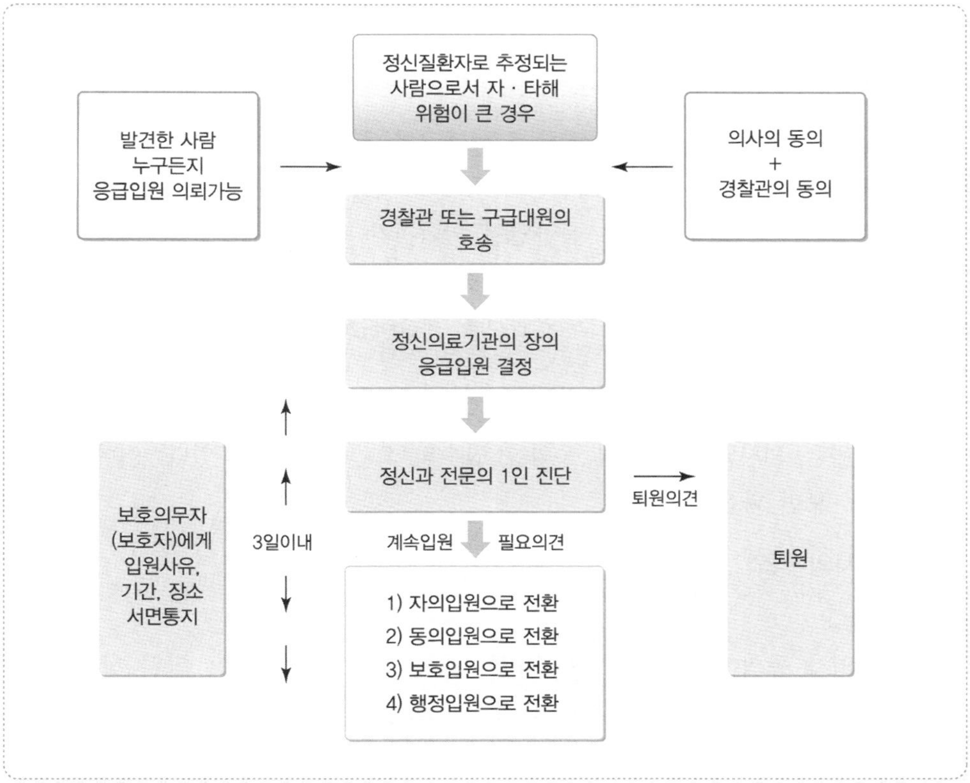

다. 물론, 이 경우도 응급입원 대상자가 정신질환자로 추정될 만한 사정이 있고, 그 자·타해 위험이 큰 경우여야 한다.

3) 정신건강전문요원이나 의사

지역사회 내의 환자에 대해 정신건강전문요원이나 의사 등도 상황이 급박한 경우라면 응급입원을 의뢰할 수 있다. 예컨대, 사례관리 중인 환자나 외래진료 중인 환자가 응급입원 대상자로서의 요건을 갖추고 있는 경우라면 환자의 증상이나 상태를 고려하여 응급입원을 의뢰할 수 있다.

4) 그 밖의 제3자

앞서 본 바와 같이 자·타해 위험이 큰 정신질환자로 추정되는 사람을 발견한 사람은 응급입원을 의뢰할 수 있다. 따라서 응급입원 의뢰 주체는 제한이 없다. 행정입원 의뢰가 시·군·구청장만 가능하도록 하는 것과 큰 차이가 있다. 이는 응급입원이 급박한 경우에 한하여 인정되고, 그 입원기간이 3일 간의 단기간인 점을 고려하여 그 의뢰주체를 넓게 인정하게 된 것이다.

(2) 응급입원 의뢰방식

응급입원 의뢰방식은 법령에 따른 일정한 서식에 따라 서면으로 응급입원 의뢰자가 입원시키려는 입원 정신의료기관의 장에게 제출하도록 하고 있다. 원칙적으로는 응급입원되기 전에 서면으로 응급입원 의뢰서가 제출되어야 할 것이지만, 특별한 사정이 있는 급박한 경우에는 의사나 경찰관의 구두 동의를 받고서 응급입원을 의뢰한 후 응급입원이 된 후에 그 의뢰서를 제출하는 것도 허용될 필요가 있다.

라. 의사와 경찰관의 동의

응급입원은 의사와 경찰관의 동의를 필수적 요건으로 하고 있다. 이에 관하여 구체적으로 보면 다음과 같다.

(1) 의사의 동의

1) 의사

먼저, 의사 동의에 관하여 보면, 응급입원에 동의하는 의사는 입원 정신의료기관의 의사도 가능하며, 정신과 전문의 여부도 불문한다. 「의료법」 제2조 제1항 제1호에 따른 의사여야 하므로 치과의사나 한의사는 제외되며, 국가시험에 합격한 후 면허를 취득한 자를 말한다(「의료법」 제5조 제1항).

2) 의사가 응급입원을 의뢰하는 경우

응급입원을 의뢰하는 자가 의사인 경우라면 별도의 의사 동의를 구할 필요가 없다고 볼 것인지 해석상 견해가 다를 수도 있으나 응급입원의 긴급성이나 의사 동의의 형식성을 볼 때 의사가 응급입원을 의뢰하는 경우라면 따로 다른 의사의 동의를 구할 필요는 없다고 볼 것이다. 다만, 의사자격을 확인할 수 있도록 응급입원 의뢰서에 응급입원 의뢰자이면서 동시에 응급입원 동의의사로 서명할 필요는 있다.

3) 의사 동의의 시기

의사 동의의 시기는 응급입원 대상자를 확인하고 난 후부터 입원 정신의료기관의 장이 응급입원을 결정할 때까지 사이에 이루어지면 된다. 통상 응급입원 의뢰서(규칙 별지 제18호 서식)에 동의서명을 하는 형식으로 이루어진다. 응급입원을 시키기 위한 실체적 요건이 의사 동의이기 때문에 응급입원 이후에 의사 동의가 이루어진다면 그것은 위법하다고 볼 것이다. 다만, 응급입원 이전에 의사의 동의가 구두로 입원 정신의료기관측에 전달된 경우이거나 입원 정신의료기관의 의사가 입원을 의뢰한 경우라면 그 서명이 입원 이후에 이루어지더라도 위법한 입원은 아니라 할 것이다.

4) 의사 대면진단 필요여부

응급입원에 동의하는 의사가 응급입원 대상자를 대면진단할 필요가 있는지 법해석상 검토가 필요하다. 응급입원은 신속을 요하는 점, 응급입원 후 3일 이내에 정신과 전문의 진단이 이루어지는 점, 다른 과 의사에게 정신과적 진단과 입원 필요성을 판단하도록 하기 어려운 점, 법은 응급입원의 경우에는 대면진단 없이 입원 하는 것을 허용하고 있다고 보이는 점(법 제68조 제1항)을 고려해 볼 때 동의하는 의사가 반드시 응급입원 대상자를 대면하여 진단할 것을 요하는 것은 아니라 볼 것이다.

(2) 경찰관의 동의

1) 경찰관

법은 '경찰관'의 개념에 대해 따로 규정하고 있지 아니하므로 경찰관직무직행법 제1조 제1항에 따른 경찰관(국가경찰공무원만 이에 해당함)을 의미한다고 볼 것이다. 여기서 경찰관을 뜻하는 국가경찰공무원이란 해양경찰을 포함하여 경찰공무원법에 따른 순경, 경장, 경사, 경위, 경감 등의 계급을 가진 경찰관을 말한다.

2) 제주특별자치도의 자치경찰공무원의 포함 여부

제주특별자치도의 경우 자치경찰이 안전사고나 재난 등으로부터 주민을 보호하고, 가정·학교 폭력 등의 예방과 사회적 보호가 필요한 사람의 보호를 자치경찰사무의 하나로 하고 있고, 「경찰관직무집행법」을 준용하고 있기 때문에(「제주특별자치도 설치 및 국제자유도시 조성을 위한 특별법」 제90조 및 제96조), 정신건강복지법의 '경찰관'에는 제주특별자치도의 자치경찰공무원(도지사 소속으로 두는 경찰)도 해석상 포함한다고 볼 것이다.

3) 경찰관이 의뢰하는 경우

응급입원을 의뢰하는 자가 경찰관인 경우라면 다른 경찰관의 동의를 구할 필요가 있는지도 검토가 필요하다. 생각건대, 응급입원의 긴급성이나 경찰관 동의의 형식성을 볼 때 경찰관이 응급입원을 의뢰하는 경우라면 따로 다른 경찰관의 동의를 구할 필요는 없다고 해석할 것이다. 다만, 경찰관여부를 확인할 수 있도록 응급입원 의뢰서에 응급입원 의뢰자이면서 동시에 응급입원 동의 경찰관으로 서명할 필요는 있다.

4) 경찰관 동의의 시기

경찰관 동의의 시기는 응급입원 대상자를 확인하고 난 후부터 입원 정신의료기관의 장이 응급입원을 결정할 때까지 사이에 이루어지면 된다. 통상 응급입원 의뢰서(규칙 별지 제18호 서식)에 동의서명을 하는 형식으로 이루어진다.

의사 동의와 동일하게 응급입원을 시키기 위한 실체적 요건이 경찰관 동의이기 때문에 응급입원 이후에 경찰관 동의가 이루어진다면 그것은 위법하다고 볼 것이다. 다만, 응급입원 이전에 경찰관의 동의나 의뢰가 구두로 입원 정신의료기관측에 전달되고, 그 서명만 입원 이후에 이루어진 경우라면 위법한 입원은 아니라 할 것이다.

마. 경찰관 또는 구급대원의 호송

(1) 법령의 응급호송 규정

정신건강복지법은 행정입원과 응급입원의 경우에만 119 구급대원(이하 '구급대원'이라 한다) 또는 경찰관에 의한 응급호송이 가능하도록 규정하고 있다. 행정입원의 경우에는 시·군·구청장이 호송지원을 요청할 수 있도록 하고 있고, 응급입원의 경우에는 구급대원이나 동의한 경찰관이 응급입원 대상자를 호송하도록 하고 있다(법 제50조 제2항).

구급대원이 정신질환자로 추정되는 사람을 호송하는 경우 단독으로 또는 경찰관과 함께 호송할 수 있고(규칙 제39조 제2항), 입원동의를 한 경찰관도 단독으로 또는 구급대원과 함께 정신의료기관까지 호송할 수 있다.

(2) 다른 법률에 의한 호송의 근거규정

정신건강복지법 제50조 제2항이 응급호송의 근거규정으로 되어 있지만, 앞서 본 바와 같이 이에 더하여 경찰관에 대해서는 「경찰관직무집행법」 제4조(보호조치 등)[195], 「응급의료에 관한 법률」 제8조에 따라 응급환자로 보아 우선하여 상담·구

195) 「경찰관직무집행법」 제4조(보호조치 등) ① 경찰관은 수상한 행동이나 그 밖의 주위 사정을 합리적으로 판단해 볼 때 다음 각 호의 어느 하나에 해당하는 것이 명백하고 응급구호가 필요하다고 믿을 만한 상당한 이유가 있는 사람(이하 "구호대상자"라 한다)을 발견하였을 때에는 보건의료기관이나 공공구호기관에 긴급구호를 요청하거나 경찰관서에 보호하는 등 적절한 조치를 할 수 있다.

조 및 응급처치 등을 하여야 한다.

(3) 호송의 주체와 방식

1) 호송의 주체

응급입원에 있어 호송의 방식은 구급대원이나 동의한 경찰관이 호송하는 것을 원칙으로 한다. 여기서 '구급대원'은 「119 구조·구급에 관한 법률」 제2조의 119 구급대의 구급대원(법 제44조 제9항)인 소방공무원을 말하므로 민간 응급구조사나 응급환자이송업 허가를 받은 자나 법인(「응급의료에 관한 법률」 제44조 제1항 제4호 또는 제5호)은 포함하지 아니한다.

2) 호송의 방식

호송은 경찰관이나 구급대원이 응급입원을 의뢰받거나 직접 응급입원을 시행하려 하는 경우에 이루어지며, 경찰관이 구급대원 없이 또는 구급대원이 경찰관 없이 호송하는 경우도 허용된다. 다만, 응급입원에는 경찰관 동의가 필요하므로 구급대원의 호송 전이나 후에 입원 전까지 경찰관 동의를 구두나 서면으로 얻으면 된다.

3) 민간의 강제호송금지

응급구조사나 응급환자이송단은 민간인이거나 민간단체이기 때문에 응급입원에 있어 환자의 의사에 반하여 호송할 수 없다. 민간단체인 이송단은 환자에게 물리력을 행사할 수 없기 때문에 환자가 호송을 거부할 경우 강제력을 행사할 수 없고, 강제력을 행사하여 호송하는 경우 원칙적으로 폭행·체포·감금 등의 죄가 성립한다.

---

1. 정신착란을 일으키거나 술에 취하여 자신 또는 다른 사람의 생명·신체·재산에 위해를 끼칠 우려가 있는 사람
2. 자살을 시도하는 사람
3. 미아, 병자, 부상자 등으로서 적당한 보호자가 없으며 응급구호가 필요하다고 인정되는 사람. 다만, 본인이 구호를 거절하는 경우는 제외한다.

② 제1항에 따라 긴급구호를 요청받은 보건의료기관이나 공공구호기관은 정당한 이유 없이 긴급구호를 거절할 수 없다.

③ 경찰관은 제1항의 조치를 하는 경우에 구호대상자가 휴대하고 있는 무기·흉기 등 위험을 일으킬 수 있는 것으로 인정되는 물건을 경찰관서에 임시로 영치(領置)하여 놓을 수 있다.

④ 경찰관은 제1항의 조치를 하였을 때에는 지체 없이 구호대상자의 가족, 친지 또는 그 밖의 연고자에게 그 사실을 알려야 하며, 연고자가 발견되지 아니할 때에는 구호대상자를 적당한 공공보건의료기관이나 공공구호기관에 즉시 인계하여야 한다.

⑤ 경찰관은 제4항에 따라 구호대상자를 공공보건의료기관이나 공공구호기관에 인계하였을 때에는 즉시 그 사실을 소속 경찰서장이나 해양경찰서장에게 보고하여야 한다.

⑥ 제5항에 따라 보고를 받은 소속 경찰서장이나 해양경찰서장은 대통령령으로 정하는 바에 따라 구호대상자를 인계한 사실을 지체 없이 해당 공공보건의료기관 또는 공공구호기관의 장 및 그 감독행정청에 통보하여야 한다.

⑦ 제1항에 따라 구호대상자를 경찰관서에서 보호하는 기간은 24시간을 초과할 수 없고, 제3항에 따라 물건을 경찰관서에 임시로 영치하는 기간은 10일을 초과할 수 없다.

4) 호송의 의뢰가능여부

경찰관이 응급입원을 의뢰하거나 동의하면서 인력이나 차량의 부족을 이유로 그 호송을 응급환자이송단 등 민간업체에 부탁하는 경우 이러한 형태의 호송이 응급입원으로서 적법한 것인지 문제될 수 있다. 일단, 경찰관이 민간업체의 차량에 동승하여 호송한다면 여전히 호송의 주체가 경찰관이라 할 것이므로 특별히 문제될 것이 없으나, 경찰관이 동승하지 아니한 채 민간업체 직원이나 응급구조사를 통해 호송이 이루어진다면 이는 법이 정한 응급호송에는 해당하지 않는다고 할 것이다.

다만, 급박한 상황에서 경찰관의 요청으로 민간인이나 민간단체의 인력과 물적 자원을 수단이나 도구로서 활용하는 것은 민간에 대한 행정지원 요청으로 검토될 수 있을 것이다.

5) 호송의 관할제한 여부

정신의료와 관련된 실무에서는 경찰관이나 구급대원이 호송할 수 있는 관할지역에 제한이 있음을 들어 호송을 거부하거나 기피하는 경우도 간혹 발생해 왔다. 그러나 경찰관직무집행법령이나 응급의료에 관한 법령에 응급호송에 있어 관할을 제한하는 근거규정이 없고, 응급입원이 허용되는 정신의료기관이 관할구역 내에 없는 경우도 적지 않으며, 정신질환으로 인한 응급입원을 위한 호송은 법이 원칙적으로 경찰관과 구급대원에게 맡기고 있는 이상 관할제한을 이유로 호송을 거부하는 것은 부당하다고 할 것이다. 정책적으로는 각 지역마다 경찰이나 구급대원이 응급입원환자를 호송할 수 있는 정신의료기관을 국가나 지방자치단체가 지정해서 관리할 필요가 있다.

바. 응급입원 결정

(1) 응급입원 결정주체

응급입원의 결정주체는 정신의료기관의 장이다. 법은 정신의료기관의 장이 3일(공휴일 제외) 이내의 기간 동안 응급입원을 시킬 수 있다고 규정하고 있다(법 제50조 제3항). 따라서 퇴원을 시키는 것도 정신의료기관의 장의 책임이며, 3일의 기간 내에 다른 입원유형으로 전환하는 요건을 갖추어야 하는 것도 정신의료기관의 장의 책임이다.

(2) 응급입원 결정의 요건

응급입원이 허용되기 위해서는 원칙적으로 다음과 같은 요건을 갖추어야 한다.

i) 대상자: 정신질환자로 추정되는 사람으로서 자·타해 위험이 클 것
ii) 동의: 의사와 경찰관의 동의가 있을 것
iii) 호송방식: 경찰관이나 구급대원을 통해 호송되었을 것

위와 같은 요건을 모두 갖춘 경우에만 정신의료기관의 장은 응급입원을 결정하여야 한다. 예컨대, 경찰관 동의가 없는 상태라면 응급입원은 성립할 수 없으므로, 그 경우 정신의료기관의 장은 응급입원 자체를 받아서는 안 된다. 통상, 법 시행규칙에 따른 응급입원 의뢰서(별지 제18호 서식)에 의사와 경찰관 동의서명란과 응급입원 대상자의 증상과 행동에 대한 설명이 있기 때문에 이를 확인한 후 정신의료기관의 장은 입원 여부를 결정하면 된다. 다만, 호송방식의 경우 실제 입원 의료기관까지 호송되어 온 방식을 확인하여 호송방식의 적법여부를 판단하면 된다.

응급입원 의뢰서가 작성되지 않은 상태에서 경찰관이나 의사의 구두 동의만 있는 상태에서 응급입원이 이루어진 경우라도 3일의 응급입원 기간 중에 응급입원 의뢰서가 사후적으로라도 작성된다면 응급입원이 위법하다고 볼 것은 아니다. 그 이유는 구두라 할지라도 경찰관과 의사가 입원 전에 동의한 이상 그 확인을 위한 서면이 사후에 작성된 것만으로 위법하다고 보기는 어렵기 때문이다.

(3) 응급입원 결정의 방식

응급입원은 통상 급박하게 진행되기 때문에 경찰관이 경찰로 신고접수된 응급입원 대상자를 대면 확인한 후 정신의료기관으로 호송해 와 입원시키는 경우 그 응급입원의 결정은 원칙적으로는 정신의료기관의 장의 승인이 있어야 한다. 그러나 명시적 승인이 없더라도 환자를 인수하여 입원절차를 진행시키는 경우라면 묵시적으로 입원승인이 이루어진 것이라 볼 수 있다. 현실에서는 입원절차에서 따로 독립적인 정신의료기관의 장의 승인(결정)이 있는 경우는 드물다.

(4) 응급의료와 응급입원

응급의료종사자는 업무 중에 응급의료를 요청받거나 응급환자를 발견하면 즉시 응급의료를 하여야 하며, 정당한 사유 없이 이를 거부하거나 기피하지 못한다(「응급의료에 관한 법률」 제6조 제2항). 자·타해 위험성이 클 것을 요건으로 하는 응급입원 대상자는 통상 응급환자로 볼 수 있으므로 원칙적으로 호송되어 온 정신의료기관은 정당한 사유 없이 응급입원 기간 내의 입원과 진단을 거부할 수는 없다. 따라서 응급입원이 그 요건을 갖추었다고 보여지는 이상 정당한 사유 없이 입원을 거부하여

서는 아니 된다.

(5) 위법한 응급입원의 금지

경찰관 동의가 없거나 민간 이송단체가 물리력을 행사하여 호송하여 온 경우와 같이 응급입원의 요건을 갖추지 못한 경우라면 그 입원요건의 불비를 이유로 하여 입원을 허용하지 말아야 한다.

사. 정신과 전문의 진단

(1) 입법취지

법은 정신의료기관의 장에 의한 응급입원이 이루어지면 지체 없이 정신과 전문의가 그 응급입원환자를 진단하도록 규정하고 있다(법 제50조 제3항). 응급입원환자가 의사와 경찰관의 동의로 입원되었을 뿐 실제 대면진단을 받은 것도 아니고, 전문가적 판단을 받은 것도 아니어서 입원 후 지체 없이 정신과 전문의의 진단을 받도록 한 것이다.

(2) 정신과 전문의의 지체 없는 대면진단

위 입법취지에서 보았듯이 응급입원환자는 입원 전에 정신과 전문의 진단을 받은 것이 아니며, 그 입원기간도 3일 이내로 짧고, 그 입원기간 내에 필요한 경우 다른 입원유형으로 전환하여야 하기 때문에 입원 직후 바로 정신과 전문의 대면진단을 거칠 필요가 있다. 이 경우 대면진단은 정신과 전문의 1인의 진단으로 족하고, 다른 정신의료기관의 정신과 전문의가 진단하여도 상관 없다.

(3) 진단결과 계속입원의 필요여부

응급입원환자에 대한 진단기준은 입원계속의 필요성 여부이다. 즉, 자·타해 위험성 여부, 입원치료 필요성 여부 외에도 자의입원이나 동의입원환자로서의 요건을 갖추었는지 여부도 함께 검토하는 것이 필요하다. 그 이유는 응급입원환자에 대한 진단결과에 따라 퇴원 또는 자의입원, 동의입원, 행정입원, 보호입원으로 전환해야 하는 결정도 함께 이루어져야 하기 때문이다.

아. 퇴원여부 결정

(1) 퇴원의 결정

응급입원환자에 대한 정신과 전문의 진단결과 입원 필요성이 없다고 판단된 경우에 정신의료기관의 장은 즉시 퇴원을 시켜야 한다. 정신건강복지법은 '즉시'와 '지체 없이'를 구분하여 사용하고 있는 점을 볼 때, '즉시 퇴원'이란 입원 필요성이 더 없다고 정신과 전문의로부터 '진단받은 후 통상적으로 퇴원수속에 필요한 절차를 밟아 퇴원하는 시간 내'를 의미한다고 볼 것이다. 이 경우 퇴원의 결정도 정신의료기관의 장이 하는 것이지만 실제 이를 명시적으로 결정하는 경우는 드물며, 진단 후 그러한 결정 없이 퇴원수속이 이루어지는 경우가 일반적이다.

(2) 계속입원 진단결과에 따른 조치

1) 입원유형의 전환

응급입원환자에 대한 진단결과 자·타해 위험이 있어 계속입원의 필요성이 있다고 진단된 경우 정신의료기관의 장은 자의입원, 동의입원, 보호입원, 행정입원 중 하나의 입원을 선택하여 계속 입원을 유지시켜야 한다(법 제50조 제5항).

2) 자발적 입원의 우선권고

정신의료기관의 장은 그 입원유형 중 어떤 것을 선택할는지 고민이 필요하다. 먼저, 정신건강복지법이 그 기본이념에서 자의입원을 권장하고 있으므로(법 제2조 제5항) 원칙적으로 자의입원을 가장 먼저 응급입원환자에게 권고하여야 한다. 다음으로, 자발적 입원이기는 하지만 퇴원제한이 가능한 동의입원을 권고하여야 하고, 가장 마지막에서 강제입원의 유형인 보호입원과 행정입원을 선택하여야 한다.

3) 보호입원과 행정입원

보호입원은 환자의 가족이 관여할 수 있다는 점에서 특별한 사정이 없는 한 강제입원 중에서는 보호입원을 먼저 권고하여야 하고, 보호입원마저 불가능한 경우에만 최후의 수단으로 정신의료기관의 장은 행정입원을 택할 수 있다. 위와 같은 입원유형 전환의 절차와 방식은 후술한다.

(3) 전원결정

응급입원기간 중에 전원이 필요한 경우도 있다. 예컨대, 환자가 다른 정신의료기관으로의 이송을 요구하거나 입원 정신의료기관이 지정정신의료기관이 아니어서 행정입원으로 전환할 수 없어 행정입원이 가능한 지정정신의료기관으로 전원하여야 하는 문제가 발생할 수 있다. 이 경우 응급입원기간 중에 전원 및 행정입원 의뢰까지 이루어져야 하므로 신속한 전원조치가 필요하게 되고, 그 경우 전원 이후의 조치는 전원받은 정신의료기관에서 그 절차를 진행하여야 한다.

7. 응급입원의 효과

적법한 응급입원이 이루어진 경우 다음과 같은 효과가 발생한다.

가. 3일 이내의 퇴원제한 보장

(1) 적법한 응급입원의 효과

적법한 응급입원이 이루어진 경우 정신의료기관의 장은 3일(공휴일 제외) 이내의 기간 동안 응급입원을 시킬 수 있다(법 제50조 제3항). 그러나 경찰관 동의 없이 입원된 경우와 같이 위법한 응급입원의 경우에는 위와 같은 효과가 발생하지 않기 때문에 입원 자체가 위법하여 즉시 퇴원을 시켜야 한다.

(2) 3일의 해석

1) 공휴일

3일 중 공휴일이 포함된 경우 그 공휴일은 제외된다. 여기서 '공휴일'이란 해석상 토요일을 포함하지 않는다.[196] 관공서의 공휴일에 관한 규정에 따르면, 일요일, 국경일 중 3·1절, 광복절, 개천절 및 한글날, 1월 1일, 설과 추석 연휴, 부처님오신날과 성탄절, 어린이날과 현충일, 「공직선거법」의 임기만료에 따른 선거일 등과 대체공휴일이 공휴일로 지정되어 있다(위 규정 제2조 및 제3조). 따라서 응급입원 기간 3일 중에 위와 같은 공휴일이 끼어 있으면 그 공휴일은 제외하고서 기간을 계산하여야 한다.

2) 기산점

3일의 기산점은 실제 응급입원 대상자가 정신의료기관에 입원한 날을 의미한다. 여기서 입원의 시점은 그 신청 여부나 적법 여부를 불문하고, 사실상 환자의 신체에 대한 관리가 정신의료기관측에 넘겨진 때를 말한다. 예컨대, 경찰이나 구급대원으로부터 환자를 이송받아 응급실이나 입원실에 실제 옮겨진 그 시점을 기산점으로 삼아야 한다.

3) 초일산입 여부

3일을 계산함에 있어 입원당일을 산입할지 여부가 문제가 된다. 통상적으로 볼 때 민법의 기준에 따르면 초일(初日)을 불산입한다(민법 제157조). 다만, 「형사소송

---

196) 우리 민법은 공휴일과 토요일을 구분하고 있으며(민법 제161조), 「관공서의 공휴일에 관한 규정」도 토요일은 공휴일에 포함시키지 않고 있다(위 규정 제2조).

법」에 있어서는 구속기간 계산에 있어 초일을 산입하고 있다(「형사소송법」 제66조 제1항 단서).

생각건대, 구 정신보건법의 응급입원 기간 72시간을 개정하여 공휴일을 제외한 3일로 바꾼 이유는 계속입원 진단 후 다른 입원유형으로의 전환을 위한 기간을 늘리기 위한 것이었는데, 초일을 산입하게 되는 경우 오히려 구 법에 비해 그 기간이 더 단축될 수 있다는 점에서 초일을 산입하는 것으로 해석하기는 어렵다. 또한, 앞서 법 제45조의 입원신고에서 입원일부터 3일을 해석할 때에도 초일 불산입 원칙에 근거하여 해석하였다. 따라서 민법의 일반원칙인 초일 불산입 원칙에 따라 3일을 계산하는 것이 타당하다.

4) 3일 기간의 예시

예컨대, 환자가 2018. 5. 17. 목요일 21:00에 응급입원되었다면 초일 불산입의 원칙에 따라 2018. 5. 18. 금요일 00:00부터 3일 간 응급입원이 가능한데, 3일 째 되는 20일이 공휴일(일요일)이어서 결국 2018. 5. 21. 월요일 24:00까지 입원 및 입원유형전환이 가능하다. 응급입원기간 중에 공휴일이 끼면 공휴일이 말일이 아니더라도 그 날은 산입하지 않는다.

나. 다른 입원유형으로의 전환

(1) 자발적 입원으로의 전환

정신건강복지법은 자발적 입원으로 자의입원과 동의입원을 두고 있다. 응급입원에서 자의입원으로의 전환은 응급입원 후 3일 이내에 환자의 자의입원신청서를 받는 것으로 충분하다. 다만, 그 이전에 앞서 본 정신과 전문의 대면진단은 필요하다. 정신의료기관의 장이 자의입원신청을 받아들이면 응급입원은 소멸되고, 자의입원으로 전환된다. 자의입원으로 전환되는 시점에서 정신의료기관의 장은 환자에 대해 법 제6조에 따른 권리고지를 하여야 한다.

동의입원으로의 전환은 응급입원 후 정신과 전문의 진단을 거쳐 계속입원의 필요성이 있다고 판단된 경우 보호의무자 1인의 동의를 받은 환자의 동의입원신청서를 응급입원 후 3일 이내에 제출받으면 된다. 그 외 나머지 부분은 자의입원과 동일하다.

자발적 입원으로의 전환의 기산점은 입원신청서를 정신의료기관의 장이 접수한 시점을 기준으로 하고, 그 때 응급입원은 소멸되고, 자발적 입원이 시작된다고 볼 것이다.

(2) 보호입원으로의 전환

보호입원으로 전환하기 위해서는 응급입원환자에 대한 정신과 전문의 진단을 거쳐 응급입원일로부터 3일 이내에 보호의무자 2명 이상으로부터 보호입원신청서를 제출받고, 자·타해 위험성과 입원치료의 필요성이 있다는 정신과 전문의 1인의 진단서가 필요하다. 만약 응급입원환자에 대한 기존 진단서에 자·타해 위험성과 입원치료의 필요성이 있다는 진단결과가 있다면 이를 보호입원을 위한 진단서로 갈음할 수 있다고 볼 것이다. 그 진단시기가 거의 차이가 없고(하루나 이틀), 그 작성자격에 있어서도 차이가 없기 때문에 보호입원을 위한 입원권고서(진단결과서)로서 응급입원 진단서를 활용하는 것을 허용할 수 있을 것이다.

보호입원으로의 전환시점은 정신의료기관의 장의 명시적 결정이 없다면 보호의무자의 보호입원신청서와 정신과 전문의 진단이 모두 제출되었을 때를 기준으로 하여야 할 것이다.

(3) 행정입원으로의 전환

환자를 응급입원시킨 정신의료기관의 장은 정신과 전문의 진단결과 자·타해 위험성으로 입원치료의 필요성이 있으나 자발적 입원이나 보호입원이 불가능한 경우에는 행정입원조치를 선택할 수 있다. 이 경우 입원 정신의료기관의 장은 입원 정신의료기관 소속 여부를 불문하고, 정신과 전문의나 정신건강전문요원을 통해 행정입원 신청을 하도록 할 수 있고, 신청을 받은 시·군·구청장은 진단을 위한 행정입원을 입원 정신의료기관의 장에게 의뢰할 수 있다.

행정입원으로의 전환이 입원된 지정정신의료기관 내에서 이루어지는 경우라면 위와 같이 행정입원이 의뢰된 때로부터 응급입원이 소멸되고, 행정입원이 개시된다고 볼 것이다.

다. 보호의무자 등에 대한 응급입원 서면 통지

(1) 관련규정

응급입원이 된 경우 정신의료기관의 장은 지체 없이 서면으로 환자의 보호의무자나 보호를 하고 있는 사람에게 입원이 필요한 사유, 기간 및 장소를 통지하여야 한다(법 제50조 제6항).

(2) 입법취지

응급입원의 경우 환자나 가족의 동의 없이 강제로 입원되는 것이어서 가족이 환자의 행방을 알지 못하게 되는 경우가 많다. 이렇게 환자가 갑작스럽게 입원되더라도 가족이나 보호자가 환자의 입원장소와 입원사유를 알 수 있도록 정신의료기관의 장이 의무적으로 응급입원의 경우에 지체 없이 서면으로 통지하도록 한 것이다.

(3) 응급입원 통지의무의 주체

응급입원 통지의무의 주체는 정신의료기관의 장이다. 정신의료기관의 장이 응급입원을 시키는 주체이기 때문에 통지의무도 함께 부담하도록 한 것이다. 통지의무가 정신의료기관의 장에게 부과되어 있기 때문에 응급입원을 의뢰한 사람이나 경찰관 등을 통해 환자 가족 등 보호의무자의 인적 사항이나 연락처를 알아 둘 필요가 있다.

(4) 응급입원 통지의 대상자

1) 보호의무자와 사실상 보호자

응급인원 통지의 대상자는 보호의무자 또는 보호를 하고 있는 사람이다. 여기서 보호의무자는 정신건강복지법이 정하고 있는 보호의무자로서 직계혈족, 배우자, 생계를 같이 하는 친족, 후견인 등이 포함된다. '보호를 하고 있는 사람'은 응급입원환자를 사실상 보호하고 있는 사람을 말하는데, 예컨대 시설거주인인 경우 그 시설장 등과 같이 가족관계가 없더라도 사실상 돌보고 있는 사람을 말한다.

2) 보호의무자가 여럿 있는 경우의 문제점

보호의무자가 여럿 있는 경우 모두에게 통지를 하여야 하는지 해석상 검토할 필요가 있다. 정신건강복지법은 여러 규정을 통해 보호의무자에 대한 통지의무를 규정하고 있는데, 여럿일 경우 누구에게 통지해야 하는지 따로 규정하고 있지 않다. 모든 보호의무자에게 정신의료기관의 장이 통지할 의무가 있다고 하게 되면, 그 범주가 광범위해지고, 찾기 어려운 생계를 같이 하는 친족이나 직계혈족도 있을 수 있다.

3) 환자 지정 보호의무자

보호의무자에 대한 위와 같은 통지는 환자를 보호할 능력이나 의지가 있는 사람에게 통지해야 함을 기본 전제로 한다. 따라서 보호의무자에 대한 통지는 1차적으로 환자가 지정한 보호의무자에 대해 응급입원 통지를 하고, 만약 그러한 환자 지정 보호의무자가 없거나 찾는 것이 불가능이라면 2차적으로 가장 선순위의 보호의무자에게 통지할 필요가 있다.

(5) 응급입원 통지의 시기와 방법

응급입원은 3일 이내에 종료된다. 따라서 응급입원 후 지체 없이 보호의무자를 찾아 '서면'으로 우편송달을 하는 경우 사실상 응급입원 통지는 응급입원 기간이 만료되고 난 후에야 보호의무자에게 도달하게 되는 문제점이 있다. 이러한 점을 감안하여 볼 때 응급입원 통지는 서면 외에 전자문서, 문자메시지, 팩스, 이메일 등 다양한 방식의 통지가 가능하도록 허용해야 할 것이다.

(6) 응급입원 통지의 내용

응급입원 통지의 경우 그 내용은 ⅰ) 응급입원이 필요한 사유, ⅱ) 기간 및 장소를 통지하도록 되어 있다. 당연히 여기에는 입원 대상자의 인적 사항을 기재하여야 할 것이고, 입원 정신의료기관의 주소와 연락처도 기재하여 통지받은 사람이 찾아갈 수 있도록 해야 할 것이다.

라. 응급입원의 비용

응급입원은 환자가 자발적으로 입원한 것이 아니어서 입원 정신의료기관의 장이 환자나 보호의무자에게 그 응급입원 비용을 청구하기가 쉽지 않다. 특히, 응급입원 기간 중 진단과 치료를 받아 좋아져서 응급입원 3일 이내에 퇴원한 경우가 그러하다. 이렇게 환자가 응급입원기간 내에 퇴원하여 환자나 보호의무자로부터 응급입원 비용을 청구할 수 없는 경우에는 「응급의료에 관한 법률」 제22조 제1항에 따른 미수금으로 처리하여 미수금 대지급 대상으로 처리하는 것이 타당하다.

그 외에 환자가 응급입원 후 자발적 입원이나 보호입원으로 전환된다면 건강보험환자나 의료급여환자로 되므로 특별한 문제가 발생하지는 않는다. 다만, 응급입원 후 행정입원으로 전환되는 경우에는 여전히 환자나 보호의무자가 강제입원에 따른 치료비를 부담하는 것이 부당할 수 있다는 점에서 행정입원에서와 유사한 입원 치료비 부담 주체의 문제가 발생한다.

8. 응급입원의 위법과 법적 책임

가. 민사상 손해배상책임

우리 대법원은 구 정신보건법 하에서 아래와 같이 응급입원이 위법한 경우에는 그 이후의 계속입원도 위법하다고 하여 입원기간 전체가 불법행위를 구성한다고 보고 있으며, 이러한 대법원의 태도는 현행 정신건강복지법 하에서도 아래의 판례가 변경되지 않는 한 동일하게 적용될 수밖에 없다.[197]

> "정신의료기관의 장은 응급입원이 의뢰된 자에 대하여 72시간 내에 계속입원에 필요한 정신보건법 소정의 요건을 갖추지 못한 때에는 입원중인 자를 즉시 퇴원시켜야 하고, 이를 위반하여 72시간이 경과하였음에도 본인의 의사에 반하여 퇴원을 시키지 않는 경우에는 위법한 감금행위로서 불법행위가 성립하는 것이며, 이러한 위법한 감금행위가 지속되는 가운데 이루어진 절차는 위법하므로 뒤늦게 계속입원의 요건을 갖출 수도 없는 것이다."

위 대법원 판례에 따르면, 구 정신보건법에 따른 응급입원 72시간 이내에 다른 입원유형으로 전환하는 절차를 갖추지 못한 경우에는 72시간이 도과하기 전에 퇴원시켜야 하고, 그렇지 않고서 계속입원시켜 두고 있으면 그 입원기간 전체가 불법행위가 되어 손해배상책임을 부담해야 한다고 보고 있다. 따라서 응급입원이 적법한 경우라도 72시간 내 입원전환이 이루어지지 않은 채로 계속입원된 경우는 불법행위를 구성하여 환자에 대해 입원기간 전체에 대해 손해배상책임을 부담하여야 한다.

나. 형사책임

정신의료기관의 장은 응급입원환자에 대해 계속하여 입원을 할 필요가 없다고 인정한 경우에는 즉시 퇴원시켜야 하며(법 제50조 제5항), 앞서 대법원 판례에서 보았듯이 3일의 응급입원 기간 내에 다른 입원유형으로 전환하지 못한 상황에서 본인의 의사에 반하여 퇴원시키지 않은 경우 불법행위를 구성한다고 하였다.

정신건강복지법은 응급입원환자가 위와 같이 계속입원을 할 필요가 없는데도 즉시 퇴원시키지 아니한 경우에 형벌규정을 두고 있다(법 제86조 제5호).

---

197) 대법원 2009. 1. 15. 선고 2006다19832 판결.

9. 응급입원제도의 개선방안

가. 문제점

응급입원제도는 그 필요성에도 불구하고 잘 활용되지 않는다. 법은 응급입원에 있어 경찰관 동의와 호송을 그 요건으로 하고 있는데 실제 경찰관이 정신질환자에 대한 개입이나 호송에 소극적으로 대처하면서 응급입원제도는 특별한 경우가 아니면 잘 활용되지 않았다.

이러한 빈틈을 이용하여 사설 이송업체가 환자 이송을 담당하게 되면서 환자에 대한 물리력(강제력)의 불법적 행사가 문제가 되어 왔다. 특히, 환자이송과정에서 발생하는 이송업체 직원의 폭력이나 강박은 법원에 의해 지속적으로 형사처벌되어 왔음에도 불구하고 여전히 사라지지 않고 있다. 현재 응급입원은 경찰관 동의와 이송이 있어야 하는데 대부분의 경우 이를 얻을 수 없기 때문에 민간 이송업자를 이용하고, 그 과정에서 환자에 대한 폭력과 강박이 발생하게 된다. 이러한 강제입원절차의 시작이라 할 수 있는 강제이송이 사실상 민간에 맡겨져 강제입원절차에서의 최초의 폭력이 이루어지고 있다는 점에서 문제점이 작지 않다.

나. 개선방안

(1) 개선의 방향

응급입원제도 개선의 핵심은 응급이송에 있다. 즉, 정신의료기관까지 환자를 누가 어떤 방식으로 데리고 갈 것인가에 있다. 그것만 합법적으로 이루어진다면 현재와 같은 이송 중의 사적 폭력들은 급격하게 감소될 수 있다. 또한, 강제입원이 국가의 책임과 감독 하에 있음에도 불구하고, 아직까지 이송은 민간 이송업체에 맡겨두고 있다는 점에서 그 개선의 방향은 합법적인 강제력을 보유한 국가가 이송의 책임을 부담하는 방향으로 나가야 한다.

(2) 이송과정의 적법성

입원을 거부하는 환자를 최초로 병원에 이송하기까지의 과정은 어쩔 수 없는 강제력이 전제된 과정이라 할 수 있다. 이러한 강제력의 행사는 원칙적으로 국가만이 가능하다. 앞서 본 바와 같이 현행 「응급의료에 관한 법률」이나 「경찰관직무집행법」도 경찰관이나 구급대원에게 일정한 수준의 물리력 행사나 제압, 주거지 출입 등을 법적으로 허용하고 있다.

강제입원과정이 적법하기 위해서는 최초 이송과정이 적법하고, 의료적이어야 한다. 따라서 병원까지의 이송과정은 구급대원들이 이송의 주체가 되어 필요한 경우 경찰력의 지원을 받을 수 있도록 해야 한다.

경찰관이나 구급대원 모두 국민을 보호하기 위한 목적으로 응급한 상황에 개입하여 치료기관까지 이송하는 역할을 한다. 그런데 경찰관의 경우 그 임무의 목적이 치안(治安)이기 때문에 환자의 치료에 대한 측면을 간과하기 쉽다. 반면에 구급대원의 경우 응급환자에 대한 경험도 적지 않고, 병원이송을 전문으로 하기 때문에 환자의 치료적 측면을 고려할 수 있는 전문성이 있다.

이러한 점을 고려해 볼 때 입법론적으로는 응급상황에서의 입원에서는 경찰관의 개입보다 구급대원의 개입이 더 유용할 수 있다.

다. 입법론

위와 같은 점을 고려해 볼 때 현행 응급입원제도가 비활성화된 이유는 경찰관 동의와 이송이라고 하는 응급입원 요건의 문제가 있고, 그 응급입원 기간과 관련해서는 입원유형의 전환에 있어 소요되는 기간이 3일 이상 걸리는 경우가 적지 않다는 점에 있다. 또한, 응급입원이 그 의료비용을 받아내기가 쉽지 않고, 급박한 상황인 경우가 많아 응급입원 자체를 받지 않는 정신의료기관도 있다. 이러한 점을 고려해 입법론을 제시하면 다음과 같다.

1) 구급대원의 동의 추가

이송에 있어 민간의 불법적 행위를 막기 위해서는 정신건강복지법에 제도화된 응급입원제도를 활성화할 필요가 있다. 그러기 위해서는 현재 '경찰관 동의'가 있어야만 응급입원의뢰를 할 수 있는 것에 추가하여 '경찰관 또는 구급대원의 동의'로 개정하여 그 동의권자를 선택적으로 확대하고, 구급대원이 환자 이송에 독자적으로 개입할 수 있는 권한과 기회를 마련해 치료적 목적의 이송을 확대시킬 필요가 있다.

2) 응급입원 기간의 연장

응급입원 기간을 대만과 같이 5일까지로 연장하는 것이다. 응급입원이 실제 치료기간으로서의 역할도 하고, 급성기 환자의 장기입원을 막을 수 있는 대안으로 활용할 수도 있을 것이다. 또한, 5일 동안 다른 유형의 입원으로 전환할 수 있는 기간을 일정정도 확보하여 환자나 가족의 선택의 여지를 넓혀줄 수 있는 시간을 제공할 필요도 있다.

3) 응급 정신의료기관의 지정

응급입원을 거절하는 정신의료기관이 많은 점을 감안하여 각 지역별로 관할 응급 정신의료기관을 지정해 응급입원을 정당한 사유 없이 거부할 수 없도록 하고, 응급입원에 따른 부담을 건강보험 수가나 정부 지원, 의료기관 인증평가에서의 항목부여와 가점 등을 통해 덜어주는 것이다.

경찰관이나 구급대원의 경우 환자를 이송할 수 있는 응급 정신의료기관이 지정되어 있을 경우 그 이송과 입원에 있어 받아주는 의료기관을 찾아헤매는 수고를 하지 않을 수 있으며, 응급입원에 특화된 정신의료기관을 활성화시키는 장점도 있을 것이다.

Ⅱ. 신상정보의 확인(제51조)

第51조(신상정보의 확인) ① 정신건강증진시설의 장은 정신건강증진시설에 입원등을 하거나 시설을 이용하는 사람의 성명, 주소, 보호의무자 등의 신상정보를 확인하여야 하며, 신상정보가 확인되지 아니하는 경우에는 보건복지부령으로 정하는 바에 따라 특별자치시장·특별자치도지사·시장·군수·구청장에게 신상정보의 조회를 요청하여야 한다.
② 특별자치시장·특별자치도지사·시장·군수·구청장은 제1항에 따라 조회 요청을 받은 경우 그 대상자의 신상정보를 확인하고 그 결과를 정신건강증진시설의 장에게 통보하여야 한다.
③ 특별자치시장·특별자치도지사·시장·군수·구청장은 제2항에 따라 조회 요청 대상자의 신상정보를 확인하기 어려운 경우 관할 경찰서장에게 신상정보의 확인을 요청할 수 있다.

1. 신상정보 확인의무의 의의와 기능

가. 의 의

(1) 신상정보 확인의 필요성

정신건강증진시설(정신의료기관, 정신요양시설, 정신재활시설)에 입원·입소하거나 그 시설을 이용하려는 사람 중에는 정신질환이나 장애 등으로 인하여 자신의 이름이나 주소 등 인적 사항을 제대로 인식하지 못하는 경우가 있고, 가족과 떨어져 노숙이나 부랑을 하는 경우에는 주위 사람들도 그 사람의 인적 사항을 파악하지 못하는 경우도 적지 않다. 이러한 상황 때문에 정신건강증진시설 입원·입소·이용자 중에는 그 인적 사항 자체를 알 수 없어 가족에게 연계되지 못 하고, 무연고자(無緣故者)로 처리되는 경우도 있다.

(2) 신상정보 확인의 기능

이러한 상황을 감안하여 정신건강복지법은 환자의 인적 사항을 파악할 의무를 정신건강증진시설의 장에게 부과하였다. 정신건강증진시설의 장이 스스로 파악하기 어려운 경우에는 시·군·구청장이나 관할 경찰서장 등 국가기관을 통하여 환자의 신상정보를 확인할 수 있도록 하였다. 이와 같은 신상정보확인의무 규정은 무연고자의 발생을 방지하고, 가족에게는 환자의 상태나 거주지를 알려 환자와의 연계를 유지할 수 있도록 하는 기능을 가지고 있다.

나. 규정의 연혁

1995년 구 정신보건법 제정 당시에는 현행 규정과 같은 신상정보 확인의무제도가 없었다. 1996년 12월 정신보건법 시행 이후 거리의 행려자나 노숙인이 대거 정신의료기관이나 정신요양시설에 입원 또는 입소되면서 자신의 인적 사항이나 보호자 등을 제대로 대지 못하여 무연고자 처리되면서 가족과의 관계가 단절된 채 병원이나 시설에서 지내게 된 사람이 적지 않았다.

이러한 문제점을 고려해 법 시행 후 약 10년 뒤인 2008년에야 비로소 입원·입소·이용자에 대한 신상정보 확인의무를 정신보건시설의 장에게 부과하는 규정을 추가하였고(구 정신보건법 제26조의2. 2008. 3. 21. 신설), 위 규정을 현행 정신건강복지법이 승계하게 된 것이다.

다. 신상정보 확인의무위반

정신건강증진시설의 장은 신상정보 확인의무가 있기 때문에 환자의 신상정보를 확인하기 위한 노력을 하지 않은 채 환자를 무연고처리하여 계속 입원·입소 등을 시키는 경우 형사처벌이 될 수 있고(법 제86조 제6호), 민사상으로도 환자에 대해 가족의 인계나 보호를 받을 기회를 상실하게 하는 불법행위가 될 수 있어 손해배상책임을 부담해야 하는 상황도 발생하게 된다. 이에 대해서는 뒤에서 구체적으로 본다.

2. 구 정신보건법과의 비교

구 정신보건법도 정신의료기관 등에 입원·입소하는 정신질환자 중 본인의 인적사항을 파악하지 못하여 가족과 연계가 두절되는 무연고자의 발생을 막고자 현행 정신건강복지법과 유사한 신상정보확인의무를 정신보건시설의 장에게 부과하였다. 구 정신보건법과 현행 정신건강복지법의 공통점과 차이점은 다음과 같다.

<표 3-15>에서 보는 바와 같이 구 정신보건법과 현행 정신건강복지법은 신상정보확인과 관련해 크게 차이점은 없으나, 신원확인이 안 되는 경우에 있어 구 정신보건법은 정신보건시설의 장이 시·군·구청장 외에 경찰서장과 같은 관계기관에 직접 신상정보 조회요청을 확인할 수 있었다. 그러나 현행 정신건강복지법은 정신건강증진시설의 장이 직접 관할 경찰서장에게 신상정보 조회요청을 하지 못하도록 하고, 그 대신 시·군·구청장이 신상정보 조회 확인이 안 될 때 직접 관할 경찰서장에게 신상정보 확인요청을 하도록 하였다. 이는 민간 정신건강증진시설이 직접

표 3-15 신상정보 확인의무의 신·구법 비교

신상정보 확인의무	정신건강복지법	구 정신보건법
확인대상자	입원·입소·이용자	
확인의무자	정신건강증진시설(구 정신보건시설)의 장	
확인내용	성명, 주소, 보호의무자 등	
확인방법	정신건강증진시설의 장이 1차적으로 신상정보 확인	
신상조회통보	시·군·구청장 등 관계기관의 장은 신상조회결과 통보의무	
신원확인이 안 되는 경우	1. 시·군·구청장에게 신상정보조회요청 2. 시·군·구청장도 확인 안 될 경우 시·군·구청장이 관할 경찰서장에게 확인요청	시·군·구청장 등 관계기관의 장에게 신상정보 조회요청

경찰관서에 신상정보 조회요청을 할 권한을 남용하는 것을 막기 위한 것이라 할 수 있다.

3. 신상정보 확인의무의 내용

가. 주 체

신상정보 확인의무의 부담을 지는 자는 정신건강증진시설의 장이다. 입원·입소되는 정신의료기관이나 정신요양시설뿐만 아니라 주거시설이나 이용시설인 정신재활시설도 모두 포함된다. 법이 정신건강증진시설 이용자도 신상정보확인의무의 대상으로 포함시키고 있기 때문이다. 신상정보 확인의무의 주체가 정신건강증진시설의 장이기 때문에 그 의무위반에 대해서는 원칙적으로 정신건강증진시설의 장에게 책임이 있다.

나. 대상자

(1) 입원·입소·이용자

1) 외래진료자 포함여부

법은 정신건강증진시설의 장에게 입원·입소·이용자 모두에 대한 신상정보확인의무를 부과하고 있다. 그러나 정신의료기관의 외래진료를 받는 사람에 대해서는 이러한 보호의무자를 포함한 신상정보를 확인하여야 할 것은 아니며, 진료절차에서

건강보험이나 의료급여 등을 통해 이름 등 신상정보를 확인하는 것으로 족하다고 볼 것이다.

2) 퇴원 · 퇴소 · 이용중단을 한 경우

신상정보가 확인되지 않는 입원 · 입소 · 이용자가 퇴원 · 퇴소 · 이용중단이 발생되었을 경우 신상정보 확인을 할 의무가 사라지는지도 검토가 필요하다. 신상정보확인의무의 입법취지가 환자의 인적 사항을 확보하도록 하여 향후 가족에 대한 인계 등이 가능하도록 하는 것이기 때문에 퇴원 등을 하였다는 사유만으로 그 의무가 소멸된다고는 볼 수 없다. 신상정보확인의무는 환자의 입원 · 입소 · 이용 시 발생하는 것이며, 그 의무를 이행하지 않는 경우 형사처벌대상이 된다. 인적 사항이 확인되지 않은 환자가 퇴원하였다고 하더라도 그 입원자에 대한 신상정보를 확인할 의무를 위반하였다는 사실은 여전히 남는다.

3) 기존 무연고자

본인의 신상정보가 확인되지 않거나 가족을 찾을 수 없는 무연고자로서 정신의료기관이나 정신요양시설에 입원 · 입소된 경우라도 최초 입원 · 입소 시에 정신건강증진시설의 장은 신상정보확인의무가 있으므로 법 제51조에 따른 신상정보확인절차를 거칠 필요가 있다. 입원 · 입소되는 사람이 무연고자라는 이유로 새로운 입원 · 입소시설에서 아무런 신상정보 확인조치를 취하지 않게 될 경우 그 입원 · 입소자는 향후 가족이나 자신의 신상정보를 더 파악하기 어려워지기 때문이다.

4) 외국인의 경우

외국인도 정신건강복지법에 따른 입원 · 입소 · 이용이 가능하기 때문에 그 외국인의 신상정보가 확인되지 않은 경우라면 정신건강증진시설의 장은 시 · 군 · 구를 통하여 법무부 출입국관리사무소나 당해 외국인의 국적을 파악해 해당 영사관 등으로 그 신상정보 확인을 의뢰할 필요가 있다.[198]

---

198) 참고로 한국도 '재외국민보호를 위한 영사업무 지침'을 제정하여 시행하고 있는데, 그 중 행려병자나 정신이상자 발생 시 조치 중의 하나로 다음과 같은 규정을 두고 있다.
「재외국민보호를 위한 영사업무 지침」 제17조 (행려병자, 정신이상자 발생시 조치) ① 재외공관은 주재국 관계기관으로부터 재외국민인 행려병자 또는 정신이상자를 보호하고 있다는 통보를 받은 경우 해당 재외국민의 인적사항 및 보호장소 등을 파악하여 국내 가족 등 연고자에게 통보하여야 한다.
② 전항의 경우 재외공관은 재외국민이 주재국내에서 입원치료를 받아야 할 경우에는 해당 재외국민의 국내 연고자들과 협의하여 입원조치가 이루어질 수 있도록 협조하며, 주재국 관계기관에서 본국 송환을 요구하거나 재외국민이 국내 귀국을 희망할 경우 관련 사항을 안내하여야 한다.
③ 재외공관은 연고자의 소재가 파악되지 않거나 연고자가 재외국민의 신병인수를 거부할 경우에는 주재국의 관계기관과 협의하여 적절한 보건의료기관이나 공공 구호기관에 임시보호를 요청한 후 본부와 협의하여 국내 귀국지원 여부를 결정하여야 한다.

그러나 외국인이 여권 등이 없이 입원·입소·이용자가 되는 경우 그 신상정보를 확인하기 어려운 점이 있다. 과거 네팔 출신 외국인 여성 노동자가 한국어가 미숙함을 이유로 경찰이 행려환자로 오인해 신상정보 확인 없이 입소를 의뢰해 정신의료기관에 1993년부터 2000년까지 입원되었고, 이에 대해 그 외국인이 퇴원 후 대한민국을 상대로 손해배상청구를 하여 승소한 사례가 있다.[199] 이러한 실제 사건들을 고려해 볼 때 외국인에 대한 신상정보 확인조치에 대해서도 일정한 지침이 필요하다.

(2) 입원·입소·이용자의 보호의무자

입원·입소·이용자가 자신의 인적 사항(이름, 주민등록번호 등)을 밝히더라도 그 보호의무자의 인적 사항에 대해 밝히지 않거나 모르는 경우 정신건강증진시설측에서는 그 보호의무자의 인적 사항을 확인하는 것이 필요하다.

보호의무자는 현행법상 환자의 부양의무자나 후견인으로서 부양의무나 신상보호의무가 있는 자이며, 법 제40조에 따라 환자 유기금지의무, 퇴원협조의무 등이 있고, 통상 민법상 재산상속인(배우자, 직계혈족, 형제자매 등)으로서의 권리의무도 가지고 있기 때문에 그 확인이 필요하다.

또한, 보호의무자를 찾기 위한 노력을 게을리한 경우 나중에 환자를 국가나 시설이 부당하게 감금해 둔 것이라 하여 환자와 보호의무자측에서 손해배상청구를 할 수도 있다. 이에 대해서는 뒤에서 구체적 사례로 살펴본다.

다. 확인의 대상인 신상정보

(1) 환자 인적 사항

입원·입소·이용하는 환자의 인적 사항(성명, 주소, 생년월일, 주민등록번호, 연락처 등) 자체가 확인되지 않는 경우 환자의 인적 사항을 확인하여야 한다. 일반적으로 한국 국적의 사람은 그의 이름과 주민등록번호를 통해 특정할 수 있는데, 이러한 기본정보 자체가 확인되지 않는다면, 주민등록증 발급시기인 만 17세가 넘은 환자의 경우라면 십지 지문을 통하여 그 인적 사항을 확인할 수 있다.

(2) 보호의무자 인적 사항

환자의 인적 사항(성명, 주민등록번호 등)이 확인된다면 환자의 기본증명서, 가족

---

199) 중앙일보 2012. 11. 6.자 제목: 네팔인 정신병원에 7년 감금 국가가 2800만 원 배상 판결. http://news.joins.com/article/4373568 (2018. 7. 1. 최종 방문)

관계증명서, 혼인관계증명서 등을 통하여 가족(배우자, 부모, 자녀, 형제자매 등)관계를 확인할 수 있고, 그 중 보호의무자가 될 사람의 인적 사항(성명, 주민등록번호, 등록기준지, 주소 등)을 파악하여 신상정보 조회요청을 통해 그 주소나 연락처를 확인할 수 있다.

라. 신상정보 확인방법

(1) 정신건강증진시설의 장

1) 환자 인적사항

정신건강증진시설은 입원·입소·이용자에 대한 질문이나 입원(입소)신청서 또는 이용신청서 및 그 증빙서류 등의 자료를 통해 환자의 신상정보를 확인하여야 한다.

2) 보호의무자 인적사항

동의입원, 보호입원(입소)이나 행정입원, 응급입원의 경우에는 보호의무자나 보호자에게 정신의료기관의 장이 통지 등을 해야 할 법이 정한 의무가 발생하기 때문에 보호의무자(없을 경우는 보호자)에 대한 인적 사항도 파악하여야 한다.

3) 환자 및 보호의무자 인적사항 파악이 불가능한 경우

환자 및 보호의무자 인적사항 파악이 불가능한 경우 정신건강증진시설의 장은 시·군·구청장에게 신상정보의 조회를 법정서식(규칙 별지 제19호 서식: 신상정보 조회요청서)에 따라 요청하여야 한다(법 제51조 제1항). 이는 정신건강증진시설의 장의 의무사항이어서 신상정보가 미확인된 입원·입소·이용자에 대해 신상정보를 확인하지 않거나 조회요청을 하지 않은 경우 신원확인의무위반이 된다(법 제86조 제6호).

(2) 시·군·구청장

시·군·구청장은 정신건강증진시설의 장으로부터 입원·입소·이용자에 대한 신상정보 조회요청을 받은 경우 그 대상자의 신상정보를 확인하고, 그 결과를 정신건강증진시설의 장에게 통보하여야 한다(법 제51조 제2항).

시·군·구청장이 확인할 수 있는 신상정보는 입원·입소·이용자의 가족관계와 그 주소 등이다. 입원·입소·이용자의 이름이나 주민등록번호 등을 확인하기 위해서는 십지지문을 통한 경찰신원조회가 필요한 경우가 대부분이다. 따라서 시·군·구청장이 조회요청대상자의 신상정보 확인이 어려운 경우에는 관할 경찰서장에게 신상정보 확인을 요청할 수 있다(법 제51조 제3항).

(3) 관할 경찰서장

시·군·구청장은 관할 경찰서장에게 정신건강증진시설의 장이 의뢰한 대상자에 대해 신상정보 확인을 요청할 수 있고, 그 요청에 따라 관할 경찰서장은 대상자의 신상정보를 확인하여 이를 시·군·구청장에게 회신하여 주어야 한다.

시·군·구청장은 관할 경찰서장으로부터 대상자의 신상정보를 회신받아 확인하고, 정신건강증진시설의 장이 요청한 인적 사항을 추가적으로 스스로 조회하여 확인한 후 그 결과를 정신건강증진시설의 장에게 통보해 주어야 한다.

4. 신상정보 확인회신 이후의 조치

가. 보호의무자 등에 대한 통보

(1) 보호의무자에 대한 통지의무의 실행

입원·입소·이용자의 신상정보 확인의 목적은 통상 가족관계에 있는 사람에게 입원·입소·이용자의 상황을 통지해 주기 위한 것이다. 따라서 입원·입소·이용자의 보호의무자에게 법이 규정한 권리고지나 입원사실에 대한 통지 등을 하여야 한다.

(2) 환자에 대한 인수여부 등 확인

그 다음으로, 보호의무자에게 환자인수의사 여부를 물어 그 인수여부를 파악하고, 입원의 유형 또한 보호의무자와 협의하여 필요한 경우 변경할 필요가 있다. 그 밖에 환자에게도 보호의무자와의 연락 사실을 알리고, 보호의무자의 관여 여부에 대한 본인의 의사를 묻는 것이 필요하다.

나. 신상정보 확인이 최종적으로 불가능한 경우 등의 조치

환자에 대한 신상정보 확인이 최종적으로 불가능한 경우나 환자의 신상정보는 확인되지만 보호의무자를 확인할 수 없거나 보호의무자가 관여를 거부하는 경우라면 환자에 대해 어떤 지원을 해야 할지 고민할 필요가 있다.

환자가 의사결정능력이나 재산관리능력이 부족하여 상시적 도움이 필요한 경우라면 보호의무자가 없는 경우에 준하여 공공후견인 선임을 지방자치단체 등을 통해 요청해 보호의무자 관계를 맺어주는 것도 선택지 중의 하나로 고려될 수 있다.

5. 신상정보 확인의무위반의 민·형사책임

가. 민사상 손해배상책임

(1) 정신건강증진시설의 장의 책임

구 정신보건법은 2008년에야 신상정보 확인의무 규정을 두었다. 그 이전에 행려환자를 시설이나 병원에 이송하면서 경찰이 대상자에 대한 신원확인의무를 소홀히 하여 수 년간 가족들이 그 대상자를 찾아다녀도 찾을 수 없는 상황이 된 경우가 있었다. 그러한 행려환자로 정신의료기관에 입원된 환자 중에는 외국인임에도 한국인으로 오인하여 입원시킨 경우도 있었었다.

이와 관련된 일부 민사상 손해배상청구 사례에서는 국가(경찰)의 신원확인의무 위반 책임을 인정하여 입원시킨 환자와 가족에 대한 국가의 손해배상책임을 인정하였다.

구 정신보건법이 2008년 신상정보 확인의무의 책임을 정신건강증진시설의 장에게 부과하고 있고, 현행 정신건강복지법도 동일하므로 그 신상정보 확인의무의 책임은 현재 정신건강증진시설의 장이 부담하고 있다고 볼 것이다.

다만, 시·군·구청장이나 경찰서장의 회신에 대한 규정도 함께 두고 있으므로 정신건강증진시설의 장이 신상정보 조회를 요청하였음에도 불구하고, 시·군·구청장이나 경찰서장의 고의나 과실로 그 회신이 늦어지거나 잘못 회신되는 경우라면 지방자치단체나 국가가 손해배상책임을 부담할 수도 있다.

(2) 정신보건법 시행 전 경찰과 병원의 신원확인의무 소홀

정신보건법 시행 전인 1990년대 초반에는 정신질환이 있는 노숙인이나 행려환자들이 경찰이나 행정기관에 인계되어 행려자 처리지침 등에 따라 강제로 시설이나 병원에 이송된 후 가족과의 연락이 두절되는 사례들이 적지 않았다. 특히 그 과정에서 경찰이나 지방자치단체 공무원이 그 대상자의 신상정보를 미입력하거나 제대로 확인하지 않아 가족들이 그를 찾을 수 없는 경우가 많았다. 이러한 신상정보확인의무 소홀을 이유로 국가와 지방자치단체가 손해배상청구를 당한 사례를 소개하면 다음과 같다.

■ 사실관계

1. 대학을 졸업한 조현병을 가진 A(발견 당시 20세)는 1994. 8. 31. 수원역 광장에서 줄무늬 티셔츠와 찢어진 바지를 입고, 맨발인 상태에서 경찰공무원에게 발견되어 00시 산하 담당공무원에게 인계되었고, 담당공무원은 A를 지역 내 정신병원에 의뢰하면서 A의 인적 사항을 확인하지 않았고, 경찰도 A의 인적사항을 전산에 입력해 두지 않았다.
2. A는 입원 직후인 1994. 9. 1. 부모 이름, 주소, 자신의 인적 사항과 주민등록번호를 제대로 진술하여 진료기록에 기재되었으나 그 다음날부터는 다른 이름과 주소를 대었다. 3년 뒤인 1997년 00시 산하 담당공무원이 A 등의 지문을 채취하여 수원남부경찰서에 신원조회를 의뢰하였으나 신원확인을 하지 못하였고, 2003년에도 같은 방식으로 신원조회를 의뢰하였으나 신원확인을 하지 못하였다.
3. 이후 2006. 12. 20. 다시 A의 지문을 채취하여 신원확인을 의뢰한 결과 2007. 7. 27. 경찰로부터 A의 부모를 통보받아 같은 해 8. 20. A는 부모에게 인계되었다.
4. A와 그의 가족들은 2008년 국가와 지방자치단체, 병원 운영 의료법인을 상대로 신원확인의무소홀로 인한 A의 일실수입과 가족의 위자료 등을 구하는 손해배상소송을 제기하였다.

■ 법원의 판단(1심 및 2심)

법원은 A의 입원 당시는 정신보건법 시행 전이고, 정신보건법의 신원확인의무조항 또한 2008년에야 신설된 점을 감안하여, 국가에 대해서는 「경찰관직무집행법」에 따른 보호조치 후 신원확인 및 가족 등에 대한 통지의무를 소홀히 한 점(신원확인의무소홀) 또는 가출인에 대한 인적 사항 관리의무를 소홀히 한 점을 들어, 00시에 대해서는 00시의 행려환자 신병 인계 시 행려환자에 대한 신원확인의무를 소홀히 한 점 또는 정신보건법상 보호의무자가 된 00시장이 환자에 대한 신원확인의무를 소홀히 한 점을 인정하고, 그에 따라 A가 가족 등 보호자를 찾을 기회를 상실하여 13년 동안 계속 입원 상태에 있게 만들었다고 판단하고, 이러한 신원확인의무 소홀은 모두 불법행위라고 판단하였다.[200]

200) 1심 서울중앙지방법원 2010. 5. 12. 선고 2008가합87704 판결; 2심 서울고등법원 2011. 2. 28. 선고 2010나55240 판결; 다만, 1심은 A와 그 가족들에 대해 손해배상금액을 총 1억 원 넘게 인정하였으나, 2심은 국가와 지방자치단체의 불법행위와 손해배상책임을 인정하고도 A와 그 가족들이 입원기간 동안 얻은 이득이 있다고 보아 이를 공제하여 손해배상금액은 인정하지 아니하였다. 대법원은 원고들의 상고에 대해 2011. 7. 6. 선고 2011다31478호로 심리불속행 기각판결을 하였다. 위 2심 판결의 이득공제(손익상계)에 대한 비판으로는 신권철, “강제입원의 위법과 손해배상책임”, 「서울법학」 제25권 제2호, 서울시립대학교 법학연구소, 2017, 255면 이하를 참조할 것.

(3) 외국인에 대한 신원확인의무 소홀

앞서 본 바와 같이 외국인 또한 현행 정신건강복지법의 적용대상이므로 정신건강증진시설의 입원·입소·이용 시 정신건강증진시설의 장은 그 신상정보를 확인할 의무가 있다.

구 정신보건법이 시행되기 전인 1993년에는 외국인 네팔 여성 노동자가 식당 주인과 식대 문제로 다투던 중 신고를 받고 온 경찰이 한국어가 미숙한 위 외국인을 한국인으로 오인하여 정신의료기관에 입원시켰는데, 정신의료기관측에서 경찰에게 입원시킨 사람이 네팔인으로 보인다는 연락을 하였음에도 경찰이 이를 무시하고, 입원대상자의 신원확인조치를 소홀히 한 점을 들어 국가의 불법행위로 인한 손해배상책임이 인정되었다.[201] 위 외국인은 6년 넘게 입원되어 있다가 2000년이 되어서야 병원에서 퇴원할 수 있었고, 국가를 상대로 손해배상소송을 제기하여 승소하였다.

나. 형사책임

(1) 신상정보 확인 및 의무위반의 처벌규정 입법취지

위와 같이 입원·입소·이용자에 대한 신원확인의무를 정신건강증진시설의 장이 소홀히 할 경우 그 입원·입소자 입장에서는 가족관계가 두절되고, 가족 등 보호자의 돌봄을 상실하게 되는 계기가 된다. 이러한 점을 감안해 입원·입소·이용자의 신상정보 확인이 안 될 경우 정신건강증진시설의 장은 환자의 신상정보와 그 가족(보호의무자)관계에 대해 확인을 요청할 의무가 있다. 이러한 의무위반에 대해 형사처벌까지 규정하게 된 것은 앞서 본 바와 같이 신상정보 확인을 소홀히 함으로서 가족관계에서 장기간 분리되어 수용되어 있는 경우가 많기 때문이다.

(2) 신상정보 확인 및 조사요청의무 위반의 내용

형사처벌의 대상이 되는 행위는 입원·입소·이용자의 신상정보 자체를 확인하지 않은 경우(부작위)와 확인되지 않은 신상정보가 있음을 확인하고도 시·군·구청장에게 신상정보 조사요청을 하지 않은 경우(부작위)를 처벌한다(법 제86조 제6호). 따라서 신상정보를 확인하고, 조사요청을 한 경우라면 그 회신을 시·군·구청장으

201) 인터넷한겨레 2002. 11. 5.자 제목: 네팔인 연수생 행려자 오인 정신병원 감금. http://legacy.www.hani.co.kr/section-005100030/2002/11/005100030200211052114844.html (2018. 5. 20. 최종방문)

로부터 받지 못하였더라도 이는 자신의 귀책사유로 인한 것이 아니기 때문에 위 처벌규정으로 처벌할 수 없다.

여기서 확인되지 않은 신상정보가 무엇인지 보면, 법은 입원 · 입소 · 이용자의 성명, 주소 외에 보호의무자의 신상정보를 확인할 의무를 부과하고 있으므로 적어도 보호의무자 자격이 있는 가족(배우자, 직계혈족, 생계를 같이 하는 친족)이 있는지 여부와 그들의 주소나 연락처 등을 확인할 필요가 있다.

보호의무자가 여럿 있는 경우 모두 확인할 수는 없을 것이므로 환자가 지정한 보호의무자나 선순위 보호의무자의 주소나 연락처 등을 확인하여야 할 것이다. 기존의 입원신청서 등에 첨부된 서류 등을 통하여 알 수 있는 경우라면 따로 신상정보 조회요청을 할 필요는 없다.

(3) 신상정보 확인 및 조사요청의무 위반의 주체

의무 있는 자가 그 의무를 위반하였을 경우에 그 의무위반에 대한 제재로서 형벌이 규정된다. 위와 같은 입원 · 입소 · 이용자의 신상정보를 확인할 의무와 미확인된 신상정보가 있는 경우 그 조회요청의무가 있는 자는 정신건강증진시설의 장이므로(법 제51조 제1항), 그 처벌대상자 또한 정신건강증진시설의 장이 된다.

(4) 형벌규정

법은 정신건강증진시설의 장이 입원 · 입소 · 이용자의 보호의무자를 포함한 신상정보확인을 하지 아니하거나 미확인된 신상정보가 있음에도 불구하고 조회요청을 하지 아니한 경우 1년 이하의 징역 또는 1천만 원 이하의 벌금에 처하도록 규정하고 있다(법 제86조 제6호).

Ⅲ. 퇴원사실의 통보(제52조)

제52조(퇴원등의 사실의 통보) ① 정신의료기관등의 장은 제41조부터 제44조까지 또는 제50조에 따라 정신의료기관등에 입원등을 한 사람이 퇴원등을 할 때에는 보건복지부령으로 정하는 바에 따라 본인의 동의를 받아 그 퇴원등의 사실을 관할 정신건강복지센터의 장 또는 보건소의 장(관할 지역에 정신건강복지센터가 없는 경우만 해당한다)에게 통보하여야 한다. 다만, 정신건강의학과전문의가 퇴원등을 할 사람 본인의 의사능력이 미흡하다고 판단하는 경우에는 보호의무자의 동의로 본인의 동의를 갈음할 수 있다.

② 제1항에 따라 퇴원등의 사실을 통보받은 정신건강복지센터의 장 또는 보건소의 장은 해당 퇴원등을 할 사람 또는 보호의무자와 상담하여 그 사람의 재활과 사회적응을 위한 지원 방안을 마련하여야 한다.

1. 퇴원사실 통보와 지역사회 지원의 의의

가. 의의와 기능

정신건강복지법은 퇴원하는 환자에 대한 지역사회 연계를 중요하게 여기고 있다. 특히, 강제입원 요건과 절차가 강화되면서 과거에 장기입원된 환자가 지역사회에서 거주하는 것이 정책적 방향이 되었다. 이를 지원하기 위한 국가의 지원책으로 퇴원환자의 지역사회 연계지원제도로서 본 규정은 마련되었다.

퇴원하는 환자를 통보받는 정신건강복지센터는 단순히 상담과 프로그램 안내로 끝나는 것이 아니라 퇴원하는 환자마다 개별적인 재활계획과 사회적응 프로그램을 기획할 필요가 있다. 즉, 본 조항은 퇴원환자에 대한 개별화된 지원계획을 마련하는 것을 궁극적 목표로 한다. 여기에는 거주와 교육, 취업에 이르기까지 전반적인 사회적 삶의 계획을 마련하는 것을 포함하여야 한다.

나. 입법취지와 연혁

1995년 제정된 구 정신보건법은 그 목적으로서 '사회복귀'를 두고 있었음에도 불구하고 1997년부터 10여 년간 사실상 환자의 병원으로의 진입만 늘어나고 실질적인 지역사회복귀가 이루어지지 않은 점을 반성하게 되었다. 이러한 문제의식을 바탕으로 2008년 정신보건법 개정은 환자 인권과 사회복귀를 그 기본적 목적으로 삼아 정신의료기관이나 정신요양시설에서 퇴원(퇴소)하는 환자에 대해 퇴원(퇴소)기관에서 지역사회 정신보건센터에 통지할 수 있도록 하였다.

2017년의 정신건강복지법은 단순히 정신의료기관의 장이 지역사회 정신건강복지센터에 퇴원통보를 하는 것에 더하여 정신건강복지센터가 퇴원하는 환자를 지역사회에서 지원할 수 있는 방안을 마련하는 것까지 의무규정으로 두었다.

다. 한계와 문제점

구 정신보건법의 정신의료기관의 장에 의한 퇴원사실통보제도는 환자의 동의를 전제로 해서만 가능한 것인데 실제 정신의료기관측에서 적극적으로 환자 동의를 얻어 지역사회 정신건강복지센터에 연계할 유인책이 없었다.

또한 현행 정신건강복지법은 그에 더하여 지역사회 정신건강복지센터에서 퇴원환자를 상담하고 지원할 방안을 강구하도록 하였는데, 하위법령에서도 이에 대한 구체적 방안이나 계획이 마련되지 않고 있다.

2. 구 정신보건법과의 비교

구 정신보건법과 비교하여 볼 때 현행 정신건강복지법은 다음과 같은 공통점과 차이점이 있다.

표 3-16 퇴원통보 및 지원계획 관련 신·구법 비교

퇴원통보 지원계획	정신건강복지법	구 정신보건법 (2008년 신설)
통보대상자	입원(입소) 후 퇴원(퇴소)하는 환자	
통보요건	환자 동의 필요(환자 동의가 불가능할 경우 보호의무자 동의)	
통지받는 기관	정신건강복지(보건)센터(없는 경우 보건소)	
센터의 조치	1. 퇴원환자(또는 보호의무자)와의 상담의무 2. 퇴원환자의 재활과 사회적응을 위한 지원 방안 마련의무	없음

위에서 보는 바와 같이 환자 퇴원 시 정신의료기관의 장의 통보의무는 구 정신보건법과 동일하게 퇴원하는 환자의 동의를 얻어 정신건강복지센터(없는 경우 보건소)에 퇴원환자의 인적 사항 등을 통보하는 것이다. 현행 정신건강복지법에서는 지

역사회 정신건강복지센터가 적극적으로 환자의 지역사회 적응을 돕기 위해 상담하고, 그 지원계획을 마련할 의무를 추가하였다.

3. 정신의료기관 퇴원통보의 내용

가. 퇴원통보의무의 주체

(1) 퇴원통보의무

퇴원통보의무의 주체는 정신의료기관의 장이다. 뒤에서 보겠지만 정신요양시설의 장도 퇴원통보의무의 주체이다. 다만 환자의 동의를 얻지 못하면 정신건강복지센터에 퇴원을 통보할 의무가 발생하지 않는다.

(2) 퇴원 후 지원조치에 대한 환자 동의 확인의무

정신의료기관의 장은 퇴원계획이 있는 환자에게 퇴원 후 지역사회 정신건강복지센터의 상담이나 지원을 받아볼 의향이 있는지 물어볼 의무는 있는가? 긍정해야 할 것이다. 그렇지 않다면 퇴원계획이 있는 환자가 지역사회에서 생활하는 데 지원을 받을 수 있는 기회 자체가 상실될 수 있기 때문이다. 따라서 퇴원계획이 있는 환자 또는 퇴원명령이 내려진 환자 등에 대해서는 위와 같은 정신건강복지센터의 상담 및 지원을 받아볼 의향이 있는지 정신의료기관 내에서 확인해야 할 것이다. 이는 아래와 같은 확인서를 퇴원환자로부터 받는 것으로 갈음할 수 있고, 아래의 확인서 원본은 퇴원환자나 보호의무자에 대해 퇴원 후 지역사회 지원조치에 대해 그 동의 여부를 물어 확인하였음을 증빙하는 자료로 비치해 둘 필요가 있다.

정신의료기관측에서는 이러한 확인과 통보가 번거로운 것일 수도 있으며, 정신의료기관측에 이익이 되는 측면도 별로 없어 사실상 활성화되기 어려운 단점이 있다. 이러한 점을 고려하여 퇴원환자에 대한 지역사회 연계평가기준으로서 정신의료기관이 이러한 확인을 통해 환자 동의를 받아 연계시킨 건수 등도 평가(인증)대상으로 삼아 동기를 부여하는 것도 필요할 것이다.

[서식] 퇴원 후 지원조치 확인서(법 제51조)

퇴원 후 지원조치 확인서

※해당되는 [ ]에 ✓표시를 하시기 바랍니다.

환자	성명	생년월일 (남, 여)	연락처
	입원기간 년 월 일부터 년 월 일까지	퇴원(예정)일 년 월 일	퇴원기관(소재지)
	퇴원 후 주소 또는 거소		
보호 의무자	성명	환자와의 관계	연락처
	주소		

본인(환자)은 퇴원 후 「정신건강복지법」에 따라 거주지역 내 정신건강복지센터에서 상담, 재활 및 사회적응을 위한 지원을 받기 위해 정신건강복지센터(거주지역 내 정신건강복지센터가 없는 경우에는 보건소)에 퇴원사실과 연락처 등을 통보하는 것에 대해

[ ] 동의합니다. [ ] 동의하지 않습니다.

년 월 일

환자: (서명 또는 인)

또는

보호의무자(환자가 스스로 결정하기 어려운 경우): (서명 또는 인)

정신의료기관의 장 귀하

※ 보호의무자가 동의하여 작성하는 경우는 정신건강의학과전문의가 환자의 의사능력이 미흡하다고 판단한 경우에만 해당합니다.

백상지(80g/㎡) 또는 중질지(80g/㎡)

나. 퇴원통보 확인의무의 대상

(1) 모든 유형의 퇴원환자

퇴원통보의무의 대상이 되는 환자는 모든 유형의 퇴원환자이다. 법이 자의입원, 동의입원, 보호입원, 행정입원 외에 응급입원환자에 대해서도 퇴원통보 확인의무를 부과하고 있다. 실제 지역사회로 돌아가는 퇴원환자만을 대상으로 하기 때문에 사실상 퇴원 없이 입원유형만 전환되어 계속입원되어 있는 환자나 전원되는 환자는 제외된다.

(2) 퇴원계획 또는 퇴원명령이 있는 환자

정신건강복지법의 모든 유형(자의, 동의, 보호, 행정, 응급)의 입원환자가 퇴원통보의 대상이기는 하지만 그 퇴원통보 확인의무는 퇴원계획이 있거나 퇴원명령이 있는 환자를 대상으로 하여야 한다. 향후 입원계획이 지속되고 있는 입원환자에 대해서는 미래의 예측불가능한 시기의 퇴원에 대비해 퇴원통보 여부를 묻는 것은 무의미하기 때문이다.

다만, 퇴원통보 여부를 확인하는 시기는 반드시 퇴원명령 등으로 퇴원이 확정되고 난 후가 아니라 환자·보호의무자·의사의 협의 아래 퇴원계획을 세운 상태라면 정신건강복지센터에 퇴원통보를 할지 여부에 대해 환자에게 그 동의여부를 묻는 것이 필요하다고 볼 것이다.

(3) 입원환자가 의사능력이 미흡한 경우

퇴원통보를 하기 위해서는 환자의 동의가 필요한데, 환자가 의사능력이 미흡하여 그 동의 여부에 대한 결정이 어려운 경우에는 보호의무자가 환자를 갈음하여 대신 동의여부를 결정할 수 있다. 이는 보호의무자가 환자 동의권을 보충적으로 행사할 수 있음을 의미하며, 그 동의하는 보호의무자의 자격에는 어떠한 제한도 없기 때문에 법이 정한 보호의무자이기만 하면 족하고, 반드시 입원신청을 한 보호의무자이거나 선순위 보호의무자일 것을 요구하지는 않는다.

다. 통보의 내용과 시기 및 방법

(1) 통보수령기관

통보를 받아야 하는 수령기관은 관할 정신건강복지센터이다. 여기서 관할 정신건강복지센터란 원칙적으로 환자가 거주하는 기초지방자치단체의 정신건강복지센터를 말한다. 따라서 정신의료기관에서는 환자가 퇴원 후 어느 곳에서 거주할 예정인지를 파악하여 그 거주하게 될 관할 정신건강복지센터로 통보해 주어야 한다.

만약 환자가 퇴원 후 거주하게 될 기초지방자치단체에 정신건강복지센터가 없다면 정신의료기관의 장은 그 거주예정지를 관할하는 보건소로 퇴원통보를 하여야 한다(법 제52조 제1항). 2017년 말 현재 대부분의 기초지방자치단체에 정신건강복지센터가 설치·운영되고 있으며, 기초지방자치단체의 보건소가 정신건강복지센터를 직영하는 경우도 있다. 정신건강복지센터를 보건소가 직영하여 운영하는 경우라도 퇴원통보는 정신건강복지센터를 통보수령기관으로 하여야 한다.

(2) 퇴원통보의 내용

정신의료기관의 장이 정신건강복지센터에 퇴원통보를 하는 경우 그 통보내용은 무엇이 되어야 할까? 법은 보건복지부령에 따라 환자의 퇴원사실을 통보하도록 규정하고 있는데(법 제50조 제1항), 법 시행규칙에 따른 법정서식 제20호(퇴원등 사실통보서)를 보면, ⅰ) 환자(보호의무자)의 동의서와 ⅱ) 환자의 인적 사항, ⅲ) 진단명, ⅳ) 퇴원 후 주소(住所), ⅴ) 입원기간, ⅵ) 주요치료경과, ⅶ) 투약내용 및 향후 치료소견, ⅷ) 그 밖의 특이사항을 적을 수 있도록 하였다.

위 통보의 목적은 퇴원환자의 지역사회 지원방안을 마련하기 위한 것이기 때문에 그 밖의 특이사항 등에 환자의 욕구나 바람 등을 기재하는 것도 가능할 것이다.

(3) 퇴원통보의 시기

퇴원통보는 퇴원이 계획되거나 확정된 경우에만 가능하지만 반드시 퇴원 이후에만 통보해야 하는 것은 아니다. 환자의 퇴원 후 지원방안을 세우기 위해서는 퇴원 전이라도 정신건강복지센터에 알려 퇴원 후 지원방안을 준비하게 할 필요가 있기 때문이다.

따라서 정신의료기관에서는 퇴원 전에라도 퇴원환자를 관할하게 될 정신건강복지센터에 통보를 하여 정신건강복지센터 직원이 입원 정신의료기관을 직접 방문해 퇴원 전에라도 상담하여 지원계획을 세울 수 있는 준비를 하는 것도 필요하다.

(4) 퇴원통보의 방식

퇴원통보는 법령상 통보서식이 법정되어 있으나 그 통보방식은 따로 규정되어 있지 않다. 법 시행규칙 제41조 또한 통보할 경우 법정서식에 따른다고 할 뿐 구체적인 통보방법을 규정하고 있지 않다. 이에 더하여 퇴원명령을 통한 환자퇴원의 경우에는 신속히 통보할 필요가 있고, 환자가 퇴원하기 전에 미리 지역사회 지원계획을 세울 필요도 있는 점을 고려해 볼 때 정신의료기관의 장의 통보방식은 서면 외에 모사전송, 전자문서, 이메일 등을 통해서도 가능하다고 볼 것이다.

4. 정신건강복지센터의 지역사회 지원의 내용

가. 퇴원통보 후 정신건강복지센터의 조치

정신의료기관의 장으로부터 관할 정신건강복지센터로 퇴원(예정)환자에 대한 통보가 온 경우 정신건강복지센터(없는 경우는 보건소)의 장은 퇴원(예정)환자 또는 보호의무자와 상담하여 그 사람의 재활과 사회적응을 위한 지원방안을 마련할 의무가 있다(법 제52조 제2항).

먼저, 환자나 보호의무자가 상담이나 지원을 동의한 이상 상담을 위하여 입원 정신의료기관이나 퇴원 후 거주지를 방문할 수 있고, 환자에게 연락하여 환자의 구체적 상황에 대해서 질문도 할 수 있다.

환자의 욕구나 상황에 대한 평가가 가능해지고 나면, 일정한 지원방안을 계획하여 제시하고, 환자의 요구에 따라 조정·변경하는 과정을 거쳐 지원방안을 마련할 필요가 있다.

나. 개별적 지원계획의 수립

퇴원환자에 대해 관할 정신건강복지센터가 해야 할 일은 개별적 지원계획의 수립에 있다. 이는「발달장애인법」제19조의 개인별 지원계획과 유사하게 정신건강복지센터가 직접 정신보건 서비스를 제공하는 것이 아니라 활용가능한 정신보건서비스 자원의 범위 내에서 대상자와 그 가족의 특성을 고려하여 지원이 필요한 복지서비의 내용과 방법 등을 제안하는 것을 말한다.

이와 같은 개별적 지원계획 수립에 있어서는 퇴원환자와 가족, 센터 담당자간의 소통과 의견조율이 필요하고, 최종적으로 개별적 지원계획을 당사자들 사이에 확정하게 되면 그에 따른 서비스 지원의 집행조치도 필요하게 된다. 현행의 정신건강복지센터의 사례관리에 비해 보다 집중화되고, 개별화된 계획을 요구한다. 생각건대, 위 법령 규정에 따른 시범사업을 실시한 후 하위법령을 통해 그 개인별 지원계획을 구체화할 필요가 있다.

5. 정신요양시설에서의 적용

위에서 본 정신의료기관의 장의 입원환자에 대한 퇴원통보와 관련된 내용은 정신요양시설의 장에게도 그대로 적용된다. 따라서 정신요양시설에 자의입소, 동의입소, 보호입소된 환자가 퇴소하는 경우에 정신요양시설의 장은 그 동의여부를 물어 퇴소(예정)환자의 관할 정신건강복지센터에 퇴원통보를 하여야 할 의무가 있고, 그 통보내용 등도 제3항에서 본 내용과 동일하다.

6. 입 법 론

정신의료기관이나 정신요양시설에서의 퇴원(퇴소)환자에 대한 구체적 지원계획을 담은 정신건강복지법의 규정은 법 제52조 제2항이다. 내용은 단순하다. 퇴원하는 환자가 있다는 통보를 받는 정신건강복지센터의 장이나 보건소장은 그 퇴원환자를 상담하여 재활과 사회적응을 위한 지원방안을 마련하여야 한다는 것이다.

위 법 제52조 제2항은 구체적 의무의 형태로 규정되어 있음에도 불구하고 아직 그 내용이나 지원계획은 마련되어 있지 않다. 정신건강복지법 시행 이후 퇴원하게 된 환자의 수는 조금 늘었지만 퇴원환자를 위한 인적·물적 서비스는 아직 답보상태이다. 그러나 법 제52조 제2항에 근거하여 퇴원환자의 구체적 개인별 지원계획의 집행방안을 마련하고, 각 정신건강복지센터의 주요 업무로서 퇴원환자 지원방안을 기획하게 하는 것이 가능하다.

이는 사실상 법률의 개정 없이도 가능하고, 위 법을 집행하기 위한 것이기 때문에 따로 법령상 위임을 받을 것도 없이 구체적 집행방안을 하위법령에 명기하거나 내부적 지침으로 정신건강복지센터에 제공하여 하나의 사업으로서 수행할 수 있도록 할 필요가 있다.

제4장

퇴원청구 및 심사

제1절 정신건강심사위원회
제2절 퇴원과 외래치료명령
제3절 행정조사와 입·퇴원관리시스템

제4장 퇴원청구 및 심사

제4장은 강제입원된 사람들에 대한 입원연장심사 및 퇴원청구심사를 주요 내용으로 하고 있다. 정신건강복지법 제5장의 후반부에서 최초의 강제입원에 대한 입원적합성심사위원회 구성과 운영에 관한 규정이 있고, 정신건강복지법 제6장의 전반부에서 그와 유사하게 정신건강심사위원회의 구성과 운영에 관한 규정이 있다. 여기서도 제3장과 유사하게 입원과 치료를 중심으로 설명하여야 하기 때문에 이해하기 쉬운 표현인 '환자'라는 의료적 개념을 일반적으로 사용하기로 한다.

제4장에서도 제3장과 동일하게 정신요양시설에 대해서 따로 설명하지 않고 정신의료기관, 정신의료기관의 장, 입원, 퇴원이라는 단일한 표현을 사용하기로 하고, 그 경우 정신요양시설, 정신요양시설의 장, 입소, 퇴소라는 내용도 함께 포함된 것으로 한다. 다만, 정신요양시설에 대한 언급이 별도로 필요한 경우 따로 항목을 두어 언급한다.

정신건강복지법 제6장(퇴원청구 및 심사)은 다음과 같이 구성되어 있다.

제53조 정신건강심의위원회의 설치·운영
제54조 정신건강심사위원회의 설치·운영
제55조 퇴원등 또는 처우개선 심사의 청구
제56조 정신건강심의위원회에의 회부
제57조 퇴원등 또는 처우개선의 심사
제58조 정신건강심사위원회 위원의 제척·기피·회피
제59조 퇴원등 명령의 통지 등
제60조 재심사의 청구 등
제61조 재심사의 회부 등
제62조 특별자치시장·특별자치도지사·시장·군수·구청장에 의한 입원의 해제
제63조 임시퇴원등
제64조 외래치료명령 등
제65조 무단으로 퇴원등을 한 사람에 대한 조치

제66조 보고 · 검사 등
제67조 입 · 퇴원관리시스템

정신건강심사위원회는 시 · 군 · 구청장 산하 정신건강심의위원회 내에 구성되어 입원연장심사와 퇴원 및 처우개선청구를 심사한다. 정신건강심사위원회가 심사 및 의결을 하면 시 · 군 · 구청장은 그에 따라 정신의료기관의 장이나 청구인 또는 심사 대상 환자에게 퇴원이나 입원연장 등의 명령을 한다. 입원환자나 청구인인 보호의무자는 시 · 군 · 구청장의 결정에 불복하여 시 · 도지사에게 재심사를 청구할 수 있고, 청구인이 아닌 보호의무자는 재심사 청구를 할 수 없다.

그 외에 법은 행정입원에 있어 시 · 군 · 구청장의 입원해제와 입원연장, 정신의료기관의 장에 의한 임시퇴원조치, 시 · 군 · 구청장에 의한 외래치료명령, 무단퇴원자에 대한 조치, 행정감독기관의 정신의료기관에 대한 지도 · 감독 및 직권명령, 정신의료기관 강제입원환자에 대한 입원신고사항 및 퇴원사항의 등록 등을 규정하고 있다. 이하에서 각 조문별로 검토한다.

제1절 정신건강심사위원회

본 절에서는 다음의 각 조항을 해설한다.

Ⅰ. 정신건강심의위원회의 설치 · 운영(제53조)
Ⅱ. 정신건강심사위원회의 설치 · 운영(제54조)
Ⅲ. 퇴원 및 처우개선청구(제55조)
Ⅳ. 정신건강심의위원회에의 회부(제56조)
Ⅴ. 입원연장 및 퇴원심사(제57조)
Ⅵ. 정신건강심사위원회 위원의 제척 · 기피 · 회피(제58조)
Ⅶ. 퇴원명령의 통지 등(제59조)
Ⅷ. 재심사의 청구 등(제60조)
Ⅸ. 재심사의 회부 등(제61조)

정신건강심사위원회는 정신의료기관의 장이 청구한 강제입원환자에 대한 입원연장청구에 대한 심사기관이면서 동시에 환자가 청구한 퇴원 및 처우개선청구에 대한 심사기관이다. 정신건강심사위원회는 환자를 대면하지 않고 서면심사를 하는 의료적 합의체로서 앞서 입원적합성심사위원회가 가진 한계들(독립성과 중립성의 미흡, 환자에 대한 비대면심사, 환자의 절차적 권리 미보장 등)을 그대로 가지고 있다.

다만, 심사를 통해 퇴원이나 입원연장(입원유지)만 결정할 수 있는 것이 아니라 기한부 퇴원, 외래치료명령 조건부 퇴원, 다른 정신의료기관으로 이송, 자발적 입원으로의 전환 등과 같이 입원환자에 대해 다양한 선택지를 가지고 있다는 점에서는 장점이 있다.

정신건강심사위원회의 심사는 기초 지방자치단체(시 · 군 · 구)의 심사와 그에 대한 불복이 있는 경우 광역 지방자치단체(시 · 도)가 심사를 하는 2심제로 이루어져 있다. 입법론으로는 앞서 지적한 바와 같이 독립성과 중립성이 있는 3인의 합의체가 환자를 대면하여 사법적 절차에 따라 심사 · 결정하는 심판원제도로 정신건강심사위원회와 입원적합성심사위원회가 통합할 필요가 있다.

Ⅰ. 정신건강심의위원회의 설치 · 운영(제53조)

제53조(정신건강심의위원회의 설치 · 운영) ① 시·도지사와 시장·군수·구청장은 정신건강에 관한 중요한 사항을 심의 또는 심사하기 위하여 시·도지사 소속으로 광역정신건강심의위원회를 두고, 시장·군수·구청장 소속으로 기초정신건강심의위원회를 둔다. 다만, 정신의료기관등이 없는 시·군·구에는 기초정신건강심의위원회를 두지 아니할 수 있다.

② 광역정신건강심의위원회는 다음 각 호의 사항을 심의 또는 심사한다. 다만, 특별자치시 및 특별자치도에 두는 광역정신건강심의위원회에서는 다음 각 호의 사항 외에 제3항 각 호의 사항을 심의 또는 심사한다.

1. 정신건강증진시설에 대한 감독에 관한 사항
2. 제60조에 따른 재심사의 청구
3. 그 밖에 보건복지부령으로 정하는 사항

③ 기초정신건강심의위원회는 다음 각 호의 사항을 심의 또는 심사한다.

1. 제43조제6항에 따른 입원등 기간 연장의 심사 청구
2. 제55조제1항에 따른 퇴원등 또는 처우개선의 심사 청구
3. 제62조제2항에 따른 입원 기간 연장의 심사
4. 제64조에 따른 외래치료 명령
5. 그 밖에 보건복지부령으로 정하는 사항

④ 광역정신건강심의위원회는 10명 이상 20명 이내의 위원으로 구성하고, 기초정신건강심의위원회는 6명 이상 12명 이내의 위원으로 구성하며, 위원의 임기는 각각 2년으로 한다.

⑤ 광역정신건강심의위원회 및 기초정신건강심의위원회(이하 "정신건강심의위원회"라 한다)의 위원은 시·도지사 및 시장·군수·구청장이 각각 임명 또는 위촉하되, 다음 각 호에 해당하는 사람 중 각각 1명 이상을 포함하여야 한다. 다만, 제5호나목부터 라목까지의 어느 하나에 해당하는 사람의 경우 광역정신건강심의위원회에는 3명 이상을, 기초정신건강심의위원회에는 2명 이상을 포함하여야 한다.

1. 정신건강의학과전문의
2. 판사·검사 또는 변호사의 자격이 있는 사람
3. 정신건강복지센터 소속 정신건강전문요원
4. 정신질환자의 보호와 재활을 위하여 노력한 정신질환자의 가족
5. 다음 각 목의 어느 하나에 해당하는 사람으로서 정신건강에 관한 전문지식과 경험을 가진 사람
   가. 정신건강증진시설의 설치·운영자
   나. 「고등교육법」 제2조에 따른 학교에서 심리학·간호학·사회복지학 또는 사회사업학을 가르치는 전임강사 이상의 직에 있는 사람

다. 정신질환을 치료하고 회복한 사람
라. 그 밖에 정신건강 관계 공무원, 인권전문가 등 정신건강과 인권에 관한 전문지식과 경험이 있다고 인정되는 사람

⑥ 정신건강심의위원회는 정신질환자에 대한 인권침해 행위를 알게 되었을 때에는 국가인권위원회에 조사를 요청할 수 있다.

⑦ 정신건강심의위원회는 심의 또는 심사를 위하여 월 1회 이상 회의를 개최하여야 한다. 다만, 심의 또는 심사 사항이 없는 달에는 그러하지 아니하다.

⑧ 정신건강심의위원회의 구성·운영 등에 필요한 사항은 대통령령으로 정한다.

1. 정신건강심의위원회의 의의와 역할

가. 연 혁

구 정신보건법은 1995년 제정 당시부터 정신보건에 관한 중요사항의 심의와 자문을 위하여 중앙에 보건복지부장관 소속으로 중앙정신보건심의위원회를, 지방에 시·도지사 소속으로 지방정신보건심의위원회를 두었다.

이후 2008년 정신보건법이 개정되면서 지역사회에 좀 더 밀착된 정신보건사업을 시행하기 위하여 지방정신보건심의위원회를 둘로 나누어 시·도지사 소속의 광역정신보건심의위원회와 시·군·구청장 소속 기초정신보건심의위원회를 두어 시·군·구 단위에서도 정신보건정책에 대한 심의와 자문을 할 수 있도록 하였다.

2016년 정신건강복지법으로 변경되면서 중앙 단위의 중앙정신보건심의위원회는 법령상 폐지되었고, 시·도지사 소속 광역정신보건심의위원회는 광역정신건강심의위원회로, 시·군·구청장 소속 기초정신보건심의위원회는 기초정신건강심의위원회로 이름만 바꾸어 그 법적 지위와 기능을 그대로 유지하고 있다.

나. 의의와 기능

(1) 정신건강심의위원회의 개념

'정신건강심의위원회'란 시·도지사 또는 시·군·구청장에 소속되어 법이 정한 정신건강에 관한 주요사항을 심의 또는 심사하는 합의체 심의기관이다.

정신건강심의위원회는 시·도나 시·군·구에 필수적으로 설치되어야 하는 법정 심의기관이다. 다만, 정신의료기관이나 정신요양시설이 없는 시·군·구의 경우에는 정신건강심의위원회를 두지 않을 수 있다(법 제53조 제1항 단서). 그러나 정신의료기

관이나 정신요양시설이 없는 시·군·구라 하더라도 지역 주민의 정신건강과 관련된 문제를 검토하고, 각 지역의 정신건강증진 계획을 수립하는 데 있어 심의를 받을 필요성은 있으므로 입법론적으로는 모든 시·군·구에 필수적으로 설치할 필요성이 있다.

(2) 정신건강심의위원회의 법적 지위

정신건강심의위원회는 법상 요구되는 필수적 심의기관이자 심사기관이다.

1) 심의기관

정신건강심의위원회는 광역 또는 기초 지방자치단체의 지역 정신건강증진 및 정신질환자 복지서비스 지원(이하, '정신건강복지'라 한다)계획 등을 심의하는 기관이다.

2) 심사기관

정신건강심의위원회는 강제입원(보호입원, 보호입소, 행정입원)의 연장, 퇴원 및 처우개선청구, 외래치료명령청구에 관한 심사(기초정신건강심사위원회) 또는 재심사(광역정신건강심사위원회)를 하는 심사기관이다. 그러나 정신건강심의위원회는 시·도지사 또는 시·군·구청장으로부터 사건을 회부받아 정신건강심의위원회 산하 정신건강심사위원회에서 실제 심사를 하기 때문에 정신건강심의위원회는 외형상의 심사기관일 뿐 실질적인 심사는 정신건강심사위원회가 담당한다.

다. 문제점과 한계

각 지방자치단체의 장에 소속된 정신건강심의위원회의 심사기능은 그 내부의 정신건강심사위원회가 맡고 있기 때문에 별도로 정신건강심의위원회가 개최되는 경우가 거의 없다. 각 지방자치단체의 정신건강증진계획 또한 제대로 절차를 거쳐 수립되는 경우가 많지 않아 실제 계획수립을 위한 심의기관으로서 정신건강심의위원회가 역할을 하는 경우도 거의 없는데, 이는 법령을 준수하지 않는 것이기도 하다.

결국 각 지역단위의 정신건강계획 수립은 보건소의 지도하에 각 광역 또는 기초 정신건강복지센터가 역할을 담당하는 경우가 많다. 각 지방자치단체의 정신건강심의위원회의 존폐 여부를 포함하여 그 위상과 역할에 대해 새롭게 고민할 필요가 있다. 특히 강제입원심사기관인 정신건강심사위원회가 정신건강심의위원회 소속 위원회로 되어 활동할 이유가 없으며, 이는 정신건강심사위원회의 독립성에도 반할 수 있다.

2. 구 정신보건법과의 비교

구 정신보건법과 현행 정신건강복지법의 정신건강심의위원회를 비교해 볼 때 다음과 같은 차이점이 있다.

표 4-1 정신건강(보건)심의위원회 신·구법 비교

정신건강(보건) 심의위원회	정신건강복지법	구 정신보건법
위원자격 (공통)	1. 정신과전문의 2. 판사·검사·변호사 3. 정신건강전문요원(현행법은 정신건강복지센터 소속 요함) 4. 정신질환자의 가족(현행법은 '정신질환의 보호와 재활을 위하여 노력한' 이라는 요건 추가) 5. 정신건강증진시설 설치·운영자(구 정신보건법은 설치자는 포함 안 됨) 6. 대학에서 심리학·간호학·사회복지학 또는 사회사업학을 가르치는 전임강사 이상의 직에 있는 사람 7. 정신건강(보건) 관계 공무원 8. 그 밖에 정신건강(보건)에 관한 전문지식과 경험이 있는 사람	
위원자격 (추가)	1. '정신질환을 치료하고 회복한 사람' 2. 인권전문가 등 정신건강과 인권에 관한 전문지식과 경험이 있다고 인정되는 사람	
위원회종류	1. 광역위원회 2. 기초위원회	1. 중앙위원회 2. 광역위원회 3. 기초위원회
위원회 개최의무	월 1회 이상 개최의무 (단, 심의 또는 심사사항이 없는 달에는 미개최 가능)	연 2회 이상 개최의무
위원회 인원	1. 광역(10명 내지 20명) 2. 기초(6명 내지 12명)	1. 광역(10명 내지 30명) 2. 기초(5명 내지 15명)
기초위원회의 업무	1. 보호입원 및 행정입원 연장심사 2. 퇴원 또는 처우개선심사 3. 외래치료명령 심사 4. 시행계획 수립에 관한 사항	1. 보호입원 연장심사 2. 퇴원 또는 처우개선 심사 3. 외래치료명령 심사 4. 이의제기된 치료행위심사
광역위원회의 업무	1. 시설 감독에 관한 사항 2. 재심사 청구사건 3. 지역계획 및 시행계획의 수립에 관한 사항	1. 시설 감독과 시정 2. 재심사 청구사건 3. 시설평가
명칭	정신건강심의위원회	정신보건심의위원회

위 비교표를 보면, 구 정신보건법에 비해 현행 법은 위원자격 중 정신질환을 경험한 당사자와 인권전문가를 추가하였는데, 이는 정신건강복지법의 기본이념인 정신장애 당사자가 의사결정과정이나 정책결정과정에 참여할 권리를 존중하기 위함이라 할 수 있다.

기초정신건강심의위원회의 업무 중에서는 이의제기된 치료행위에 대한 심사업무가 삭제되었고, 광역정신건강심의위원회의 업무 중에서는 시설평가에 대한 업무가 삭제되었다. 각 정신건강심의위원회는 구 법에는 없었던 각 지역의 정신건강증진 관련 계획수립에 관한 사항이 심의대상업무로 추가되었다.

3. 정신건강심의위원회 일반론

가. 위원 자격

(1) 위원자격기준의 중요성

정신건강심의위원회 위원은 단순히 지역사회 정신건강 관련 사항을 심의하는 것 외에 강제입원 관련 사항을 심사·의결하는 정신건강심사위원회를 구성하기 때문에 그 위원 자격과 구성이 공정하고, 중립적이어야 한다.

특히, 강제입원환자의 입원연장 여부, 퇴원여부, 정신의료기관에 대한 처우개선 결정을 하는 업무를 맡고 있으므로 공정성과 중립성을 담보할 수 있어야 하며, 강제입원에 있어 입원의 필요성이나 적법성을 객관적으로 판단할 수 있는 사람임을 요구한다.

(2) 외국의 심사위원 자격

강제입원심사기관을 법원 판사로 두지 않고 심판원의 형태로 운영하는 서구 일부 국가의 경우 법조인(판사나 변호사), 의사, 공익적 제3자를 그 심판위원으로 두어 강제입원심사기관을 구성하고 있고, 일본의 경우도 정신의료심사회 위원의 자격을 정신보건지정의(정신의료에 관하여 학식과 경험을 가진 사람), 법조인(법률에 관하여 학식과 경험을 가진 사람), 그 밖에 학식과 경험을 가진 사람 중에서 임명하고 있다(일본 정신건강복지법 제13조 및 제14조).

나. 위원회 구성요건

(1) 정신건강심의위원회 구성요건

법 제53조 제5항은 각 지방자치단체의 장이 정신건강심의위원회 위원을 위촉할 때 아래 ⅰ) 내지 ⅴ)호의 자격을 갖춘 사람을 1명 이상씩을 포함하도록 규정하고 있다.

ⅰ) 정신건강의학과전문의(제1호)
ⅱ) 판사·검사 또는 변호사의 자격이 있는 사람(제2호)
ⅲ) 정신건강복지센터의 정신건강전문요원(제3호)
ⅳ) 정신질환자의 보호와 재활을 위하여 노력한 정신질환자의 가족(제4호)
ⅴ) 다음 각 목의 어느 하나에 해당하는 사람으로서 정신건강에 관한 전문지식과 경험을 가진 사람(제5호)
　가) 정신건강증진시설의 설치·운영자
　나)「고등교육법」 제2조에 따른 학교에서 심리학·간호학·사회복지학 또는 사회사업학을 가르치는 전임강사 이상의 직에 있는 사람
　다) 정신질환을 치료하고 회복한 사람
　라) 그 밖에 정신건강 관계 공무원, 인권전문가 등 정신건강과 인권에 관한 전문지식과 경험이 있다고 인정되는 사람

앞서 입원적합성심사위원회에서 본 바와 같이 정신과 전문의와 변호사는 그 자격을 취득한 자면 족하고, 판·검사는 그 직위를 유지하고 있으면 족하다. 정신건강전문요원, 정신건강증진시설 설치·운영자나 정신건강 관계 공무원 등은 그 소속이 바뀌거나 그 직위가 변경되어 위 요건을 갖추지 못하는 경우 위원자격을 상실한다. 고등교육법이 개정되어 '전임강사' 직위는 폐지되었기 때문에 교수, 부교수, 조교수만이 위원자격이 있다. 보다 구체적인 내용은 ☞ 법 제46조(입원적합성심사위원회의 설치 및 운영 등)를 참조할 것.

(2) 광역 및 기초 정신건강심의위원회 구성요건

정신건강심의위원회는 위에서 본 바와 같이 최소 각각 1명씩은 법이 정한 각 호의 자격을 갖춘 사람(1호: 정신과 전문의, 2호: 판·검사·변호사, 3호: 정신건강복지센터의 정신건강전문요원, 4호: 정신질환자 가족, 5호: 정신건강증진시설 설치운영자·전임강사

이상의 직에 있는 사람·정신질환 회복한 사람·정신건강 관계 공무원·인권전문가 등 전문지식과 경험이 있는 사람)을 따로따로 두어야 하지만 그 외에 나머지 위원들의 경우에는 위와 같은 자격 중 어떤 하나의 자격이라도 갖추고 있으면 된다.

이 경우 나머지 위원들이 하나의 직역으로 편중되는 것을 막기 위해 추가적으로, 법은 광역 정신건강심의위원회의 경우에는 아래 각 호의 자격 중 하나를 갖춘 위원을 3명 이상 위촉하여야 하고, 기초 정신건강심의위원회의 경우도 아래 각 호의 자격 중 하나를 갖춘 위원을 2명 이상 위촉하여야 한다(법 제53조 제5항 단서).

i) 「고등교육법」 제2조에 따른 학교에서 심리학·간호학·사회복지학 또는 사회사업학을 가르치는 전임강사 이상의 직에 있는 사람
ii) 정신질환을 치료하고 회복한 사람
iii) 그 밖에 정신건강 관계 공무원, 인권전문가 등 정신건강과 인권에 관한 전문지식과 경험이 있다고 인정되는 사람

위와 같이 위원회 구성에 있어 정신장애를 가진 당사자나 인권전문가 등이 배제되지 않도록 법은 의무적으로 위원회 구성에 있어 필수 구성요원을 규정하고 있는 것이다.

(3) 위원자격이 반드시 필요한지 여부

입원적합성심사위원회에서 본 바와 같이 정신건강심의위원회 위원을 위촉(임명)할 때 모든 위원이 반드시 위와 같은 자격을 갖추어야 하는 것인가? 라는 점에서 법조문의 해석상 이견의 소지가 있으나 앞서 법 제46조의 입원적합성심사위원회에서 살펴 본 바와 같이 모든 위원이 법이 정한 위의 자격 중 하나를 갖추어야 한다고 볼 것이다. 보다 자세한 설명과 근거는 ☞ 법 제46조(입원적합성심사위원회 설치 및 운영 등) 참조.

정신건강심의위원회 위원의 경우 임기 중 기존에 위원이 된 자격(예컨대, 정신과 전문의, 판·검사·변호사, 정신건강전문요원 등)이 상실되는 경우에는 그 자격 상실 자체로 위원 자격을 잃게 된다고 볼 것이다. 판·검사의 경우 위원이 될 경우 개인의 자격으로 되는 것이 아니라 법원이나 검찰청 소속 기관의 허락을 받아 위촉되는 것이므로 판·검사의 직에서 퇴직한 경우라면 비록 변호사자격을 가지고 있다고 하더라도 그 개인의 위원자격은 상실되어야 할 것이다.

(4) 자격의 확인

입원적합성심사위원회 위원을 위촉할 때와 마찬가지로 정신건강심의위원회 위원을 위촉할 때에도 위의 각 항목 중 어느 자격에 해당하는지 확인할 필요가 있고, 두 가지 이상의 자격을 갖춘 경우라도 그 위촉을 할 때에는 한 가지 자격요건만을 가지고 위촉되어야 한다. 그렇지 않으면 다른 자격을 가진 사람의 위촉에 방해가 될 수 있기 때문이다.

앞서 입원적합성심사위원회 구성에 있어서도 지적하였듯이 정신건강심의위원회 위원 구성에 있어서도 공정성과 중립성을 위하여 공무원인 판사나 검사를 정신건강심의위원회 위원으로 위촉하고, 정신건강복지법의 기본이념에 따라 환자의 입원절차에서 도움을 받을 권리와 정책결정과정에서 참여할 권리를 보장하기 위해 법률에 규정되어 있는 대로 회복한 환자 또는 정신장애단체의 추천을 받는 사람을 위원회에 참여시킬 필요가 있다.

강제입원심사기관인 정신건강심의위원회가 중립성과 공정성을 유지하기 위해서는 위원회 구성의 외견 자체로서 공정하게 각 직역이나 자격의 비율을 적정하게 조율할 필요가 있다.

다. 정신건강심의위원회의 구성

(1) 위촉과 해촉

정신건강심의위원회 위원을 위촉(임명)하거나 해촉(해임)할 권한은 광역의 경우 시·도지사, 기초의 경우 시·군·구청장에게 있다. 입원적합성심사위원회 위원은 보건복지부장관이 입원적합성심사위원회 위원장의 추천을 받아 위촉(임명)하는데, 정신건강심사위원회 위원은 따로 추천을 받음이 없이 시·도지사나 시·군·구청장이 직접 위촉(임명)한다.

위와 같이 위촉(임명)된 정신건강심의위원회 위원의 해임이나 해촉사유는 다음과 같다(영 제26조 제3항 각 호).

i) 심신장애로 인하여 직무를 수행할 수 없게 된 경우(제1호)
ii) 직무와 관련된 비위사실이 있는 경우(제2호)
iii) 직무태만, 품위손상이나 그 밖의 사유로 위원으로 적합하지 아니하다고 인정되는 경우(제3호)
iv) 입원(입소)연장, 퇴원(퇴소) 또는 처우개선 심사에서 제척사유에 해당하는

데에도 불구하고 회피하지 아니한 경우(제4호)

ⅴ) 위원 스스로 직무를 수행하는 것이 곤란하다고 의사를 밝히는 경우(제5호)

(2) 위원회 구성인원과 구성요건

정신건강심의위원회는 광역의 경우 10명 이상 20명 이하, 기초의 경우 6명 이상 12명 이하의 위원으로 구성하여야 한다. 앞서 본 바와 같이 위원들을 특정자격을 가진 사람들만으로 구성할 수 없도록 법은 정신과 전문의, 법조인, 정신건강전문요원, 정신질환자의 가족을 반드시 각각 1명 이상 포함시키도록 하고, 정신건강증진시설의 설치·운영자, 대학에서 관련과목을 가르치는 전임강사 이상의 교원, 정신질환을 치료하고 회복한 사람, 그 밖에 정신건강 관계 공무원이나 인권전문가 등 중에서도 적어도 1명 이상을 포함시키도록 하였다(법 제53조 제5항 본문).

나아가 ⅰ) 심리학·간호학·사회복지학 또는 사회사업학을 가르치는 조교수 이상의 직에 있는 사람, ⅱ) 정신질환을 치료하고 회복한 사람, ⅲ) 정신건강 관계 공무원, ⅳ) 인권전문가, ⅴ) 그 밖에 정신건강과 인권에 관하여 관한 전문지식과 경험이 있다고 인정되는 사람 중에서 광역의 경우에는 3명 이상, 기초의 경우에는 2명 이상을 반드시 포함하도록 규정하였다(법 제53조 제5항 단서).

위와 같은 제53조 제5항 본문의 정신건강심의위원회 구성 일반요건과 단서의 광역 및 기초의 정신건강심의위원회 구성 특수요건은 두 요건 모두를 충족시켜야 적법한 정신건강심의위원회 구성이 된다.

(3) 위원의 자격과 인원의 유지

위에서 본 바와 같이 각 자격을 겸유하는 사람은 위촉 당시 어느 한 쪽의 자격만으로 한정하여 특정해 위촉해야만 다른 자격을 가진 사람이 위촉될 수 있다. 따라서 정신건강복지센터의 정신건강전문요원이면서 동시에 정신질환자의 가족인 사람이 위촉될 때에 만약 정신건강전문요원 자격으로서 위촉되었다면 추가적으로 정신질환자의 가족인 사람을 별도로 반드시 1명 이상 위촉하여야 한다.

또한, 이미 위촉된 일정자격 있는 사람이 해촉되어 정신건강심의위원회의 인원구성이 법정최소인원 미만으로 되거나 법이 요구하는 특정자격이 있는 사람이 없어지게 된 경우에는 신속하게 그 특정자격이 있는 사람을 위촉하여야 한다.

앞서 입원적합성심사위원회에서 본 바와 같이 정신건강심의위원회도 입원심사를 하는 기관이기 때문에 각 기초정신건강심의위원회의 위원을 최대 12명으로 한 규정을 폐지하고, 정신건강심의위원회 내에 3명 내지 5명으로 구성된 정신건강심사위원회를 여러 개 두어 대면심사를 포함한 좀 더 실질적인 입원심사가 가능해지도록 할 필요가 있다.

(4) 임기와 연임여부

정신건강심의위원회 위원의 임기는 2년이다(법 제53조 제4항). 입원적합성심사위원회 위원은 연임에 관한 명문규정이 있으나(법 제46조 제6항), 정신건강심의위원회 위원에 대해서는 연임에 관한 규정이 없다. 다만, 법령상 명문규정이 없더라도 연임은 법령상 금지되지 않은 이상 허용된다고 볼 것이다.

(5) 위원회의 구성

정신건강심의위원회에는 위원장 1명과 부위원장 1명을 둔다(영 제26조 제1항). 위원장과 부위원장의 선출과 역할은 다음과 같다.

1) 위원장

정신건강심의위원회 위원장은 정신건강에 관한 업무를 담당하는 공무원 중에서 광역의 경우 시·도지사가 지명하고, 기초의 경우 시·군·구청장이 지명한다(영 제26조 제2항). 위원장은 위원회를 대표하며, 위원회의 업무를 총괄한다(영 제27조 제1항).

2) 부위원장

정신건강심의위원회 부위원장은 위원회 위원 중에서 호선(互選)한다(영 제26조 제2항). 여기서 '호선(互選)'이란 위원회 위원들이 참여하여 내부의 위원 중에서 부위원장을 투표 등을 통해 뽑는 것을 말한다. 대법원 판례에 따르면, 호선은 '특정한 사람들이 자기네 가운데서 어떠한 사람을 골라 뽑는 방법의 선거'를 일컫는것이어서, 호선의 특성상 후보자 모두에게 의결에 참여할 기회를 부여하여도 호선의 본질에 반하지 아니한다[1]고 하였다. 이에 따르면, 부위원장 후보자가 자신을 부위원장으로 하는 투표(의결)에 참여하더라도 위법한 것이 아니다.

정신건강심의위원회 부위원장은 위원장을 보좌하며, 부득이한 사유로 위원장이 직무를 수행할 수 없는 경우에 그 직무를 대행한다(영 제27조 제2항). 정신건강심의위원회 부위원장이 실제 입원심사를 담당하는 정신건강심사위원회 위원장을 맡기 때문에(영 제28조 제2항) 정신건강심의위원회 부위원장은 시·도나 시·군·구로부터

---

1) 대법원 2006. 6. 15. 선고 2004다10909 판결.

독립된 중립적인 사람이 선임되는 것이 필요하다.

라. 정신건강심의위원회의 운영

(1) 의결방법

정신건강심의위원회는 합의체 심의·의결기관이다. 심의·의결기관의 의결방법을 미리 정해 놓지 않으면 위원회 내부적으로 분쟁이 발생할 수 있기 때문에 그 개의요건과 의결요건을 법령으로 규정해 놓고 있다.

정신건강심의위원회 회의는 재적위원 과반수의 출석으로 개의하고, 출석위원 과반수의 찬성으로 의결한다(영 제27조 제4항). 법령에 따르면, 정신건강심의위원회는 위원들이 일정한 회의장소에 출석할 것을 요구하고 있고, 대면하여 회의방식으로 의결할 것을 규정하고 있다.

또한 출석위원 과반수 찬성의결을 법령에서 규정하고 있기 때문에 의결안건에 대해 가부동수인 경우 부결된 것으로 해야 하며, 최종적으로 위원장이 가부여부를 결정하거나 가결된 것으로 할 수 없다. 이는 입원적합성심사위원회 의결방법에서 설명한 것과 같은 이유에서이다. 보다 자세한 내용은 ☞ 법 제47조(입원적합성심사위원회의 심사 및 심사결과 통지)의 설명을 참조할 것.

(2) 의결보고

정신건강심의위원회 위원장은 위원회에서 의결된 사항을 광역의 경우 시·도지사에게, 기초의 경우 시·군·구청장에게 보고하여야 한다(영 제27조 제4항). 정신건강심의위원회가 심의·의결할 수 있는 사항은 법정되어 있으며, 이는 광역인지, 기초인지 여부에 따라 다르다.

아울러, 법 시행령 제27조 제4항에서 정한 의결보고는 정신건강심의위원회가 하는 '심의사건'에 대한 의결보고를 말하며, 강제입원연장, 퇴원 또는 처우개선 심사 등의 '심사사건'의 경우에는 법 제57조 제1항에 따른 심사사건에 대한 의결보고를 하여야 한다(법 제57조 제1항).

4. 정신건강심의위원회의 업무

정신건강심의위원회의 업무는 광역과 기초가 서로 구분되어 있다.

가. 광역정신건강심의위원회의 업무

(1) 관련규정

광역정신건강심의위원회의 심의 또는 심사사항에 관하여 법은 다음과 같이 규정하고 있다(법 제53조 제2항 각 호).

1) 정신건강증진시설에 대한 감독에 관한 사항(제1호)
2) 보호입원 및 보호입소의 연장, 퇴원 및 처우개선, 외래치료명령의 각 심사결과 불복에 대한 재심사(제2호)
3) 그 밖에 보건복지부령으로 정하는 사항(제3호)

법 시행규칙(보건복지부령)은 추가로 광역정신건강심의위원회의 업무를 아래의 내용과 같이 추가하고 있다(규칙 제42조 제1항 각 호).

4) 시·도 단위 정신건강증진 및 정신질환자 복지서비스 지원에 관한 계획(지역계획)의 수립에 관한 사항(제1호)
5) 시·도 단위 지역계획에 따른 매년의 시행계획 수립에 관한 사항(제2호)[2)]

(2) 재심사업무

광역 정신건강심의위원회의 업무도 심사사항과 심의사항으로 나뉜다. 기초 정신건강심의위원회가 심사한 사항(보호입원 및 보호입소의 연장심사, 퇴원 및 처우개선심사, 외래치료명령청구 심사)에 대해 불복한 경우 광역 정신건강심의위원회가 재심사를 한다. 구체적인 심사기관은 광역 정신건강심의위원회 내에 있는 정신건강심사위원회가 담당한다.

기초정신건강심의위원회가 법 제62조 제3항 제3호에 따른 행정입원연장심사를 담당하기 때문에 행정입원연장심사 결과에 대한 불복사건도 광역정신건강심의위원회가 담당해야 하는 것이 맞다. 그런데 법 제60조가 재심사대상사건 중 행정입원연장심사 결과에 대한 불복에 관하여서는 규정하지 않고 보호입원(보호입소), 퇴원 및 처우개선, 외래치료명령에 대한 불복만 규정하고 있다.

---

2) 국가법령정보센터에 게재된 법 시행규칙 제42조 제1항 제2호는 '법 제8조제2항 본문에 따른 시행계획의 수립에 관한 사항'이라고 하고 있으나 '법 제8조제2항 본문'은 시행결과 평가에 관한 규정이고, '법 제8조제1항 본문'이 시행계획에 관한 규정이다. 시행규칙 입법과정에서의 오기로 보인다. 2017. 5. 30.자 대한민국 전자관보(제19019호, 52면)에도 동일한 오기가 있다. 추후 수정을 위한 개정이 필요하다.

이러한 문제가 발생한 이유는 정신건강복지법으로 전면개정하는 과정에서 구 정신보건법과 달리 정신건강심사위원회에 의한 행정입원연장규정이 신설되었으나 이를 간과한 채 구 정신보건법과 동일하게 재심사규정을 두었기 때문이다. 향후 입법에서 행정입원연장심사에 대한 불복을 추가하는 법 제60조의 재심사 규정의 개정도 요구된다.

(3) 심의업무

광역정신건강심의위원회의 심의업무의 대상은 크게 정신건강증진시설 감독사항과 지역계획 및 시행계획에 관한 사항으로 나뉜다. 아래 두 개의 심의업무는 정신건강심의위원회 내의 정신건강심사위원회가 담당하는 것이 아니라 정신건강심의위원회가 직접 담당한다.

1) 정신건강증진시설 감독

1995년 제정 정신보건법부터 광역정신건강심의위원회는 정신건강증진시설에 대한 감독과 시정에 관한 심의를 업무사항으로 하였으나 현행 정신건강복지법은 감독에 관한 사항만을 심의한다. 시·도지사는 정신건강증진시설에 대한 지도·감독을 할 수 있고(법 제66조 제1항), 정신건강심의위원회 위원으로 하여금 정신건강증진시설에 출입하게 하여 입원이나 입소한 사람을 직접 면담하여 입원이나 입소의 적절성, 퇴원이나 퇴소의 필요성, 처우에 관해 심의하게 할 수 있다(법 제66조 제2항 제1문). 이러한 정신건강증진시설 출입조사를 하는 경우 정신건강심의위원회는 심의와 의결을 거쳐 그 결과를 시·도지사에게 보고하여야 한다(법 제66조 제2항 제2문).

2) 지역계획 및 시행계획 수립

시·도는 5년 단위의 국가계획에 따라 그 관할지역 단위에서의 정신건강증진 및 정신질환자 복지서비스 지원에 관한 계획(이하 '지역계획'이라 한다)을 수립하여야 하는데, 광역정신건강심의위원회는 위 계획에 대해 심의·의결하여야 한다(규칙 제42조 제1항 제1호).

또한, 광역정신건강심의위원회는 위 지역계획에 따라 매년 그 관할지역 단위에서 시행하여야 하는 시행계획에 대해서도 심의·의결하여야 한다(규칙 제42조 제1항 제2호).

위와 같이 광역 정신건강심의위원회는 광역 단위의 정신건강복지 지역계획(5년 단위) 및 시행계획(1년 단위)을 심의·의결하는 역할을 한다. 광역 정신건강심의위원회의 심의·의결 없이 최종 수립된 지역계획이나 시행계획은 절차상 하자가 있는 행정계획이라 할 것이다.

나. 기초정신건강심의위원회의 업무

(1) 관련규정

기초정신건강심의위원회의 심의 또는 심사사항에 관하여 법은 다음과 같이 규정하고 있다(법 제53조 제3항 각 호).

i) 보호입원이나 보호입소 연장청구(제1호)
ii) 퇴원(퇴소) 또는 처우개선청구(제2호)
iii) 행정입원 연장(제3호)
iv) 외래치료명령(제4호)
v) 그 밖에 보건복지부령으로 정하는 사항(제5호): 시·군·구청장이 매년 수립해야 하는 정신건강복지 관련 시행계획(규칙 제42조 제2항)[3)]

(2) 심사업무

1) 심사대상업무

기초 정신건강심의위원회의 업무도 심사사항과 심의사항으로 나뉜다. 기초 정신건강심의위원회는 i) 보호입원(보호입소를 포함한다. 이하 같다)의 연장청구, ii) 퇴원 및 처우개선청구, iii) 행정입원 연장의뢰, iv) 외래치료명령청구에 대해 각 초심(初審)으로서 심사업무를 담당한다. 구체적인 심사업무를 담당하는 기관은 기초 정신건강심의위원회 내의 정신건강심사위원회이다. 심사의 구체적 내용은 ☞ 법 제54조(정신건강심사위원회의 설치·운영)를 참조할 것.

2) 심사의뢰절차와 심사

보호입원 및 보호입소 연장청구권자는 정신의료기관이나 정신요양시설의 장이고, 퇴원 및 처우개선청구의 청구권자는 입원환자 또는 보호의무자이다. 행정입원 연장은 지정 정신의료기관의 장이 청구하거나 의뢰하고, 외료치료명령청구는 입원 정신의료기관의 장이 담당한다.

---

3) 국가법령정보센터에 게재된 법 시행규칙 제42조 제2항은 '법 제8조제2항 본문'에 따라 시장·군수·구청장이 수립하는 시행계획에 관한 사항'이라고 하고 있으나 '법 제8조 제2항 본문은 위의 주석에서 지적한 바와 같이 시행결과 평가에 관한 규정이고, '법 제8조제1항 본문'이 시행계획에 관한 규정이다. 법 시행규칙 입법과정에서의 오기로 보인다. 2017. 5. 30.자 대한민국 전자관보(제19019호, 52면)에도 동일한 오기가 있다. 이 부분도 추후 수정을 위한 개정이 필요하다.

보호입원 연장청구, 퇴원 및 처우개선청구, 행정입원연장청구, 외래치료명령청구를 받은 시·군·구청장은 그 청구를 받은 후 정신건강심의위원회에 사건을 회부한다(법 제56조). 보호입원 연장청구, 퇴원 및 처우개선청구, 행정입원 연장, 외래치료명령청구는 정신건강심의위원회 산하 정신건강심사위원회에서 심사하여야 한다(법 제57조 제1항 및 법 제62조 제2항).

(2) 심의업무

시·군·구는 5년 단위의 국가의 국가계획 및 시·도의 지역계획과 1년 단위 시행계획을 기반으로 하여 매년 관할지역 단위에서 정신건강증진 및 정신질환자 복지서비스 지원에 관한 시행계획(이하 '시행계획'이라 한다)을 수립하여야 하는데, 기초정신건강심의위원회는 위 계획에 대해 심의·의결하여야 한다(규칙 제42조 제2항).

다. 특별자치시 또는 특별자치도 정신건강심의위원회의 업무

(1) 관련규정

특별자치시 및 특별자치도에 두는 광역정신건강심의위원회에서는 광역정신건강심의위원회 심의 및 심사사항에 더하여 기초정신건강심의위원회의 심의 및 심사사항에 대해서도 관할한다(법 제53조 제2항 단서).

(2) 입법취지

특별자치시 및 특별자치도는 다른 광역지방자치단체와 달리 광역 및 기초의 이원화된 위계구조의 지방자치단체가 아니라 일원화된 특별지방자치단체로 구성되어 있다. 현재 제주가 특별자치도로 규정되어 있고,[4] 세종이 특별자치시로 규정되어 있다.[5] 따라서 제주와 세종의 경우 광역정신건강심의위원회와 기초정신건강심의위원회로 이원화되지 않은 하나의 광역정신건강심의위원회로 구성되어야 한다.

---

4) 「제주특별자치도 설치 및 국제자유도시 조성을 위한 특별법」 제10조(행정시의 폐지·설치·분리·합병 등)
① 제주자치도는 「지방자치법」 제2조제1항 및 제3조제2항에도 불구하고 그 관할구역에 지방자치단체인 시와 군을 두지 아니한다.
② 제주자치도의 관할구역에 지방자치단체가 아닌 시(이하 "행정시"라 한다)를 둔다.
③ 이하 생략

5) 「세종특별자치시 설치 등에 관한 특별법」 제6조(설치 등) ① 정부의 직할(直轄)로 세종특별자치시를 설치한다.
② 세종특별자치시의 관할구역에는 「지방자치법」 제2조제1항제2호의 지방자치단체를 두지 아니한다.
③ 「지방자치법」 제3조제3항에도 불구하고 세종특별자치시의 관할구역에 도시의 형태를 갖춘 지역에는 동을 두고, 그 밖의 지역에는 읍·면을 둔다.
④ 「지방자치법」의 읍·면·동에 관한 규정은 세종특별자치시에 두는 읍·면·동에 대하여도 적용한다.

이러한 제주와 세종의 특수성을 감안해 제주와 세종의 광역정신건강심의위원회에서는 광역에서의 심의 및 심사사항(지역계획 및 시행계획 심의, 정신건강증진시설 감독, 재심사업무 등) 외에 기초에서의 심의 및 심사사항(보호입원, 행정입원 등의 연장심사, 외래치료명령심사, 퇴원 및 처우개선심사. 시·군·구 시행계획의 수립)까지 함께 관할하여 다루고 있다.

(3) 심사와 재심사의 중복 문제

제주와 세종의 경우 보호입원, 행정입원의 각 연장심사와 외래치료명령에 대한 심사를 제주 또는 세종 광역정신건강심의위원회가 담당해야 하는데, 그 재심사 또한 상위 광역단체가 아닌 같은 정신건강심의위원회 내에서 담당할 수밖에 없다. 따라서 광역 정신건강심의위원회 내에 심사위원회를 둘 이상으로 만들 필요가 있다. 이러한 점을 고려해 제주와 세종의 경우 초심을 맡는 심사위원회 위원과 재심을 맡은 심사위원회 위원의 구성을 달리해야 한다.

5. 지방자치단체의 규칙과 조례

가. 지방자치단체장의 규칙제정권

(1) 관련규정

정신건강심의위원회 운영 등에 필요한 사항은 대통령령으로 정하도록 하고 있고(법 제53조 제8항), 이러한 법의 위임에 따라 법 시행령은 그 구성과 운영에 관해 일정한 사항을 규정하고 있다(영 제26조 및 제27조).

법 시행령은 정신건강심의위원회 구성과 관련해 위원장과 부위원장의 숫자와 선출방법, 해임(해촉)사유를(영 제26조), 운영과 관련해 위원장과 부위원장의 역할을(영 제27조) 각 규정하고 있다.

(2) 정신건강심의위원회에 대한 지방자치단체장의 규칙제정권

법령은 각 정신건강심의위원회 위원의 연임가능 여부, 정신건강심의위원회 회의 소집권자, 간사의 선임, 수당의 지급 등 구체적 정신건강심의위원회 운영절차와 규정 등에 대해서는 따로 규정하고 있지 않다.

정신건강심의위원회가 지방자치단체장 소속의 심의·의결기관이므로 지방자치단체장이 그에 대해 규율할 수 있는 권한을 부여하는 것이 타당하다고 보아 법 시행령은 법령에 규정한 사항 외에 정신건강심의위원회의 구성 및 운영 등에 필요한 세부 사항은 시·도지사 또는 시·군·구청장이 스스로 정할 수 있도록 하였다(영 제27조 제5항).

위의 지방자치단체장의 규칙제정권은 법령이 위임한 범위 안에서만 가능하다. 따라서 지방자치단체의 장의 규칙제정권한은 내부 운영규정만 정할 수 있을 뿐 벌칙이나 개인의 권리의무를 제한할 수 있는 규정은 둘 수 없다.

나. 지방자치단체의 정신건강심의위원회 운영조례

(1) 정신건강심의위원회 조례

구 정신보건법 하에서도 정신건강심의위원회 운영에 관한 세부사항은 지방자치단체장이 정할 수 있도록 하였으나 다수의 지방자치단체에서는 지방의회의 조례형식으로 각 관할 기초 또는 광역 정신건강심의위원회 설치 및 운영에 관한 규정을 두었다.

(2) 시·군·구 조례의 예시

구 정신보건법 하에서 일부 시·군·구 정신건강심의위원회 조례를 예로 들어 보면, i) 기초 정신건강심의위원회 위원장을 관할 보건소장으로 하고, ii) 연임에 관한 규정 및 간사에 관한 규정을 두고, iii) 위원에 대한 수당지급의 근거를 두고 있다(2009. 7. 27. 제정. 인천광역시 동구 기초정신보건심의위원회 설치 및 운영 조례).

(3) 시·도 조례의 예시

구 정신보건법 하에서 일부 시·도 정신건강심의위원회 조례를 예로 들어 보면, i) 광역 정신건강심의위원회 위원장을 도 산하 정신보건업무 담당 국장으로 하고, ii) 연임에 관한 규정 및 간사에 관한 규정을 두고, iii) 위원에 대한 수당지급의 근거 규정 iv) 위원장의 회의소집 권한과 의장으로서의 권한을 규정하고 있다(2011. 3. 10. 일부개정. 대구광역시 정신보건심의위원회 조례).

6. 국가인권위원회 조사요청

가. 규정과 입법취지

정신건강심의위원회는 위원회의 독자적인 권한으로서 정신질환자 인권침해행위에 대해 국가인권위원회에 조사를 요청할 권한을 가지고 있다(법 제53조 제6항). 이 규정은 2008년 구 정신보건법에 신설된 규정으로 구 정신보건심판위원회가 강제입원 연장에 대한 심사를 하면서 환자의 의견진술이나 위원의 조사보고를 검토하여 정신의료기관 내 인권침해 상황을 확인하더라도 구체적 조사권이 없는 점을 감안하여 정신의료기관을 포함한 다수인구금시설을 조사할 권한이 있는 국가인권위원회에 조사를 요청할 근거를 마련한 것이다.

나. 조사요청의 요건과 효과

정신건강심의위원회가 국가인권위원회에 조사요청을 하기 위해서는 다음과 같은 절차와 요건을 준수하여야 한다.

먼저, 위원 개인이나 위원장 개인이 조사요청을 할 권한은 없기 때문에 정신건강심의위원회 의결을 거쳐 구체적 인권침해행위를 적시하여 국가인권위원회에 조사를 요청하여야 한다. 이 경우에는 지방자치단체의 장에 대한 보고는 해야 하지만 법이 직접 정신건강심의위원회에 요청권한을 부여하였으므로 정신건강심의위원회 위원장 명의로 국가인권위원회에 조사를 요청할 수 있다.

다음으로, 조사요청의 대상은 입원환자에 대한 인권침해행위이다. 정신건강심의위원회는 입원연장심사나 퇴원 및 처우개선심사의 심사자료 등을 통해 정신의료기관이나 정신요양시설의 인권침해사실을 알게 되는 경우가 적지 않다. 그러한 심사과정에서 확인된 것이 아니라도 정신건강심의위원회가 지역사회 내 정신질환자 인권침해예방기구로서도 역할할 수 있으므로 지방자치단체의 장의 요청이나 정신건강심의위원회 위원장의 직권으로 지역사회 정신건강증진시설 내 인권침해행위의 조사요청을 심의·의결하여 국가인권위원회에 송부할 수도 있다.

끝으로, 위와 같은 정신건강심의위원회의 조사요청이 있을 경우 그 법적 효과로서 국가인권위원회가 조사에 응할 의무가 있는지 여부가 문제된다. 정신건강복지법은 이에 대해 아무런 규정을 두지 않고 있다. 「국가인권위원회법」에는 인권침해행위나 차별행위에 대한 조사와 구제권한이 있으며, 정신의료기관이나 정신요양시설과 같은 다수인 보호시설을 방문하여 조사할 수 있으나 다른 위원회나 기관으로부터 조사요청을 받았을 때 이에 응할 의무를 두고 있지는 않다.

다만, 「국가인권위원회법」은 정신의료기관이나 정신요양시설과 같은 보호시설의 업무와 관련하여 인권침해나 차별행위를 당한 경우 그 사실을 알고 있는 사람이나 단체가 국가인권위원회에 진정(이른바 제3자 진정)을 할 수 있다. 따라서 정신건강심의위원회가 정신질환자 인권침해행위를 알게 된 경우의 위의 조사요청은 제3자 진정의 하나로 간주하여 법에 따라 접수하여 진정사건으로 처리해야 할 것이다.

다. 문제점과 한계

정신건강심의위원회의 국가인권위원회에 대한 조사요청 규정은 실제 지난 10년간 거의 활용되지 않았다. 그 이유는 먼저 각 지방자치단체장에 소속된 정신건강심의위원회는 그 내부위원회인 정신건강심사위원회에서 정신의료기관에서 제출한 자료에 근거한 형식적 서면심사만으로 입원연장 여부를 결정해 왔기 때문에 사실상 환자가 인권침해를 당했는지 여부를 알 수가 없다.

또한, 환자의 적극적인 의견진술이나 위원회 내부 자료심사결과 위와 같은 인권침해상황을 확인하였더라도 다른 국가기관에 조사권 행사를 요청하는 것이 위원회의 의무가 아닌 이상 소극적일 수밖에 없다.

나아가, 정신건강심의위원회는 각 지방자치단체장 소속 위원회인데, 지방자치단체장은 정신건강증진시설에 대한 검사 및 조사를 할 수 있고, 정신건강심의위원회 위원 또한 환자를 직접 면담하여 조사 등을 하고, 그 조사결과에 근거해 지방자치단체의 장은 퇴원이나 처우개선 등의 명령을 할 수 있다(법 제66조). 이와 같은 행정감독권한이 있기 때문에 별도로 국가인권위원회에 조사요청을 할 이유가 없기도 하다.

위와 같은 상황에서, 정신건강심의위원회가 국가인권위원회에 조사권의 발동을 요청할 수 있다는 규정은 사실상 그 활용도가 떨어질 수밖에 없었고, 국가인권위원회가 정신건강심의위원회의 요청에 응하여야 할 법령상 근거규정도 두지 않고 있어 사실상 조사권한이 발동될지 여부도 알 수 없는 문제점이 있다. 오히려 입원환자나 제3자가 직접 국가인권위원회에 차별이나 인권침해를 이유로 진정을 할 경우에는 국가인권위원회의 조사의무가 발생한다는 점에서 정신건강심의위원회가 직접 제3자 진정의 형태로 「국가인권위원회법」 제30조에 따른 진정을 하는 것이 더 유용한 방법일 수도 있다.

7. 정신건강심의위원회 개선방안(입법론)

가. 문제점

현행 정신건강복지법에 따르면, 정신건강심의위원회는 광역단위 또는 기초단위에서 강제입원연장, 퇴원 및 처우개선, 외래치료명령의 심사기관으로서의 역할과 정신건강복지 관련 계획의 심의기관으로서의 역할을 하고 있다.

그러나 지방자치단체의 장에게 소속된 정신건강심의위원회가 지방자치단체의 장 스스로 입원을 의뢰하거나 연장하는 행정입원에 대해 독립적, 중립적 심사를 하기는 어렵다. 나아가 현행 제도로는 강제입원심사기관으로서 가져야 할 대면심사와 환자의 절차적 권리보장의 역할을 하는 실질적 심사기관이 되기도 어렵다.

나. 입법론

현행 정신건강복지법은 정신건강심의위원회나 정신건강심사위원회가 강제입원의 연장이나 외래치료명령을 결정할 권한을 부여하고 있으나 실제 그 결정의 독립성이나 중립성을 보장할 만한 제도적 장치나 입원연장심사에 있어 헌법상 요구되는 적법절차를 마련하지 못하고 있다.

이와 같은 점을 고려하면, 정신건강복지법의 정신건강심의위원회는 순수한 의미에서의 지역계획이나 시행계획에 대한 심의·의결업무만 남기고, 환자의 신체에 대한 치료(외래치료명령)나 보호입원, 보호입소, 행정입원의 연장심사와 같이 환자의 신체적 감금이나 침습을 결정하는 심사업무는 모두 삭제하는 것이 타당하다.

이 경우 정신건강심의위원회 내부기관인 정신건강심사위원회의 심사업무도 모두 삭제하고, 독립성과 중립성이 있는 국가 강제입원심사기관(가칭, 정신건강심판원)을 설립하거나 법원(그 중 후견적 역할이 가능한 가정법원)에 그 심사업무를 담당하도록 하는 것이 옳다.

Ⅱ. 정신건강심사위원회의 설치 · 운영(제54조)

第54조(정신건강심사위원회의 설치 · 운영) ① 정신건강심의위원회의 업무 중 심사와 관련된 업무를 전문적으로 수행하기 위하여 광역정신건강심의위원회 안에 광역정신건강심사위원회를 두고, 기초정신건강심의위원회 안에 기초정신건강심사위원회를 둔다.

② 광역정신건강심사위원회 및 기초정신건강심사위원회(이하 "정신건강심사위원회"라 한다)는 정신건강심의위원회의 위원 중에서 시 · 도지사 또는 시장 · 군수 · 구청장이 임명한 5명 이상 9명 이내의 위원으로 구성한다. 이 경우 위원은 제53조제5항제1호에 해당하는 사람, 같은 항 제2호에 해당하는 사람 및 같은 항 제3호에 해당하는 사람 중에서 각각 1명 이상, 같은 항 제5호나목부터 라목까지의 어느 하나에 해당하는 사람 2명 이상을 포함하여야 한다.

③ 정신건강심사위원회는 월 1회 이상 위원회의 회의를 개최하여야 한다. 다만, 심사 사항이 없는 달에는 그러하지 아니하다.

④ 정신건강심사위원회의 구성 · 운영 등에 필요한 사항은 대통령령으로 정한다.

1. 정신건강심사위원회의 의의와 역할

가. 연 혁

구 정신보건법은 1995년 제정 당시부터 일본 정신의료심사회 내의 강제입원심사를 하는 합의체를 참조하여 정신보건심의위원회 내에 정신보건심판위원회를 두었다. 구체적으로 보면, 제정 정신보건법은 보건복지부장관 소속의 중앙정신보건심판위원회와 시 · 도지사 소속의 지역정신보건심판위원회로 나누었고, 2008년 개정 정신보건법은 중앙정신보건심판위원회를 폐지하고, 지역정신보건심판위원회를 시 · 도지사 소속의 광역정신보건심판위원회와 시 · 군 · 구청장 소속의 기초정신보건심판위원회로 나누어 기초의 경우 강제입원심사의 초심을 맡고, 광역이 강제입원심사의 재심을 맡도록 하였다.

2016년 정신건강복지법으로 변경되면서 시 · 도지사 소속 광역정신보건심판위원회는 광역정신건강심사위원회로, 시 · 군 · 구청장 소속 기초정신보건심판위원회는 기초정신건강심사위원회로 이름만 바꾸어 그 법적 지위와 기능을 그대로 유지하고 있다.

나. 의의와 기능

(1) 정신건강심사위원회의 개념

'정신건강심사위원회'란 시·도지사 또는 시·군·구청장 소속의 정신건강심의위원회 내에 설치되어 강제입원(보호입원 및 보호입소의 연장, 행정입원 연장, 퇴원 및 처우개선) 및 외래치료명령에 대한 심사(기초정신건강심사위원회) 및 재심사(광역정신건강심사위원회)를 전문으로 하는 합의체 심사기관이다. 이를 분설하여 보면 다음과 같다.

i) 소속: 시·도지사 또는 시·군·구청장 소속 정신건강심의위원회 내

ii) 업무: 보호입원 및 보호입소의 연장, 행정입원 연장, 퇴원 및 처우개선청구와 외래치료명령청구에 대한 심사(기초정신건강심사위원회)와 재심사(광역정신건강심사위원회)

iii) 업무방식: 청구사건이나 의뢰사건에 대해 다수결로 결정을 하는 합의체 심사기관

(2) 정신건강심사위원회의 설치

정신건강심사위원회는 시·도나 시·군·구에 필수적으로 설치되어야 하는 법정 심사기관이다. 다만, 정신의료기관이나 정신요양시설이 없는 시·군·구의 경우에는 정신건강심의위원회를 두지 않을 수 있기 때문에(법 제54조 제1항 단서) 그 경우에는 정신건강심사위원회도 둘 수가 없게 된다.

(3) 정신건강심사위원회의 법적 지위

정신건강심사위원회는 강제입원연장 등의 심사를 하는 법상 요구되는 필수적 합의체 심사기관이다. 이를 분설하여 보면 다음과 같다.

1) 강제입원연장심사기관

입원적합성심사위원회가 최초입원에 대한 강제입원심사기관이라면 정신건강심사위원회는 입원적합성심사위원회가 승인한 강제입원에 관해 그 연장을 심사하는 강제입원 연장심사기관이라 할 수 있다. 구체적으로 보면, 정신의료기관의 장이 청구하거나 시·군·구청장이 의뢰한 강제입원인 보호입원과 행정입원에 대한 연장을 심사한다.

2) 퇴원 및 처우개선심사기관

정신의료기관이나 정신요양시설에 입원 또는 입소 중인 환자나 보호의무자는 퇴원 또는 처우개선청구를 할 수 있는데, 정신건강심사위원회는 이러한 퇴원 및 처우개선청구에 대한 심사를 하는 기관이기도 하다.

3) 외래치료명령심사기관

정신의료기관의 장은 입원한 강제입원환자에 대해 일정한 요건을 갖추어 외래치료명령을 청구할 수 있는데, 이 경우 정신건강심사위원회가 그 청구에 대한 심사를 담당한다.

(4) 정신건강심사위원회의 기능

정신건강심사위원회는 두 가지 기능을 가진다. 하나는 강제입원연장이나 퇴원 및 처우개선, 외래치료명령의 각 청구에 대하여 사법기관과 유사하게 그 인용이나 기각을 결정할 수 있는 심판기능을 가지고 있다.

다른 하나는 이러한 심판기능을 통하여 정신의료기관이나 시·군·구청장의 입원연장이나 외래치료명령을 적절하게 통제하고, 이러한 권한통제를 통하여 환자의 인권을 보장하는 기능을 한다.

다. 문제점과 개선방안

각 지방자치단체의 장에 소속되어 있는 정신건강심사위원회는 입원연장이나 퇴원청구와 관련된 강제입원심사기관인데, 강제입원심사기관이 가져야 할 보편적 기준인 독립성과 중립성, 환자의 절차적 권리의 보장이 제도적으로나 현실적으로 이루어지지 않고 있다. 정신건강심사위원회는 헌법재판소가 2016년 강제입원 위헌(헌법불합치)결정에서 요구하고 있는 기준이나 국제기준이라 할 수 있는 1991년 UN 정신장애인 보호(MI) 원칙에서 요구하는 기준에도 부합하지 않는 상태이다.

입법론적으로는 독립적이고, 중립적인 입원심사기관으로 입원적합성심사위원회와 함께 통합되어 국가 소속의 일원화된 강제입원심사기관으로 전환될 필요가 있고, 현재와 같은 의료적 합의체가 아닌 공정성과 중립성이 담보될 수 있는 법원 또는 심판원(tribunal) 시스템으로 전환하거나 법원의 개입이 가능하도록 하여 환자에 대한 대면심사와 국선변호인의 지원을 통해 환자에 대한 법률적 조력이 보장된 준사법절차로 강제입원심사절차를 전환하여야 한다.

2. 구 정신보건법과의 비교

구 정신보건법과 현행 정신건강복지법의 정신건강심사위원회를 비교해 볼 때 다음과 같은 차이점이 있다.

표 4-2 정신건강심사위원회와 정신보건심판위원회의 신·구법 비교

비교항목	정신건강복지법	구 정신보건법
위원회종류	1. 광역 2. 기초	
명칭	정신건강심사위원회	정신보건심판위원회
상위 소속기관	정신건강심의위원회	정신보건심의위원회
위원회구성 요건	1. 정신과 전문의 2. 판사·검사·변호사의 자격이 있는 사람 3. 정신건강복지센터 소속 정신건강전문요원 위의 1,2,3의 자격이 있는 사람 중에서 각각 1명 이상을 포함해야 함 4. 대학에서 심리학·간호학·사회복지학 또는 사회사업학을 가르치는 조교수 이상 5. 정신질환을 치료하고 회복한 사람 6. 정신건강 관계 공무원, 인권전문가 등 정신건강과 인권에 관한 전문지식과 경험이 있는 사람 위의 4. 5. 6. 중에서 2명 이상을 포함하여 위원회를 구성하여야 함(법 제54조 제2항 2문)	1. 정신과 전문의 2. 판사·검사·변호사의 자격이 있는 자 3. 정신보건전문요원 위의 자격이 있는 사람 중에서 각각 1인 이상을 포함하여 위원회를 구성해야 함(구 정신보건법 시행령 제28조 제6항)
위원회 인원	5명 이상 9명 이하	5명 이상 10명 이하
위원회 개최의무	월 1회 이상 개최의무 (단, 심사사항이 없는 달에는 미개최가능)	따로 규정 없음
기초위원회의 업무	1. 보호입원 및 행정입원 연장심사 2. 퇴원 및 처우개선심사 3. 외래치료명령 심사	1. 이의제기된 치료행위심사 2. 처우개선 심사 3. 퇴원 및 계속입원(입원연장) 여부심사 4. 외래치료명령 심사
광역위원회의 업무	재심사 청구사건(기초위원회의 심사결과에 대한 불복사건)	

현행 정신건강복지법에 따르면, 위원회 위원 중 필수적 구성인원으로 되어야 하는 사람으로 '일정조건을 갖춘 교수', '정신질환 회복자', '정신건강 관계공무원이나 인권전문가' 등에서 적어도 2명 이상의 위원회 위원이 있어야 위원회가 합법성을 구비할 수 있다. 그 외에 정신건강심사위원회의 심사를 실질적이고 적법하게 하기 위해서 월 1회 이상 개최의무를 부과하고 있고, 위원 구성인원을 10명에서 9명으로 줄인 것은 홀수로 구성되어야 과반수 의결을 하기에 수월하기 때문에 바뀐 것이다. 그 외의 정신건강심사위원회의 구성방식은 구 정신보건법의 정신보건심판위원회와 대동소이하다.

3. 정신건강심의위원회와 비교

가. 두 위원회의 구분 필요성

구 정신보건법에서는 정신보건심의위원회와 정신보건심판위원회라는 이름으로, 현행 법에서는 정신건강심의위원회와 정신건강심사위원회라는 이름으로 두 개의 위원회가 시·도지사나 시·군·구청장 산하 정신건강복지정책의 심의기관이나 심사기관으로 규정되어 있다.

정신건강심사위원회 위원은 정신건강심의위원회 위원 중에서 위촉되기 때문에 두 위원회의 위원은 일부 위원을 제외하고는 그 위원 지위를 동시에 겸유하고 있다. 즉, 위원들이 모여 회의를 하면 그 회의가 정신건강심의위원회의 회의인지, 정신건강심사위원회의 회의인지 구분하기 어려운 경우도 있고, 실제 구 정신보건법 하에서 각 지역의 정신보건심의위원회는 연중 내내 개최되지 않는 경우도 적지 않다. 그러나 두 위원회는 법적으로는 분리되어 있으며, 그 역할에도 차이가 있고, 혼동되는 경우 법적, 절차적 문제를 불러올 수 있기 때문에 이를 구분하여 운영할 필요가 있다.

나. 정신건강심사위원회와 정신건강심의위원회의 비교

현행 정신건강복지법 하에서 정신건강심사위원회와 정신건강심의위원회를 비교해 보면 다음과 같다.

표 4-3 정신건강심사위원회와 정신건강심의위원회의 비교

비교항목	정신건강심사위원회	정신건강심의위원회
소속	정신건강심의위원회 소속	지방자치단체의 장 소속
위원 수	5명 내지 9명	1. 광역(10명 내지 20명) 2. 기초(6명 내지 12명)
위원위촉	지방자치단체의 장이 정신건강심의위원회 위원 중 위촉	지방자치단체의 장이 일정한 자격을 가진 사람 중 위촉
위원장	정신건강심의위원회 부위원장이 담당 (영 제28조 제2항)	정신건강업무 담당공무원을 지방자치단체의 장이 지정(영 제26조 제2항) [통상 보건소장(기초자치단체)이나 담당업무 국장(광역자치단체)이 담당]
부위원장	위원들 중에서 호선(영 제26조 제2항 및 제28조 제2항)	
위원회 회의방식	회의는 재적위원 과반수 출석으로 개의 출석위원 과반수 찬성으로 의결 (영 제27조 제3항 및 제28조 제3항)	
위원회 필수구성 위원	1. 정신과전문의 2. 판사·검사·변호사자격이 있는 자 3. 정신건강복지센터의 정신건강전문요원 4. 정신질환자의 보호와 재활을 위하여 노력한 가족 5. 아래 각 사람으로서 정신건강에 관한 전문지식과 경험이 있는 자 i) 정신건강증진시설 설치·운영자 ii) 심리학·간호학·사회복지학·사회사업학을 가르치는 조교수 이상 iii) 정신질환을 치료하고 회복한 자 iv) 정신건강 관계공무원, 인권전문가 등 정신건강과 인권에 관한 전문지식과 경험이 있는 자 1, 2, 3호의 사람을 각 1명 이상 포함 ii) 내지 iv)의 사람 중 2명 이상 포함 (법 제54조 제2항)	1. 정신과전문의 2. 판사·검사·변호사자격이 있는 자 3. 정신건강복지센터의 정신건강전문요원 4. 정신질환자의 보호와 재활을 위하여 노력한 가족 5. 아래 각 사람으로서 정신건강에 관한 전문지식과 경험이 있는 자 i) 정신건강증진시설 설치·운영자 ii) 심리학·간호학·사회복지학·사회사업학을 가르치는 조교수 이상 iii) 정신질환을 치료하고 회복한 자 iv) 정신건강 관계공무원, 인권전문가 등 정신건강과 인권에 관한 전문지식과 경험이 있는 자 (공통) 1 내지 5의 각 호의 사람을 각각 1명 이상씩 포함 (광역) ii) 내지 iv)의 사람을 3명 이상 포함해야 함 (기초) ii) 내지 iv)의 사람을 2명 이상 포함해야 함 (법 제53조 제5항)
위원회 업무	1. 연장심사(보호입원, 보호입소, 행정입원) 2. 퇴원 및 처우개선청구심사 3. 외래치료명령청구심사	1. 심의업무(시행계획 등) 2. 심사회부(좌의 심사사건회부)

위에서 본 바와 같이 정신건강심사위원회와 정신건강심의위원회는 그 위원회 구성방식, 담당업무, 위원장의 자격 등이 다름에도 불구하고 실무적으로는 지역 보건소 등에서 양 위원회를 혼동하여 업무를 처리하는 경우도 적지 않다. 주의를 요한다.

4. 정신건강심사위원회의 구성과 운영

가. 설 치

정신건강심사위원회는 심사업무를 전담하는 위원회로서 정신건강심의위원회 내에 설치하여야 한다(법 제54조 제1항). 따라서 정신건강심의위원회가 설치되지 않은 시·군·구의 경우 정신건강심사위원회 설치도 불가능하다.

정신건강심사위원회는 시·도에 설치되는 경우 광역 정신건강심사위원회로 강제입원 연장 등 사건의 재심사를 담당하고, 시·군·구에 설치되는 경우 기초 정신건강심사위원회로서 강제입원 연장 등 사건의 심사(초심)를 담당한다.

나. 위원 자격

정신건강심사위원회는 강제입원 관련 사항을 심사·의결하는 업무를 하기 때문에 그 위원 자격과 구성이 공정하고, 중립적이어야 한다. 현행 정신건강복지법은 정신건강심의위원회 위원 중에서 시·도지사나 시·군·구청장이 위촉(임명)해야 하기 때문에 정신건강심의위원회 위원이 아니거나 그 위원자격을 상실한 경우라면 정신건강심사위원회 위원도 될 수 없다.

예컨대, 정신건강복지센터 소속 정신건강전문요원이나 정신건강 담당 공무원의 자격에 기해 위촉(임명)된 정신건강심의위원회 위원이 정신건강심사위원으로도 위촉(임명)된 경우 그 직에서 퇴직하거나 다른 곳으로 이직 또는 공무원 보직변경으로 업무가 변경되었다면 그 위원의 전제가 된 자격상실로 인해 정신건강심의위원회 위원과 정신건강심사위원회 위원 자격이 모두 소멸된다고 보아야 할 것이다. 이 경우 그 자격을 갖춘 새로운 센터직원이나 공무원을 신규 위원으로 위촉(임명)하여야 한다.

다. 구 성

(1) 위원회의 필수자격위원

법은 정신건강심사위원회 위원의 숫자를 5명 이상 9명 이내의 위원으로 구성하도록 하였다(법 제54조 제2항). 입원적합성심사위원회와 유사하게 정신건강심사위원회도 강제입원연장심사기관이기 때문에 법은 위원의 중립성이나 독립성을 고려해 다양한 자격을 가진 사람들이 정신건강심사위원회 위원이 될 수 있도록 하였다.

구체적으로 보면, i) 정신과 전문의, ii) 판사·검사·변호사의 자격이 있는 사람, iii) 정신건강복지센터 소속 정신건강전문요원 중에서 각각 1명 이상씩의 위원이 포함되어야 한다(법 제54조 제2항 제2문).

추가적으로 iv) 대학에서 심리학·간호학·사회복지학 또는 사회사업학을 가르치는 조교수(전임강사) 이상, v) 정신질환을 치료하고 회복한 사람, vi) 정신건강 관계공무원, 인권전문가 등 정신건강과 인권에 관한 전문지식과 경험을 가진 사람 중에서 2명 이상을 포함하여 정신건강심사위원회를 구성하여야 한다(법 제54조 제2항 제2문).

위와 같은 법이 요구하는 정신건강심사위원회 구성요건을 충족하기 위해서는 정신과 전문의, 법조인, 센터 전문요원이 최소 필수위원으로, 정신건강복지 관련 교수, 정신질환 회복자, 관계공무원이나 인권전문가 중에서 적어도 2명 이상의 위원이 위촉(임명)되어 정신건강심사위원회가 구성되어야 한다.

(2) 위촉과 해촉

정신건강심사위원회 위원을 위촉(임명)하거나 해촉(해임)할 권한은 광역의 경우 시·도지사, 기초의 경우 시·군·구청장에게 있다. 입원적합성심사위원회 위원은 보건복지부장관이 입원적합성심사위원회 위원장의 추천을 받아 위촉(임명)하는데, 정신건강심사위원회 위원은 따로 추천을 받음이 없이 시·도지사나 시·군·구청장이 정신건강심의위원회 위원 중에서 직접 위촉(임명)한다.

정신건강심사위원회 해촉과 관련해서는 별도의 규정이 없지만 정신건강심의위원회 위원의 해임이나 해촉사유가 아래와 같이 규정되어 있고(영 제26조 제3항 각 호), 정신건강심의위원회 위원자격이 상실되면, 정신건강심사위원회 위원자격도 함께 상실한다고 보아야 하므로 아래의 사유는 정신건강심사위원회 해촉(해임)사유에도 해당한다고 볼 것이다.

i) 심신장애로 인하여 직무를 수행할 수 없게 된 경우(제1호)
ii) 직무와 관련된 비위사실이 있는 경우(제2호)
iii) 직무태만, 품위손상이나 그 밖의 사유로 위원으로 적합하지 아니하다고 인정되는 경우(제3호)

ⅳ) 입원(입소)연장, 퇴원(퇴소) 또는 처우개선 심사에서 제척사유에 해당하는 데에도 불구하고 회피하지 아니한 경우(제4호)

ⅴ) 위원 스스로 직무를 수행하는 것이 곤란하다고 의사를 밝히는 경우(제5호)

(3) 위원의 자격과 인원의 유지

앞서 본 바와 같이 정신건강심의위원회 위원 자격을 상실하면 동시에 정신건강심사위원회 위원 자격도 상실한다. 이러한 위원자격 상실 등으로 정신건강심사위원회 위원 인원이 법정최소인원(5명)에 미달하거나 필수자격위원이 결여된 경우 그 자격을 갖춘 사람을 새로운 위원으로 임명(위촉)하여야 한다.

(4) 임기와 연임여부

정신건강심사위원회 위원의 임기나 연임에 관하여는 따로 규정된 것이 없다. 그러나 정신건강심의위원회 위원 임기가 정해져 있기 때문에 그 임기가 만료되면 자동적으로 정신건강심사위원회 위원자격도 상실한다고 볼 것이다.

입원적합성심사위원회 위원의 연임에 관한 명문규정이 있는 점(법 제46조 제6항)을 고려해 볼 때, 정신건강심사위원회 위원도 연임은 허용된다고 볼 것이다.

(5) 위원회의 구성

광역이든 기초든 정신건강심사위원회에는 위원장 1명과 부위원장 1명을 둔다(영 제28조 제1항). 위원장과 부위원장의 선출 및 역할은 다음과 같다.

1) 위원장

정신건강심사위원회 위원장은 정신건강심의위원회 부위원장이 된다(영 제28조 제2항). 정신건강심의위원회 부위원장은 위원회 위원 중에서 호선(互選)하도록 되어 있기 때문에 결국 정신건강심사위원회 위원장은 정신건강심의위원회 위원들의 투표 등 의결로서 선출하게 된다. 정신건강심사위원회는 강제입원연장심사기관의 역할을 하기 때문에 정신건강심사위원회 위원장은 강제입원 연장심사회의 등의 의장의 역할도 해야 한다. 정신건강심사위원회의 위원장은 위원회에서 의결된 사항을 정신건강심의위원회의 위원장에게 보고하여야 한다(영 제28조 제4항).

2) 부위원장

정신건강심사위원회 부위원장은 정신건강심사위원회 위원 중에서 호선(互選)한다(영 제28조 제2항). 앞서 보았듯이 호선(互選)이란 위원회 위원들이 참여하여 내부의 위원 중에서 부위원장을 투표 등을 통해 뽑는 것을 말한다.

정신건강심사위원회 부위원장의 직무에 대해서는 따로 규정한 것이 없으나 정신건강심의위원회 부위원장의 직무규정과 유사하게 부위원장은 정신건강심사위원회 위원장을 보좌하며, 부득이한 사유로 위원장이 직무를 수행할 수 없는 경우에 그 직무를 대행할 수 있다고 볼 것이다(영 제27조 제2항 유추적용).

라. 운 영

(1) 의결방법

정신건강심사위원회는 합의체 심사기관이다. 심사회의의 개의요건과 의결요건을 법령으로 규정해 놓고 있다. 정신건강심사위원회 심사기일은 재적위원 과반수의 출석으로 개의하고, 출석위원 과반수의 찬성으로 의결한다(영 제28조 제3항). 위 법령의 취지에 비추어 보면, 정신건강심사위원회는 위원들이 일정한 회의장소에 출석할 것을 요구하고 있고, 대면하여 회의방식으로 의결할 것을 규정하고 있다고 해석된다. 과반수 찬성이 안 될 경우에는 법령에 따라 부결된 것으로 보아야 하고, 가부동수일 경우에도 과반수에 이르지 못하였으므로 부결된 것으로 보아야 한다. 보다 자세한 내용은 ☞ 법 제47조(입원적합성심사위원회의 심사 및 심사결과 통지)의 설명을 참조할 것.

(2) 의결보고와 통지

정신건강심사위원회 위원장은 위원회에서 의결된 사항을 정신건강심의위원회 위원장에게 보고하여야 한다(영 제28조 제4항). 이러한 보고는 다음과 같은 실무적 절차를 통해 이루어진다.

통상 정신건강심사위원회가 매월 일정한 심사기일을 지정하여 모인 후 각 심사사건에 대한 의결을 거치면, 정신건강심사위원회의 간사(통상 보건소의 직원임)를 통하여 위 심사사건들의 의결결과를 정신건강심의위원회 위원장(기초의 경우 통상 보건소장)에게 보고하며, 정신건강심의위원회 위원장은 다시 시·도지사나 시·군·구청장에게 보고하여 시·도지사나 시·군·구청장 명의로 강제입원연장이나 외래치료명령 여부에 대한 결정이 정신의료기관의 장에게 통지된다. 위의 과정은 지방자치단체의 장이 행하는 행정처분의 내부적 결재과정이라 할 수 있다. 보다 자세한 절차적 내용은 ☞ 법 제57조(퇴원등 또는 처우개선의 심사) 및 제59조(퇴원등 명령의 통지 등)의 내용을 참조할 것.

5. 정신건강심사위원회의 업무

정신건강심사위원회의 업무는 광역과 기초가 서로 구분되어 있다.

가. 광역정신건강심사위원회의 재심사업무

광역정신건강심사위원회는 보호입원 및 보호입소의 연장, 퇴원 및 처우개선, 외래치료명령의 각 심사결과에 대한 불복에 따른 재심사를 담당한다(법 제53조 제2항 제2호). 앞의 법 제53조의 정신건강심의위원회에서의 설명에서 지적하였듯이 행정입원 연장에 대한 재심사업무가 누락되어 있으므로 향후 법 제60조는 행정입원 연장에 대한 재심사도 할 수 있도록 개정되어야 한다.

나. 기초정신건강심사위원회의 업무

(1) 관련규정

기초정신건강심사위원회의 심사사항은 다음과 같다(법 제53조 제3항 각 호).

i) 보호입원이나 보호입소 연장청구(제1호)
ii) 퇴원(퇴소) 또는 처우개선청구(제2호)
iii) 행정입원 연장(제3호)
iv) 외래치료명령청구(제4호)

(2) 심사업무

보호입원(입소) 연장청구, 퇴원 및 처우개선청구, 행정입원 연장, 외래치료명령청구를 받은 시·군·구청장은 그 청구를 받은 후 정신건강심의위원회에 사건을 회부한다(법 제56조. 제57조 제1항 및 제62조 제2항). 회부된 사건 중 외래치료명령청구사건은 정신건강심의위원회가 직접 심사업무를 담당하는 것처럼 되어 있지만(법 제64조 제2항) 심사사건이므로 그 산하의 정신건강심사위원회에서 담당하는 것으로 해석해야 할 것이다. 그 밖에 보호입원(입소) 연장청구, 퇴원 및 처우개선청구, 행정입원 연장도 정신건강심사위원회에 회부하여 심사하여야 한다(법 제57조 제1항 및 법 제62조 제2항).

입법론으로도 외래치료명령 또한 심의기관인 정신건강심의위원회가 아니라 심사기관인 정신건강심사위원회가 담당해야 하는 것이 옳다. 법 제64조 제2항에 따른 외래치료명령청구에 대한 심사는 정신건강심사위원회가 담당하는 것으로 개정이 필요하다. 그 밖에 정신건강심사위원회의 심사절차와 심사기준에 대해서는 ☞ 법 제57조(퇴원등 또는 처우개선의 심사)를 참조할 것.

6. 지방자치단체의 규칙과 조례

가. 지방자치단체장의 규칙제정권

(1) 관련규정

정신건강심사위원회 운영 등에 필요한 사항은 대통령령으로 정하도록 하고 있고(법 제54조 제4항), 이러한 법의 위임에 따라 법 시행령은 그 구성과 운영에 관해 일정한 사항을 규정하고 있다(영 제28조).

법 시행령은 정신건강심사위원회 구성과 관련해 위원장과 부위원장의 숫자와 선출방법, 회의운영 및 의결방식 등을 규정하고 있다.

(2) 정신건강심사위원회에 대한 지방자치단체장의 규칙제정권

법령은 각 정신건강심사위원회 위원의 연임가능 여부, 정신건강심사위원회 회의 소집권자, 간사의 선임, 수당의 지급 등 구체적 정신건강심사위원회 운영절차와 규정 등에 대해서는 규정하고 있지 않다.

법은 정신건강심사위원회가 지방자치단체장 소속의 심사·의결기관이므로 지방자치단체장이 그에 대해 규율할 수 있는 권한을 부여하는 것이 더 타당하다고 보아 법 시행령은 법령에 규정한 사항 외에 정신건강심사위원회의 구성 및 운영 등에 필요한 세부 사항은 시·도지사 또는 시·군·구청장이 스스로 정할 수 있도록 하였다(영 제28조 제5항).

나. 지방자치단체의 정신보건심판위원회 운영관련 조례

구 정신보건법 하에서도 정신보건심판위원회 운영에 관한 세부사항은 지방자치단체장이 정할 수 있도록 하였으나 다수의 지방자치단체에서는 지방자치단체장의 규칙이 아닌 지방의회의 조례형식으로 각 관할 정신보건심의위원회의 설치 및 운영에 관한 규정을 두고 있는데, 다수의 조례가 그 규정 내부에 정신보건심판위원회에 관한 규정을 두고 있다.

조례의 내용은 대체로 구 정신보건법과 그 시행령 및 시행규칙의 내용을 다시 규정한 것이 대부분이다. 다만, 아래의 경우는 구 정신보건법의 규정과 다르게 추가사항을 규정한 조례내용이다.

i) 일본 「정신보건복지법」의 내용과 유사하게 정신보건심판위원회의 심사결과를 정신보건심의위원회의 결과로 간주하는 규정(2009. 7. 27. 제정 인천광역시 동구 기초정신보건심의위원회 설치 및 운영조례 제8조 제7항. 2016. 7. 15. 일부개정된 서천군 기초정신보건심의위원회 설치 및 운영조례 등)

ii) 정신보건심판위원회 위원장은 위원들이 호선하도록 법령이 규정함에도 불구하고 법과 다르게 정신보건심판위원회 위원장을 조례로 정신건강증진센터 위원장으로 규정한 사례(2015. 1. 2. 일부개정된 원주시 정신보건조례 제12조 제4항)

iii) 정신보건심판위원회에 참석한 위원에 대한 수당지급의 근거규정 마련(2013. 7. 10. 일부개정된 가평군 기초정신보건심의위원회 설치 및 운영조례)

7. 정신건강심사위원회 개선방안(입법론)

앞서 입원적합성심사위원회나 정신건강심의위원회가 가진 강제입원심사기관으로서의 문제점과 한계를 지적한 것과 동일하게 지방자치단체의 장에게 소속된 정신건강심의위원회 산하 정신건강심사위원회 또한 강제입원심사기관으로서의 독립성과 중립성을 제도적으로 보장받지 못하고 있다.

아울러, 입원심사절차에서의 형식적 서면심사의 문제, 정신건강심사위원회가 사실상 의료인이나 공무원 위주의 합의체로 구성되고 있는 문제, 입원적합성심사위원회와의 일원화 필요성 등을 고려해 볼 때 지방자치단체장 산하에 있는 정신건강심사위원회는 입법론적으로는 폐지하는 것이 필요하다. 보다 자세한 내용은 ☞ 법 제45조(입원등의 입원적합성심사위원회 신고 등)의 입법론 부분을 참조할 것.

Ⅲ. 퇴원 및 처우개선청구(제55조)

제55조(퇴원등 또는 처우개선 심사의 청구) ① 정신의료기관등에 입원등을 하고 있는 사람 또는 그 보호의무자는 관할 특별자치시장·특별자치도지사·시장·군수·구청장에게 입원등을 하고 있는 사람의 퇴원등 또는 처우개선(제76조에 따른 작업요법의 적정성 여부를 포함한다. 이하 같다)에 대한 심사를 청구할 수 있다.
② 제1항에 따른 청구절차 등에 관하여 필요한 사항은 대통령령으로 정한다.

1. 퇴원 및 처우개선청구제도

가. 퇴원 및 처우개선청구의 제도적 의의

(1) 퇴원 및 처우개선청구의 개념

'퇴원 및 처우개선청구'는 정신의료기관에 입원한 환자나 그 보호의무자가 시·군·구청장에게 퇴원이나 처우개선을 해달라고 청구하는 정신건강복지법에 근거한 제도이다.

(2) 퇴원 및 처우개선청구제도의 연혁

퇴원 및 처우개선심사청구제도는 1995년 구 정신보건법 제정 당시부터 규정되어 있었고, 일본의 1987년 정신보건법 규정을 참조한 것이라고 할 수 있다. 일본의 현행 「정신보건복지법」은 입원환자나 그 가족(가족이 없는 경우 환자 거주지 시정촌장. 우리의 시·군·구청장에 해당)이 도도부현(都道府縣) 지사에게 그 퇴원이나 처우개선에 필요한 조치를 정신의료기관에 명하도록 청구하는 규정을 두고 있다(일본 「정신보건복지법」 제38조의4).

(3) 퇴원 및 처우개선청구제도의 기능

보호입원이나 행정입원에 있어 최초입원심사는 입원적합성심사위원회가 담당하고, 입원연장심사는 정신건강심사위원회가 담당하지만 모든 강제입원 및 그 연장에 대한 일률적 심사이고, 형식적 서면심사만을 거치기 때문에 입원환자의 개별적이고, 특별한 사정을 고려하기가 어렵다.

이와 같은 이유로 입원적합성심사나 입원연장심사를 통한 환자의 퇴원은 매우 적은 상황이다. 이러한 문제점을 고려하여 입원환자와 그 보호의무자에게 개별적 퇴원청구권을 보장하기 위한 제도가 퇴원 및 처우개선청구제도라 할 수 있다.

퇴원 및 처우개선청구제도는 퇴원뿐만 아니라 더 나아가 정신의료기관 내에서의 부당한 처우에 대한 개선청구도 가능하도록 하고, 정신건강심사위원회의 심사를 거쳐 시·군·구청장이 정신의료기관의 장이나 정신요양시설의 장에게 적당한 시정조치를 명할 수 있는 근거규정도 두고 있어 지방자치단체의 장을 통해 입원환경에서의 환자 권리침해를 구제할 수 있도록 하였다.

나. 청구 현황

(1) 제도이용의 어려움

퇴원 및 처우개선청구는 입원환자와 보호의무자의 권리로서 인정되는 제도이지만 크게 활성화되었다고 보기는 어렵다. 그 이유 중의 하나는 정신의료기관 내에서 퇴원 및 처우개선청구권에 대한 권리고지가 잘 되지 않고 있고, 환자가 그러한 권리고지를 받았다고 하더라도 격리수용된 상태에서 구체적으로 그 청구서를 작성하여 시·군·구청장에게 접수시키기까지는 정신의료기관의 도움 없이는 어렵기 때문이다.

(2) 퇴원 및 처우개선청구 현황

구 정신보건법 하에서 2014년부터 2015년까지 정신의료기관(정신요양시설 포함) 측이 6개월마다 청구하는 입원연장청구와 환자가 청구하는 퇴원 및 처우개선청구의 현황을 비교해 보면 다음과 같다.

＜표 4-4＞에서 보면 알 수 있듯이 구 정신보건법 하에서 정신보건심판위원회의 입원연장심사를 통해 퇴원을 한 비율은 약 3%이지만 퇴원 및 처우개선청구를 하여 심사를 한 경우 그 퇴원 비율이 약 9% 내지 14% 정도로 입원연장심사에 비해 월등히 높다.

참고로 일본의 경우도 마찬가지이다. 예컨대, 일본의 2008년도 후생노동성의 위생행정보고례를 보면, 입원 초기나 입원연장시에 의료보호입원(우리의 보호입원에 해당)과 조치입원(우리의 행정입원에 해당)의 정기보고에 따른 심사는 거의 퇴원이 없는데(의료보호입원 퇴원율 0.003%, 조치입원 퇴원율 0.000%) 비해, 환자가 개별적으로 퇴원청구를 한 경우는 퇴원율이 5.1% 가량으로 높은 편(2,178건의 청구 중 111건)이다.[6)]

---

6) 第10回 新たな地域精神保健医療体制の構築に向けた検討チーム (第1部), '保護者制度·入院制度につ

표 4-4 퇴원 및 처우개선청구와 입원연장심사 현황 비교[7)]

(단위: 건)

정신보건심판위원회	2016년			2015년			2014년		
	입원연장심사	퇴원 및 처우개선심사	합계	입원연장심사	퇴원 및 처우개선심사	합계	입원연장심사	퇴원 및 처우개선심사	합계
연간심사건수	72,517	1,990	74,507	76,399	1,820	78,219	71,762	1,591	73,353
계속입원(입원연장)결정건수	70,202	1,749	71,951	73,895	1,568	75,463	69,062	1,445	70,507
퇴원(퇴소)결정건수	2,315	241	2,556	2,504	252	2,756	2,700	146	2,846
퇴원율	3.19%	12.11%	3.43%	3.28%	13.85%	3.52%	3.76%	9.18%	3.88%

위와 같은 한국이나 일본의 통계를 볼 때 퇴원 및 처우개선청구제도는 환자의 퇴원이나 처우개선에 어느 정도 유용한 법적 구제수단이라 할 수 있다.

2. 인신보호재판과의 비교

가. 개 관

한국은 2008년 「인신보호법」을 시행하면서 입원환자가 직접 법원에 정신의료기관의 장을 수용자(收容者: 피청구인)로 하여 퇴원청구를 할 수 있는 인신보호청구제도가 도입되었다. 이로 인해 강제로 입원된 환자의 경우 정신건강복지법의 퇴원 및 처우개선청구를 활용할 수도 있고, 「인신보호법」이 정한 인신보호청구를 할 수도 있는 길이 열리게 되었다. 인신보호청구의 경우 환자에 대해 국선변호인이 선임되고, 법정에서 판사를 대면하여 환자가 의견진술을 할 기회가 부여되며, 국선변호인이 환자에게 유리한 증거들을 제출하고, 입원의 위법함이나 부당성을 대신하여 주

いて', 厚生労働省精神·障害保健課 , 2010. 10. 21. 자료 참조.

7) 보건복지부 및 국립정신건강센터, 「2017 국가 정신건강현황 제3차 예비조사 결과보고서」, 2017, 63면 표 11 재구성; 보건복지부 및 국립정신건강센터, 「2016 국가 정신건강현황 제2차 예비조사 결과보고서」, 2016, 67면 표 17 재구성; 보건복지부 및 국립정신건강센터, 「2015 국가 정신건강현황 예비조사 결과보고서」, 2015, 81면 표 42 재구성(입소연장심사를 포함한다).

장해 주기 때문에 입원심사와 관련해 환자의 절차적 기본권이 확보되고, 법원이 개별적, 사후적으로 강제입원에 관여할 수 있게 되었다.

나. 비 교

인신보호청구는 퇴원 및 처우개선청구와 유사하게 국가기관이 환자의 퇴원청구를 심사하여 퇴원여부를 결정하는 제도이기는 하지만 다음과 같은 차이점이 있다.

표 4-5 인신보호청구와 퇴원 및 처우개선청구의 비교

비교항목	인신보호청구			퇴원 및 처우개선청구		
근거법	「인신보호법」			정신건강복지법		
심사기관	법원 판사(1심 단독재판)의 사법심사			정신건강심사위원회의 행정심사		
심급제도	3심제(1심, 2심, 3심)			2심제(기초, 광역)		
절차지원	국선변호인 지원			절차지원규정 따로 없음		
심사방식	쌍방의 증거제출과 법원의 대면심사			형식적 서면심사		
현황비교[8]	2014년	2015년	2016년	2014년	2015년	2016년
청구현황	440건	762건	894건	1,591건	1,820건	1,990건
퇴원명령 건수	30건	56건	50건	146건	252건	241건
기각건수	138건	201건	267건	–	–	–
취하건수	181건	351건	426건	–	–	–
퇴원명령 비율(청구건수 대비)	6.82%	7.35%	5.59%	9.18%	13.85%	12.11%
퇴원명령 비율 (퇴원명령/퇴원명령+기각결정)	17.86%	21.79%	15.77%	–	–	–

8) 인신보호청구 통계는 대법원 홈페이지 법원통계월보 현황을 바탕으로 작성하였고, 퇴원 및 처우개선청구 통계는 보건복지부 및 국립정신건강센터의 앞서 본 '국가정신건강현황 예비조사 결과보고서'를 참조하여 작성하였다.

위 표를 보면 인신보호청구는 강제입원에 대한 사법심사절차여서 국선변호인 지원과 대면심사가 이루어지는 반면 퇴원 및 처우개선청구는 행정심사절차로서 형식적 서면심사만이 이루어진다.

통계 현황을 보면, 퇴원명령비율이 두 청구 모두 높지 않은 수준이기는 하지만 법원 인신보호재판에서의 퇴원명령(인용건수/청구건수)비율이 더 낮다. 그러나 이는 법원이 재판을 최종적으로 진행하여 퇴원을 명령한 것만을 기준으로 한 것이고, 실제 인신보호사건이 취하되는 경우가 약 45% 내외인데, 입원환자가 인신보호청구를 스스로 취하하는 경우의 다수는 정신의료기관에서 인신보호청구를 하면 환자의 퇴원조치를 진행시켜주기 때문이다. 위 표에서 보는 바와 같이 환자가 인신보호청구를 취하하지 않고서 최종적으로 재판을 받은 경우라면 법원의 결정건수(퇴원명령 건수 + 기각결정 건수) 대비 퇴원명령비율은 약 16% 내지 22% 사이를 오가고 있다.

3. 퇴원 및 처우개선청구의 내용

가. 청구권자

퇴원 및 처우개선청구를 할 수 있는 사람은 입원(입소)환자와 그의 보호의무자이다(법 제55조 제1항). 이를 구체적으로 본다.

(1) 입원환자

정신의료기관 입원환자(정신요양시설 입소환자를 포함한다. 이하 같다)는 퇴원 및 처우개선을 시·군·구청장에게 청구할 수 있는 청구권자이다. 정신재활시설의 경우에는 이용자가 아니라 입소자라 하더라도 법 문언의 해석상 청구권자가 되지 못한다.

정신의료기관 입원환자라고 하면, 자의입원이나 동의입원의 형식으로 입원하였다고 하더라도 퇴원 및 처우개선청구를 할 수 있다. 그 이유는 자발적 입원을 한 사람은 그 퇴원이 법적으로는 제한되지 않지만 사실상 퇴원이 제한될 수 있기 때문에 그러한 위법한 퇴원제한을 이유로 해서도 퇴원청구권은 보장될 필요가 있기 때문이다. 또한, 자발적 입원환자라 하더라도 법에 따른 권리제한(격리·강박, 작업요법, 면회제한 등)을 받을 수 있기 때문에 처우개선청구 또한 필요하다.

(2) 보호의무자

위에서 본 바와 같이 정신의료기관이나 정신요양시설에 입원한 환자가 있다면 그의 보호의무자는 모두 퇴원 및 처우개선청구를 할 수 있는 청구권자이다. 보호입원에 있어 보호입원신청이나 보호입원연장동의를 하지 않은 보호의무자, 동의입원에 있어 동의를 하지 않은 보호의무자, 후순위 보호의무자라고 하더라도 모두 환자를 위한 퇴원 및 처우개선청구권을 가지고 있다고 해석된다. 그 이유는 법이 명문으로 그 보호의무자이기만 하면 청구권을 부여하고 있고, 환자의 퇴원 및 처우개선청구는 특정 보호의무자에게 부여되는 특권이 되어서는 안 되기 때문이기도 하다. 예컨대, 환자를 입원시킨 보호의무자도 있겠지만 그와 뜻을 달리하여 퇴원시키고자 하는 보호의무자도 있을 수 있고, 그러한 보호의무자를 위해 별도의 퇴원청구권을 보장하는 것이 본 제도의 취지이기 때문이다.

보호의무자 아닌 자가 퇴원 및 처우개선청구를 하는 경우라면 그 청구자격이 인정되지 않으므로 그 청구를 배척하여야 한다.

(3) 입원환자의 대리인

입원환자나 보호의무자가 변호사에게 퇴원 및 처우개선청구를 해 달라고 위임한 경우에 그 변호사는 입원환자나 보호의무자의 수임인이 되어 청구를 대리할 수 있다. 시·군·구청장에 대한 퇴원 및 처우개선청구사건은 행정심판의 일종이라 할 수 있어 변호사 외의 사람이 돈을 받고서 퇴원 및 처우개선청구를 수임하여 처리해 주는 경우 변호사법위반으로 형사처벌될 수 있다(변호사법 제109조 제1호 나목).

후견인(성년후견, 한정후견, 특정후견 등)의 경우에는 법원으로부터 신상에 관한 권한을 부여받은 경우에 대리인이 아니라 독립적인 보호의무자로서 단독으로 퇴원 및 처우개선청구를 할 수 있다.

나. 처우개선청구의 내용

(1) 퇴원 및 처우개선청구

퇴원 및 처우개선청구는 다음과 같이 다양한 조합으로 청구할 수 있다.

i) 퇴원만 청구
ii) 처우개선만 청구
iii) 퇴원과 처우개선을 모두 청구
iv) 퇴원을 주위적으로 청구하고, 청구가 받아들여지지 않을 경우 예비적으로 처우개선청구

여기서 퇴원의 요구는 그 내용이 명확하지만 처우개선청구는 어떤 내용을 담을

수 있는지 문제가 된다.

(2) 처우개선청구의 내용

1) 법령위반이나 권리침해

처우개선청구에는 어떤 내용을 담을 수 있을 것인가? 입원환자는 외부와 격리되어 통상 일정기간 이상 치료를 받게 되고, 그 입원생활에서 면회제한, 통신제한, 격리·강박 등이 발생할 수도 있어 처우개선의 내용은 주로 개인적 권리에 대한 침해가 그 내용이 될 수 있다. 그러나 개인적 권리에 대한 침해 외에도 입원 정신의료기관이 법령을 준수하지 않는다거나 다른 입원환자에 대한 권리침해사실에 대해서도 향후 병원 내 재발방지 등을 요구하는 처우개선청구를 할 수 있다고 볼 것이다.

2) 권리고지 등 시설 내 제도의 개선

입원환자나 보호의무자가 법이 정한 권리고지나 통지를 받아야 할 권한이 있음에도 불구하고 이를 정신의료기관측에서 하지 않았다는 이유로 처우개선청구의 하나로 환자 개인에 대한 권리고지 외에 입원시설의 권리고지제도의 개선을 청구할 수 있을지 검토할 필요가 있다. 이는 최종적으로 처우개선명령을 내릴 수 있는 시·군·구청장의 정신의료기관에 대한 감독 및 시정명령권한을 어느 범위까지 행사할 수 있는지 여부와도 관련이 있다.

생각건대, 정신건강복지법은 ⅰ) 입원환자나 보호의무자의 권리로서 여러 내용을 구체적 또는 추상적으로 규율하고 있고, ⅱ) 정신의료기관이나 정신요양시설의 장에게도 권리고지의무 등 일정한 의무들을 부과하고 있으며, ⅲ) 시설측의 일정한 절차와 요건을 갖추지 못한 권리제한 행위(격리·강박, 면회제한, 퇴원제한, 노동강요, 작업요법 등)를 형사처벌하는 규정을 두고 있는 점에 비추어 볼 때 입원환자나 보호의무자가 자신이나 다른 입원환자의 법상의 권리를 실현하거나 권리침해를 예방 또는 구제받을 수 있는 내용이라면 일단 처우개선청구로서 받아들여져야 할 것이다.

예컨대, 입원환자가 편지지에 자신이 왜 입원되었는지 아무도 서면으로 가르쳐주지 않고 있다고 시·군·구청장에게 써 보냈다면 이는 처우개선청구사건으로 접수하여 정신건강심사위원회의 조사와 심사를 통해 입원 정신의료기관에서 적법한 권리고지와 입원사유에 대한 고지를 하였는지 여부를 확인한 후 환자에게 그 사유와 법이 정한 권리를 고지해주고 법에 따른 편의를 제공할 것과 더불어 정신의료기관에 권리고지 방식의 개선을 명하는 것이 가능하다고 볼 것이다.

다. 청구절차

(1) 퇴원 및 처우개선청구권 고지 및 서식비치

퇴원 및 처우개선청구와 관련해 정신의료기관의 장은 환자가 입원한 경우 그 환자와 보호의무자에게 지체 없이 그 권리의 내용과 행사방법을 알려주어야 한다(규칙 제2조 제1항 제3호).

그 방법은 서면(참고서식 제1호)을 제공하는 것과 동시에 구두로도 설명을 하여야 한다(규칙 제2조 제2항). 또한. 정신의료기관의 장은 퇴원 및 처우개선청구서 서식(규칙 제43조에 따른 별지 제21호 서식)을 환자나 보호자가 쉽게 볼 수 있는 장소에 비치하여야 한다(규칙 제2조 제3항).

(2) 퇴원 및 처우개선청구서 작성 및 제출

입원환자가 입원 정신의료기관 내에서 서식에 따른 퇴원 및 처우개선청구서를 작성할 때에는 필기도구를 제공받는 등의 협조를 받을 권리가 있다. 이러한 청구권 행사를 방해하는 행위는 위법한 행위가 될 수 있다.

입원환자는 외부출입이 통제되어 있기 때문에 청구서를 작성하여 입원 정신의료기관 내 담당자에게 증빙자료 등과 함께 전달하면 정신의료기관의 장은 위 권리행사에 협조하여 위 청구서를 관할 시·군·구청장에게 우편 등으로 송부할 의무가 있다. 그 이유는 정신의료기관의 장이 이러한 협조를 이행하지 않을 경우 외부와 격리된 입원환자로서는 퇴원 및 처우개선청구권을 사실상 실현하기 불가능하게 되기 때문이다.

「인신보호법」에서는 인신보호청구권 행사를 방해하는 것을 금지(제3조의2 제2항. 위반할 경우 형벌규정 있음)하고 있고, 「국가인권위원회법」에서도 수용시설 피수용자의 진정권 행사를 방해하는 것을 금지하고 있는 점(제31조. 위반할 경우 형벌규정 있음)을 고려해 입법론적으로는 정신의료기관이나 정신요양시설의 장의 권리행사 방해금지와 협조의무 및 그 위반에 대한 제재를 명문으로 규정해 둘 필요가 있다.

4. 퇴원 및 처우개선심사절차

가. 절차 개관

퇴원 및 처우개선심사절차를 개관하여 보면 다음과 같다.

그림 4-1 퇴원 및 처우개선절차 개관

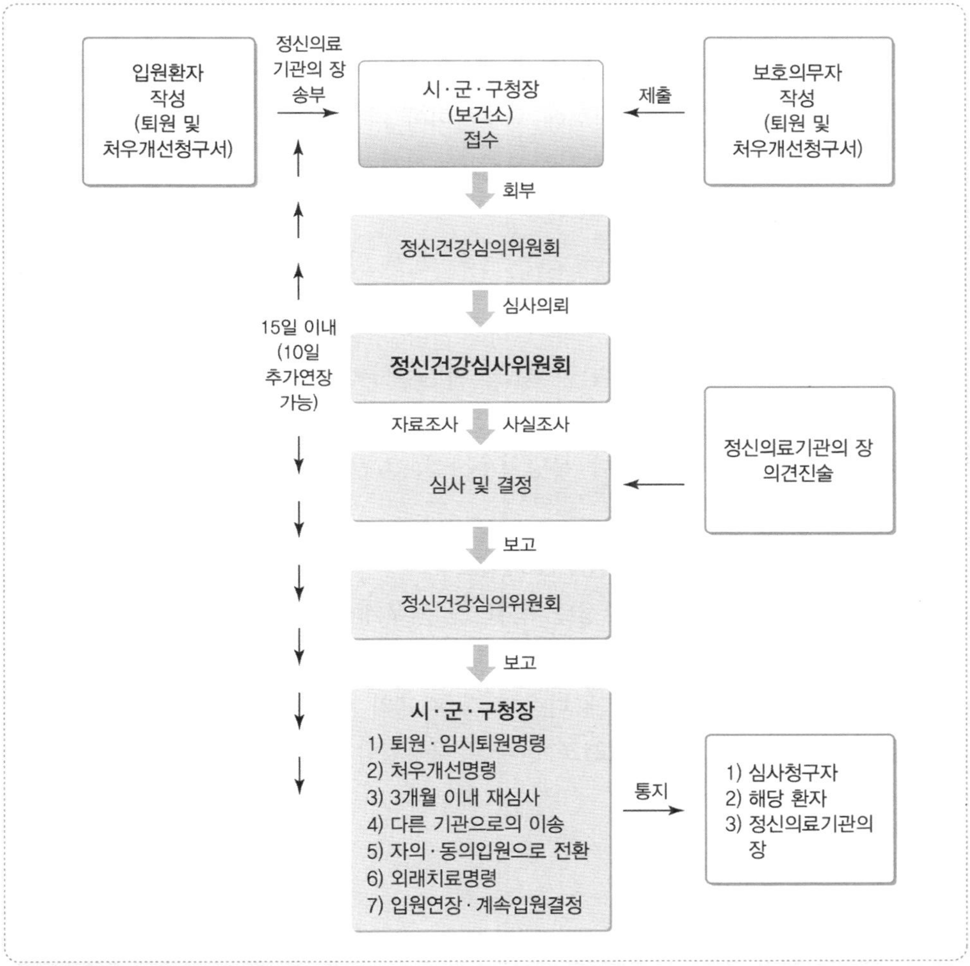

나. 시·군·구청장의 접수

입원연장심사청구는 정신의료기관의 장이 주기적으로 청구하는 것이어서 정신건강심사위원회가 통상 월별로 사건을 처리한다. 퇴원 및 처우개선청구는 입원환자나 보호의무자가 개별적으로 청구하는 것이어서 입원연장심사와 함께 심사기일에 심사되기도 하고, 별도로 심사되기도 한다.

다. 정신건강심사위원회의 심사

(1) 사건회부

시·군·구청장은 퇴원 및 처우개선 심사청구를 받았을 때에는 지체 없이 그 청구내용을 소관 정신건강심의위원회에 회부하여야 하고(법 제56조), 사건을 회부받은 정신건강심의위원회는 지체 없이 산하에 있는 정신건강심사위원회에서 회부된 사건을 심사하여야 한다(법 제57조 제1항).

(2) 자료 및 사실조사

1) 퇴원 및 처우개선청구서

퇴원 및 처우개선청구에 대한 심사도 서면심사이다. 입원환자나 보호의무자가 작성한 퇴원 및 처우개선청구서가 사실상 가장 중요한 서면자료가 된다. 거기에는 입원환자가 주장하는 퇴원사유나 부당처우사실, 입원의 위법성이나 부당성을 주장하는 사실관계 등이 담겨 있다.

2) 정신의료기관의 진료기록 등 자료제출요구

입원환자나 보호의무자가 작성한 퇴원 및 처우개선청구서만으로 서면심사를 할 수는 없기 때문에 정신건강심사위위원회는 심사를 위해 정신의료기관의 장이나 심사대상자 또는 그 보호의무자에게 다음의 각 자료의 제출을 요구할 수 있다(법 제57조 제3항). 이 경우「의료법」제21조에 따른 기록열람금지 등의 규정은 적용이 배제된다.

i) 진료기록부
ii) 입원당시 대면 진단내용
iii) 자의입원과 동의입원에서의 퇴원의사 확인
iv) 동의입원환자의 퇴원신청 및 퇴원거부사유
v) 보호입원연장에 대한 심사청구 및 결과
vi) 투약 등의 치료내용을 적은 진료기록
vii) 특수치료에 관한 협의체의 회의내용
viii) 통신과 면회의 자유 제한의 사유 및 내용
ix) 격리·강박의 사유 및 내용
x) 작업요법의 내용 및 결과

xi) 입원적합성신고에 관한 사항
xii) 입원적합성심사위원회의 통지에 관한 사항
xiii) 퇴원 및 처우개선청구 및 입원연장심사청구 결과통지에 관한 사항
xiv) 광역 정신건강심사위원회의 재심사 결과통지에 관한 사항

위의 자료제출요구권은 모든 자료를 다 요구할 것은 아니지만 청구인이 주장하는 부당처우(부당한 격리·강박, 면회제한, 통신제한, 작업요법 등)의 내용에 따라 그 자료제출을 요구하면 되고, 퇴원청구라 하면 입원과 관련된 자료(입원신청서, 보호의무자 자격증명서류, 입원 시 진단결과서, 입원적합성신고와 결과통지서류, 입원연장심사청구와 결과통지서류 등)제출을 요구하면 된다.

3) 정신의료기관의 장의 의견진술

정신건강심사위원회가 심사를 할 때에는 정신의료기관의 장의 의견을 들어야 한다(법 제57조 제2항 본문). 다만, 처우개선청구에 관한 심사를 할 때에는 그 의견을 듣지 않을 수 있다(법 제57조 제2항 단서).

그러나 입원환자나 보호의무자가 퇴원청구를 하더라도 실제 현실에서 정신건강심사위원회는 심사 전에 정신의료기관의 장의 의견을 듣지 않고 있고, 의견진술기회를 따로 정신의료기관의 장이 요구하거나 정신건강심사위원회가 부여하지도 않고 있다.

입법론적으로 볼 때, 퇴원청구를 한 환자에게는 정신건강심사위원회에서 별도의 의견진술을 부여하지 않으면서 그 상대방이라 할 수 있는 정신의료기관의 장의 의견은 의무적으로 듣도록 하는 위 규정은 차별적이며, 환자의 방어권을 제한하는 위헌적 조항이라 할 수 있다. 오히려 정신건강복지법은 환자의 자기결정권, 지역사회 생활과 자발적 입원의 보장, 의사표현에 있어 도움을 받을 권리와 정책결정에 참여할 권리를 보장하고 있고, 헌법재판소 또한 입원심사과정에서 환자의 의견진술을 청취하는 절차를 거치지 않는 제도적 문제점을 지적하고 있는 점을 고려해 볼 때 위 조항은 '환자의 의견을 들어야 한다'는 조항을 추가하여 개정할 필요가 있다.

4) 환자와 입원 정신의료기관에 대한 조사

입원적합성심사위원회는 조사기관인 조사원을 따로 두어 환자의 조사원 대면조사신청을 받아 입원 정신의료기관을 방문하여 환자와 직원을 대면조사할 수 있다. 입원연장심사와 퇴원 및 처우개선청구에 대한 심사를 담당하는 정신건강심사위원회도 이러한 대면조사의 필요성이 있고, 실제 구 정신보건법 하에서도 정신보건심판

위원회의 위원이나 정신보건센터 직원이 퇴원 및 처우개선청구를 한 환자를 찾아가 환자 및 직원을 대면하여 그 진술을 듣는 절차를 거치는 경우도 적지는 않았다.

이러한 조사의 법적 근거로는 정신건강복지법 제66조 제2항 또는 행정조사기본법을 들 수 있다. 시·도지사나 시·군·구청장은 관계공무원이나 정신건강심의위원회 위원으로 하여금 정신건강증진시설에 출입하여 입원환자를 직접 면담하여 입원의 적절성 여부, 퇴원의 필요성 또는 처우에 관해 조사 후 심사하도록 할 수 있기 때문이다(법 제66조 제2항).

(3) 심사

1) 심사방식

심사방식은 입원적합성심사위원회와 동일하게 i) 심사위원이 출석해야 하는 출석심사이며, ii) 각 퇴원 및 처우개선청구마다 따로 심사해야 하는 개별적 심사이고, iii) 기본적으로 환자나 정신의료기관측의 출석을 요구하지 않고, 앞서 본 자료 및 조사보고서 등을 통한 서면심사이다. 출석심사, 서면심사, 개별적 심사에 관한 구체적 내용은 ☞ 법 제47조(입원적합성심사위원회의 심사 및 심사결과 통지 등)를 참조할 것.

2) 심사절차의 표준화

퇴원 및 처우개선청구 심사절차는 현재 따로 정해진 것이 없으나 입원적합성심사위원회의 최초입원 심사절차나 정신건강심사위원회의 입원연장 심사절차와 동일하게 표준화될 필요가 있다. 정신건강심사위원회의 구체적 심사방식은 각 지방자치단체장의 규칙이나 지방의회의 조례로서 정할 수 있다.

3) 심사절차의 예시

정신건강심사위원회의 퇴원 및 처우개선청구에 대한 심사는 심사기일에 위원장의 주재로 각 퇴원 및 처우개선청구 심사사건별로 다음과 같은 순서로 진행할 수 있다.

i) 사건 대상자의 인적사항 및 입원관련사항 보고
ii) 입원이나 처우의 부당성에 대한 사실조사와 확인
iii) 환자나 보호의무자 또는 정신의료기관측의 의견 확인
iv) 심사위원 토의 및 결정

라. 시·군·구청장의 조치

정신건강심사위원회가 퇴원 및 처우개선청구에 대한 심사를 하여 결정을 한 경우 그 즉시 정신건강심의위원회에 보고되어야 하고, 정신건강심의위원회는 그 결과를 시·군·구청장에게 보고하여야 한다(법 제57조 제1항). 시·군·구청장은 정신건강심의위원회의 보고를 받으면 심사청구 접수일부터 15일 이내에 퇴원 또는 계속입원결정, 처우개선에 필요한 조치명령 등을 한다(법 제59조 제1항).

위의 절차는 사실상 시·군·구 보건소 내의 정신보건담당자가 퇴원 및 처우개선청구가 접수되면 정신건강심사위원회 심사기일을 정해 심사를 한 후 그 회의에서의 결정을 통상 정신건강심의위원회 위원장인 보건소장의 결재를 받아 시·군·구청장 명의로 그 결정에 따른 조치를 청구인과 해당 정신의료기관의 장 등에게 통지하는 방식으로 이루어진다.

마. 심사기간과 그 도과의 문제

(1) 심사 및 통지기간

퇴원 및 처우개선청구는 시·군·구청장이 접수한 날부터 15일 이내 퇴원, 계속입원, 처우개선명령 등 시·군·구청장의 조치가 결정되어야 한다(법 제59조 제1항). 다만, 부득이한 사유로 15일의 기간 내에 명령 또는 결정을 하지 못할 때에는 10일의 범위에서 그 기간을 연장할 수 있다(법 제59조 제3항).

여기서 15일의 기간은 민법에 따라 초일을 불산입하여 접수일 다음날부터 기산되며, 마지막 날이 토요일이나 공휴일에 해당하는 때에는 그 공휴일 다음날로 기간이 만료된다.

예컨대, 2018년 8월 3일(목)에 퇴원 및 처우개선청구가 시·군·구에 접수되었다면 초일을 불산입하여 8월 4일(금)부터 15일을 계산한 8월 18일(토) 24:00가 마감일이지만 마감일이 토요일이고, 그 다음날은 공휴일이기 때문에 8월 20일(월) 24:00가 최종일이 된다. 만약 8월 20일마저 부득이한 사유로 도과할 경우에는 시·군·구청장의 결정으로 기간을 연장할 수 있고, 그 경우 8월 21일(화) 00:00부터 10일을 계산한 8월 30일(목) 24:00가 시·군·구청장의 명령이나 결정의 마감일이 된다.

(2) 심사 및 통지기간 도과의 위법성

퇴원 및 처우개선청구가 접수되었음에도 불구하고 15일(시·군·구청장이 부득이한 사유로 연장한 경우 25일) 이내에 시·군·구청장의 명령이나 결정이 발령되지 않은 경우 정신건강복지법의 기간을 준수하지 못해 법을 어긴 것은 맞다. 그럼 이 경우 어떤 법적 효과가 발생하는지 검토가 필요하다. 법은 이에 대해 형벌이나 과태료를 부과하는 규정도 없고, 시·군·구청장의 위법행위에 대해 어떤 제재규정을 두지도 않고 있다.

입원연장청구의 경우 입원기간만료 시점까지 시·군·구청장의 입원연장통보를 받지 못하면 기존 입원의 법적 효과가 기간만료로 소멸되므로 기존 입원기간 만료 시점에 당연히 환자를 퇴원시켜야 한다. 그러나 퇴원 및 처우개선청구의 경우에는 입원기간만료의 문제는 없다. 다만, 청구권자인 입원환자나 보호의무자가 법이 정한 기간 내에 자신의 청구에 대한 판단을 받을 권리를 침해한 것으로 볼 여지는 있다. 참고로 환자가 법원에 퇴원을 청구하는 인신보호청구사건의 경우 접수일로부터 특별한 사정이 없는 한 2주일 내에 심문기일을 열도록 규정하고 있다(「인신보호규칙」 제10조).

5. 퇴원 및 처우개선청구 심사기준

가. 퇴원청구 심사기준

(1) 일반적 기준 – 수용의 적법성과 필요성

퇴원청구사건에 대한 정신건강심사위원회의 심사기준은 어떤 것이 되어야 하는가? 이는 「인신보호법」에서 말하는 일반적 수용심사 기준인 수용의 적법성과 필요성을 심사하는 것이어야 한다.

법원의 인신보호 결정례들을 보면, 강제입원의 적법성과 필요성의 심사기준은 다음과 같이 네 가지로 나누어 심사하고 있다.[9]

i) 최초입원의 적법성
ii) 계속입원(입원연장)의 적법성
iii) 입원 중 처우의 적법성
iv) 입원계속의 필요성

위에서 말하는 네 가지 기준을 구체적으로 보면, 다음과 같다.

---

9) 신권철, “인신보호사건의 실무운영 및 쟁점”, 「인신보호재판장 간담회 회의자료」, 법원행정처 사법정책실, 2009, 82-85면.

1) 최초입원의 적법성

최초입원의 적법성은 입원 당시 정신건강복지법이 정한 절차적, 형식적, 실체적 입원요건을 구비하였는지를 심사하는 것이며, 병원까지의 강제호송과 관련된 위법 여부도 함께 심사하여야 한다. 그 구체적 내용을 보면 다음과 같다.

i) 절차적 요건: 절차적 입원요건에 대한 심사란 적법한 호송, 입원 시 필요한 증빙서류, 환자와 보호의무자에 대한 권리고지, 입원 전 대면진단, 정신의료기관의 장의 결정, 입원 후 강제조치 등에 대한 적법성 심사를 말한다.
ii) 형식적 요건: 형식적 입원요건에 대한 심사란 강제입원의 적법한 신청권자에 의한 신청과 의뢰, 정신과 전문의 진단 등을 갖추었는지 확인하는 것이다.
iii) 실체적 요건: 실체적 입원요건에 대한 심사란 환자가 정신질환자인지 여부, 자·타해 위험성과 입원치료 필요성 요건을 입원 시 갖추었었는지 여부를 확인하는 것이다.

위와 같은 요건을 갖추지 못하였다면 법이 정한 절차와 요건을 구비하지 못한 것이 되어 입원 자체가 부적법하였기 때문에 심사를 통해 퇴원결정을 하여야 한다. 최초입원의 적법성에 대한 보다 자세한 내용은 ☞ 제47조(입원적합성심사위원회 심사 및 심사결과 통지 등)를 참조할 것.

2) 계속입원(입원연장)의 적법성

계속입원(입원연장)의 적법성 심사는 최초입원 후 법이 정한 입원연장요건들을 모두 구비하였는지 확인하는 것이다. 입원연장의 적법성 심사는 다음과 같은 내용을 심사하는 것이다.

i) 절차적 요건: 입원 후 14일 이내에 지정진단의사의 진단, 1개월 이내 입원적합성심사위원회 입원적합 결정, 3개월 이내 정신건강심사위원회 입원연장결정, 6개월마다 정신건강심사위원회 입원연장결정, 각종 통지와 권리고지가 구비되었는지 여부에 대한 심사
ii) 형식적 요건: 입원연장과 관련하여 정신의료기관의 장의 입원연장청구, 보호의무자 2명 이상의 동의, 2명 이상의 정신과 전문의 진단 등이 갖추어졌는지 여부에 대한 심사
iii) 실체적 요건: 입원연장의 요건으로서 자·타해 위험성과 입원치료 필요성이 계속 유지되었는지 여부에 대한 심사

3) 입원 중 처우의 적법성

입원 후 정신건강복지법이 정한 금지행위가 발생하였는지 여부에 관하여 심사하는 것이다. 정신건강복지법이 정한 금지행위는 불법행위로서 형사처벌의 대상이 되며, 환자에 대한 피해가 심한 경우에는 퇴원사유가 될 수도 있다. 예컨대, 폭행·협박·가혹행위 등이 발생한 경우, 정당한 사유 없는 강박과 격리의 남용, 치료 목적이 없는 약물투여나 강제노역 등을 그 예로 들 수 있다.

4) 입원계속의 필요성

입원환자가 퇴원을 청구하는 경우 정신건강심사위원회는 그 입원환자의 진단과 증상, 과거 행위와 현재의 치료상황 등을 고려하여 강제입원의 요건인 자·타해 위험성과 입원치료 필요성이 향후 지속되어 입원계속을 필요로 한다고 판단하는 경우 퇴원청구를 배척할 수 있다.

다만, 입원의 적법성이 인정되지 않는 상황이라면 입원계속의 필요성이 인정된다고 하더라도 불법한 입원을 정신건강심사위원회가 승인해 줄 권한은 없기 때문에 퇴원을 명령하여야 한다. 아래의 대법원 판례에서 보듯이 위법한 입원은 그 하자가 치유될 수 없기 때문이다.

입원계속의 필요성이 없는 경우로는 치료를 통해 이미 자·타해 위험성이 소멸되거나 완화된 경우, 입원을 통해 더 이상 치료의 효과를 얻을 수 없는 경우, 지역사회에서 가족이나 제3자의 지원이 가능해진 경우 등을 들 수 있다.

(2) 판례의 태도 – 강제입원과정에서의 위법행위의 치유불가능

우리 대법원은 최초 강제입원절차의 하자가 있는 경우 이후 그 하자를 치유할 수 없기 때문에 퇴원시켜야 함을 원칙으로 하고 있다. 예컨대, 3일의 응급입원 기간 중에 보호입원이나 행정입원으로의 전환요건을 갖추지 못한 경우에는 즉시 퇴원시켜야 하는데, 그러지 않은 경우 위법한 감금행위로서 불법행위가 성립하며, 이러한 위법한 감금행위가 지속되는 가운데 이루어진 절차도 위법하므로 뒤늦게 계속입원의 요건을 갖출 수도 없다고 한다.[10)]

퇴원청구는 입원환자가 입원 중에 청구하는 것이지만 최초입원에서부터 위법한 경우라면 그 위법상태가 현재까지 지속되는 것이어서 원칙적으로 최초입원과정에 대한 자료의 심사 등이 필요하고, 이후 입원연장서류나 진료기록 등에 대한 심사도

10) 대법원 2009. 1. 15. 선고 2006다19832 판결.

필요하다.

그 밖에 위법한 입원과 관련된 법원이나 인권위원회가 결정한 구체적 사례들은 앞의 입원적합성심사위원회 심사에서 본 것들이 퇴원청구에 있어서도 그대로 적용된다. 그 구체적인 내용은 ☞ 법 제47조(입원적합성심사위원회의 심사 및 심사결과 통지 등) 부분을 참조할 것.

(3) 법령상 기준

정신건강심사위원회는 입원환자의 퇴원청구가 있을 경우 그 환자의 전체 입원과정이 적법한지 또는 필요한지 여부를 정신건강복지법에 따라 판단하여야 한다. 그 첫 번째 판단기준은 법과 시행령 및 시행규칙이며, 그 다음으로는 행정부에서 마련한 일정한 지침들을 참고로 하여야 한다. 다만, 행정부에서 법령상 근거규정 없이 작성한 지침의 경우에는 나중에 법원이 그 지침과 다른 법령해석을 할 수도 있기 때문에 주의할 필요가 있다.

또한, 앞서 본 바와 같이 법원의 판례나 국가인권위원회 결정례도 퇴원청구심사의 기준으로서 참조할 필요가 있다. 위와 같은 법령이나 지침, 판례나 결정례와 다르게 정신건강심사위원회가 심사하는 경우 다른 국가기관(입원적합성심사위원회, 법원, 국가인권위원회)과 다른 판단을 하는 것일 뿐만 아니라 정신건강심사위원회가 위법사항을 묵인하거나 승인하는 문제가 발생한다.

나. 처우개선청구 내용과 심사기준

(1) 처우개선청구의 내용

처우개선청구는 입원환자가 퇴원 이외에 정신의료기관 내 위법행위나 부당한 행위를 개선해달라고 요구하는 것이며, 자신에 대한 것 외에 입원 정신의료기관 내 환자 일반에 관한 것도 청구가 가능하다고 볼 것이다. 예컨대, 입원환자에 대한 권리고지가 이루어지지 않아 항의하는 환자에 대해서만 정신의료기관측에서 권리고지 서면을 제공한 경우라도 그 환자는 입원 정신의료기관의 권리고지현실을 개선해 달라는 처우개선청구가 가능하다. 이와 같은 처우개선청구의 내용으로 삼을 수 있는 것을 일반 법령상 규정된 권익보호규정에 따라 보면 다음과 같다.

i) 입원 정신의료기관 내 차별(시설이용기회의 제한)(법 제69조 제1항)
ii) 입원환자에 대한 동의 없는 녹음, 녹화, 촬영(법 제69조 제2항)

iii) 노동의 강요(법 제69조 제3항)
iv) 입원환자에 대한 개인정보나 비밀의 누설(법 제71조)
v) 정신의료기관 종사자의 폭행이나 가혹행위(법 제72조 제2항)
vi) 통신이나 면회의 자유 제한(법 제74조)
vii) 격리·강박(법 제75조)
viii) 작업요법(법 제76조)
ix) 각종 권리고지 및 통지(법 제6조 등)
x) 그 밖의 입원 정신의료기관 내 자유제한행위나 차별행위

(2) 처우개선청구의 심사기준

위와 같은 정신의료기관 내 위법행위에 대해서는 대체로 법령에서 구체적으로 그 요건과 절차 등을 정해 놓고 있고, 일정한 경우에는 형사처벌, 과태료나 행정제재가 규정되어 있는 경우도 있다.

처우개선청구의 심사기준도 앞서 퇴원청구의 심사기준과 동일하게 법령과 지침, 법원의 판례나 국가인권위원회 결정례를 기준으로 하여야 한다. 비록 명시적 법령 위반사실은 없다고 하더라도 정신의료기관이 환자에 대한 보호의무를 방치하거나 배려의무를 이행하지 않아 인격적 침해가 되거나 건강을 악화시킬 수 있는 상황에 대해서도 그 사실을 확인하여 개선을 명령할 수 있다.

입원환자에 대한 정신의료기관측의 행위들이 법령을 준수하지 못한 위법한 행위라면 시·군·구청장은 그 행정감독기관으로서 정신의료기관에 대한 시정명령 등을 통해 그 위법행위의 제거와 향후 개선책을 요구할 수 있다.

다. 퇴원 및 처우개선청구의 입증책임

퇴원 및 처우개선청구를 할 수 있는 청구권자는 입원환자와 보호의무자이다. 그러나 입원환자나 보호의무자는 정신의료기관측의 위법행위를 주장하는 것은 가능하지만 증명하는 것은 상당히 곤란할 수밖에 없다. 증거가 주로 정신의료기관측에 편재해 있고, 입원 정신의료기관 내에서 객관적으로 증언해 줄 수 있는 사람도 확보하기 어렵기 때문이다. 이와 같은 점을 고려해 법원의 인신보호재판에서는 환자가 그 청구자가 되는 경우라도 수용의 적법성과 필요성에 대한 입증(소명)책임을 수용자인 정신의료기관측에 부과하고 있다.

퇴원 및 처우개선청구의 경우에도 이러한 입원환자의 상태나 법적 지위를 고려

하여 청구자가 퇴원사유나 부당처우 사실을 주장할 경우 그 사실에 대한 입증은 직권주의적 요소를 가미하여 정신건강심사위원회가 그 사실과 관련된 증거와 진술서 등을 정신의료기관측으로부터 제출받아 직권으로 심리를 진행해야 할 필요가 있다.

6. 퇴원 및 처우개선조치

정신건강심사위원회는 퇴원 및 처우개선심사를 한 후 그에 따른 조치를 내부적으로 결정하여야 한다. 정신건강심사위원회의 의결은 시·군·구청장에게 보고되어 시·군·구청장이 명령이나 결정 등의 조치를 취하여야 한다. 이를 구체적으로 보면 다음과 같다.

가. 퇴원 등 조치

(1) 퇴원 등 조치의 내용

환자가 퇴원청구를 한 경우라면 그 심사결과에 따라 시·군·구청장은 다음과 같은 조치를 취할 수 있다(법 제59조 제1항).

i) 퇴원 또는 임시퇴원명령
ii) 3개월 이내 재심사
iii) 다른 정신의료기관이나 정신요양시설로의 이송(환자 동의 필요)
iv) 자의입원이나 동의입원으로의 전환(환자 동의 필요)
v) 외래치료명령
vi) 계속입원결정

이를 분설하여 보면 다음과 같다. 아래의 각 명령이나 결정에 대한 보다 자세한 설명은 ☞ 법 제59조(퇴원등 명령의 통지 등)를 참조할 것.

1) 퇴원 또는 임시퇴원명령

퇴원명령은 시·군·구청장이 정신의료기관의 장에게 퇴원을 명령하는 것이어서 퇴원명령 통지를 받은 정신의료기관의 장은 지체 없이 대상자를 퇴원시켜야 한다. 퇴원명령은 그 도달 즉시 그 효력을 발생하는 것이 원칙이지만 퇴원명령에 그 일자를 정해 놓거나 명령 도달 이후 일정기간 이내(통지를 받은 날로부터 1개월 이내) 퇴원을 명령하는 것도 가능하다고 볼 것이다. 실제 인신보호재판에서는 판사가 퇴원

결정(수용해제결정)을 하면서 향후의 일정시점이나 결정문 송달 후 일정 기간 이내에 퇴원시킬 것을 명하는 경우도 있다.

임시퇴원은 퇴원 후에도 3개월의 범위 내에서 시·군·구청장이 지역사회 내에서 환자의 증상과 경과를 관찰할 수 있는 제도로서 증상의 변화로 다시 입원이 필요한 경우에는 시·군·구청장이 3개월 이내의 기간 동안 재입원을 시킬 수 있다(법 제63조 제2항 및 제3항).

2) 3개월 이내 재심사

3개월 이내 재심사는 퇴원청구를 한 입원환자가 아직 그 증상의 회복이 추가적으로 필요하거나 지역사회 내 거주나 가족관계에서의 지원 등이 미확보되었을 경우 단기간 내에 재심사를 거쳐 퇴원여부를 다시 결정해주기 위한 것이다. 이 경우 퇴원청구는 그대로 유지되면서 1개월 내지 3개월 이내에 환자에 대한 추가적인 퇴원계획 등을 마련하게 하고, 이후의 재심사에서 퇴원을 명령할 수도 있다.

3) 다른 정신의료기관이나 정신요양시설로의 이송

퇴원청구를 한 환자가 현재의 입원 정신의료기관에서 치료를 거부하고 다른 정신의료기관으로 이송해 달라고 청구하거나 그에 동의한 경우 정신건강심사위원회는 이송을 결정할 수 있다. 이송을 결정하는 경우에는 사전에 이송될 정신의료기관이나 정신요양시설에 통지를 해 주거나 협조를 구한 후에 이송을 하여야 할 것이다. 이송받을 다른 정신의료기관이나 정신요양시설에서 거부하는 경우라면 시·군·구청장이 임의로 기관을 특정하여 이송명령을 하기는 어렵다. 다만, 지정정신의료기관으로서 행정입원의뢰를 받기로 지정된 경우라면 시·군·구청장이 이송보내는 것이 허용된다고 볼 것이다.

4) 자의입원이나 동의입원으로의 전환

입원환자가 퇴원청구를 하였지만 그래도 당분간 계속입원하여 치료를 받을 의지가 있는 경우라면 입원환자의 청구나 동의를 받아 정신건강심사위원회는 자의입원이나 동의입원으로 입원유형의 전환을 결정할 수 있다. 이 경우 시·군·구청장의 통지를 정신의료기관측에서 받은 날부터 당연히 입원은 자의입원이나 동의입원으로 전환되고, 정신의료기관측에서는 그 입원유형전환명령에 따라 환자로부터 자의입원 신청서 또는 동의입원 신청서를 제출받아 구비해 두어야 할 것이다.

5) 외래치료명령

정신건강심사위원회는 환자가 퇴원청구를 한 경우 퇴원을 결정하면서 동시에 1

년의 범위 안에서 외래치료명령을 결정할 수도 있다. 외래치료명령을 결정할 경우에는 법 제64조의 외래치료명령 절차와 달리 보호의무자의 동의나 정신의료기관의 장의 청구를 받을 필요는 없으나 외래치료명령의 요건으로서 입원 전 정신병적 증상으로 자신 또는 타인에게 위해를 끼친 행동을 한 경험이 있어야 한다(법 제64조 제1항).

그 밖의 다른 사항은 법 제64조(외래치료명령)에 따라야 하므로 외래치료명령에 따른 치료의무를 준수하지 않는 경우 다시 입원될 수 있다. 보다 자세한 내용은 ☞ 법 제64조(외래치료명령 등)를 참조할 것.

6) 계속입원결정

입원환자의 퇴원청구에도 불구하고 정신건강심사위원회가 심사를 거쳐 그 퇴원청구를 배척하는 결정을 하는 것이 계속입원결정이라 할 수 있다. 계속입원결정을 한 경우 입원기간이 연장되는 것은 아니며, 기존의 입원기간에 따른 만료일까지만 계속입원될 수 있다.

7) 입원연장결정 불가

퇴원청구사건을 심사한 후 정신건강심사위원회가 퇴원청구를 배척하면서 기존의 입원기간만료일을 연장할 수 있을까? 부정해야 할 것이다. 그 이유는 환자가 퇴원청구를 하는 이유는 심사를 통해 퇴원을 하기 위한 목적인데, 환자의 퇴원청구에 대해 단순히 퇴원청구를 배척하여 계속입원을 결정하는 것이 아니라 향후 입원기간까지 연장하는 것은 환자에게 불리하여 부당하기 때문이다. 아울러 퇴원청구에는 보호의무자 2명 이상의 동의나 정신과 전문의 2명 이상의 진단요건을 갖출 필요가 없으나 입원연장을 위해서는 위와 같은 요건을 갖추어야 하는데 퇴원청구에 대해 입원연장결정을 하는 것은 위와 같은 요건을 갖추지 못한 채 이루어진 결정이어서 위법한 것이 된다.

환자가 퇴원청구를 하더라도 정신의료기관의 장의 입원연장청구가 제한되는 것은 아니므로 정신의료기관의 장의 입원연장청구와 환자의 퇴원청구가 비슷한 시기에 시·군·구청장에게 접수될 수 있다. 이러한 2중 청구의 상황에서 정신건강심사위원회는 최초입원과 입원연장의 적법성(보호의무자 2명 이상의 동의와 정신과 전문의 2명 이상의 진단)과 향후 입원치료의 필요성이 모두 인정되는 경우라면, 환자의 퇴원청구에 대해서는 계속입원결정을 하고, 정신의료기관의 장의 입원연장청구에 대해서는 입원연장결정을 하여야 한다.

(2) 이송이나 자발적 입원으로의 전환동의

위의 조치 중 다른 정신의료기관이나 정신요양시설로의 이송 또는 자의입원이나 동의입원으로의 전환은 입원환자의 청구나 동의가 있는 경우에 한한다. 만약 입원환자의 의사능력이 미흡하다고 정신건강의학과 전문의가 판단하는 경우에는 보호의무자의 청구 또는 동의로 갈음할 수 있다(법 제59조 제3항).

(3) 퇴원 등 조치의 통지

퇴원 등의 각 조치는 심사청구를 한 사람, 해당 입원환자 및 정신의료기관의 장에게 지체 없이 서면으로 그 내용을 통지하여야 한다(법 제59조 제4항). 그 통지서식은 법 시행규칙 별지 제22호 서식(퇴원등 또는 처우개선 심사결과 통지서)에 따른다. 위 서식은 해당 환자와 보호의무자 및 정신의료기관의 장에게 개별적으로 구체적 조치사항을 적고, 그 조치의 이유도 적도록 하고 있다. 위 서식에 따라 퇴원 및 처우개선청구를 한 입원환자에 대해서는 개별적으로 그 통지가 이루어져야 한다.

나. 처우개선조치

환자가 퇴원 외에 처우개선청구도 함께 하거나 퇴원청구는 하지 않은 채 처우개선청구만 한 경우에 정신건강심사위원회는 심사를 하여 처우개선에 필요한 결정을 할 수 있고, 시·군·구청장은 그 결정에 따라 필요한 조치를 정신의료기관의 장에게 명령할 수 있다.

구 정신보건법에서도 처우개선청구와 그에 따른 조치제도가 있었으나 지난 20년 간 크게 활성화되지는 못 하였다. 앞서 본 바와 같이 입원환자의 처우개선청구는 기본적으로 정신건강복지법령의 준수를 요청하는 것이며, 개인의 권리구제와 더불어 입원환경의 개선을 위한 것이어서 널리 활용될 필요가 있다. 퇴원 및 처우개선청구에 따른 조치에 대한 보다 자세한 설명은 ☞ 법 제59조(퇴원등 명령의 통지 등)를 참조할 것.

7. 입법론

가. 퇴원 및 처우개선청구제도의 장점

퇴원 및 처우개선청구는 정신건강복지법이 유일하게 입원환자와 보호의무자에게 인정하고 있는 개별적 권리구제수단이다. 매년 1,000여 건 이상의 퇴원 및 처우개선청구가 접수되고 있고, 단순히 퇴원만을 요구할 수 있는 것이 아니라 입원 환경에 대한 처우개선도 요구할 수 있다는 점에서 「인신보호법」에 의한 인신보호청구보다 권리구제의 폭과 내용은 더 넓다고 볼 수 있다.

나. 퇴원 및 처우개선청구제도의 한계와 입법론

퇴원 및 처우개선청구는 그 심사기관인 정신건강심사위원회가 앞서 여러 번 지적해 온 바와 같이 지방자치단체장의 부설기관인 점, 환자의 의견진술 기회를 보장하지 않는 형식적 서면심사로 되어 있는 점, 사실상 의료인 중심의 합의체인 점에서 한계가 있다.

아울러, 입원적합성심사위원회의 입원적합성승인이 있는 경우라도 퇴원청구를 통해 정신건강심사위원회가 퇴원을 시킬 수도 있는 상황이어서 두 입원심사기관의 지위와 위상이 서로 중복되어 침해될 수 있다. 위와 같은 두 가지 문제점(입원심사기관의 독립성과 중립성의 미비, 입원심사기관의 이원화로 인한 비효율화)을 개선하기 위한 입법이 필요하다.

Ⅳ. 정신건강심의위원회에의 회부(제56조)

제56조(정신건강심의위원회에의 회부) 특별자치시장 · 특별자치도지사 · 시장 · 군수 · 구청장은 제43조제6항 및 제55조제1항에 따른 심사 청구를 받았을 때에는 지체 없이 그 청구 내용을 소관 정신건강심의위원회 회의에 회부하여야 한다.

1. 정신건강심의위원회 회부의 의의

시 · 군 · 구청장은 법이 정한 심사청구를 접수하였을 때에는 지체 없이 그 청구 사건을 소관 정신건강심의위원회 회의에 회부해야 한다. 시 · 군 · 구청장이 직접 결정하지 않고 심의위원회를 통해 결정하는 이유는 강제입원이나 정신의료적 조치에 대해서는 행정기관 스스로 결정하는 것보다는 의료와 복지, 법과 인권에 기반한 전문적 판단이 필요하기 때문이다. 구 정신보건법 하에서부터 위원회 심사 규정을 두어 행정기관인 지방자치단체의 장이 행정권한에 따라 스스로 결정하는 것을 제한해 왔다.

2. 정신건강심의위원회 회부사항

가. 법령상 회부사항

시 · 군 · 구청장이 정신건강심의위원회에 회부하여야 하는 사항은 다음과 같다(법 제56조).

i) 정신의료기관 또는 정신요양시설의 장의 입원(입소)연장청구
ii) 입원(입소)환자 또는 보호의무자의 퇴원 또는 처우개선청구

위 법조항에 따른 청구 외에도 법은 시 · 군 · 구청장이 정신건강심의위원회에 심의를 회부해야 하는 사항으로 정신의료기관의 장의 외래치료명령청구를 규정하고 있다(법 제64조 제2항).

나. 해석상 회부사항

법령에 명시적 규정은 없지만 행정입원의 경우 입원연장 시 정신건강심사위원회의 심사가 필요하므로(법 제62조 제2항) 시 · 군 · 구청장이 지정정신의료기관의 장의

행정입원 연장청구를 받아 정신건강심의위원회에 회부하는 절차를 거칠 필요가 있다.

다. 정신건강심의위원회 회부사항의 정리

위의 내용을 정리해 보면, 아래의 각 청구가 들어오면 시·군·구청장은 지체 없이 소속 정신건강심의위원회에 각 청구사건을 회부하여야 한다.

i) 정신의료기관 또는 정신요양시설의 장의 보호입원(입소)연장청구
ii) 입원(입소)환자 또는 보호의무자의 퇴원 또는 처우개선청구
iii) 정신의료기관의 장의 입원환자에 대한 외래치료명령청구
iv) 지정정신의료기관의 장의 행정입원연장청구

3. 입원연장심사청구에서의 정신건강심의위원회 회부

앞서 법 제55조(퇴원등 또는 처우개선 심사의 청구)에서는 퇴원 및 처우개선심사청구에서의 청구 및 심사절차를 보았다. 여기에서는 보호입원(입소) 및 행정입원의 연장심사청구, 외래치료명령청구의 접수 및 심사절차를 검토한다. 이하의 각 심사청구에 대해 시·군·구청장은 접수하여 즉시 정신건강심의위원회에 회부하여야 한다.

가. 보호입원 연장심사청구

보호입원 연장심사청구는 정신의료기관의 장이 입원기간 만료일이 한 달 가량 남은 보호입원환자들을 대상자로 하여 다음의 각 요건과 형식(2개 이상의 정신과 전문의 진단결과서와 보호의무자 2명 이상의 동의서)을 갖추어 청구하여야 한다(법 제43조 제6항).

i) 2명 이상의 정신과 전문의 진단: 서로 다른 정신의료기관에 소속된 2명 이상의 정신과 전문의(국·공립 정신의료기관 또는 보건복지부장관이 지정하는 정신의료기관에 소속된 정신과 전문의 1명 이상 포함)가 입원기간을 연장하여 치료할 필요가 있다고 일치된 진단
ii) 보호의무자 2명 이상의 동의: 보호입원을 신청하였던 보호의무자 2명 이상(보호입원 신청 시 보호의무자 1명만 있었던 경우는 1명)의 입원연장에 대한 동의

여기서 '입원연장치료의 필요성'은 최초 보호입원에서의 입원요건인 '자·타해 위험성'과 '입원치료 필요성'을 모두 구비할 것을 요구하므로 법령이 요구하는 '자·

타해 위험성'의 중대성, 급박성, 반복성 등의 요건을 갖추지 못하는 경우에는 '입원연장치료의 필요성'을 갖추었다고 볼 수 없게 된다. 그 밖에 구체적 설명에 대해서는 ☞ 법 제43조(보호의무자에 대한 입원등) 중 '보호입원의 연장' 부분을 참조할 것

나. 보호입소 연장심사청구

보호입소된 환자에 대해 정신요양시설의 장은 그 연장의 필요성이 있는 경우 '입소기간을 연장하여 요양할 필요'가 있다는 2명 이상의 정신과 전문의 진단과 2명 이상의 보호의무자의 동의를 받아 입소연장심사청구를 하여야 한다. 그 구체적 요건이나 절차는 보호입원과 동일하므로 ☞ 법 제43조(보호의무자에 대한 입원등) 중 '보호입원의 연장' 부분을 참조할 것.

다. 행정입원 연장심사청구

행정입원 연장심사청구와 관련해서는 법령에서 따로 규정한 것이 없다. 정신건강복지법이 행정입원 연장심사절차를 도입하였음에도 불구하고 이에 대한 절차적 규정을 두지 않은 것은 문제가 있다. 이에 대한 구체적 내용은 ☞ 법 제62조(시·군·구청장에 의한 입원 해제)의 내용을 참조할 것.

법 제62조가 행정입원 연장에 대한 근거규정과 요건을 마련해 두고 있기 때문에 그 집행절차의 하나로서 행정입원환자가 있는 지정정신의료기관의 장은 입원연장이 필요한 행정입원환자에 대해 입원기간 만료 1개월 전에 2명 이상의 정신과 전문의 진단(진단결과서)과 환자의 입원연장에 대한 의견(환자 의견진술서)을 들어 그 서류를 첨부해 시·군·구청장에게 입원연장심사청구를 할 수 있도록 보건복지부령이나 지침 등을 통해서 규정할 필요가 있다.

라. 외래치료명령청구

외래치료명령청구는 정신의료기관의 장이 일정한 요건을 갖춘 입원환자에 대해 퇴원 이후 외래치료를 받을 수 있도록 시·군·구청장에게 그 명령의 발동을 청구하는 것이다. 외래치료명령청구가 시·군·구청장에게 접수되면 소관 정신건강심의위원회에 회부된 후 정신건강심사위원회가 심사를 거쳐 그 명령여부를 결정하면 시·군·구청장이 자신의 명의로 입원환자에게 외래치료명령을 부과할 수 있다. 외래치료명령에 대한 보다 구체적인 설명은 ☞ 법 제65조(외래치료명령 등)를 참조할 것.

4. 정신건강심사위원회의 심사와 그 조치에 대한 비교

정신건강심사위원회의 심사는 위에서 본 바와 같이 다음의 각 청구에 대해 심사한다.

i) 보호입원환자에 대한 입원연장청구
ii) 보호입소환자에 대한 입소연장청구
iii) 행정입원환자에 대한 입원연장청구
iv) 환자 및 보호의무자에 의한 퇴원 및 처우개선청구
v) 정신의료기관의 장의 입원환자에 대한 외래치료명령청구

위의 각 심사청구사건을 비교해 보면 다음과 같다.

표 4-6 정신건강심사위원회 심사청구사건의 비교

심사사건	입원연장청구사건	퇴원 및 처우개선청구사건	외래치료명령 청구사건
청구권자	정신의료기관의 장 (정신요양시설의 장)	입원환자 및 보호의무자	정신의료기관의 장
대상자	1. 보호입원환자 2. 보호입소환자 3. 행정입원환자	입원환자	1. 보호입원환자 2. 행정입원환자
청구요건	1. 보호의무자 2명 이상의 동의 2. 정신과 전문의 2명 이상의 진단(자·타해 위험성 + 입원치료 필요성)	없음	1. 보호의무자 동의 2. 입원 전 정신병적 증상으로 자·타해 행동 3. 의료보호 등 진료비 지급이 가능한 사람
심사 후 조치	1. 퇴원(임시퇴원)명령 2. 처우개선명령 3. 3개월 이내 재심사 4. 이송결정 5. 자발적 입원으로 전환결정 6. 외래치료명령 7. 입원연장결정	1. 퇴원(임시퇴원)명령 2. 처우개선명령 3. 3개월 이내 재심사 4. 이송결정 5. 자발적 입원으로 전환결정 6. 외래치료명령 7. 계속입원결정	1. 계속입원결정 2. 외래치료명령
청구접수 및 조치권자	시·군·구청장		
심사기관	정신건강심사위원회		

위의 표를 보면, 시·군·구 소속 정신건강심사위원회가 심사하는 사항은 크게 세 가지 유형의 사건으로 분류되며, 각 사건유형별로 청구권자, 그 심사대상자, 청구요건, 심사 후 조치에 있어 차이가 있다. 다만, 청구를 하는 경우 모두 시·군·구청장에게 청구해야 하며, 실질적으로 사건을 심사하는 기관은 시·군·구청장 소속의 정신건강심사위원회이다.

Ⅴ. 입원연장 및 퇴원심사(제57조)

제57조(퇴원등 또는 처우개선의 심사) ① 정신건강심의위원회가 제56조에 따른 회부를 받았을 때에는 지체 없이 이를 정신건강심사위원회에서 심사하여 그 결과를 특별자치시장·특별자치도지사·시장·군수·구청장에게 보고하여야 한다.
② 정신건강심사위원회가 제1항에 따라 심사를 할 때에는 심사 대상자가 입원등을 하고 있는 정신의료기관등의 장의 의견을 들어야 한다. 다만, 제55조제1항에 따른 처우개선에 관한 사항의 심사를 할 때에는 그 의견을 듣지 아니할 수 있다.
③ 정신건강심사위원회가 제1항에 따라 심사를 할 때에는「의료법」 제21조에도 불구하고 정신의료기관등의 장이나 심사 대상자 또는 그 보호의무자에게 진료기록부와 제30조제1항 각 호에 해당하는 기록의 제출을 요구할 수 있다.

1. 입원연장심사의 의의와 한계

가. 정신건강심사위원회의 기능과 심사현황

정신건강심사위원회는 앞서 보았듯이 강제입원 연장청구심사, 퇴원 및 처우개선 청구심사, 외래치료명령청구심사 등을 하는 합의체 심사기관이다. 그 중 외래치료명령청구는 지난 10년 간 청구된 적이 거의 없어 외래치료명령 심사기관으로서의 역할은 기능하지 못하고 있다.

입원환자나 그 보호의무자가 주체가 되어 하는 퇴원 및 처우개선청구에 대한 심사는 앞서 법 제55조의 표에서 보았듯이 2016년을 기준으로 하면 연간 약 2,000여 건인 반면, 정신의료기관의 장이나 정신요양시설의 장이 청구하는 입원(입소)연장심사 건수는 2016년 기준 약 7만 2,500여 건이다.[11] 그 심사건수나 내용으로 볼 때 정신건강심사위원회는 기본적으로 입원연장심사기관이라 할 수 있다.

나. 정신건강심사위원회 입원연장심사의 한계와 문제점

입원연장심사청구는 현행 정신건강복지법상 각 시·군·구 정신건강심사위원회에서 심사하는데, 환자의 대면 의견진술 기회도 없고, 환자의 의견진술 서류조차도

11) 보건복지부 및 국립정신건강센터,「2017 국가 정신건강현황 제3차 예비조사 결과보고서」, 2017, 63면 표 11.

받지 않고 있다.

결국 정신건강심사위원회는 보호의무자의 입원동의서와 입원 정신의료기관 소속 의사의 진단결과서 외에 구체적 자·타해 위험의 사실이나 입원연장 필요성에 대한 실체적 입증자료 없이 주로 진단결과서에 의존하여 입원을 승인하는 기관의 역할을 하고 있다. 이는 앞서 본 입원연장심사청구에서의 퇴원율이 약 3% 내외인 점, 각 시·군·구별로 매월 이루어지는 정신건강심사위원회에 회부된 입원연장심사사건별 심사시간이 몇 분인지 계산해 보면,[12] 그 심사의 형식성을 금방 파악할 수 있다.

앞서 입원적합성심사위원회나 정신건강심의위원회에서도 이미 지적한 바와 같이 입원심사기관은 독립성과 중립성을 가진 기관이어야 하고, 환자의 절차적 기본권이라 할 수 있는 심사기관에서의 대면진술권, 절차보조인 등 국가가 지원하는 사람을 통한 절차에서의 도움을 받을 권리, 법원에 의한 실질적 불복절차 보장, 증거제출권 보장 등이 필요하나 그러한 점을 갖추지 못한 한계가 있다.

정신건강심사위원회의 이러한 문제점은 이미 헌법재판소가 강제입원 위헌(헌법불합치)결정에서 제시한 기준이나 국제연합의 정신장애인 보호원칙(MI 원칙) 및 「장애인권리협약」(CRPD)이 요구하는 기준에도 미치지 못 하는 것이어서 위헌의 문제나 국제연합의 장애인권리위원회의 차후의 한국정부 보고서 심사에서도 지적될 수 있다.

2. 구 정신보건법과의 비교

구 정신보건법과 현행 정신건강복지법은 양자 모두 입원연장심사나 퇴원 및 처우개선청구 심사를 할 때 심사대상자가 입원하고 있는 정신의료기관의 장의 의견을 들어야 한다고 의무적인 의견청취규정을 두었다.

다만, 위 의무적 의견청취규정의 예외로서 구 정신보건법은 의견을 듣지 않는 예외로서 환자나 보호의무자에게 유리한 경우에는 그 의견을 듣지 않을 수 있도록 하였는데, 정신건강복지법은 이와 달리 법 제55조 제1항에 따른 처우개선에 관한 사항의 심사를 할 때에는 그 의견을 듣지 않을 수 있도록 하였다(법 제57조 제2항 단서).

12) 2015년 기준 구 정신보건법 하에서 전국적으로 기초정신보건심판위원회는 1,640회가 개최되었다. 기초정신보건심판위원회가 통상 약 2시간 정도 심판회의를 하기 때문에 회의 당 약 48건(2015년 심판위원회 심사건수 78,219건/1,640회 회의)을 심사하여야 하고, 통상 2시간 회의를 기준으로 할 때 1건 당 심사시간은 2-3분이다.

3. 입원연장심사의 절차와 방식

가. 입원연장심사절차의 개관

앞서 퇴원 및 처우개선청구의 심사절차는 법 제55조(퇴원등 또는 처우개선 심사의 청구)에서 보았기 때문에 여기서는 입원연장심사절차에 관해서만 본다.

그림 4-2 입원연장심사청구 개관

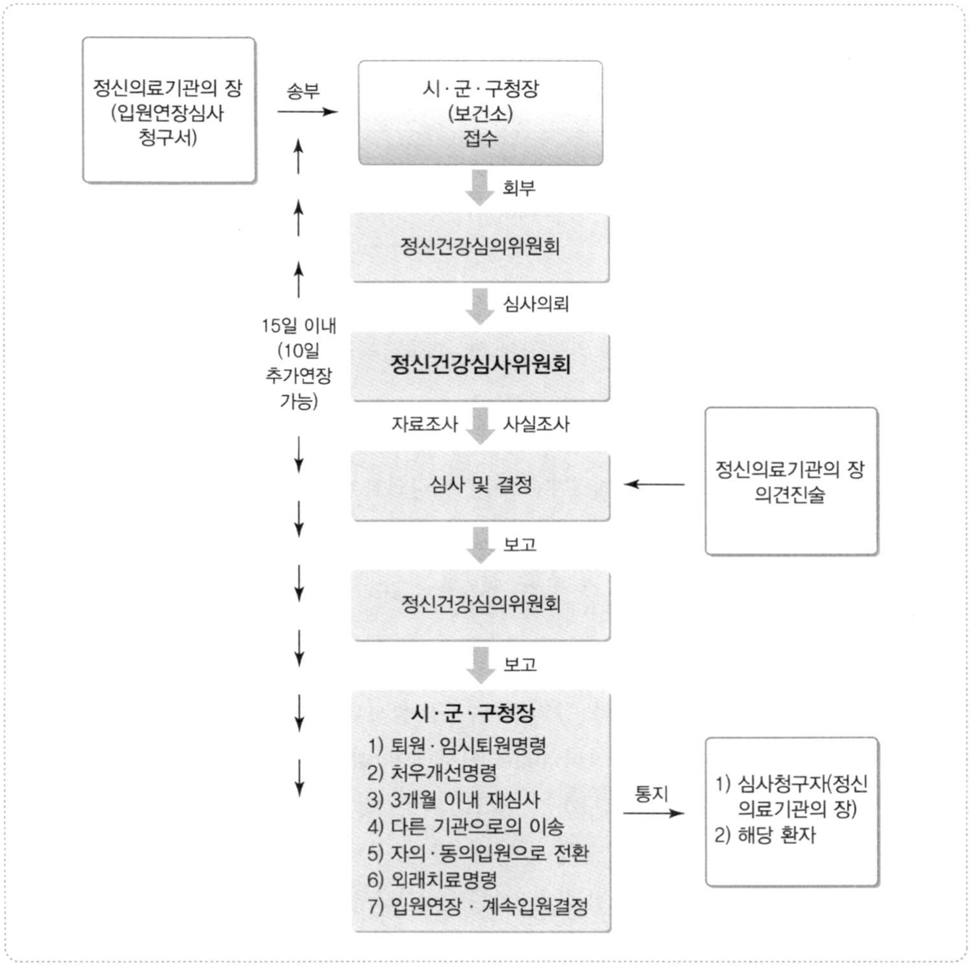

나. 심사회부 및 심사기일의 지정

보호입원, 보호입소, 행정입원의 각 연장심사청구가 시·군·구에 접수되면 시·군·구에서는 정신건강심의위원회에 지체 없이 회부한다. 정신건강심사위원회는 회부된 심사사건에 대해 심사기일을 잡거나 매월 정해진 심사기일에 정신건강심사위원회를 소집하여 그 심사기일 전에 접수된 입원연장심사청구와 퇴원 및 처우개선심사청구를 함께 심사한다. 통상 심사기일이 1개월에 1회씩 있어 심사기일 전의 일정기간 동안 접수된 입원연장심사청구와 퇴원 및 처우개선청구를 함께 심사한다.

다. 입원연장사건의 조사

심사방식은 정신의료기관의 장이 청구한 입원연장심사청구서와 그에 첨부된 서면을 바탕으로 심사한다. 입원연장심사청구의 대상자인 일부 환자에 대해서는 정신건강심사위원회 위원이나 정신건강복지센터 직원이 대면조사를 하여 그 조사보고서를 작성하여 보고하기도 한다.

입원연장요건과 관련하여 정신건강심사위원회는 심사를 위해 정신의료기관의 장, 입원연장 대상자 및 그 보호의무자에게 진료기록부 등의 자료제출을 요구할 수 있다(법 제57조 제3항).

그 외 입원연장청구 심사사건의 조사의 구체적 내용은 퇴원 및 처우개선청구 심사사건의 조사와 심사의 내용(자료제출요구, 정신의료기관의 장의 의견진술, 환자와 입원 정신의료기관에 대한 조사)과 동일하므로 구체적 내용은 ☞ 법 제55조(퇴원 및 처우개선 심사청구)의 관련 내용을 참조할 것.

라. 입원연장사건의 심사

심사방식은 입원적합성심사와 동일하게 ⅰ) 심사위원이 출석해야 하는 출석심사이며, ⅱ) 각 입원연장심사청구마다 따로 심사해야 하는 개별적 심사이고, ⅲ) 환자나 정신의료기관측의 출석을 요구하지 않고, 자료 및 조사보고서 등을 통한 서면심사이다. 출석심사, 서면심사, 개별적 심사에 관한 구체적 내용은 ☞ 법 제47조(입원적합성심사위원회의 심사 및 심사결과 통지 등)를 참조할 것.

입원연장심사절차는 현재 따로 정해진 것이 없으나 입원적합성심사위원회의 최초입원 심사절차나 퇴원청구 심사절차와 동일하게 표준화될 필요가 있다. 정신건강심사위원회의 구체적 심사방식은 각 지방자치단체장의 규칙이나 지방자치의회의 조례로서 정할 수 있다(영 제28조 제5항).

정신건강심사위원회의 입원연장청구에 대한 심사는 심사기일에 위원장의 주재로 각 입원연장청구 심사사건별로 다음과 같은 순서로 진행할 수 있다.

i) 사건 대상자의 인적사항 및 입원관련사항 보고
ii) 최초 입원부터 현재까지의 입원의 적법성과 필요성에 대한 사실조사와 확인
iii) 환자나 보호의무자 또는 정신의료기관측의 의견 확인
iv) 심사위원 토의 및 결정

마. 입원연장심사사건의 결정과 통지

정신건강심사위원회는 입원연장 심사자료와 조사보고를 검토한 후 심사대상 각 환자별로 위원회 위원의 과반수 출석과 과반수 찬성으로 입원연장 여부나 기타 조치를 의결하여야 한다.

시·군·구청장은 정신건강심의위원회로부터 보고를 받아 입원연장여부나 기타 필요한 조치를 결정하고, 입원연장심사청구를 한 정신의료기관의 장, 해당 환자 등에게 그 처분내용과 이유(조치사항과 조치사유)를 기재하여 통지하여야 한다(법 제59조 제4항 및 법 시행규칙 별지 제22호 서식의 심사결과통지서 참조).

행정입원에 대한 연장심사결과 통지도 해당 환자와 보호의무자(또는 보호자)에게 입원연장이 필요한 사유와 기간을 서면으로 통지하여야 한다(법 제62조 제3항).

4. 입원연장심사의 기준

가. 강제입원과정에서의 위법행위의 치유불가능

앞서 법 제55조 퇴원청구 심사에서 보았듯이 우리 대법원은 최초 강제입원절차의 하자가 있는 경우 이후 그 하자를 치유할 수 없기 때문에 퇴원시켜야 함을 원칙으로 하고 있다. 예컨대, 3일의 응급입원 기간 중에 보호입원이나 행정입원으로의 전환요건을 갖추지 못한 경우에는 즉시 퇴원시켜야 하는데, 그러지 않은 경우 위법한 감금행위로서 불법행위가 성립하며, 이러한 위법한 감금행위가 지속되는 가운데 이루어진 절차도 위법하므로 뒤늦게 계속입원의 요건을 갖출 수도 없다.[13)]

---

13) 대법원 2009. 1. 15. 선고 2006다19832 판결.

입원연장청구는 정신의료기관의 장이 보호(행정)입원 환자가 입원 중에 청구하는 것이지만 최초입원에서부터 위법한 경우라면 그 위법상태가 현재까지 지속되는 것이어서 입원연장심사에 있어서도 최초입원과정에 대한 자료의 심사 등이 필요하고, 이후 입원연장서류나 진료기록 등에 대한 심사가 필요하지만 실무상 그러한 과거의 입원연장 등에 관한 자료 제출은 제한적이다.

나. 법령상 기준

정신건강심사위원회는 정신의료기관의 장의 보호입원이나 행정입원환자에 대한 입원연장청구가 있을 경우 그 환자의 전체 입원과정이 적법한지 또는 필요한지 여부를 정신건강복지법에 따라 판단하여야 한다.

그 판단기준은 앞서 법 제55조에서 본 바와 같이 법령, 지침, 법원의 판례 등을 따라야 한다. 그 이유는 위와 같은 법령이나 지침, 판례와 다르게 정신건강심사위원회가 심사하는 경우 법원 등의 기관이 위법하다고 판단한 사항을 무시하고, 입원의 위법사항을 묵인하거나 승인하는 것이 되기 때문이다. 이는 정신건강심사위원회나 시·군·구청장의 불법행위가 될 수 있다.

다. 일반적 기준 – 수용의 적법성과 필요성

입원연장사건에 대한 정신건강심사위원회의 심사기준은 어떤 것이 되어야 하는가? 이는 「인신보호법」에서 말하는 일반적 수용심사 기준인 수용의 적법성과 필요성을 심사하는 것이어야 한다. 앞서 퇴원청구에서 본 바와 같이 법원의 인신보호 결정례들을 보면, 강제입원의 적법성과 필요성의 심사기준은 다음과 같이 네 가지로 나누어 심사하고 있다.[14)]

i) 최초입원의 적법성: 절차적, 형식적, 실체적 입원요건의 구비 여부
ii) 입원연장의 적법성: 절차적, 형식적, 실체적 입원연장요건의 구비 여부
iii) 입원 중 처우의 적법성: 입원 중 처우에서의 법령위반이나 부당행위여부
iv) 입원연장의 필요성: 위의 요건을 모두 적법하게 구비한 경우라도 현재나 향후 자·타해 위험성이나 입원연장치료의 필요성이 없는 경우 퇴원시켜야 함

위에서 말하는 네 가지 기준에 대한 구체적 설명은 ☞ 법 제43조(보호입원), 법

14) 신권철, "인신보호사건의 실무운영 및 쟁점", 「인신보호재판장 간담회 회의자료」, 법원행정처 사법정책실, 2009, 82-85면.

제47조(입원적합성심사위원회) 및 제55조(퇴원 또는 처우개선 심사청구)의 해당 부분을 참조할 것.

5. 정신의료기관의 장의 의견진술권

가. 의견진술권의 기능

(1) 관련규정

정신건강심사위원회가 입원연장심사나 퇴원심사를 할 때에는 심사 대상자가 입원하고 있는 정신의료기관의 장의 의견을 들어야 한다(법 제57조 제2항 본문). 다만, 처우개선 청구에 관한 사항을 심사할 때에는 그러하지 아니하다(법 제57조 제2항 단서).

(2) 의견진술권의 기능

위 규정에 따르면, 정신건강심사위원회는 입원연장청구나 퇴원청구 심사를 할 때에는 정신의료기관의 장의 의견을 의무적으로 들어야 한다. 이는 정신의료기관의 장이 청구한 입원대상자에 대한 입원연장의 사유나 입원환자의 퇴원청구에 대한 의견을 심사에 반영하여 이를 고려하기 위한 것이라 할 수 있다.

나. 의견청취의 방법과 내용

(1) 의견청취의 방법

의견청취의 방법은 제한이 없기 때문에 구술과 서면으로 모두 가능하다고 볼 것이다. 즉, 정신의료기관의 장은 정신건강심사위원회의 심사기일(입원연장심사 또는 퇴원심사)에 나와 심사대상자에 대한 의견을 심사위원들을 대면하여 진술할 수 있고, 정신의료기관의 장의 의견진술서를 심사대상자 개개인별로 하여 심사기일 전에 서면으로 제출할 수 있다.

(2) 심사위원회의 의견청취의무

정신건강심사위원회가 입원연장심사나 퇴원심사에서 의무적으로 정신의료기관의 장의 의견을 듣도록 한 이상(법 제57조 제2항 본문) 정신의료기관의 장의 심사기일 참석이나 의견제출을 위원회가 거부할 수 없다. 다만, 심사기일의 심사진행에 방해가 되는 경우 심사절차상 의견진술시간이나 방법을 제한할 수 있다.

(3) 의견진술의 내용

법이 정신의료기관의 장에게 입원연장심사나 퇴원청구심사에서 의견진술기회를 부여한 이상 심사대상자의 입원연장이나 퇴원의 적법성이나 필요성에 대한 의견을 진술할 수 있다.

심사기일에 심사대상자의 입원이 그 적법성이나 필요성에 대해 의문이 들어 위원회에서 구두(전화)나 서면으로 질문을 하는 경우 위 의견진술권에 바탕하여 적극적으로 소명할 기회를 가질 수도 있다. 이 경우 자신의 의견진술 내용을 증명하기 위해 소명자료를 제출할 수도 있다.

다. 실제 심사절차에서의 활용 여부

구 정신보건법 하에서 정신의료기관의 장이 적극적으로 정신보건심판위원회의 심사기일에 참석하여 입원연장이나 퇴원에 대한 의견을 진술하는 경우는 거의 확인되지 않는다. 실제 2016년까지 97% 내외의 입원연장심사가 승인되었기 때문에 정신의료기관의 장이 별도의 의견진술을 할 동기가 부족하기도 하였다.

심사기일에 입원의 적법성(보호의무자 여부, 유효한 동의 여부)이나 필요성의 소명이 부족할 때 위원회에서 전화나 서면을 통해 정신의료기관측에 의견진술기회나 소명기회를 부여하는 경우는 있다. 실제 정신의료기관의 장이 적극적으로 의견진술기회를 요청하는 경우는 없지만 그러한 기회 자체가 있다는 점은 정신의료기관측에 일괄적으로 고지해 줄 필요는 있다.

라. 문제점

앞서 법 제55조(퇴원등 또는 처우개선 심사의 청구)에서도 지적하였지만 입원연장심사청구의 경우 정신의료기관의 장의 입원연장청구서, 입원 정신의료기관 정신과 전문의를 포함한 2명 이상의 정신과 전문의 진단결과서, 2명 이상의 보호의무자 동의서가 제출되며, 이러한 입원연장청구 과정에서 정신의료기관의 장은 자신의 의견을 구두나 서면으로 진술할 기회를 권리로서 가진다.

반면에, 입원연장심사에서 구 정신보건법에서는 환자가 직접 자필로 입원연장여부에 대한 의견을 진술한 서면을 제출할 기회가 있었는데, 현재는 그러한 서면진술 기회마저 주지 않고 있다.

입원연장심사가 기본적으로 환자의 입원을 3개월 내지 6개월 더 연장하는 것임에도 불구하고 법제도적으로 정신의료기관측에만 의견진술기회를 부여하고, 환자에게는 그러한 기회를 부여하지 않는 것은 헌법상 평등의 원칙이나 절차에 있어서의 참여권을 박탈하는 것이다. 게다가 그 기회를 반대당사자인 정신의료기관의 장에게만 부여하는 것이어서 더 위헌의 소지가 크다고 볼 수 있다.

마. 입법론

(1) 입원심사절차에서 의견진술제도의 법적 연혁

1995년 제정된 구 정신보건법은 입원연장심사나 퇴원 및 처우개선심사에 있어 대립당사자라 할 수 있는 그 청구인과 입원 정신의료기관의 장의 의견을 들을 의무를 규정하여(1995년 제정된 정신보건법 제33조 제2항 본문) 2016년까지 약 20여 년간 유지(구 정신보건법 제31조 제2항)해 왔다. 그런데 현행 정신건강복지법에서 별 다른 이유 없이 '청구인(환자측)'의 의견진술기회는 삭제하고, 정신의료기관의 장의 의견진술기회만 유지한 것이다.

(2) 입·퇴원 심사절차에서 입원환자의 의견진술권의 필요성

입법론으로는 정신의료기관의 장뿐만 아니라 입원환자에 대해서도 입원연장심사나 퇴원청구심사 시에 의견진술기회를 구두나 서면으로 모두 보장하는 것이 필요하다. 그러한 의견진술권 보장을 통해 입원연장심사나 퇴원심사를 서면심사가 아닌 대면심사의 방향으로 전환할 수 있고, 양 당사자 사이의 대립되는 주장과 적절한 증거제출을 통하여 입원연장의 요건을 갖추었는지 여부를 증명하도록 할 필요가 있다.

6. 정신건강심사위원회의 자료제출 요구권

가. 의의와 필요성

(1) 관련규정

정신건강심사위원회가 입원연장심사를 할 때에는 「의료법」 제21조[15]의 기록열

---

15) 「의료법」 제21조(기록 열람 등) ① 환자는 의료인, 의료기관의 장 및 의료기관 종사자에게 본인에 관한 기록의 열람 또는 그 사본의 발급 등 내용의 확인을 요청할 수 있다. 이 경우 의료인, 의료기관의 장 및 의료기관 종사자는 정당한 사유가 없으면 이를 거부하여서는 아니 된다.
② 의료인, 의료기관의 장 및 의료기관 종사자는 환자가 아닌 다른 사람에게 환자에 관한 기록을 열람하게 하거나 그 사본을 내주는 등 내용을 확인할 수 있게 하여서는 아니 된다.
③ 제2항에도 불구하고 의료인, 의료기관의 장 및 의료기관 종사자는 다음 각 호의 어느 하나에 해당하면 그 기록을 열람하게 하거나 그 사본을 교부하는 등 그 내용을 확인할 수 있게 하여야 한다. 다만, 의사·치과의사 또는 한의사가 환자의 진료를 위하여 불가피하다고 인정한 경우에는 그러하지 아니하다.

람금지 규정 등에도 불구하고 정신의료기관의 장이나 심사 대상자 또는 그 보호의무자에게 진료기록부와 법 제30조 제1항 각 호에 해당하는 기록의 제출을 요구할 수 있다(법 제57조 제3항).

(2) 자료제출 요구권의 의의

정신건강심사위원회는 입원연장심사기관이다. 입원연장의 심사는 앞서 본 바와 같이 법령의 준수 여부에 더하여 환자의 향후 입원치료 필요성 여부를 심사하여야 한다. 따라서 입원연장이나 퇴원을 결정하기 위해 심사대상자의 입원의 적법성과 필요성을 진료기록과 법령상 구비를 요하는 자료에 근거해 판단해야 한다. 따라서 정신건강심사위원회의 자료제출 요구권은 입원연장심사를 위해 필수적인 권한이라 할 것이다.

참고로 입원적합성심사위원회의 소위원회도 입원에 관한 사실관계를 확인할 필요가 있는 경우 입원환자, 정신의료기관의 장 또는 그 소속 의료인에게 의견이나 자료의 제출을 요청할 수 있고(영 제23조 제2항), 입원적합성심사위원회 조사원도 정신의료기관의 장에게 진료기록 및 입원기록의 제출을 요구할 수 있다(법 제48조 제2항).

(3) 자료제출 요구권의 필요성

현재 입원연장심사청구서(참고서식 제9호)를 보면 정신의료기관의 장이 제출하는 서류로 보호의무자의 입원연장 동의서(보호입원연장의 경우에 한함), 정신과 전문의 진단결과서 등 법이 정한 형식적 입원요건 자료만 첨부하도록 하고 있다. 정신건강심사위원회가 입원연장심사를 하기 위해서 위의 두 가지 형식적 요건 구비만을 판단하게 되면 사실상 실질적 심사라고 할 것이 없게 된다. 따라서 보호의무자 자격이나 숫자의 확인, 보호의무자의 진정한 의사의 확인, 향후 입원치료의 필요성에 대한 실질적 심사를 위해서는 자료제출 요구권을 적절히 활용할 필요가 있다.

나. 자료제출 요구권의 내용

(1) 자료제출 요구권의 대상인 자료

정신의료기관의 장이 작성한 입원연장심사청구서와 그에 첨부된 보호의무자의

---

1. 환자의 배우자, 직계 존속·비속, 형제·자매(환자의 배우자 및 직계 존속·비속, 배우자의 직계존속이 모두 없는 경우에 한정한다) 또는 배우자의 직계 존속이 환자 본인의 동의서와 친족관계임을 나타내는 증명서 등을 첨부하는 등 보건복지부령으로 정하는 요건을 갖추어 요청한 경우
2. 내지 16. 생략

④ 생략

동의서 및 정신과 전문의 진단결과서만으로 서면심사를 하기에는 부족하기 때문에 정신건강심사위위원회는 심사를 위해 정신의료기관의 장이나 심사대상자 또는 그 보호의무자에게 다음의 각 자료의 제출을 요구할 수 있다(법 제57조 제3항).

i) 진료기록부
ii) 입원당시 대면 진단내용
iii) 자의입원과 동의입원에서의 퇴원의사 확인
iv) 동의입원환자의 퇴원신청 및 퇴원거부사유
v) 보호입원연장에 대한 심사청구 및 결과
vi) 투약 등의 치료내용을 적은 진료기록
vii) 특수치료에 관한 협의체의 회의내용
viii) 통신과 면회의 자유 제한의 사유 및 내용
ix) 격리·강박의 사유 및 내용
x) 작업요법의 내용 및 결과
xi) 입원적합성신고에 관한 사항
xii) 입원적합성심사위원회의 통지에 관한 사항
xiii) 퇴원 및 처우개선청구 및 입원연장심사청구 결과통지에 관한 사항
xiv) 광역 정신건강심사위원회의 재심사 결과통지에 관한 사항

(2) 자료제출 요구가 허용되는 심사의 유형

정신건강심사위원회는 퇴원 및 처우개선심사와 보호입원(보호입소를 포함한다) 연장심사에서만 자료제출 요구권한을 규정하고 있다(법 제57조 제3항, 제1항 및 법 제56조). 정신건강복지법으로 개정하면서 행정입원 연장청구도 정신건강심사위원회가 하도록 규정하였고, 2008년 구 정신보건법 개정 시에도 외래치료명령제도를 도입하면서 그 외래치료명령청구에 대한 심사도 정신건강심사위원회가 하도록 규정하였는데, 자료제출 요구권을 따로 규정하지 않고 있다.

따라서 입법론으로는 위와 같은 행정입원 연장청구나 외래치료명령청구 심사도 정신건강심사위원회의 자료제출 요구권을 보장하도록 개정이 필요하고, 해석론으로라도 정신건강심사위원회의 법 제57조 제3항에 따른 자료제출 요구권을 행정입원 연장심사나 외래치료명령 심사에도 적용할 필요가 있다.

(3) 자료제출 요구권의 행사방법

정신건강심사위원회가 입원연장심사에 있어 자료제출 요구권을 행사하는 경우 여러 가지 방법이 있을 수 있다. 그 행사방법을 보면 다음과 같다.

i) 정신건강심사위원회가 의결하여 일반적으로 입원연장심사에 있어 필요한 자료 요청을 정신의료기관에 일괄적으로 요구하는 방법(예컨대, 보호입원 연장청구에 있어 일괄적으로 보호의무자임을 증명할 수 있는 가족관계증명서 등의 요구)

ii) 정신건강심사위원회가 시·군·구 소속 공무원 위원 등 일부 위원에게 위임하여 개별 입원연장심사 사건에 대해 필요한 자료를 요구하게 하는 방법

iii) 정신건강심사위원회가 위원장에게 일임하여 위원장이 입원심사에 필요한 자료를 위원회를 대표하여 요구하는 방법

다. 자료제출 요구에 대한 거부와 그 효과

정신건강심사위원회의 자료제출 요구를 정신의료기관의 장이 거부하는 경우 이에 대한 형사처벌이나 과태료의 제재 규정이 따로 독립하여 규정되어 있지는 않다.

다만, 관계공무원이나 정신건강심의위원회 위원의 검사·심사를 거부·방해 또는 기피한 자에 대해서는 100만 원 이하의 과태료를 부과할 수 있는데(법 제89조 제1항 제9호), 정신건강심사위원회의 정당한 자료 제출 요구를 거부하는 것도 정신건강심의위원회 위원들의 심사를 거부·방해 또는 기피하는 경우에 해당할 수 있다.

정신의료기관의 장이 정당한 이유 없이 입원연장 심사에서 정신건강심사위원회의 자료제출 요구를 거부하는 경우 정신건강심사위원회는 심사대상자의 입원의 적법성이나 향후 입원의 필요성을 입증할 수 있는 자료를 확인하지 못 하게 되는 경우 심사대상자를 퇴원시킬 수밖에 없다.

Ⅵ. 정신건강심사위원회 위원의 제척 · 기피 · 회피(제58조)

제58조(정신건강심사위원회 위원의 제척 · 기피 · 회피) ① 제57조에 따른 정신건강심사위원회의 입원등 기간의 연장과 퇴원등 또는 처우개선의 심사에서 그 사람의 입원등을 결정하였던 위원과 그 사람이 입원등을 하고 있는 정신의료기관등에 소속된 위원은 제척된다.
② 입원등 기간의 연장, 퇴원등 또는 처우개선의 심사를 청구한 자는 정신건강심사위원회의 위원에게 공정한 심사를 기대하기 어려운 사정이 있는 경우에는 위원회에 기피 신청을 할 수 있고, 위원회는 이를 결정한다. 이 경우 기피 신청의 대상인 위원은 그 심사에 참여하지 못한다.
③ 제1항에 따른 제척 사유에 해당하는 위원은 스스로 해당 안건의 심사에서 회피(回避)하여야 한다.

1. 정신건강심사위원회 위원의 제척 · 기피 · 회피

가. 제척 · 기피 · 회피제도의 개념

입원연장심사나 퇴원청구심사의 공정성을 유지하기 위하여 정신건강심사위원회 위원이 스스로 담당하는 심사사건과 인적 · 물적으로 특별한 관계가 있는 경우 그 심사업무에서 배제하는 제도를 법은 규정하고 있다. 그러한 심사위원 배제제도의 유형으로는 제척 · 기피 · 회피가 있다.

'제척(除斥)'이란 심사업무와 관련하여 그 이전에 심사청구인이나 심사대상자에 대해 이미 결정하였거나 친 · 인척 등의 관계가 있을 경우 자동적 · 의무적으로 배제하는 제도이다.

'기피(忌避)'란 특정한 심사위원의 공정한 심사를 기대하기 어려운 사정이 있는 경우 심사청구인이나 심사대상자가 그 심사위원의 배제를 청구(신청)하는 것을 말한다.

'회피(回避)'란 제척사유가 있어 공정한 심사를 하기 어려운 심사위원이 스스로 의무적으로 심사의 배제를 요청하는 것을 말한다. 참고로 법원의 재판에 있어 회피(回避)란 판사가 스스로 직무집행의 공정성을 담보하기 어렵다는 이유로 직무집행의 배제를 판사 자신이 신청하는 것인데, 정신건강복지법의 회피제도와는 그 사유와 의무적 회피여부에 있어 차이가 있다.

나. 제척 · 기피 · 회피제도의 필요성

앞서 법 제49조의 입원적합성심사위원회 위원의 제척제도에서 지적한 바와 같이 입원심사기관이나 입원연장심사기관은 독립성과 중립성을 가진 합의체 기구여야 하고, 공정성을 바탕으로 심사청구인이나 심사대상자들로부터 신뢰를 얻을 수 있는 제도를 확보하여야 한다. 만약 심사위원 중에 그 심사대상자가 입원해 있는 입원정신의료기관에 소속된 의사나 직원, 병원장이 있다면 그 심사대상자 입장에서 보아도 그렇고, 객관적 제3자가 보아도 그렇고 그 결정이 어떻게 나오든 신뢰를 잃게 된다. 이러한 상황을 막기 위해 통상 법원의 재판 외에도 각종 심사위원회(노동위원회, 의료분쟁조정위원회, 행정심판위원회 등)는 제척 · 기피 · 회피제도를 두어 심사위원의 공정성을 확보하고 있다.

다. 제척 · 기피 · 회피제도의 기능

제척제도는 심사위원이 심사청구인이나 심사대상자와 인적 · 물적 관계로 엮여 있는 경우 그 심사위원을 당연히 의무적으로 배제하는 제도이다. 이에 비하여 기피제도는 공정한 심사를 하기 어려운 심사위원의 배제를 심사청구인이나 그 심사대상자가 청구하는 제도이고, 회피제도는 심사위원 스스로 공정한 심사를 하기 어려운 경우 자발적으로 심사에서 제외해 달라고 청구하는 제도이다. 제척 · 기피 · 회피제도는 서로 각각 보완적 기능을 가지고 있으며, 심사청구인이나 그 심사대상자뿐만 아니라 심사위원 스스로에게도 일정한 회피 청구(신청)권한을 보장하여 중립적 위원에 의한 공정한 심사를 제도적으로 보장하는 기능을 한다.

2. 구 정신보건법과의 비교

구 정신보건법은 정신건강복지법 제58조 제1항과 유사하게 제척에 관한 규정만 두고, 기피나 회피에 관한 규정은 없었다. 그러나 심사위원회의 중립성과 공정성을 확보하기 위해서는 제척제도 외에 기피제도나 회피제도도 함께 두는 것이 일반적이기 때문에 현행 정신건강복지법은 구 정신보건법의 제척제도 외에 추가로 기피제도와 회피제도도 함께 규정하고 있다.

참고로 입원적합성심사위원회 위원의 경우 그 입원심사에 있어 제척규정만 두고 있고, 기피제도나 회피제도를 두고 있지 않은데, 이는 보완이 필요하다.

3. 제척 · 기피 · 회피의 내용

가. 제척(除斥)

(1) 개념

정신건강심사위원회 위원의 '제척(除斥)'이란 입원연장심사와 퇴원 및 처우개선 심사에서 그 심사대상자의 입원을 결정하였던 위원이나 그 심사대상자가 입원하고 있는 정신의료기관에 소속된 위원은 자동적·의무적으로 그 심사에서 제외되는 것을 말한다(법 제58조 제1항).

(2) 제척의 대상이 되는 심사

제척의 대상이 되는 심사는 보호입원연장심사와 퇴원 및 처우개선심사로 규정되어 있다(법 제58조 제1항). 앞서의 조문들에서 지적한 바와 같이 행정입원연장심사와 외래치료명령심사가 법 개정을 통해 정신건강심사위원회의 심사사항이 되었음에도 불구하고 여전히 위 규정에 제척대상이 되는 심사사건에 포함되어 있지 않다. 입법론으로는 법개정을 통해 위의 각 심사사항들도 제척규정이 적용되는 심사사항이 되어야 한다. 현재로서는 해석론으로라도 위 제척에 관한 규정을 행정입원연장청구와 외래치료명령청구 심사에서도 준용하거나 심사실무에서라도 기피나 회피를 인정해야 할 것이다.

(3) 제척의 사유

입원연장심사와 퇴원 및 처우개선심사에서 그 심사대상자의 입원을 결정하였던 위원이나 그 심사대상자가 입원하고 있는 정신의료기관에 소속된 위원은 제척이어야 한다. 이를 분설하면 다음과 같다.

1) 심사대상자의 입원을 결정하였던 위원

심사대상자의 입원을 결정하였던 위원이라 함은 최초입원을 결정하였던 위원을 말한다고 볼 것이다. 이와 관련해서 해석상 문제가 되는 경우는 다음과 같다.

i) 입원연장을 결정하였던 위원

입원연장을 심사하여 결정하였던 위원이 다시 입원연장심사를 하는 것은 허용될지 해석상 다른 의견이 있을 소지는 있으나 입원연장심사라는 것은 반복되는 것인 점, 제척사유로는 법문상 입원연장이 아니라 '입원'을 결정하였을 것을 요구하고 있는 점을 고려해 볼 때 입원연장을 결정하였던 위원이 다시 입원연장심사를 하더라도 제척사유에 해당하지 않는다고 볼 것이다.

ii) 입원결정에 반대한 위원

심사대상자의 입원을 결정하였던 위원이라 함은 그 심사대상자에 대해 입원적합성심사위원회의 입원심사소위원회의 심사에 참여하였던 사람을 말한다. 그 심사위원이 입원적합성을 승인하는 것에 찬성하였는지, 불승인하는 것에 찬성하였는지 여부와 상관없이 그 입원심사소위원회의 심사기일에 참여해 의결한 것만으로 제척사유가 된다.

iii) 과거의 다른 입원결정에 관여한 위원

입원을 반복하는 환자에 대해 현재의 입원연장심사의 근거가 되는 최초입원이 아니라 과거의 다른 입원결정이나 입원연장결정에 관여한 경우는 제척사유가 되지 않는다.

iv) 최초입원이나 입원연장의 진단에 관여한 위원

심사대상자에 대해 최초입원의 진단이나 입원연장진단을 한 정신과 전문의도 제척사유에 해당한다고 볼지에 대해서도 검토가 필요하다. 최초입원진단이나 입원연장진단은 입원을 결정하는 것이 아니므로 법 문언상 제척사유에 해당하지 않는다고 보는 견해도 있을 수 있으나 입원진단을 통하여 심사대상자를 대면해 이미 자·타해 위험성과 입원치료 필요성에 대한 소견을 가진 사람이 심사위원이 되는 것은 중립적이고 공정한 심사를 해하는 사유가 된다. 또한, 지정진단의사의 입원진단의 경우 최초입원이나 입원연장에서 입원승인요건이나 입원연장요건에 해당하므로 사실상 입원결정에 관여한 것이라 해석될 여지가 있다.

2) 심사대상자가 입원하고 있는 정신의료기관에 소속된 위원

정신의료기관의 장의 입원연장심사청구나 입원환자나 보호의무자의 퇴원 및 처우개선청구에서 그 심사대상자가 입원하고 있는 정신의료기관에 소속된 위원은 제척된다.

먼저, 그 소속여부는 입원심사 당시를 기준으로 하여야 하고, 과거 소속되었다는 사실만으로는 제척되지 않는다.

다음으로, 소속이라 함은 하나의 의료사업체에 속해 있는 것을 말한다. 甲 법인이 A, B, C의 정신의료기관을 운영하고, 심사위원 乙이 A 정신의료기관에서 근무하고, C 정신의료기관의 장이 입원한 丙에 대해 입원연장청구를 한 경우 乙에게 제척사유가 있는지의 문제이다. 앞서 법 제49조(입원적합성심사위원회 위원 등의 제척)

에서 언급하였지만 해석상 갈릴 수 있으나 심사의 무효가 되는 제척사유는 엄격한 해석이 필요하다고 볼 때 법 문언에 따라 소속 법인이 아니라 소속 정신의료기관을 기준으로 제척여부를 판단하여야 할 것이다.

(3) 제척사유의 확인

법은 일정한 사유만 규정하고, 그 사유가 있을 경우 '제척된다'라고 하고 있다. 다만, "제척사유에 해당하는 위원은 스스로 해당 안건의 심사에서 회피하여야 한다"고 규정하여(법 제58조 제3항) 제척사유가 있는 위원 스스로에게 회피의무를 부과하고 있다.

그러나 정신건강심사위원회 위원의 경우 매월 반복적으로 심사대상자를 서면으로만 심사하기 때문에 자신이 그 심사대상자를 과거 입원결정을 하였던 적이 있는지 알기 어렵다. 따라서 입원적합성심사위원회 위원을 겸하는 위원은 환자의 입원결정에 관여하였는지 스스로 확인이 필요하다.

입원연장심사나 퇴원심사의 경우에는 입원 정신의료기관이 명백하게 드러나기 때문에 그 정신의료기관 소속 위원인지 여부는 심사 전에 위원회에서 확인할 수 있다.

(4) 회피의 신청과 제척의 결정

위와 같이 제척사유가 확인된 경우 정신건강심사위원회의 해당 위원은 해당 안건의 심사에서 회피하여야 한다. 그 방식은 법령상 규정된 것이 없으나 정신건강심사위원회와 관련된 시·군·구의 규칙이나 조례를 두어 해당 위원이 심사기일에 구두로라도 회피신청을 하고, 위원회 위원들이 제척사유 여부를 확인한 후 위원장의 결정이나 위원회의 의결로 제척결정을 하여 해당 위원을 공식적으로 제척하여 심사장소에서 퇴장시킨 후 해당 안건을 심사하고, 이를 심사기일 조서나 보고서에 기록해 둘 필요가 있다.

(5) 제척의 효과

제척 결정이 되면 제척사유가 있는 위원은 해당 입원연장심사사건이나 퇴원 및 처우개선심사사건의 심사에서 자동적·의무적으로 배제되어야 한다. 따라서 심사장소에 그대로 있으면 다른 위원들의 심사나 결정에 영향을 줄 수 있어 퇴실시켜야 하고, 그 해당 안건의 결과에 대해서는 제척사유가 있는 위원에게 심사기일에 따로 알려주어서도 안 된다. 다만, 심사기일에 제척사유가 없는 다른 사건들을 심사할 때에는 다시 심사장소에 입장하여 심사할 수 있다.

(6) 제척사유가 있는 위원의 심사와 그 효과

제척사유가 있는 심사위원이 심사기일에 참석하여 자신이 속한 정신의료기관에 입원한 환자의 사건을 심사하여 위원들과 함께 의결한 경우 그 효력이 문제된다. 통상 법원의 재판에서는 제척사유 있는 판사가 심리를 진행하고, 판결을 한 경우 그 판결은 절차상 하자로 무효가 된다. 직무를 행할 수 없는 자에 의한 권한 없는 판결이기 때문이다.

위와 같은 제척사유의 효과를 고려해 볼 때 그 심사기일에 제척사유가 있는 위원이 자신이 속해 있는 정신의료기관에 입원된 환자나 과거 입원결정을 하였던 환자에 대한 입원연장심사나 그 의결에 참여한 경우 그 의결은 무효라 볼 것이고, 그 의결에 따른 입원연장 통지 또한 무효라 볼 것이다.

그 제척사유가 있는 위원을 제외해도 과반수를 넘는 의결인 경우라 하더라도 무효로 보아야 한다. 그 사건의 심사에 관여해서는 안 될 위원이 관여한 것이고, 다른 사람의 의결에도 영향을 줄 가능성이 있었기 때문이다.

제척사유가 있는 위원이 심사·의결하여 이루어진 입원연장이나 계속입원 통지는 무효이기 때문에 마치 그 심사와 결과 통지가 없는 것처럼 간주되어야 할 것이다. 따라서 환자는 입원연장심사사건의 경우라면 입원기간 만료로 퇴원하여야 할 것이고, 퇴원심사청구사건의 경우라면 그 심사에 따른 결정이 없는 것과 동일한 상황이 된다고 볼 것이다.

나. 기피(忌避)

(1) 개념

'기피(忌避)'는 앞서 본 바와 같이 입원연장심사나 퇴원 및 처우개선심사의 공정성을 기대하기 어려운 경우 그 심사청구를 한 사람이 정신건강심사위원회에 신청을 하여 그 심사사건에 특정 위원의 참여를 배제할 수 있도록 하는 제도이다.

(2) 기피신청권자

기피신청은 심사청구를 한 사람만이 가능하기 때문에 입원연장청구를 한 정신의료기관의 장이나 퇴원 및 처우개선청구를 한 입원환자나 보호의무자만이 가능하다. 따라서 입원연장청구를 당한 심사대상자나 퇴원청구의 상대방으로 된 정신의료기관의 장은 심사청구를 한 사람이 아니기 때문에 기피신청을 할 수 없다. 기피신청은 심사청구를 한 사람의 대리인(예컨대, 변호사나 권한 있는 후견인)도 할 수 있다.

(3) 기피신청사유

기피신청의 사유는 '공정한 심사를 기대하기 어려운 사정'이 있어야 한다. 앞서 본 바와 같이 비록 제척사유에는 해당하지 않지만, 해당 사안을 심사하는 심사위원이 이미 사안에 대한 편견이나 이해관계를 가질 수 있는 객관적 사정이 있는 경우를 말한다. 앞서 제척사유 여부에서 보았던 사례들(동일한 의료법인에 소속된 정신의료기관의 장에 의한 청구, 심사대상자에 대해 이미 입원진단이나 입원연장진단을 한 위원) 외에 심사청구인 또는 심사대상자와 친·인척 관계에 있는 위원 등에 대해서도 공정성이나 중립성을 기대하기 어렵다는 이유로 기피신청을 할 수 있을 것이다.

(4) 기피신청방법

기피신청방법은 심사청구인이 심사 전에 정신건강심사위원회에 신청을 하여야 한다. 현재 따로 기피신청서식이나 신청절차에 관한 법령규정은 없으나 그 심사청구인이 심사기일에 참여하거나 절차에 참여하는 방법이 거의 없으므로 구두로 기피신청을 하기는 어렵고, 기피를 구하는 위원과 그 기피사유를 적어 서면으로 정신건강심사위원회에 제출하여야 할 것이다. 구체적으로는 각 시·군·구의 보건소 내 정신건강심사위원회를 담당하는 부서에 기피신청서를 접수시키는 방법으로 해야 할 것이다.

(5) 기피여부의 결정과 효과

위와 같이 기피신청이 들어오면 정신건강심사위원회는 지체 없이 기피 여부에 대한 심사를 하여 의결하여야 한다. 위원장이 단독으로 결정할 수는 없으며, 심사기일이나 그 이전에 위원 과반수 출석에, 출석위원 과반수 찬성으로 기피신청을 받아들일지 여부를 결정하여야 한다. 기피 여부 결정에 있어서는 그 기피신청 대상 위원도 심사와 의결에 참석할 수 있을지 해석상 의견이 다를 수 있으나 그 기피신청 대상 위원은 기피 여부에 대한 심사와 의결에 참석하지 않도록 하는 것이 타당할 것이다.

기피신청에 대한 심사와 의결 결과 신청을 배척하는 경우라면 그 기피신청 대상 위원은 해당 사안의 심사와 의결에 참여하면 되고, 신청을 받아들여 기피결정을 하는 경우라면 그 기피신청 대상 위원은 해당 사안의 심사와 의결에 참여하지 못 한다(법 제58조 제2항).

다. 회피(回避)

(1) 개념

'회피(回避)'는 입원연장심사나 퇴원 및 처우개선심사의 제척사유(심사대상자의 입원을 결정하였거나 심사대상자가 입원한 정신의료기관 소속인 경우)가 있는 경우 그 심사위원 스스로 해당 사건의 심사에 참여하지 않는 제도이다.

(2) 회피신청의무

정신건강복지법은 따로 회피신청을 하는 절차를 규정하고 있지 않지만, 법원의 재판 등 일반적인 회피제도는 그 사유 있는 사람이 스스로 심사의 참여를 회피하는 것이어서 회피신청 등의 절차를 요한다. 게다가 정신건강복지법은 정신건강심사위원회 위원의 회피의무를 규정하고 있기 때문에 스스로 회피신청을 통해 그러한 의무를 이행하였음을 객관적으로 드러낼 필요가 있다.

(3) 회피사유

회피사유는 제척사유와 동일하다. 따라서 제척사유가 있는 해당 위원이 정신건강심사위원회에 회피신청을 하면 위원회가 그 사유가 제척사유에 해당하는지 여부를 확인하여 제척결정을 통해 공식적으로 해당 안건에서의 심사와 의결을 배제할 필요가 있다.

(4) 회피신청절차와 결정

회피신청에 관해서는 법령이 따로 규정한 것이 없지만 정신건강복지법이 제척사유가 있는 위원에 대해 회피의무를 부과하고 있으므로 결과적으로 제척사유 있는 위원의 회피신청을 통해 위원회가 제척결정을 하는 방식으로 그 심사와 의결에서의 참여배제의 법적 효과를 얻을 수 있도록 해야 한다.

4. 현행 제척사유의 문제점과 입법론

가. 제척사유의 문제점

(1) 제척사유의 유형

제척사유는 통상 사건의 당사자(심사청구나나 심사대상자)와 심사자 사이에 배우자, 혈족관계, 인척관계 등과 같은 특별한 친족관계에 있는 경우에 심사자의 공정을 기대하기 어렵기 때문에 심사에서 배제하는 것이고, 이를 인적(人的) 제척사유라 한다.

한편, 이러한 당사자와 심사자 사이의 특별한 관계 때문이 아니라 사건 자체와 특수한 관계가 있기 때문에 현재의 심사사건에서 공정성을 의심받는 경우에 배제를 하는 것을 물적(物的) 제척사유라 한다.

(2) 인적 제척사유의 부재

현행 정신건강심사위원회 위원 제척사유의 문제점은 통상의 제척사유로 규정되는 인적·물적 제척사유 자체가 없다는 점이다. 예컨대, 심사위원의 가족(배우자, 자녀, 부모 등)이 입원연장청구를 하거나 입원심사대상자가 되더라도 현행 법상으로는 그 심사위원이 심사를 담당할 수 있는 상태여서 이 경우 공정성과 신뢰를 크게 해할 수밖에 없다.

(3) 물적 제척사유의 결함

인적 제척사유뿐만 아니라 물적 제척사유도 현행 법은 제대로 규정하고 있지 않다. 예컨대, 정신의료기관에 지정진단의사로 출장 나가 입원진단이나 입원연장진단을 한 환자가 입원연장심사기일의 심사대상자로 된 경우 그 지정진단의사에게 입원연장을 결정하는 심사자로서의 공정성을 기대하기는 쉽지 않다.

(4) 회피제도와의 구분 미비

정신건강복지법은 제척사유가 있는 위원에게 회피의무를 부담하게 하고 있는데, 제도적으로 제척사유와 회피사유는 구분되는 것이 일반적이고, 회피 여부는 심사의 공정을 기대하기 어려운 경우 심사위원이 스스로 그 심사를 맡지 않겠다고 할 수 있는 신청권한임에도 불구하고 회피의무를 부담하도록 하는 것은 제척제도와 회피제도에 대한 오해에서 비롯된 것으로 보인다.

나. 입법론

(1) 제척사유의 확대

입법론으로는 현행 제척사유(심사대상환자의 입원 정신의료기관 근무나 입원결정을 하였던 심사위원)만으로는 심사의 공정성을 보장하기 어렵기 때문에 추가적으로 심사청구인이나 심사대상자와 심사위원 사이에 일정한 친족관계가 있는 경우(인적 제척사유)와 입원연장심사나 퇴원심사 대상자를 지정진단의사로서 진단한 경우(물적 제척사유) 등을 제척사유로 추가할 필요가 있다.

(2) 회피제도의 개선

재판이나 행정적 심사절차에서의 심사기관인 법관이나 심사위원의 중립성 확보 제도인 회피제도는 제척제도와 별도로 운영되는 것이 일반적이다. 반면에 정신건강복지법은 회피사유와 제척사유를 동일하게 만들어 사실상 회피제도의 독립된 활용을 어렵게 만들었다.

법원이나 다른 행정적 심사위원회와 동일하게 공정한 심사를 기대하기 어려운 경우 심사위원이 스스로 심사 참여를 거절할 수 있는 회피신청과 그에 따른 위원회의 회피결정을 통해 회피제도를 제척제도와 독립하여 설계할 필요가 있다.

Ⅶ. 퇴원명령의 통지 등(제59조)

제59조(퇴원등 명령의 통지 등) ① 제57조제1항에 따라 정신건강심의위원회로부터 보고를 받은 특별자치시장·특별자치도지사·시장·군수·구청장은 심사 청구를 접수한 날부터 15일 이내에 다음 각 호의 어느 하나에 해당하는 명령 또는 결정을 하여야 한다. 이 경우 제4호 또는 제5호의 명령 또는 결정은 심사 대상자인 입원등을 하고 있는 사람의 청구 또는 동의가 있는 경우에 한정하여 할 수 있다.
1. 퇴원등 또는 임시 퇴원등 명령
2. 처우개선을 위하여 필요한 조치 명령
3. 3개월 이내 재심사
4. 다른 정신의료기관등으로의 이송
5. 제41조의 자의입원등 또는 제42조의 동의입원등으로의 전환
6. 제64조에 따른 외래치료 명령
7. 입원등 기간 연장 결정
8. 계속 입원등 결정

② 제1항 각 호 외의 부분 후단에 따른 입원등을 하고 있는 사람의 청구 또는 동의는 정신건강의학과전문의가 그 사람의 의사능력이 미흡하다고 판단하는 경우에는 보호의무자의 청구 또는 동의로 갈음할 수 있다.

③ 특별자치시장·특별자치도지사·시장·군수·구청장은 제1항에도 불구하고 부득이한 사유로 같은 항 각 호 외의 부분 전단에 따른 기간 내에 명령 또는 결정을 하지 못할 때에는 10일의 범위에서 그 기간을 연장할 수 있다.

④ 특별자치시장·특별자치도지사·시장·군수·구청장은 제43조제6항 및 제55조제1항에 따른 심사 청구를 한 사람, 해당 정신질환자 및 해당 정신의료기관등의 장에게 지체 없이 제1항에 따른 명령 또는 결정의 내용을 서면으로 통지하여야 한다. 다만, 제3항에 해당하는 경우에는 기간 연장의 사유와 그 기간을 통지하여야 한다.

1. 입원연장심사 등에 따른 조치

가. 의 의

입원연장심사나 퇴원 및 처우개선심사는 행정위원회인 정신건강심사위원회의 심사를 통해 이루어지며, 그 심사에 따른 조치는 단순히 퇴원 여부만을 결정하는 것이 아니라 퇴원시점의 결정, 외래치료명령(통원치료의무 부과), 다른 정신의료기관으로의 이송, 자의입원이나 동의입원으로의 전환 등과 같이 환자를 위한 다양한 선택

지를 두고 있다.

나. 장점과 한계

입원적합성심사위원회가 입원적합성 승인(퇴원여부)만을 결정하는데 비하여 정신건강심사위원회는 위와 같은 다양한 조치를 결정할 수 있다. 정신건강심사위원회는 환자의 장기입원에 대한 통제, 환자의 이송이나 입원유형 전환을 통한 입원환경의 변화, 지역사회에서의 치료 등 다양한 시도를 할 수 있어 제도적 장점이 있다.

그러나 실제 입원연장심사의 현실에서는 대부분 입원연장을 형식적으로 승인하는 역할만을 주로 하고 있고, 외래치료명령이나 다른 정신의료기관으로의 이송과 같은 적극적 조치에는 소극적이다. 나아가 앞서 지적해 온 바와 같이 심사의 형식성과 서면 심사가 가진 절차적·제도적 한계도 있다.

2. 구 정신보건법과의 비교

가. 심사결과에 따른 조치의 다양화

구 정신보건법의 정신보건심판위원회는 입원연장심사에 있어서는 계속입원이나 퇴원(임시퇴원 포함) 둘 중의 하나의 선택지만 있어 다양한 조치를 취하는 데에는 한계가 있었다. 현행 정신건강복지법은 위에서 본 바와 같이 시·군·구청장의 심사결과에 따른 조치를 다양화하여 환자의 다양한 요구를 반영할 수 있도록 하였다.

나. 심사에 따른 시·군·구청장의 의무

구 정신보건법에 따르면 시·군·구청장은 위원회로부터 보고받은 심사결과에 대해 필요한 경우에만 명령을 내릴 수 있는 것으로 규정하여 마치 명령 여부가 시·군·구청장의 재량인 것처럼 규정하였는데, 현행 정신건강복지법은 '필요한 경우'를 삭제하여 원칙적으로 위원회의 심사 결과에 기속되어 결정하도록 하였다.

다. 심사기간의 단축

구 정신보건법은 입원연장청구나 퇴원 및 처우개선청구의 접수일로부터 30일 이내에 시·군·구청장이 심사결과에 따른 조치를 통지하도록 하였는데, 현행 정신건강복지법은 원칙적으로 심사청구 접수일부터 15일 이내에 결정하고, 부득이한 사유가 있는 경우에만 10일의 범위에서 위 기간을 연장할 수 있도록 하였다.

3. 입원연장심사기간과 그 연장

가. 관련규정

입원연장, 퇴원 및 처우개선심사와 그에 따른 시·군·구청장의 명령이나 결정은 심사청구를 접수한 날부터 15일 이내에 이루어져야 한다(법 제59조 제1항). 다만, 부득이한 사유로 위 기간 내에 명령이나 결정을 하지 못한 경우에는 10일의 범위에서 그 기간을 연장할 수 있다(법 제59조 제3항). 이와 같이 연장하는 경우에는 그 연장의 사유와 기간을 통지하여야 한다(법 제59조 제4항 단서).

나. 입원연장심사기간

(1) 입원연장심사기간의 계산

입원연장심사기간은 15일이다. 그 기산일은 입원연장심사청구를 접수한 날이다. 시·군·구(구체적으로는 보건소)에서 입원연장심사청구를 접수하면 그 초일은 산입하지 않고서(민법 제157조), 그 다음날부터 15일을 계산하면 되는데, 말일이 토요일이나 공휴일(일요일 등)에 해당하는 때에는 그 공휴일 다음날로 기간이 만료된다.

(2) 입원연장심사기간 내 조치

입원연장심사기간 내에 정신건강심사위원회의 심사 및 그에 따른 시·군·구청장의 조치가 이루어져야 한다. 시·군·구 내부적으로 시·군·구청장의 명령이나 결정이 15일 이내에 이루어지면 그 명령이나 결정의 도달일은 15일을 도과하여도 된다고 볼 것이다. 그러나 그 명령이나 결정이 해당 환자의 입원기간 만료 전까지 도달하지 않으면 기존 입원의 법적 효과가 기간만료로 소멸되므로 기존 입원기간 만료시점에 정신의료기관의 장은 당연히 환자를 퇴원시켜야 한다.

보호입원의 경우 정신의료기관의 장이 입원연장청구를 기간 만료일 전 2개월부터 1개월까지 사이에 해야 하고(영 제18조), 입원연장심사는 청구서 접수일부터 15일(최대 25일) 이내에 해야 하기 때문에 법령을 따르면 기존 입원기간 만료 전에 시·군·구청장의 통지까지 이루어지는 것이 맞지만, 실무에서는 기간 내 조치가 이루어지지 않는 경우도 있다.

다. 입원연장심사기간의 연장

입원연장심사기간은 입원연장심사청구서 접수일로부터 15일이다. 그런데 정신건강심사위원회는 비상임 위원들만으로 구성되어 있고, 여러 위원들을 소집하기 쉽지 않아 매월 일정한 날에 정기적 심사기일을 정해 놓은 경우가 많아 때에 따라서는 입원연장심사청구서 접수일로부터 15일 이내에 심사기일이 없는 경우도 있다.

위와 같이 심사기일이 15일 이내에 열리지 못하는 사정이 있는 경우 이를 명령이나 결정을 할 수 없는 부득이한 사유로 볼 수 있는지 해석상 다른 견해도 있을 수 있을 것이나 시·군·구 정신건강심사위원회의 사정에 따라서는 심사위원 소집이 어려운 경우도 있어 넓게 해석하여 부득이한 사유로 보아 10일 내의 기간연장이 가능하다고 볼 것이다.

다만, 위와 같이 기간을 연장하여 심사 및 조치가 이루어지는 경우에는 법에 따라 그 연장의 사유와 기간을 사후적으로라도 그 결과조치의 수령예정자들에게 통지해 주어야 한다(법 제59조 제4항 단서).

라. 입원연장심사기간 도과의 문제

입원연장심사기간(15일 내지 25일) 내에 시·군·구청장의 명령이나 결정이 발령되지 않더라도 형벌이나 과태료를 부과하는 규정은 없다. 다만, 앞서 본 바와 같이 시·군·구청장의 명령이나 결정이 발령되지 않은 채로 해당 환자의 입원기간이 만료되면 그 이후의 강제입원의 법적 근거가 더 이상 없기 때문에 환자는 기간만료 시점에 퇴원하여야 한다.

4. 입원연장 및 퇴원 등 심사에 따른 조치의 의의

가. 시·군·구청장 조치의 법적 성격

(1) 시·군·구청장 조치 관련 규정

입원연장심사(퇴원 및 처우개선청구 심사를 포함한다. 이하 같다)에 따른 결과를 보고받은 시·군·구청장은 다음 어느 하나의 조치(명령 또는 결정)를 하여야 한다(법 제59조 제1항 각 호).

i) 퇴원 또는 임시퇴원의 명령(제1호)
ii) 처우개선을 위하여 필요한 조치 명령(제2호)
iii) 3개월 이내 재심사(제3호)
iv) 다른 정신의료기관이나 정신요양시설로의 이송(제4호)
v) 자의입원이나 동의입원으로의 전환(제5호)

ⅵ) 외래치료명령(제6호)

ⅶ) 입원연장결정(제7호)

ⅷ) 계속입원결정(제8호)

(2) 시·군·구청장 조치의 법적 성격

시·군·구청장은 정신건강심사위원회와 달리 대외적 의사표시를 할 수 있는 행정기관(행정청)[16]이며, 시·군·구청장은 법이 정한 기간(15일 이내, 10일 내에서 추가 연장 가능) 내에 위의 각 조치(행정처분) 중 하나 이상의 조치를 취하여야 하며, 법이 정한 기간 내에 위의 조치 중 하나 이상을 취하지 않는 경우 위법한 행위(부작위에 의한 위법)가 된다.

시·군·구청장의 위의 각 조치(명령이나 결정)는 행정청의 '처분(處分)'[17]에 해당한다. 행정청의 처분이나 부작위에 대해서는 다른 법률에 특별한 규정이 있는 경우에는 그에 따르고, 그러한 법률이 없으면 「행정심판법」에 따른 행정심판을 청구할 수 있다(「행정심판법」 제3조).

시·군·구청장의 위의 각 조치에 대해 행정심판을 청구할 수 있는지 검토가 필요하다. 이유는 정신건강복지법의 재심사 등 규정이 그 특별한 규정에 해당하여 행정심판의 대상이 되지 않는지 여부가 해석상 이견이 있을 수 있기 때문이다.

나. 시·군·구청장 조치에 대한 불복절차

(1) 행정심판 허용여부 – 부정

정신건강복지법이 시·군·구청장의 위 조치에 대해 재심사를 할 수 있는 불복절차를 마련해 놓고 있기 때문에 그 외에 추가로 시·군·구청장의 위 각 조치에 대해 행정심판을 제기할 수는 없다고 볼 것이다.

그 이유는 시·군·구청장의 입원연장조치 등은 사안의 전문성과 특수성을 감안하여 정신건강심사위원회가 심사 및 의결을 하도록 하고, 시·군·구청장의 각 조치에 대해 「행정심판법」에 따른 행정심판에 갈음하여 정신건강복지법이 특별한 행정불복절차(특별행정심판)로 재심사절차를 두고 있기 때문이다.

---

16) "행정청"이란 행정에 관한 의사를 결정하여 표시하는 국가 또는 지방자치단체의 기관, 그 밖에 법령 또는 자치법규에 따라 행정권한을 가지고 있거나 위탁을 받은 공공단체나 그 기관 또는 사인(私人)을 말한다(「행정심판법」 제2조 제4호).

17) "처분"이란 행정청이 행하는 구체적 사실에 관한 법집행으로서의 공권력의 행사 또는 그 거부, 그 밖에 이에 준하는 행정작용을 말한다(「행정심판법」 제2조 제1호).

「행정심판법」도 다른 법률에 특별한 규정이 있는 경우에는 「행정심판법」의 적용을 받지 않을 수 있는 근거규정을 두고 있고(제3조 제1항), 사안의 전문성과 특수성이 있는 경우에는 행정심판을 갈음하는 특별한 행정불복절차(특별행정심판)나 「행정심판법」의 절차에 대한 특례를 정할 수 있도록 하고 있다(제4조 제1항).

나아가 실제적으로 입원연장이나 퇴원청구는 입원환자의 인신구속과 입원치료 여부를 결정하는 것이어서 전문성과 특수성이 있고, 그 불복절차를 일반 행정심판 절차와 행정심판위원에게 맡길 경우 심판이 장기화되고, 치료나 인권적 측면의 고려를 간과할 위험도 있다.

(2) 행정소송 허용여부 – 긍정

1) 행정심판과 행정소송의 관계

행정청의 처분에 대해서 그 취소를 구하는 처분취소소송은 행정심판을 제기할 수 있는 경우에도 행정심판을 거치지 않고 바로 법원에 행정소송으로 제기할 수 있는 것이 원칙이다(「행정소송법」 제18조 제1항 본문). 다만, 다른 법률에 행정심판을 거치지 않으면 처분취소소송을 제기할 수 없다고 규정된 경우에만 행정소송 전에 전심(前審)으로서 행정심판을 거쳐야 한다(「행정소송법」 제18조 제1항 단서).

2) 행정소송의 허용여부

시·군·구청장의 입원연장청구나 퇴원청구에 대한 각 조치는 앞서 보았듯이 행정청의 처분이기 때문에 원칙적으로 행정소송을 제기할 수 있다. 그리고, 정신건강복지법이 정한 재심사절차가 규정되어 있더라도 그것이 법원의 재판절차가 아닌 이상 재심사 청구를 하지 않고서도 직접 법원에 시·군·구청장의 각 조치에 대해 행정소송을 제기할 수 있다고 볼 것이다. 다만, 행정소송의 경우 그 기간이 1~2년 넘게 장기화되고, 원고가 환자나 보호의무자가 되고, 피고가 시·군·구청장이 되어 재판절차를 진행하는 것이어서 변호사 등의 전문가 지원이 필요하다. 퇴원을 목적으로 신속한 재판을 받기 위해서는 국선변호인이 제공되는 「인신보호법」의 인신보호청구를 하는 것이 더 효율적이다.

3) 정신의료기관의 장의 행정소송 허용 여부

입원연장청구권자인 정신의료기관의 장이 시·군·구청장의 퇴원명령에 불복하여 법원에 시·군·구청장을 피고로 하여 퇴원명령(퇴원처분)취소소송을 제기할 수 있는지 검토가 필요하다.

생각건대, ⅰ) 정신의료기관의 장은 정신건강복지법에서도 시·군·구청장의 조치에 대해 재심사 청구의 청구권자로 규정되어 있지 않고(법 제60조 제1항), ii) 입원환자의 퇴원에 대해 경제적·사실적 이해관계는 있더라도 환자의 퇴원으로 인해 자신의 법률상 이익이 침해되는 것은 아니고,[18] iii) 환자의 강제입원의 유지가 정신의료기관의 법적 이익으로 보장되는 것이라 볼 수 없으므로 정신의료기관의 장의 행정소송에 있어 원고적격[19]은 부정된다고 해석할 것이다.

(3) 인신보호재판 허용여부 – 긍정

정신의료기관의 장의 입원연장청구에 대한 시·군·구청장의 '입원연장결정'이나 입원환자나 보호의무자의 퇴원청구에 대한 '계속입원결정'에 대해 환자나 일정한 친족 등은 법원에 인신보호청구를 할 수 있다. 이 경우 청구인 자격은 「인신보호법」에 따라 본인의 의사에 반해 입원된 환자 또는 그 가족 등[20]이며, 상대방은 정신의료기관의 장(수용자)이 된다.

인신보호청구는 다른 법률에 구제절차가 있더라도 상당한 기간 내에 그 법률에 따른 구제를 받을 수 없음이 명백하여야 한다(「인신보호법」 제3조 단서). 입원연장심사의 경우 3개월 내지 6개월의 기간을 추가로 수용되어 있어야 하고, 법원의 심사가 아니라 정신건강심사위원회의 심사만을 반복하게 할 수는 없으며, 행정소송은 그 재판기간이 너무 긴 점을 고려해 볼 때 위 단서 규정에도 불구하고 인신보호재판은 허용된다고 볼 것이다.

실제 인신보호재판의 실무에서도 구 정신보건법 하에서 시·군·구청장의 입원연장결정이나 계속입원결정을 받은 입원환자가 재심사나 행정소송 없이 곧바로 인신보호청구를 하는 것을 허용해 왔다.

18) 대법원 2001. 9. 28. 선고 99두8565 판결(행정처분에 대한 취소소송에서의 원고적격이 있는지 여부는 당해 처분의 상대방인지 여부에 따라 결정되는 것이 아니라 그 취소를 구할 법률상의 이익이 있는지 여부에 따라 결정되는 것이고, 여기서 말하는 법률상 이익이라 함은 당해 처분의 근거 법률에 의하여 보호되는 직접적이고 구체적인 이익이 있는 경우를 가리키며, 간접적이거나 사실적·경제적 이해관계를 가지는 데 불과한 경우는 포함되지 아니한다).

19) 「행정소송법」 제12조(원고적격) 취소소송은 처분등의 취소를 구할 법률상 이익이 있는 자가 제기할 수 있다. 처분등의 효과가 기간의 경과, 처분등의 집행 그 밖의 사유로 인하여 소멸된 뒤에도 그 처분등의 취소로 인하여 회복되는 법률상 이익이 있는 자의 경우에는 또한 같다.

20) 「인신보호법」 제3조(구제청구) 피수용자에 대한 수용이 위법하게 개시되거나 적법하게 수용된 후 그 사유가 소멸되었음에도 불구하고 계속 수용되어 있는 때에는 피수용자, 그 법정대리인, 후견인, 배우자, 직계혈족, 형제자매, 동거인, 고용주 또는 수용시설 종사자(이하 "구제청구자"라 한다)는 이 법으로 정하는 바에 따라 법원에 구제를 청구할 수 있다. 다만, 다른 법률에 구제절차가 있는 경우에는 상당한 기간 내에 그 법률에 따른 구제를 받을 수 없음이 명백하여야 한다.

다. 시·군·구청장 조치의 법적 효과

시·군·구청장 조치의 법적 효과는 어떤 것인지도 검토할 필요가 있다. 한 예로서, 시·군·구청장의 입원연장결정은 누구에게 어떤 법적 권한과 의무를 부여하는지 검토해 보면, i) 입원연장청구를 한 정신의료기관의 장에게는 법이 정한 6개월(최초입원연장의 경우는 3개월) 동안 보호입원환자에 대해 퇴원을 제한한 채로 병원 내에서 강제적 수용을 할 권한이 부여되는 행정처분이고, ii) 그 반대로 입원환자에게는 추가로 6개월(최초입원연장의 경우는 3개월) 동안 기존의 정신의료기관에서 퇴원할 수 없게 되는 신체적 제약이 부여되는 행정처분인 것이다.

이와 같이 입원연장청구는 정신의료기관의 장이 하였음에도 불구하고, 그 실질적 효과는 법적으로 해당 연장청구의 대상이 되는 입원환자에게 미친다. 따라서 시·군·구청장의 입원연장조치에 대해 해당 입원환자는 자신의 권리로서 불복수단들(시·도지사에 대한 재심사청구, 시·군·구청장을 상대방으로 한 행정소송, 정신의료기관의 장을 상대방으로 한 인신보호청구)이 보장된다.

시·군·구청장의 각 조치(명령이나 결정)의 법적 요건과 그 효과에 대해서는 아래에서 유형별로 구체적으로 살펴본다.

라. 심사결과와 시·군·구청장 조치의 관계

(1) 심사결과와 시·군·구청장의 조치의 관계

시·군·구청장은 정신건강심사위원회의 심사결과(의결결과)에 기속되는지 여부에 대해 법은 명문의 규정을 두지 않고 있다. 이 문제는 정신건강심사위원회가 일정한 조치(퇴원, 외래치료명령, 입원전환, 이송, 계속입원, 입원연장 등)를 의결하였음에도 불구하고 시·군·구청장이 그 의결한 내용과 다르게 조치(명령이나 결정)를 할 수 있는지에 관한 것이다.

구 정신보건법은 시·군·구청장이 '보고받은 심사결과에 따라 필요한 경우'에 명하여야 한다라고 규정(구 정신보건법 제44조 제1항)하여 시·군·구청장이 경우에 따라서는 심사결과와 다른 조치를 명할 수 있도록 하는 해석의 여지를 남겨 두었다. 그러나 현행 정신건강복지법은 "보고를 받은 시·군·구청장은 ...일부 중략...다음 각 호의 어느 하나에 해당하는 명령 또는 결정을 하여야 한다"라고 규정하여 시·군·구청장이 심사결과 보고와 다른 조치를 할 수 있는지 여부에 대해서는 침묵하고 있다.

(2) 심사결과에 대한 기속여부

생각건대, 시·군·구청장은 정신건강심사위원회의 심사결과에 기속되어 그 조치를 하여야 한다. 그 이유는 다음과 같다.

i) 심사기관의 독립성과 중립성 유지 필요: 정신건강심사위원회는 입·퇴원심사기관이다. 입·퇴원심사기관은 독립성과 중립성이 있어야 하는데, 여기서 말하는 '독립성'이란 심사기관 외부로부터 영향을 받지 않아야 함을 의미하고, 심사기관 외부의 시·군·구청장이 심사기관의 심사결과를 무시하고, 자신의 재량으로 입·퇴원 여부를 결정할 수 있도록 한다면 심사기관은 자문기관으로 전락할 수밖에 없게 된다.

ii) 법의 의도: 정신건강심사위원회는 시·군·구청장 산하 내부 심사기관이기 때문에 외부적 의사표시를 할 수 있는 행정청이 아니어서 시·군·구청장이라는 행정청의 기관명의를 통해 입·퇴원명령이라는 처분을 내리는 것이다. 이는 법 제66조의 시·군·구청장의 퇴원명령이나 처우개선 필요조치의 명령을 심사결과에 따르도록 한 규정에서도 확인할 수 있다(법 제66조 제4항).

iii) 전문성과 인권의 측면: 시·군·구청장이 입·퇴원에 대한 직접적인 결정을 하지 못하도록 한 이유는 환자의 입·퇴원이나 치료는 그 전문성과 인권보장을 필수로 하기 때문에 행정기관에게 그 최종적 결정권한을 부여할 경우 그 치료적 전문성이나 인권보장을 담보하기 어렵다.

위와 같은 이유로 입원연장심사나 퇴원 및 처우개선심사에 대한 정신건강심사위원회의 의결과 다른 조치를 시·군·구청장이 취할 수는 없다고 할 것이다. 다만, 정신건강심사위원회의 의결이 명백히 법령에 위반한 경우라면 시·군·구청장이 그 의결의 위법성을 들어 내부적으로 재의결을 요구하는 등의 조치를 취할 수는 있을 것이나 직접 그 의결결과를 변경하여 조치를 취할 수는 없다고 할 것이다.

5. 시·군·구청장의 각 조치(명령이나 결정)의 내용

아래의 시·군·구청장의 각 조치의 요건은 기본적으로 정신건강심사위원회가 의결을 할 때 갖추어야 하는 요건을 말하며, 그 요건에 따른 법적 효과는 시·군·구청장의 조치(명령과 결정)에 의해 발생한다.

가. 퇴원명령(제1호)

(1) 개념

시·군·구청장의 '퇴원명령'이라 함은 입원연장심사나 퇴원심사에서 입원의 적법성이나 필요성이 없거나 입증되지 않았음을 이유로 행정처분으로서 정신의료기관의 장에게 퇴원을 명령하는 것이다(법 제59조 제1항 제1호).

시·군·구청장이 행정입원환자를 본인의 권한으로 '입원해제'를 하는 것(법 제62조 제1항), 정신의료기관의 장이 보호입원환자나 행정입원환자를 임시퇴원시키는 것(법 제63조 제1항)과는 구분된다.

아울러, 시·군·구청장이 정신의료기관의 특정환자에 대한 직권조사를 하여 '퇴원명령'을 하는 것(법 제66조 제3항), 입원적합성심사위원회 위원장이 최초 입원일부터 1개월 이내에 심사를 하여 '입원부적합' 통지를 하는 것과도 법 제59조 제1항 제1호에 따른 '퇴원명령'은 구분된다.

(2) 요건

법 제59조의 '퇴원명령'을 시·군·구청장이 내리는 것에 대해 법은 특별한 요건을 규정해 두고 있지 않다. 그러나 앞서 보았던 입원적합성심사위원회나 정신건강심사위원회가 심사할 때의 심사기준인 입원의 적법성(절차적, 형식적, 실체적)과 필요성(최초 입원의 필요성, 향후 입원의 필요성)을 법령과 지침 등을 기준으로 그 위배 여부를 판단하여 그 강제입원 요건을 준수하지 못한 경우에 퇴원명령을 내릴 수 있다.

여기서의 퇴원명령은 입원이 부적법해서 내리는 것 외에 환자의 회복이나 지역사회 거주지원, 가족의 지원 등에 의해 입원의 필요성이 없어지고, 지역사회 거주가 가능해진 경우에도 가능하다. 퇴원명령은 입원연장심사사건이나 퇴원심사사건 모두에 가능하다.

(3) 기한부 퇴원명령

퇴원명령은 시·군·구청장이 정신의료기관의 장에게 특정환자를 퇴원시키라는 명령이다. 시·군·구청장은 퇴원 또는 입원연장(계속입원) 여부를 결정할 수 있기 때문에 일정한 기간이나 시점을 정하여 퇴원시키라는 퇴원명령도 내릴 수 있다고 해석된다. 실제 법원의 인신보호재판에서도 판사는 일정시점이나 기간을 정하여 퇴원(수용해제)을 명하는 결정을 하기도 한다.

위와 같은 퇴원 시점의 유예는 ⅰ) 환자나 가족이 퇴원에 따른 거주 등 준비를 할 수 있도록 하고, ii) 정신의료기관의 장이나 지역사회 정신건강복지센터 등에게는 환자 퇴원 후 지역사회에서의 치료계획을 준비하도록 하는 장점이 있다.

예컨대, 시·군·구청장은 '○○정신의료기관의 장은 입원환자 ○○○에 대하여 2019. 5. 1.까지(이 사건 통지서를 받은 날부터 1개월 이내에) 퇴원시킬 것을 명한다'라는 미래의 퇴원시점을 정하여 결정하는 것이다. 다만 6개월의 입원연장기간이 넘는 기간(최초입원연장심사의 경우는 3개월) 이후까지로 퇴원시기를 미루는 것은 불가능하다. 환자의 입원연장심사를 받을 권리를 침해하기 때문이다.

(4) 퇴원명령의 효과

1) 지체 없이 퇴원시킬 의무

퇴원명령은 두 가지 법적 효과가 있다. 하나는, 정신의료기관의 장에게 대상 입원환자를 퇴원명령에서 정한 시점이나 기간까지(따로 그러한 시점이나 기간이 정해지지 않은 경우에는 지체 없이) 퇴원시킬 의무를 발생시킨다. 퇴원명령은 입원연장청구를 한 입원 정신의료기관의 장에 대한 명령이기 때문에 퇴원 후에 다시 입원하게 된 다른 정신의료기관의 장에게는 그 효과가 발생하지 않는다.

2) 강제입원 효력의 소멸

퇴원명령의 또 다른 효과는 대상 환자에 대한 강제적 입원의 법적 효력을 퇴원명령이 정한 일정 시점이나 기간 이후에는 소멸시켜 그 이후에도 입원 정신의료기관에서 계속 입원시켜두는 경우 환자의 의사에 반한 불법한 입원이 되도록 한다. 그러나 이 경우도 그 퇴원명령의 효력이 기존 정신의료기관의 장에게만 발생하기 때문에 퇴원 후 다른 정신의료기관에 입원하게 된 경우라면 위 퇴원명령의 효력이 미치지는 않는다.

3) 퇴원명령 위반의 효과

정신의료기관의 장은 퇴원명령을 받은 경우 특별한 기한이 정해져 있지 않는 한 지체 없이 퇴원시킬 의무가 있다. 이러한 의무에 위반하여 퇴원명령을 받고도 그 명령에 따르지 않은 경우 형사처벌 규정이 적용된다(법 제84조 제5호).

(5) 재입원의 문제와 개선방안

앞서 본 바와 같이 퇴원명령의 효력이 기존의 입원 정신의료기관의 장에게만 미치게 되어 환자가 퇴원되자마자 가족이 다른 정신의료기관으로 호송하여 재입원시키는 문제가 과거부터 발생해 왔다. 다른 정신의료기관의 경우 환자의 기존의 입·

퇴원 여부를 확인하기도 어렵고, 확인할 의무도 없어 퇴원명령에 의해 퇴원한 환자를 바로 재입원시키기도 한다.

이러한 문제점이 생기는 것을 막기 위해 「인신보호법」은 재수용의 금지(「인신보호법」에 따라 수용이 해제된 자는 구제청구의 전제가 된 사유와 같은 사유로 다시 수용할 수 없음)를 규정하고 있다(「인신보호법」 제16조).

생각건대, 퇴원명령 후 즉시 그 환자가 재입원되는 문제를 해결하기 위해서는 새로운 입원 정신의료기관의 장에게 환자의 이송 및 재입원 여부, 기존의 퇴원명령이나 판사의 수용해제명령 여부 등을 확인할 의무를 부여하여 입원심사기관(인신보호판사, 정신건강심사위원회)에 의해 퇴원명령을 받은 사람을 바로 재입원시키는 문제를 해결할 필요가 있다.

나. 임시퇴원명령(제1호)

(1) 개념

시·군·구청장의 '임시퇴원명령'이라 함은 입원연장심사나 퇴원청구심사에서 심사대상 환자가 증상에 비추어 일시적으로 퇴원을 시켜 그 회복경과를 관찰하는 것이 필요하다고 인정되는 경우 행정처분으로서 대상자 및 정신의료기관의 장에게 3개월 이내의 경과관찰을 조건으로 퇴원을 명령하는 것이다(법 제59조 제1항 제2호).

'임시퇴원명령'과 '퇴원명령'과의 차이점은 전자의 경우 환자 퇴원 이후 시·군·구청장에게 3개월 이내의 경과관찰을 할 수 있는 권한을 부여하고, 증상 변화 등으로 재입원시킬 필요가 있다고 인정되는 경우에는 정신과 전문의 의견을 들어 재입원시킬 수 있는 권한을 부여(법 제63조 제2항 및 제3항)하는 반면, 후자의 '퇴원명령'은 위와 같은 경과관찰이나 재입원을 시킬 수 있는 조건이 없이 최종적 퇴원조치를 취하는 것을 말한다.

그리고 '임시퇴원(법 제63조 제1항)'과 '임시퇴원명령(법 제59조 제1항 제1호)'의 차이점은 전자는 정신의료기관의 장이 자신의 권한으로 보호입원환자나 행정입원환자를 임시퇴원기간 동안 경과관찰이나 재입원조치의 가능성을 조건으로 퇴원시키는 것인 반면, 후자의 '임시퇴원명령'은 시·군·구청장이 정신건강심사위원회의 심사를 거쳐 그 의결에 따라 정신의료기관의 장과 대상 입원환자에게 행정처분으로서 퇴원을 명령하는 것이다.

(2) 임시퇴원명령의 기능

임시퇴원명령은 환자에게 종국적인 퇴원명령을 하면 퇴원 후 치료유지가 어렵다고 판단될 경우 경과관찰과 강제적 재입원의 조건을 붙여 환자의 퇴원 후 치료를 유지시키는 목적으로 활용될 수 있다. 임시퇴원명령의 제도적 한계를 들자면, 실제 퇴원 후 경과관찰과 재입원의 강제에 대한 구체적 집행인력이 확보되어 있지 않고, 재입원을 강제하는 것도 쉽지 않아 실제 활용가능성은 제한되어 있다는 점이다.

(3) 임시퇴원명령의 요건

시·군·구청장이 할 수 있는 임시퇴원명령의 요건은 기본적으로 강제입원의 적법성(절차적, 형식적, 실체적 적법성)과 필요성을 갖추고 있어야 한다. 강제입원의 요건을 갖추지 못하였으면 원칙적으로 퇴원명령을 내려야 하기 때문이다.

심사대상자가 강제입원의 요건을 유지하고 있음을 전제로 하여 임시퇴원명령의 요건은 "대상자의 증상에 비추어 일시적으로 퇴원을 시켜 그 회복 경과를 관찰하는 것이 필요한 경우"이다(법 제63조 제1항).

위 요건의 예를 들자면, 입원환자의 거주지 또는 가족이나 사회의 지원이 입원 중에 확보된 경우, 환자가 적극적으로 퇴원 후 치료의지를 밝히고 있는 경우 등에 퇴원 후 일정기간 동안 경과관찰과 재입원 가능성이라는 조건을 달아 퇴원을 시도하여 보는 것이다.

법 제63조의 정신의료기관의 장이 퇴원을 시키는 '임시퇴원'은 2명 이상의 정신과 전문의 진단을 요하지만 시·군·구청장의 '임시퇴원명령'은 위 요건을 필요로 하지 않는다. 두 절차의 형식적 요건은 서로 다르기 때문이다. 또한 입원연장심사나 퇴원청구심사에 앞서 이미 2명 이상의 정신과 전문의 진단을 통해 강제입원의 요건은 갖추어져 있음을 확인하였고, 정신건강심사위원회가 스스로의 권한으로 임시퇴원 여부를 결정하도록 규정하였기 때문이기도 하다.

(4) 임시퇴원명령의 법적 효과

시·군·구청장이 임시퇴원명령을 하는 경우 그 효과에 관해서는 법 제63조가 적용된다. 따라서 i) 임시퇴원기간은 3개월 이내이며, ii) 그 임시퇴원기간 동안 시·군·구청장은 퇴원 후 환자에 대한 경과관찰을 할 수 있으며, iii) 관찰결과 증상의 변화 등으로 재입원의 필요성이 있는 경우에는 2명 이상의 정신과 전문의 의견을 들어 재입원을 시킬 수 있다. 시·군·구청장은 임시퇴원명령을 내릴 때 임시

퇴원기간을 3개월 이내로 정할 수 있는데, 그 기간을 정하여 임시퇴원명령을 내린 경우에는 그 기간 동안만 경과관찰이나 재입원조치를 할 수 있다. 임시퇴원기간이 경과되면 종국적 퇴원명령에서와 같이 경과관찰을 할 수 없고, 임시퇴원에 따른 재입원조치는 불가능하게 되므로 새로운 입원만이 가능하다. 이와 관련된 보다 상세한 설명은 ☞ 법 제63조(임시퇴원 등)를 참조할 것.

(5) 환자 및 정신의료기관의 장 등의 의무

위의 법적 효과에 따라 환자와 정신의료기관의 장에게는 다음과 같은 의무가 발생한다.

i) 환자: 시·군·구청장에게는 임시퇴원명령을 내린 환자에 대한 경과관찰을 할 권한이 있으므로 환자는 시·군·구청장의 요구에 따라 평가를 받거나 조사에 응해야 할 의무가 있다. 환자가 평가나 조사를 거부하는 등 경과관찰 중 증상의 변화가 확인되는 경우 시·군·구청장에게는 재입원을 시킬 수 있는 권한이 부여된다.

ii) 정신의료기관의 장: 임시퇴원명령도 퇴원명령의 일종이기 때문에 앞서 '퇴원명령'에서 본 바와 같이 기한부 퇴원명령이 허용되고, 퇴원명령의 효과에 따라 정신의료기관의 장은 대상 입원환자를 퇴원시킬 의무가 부과된다. 다만, 임시퇴원명령에 따른 퇴원은 시·군·구청장의 명령에 따른 퇴원이기 때문에 임시퇴원명령에 따라 퇴원된 경우 정신의료기관의 장은 퇴원 이후의 환자의 치료나 신상관리에 대한 책임은 없으며, 환자의 재입원을 받아들여야 할 의무도 지정정신의료기관이 아닌 이상 원칙적으로는 없다.

(6) 임시퇴원명령위반의 효과

정신의료기관의 장은 임시퇴원명령을 받은 경우 지체 없이 퇴원시킬 의무가 있다. 이러한 의무에 위반하여 임시퇴원명령을 받고도 그 명령에 따르지 않은 경우 형벌규정이 적용된다(법 제84조 제5호).

다. 처우개선명령(제2호)

(1) 개념

시·군·구청장의 처우개선을 위하여 하는 필요한 조치명령(이하 '처우개선명령'이라 한다)은 입원연장심사, 퇴원청구심사나 처우개선청구 심사에서 정신건강심사위원회가 해당 환자(들)에 대하여 일정한 조치를 의결한 경우 시·군·구청장이 그에 따른 조치를 정신의료기관의 장에게 명령하는 것을 말한다(법 제59조 제1항 제2호).

시·군·구청장의 처우개선명령은 심사청구에 따른 조치인 데 반하여, 법 제66조 제4항에 따른 시·군·구청장의 '처우개선을 위하여 하는 필요한 조치명령'은 직권조사에 따른 조치여서 일견 구분되나, 정신건강심사위원회의 심사를 거치는 점, 시·군·구청장이 심사결과에 따라 필요한 조치를 명령하는 점에 있어서는 큰 차이가 없다.

(2) 처우개선의 대상

시·군·구청장이 입원환자의 처우개선을 위해 할 수 있는 일은 다양하다. 법은 명문으로 '작업요법'의 적정성을 포함하여 처우개선청구를 할 수 있다고 규정하여 '작업요법' 외에도 법령이 정한 내용들의 준수를 처우개선청구의 하나로 할 수 있다(법 제55조 제1항). 또한 인권침해나 차별적 행위에 대한 개선도 처우개선사항으로 청구할 수 있다. 이를 구체적으로 나누어 보면 다음과 같다.

1) 법령의 준수요구

법은 입·퇴원요건이나 절차 외에 입원 중 처우에서의 입원환자 권익보장을 구체적으로 규정하고 있다. 예컨대, 노동강요의 금지, 비밀누설의 금지, 가혹행위의 금지, 통신 및 면회의 자유 제한의 원칙적 금지, 격리·강박의 원칙적 금지, 작업요법·특수치료의 제한 등은 각 법령규정에 그 금지와 예외적 허용요건과 절차가 규정되어 있는데, 이를 위반한 행위는 대체로 형사처벌 대상일 뿐만 아니라 금지대상 행위이기 때문에 입원환자는 입원연장심사나 퇴원 및 처우개선청구 과정에서 개별적으로 그 위반사실을 지적하여 처우개선을 요구할 수 있다.

2) 인권침해 및 차별행위

위와 같은 법령위반 행위 외에도 비록 정신건강복지법령을 위반한 것이 아니더라도 「장애인차별금지법」이나 「국가인권위원회법」이 규정한 인권침해나 차별행위도 처우개선청구의 대상이 된다. 예컨대, 정신의료기관 내 의료급여환자에 대해서만 차별적으로 이루어지는 개별적 면회나 통신제한 행위, 입원환자의 서신확인 등 사생활에 대한 침해도 처우개선청구의 대상이 될 수 있다.

(3) 처우개선의 요건과 명령의 예

입원환자나 보호의무자가 청구한 처우개선 요구사항이 먼저 법령위반행위 또는 인권침해나 차별행위에 해당하는지 여부에 대해 조사와 확인이 필요하고, 그 위반행위가 당사자나 관계자의 진술이나 증거자료로 확인된다면 정신건강심사위원회는 그 위반행위에 대한 금지나 구제로서 처우개선에 필요한 조치를 의결하여야 한다. 국가인권위원회 결정례를 참고하여 처우개선명령(금지명령, 이행명령 등)의 예를 들어보면 다음과 같다.

i) 부당한 작업요법의 금지: "○○정신의료기관의 장은 입원환자 ○○○의 동의 없이 작업을 부과하지 말 것"

ii) 서신 및 공적 서류의 전달체계 마련: "○○정신의료기관의 장은 입원환자들에게 온 서신 및 공적 서류를 전달하고, 확인할 수 있는 체계와 입원환자들이 보내는 서신 및 공적 서류를 비밀을 보장하여 안전하게 송달할 수 있는 체계를 마련할 것"

iii) 전화 및 면회제한의 개선: "정신건강복지법 제74조에 따라 '전화 및 면회에 대한 안내문'을 마련하여 제공하고, 환자 치료 목적의 전화 및 면회제한이 필요한 경우에는 환자마다 치료계획을 세워 개별적으로 정신과 전문의 지시에 따라 최소한의 범위에서만 제한하고, 그 사유와 시기 등을 진료기록부에 기재하며, 소속 직원들에게 그 제한방식 등을 교육할 것"

(4) 처우개선명령의 법적 효과

1) 정신의료기관의 장의 의무

시·군·구청장의 처우개선명령은 정신의료기관의 장에게 일정한 부작위(금지)의무나 작위(시행)를 명하는 것이기 때문에 정신의료기관의 장에게는 처우개선명령에서 요구하는 부작위의무나 작위의무가 발생한다.

2) 처우개선명령위반자에 대한 벌칙

정신의료기관의 장은 처우개선명령을 받은 경우 그 요구기간 내에 개선할 의무를 부담한다. 이러한 처우개선명령을 따르지 않을 경우 형사처벌 규정이 적용된다(법 제86조 제7호).

3) 입원환자의 법적 구제수단

처우개선명령으로 정신의료기관의 장에게 위와 같은 부작위의무나 작위의무가 발생하기는 하지만 그로 인해 입원환자에게 개별적 권리가 발생하는 것은 아니다. 그러나 입원환자는 자신의 인격적 속성에 기반해 사생활의 침해 등 인격적 침해를 예방하고, 금지시킬 수 있는 권리를 보유하고 있다. 따라서 처우개선명령과 무관하게 정신의료기관의 부당행위가 인격적 침해나 권리침해에 해당하는 경우 그 금지를 구하거나 손해배상청구를 할 수도 있다.

(5) 처우개선명령에 대한 불복

위와 같은 처우개선명령은 행정청의 처분이라 할 수 있으므로 이에 대해 정신의료기관의 장은 불복할 수 있다. 시·군·구청장의 처우개선명령에 대해서 정신건강복지법상의 재심사를 청구할 수 있는 청구권자는 퇴원 및 처우개선심사청구를 한 사람, 입원환자와 그 보호의무자로 제한되어 있기 때문에(법 제60조 제1항) 재심사청구를 통하여 불복할 수는 없고, 일반적인 「행정심판법」이나 「행정소송법」에 따라 불복할 수 있다.

라. 재심사 결정(제3호)

(1) 개념

시·군·구청장의 3개월 이내 '재심사'는 입원연장청구나 퇴원 및 처우개선청구심사에서 정신건강심사위원회가 퇴원여부 등에 대한 최종적 결정을 하지 않은 채 환자의 상황을 심사기일 이후 일정 기간 동안 입원상태에서 경과관찰을 살펴본 후 재심사하여 결정하기로 하는 것을 말한다.

위의 '재심사'는 시·군·구청장의 결정이나 명령에 대해 불복하여 시·도지사 소속 광역 정신건강심사위원회에서 다시 심사를 하는 재심사(법 제60조 및 제61조)와는 구분된다.

기초 정신건강심사위원회의 '재심사'는 환자의 입원이 유지되는 상태에서 최종적 심사결정을 최대 3개월 후까지 미루는 것이어서 그 재심사 여부나 차후의 심사 시까지의 기간 및 그 기간 중에 필요한 자료의 제출 등은 신중하게 판단할 필요가 있다.

(2) 재심사 요건

3개월 이내 재심사를 결정할 수 있는 요건에 대해서는 따로 규정이 되어 있지 않다. 그러나 3개월 이내 재심사를 결정하기 위해서는 적어도 심사대상 환자가 강제입원의 적법성(절차적, 형식적, 실체적 적법성)과 필요성을 갖추고 있어야 한다. 이를 갖추지 않았음에도 불구하고 3개월 이내 재심사를 결정하면 위법한 입원을 연장시켜주는 것이 된다. 따라서 위법한 입원의 경우에는 3개월 이내 재심사 결정을 할 수는 없다.

3개월 이내 재심사는 환자에 대해 강제입원의 적법성과 필요성을 갖추었음에도 불구하고, 퇴원 후 지역사회에서의 생활이나 가족의 지원이 준비되지 않은 경우, 현재 치료로 정신과적 증상이 회복 중이지만 추가적으로 단기간의 입원치료가 필요한 경우 등에 적합하다. 즉, 환자의 증상이나 지역사회복귀계획에 비추어 법이 정한 입원연장기간인 6개월을 계속 기다리도록 하기에는 너무 길다고 정신건강심사위원회가 판단하는 경우를 말한다.

입원연장청구를 한 정신의료기관의 장이 제출한 심사자료의 부실이나 누락을 이유로 3개월 이내 재심사 결정을 하는 것은 허용되지 않는다고 볼 것이다. 정신의료기관의 장의 부실한 심사자료 제출을 이유로 환자의 강제입원이 연장되는 것은 형평에 맞지 않기 때문이다.

(3) 재심사 결정의 효과

1) 재심사 기간

재심사 기간은 3개월 이내여야 하며, 특별한 사정이 없는 한 다음 달의 차회 심사기일에 재심사하는 것을 원칙으로 하여야 한다. 정신건강심사위원회는 재심사기일까지 정신의료기관의 장이나 심사대상 환자에게 필요한 자료나 의견진술을 요구할 수 있다.

2) 심사의 보류효과

'3개월 이내 재심사' 결정은 정신건강심사위원회가 기존의 심사에서 퇴원 여부 등을 결정하지 않은 채 보류하고서 다시 3개월 이내에 재심사를 거쳐 결정하겠다고 입원연장청구를 한 정신의료기관의 장이나 퇴원청구를 한 입원환자에게 알리는 것이다.

3) 입원기간의 연장

위 결정으로 인한 법적 효과는 다음과 같다. 환자에 대해서는 입원기간이 차후의 재심사 결정 통지기일까지 입원이 연장되고(단, 적어도 3개월 이내에 심사결과에 따른 조치를 받아야 한다), 입원 정신의료기관의 장은 재심사 이유(환자의 치료 및 퇴원계획 등)로 요구된 자료나 의견을 추가적으로 제출할 필요가 있다.

4) 재청구의무 여부

재심사 결정을 한 경우 그 법적 효과로서 기존의 청구는 무효화되어 입원 정신의료기관의 장은 입원연장청구를 다시 하고, 입원환자나 보호의무자는 퇴원 및 처우개선청구를 다시 하여야 하는지 해석상 검토가 필요하다.

생각건대, 재심사결정이란 기존의 청구를 바탕으로 심사기일에 즉시 결정을 보류하고, 추가로 심사기일을 한 번 더 열겠다는 의미이기 때문에 원칙적으로 기존과 동일한 새로운 청구를 다시 할 필요는 없다고 볼 것이다. 다만, 입원연장심사청구나 퇴원 및 처우개선청구가 다시 접수된다면 기존의 재심사 결정을 한 사건과 병합하여 처리하면 될 것이다.

(4) 재심사 결정위반의 효과

재심사 결정은 정신건강심사위원회가 심사에 대한 결정을 일정기간 보류하고, 그 보류기간 동안 정신의료기관의 장에게 환자의 입·퇴원과 관련된 일정한 자료나 의견을 요구하는 것이므로 정신의료기관의 장이 자료제출요구 등을 이행하지 않은 경우 그 재심사 결정을 위반하는 것으로 간주할 수 있을 것이다.

마. 이송결정(제4호)

(1) 개념

시·군·구청장의 '이송(移送)' 결정이라 함은 입원연장심사나 퇴원 및 처우개선심사에서 정신건강심사위원회가 입원 정신의료기관의 치료환경이나 환자의 증상과 바람을 고려하여 입원환자를 다른 정신의료기관이나 정신요양시설로 보내는 것을 말한다.

따라서 '이송'은 기존의 입원 정신의료기관에서의 퇴원과 새로운 정신의료기관에서의 입원을 동시에 결정하는 것이며, 기존의 입원유형(보호입원이나 행정입원)은 원칙적으로 그대로 유지된다. 다만, 자발적 입원으로 전환하는 결정을 이송결정과 동시에 하게 된다면, 이송된 입원의료기관에서는 자발적 입원으로 전환된다.

(2) 이송결정의 기능

1) 환자의 병원 선택권 보장

이송결정은 강제입원환자에 대해 입원기관에 대한 선택권을 어느 정도 보장해 줄 수 있게 된다. 입원 정신의료기관의 치료나 처우가 일반적 정신의료수준에 미치지 못하는 경우 다른 일반 환자와 유사하게 강제입원환자에게도 입원 정신의료기관을 변경할 권리를 어느 정도 보장하는 기능을 가진다.

2) 입원환경의 개선 기능

이송결정에 따른 입원기관의 이전은 정신의료기관이 입원환자를 선택하는 것이 아니라 입원환자가 정신의료기관을 선택할 수 있는 것 또는 적어도 현재 입원한 정신의료기관을 배제할 수 있는 청구권한을 입원환자에게 부여하는 것이어서 환자의 입원 중 처우를 개선하고, 정신의료기관 스스로 입원환경을 개선하는 기능도 가진다.

(3) 이송결정의 요건

1) 이송결정 판단의 기준

보호입원이나 행정입원환자에 대해 정신건강심사위원회나 시·군·구청장이 '이송'을 결정할 수 있는 요건에 대해서는 법령에 규정된 것이 없어 해석을 요한다. 법령에 다른 기준이 없는 이상 해석의 기준은 정신건강복지법의 기본이념을 바탕으로 해야 한다.

즉, '인간의 존엄과 가치', '최적의 치료를 받을 권리', '부당한 차별대우의 금지', '자발적 입원의 권장', '자신의 신체와 재산에 대한 자기결정권과 그 존중', '의사표현에 필요한 도움을 받을 권리' 등이다(법 제2조).

위와 같은 기본이념을 바탕으로 '이송' 결정의 요건은 현재 입원 중인 정신의료기관이 정신건강복지법의 기본이념이나 법령에 위반하여 환자에 대한 치료나 처우가 이루어지고 있음을 요한다. 즉, 폭행이나 가혹행위, 부당한 격리·강박이나 부당한 작업요법, 치료계획의 부재 등도 그 예로 들 수 있다.

2) 입원환자의 청구나 동의

다른 정신의료기관이나 정신요양시설로 이송결정을 하기 위해서는 그 심사대상 입원환자의 청구나 동의가 있음을 요건으로 한다(법 제59조 제1항 단서). 심사대상 입원환자의 의사능력이 미흡하다고 정신과 전문의가 판단하는 경우에는 그 환자의 보호의무자의 청구나 동의로 갈음할 수 있다(법 제59조 제3항).

위의 동의요건을 확인하기 위해서는 정신의료기관의 장이 입원연장청구를 하거나 환자(보호의무자 포함)가 퇴원 및 처우개선청구를 할 때에 그 서식 중에 환자의 의견(다른 정신의료기관 이송 동의 여부)을 기재할 수 있도록 할 필요가 있다. 그러한 의견 표시가 안 되어 있을 경우에는 정신건강심사위원회가 심사를 하면서 심사대상 환자에게 개별적으로 그 이송여부에 대한 의견을 확인하여야 한다.

3) 이송받는 정신의료기관이나 정신요양시설의 동의 여부

시·군·구청장이 이송결정을 하는 경우에는 심사대상 환자가 이송되어야 할 정신의료기관이나 정신요양시설을 특정하여야 한다. 행정입원환자는 정신의료기관 입원만 가능하므로 정신요양시설 이송은 불가능하다. 이송받을 정신의료기관은 사전에 시·군·구청장 등이 지정한 지정정신의료기관으로 한정함이 적당할 것이다. 지정정신의료기관은 시·군·구청장이 이송을 의뢰하는 환자에 대해 입원을 원칙적으로 거부할 수 없기 때문이다. 지정정신의료기관이 아닌 정신의료기관에 이송을 하려는 경우에는 그 이송받는 정신의료기관의 장의 동의가 필요함이 원칙이다.

(4) 이송결정의 효과

시·군·구청장의 '이송'결정은 다음과 같은 효과를 발생시킨다.

1) 기존 입원 정신의료기관의 장

기존 입원 정신의료기관의 장은 환자를 더 이상 입원시킬 수 있는 근거를 상실하게 되므로 퇴원명령과 동일하게 퇴원조치를 취하여야 한다. 그에 더하여 환자를 시·군·구청장이 정한 정신의료기관으로 이송할 의무를 부담하는지에 대해서는 구체적 법령규정이 없으나 기존 정신의료기관의 장에 대해 이송결정을 하는 경우 그 이송의무도 함께 명하는 것이라 할 것이다.

2) 이송받는 정신의료기관의 장

이송받는 정신의료기관의 장은 자신이 지정 정신의료기관을 이미 신청하여 시·군·구청장이 의뢰하는 입원을 받기로 하였거나 환자를 이송받는 것에 개별적으로 동의하여 이송되는 것이므로 이송대상 환자의 입원을 거부할 수 없다. 이와 같이 이송결정으로 입원되는 환자의 경우에는 기존의 입원기간이나 그 효과가 유지되는 경우로 보아야 한다. 따라서 이송받은 환자에 대해서는 정신건강심사위원회의 심사를 거쳐 이송된 것이므로 퇴원청구 환자이든 입원연장청구 환자이든 불문하고 이송된 날로부터 6개월 간(최초의 입원연장심사에서 이송결정이 정해진 경우는 3개월 간) 입원연장을 받은 것으로 보아야 할 것이다.

(5) 이송결정위반의 효과

이송결정에 따르지 않는 자에 대해서는 형벌규정이 적용된다(법 제86조 제7호). 앞서 본 바와 같이 기존 입원 정신의료기관의 장에게는 심사대상 환자에 대한 이송의무가 발생하고, 지정되어 있거나 이미 동의를 한 이송받는 정신의료기관의 장은

이송받을 의무가 발생된다고 볼 것이어서 그 의무에 따른 이송을 하지 않거나 받지 않은 사람은 처벌된다.

이송결정의 대상이 된 환자는 이미 이송에 대해 청구하거나 동의하였을 뿐만 아니라 강제입원환자의 이송은 본인의 의사에 반한 물리력의 행사를 전제하기 때문에 이송결정에 있어 환자가 따르지 않는다고 하더라도 강제적 호송이 가능하므로 환자는 그 처벌대상이 된다고 보기는 어렵다.

바. 자발적 입원으로의 전환 결정(제5호)

(1) 개념

시·군·구청장의 '자발적 입원으로의 전환' 조치라 함은 입원연장청구나 퇴원 및 처우개선청구 심사에서 정신건강심사위원회가 입원환자의 청구나 동의가 있는 경우 환자의 증상과 바람을 고려하여 보호입원환자나 행정입원환자를 자발적 입원(자의입원과 동의입원)환자로 전환하는 것이다.

보호입원이나 행정입원에서 환자 스스로 입원 정신의료기관과 협의하여 자발적 입원(자의입원이나 행정입원)으로 전환하는 것과 위의 시·군·구청장의 입원 '전환' 결정과의 차이점은 후자의 경우에는 이미 입원된 정신의료기관측과 별도의 협의가 필요 없다는 점에 있다. 그러나 전환 이후의 법적 효과는 양자 모두 차이가 없다.

(2) 자발적 입원으로의 전환 결정의 기능

1) 입원치료 유지의 기능

정신의료기관의 장의 입원연장청구나 입원환자가 하는 퇴원청구에 대한 심사에서 환자에 대한 치료의 노력으로 자·타해 위험성이 소멸되었으나, 이를 이유로 즉시 퇴원명령이나 임시퇴원명령을 내릴 경우 환자가 지역사회에서의 생활이 어렵거나 가족의 도움도 받기 어려운 상황이 발생하는 경우도 있다. 또한 환자 치료의 필요성은 계속 있지만 강제로 입원된 상태에서 치료받을 필요 없이 자발적 입원(자의입원이나 동의입원)으로 전환하는 것이 더 적합한 경우도 있다. 이 같은 상황에 대비하여 법은 정신건강심사위원회가 환자(의사능력이 미흡한 경우는 보호의무자)의 동의를 얻어 자발적 입원으로 전환하는 결정을 의결할 수 있도록 하였다.

2) 환자의 입·퇴원에 대한 자기결정권 확보

자발적 입원으로 전환하는 경우 입원유지나 퇴원여부에 대한 환자의 결정권이 일정정도 확보된다. 강제입원에서 자발적 입원유형으로의 전환은 환자에게 입·퇴원에 대한 자기결정권을 회복시켜 주는 의미가 있다.

(3) 자발적 입원으로의 전환 요건

1) 객관적 요건

자발적 입원으로의 전환의 객관적 판단기준은 두 가지라 할 수 있다. 일단 기존의 강제입원이 적법성을 갖추어야 한다. 위법하게 강제입원된 환자는 퇴원명령이 원칙이어야 하고, 최초입원 및 계속입원과정이 위법하다면 자발적 입원으로 전환한다고 하더라도 그 하자가 치유될 수 없다고 보아야 하기 때문이다. 이는 입원유형 전환의 소극적 요건(기존의 입원이 위법·부당하지 않을 것)이라 할 수 있다.

두 번째 요건은 심사대상 환자가 입원필요성은 있으나 자·타해 위험성이 완화되거나 정신과적 증상이 어느 정도 회복되어 스스로의 의사로 치료받을만한 상황임을 요건으로 한다. 즉, 일정한 치료의지와 의사결정능력을 갖추고 있어야 한다.

2) 주관적 요건

자발적 입원으로의 전환 결정은 그 심사대상환자의 청구나 동의가 있어야 한다. 앞서 보았듯이 심사대상환자의 청구나 동의를 확인하기 위해서는 입원연장심사청구서나 퇴원(및 처우개선)청구서에 그 청구나 동의를 확인할 수 있는 기재란이 확보되어 있을 필요가 있다. 그러한 기재가 없는 경우는 개별적 심사과정에서 확인하여야 하는 번거로움이 있게 된다.

환자의 입원전환에 대한 청구나 동의는 스스로의 자발적 의사에 의한 것이어야 한다. 입원 자체가 자발적 입원으로 전환되는 것이기 때문에 자발적 입원의 요건으로서 법 제41조의 자의입원이나 법 제42조의 동의입원에 있어 요구되는 판단능력과 의사결정능력 및 이에 기한 자발적인 입원의 의사표시로서 그 청구나 동의를 인정할 수 있어야 한다.

정신건강심사위원회는 위와 같은 주관적 요건과 객관적 요건을 심사대상 환자가 갖추었다고 볼 경우에는 자의입원이나 동의입원(보호의무자가 있는 경우에 한한다)으로 전환할 수 있다.

3) 입원환자의 청구나 동의

이송결정에서 본 바와 같이 자발적 입원으로의 전환도 심사대상 입원환자의 청구나 동의가 있음을 요건으로 한다(법 제59조 제1항 단서). 심사대상 입원환자의 의사능력이 미흡하다고 정신과 전문의가 판단하는 경우에는 그 환자의 보호의무자의 청구나 동의로 갈음할 수 있도록 규정하고 있다(법 제59조 제3항). 그러나 법규정에도 불구하고 이와 같이 보호의무자가 자발적 입원에 대한 청구나 동의를 대신해 줄 수 있다고 해석하기는 어렵다.

그 이유는 자발적 입원의 의사표시는 입원환자만이 가능하고, 보호의무자나 다른 제3자가 대신 결정해 줄 수 없기 때문이다. 자발적 입원의 의사표시는 대리나 동의에 친하지 않는 신상에 관한 결정이다. 즉, 신상에 관한 결정(예컨대, 결혼·이혼·의료적 치료 등)은 대리가 불가능한 것이 원칙이다.

따라서 입원환자가 자발적 입원으로의 전환을 청구하거나 동의하는 의사를 표시하지 않은 경우에는 보호의무자가 그 환자의 의사능력 미흡을 이유로 환자의 청구나 동의를 갈음했다는 이유로 정신건강심사위원회가 자발적 입원으로의 전환을 의결할 수 없다고 볼 것이다. 이송의 경우는 강제입원이라는 상태가 유지되면서 정신의료기관만 전환되기 때문에 보호의무자의 대리결정이 가능하나, 강제입원에서 자발적 입원으로 전환하는 것은 환자의 의사능력에 따른 자발적 의사표시만이 그 정당화 근거가 된다. 의사능력이 부족한 사람들의 자발적 입원은 그 보호의 측면에서 정당화되기 어렵다.

4) 입원유형 전환 시 정신의료기관측의 동의 여부

시·군·구청장이 자발적 입원유형으로 전환하는 조치를 하는 경우 심사대상 환자가 입원되어 있는 정신의료기관의 장의 동의가 필요할 것인가? 정신의료기관의 장은 입원연장심사청구를 통해 환자의 입원을 유지시키겠다는 의사를 표시하였고, 환자의 퇴원청구의 경우에도 정신의료기관의 장은 입원을 유지하고 있는 상태이므로 일단 환자에 대한 입원유지의사는 객관적으로 표현되어 있다고 볼 것이다. 다만, 입원형태에 있어 정신의료기관의 장은 보호입원(행정입원)을 유지하고자 한 것이라 할 수 있지만, 퇴원명령보다는 입원을 유지하는 자발적 입원형태로 전환하는 것이 환자의 상태에 따라서는 치료에는 더 부합하는 것일 수 있고, 자발적 입원으로 전환되었다고 하여 객관적 입원비용에 있어 손실이 발생하는 것도 아니므로 입원 정신의료기관의 장의 동의를 받을 것은 아니다.

(4) 자의입원 및 동의입원으로의 전환 비교

정신건강심사위원회 심사 및 의결에 따라 시·군·구청장이 심사대상 환자에 대해 자발적 입원으로의 전환 결정을 통지하면, 그 입원 정신의료기관의 장과 환자에게는 다음과 같은 효과가 발생한다고 볼 수 있다.

1) 자의입원으로의 전환의 경우

자의입원은 앞서 법 제41조에서 보았듯이 ⅰ) 환자 본인의 자의입원에 대한 판단능력과 의사결정능력, ⅱ) 자의에 의한 입원의 의사표시, ⅲ) 정신과 전문의 대면진단에 의해 정신질환이나 정신건강상 문제가 있다고 판정될 것, ⅳ) 정신의료기관의 장에 의한 입원결정이 요구된다.

시·군·구청장이 자의입원으로 전환 결정을 하는 경우에는 이미 입원환자의 의사능력에 기한 자발적 입원의 의사표시로서 환자의 청구나 동의가 존재하고, 입원연장청구나 퇴원청구 심사에 있어 이미 2명 이상의 정신과 전문의의 진단결과가 제출되어 있으므로 시·군·구청장의 자의입원으로 전환 결정은 기존의 정신의료기관의 입원 결정을 보호입원에서 자의입원으로 전환하는 효과를 발생시킨다고 볼 수 있다.

2) 동의입원으로의 전환의 경우

동의입원은 앞서 법 제42조에서 보았듯이 위의 자의입원의 요건에 더하여 추가적으로 보호의무자 동의가 요구된다. 동의입원으로의 전환을 갖추기 위해서는 위와 같이 보호의무자 동의가 필수요건이기는 하나 법 제59조 제1항 제5호의 동의입원으로의 전환에 있어서는 이에 관해서는 따로 규정하지 않고 있다.

생각건대, 현재 이에 관해 법령에 규정이 없는 이상 기존의 보호입원을 동의입원으로 전환하는 경우라면 기존의 보호입원 신청이나 동의를 하였던 보호의무자의 동의를 동의입원에서의 보호의무자 동의로 간주하여 전환시키는 것이 합리적이라 생각된다. 행정입원을 동의입원으로 전환하는 경우라면 심사과정에서 환자의 보호의무자의 동의를 미리 얻어 동의입원으로 전환하여 그 요건을 갖출 필요가 있다.

(5) 자발적 입원으로의 전환 효과

시·군·구청장으로부터 입원 정신의료기관의 장이 자발적 입원으로의 전환결정을 통지받은 경우 그 통지받은 날부터 그 입원환자는 강제입원환자에서 자의입원환자나 동의입원환자로 전환된다.

이 경우 전환된 자발적 입원환자에 대한 퇴원의사확인 등은 시·군·구청장의 결정을 통지받은 날을 자의입원 또는 동의입원일로 기산하여 2개월마다 확인되어야 하고(법 제41조 및 제42조), 실질적으로는 강제입원이 소멸되고, 자발적 입원이 시작된 것이어서 자의입원환자는 원칙적으로 퇴원을 자유롭게 할 수 있고, 동의입원환자는 일정한 조건 하에서만 퇴원이 제한되게 된다.

(6) 자발적 입원으로의 전환 위반의 효과

자발적 입원으로의 전환은 별다른 구체적 집행절차 없이 법적으로만 그 입원유형이 달라지는 것이어서 입원 정신의료기관의 장이 구체적으로 무엇을 해야 하는지 따로 법령상 정해져 있지는 않으나 입원전환 결정에 따르지 않은 경우 형사처벌 규정이 있어(법 제86조 제7호) 그 이행의무의 내용이 무엇인지 검토할 필요가 있다.

생각건대, 위와 같은 자발적 입원으로의 전환 결정을 받은 정신의료기관의 장은 환자에게 그 결정 내용을 알리고, 자발적 입원에 따라 퇴원이 원칙적으로 자유로워졌음을 고지해 주는 것이 필요할 것으로 보인다. 아울러, 자의입원 신청서나 보호입원 신청서를 받아 구비하거나 입·퇴원등록시스템에 그 전환내용을 등록할 필요성도 있다.

사. 외래치료명령(제6호)

(1) 개념

시·군·구청장의 '외래치료명령'이라 함은 입원연장청구, 퇴원 및 처우개선청구, 외래치료명령청구 심사에서 정신건강심사위원회가 일정한 요건을 갖춘 심사대상 환자에 대해 환자의 증상 등을 고려해 1년 이내의 기간을 정하여 외래치료명령을 받을 것을 조건으로 하여 퇴원을 명하고, 퇴원 후 외래치료명령을 어길 경우 강제적 입원 등의 조치를 명할 수 있는 제도를 말한다.

(2) 외래치료명령의 발령유형

시·군·구청장의 '외래치료명령'의 발령유형은 다음의 세 가지 경우가 있다.

i) 입원 정신의료기관의 장의 입원연장청구
ii) 입원환자나 보호의무자의 퇴원 및 처우개선청구
iii) 입원 정신의료기관의 장의 외래치료명령청구

i), ii)의 경우는 별도의 외래치료명령청구는 없더라도 정신건강심사위원회가 필요하다고 인정하는 경우에는 직권으로 판단하여 외래치료명령을 결정할 수 있고, iii)의 경우는 입원 정신의료기관의 장이 외래치료명령청구만을 별도로 청구하거나 입원연장심사청구와 병합하여 청구할 수 있다.

(3) 외래치료명령의 기능과 한계

1) 서구에서의 지역사회 내 치료 및 탈원화 기능

서구의 경우 외래치료명령은 환자를 강제로 입원시키는 대신에 그 신체적 자유의 구속을 최소화하는 방안으로 지역사회 내에서 법원이나 입원심사기관이 강제적 치료명령을 내리는 외래치료명령제도가 활성화되어 있다. 일부 서구 국가에서는 외래치료명령이 입원환자를 지역사회로 복귀시키는 탈원화 기능을 할 수 있다고 하여 적극적으로 활용하기도 한다.

2) 한국 내에서 실질적 활용의 제약과 개선

한국은 2008년 구 정신보건법을 개정하여 외래치료명령제도를 도입하였으나 그 청구권자를 입원 정신의료기관의 장으로 제한하여 지난 10여 년 동안 실제 청구된 경우가 거의 없다. 외래치료명령 대상요건도 강제입원되어 있는 환자로만 제한하고, 치료비용 또한 개별적으로 환자측에 부담하게 하여 그 활용 자체가 안 되었다. 그러나 외래치료명령은 강제입원에 비해 덜 침해적인 치료라는 점을 감안해 그 활용도를 높일 필요가 있었다. 이에 2017년 시행된 정신건강복지법은 별도의 외래치료명령청구가 없더라도 퇴원청구나 입원연장청구사건에서도 시·군·구청장이 정신건강심사위원회 심사 및 의결을 거쳐 하나의 행정조치로서 외래치료명령을 발령할 수 있도록 하였다.

(4) 외래치료명령의 요건

1) 법 제64조의 독자적 외래치료명령 청구요건

법 제64조에 따른 정신의료기관의 장이 청구하는 독립적인 외래치료명령 청구의 구체적 요건은 다음과 같다.

i) 청구권자: 입원 정신의료기관의 장
ii) 청구 대상자: 보호입원이나 행정입원을 한 환자
iii) 청구요건: 입원 전 정신병적 증상으로 자신 또는 다른 사람에게 해를 끼친 행동을 한 사람
iv) 비용요건: 의료급여 수급권자, 다른 법령에 따라 진료비 지원을 받을 수 있는 사람 중 보건복지부장관이 정하여 고시하는 사람 또는 보호의무자(건강보험 가입자만 해당)가 외래치료비용을 지급하기로 한 사람 중 어느 하나에 해당하는 사람(영 제31조 각 호)
v) 동의요건: 보호의무자의 동의 필요

외래치료명령은 통상 환자가 더 이상 강제로 정신의료기관에 입원되어 치료받을 필요는 없으나 퇴원 후 치료유지가 안 되는 경우, 증상이 더욱 악화될 우려가 있거나 증상의 안정과 유지를 위해 지역사회 내에서도 지속적으로 치료를 받을 필요가 있는 경우에 발령된다. 위의 각 요건에 대한 보다 구체적인 설명은 ☞ 법 제64조(외래치료명령 등)를 참조할 것.

2) 법 제59조 제1항 제6호에 따른 외래치료명령요건

법 제64조에 따른 독자적 외래치료명령청구 조항을 법 제59조 제1항 제6호가 그대로 준용하고 있으나, 법 제59조의 외래치료명령은 정신의료기관의 장의 입원연장청구에서도 적용가능하고, 환자의 퇴원 및 처우개선청구의 경우에도 적용가능하므로 그 청구권자가 입원 정신의료기관의 장으로 한정된다고 보기는 어렵다.

다만, 위의 ⅱ) 내지 ⅴ)의 요건(청구 대상자, 청구요건, 비용요건, 동의요건)은 여전히 법 제59조 제1항 제6호에 따른 외래치료명령에서도 적용된다고 볼 것이다. 따라서 정신건강심사위원회는 심사대상 환자가 ⅰ) 보호입원이나 행정입원환자로서 입원 전 정신병적 증상으로 자신 또는 다른 사람에게 해를 끼친 행동을 하였고(청구 요건), ⅱ) 환자가 의료수급권자이거나 다른 법령에 따라 진료비 지원을 받을 수 있거나 보호의무자가 건강보험 가입자로서 외래치료비용을 지급하기로 약정한 경우에(비용 요건), ⅲ) 보호의무자의 동의(동의 요건)를 받은 경우에 한하여 외래치료명령을 의결할 수 있다고 할 것이다. 따라서 정신건강심사위원회는 그 심사 전이나 심사 중에 비용 요건이나 동의 요건에 관한 자료 등의 확인이 필요하다.

(5) 외래치료명령의 효과

외래치료명령의 발령요건에 해당하는 경우 정신건강심사위원회는 1년의 범위 내에서 해당 입원환자에 대해 치료를 결정할 수 있고, 시·군·구청장은 심사결정에 따라 해당 입원환자에 대해 치료명령을 발령할 수 있다. 이 경우 치료기간을 1년의 범위 내에서 정해 주어야 한다. 예컨대, '000은 이 사건 명령서 송달일부터 1년 간 매월(주) 1회씩 조울증에 대한 외래진료를 받도록 명한다'라고 하여 구체적 기간과 간격, 진료의 내용 등을 특정하여야 한다. 외래치료명령을 받은 환자를 위해 주거지 인근 외래치료기관들을 추천하거나 특정하여 정해 주는 것도 가능할 것이다.

위와 같이 외래치료명령을 받은 경우 환자, 입원 정신의료기관의 장, 외래진료기관은 다음의 각 의무가 발생한다.

1) 환자의 치료의무

환자는 퇴원 후 명령에서 정한 기간 동안 그 명령의 내용에 따라 외래치료를 받을 의무가 발생한다. 이 의무는 퇴원의 조건으로서 부여받은 것이라 할 수 있으므로 퇴원 후 외래치료를 불응하거나 태만히 하는 것은 강제입원의 사유가 될 수 있다.

2) 입원 정신의료기관의 장의 퇴원조치의무

환자가 외래치료명령을 받은 경우 정신의료기관의 장은 지체 없이 환자를 퇴원시켜야 한다. 우리 정신건강복지법은 입원환자만을 외래치료명령의 대상으로 삼고 있기 때문에 외래치료명령이란 그 실질이 외래치료조건부 퇴원명령이기 때문이다.

3) 외래진료기관의 치료

외래진료기관으로 지정되어 외래치료명령을 받은 환자의 외래진료를 담당하는 정신의료기관은 환자의 진료를 거부하여서는 안 된다. 다만, 환자가 진료를 받으러 오지 않거나 투약을 거부하는 경우 이를 강제할 수 있는 권한은 없으며, 그 경우는 통상 외래치료명령을 발령한 시·군·구 보건소로 그 사실을 통지하는 것으로 족하다.

(6) 외래치료명령 위반의 효과와 문제점

법 제59조 제1항 제6호에 따른 외래치료명령을 따르지 아니한 사람에 대해서는 형벌규정이 있다(법 제86조 제7호). 이에 따르면 그 직접적 의무의 대상자인 외래치료명령 대상환자가 진료나 투약을 거부하는 경우도 형사처벌 대상이 된다고 해석될 여지가 있다. 그러나 법 제64조에 따라 시·군·구청장에 의해 외래치료명령을 받은 사람이 그 명령을 위반한 경우에 대해서는 따로 형사처벌 규정이 없다.

동일한 시·군·구청장에 의한 외래치료명령인데, 입원연장청구심사나 퇴원 및 처우개선청구사건에서의 명령을 위반하면 대상환자가 처벌받고, 독자적인 외래치료명령청구사건에서의 명령을 위반하면 처벌받지 않는다는 것은 법논리적으로 일관되게 설명할 수 없는 부분이다.

위와 같은 사정이 발생한 이유를 설명하면 다음과 같다. 구 정신보건법이 2008년 외래치료명령제도를 도입하면서 그 명령위반 환자에 대해서는 다시 강제입원을 시킬 수 있는 근거를 마련해 두었기 때문에 따로 형사처벌규정을 두지 않았다. 2016년 정신건강복지법으로 전면개정하는 과정에서는 외래치료명령을 입원연장심사나 퇴원청구심사에서도 발령할 수 있도록 하면서 그 명령위반자에 대해서는 다른 시·군·구청장의 결정이나 명령을 위반한 경우와 동일하게 형사처벌 규정을 두었다. 즉, 시·군·구청장의 결정이나 명령의 의무자를 과거와 같이 입원 정신의료기관의 장임을 전제로 한 것이어서 환자의 의무위반을 이유로 한 형벌규정은 아니라 볼 것이다.

입법론적으로는 외래치료명령 위반의 환자에 대한 형사처벌 규정으로 오해될 수 있는 이 부분은 삭제가 필요하다. 이유는 시·군·구청장의 결정으로 환자에게 신체적·정신적 변화를 일으키는 치료명령을 강제하기 위한 담보책으로서의 재입원 외에 추가적으로 형사처벌을 두는 것은 과도하기 때문이다.

아. 입원연장결정(제7호)

(1) 개념

시·군·구청장의 '입원연장결정'이라 함은 입원연장심사에 있어 정신건강심사위원회가 강제입원의 적법성과 필요성을 갖춘 환자에 대해 법이 정한 입원연장청구를 받아들여 향후의 입원연장에 대해 법적 근거를 부여하는 것을 말한다.

입원연장결정은 퇴원청구에 있어 그 내용을 배척하고서 계속입원을 결정하는 것과는 구분된다. 계속입원결정은 기존에 승인된 입원기간의 연장을 가져오지 않는 반면, 입원연장결정은 새로운 입원기간의 연장을 승인하는 역할을 한다.

입원연장결정은 퇴원명령이나 임시퇴원명령에서 향후의 일정시점에서의 퇴원시기를 정하는 것과 유사해 보이지만, 입원연장결정은 정신건강심사위원회가 스스로 입원연장기간을 조정하는 것이 불가능하고, 법이 정한 6개월(최초입원연장심사의 경우 3개월)의 기간을 승인하는 것만 가능하다. 입원연장기간을 조정하는 것은 정신건강심사위원회가 3개월 이내의 재심사로 결정하여 할 수 있다.

(2) 입원연장결정의 현황

입원연장결정은 앞서 법 제55조의 <표 4-4> 퇴원 및 처우개선청구와 입원연장심사 현황에서 보았듯이 구 정신보건법이 적용되던 2014년 내지 2016년에 연간 입원연장 청구사건이 7만 여건 내외 접수되고 그 중 약 96% 또는 97%의 사건에 대해 입원연장결정이 이루어졌다.[21] 이는 구 정신보건법 하에서 정신보건심판위원회의 형식적 서면에 기한 입원연장심사가 가진 제도적 한계라고도 할 수 있다.

---

21) 보건복지부 및 국립정신건강센터, 「2016 국가 정신건강현황 제2차 예비조사 결과보고서」, 2016, 67면 표 17; 보건복지부 및 국립정신건강센터, 「2015 국가 정신건강현황 예비조사 결과보고서」, 2015, 81면 표 42.

(3) 입원연장결정의 활용 제한

입원연장결정은 입원연장청구의 심사에서만 적용되는 결정방식이다. 퇴원 및 처우개선청구나 외래치료명령청구에서는 입원연장결정을 선택할 수 없다. 환자나 정신의료기관의 장의 청구목적(퇴원청구나 외래치료명령청구)에 반하여 더 불리한 결과(입원연장결정)를 얻게 하여서는 안 되기 때문이다.

(4) 입원연장결정의 요건

입원연장결정의 요건은 다음의 각 요건을 갖추어야 한다.

i) 최초입원의 적법성(절차적, 형식적, 실체적 적법성): 적법한 환자이송, 적법한 보호의무자 2명 이상의 신청, 정신과 전문의 2명 이상의 진단(정신질환, 입원치료 필요성, 자·타해 위험성), 입원적합성심사위원회의 입원적합 판정 등

ii) 입원연장의 적법성(절차적, 형식적, 실체적 적법성): 적법한 보호의무자 2명 이상의 동의, 정신과 전문의 2명 이상의 진단(정신질환, 입원치료 필요성, 자·타해 위험성), 입원연장청구기간 내 청구 등

iii) 입원 중 처우의 적법성: 가혹행위나 폭행의 금지, 권리고지, 격리·강박의 적법성 등

iv) 향후 입원의 필요성: 향후의 자·타해 위험성 및 입원치료 필요성

위의 모든 요건을 갖추어야 하기 때문에 향후 입원의 필요성이 있다고 하더라도 최초입원, 입원연장 또는 입원 중 처우의 적법성을 갖추지 못한 환자에 대해서는 입원연장결정은 위법하다. 앞서 보았듯이 최초입원이나 입원연장에서의 위법은 판례에 따르면 그 하자가 치유되지 않기 때문에 입원연장결정은 최초입원부터 입원연장 시점까지 위법성이 없어야 한다.

(5) 입원연장결정의 효과

1) 입원기간의 연장효과

입원연장결정은 개별적 심사대상 환자에 대해 정신건강심사위원회가 의결하여 정한다. 정신건강심사위원회의 의결에 따라 시·군·구청장이 입원연장결정을 정신의료기관의 장에게 통지하면 정신의료기관의 장은 6개월(최초 입원연장의 경우에는 3개월) 이내의 범위에서 대상자가 된 보호입원환자의 퇴원을 제한하고서 입원을 연장할 수 있다(법 제43조 제5항).

행정입원환자의 경우에는 정신의료기관의 장이 아니라 시·군·구청장에게 입·퇴원에 대한 결정권한이 있기 때문에 위와 같은 정신건강심사위원회의 입원연장결정이 있으면 시·군·구청장이 행정입원환자에 대한 퇴원을 제한하고서 입원을 연장할 수 있다(법 제62조 제2항). 그 입원연장의 범위는 보호입원과 동일하게 6개월(최초 입원연장의 경우는 3개월) 이내이다.

2) 환자에 대한 퇴원제한 효과

정신건강심사위원회의 입원연장결정은 정신의료기관의 장이나 시·군·구청장에게는 합법적으로 입원을 연장할 수 있는 근거를 부여해 주는 반면, 환자에 대해서는 향후 6개월(최초 연장의 경우 3개월) 동안 현재 입원한 정신의료기관에서 합법적으로 퇴원을 제한당하는 효과를 발생시킨다. 즉, 환자의 신체의 자유를 향후 6개월(또는 3개월) 동안 제한하는 법적 효과를 발생시킨다.

이러한 법적 불이익에 대한 환자측의 구제수단으로는 정신건강복지법에 의한 재심사 청구, 「행정소송법」에 따른 시·군·구청장의 입원연장결정에 대한 취소소송, 정신의료기관의 장을 상대로 법원에 인신보호청구가 가능하다.

3) 입원기간 연장의 기산점

새로운 입원연장기간 6개월(또는 3개월)의 기산점은 언제부터인지 문제가 된다. 그 6개월이 시작되는 기산점을 알 수 있어야 향후 입원연장청구의 기간이 되는 입원기간 만료일 전 2개월부터 1개월까지의 기간(영 제18조)을 알 수 있다.

앞서 법 제43조(보호입원)의 보호입원 연장에 관한 부분에서 보았듯이 시·군·구청장의 통지를 받은 다음날을 새로운 입원기간 연장의 기산점으로 삼아야 할 것이다. 그 구체적 이유에 대한 설명은 ☞ 법 제43조(보호입원)를 참조할 것.

자. 계속입원결정(제8호)

(1) 개념

시·군·구청장의 '계속입원결정'이라 함은 퇴원청구 심사에 있어 정신건강심사위원회가 강제입원의 적법성과 필요성을 갖춘 환자에 대해 계속입원을 승인하는 의결을 하여 입원환자나 그 보호의무자의 퇴원청구를 배척하는 것을 말한다. 계속입원결정은 퇴원심사에 있어 그 당사자의 청구를 배척하고서 계속입원을 결정하는 것이어서 새로운 입원기간을 부여하는 입원연장결정과 차이가 있다. 계속입원결정은 기존에 승인된 법적 입원기간의 연장을 가져오지 않는 반면, 입원연장결정은 새로운 법적 입원기간의 연장을 승인하는 역할을 한다.

(2) 계속입원결정의 현황

계속입원결정은 앞서 법 제55조의 <표 4-5> 인신보호청구와 퇴원 및 처우개선청구의 비교 현황에서 보았듯이 구 정신보건법이 적용되던 2014년 내지 2016년에 연간 퇴원 및 처우개선청구 약 1,600여 건(2014년) 내지 2,000 여건(2016년)이 접수되고 그 중 약 90% 내외(2014년 91%, 2015년 86%, 2016년 88%)의 사건에 대해서 계속입원결정이 이루어졌다.[22] 구 정신보건법 하에서 정신보건심판위원회의 형식적 서면에 기한 퇴원청구심사이기는 하지만 어느 정도 강제입원환자의 권리구제수단으로 역할하였음을 보여준다.

(3) 계속입원결정의 활용 제한

계속입원결정은 환자나 보호의무자의 퇴원청구 심사에서만 활용되어야 한다. 즉, 입원연장청구나 처우개선청구에서는 계속입원결정을 선택할 수 없다. 환자나 정신의료기관의 장의 청구목적과 무관하게 결정을 하여서는 안 되기 때문이다.

예컨대, 입원환자가 처우개선청구를 하였는데, 계속입원결정을 할 것은 아니다. 그 이유는 환자측의 처우개선청구는 시·군·구청장에게 정신의료기관의 장에게 명령을 해 달라고 요구하는 것인데, 환자에 대해 계속입원해 있으라고 명령을 하여서는 안 되기 때문이다. 정신의료기관의 장의 입원연장청구에 대해서도 계속입원결정을 하여서는 안 된다. 계속입원결정은 입원연장의 효과가 발생하지 않고, 기존의 입원기간만료일에 환자는 퇴원해야 하기 때문이다.

(4) 계속입원결정의 요건

계속입원결정은 퇴원청구 대상환자에 대해 정신의료기관측에서 다음의 각 적법성과 필요성 요건을 갖추어야 한다.

i) 최초입원의 적법성(절차적, 형식적, 실체적 적법성): 적법한 환자이송, 적법한 보호의무자 2명 이상의 신청, 정신과 전문의 2명 이상의 진단(정신질환, 입원치료 필요성, 자·타해 위험성), 입원적합성심사위원회의 입원적합 판정 등

---

22) 보건복지부 및 국립정신건강센터, 「2017 국가 정신건강현황 제3차 예비조사 결과보고서」, 2017, 63면 표 11; 보건복지부 및 국립정신건강센터, 「2016 국가 정신건강현황 제2차 예비조사 결과보고서」, 2016, 67면 표 17; 보건복지부 및 국립정신건강센터, 「2015 국가 정신건강현황 예비조사 결과보고서」, 2015, 81면 표 42 참조.

ⅱ) 기존의 입원연장의 적법성(절차적, 형식적, 실체적 적법성): 적법한 보호의무자 2명 이상의 동의, 정신과 전문의 2명 이상의 진단(정신질환, 입원치료 필요성, 자·타해 위험성), 입원연장청구기간 내 청구 등
ⅲ) 입원 중 처우의 적법성: 가혹행위나 폭행의 금지, 권리고지, 격리·강박의 경우의 적법성 등
ⅳ) 향후 입원의 필요성: 향후의 자·타해 위험성 및 입원치료 필요성

계속입원결정의 요건은 입원연장결정의 요건과 유사해 보이지만 입원연장결정은 그 연장을 위하여 ⅰ) 보호의무자 2명 이상의 동의, ⅱ) 정신과 전문의 2명 이상의 진단(보호입원의 경우에는 원칙적으로 다른 기관의 지정진단의료기관의 정신과 전문의 1명 이상의 진단 필요), ⅲ) 정신의료기관의 장의 청구기간 내의 적법한 입원연장청구가 필요한 반면, 계속입원결정은 위와 같은 요건을 과거에 구비하였는지 여부를 판단해야 하는 것이지 그 청구요건이 되는 것은 아니다. 예컨대, 최초입원된 환자가 입원 후 2주 만에 퇴원청구를 하는 경우 위와 같은 입원연장요건은 아직 불필요하지만 최초입원의 적법성 여부는 심사할 필요가 있다.

계속입원결정을 하기 위해서는 원칙적으로 위의 모든 요건을 갖추어야 하기 때문에 향후 입원의 필요성이 있다고 하더라도 최초입원, 입원연장 또는 입원 중 처우의 적법성을 갖추지 못한 환자에 대해서 계속입원결정을 하는 것은 위법하다. 앞서 보았듯이 최초입원이나 입원연장에서의 위법은 판례에 따르면 그 하자가 치유되지 않기 때문에 계속입원결정을 하기 위해서는 최초입원부터 입원연장 시점까지 위법성이 없어야 한다.

(5) 계속입원결정의 효과

1) 기존의 입원기간 보장

계속입원결정은 개별적 퇴원청구에서의 심사대상 환자에 대해 정신건강심사위원회가 의결하여 정한다. 정신건강심사위원회의 의결에 따라 시·군·구청장이 계속입원결정을 정신의료기관의 장에게 통지하면 정신의료기관의 장은 기존의 입원기간 만료일 이내의 범위에서 그 보호입원환자의 퇴원을 제한하고서 입원을 유지할 수 있다(법 제43조 제5항).

행정입원환자의 경우에는 정신의료기관의 장이 아니라 시·군·구청장에게 입·퇴원에 대한 결정권한이 있기 때문에 위와 같은 정신건강심사위원회의 입원계속결

정이 있으면 시·군·구청장이 행정입원환자에 대한 퇴원을 제한하고서 입원을 그대로 유지할 수 있다.

2) 환자의 퇴원제한

계속입원결정이 있으면 환자에 대해서는 기존의 입원기간 만료일 범위 내에서 퇴원이 제한되는 법적 효과를 발생시킨다. 이러한 법적 불이익에 대한 환자측의 구제수단으로는 앞서 입원연장결정에서 본 바와 같이 정신건강복지법에 의한 재심사 청구, 「행정소송법」에 따른 시·군·구청장의 계속입원결정에 대한 취소소송, 정신의료기관의 장을 상대로 법원에 인신보호청구가 가능하다.

6. 시·군·구청장 조치(명령과 결정)의 통지

가. 통지의 대상과 법적 효과

(1) 시·군·구청장 조치(명령과 결정)의 통지

정신의료기관의 장의 입원연장청구에 대한 심사 또는 입원환자측의 퇴원 및 처우개선청구에 대한 심사는 모두 법 제59조의 적용을 받는다. 위 두 청구는 청구권자가 구분되고, 심사기준이나 요건이 다르며, 그 통지나 명령의 법적 효과에 있어서도 차이가 있다.

예를 들어 통지의 대상자를 보면, 시·군·구청장은 보호입원연장청구의 청구인(정신의료기관의 장), 퇴원 및 처우개선청구의 청구인(입원환자 및 그 보호의무자) 외에 해당 환자와 해당 정신의료기관의 장에게도 통지를 하도록 규정하고 있다(법 제59조 제4항). 그러나 각 시·군·구청장의 통지는 각 명령이나 결정의 유형별로 그 통지대상을 따로 정할 필요가 있다.

(2) 통지의 법적 효과

정신건강심사위원회의 심사결과에 따른 시·군·구청장의 청구인 등에 대한 통지는 행정청의 처분으로서 입원연장이나 퇴원, 외래치료의무 등 일정한 법적 효과를 발생시킨다. 만약 통지가 청구인 등에게 송달되지 않는다면 그러한 법적 효과의 발생을 기대할 수 없다. 그 결과통지가 안 되면 그 법적 효과로 발생하는 의무를 알 수 없기 때문이다. 이하에서는 누구에게 어떤 내용을 통지해야 하는지 살펴보도록 한다.

나. 통지의 내용

(1) 통지의무자

법 제59조 제4항에 따른 퇴원명령 등의 조치(명령과 결정)를 통지해야 하는 통지의무자는 명령이나 결정을 내리는 시·군·구청장이다. 시·군·구청장은 대외적으로 정신의료기관의 장이나 환자에게 행정처분(명령이나 결정)을 통하여 의무를 부과할 수 있는 행정청이다. 시·군·구의 보건소장이나 직원은 정신의료기관이나 환자에 대한 통지를 실제 담당하지만 행정청인 시·군·구청장의 명의로 통지하여야 한다.

(2) 통지수령권자

입원연장청구나 퇴원청구에 대한 심사 및 의결 후 그에 따라 이루어지는 시·군·구청장의 조치(명령이나 결정)의 대상자는 그 통지를 수령하여야 한다. 이러한 통지의 수령대상자를 법 제59조 제4항은 다음과 같은 사람으로 한정하고 있다.

i) 보호입원연장 청구인(정신의료기관의 장)
ii) 퇴원 및 처우개선 청구인(입원환자 또는 그 보호의무자)
iii) 해당 정신질환자
iv) 해당 정신의료기관의 장

그러나 시·군·구청장의 각 조치(명령이나 결정)의 법적 효과를 발생시키기 위해서는 구체적으로 그 명령이나 의무를 부과하는 대상자에게 통지하여야 하므로 각 조치마다 그 통지대상자를 판단해 보면 다음과 같다.

<표 4-7>를 보면 알 수 있듯이 시·군·구청장의 모든 조치(명령이나 결정)에 있어 입원 정신의료기관의 장과 해당 환자는 반드시 통지대상자에 포함되어야 한다. 왜냐하면, 시·군·구청장의 조치(명령이나 결정)는 입원 정신의료기관의 장과 입원환자에게 일정한 권한과 의무를 발생시키기 때문이다. 청구인이 보호의무자일 경우에는 보호의무자에게도 통지가 필요하다.

그 밖에 외래치료명령에서 외래진료기관의 장, 이송결정에서 이송을 받아야 하는 정신의료기관의 장에게도 시·군·구청장의 조치내용을 통지해 줄 필요가 있다.

표 4-7 시·군·구청장의 각 조치유형별 통지수령권자

조치유형	입원연장사건	퇴원 및 처우개선사건
1. 퇴원명령 (임시퇴원명령 포함) 2. 처우개선명령 3. 3개월 이내 재심사결정	1. 청구인 겸 해당 정신의료기관의 장 2. 해당 환자	1. 청구인(입원환자 또는 보호의무자) 2. 입원 정신의료기관의 장 3. 해당 환자(보호의무자가 청구인인 경우)
4. 이송결정	1. 청구인 겸 입원 정신의료기관의 장 2. 해당 환자 3. 이송받는 정신의료기관의 장	1. 청구인(입원환자 또는 보호의무자) 2. 입원 정신의료기관의 장 및 이송받는 정신의료기관의 장 3. 해당 환자(보호의무자가 청구인인 경우)
5. 자발적 입원으로 전환 결정	1. 청구인 겸 입원 정신의료기관의 장 2. 해당 환자	1. 청구인(입원환자 또는 보호의무자) 2. 입원 정신의료기관의 장 3. 해당 환자(보호의무자가 청구인인 경우)
6. 외래치료명령	1. 청구인 겸 입원 정신의료기관의 장 2. 해당 환자 3. 외래치료를 해야 하는 외래진료기관의 장	1. 청구인(입원환자 또는 보호의무자) 2. 입원 정신의료기관의 장 3. 해당 환자(보호의무자가 청구인인 경우) 4. 외래치료를 해야 하는 외래진료기관의 장
7. 입원연장결정	1. 청구인 겸 입원 정신의료기관의 장 2. 해당 환자	해당 없음
6. 계속입원결정	해당 없음	1. 청구인(입원환자 또는 보호의무자) 2. 입원 정신의료기관의 장 3. 해당 환자(보호의무자가 청구인인 경우)

(3) 통지내용

1) 시·군·구청장의 조치유형별 통지의 내용

입원연장심사결과나 퇴원 및 처우개선심사결과에 따른 시·군·구청장의 조치(명령이나 조치)는 대인적(對人的) 행정처분이기 때문에 그 구체적 내용(대상자, 기간, 의무의 내용)이 적시되어 통지될 필요가 있다. 그 구체적 내용을 검토해 보면 다음과 같다.

표 4-8 시 · 군 · 구청장의 조치유형별 통지내용

조치유형	입원연장사건	퇴원 및 처우개선사건
1. 퇴원명령 (임시퇴원명령 포함)	1. 퇴원대상자 2. 퇴원시점(일시나 기간. 없는 경우 통지받은 후 지체 없이) 3. 퇴원 또는 임시퇴원 여부	
2. 처우개선명령	1. 적용대상자 2. 구체적 의무의 주체와 내용 3. 의무의 이행기간	
3. 3개월 이내 재심사결정	1. 재심사대상자 2. 재심사기한(언제까지 또는 일정기간 후) 3. 재심사기한까지 요구되는 구체적인 자료요청	
4. 이송결정	1. 이송대상자 2. 이송받는 정신의료기관 3. 이송시점(일시나 기간. 없는 경우 통지받은 후 지체 없이)	
5. 자발적 입원으로 전환 결정	1. 전환대상자 2. 전환유형(자의입원 또는 동의입원) 3. 전환시점(일시나 기간. 없는 경우 통지도달 시점)	
6. 외래치료명령	1. 외래치료명령 대상자 2. 외래진료기관 3. 외래치료명령기간과 진료주기 4. 외래치료의 구체적 내용(주사 또는 약물의 투여 등) 5. 외래치료명령위반의 효과	
7. 입원연장결정	1. 연장대상자 2. 입원연장시점과 입원기간 6개월(최초연장 시는 3개월)	해당 없음
6. 계속입원결정	해당 없음	1. 계속입원대상자 2. 퇴원청구나 처우개선청구를 배척하는 사유

2) 심사기간 연장의 기간과 사유

위의 각 조치유형별 통지내용 외에도 법은 심사기간이 법정기간 15일을 초과하여 연장된 경우에는 그 연장사유와 기간을 함께 통지하도록 규정하고 있다(법 제59조 제4항).

그러나 실무적으로 정신건강심사위원회가 매월 1회의 심사를 하기 때문에 15일의 심사기간을 도과하는 경우가 많고, 도과하더라도 시·군·구청장이 별도로 심사기간 연장결정을 하거나 그 연장사유와 기간을 개별적으로 통지하는 경우는 드물다. 심사기간 도과는 법 위반사항이므로 현실적으로는 심사제도를 개선하거나 향후 입법론으로는 1개월의 심사기간을 부여하는 것도 고려해 볼 수 있을 것이다.

3) 시·군·구청장의 조치사유

법정서식인 '심사결과 통지서'(규칙 제44조에 따른 별지 제22호 서식)는 심사결과에 따른 시·군·구청장의 구체적인 조치사항 외에도 그 조치사유를 기재하도록 하고 있다. 조치사유는 개별 환자에 대한 심사에서 그 의결의 이유가 된 퇴원사유(자격 없는 보호의무자의 동의, 보호의무자 1인만 동의, 자·타해 위험성이 소명 안 됨 등), 외래치료명령사유, 계속입원사유 등을 적으면 된다.

4) 시·군·구청장의 조치에 대한 불복방법

「행정심판법」은 행정청이 처분을 할 때에는 처분의 상대방에게 다음 각 호의 사항을 알리도록 하고 있다(제58조 제1항).

i) 해당 처분에 대하여 행정심판을 청구할 수 있는지
ii) 행정심판을 청구하는 경우의 심판청구절차 및 심판청구 기간

앞서 본 바 대로 시·군·구청장의 조치는 행정청의 처분에 해당하기 때문에 위 심사결과 통지서(별지 제22호 서식) 하단에는 환자 및 보호의무자가 심사결과 및 그 조치에 불복이 있는 경우 심사결과 통지서를 받은 날부터 14일 이내에 상급기관인 시·도지사에게 재심사를 청구할 수 있음을 고지하고 있다.

(4) 통지방법

시·군·구청장은 심사결과에 따른 조치(명령이나 결정)의 내용을 지체 없이 서면으로 앞서 본 통지수령권자(입원 정신의료기관의 장과 해당 입원환자 등)에게 통지하여야 한다(법 제59조 제4항). 여기서 쟁점이 되는 부분은 다음과 같다.

i) 서면 외에 전자문서 등으로 통지할 수 있는지?
ii) 해당 입원환자에게 심사결과 통지서를 어떻게 전달할 수 있는지?
iii) 입원연장사실 및 그 사유에 대해 정신의료기관의 장이 입원환자와 보호의무자에게 어떤 방식으로 통지해야 하는지?

위의 쟁점을 구체적으로 보면 다음과 같다.

1) 전자문서의 활용 여부

여기서 말하는 전자문서는 정보처리시스템에 의하여 전자적 형태로 작성, 송신·수신 또는 저장된 정보를 의미하는데,[23] 이메일, 문자메시지나 첨부파일 등도 전자문서에 해당한다고 할 수 있다. 전자문서는 다른 법률에 특별한 규정이 있는 경우를 제외하고는 전자적 형태로 되어 있다는 이유로 문서로서의 효력이 부인되지 않는다(「전자문서 및 전자거래기본법」 제4조 제1항). 한편, 대법원도 해고의 서면통지를 요구하고 있는 근로기준법 제27조의 해석과 관련하여 전자문서인 이메일에 의한 해고통지를 서면에 의한 해고통지로 보아 유효하다고 한 사례가 있다.[24]

위와 같은 사례에 비추어 본다면, 입원 정신의료기관의 장에게 시·군·구청장이 국가 입·퇴원관리시스템의 전산망 등을 통하여 각 입원연장심사 대상자의 심사결과를 통지할 수도 있다고 해석할 수도 있겠으나 해석상 논란의 여지를 막기 위해서는 법령에 명시적으로 전자문서에 의한 통지도 가능하도록 해야 할 수도 있다.

2) 해당 입원환자에 대한 통지방법

해당 입원환자에 대한 통지에 관해서는 달리 해석될 필요가 있다. 입원환자는 자유롭게 컴퓨터나 휴대폰을 이용하여 인터넷에 접속할 기회가 흔치 않기 때문이다. 따라서 해당 입원환자에 대해서는 시·군·구청장이 개별적 서면으로 심사결과를 통지하여야 할 것이다.

3) 전자송달 허용여부

행정절차에 있어 문서를 상대방에게 전하는 송달의 방법은 우편, 교부 또는 정보통신망 이용 등의 방법으로 하여 송달받을 자의 주소, 거소, 영업소, 사무소 또는 전자우편주소로 하며, 송달받을 자가 동의하는 경우에는 그를 만나는 장소에서도 송달할 수 있다(「행정절차법」 제14조 제1항). 단, 이메일 등 정보통신망을 이용한 송달은 송달받을 자가 동의하는 경우에만 가능하고, 이 경우 송달받을 자는 송달받을 전자우편 주소를 지정해야 한다(「행정절차법」 제14조 제3항). 행정청은 송달하는 문서의 명칭, 송달받을 자의 성명이나 명칭, 발송방법 및 발송연월일을 확인할 수 있는 기록을 보존하여야 한다(「행정절차법」 제14조 제5항).

4) 해당 입원환자의 심사결과 통지서 수령

현행 심사결과 통지서(규칙 별지 제22호 서식)에 따르면, 입원환자나 정신의료기

---

23) 「전자문서 및 전자거래 기본법」 제2조 제1호.
24) 대법원 2015. 9. 10. 선고 2015두41401 판결.

관의 장에게 모두 공통된 내용의 심사결과서가 통지되며, 입원환자와 정신의료기관의 장의 송달받을 장소는 모두 정신의료기관 주소지로 동일할 수밖에 없다. 또한 시·군·구청장이 동일한 주소지로 두 개의 동일한 심사결과통지서를 보내더라도 해당 입원환자에게 직접 전달되지 않는 경우도 적지 않다.

해당 입원환자가 직접 심사결과 통지서를 수령하지 않는다면, 해당 입원환자는 그 결과에 대한 불복기회를 얻을 수 없을 뿐만 아니라 자신에게 내려진 시·군·구청장의 처분이 무엇인지도 알 수 없어 그에 따른 의무를 이행(예컨대, 외래치료명령에 따른 의무)하거나 권한을 행사(예컨대, 퇴원명령에 따른 퇴원)할 수도 없다.

이러한 입원환자의 심사결과 통지서 수령불능상태를 막기 위해서는 시·군·구청장은 입원환자에게 개별적으로 밀봉된 통지서를 보내고, 입원환자가 직접 그 심사결과 통지서를 수령하였는지 여부에 대해 정신의료기관측에서 환자로부터 확인증을 받아 보관하도록 할 필요가 있다.

5) 입원연장 통지의무와의 관계

보호입원의 경우 정신의료기관의 장은 입원기간이 연장되었을 때에는 지체 없이 입원환자와 그 보호의무자에게 입원기간 연장사실 및 사유를 서면으로 통지하여야 한다(법 제43조 제8항). 위 입원기간 연장사실 및 사유를 통지하지 아니하면 정신의료기관의 장에게는 100만 원 이하의 과태료가 부과될 수 있다(법 제89조 제1항 제5호).

한편, 행정입원의 경우에는 정신의료기관의 장에게 입원연장 통지의무가 부과되어 있지는 않다. 행정입원환자의 입원을 연장하여 입원시켰을 때에는 시·군·구청장이 그 입원환자와 보호의무자(또는 보호자)에게 입원기간 연장의 사유와 기간을 서면으로 통지하여야 한다(법 제62조 제2항).

위의 보호입원과 행정입원의 입원기간의 연장사실 및 그 사유에 대한 통지규정은 시·군·구청장이 심사결과에 대해 입원환자나 보호의무자에게 서면으로 통지해 주는 규정(법 제59조 제4항)과 중복되는 부분이 있다. 입법론적으로는 중복되는 부분을 삭제할 필요가 있다.

현행법의 조화로운 해석을 통해 보호입원환자에 대한 입원기간 연장 통지와 행정입원환자에 대한 입원기간 연장 통지를 구분해 설명해 보면 다음과 같다.

i) 보호입원환자에 대한 입원기간 연장통지

시·군·구청장이 보호입원환자에게 입원기간 연장에 대한 심사결과 통지서를 서면으로 통지할 의무가 있으므로(법 제59조 제4항) 시·군·구청장은 개별 보호입원환자에게 그 통지서를 발송하여야 하고, 정신의료기관의 장도 입원기간 연장사실 및 그 사유를 개별 입원환자에게 서면으로 통지할 의무가 있으므로(법 제43조 제8항) 시·군·구청장의 심사결과 통지서를 첨부하여 그 입원환자에게 정신의료기관의 장의 명의로 된 서면에 입원연장기간과 그 사유를 적어 통지해 주어야 한다.

ii) 행정입원환자에 대한 입원기간 연장통지

행정입원환자가 입원되어 있는 지정 정신의료기관의 장은 행정입원환자에 대한 입원기간 연장통지의무가 없다. 법 제59조 제4항(시·군·구청장의 조치에 따른 통지의무)과 법 제62조 제4항(시·군·구청장의 입원기간 연장에 따른 통지의무) 모두 시·군·구청장에게 그 입원연장(조치)에 대한 통지의무를 규정하고 있을 뿐이다.

따라서 시·군·구청장은 개별 행정입원환자에게 그 입원연장이유가 기재된 심사결과(입원연장결정) 통지서를 발송해야 한다. 지정 정신의료기관의 장은 수령한 통지서를 행정입원환자에게 전달할 의무가 있다고 할 것이다. 해당 환자의 통지서를 수령하는 지정 정신의료기관측에서 전달하지 않으면 입원환자는 자신에게 법적 효과를 미치는 심사결과(입원연장결정)에 불복하여 다툴 기회를 상실하게 되기 때문이다. 이는 환자의 재판청구권이나 심사청구권을 침해하는 위법한 행위가 된다.

(5) 통지의 효력발생시점

1) 관련규정

행정청의 처분인 시·군·구청장의 조치(명령이나 결정)가 효력을 발생하기 위해서는 그 상대방에게 통지(도달)되어야 한다. 「행정절차법」도 해당 문서가 송달받을 자에게 도달됨으로써 그 효력이 발생한다고 규정하고 있다(「행정절차법」 제15조 제1항). 정보통신망을 이용하여 전자문서로 송달하는 경우에는 송달받을 자가 지정한 컴퓨터 등에 입력된 때에 도달된 것으로 본다(「행정절차법」 제15조 제2항).

2) 입원환자에 대한 도달여부

앞서 시·군·구청장의 각 유형별 조치에 따른 법적 효과(법적 권한과 의무의 발생)는 통지의 도달 시점에 정신의료기관의 장이나 입원환자에게 발생한다. 정신의료기관의 장에게만 정보통신망을 이용해 전자문서로 송달된 경우에는 아직 입원환자에게는 효력이 없다. 정신의료기관의 장이 자신이 받은 심사결과 통지서를 입원환자에게 전달하는 경우도 입원환자 자신에게 보내진 심사결과 통지서가 아니어서 그 송달의 효력이 발생된다고 보기는 어렵다. 즉, 입원환자 자신이 수신인으로 된 통지서를 수령해야 한다.

또한 입원환자를 수신인으로 한 심사결과 통지서가 문서로 발송되어 정신의료기관에 도달되었다고 하더라도 정신의료기관의 통지서 수령 직원이 이를 해당 환자에게 전달하지 않은 이상 수령 직원이 수령한 것만으로 통지서의 도달을 간주할 수도 없다. 정신의료기관의 직원은 입원환자의 사무원이나 피용자 또는 동거자로 보기 어렵기 때문이다(「행정절차법」 제14조 제2항). 실제 입원 정신의료기관에서 즉시 문서를 전달하는 경우도 흔하지 않고, 지연된 전달로 인해 해당 환자가 행정처분에 이의제기할 수 있는 불복기간을 놓치는 사례도 발생하고 있다.[25)]

(6) 심사결과서 통지의 효과

정신의료기관의 장이나 입원환자에게 심사결과 통지서가 도달하면 시·군·구청장의 조치(명령 및 결정)의 효력이 발생하게 된다. 앞서 각 조치유형의 요건과 효과에서 기술한 바와 같이 시·군·구청장의 조치(명령 및 결정)는 정신의료기관의 장과 입원환자 및 시·군·구청장과의 구체적 법률관계에서 일정한 권한과 의무를 부여하는 법적 효과를 지닌 행정처분으로서의 성격을 가진다.

7. 정신요양시설의 적용

시·군·구청장의 퇴원명령 등의 조치는 정신요양시설 입소환자에 대해 그대로 적용될 수 있다. 다만, 정신요양시설 입소환자의 경우 행정입소가 허용되지 않기 때문에 입소연장대상자는 보호입소환자로 한정된다. 그 밖의 사항은 정신의료기관에서 설명한 것이 대부분 그대로 정신요양시설에서도 적용된다. 정신의료기관 입원환자와 정신요양시설 입소환자에 있어 시·군·구청장의 조치를 비교해 보면 다음과 같다.

---

25) 헌법재판소 2015. 9. 24. 2013헌가21 전원재판부 결정(위헌결정)
[사실관계] 피수용자 000은 2009. 5. 8.경부터 정신질환으로 XX병원에 수용 중인 자로서, 2012. 8.경 수용자의 피수용자에 대한 수용이 위법하다는 이유로 천안지원에 구제청구를 하였으나, 위 천안지원은 2012. 11. 1. 구제청구 기각결정을 하였다(위 천안지원 2012인4). 피수용자는 2012. 11. 5. 구제청구 기각결정을 송달받고, 같은 날 즉시항고장을 작성하여 위 병원 소속 간호사에게 우편송달을 요청하였는데, 이에 따라 송달된 즉시항고장은 2012. 11. 9. 위 천안지원에 도달하였으나 즉시항고기간 3일이 도과하였다. 이에 항고법원인 대전지방법원은 즉시항고기간이 3일로 된 「인신보호법」 제15조에 대해 직권으로 위헌법률심판제청을 하였다.
[헌법재판소의 판단] 인신보호법상 피수용자인 구제청구자는 자기 의사에 반하여 수용시설에 수용되어 인신의 자유가 제한된 상태에 있으므로 그 자신이 직접 법원에 가서 즉시항고장을 접수할 수 없고, 외부인의 도움을 받아서 즉시항고장을 접수하는 방법은 외부인의 호의와 협조가 필수적이어서 이를 기대하기 어려운 때에는 그리 효과적이지 않으며, 우편으로 즉시항고장을 접수하는 방법도 즉시항고장을 작성하는 시간과 우편물을 발송하고 도달하는 데 소요되는 시간을 고려하면 3일의 기간이 충분하다고 보기 어렵다. 이하 생략....

표 4-9 정신의료기관과 정신요양시설에 대한 시·군·구청장 조치유형 비교

시군구청장의 조치	정신의료기관	정신요양시설
연장대상자	1. 보호입원환자 2. 행정입원환자	1. 보호입소환자
퇴원(퇴소) 및 처우개선대상자	입원환자 모두 가능	입소환자 모두 가능
연장심사나 퇴원(퇴소) 및 처우개선심사에서의 조치(공통)	1. 퇴원(임시퇴원)명령 2. 처우개선명령 3. 3개월 이내 재심사 4. 이송 5. 자발적 입원으로 전환 6. 외래치료명령	1. 퇴소(임시퇴소)명령 2. 처우개선명령 3. 3개월 이내 재심사 4. 이송 5. 자발적 입소로 전환 6. 외래치료명령
연장심사에서의 조치	입원연장결정	입소연장결정
퇴원(퇴소)심사에서의 조치	계속입원결정	계속입소결정

8. 현행법의 문제점과 개선방향

가. 현행법의 장점과 한계

현행 정신건강심사위원회의 심사에 따른 시·군·구청장의 조치(명령 및 결정)는 환자의 증상과 상태에 따라 다양한 선택지를 가지고 있다는 점에서 기존의 구 정신보건법에 비해 진일보하였다. 법제도적으로는 환자에 대해 맞춤형 조치를 취할 수 있는 기반이 마련되었으나 실제 현실에서는 퇴원명령 외의 다른 명령이나 결정들은 아직 활성화되어 있지 않은 상태이다.

나. 개선방향

입원연장심사기관이라 할 수 있는 정신건강심사위원회는 앞서 본 바와 같이 최초입원심사기관인 입원적합성심사위원회와 통합하여 일원화된 강제입원심사기관을 갖출 필요가 있다. 이 경우 입원심사기관의 조치는 퇴원명령 외에도 현행 정신건강복지법이 규정하고 있는 여러 유형의 조치(이송결정, 입원전환결정, 재심사결정, 외래치료명령 등)를 이어받을 필요가 있다.

또한, 현행 정신건강복지법의 시·군·구청장의 각종 조치가 행정청의 처분으로서 일정한 법적 효력을 발생하는 것인 점을 고려하여 그 송달, 집행, 처분의 효력 및 불복방법 등을 체계적으로 규율할 필요가 있다.

Ⅷ. 재심사의 청구 등(제60조)

제60조(재심사의 청구 등) ① 제43조제6항에 따른 심사 청구의 대상인 정신질환자와 그 보호의무자, 제55조제1항에 따른 심사 청구를 한 사람 및 제64조제2항에 따른 외래치료 명령을 받은 정신질환자 및 그 보호의무자는 다음 각 호의 어느 하나에 해당하는 경우에 시·도지사에게 재심사를 청구할 수 있다.

1. 제59조제4항에 따라 통지받은 심사 결과에 불복하거나 심사 기간 내에 심사를 받지 못한 경우
2. 제64조제2항에 따른 외래치료 명령에 불복하는 경우

② 제1항에 따른 재심사 청구의 절차 등에 관하여 필요한 사항은 대통령령으로 정한다.

1. 재심사의 개념과 의의

가. 재심사의 개념

법 제60조에 따른 '재심사(再審査)'라 함은 입원연장심사청구의 대상자가 되거나 퇴원 및 처우개선 청구의 청구인이 된 입원환자나 그 보호의무자가 시·군·구청장의 조치(명령 및 결정)나 미조치에 불복하여 그 상급기관이라 할 수 있는 시·도지사에게 다시 심사 및 조치를 청구하는 것이다.

법 제59조 제1항 제3호에서 말하는 3개월 이내의 '재심사'는 같은 심급인 기초정신건강심사위원회에서 동일한 입원환자를 상대로 의결을 보류한 채 다시 직권으로 추가 심사를 하는 것이어서 법 제60조의 재심사와는 구분된다.

나. 재심사기관의 법적 성격

입원환자나 보호의무자의 재심사 청구에 있어 재심사기관은 명령이나 결정을 내린 시·군·구가 속해 있는 시·도의 시·도지사 소속 광역 정신건강심사위원회이다. 재심사기관인 광역 정신건강심사위원회 또한 그 법적 지위는 기초 정신건강심사위원회와 유사하게 시·도지사 소속으로 서면심사를 하는 합의체의 성격을 가진 재심사기관이다.

다. 재심사제도의 기능

재심사제도는 법원의 3심(심급) 제도와 유사하게 입원환자의 권리구제기능과 행정기관의 권한남용과 위법을 통제하는 기능을 가진다.

(1) 입원환자측의 권리구제기능

재심사 청구는 정신의료기관의 장에게는 허용되지 않고, 입원환자나 그 보호의무자만 청구자격이 부여되어 있다. 재심사는 환자가 자신의 입원의 위법성이나 부당성을 시·군·구청장의 상급 행정감독기관에 호소할 수 있게 하여 입원환자에 대한 권리구제기능을 한다.

(2) 행정기관(심사기관)에 대한 통제기능

재심사기관인 광역 정신건강심사위원회는 기초 정신건강심사위원회의 심사·의결에 따른 시·군·구청장의 조치를 위법 또는 부당하다는 이유로 번복할 수 있다. 이는 기초 정신건강심사위원회의 심사절차와 심사결과를 제도적으로 통제하는 역할을 한다. 재심사제도는 시·군·구청장(기초 정신건강심사위원회)의 계속입원결정이나 입원연장결정 등의 적법성을 담보하고, 위법성을 통제하는 기능을 가진다.

라. 재심사의 법적 성격과 효과

(1) 재심사의 법적 성격

시·군·구청장의 조치는 앞서 본 바와 같이 행정청의 처분이다. 재심사 청구는 시·군·구청장의 조치에 대해 상급기관의 심판(재심사)을 받을 수 있는 불복방법이기 때문에 법 제60조의 재심사 청구는 결국 「행정심판법」에서 말하는 특별행정심판이라 할 수 있다.

특별행정심판은 「행정심판법」에 의한 일반행정심판을 갈음하기 때문에 환자측은 일반행정심판은 청구할 수 없다고 볼 것이다. 정신의료기관측도 환자의 강제적 입원이 자신에게 환자에 대한 치료의무가 있다는 사유로 하여 법적 절차를 통해 그 퇴원을 막을 수는 없는 것이다. 강제적 입·퇴원의 법률관계(권한과 의무)는 기본적으로 국가와 환자와의 관계이기 때문이다.

(2) 재심사에 따른 시·도지사의 조치의 법적 성격과 효력

시·도지사는 환자측이 불복한 시·군·구청장의 조치에 대한 재심사사건을 광역

정신건강심의위원회에 회부하고, 광역정신건강심사위원회에서 심사 및 의결을 거쳐 시·도지사의 조치(퇴원명령, 계속입원결정 등)로서 재심사 청구인 등에게 통지되어 법적 효력이 발생한다.

여기서 시·도지사의 조치(명령 및 결정)는 시·군·구청장의 조치와 동일하게 행정청의 행정처분의 성질을 지닌다. 일반 행정심판의 최종적 결정은 행정심판위원회의 재결(행정심판청구에 대한 각하, 기각 또는 처분변경명령 등의 결정)이라는 형태를 띠는 것과 차이가 있다.

마. 재심사제도의 한계

시·도지사에 의한 재심사제도는 시·군·구청장의 상급기관으로서 발휘할 수 있는 통제 및 감독기능을 가진다. 그러나 그 실질적 심사기관인 광역 정신건강심사위원회가 독립성과 중립성이 미비한 합의체이고, 그 재심사절차 또한 초심의 심사절차와 동일한 형태의 형식적 서면심사여서 심사과정에서 입원환자의 절차적 기본권(대면진술기회, 증거제출, 국선대리인에 의한 절차보조 등)을 보장하기 어렵다는 한계가 있다.

2. 구 정신보건법과의 비교

현행 정신건강복지법의 재심사 청구 조항(법 제60조)은 구 정신보건법의 재심사 청구 조항(구 정신보건법 제34조)의 내용을 일부 문구만 수정하여 승계하였다. 차이가 있는 부분을 보면, 구 정신보건법은 재심사 청구 절차를 보건복지부령에 위임하였던 반면, 현행 정신건강복지법은 그 상위법령인 대통령령에 위임하여 현행 정신건강복지법은 재심사 청구절차를 대통령령에 규정하고 있다.

3. 재심사 청구의 내용

가. 재심사 청구권자

(1) 관련규정

재심사 청구권자는 다음과 같다(법 제60조 제1항).

i) 입원연장심사 청구대상인 입원환자와 그 보호의무자
ii) 퇴원 및 처우개선청구의 심사청구인(입원환자 또는 그 보호의무자)

iii) 외래치료명령을 받은 입원환자와 그 보호의무자

위의 내용을 보면, 원칙적으로 입원환자와 그 보호의무자가 재심사 청구권자라 할 수 있다. 정신의료기관의 장은 입원연장청구권자이기는 하지만 재심사 청구권은 없다. 아래에서 위 청구권자들에 대해 구체적으로 검토해 보고, 마지막에서는 법규정에 없는 정신의료기관의 장이 재심사를 청구할 수 있는 검토해 본다.

(2) 입원연장심사 청구대상인 입원환자와 그 보호의무자

1) 행정입원연장심사의 경우 적용 여부

i) 법령규정: 법은 재심사 청구권자를 법 제43조 제6항에 따른 보호입원연장을 위한 심사청구의 대상자(보호입원환자)와 그 보호의무자로 한정하고 있고, 행정입원 연장(법 제62조 제2항)을 위한 심사청구의 대상자(행정입원환자)와 그 보호의무자에 대해서는 재심사 청구권자인지를 명시하지 않고 있다.

ii) 입법상 불비: 이는 2016년 정신건강복지법 개정 과정에서 행정입원에 대한 기간연장제도를 신설하였음에도 불구하고 그 입원연장에 대해 불복할 수 있는 재심사 청구권자를 누락한 입법상 미비로 인한 것이다. 향후 입법적 개선이 필요하다.

iii) 법해석론: 현행법의 해석론으로라도 법 제60조 제1항의 재심사 청구권자로 보호입원 기간연장심사를 준용하여 행정입원 기간연장심사에서의 시·군·구청장의 조치도 불복대상으로 삼고, 그 연장 대상자와 보호의무자에게도 재심사 청구권을 부여해야 할 것이다.

2) 청구대상 입원환자의 보호의무자가 재심사 청구를 할 수 있는지 여부

i) 보호의무자: 보호입원환자의 입원연장심사에서 내려진 시·군·구청장의 조치에 대해 그 조치대상자인 입원환자의 보호의무자는 재심사를 청구할 수 있다. 여기서 보호의무자가 누구인지에 대해서는 아무런 제한이 없으므로 입원연장에 동의하였는지 여부, 보호입원신청을 하였는지 여부는 문제되지 않는다.

ii) 보호의무자의 불복대상 조치: 다음으로, 입원연장심사에서 시·군·구청장의 조치가 어떤 것인지 여부를 불문하고 보호의무자에게는 재심사 청구권이 있다고 할 것이다. 즉, 환자에게 퇴원(임시퇴원)명령, 입원연장결정, 외래치료명령, 3월 이내 재심사, 이송결정, 자발적 입원으로의 전환 결정 등의 모든 조치에 대해 불복할 수 있다고 볼 것이다.

iii) 환자 퇴원명령 등에 대한 재심사 청구: 끝으로, 입원환자에 대한 퇴원명령, 입원연장결정, 외래치료명령 등이 환자에게 유리한지, 불리한지 여부를 불문하고 재심사 청구권이 있다고 볼 것이다. 그 이유는 보호의무자는 환자에 대해 법이 정한 보호의무를 부담하고 있고, 그에 따라 시·군·구청장의 조치에 대한 사실적 유·불리를 떠나 법적 이해관계가 있기 때문이다. 보호의무자의 재심사 청구권은 입원환자에게 더 좋은 조치를 얻기 위해 법이 보호의무자에게 부여한 권한이자 의무로서 존재한다. 비록 외견상으로는 환자와 보호의무자의 이해관계가 충돌되는 것으로 보일지라도 법은 보호의무자의 선의를 믿고 있기 때문이다. 예를 들어 입원환자에 대한 퇴원명령에 불복하여 보호의무자가 재심사를 청구하는 것이 환자에 대한 최선의 이익인지 여부가 주관적으로 판단하기 쉽지 않기 때문이다.

iv) 퇴원집행의 정지여부: 현실적으로 환자에 대한 시·군·구청장의 퇴원명령이 발령되면 특별한 사정이 없는 한 정신의료기관의 장은 지체 없이 환자를 퇴원시켜야 하고, 보호의무자가 재심사 청구를 제기하더라도 그 퇴원명령이 효력을 잃지 않는다. 즉, 환자가 퇴원된 상태에서 재심사가 진행되는 것이다. 또한 보호의무자의 재심사 청구를 통해 시·도지사에 의한 입원연장결정이나 계속입원결정이 이루어졌다고 하더라도 그에 대한 별도의 강제입원 집행절차도 법령상 규정이 없는 이상 퇴원명령을 받은 입원환자에 대한 보호의무자의 재심사 청구는 그 실익이 거의 없다고 할 것이다. 환자의 신체의 자유 보장을 위하여 법은 퇴원집행을 정지하는 근거규정을 마련하지 않고 있는데, 이는 인신보호재판이나 구속영장재판에서도 마찬가지이다.

3) 입원환자가 보호의무자의 재심사 청구를 취하할 수 있는지 여부

통상의 심판이나 재판절차에서 당사자인 본인은 자신이 청구한 행정심판을 서면으로 취하할 수 있고(「행정심판법」 제42조 제1항), 당사자의 친족이나 대리인 등이 한 신청이나 청구에 대해서도 본인인 당사자가 그 신청이나 청구를 독자적으로 취하(철회)할 수 있다. 그렇다면 입원환자가 시·군·구청장에 의해 퇴원명령 등을 받았는데, 보호의무자가 재심사 청구를 하면서 환자의 입원연장이나 계속입원을 구하는 경우 입원환자가 당사자 본인으로서 보호의무자의 재심사 청구를 독자적으로 취하(철회)할 수 있는지 검토가 필요하다.

생각건대, 입원환자의 보호의무자는 입원연장에 대한 동의권을 가지고 있으며, 앞서 본 바와 같이 환자에 대한 부양의무와 보호의무를 부담하는 자로서 입원여부에 대해 독립적인 법률상 이해관계를 가진 자라 볼 수 있다. 그렇기 때문에 보호의무자의 재심사 청구권은 환자의 재심사 청구권을 대리하는 것이 아니라 독립된 보호의무자의 권리로서 인정될 필요가 있고, 시·군·구청장의 명령이나 결정을 받은 환자가 보호의무자의 재심사 청구를 취하할 수는 없다고 볼 것이다. 다만, 환자는 보호의무자가 청구한 재심사절차에서 법률상 이해관계인으로서 의견을 개진하거나 서면을 제출할 기회를 부여받아야 할 것이다.

(3) 퇴원 및 처우개선청구의 심사청구인

1) 퇴원 및 처우개선청구의 심사청구권자

시·도지사에 대한 재심청구권자로서 법은 퇴원 및 처우개선청구의 심사청구인을 규정하고 있다. 퇴원 및 처우개선청구의 청구권자(심사청구인)는 입원환자 또는 그 보호의무자이다. 여기서의 입원환자는 자발적 입원환자를 포함하며, 보호의무자도 그 입원에 동의하였는지 여부를 불문한다. 따라서 자의입원이나 동의입원환자의 보호의무자도 퇴원 및 처우개선청구의 청구권자가 될 수 있다. 보다 자세한 내용은 ☞ 법 제55조(퇴원 및 처우개선 심사의 청구)의 청구권자 부분을 참조할 것.

2) 심사청구를 하지 않은 입원환자나 보호의무자의 재심사 청구권 여부

문제가 되는 것은 퇴원 및 처우개선청구의 청구권자이기는 하지만 그 청구를 하지 않은 입원환자나 보호의무자도 재심사 청구는 할 수 있는지 여부가 문제된다. 법은 명문으로 퇴원 및 처우개선 조항에 따른 '심사청구를 한 사람'이라고 하여 실제 심사청구를 한 사람만이 재심사 청구권을 가진다고 보고 있다.

생각건대, 퇴원 및 처우개선청구는 보호의무자가 환자의 퇴원 및 처우개선을 목적으로 청구하는 것이고, 그것이 받아들여지지 않아 재심을 해야 하는 경우라면 그 청구인인 보호의무자에게만 재심청구권을 부여하는 것이 해석상 무리가 없다. 또한 입원환자의 경우는 자신의 독자적인 권리로서 퇴원 및 처우개선청구권을 행사하고, 그 결과에 불복하는 경우 재심사 청구권을 행사할 수 있다. 따라서 심사청구를 하지 않은 환자나 보호의무자에게는 위 법문의 해석상 별도의 재심사 청구권이 없다고 볼 것이다.

(4) 외래치료명령을 받은 정신질환자 및 그 보호의무자

1) 정신의료기관의 장의 외래치료명령청구에 따른 시·군·구청장의 명령

여기서의 외래치료명령은 두 유형의 외래치료명령(법 제64조에 따라 정신의료기관의 청구에 의한 외래치료명령과 법 제59조에 따라 시·군·구청장이 직권으로 내린 외래치료명령) 중 법 제64조 제2항에 따라 정신의료기관의 장이 입원환자에 대해 외래치료명령을 청구하여 시·군·구청장의 외래치료명령을 내린 경우를 말한다. 위 명령에 불복하여 재심사 청구를 할 수 있는 사람은 외래치료명령을 받은 환자와 그 보호의무자이다(법 제60조 제1항 제2호).

다음으로, 입원연장심사나 퇴원 및 처우개선심사를 통해 직권으로 발령된 시·군·구청장의 외래치료명령(법 제59조 제1항 제6호)의 경우에는 재심사 청구권자가 심사청구대상인 입원환자와 그 보호의무자이다(법 제60조 제1항 제1호). 두 외래치료명령 유형 모두 그에 불복하여 재심사 청구권을 행사할 수 있는 사람을 그 명령대상자인 입원환자와 보호의무자로 규정하고 있다.

2) 보호의무자의 재심사 청구권

외래치료명령은 입원연장심사, 퇴원 및 처우개선심사, 외래치료명령심사의 각 사건에서 시·군·구청장이 발령할 수 있는 명령이다. 그런데 위에서 본 바와 같이 위의 각 심사사건의 결과 시·군·구청장이 외래치료명령을 발령하는 경우 이는 환자의 퇴원을 전제조건으로 하고 있으나, 환자에게 강제적 지역사회 치료의무도 부담하게 하므로 보호의무자는 환자의 치료와 복리를 위하여 외래치료명령에 대해서도 독자적인 재심사 청구권을 가지고 있다고 볼 것이다.

(5) 정신의료기관의 장의 재심사 청구권 여부

1) 재심사 청구 허용 여부

정신의료기관의 장은 재심사 청구권이 없기 때문에 시·군·구청장의 조치(명령 및 결정)에 대해 정신건강복지법에 의한 절차로서 불복할 수 있는 수단은 없다. 앞서 본 바와 같이 시·도지사에 의한 재심사제도가 「행정심판법」이 말하는 특별행정심판(「행정심판법」에 의한 행정심판을 갈음하는 특별한 행정불복절차)에 해당하기 때문이다.

2) 행정소송 가능여부

다만, 정신의료기관의 장은 시·군·구청장의 조치가 행정청의 행정처분인 이상

자신이 이해관계가 있음을 이유로 행정소송을 제기하는 것은 가능하다고 판단된다. 그러나 행정소송이나 집행정지신청을 제기한다고 하여 퇴원명령에 따른 환자의 퇴원을 막기는 어렵다고 볼 것이다. 퇴원명령을 통해 환자에게도 자신에게 기존에 부여된 제약(퇴원제한)이 사라졌기 때문에 소송이나 집행정지신청을 하더라도 환자를 지체 없이 퇴원시킬 의무는 여전히 존재하기 때문이다. 보다 근본적으로 본다면 정신의료기관의 장은 사인(私人)인데, 사인(私人)이 사인(私人)에 대해 신체적 구속을 앞으로도 유지하겠다고 주장하는 것을 행정소송이나 집행정지를 통해 법원이 받아들이기는 어려울 것이다.

(6) 재심사 청구인의 중복

앞서 본 바와 같이 입원환자뿐만 아니라 그 보호의무자도 재심사 청구를 할 수 있기 때문에 입원환자의 재심사 청구와 그 보호의무자의 재심사 청구가 중복될 수 있다. 또한 입원환자와 보호의무자의 재심사 청구의 취지와 목적이 서로 다를 수도 있다.

예컨대, 입원연장심사결과 시·군·구청장이 입원연장결정을 하자 입원환자가 이에 불복하여 재심사 청구를 하면서 퇴원을 청구하고, 보호의무자도 동시에 재심사 청구를 하면서 입원연장결정을 요구하는 경우이다. 이러한 경우에는 이미 보호의무자의 입원연장결정 요구는 목적이 달성되어 있어 불복의 이익이 없다고 할 것이고, 다만 재심사 절차에서 이해관계인으로서 의견진술이나 자료제출 기회를 허용할 필요는 있다.

만약, 입원환자와 보호의무자가 모두 재심사 청구를 하면서 같은 취지의 요구(예컨대, 퇴원)를 하는 경우라면 두 재심사 청구사건을 병합하여 하나의 심사사건으로 해서 의결한 후 시·도지사가 조치를 취할 수도 있을 것이다.

나. 재심사 관할기관

재심사를 관할하는 것은 시·도지사이다. 시·도지사는 관할구역 내의 재심사 청구권자들이 청구한 재심사 청구를 접수하여 시·도지사 소속 광역 정신건강심의위원회에 회부한다(법 제61조 제1항).

시·도지사 소속 광역 정신건강심의위원회는 회부된 재심사사건을 광역 정신건강심사위원회에서 심사·의결하여 그 결과를 시·도지사에게 보고하면 시·도지사는 그 결과에 따라 명령이나 결정의 조치를 한다(법 제61조 제2항, 법 제69조).

다. 재심사의 대상

(1) 관련규정

시·도지사에 의한 재심사의 대상(불복대상)은 다음과 같다(법 제60조 제1항 각 호).

i) 시·군·구청장으로부터 통지받은 심사결과
ii) 외래치료명령청구에 따른 외래치료명령

(2) 시·군·구청장으로부터 통지받은 심사결과

i) 불복의 대상: '시·군·구청장으로부터 통지받은 심사결과'란 입원연장심사나 퇴원 및 처우개선 심사 등의 사건에서 기초 정신건강심사위원회가 심사·의결한 내용에 따라 시·군·구청장이 통지한 조치(명령이나 결정)를 말한다. 즉, 시·군·구청장의 심사결과 통지가 행정청의 처분으로서 불복(재심사) 대상이 된다.

ii) 유·불리 여부: 여기서의 '처분'은 환자나 보호의무자에 대해 주관적·객관적 유·불리를 따지지 않기 때문에 환자는 자신을 퇴원시키는 결정이나 외래치료명령을 부과하는 결정에 대해서도 재심사 청구를 할 수 있고, 보호의무자의 경우도 마찬가지이다.

iii) 재심사 청구의 이익: 환자나 보호의무자가 퇴원청구를 하여 즉시의 퇴원명령이 발령된 경우라고 한다면 그 퇴원명령에 대해 환자나 보호의무자가 재심사 청구를 하는 것은 재심사 청구의 이익이 없다고 볼 것이다. 이미 시·군·구청장의 퇴원명령으로 청구의 목적을 달성하였기 때문이다.

라. 재심사 청구사유

(1) 관련 규정

법은 재심사 청구의 사유를 제한하지는 않고 있으며 단순한 불복이나 미심사를 그 청구사유로 하고 있다. 구체적으로 보면 다음과 같다(법 제60조 제1항 각 호).

i) 입원연장심사나 퇴원 및 처우개선심사를 거쳐 시·군·구청장으로부터 통지받은 심사결과에 불복하는 경우

ii) 입원연장심사나 퇴원 및 처우개선심사를 심사기간(접수 후 15일, 최대 10일

연장 가능) 내에 심사를 받지 못한 경우

iii) 정신의료기관의 장의 청구에 따른 시·군·구청장의 외래치료명령 관련 조치에 불복하는 경우

(2) 재심사 청구사유

법령상 불복사유의 내용에 대한 규정이 없는 이상 재심사 청구를 할 수 있는 입원환자나 보호의무자는 아래와 같은 여러 가지 불복사유를 들어 재심사 청구를 할 수 있다.

i) 입원의 적법성과 필요성 유무(최초입원, 입원연장, 입원 중 처우)

ii) 시·군·구청장의 조치의 변경요구(외래치료명령, 이송, 입원전환, 퇴원 등으로 변경요구)

iii) 정신건강심사위원회 심사절차의 위법(위원불출석심사, 서류미비, 제척, 의결 요건미비, 명령요건의 흠결 등)

마. 재심사 청구절차

(1) 재심사 청구절차에서의 환자의 지원

재심사를 청구한다는 것은 기존의 심사결과에 따른 시·군·구청장의 조치(명령과 결정)에 대해 입원환자나 보호의무자가 불복절차를 개시함을 의미한다. 퇴원 및 처우개선청구의 청구인은 대부분 입원되어 있는 환자이고, 그 재심청구인도 입원환자인 경우가 대부분이고, 보호의무자의 청구나 재심사 청구는 드물다. 따라서 격리되어 있는 입원환자의 상황을 고려한 재심사 청구절차의 지원이 필요하다.

(2) 환자에 대한 시·군·구청장의 심사결과통지와 전달

예컨대, 입원연장결정이나 퇴원 및 처우개선청구에 대한 계속입원결정 등의 다양한 결정을 담은 심사결과통지서가 정신의료기관에 송달되면 정신의료기관측에서는 즉시 환자에게 그 심사결과통지서를 전달하여 그 처분내용과 사유를 통지(고지)해 주어야 한다. 그래야만이 환자가 그 처분내용에 불복할지 여부를 판단할 수 있기 때문이다.

(3) 환자의 재심사 청구서 작성 및 제출에 대한 편의제공

위 결정을 받은 입원환자가 상급기관인 시·도지사에게 재심사 청구를 원하는

경우 정신의료기관측에서는 재심사 청구서 서식(규칙 별지 제23호 서식)을 제공하고, 필요한 정보와 복사(첨부서류에 필요한 심사결과통지서 복사본의 제공), 담당기관으로의 우편 송부 등의 편의를 제공해 줄 필요가 있다. 환자의 재심사 청구권은 법령에 근거해 보장된 것인데, 퇴원이 제약되어 있어 다른 정보제공을 받거나 변호사 등 제3자와의 소통도 어렵기 때문에 정신의료기관측의 최소한의 편의로서 위와 같은 것들이 제공되지 않는다면 환자가 재심사 청구 자체를 할 수 없게 되기 때문이다.

바. 재심사 청구기간

(1) 관련규정

시·도지사에 대한 재심사를 청구하려는 사람은 다음 각 호의 구분에 따른 기간 내에 시·도지사에게 재심사를 청구하여야 한다(영 제30조 제1항 각 호).

i) 입원연장심사나 퇴원 및 처우개선심사를 거쳐 시·군·구청장으로부터 통지받은 심사결과에 불복하는 경우: 해당 심사결과의 통지를 받은 날부터 14일 이내(제1호)

ii) 입원연장심사나 퇴원 및 처우개선심사를 심사기간이나 그 연장기간(접수 후 15일, 최대 10일 연장 가능) 내에 받지 못한 경우: 해당 심사기간 또는 연장기간이 지난 날부터 14일 이내(제2호)

iii) 정신의료기관의 장의 청구에 따른 시·군·구청장의 외래치료명령에 불복하는 경우: 해당 외래치료명령을 통지받은 날부터 14일 이내(제3호)

(2) 재심사 청구기간의 해석

1) '청구기간'의 해석

재심사 청구기간은 원칙적으로 시·군·구청장으로부터 심사결과나 외래치료명령의 통지를 받은 날부터 14일이다. 법이 정한 심사기간이나 그 연장기간 내에 받지 못한 경우라면 그 심사기간이나 연장기간이 도과된 날부터 14일이다. 통지를 받은 날은 초일불산입 원칙이 적용된다. 재심사 청구기간의 말일이 토요일이거나 공휴일이면 그 말일은 토요일이나 공휴일의 다음날에 만료한다(민법 제161조).

2) '통지를 받은 날(기산점)'의 해석

i) '도달'의 의미: 입원환자가 통지를 받은 날이 청구기간의 기산점이 된다. 여기서 '통지를 받았다'라고 함은 입원환자가 사회통념상 통지의 내용을 알 수

있는 객관적 상태에 놓여졌다고 인정되는 상태를 말하고,[26] 단순히 우편물이 일정한 장소에 배달되었다고 하여 입원환자에게 도달하였다고 볼 것은 아니다.[27]

ii) 통지의 전달: 입원환자는 정신의료기관 내에서 이동이 제약되기 때문에 우편집배원으로부터 직접 통지서를 전달받기 어렵다. 따라서 정신의료기관의 직원이 위 통지서를 입원환자에게 전달해 준 날을 통지를 받은 날로 보아야 할 것이고, 그 날짜와 수령여부를 확인하기 위해 정신의료기관측에서 입원환자로부터 심사결과통지서 수령확인증을 받아둘 필요가 있다. 그렇지 않으면 향후 심사결과 통지서를 교부하였는지 여부, 재심사 청구기간 도과여부 등을 증명할 길이 없게 된다.

iii) 통지의무위반의 손해배상: 대법원은 구 정신보건법 하에서 '정신의료기관이 정신질환자를 입원시키거나 입원기간을 연장시키면서 지체 없이 정신보건법 소정의 퇴원심사 청구 등의 절차를 서면으로 통지하여 안내하지 아니한 경우'에는 퇴원심사 등을 받을 기회를 제공하지 않은 것이어서 위법한 감금행위로서 불법행위를 구성한다고 보고 있다.[28] 위와 같은 대법원의 판단취지에 비추어 심사결과 통지나 전달, 재심사 청구서의 송부를 정신의료기관측에서 지연하여 재심사 청구의 기회를 잃게 한 경우에도 손해배상책임을 부담할 수 있다.

3) '청구(기간 말일)'의 해석

입원환자나 보호의무자는 심사결과 통지를 받은 날이나 심사기간(연장기간)이 도과된 날부터 14일 이내에 재심사를 '청구'하여야 한다. 여기서 '청구'는 통상 그 재심사 청구서가 시·군·구청장에게 도달하는 것까지를 의미한다. 그러나 신체적 자유가 제약된 사람들을 위해서는 법령상 예외가 인정되는데, 예컨대, 교도소에 구속된 피고인은 교정시설 바깥의 법원에 상소장을 직접 제출하는 것이 아니라 교도소장이나 그 대리인에게 상소기간 내에 상소장을 제출하면 그 제출일에 상소한 것으로 간주된다(「형사소송법」 제344조. 재소자에 대한 특칙). 교도소측의 지연송달로 피고인의 상소권을 박탈당하는 것을 막기 위한 특칙이다. 입원환자에 대해서도 적어도 정신의료기관측의 재심사 청구서 지연송달로 인한 문제를 막기 위해서는 법령의 개

26) 대법원 2011. 1. 13. 선고 2010다77477 판결.
27) 대법원 1997. 11. 25. 선고 97다31281 판결.
28) 대법원 2009. 1. 15. 선고 2006다19832 판결.

정이 필요하다. 실제 인신보호재판에서도 정신의료기관 입원환자에 대한 결정서의 송달과 불복청구기간 도과와 관련하여 입원환자가 법원에 소송서류를 제출하는 데 어려움이 있다는 점을 감안하여 헌법재판소가 「인신보호법」의 즉시항고기간 3일에 대해 위헌결정[29]을 하였던 것도 참조할 필요가 있다.

4. 재심사 청구의 문제점과 입법론

가. 문제점

재심사 청구는 입원환자 및 그 보호의무자에게만 청구권이 부여되어 있다는 점에서 환자측의 불복수단이라 할 수 있다. 그러나 실제 재심사 청구까지 이루어지는 경우는 적은데, 그 이유는 입원환자가 퇴원이 제약된 상황에서 법령에 근거한 권리구제방법에 대한 고지나 설명 없이 스스로 재심사 청구를 하기는 어렵고, 정신의료기관측에 재심사 청구를 위한 정당한 편의제공에 대한 요구나 협조를 기대하기도 어렵다는 현실적 사유가 존재한다. 이러한 문제점을 해결하기 위해서는 강제입원절차나 입원과정 중에 입원환자를 위한 절차보조인의 지원이 필요할 수 있다.

아울러, 재심사 청구를 하더라도 그 심사기관인 광역 정신건강심사위원회의 심사 또한 형식적 서면심사를 하는 합의체로 구성되어 있어 기초 정신건강심사위원회가 가진 한계를 그대로 가지고 있다.

나. 입법론

최초입원심사를 하는 입원적합성심사위원회나 입원연장심사 및 퇴원 및 처우개선청구 심사를 하는 정신건강심사위원회 모두 서면심사를 하고 있기 때문에 앞에서 지적한 바와 같이 심사기관으로서의 독립성과 중립성, 환자의 절차적 기본권의 담보가 이루어지지 못하고 있다.

이러한 문제점을 감안해 재심사 청구는 제도적으로 폐지하고, 시·군·구청장의 명령이나 결정에 대해서는 인신보호재판을 담당하는 법원에 불복청구를 하도록 하여 환자의 절차적 기본권을 보장(대면진술 기회보장, 증거제출, 증명책임, 국선변호인의 지원)하고, 독립성과 중립성이 있는 법관의 재판을 통해 최종적 입원여부 등을 결정하도록 할 필요가 있다.

29) 헌법재판소 2015. 9. 4. 2013헌가21 결정.

Ⅸ. 재심사의 회부 등(제61조)

第61조(재심사의 회부 등) ① 시·도지사가 제60조제1항에 따른 재심사의 청구를 받았을 때에는 즉시 그 청구 내용을 광역정신건강심의위원회의 회의에 회부하여야 한다.
② 광역정신건강심의위원회의 심사에 관하여는 제57조를, 위원의 제척·기피·회피에 관하여는 제58조를, 시·도지사의 퇴원등 명령의 통지 등에 관하여는 제59조를 준용한다. 이 경우 "특별자치시장·특별자치도지사·시장·군수·구청장"은 "시·도지사"로 본다.
③ 제2항에서 준용하는 제57조에 따라 특별자치시·특별자치도의 광역정신건강심사위원회에서 재심사 청구를 심사하기 위하여 그 광역정신건강심사위원회를 구성하는 경우에 당초 제57조에 따라 심사에 참여하였던 위원을 제외한 해당 광역정신건강심의위원회 위원으로 재심사를 위한 광역정신건강심사위원회를 다시 구성한다. 이 경우 제54조제2항 후단은 적용하지 아니한다.

1. 재심사기관과 절차

가. 재심사기관

재심사기관의 법적 지위와 제도의 기능에 대해서는 법 제60조의 설명을 참조하고, 여기서는 특별자치도와 특별자치시의 재심사기관에 대해서만 설명하기로 한다.

제주특별자치도 및 세종특별자치시의 경우에는 그 관할구역이 상급 지방자치단체와 하급 지방자치단체로 구성된 것이 아니라 하나의 자치도 또는 자치시로 일원적으로 구성되어 있어 심사청구와 재심사 청구 모두 제주특별자치도지사나 세종특별자치시장에게 청구해야 한다.

이와 같은 특별자치도나 특별자치시에 소속된 정신건강심사위원회는 입원연장심사나 퇴원 및 처우개선 심사를 한 위원과 재심사를 하는 위원이 중복되지 않게 별도로 구성할 필요가 있다. 초심에서 이미 심사·의결에 관여한 위원이 다시 재심사에도 관여하게 하면 새로운 위원구성을 통해 심사를 받는다는 재심사의 법적 의의가 사라지기 때문이다.

나. 재심사절차와 시·도지사의 조치

(1) 재심사절차

재심사절차의 대부분은 입원연장심사나 퇴원 및 처우개선심사의 절차를 준용하고 있다. 따라서 시·도지사는 재심사 청구를 받으면 즉시 그 재심사사건을 광역 정신건강심의위원회에 회부하고, 정신건강심의위원회는 광역 정신건강심사위원회를 통하여 심사·의결한 후 시·도지사가 그에 따라 조치(명령 및 결정)를 취한다.

(2) 시·도지사 조치의 효력

시·도지사의 조치와 관련해서는 시·군·구청장의 조치(퇴원명령, 임시퇴원명령, 3개월 이내 재심사, 이송결정, 자발적 입원으로 전환결정, 외래치료명령, 입원연장결정, 계속입원결정)에 관한 규정을 준용하기 때문에 시·도지사의 조치라고 해서 크게 다른 것이 없다. 그러나 재심사에 따른 조치이기 때문에 기존의 시·군·구청장의 조치(명령 및 결정)와 충돌되거나 중복될 수 있다. 이에 대해서는 뒤에서 보기로 한다.

2. 구 정신보건법과의 비교

구 정신보건법도 시·도지사에 의한 재심사제도를 두고 있었으며, 기초 정신보건심의위원회의 심사에 관한 사항, 제척에 관한 사항, 퇴원명령 등 조치에 관한 규정을 광역 정신보건심의위원회에도 준용하였다. 이는 정신건강복지법에서도 동일하다.

차이점이 있다면 현행 정신건강복지법은 제주특별자치도와 세종특별자치시와 같이 기초지방자치단체가 없는 광역지방자치단체의 성격을 가진 행정구역의 경우 정신건강심사위원회가 기초와 광역으로 나누어 심사와 재심사를 구분해 맡을 수 없기 때문에 이를 감안하여 재심사는 기존의 심사에 참여하지 않은 위원으로 구성하는 규정을 두고 있다.

3. 재심사절차의 내용

가. 접수와 회부 및 보고

(1) 접수와 회부

입원환자나 보호의무자의 재심사 청구를 시·도지사가 접수 받았을 때에는 즉시 그 청구사건을 광역 정신건강심의위원회의 회의에 회부하여야 한다(법 제61조 제1항).

(2) 심사와 보고

광역 정신건강심의위원회가 재심사 청구사건을 회부받은 경우 이를 지체 없이 정신건강심사위원회에서 심사하고서 그 결과를 시·도지사에게 보고하여야 한다(법

제61조 제2항 및 법 제57조 제1항).

나. 광역 정신건강심사위원회의 심사 및 의결

(1) 심사

1) 정신의료기관의 장의 의견진술

광역 정신건강심사위원회는 재심사기일을 정하여 재심사 청구사건을 심사하여야 한다. 그 재심사절차와 방법은 기초 정신건강심사위원회의 초심(初審)절차 및 방법과 동일하다. 따라서 재심사의 경우에도 입원 정신의료기관의 장의 의견진술을 원칙적으로 들어야 하나, 처우개선 청구에 대한 재심사에 대해서는 그 의견을 듣지 않을 수 있다(법 제61조 제2항, 법 제57조 제2항).

2) 자료제출 요구

광역 정신건강심사위원회도 정신의료기관의 장이나 심사대상자 또는 그 보호의무자에게 진료기록부나 법 제30조 제1항이 정한 입원절차와 관련된 자료의 제출을 요구할 수 있다(법 제61조 제2항, 법 제57조 제3항).

3) 위원의 제척 · 기피 · 회피

위원의 제척 · 기피 · 회피에 관한 규정도 그대로 준용되기 때문에 재심사 대상 환자의 입원이나 입소를 결정하였던 위원이나 그 사람이 입원하고 있는 정신의료기관에 소속된 재심사 위원에 대해서는 제척사유가 적용된다(법 제67조 제2항, 법 제58조).

재심사위원이 전심(前審)인 기초 정신건강심사위원회에서 대상자의 심사에 관여한 경우라면 해석상 그 재심(再審)인 광역 정신건강심사위원회 심사에 관여해서는 안 된다고 보아 스스로 회피하여야 할 것이다. 재심사위원이 전심(前審)인 초심(初審)에 관여한 경우에는 이미 심사대상자에 대해 이루어진 기존 판단을 벗어나기 어렵고, 심사대상자 입장에서도 이미 심사에 관여한 위원이 아닌 다른 위원으로부터 재심사를 받을 권리가 침해되기 때문이다.

(2) 의결과 보고

광역 정신건강심사위원회도 기초 정신건강심사위원회와 동일하게 심사기일에 위원들이 과반수 출석하여 개의하고, 출석위원 과반수가 찬성하여 재심사결과를 의결하여야 한다. 광역 정신건강심사위원회가 재심사 청구사건에 대해 의결한 경우 그 결과를 광역 정신건강심의위원회에 보고하고, 광역정신건강심의위원회는 시 · 도지사에게 그 내용을 보고하여야 한다. 시 · 도지사는 심사결과에 따라 명령이나 결정을 내려야 한다.

다. 시 · 도지사의 조치(결정 및 명령)와 통지

(1) 시 · 도지사의 조치(결정 및 명령)

시 · 도지사는 재심사 청구서 접수일부터 15일 내에 명령이나 결정을 하여야 한다. 만약 부득이한 사유로 위 기간 내에 명령이나 결정을 하지 못한 경우에는 10일의 범위에서 그 기간을 연장할 수 있고, 연장한 경우에는 그 기간연장의 사유와 그 기간을 재심사 청구인 등에게 통지하여야 한다(법 제61조 제2항, 법 제59조 제1항 및 제3항).

(2) 시 · 도지사의 통지

시 · 도지사는 재심사 청구를 한 청구인에게 재심사결과 통지를 하여야 한다. 그 외에 시 · 도지사의 명령이나 결정에 따라 입 · 퇴원 또는 치료의 변경이나 유지가 발생하는 해당 입원환자나 정신의료기관의 장에게도 통지를 하여야 한다. 기존에 해당 대상자에 대하여 명령이나 결정을 통지한 시 · 군 · 구청장에게도 시 · 도지사의 조치를 통지하여 시 · 군 · 구청장의 기존 처분이 어떻게 변경되었는지 알게 해 줄 필요도 있다.

4. 시 · 도지사 조치의 효력

가. 재심사의 구조적 문제

(1) 일반적인 재심사의 결정구조

일반적으로 법원의 상소심이나 행정위원회의 재심 등은 기존의 하급심이나 전심(前審)의 재판(심판)을 유지하거나 바꾸거나 뒤집을 수 있다. 이 경우 재심사에 해당하는 상소심이나 재심에서는 i) 청구기간이 도과되는 등 청구가 부적법한 경우에는 본안판단을 하지 않은 채 각하하고, ii) 기존의 하급심이나 전심의 결정을 유지할 때에는 청구를 기각하며, iii) 기존의 하급심이나 전심의 결정을 바꿀 때에는 기존의 결정을 취소하거나 변경한다.

(2) 정신건강복지법의 재심사제도

정신건강복지법의 재심사 제도는 재심사 청구에 대해 초심(初審)이자 전심(前審)인 기초 정신건강심사위원회의 심의·의결에 근거해 시·군·구청장이 통지한 명령이나 결정을 취소하거나 변경 또는 유지하는 것이 아니라 시·도지사가 시·군·구청장과 동일하게 자신의 이름으로 새로운 명령이나 결정을 하여야 한다. 이는 재심사와 관련하여 법 제59조 제1항을 준용하면서 발생하는 어쩔 수 없는 일이기도 하다. 그런데 이와 같이 시·도지사가 새로운 명령이나 결정을 하는 경우 기존의 시·군·구청장의 명령이나 결정의 효력은 어떻게 될 것인지 검토가 필요하다.

나. 시·도지사 조치의 효력

(1) 시·도지사의 명령이나 결정이 시·군·구청장과 동일한 경우

1) 입원연장결정

시·군·구청장의 입원연장결정에 대해 환자가 재심사 청구를 하여 심사한 결과 동일하게 시·도지사가 입원연장결정을 한 경우는 사실상 시·군·구청장의 입원연장결정을 승인하는 효과만을 가지고 있다고 볼 것이다. 시·도지사의 입원연장결정에 의해 별도의 추가적인 입원기간 연장효과가 발생한다고 볼 것은 아니다. 이유는 그런 추가적인 연장효과가 인정된다면 제도적으로 입원환자의 재심사 청구권이 위축될 수밖에 없기 때문이다.

2) 계속입원결정

환자의 퇴원청구에 대해 시·군·구청장이 계속입원결정을 하고, 환자가 이에 대해 재심사 청구를 하여 심사한 결과 동일하게 시·도지사가 계속입원결정을 한 경우에도 위에서 본 바와 같이 기존의 시·군·구청장의 계속입원결정을 승인하는 효과만이 발생한다고 볼 것이다.

3) 그 밖의 결정

시·군·구청장의 3개월 이내 재심사결정, 이송결정, 자발적 입원으로의 전환 결정, 외래치료명령 결정 등에 대해서도 재심사 청구가 있어 심사한 결과 시·도지사가 같은 유형과 내용의 결정을 내린 경우에는 기존의 시·군·구청장의 결정을 승인하는 효과가 있다고 볼 것이다. 시·도지사는 재심사 청구에 대해 기각한다는 결정을 법령상 규정이 없어 내릴 수 없기 때문에 시·군·구청장과 동일한 명령이나 결

정을 발령하여 그 효력을 승인해 줄 필요가 있다.

(2) 시·도지사의 명령이나 결정이 시·군·구청장과 다른 경우

1) 퇴원조치가 있는 명령이나 결정을 내린 경우

시·군·구청장이 입원환자에 대해 입원연장결정이나 계속입원결정을 하였으나 재심사결과 시·도지사가 그와 다르게 퇴원(임시퇴원)명령이나 이송결정, 외래치료명령 등 퇴원조치가 필요한 명령이나 결정을 한 경우라면 정신의료기관의 장은 시·도지사의 심사결과 통지서를 받은 후 지체 없이 위의 각 명령을 이행하여야 한다. 이 경우 기존의 시·군·구청장의 입원연장결정이나 계속입원결정에 따른 효력은 상급 행정청의 처분에 의해 장래를 향해 소멸된다고 볼 것이다.

2) 외래치료명령의 경우

시·군·구청장이 입원환자에 대해 외래치료명령을 하였을 때에도 환자나 그 보호의무자는 불복하여 외래치료명령 조건을 붙이지 않은 퇴원을 청구할 수 있다. 재심사결과에 따라 시·도지사는 외래치료명령을 승인(발령)하거나 조건 없는 퇴원(임시퇴원)명령도 발령할 수 있을 것이다. 조건 없는 퇴원(임시퇴원)명령이 발령된다면 기존의 외래치료명령에 따른 환자의 의무는 소멸된다고 볼 것이다.

5. 특별자치시와 특별자치도의 재심사

가. 개 관

특별자치시나 특별자치도는 행정구역의 편제상 광역 지방자치단체에 속하지만 그 관할구역 내에 기초 지방자치단체가 없이 행정시나 행정동 등을 두고 있다. 따라서 세종특별자치시나 제주특별자치도는 광역 정신건강심의위원회(심사위원회를 포함한다)만 두게 되고 기초 지방자치단체에 두는 기초 정신건강심의위원회(심사위원회를 포함한다)가 존재하지 않는다. 이로 인해 특별자치시와 특별자치도는 제도적으로 광역 정신건강심의위원회만 운영하게 된다.

나. 초심(初審)의 운영

특별자치시나 특별자치도에서는 입원연장청구나 퇴원 및 처우개선청구, 외래치료명령청구를 특별자치시장이나 특별자치도지사에게 접수하여야 하고, 그 심사도 광역 정신정신건강심사위원회가 맡게 된다. 심사결과에 따른 통지도 특별자치시장

이나 특별자치도지사가 행한다.

다. 재심사(再審査)의 운영

앞서 본 바와 같이 초심(初審)을 광역 정신건강심사위원회에서 담당함으로 인해 특별자치시나 특별자치도는 재심사도 광역 정신건강심사위원회가 담당할 수밖에 없다. 그러나 초심과 재심사를 동일한 심사위원이 관여하게 하는 것은 새로운 위원으로 구성된 심사위원회에서 재심사를 받을 입원환자의 권리를 침해하는 것이 된다. 일반적 해석으로도 초심에 관여한 위원은 재심사에 있어 제척사유에 해당하거나 스스로 회피를 하는 것이 공정한 심사를 보장할 수 있다.

이러한 점을 감안해 법은 특별자치시와 특별자치도의 경우 당초 초심에 참여하였던 광역 정신건강심사위원회 위원을 제외하고서 재심사를 위한 새로운 광역 정신건강심사위원회를 구성할 것을 규정하였다(법 제61조 제3항). 이와 같이 심사위원회를 새롭게 재구성할 경우에는 심사위원회 구성의 직역적 다양성을 보장하기 위한 규정[30)]은 적용되지 않는다(법 제61조 제3항). 특별자치도나 특별자치시의 심사위원회 위원의 직역별 구성이 쉽지 않음을 이유로 하여 예외를 둔 것이다.

6. 재심사제도의 문제점과 입법론

가. 문제점

재심사제도는 입원환자측의 인권보장기능과 초심 입원심사기관을 제도적으로 통제하는 기능을 가지고 있지만 현실적으로 재심사의 활용도가 높지 않고, 그 심사방식도 초심과 동일하게 형식적 서면심사이고, 심사기관도 독립성과 중립성이 없는 시·도지사에 속한 합의체라는 점에서 입원환자의 절차적 권리보장기구로는 미흡하다.

나. 입법론

앞서 조문에서 지적한 바와 같이 시·도의 광역 정신건강심사위원회에 의한 재심사제도는 폐지하고, 초심인 기초 정신건강심사위원회 심사 및 의결에 따라 이루

---

30) 정신과 전문의, 판사·검사·변호사의 자격이 있는 사람, 정신건강복지센터 소속 정신건강전문요원 각각 1명 이상, 그 외에 특정 학문을 가르치는 전임강사 이상의 직에 있는 사람, 정신질환을 치료하고 회복한 사람, 정신건강 관계 공무원·인권전문가 등 정신건강과 인권에 관한 전문지식과 경험이 있다고 인정되는 사람 중 2명 이상 포함할 것을 요구하여 정신건강심사위원회를 5명 이상 9명 이내의 위원으로 구성하라는 규정이다(법 제54조 제2항 후단).

어진 시·군·구청장의 조치(명령 및 결정)에 대해 불복하는 경우에는 직접 입원환자나 보호의무자가 법원에 인신보호청구를 하여 대면심사를 통한 의견진술 및 증거제출의 기회와 국선변호인의 지원과 같은 절차적 기본권을 보장할 수 있도록 해야 할 것이다.

제2절 퇴원과 외래치료명령

본 절에서는 다음의 조항에 대해서 해설한다.

Ⅰ. 행정입원의 해제(제62조)
Ⅱ. 임시퇴원(제63조)
Ⅲ. 외래치료명령(제64조)
Ⅳ. 무단퇴원자에 대한 조치(제65조)

행정입원(제62조)의 경우 시·군·구청장이 입·퇴원의 결정주체이기 때문에 정신의료기관의 장이 입원이나 퇴원을 결정할 수 없고, 시·군·구청장이 정신의료기관의 장에게 입원을 의뢰하거나 해제하는 방법으로 입·퇴원을 결정한다.

임시퇴원(제63조)은 강제입원된 환자에 대해 정신의료기관의 장이 일시적 퇴원이 필요하다고 볼 경우 임시로 3개월의 범위 내에서 퇴원을 시키고 그 기간 동안 경과관찰을 할 수 있고, 그 기간 중에 증상의 변화가 있을 경우 시·군·구청장이 환자를 재입원시킬 수 있는 제도이다.

외래치료명령(제64조)은 환자의 장기입원을 막고, 지역사회 내에서 치료를 강제할 수 있도록 하여 환자가 지역사회 내에서 치료받으면서 사회적 삶을 계속할 수 있는 제도로 인식되어 2008년 구 정신보건법을 개정하여 신설하였으나 지난 10년 동안 거의 활용되지 않았다. 2016년 새로운 정신건강복지법은 외래치료명령의 활성화를 위해 정신건강심사위원회가 외래치료명령 조건부 퇴원명령을 내릴 수 있게 하였으나 여전히 그 활용도는 낮은 상태이다. 강제입원에 비해 외래치료명령이 환자의 자유를 덜 제한할 수 있다는 측면에서 볼 때 호주 등 서구의 예에서처럼 이를 적극적으로 활용할 필요가 있고, 그러기 위해서는 외래치료명령 청구권자를 입원 정신의료기관의 장 외에 정신건강복지센터의 장 등으로 확대할 필요가 있고, 입원 환자가 아닌 지역사회환자도 그 청구대상자로 포함시킬 필요가 있으며, 그 치료비용 또한 원칙적으로 국가가 부담하도록 바꿀 필요가 있다.

무단퇴원자에 대한 조치(법 제65조)는 입원환자가 정신의료기관의 장의 승인 없이 무단으로 퇴원한 경우 자·타해 위험이 있는 사람의 행방을 알 수 없는 때에는 경찰에 요청하여 환자의 탐색을 요청할 수 있도록 한 규정이다.

Ⅰ. 행정입원의 해제(제62조)

제62조(특별자치시장 · 특별자치도지사 · 시장 · 군수 · 구청장에 의한 입원의 해제) ① 특별자치시장 · 특별자치도지사 · 시장 · 군수 · 구청장은 제44조제7항에 따라 입원한 정신질환자에 대하여 최초로 입원을 한 날부터 3개월 이내에 입원을 해제하여야 하며, 입원의 해제 사실을 그 정신질환자가 입원하고 있는 정신의료기관의 장에게 서면으로 통지하여야 한다. 이 경우 그 정신의료기관의 장은 지체 없이 그 정신질환자를 퇴원시켜야 한다.
② 제1항에도 불구하고 특별자치시장 · 특별자치도지사 · 시장 · 군수 · 구청장은 2명 이상의 정신건강의학과전문의가 진단하고 소관 정신건강심사위원회에서 심사한 결과 그 정신질환자가 퇴원할 경우 정신질환으로 인하여 자신의 건강 또는 안전이나 다른 사람에게 해를 끼칠 위험이 명백하다고 인정되는 경우에는 다음 각 호의 구분에 따라 입원등의 기간을 연장할 수 있다.
1. 제1항에 따른 3개월 이후의 1차 입원 기간 연장: 3개월 이내
2. 제1호에 따른 1차 입원 기간 연장 이후의 입원 기간 연장: 매 입원 기간 연장 시마다 6개월 이내
③ 특별자치시장 · 특별자치도지사 · 시장 · 군수 · 구청장은 제2항에 따라 입원 기간을 연장하여 정신질환자를 입원시켰을 때에는 그 정신질환자와 보호의무자 또는 그 사람을 보호를 하고 있는 사람에게 입원 기간의 연장이 필요한 사유와 기간을 서면으로 통지하여야 한다.

1. 행정입원의 해제와 연장의 의미

가. 행정입원의 해제

(1) 행정입원에서 있어 진단과 결정의 주체

행정입원의 결정주체는 시 · 군 · 구청장이다. 따라서 행정입원환자의 퇴원 여부에 대한 최종적 결정주체도 시 · 군 · 구청장이다. 그러나 시 · 군 · 구청장은 정신질환이나 치료필요성, 자 · 타해 위험성을 스스로 진단하고 평가할 수 있는 능력은 없기 때문에 정신과 전문의와의 협조가 필요하다. 그래서 행정입원에서는 시 · 군 · 구청장이 입원, 진단, 치료 등을 의뢰하고, 정신과 전문의나 정신의료기관의 장이 환자에 대한 진료 후 입원이나 퇴원을 권고한다.

(2) 행정입원의 해제

구 정신보건법 하에서부터 행정입원[31)]은 그 법적 성질이 시 · 도지사나 시 · 군 ·

구청장과 같은 행정기관이 시행하는 행정조치에 의한 입원으로 인식되었기 때문에 퇴원이라는 표현을 쓰지 않고, 그 퇴원 이전의 행정조치로서 '입원조치의 해제'라는 표현을 써 왔다. 현행 정신건강복지법도 이를 이어받아 퇴원이 아니라 '입원의 해제'라는 표현을 쓰고 있다. 참고로 일본은 우리의 행정입원에 해당하는 행정기관에 의한 강제입원을 '조치입원(措置入院)'이라 한다.

시·군·구청장이 하는 행정입원의 해제는 행정청의 행정처분으로서 입원환자가 있는 지정정신의료기관의 장에게는 지체 없는 퇴원의 의무를 부과하고, 대상 환자에 대해서는 입원된 지정정신의료기관에서 퇴원할 권한을 부여한다.

나. 행정입원의 연장

현행 정신건강복지법은 행정입원의 연장에 관하여 보호입원의 연장과 동일하게 반복적 연장이 가능하도록 하였다. 구 정신보건법이 행정입원은 1회의 입원연장만 허용하였던 것과 차이가 있다.

행정입원의 연장은 보호의무자의 동의가 필요 없다. 2명 이상의 정신과 전문의의 일치된 진단과 관할 시·군·구 정신건강심사위원회의 심사 및 의결이 있으면 된다. 현행 정신건강복지법령은 행정입원 연장제도를 마련하였음에도 불구하고 그 연장청구 및 심사절차에 대하여 별도의 규정을 두지 않고 있다. 법령상 보완이 요구된다.

2. 구 정신보건법과의 비교

구 정신보건법도 행정입원에 있어 입원조치의 해제와 연장에 대해 규정하고 있었다. 그러나 그 연장의 횟수는 1회 3개월로 제한되어 총 6개월까지만 입원이 가능하였다. 이에 비하여 정신건강복지법은 행정입원의 연장횟수를 제한하지 않아 반복적 입원연장이 가능하도록 하였다.

행정입원의 연장절차에서 두 법의 차이점이 있다면 구 정신보건법은 2명 이상의 정신과 전문의 진단을 받거나 또는 정신보건심판위원회의 심사를 받는 경우 입원연장이 가능하도록 하여 그 입원연장 요건과 절차를 선택적으로 두고 있었다. 그러나 정신건강복지법은 2명 이상의 정신과 전문의 진단을 받은 후 정신건강심사위원회의 심사도 거치도록 하여 그 입원연장 요건과 절차를 보다 엄격히 하였다.

---

31) 과거 평가입원(1995년 제정 정신보건법 제26조), 시·도지사에 의한 입원(1995년 제정 정신보건법 제27조), 시·군·구청장에 의한 입원(2008년 개정 정신보건법 제25조)으로도 칭하였다.

3. 행정입원의 해제

가. 행정입원환자의 퇴원제도

행정입원환자는 시·군·구청장의 행정입원 의뢰로 인해 입원된 것이기 때문에 시·군·구청장이 지정정신의료기관의 장의 입원해제 권고 등을 고려하여 입원기간 만료 전에 그 입원을 해제시켜 퇴원을 하도록 할 수 있다.

행정입원 기간이 만료되는 경우, 예컨대 진단입원의 경우 14일, 치료입원의 경우 3개월, 입원연장의 경우 6개월(최초입원연장의 경우 3개월)의 기간이 만료되는 경우 행정입원환자는 즉시 퇴원되어야 한다.

그 밖에 행정입원환자의 퇴원제도에 관한 구체적 설명에 대해서는 ☞ 법 제44조(특별자치시장·특별자치도지사·시장·군수·구청장에 의한 입원) 행정입원환자의 퇴원 부분을 참조할 것.

나. 시·군·구청장에 의한 행정입원의 해제

(1) 개념

행정입원의 해제라 함은 시·군·구청장이 의뢰하여 입원을 시킨 행정입원환자에 대해 입원기간 만료일 전에 시·군·구청장 스스로 행정입원을 소멸시키고, 퇴원이 가능하도록 하는 행정처분을 말한다.

시·군·구청장의 퇴원명령이나 임시퇴원명령은 정신건강심사위원회를 거쳐 그 심사·의결에 따라 취해지는 조치인 데 반하여 행정입원의 해제는 청구나 심사를 거치지 않은 채 시·군·구청장의 직권으로 행하는 처분이어서 차이가 있다.

(2) 행정입원 해제의 법적 성질과 효력

시·군·구청장의 행정입원 해제는 지정정신의료기관의 장에게 그 해제대상 행정입원환자에 대한 퇴원의무를 부과하고, 그 대상 환자에게는 기존의 퇴원제한을 풀어주어 신체적 자유를 회복하게 하는 등의 구체적 권리의무 관계를 형성하는 행정청의 처분[32]이다. 따라서 행정입원의 해제는 지정 정신의료기관의 장과 해당 행정입원환자에게 그 내용이 통지되어 행정처분으로서의 효력이 발생될 필요가 있다.

---

32) '처분'이라 함은 행정청의 공법상의 행위로서 특정사항에 대하여 법규에 의한 권리의 설정 또는 의무의 부담을 명하거나 기타 법률상 효과를 발생하게 하는 등 국민의 권리의무에 직접 관계가 있는 행위를 의미한다(대법원 1997. 5. 9. 선고 96누5933 판결).

(3) 행정입원 해제의 요건

행정입원 해제의 요건과 절차를 법령에서는 따로 규정해 두고 있지 않다. 법령은 단순히 행정입원 해제의 시기를 입원기간 만료 전으로 한정하여 입원을 해제하여야 한다고 규정하고 있을 뿐이다(법 제62조 제1항).

행정입원 해제는 시·군·구청장이 최초입원기간의 만료를 이유로 그 이전에 할 수도 있지만 기간만료가 아직 멀었다고 하더라도 직권으로 행정입원 해제가 가능하다고 해석된다.

다만, 입원 후 치료 등으로 자·타해 위험과 입원치료 필요성이라는 행정입원의 요건이 충족되지 않을 것을 그 입원해제의 요건으로 삼아야 할 것이다. 예컨대, 보호의무자가 환자의 인수와 지역사회에서의 치료를 지원하기로 한 경우는 입원치료 필요성이나 자·타해 위험성이 완화될 수 있는 상황이어서 시·군·구청장은 이런 경우도 직권으로 입원해제를 할 수 있다.

(4) 행정입원 해제의 절차

행정입원 해제의 절차에 관해서는 법령에는 아무런 규정이 없다. 그러나 시·군·구청장이 행정입원을 해제하기 위해서는 환자의 증상이나 치료 상태의 변화를 확인할 수 있어야 한다. 따라서 행정입원 해제를 위한 절차 중의 하나로 지정정신의료기관의 장의 행정입원환자에 대한 입원해제 권고의 통지가 필요하다. 즉, 행정입원된 사람이 입원기간 중의 치료로 증상이 완화되거나 회복된 경우 지정정신의료기관의 장이 행정입원을 의뢰한 시·군·구청장에게 입원해제 권고를 하고, 이러한 권고를 받은 시·군·구청장은 특별한 사정이 없는 한 입원을 해제하도록 하는 것이다. 이러한 규정을 시·군·구청장의 입원해제를 위해 필요한 집행절차(집행명령)로서 대통령령이나 보건복지부령에 두는 것이 필요하다.

(5) 행정입원 해제의 효과

시·군·구청장은 행정입원 해제를 그 행정입원환자가 입원하고 있는 지정정신의료기관의 장에게 서면으로 통지하여야 한다(법 제62조 제1항 전단). 지정정신의료기관의 장은 위와 같은 행정입원 해제통지를 받은 경우 그 대상환자를 퇴원시킬 의무가 발생한다.

따라서 지정정신의료기관의 장은 지체 없이 그 환자를 퇴원시켜야 한다(법 제62조 제1항 후단). 통지를 받은 지정 정신의료기관의 장이 그 행정입원환자를 지체 없이 퇴원시키지 않은 경우에는 형벌규정이 적용될 수 있다(법 제84조 제6호).

다. 행정입원 기간만료로 인한 퇴원

행정입원 기간이 만료되기 전에 행정입원환자에 대한 입원연장결정을 받지 않으면 그 환자는 입원기간 만료로 당연히 퇴원되어야 한다. 이 경우에는 시·군·구청장의 입원해제 통지는 필요 없다. 시·군·구청장의 입원해제 통지를 못 받았다는 이유로 행정입원환자의 입원기간이 합법적으로 더 연장되지는 않기 때문이다. 대법원도 구 정신보건법 하에서 보호입원환자의 입원연장절차가 기존의 입원기간 만료일 전에 모두 이행되지 않은 경우에는 보호입원환자를 즉시 퇴원시켜야 한다고 하고 있다.[33)]

4. 행정입원의 연장

가. 연장절차의 개관

행정입원 기간은 최초 입원일로부터 3개월 내이다. 3개월이 도과되는 순간 행정입원환자는 퇴원되어야 하며, 3개월 내에 시·군·구청장이 입원을 해제시킬 수도 있다. 그러나 시·군·구청장이 3개월을 넘어 행정입원환자를 합법적으로 입원시키기 위해서는 입원연장요건을 갖추어 그 절차를 진행하여 입원연장의 효과를 얻어야 한다. 이하에서 먼저 법령의 규정을 살펴보고, 행정입원 연장심사의 청구, 요건, 절차, 그 결정의 통지와 효과를 살펴본다.

나. 연장관련 규정

법 제62조 제2항은 행정입원 연장의 요건과 절차를 다음과 같이 규정하고 있다.

i) 행정입원 연장결정의 주체: 시·군·구청장

ii) 행정입원 연장결정의 요건: 환자가 퇴원할 경우 정신질환으로 인하여 자신의 건강 또는 안전이나 다른 사람에게 해를 끼칠 위험이 명백할 것이라는 2명 이상의 정신과 전문의 진단

iii) 행정입원 연장절차: 정신건강심사위원회 심사 및 의결

iv) 행정입원 연장효과: 6개월 이내(최초입원 연장의 경우에는 3개월 이내)

v) 행정입원 연장통지: 시·군·구청장이 해당 환자와 보호의무자(보호자)에게

---

33) 대법원 2009. 1. 15. 선고 2006다19832 판결.

연장사유와 기간을 서면으로 통지

다. 연장청구

행정입원연장청구에 대해 법령은 아무런 규정도 두지 않고 있는데, 이는 입법상 보완을 요구한다. 구 정신보건법에는 행정입원연장절차가 없지만 2016년 새로운 정신건강복지법은 행정입원연장제도를 두었음에도 그 연장청구권자나 연장청구 시의 심사회부절차 등을 따로 규정하지 않았기 때문이다.

생각건대, 비록 현행 법령에는 없더라도 해석상 지정정신의료기관의 장이 행정입원연장청구가 필요하다고 인정하는 경우에는 2명 이상의 정신과 전문의 진단을 받아 시·군·구청장에게 보호입원에서 정한 입원연장청구기간 내(입원기간 만료일 전 2개월이 되는 날부터 1개월이 되는 날까지. 법 제43조 제6항 및 법 시행령 제18조)에 행정입원 연장청구서를 제출할 수 있도록 지침 등으로도 보완해야 할 것이다.

라. 연장요건

행정입원 연장의 요건은 '행정입원환자가 퇴원할 경우 정신질환으로 인하여 자신의 건강 또는 안전이나 다른 사람에게 해를 끼칠 위험이 명백할 것이라는 2명 이상의 정신과 전문의 진단'이다(법 제62조 제2항). 보호입원과 달리 보호의무자의 동의나 신청은 필요 없다.

행정입원연장의 요건도 위의 규정과 같이 기본적으로 '자·타해 위험성'을 충족시켜야 한다. '입원치료의 필요성'은 법령상 명문의 규정이 없지만 i) 행정입원의 요건과 그 입원연장의 요건이 구분된다고 보기 어렵고, ii) 보호입원연장의 요건이나 진단을 위한 행정입원의 요건은 입원연장의 필요성이나 계속입원의 필요성만을 제시하고 있지만 그 속에는 기존의 입원요건인 '자·타해 위험성'과 '입원치료 필요성'이 포함되어 있어 계속입원이나 입원연장이 되어야 한다는 의미로 해석될 수밖에 없다. 따라서 행정입원연장의 요건에도 '입원치료의 필요성'은 해석상 포함시켜야 할 것이다.

마. 연장심사의 절차

행정입원 연장심사절차는 앞서 본 바와 같이 지정정신의료기관의 장이 시·군·구청장에게 행정입원환자에 대한 입원연장청구를 하는 것에서부터 시작된다. 시·군·구청장은 청구를 받은 다음에는 보호입원연장청구와 동일하게 법 제56조 내지 61

조의 규정을 준용하여 다음과 같이 절차를 진행하여야 할 것이다.

i) 시·군·구청장의 정신건강심의위원회 회부
ii) 정신건강심의위원회의 정신건강심사위원회 송부
iii) 정신건강심사위원회의 심사 및 의결
iv) 정신건강심의위원회의 시·군·구청장에 대한 보고
v) 시·군·구청장의 조치(명령 및 결정)

위의 각 사항에 대한 보다 자세한 내용은 ☞ 법 제56조 내지 법 제59조의 내용을 참조할 것.

바. 연장결정과 통지

(1) 시·군·구청장의 조치에 대한 통지

시·군·구청장은 정신건강심사위원회의 의결내용에 따라 조치(명령이나 결정)를 하여 심사청구인, 해당 입원환자나 해당 정신의료기관의 장에게 지체 없이 서면으로 통지하도록 규정하고 있다(법 제59조 제4항).

(2) 시·군·구청장의 행정입원연장결정 통지

시·군·구청장이 위의 조치(명령이나 결정)에 따른 통지를 하는 외에 별도로 법 제62조 제2항에 따라 행정입원기간이 연장된 경우 그 대상인 행정입원환자와 보호의무자(또는 사실상의 보호자)에게 그 입원연장사유와 기간을 서면으로 통지할 의무가 있다(법 제62조 제3항).

앞서 본 시·군·구청장의 조치에 관한 통지(법 제59조 제4항)와 행정입원연장결정 통지(법 제62조 제3항)는 그 통지수령인이 차이가 있고, 그 통지 내용도 구분된다. 따라서 행정입원연장청구를 하였는데, 입원연장결정이 된 것이 아니라 퇴원(임시퇴원)명령, 이송결정, 외래치료명령 등의 조치가 이루어진 경우에는 입원연장결정 통지가 아니라 조치에 관한 통지(법 제59조 제4항) 규정을 적용해야 할 것이다.

사. 연장결정의 효과

지정정신의료기관의 장이 행정입원연장청구를 하여 정신건강심사위원회의 심사와 의결에 따라 시·군·구청장이 입원연장결정을 하였다면 그 지정정신의료기관의 장이 통지를 받은 날부터 6개월(최초의 행정입원연장결정의 경우에는 3개월) 이내의 기간 동안 지정 정신의료기관의 장은 그 환자에 대해 행정입원을 유지할 수 있다(법 제62조 제2항).

5. 행정입원 연장절차의 입법상 불비와 개선방안

가. 현행규정의 문제점

행정입원환자에 대한 지정정신의료기관의 장의 행정입원 연장청구를 하는 규정이나 시·군·구청장이 사건을 회부하는 절차에 관해 법령상 규정은 없다. 그러나 법 제62조 제2항은 2명 이상의 정신과 전문의 진단과 소관 정신건강심사위원회 심사를 거쳐 시·군·구청장이 입원을 연장하는 것을 허용하고 있다.

행정입원연장절차를 진행하기 위해 법령을 신설하여 입원된 지정정신의료기관의 장의 행정입원연장청구나 연장의뢰 절차 및 시·군·구청장의 행정입원연장청구사건 회부절차를 규정하여야 한다. 현행 법령에 이러한 규정을 두지 않은 것은 입법상 불비이다. 행정입원 연장은 구 정신보건법에는 없고, 새로운 정신건강복지법이 도입한 것인데, 입법과정에서 행정입원 연장절차에 관한 정신의료기관의 장의 청구나 시·군·구청장의 회부에 관한 규정을 신설하지 못한 것이다.

나. 개정법안

위 사항은 법률로서 개정하는 것이 원칙이지만, 그 개정 전이라도 법이 행정입원연장요건과 시·군·구청장의 행정입원 연장결정 권한을 규정해 두고 있으므로 그 세부적 집행절차로서 하위법령(이른바, 집행명령[34])을 마련해 둘 필요가 있다. 개정되어야 할 법률이나 추가되어야 할 집행명령의 내용은 다음과 같은 것이 되어야 한다(아래는 법령규정을 제안한 것임).

(1) 지정정신의료기관의 장의 입원해제권고

행정입원환자가 있는 지정정신의료기관의 장은 행정입원된 사람이 계속 입원의 필요성이 존재하지 않게 된 경우 입원을 의뢰한 시·군·구청장에게 입원해제를 권고하여야 한다. 이 경우 시·군·구청장은 특별한 사정이 없는 한 입원기간 만료 전이라도 입원을 해제하여야 한다.

---

34) 대법원 1989. 9. 12. 선고 88누6962 판결(상위법령의 시행에 필요한 세부적 사항을 정하기 위하여 행정관청이 일반적 직권에 의하여 제정하는 이른바 집행명령).

(2) 지정정신의료기관의 장의 퇴원조치와 통지

지정정신의료기관의 장은 행정입원환자가 최초로 입원을 한 날부터 3개월을 경과한 경우 즉시 입원한 사람을 퇴원시키고, 그 사실을 입원을 의뢰한 시 · 군 · 구청장에게 통지하여야 한다.

(3) 지정정신의료기관의 장의 행정입원 연장심사청구

치료를 위하여 행정입원된 사람에 대해 지정정신의료기관의 장이 입원기간을 연장하기 위해서는 2명 이상의 정신과 전문의로부터 법 제43조 제2항 각 호(보호입원의 요건인 자 · 타해 위험성과 입원치료연장의 필요성)의 요건에 해당한다는 소견서와 입원연장에 대한 환자의 의견진술을 받아 입원기간 만료일 2개월 전부터 1개월 전까지 사이에 해당 환자를 입원시킨 시 · 군 · 구청장에게 그 입원연장에 대한 심사를 청구하여야 한다.

(4) 시 · 군 · 구청장의 행정입원연장심사청구 사건회부

행정입원 연장심사청구를 받은 시 · 군 · 구청장은 지체 없이 그 청구내용을 소관 정신건강심의위원회에 회부하여 그 소속 정신건강심사위원회의 심사를 받아 그 결과에 따라 조치를 취하여야 한다. 이 경우 법 제57조 내지 법 제61조의 규정을 준용한다.

Ⅱ. 임시퇴원(제63조)

제63조(임시 퇴원등) ① 제43조 또는 제44조에 따라 정신질환자를 입원등을 시키고 있는 정신의료기관등의 장은 2명 이상의 정신건강의학과전문의가 진단한 결과 정신질환자의 증상에 비추어 일시적으로 퇴원등을 시켜 그 회복 경과를 관찰하는 것이 필요하다고 인정되는 경우에는 3개월의 범위에서 해당 정신질환자를 임시 퇴원등을 시키고 그 사실을 보호의무자 또는 특별자치시장·특별자치도지사·시장·군수·구청장에게 통보하여야 한다.
② 특별자치시장·특별자치도지사·시장·군수·구청장은 제1항의 경우 또는 제59조(제61조 제2항에서 준용하는 경우를 포함한다)에 따라 임시 퇴원등 명령의 통지를 한 경우에는 그 정신질환자가 임시 퇴원등을 한 후의 경과를 관찰할 수 있다.
③ 특별자치시장·특별자치도지사·시장·군수·구청장은 제2항에 따라 관찰한 결과 증상의 변화 등으로 인하여 다시 입원등을 시킬 필요가 있다고 인정되는 경우에는 2명의 정신건강의학과전문의의 의견을 들어 임시 퇴원등을 한 정신질환자를 재입원 또는 재입소(이하 "재입원등"이라 한다)를 시킬 수 있다. 이 경우 재입원등의 기간은 재입원등을 한 날부터 3개월을 초과할 수 없다.

1. 임시퇴원의 의의

가. 개 념

(1) 임시퇴원의 개념

'임시퇴원'이라 함은 정신의료기관의 장이 보호입원환자나 행정입원환자에 대해 그 진단이나 증상을 고려하여 지역사회 내에서의 경과관찰이 필요하다고 보아 3개월의 범위에서 기간을 정하여 일시적으로 퇴원을 시키는 것을 말한다.

정신의료기관의 장에 의해 위와 같이 임시퇴원된 사람이나 시·군·구청장의 조치에 의해 임시퇴원명령(법 제59조 제1항 제1호)을 받고 퇴원한 사람에 대해서는 시·군·구청장이 퇴원 후의 경과를 관찰할 수 있고, 증상의 변화 등이 있는 경우에는 그 임시퇴원기간 중에도 재입원을 시킬 수 있다. 다른 유사개념들과 비교해 보면 다음과 같다.

i) 임시퇴원명령: '임시퇴원'은 정신의료기관의 장의 권한으로 잠정적인 퇴원을 시키는 것이다(법 제59조 제1항 제1호). 그래서 시·군·구청장의 명령에 의

해 퇴원이 되는 '임시퇴원명령'과는 차이가 있다. 다만, 임시퇴원된 사람이나 임시퇴원명령을 받고 퇴원한 사람이나 모두 임시퇴원기간 중에는 시·군·구청장의 경과관찰이나 재입원의 대상이 된다는 점에서는 동일하다.

ii) 수용의 임시해제: 인신보호재판에서 법원이 재판 진행 중에 기존의 시설에서 수용을 계속하는 경우 예상되는 신체의 위해 등을 예방하기 위한 긴급한 필요가 있을 때 법원의 직권이나 구제청구자의 신청을 받아 피수용자(입원환자)의 수용을 임시로 해제하는 결정을 말한다(「인신보호법」 제9조).

iii) 전원(轉院): 전원(轉院)은 입원환자가 기존의 입원 정신의료기관에서 다른 의료기관으로 이송되어 입원하는 것을 말하며, 다시 기존의 정신의료기관으로 돌아와 입원할 것이 예정되어 있는 일시적 전원(轉院)과 종국적으로 환자가 이송된 의료기관의 관리 하에 들어가게 되는 종국적 전원(轉院)으로 구분된다. 전자의 경우(예컨대, 2～3일 간의 신체적 질환을 다른 의료기관에서 입원치료한 후 복귀하는 경우)에는 전원 시 퇴원처리를 할 것이 아니지만, 후자의 경우(예컨대, 말기암 치료를 위해 되돌아 올 가능성 없이 다른 의료기관에 입원된 경우)에는 퇴원처리가 필요하다.

iv) 외출·외박: 입원환자가 정신의료기관의 장의 허락을 받아 가족과 함께 또는 혼자서 외출이나 외박을 하는 경우가 있다. 이러한 경우에는 정신의료기관을 일시적으로 떠났더라도 정신의료기관의 장의 승인 하에 떠난 것이어서 여전히 입원환자에 대한 관리책임이 정신의료기관에 있다. 외출이나 외박은 다시 기존의 정신의료기관으로 돌아올 것을 전제하고 있기 때문에 종국적 퇴원이나 임시퇴원이라 볼 수 없어 정신의료기관측에서는 퇴원처리를 할 필요는 없다고 볼 것이다.

(2) 임시퇴원된 사람의 법적 지위

임시퇴원된 사람은 정신의료기관의 장이 정한 임시퇴원기간 동안 경과관찰을 받고서 필요한 경우 재입원조치가 이루어질 수 있는 지위에 있다. 즉, 임시퇴원기간 동안 시·군·구청장이 퇴원 후의 경과관찰이나 재입원을 시킬 수 있다. 이 부분이 퇴원명령을 받아 종국적으로 퇴원하거나 정신의료기관의 장이 종국적으로 퇴원을 시켜 준 사람과 차이가 있는 점이다.

나. 기 능

임시퇴원은 다음과 같은 기능을 가진다.

(1) 입원환자의 지역사회복귀 준비 기능

장기간 강제로 입원된 환자가 가족이나 사회의 적절한 도움 없이 또는 퇴원 후 계획 없이 바로 지역사회로 나오게 되는 경우 사회적 삶에 적응하는 것이 쉽지 않을 수 있다. 이러한 점을 감안해 법은 기존의 입원연장기간(6개월)이 만료되기 전에라도 일시적으로 퇴원을 시키는 임시퇴원제도를 마련하여 환자의 지역사회 적응력을 높이고, 주거나 취업 등에 있어서도 미리 준비가 가능하도록 하여 입원환자의 지역사회 복귀를 준비하는 기능을 가진다.

(2) 퇴원 후 경과관찰과 재입원을 통한 환자 치료감독 기능

강제로 입원된 환자가 종국적인 퇴원이 이루어지는 경우 지역사회 내에서 의무적으로 외래진료를 받게 하는 것은 어려움이 있다. 그러나 임시퇴원 기간에는 시·군·구청장이 경과관찰을 할 수 있는 권한이 부여되고, 증상의 변화 등이 있는 경우 재입원조치를 할 수 있도록 하여 임시퇴원 기간 동안에는 임시퇴원자의 치료와 적응을 위한 적절한 관리감독이 가능하도록 한다.

다. 법적 성격과 효과

(1) 임시퇴원의 법적 성격

임시퇴원은 정신의료기관의 장이 정한 임시퇴원기간이나 시점까지 시·군·구청장에 의한 경과관찰이나 재입원조치가 이루어질 가능성을 조건으로 하여 보호입원환자나 행정입원환자를 퇴원시키는 것을 말한다. 이는 조건부 퇴원의 성격을 가지고 있다.

(2) 임시퇴원의 법적 효과

임시퇴원기간 중에 법적으로 환자가 퇴원상태에 있는 것인지, 입원상태에 있는 것인지 문제가 된다. 임시퇴원도 그 제도의 연혁이나 그 기간 등을 검토해 보면, 사실상 가석방 등의 임시적 수용해제조치와 유사한 목적을 지니고 있는 제도이다. 따라서 임시퇴원기간 중에 재입원조치가 이루어지지 않는 이상 임시퇴원기간이 경과하면 그 기간 만료일에 종국적 퇴원이 이루어진다고 보아야 할 것이고, 그 이후부터는 경과관찰이나 임시퇴원에 따른 재입원조치는 불가하다고 볼 것이다.

라. 문제점과 한계

임시퇴원은 정신의료기관 내 입원기간을 일부 단축시킬 수 있고, 환자에게 예정된 퇴원시점보다 빠르게 지역사회로 나와 일정한 경과관찰이나 재입원조치라는 시·군·구청장의 치료감독 아래 임시퇴원기간을 보내고 나면 최종적 퇴원처리로 간주되는 제도여서 그 제도적·기능적 장점은 있다고 할 것이다. 그러나 다음과 같은 문제점과 한계가 있다.

i) 임시퇴원의 결정권자: 임시퇴원 여부를 결정하는 권한은 정신의료기관의 장인데 임시퇴원을 결정할 치료적, 경제적, 사회적 동기가 전혀 제공되지 않고 있어 외래치료명령과 유사하게 실제 활용도는 거의 없다는 문제점이 있다.

ii) 경과관찰 등의 행정적 지원 문제: 임시퇴원의 경우 임시퇴원기간 동안 시·군·구청장이 경과관찰을 하고, 증상 변화 시에 재입원조치를 할 수 있는 인력과 예산이 필요할 것인데, 실제 이를 담당할 만한 인력과 예산은 마련되어 있지 않다.

iii) 입원환자의 선호: 입원환자 입장에서도 경과관찰을 받아야 하고, 재입원조치가 이루어질 수 있는 임시퇴원보다는 종국적 퇴원을 선호할 수밖에 없기 때문에 임시퇴원은 정신의료기관의 장, 입원환자, 행정기관 어느 누구도 원하지 않는 제도로서 인식되어 있다.

2. 구 정신보건법과의 비교와 연혁

가. 비 교

임시퇴원제도는 1995년 제정 정신보건법에는 '가퇴원'이라는 이름으로 그 내용이 규정되어 있었다. 1995년 제정 정신보건법의 가퇴원제도는 1987년 일본 정신보건법의 가퇴원제도와 유사하였으나 1997년 제정 정정신보건법의 전면개정 과정에서 현행 정신건강복지법의 임시퇴원제도와 유사해졌다. 그 개정내용을 비교해 보면 다음과 같다.

표 4-10 임시퇴원제도의 법 개정내용(1995년~2018년)

임시퇴원	1995년 정신보건법	1997년 전면개정법	현행 정신건강복지법
명칭	가퇴원	가퇴원	임시퇴원
퇴원 대상자	행정입원(시·도지사에 의한 입원) 환자	1. 행정입원(시·도지사에 의한 입원) 환자 2. 보호입원환자	1. 행정입원(시·군·구청장에 의한 입원) 환자 2. 보호입원환자
퇴원결정 주체	정신의료기관의 장		
임시퇴원 요건	2인 이상의 정신과 전문의 진단 (증상에 비추어 일시 퇴원시켜 회복경과를 관찰하는 것이 필요한 경우)		
퇴원통보	즉시 퇴원시킨 후 그 사실을 시·도지사에게 통보	즉시 퇴원시킨 후 그 사실을 보호의무자 또는 시·도지사에게 통보	즉시 퇴원시킨 후 그 사실을 보호의무자 또는 시·군·구청장에게 통보
임시퇴원기간	–	–	3개월 이내
임시퇴원 후 경과관찰	퇴원 후에는 기존 입원일부터 3월 이내의 시·도지사의 경과관찰 가능	퇴원 후에는 시·도지사의 아래기간 동안 경과관찰 가능 1. 보호입원환자는 입원일부터 6월 이내 2. 행정입원환자는 입원일부터 3월 이내	시·군·구청장은 임시퇴원자에 대해 퇴원 후 경과관찰 가능(위 임시퇴원 기간 이내)
임시퇴원 중 재입원조치	증상변화 등의 경우에 2인의 정신과 전문의 의견을 들어 재입원조치(재입원기간은 3월 이내) 가능		

위의 표에서 보면 임시퇴원제도가 그 제도의 연혁이나 목적, 법적 체계를 이해하지 못한 채 변화해 왔음을 알 수 있다. 아래 일본의 가퇴원제도에서 보겠지만, 임시퇴원은 정신의료기관의 장이 강제입원된 환자에게 지역사회에서의 삶을 경험하게 하고, 훈련받을 수 있게 하는 기회이다.

정신의료기관의 장은 보호입원환자에 대해서는 퇴원에 대한 결정권을 가지고 있어 다른 제3자의 허락을 받을 필요가 없으나 행정입원환자에 대해서는 시·군·구청장이 입·퇴원에 대한 결정권을 가지고 있기 때문에 그 사전허가 없이 임시퇴원을 시킬 수 있다고 규정된 것은 재검토의 여지가 있다.

나. 연 혁

(1) 일본의 가퇴원(仮退院)제도

임시퇴원은 1950년 일본 「정신위생법」에서는 '가퇴원(仮退院)'이라는 이름으로 채택된 제도이다. '가퇴원'은 행정입원[措置入院] 환자에 대해 정신병원의 장이 일시적으로 퇴원시켜 경과를 보는 것이 적당하다고 인정되는 경우 도도부현 지사(우리의 '시·도지사'에 해당)의 허가를 받아 6개월의 기간 내에서의 일시적 퇴원을 시킬 수 있는 것이었다(1950년 일본 「정신위생법」 제40조).

일본의 위 가퇴원 제도는 1987년 일본 정신보건법으로 개정되면서 '지정의사에 의한 진단'을 거치도록 하는 것을 추가한 것 외에는 현행 일본 「정신보건복지법」(제40조)에도 그대로 유지되고 있다.

(2) 임시퇴원제도와 일본의 가퇴원제도 비교

현행 정신건강복지법의 임시퇴원제도와 일본의 가퇴원제도를 비교해 보면 다음과 같은 차이점이 있다.

표 4-11 임시퇴원제도와 일본 가퇴원제도의 비교

비교항목	임시퇴원	일본의 가퇴원
퇴원대상	1. 보호입원환자 2. 행정입원환자	1. 조치입원(우리의 '행정입원'에 해당) 환자
퇴원결정의 주체	정신의료기관의 장	정신병원 관리자(우리의 '정신의료기관의 장'에 해당)
퇴원요건	1. 2명 이상의 정신과 전문의 진단 (증상에 비추어 일시적으로 퇴원을 시켜 그 경과관찰이 필요한 경우)	1. 정신보건지정의에 의한 진단 (증상에 비추어 일시 퇴원시켜 그 경과를 보는 것이 적당한 경우) 2. 도도부현 지사(시·도지사)의 사전허가
퇴원기간	3개월 이내	6개월 이내
퇴원기간 중 조치	1. 시·군·구청장의 지역사회 내 경과관찰 가능 2. 임시퇴원자의 증상 변화에 따라 시·군·구청장의 강제적 재입원 조치 가능	경과관찰이나 재입원에 관한 규정 없음

위의 비교표를 보면 알 수 있지만 일본은 보호입원환자가 아니라 조치(행정)입원 환자에 대해서만 가퇴원(임시퇴원)을 인정하고 있고, 조치입원의 결정권자인 도도부현 지사의 사전허가를 받도록 한 반면, 우리의 경우에는 보호입원환자도 임시퇴원의 대상으로 하고 있는 점을 고려해 정신의료기관의 장이 직권으로 임시퇴원을 시킬 수 있도록 하였다.

나아가 퇴원기간 중의 경과관찰이나 재입원에 관한 규정이 일본 「정신보건복지법」에는 없는 반면, 현행 정신건강복지법은 임시퇴원자에 대해서는 시·군·구청장이 경과관찰을 하고, 증상변화로 필요한 경우 2명의 정신과 전문의 의견을 들어 재입원을 시킬 수 있다.

3. 임시퇴원의 요건과 절차

가. 요 건

(1) 임시퇴원의 대상자

임시퇴원의 대상자는 행정입원환자 또는 보호입원환자이다. 일본 「정신보건복지법」이 행정입원(조치입원) 환자만을 가퇴원(임시퇴원) 대상으로 삼는 것과는 차이가 있다. 자발적 입원을 한 환자는 스스로 퇴원을 할 수 있기 때문에 임시퇴원의 대상자가 될 수 없다.

(2) 임시퇴원의 진단요건

임시퇴원을 위한 진단요건은 대상자의 '증상에 비추어 일시적으로 퇴원을 시켜 그 회복 경과를 관찰하는 것이 필요하다고 인정되는 경우'이어야 한다(법 제63조 제1항). 대상자에게 현재 자·타해 위험이 없거나 입원치료 필요성이 없는 경우라면 강제입원 요건이 소멸되어 종국적 퇴원 대상이라 할 것이며, 임시퇴원의 대상은 아니다.

임시퇴원의 요건은 대상자에게 비록 입원상태에서는 자·타해 위험성이나 입원치료 필요성이 있는 경우라도 대상자의 퇴원으로 인한 지역사회 복귀가 오히려 위험을 줄일 수 있고, 외래치료도 가능하다고 보일 때 선택할 수 있는 퇴원형태라 할 수 있다. 즉, 퇴원을 통한 지역사회 복귀가 환자의 증상 완화에 더 유리하다고 판단되는 경우를 말한다.

나. 절 차

(1) 임시퇴원 대상자의 선정

i) 보호입원환자나 행정입원환자 중에 ii) 입원 후 치료로 그 건강이 어느 정도 회복되고, iii) 지역사회 복귀가 정신의료기관 내에서 치료받는 것보다 더 유익해 보이는 상황인데, iv) 최종적 퇴원을 하기보다는 퇴원 후 일정 기간 경과관찰을 받고, v) 퇴원 후 증상 악화의 경우에는 재입원조치도 필요한 대상자를 vi) 정신의료기관의 장이 선정하여 진단을 받도록 한다.

(2) 임시퇴원 대상자의 진단

임시퇴원 대상자 선정 전후로 정신과 전문의 2명 이상(입원 정신의료기관 소속인지 여부 불문)이 진단하여 대상자의 '증상에 비추어 일시적으로 퇴원을 시켜 그 회복경과를 관찰할 필요가 인정된다'는 취지의 진단(소견)을 받아야 한다. 위와 같은 진단을 확보하고 난 다음에 정신의료기관의 장이 최종적으로 임시퇴원 여부를 결정한다.

(3) 환자나 가족의 의견청취

퇴원은 장기간 입원되어 있던 환자나 가족에게 있어 커다란 변화이다. 임시퇴원은 환자를 위한 것이라 할 수 있지만 그 시기와 방법 등은 환자의 의견을 참고할 필요가 있다. 나아가 환자의 지역사회 생활에 도움이 될 수 있는 가족의 의견도 함께 청취할 필요도 있다.

(4) 정신의료기관의 장의 임시퇴원 결정

정신의료기관의 장은 위에서 본 바와 같이 정신과 전문의 진단과 환자 및 가족의 의견을 청취한 후 임시퇴원 여부를 결정한다. 보호입원환자의 경우라면 임시퇴원이 아니라 최종적 퇴원의 결정도 할 수 있다. 그러나 행정입원환자의 경우라면 최종적 퇴원의 결정권은 시·군·구청장에게 있고, 정신의료기관의 장은 임시퇴원 여부만을 결정할 수 있다.

(5) 환자에 대한 고지

임시퇴원을 결정할 때에는 실제 퇴원하는 퇴원일자와 임시퇴원 기간을 3개월의 범위 내에서 정하여 그 대상자에게 서면으로 고지해 줄 필요가 있다. 환자는 퇴원 후 정신의료기관의 장이 정해준 임시퇴원기간 동안만 시·군·구청장의 경과관찰이나 재입원조치가 가능하기 때문이다. 그 임시퇴원 기간이 만료되면 그 임시퇴원자는 경과관찰이나 임시퇴원에 따른 재입원조치로부터 자유로워진다.

고지하여야 할 구체적 내용은 위와 같은 임시퇴원기간 외에 임시퇴원기간 동안 시·군·구청장의 경과관찰이 있을 수 있으며, 증상 변화 시에는 시·군·구청장이 재입원조치를 할 수 있다는 것이다.

(6) 보호의무자와 시·군·구청장에 대한 통보

1) 관련규정

입원환자가 정신의료기관의 장의 결정으로 임시퇴원되는 경우 정신의료기관의 장은 그 사실을 임시퇴원자의 보호의무자 또는 시·군·구청장에게 통보하도록 규정하고 있다(법 제63조 제2항).

2) 통보사항

법령상 규정된 통보사항은 다음과 같다(규칙 제46조 제1항 각 호).

i) 환자의 성명, 주소 및 생년월일(제1호)
ii) 입원 당시의 병명 및 증상(제2호)
iii) 현재 상태 및 임시퇴원의 결정 사유(제3호)
iv) 임시퇴원 후의 정신질환 치료에 대한 소견(제4호)

법령상 규정되어 있지는 않지만 임시퇴원기간 동안 임시퇴원자에게는 일정한 의무가 부과되므로 퇴원일자, 임시퇴원기간(예컨대, 퇴원일로부터 2개월 또는 퇴원 후의 특정 시점) 등도 통보해 주는 것이 필요하다.

3) 통보대상자

정신의료기관의 장이 통보해야 하는 대상자는 임시퇴원자의 보호의무자와 시·군·구청장이다. 보호의무자에게 통보해야 하는 이유는 임시퇴원자의 퇴원 후 보호의무자가 적절한 지원을 할 수 있도록 통지하는 것이면서 동시에 입원시킨 환자가 퇴원하였음을 알릴 필요도 있기 때문이다.

시·군·구청장에게 통보하여야 하는 이유는 시·군·구청장에게는 임시퇴원자에 대해 임시퇴원기간 동안 경과관찰을 하고, 증상변화 등의 필요한 경우 재입원조치를 할 수 있는 권한이 있기 때문이다. 보호입원환자나 행정입원환자 모두에 관하여 임시퇴원기간 중 시·군·구청장에게 경과관찰을 할 수 있도록 통보해주어야 한다.

4) 통보의무 불이행에 대한 제재(과태료)

정신의료기관의 장이 강제입원환자를 임시퇴원시키면서 그 보호의무자와 시·군·구청장에게 통보하지 않은 경우 100만 원 이하의 과태료가 부과될 수 있다(법 제89조 제1항 제8호).

4. 임시퇴원자에 대한 경과관찰

가. 경과관찰의 주체와 대상자

(1) 경과관찰의 주체

임시퇴원자를 임시퇴원기간 동안 경과관찰을 할 수 있는 권한을 가진 주체는 시·군·구청장이다. 입원 정신의료기관의 장은 지역사회 내에 있는 임시퇴원자에 대해 이러한 공적 권한을 가지지는 못하기 때문이다.

임시퇴원을 시킨 정신의료기관의 장으로부터 통지를 받으면 시·군·구청장은 그 때부터 임시퇴원기간의 만료시점까지 경과관찰의 권한이 발생한다. 다만, 경과관찰 여부는 시·군·구청장의 권한으로서만 부여된 것이기 때문에 실제 경과관찰을 할지 여부는 시·군·구청장의 재량에 달려 있다고 볼 것이다.

(2) 경과관찰의 대상자

경과관찰의 대상자는 정신의료기관의 장에 의해 임시퇴원된 보호입원환자나 행정입원환자를 말한다. 참고로 시·군·구청장에 의해 임시퇴원명령을 받은 사람은 그 명령에 따른 의무로서 임시퇴원기간 동안 시·군·구청장의 경과관찰을 위한 조사에 응해야 하고, 증상 변화 등이 있는 경우 재입원조치를 당할 수도 있다.

나. 경과관찰의 방법과 결과

(1) 경과관찰의 방법

시·군·구청장의 임시퇴원자(여기서는 임시퇴원명령을 받은 자를 포함한다. 이하 같다)에 대한 경과관찰의 방법은 법 시행규칙으로 규정되어 있다. 시·군·구청장은 정신질환자의 경과관찰을 위해 필요한 경우 소속 공무원 또는 관할 정신건강복지센터 직원으로 하여금 다음의 각 행위를 하게 할 수 있다(규칙 제46조 제2항).

i) 임시퇴원자에 대한 상담
ii) 치료나 재활에 필요한 사항을 권고

iii) 치료나 재활에 필요한 사항을 제공

참고로 폐지된 구 정신보건법령은 경과관찰을 위해 임시퇴원자로 하여금 매주 1회 이상 정신의료기관의 진단을 받게 할 수 있도록 규정하였다(구 정신보건법 시행령 제17조 제2항). 그러나 현행 정신건강복지법은 경과관찰의 방법으로 법령의 근거 없이 임시퇴원자에게 의무를 부과하는 의료적 진단을 받도록 하는 것이 어렵다고 보아 상담이나 권고 등 신체적 침습이 없는 방법만을 규정하고 있다.

(2) 경과관찰의 결과와 조치

구 정신보건법령은 위와 같이 임시퇴원자를 진단한 정신과 전문의가 소속된 정신의료기관의 장이 재입원의 필요가 있다고 인정되는 경우나 임시퇴원자가 정당한 사유 없이 진단을 거부한 경우에는 지체 없이 그 사실을 서면으로 시·군·구청장에게 통보하도록 하였고, 그 통보를 받은 시·군·구청장이 재입원조치를 의뢰할 수 있도록 하였다(구 정신보건법 시행령 제17조 제3항 및 제4항). 현행 정신건강복지법은 법령의 근거가 없다고 보아 구 정신보건법과 같은 하위법령을 두고 있지 않다.

5. 재 입 원

가. 의 의

(1) 재입원의 개념

정신건강복지법 제63조 제3항의 '재입원(再入院)'이라 함은 시·군·구청장이 임시퇴원자 또는 임시퇴원명령을 받은 자에 대해 임시퇴원기간 중 그 증상의 변화 등을 이유로 재입원의 필요성이 있다고 판단할 때 2명의 정신과 전문의 의견을 들어 강제적으로 3개월 이내의 범위 내에서 입원을 시키는 것을 말한다.

임시퇴원자에 대한 재입원은 앞서 본 정신건강복지법이 정한 5가지 유형의 법정(法定)입원 유형(자의입원, 동의입원, 보호입원, 행정입원, 응급입원)과는 그 대상자, 요건, 기간 등이 구분되는 별도의 입원형태이다.

(2) 재입원의 법적 성격

재입원은 시·군·구청장이 행정조치로서 행하는 것이어서 행정청의 처분에 해당되어 행정입원의 성격을 가지고 있지만, 그 대상자와 요건, 절차를 달리하는 것이어서 특수한 성격을 지닌 특별행정입원이라 이름 붙일 수도 있을 것이다.

(3) 재입원의 기능

임시퇴원자에 대한 시·군·구청장의 재입원제도는 앞서 보았듯이 재입원이라는 제재적 조치를 통해 임시퇴원기간 동안 외래진료나 지역사회 생활의 안착을 담보하는 역할을 기대한 것이다. 그러나 실제 임시퇴원제도가 활용되는 경우가 거의 없고, 재입원제도 또한 활용되는 경우가 거의 없는 상태여서 그 제도적 기능을 언급하기에는 어려움이 있다.

나. 대상자

재입원의 대상자는 정신의료기관의 장에 의해 임시퇴원한 임시퇴원자와 시·군·구청장 또는 시·도지사의 임시퇴원명령을 받아 퇴원한 자를 포함한다. 단순히 정신의료기관에서 퇴원한 사람이나 퇴원명령을 받아 퇴원한 자는 포함되지 않는다. 임시퇴원기간이 도과된 사람도 재입원 대상자가 될 수 없다. 임시퇴원자는 임시퇴원기간 내에서만 경과관찰과 재입원조치가 가능하기 때문이다.

다. 요건과 절차

(1) 시·군·구청장의 대상자 의뢰

재입원은 모든 임시퇴원자를 상대로 한 것이 아니라 시·군·구청장의 경과관찰 결과 '증상의 변화 등으로 인해 재입원을 시킬 필요'가 있다고 인정되는 경우에 한하여 추가적으로 2명의 정신과 전문의의 의견을 요청할 수 있다.

따라서 시·군·구청장이 정신과 전문의 진단을 요청하였으나 임시퇴원자가 그 진단을 거부하거나 진단결과 재입원이 필요하다는 의견이 나온 경우에 비로소 시·군·구청장이 그 임시퇴원자에 관해 2명의 정신과 전문의 의견을 듣는 것이 원칙적 절차라 할 수 있다. 그러나 환자의 증상이 긴급하게 악화된 상황임을 확인할 수 있는 자료가 있는 경우라면 직접 정신과 전문의 의견을 듣도록 의뢰할 수도 있을 것이다.

(2) 2명의 정신과 전문의 의견

1) 정신과 전문의 의견의 내용

시·군·구청장으로부터 임시퇴원자의 증상에 대한 의견요청을 받은 정신과 전문의들은 임시퇴원자의 증상 및 강제입원의 요건(자·타해 위험성 및 입원치료 필요성)을 고려하여 재입원 필요성 여부에 대해 의견을 제시하여야 한다.

2) 의견요청이 가능한 정신과 전문의

의견요청을 받은 정신과 전문의의 자격에는 제한이 없으므로 기존의 경과관찰을 해 온 정신과 전문의나 기존의 입원 정신의료기관에 소속된 정신과 전문의도 가능하다고 볼 것이다.

3) 대면 진단의 필요여부

보호입원이나 행정입원은 그 입원요건으로 정신과 전문의 '진단'이나 '2명 이상의 일치된 소견'을 요구함에 반하여 재입원은 시·군·구청장이 '2명 이상의 정신과 전문의 의견'만을 들어 재입원 여부를 결정할 수 있게 하여 그 입원요건을 다르게 규정하고 있다.

그러나 법 제68조 제1항은 응급입원을 제외하고 모든 정신의료기관 '입원'은 정신과 전문의 대면 진단을 거쳐 입원하도록 하고, 이를 어길 경우 형사처벌을 하는 점을 고려해 볼 때 2명의 정신과 전문의 의견은 임시퇴원자에 대한 대면 진단을 전제로 한 정신과 전문의 의견이라 해석할 것이다.

(3) 시·군·구청장의 재입원조치

시·군·구청장의 재입원조치는 실제로 보면, 기존 임시퇴원자가 퇴원한 정신의료기관에 재입원을 의뢰하는 것이며, 실제 그에 따른 임시퇴원자에 대한 시·군·구청장의 입원명령이나 강제적 입원조치가 동시에 이루어져야 하는 것이 맞지만 법령에는 그러한 구체적 절차나 집행방법은 규정되어 있지 않고, 단순히 '2명의 정신과 전문의 의견을 들어 재입원'시킬 수 있다고만 규정되어 있다(법 제63조 제3항 전단).

그런데 2명의 정신과 전문의 의견을 듣기만 하면 가능한 것인지, 아니면 2명의 정신과 전문의가 일치된 의견으로 강제입원의 요건을 갖추고 있어 재입원의 필요성이 있다고 하여야 재입원을 시킬 수 있는지는 규정상 불분명하다. 생각건대, 법 제63조 제3항 전단 부분에 이미 '재입원의 필요성'을 재입원의 요건으로 하고 있는 이상 2명의 정신과 전문의 중 1명이라도 재입원의 필요성이 없다고 의견을 제시하면 시·군·구청장의 재입원조치의 요건은 충족되지 않은 것이라 볼 것이다.

라. 효과(기간과 입원유형)

시·군·구청장이 임시퇴원자를 상대로 재입원조치를 의뢰하여 정신의료기관의 장이 임시퇴원자를 재입원시킨 경우 그 입원기간은 3개월 이내이다(법 제63조 제3항 후단). 재입원된 경우는 시·군·구청장이 입원시킨 것이므로 행정입원의 일종으로 보아야 할 것이다. 이유는 재입원된 임시퇴원자가 과거 퇴원 당시 보호입원으로 입원되었든, 행정입원으로 입원되었든 재입원 시에는 보호의무자 신청이나 동의 없이 시·군·구청장에 의해 입원된 것이므로 재입원은 행정입원으로 취급되는 것이 타당하기 때문이다. 따라서 그 3개월의 재입원 기간 내에 행정입원연장청구 등을 할 수 있고, 그 경우 최초입원연장일 경우에는 3개월, 그 다음부터는 6개월씩 기간연장을 할 수 있다고 볼 것이다.

6. 정신요양시설의 적용

정신요양시설 보호입소환자에 대해서도 정신요양시설의 장이 임시퇴소를 결정할 수 있고, 시·군·구청장이 임시퇴소의 명령을 할 수 있다. 그 밖의 사항은 정신의료기관에서 설명한 것이 대부분 그대로 정신요양시설에서도 적용된다. 정신의료기관 입원환자의 임시퇴원과 정신요양시설 입소환자의 임시퇴소를 비교해 보면 다음과 같다.

표 4-12 정신의료기관과 정신요양시설 환자에 대한 임시퇴원(퇴소) 비교

시군구청장의 조치	정신의료기관	정신요양시설
임시퇴원 · 임시퇴소 (명령) 대상자	1. 보호입원환자 2. 행정입원환자	1. 보호입소환자
임시퇴원(퇴소)요건	2명 이상의 정신과 전문의 진단결과 환자의 증상에 비추어 일시적으로 퇴원 또는 퇴소시켜 그 회복경과를 관찰하는 것이 필요하다고 인정될 것	
임시퇴원(퇴소)효과	대상자에 대해 3개월 내에 시·군·구청장의 경과관찰과 재입원(재입소) 조치 가능	
재입원(재입소)요건	관찰결과 증상의 변화 등으로 인하여 다시 입원 또는 입소시킬 필요가 있다고 인정되는 경우 2명의 정신과 전문의 의견을 들어 재입원(재입소)를 시·군·구청장이 시킬 수 있음	

7. 임시퇴원제도의 문제점과 개선방안

가. 문제점

임시퇴원제도의 기존의 목적은 강제입원된 환자의 조기퇴원과 퇴원 이후 일정기간(임시퇴원기간) 동안의 국가적 감독과 증상악화 시의 재입원이라는 불이익조치를 통해 환자의 조기 지역사회 복귀와 치료를 동시에 확보하는 것에 있다. 이는 마치 교도소 수감자에 대한 가석방을 통해 출소시키고, 가석방 기간 동안 문제없이 잘 지내면 그 기간 만료 시 형기를 종료해 주지만 가석방 기간 중 범죄를 저지르면 가석방을 취소하고 다시 수감생활을 하게 만드는 것과 유사한 제재시스템이다.

그러나 이러한 가석방과 같은 제도적 유인책은 출소가 형기만료 전에는 제도적으로 불가능한 형벌집행 시스템에서나 유용한 것이지 강제입원제도와 같이 퇴원이 사실상 그 결정권자인 보호의무자나 정신의료기관의 장에 의해 자율적으로 결정될 수 있는 시스템에서는 조기퇴원의 유인책으로 임시퇴원제도가 활용되기는 어렵다.

나. 임시퇴원제도의 개선

(1) 개선방향

임시퇴원제도는 위와 같은 가석방 시스템과 같이 일정기간 내 감독과 재입원조치를 조건으로 한 조기퇴원의 방식으로 운영할 것이 아니라 실제 환자의 지역사회 복귀를 지원하고, 환자가 스스로 활용할 수 있는 지역사회에서의 일시적 생활을 위한 제도로서 운영되는 것이 타당할 것이다.

예컨대, 일정기간으로 제한되는 외박·출장·외래진료 등을 정신의료기관의 장의 승인 하에 허용하고, 그 기간 동안은 여전히 환자가 입원한 것으로 간주하여 환자가 다시 복귀하는 것을 입원으로 간주하지 않게 하여 제도적으로 입원의 연속성은 이어지게 해 환자나 정신의료기관이 부담을 덜 수 있게 하는 것이다.

(2) 구체적 개선방안

임시퇴원 개선안의 개략적 내용을 설계해 보면, 강제입원환자의 출장(휴가)제도와 유사하게 정신의료기관의 장이 환자나 보호의무자의 신청 또는 직권으로 지역사회 내 치료나 외출의 필요성과 그 적응성을 인정할 경우 일정기간 내 또는 매일 반복적으로 다시 정신의료기관으로 복귀할 것 등을 조건으로 하여 임시퇴원을 허용하고, 승인된 조건이나 의무를 위반하는 등 필요한 경우 그 임시적 퇴원조치를 취소할 수 있는 제도를 도입하는 것이다.

참조할만한 법령으로는 영국 현행 정신보건법상의 외부휴가제도(Leave of absence from hospital. Mental Health Act 1983 article 17), 호주 빅토리아 주의 정신보건법상의 승인휴가제도(Leave of absence with approval. Mental Health Act 2014 article 64), 프랑스 「공중보건법」의 강제입원환자에 대한 단독 또는 동반 단기외출제도[35], 독일 베를린 주의 공법상 수용에 관한 법률인 2016년 「정신질환에 대한 조력 및 보호수단에 관한 법률」[36]상의 승인외출제도(제31조) 등이 있다.

35) 프랑스 「공중보건법」 L3211-11-1(프랑스 「공중보건법」의 강제입원환자 단기외출제도에 대해서는 서울시립대학교 산학협력단, 정신보건법상 입·퇴원제도 개선방안, 보건복지부 연구용역보고서, 2014, 91면을 참조할 것).

36) Gesetz über Hilfen und Schutzmaßnahmen bei psychischen Krankheiten (PsychKG) Vom 17. Juni 2016(§ 31 Beurlaubung).

Ⅲ. 외래치료명령(제64조)

제64조(외래치료 명령 등) ① 정신의료기관의 장은 제43조와 제44조에 따라 입원을 한 정신질환자 중 정신병적 증상으로 인하여 입원을 하기 전 자신 또는 다른 사람에게 해를 끼치는 행동을 한 사람으로서 대통령령으로 정하는 사람에 대해서는 보호의무자의 동의를 받아 특별자치시장·특별자치도지사·시장·군수·구청장에게 1년의 범위에서 외래치료 명령을 청구할 수 있다.

② 특별자치시장·특별자치도지사·시장·군수·구청장은 제1항에 따른 외래치료 명령의 청구를 받았을 때에는 소관 정신건강심의위원회의 심의를 거쳐 1년의 범위에서 기간을 정하여 외래치료를 받도록 정신질환자에게 명령할 수 있다.

③ 특별자치시장·특별자치도지사·시장·군수·구청장은 제2항에 따라 외래치료 명령을 한 때에는 지체 없이 정신질환자 본인 및 그 보호의무자와 외래치료 명령을 청구한 정신의료기관의 장 및 외래치료 명령을 수행하게 될 정신의료기관의 장에게 그 사실을 서면으로 통지하여야 한다.

④ 특별자치시장·특별자치도지사·시장·군수·구청장은 제2항에 따라 외래치료 명령을 받은 사람이 그 외래치료 명령에 따르지 아니하고 치료를 중단할 때에는 그 사람이 자신의 건강 또는 안전이나 다른 사람에게 해를 끼칠 위험이 있는지를 평가하기 위하여 그 사람에게 지정정신의료기관에서 평가를 받도록 명령할 수 있다. 이 경우 해당 명령을 받은 사람은 명령을 받은 날부터 14일 이내에 지정정신의료기관에서 평가를 받아야 한다.

⑤ 특별자치시장·특별자치도지사·시장·군수·구청장은 제4항에 따라 외래치료 명령을 받은 사람에게 평가를 받도록 명령하는 경우 구급대원에게 그 사람을 정신의료기관까지 호송하도록 요청할 수 있다.

⑥ 특별자치시장·특별자치도지사·시장·군수·구청장은 제4항에 따라 평가한 결과 외래치료 명령을 받은 사람이 자신의 건강 또는 안전이나 다른 사람에게 해를 끼칠 위험이 없다고 인정되는 경우에는 외래치료 명령을 철회하고, 자신의 건강 또는 안전이나 다른 사람에게 해를 끼칠 위험이 있다고 인정되는 경우에는 다음 각 호의 어느 하나에 해당하는 조치를 하여야 한다.

1. 제41조에 따라 자의입원등을 신청하게 하는 것
2. 제42조에 따라 동의입원등을 신청하게 하는 것
3. 보호의무자에게 제43조제1항에 따른 입원등 신청을 요청하는 것
4. 제44조제7항에 따라 입원하게 하는 것(제1호부터 제3호까지의 조치에 따르지 아니하는 경우만 해당한다)

⑦ 국가와 지방자치단체는 외래치료 명령에 따라 발생하는 비용의 전부 또는 일부를 부담할 수 있다.

1. 외래치료명령제도

가. 개 념

(1) 외래치료명령(법 제64조)의 개념

법 제64조의 '외래치료명령제도'라 함은 정신의료기관의 장의 청구를 받아 정신병적 증상으로 입원 전에 자·타해 행동을 한 해당 기관의 보호입원환자나 행정입원환자에 대해 보호의무자의 동의를 받아 정신건강심의위원회 심의를 거쳐 시·군·구청장이 퇴원명령을 하면서 그 퇴원의 조건으로 1년의 범위 내에서 외래치료를 받도록 명하고, 대상자가 퇴원 후 외래치료명령을 이행하지 않는 경우 평가를 거쳐 다시 입원을 시킬 수 있는 조치를 할 수 있는 행정적 치료명령제도를 말한다. 이를 분설해 보면 다음과 같다.

i) 청구권자: 입원 정신의료기관의 장(정신요양시설은 제외)
ii) 대상자: 보호입원환자 또는 행정입원환자(보호입소환자는 제외)
iii) 명령권자: 시·군·구청장
iv) 청구사유: 입원 전 정신병적 증상으로 자·타해 행동을 한 사람
v) 청구요건: 보호의무자의 동의
vi) 명령절차: 정신건강심사위원회의 심사·의결을 거쳐 시·군·구청장이 명령
vii) 명령의 효과: 1년의 기간 범위 내에서 환자의 치료의무 발생
viii) 명령위반에 대한 조치: 시·군·구청장이 평가명령을 발령하여 환자평가 후 입원조치 가능

(2) 입원연장심사 등에서의 외래치료명령(법 제59조 제1항 제6호)

정신건강복지법은 법 제64조에 의한 외래치료명령 외에 추가적으로 입원연장심사나 퇴원 및 처우개선심사에서도 법 제59조 제1항 제6호에 따른 외래치료명령을 할 수 있도록 허용하고 있다. 후자의 외래치료명령의 경우에는 그 청구절차나 요건에 있어서는 법 제64조의 외래치료명령과 차이가 있지만 그 법적 효과나 명령위반의 효과에 있어서는 법 제64조의 규정을 따른다.

나. 기 능

외래치료명령제도는 입원환자에게 그리고 지역사회환자에게 다음과 같은 기능이 있다.

(1) 입원환자의 지역사회복귀 기능

본인의 의사에 반하여 장기간 강제입원된 환자의 경우 퇴원하여 지역사회로 나가게 될 경우 약물의 규칙적 복용 등이 어려워 증상이 재발해 반복적 입·퇴원이 발생하는 경우가 있다. 지역사회에서의 치료를 강제적으로라도 담보하는 것이 환자가 강제입원되는 것보다는 덜 침해적인 것이며, 지역사회에서의 치료유지의 담보가 환자의 퇴원을 촉진시키는 계기가 될 수 있다는 점에서 외래치료명령제도는 지역사회복귀(탈원화)의 기능을 가진 제도로 평가되어진다.

(2) 지역사회 환자의 치료유지 기능

지역사회의 환자에 대해서도 본인의 의사에 반한 강제입원에 대신하여 지역사회에서의 삶을 유지하면서 약물복용 등의 치료만을 요구하는 것이 환자의 자유와 삶을 강제입원에 비해 덜 침해하는 것이라 생각하는 것이 일반적이다. 환자의 자유와 권리에 대한 최소침해의 치료방법을 선택하고자 한다면 강제입원보다는 지역사회 내에서의 강제치료가 덜 침해적일 뿐만 아니라 외래치료명령은 환자의 지역사회에서의 삶(가족관계, 친교관계, 직장관계 등)을 단절시키지 않으면서 치료를 유지시키는 기능이 있다. 다만, 한국의 외래치료명령은 현재 입원환자만을 청구 대상으로 한다는 점에서 이러한 기능은 제한적이다.

(3) 강제입원의 대안적 수단으로서의 기능

강제입원의 목적은 격리가 아니라 치료이다. 그런데 치료를 목적으로 한다면 반드시 강제로 입원되어서 받을 필요가 있는 것은 아니며, 규칙적 약물복용 등은 지역사회 내에서도 가능하다. 다만 환자가 그 복용을 거부할 경우 어떤 방식으로 해결할 것이냐? 와 관련해 강제입원은 환자의 입원을 통한 강제치료를 제시하고 있고, 외래치료명령은 지역사회에서의 삶을 유지한 채로의 치료의 강제를 제시하고 있다. 환자의 자유와 권리에 대한 침해의 수준은 강제입원이 더 높기 때문에 서구에서는 강제입원의 대안으로서 외래치료명령이 기능한다고 보고 있다.

다. 다른 치료명령제도와의 비교

외래치료명령제도는 2008년 정신보건법 개정을 통하여 도입되었고, 그 후 10년여간 사실상 거의 활용되지 않아 법전에만 있는 화석화된 제도로 남아 있다. 그러나 강제입원제도를 대신해 환자의 자유와 권리의 침해를 최소화하면서 지역사회 내에서의 치료를 유지하는 외래치료명령제도는 서구에서 점차 활성화되는 경향이 있다. 또한, 한국 내에서도 최근 정신건강복지법의 외래치료명령과 유사하게 정신질환으로 인한 범죄에 대해서는 강제수용 상태에서의 치료제도인 치료감호 외에 법관이 재판을 통해 집행유예(선고유예 포함)의 조건으로 피고인에게 형사상 치료명령을 과할 수 있도록 하였다. 이를 외래치료명령과 비교해 보면 다음과 같다.

(1) 형사상 치료명령제도

형사상 치료명령제도는 i) 범죄를 저질러 재판에 회부된 사람이 ii) 일정한 정신질환이 있고, 재범의 위험성과 통원치료의 필요성이 있는 경우 iii) 검사는 치료명령을 청구할 수 있고, iv) 법원의 판사는 재판을 거쳐 집행유예(선고유예 포함)의 조건으로 진단과 약물복용 등의 의무를 부과하는 치료명령을 내릴 수 있다. 형사상 치료명령에 따른 의무를 위반한 경우에는 집행유예를 취소하여 집행이 유예된 징역형이나 금고형을 복역하게 한다. 즉, 징역형의 복역이라는 제재를 통하여 범죄를 저지른 사람의 치료의무 이행을 담보하도록 하는 것이다.

(2) 정신건강복지법의 외래치료명령제도

정신건강복지법의 외래치료명령제도는 i) 범죄와 무관하게 정신의료기관에 강제입원된 사람이 ii) 정신병적 증상으로 입원 전 자·타해 위험이 있는 행동을 한 경우 iii) 정신의료기관의 장이 보호의무자의 동의를 얻어 외래치료명령을 시·군·구청장에게 청구할 수 있고, iv) 정신건강심의위원회 심의를 거쳐 시·군·구청장이 외래치료명령을 발령할 수 있다.

외래치료명령에 따른 의무를 위반한 경우에는 시·군·구청장이 평가명령을 발령하여 환자를 정신의학적으로 평가한 후 필요한 경우 입원조치를 취할 수 있다. 이를 형사상 치료명령제도와 비교해 보면 다음과 같다.

표 4-13 외래치료명령과 형사상 치료명령의 비교

비교항목	외래치료명령	형사상 치료명령
근거법률	정신건강복지법	「치료감호 등에 관한 법률」
법률목적	정신질환의 예방·치료 및 정신질환자의 재활·복지·권리보장 등	적절한 보호와 치료를 통한 재범방지와 사회복귀
청구대상자	1. 보호입원환자 또는 2. 행정입원환자	금고 이상의 형에 해당하는 죄를 지은 자로서 다음 각 호의 자 1. 형이 감경되는 심신장애인 2. 알코올중독자(알코올 식음의 습벽이 있는 자 포함) 3. 마약·향정신성의약품·대마, 그 밖에 대통령령으로 정한 남용되거나 해독을 끼칠 우려가 있는 물질에 중독된 자(식음 등의 습벽이 있는 자 포함)
청구요건	입원 전 자·타해 행위를 했을 것	재범의 위험성 및 통원치료의 필요성
청구권자	입원 정신의료기관의 장	검사
명령권자	시·군·구청장	법원 판사
심사방식	정신건강심의위원회에서 합의체 방식으로 서면심사	재판방식의 대면심사
치료명령기간	1년 이내	1. 1년 이내(선고유예 시) 2. 집행유예기간 내(집행유예 시)
대상자의 치료의무	외래치료명령에 따른 의무	1. 치료에 응할 의무(의사의 진단과 약물 복용) 2. 인지행동 등 심리치료 프로그램의 성실한 이수의무(정신건강전문요원 등의 프로그램 실시)
집행감독기관	시·군·구청장의 감독	보호관찰관이 검사의 지휘를 받아 집행
명령위반시 조치	치료받을 의무위반 시 시·군·구청장의 평가명령 및 입원조치	의무위반이 중대한 경우 선고유예나 집행유예의 취소(수감)
비용부담	국가나 지방자치단체가 전부 또는 일부 부담	본인 부담이 원칙임 (단, 경제력이 없는 경우 국가 부담)

라. 법적 성질과 그 효과

(1) 외래치료명령의 법적 성질

외래치료명령은 시·군·구청장이 정신의료기관의 장과 청구대상자(입원환자)를 상대로 일정한 권한과 의무를 부과시키는 처분이라 할 수 있다. 외래치료명령은 청구인(정신의료기관의 장)과 그 대상자에게 발령하는 행정청의 처분이기 때문에 그 효력발생을 위해서는 원칙적으로 양 당사자 모두에게 적법하게 통지되어야 하고, 그 이유와 불복방법을 고지하여야 한다(「행정절차법」 제23조, 제24조 및 제26조).

(2) 외래치료명령의 법적 효과

외래치료명령은 각 당사자에게 서로 다른 권한과 의무를 부담시킨다.

1) 입원 정신의료기관의 장

입원 정신의료기관의 장은 시·군·구청장의 외래치료명령을 받은 경우 특별한 사정이 없는 한 환자를 지체 없이 퇴원시켜야 한다. 외래치료명령은 기본적으로 통원치료를 전제로 하고 있는데, 환자를 퇴원시키지 않는다면 환자가 외래치료명령을 이행할 수 없기 때문이다. 다만, 시·군·구청장이 외래치료명령을 하면서 퇴원시점이나 퇴원기한을 정한 경우라면 그에 따라야 한다.

2) 외래치료명령 환자

외래치료명령을 받은 입원환자(이하 '외래치료명령 환자'라 한다)는 특별한 사정이 없는 한 지체 없이 퇴원할 권한을 가지고 있다. 또한, 퇴원 이후에는 외래치료명령에서 정해진 기간(1년 이내) 내에 명령에서 정해진 시기에 일정한 진료(진단과 치료. 예컨대 약물복용)를 받을 의무가 발생한다.

3) 외래치료기관의 장

시·군·구청장은 외래치료명령을 하면서 구체적 외래치료기관을 지정할 수도 있지만 외래치료명령 수령자의 주거, 기존의 진료기관 등을 고려해 따로 외래치료를 받을 기관을 정하지 않을 수도 있다. 시·군·구청장은 외래치료기관을 정할 때 그 외래치료기관과 사전 협의 등을 통해 외래치료명령 환자에 대한 진료를 하는 것에 대해 동의를 얻거나 지정을 받아야 할 것이다.

4) 시·군·구청장

시·군·구청장은 외래치료명령을 발령하면 그 외래치료명령 환자가 퇴원한 후부터 그 외래치료명령 기간 중에는 치료를 중단한 사람에 대해 평가명령을 내려 그 평가결과에 따라 입원조치를 취할 권한이 발생한다.

마. 외국의 외래치료명령제도

(1) 개관

1) 형사상 치료명령제도

각 국의 강제적 외래(통원)치료명령제도는 대부분 정신보건 시스템과 형사사법 시스템에서 서로 다르게 접근하는 것이 일반적이다. 형사사법 시스템의 예를 들면, 일정한 범죄를 저지른 정신질환자(이하 '촉법 정신장애인'이라 한다)가 형사재판 등을 받는 경우에 한국을 포함하여 독일, 일본, 프랑스 등 대륙법계 국가의 대부분이 법관 등의 재판을 통해 피고인에게 외래(통원)치료명령을 부과할 수 있는 치료명령제도를 두고 있다.[37)]

2) 정신보건 시스템의 치료명령제도

또 다른 치료명령제도는 형사사법 시스템이 아니라 정신보건 시스템에서 비롯된 것이다. 2018년 현재 일본에서는 「정신보건복지법」에 외래(통원)치료를 강제할 수 있는 규정이 없으나, 대만의 「정신위생법」이나 프랑스의 「공중보건법」, 영국과 호주 빅토리아 주의 정신보건법 등에는 우리의 외래치료명령제도와 유사한 외래치료명령제도를 규정하고 있다. 이하에서는 정신보건 시스템에서 비롯된 외국의 외래치료명령제도를 간략히 소개해 본다.

(2) 대만 「정신위생법」[38)]의 외래치료명령제도

대만의 경우 「정신위생법」 개정을 통해 강제입원에서 지역사회치료로 그 제도적 방향을 전환하면서 지역사회 치료의 개념을 ⅰ) 가택치료, ⅱ) 지역사회 정신재활(환자가 사회생활에 점차 적응할 수 있도록 돕기 위해 지역사회에서 환자에게 근로능력, 근로태도, 심리회복, 사교기술, 일상생활 처리능력 등의 재활치료를 제공하는 것), ⅲ) 문진치료 등의 치료방식으로 정의하고 있다.[39)] 구체적으로 대만 외래치료명령의 내용을 보면 다음과 같다.

---

37) 예컨대, 일본의 경우 2003년 제정된 「심신상실 등의 상태에서 중대한 타해 행위를 한 자의 의료 및 관찰 등에 관한 법률」에 따라 판사인 재판관과 의사인 정신보건심판원이 합의제로 재판을 하여 특정한 범죄를 저지른 촉법 정신장애인에 대해 입원치료, 통원치료 등을 결정한다.

38) 대만 「정신위생법」은 2007년 전면개정되어 2013년 관할주무기관의 명칭을 바꾼 것 외에는 지난 10년간 개정이 없었다. 이하에서는 2007년 전면개정된 대만 「정신위생법」을 바탕으로 설명하기로 한다.

39) 대만 「정신위생법」 제3조.

1) 강제지역사회치료의 청구[40)]

대만의 외래치료명령과 관련해서는 중증 정신질환자(이하 '중증환자'[41)]라 한다)가 지역사회 내에서의 치료를 거부하는 경우 지정된 정신과 전문의사의 진단 등을 받아 지정정신의료기관에서 강제지역사회치료심사회(이하 '심사회'라 한다. 우리의 정신건강심사위원회와 유사함)에 강제지역사회치료 허가를 청구해야 한다.

2) 심사회의 강제지역사회치료 허가[42)]

심사회는 6개월을 초과하지 않는 범위에서 강제지역사회치료를 허가할 수 있고, 정신과 전문의사가 연장이 필요하다고 인정할 경우에는 심사회가 허가를 하여 1년의 범위 내에서 매번 연장이 가능하다.

중앙주관기관(우리의 보건복지부에 해당함)에서 인정받은, 환자 권익지원을 위한 공익단체는 강제지역사회치료의 개별사건에 대한 감독 및 조사를 진행해 부당한 사항을 발견한 경우 즉시 주관기관에 통지하여 개선조치를 취하도록 할 수 있다.

3) 강제지역사회치료의 내용[43)]

강제지역사회 치료의 내용을 보면 ⅰ) 약물치료, ⅱ) 혈액이나 소변의 약물 농도 검사, ⅲ) 알코올 또는 기타 중독 물질의 검사, ⅳ) 그 밖의 병세 악화를 방지하거나 환자의 생활적응기능을 향상하는 조치로 구분하고 있다. 강제지역사회치료는 중증환자에게 고지하지 아니하고서 할 수도 있으며, 필요시에는 경찰이나 소방기관의 협조를 받아 집행할 수도 있다. 강제지역사회치료의 중증환자 진단조건, 방식, 청구절차, 필요서류, 운영기관, 관리 및 준수사항의 구체적 내용은 중앙주관기관에서 정하도록 규정하고 있다.

4) 가택치료[44)]

정신질환자의 정신보건기관은 가택치료도 할 수 있는데 중앙주관기관에서 정한 가택치료의 기준을 보면, 치료를 거부하거나 중단하는 일정한 조건에 해당하는 환자에 대해 의사 등이 그 거주장소로 방문하여 약물치료, 가족치료, 증상에 대한 평가와 필요조치, 심리상담과 자문 등을 제공할 수 있다.[45)]

40) 대만「정신위생법」제45조.
41) 대만「정신위생법」제3조 제4호(중증환자: 환자가 현실과 분리된 괴이한 사상과 특이한 행위를 하여 자신의 사무를 처리할 수 없고, 정신과 전문의사의 진단을 받아 중증환자로 확인된 사람을 말한다).
42) 대만「정신위생법」제45조.
43) 대만「정신위생법」제46조.
44) 대만「정신위생법」제35조.
45) 중화민국 97년 8월 18일 행정원 위생서의 '정신병 환자 가택치료 기준' 제2조 및 제3조 참조.

(3) 프랑스 「공중보건법」의 외래치료명령제도[46)]

프랑스의 「공중보건법」은 강제입원제도와 강제치료제도를 규정하고 있다. 프랑스는 2011년 법을 개정하여 동의 없는 치료의 원칙적 금지(자의치료의 원칙)를 선언하고, 입원(완전입원)의 강제 외에도 외래(통원)치료나 가택치료를 강제하는 내용들을 규정하였다.

환자가 정신적 문제로 동의능력을 상실하여 강제치료(강제입원, 통원치료 또는 가택치료)가 필요한 경우에는 최초입원 단계에서 정신과 전문의들이 여러 차례의 진단을 거쳐 신속하게 강제입원을 시킬지 아니면 통원치료나 가택치료를 할지 결정한다. 다만, 가택치료의 경우에도 통원치료가 수반될 수 있으며, 가택치료의 경우에 강압적 수단의 사용은 금지된다.

통원치료나 가택치료의 경우 최초 입원된 정신의료기관의 정신과 전문의가 치료계획을 수립하여 환자에게 그 정보를 제공해 주고서 환자의 의견을 들어야 한다. 이후 환자의 증상에 따라 치료계획의 변경이 가능하고, 환자의 증상이 악화되는 경우에는 강제입원으로 전환할 수 있다.

(4) 호주 빅토리아 주 정신보건법의 외래치료명령제도

호주는 대륙법계 국가(독일, 프랑스, 일본, 한국 등)와는 다른 영미법계(영국, 미국, 호주 등)로서 영국 정신보건법의 전통을 계승하고 있지만 20세기 후반 이후 빅토리아 주나 뉴 사우스웨일즈 주의 정신보건법은 선진적인 제도들을 도입해 왔다. 그 중 빅토리아 주에 관하여 보면, 빅토리아 주는 2014년 기존의 1986년 법을 폐지하고 새로운 정신보건법을 제정하였는데, 지역사회 치료명령(Community Treatment Order, CTO)에 관한 내용을 보면 다음과 같다.

i) 치료명령의 구분: 강제치료를 받는 환자(compulsory patient)에 대한 치료명령(treatment order)을 둘로 나누어 지역사회 치료명령(CTO)과 병원에 강제로 입원해서 치료를 해야 하는 입원환자 치료명령(Inpatient Treatment Order)으로 구분한다.

ii) 치료명령의 요건: 치료명령의 발령요건은 정신질환으로 인해 정신적·신체적 건강의 심각한 악화나 자신 또는 타인에 대한 심각한 해를 끼칠 위험이

---

46) 프랑스의 외래치료명령제도는 서울시립대학교 산학협력단, 「정신보건법상 입·퇴원제도 개선방안」, 보건복지부 연구용역보고서, 2014, 75-86면의 내용 중 일부를 요약한 것이다.

있어 즉각적인 치료가 필요하고, 다른 덜 제한적인 조치가 없는 것 등이 요구된다.

iii) 치료명령의 결정: 치료명령(treatment order)은 별도의 독립된 강제입원 및 강제치료심사기관인 정신보건심판원(Mental Health Tribunal)이 강제입원된 환자에 대해 28일 이내 청문(심문)기일을 열어 지역사회 치료명령을 할지 입원환자 치료명령을 할지 결정한다. 지역사회 치료명령의 최장기간은 12개월이며, 입원환자 치료명령의 최대기간은 6개월을 한도로 하는데, 기간의 연장(갱신)이 가능하다.

실제 호주 빅토리아 주에서는 2014년 이후 정신보건심판원의 최초(28일내) 청문(hearing) 및 연장(갱신) 청문에서 내려진 명령의 통계를 보면, 입원환자 치료명령(2016/7년 기준 2,502건, 40%)보다 지역사회 치료명령(2016/7년 기준 3,423건, 54%)이 더 많이 발령되었으며,[47] 그 격차 또한 매년 증가하고 있다.[48] 호주 빅토리아 주의 경우 정신보건심판원에서 강제입원명령(입원환자 치료명령)보다 외래(지역사회)치료명령을 더 많이 활용하는 것이다.

바. 문제점과 한계

정신건강복지법 제64조의 외래치료명령제도는 다음과 같은 문제점이 있다.

i) 청구권자의 문제: 법 제64조의 외래치료명령은 그 청구권자를 입원 정신의료기관의 장으로 한정해 놓고 있는데, 입원 정신의료기관의 장은 자신의 입원환자를 퇴원시켜 외래치료명령을 받게 할 실질적 동기가 없어 실제 거의 활용되지 못하고 있다.

ii) 청구대상자의 문제: 법 제64조의 외래치료명령은 강제입원되어 있는 환자만을 그 대상자로 하고 있어 지역사회 환자가 외래치료명령을 통해 입원을 적게 할 수 있는 기회를 제공하지는 못하고 있다.

iii) 치료비용의 문제: 외래치료명령은 치료가 강제성을 띤 것이어서 국가나 지방자치단체가 그 치료비용을 부담하여야 함에도 불구하고 따로 예산을 마련해 두지 않은 채 환자나 보호의무자에게 그 비용을 전가할 수 있도록 하

---

47) 임시치료명령이나 치료명령을 정신보건심판원에서 취소한 비율은 6%(2016/7년 기준 371건)를 차지하고 있다.

48) 보다 구체적인 내용은 Mental Health Tribunal, 「2016 - 2017 Annual Report」, 2017, 16면 표 참조.

위법령에서 규정되어 있다.

위와 같은 문제점 때문에 2008년 도입된 외래치료명령제도는 활용된 적이 거의 없어 사문화되었으나 2016년 정신건강복지법으로 재탄생하면서 입원환자의 지역사회 복귀를 위해 그 활성화가 요구되고 있다. 그 개선방안에 대해서는 뒤에서 후술한다.

2. 구 정신보건법과의 비교

2008년 구 정신보건법의 개정을 통하여 도입된 외래치료명령제도는 현행 정신건강복지법과 다음의 내용에서 모두 동일하다.

i) 청구권자: 정신의료기관의 장
ii) 청구대상자: 보호입원환자 및 행정입원환자
iii) 청구요건: 입원 전 자신 또는 타인을 해하는 행동을 했을 것
iv) 심사기관과 방식: 정신건강(보건)심사위원회의 심사
v) 외래치료명령의 치료기간: 1년 이내
vi) 명령권자: 시 · 군 · 구청장
vii) 위반 시의 조치: 평가명령 및 입원조치

차이가 있다면 정신건강복지법은 추가적으로 i) 외래치료명령을 거부하거나 위반하는 외래치료명령 환자에 대해 평가명령을 내린 경우 구급대원에게 정신의료기관까지 그 이송을 요청할 수 있도록 하고, ii) 평가결과 자 · 타해 위험이 없다고 판단된 경우 외래치료명령을 철회하고, iii) 자 · 타해 위험이 있다고 판단된 경우에는 법정입원유형(자의, 동의, 보호, 행정)에 따른 입원조치를 취할 것을 규정하고 있다.

3. 외래치료명령의 내용

가. 청구권자와 대상자

(1) 청구권자

법 제64조에 의한 외래치료명령은 그 청구권자가 입원병상이 있는 정신의료기관의 장이다. 정신의료기관의 장은 자신의 정신의료기관에 입원한 보호입원환자나 행정입원환자를 대상자로 하여 외래치료명령청구를 할 수 있다. 한편, 정신의료기관

의 장이 청구하는 입원연장심사나 입원환자나 그 보호의무자가 청구하는 퇴원 및 처우개선심사에서도 외래치료명령이 발령될 수 있다.

정신의료기관의 장이 사인(私人)인 점을 고려해 볼 때 자신의 입원환자가 지역사회에 나가서 강제로 치료받도록 청구하는 것은 환자 치료와 공익적 목적이 있다고 할지라도 민간의 정신의료기관이 자발적으로 청구하기에는 어려움이 있다. 이러한 문제점을 해결하기 위해서는 외래치료명령 청구권자로 각 지역의 정신건강복지센터의 장도 포함시키고, 그 대상자도 지역사회 환자까지 확대할 필요가 있다.

(2) 대상자

외래치료명령의 대상자는 입원한 강제입원(보호입원 또는 행정입원)환자이다(법 제64조 제1항). 자발적으로 입원한 환자에 대해서는 외래치료명령을 청구할 수 없다. 입원 중인 환자만을 대상자로 삼아야 하기 때문에 퇴원한 환자에 대해서는 외래치료명령을 청구할 수 없다.

정신의료기관의 장이 외래치료명령을 청구할 때에는 입원되어 있었으나 청구 이후에 퇴원한 경우에는 그 외래치료명령청구가 대상자 적격(입원환자)이 소멸되어 청구를 배척(각하나 기각)해야 하는 것인지 아니면 청구시점에서만 입원되어 있으면 족한 것인지 해석상 검토가 필요하다. 다른 견해도 있을 수 있으나 정신건강복지법의 외래치료명령제도는 입원된 강제입원환자만을 대상으로 하고 있어 청구 시점에서뿐만 아니라 심사시점에서도 입원요건을 유지하고 있어야 한다고 해석해야 할 것이다.

나. 청구의 요건

외래치료명령을 청구하기 위해서는 다음의 각 요건을 모두 구비하여야 하는데, 이는 동시에 외래치료명령을 발령하기 위한 요건이기도 하다.

(1) 보호의무자의 동의

외래치료명령을 청구(발령)하기 위해서는 입원환자의 보호의무자가 그 치료에 동의하는 것이 필요하다. 여기서의 보호의무자는 보호입원을 신청하거나 동의하였는지 여부를 불문하며, 보호의무자 순위 또한 따지지 않고 그 자격이 있기만 하면 된다.

보호의무자가 환자의 퇴원과 치료에 적극 협조할 의무가 있기도 하지만 동시에 환자 본인의 의사를 최대한 존중해야 하는 점(법 제40조 제1항 및 제2항)을 고려해 볼 때 외래치료명령청구(발령)에 있어 보호의무자의 동의를 요건으로 하는 것은 적절하지 않다. 그렇기 때문에 법 제59조 제1항 제6호에 따른 외래치료명령의 경우에는 보호의무자의 동의를 요구하지 않는다. 따라서 향후의 입법에서는 법 제64조의 외래치료명령도 보호의무자의 동의를 요건으로 하기보다는 보호의무자의 의견을 참조할 수 있도록 보호의무자의 외래치료명령에 대한 의견진술을 받는 수준으로 개정하는 것이 타당하다.

(2) 입원 전 정신병적 증상으로 인한 자·타해 행동의 경험

외래치료명령을 청구(발령)하기 위해서는 현행법 규정상 '입원 전 정신병적 증상으로 인해 자신 또는 다른 사람에게 해를 끼치는 행동'을 하였어야 한다(법 제64조 제1항). 그러나 청구(발령)요건으로 그 위험행위의 시기를 '입원 전'으로 제한할 이유가 없고, 또한 실제 '자·타해 행위'를 이미 했다는 것 또한 향후 자·타해 위험성을 예상할 수 있는 하나의 고려요소일 뿐이다.

외래치료명령청구(발령)의 요건을 강제입원의 요건(자·타해 위험성)보다 더 엄격히 하고 있는 현행 요건(자·타해 행위)은 퇴원 후의 외래치료 필요성을 기준으로 재구성될 필요가 있다.

(3) 치료비 지급능력

외래치료명령에 따른 치료를 받는 경우 그 치료비 지급이 필요하므로, 대상자의 치료비 지급능력을 담보하기 위해 법은 대통령령을 통하여 다음의 요건 중 하나를 갖춘 강제입원환자에 대해서만 외래치료명령을 청구할 수 있도록 하였다(영 제31조 각 호).

i) 「의료급여법」에 따른 수급권자(제1호)
ii) 「공무원연금법」, 「산업재해보상보험법」, 「국가유공자 등 예우 및 지원에 관한 법률」 등 다른 법령에 따라 진료비 지원을 받을 수 있는 사람 중 보건복지부장관이 정하여 고시하는 사람(제2호)
iii) 보호의무자(국민건강보험법에 따른 건강보험 가입자만 해당한다)가 외래치료비용을 지급하기로 한 사람(제3호)

위 규정을 보면, i) 강제입원환자가 「의료급여법」에 따른 수급권자(1종 의료급여 수급자는 진료비를 부담하지 않음)이거나 ii) 기타 법령에 따른 진료비 지원을 받는 경우와 iii) 그 보호의무자가 건강보험 가입자로서 외래치료비용을 지급하여야만 강제입원환자에 대한 외래치료명령을 청구(발령)할 수 있다.

정신의료기관 입원 통계상 입원환자의 60~70% 내외(1종 및 2종 의료급여 모두 포함. 2001년부터 2016년까지 1종 의료급여 환자만으로도 60% 초과)가 의료급여수급자인 점에서[49]에서 외래치료명령을 받을 경우라도 대다수는 부담해야 할 진료비 자체가 없다. 그러나 의료급여수급자가 아닌 경우에는 보호의무자가 외래치료비용(환자자기부담금)의 부담을 확약할 것을 요구하는 것은 제도적으로 문제가 있다. 국가가 부담해야 할 강제치료비용을 보호의무자에게 전가하고 있는 것이기 때문이다. 법이 국가나 지방자치단체에 외래치료명령에 따라 발생하는 비용의 전부나 일부를 부담할 수 있도록 규정하고 있는 이상(법 제64조 제7항) 일정한 외래치료명령비용의 예산을 확보하거나 외래치료명령의 경우 의료급여수급자로 간주하는 등의 조치를 마련해야 한다.

(4) 입원환자의 동의여부 문제

입원환자가 외래치료명령의 청구나 발령에 동의하는지 여부는 청구나 발령의 요건이 아니다. 즉, 강제입원과 유사하게 외래치료명령도 환자의 의사와 무관하게 발령할 수 있다. 따라서 그 대상자인 입원환자가 외래치료명령에 동의하더라도 발령할 수 있다. 특히, 청구대상자인 입원환자가 퇴원 후 적극적 치료의지를 밝히며 동의하는 경우라면 외래치료명령 청구서에 그 대상자의 의견진술서를 첨부하는 것도 필요하다.

다. 심사와 조치

(1) 시·군·구청장에 대한 청구

정신의료기관의 장은 입원 정신의료기관 소재지 관할 시·군·구청장에게 보호의무자 동의를 받아 입원 중인 강제입원환자에 대해 외래치료명령청구를 할 수 있다. 외래치료명령청구서는 법정서식(규칙 제47조 제1항 별지 제24호 서식)에 따라 청구하여야 하는데, 청구서에는 보호의무자의 동의와 비용 부담 확약 외에 외래치료명령 청구기간(1개월, 3개월, 6개월, 1년)과 입원 만료예정일을 기재하여 정신과 전문의 소견을 함께 첨부하여 제출하도록 규정되어 있다. 그런데 외래치료명령은 환자의 치료에 대한 동의여부와 무관하게 이루어지는 것이어서 외래치료명령 심사에서

49) 보건복지부 및 국립정신건강센터, 「2017 국가 정신건강현황 제3차 예비조사 결과보고서」, 2017, 119면 표 24 참조.

환자의 자기결정권을 존중하기 위해서는 환자의 외래치료명령에 대한 의견진술서도 함께 첨부하는 것도 필요하다.

(2) 정신건강심의위원회 심의

법은 시·군·구청장이 외래치료명령청구를 받았을 때에는 소관 정신건강심의위원회의 심의를 거치도록 규정하고 있다(법 제64조 제1항).

입원연장청구나 퇴원 및 처우개선청구와 같은 심사사항이 시·군·구청장에게 접수되면 지체 없이 시·군·구청장이 소관 정신건강심의위원회에 회부하고, 정신건강심의위원회는 전문적 심사를 담당하는 정신건강심사위원회에 송부하여 그 심사 및 의결을 거쳐 시·군·구청장에게 보고하여 시·군·구청장이 명령이나 결정을 해야 할 것이다(법 제54조 내지 제59조의 내용 참조).

외래치료명령청구도 전문적 심사사항이라 할 것이므로 입원연장심사나 퇴원 및 처우개선심사와 동일하게 정신건강복지법 제54조 내지 제59조의 규정을 유추하여 정신건강심의위원회는 정신건강심사위원회에 외래치료명령청구사건을 송부하여 심사하게 하여야 한다고 볼 것이다. 정신건강심의위원회는 보건소장 등을 위원장으로 한 행정적 합의체여서 의료적 합의체인 정신건강심사위원회의 심사를 대신할 수 없기 때문이다.

(3) 정신건강심사위원회의 심사 및 의결

1) 심사기간

정신건강심의위원회로부터 송부된 외래치료명령청구사건에 대해서 정신건강심사위원회는 심사 및 의결을 하여야 한다. 그 심사기간은 다른 심사사건과 동일하게 청구서 접수일로부터 15일(연장하는 경우 최대 10일까지 연장 가능)이다.

2) 외래치료명령청구를 배척하는 경우

외래치료명령청구사건에 관하여 정신건강심사위원회는 외래치료명령을 받을 것을 조건으로 한 퇴원명령 여부를 심사·의결하는 것이다. 청구를 배척하는 경우에는 각하나 청구기각을, 받아들이는 경우에는 외래치료명령(퇴원명령이 원칙적으로 포함된다)을 의결하여야 할 것이지만 현행 정신건강복지법은 청구기각이나 각하의 결정을 인정하지 않고 있으므로 법 제59조 제1항 제8호의 계속입원결정으로 대신하여야 할 것이다.

3) 외래치료명령청구를 인용하는 경우

정신건강심사위원회에서 외래치료명령을 결정하는 경우에는 그 대상자를 특정하고, 퇴원일자나 퇴원시점, 외래치료명령의 기간과 내용(퇴원시점, 외래치료기관의 특정여부, 외래치료의 횟수와 주기, 약물투약 등 외래치료의 내용, 치료중단 시의 평가명령과 입원조치 고지, 그 밖의 외래치료 시 준수사항) 등을 함께 의결해야 할 것이다.

4) 그 밖의 심사절차

그 밖에 심사절차, 의결방법, 재심사 등에 대해서는 법 제54조부터 법 제61조의 규정을 준용한다.

(4) 시·군·구청장의 외래치료명령

정신건강심사위원회의 심사 및 의결에 따라 시·군·구청장은 행정청으로서 행정처분의 성격을 가진 계속입원결정(외래치료명령청구를 배척하는 경우)을 내리거나 외래치료명령(외래치료명령을 인용하는 경우)을 내린다.

시·군·구청장의 외래치료명령은 앞서 의결된 내용과 동일하게 외래치료명령기간 외에 외래치료명령의 내용(퇴원시점, 외래치료기관의 특정여부, 외래치료의 횟수와 주기, 약물투약 등 외래치료의 내용, 치료중단 시의 평가명령과 입원조치, 그 밖의 외래치료 준수사항, 불복방법)이 함께 기재되어야 할 것이다.

특히 환자의 퇴원시점을 시·군·구청장이 따로 정한 경우가 아니라면 원칙적으로 외래치료명령 발령을 통지받은 정신의료기관의 장은 지체 없이 그 대상환자를 퇴원시켜야 한다. 외래치료명령은 입원환자의 퇴원을 전제하여 내리는 명령이기 때문이다.

(5) 외래치료명령의 통지

시·군·구청장이 외래치료명령을 발령하는 경우에는 지체 없이 다음의 각 사람들에게 모두 그 사실을 서면으로 통지하여야 한다(법 제64조 제3항).

i) 외래치료명령을 받는 해당 입원환자
ii) 외래치료명령을 받는 해당 입원환자의 보호의무자
iii) 외래치료명령을 청구한 입원 정신의료기관의 장
iv) 외래치료명령을 수행하게 될 정신의료기관의 장

해당 입원환자에 대한 통지는 입원 정신의료기관의 장에 대한 통지로 대신할 수 없으며 별도의 개별적인 통지가 필요하다. 보호의무자에 대한 통지는 원칙적으로

외래치료명령에 동의한 보호의무자에 대해 통지하는 것으로 보아야 할 것이다. 외래치료명령은 행정청의 처분이기 때문에 위의 서면통지가 각 당사자에게 도달할 때 원칙적으로 그 법적 효력이 발생한다.

(6) 외래치료명령에 대한 입원환자의 불복방법

외래치료명령청구가 배척(계속입원결정)된 경우 그 청구대상자로서는 퇴원의 기회를 잃게 되는 것이어서 재심사를 청구하거나 인신보호청구를 할 수 있다. 외래치료명령청구가 인용(외래치료명령의 발령)된 경우에도 그 청구대상자는 퇴원 후 외래치료의무를 부담하여야 하므로 그 의무의 제거를 위해 재심사를 청구하거나 행정소송을 제기할 수 있다.

라. 명령의 효과

(1) 외래치료명령 환자의 의무

외래치료명령을 받은 환자는 퇴원 후 외래치료명령기간(1년 이내) 동안 그 외래치료내용에 따라 치료를 받아야 할 의무가 발생한다. 예컨대, 주기적인 외래진료기관의 방문, 일정한 심리치료 프로그램의 참여, 규칙적인 약물복용, 약물복용 여부를 확인할 수 있는 소변검사, 그 밖에 정신과적 치료를 위해 외래치료기관에서 요구하는 사항 등을 준수할 필요가 있다.

(2) 입원 정신의료기관의 장의 의무

입원 정신의료기관의 장은 외래치료명령을 서면으로 통지받으면 특별한 사정이 없는 한 지체 없이 그 명령대상 입원환자를 퇴원시킬 의무가 있다. 다만, 시·군·구청장의 외래치료명령서에 그 퇴원시점 등이 정해져 있는 경우에는 그 때까지 퇴원을 늦출 수 있다.

(3) 외래치료기관의 의무

외래치료기관은 시·군·구청장으로부터 외래치료명령을 수행하기 위해 사전에 신청이나 지정 또는 협약이 체결된 정신의료기관이어야 한다. 사전에 외래치료기관은 외래치료명령 환자에 대해 진료할 의무가 부여되어 있어야 하기 때문이다. 이는 행정입원에 있어 지정정신의료기관이 시·군·구청장이 의뢰하는 행정입원환자를 입원시킬 의무를 부담하도록 미리 지정해 놓은 것과 유사한 것이다.

외래치료기관은 환자가 외래치료를 중단하거나 약물을 복용하지 않아 그 증상이 악화된 것을 알게 된 경우 명령을 내린 시 · 군 · 구청장에게 통지할 필요가 있다.

마. 비용부담

외래치료명령과 그 위반에 따른 평가명령에 소요되는 진료비용은 국가나 지방자치단체가 전부 또는 일부를 부담한다(법 제64조 제7항).

그러나 앞서 보았듯이 그 명령 대상자가 1종 의료급여환자일 경우에는 진료비가 전액 면제되므로 따로 국가나 지방자치단체가 진료비를 부담할 필요가 없고, 건강보험환자일 경우라도 법령상 그 보호의무자가 진료비(자기부담금) 지급을 확약할 것을 조건으로 외래치료명령이 발령되므로 사실상 국가나 지방자치단체가 진료비를 부담하는 부분이 없게 된다. 제도적으로 본다면, 보호의무자에게 환자의 외래치료명령 이행에 따른 진료비 부담을 지우는 것은 삭제하고, 국가나 지방자치단체가 대상자에게 부담지운 치료의무인 이상 그 의무이행으로 인한 진료비 부담은 국가나 지방자치단체가 부담하는 것이 맞다.

4. 외래치료명령위반에 대한 조치

정신건강복지법의 외래치료명령은 입원환자를 지역사회로 복귀시키면서 그 조건으로서 대상자에게 외래치료의무를 부과하는 것이다. 퇴원하여 환자가 외래치료의무를 이행하지 않는 경우 법은 시 · 군 · 구청장이 평가와 입원조치를 취할 수 있도록 하여 그 치료의무의 이행을 담보하고 있다. 아래에서 구체적으로 본다.

가. 시 · 군 · 구청장의 평가명령

(1) 평가명령의 개념

시 · 군 · 구청장의 '평가명령'이란 지역사회의 외래치료명령 환자가 외래치료명령을 따르지 아니하고서 치료를 중단한 경우 자 · 타해 위험을 평가하기 위하여 그 대상자에게 지정정신의료기관에서 평가를 받도록 의무를 부과하는 명령을 말한다. 참고로 시 · 군 · 구청장이 행정입원을 신청받은 경우 그 신청대상자에 대한 진단을 정신과 전문의에게 의뢰하는 것(법 제44조 제3항)도 그 신청대상자에 대해서는 일종의 평가명령과 같은 의미를 가진다.

(2) 평가명령의 요건

시 · 군 · 구청장이 외래치료명령 환자에게 평가명령을 발령하기 위해서는 다음의 요건을 갖추어야 한다.

i) 대상자가 외래치료명령에 따르지 아니하고 치료를 중단할 것
ii) 대상자의 자·타해 위험을 평가하기 위한 목적일 것

먼저, 평가명령을 발령하기 위해서는 환자의 치료중단 사실을 시·군·구청장이 알 수 있어야 한다. 이를 위해 시·군·구청장은 소속 공무원이나 관할 정신건강복지센터 직원으로 하여금 외래치료명령 환자가 외래치료의무를 적절하게 이행하고 있는지 확인하게 할 수 있다(규칙 제47조 제2항).

다음으로, 시·군·구청장이 치료중단 사실을 알 수 있는 방법은 지정된 외래치료기관의 장으로부터 그 치료중단 사실을 통보받는 것이다. 이는 법령에 없는 것이기는 하지만 외래치료기관으로 지정하거나 협약을 체결할 때 이러한 통보를 외래치료기관의 의무로서 규정해 두면 가능하다.

(3) 평가명령의 발령

1) 평가명령 발령의 재량성

위와 같은 방법으로 대상자의 치료중단 사실이 확인된다고 하더라도 시·군·구청장이 바로 평가명령을 발령할 것은 아니다. 남은 외래치료명령기간, 환자의 증상이나 상태의 악화나 회복여부, 치료중단의 사유 등을 검토하여 치료중단에 정당한 사유가 있다고 보이면 별도의 평가명령을 발할 필요가 없기 때문이다.

2) 평가명령 발령의 시기

시·군·구청장의 평가명령의 발령은 외래치료명령기간 중에 이루어져야 한다. 외래치료명령기간이 도과되면 대상자가 외래치료명령을 이행할 의무가 소멸되기 때문에 평가명령 또한 그 이후에는 발령할 수 없다.

(4) 평가명령의 내용과 효과

시·군·구청장이 외래치료명령 환자에게 평가명령을 발령하면 그 명령을 받은 대상자는 명령에서 정한 지정정신의료기관에서 명령을 받은 날부터 14일 이내에 평가를 받아야 한다(법 제64조 제4항 후단). 여기서 평가의 내용은 외래치료명령 대상자의 자·타해 위험성 등 강제입원의 요건을 충족할 수 있는지 여부이며, 대상자의 기존의 치료중단 사유나 원인에 대한 조사 등이 아니다. 시·군·구청장의 평가명령 또한 대상자에게 구체적 의무를 부과하는 행정청의 처분이기 때문에 「행정절차

법」에 따른 행정처분 일반론(송달, 기간, 사전 통지, 처분의 이유제시, 불복방법의 고지 등)이 적용된다.

(5) 평가명령의 집행(이송)

시·군·구청장의 '평가명령'은 외래치료명령 환자에게 지정정신의료기관에서 14일 이내에 자·타해 위험 여부에 대한 진단을 받으라는 명령이며, 그 명령을 받은 대상자는 그 명령을 이행하여야 한다. 그러나 이를 이행하지 않을 경우 시·군·구청장은 이를 직접 강제할 필요도 발생하는데, 그 경우 시·군·구청장은 구급대원의 호송지원을 요청할 수 있다(법 제65조 제5항). 이는 앞서 행정입원에서의 구급대원 호송지원 요청(법 제44조 제9항)과 동일한 행정응원(行政應援)[50]의 성격을 가지고 있다.

나. 평가결과에 따른 조치

시·군·구청장의 평가명령에 따라 그 대상자가 지정정신의료기관에서 평가를 받아 그 평가결과 자·타해 위험이 없다고 인정되는 경우에는 시·군·구청장이 외래치료명령을 철회하고, 자·타해 위험이 있다고 인정되는 경우에는 시·군·구청장이 입원을 위해 필요한 조치를 하여야 한다(법 제64조 제6항). 이를 구체적으로 보면 다음과 같다.

(1) 시·군·구청장의 외래치료명령의 철회

시·군·구청장은 평가결과 그 대상자가 자·타해 위험이 없다는 평가(진단)가 나온 경우 지체 없이 그 대상자의 외래치료명령 철회를 하여야 한다. 여기서 '철회'란 기존의 행정처분인 외래치료명령을 장래적으로 소멸시키는 별도의 행정처분이다.[51]

---

50) 「행정절차법」 제8조(행정응원) ① 행정청은 다음 각 호의 어느 하나에 해당하는 경우에는 다른 행정청에 행정응원(行政應援)을 요청할 수 있다.
1. 법령등의 이유로 독자적인 직무 수행이 어려운 경우
2. 인원·장비의 부족 등 사실상의 이유로 독자적인 직무 수행이 어려운 경우
3. 다른 행정청에 소속되어 있는 전문기관의 협조가 필요한 경우
4. 다른 행정청이 관리하고 있는 문서(전자문서를 포함한다. 이하 같다)·통계 등 행정자료가 직무 수행을 위하여 필요한 경우
5. 다른 행정청의 응원을 받아 처리하는 것이 보다 능률적이고 경제적인 경우
②항 이하 생략

51) 대법원 2006. 5. 11. 선고 2003다37969 판결(행정행위의 취소는 일단 유효하게 성립한 행정행위를 그 행위에 위법 또는 부당한 하자가 있음을 이유로 소급하여 그 효력을 소멸시키는 별도의 행정처분이고, 행정행위의 철회는 적법요건을 구비하여 완전히 효력을 발하고 있는 행정행위를 사후적으로 그 행위의 효력의 전부 또는 일부를 장래에 향해 소멸시키는 행정처분이므로, 행정행위의 취소사유는 행정행위의 성립 당시에 존재하였던 하자를 말하고, 철회사유는 행정행위가 성립된 이후에 새로이 발생한 것으로서 행정행위의 효력을 존속시킬 수 없는 사유를 말한다).

따라서 행정처분의 효력발생을 위해 그 대상자에 대한 서면통지 등이 필요하다.

(2) 시·군·구청장의 입원을 위한 조치

시·군·구청장은 평가결과 그 대상자가 자·타해 위험이 있다는 평가(진단)가 나온 경우에는 다음 각 호의 어느 하나에 해당하는 조치를 취해야 한다(법 제64조 제6항 각 호).

i) 대상자에게 자의입원을 신청하게 하는 것(제1호)
ii) 대상자에게 동의입원을 신청하게 하는 것(제2호)
iii) 대상자의 보호의무자에게 보호입원신청을 요청하는 것(제3호)
iv) 대상자에 대해 행정입원을 의뢰하는 것(제4호. 제1호부터 제3호가지의 조치에 따르지 아니하는 경우만 해당)

i), ii), iii)의 입원신청이나 요청은 그 대상자나 보호의무자에게 입원신청을 권유하는 것일 뿐 의무를 부과하거나 강요할 수는 없는 것이다. 그러나 i), ii), iii)의 권유가 모두 받아들여지지 않은 경우에는 최후의 수단으로 시·군·구청장이 자신의 직권으로 iv)의 조치인 행정입원을 의뢰할 수 있다. iv)의 행정입원 의뢰는 그 평가대상자나 보호의무자에게 입원권유가 받아들여지지 않은 경우에만 가능하다(법 제64조 제6항 제4호 괄호). 행정입원은 다른 방식으로는 입원이 불가능할 때 국가에게 최후적 수단으로 부여되는 권한이기 때문이다.

5. 정신요양시설의 적용여부

외래치료명령의 청구는 정신의료기관의 장이 해당 기관에 강제입원(보호입원 및 행정입원)한 환자에 대해서만 가능하다. 따라서 정신요양시설 입소환자에 대해서는 누구도 외래치료명령 청구가 불가능하다고 해석된다. 만약 정신요양시설 입소환자에게 외래치료명령을 받도록 하고자 한다면 정신의료기관으로 이송된 이후에나 가능하다고 볼 것이다.

그러나 정신요양시설 입소환자의 경우라도 퇴소 후 외래치료명령이 필요할 수 있으므로 입법론적으로는 정신요양시설 입소환자라고 하여 그 청구대상자에서 배제할 것은 아니다. 다만, 외래치료명령의 청구는 의료전문가의 판단이 필요하므로 정신과 전문의인 촉탁의나 정신건강복지센터의 장이 청구하는 것도 입법론으로는 고려해 볼 필요가 있다.

6. 외래치료명령의 문제점과 개선방안

앞서 지적한 바와 같이 외래치료명령제도는 다음과 같은 문제점이 있어 그 개선방안을 다음과 같이 제시해 본다.

i) 청구권자: 현행 정신건강복지법은 청구권자를 입원 정신의료기관의 장으로 제한하고 있다. 실제 민간 정신의료기관이 대부분을 차지하는 상황에서 환자의 퇴원 후 치료를 위해 외래치료명령청구를 해 줄 것을 기대하기 어렵다. 따라서 정신건강복지센터의 장과 같은 공공부문에서 외래치료명령청구를 할 수 있도록 그 청구권자를 확대하여야 한다.

ii) 청구대상자: 현행 외래치료명령은 강제입원되어 있는 환자만을 그 대상자로 하고 있어 지역사회 환자는 그 대상자에서 제외되고 있다. 지역사회 환자의 강제입원이나 장기입원을 줄이기 위해서는 지역사회 환자에 대한 외래치료명령도 허용될 필요가 있다. 외래치료명령이 강제입원보다는 덜 침해적인 수단이기 때문이다.

iii) 치료비용: 현행 외래치료명령은 사실상 국가나 지방자치단체의 비용부담을 환자나 보호의무자에게 전가하고 있다. 정신질환의 치료는 공공의료적 성격을 지닌다. 외래치료비용에 대한 국가적 부담방안을 강구하여 환자나 보호의무자가 비용부담 없이 지역사회에서의 치료를 받을 수 있도록 치료비용의 국가부담방안을 마련할 필요가 있다.

iv) 심사기관: 법 제64조는 외래치료명령청구에 대한 심사를 정신건강심의위원회의 심의에 맡겨 두었는데, 이는 2008년 법 개정 당시의 착오로 보이므로 전문적 심사기관인 정신건강심사위원회의 심사를 거치도록 문구의 개정이 필요하다.

보다 근본적으로는 우리 사회에는 아직 강제입원의 대안으로서 외래치료명령을 인식하지 못하고 있다는 점이다. 물론 외래치료명령도 지역사회에서까지 환자에게 치료의무를 부담하게 하는 강제적 요소가 있다는 점에서 자제될 필요가 있는 조치이기도 하지만 장기화되는 강제입원을 해결하기 위한 차선책으로서 고려될 필요가 있다.

Ⅳ. 무단퇴원자에 대한 조치(제65조)

제65조(무단으로 퇴원등을 한 사람에 대한 조치) ① 정신의료기관등의 장은 입원등을 하고 있는 정신질환자로서 자신의 건강 또는 안전이나 다른 사람에게 해를 끼칠 위험이 있는 사람이 무단으로 퇴원등을 하여 그 행방을 알 수 없을 때에는 관할 경찰서장 또는 자치경찰기구를 설치한 제주특별자치도지사에게 다음 각 호의 사항을 통지하여 탐색을 요청할 수 있다.

1. 퇴원등을 한 사람의 성명·주소·성별 및 생년월일
2. 입원등의 날짜·시간 및 퇴원등의 날짜·시간
3. 증상의 개요 및 인상착의
4. 보호의무자 또는 보호를 하였던 사람의 성명·주소

② 경찰관은 제1항에 따라 탐색 요청을 받은 사람을 발견한 때에는 즉시 그 사실을 해당 정신의료기관등의 장에게 통지하여야 한다.

③ 제2항에 따라 통지를 받은 정신의료기관등의 장은 즉시 정신질환자를 인도받아야 한다. 다만, 그 정신질환자를 즉시 인도받을 수 없는 부득이한 사정이 있는 경우 경찰관은 그 정신질환자를 인도할 때까지 24시간의 범위에서 그 정신질환자를 경찰관서·의료기관·사회복지시설 등에 보호할 수 있다.

1. 무단퇴원자 조치의 의의

가. 개 념

'무단퇴원자에 대한 조치'란 정신의료기관에 입원한 자·타해 위험이 있는 환자가 무단으로 퇴원하여 그 행방을 알 수 없는 경우 정신의료기관의 장이 관할 경찰서장에게 탐색을 요청하고, 경찰이 발견한 경우 정신의료기관의 장이 그 환자를 인수할 수 있도록 하는 조치를 말한다. 위 무단퇴원자에 대한 조치는 정신요양시설에서도 동일하게 적용된다.

나. 기 능

무단퇴원자에 대한 조치는 정신의료기관의 장에게 입원환자에 대한 관리와 책임이 있음을 전제한 것이다. 일반 의료기관에서 입원환자가 무단퇴원하더라도 경찰에 신고할 의무는 없지만, 정신의료기관 입원환자 중 자·타해 위험이 있는 사람의 무단퇴원에 관해서는 정신의료기관의 장이 탐색을 요청하여 다시 환자를 인수받을 수 있는 책임과 권한을 부여받은 것이다.

다. 일본과 대만의 무단퇴원자 조치

(1) 일본

우리의 무단퇴원자 조치는 일본의 정신보건법을 참조한 것이다. 일본은 1950년 「정신위생법」을 제정하면서 입원 중 무단퇴원한 사람이 자상타해(自傷他害) 위험이 있는 경우 그 행방을 알지 못할 때 관할 경찰서장에게 통보하여 탐색을 요청할 수 있었고(1950년 일본 「정신위생법」 제39조), 현행 일본 「정신보건복지법」에서는 위의 내용에 추가하여 경찰의 대상자 발견 시 병원측에 통지하고, 대상자를 24시간 동안 일정한 장소에서 보호할 수 있도록 하였다(제39조).

(2) 대만

대만의 2007년 전면개정된 「정신위생법」도 1990년 「정신위생법」 제28조의 규정을 승계하여 무단퇴원자에 대한 조치를 두고 있다. 법 규정을 보면, 정신보건기관(우리의 정신건강증진시설에 해당)에서 환자가 무단으로 이탈한 경우 정신보건기관은 즉시 보호자에게 통지하고, 그 행방이 불명한 경우에는 관할 경찰관서에 보고해야 한다. 경찰관서에서 무단 이탈자를 발견한 경우 정신보건기관에 알려 그를 인수할 수 있도록 협조해야 한다고 규정하고 있다(대만 「정신위생법」 제34조).

라. 무단퇴원자 조치의 문제점

(1) 치안적 시각의 문제점

정신의료기관의 장의 무단퇴원자 탐색요청권한과 인수책임은 자·타해 위험이 있는 입원환자의 관리자로서의 법적 책임에서 비롯된 것이며, 동시에 입원환자에 대한 국가사회의 치안적 시각을 드러내는 것이기도 하다. 그가 지역사회로 나오는 것은 위험하니 다시 병원으로 돌려보내야 한다는 것이다.

(2) 정신의료기관의 장의 인수책임

입원환자는 자신의 질병에 귀책사유나 책임이 없는 자이다. 또한 정신의료기관에는 자의입원환자도 적지 않다. 단순히 병원을 무단퇴원하였다는 사정만으로 경찰의 탐색요청과 환자신병의 인수의 책임을 정신의료기관의 장에게 부담하게 하는 것은 과도하다.

특히, 개방병동에서 자의입원환자는 언제든 병원 밖으로 나갈 수 있고, 그러한 무단이탈의 경우에는 자·타해 위험이 있더라도 환자를 다시 병원에서 인수할 근거는 없다. 무단퇴원자에 대한 조치는 이와 같이 환자가 다른 사람에게 위험이 될 수 있다는 이유로 자신의 신체를 타인들에게 인수인계당하는 제도이다. 치안적 시각이 아닌 환자의 퇴원의 자유와 자기결정권, 치료적 보호를 고려한 제도 개선이 필요하다.

무단퇴원자가 위험하다는 것을 정신의료기관의 장이 알려 경찰이 탐색하여 발견하면 인수하도록 하는 것은 정신의료기관의 장이 현실적으로 지역사회에 나온 환자에 대해서까지 관리책임을 연장하는 것이기도 하다.

(3) 실무적인 무단퇴원자에 대한 조치

정신의료기관은 교도소가 아니기 때문에 개방병동의 경우 입원환자들이 자유롭게 출입할 수 있고, 출입이 제한되는 폐쇄병동의 경우라도 밖으로 나가는 것이 가능할 수 있다. 실제 정신의료기관의 경우 입원환자가 무단퇴원한 경우 경찰에 알려 탐색을 요청하기보다는 내부적으로 최종적 퇴원처리를 하는 경우가 일반적이다.

2. 구 정신보건법과의 비교

1995년 제정 정신보건법에서부터 현행 정신건강복지법에 이르기까지 무단퇴원자 조치에 관한 규정은 일부 문구만을 수정한 채로 주요 내용은 그대로 유지되어 왔다. 법이 안 바뀐다는 의미는 두 가지가 있는데, 하나는 법이 현실을 제대로 규율하여 안정화되었다는 의미일 수도 있고, 다른 하나는 법이 현실에 전혀 영향력을 미치지 않기 때문에 개정을 위한 욕구나 의지가 발생하지 않는 경우이다. 무단퇴원자 조치에 관한 규정이 변함 없이 유지되어 온 이유는 후자의 경우라 할 수 있다.

3. 무단퇴원자 조치의 내용

가. 무단퇴원자의 개념

무단퇴원자에 해당하기 위해서는 다음의 각 요건을 모두 충족하여야 한다(법 제40조 제1항).

i) 무단퇴원 이전까지 정신의료기관의 입원환자였을 것
ii) 자·타해 위험이 있을 것
iii) 정신의료기관측의 허락이나 승인 없이 무단퇴원하였을 것

ⅳ) 정신의료기관측에서 퇴원 후 그 행방을 알 수 없을 것

먼저, 현행법에 따르면 입원환자이면 되므로 자발적 입원인지 강제입원인지 여부는 불문하며, 응급입원환자의 경우도 포함된다.

다음으로, 보호입원환자나 행정입원환자는 입원을 유지하기 위한 요건으로 자·타해 위험성이 있어야 하므로 강제입원환자가 무단퇴원한 경우는 모두 자·타해 위험이 있는 것으로 간주해야 할 것인지 문제된다. 그러나 무단퇴원자 조치는 치안(경찰)적 시각에서 만들어진 제도임을 고려해 볼 때 여기서 말하는 자·타해 위험은 강제입원의 유지를 위한 자·타해 위험과는 구분되어 퇴원 후 자살이나 타인에 대한 위해를 중심으로 판단해야 할 것이다.

세 번째로, 퇴원이 환자의 권리나 행정기관의 명령으로서 이루어진 경우에는 무단퇴원이라 볼 수 없다. 예컨대, 퇴원명령이 있거나 입원연장기간이 만료되었음에도 불구하고 정신의료기관측에서 퇴원을 시켜주지 않아 입원환자가 스스로 퇴원한 경우라면 이는 병원측의 불법한 퇴원제한을 해소하기 위한 퇴원이므로 무단퇴원에 해당되지는 않는다고 볼 것이다.

끝으로, 정신의료기관측에서 퇴원환자의 행방을 알 수 없어야 한다. 이는 객관적으로 모든 사람이 행방을 알 수 없어야 되는 것이 아니라 정신의료기관측에서 주관적으로 그 퇴원환자의 행방을 모르면 된다. 다만, 경찰의 탐색을 요청하기 전에 퇴원 후 환자의 행방을 찾기 위한 일정한 노력(예컨대, 병동 내 환자들을 통한 탐문이나 가족을 통한 확인)이 필요하다.

나. 정신의료기관의 장의 탐색요청

(1) 통지사항

위와 같은 요건을 갖춘 무단퇴원자가 발생하면 정신의료기관의 장은 그 무단퇴원자에 대해 다음 각 호의 사항을 통지하여 관할 경찰서장(제주특별자치도의 경우 자치경찰기구를 설치한 제주특별자치도지사)에게 탐색을 요청할 수 있다(법 제65조 제1항 각 호).

ⅰ) 무단퇴원자의 성명·주소·성별 및 생년월일(제1호)
ⅱ) 입원날짜와 시간 및 퇴원날짜와 시간(제2호)
ⅲ) 증상의 개요 및 인상착의(제3호)
ⅳ) 보호의무자 또는 보호하였던 사람의 성명·주소(제4호)

법에는 위와 같은 내용을 통지사항으로 정하고 있지만 환자를 신속히 탐색해야 하는 긴급한 상황이기 때문에 환자와 보호의무자의 연락처(휴대폰 번호 등)도 함께 제공하여 경찰의 탐색에 협조할 필요가 있다.

(2) 탐색요청의무 여부

정신의료기관의 장은 무단퇴원자가 발생한 경우 탐색요청을 할 의무가 있다고 볼 것인지 문제된다. 이는 무단퇴원자가 퇴원 후 자살하거나 타인에게 위해를 가한 경우 정신의료기관의 장이 손해배상책임을 부담하는지와도 관련이 있다. 정신의료기관의 장은 입원환자에 대한 신체적 안전의 보호의무가 있지만 퇴원한 경우에는 환자의 신체에 대한 보호나 관리가 불가능해지기 때문에 원칙적으로 퇴원환자의 신체에 대한 보호의무는 인정되지 않는다.

그러나 무단퇴원자의 경우는 입원 중에 무단이탈한 것이어서 그 이탈을 막아야 할 의무(각 입원유형마다 정신의료기관의 장의 의무이행의 수준은 다를 수 있음)를 위반한 것이다. 따라서 그에 대한 대응조치로서 법이 탐색요청의 권한을 부여하고 있는 이상 정신의료기관의 장은 이를 행사하여 무단퇴원자의 탐색과 인수를 위한 노력을 하여야 한다.

다만, 자·타해 위험이 없거나 행방을 이미 알고 있는 경우라면 무단퇴원자의 요건에 해당하지 않으므로 탐색요청을 할 의무는 없다.

다. 경찰의 조치

정신의료기관의 장으로부터 탐색요청을 받은 관할 경찰서장은 탐색을 하여 그 무단퇴원자를 발견한 경우 즉시 정신의료기관의 장에게 통지하여야 한다(법 제65조 제2항). 정신의료기관의 장은 환자에 대한 인수의무가 있기 때문에 통지를 받은 후 무단퇴원자를 인수하여야 한다(법 제65조 제3항 본문).

경찰관은 정신의료기관측의 이유로 무단퇴원자를 즉시 인도할 수 없는 부득이한 사정이 있는 경우 그를 인도할 때까지 24시간의 범위에서 무단퇴원자를 경찰관서, 의료기관, 사회복지시설 등에 보호할 수 있다(법 제65조 제3항 단서).

라. 정신의료기관의 장의 무단퇴원자 인수의무

정신의료기관의 장은 경찰관으로부터 무단퇴원자를 인수받을 의무가 있다. 다만, 자의입원환자의 경우 퇴원의 자유가 보장되어 있기 때문에 무단퇴원자가 자의

입원환자인 경우에는 무단퇴원자로서 인수되어 다시 입원되는 것을 거부할 수 있다고 볼 것이다.

정신의료기관의 장이 무단퇴원자를 인수받아 다시 입원시키는 경우에는 기존의 무단퇴원 전의 입원유형이 그대로 유지되어야 하고, 그 무단퇴원기간은 입원이 정지되어 있던 기간으로 보아 입원연장청구 등 입원기간 계산에 있어 무단퇴원기간은 제외되어야 할 것이다. 그렇지 않으면 무단퇴원기간 중에 이미 입원기간이 만료되는 등으로 인해 무단퇴원자를 인수하여 입원시킬 근거가 없어지기 때문이다.

4. 입 법 론

무단퇴원자에 대한 조치는 치안적 시각에서 만들어진 제도이다. 20세기 전후의 정신보건법상 강제입원이 치안적 목적에서 시작되었기 때문에 여전히 여러 나라의 입법에 잔존하는 것이다. 그러나 현재와 같이 자의입원환자까지 무단퇴원자의 범주에 포함시킬 수 있고, 무단퇴원자를 다시 정신의료기관의 장에게 인수시키는 것은 결국 원래 있어야 할 곳이 정신의료기관이라는 의미를 부여하게 된다. 따라서 정신의료기관의 장은 보호입원환자나 행정입원환자가 무단퇴원한 경우에 그 보호의무자(보호입원의 경우)나 시·군·구청장(행정입원의 경우)에게 통지하고, 퇴원 후 자·타해 위험이 큰 경우에만 경찰관의 탐색을 요청하도록 개정할 필요가 있다.

제3절 행정조사와 입·퇴원관리시스템

본 절에서는 정신건강증진시설에 대한 행정감독기관의 행정조사와 정신의료기관의 입·퇴원 현황을 등록하는 입·퇴원관리시스템을 해설한다.

정신건강증진시설의 행정감독기관으로는 보건복지부장관, 시·도지사, 시·군·구청장을 두고 있고, 일반적인 행정조사(보고 및 관계서류 제출, 시설장부 및 서류 검사 등) 외에도 입원 또는 입소한 환자를 관계공무원이나 정신건강심의위원회 위원이 직접 면담하여 입원이 부적절하거나 퇴원 필요성이 있는 경우 시·도지사나 시·군·구청장이 퇴원을 명할 수 있도록 규정하고 있다.

입·퇴원관리시스템은 새로운 정신건강복지법에서 신설된 제도이다. 구 정신보건법은 환자가 강제로 입원되더라도 6개월 뒤에 정신건강심사위원회의 입원연장심사가 들어가기 전까지는 가족뿐만 아니라 국가도 누가 입원되었는지조차 알 수 없었고, 이러한 감독시스템의 부재가 여러 형태의 인권침해의 위험을 확대하였다. 이러한 문제점을 해결하기 위해 정신건강복지법은 정신의료기관의 장에게 강제입원이 발생한 경우 3일 이내 인터넷을 통하여 국가 입·퇴원관리시스템(www.amis.go.kr)에 일정한 사항을 신고(등록)하여 최초입원심사를 할 수 있도록 하고, 퇴원 시에도 일정한 사항을 등록하도록 하여 강제입원환자에 대한 반복적 입원 등을 감독할 수 있도록 하였다.

Ⅰ. 보고 및 검사(제66조)

제66조(보고 · 검사 등) ① 보건복지부장관, 시·도지사 및 시장·군수·구청장은 정신건강증진시설의 설치·운영자의 소관 업무에 관하여 지도·감독을 하거나 보건소로 하여금 지도·감독을 하도록 하여야 하며, 연 1회 이상 그 업무에 관하여 보고 또는 관계 서류의 제출을 명하거나, 관계 공무원으로 하여금 해당 시설의 장부·서류 또는 그 밖의 운영상황을 검사하게 하여야 한다.

② 시·도지사와 시장·군수·구청장은 대통령령으로 정하는 바에 따라 관계 공무원과 정신건강심의위원회의 위원으로 하여금 정신건강증진시설에 출입하여 입원등을 한 사람을 직접 면담하여 입원등의 적절성 여부, 퇴원등의 필요성 또는 처우에 관하여 심사하게 할 수 있다. 이 경우 심사를 한 관계 공무원과 정신건강심의위원회의 위원은 그 심사 결과를 지체 없이 시·도지사 또는 시장·군수·구청장에게 보고하여야 한다.

③ 제1항 및 제2항에 따른 검사·심사를 하는 관계 공무원과 정신건강심의위원회의 위원은 그 권한을 나타내는 증표를 지니고 이를 관계인에게 보여주어야 한다.

④ 시·도지사 또는 시장·군수·구청장은 제2항에 따른 심사 결과에 따라 정신건강증진시설의 장에게 그 정신질환자를 퇴원등을 시키도록 명령하거나 처우개선을 위하여 필요한 조치를 하도록 명령할 수 있다.

⑤ 정신건강증진시설의 장은 제4항에 따라 퇴원등을 시키는 경우에는 보건복지부령으로 정하는 바에 따라 관할 보건소장과 정신건강복지센터의 장에게 그 사실을 통보하여야 한다. 다만, 정신질환자나 보호의무자가 통보하는 것에 동의하지 아니하는 경우에는 그러하지 아니하다.

1. 정신건강증진시설에 대한 지도·감독 등

가. 개 관

정신건강증진시설은 정신질환자가 입원·입소·이용하는 시설이며, 그 중 정신의료기관과 정신요양시설은 강제입원과 강제입소가 허용되어 일반적인 의료기관이나 사회복지시설과는 다른 성격을 지니고 있다. 그래서 거기에는 특별한 행정적 지도·감독 및 조사가 더해진다.

나. 정신의료기관

정신의료기관 개설의 경우 의료기관으로서의 신고나 허가는 원칙적으로 「의료법」에 따른다(법 제19조 제1항). 정신건강복지법은 특별법으로서 정신의료기관의 개설 자격제한, 규모제한 및 정신의료기관 특유의 법령위반에 대한 행정처분(시정명령, 사업정지, 개설허가취소, 시설폐쇄명령) 등을 두고 있다.

따라서 정신의료기관은 일반법으로서의 「의료법」과 특별법으로서의 정신건강복지법이 함께 적용된다. 정신의료기관에 대해서는 정신건강복지법 제66조에 따른 행정적 지도·감독, 보고·검사 및 심사 등과 별도로 「의료법」의 다음의 각 규정 등에 따라 행정적 지도·감독조치를 취할 수 있다.

i) 「의료법」 제59조에 따른 지도와 명령
ii) 「의료법」 제61조에 따른 보고와 업무검사
iii) 「의료법」 제62조에 따른 의료기관 회계기준의 준수 등
iv) 「의료법」 제63조 및 제64조에 따른 사업정지, 개설허가취소, 시설폐쇄명령

정신건강복지법의 법령위반행위에 대해서 정신의료기관의 장이나 정신과 전문의가 형사처벌을 받는다고 하더라도 「의료법」상의 면허정지나 취소가 되지는 않는다. 「의료법」에서는 '의료법이나 의료법에 따른 명령을 위반한 경우'만(「의료법」 제65조 및 제66조) 면허취소나 면허자격정지의 사유로 규정하고 있고 정신건강복지법령 위반행위는 면허자격정지나 면허취소사유로 규정하고 있지 않기 때문이다.

다. 정신요양시설

정신요양시설의 설치·운영 허가 및 사업정지 등의 행정처분은 정신건강복지법의 적용을 받지만 법이 규정한 사항을 제외한 나머지 부분은 「사회복지사업법」의 적용을 받는다(법 제25조 제5항). 따라서 정신요양시설에 대한 지도·감독에 관해서는 정신건강복지법과 함께 「사회복지사업법」이 적용된다. 따라서 「사회복지사업법」의 아래 각 규정 등에 따라서도 시·군·구청장 등은 행정적 지도·감독조치를 취할 수 있다.

i) 「사회복지사업법」 제38조의 시설폐지 등에 따른 조치
ii) 「사회복지사업법」 제40조에 따른 개선명령, 사업정지, 시설장 교체, 시설폐쇄 등의 조치
iii) 「사회복지사업법」 제51조에 따른 지도·감독, 보고 및 검사

라. 정신재활시설

정신재활시설은 그 설치신고, 운영과 관련된 사업정지 등의 행정처분, 행정적 지도와 감독 등에 관해 정신건강복지법의 적용을 받는다. 한편, 정신재활시설은 「사회복지사업법」상의 사회복지시설(정신건강복지법에 따라 정신질환자 사회복귀사업을 할 목적으로 설치된 시설)에도 해당되기 때문에 위의 다.에서 본 정신요양시설에 적용된 「사회복지사업법」의 각 행정적 지도·감독조치에 관한 규정도 모두 적용된다.

2. 구 정신보건법과의 비교

가. 행정감독기관의 권한 변화

1995년 제정 정신보건법은 정신보건시설(정신의료기관 및 사회복귀시설)에 대한 행정감독기관으로 보건복지부장관과 시·도지사만을 규정(단, 1995년 제정 정신보건법 시행령에 의해 시·도지사의 보고요구 및 검사 등의 행정감독권한을 시·군·구청장에게 위임함)하였다.

2008년 개정 정신보건법은 시·도지사에서 시·군·구청장에게로 행정입원 권한을 이전하고, 시·군·구청장 소속으로 기초 정신보건심의위원회를 설치하는 등 시·군·구청장의 정신보건 관련 권한을 강화하면서 동시에 시·군·구청장에게도 직접 정신보건시설에 대한 행정적 감독권한까지 확보하도록 하였다.

2016년 전면개정된 현행 정신건강복지법은 보건복지부장관의 행정지도 및 검사 권한은 인정하고 있지만, 보건복지부장관 산하의 중앙정신보건심의위원회를 폐지하면서 정신의료기관에 입원한 환자에 대한 퇴원이나 처우개선조치를 취할 수 있는 보건복지부장관의 권한을 삭제하였다.

나. 행정감독내용의 변화

1995년 제정 정신보건법은 정신보건시설에 대해 다음의 행정감독을 할 수 있도록 하였다.

i) 보고요구, 장부·서류·기타 운영상황 검사
ii) 정신보건심의위원회를 통한 시설출입, 환자면담을 하여 입원 적절성, 퇴원 필요성, 처우개선 등을 심사
iii) 심사결과에 따라 직권으로 하는 퇴원 또는 처우개선명령

위의 각 행정감독방식과 내용은 현행 정신건강복지법까지 그대로 유지되고 있다.

3. 정신건강증진시설에 대한 행정지도와 감독

가. 지도·감독기관

정신건강증진시설에 대한 지도·감독, 업무보고 및 자료제출 요구, 장부·서류 또는 그 밖의 운영상황 검사를 할 수 있는 기관은 보건복지부장관, 관할 시·도지사 및 시·군·구청장이다.

보건복지부장관의 경우 정신건강증진시설에 대해 행정처분을 할 수 있는 권한은 없지만 그 운영법인(의료법인이나 사회복지법인)의 주무관청으로서 법인설립허가 취소 등의 조치를 취할 수 있고, 대규모 정신의료기관의 인권침해사건의 경우 중앙정부 차원에서의 조사 및 감독이 필요할 수도 있다.

참고로, 「의료법」은 의료법인·의료기관·의료인에 대해 보건복지부장관과 시·군·구청장을(「의료법」 제61조), 「사회복지사업법」은 사회복지사업 운영자의 업무에 대해 보건복지부장관, 시·도지사, 시·군·구청장을 각 행정적 지도·감독기관으로 삼고 있다.

나. 행정지도

(1) 개념과 법적 성질

행정지도는 행정기관이 그 소관사무 범위 안에서 일정한 행정목적 실현을 위해 특정인에게 일정한 행위를 하거나 하지 아니하도록 지도, 권고, 조언 등을 하는 행정작용을 말한다(「행정절차법」 제2조 제3호).

강학상 또는 판례상 '행정지도'는 강제성을 띠지 않는 비권력적 사실행위로서 권고적 효력만을 가지고, 직접 법적 효과를 발생시키지 않기 때문에 행정소송의 대상이 되는 처분이 아니다.[52)]

(2) 행정지도의 방식

행정지도를 할 때에는 상대방에게 그 행정지도의 취지와 내용 및 신분을 밝혀야 하고, 구두로 행정지도를 하는 경우 상대방이 서면교부를 요구하면 직무수행에 특별한 지장이 없는 한 그 취지와 내용, 신분을 적어 교부하여야 하고(「행정절차법」

---

52) 대법원 2008. 9. 25. 선고 2006다18228 판결; 대법원 2008. 4. 24. 선고 2008두3500 판결; 대법원 1980. 10. 27 선고 80누395 판결 등.

제49조), 행정지도의 상대방은 행정지도의 방식이나 내용에 대해 의견제출을 할 수 있다(「행정절차법」 제50조). 다수인을 상대로 행정기관이 행정지도를 하려는 경우에는 특별한 사정이 없는 한 행정지도에 공통적인 내용이 되는 사항을 공표하여야 한다(「행정절차법」 제51조).

(3) 행정지도의 원칙

행정지도를 하는 경우에는 그 목적 달성에 필요한 최소한도에 그쳐야 하며, 상대방의 의사에 반하여 부당하게 강요해서는 안 되고(「행정절차법」 제48조 제1항), 행정기관은 상대방이 행정지도에 따르지 않았다는 이유로 불이익한 조치를 취해서는 안 된다(「행정절차법」 제48조 제2항).

(4) 행정지도의 유형

행정지도는 법적 근거 없이도 가능하며, 법적 효력이 있는 행정처분(예컨대, 시정명령이나 개선명령)을 내리기 전에 사전적으로 법적 효력이 없는 시정권고나 시정요구를 하는 것도 행정지도의 한 유형이라 할 수 있다.

(5) 정신건강증진시설에 대한 행정지도

앞서 본 행정기관(보건복지부장관, 시 · 도지사, 시 · 군 · 구청장)은 정신건강증진시설의 설치 · 운영자의 소관 업무에 관하여 직접 지도 · 감독을 하거나 보건소로 하여금 지도 · 감독을 하게 할 권한이 있다(법 제66조 제1항).

행정감독기관의 정신건강증진시설에 대한 행정지도를 예시해 본다면, 개별적 정신건강증진시설의 정신건강복지법 등 법령위반 사항에 대한 개선 권고, 전체 정신의료기관에 대해 입원절차에 필요한 참고서식의 제공이나 강제입원제도 매뉴얼 공표 등을 들 수 있겠다.

다. 행정조사

(1) 관련규정

행정감독기관(보건복지부장관, 시 · 도지사, 시 · 군 · 구청장)은 정신건강증진시설 설치 · 운영자(개인 또는 법인운영자를 의미하며 정신건강증진시설의 장과는 원칙적으로 구분된다)의 소관 업무에 관하여 연 1회 이상 보고 또는 관계서류의 제출을 명하거나, 관계 공무원으로 하여금 해당 시설의 장부 · 서류 또는 그 밖의 운영사항을 검사하게 할 수 있다(법 제66조 제1항 후단).

(2) 조사목적

위와 같은 조사는 행정목적 달성을 위하여 하는 것이다. 그 조사의 계기는 피해자나 내부자의 민원제기, 고소·고발, 수사기관의 통보, 정신건강심사위원회 심사 중 위법사항의 발견 등에 의한 것이고, 그 조사목적은 대체로 정신건강증진시설 운영과정에서의 법령위반사항을 확인하는 것이며, 조사내용은 행정목적 실현을 위한 제재조치(행정처분, 고소·고발, 형사입건 등)의 근거자료로 활용된다.

(3) 조사방법

정신건강복지법은 행정감독기관이 다음 각 호의 방법으로 정신건강증진시설을 조사하는 것을 허용하고 있다(법 제55조 제1항 후단).

i) 소관 업무에 관한 보고요구
ii) 관계서류 제출명령
iii) 관계 공무원에 의한 시설의 장부·서류 및 그 밖의 운영상황에 대한 검사

iii)과 같이 출장조사를 하는 관계 공무원은 그 권한을 나타내는 증표를 지니고서 이를 관계인에게 보여주여야 한다(법 제66조 제3항). 그 밖에 위의 조사방법 외에도 행정기관의 행정조사에는 행정조사기본법이 적용되기 때문에 현장조사, 문서열람, 시료채취, 출석 및 진술요구 등의 조사방법도 사용할 수 있다(행정조사기본법 제2조).

(4) 보건복지부장관에 대한 보고

모든 행정감독기관이 각각 연 1회 이상 모든 정신건강증진시설에 보고를 요구해야 하는 것은 아니며, 위와 같은 연 1회 이상의 보고요구는 원칙적으로 그 신고기관이나 허가기관인 시·도지사나 시·군·구청장이 행사하는 것이라 볼 것이다. 시·도지사나 시·군·구청장이 정신건강증진시설에 대한 지도·감독조치로서 보고를 받거나 검사를 한 경우에는 보건복지부장관이 정하는 바에 따라 보건복지부장관에게 알려야 한다(규칙 제48조).

(5) 보건복지부장관의 지도·감독 권한 위임

보건복지부장관은 정신건강증진시설의 관한 지도·감독에 관한 업무권한 중 그 대상 시설과 업무를 특정하여 국립정신병원의 장에게 위임하고 있다. 구체적으로 보면, 보건복지부장관은 법령에 근거해 '보건복지부장관이나 지방자치단체의 장이

법 제44조 제4항에 따라 지정한 지정정신의료기관'에 대한 '입원진단 및 입원에 대한 지도 · 감독권한'을 국립정신병원의 장에게 위임하였다(영 제38조). 따라서 각 지역의 국립정신병원의 장은 각 관할지역 내 지정정신의료기관의 입원진단 및 입원에 대한 지도 · 감독권한을 가지고 있고, 그 나머지 업무에 대해서는 여전히 보건복지부장관이 지정정신의료기관에 대해 지도 · 감독권한을 가지고 있다.

4. 직권에 의한 퇴원 및 처우개선명령

가. 의 의

(1) 직권명령의 개념

'직권에 의한 퇴원 및 처우개선명령'(이하 '직권명령'이라 한다)이란 입원환자나 보호의무자에 의한 퇴원 및 처우개선청구가 없음에도 불구하고 시 · 도지사나 시 · 군 · 구청장이 직권으로 관계공무원과 정신건강심의위원회 위원으로 하여금 정신건강증진시설에 출입하여 입원환자를 직접 면담하여 입원의 적절성, 퇴원의 필요성 여부와 처우에 관해 조사한 후 보고를 받아 정신건강증진시설의 장에게 퇴원명령이나 처우개선명령을 내리는 것을 말한다.

법 제55조의 퇴원 및 처우개선청구와 달리 입원환자나 보호의무자의 청구 없이도 가능하고, 그 절차에 있어 정신건강심사위원회의 합의체 심사를 거칠 필요도 없게 하여 행정기관에 의한 신속한 입원환자 권리구제조치로서 만들어진 것이다.

(2) 입원환자에 의한 퇴원 및 처우개선청구의 한계

앞서 법 제55조에서 보았듯이 입원환자나 보호의무자는 퇴원 및 처우개선청구를 시 · 군 · 구청장에게 하여 심사 및 의결을 거쳐 시 · 군 · 구청장으로부터 퇴원 및 처우개선명령을 발령받을 수 있는 퇴원 및 처우개선청구제도가 있음을 보았다. 그러나 퇴원 및 처우개선청구제도를 보호의무자는 거의 활용하지 않고 있으며, 퇴원 및 처우개선청구를 하는 환자의 숫자도 2016년 기준 약 2,000여 건 정도이다. 이와 같이 입원환자의 퇴원청구를 기다려 심사하는 방식은 한계가 있다.

(3) 직권명령의 의의와 기능

시 · 도지사나 시 · 군 · 구청장은 관할 정신건강증진시설에 대한 행정감독기관으로서 법령위반이나 인권침해가 문제되는 입원환자에 대해 퇴원이나 처우개선을 명할 수 있다. 이는 입원환자의 퇴원 및 처우개선청구와 같은 이의제기를 기다리지 않고 직접 행정기관이 입원환자의 권익보호를 위해 나설 수 있는 법적 근거를 마련한 것이라는 점에서 그 의의가 있다.

(4) 직권명령의 문제점과 한계

시·도지사나 시·군·구청장이 입원환자의 퇴원청구나 정신건강심사위원회의 정기적 입원연장심사에서가 아니라 직권으로 나서서 정신건강증진시설을 조사하여 퇴원명령을 내리는 일은 객관적 통계로는 확인되지 않고, 실제로도 거의 활용되지 않고 있다.

실제 행정조사 후 행정감독기관이 직권으로 퇴원 또는 처우개선명령을 내릴 수 있도록 한 일본 「정신보건복지법」에 따른 통계를 보면 2009년 기준 약 32만 명의 재원환자 중 행정감독기관에 의해 8천여 건의 행정조사(實地審査)가 이루어지고(행정조사 비율 2.5%), 행정조사가 이루어진 사건 중 0.8%(처우개선명령 41건, 퇴원명령 25건. 전체 입원환자 중 명령을 받은 사람의 비율은 0.02%)만이 퇴원 등의 개선조치가 이루어졌다.[53)]

이러한 일본의 통계나 한국의 실제 상황을 고려해 볼 때 시·도지사나 시·군·구청장의 직권에 의한 퇴원명령도 현재까지는 활성화되지 않은 제도라고 할 수 있다.

나. 절 차

(1)직권조사의 개시

시·도지사나 시·군·구청장의 직권명령은 직권에 의한 행정조사(이하 '직권조사'라 한다)로 시작된다. 직권조사의 계기가 되는 것은 입원환자나 가족의 민원제기, 입원연장심사 등에서 특정 정신건강증진시설의 반복적인 법령위반사항, 정기적 지도·감독을 통해 확인한 위법사항 등이다. 이러한 직권조사의 사유가 발생하면 시·도지사나 시·군·구청장은 법 제66조 제1항의 행정조사권한을 발동하여 보고를 요구하거나 관계서류의 제출 등을 요구할 수 있고, 직접 관계 공무원을 보내 시설의 장부나 입원 관련 서류 및 시설운영상황을 검사할 수 있다.

(2) 출장(현장)조사

입원환자의 퇴원이나 처우와 관련된 사항의 조사에 대해서는 환자 면담을 위한 출장조사 등 보다 구체적인 조사방법을 규정하고 있다. 법령규정을 보면, 시·도지

53) 일본 후생노동성의 아래 홈페이지 자료 참조
http://www.mhlw.go.jp/shingi/2009/07/dl/s0730-11b_0004.pdf (2018. 7. 1. 최종방문)

사나 시·군·구청장은 소속 담당 공무원(관계공무원)과 소속 정신건강심사위원회 위원으로 하여금 정신건강증진시설에 출입하여 입원환자를 직접 면담하여 다음의 각 사항을 확인하게 할 수 있다(법 제66조 제2항).

i) 입원의 적절성 여부
ii) 퇴원의 필요성
iii) 처우에 관한 사항

한편, 출장(현장)조사를 위해서는 정신건강증진시설의 장에게 조사 시작 3일 전까지 서면(전자문서를 포함한다)으로 조사일시, 조사 담당 공무원 및 정신강심의위원회 위원의 성명·소속·연락처, 심사내용을 알려야 한다. 단, 긴급한 조사가 필요하거나 증거인멸의 우려가 있는 경우에는 미리 알리지 않아도 된다(영 제32조). 출장조사를 하는 관계 공무원과 정신건강심사위원회 위원은 그 권한을 나타내는 증표를 지니고서 이를 관계인에게 보여주여야 한다(법 제66조 제3항).

(3) 정신건강심의위원회의 심사 필요 여부

법은 관계공무원과 정신건강심의위원회 위원이 위의 사항들을 '심사'하여 그 심사결과를 시·군·구청장에게 보고하여야 한다고 규정하고 있으나(법 제66조 제2항), 이 조항에서 말하는 '심사'는 정신건강심의위원회가 합의체 방식으로 심사하는 것이 아니라 문언의 해석상 행정조사를 하여 그 조사결과를 보고하는 것이다. 시·군·구청장이 직권명령을 발령하는 경우에는 그 신속함 등을 위해 그 전에 따로 정신건강심사위원회가 개최될 필요는 없는 것으로 해석할 것이다.

참고로, 일본 「정신보건복지법」에 의하면, 후생노동대신이나 도도부현 지사가 직권 퇴원명령을 내릴 경우에는 그 입원환자에 대한 정신과 전문의 2명의 진단이 계속입원의 필요성에 대해 일치하지 않거나 입원 자체가 법령이나 명령에 위반되어 수행된 경우에 퇴원명령을 내릴 수 있게 하고, 정신의료심사회의 심사를 거치지 않고 있다(일본 「정신보건복지법」 제38조의7 제2항).

(4) 직권명령

시·도지사 또는 시·군·구청장은 따로 심사를 거침이 없이 관계공무원과 정신건강심의위원회 위원의 조사결과를 보고받아 그 결과에 따라 정신건강증진시설의 장에게 퇴원을 시키도록 명령하거나 처우개선에 필요한 조치를 명할 수 있다(법 제66조 제4항).

여기서 말하는 퇴원명령이나 처우개선명령도 정신건강증진시설의 장과 입원환자에게 법적 효과를 발생시키는 행정처분이므로 각 당사자들에게 서면으로 통지해 주는 것이 필요하다. 현행 정신건강복지법령에서는 직권명령의 통지에 관한 규정이 누락되어 있는데, 법 제59조 제4항의 규정을 준용하여 해당 입원환자와 정신의료기관의 장, 보호의무자에게 서면으로 직권명령의 내용을 통지해 주어야 할 것이다. 퇴원명령이나 처우개선명령에 대한 보다 구체적인 내용은 ☞ 법 제55조(퇴원 또는 처우개선심사의 청구)와 법 제59조(퇴원등 명령의 통지)의 각 해당 부분을 참조할 것.

(5) 퇴원통보

정신건강증진시설의 장은 직권명령을 받아 입원환자를 퇴원시키는 경우 관할 보건소장과 정신건강복지센터의 장에게 그 퇴원명령에 따른 퇴원사실을 통보하여야 한다. 그러나 그 환자나 보호의무자가 퇴원통보를 하는 것에 동의하지 않는 경우에는 통보하지 않을 수 있다(법 제66조 제5항). 퇴원통보를 하는 경우에는 다음의 각 사항이 포함되어야 한다(규칙 제49조).

i) 퇴원하는 환자의 성명 및 생년월일
ii) 입원 당시의 병명 및 증상
iii) 퇴원연월일
iv) 퇴원 후의 거주지에 관한 사항

퇴원통보는 앞서 본 법 제52조(퇴원등의 사실의 통보)의 규정에 비추어 볼 때 직권명령에 의해 퇴원하는 환자의 퇴원 이후의 지역사회 삶을 지원하기 위한 목적이므로 앞서 본 법 제52조와 동일하게 해석할 필요가 있다.

따라서 보건소장에 대해 통지하는 경우는 환자 퇴원 후 거주지 관할지역의 정신건강복지센터가 없는 경우로 한정해야 할 것이고(법 제52조 제1항 본문 유추적용), 환자의 보호의무자가 퇴원통보를 동의나 부동의할 수 있는 경우는 환자가 정신과 전문의 진단에 의해 의사능력이 미흡하다고 판단되는 경우로 한정되어야 할 것이다(법 제52조 제1항 단서).

다. 효 과

(1) 직권명령에 따른 의무와 권한

직권명령의 대상자는 각 명령의 내용에 따라 다를 수 있다. 예컨대, 퇴원명령의 경우에는 정신의료기관의 장에게는 지체 없이 퇴원시킬 의무를, 입원환자에게는 퇴원의 자유를 회복시키는 권한을 부여한다. 처우개선명령의 경우에도 정신의료기관의 장에게는 명령에 따라 처우개선조치를 할 의무를, 대상 환자에게는 처우개선에 따른 사실상의 효과를 얻게 된다. 그러나 처우개선명령은 개별 환자에게 권익을 제공하는 경우도 있으나 일반적인 입원환경 개선과 같은 사실적 효과만을 얻게 하는 경우도 있다.

(2) 자발적 입원환자에 대한 퇴원명령 여부

특정 입원환자의 퇴원을 명하는 직권명령의 경우 그 입원환자가 들어올 때나 현재의 입원유형이 자의입원이나 동의입원인지 여부는 불문한다. 자의입원환자라 하더라도 의사능력이 미흡하여 입원시설 내에서 학대나 방임의 대상이 되어 온 경우라면 다른 시설로의 이송을 위해서라도 퇴원명령이 내려져야 하기 때문이다.

라. 직권명령 위반의 효과

시 · 도지사나 시 · 군 · 구청장의 직권명령(퇴원 또는 처우개선명령)을 정신의료기관의 장이 위반한(이행하지 않은) 경우 그 제재는 다음과 같다. 먼저, 퇴원명령을 위반하여 정신건강증진시설의 장이 퇴원시키지 않은 경우에는 형사처벌된다(5년 이하의 징역 또는 5,000만 원 이하의 벌금. 법 제84조 제7호).

다음으로, 처우개선명령에 따른 필요한 조치를 이행하지 않은 정신건강증진시설의 장도 형사처벌된다(1년 이하의 징역 또는 1,000만 원 이하의 벌금. 법 제86조 제7호).

Ⅱ. 입 · 퇴원관리시스템(제67조)

제67조(입·퇴원등관리시스템) ① 보건복지부장관은 정신의료기관등의 입원등 및 퇴원등을 관리하기 위하여 입·퇴원등관리시스템을 구축·운영하여야 한다.

② 정신의료기관등의 장은 제1항에 따른 입·퇴원등관리시스템에 제45조제2항에 따라 신고한 내용 및 대통령령으로 정하는 퇴원등의 사항을 등록하여야 한다.

③ 제2항에 따라 입·퇴원등관리시스템에 등록된 정보는 입원등 및 퇴원등의 심사와 관련된 경우 등 대통령령으로 정하는 경우를 제외하고는 「개인정보 보호법」 제2조에 따른 처리를 하여서는 아니 된다.

④ 보건복지부장관은 정신질환자가 퇴원등을 한 후에 제1항에 따른 입·퇴원등관리시스템에 등록되어 있는 본인 기록의 전부 또는 일부에 대하여 삭제를 요청하는 경우 지체 없이 해당 기록을 삭제하고 그 사실을 본인에게 서면 또는 전자문서로 통지하여야 한다.

⑤ 보건복지부장관은 제1항에 따른 입·퇴원등관리시스템의 구축·운영에 관한 사항을 대통령령으로 정하는 기관에 위탁할 수 있다.

1. 입·퇴원관리시스템의 의의와 기능

가. 개념과 내용

(1) 개념

'입·퇴원관리시스템'이란 보건복지부장관이나 그의 위탁을 받은 기관이 국가 전산정보시스템을 이용하여 정신의료기관의 장이 의무로서 등록한 입원환자의 입·퇴원 관련 정보를 통하여 입원부터 퇴원까지의 일련의 법적 절차에서 요구되는 사항을 운영·관리하는 것을 말한다. 본 조문의 내용은 정신요양시설의 장이나 정신요양시설 입소환자에게도 대체로 동일한 내용이 적용된다.

(2) 내용

입·퇴원관리시스템은 국가 전산정보시스템을 이용하여 정신의료기관 강제입원환자의 다음의 각 과정을 운영·관리한다.

i) 입원신고 - 신고서 작성 및 등록
ii) 입원진단 - 진단의사의 배정과 입원권고서(진단결과서) 작성

iii) 입원조사 - 조사원 조사 선정 및 조사보고서 작성
iv) 입원심사 - 입원적합성심사위원회 심사 및 결과통지
v) 연장심사 - 입원 연장심사청구서 작성 및 청구, 입원연장진단신청
vi) 퇴원등록 - 퇴원전환
vii) 입원 정신의료기관의 정보 - 시스템사용절차 등 관리

위의 각 과정에서 법이 요구하는 내용(신고, 등록, 2차 진단, 입원조사, 최초입원심사, 입원연장심사, 통지나 고지 등)을 인터넷 상에서 효율적으로 입력, 조정, 선택, 전달, 고지하는 기능을 하는 것이 입·퇴원관리시스템이다.

나. 의 의

(1) 구 정신보건법의 문제점

구 정신보건법이 실제 시행되어 온 1997년부터 지난 20년 동안은 가족이나 시·군·구청장에 의해 입원이 되더라도 실제 그 입원환자를 다른 사람이나 국가가 찾을 수 있는 방법이 사실상 없었다. 국가는 입원연장심사를 하는 6개월이 지날 무렵에야 비로소 서류만을 받아 환자의 입원연장여부를 심사하였고, 환자가 퇴원 후 다시 어떻게 다른 병원으로 바로 재입원되는지, 환자의 입원이 얼마나 반복되는지를 알 수가 없었다.

또한 다른 국가들과 달리 강제입원환자를 국가기관에 통보(신고)하는 제도도 없어 입원시킨 사람 이외의 제3자는 환자가 어디에 있는지 알 방법이 없었다. 환자 또한 입원되면 대부분 면회나 통신까지 제한되면서 자신의 소재를 알릴 방법이 없게 되는 경우도 적지 않았다. 이러한 주관적인 행방불명의 상황은 강제입원환자의 처우를 더욱 열악하게 만들었다.

(2) 현행 정신건강복지법의 개선

현행 정신건강복지법은 강제입원을 국가의 책임 속에서 절차적으로 투명하게 진행시키는 것이 강제입원제도의 남용이나 입원환자의 열악한 처우를 개선할 수 있는 방법이라 생각했다. 그 중의 한 방법이 최초입원에 대한 신고와 입원적합성심사위원회에 의한 심사이다.

강제입원의 신고와 심사는 전국적으로 보면 연간 수만 건의 사건을 진행해야 하기 때문에 전산정보로서 관리되는 시스템을 구축해야만 신고나 심사의 효율성을 확

보할 수 있고, 이를 바탕으로 강제입원환자의 반복된 입원이나 장기입원, 위법한 입원에 대한 시스템적 통제장치를 마련할 수 있다.

다. 기 능

입·퇴원관리시스템은 다음과 같은 기능을 한다.

(1) 강제입원환자에 대한 절차적 보호기능

입·퇴원관리시스템은 강제입원환자의 입원부터 퇴원에 이르기까지 정신의료기관의 장이 최초입원심사나 입원연장심사에 필요한 사항들과 자료들을 등록하게 하고 있다. 이러한 입·퇴원등록사항을 통해 환자가 반복되어 입원되는지, 장기입원되는지, 보호의무자 자격이 없는 자에 의해 입원되는지 등을 확인할 수 있게 되어 정신의료기관측에서는 합법적 절차를 준수하게 되고, 강제입원되는 환자는 입원절차에서 법의 보호를 받을 수 있게 된다.

(2) 법령위반의 확인기능

최초입원심사나 입원연장심사는 모두 정신건강복지법이 정한 강제입원의 요건과 절차를 준수하였는지 여부를 심사하는 것이다. 입·퇴원관리시스템을 통해 정신의료기관의 장이 입력한 정보와 자료는 입원날짜, 제출서류 등을 국가가 손쉽게 확인할 수 있어 기간의 도과나 서류의 미비 등으로 인한 법령위반을 입·퇴원관리시스템 자체로도 확인할 수 있는 기능이 있다. 이로 인해 정신의료기관 또한 위법사실이 생기지 않도록 기간준수와 증빙서류 확보 및 적법절차에 신경을 쓰도록 만든다.

(3) 증거확보 기능

정신의료기관이 등록하거나 입력한 강제입원환자의 입·퇴원정보, 정신과 전문의의 진단결과서, 각종 통지서, 조사원의 조사보고서 등은 법령준수 여부에 대한 객관적 증거자료로서 입·퇴원관리시스템에 남게 된다.

(4) 입원진단 및 심사의 효율화 기능

전산정보시스템을 통한 입·퇴원 관리는 방대한 양의 강제입원 진단 및 심사를 효율적으로 처리할 수 있게 만든다. 특히 지정진단의사의 진단이나 입원적합성심사위원회의 심사와 통지는 정보와 자료의 신속한 공유와 빠른 전자송달로 인해 법이 정한 한 달이라는 짧은 기간 내에 진단과 심사가 모두 가능하도록 한다.

2. 입·퇴원관리시스템의 구축 및 운영

가. 입·퇴원관리시스템의 구축

(1) 현행 입·퇴원관리시스템의 내용

입·퇴원관리시스템 구축의 책임은 보건복지부장관에게 있지만 시스템 구축과 운영을 일정한 조건을 갖춘 기관에 위탁할 수 있다(법 제67조 제5항). 입·퇴원관리스템의 구축내용이 무엇이 될 지는 법령상 정해진 것이 없이 단순하게 '입·퇴원 관리'이다. 현재의 입·퇴원관리시스템의 내용은 개괄적으로 보면 다음과 같다.

i) 최초입원: 입원신고 및 등록, 최초입원 진단결과서 작성, 지정진단의사 배정 및 2차 진단결과서 작성, 직권조사자선정, 입원적합성심사 관리
ii) 입원연장: 연장심사대상자 선정, 연장심사청구서 작성 및 청구, 연장심사진단신청 및 진단결과서 작성
iii) 퇴원: 퇴원등록, 입원유형전환

(2) 추가적인 입·퇴원관리시스템의 내용구축

현행 입·퇴원관리시스템은 새로운 정신건강복지법 시행에 맞추어 강제입원환자의 진단 및 심사와 관련된 최소한의 입·퇴원관리 내용만으로 구성되어 있다고 할 수 있다. 그러나 향후 입·퇴원관리 시스템의 구축내용은 그 입·퇴원정보를 이용하여 각종 법령상 고지나 통지 등을 정신의료기관에서 활용할 수 있게 하여야 할 것이다. 구체적으로 추가적인 입·퇴원관리사항을 제시해 보면 다음과 같다.

i) 정신의료기관의 장의 의무인 법령상 각종 통지 및 고지사항 출력·제공
ii) 시·군·구청장의 의무인 법령상 각종 통지 및 고지사항 출력 및 전자송달
iii) 강제입원환자의 각종 기간만료 알람 시스템 제공
iv) 최초입원심사나 입원연장심사에 필요한 보호의무자 자격증빙서류, 환자 및 정신의료기관측과 보호의무자 의견진술서 등 증빙자료의 업로드(스캔파일)

나. 입·퇴원관리시스템의 운영과 위탁

입·퇴원관리시스템 운영의 책임도 보건복지부장관에게 있지만 그 운영기관을 위탁할 수 있다(법 제67조 5항). 보건복지부장관은 입·퇴원관리시스템의 구축·운영

을 다음의 각 기관에 위탁할 수 있다(법 제67조 제5항 및 법 시행령 제34조 제1항).

i) 국립정신병원

ii) 「공공기관의 운영에 관한 법률」 제4조에 따른 공공기관 중 보건의료와 관련된 기관

국립정신병원은 각 지역의 입원적합성심사위원회를 그 산하에 두고 있기 때문에 환자 입·퇴원 관리의 전문성을 가지고 있고, 건강보험심사평가원과 같은 보건의료 관련 공공기관(위탁집행형 준정부기관)은 기존의 건강보험심사의 경험에 따른 전문성을 가지고 있다. 보건복지부장관이 위탁한 경우에는 그 위탁내용 및 수탁자에 관한 사항을 보건복지부 인터넷 홈페이지에 게시하여야 한다. 보건복지부는 위 위탁규정에 근거하여 2018년 현재 국립정신병원 중 하나인 국립정신건강센터에 국가 입·퇴원관리시스템 구축 및 운영을 위탁하여 관리하고 있다.

3. 입·퇴원관리시스템의 등록사항

가. 법령규정

정신의료기관의 장은 아래의 각 사항을 입·퇴원관리시스템에 등록하여야 한다(법 제67조 제2항 및 법 시행령 제33조 제1항).

i) 입원신고사항(법 제45조 제2항에 따른 신고사항)

ii) 퇴원사항(퇴원자의 인적 사항, 퇴원기관정보, 퇴원일자와 사유)

iii) 입·퇴원관리를 위하여 보건복지부장관이 특히 필요하다고 인정하여 정하는 사항

아래에서 항을 바꾸어 구체적으로 본다.

나. 입원신고사항의 등록

강제입원 후 3일 이내에 입원신고사항을 등록하도록 한 이유는 강제입원된 환자의 현재 소재지를 국가기관에 알려 전산정보관리를 통해 환자를 보호할 수 있도록 하고, 이후의 절차(지정진단의사의 입원진단, 조사원 조사, 입원적합성심사, 입원연장심사 등)에서 필요한 환자의 인적 사항과 증상 등을 파악하기 위함이다. 입원신고사항의 구체적 내용에 대해서는 ☞ 법 제45조(입원적합성심사위원회 신고)의 내용을

참조할 것.

다. 퇴원사항의 등록

(1) 관련규정

법령에 의해 등록해야 하는 퇴원사항은 다음과 같다(영 제33조 제1항 각 호).

i) 퇴원한 사람의 인적 정보(성명, 주민등록번호, 주소 등)(제1호)
ii) 퇴원한 정신의료기관의 기관정보(명칭, 소재지 등)(제2호)
iii) 퇴원일자와 사유(제3호)
iv) 그 밖에 제1호 내지 제3호까지의 규정에 준하는 사항으로 정신질환자의 입원 및 퇴원 관리를 위하여 보건복지부장관이 특히 필요하다고 인정하여 정하는 사항(제4호)

(2) 자발적 입원환자의 퇴원사항 등록

여기서 법령 해석상 등록사항의 대상자로 문제가 되는 것은 자발적 입원환자나 응급입원환자도 등록대상자에 포함되지는 여부이다. 정신건강복지법 시행 이후 자발적 입원환자의 비율은 급격하게 증가하였는데, 자발적 입원환자나 응급입원환자의 경우 입원신고 대상이 아닌데, 퇴원등록의 대상은 되는 것인지 검토가 필요하다.

생각건대, 자발적 입원환자의 경우에도 입 · 퇴원이 반복되거나 강제입원에서 자발적 입원으로 또는 자발적 입원에서 강제입원으로 바뀌게 되는 경우도 적지 않다. 일정한 기간 동안 환자의 입원이력은 입원심사기관으로서도 향후 입원의 필요성이나 입원유형이나 치료유형의 선택에 있어서도 고려요소가 될 수밖에 없다. 자발적 입원환자의 경우 입원신고사항을 등록하지는 않더라도 적어도 퇴원사항은 정신의료기관의 장이 등록하도록 하여 강제입원으로 바로 전환되거나 다른 기관으로 재입원되는 것을 확인하여 적절히 통제할 필요가 있다.

또한, 위와 같은 정책적 필요 외에도 i) 신고사항과 등록사항은 법조문의 문언상 구분되는 점, ii) 법이 명문으로 신고대상 환자에 대한 '퇴원'으로 한정하고 있지 아니한 점, iii) 자발적 입원환자도 퇴원사항을 등록하도록 한 것이 본래의 입법취지로 보이는 점을 고려해 볼 때 자발적 입원환자도 퇴원사항을 등록해야 하는 것으로 해석할 것이다.

라. 그 밖의 등록사항

법 시행령에 따르면 보건복지부장관은 환자의 입·퇴원관리를 위하여 특히 필요하다고 인정하는 사항을 등록사항으로 정할 수 있도록 하였다(영 제33조 제1항 제4호).

이러한 보건복지부장관이 정하는 입·퇴원관리시스템 등록사항은 고시나 공표를 하도록 규정하고 있지 않으므로 입·퇴원관리시스템을 구축하거나 운영하면서 필요한 입력사항을 변경하거나 추가한다면 그 사항이 등록의무가 있는 사항이 된다고 볼 것이다. 다만, 등록의무가 있는 사항을 등록하지 않은 경우 형사처벌규정이 적용될 수 있으므로 그 의무등록사항을 입원 정신의료기관의 장에게 미리 알려주거나 입원등록이나 퇴원등록 시 전산상으로 고지해 줄 필요가 있다.

마. 등록의무위반의 효과

정신의료기관의 장은 법령이 정한 등록사항을 국가 입·퇴원관리시스템에 입력할 의무가 있다(법 제67조 제2항). 이러한 법이 정한 의무적 등록사항(입원신고사항 및 퇴원사항 등)을 등록하지 않은 경우 형벌규정이 적용될 수 있다(법 제86조 제8호).

바. 등록의무사항의 향후 개선방향

현재 운영 중인 입원신고를 위해 등록한 사항만으로는 입원적합성심사위원회나 정신건강심사위원회가 입원심사를 하기에는 부족하다. 이후에는 강제입원의 적법성과 필요성을 확인할 수 있는 실질적 근거자료(자료가 있는 경우 보호의무자 자격을 증명할 수 있는 서류, 의무적이지 않지만 작성된 경우라면 환자나 보호의무자, 정신의료기관의 장의 의견진술서)를 등록하도록 하여 입원심사의 충실을 기할 필요가 있다.

4. 등록정보의 보호와 삭제

가. 등록정보의 보호

(1) 개인정보 처리의 원칙적 금지

1) 관련규정과 의의

입·퇴원관리시스템에 등록된 정보(이하 '등록정보'라 한다)는 법령이 정한 예외의 경우를 제외하고는 원칙적으로 그 개인정보의 처리가 금지된다(법 제67조 제3항). 강제입원환자의 질병정보 및 입·퇴원관련정보는 「개인정보 보호법」이 정한 민감정보일 뿐만 아니라 환자의 동의나 위임을 통해 제3자가 열람하는 것이 제도적으로 허용될 경우 각종 자격취득이나 취업에서 불리한 자료로 활용될 위험이 있기 때문이다.

2) 입원환자 등의 등록정보의 처리 금지

ⅰ) 처리의 금지: 법이 금지하고 있는 것은 입원환자의 등록정보를 '처리'하는 것이다. 여기서 '처리'라 함은 입원환자 등의 질병이나 입·퇴원 관련 등록정보를 '수집, 생성, 연계, 연동, 기록, 저장, 보유, 가공, 편집, 검색, 출력, 정정(訂正), 복구, 이용, 제공, 공개, 파기(破棄), 그 밖에 이와 유사한 행위를 하는 것'을 의미한다(「개인정보 보호법」 제2조 제2호).

ⅱ) 처리금지의 목적: 이러한 입원환자 등록정보의 처리금지가 의미하는 바는 국가 입·퇴원관리 시스템의 구축이나 운영 및 정신건강복지법이 정한 일련의 입·퇴원절차에서 필요한 경우에만 등록정보를 사용하는 것만 허용하고, 모든 다른 목적의 사용(수사자료, 재판자료, 취업자료, 보험가입자료)에 활용하는 것을 금지하겠다는 취지라 할 수 있다.

ⅲ) 보호되는 개인: 여기서 등록정보의 대상자가 될 수 있는 사람은 입원환자뿐만 아니라 보호의무자, 진단의사, 정신의료기관의 장, 조사원 등의 개인정보도 등록사항에 포함될 수 있기 때문에 그 사람들의 개인정보에 대한 처리도 원칙적으로 금지된다고 할 것이다.

3) 등록정보 처리 금지의무 위반의 효과

등록정보는 「개인정보 보호법」 제2조에 따른 '처리'가 금지된다(법 제67조 제3항). 이러한 금지규정에 위반하여 입원환자의 등록정보를 '처리'할 경우 형벌규정이 적용될 수 있다(법 제84조 제8호).

(2) 등록정보 처리의 예외적 허용

등록정보의 처리를 모두 금지해 버리면 입·퇴원관리시스템을 통한 정보수집, 연계, 기록, 저장, 출력, 이용, 파기 등도 모두 허용되지 않기 때문에 법은 입·퇴원 심사와 관련된 경우 등과 같이 등록정보의 처리가 허용되는 예외의 상황들을 규정하고 있다. 예컨대, 입·퇴원 심사와 관련된 경우는 법에서 명문으로 등록정보의 처리를 허용하고 있다. 입·퇴원 심사와 관련된 조사원 조사의 경우도 입·퇴원 심사를 위한 절차 중의 일부이므로 등록정보의 처리가 허용된다고 볼 것이다. 그 외에 대통령령에 의해 등록정보의 처리가 허용되는 경우는 다음과 같다(영 제33조 제2항 각 호).

1) 입·퇴원 청구관련 처리

i) 보호입원 연장청구(법 제43조 제6항)
ii) 입원신고(법 제45조 제2항)
iii) 퇴원 및 처우개선청구(법 제55조 제1항)
iv) 재심사 청구(법 제60조 제1항)
v) 행정입원 연장청구(법 제62조 제2항)
vi) 외래치료명령 청구에 따른 심의(법 제64조 제4항)
vii) 직권에 의한 퇴원 및 처우개선심사(법 제66조 제2항)

위의 각 경우에는 입원적합성심사위원회나 정신건강심사위원회가 조사, 심사나 심의를 하기 위해 입원환자의 등록정보를 처리할 수 있다.

2) 입원 진단관련 처리

i) 보호입원에 있어 3개월의 치료를 위한 입원진단(법 제43조 제4항)
ii) 보호입원에 있어 입원연장을 위한 진단(법 제43조 제6항)
iii) 행정입원에 있어 3개월의 치료를 위한 입원진단(법 제44조 제6항)
iv) 응급입원기간 중 진단(법 제50조 제4항)

위의 각 경우는 최초입원심사나 입원연장심사를 위해 입원환자의 진단결과를 정신과 전문의가 입원환자의 등록정보를 이용해 입력해야 하기 때문에 그 등록정보의 처리가 필요한 경우이다. 행정입원연장을 위한 입원진단이 누락된 부분은 시행령이나 규칙을 개정하여 보완할 필요가 있다.

3) 법원의 결정에 따른 등록정보 처리

수사기관이나 기타 행정기관은 입·퇴원관리시스템에 입력된 입원환자 등록정보를 열람하거나 처리할 수 없지만 법원은 다양한 재판사건에서 개별적으로 신청을 받거나 직권으로 입·퇴원관리시스템의 등록정보를 열람하거나 자료제출을 명하는 등의 결정을 할 수 있다(영 제33조 제2항 제3호).

4) 보건복지부령으로 정한 경우

보건복지부장관은 법 시행규칙(보건복지부령)을 통하여 입원환자 등록정보를 처리할 수 있는 상황을 규정할 수 있다(2018년 5월 현재). 아직 그 규정을 추가로 마련하지 않고 있지만 향후 입·퇴원관리시스템을 운영하는 과정에서 법령상의 의무이행 등을 위해 필요성이 인정되는 경우에는 정신의료기관, 시·군·구, 정신건강심사위원회 또는 입원적합성심사위원회의 등록정보의 처리를 허용하여야 할 것이다.

나. 등록정보의 삭제

(1) 환자의 자기정보통제권

입·퇴원관리시스템 등록정보의 대상자이면서 동시에 그 정보주체라 할 수 있는 환자는 「개인정보 보호법」의 원칙상 그 등록내용의 처리에 관한 정보를 제공받고, 처리여부와 범위에 관해 선택하고 결정하며, 등록정보의 열람을 요구하거나 처리의 정지·정정·삭제·파기 등을 요구할 권리 등을 가진다(「개인정보 보호법」 제4조 참조). 그러나 환자의 위와 같은 자기정보통제권의 각 내용은 제한적이다. 예컨대, 「의료법」 등 각종 법령에 환자에 대한 진료기록부 등의 보존기간을 정해 놓고 있어 그 경우에는 환자가 자신의 질병정보에 관한 내용을 삭제·파기해 달라고 하더라도 의료기관은 그 보존의무를 이유로 이를 거부할 수 있다.

(2) 환자의 등록정보 삭제요청권

환자가 퇴원을 한 후에 입·퇴원관리시스템에 등록된 자신의 기록의 전부 또는 일부에 대해 보건복지부장관에게 삭제를 요청하는 경우 보건복지부장관은 지체 없이 해당기록을 삭제하고 그 사실을 본인에게 서면 또는 전자문서로 통지하여야 한다(법 제67조 제4항).

환자는 자신이 정신질환으로 입원되었다는 사실이 국가의 입·퇴원관리시스템에 등록되어 보존되어 있다는 것에 대해 불안함을 느낄 수 있다. 국가나 제3자가 그것을 어떤 방법으로든 들여다 볼 수 있을 것이라 생각하기 때문이다. 그래서 법은 퇴원한 환자에 대해 적극적 권리로서 입·퇴원관리시스템에 등록된 입·퇴원 기록의 전부나 일부의 삭제를 요청할 수 있게 하였다.

(3) 환자의 등록정보 삭제요청권의 문제점

최초입원심사나 입원연장심사에서 심사대상 환자의 기존 입원이력이나 조사보고서 등은 환자의 향후 퇴원여부를 판단하는 데 유용한 자료이고, 환자 스스로도 정신질환으로 인해 자신의 과거 입원이력을 놓칠 수도 있는 점을 고려해 볼 때 보건복지부장관이 의무적으로 예외 없이 등록정보를 삭제하게 할 것은 아니다.

입·퇴원관리시스템은 환자의 입·퇴원진단과 심사를 위한 것일 뿐이고, 앞서 본 바와 같이 그 접근이나 열람 자체가 원칙적으로 금지되어 있다. 오히려 입원환자의 기록은 각 입원 정신의료기관과 건강보험심사평가원 등에 남아 있는 상태이다. 또한, 입·퇴원관리시스템 등록정보의 삭제는 의사와 조사원, 위원회 등의 환자의 과거 입·퇴원 진단과 조사 및 심사기록을 완전하게 파기해야 하는 것이어서 향후의 입원환자에 대한 입원심사를 위한 정보를 모두 잃는 것이어서 환자에게도 이로운 것이 아닐 수 있다.

(4) 개선방안

생각건대, 개선방안으로는 환자에게 등록정보 삭제요청권을 부여하지만 보건복지부장관이 이를 거절하거나 제한할 수 있는 사유나 범위(삭제청구일로부터 일정기간 이전 등록기록)를 마련해 둘 필요가 있다. 또한 삭제의 전산적 처리방법도 입·퇴원 기록 자체를 파기하는 삭제보다는 환자의 등록정보 자체에 대한 접근을 일정기간 막는 방법을 사용하는 것이 좋을 것이다.

5. 민감정보 및 고유식별정보의 처리(영 제39조)

시행령 제39조(민감정보 및 고유식별정보의 처리) ① 보건복지부장관(제10조, 제13조, 제34조 또는 제38조에 따라 보건복지부장관으로부터 권한을 위임·위탁받은 자를 포함한다) 또는 지방자치단체의 장(해당 권한이 위임·위탁된 경우에는 그 권한을 위임·위탁받은 자를 포함한다)은 다음 각 호의 사무를 수행하기 위하여 불가피한 경우 「개인정보 보호법」 제23조에 따른 건강에 관한 정보나 같은 법 시행령 제19조에 따른 주민등록번호, 여권번호, 운전면허의 면허번호 또는 외국인등록번호가 포함된 자료를 처리할 수 있다. 다만 제4호부터 제8호까지의 규정에 따른 사무의 경우에는 「개인정보 보호법」 제23조에 따른 건강에 관한 정보는 제외한다.

1. 법 제10조제1항에 따른 실태조사에 관한 사무
2. 법 제11조제2항에 따른 정신건강증진사업에 관한 사무
3. 법 제15조제1항부터 제4항까지의 규정에 따른 정신건강복지센터의 설치·운영 및 정신건강증진사업등의 제공·연계 사업에 관한 사무
4. 법 제17조제1항, 제3항 및 제5항에 따른 정신건강전문요원 자격 부여, 보수교육 실시 및 자격 정지·취소에 관한 사무
5. 법 제19조제2항에 따른 정신의료기관 개설·설치 결격사유 확인에 관한 사무
6. 법 제22조제2항 및 제3항에 따른 정신요양시설의 허가 및 설치 결격사유 확인에 관한 사무

7. 법 제26조제2항에 따른 정신재활시설의 신고 및 변경신고에 관한 사무
8. 법 제44조제3항, 제4항, 제6항, 제7항 및 제9항에 따른 입원의 진단, 의뢰, 호송을 위한 도움 요청에 관한 사무
9. 법 제51조에 따른 신상정보 확인, 결과 통보, 관할 경찰서장에 대한 확인 요청에 관한 사무
10. 법 제53조제2항, 제3항 및 제6항에 따른 심의, 심사 및 조사 요청에 관한 사무
11. 법 제55조부터 제57조까지의 규정 및 제59조에 따른 퇴원등의 심사 청구 처리 및 그 결과의 통지에 관한 사무
12. 법 제60조에 따른 재심사 청구 처리 및 심사에 관한 사무
13. 법 제62조에 따른 입원의 해제에 관한 사무
14. 법 제63조에 따른 임시 퇴원의 경과 관찰에 관한 사무
15. 법 제64조에 따른 외래치료 명령 등에 관한 사무
16. 법 제66조제1항, 제2항 및 제4항에 따른 정신건강증진시설의 지도 · 감독 및 심사와 그에 따른 명령에 관한 사무
17. 법 제67조에 따른 입 · 퇴원등관리시스템의 운영 및 관리에 관한 사무

② 입원적합성심사위원회 또는 조사원은 다음 각 호의 사무를 수행하기 위하여 불가피한 경우 「개인정보 보호법」 제23조에 따른 건강에 관한 정보나 같은 법 시행령 제19조에 따른 주민등록번호, 여권번호, 운전면허의 면허번호 또는 외국인등록번호가 포함된 자료를 처리할 수 있다.

1. 법 제47조에 따른 입원등의 적합 또는 부적합 여부 심사 및 그 결과의 통지에 관한 사무
2. 법 제48조제1항 및 제2항에 따른 조사에 관한 사무

③ 정신의료기관등의 장은 다음 각 호의 사무를 수행하기 위하여 불가피한 경우 「개인정보 보호법」 제23조에 따른 건강에 관한 정보나 같은 법 시행령 제19조에 따른 주민등록번호, 여권번호, 운전면허의 면허번호 또는 외국인등록번호가 포함된 자료를 처리할 수 있다.

1. 법 제41조에 따른 입원등 및 퇴원등에 관한 사무
2. 법 제42조에 따른 입원등 및 퇴원등에 관한 사무
3. 법 제43조에 따른 입원등 및 퇴원등에 관한 사무와 입원등 기간 연장 심사 청구에 관한 사무
4. 법 제44조에 따른 입원에 관한 사무
5. 법 제50조에 따른 입원 및 퇴원에 관한 사무
6. 법 제52조제1항에 따른 퇴원등의 통보에 관한 사무
7. 법 제62조제1항 및 제2항에 따른 퇴원등 및 입원등의 기간 연장 심사에 관한 사무
8. 법 제63조제1항에 따른 임시 퇴원등에 관한 사무
9. 법 제64조제1항에 따른 외래치료 명령 청구에 관한 사무
10. 법 제65조제1항에 따른 무단으로 퇴원등을 한 사람에 대한 탐색 요청에 관한 사무

11. 법 제67조제2항에 따른 입·퇴원등관리시스템 등록에 관한 사무
12. 법 제73조제1항에 따른 특수치료에 관한 사무
④ 정신건강의학과전문의 또는 정신건강전문요원은 다음 각 호의 사무를 수행하기 위하여 불가피한 경우 「개인정보 보호법」 제23조에 따른 건강에 관한 정보나 같은 법 시행령 제19조에 따른 주민등록번호, 여권번호, 운전면허의 면허번호 또는 외국인등록번호가 포함된 자료를 처리할 수 있다.
1. 법 제43조제1항, 제4항 및 제6항에 따른 진단에 관한 사무
2. 법 제44조제1항, 제4항 및 제6항에 따른 진단·보호 신청 및 진단에 관한 사무
3. 법 제50조제4항에 따른 진단에 관한 사무
4. 법 제62조제2항에 따른 진단에 관한 사무
5. 법 제63조제1항에 따른 진단에 관한 사무
⑤ 협의체의 구성원은 법 제73조제1항에 따른 특수치료의 결정에 관한 사무를 수행하기 위하여 불가피한 경우 「개인정보 보호법」 제23조에 따른 건강에 관한 정보나 같은 법 시행령 제19조에 따른 주민등록번호, 여권번호, 운전면허의 면허번호 또는 외국인등록번호가 포함된 자료를 처리할 수 있다.

가. 개인정보 처리규정의 의의

(1) 개인정보 처리의 필요성

입·퇴원관리시스템은 시스템에 등록된 정보에 관한 처리를 엄격히 제한하고 있다. 그러나 이러한 제한에도 불구하고 개인의 민감정보인 질병정보나 주민등록번호 등 개인을 특정할 수 있는 고유식별정보를 시스템에 입력하거나 출력하여야 한다. 한편, 입·퇴원관리시스템 외에도 정신건강복지법이 규정한 의무나 업무를 수행하기 위해 환자나 보호의무자의 주민등록번호나 환자의 질병명과 증상 등을 기록하고, 보존할 필요도 있다.

(2) 개인정보 처리의 허용근거

개인정보의 처리는 당사자의 동의를 얻거나 법령에 근거하여야 한다.[54] 법령에

54) 「개인정보 보호법」 제15조(개인정보의 수집·이용) ① 개인정보처리자는 다음 각 호의 어느 하나에 해당하는 경우에는 개인정보를 수집할 수 있으며 그 수집 목적의 범위에서 이용할 수 있다.
1. 정보주체의 동의를 받은 경우
2. 법률에 특별한 규정이 있거나 법령상 의무를 준수하기 위하여 불가피한 경우
3. 공공기관이 법령 등에서 정하는 소관 업무의 수행을 위하여 불가피한 경우
4. 정보주체와의 계약의 체결 및 이행을 위하여 불가피하게 필요한 경우
5. 정보주체 또는 그 법정대리인이 의사표시를 할 수 없는 상태에 있거나 주소불명 등으로 사전 동의를

규정이 없다면 개인정보 처리에 대한 환자의 동의를 얻지 않으면 안 된다. 「의료법」이나 정신건강복지법은 질병과 치료에 대한 건강정보를 법령에 근거해 처리할 수 있도록 근거규정을 두고 있다. 업무수행 대상자의 개인정보(질병정보, 고유식별정보 등)를 처리할 수 있는 법적 권한을 부여하는 법령이 위 시행령 제39조의 규정이라 할 수 있다. 위 규정에 의해 「개인정보 보호법」이 처리를 제한한 민감정보[55]인 환자의 건강에 관한 정보와 고유식별정보를 환자의 동의 없이 처리할 수 있다.

참고로 다른 일반적인 법령들도 2011년 개인정보호법이 시행되면서부터 주민등록번호 등 개인정보 처리에 관한 근거규정을 법 시행령의 말미에 두고 있다. 본 해설서에서는 입 · 퇴원관리시스템에 관한 조항에서 함께 살펴보고자 한다.

나. 개인정보 처리규정의 내용

법 시행령 제39조의 개인정보 처리규정의 체계는 각 개인정보 처리주체에게 개인정보의 처리권한을 부여하는 형태로 규정하고 있다. 이와 같이 법령에 근거해 개인정보 처리권한을 얻을 경우 환자의 동의 없이도 개인정보의 수집 · 이용이 가능해진다. 이하에서는 그 권한을 부여받은 주체별로 살펴본다.

(1) 중앙 및 지방 행정기관의 장

1) 주체

중앙행정기관의 장인 보건복지부장관이나 지방행정기관의 장인 지방자치단체의 장은 정신건강복지법에 의해 부과된 권한이나 업무를 수행하기 위하여 대상자의 정보를 처리할 수 있다. 중앙행정기관이나 지방행정기관으로부터 일정한 권한이나 업무를 위임 또는 위탁받은 경우 그 수임(수탁)자 또한 개인정보 처리권한을 부여받은

받을 수 없는 경우로서 명백히 정보주체 또는 제3자의 급박한 생명, 신체, 재산의 이익을 위하여 필요하다고 인정되는 경우

6. 개인정보처리자의 정당한 이익을 달성하기 위하여 필요한 경우로서 명백하게 정보주체의 권리보다 우선하는 경우. 이 경우 개인정보처리자의 정당한 이익과 상당한 관련이 있고 합리적인 범위를 초과하지 아니하는 경우에 한한다.

55) **「개인정보 보호법」 제23조(민감정보의 처리 제한)** ① 개인정보처리자는 사상 · 신념, 노동조합 · 정당의 가입 · 탈퇴, 정치적 견해, 건강, 성생활 등에 관한 정보, 그 밖에 정보주체의 사생활을 현저히 침해할 우려가 있는 개인정보로서 대통령령으로 정하는 정보(이하 "민감정보"라 한다)를 처리하여서는 아니 된다. 다만, 다음 각 호의 어느 하나에 해당하는 경우에는 그러하지 아니하다. <개정 2016.3.29.>

1. 정보주체에게 제15조제2항 각 호 또는 제17조제2항 각 호의 사항을 알리고 다른 개인정보의 처리에 대한 동의와 별도로 동의를 받은 경우
2. 법령에서 민감정보의 처리를 요구하거나 허용하는 경우

② 개인정보처리자가 제1항 각 호에 따라 민감정보를 처리하는 경우에는 그 민감정보가 분실 · 도난 · 유출 · 위조 · 변조 또는 훼손되지 아니하도록 제29조에 따른 안전성 확보에 필요한 조치를 하여야 한다.

자에 포함된다(영 제39조 제1항).

2) 대상정보

법 시행령 제39조 제1항에 의해 처리가 가능한 개인정보는 다음과 같다.

i) 건강정보(「개인정보 보호법」 제23조)
ii) 고유식별정보(주민등록번호, 여권면호, 운전면허의 면허번호, 외국인등록번호)(「개인정보 보호법」 제24조 제1항)

3) 수행사무

위와 같은 건강정보와 고유식별정보를 처리할 수 있는 보건복지부장관이나 지방자치단체의 장의 사무는 다음과 같다(영 제39조 제1항). 다만, 그 정보의 사용이 아래 각 사무를 수행하는 데 불가피하여야 한다.

i) 실태조사(법 제10조 제1항)
ii) 정신건강증진사업(법 제11조 제2항)
iii) 정신건강복지센터의 설치·운영 및 정신건강복지사업의 제공·연계(법 제15조 제1항 내지 제4항)
iv) 정신건강전문요원 자격부여, 보수교육 실시, 자격 정지·취소(법 제17조)
v) 정신의료기관 개설·설치 결격사유 확인(법 제19조 제2항)
vi) 정신요양시설 허가 및 설치 결격사유 확인(법 제22조 제2항 및 제3항)
vii) 정신재활시설 신고 및 변경신고(법 제26조 제2항)
viii) 입원진단, 의뢰, 호송을 위한 도움 요청(법 제44조 제3항, 제6항, 제7항, 제9항)
ix) 신상정보 확인, 결과통보, 경찰서장 확인요청(법 제51조)
x) 정신건강심의위원회 심의, 심사 및 조사요청(법 제53조 제2항, 제3항 및 제6항)
xi) 퇴원청구 심사 및 처리와 그 결과 통지(법 제55조 내지 제57조, 제58조)
xii) 재심사 청구 처리 및 심사(법 제60조)
xiii) 입원해제(법 제62조)
xiv) 임시퇴원의 경과관찰(법 제63조)
xv) 외래치료명령(법 제64조)
xvi) 정신건강증진시설 지도, 감독, 심사 및 명령(법 제66조)
xvii) 입·퇴원관리시스템 운영·관리(법 제67조)

위의 각 업무를 처리할 때 보건복지부장관이나 지방자치단체의 장 또는 그 수탁(수임)기관은 대상자의 개인정보(건강정보와 고유식별정보)를 처리할 수 있다.

다만, ⅳ)호부터 ⅷ)호까지의 업무와 관련해서는 법 시행령에서 대상자의 건강정보를 처리할 수 없도록 규정하고 있다(영 제39조 제1항 단서). 그러나 ⅳ)호 내지 ⅶ)호의 경우에는 정신건강전문요원이나 정신건강증진시설 운영자의 건강정보를 수집 · 이용할 필요는 없기 때문에 타당하지만, ⅷ)호와 같이 시 · 군 · 구청장이 행정입원을 의뢰하는 경우에는 그 입원대상자의 인적 사항 외에 법령상 증상이나, 증세, 건강 상태 등을 기재하여 입원조치가 이루어질 수밖에 없으므로 ⅷ)호의 경우에는 업무수행 과정에서 건강정보의 처리가 필요하다. 따라서 ⅷ)호의 업무수행에 있어 개인 건강정보를 처리하는 것이 가능하도록 개정할 필요가 있다.

(2) 입원적합성심사위원회

입원적합성심사위원회(그 조사원을 포함한다)는 다음 각 호의 사무를 수행하기 위해 불가피한 경우 대상자의 건강정보와 고유식별정보를 처리할 수 있다(영 제39조 제2항).

ⅰ) 입원(입소 포함. 이하 같다)적합성심사 및 그 결과 통지(법 제47조)
ⅱ) 입원적합성조사(법 제48조 제1항 및 제2항)

(3) 정신의료기관의 장

정신의료기관의 장(정신요양시설의 장을 포함한다. 이하 같다)은 다음 각 호의 사무를 수행하기 위해 불가피한 경우 대상자의 건강정보와 고유식별정보를 처리할 수 있다(영 제39조 제3항).

ⅰ) 입원 및 퇴원(자의입원, 동의입원, 보호입원, 행정입원, 응급입원)
ⅱ) 입원연장심사청구(보호입원, 행정입원)
ⅲ) 퇴원통보(법 제52조 제1항)
ⅳ) 임시퇴원(법 제63조 제1항)
ⅴ) 외래치료명령청구(법 제64조 제1항)
ⅵ) 무단퇴원자 탐색 요청(법 제65조 제1항)
ⅶ) 입 · 퇴원관리시스템 등록(법 제67조 제2항)
ⅷ) 특수치료(법 제73조 제1항)

(4) 정신과 전문의 또는 정신건강전문요원

정신과 전문의 또는 정신건강전문요원은 다음 각 호의 사무를 수행하기 위해 불가피한 경우 대상자의 건강정보와 고유식별정보를 처리할 수 있다(영 제39조 제4항).

ⅰ) 보호입원 진단(법 제43조 제1항, 제4항 및 제6항)

ⅱ) 행정입원 진단·보호 신청(법 제44조 제1항, 제4항 및 제6항)

ⅲ) 응급입원 진단(법 제50조 제4항)

ⅳ) 행정입원 연장진단(법 제62조 제2항)

ⅴ) 임시퇴원 진단(법 제63조 제1항)

(5) 특수치료 협의체의 구성원

특수치료를 위한 협의체의 구성원은 특수치료의 결정에 관한 사무를 수행하기 위하여 불가피한 경우 대상자의 건강정보와 고유식별정보를 처리할 수 있다(영 제39조 제5항).

다. 개인정보의 보호

개인정보의 처리는 그것이 대상자의 동의를 받거나 법령에 의해 개인정보 처리 권한을 부여받은 경우에만 합법적으로 가능하다. 또한, 건강(질병)정보와 같은 민감정보나 주민등록번호와 같은 고유식별정보를 처리하는 것이 법령상 허용된다고 하더라도 그 처리를 위한 특별한 보호조치가 필요하다. 이를 구체적으로 보면 다음과 같다.

(1) 민감정보의 보호

민감정보를 처리하는 경우 개인정보처리자는 분실·도난·유출·위조·변조 또는 훼손되지 아니하도록 내부 관리계획 수립, 접속기록 보관 등 대통령령으로 정하는 바에 따라 안전성 확보에 필요한 기술적·관리적 및 물리적 조치를 하여야 한다(「개인정보 보호법」 제23조 제2항, 제29조 및 그 시행령 제30조).[56]

---

56) 「개인정보 보호법」 시행령 제30조(개인정보의 안전성 확보 조치) ① 개인정보처리자는 법 제29조에 따라 다음 각 호의 안전성 확보 조치를 하여야 한다.
1. 개인정보의 안전한 처리를 위한 내부 관리계획의 수립·시행
2. 개인정보에 대한 접근 통제 및 접근 권한의 제한 조치
3. 개인정보를 안전하게 저장·전송할 수 있는 암호화 기술의 적용 또는 이에 상응하는 조치
4. 개인정보 침해사고 발생에 대응하기 위한 접속기록의 보관 및 위조·변조 방지를 위한 조치
5. 개인정보에 대한 보안프로그램의 설치 및 갱신

(2) 고유식별정보의 보호

개인의 고유식별정보 중 주민등록번호를 처리할 경우에 개인정보처리자는 주민등록번호가 분실·도난·유출·위조·변조 또는 훼손되지 아니하도록 암호화 조치를 통하여 안전하게 보관하여야 한다(「개인정보 보호법」 제24조의2 제2항). 암호화 적용대상은 주민등록번호를 전자적인 방법으로 보관하는 개인정보처리자만으로 한정된다(「개인정보 보호법」 시행령 제21조의2).

주민등록번호를 제외한 고유식별정보를 처리하는 경우에는 그 고유식별정보가 분실·도난·유출·위조·변조 또는 훼손되지 아니하도록 안전성 확보조치를 하여야 한다(법 제24조 제3항). 이 경우 안전성 확보 조치는 「개인정보 보호법」 시행령 제30조의 내용을 준용하며, 일정한 기관(공공기관, 5만 명 이상의 고유식별정보를 처리하는 자)에 대해서는 2년마다 1회씩 안전성 확보조치에 대해 행정안전부장관(또는 조사위탁기관)의 조사를 받아야 한다(「개인정보 보호법」 시행령 제21조).

라. 「개인정보 보호법」의 위반

「개인정보 보호법」을 위반하는 경우 민·형사·행정상 책임이 부과될 수 있다. 이를 구체적으로 보면 다음과 같다.

(1) 과징금

정신의료기관 등의 개인정보처리자가 관리하는 주민등록번호가 분실·도난·유출·위조·변조 또는 훼손된 경우 5억 원 이하의 과징금이 부과될 수 있다(「개인정보 보호법」 제34조의2 제1항).

(2) 민사상 손해배상책임

정신의료기관 등의 개인정보처리자가 「개인정보 보호법」을 위반한 행위로 그 대상자가 손해를 입으면 피해자는 손해배상청구를 할 수 있다(「개인정보 보호법」 제39조 제1항). 개인정보처리자의 고의 또는 중대한 과실로 개인정보가 분실·도난·유출·위조·변조 또는 훼손되어 손해가 발생한 경우에는 손해액의 3배를 넘지 않는 범위에서 법원이 그 손해액을 정할 수 있다(법 제39조 제3항).

---

6. 개인정보의 안전한 보관을 위한 보관시설의 마련 또는 잠금장치의 설치 등 물리적 조치
② 행정안전부장관은 개인정보처리자가 제1항에 따른 안전성 확보 조치를 하도록 시스템을 구축하는 등 필요한 지원을 할 수 있다. <개정 2013.3.23., 2014.11.19., 2017.7.26.>
③ 제1항에 따른 안전성 확보 조치에 관한 세부 기준은 행정안전부장관이 정하여 고시한다.

(3) 개인정보 분쟁조정위원회의 조정

개인정보 관련 분쟁의 조정을 원하는 자는 개인정보 분쟁조정위원회(이하 '조정위원회'라 한다)에 분쟁조정을 신청하여 조정절차에서 합의를 하여 분쟁을 해결할 수도 있다. 조정절차에서의 합의(조정)는 재판상 화해(판결)와 같은 효력을 가진다(「개인정보 보호법」 제47조 제5항). 조정의 내용은 ⅰ) 조사대상 개인정보 침해행위의 중지, ⅱ) 원상회복, ⅲ) 손해배상, ⅳ) 그 밖에 필요한 구제조치, ⅴ) 같거나 비슷한 침해의 재발을 방지하기 위하여 필요한 조치 등이 될 수 있다(「개인정보 보호법」 제47조 제1항).

(4) 형벌규정

민감정보인 건강정보를 수집·이용 등의 처리를 하기 위해서는 법이 정한 사항을 고지한 후 별도의 동의를 받아야 한다. 동의를 받지 않고서도 정보처리가 허용되는 경우는 법령에서 민감정보의 처리를 요구하거나 허용하는 경우에만 가능하다. 앞서 본 대로 정신건강복지법 시행령 제39조가 일정한 기관이나 자격을 가진 자에게 특정한 업무수행과 관련해서만 민감정보 처리권한을 부여하고 있다. 따라서 권한 없는 자가 처리하거나 권한이 있더라도 업무와 무관하게 정보처리를 한 경우는 형사처벌 대상이 될 수 있다(「개인정보 보호법」 제71조 제3호).

주민등록번호를 포함한 고유식별번호의 경우에도 정보주체의 동의가 없다면 법령에서 구체적으로 처리를 요구하거나 허용하는 경우에만 처리가 가능하며 이를 위반한 경우 형벌규정이 적용될 수 있다(「개인정보 보호법」 제71조 제4호).

사항색인

ㅇ